U0906594

中國古代物質文化史

宋元明清

（上）

白　彬
葛林杰
赵　川
黄　琬
编著

开明出版社

出版说明

在人类历史长河中，我们的民族创造出光辉灿烂的中华文明，虽历经坎坷而连绵不绝，成为我们这个星球上唯一从远古走来，中途不曾断裂的最完整的一脉文化体系，留下了博大丰厚的文化遗产，对人类文明进步作出了独特而巨大的贡献。完整而丰富的地上、地下物质文化遗存就是中华文明传承与发展的最好佐证。然而遗憾的是，到目前为止，尽管我们的物质遗存如此丰赡，却没有一部全面系统基于实体的物质资料而构建和叙写的中国古代文化史。我们这个出版项目的主旨，就是尝试弥补这个巨大缺憾和学术空白。

以往我们看到的中国历史著作，大都是基于传统文献资料，来进行政治、经济、军事、文化等各个领域的书写和诠释。当我们开始有意识地利用考古资料、地上文物遗存资料，并借助人类学、民族学、社会学等研究方法和手段来观察历史时，我们的研究空间和视域顿时更加广阔，某些隐藏至深的信息得以深入发掘，原有的历史认识进一步丰富而立体。这是因为历史本身的复杂性，决定了我们发掘历史信息的方法和途径也应该是多方面的。而随着近几十年考古发掘工作的不断推进，地下考古发现越来越丰富，地上文物遗存越来越受关注，同时学界的相关研究也越来越多，这些地下、地上文物遗存所展示给我们的信息就越来越系统，这些信息所构成的历史文化空间就越来越恢宏。最终使得我们不仅有必要而且也有可能不再拘泥于传统的历史记述与研究的路数，另辟蹊径，书写一部基于物质的中国古代文化史，即首先立足于地下、地上文物遗存，同时充分参考文献资料来诠释这些文物遗存的文化内涵与外延而构建的中国古代物质文化史。

这样的一部中国古代物质文化史，必然是一部能够让我们从物质实体出发来认识博大精深的中国古代文化的历史，一部广阔而深邃、客观而生动、系统而完整的历史，既能反映政治、经济、军事、文化、法制、科技、社会各方面情况，又能反映人们的生产、生活、信仰以及思想观念、审美理念、价值取向、生活情趣等。从中我们可以感受到历史发展的脉搏，探索历史最生动的层面，还原历史本来面貌。

从某种意义上来说，编纂这样一部系统科学的物质文化史不但势在必行，而且极具创新价值、学术价值和开拓意义。这样的工作，对于彰显中华民族的伟大创造力、诠释中华民族优秀的历史文化、使我们更好地认识源远流长的中华文明有着极为重要的意义。同时这种注重物质的客观性和系统关联性的学术视角，也必然会在学术领域产生积极的影响，对于推动历史学、人类学、考古学等学科的深入研究具有积极意义。此外，我们也希望这部书能够进一步唤起我们珍视历史、热爱文物、保护文物的意识。一个爱护文物、爱护历史文化遗产、尊重历史的民族，才是一个有未来的民族。

我们的中国古代物质文化史项目从策划到最终立项经过了数年时间的酝酿，从立项到陆续开始出版又经历了数年。我们计划全套书共出70卷，除索引卷外，分为通史和专题两个系列，以纵、横的脉络建立历史时空坐标。纵的是通史系列，分为史前、商周、秦汉、魏晋南北朝、隋唐五代、宋元明清六个阶段，按中国历史的时间顺序，遵循物质文化变化节奏和规律，在历史大背景下宏观阐述中国古代物质文化史的发展进程，使读者对文化遗存在中国历史洪流中有个整体、全局性的把握。横的是专题系列，按照材质、用途和功能、艺术表现形式等的不同分为石器、陶器、瓷器、玉器、青铜、金银器、漆器、兵器、乐器、家具、纺织、货币、天文历法、水利、建筑、墓葬、雕塑、绘画、书法篆刻等类。内容丰富的类别再做进一步的细致分类，并分册出版，如绘画类包括壁画（寺观壁画、墓室壁画、石窟寺壁画）、卷轴画等；雕塑类包括石窟寺雕塑、墓葬雕塑和其他雕塑等。各专题或以时间为轴，或以类别为序，展现各个物质形态继承与发展、沿袭与嬗变的过程，通过点线面结合，揭示物质遗存所特有的发展曲线和深层次的历史内涵。每卷随文附图200幅左右，以体现内容和版面的活泼生动，强调实证效果，增强视觉感知及可读性。对于某些卷册，如龟兹、敦煌等，由于涉及大量译名，还会附加名词索引。

经过编委、各位作者和编辑人员的共同努力，如今这套书终于要依次与读者见面，个中滋味，甘苦各半。回顾起来，我们不得不说，这样大规模高难度的项目，在当今要集合如此众多的专家学者，进行如此大量的资料、图片的收集与整理工作，其难度远超我们的预期；尤其是若没有足够的资金支持，仅凭一家出版社的力量，几乎是不可能开展也不可能完成的。对此，国家出版基金会给我们提供了最大限度的支持，不仅是资金方面，还有精神方面，使得我们有决心、有信心也有力量把这个项目逐步完成。也正因为这样，这套书才能有幸与读者见面。在此，我们对国家出版基金会表示由衷的感谢。此外，参与主编策划和书稿撰写的各位专家、学者也付出了异常艰辛的努力，他们每个人本身的工作都很忙，可为了这套书的构思策划，为了每一卷书稿的高质量完成，还是付出了大量的时间和精力，做了最严谨而细致的工作，在此也对他们表示诚挚的谢意。

项目编辑组

总序：中国历史和文化的物质表征

《中国古代物质文化史》经过参与该书策划、撰写和编辑的诸多学者的共同努力，现在终于问世了。这个总序本来应该由项目的主编、前国家文物局局长、北京大学兼职教授张文彬先生来写，以阐述项目成果即本套书的编写宗旨、设计体例、内容特点，并介绍各分卷的写作情况等。由于张文彬先生在主持项目过程中遇身体不适，我这个后来被指定的执行主编只有勉为其难，代张文彬先生撰写这个《中国古代物质文化史》的总序了。鉴于这套书的编写宗旨、内容特点及框架体例等在出版说明中已有介绍，各分卷的写作情况在每本书的后记中也多有述及，无须我在这里重复。下面，我拟从中国物质文化史的概念定义、发展历程、专项分类三个方面，谈谈自己对中国古代物质文化史以及编写这套书的粗浅认识。

一、中国物质文化史的含义

人们通常这样认为，“物质文化，是指为了满足人类生存和发展需要所创造的物质产品及其所表现的文化”。物质文化既然是文化的一种呈现形态，那么，与“物质文化”相对应的另一种文化呈现形态就应是“非物质文化”，它们之间的关系是怎样的呢？要弄清这个问题，还需要从“文化”这个最基本的概念说起。

关于文化的定义很多，20世纪50年代有人作过统计，据说那时就有164种之多。文化人类学的鼻祖英国学者爱德华·伯内特·泰勒（Edward Burnett Tylor，1832—1917）是第一个从学术的角度对文化进行定义的学者。他认为，文化是复杂的整体，它包括知识、信仰、艺术、道德、法律、风俗，以及其他作为社会成员所习得的任何才能与习惯，是人类为使自己适应其环境和改善其生活方式的努力的总成绩[1]。泰勒关于“文化”的定义，尽管还存在不全面等问题（如泰勒没有提及需要后天习得的文化要素“语言”），却已给后人奠定了很好的解释基础，以后的学者又不断有补充和发展。英国功能主义人类学家A. 拉德克利夫-布朗（Alfred Radcliffe-Brown，1881—1955）认为，文化是一定的社会群体或社会阶级在与他人的接触交往中习得的思想、感觉和活动的方式，是人们在相互交往中获得知识、技能、体验、观念、信仰和情操的过程，文化

1 [英]爱德华·泰勒著，连树声译：《原始文化》，上海文艺出版社，1992年。

只有在社会结构体系发挥功能时才能显现出来，如果离开社会结构体系就观察不到文化。美国学者阿尔弗雷德·克鲁伯（A.L.Kroeber）和克莱德·克拉克洪（Clyde Kluckhohn）在1951年出版的著述中，对西方164种文化的定义进行了评析，提出了他们新的定义，即“文化存在于各种内隐的和外显的模式之中，借助符号的运用得以学习与传播，并构成人类群体的特殊成就，这些成就包括他们制造物品的各种具体式样，文化的基本要素是传统（通过历史衍生和由选择得到的）思想观念和价值，其中尤以价值观最为重要”[1]。以后，还有一些学者对文化下过定义，如美国学者罗伯特·F.墨菲(Robert F.Murphy)这样定义文化：“文化是意义、价值和行为标准的整合系统，社会的人们据此生活并通过社会化将其在代际传递。”文化具有这样一些特点：“文化定义的关键部分就是，它意指行为的规则和确定方式，而不是指行为的本身”“文化是我们在这个世界上的行为导引和对这个世界经验的符号表达”“文化也是所有知识、信念和生存技能的百科全书”“行为的不同习惯方式，以及某些特定的物质制品或艺术风格，可以使文化具有典型特征”[2]。根据以上学者对文化这一概念的解释，我们可以将文化理解为：

文化是人类社会在长期发展过程中凝固下来并在代际传承的价值观念、社会机制和行为规则，社会的人们据此思维、交流和行为，并且产生和创造具有一定特征的物质制品或艺术风格。

上述对文化的解释，包括了三个层面：其核心层面是人们的社会性，其中间层面是人们基于这种社会性的思维和行为，其外表层面则是人们思维和行为的产物。文化从表至里的三个不同的层面，其他两个层面都蕴含在表层的物质层面之下，故文化的三个层面又可以归结为两个不同的范畴（或两种不同的存在状态）——无固定形态的非物质的范畴就是所谓“非物质文化”（无形文化）；有固定形态的物质的范畴就是通常所说的“物质文化”（有形文化）。这两种文化范畴构成了完整的文化形态。作为前人的完成了代际传承、经历了时间筛选的两种文化的存在形态，已经成为我们需要加以关注、保护和传承的遗产。按照通行的解释，“非物质文化遗产”是人类创造这些物质文化的过程以及人类各社群为了满足自己精神生活需要的具有社会性、凝固性和典型性的行为，它是被各地区和社群视为其文化传统的表现形式、知识和技能，包括了口头传说、表演艺术、社会风俗、礼仪节庆、传统工艺等；而“物质文化遗产”，则是人类这些思维和行为的创造物，是有固定形态的可以被视觉感知的人类创造、制作和使用的人工遗留物。

说到文化的物质层面，就不得不提到考古学的一个核心概念“考古学文化”。我的专业是考古学，我们考古学家天天都在与考古学的文化打交道，不少考古学家还强调我们的考古学文化与别的学科的文化如何的不一样。翻开《中国大百科全书·考古学》，该书对考古学文化的解释代表了目前中国考古学界的主流认识：“文化一词有着不同的含义，一般是指人类社会在科学、技术、艺术、教育、精神生活以及其他方面所达到的总成就，如中国文化、文化遗产等。考古学中所讲的文化，有其特定的含义，专门指考古发现中可供人们观察到的属于同一时代、分布于共同地区、并且具

---

1 A.L.Kroeber & Clyde Kluckhohn, Culture: A Critical Review of Concepts and Definition, Random House, New York, 1952.

2 [美]罗伯特·F.墨菲著，王卓君译：《文化与社会人类学引论》，北京：商务印书馆，2009年。

有共同的特征的一群遗存。”[1]从这个定义中也可以看出，所谓具有独特性的考古学文化，与其他学科的文化概念并没有什么不同。文化的物质表层要素——即可以观察到的一定时期、一定区域的一群经常共存的具有共同特征的遗迹和遗物——就是考古学的文化；获取并研究这些文化的物质表征，透过现象去发现本质，揭示隐藏在物质表层之下的创造和使用这些遗存的人们的行为及其社会关系，即这些物质遗存所蕴含的非物质的东西，就构成了考古学这一学科的基本内涵。

考古学在包括中国在内的不少国家和地区的学科分类中，是历史学的分支，是以物质材料为主要研究对象去探究人类历史的一门学问。这里，我们有必要再谈谈物质文化史与考古学的联系与区别。考古学是通过调查和发掘地下古代物质遗存、并通过这些遗存提供的信息来理解和复原古代社会历史的学科，物质文化研究也是通过古人的物质文化遗存来重构古代社会历史，从研究目的上来看，二者并没有什么不同。正是由于这样的原因，苏联的全国性考古研究机构曾经被命名为“物质文化史科学院”或“物质文化研究所”[2]，以后才改为“考古学研究所”。仅从研究机构名称上来说，物质文化研究与考古学之间无疑具有密切的关系。不过，物质文化研究与考古学尽管内涵大致相同，其外延（主要是研究对象、研究内容等）也还存在差异。考古学研究的主要是埋藏在地下的古代物质遗存，物质文化研究的对象则包括了地下、地上和传世的古代文化遗存，后者比前者的研究范围要宽；考古学不仅研究古人遗留下来的物质遗存所包含的历史文化信息，还要研究获取这些物质遗存并提取其包含信息的技术和方法，后一方面的研究已经不是物质文化史研究所关注的问题。就中国的考古学科而言，其构成包括了考古学理论与方法、中国考古学、外国考古学、专门考古学等，如何开展田野考古和如何更多地提取遗存的历史信息，已经包含在考古学方法和专门考古学的分支中。可以这样说，中国考古学是基于考古获取的物质资料和考古学的研究方法所构建的中国物质文化史；而中国物质文化史，则是通过考古发现和现存于世的实物资料所构架的能够反映历史发展主线的中国古代史。

英国学者鲁惟一（Michael Loewe）和美国学者夏含夷（Edward Louis Shaughnessy）在《剑桥中国古代史》的序言中，将研究中国古代史的材料分为“文献资料”和“物质资料”两类，前者包括了出土文献和传世文献，后者也就是通过考古调查和发掘获取的实物资料。他们指出：“一个不注意考古证据的历史学家会感到他无法去顺应当代的学术潮流；同样，一位不熟悉传统文献的考古学家会难以把握相当一部分的中国文化之精髓。”正是基于这种考虑，这两位学者在主编《剑桥中国古代史》时，组织了历史学家和考古学家两个领域学者，各自基于不同类型资料来分别撰写同一个时期同一个区域的历史[3]。《剑桥中国古代史》的先秦卷面对的是文献资料并不丰富的“原史时代”，所以他们采取了历史学家和考古学家各自表述而不加整合的编写方式。即使在文献资料逐渐丰富的汉唐时代，甚至文献资料已经非常丰富

1 中国大百科全书总编辑委员会《考古学》编辑委员会：《中国大百科全书·考古学》，北京/上海：中国大百科全书出版社，1986年。

2 王伯洪、王仲殊：《苏联考古工作访问记（一）》，《考古》1959年第2期，101—104页。

3 The Cambridge History of Ancient China: From the Origins of Civilization to 221B.C., Edited by Michael Loewe and Edward L. Shaughnessy. Cambridge University Press, 1999.

的宋元明清时代，主要基于物质资料来编写一套中国古代的历史，与主要采用文献资料编写的中国古代历史并行于世，这对于全面认识和理解中国的古代文化和古代社会，仍然会有很大的帮助。

二、中国古代物质文化发展的历程

我们这套“中国古代物质文化史”由纵、横两部分组成。最前面的是“中国物质文化史综述”，这是按中国历史的纵向时间顺序来概述中国古代物质文化史的发展进程。中国古代漫长的物质文化发展进程从来不是匀速前进、波澜不惊的，发展中会有大小不同的转折、高低不同的峰谷。根据物质文化面貌变化节奏的不同和撰写史书详略的不同，一套多卷本的中国古代物质文化史也有不同的分卷方式。如果编写比较简明的中国古代物质文化史，我个人倾向于以魏晋之际为界将其划分为两个阶段，也就是一套两卷本的书系。如果编写稍微详细的中国古代物质文化史，我希望划分为四卷，四卷本除了以魏晋之际作为一个分界外，另两个分界可定在龙山时代与二里头文化时代之间、五代十国与北宋之间。如果要编写更为详细的中国古代物质文化史，也就是类似本书系的规模，我们可将其细分为史前中国、商周、秦汉、魏晋南北朝、隋唐五代、宋元明清六个阶段即六卷，这样分卷主要基于这样一些理由。

我们知道，最能导致物质文化发生大变化的因素，是重大技术发明带来的产业革命。这些发明或本土自身产生，或域外传播而来。正是基于这些重大发明，才导致了中国古代社会的巨大变化，才引起中国物质文化的多次明显转折。在这些创造性的发明中，首先应该提到的是谷物栽培和动物驯化。谷物中的粟等人工栽培作物大约在距今一万年前后出现在中国北方的黄河流域，以后向周边传布，甚至远布至青藏高原地区，形成了范围广大的北方旱地粟作农业区。而稻等人工栽培作物，更远在一万多年前就出现在中国南方长江中游地区，以后更传播至东北至朝鲜半岛，东南至东南亚等广阔的温暖湿润区域，形成了广大的南方水田稻作农业区。农业的发生和推广，使得人类的生活资源趋于稳定，从而脱离了栖居山洞和追猎迁徙的不稳定生活，开始走出山洞步入旷野，在平川形成了定居的聚落，产生了钻孔、磨制和制陶等新的工艺，促使社会逐渐复杂化和多样化，奠定了中国万年农业文明的基础。大约在距今4000年前后，大麦、小麦和青稞等作物传入中国，这种适应性强的谷物丰富了旱地农业的种类，除了在低海拔地区普遍种植外，青稞这类作物还经过了高原严酷的自然选择，成为青藏高原的单一谷物。至于工业的技术革命，从先前的手工业发展成为近代化的大工业，在中国开始较晚，直到清代晚期的鸦片战争后才逐渐引入西方工业革命的成果，从而从某种程度上推动了社会的变革。因此，以农业革命的发生和工业革命的引入为标志，将中国的物质文化史划分为三个大的时代，也就是猎取时代、农业时代和工业时代（相当于以生产工具为标准划分社会发展史的旧石器时代，新石器、青铜、铁器的时代，以及机器的时代），应该是比较恰当的。只是中国的工业时代已经属于近代，古代的物质文化史不宜包括；而旧石器时代的人类物质文化遗存较少，如果把它作为书系中的一本就显得单薄，故将其与新石器时代合并称为“中国史前物质文化史”，只是在这个史前时代中，明确划分出这两个时代而已。换句话说，这套中国古代物质文化史去掉了工业时代，弱化了猎取时代，强调的是建立在农业革命基础上的石器、铜器、铁器三个时代。物质文化材料的年代越早，保存至今的也就越少，因而石器时代和青铜时代只能各自作为一卷，而物质文化材料丰富的铁器时代却被划分为四卷，可能会给人以前轻后重之感，尽管其历史时代考古学的重要性已不如更早的时代。

说到史前时代，这就不可避免地会涉及介于史前与历史时代之间的“原史时代”。学术界一般认为，原史时代是一个过渡性质的时期，这一时期无论是属于本社群文字还是他社群文字的文献记录都相当有限，仅据这些零星和片段的文字和文献资料无法复原该社群历史的主要梗概，要认识一时期该社群的历史需要综合考古学、人类学、文字学、历史学及自然科学的知识体系和研究手段[1]。原史时代可有广狭二义：严格的原史时代不包括传说时代，而是以成熟文字体系的出现为开始，以这种文字体系撰写的史书出现为结束。具体到中国古代史来说，也就是商代晚期至西周时期，其开端以殷墟甲骨文的出现为标志，结束以中国最早的编年体史书《春秋》开始的年代为标志，二者间的年代跨度很小[2]。宽泛的原史时代以中国古史传说时代为开始，以文字产生后出现史书为结束。具体到中国古代史来说，其开端可以上推到传说中的夏代甚至龙山时代，而其下限则与狭义的原史时代相同。不过，就物质文化这个层面来看，无论是技术上还是艺术上，大约相当于夏代后期的二里头文化与先前的龙山时代诸文化都发生了许多变化，而这种变化在战国中期又一次出现。这之间的时间幅度约略相当于中国考古学界的夏商周时代或史学界的先秦时代，也约略相当于西方汉学界所说的“从文明起源到秦统一”的阶段[3]。在这个时代里，青铜既是一种制作工具、武器和礼仪用器的最重要材料，制造青铜器又是当时技术含量最高的工艺，青铜器具这类物品还是当时艺术的集中体现。如果史前时代是以石器制作为标志的石器时代，这个时代就是以青铜为标志的青铜时代。尽管关于中国青铜时代开始和结束的时间，学术界还有一些不同的说法。

按照我个人的见解，中国的原史时代应当定位在二里头文化中期至战国前期，这是基于这样几个考虑。首先，从二里头文化兴盛开始，具有中国金属铸造特色的泥范铸造技术开始出现，并完成了从红铜时代（或称铜石并用时代）向青铜时代的转变；而人工铁器尽管早在两周之际就已引入中国，却也是在战国前期偏晚才与青铜冶铸技术相结合，使得大量冶炼铁和普遍使用铁器成为可能，才真正进入了铁器时代。其次，也是从二里头文化兴盛期起，青铜鼎等礼器、青铜戈等兵器，以及兽面纹等动物纹样才出现并流行，独特的中国艺术传统才开始形成；而到了战国前期以后，先前流行的礼器种类和装饰纹样已经趋于消失，来自北方草原地区的艺术风格已经占据主导地位。其三，从中国的史学传统来看，中国古人向来有将秦以前的历史划分为五帝时代和三王时代的传统，现代的史学家也还将先秦史单独出来，并将夏以前的传说时代与夏商周三代区分开来。因此，我们将夏、商、周三代作为中国物质文化发展历

1 Glyn Daniel, A Short History of Archaeology. London: Thames and Hudson, 1981.

2 这样一个原史时代与中国古代历史时代的对应关系，学者们认识也不尽相同。李学勤先生认为，商与西周时期属于原史时代，而不同于商和西周的东周已脱离了原史时代而跨入真正意义的历史时代了。参看李学勤《东周与秦代文明》，北京：文物出版社，1984年。

3 鲁惟一、夏含夷主编的《剑桥中国古代史》，其副标题就是“从文明起源到秦统一”，由此可见一斑。

程中的第二个时期，也就是这套书通史系列的第二卷。

中国中心地区在战国后期就已出现了统一的趋势，东齐西秦是当时最有可能推进统一事业的大国，齐国当时就有一批学者聚集在一起，开始构拟大一统后的政治构架，勾画新王朝的理想图景。秦国结束了战国时期诸侯割据的局面，建立了中央集权的大一统王朝，开创了中国历史的一个全新的时代。从此广泛推行的郡县制代替了传统的封建制，由中央政府控制的官营手工业作坊遍及全国各地，各地间的商业往来也较过去更为频繁。在这种背景下，秦汉王朝直接统治范围内物质文化产品，无论是工艺、种类，还是形制、纹饰，都逐渐呈现高度一致的状况，中国大部分地区的延续了千百年的区域文化差异从此逐渐减弱甚至消失。尽管从战国后期到西汉前期，这一时期物质文化的总体面貌还处在从商周旧制向秦汉新制的转变过程中；尽管在三国至两晋时期，中国物质文化的发展进程发生了从“早期中国”到“晚期中国”的大转变；但如果模糊这个具体的分界，将秦汉时期这个中国古代文化发展的高峰期作为中国物质文化史的一个时期，单独设置秦汉卷作为这套书通史系列的第三卷，这应该是恰当的。

从三国鼎立局面形成一直到隋代，除了西晋短暂的统一外，中国出现了长达三百余年的分裂局面。北方民族在这期间纷纷进入中原，出现了空前的民族大融合。在这种历史背景下，各地区在文化面貌上的差异也进一步缩小，但由于从西晋以后长期的南北对峙，以及僻处一隅的某些由少数民族建立的国家保留了比较多的自身文化传统，这一时期的文化除了存在着比较明显的南北差别外，在北方还存在一些更小的地区之间的差异。隋王朝结束了自西晋以后长期的分裂混乱局面和南北对峙的政治文化格局，中国遭受长期战乱破坏的社会经济得以恢复和发展。唐王朝继承了隋王朝的统一基业，实行了一系列重要的政治、经济和军事的改革措施，将中国古代社会推向了秦汉王朝以来又一个空前鼎盛的发展阶段。盛唐气象强大而持久，流风余韵，一直延续至五代十国间。基于这种考虑，虽然两晋南北朝和隋唐五代都是宗教热情极度高涨的时期，但两晋南北朝与隋唐五代的物质文化仍然存在比较大的差异。因此，我们将两晋南北朝与隋唐五代各自作为中国物质文化史的一个时期，各自单独作为一卷。

至于宋元明清时期，这个时期文献资料已经非常丰富，考古学家讲历史时期考古一般都只讲到元，北京大学过去的中国考古学教材最后一卷就是《宋元考古》，就反映了这个问题。我们认为，尽管在中国历史的重要性中，明清时期的物质遗存的确不如早先时期，但作为中国物质文化史应该是一个完整的过程。因此，我们这套中国古代物质文化史通史系列的最后一卷，从宋代一直写到清代，希望这些年代较晚的物质文化资料有助于丰富对这段时期历史的认识。

三、中国古代物质文化的种类

如同历史著述有通史和专门史一样，按照中国物质文化发展阶段编写的历史，只是基于物质文化遗存透露的历史文化信息，按照时间发展顺序和物质文化表征的变化程度连缀而成的中国古代物质文化的“通史”，“通史”中不同时段的物质文化史则相当于“断代史”。就整个中国古代物质文化史来说，有了这个“通史”系列，虽然可以从纵向认识整个中国古代物质文化发展的概貌，却难以从横向全面展示中国古代物质文化的方方面面。因此，还需要根据中国古代物质文化遗存的分类，按“类”来叙述某类物质文化遗存的分述系列，这个系列就是中国古代物质文化的“专门史”。

物质文化具有可视性，不同的物质文化具有不同的面貌特征，因而可以根据这些特征展开分类。物质文化是一个笼统的概念，我们所面对的古代物质文化是过去人们行为创造的物质遗留，也就是人们通常所称的“物质文化遗产”或“文物”。物质文化遗产的体量有大有小，大的文化遗产如建筑、壁画、纪念碑等，当初选址、设计、创造时就考虑了永固性等因素，没有考虑其位置变换，今天我们采取保护措施时也不便于将其移至他处，只能在原地保存（从保留关联信息的角度，也只能在原地保存）；小的文化遗产如家具、陈设、用具等，当初设计制作时就考虑了方便移动的使用功能，今天我们对其进行保护时，可以将其搬移到博物馆等具有更好保存环境的空间去保存。因此，物质文化遗产即文物首先可以划分为不可移动文物和可移动文物两大类，这两大类文物各自可以作为中国古代物质文化史“专门史”中的一个系列。

不可移动文物既包括了大到历史城镇、传统村落、古代遗址等综合性的文物，也包括了宫殿衙署、寺观祠庙、陵园坟墓、石刻造像等专门性的文物。这些文物有三类不同的保存状态：第一类文物在历史上就已经废弃，成为历史的陈迹，呈现在人们面前的只是残缺不全的局部，有的还全部或大多掩埋在地下。历史上城镇村落的废墟、曾经一度兴旺的工矿作坊场所、废弃并垮塌殆尽的寺观祠庙、地面建筑甚至封树都已经不存的帝陵坟墓，乃至于一座房屋或一座塔幢的废址等，都属于这类文物。第二类文物虽然失去了它在历史上的作用，却仍然屹立在地表，被作为其他用途或作为历史名胜而存在。已经没有皇室官员使用的宫殿衙署、中断了宗教活动的寺观祠庙、原有功能已经退化或消失的石窟碑刻、已经弃置或被改做他用的城堡等，都属于这类文物。 第三类恐怕已不能简单地称之为文物，而是具有“物”和“非物”的综合体。至今还基本保持着原来的功能和文化传统，并随着时代的推移继续在发生着变化，古今重叠且文化延续的城镇和村落，至今还有人居住的古村落民居，仍在使用传统工艺进行生产的作坊、农庄、牧场等，都可归属此类。

可移动文物，包括历史上各时代的重要工具、武器、礼仪用器、生活用器、艺术品、文书、档案、图书等。这些文物的材料和材质大致有两大类：第一类采用曾经具有生命的物质制作而成，也就是被称为“有机质文物”的一类，如竹木漆器、骨牙角器、纤维制品等。这类文物的存在周期相对较短，对保存条件要求也较高。第二类采用没有生命的物质制作而成，也就是被称为“无机质文物”的一类，包括地球自然演化形成的天然材料和人工合成的金属材料，如玉石制品、金属制品等。这类文物的存在周期相对较长，对保存条件的要求也相对较低。

上述对于物质文化遗产即文物的分类方式，是以文物的保存状态和保存条件作为分类标准，这对于文物的保护研究来说，无疑是最恰当的分类方式。不过，这种分类没有考虑这些文物的用途和功能，而文物这方面的属性恰好是从文物这一文化的表层物质现象通向创造和使用这些文物的人、人的行为及其社会关系的桥梁，是将物质资料变为物质文化史的重要途径。因此，我们这部中国古代物质文化史的“专门史”不采取上述分类方式来分卷，而是按照材质和功能对不可移动文物进行分类。

中国文物管理部门对于不可移动文物的分类，以全国重点文物保护单位的分类最具代表性。该文物分类体系将不可移动文物分划为古遗址、古墓葬、古建筑、石窟寺及石刻、近现代重要史迹及代表性建筑等类。这些类型的不可移动文物，除了古遗址是以文物的保存状态为分类标准，近现代重要史迹及代表性建筑是以时代为分类标准，其类型与以功能作为分类标准的类型有所不同外，其他诸类都可以作为中国物质文化专门史的不可移动分系列。由于遗址大多都在中国物质文化通史系列中曾经引述，且通史系列的物质材料主要就是遗址加上遗址和墓葬等出土的各类可移动文物，专门史系列可以不必再列出遗址作为一卷；由于中国物质文化史只是有关古代中国，不涉及近代中国，故本丛书也没有近现代重要史迹及代表性建筑的内容。

中国文物管理部门对于可移动文物的分类，以全国首次可移动文物普查的分类标准最为详细。该分类标准“根据文物的异同，即构成每件文物基本物质的自然属性和社会属性之差异性、同一性”，将可移动文物划分为金/银器、铜器、铁器、陶/泥器、瓷器、砖瓦、宝/玉石器、石器石刻、漆/竹器、绘画、书法、拓片、珐琅器、玻璃器、骨/牙/角器、纺织/绣品、皮革、玺印、文具/乐器/法器、货币、雕塑/造像、古人类遗体遗骸、文献图书、徽章/证件、邮品、票据、音响制品、交通/运输工具、度量衡器、武器装备/航天装备、古脊椎动物化石和古人类化石、其他共32类[1]。正如该分类系统的分类标准有文物的自然属性和社会属性两个一样，可移动文物实际上可以划分为两个小系列：一个系列是按照文物的自然属性即材料和材质划分的系列，如玉石器、金银器、铜器、铁器、陶器、瓷器、玻璃器、骨牙角器等；一个系列是按照文物的社会属性即功能用途等划分的系列，如纺织品、货币、雕塑、武器、度量衡器等。我们编写的这套中国古代物质文化史的可移动文物部分基本就按照这个体系进行划分，只是一些偏小的文物类型和产生年代较晚的文物类型难以单独成册，我们只能暂且舍弃了。

在艺术史学界，尤其是西方关于中国艺术史的研究，往往综合考虑其时代、功能和形式等方面的因素，将能够基于视觉观察的物质文化领域的中国艺术品划分为四大类。第一大类是主要兴盛于商周时期的青铜艺术；第二大类是主要存在于两汉时期的汉画艺术；第三大类是风行于晋唐时期的佛教艺术；第四大类则是从宋代以后大盛的以卷轴画为主体的绘画艺术。青铜艺术比较单纯，其物质材料就是青铜器。绘画艺术也不复杂，主要是卷轴画，此外就是壁画。汉画艺术的涉及面较广，包括了汉代画像砖、画像石、独立雕塑和建筑雕刻等诸多类型的文物。佛教艺术就更为广泛，与佛教相关的石窟、雕像、壁画、供器等，乃至于佛教寺庙建筑等都可归属于佛教艺术。以上四大类，只是中国艺术门类的主流，其他如产生于中国本土且长期与佛教艺术并存的道教艺术，在东亚地区具有广泛影响的建筑艺术（尤其是园林建筑），具有中国特色的玉器、漆器、瓷器等艺术类型，也从不同的方面丰富和补充着中国艺术史和中国物质文化史。

正是基于以上诸方面的考虑，我们主编的这套中国古代物质文化史的专门史划分为了不可移动文物和可移动文物两大系列，前者又包括了古建筑、石窟寺、古陵墓、古水利、古天文等不同的功能类型，后者更包括了玉器、铜器、铁器、瓷器、金银、玻璃

1 国家文物局编：《第一次全国可移动文物普查工作手册》，北京：文物出版社，2013年。

等不同的材料材质类型，雕塑、绘画等不同艺术表现形式的类型，以及兵器、货币、纺织品等不同社会功能的类型。每个类型作为一卷，有的类型因文物丰富再细分为若干册。这种最终分卷的分类标准的不一致，我想读者应该是能够理解的。

四、另类的中国物质文化史

编写一套系统的中国古代物质文化史，是主编张文彬教授提出的构想。张文彬教授早年就读于北京大学历史系考古专业，以后曾在郑州大学历史系任教，对中国古代物质文化史自然非常熟悉；他又曾担任国家文物局局长和中国博物馆学会会长，熟悉全国的文物状况和博物馆藏品情况，是主编中国古代物质文化史的最好人选。在已经拟定了基于文物分类的物质文化史编写纲要，这套书各卷刚启动编写不久，张文彬教授就因病卧床，不能继续主持编写工作。还在张文彬教授患病之前，我就受他之命协助联络作者；张文彬教授患病后，我受参与编写工作的朋友们的推举，担任这套书的“执行主编”。我基于自己对中国古代物质文化史的理解，增强了这套书的纵向通史系列，其他基本上按照张文彬教授原先拟定的编写体例来组织。现在大部分分卷已经定稿，回过头来看当时全书的设计框架，总觉得还有一些不尽如人意之处。这些主要表现在以下两个方面：

首先，一套完整的古代物质文化史通史不仅要有以时间为纲的通史主干，还应该有相应的纵向旁支。就如同北宋司马光主持编写《资治通鉴》（以下简称《通鉴》），他首先按照年代编出汇集史料的“长编”，以此为基础才编写《通鉴》这部翔实的编年体通史。与此同时，为了说明自己对史料异同的取舍，还编写了《资治通鉴考异》作为附属，以驳斥相反意见并客观保存异说。由于皇帝日理万机，没有那么多时间来翻阅294卷的《通鉴》，他们还编写了简写本30卷的《通鉴目录》，以满足特定读者的需要。除此之外，为了弥补《通鉴》覆盖时间跨度上的不足，司马光等还编写了20卷的《稽古录》这样的简录，时间上溯至传说中的伏羲，下延至宋英宗末年。可见司马光等人编写《通鉴》，原本有一整套完整周密的构想，即便都是编年体的史书，也有主有从，有繁有简，有纲有目，所以《通鉴》才显得与众不同，为史家所重。作为一套体例完整的中国物质文化史，在通史部分也需要像《通鉴》那样，除了需补充强化史前的旧石器时代卷和新增近现代卷，编写与中国古代物质文化史相关的资料和研究汇集外，还需要考虑简化本的中国古代物质文化史。

简化本的中国古代物质文化史以上下两卷最为恰当，这是因为基于可视的物质文化形态和面貌，在公元3—4世纪间，也就是三国至两晋间，以佛教传入并流行中国为标志，中国的主流物质文化发生了重大变化——在佛教传布开来之前，中国的城市和乡村的标志性建筑和景观是统治者的宫殿、衙署、宗庙、神祠，人们崇奉的是祖先以及社稷、山川、天地诸神祇，并且这些神祇都不采用造像的形式来表现；而在佛教流行中国后，中国城乡的标志性建筑和人文景观除了宫殿和衙署外，佛教寺庙（包括仿效佛寺而建的道教宫观）成为城乡最引人瞩目的标志性建筑和人文景观，大量佛教造像和少许道教造像占据了人们的精神世界，成为最广泛的崇奉对象。因此，西方汉学界往往都是以佛教传入并流行中国作为中国历史和艺术的最重要的转折标志，这以前的中国为“早期中国”，这以后的中国是“中晚期的中国”。早期中国的文化主流是传统的自然发展过程，尽管不断会有来自周边，尤其是来自北方草原地区文化的影响，但这种影响的程度是有限的，没有造成传统的变异、转移或中断。中晚期的中国，由于外来佛教的强力介入，使原先中国的主流文化发生了变异，佛教深深地浸入到社会生活的各个方面。原先不事偶像崇拜的中国社会，开始将大量财富用于制作顶礼膜拜的佛教像设和象征物，用于营建覆盖这些像设和象征物的殿堂楼塔，从而导致国家财政来源的分流，带来相应的经济和社会问题。宗教的驱动力量往往巨大且持久，以佛教传入中国且在中国流传为标志，将中国古代物质文化史划分为早晚两个大的时期，我想应该比较恰当。佛教传入中国的年代，尽管可以追溯到两汉之际前后[1]，但在整个东汉时期，佛教都是混杂在中国传统的神仙方士中流传，还没有得到人们的广泛认知。佛教成为一种专门的宗教为人们所接受，不会早于三国两晋时期。三国两晋时期正是中国制度、思想和文化的大变革时期，文学上有所谓“魏晋风骨”，反映在物质文化上，这时期的城市、陵墓、器用、书画等也都出现了一系列新的气象。据此，以三国两晋之际作为首要转折点，将中国古代物质文化史的通史部分划分为两个大的时期，编写一套两卷本的中国古代物质文化史简本，这一定是很有意义的。

其次，我们这套中国古代物质文化史虽配有大量的图片，但基本体例还是以文字为主，图片配合文字出现。而物质文化的视觉感知非常重要，故以文物的图像为基础而加以文字解说和诠释，对于形象地认知和理解中国古代物质文化非常必要。中国国家博物馆（原中国历史博物馆）研究员孙机先生，曾编写了一本《汉代物质文化资料图说》。这是孙机先生基于多年对汉代文物研究的心得，在数十篇论文的基础上完成的图文并茂的著作[2]。这种以图说的方式叙述一个朝代的物质文化史，既是中国“左图右史”史学传统的延续，又是博物馆陈列必要的基础研究和公众获取知识的良好途径，应当大力推广。只是这种以图说史的著述，另有一套独特的编写体系，需做大量资料整理的工作，还需有系统的研究积累，编写难度很大，故迄今未见以图说形式撰写的其他时代的中国物质文化史著作。续写一套中国古代物质文化史图说，应当很有必要。

作为一套全方位的“中国古代物质文化史”，理所当然应有一个“中国古代物质文化史图说”系列。这套图说不宜按照中国的历史时代来述说，而应该以物质文化本身发展演变的阶段性来编写。如果按照我们前面所说的中国物质文化发展的进程，需要有史前、三代、秦汉三国、两晋南北朝、隋唐五代、两宋·辽金西夏·南诏大理、蒙元、明清诸时代。每个发展阶段则应该有都城市镇、宫殿衙署、坛壝社稷、神祠寺观、祭祀礼器、街坊住宅、园囿苑林、陵园坟墓、矿场作坊、生产工具、钱币量具、路河邮驿、衣冠服饰、家具陈设、生活用器等名目，每个名目下再细分为若干种类来展开图文的叙述。这样一部图说的中国古代物质文化史，可以弥补目前这套书的不足，

1 关于佛教传入中国的时间，有两种说法：一种是西汉末期汉哀帝元寿年间，大月氏使者伊存向博士弟子景庐口授《浮屠经》之说，见《三国志》卷三〇裴松之注引曹魏鱼豢《魏略·西戎传》；一种是东汉明帝永平年间，蔡愔出使大月氏，与僧人摄摩腾和竺法兰一起用白马驮回佛经和佛像至洛阳之说。二说的年代相差不多，且都与大月氏有关。

2 孙机：《汉代物质文化资料图说（增订本）》，上海古籍出版社，2008年。

能够从更具体和更微观的层面展现中国古代物质文化的面貌。

我希望，今后如果能够有比较充裕的时间，组织相关专家编写一套这样的中国古代物质文化图说，对于更加深入地理解古代中国，普及传统文化知识，推进博物馆教育，将是一件很有意义的事情。

编写中国古代物质文化史是一项长期的工作，要有相当长时间的资料积累和研究积累。北京大学的考古学科，自1952年以来先后编写过多个版本的《中国考古学》征求意见稿，如1960年、1972年版的《中国考古学》铅印本等，并有“多卷本中国考古学”这样的重大科研项目来推动，但迄今为止，这套多卷本《中国考古学》仍然没有问世。这其中既有新的考古资料不断涌现所带来的认识的更新，也有老一辈学者与新一辈学者认识上的差异，当然也还有这样和那样的原因。不过，仅从这一事例就可以看出，要编写一套优秀的学术著作是多么的不容易。《中国考古学》从某种意义上来说，与《中国古代物质文化史》有许多共通之处，要编写这样一套书需要投入较长的时间和相当的人力和物力。这部《中国古代物质文化史》作为一项国家出版项目，有出版的时间限定，我这个慌忙上阵的执行主编，只能尽可能召集一些长期从事中国考古学教学和科研，手头有比较现成的研究成果或讲稿，经过补充、整理、强化就可以成书的研究者，来承担中国古代物质文化史系列各卷的撰写任务[1]。由于撰写时间的限制，一些作者在完成初稿后，可能没有更多的时间来广泛征求意见和做细致的加工完善。可安慰的是，这套《中国古代物质文化史》本来就有为今后编写《中国考古学》和修订补充各专门物质文化史征求意见的意图。如果读者发现这套《中国古代物质文化史》存在这样或那样的不足，就尽管提出批评和建议，我们一定虚心听取，以便在今后编写《中国考古学》系列时能够做得更好些。

孙 华

1 考虑到我所在的北京大学考古文博学院，也在考虑重启多卷本《中国考古学》的编写，为了使二者不发生重合，保持《中国古代物质文化史》通史系列自身的特色，我主要邀请了北京大学以外的高校考古专业的专家和教师来承担各卷的编写任务。

目录

第二章 墓葬 / 〇四二

第三章　帝陵 / 二三八

※ 本书所使用图片， 如未标注出处者，均系由开明出版社提供。

前　言

宋元明清时期属于我国历史进程中的封建社会晚期，它始于北宋，止于清亡，即公元960—1911年，其中辽代从耶律阿保机建立契丹国开始，故时代上限可追溯到公元907年。此一时期，中国社会在许多方面发生了深刻的变化。政治上，专制主义的中央集权制得到进一步加强；思想上，封建统治者大力提倡程朱理学，将儒家思想推到了十分崇高的地位；经济上，土地兼并和土地集中进一步发展，商品经济不断繁荣，城市中的工商业者显著增加，所谓“市民”阶层逐步兴起。

此一时期又值中国历史上的民族大融合期，亦是中外文化交流颇为频繁的阶段。契丹、党项、女真、蒙古和满族等少数民族先后建立政权，并与汉人（政权）展开了长时段、多层次和多形式的交流与碰撞。宋元明清各朝在输出以瓷器为代表的中国文化的同时，亦从境外输入了内涵丰富的异域文明，所涉包括商品、宗教和技术工艺等。以上种种，使得宋元明清时期物质文化遗存异彩纷呈而又妙趣横生。

值得注意的是，这一时期有大量传世物品，同属“物质文化”的范畴，但这些文物大多系非科学手段所获，真伪莫辨，缺乏详细可靠的背景信息，故本书所述“物质文化遗存”均为考古发掘或调查所获资料。

对宋元明清时期物质文化遗存的关注，在各朝代当朝的时候就已开始，其记载虽非科学调查所获，使用起来有一定的局限，但不少材料来源清楚，记载具体，图文并茂，对我们判断有关遗存的年代、性质和地域分布等，仍有重要参考价值。不过，类似的记载数量有限，难以呈现宋元明清时期物质文化遗存的全貌。20世纪前半叶，以田野调查和发掘为基础的近代考古学在我国兴起，宋元明清考古在此背景下得以展开，获取了不少物质文化遗存。然而，相关工作多是以民间形式或个人身份开展的，且以调查、实测为主，罕有发掘。国内学者参与度不高，较之史前、秦汉考古尤然，个案研究和综合研究的深度有限，无论是理论抑或是实践层面，都还处于探索和尝试阶段。新中国成立至20世纪70年代末，宋元明清考古得到了很大发展，城址、帝陵、墓葬、宗教遗迹和手工业遗迹等物质文化遗存皆有发现，但亦存在明显的不平衡性，突出表现为墓葬、城址多，宗教遗迹少。墓葬中，宋墓发现和研究最多，元明清时期墓葬的发现与研究则冷清得多；城址中，辽金元时期者居多，两宋和明代较少。改革开放以来，随着经济建设的发展，宋元明清考古取得长足进步，物质文化遗存无论是种类还是数量均大幅度增加，在一定程度上缓解了此前的不平衡性，并滋生出若干新的研究领域。如以北宋东京城、南宋临安城为代表的两宋城址的发现，在很大程度上扭转了过去宋代城市发现甚少的局面；元明墓葬不仅数量多，分布上也遍及大江南北，清代墓葬亦发现不少；随着水下考古的开展和推进，中外文化交流研究开始涌现并日渐兴盛。部分学者还从文化艺术史、经济史、科技史、社会生活史和思想史的角度，对宋元明清时期的物质文化遗存进行研究[1]。

综上，宋元明清时期物质文化遗存数量多，分布广，类型繁杂，上至帝王，下至平民等不同阶层、不同群体的实物遗存都有发现。有关宋元明清时期物质文化遗存的研究成果蔚为壮观，举凡政治、经济、文化、思想、军事、宗教、民族、社会生活、中外交流等均有涉猎。然就物质遗存本身而言，仍以城市、墓葬和宗教、手工业、中外文化交流遗存最为引人注目。有鉴于此，本书拟以上述五个方面为重点，对宋元明清时期的物质文化遗存进行叙述。五大版块中，各版块又因材料和研究成果的不同而有所侧重，如城市、墓葬和宗教、手工业遗存的篇幅较大，而中外文化交流遗存则不然。各版块叙述方式亦因材料和研究路径等的不同而有所差异，如城市就因为都城和地方城市的等级有别，故分而叙之，帝王陵墓和平民墓葬的区分亦是如此。论及都城和地方城市时，均选取其中形制和布局清楚者，当然也最大限度地考虑到政权、时代和地域的均衡性；述及帝王陵墓和平民墓葬时，体例又有所不同，帝陵虽数量少，但蕴含了丰富的信息，故逐一叙述。平民墓则以现有成果为依据，或采取分区的方式介绍（宋、金、元墓即是如此），或按照族属、身份展开（辽、明墓即是如此），或只作简要分类、例举（西夏、云南火葬墓即是如此）；又如手工业遗存，本书择其大宗品（瓷器、铜镜和金银器）分而叙之。其中，瓷器的产地因瓷窑的大量发现而有迹可循，因此可以窑口这一瓷器生产的基本单位为纲进行介绍，考虑到明清的瓷业格局较之于宋元两代变化较大，故有必要将二者加以区分。铜镜和金银器生产作坊远不及瓷器明确，目前只宜以朝代为纲，其下叙及类型和（阶段性）时代特征等，各朝代亦存在一定的不平衡性；再如宗教遗存，属性不同，相关遗存及其特征自然有别。依据遗存的宗教属性，并结合各属性遗存的多寡，本书分佛教、道教和其他宗教遗存加以介绍；论及中外文化交流，所涉问题繁多，但若着眼于文化交流这一“题眼”，不难发现文化交流的不同层次是厘清纷繁复杂现象的绝佳切入点，故而本书分经济贸易、宗教思想和科技工艺三个方面，对此一时期的中外文化交流情况加以阐述。

基于上述五大版块展开的谋篇布局亦即本书的基本框架，这一框架以最新的考古发现和研究成果为依据（截至 2016 年 12 月底），力图对有关重要考古发现和研究进展作一合理、清晰、忠实而系统的阐述。因此，本书实际上是前贤集体智慧的结晶，敬请读者识之正之。

---

1 秦大树：《宋元明考古》，北京：文物出版社，2004 年，第 6—16 页。

第一章
城　市

中国古代城市的发展和演变，大致经历了先秦、秦汉、魏晋南北朝隋唐和宋元明清四个大的阶段[1]。较之此前的三个阶段，宋元明清时期城市发展更为迅猛，数量在千座以上，比此前的任何一个时段都要多[2]。除都城、地方行政治所和军事城堡等秦汉以来传统的城市类型外，还出现纯粹因经济生活而兴起的城镇[3]。

以下拟分都城和地方城市两种不同类型，对宋元明清时期城市考古发现和研究做一叙述。

第一节　都　城

都城是一个王朝的象征，是其政治、经济、文化和军事中心。中国古代都城的地理选址、形制布局随着历史的演变、社会环境的变化呈现出阶段性。宋元明清历时 950 多年，其间先有北宋和辽呈南北对峙之势，后继之以南宋和金，西部则有西夏、大理等边境王朝，至 1279 年此种分裂态势终结于元，明清两代继续维持着奠基于元的大一统格局。绝大多数王朝为有效控制国内局势，抗拒境外敌人入侵以巩固其统治，普遍设置多座都城。如北宋王朝即设有四京

1 徐苹芳：《中国古代城市考古与古史研究》，氏著：《中国历史考古学论丛》，台北：允晨文化实业股份有限公司，1995 年，第 89—104 页。

2 根据秦大树先生的统计，“辽代城址总数据最近的统计有五百六十余处”“黑龙江境内有许多金代城址……共有两百多座”“东北地区辽金城址极多……通过文物普查，吉林省发现这样的古城多达两百六十多座……辽宁省也发现一百余座”“宁夏、陕西、四川、重庆等省市对宋元明时代军事城堡的调查也是城址考古工作的重要方面。……陕西根据第三次文物普查统计宋元时期的城址有近一百三十座，其中州县故城较少，多数是军事性的城堡、军、寨。……据初步调查，四川和重庆市有南宋修筑的抗（蒙）元山城五十余座”（参见秦大树：《宋元明考古》，北京：文物出版社，2004 年，第 99、101、102、114、115 页），据此可知，宋元明时期城市数量不少于一千座。据曲英杰先生统计，迄今已发现“史前城址五十余座”“经调查和发掘的周王及诸侯国都城等大小城址已近五百座”，可知先秦时期城址总数约有六百座（参见曲英杰：《古代城市》，北京：文物出版社，2003 年，第 11、59 页）；“秦汉城址有 620 余座”（参见中国社会科学院考古研究所：《中国考古学·秦汉卷》，北京：中国社会科学出版社，2010 年，第 246 页）；魏晋南北朝时期的城址数量不详；隋唐五代时期的城址在一百座左右（参见曲英杰：《古代城市》，北京：文物出版社，2003 年，第 166 页）。如此，则魏晋南北朝隋唐城址数量不会超过一千座。

3 徐苹芳：《中国古代城市考古与古史研究》，氏著：《中国历史考古学论丛》，台北：允晨文化实业股份有限公司，1995 年，第 89—104 页。

（东京开封府、南京应天府、西京洛阳府、北京大名府）；辽代设有五京（上京临潢府、东京辽阳府、南京幽都府、中京大定府、西京大同府）；金代则多达六都（上京会宁府、中京大兴府、东京辽阳府、北京大定府、西京大同府、南京开封府），是中国历史上陪都设置最多的朝代；元代以北平府为大都、开平府为上都；明代的临濠中都、承天府先后与北京顺天府和南京应天府共存，形成了三都并立的局面。不过，宋元明清时期的多数陪都仅有都城之名而无都城之实，甚至没有帝王或国君居留过，更无从行使都城职能以实施其政治影响。因此，本阶段的都城体系可概括为实际上的一都独大和形式上的多都并存制度[1]。考虑到本阶段城市考古发现和研究尚存在着较大的不平衡性，本书选择部分具有代表性的城市加以介绍。

一、北宋东京城

北宋东京城遗址位于今河南省开封市。北宋建国（960年）以来在后周开封城的基础上增修扩建而成，其前身最早可溯至唐汴州城。靖康二年（1127年），金灭北宋，改东京为汴京，海陵王贞元元年（1153年），改称南京，在北宋皇宫废墟上重新营建宫室，作为金之陪都。明洪武十一年（1378年），太祖朱元璋封其子朱橚为周王，领地开封，翌年在宋金皇宫基址上营建周王府。

金明昌五年（1194年）以来，随着黄河改道，紧邻其南的开封地区不断受到洪水的侵袭，尤以明崇祯十五年（1642年）和清道光二十一年（1841年）最甚，几乎使开封城遭受“灭顶之灾”。频繁的水患与历代王朝的更替，使得北宋东京城遗址叠压于厚厚的黄河淤沙和金、明代城址之下，距地表深达8—11米，形成了中国古代都城发展史上罕见的开封地下“城摞城、城套城、门压门”的奇特景观。这种情况给东京城的考古勘探工作带来很大困难。直至20世纪90年代，东京城的研究才首次由文献走向实证[2]。

20世纪90年代以前，北宋东京城的研究皆以文献为本，学术界均认为东京城由外城、内城和皇城三部分组成，文献所载的皇宫实为一城。至20世纪90年代初，田凯先生率先提出“皇宫二城说”，确指宫城周长五里，皇城周长九里十三步，并在此基础上对皇城和宫城的大致范围作了推断[3]。但田凯先生的“皇宫二城说”是基于历史文献提出的，绝少涉及考古材料。随着北宋东京城考古工作的进一步开展和勘探、试掘资料的公布[4]，关于皇宫的讨论更趋激烈。原来的“皇宫

1 潘明娟：《先秦多都并存制度研究》，陕西师范大学博士学位论文，2009年，第242页。

2 赵永复：《十大古都》，上海：上海古籍出版社，1992年，第79—96页；丘刚：《开封文物工作的回顾与展望》，开封市文物工作队编：《开封考古发现与研究》，郑州：中州古籍出版社，1998年，第1—8页。

3 田凯：《北宋开封皇宫考辨》，《中原文物》1990年第4期。

4 开封宋城考古队：《北宋东京外城的初步勘探与试掘》，《文物》1992年第12期；开封宋城考古队：《北宋东京内城的初步勘探和试掘》，《文物》1996年第5期；丘刚、董祥：《北宋东京皇城的初步勘探与试掘》，开封市文物工作队编：《开封考古发现与研究》，郑州：中州古籍出版社，1998年，第165—174页。

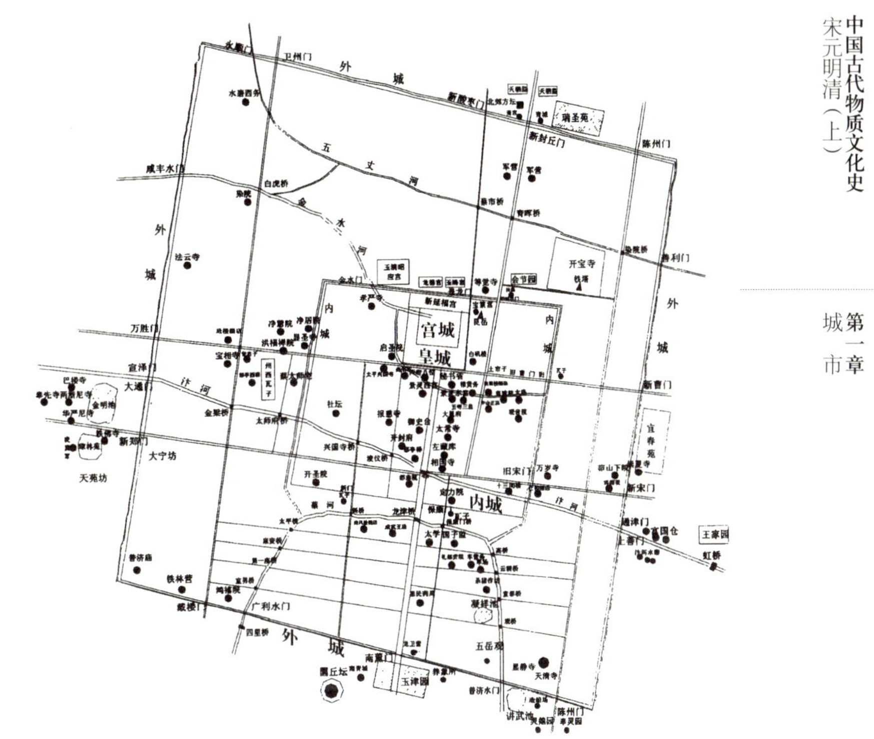

图 1-1-1　北宋东京城布局示意图

（采自李合群：《北宋东京布局研究》，第 129 页，图八八）

一城说”仍不失其生命力[1]，而“皇宫二城说”亦有所发展，从中衍生出新的“皇宫二城说”[2]和“宋无宫城说”[3]。经综合比较，本书更倾向于李合群先生的“皇宫二城说”。理由有二：一是诸多史料可证实皇宫二城之存在，如《宋刑统》卷八之官方法典揭示了皇宫二城的区别——内外关系及等级关系[4]。勘探结果亦表明皇城的存在并非无迹可寻[5]。二是“宋无宫城说”与文献记载、考古发现抵牾较大，而田凯先生的“皇宫二城说”在推测皇城的东西跨度时排除御街宽度的做法似与《东京梦华录》语境不符，这也是新旧“皇宫二城说”的根本差别[6]。故本书主要参考李合群先生的观点，对北宋东京城的形制和布局加以介绍。

北宋东京城为外城、内城、皇城和宫城重重相套的四重城（图 1-1-1）。

外城是在后周外城的基础上增修的，平面呈东西略短、南北稍长的菱形，周长约 29120 米，折合宋里约 52 里，与文献记载的五十里一百六十五步基本吻合，

---

1 陈朝云：《北宋东京皇城、宫城问题考辨——兼与孔庆赞先生商榷》，《郑州大学学报》第 30 卷第 6 期（1997 年 11 月）；张驭寰：《北宋东京城复原研究》，《建筑学报》2000 年第 9 期；焦洋：《北宋东京皇城、宫城的“名”与“实”》，《南方建筑》2011 年第 4 期。除上述论文外，还有很多论著均采用“皇宫一城说”，恕不一一列举。

2 李合群先生认为，文献记载的北宋皇、宫实乃二城，皇城周长九里十三步，宫城周长五里，但他关于皇城与宫城的具体位置及范围的看法，则与田凯先生迥异（参见李合群：《北宋东京皇宫二城考略》，《中原文物》1996 年第 3 期；李合群：《北宋东京布局研究》，郑州大学博士学位论文，2005 年，第 23—29 页）。

3 张劲先生认为，田凯先生所划定的皇城范围过大，实际的皇城范围不包括田凯先生所划入的延福宫，皇城面积为七里而非九里十三步。北宋东京城并不存在宫城，简报所称 1981 年在今龙亭附近勘探到的周长五公里的东京皇城，实际上是金代的宫城（参见张劲：《开封历代皇宫沿革与北宋东京皇城范围新考》，《史学月刊》2002 年第 7 期）。

4 李合群、刘书芳：《再论北宋与金代开封皇宫的几个问题》，《华夏考古》2012 年第 4 期。

5 多数学者均认为今新街口处叠压于明周王府南萧之下的宋代门址，应为皇城南门——宣德门。

6 田凯、李合群先生均认可皇城周长九里十三步的文献记载和今新街口周王府萧墙下的宋代门址即为皇城南门宣德门的观点，但他们对皇城北墙所在位置的认识不同，前者认为目前已勘探到的内城北墙即皇城北墙，而后者认为目前已勘探到的宫城（注：即报告所称之皇城）北墙即为皇城北墙。

方向约北偏东 8°。有学者指出外城的不规则形状是“人盘”定位的产物[1]。对部分墙段的试掘表明，外城墙呈上窄下宽的梯形，底宽 34.2 米、残高近 9 米、顶部残宽约 4 米，由此可想象当时外城“其高际天，坚壮雄伟”的雄姿[2]。城墙外设有城壕[3]，史载外城共十二座设有瓮城的城门，其形制因功用而异，可分为“直门两重”和“瓮城三层，屈曲开门”两种，另有水门七座[4]。目前，已探出包括南墙正门——南薰门在内的城门和水门十座，并证实了文献记载所说的“直门两重”和“瓮城三层，屈曲开门”的可靠性。

内城即唐代的汴州城，大致位于外城中央，其东西墙叠压于现存明清开封城[5]之下，北墙上叠压有金宫北墙和明周王府北萧墙。平面近方形，周长约 11550 米，折合宋里约 20.63 里，与文献记载的二十里一百五十五步基本吻合。城墙外亦设有城壕[6]，史载共十座城门、两座水门。目前，仅探出南墙正门——朱雀门及西墙上的角门子遗址两处。

皇城的具体形制和范围，目前尚缺乏考古材料以资说明。根据李合群的推测，皇城位于内城偏北，其北墙与已探明的宫城（即简报所称之皇城）北墙重合，南墙位于今新街口一带，平面亦近方形，周长约 5000 米，与文献记载的九里十三步大致吻合。今新街口处已探明的明周王府萧墙南门之下的宋代门址，即皇城南门——宣德门[7]。

宫城位于皇城中央偏北，其东、南、北三墙[8]均叠压于明周王府紫禁城之下，可证“周府本宋时建都宫阙旧基”[9]的记载不虚。平面呈东西略长的长方形，周长约 2521 米，与文献记载的“周回五里”大体相合。北城墙经发掘可分为上中下三层，下层以棕褐色夯土筑成，年代为晚唐至宋初；中层系砖砌而成，年代为宋真宗时期；上层为一层夯土、一层碎砖交替夯筑而成。宫城南门为大庆门，叠压于今午朝门处的明周王府紫禁城南门之下，北门（亦即皇城北门）为拱宸门，叠压于今龙亭大殿北 15 米处的明周王府紫禁城北门之下。

目前，北宋东京城的街道及各类衙署、坛庙等建筑的实物资料十分有限，但从已有的考古发现看，《东京梦华录》等文献所记的街道布局基本可信[10]。南向御街自皇城南门——宣德门向南，经内城南门——朱雀门，至外城南门——南薰门，

1 转引自直长运、李合群：《北宋东京外城的结构与形制》，《河南大学学报》（自然科学版）第 37 卷第 4 期（2007 年 7 月）。

2 丘刚：《北宋东京三城的营建和发展》，《中原文物》1990 年第 4 期。

3 开封市文物工作队：《北宋东京城外城城壕护坡勘探简报》，《华夏考古》2007 年第 3 期。

4 所谓直门两重，就是门外所筑瓮城的门和原有城门处于同一直线，迥异于三重瓮城那样各门彼此龃龉，即所谓“屈曲开门”［参见（宋）孟元老撰，邓之诚注：《东京梦华录注》卷一，北京：中华书局，1982 年，第 1 页］。

5 此处的明清开封城并非明周王府，而是明崇祯十五年（1642 年）黄河水患之后重新修建的。

6 吴岚：《关于北宋东京外城城垣及里城、宫城的城壕问题》，《黄河科技大学学报》第 4 卷第 1 期（2002 年 3 月）。

7 李合群：《北宋东京布局研究》，郑州大学博士学位论文，2005 年，第 23—29 页。

8 西墙大部分地段被湖水淹没，无法进行考古勘探。

9 孔宪易校注：《如梦录》，郑州：中州古籍出版社，1984 年，第 6 页。

10 之所以说基本可信，是因为勘探结果表明，某些街道贯穿的城门位置及其形制，与文献记载大体吻合，如宣德门前东西大道贯穿的万盛门与新朝门；南薰门和新郑门为御街之门，均作“直门两重”。

构成全城的中轴线，已勘探的州桥遗址[1]即位于这条中轴线上。沿此轴线继续向北，即可抵达宫城内的大庆殿遗址，殿基平面呈凸字形，东西宽约80米、南北最大进深约60米、残高约6米，四壁均用青砖包砌，四周还有宽约10米、长近千米的包砖夯土廊庑[2]。值得一提的是，今开封市纵贯南北的中轴线——中山路与上述南向御街重合，由此证明，北宋至今的千年中，开封城的中轴线一直未有大的变化[3]。西向御街自州桥遗址向西至外城西墙上的新郑门遗址。东向和北向御街的走向，有待进一步勘探。宣德门前的东西向大街，西起外城西墙上的万胜门遗址，东至外城东墙上的新曹门遗址，是东京城内除上述四条御街外最重要的大街。

史载东京城内南有蔡河，东北有五丈河，西北有金水河，汴河则自西向东横穿全城[4]，形成了“四水贯都”[5]的水路格局，为东京城内日用物资的供给提供了极为便利的运输条件。现已初步探明蔡河和汴河故道的部分地段，并在此基础上大致勾勒出了东京城内蔡河和汴河故道的流向。

蔡河自今开封南郊蔡屯村东南部的广利水门入城，向东北经市广播电视大学附近，然后折向东，经东京大饭店的北侧、工商局家属院、水利公司院内、营街北侧，在营街的东段穿过营街至其南侧再向东，至西太平街洞口处的北侧穿过中山路，至勤农街的北侧，然后再折而东南流，至外城的普汲水门出东京城[6]。

汴河自今开封西郊土城村南的西水门入东京外城，然后向东偏南方向分别流经开封大学东北角、汽车三运公司搬运总站南侧、中药厂厂区南部、针织内衣厂西分厂东北角、开封衡器厂院内、纺织器材厂北部、消防队西环路支队院内，至二建综合加工厂，再由小西门北侧的汁河西角门子入东京内城，向东沿向阳路北侧、包公祠北侧、包公西湖中部、市供销社、电影公司、后河街、皮革大世界沿线至中山路的州桥遗址，再向东经鼓楼区文教局、胭脂河生活小区北部至宋门南部的汴河东角门子出东京内城，再折向东南流经东郊煤厂，至火葬场大门西侧的东水门出东京外城[7]。此外，还勘探发现外城西墙之西近300米处的金明池及其南的临水殿遗址[8]。

北宋东京城是宋元明清时期规模最大的都城[9]，其选址和形制布局与当时的社会背景息息相关。

中晚唐以后，江南地区经济力量增强，逐渐成为全国的经济中心，因此，东南漕运直接关系到中央王朝的安危；另一方面，随着东北契丹势力的崛起，国防

---

1 李克修、董祥：《开封古州桥勘探试掘简报》，开封市文物工作队编：《开封考古发现与研究》，郑州：中州古籍出版社，1998年，第189—193页。

2 即今午朝门以北的龙亭处发现的凸字形夯土建筑台基，简报据其位置称之为“龙亭大殿”，李合群考证为大庆殿遗址。

3 开封宋城考古队：《北宋东京外城的初步勘探与试掘》，《文物》1992年第12期。

4 杨宽：《中国古代都城制度史研究》，上海：上海古籍出版社，1993年，第290页。

5 宿白：《汉唐宋元考古》，北京：文物出版社，2010年，第144页。

6 刘春迎：《宋东京城遗址内蔡河故道的初步勘探》，开封市文物工作队编：《开封考古发现与研究》，郑州：中州古籍出版社，1998年，第197—204页。

7 开封市文物工作队：《河南开封市宋东京城内汴河故道的初步勘探与试掘》，《考古》1999年第3期。

8 李合群：《北宋东京金明池的营建布局与初步勘探》，开封市文物工作队编：《开封考古发现与研究》，郑州：中州古籍出版社，1998年，第194—196页。

9 曲英杰：《古代城市》，北京：文物出版社，2003年，第242页。

重点东移，关东地区成为政治、军事角逐的关键地区。北宋初年的关东，适应上述经济和国防双重要求的城市以开封较为优越，其优势不仅在于开封是前朝故都所在，历经五代时四朝兴修，城池宫阙完备，更突出表现为开封位居天下之中，周围运河密布，交通极为便利，前述“四水贯都”的水路格局即为明证[1]。但是，开封四周的平坦地形于军事防御极为不利，史载后晋开运三年（946 年），辽主耶律德光仅用三个月便攻占了开封城。因此，北宋东京城军事防御色彩极为浓重，抛开频见于史籍而今仍无迹可寻的马面、女墙、角楼等边城习见的防御设施不说，仅从其四重城墙重重相套之结构，内外城之外增设城壕，外城城门加筑瓮城等做法，便可领会到东京城城市建造的军事用意。

东京城的街道布局，虽缺乏实物资料以资说明，但《东京梦华录》《清明上河图》表明，北宋东京城已突破了里坊制的束缚，沿街设店的现象常见，出现了多处贸易中心和多种形式的贸易场所。旧有里坊制的崩溃，是唐末五代以来商品经济迅速发展的结果，此种崩溃反过来又成为推动商品经济迅速发展的强大动力，为开放式街巷制彻底取代封闭式里坊制奠定了坚实的基础[2]。

二、南宋临安城

南宋临安城遗址位于今浙江省杭州市。绍兴八年（1138 年）南宋朝廷定都于此后，在吴越国西都——杭州的基础上增修扩建而成，其前身最早可溯至隋杭州城，景炎元年（1276 年）为元军所攻克。有元一代，“禁天下修城以示统一”，杭州并无较大规模的城市建设。元末，张士诚更筑杭州城，但是，文献记载云，从“东自艮山门至候潮门，视旧城拓开三里，而络市河于内；南自候潮门迤西则缩入二里，而截凤凰山于外城之东西，视旧差广。门十三。宋制亦十三门……城周三十五里一百丈。此今城之大略也……”[3]可知张氏所筑城垣，是在南宋旧城墙基础上所做的改造。此后的明、清杭州城城墙，又是在张氏城垣的基础上修筑而成的，范围并无变化，城门亦在原位。辛亥革命后，杭州城城墙陆续被拆除，不过，在此之前的清光绪十八年（1892 年），浙江舆图局曾利用近代科学方法测量绘制了浙江省城图（即杭州地图），现今仍有存本[4]。上述历史沿革和绘制于清末的浙江省城图，为南宋临安城的复原研究提供了重要依据。

迄今为止，有关临安城平面形制和布局的考古材料并不多，但据浙江省城图和《咸淳临安志》所载《京城图》[5]等文献图本可知，南宋临安城由外城和皇城两部分组成。

外城的南北墙较短（约 2500 米），东西墙较长（约 7000 米）且曲折外鼓，故又名“腰鼓城”，其南达吴山，北至武林门，西临西湖，东靠钱塘江，面积约 15

1 陈峰：《北宋定都开封的背景及原因》，《历史教学》1996 年第 8 期。

2 贺业炬：《中国古代城市规划史》，北京：中国建筑工业出版社，1996 年，第 604、605 页。

3 （清）顾祖禹撰，贺次君、施和金点校：《读史方舆纪要》卷九十，北京：中华书局，2005 年，第 8 册，第 4123、4124 页。

4 任幸时：《南宋以前杭州城郭考》，浙江大学硕士学位论文，2002 年，第 3 页。

5 （宋）潜说友：《咸淳临安志》卷一，台北：成文出版社，1970 年，第 23 页。

平方公里。外城共设城门 13 座、水门 5 座，城门造有楼阁，水门则均为平屋[1]。

2014 年，杭州市文物考古研究所对临安城东城墙进行试掘，发现较为完整的城墙遗迹，并首次确定了城墙主体的宽度。东城墙遗迹位于上城区上仓桥路 12 号院，发现外侧护坡、城墙包砖及外侧大石块基础、填土和内侧大石块基础等遗迹，确定临安城东城墙整体呈南北走向。该段城墙兴建于五代后梁开平四年（910 年），宋代沿用，过去学者通常认为在元代以后城墙即已全部毁坏。最新考古发现表明，临安城东城墙在元代虽然未经修缮，主体部分即使坍塌仍然大量留存，城墙残基地面部分可能在明清时期完全坍塌，遗迹保留到近代才在地面消失[2]。

皇城位于外城的南部，地处凤凰山东麓的案山（即今吴衙山），其四至范围已探明。东墙位于馒头山东麓；南墙地处宋城路南侧一线；西墙仅建有南段，其北段系利用凤凰山的自然山体依山为墙；北墙位于万松岭路以南和凤凰山北侧余脉的山脊之上，其西段恰与凤凰山形成合围之势，这与文献记载正相吻合。皇城平面形制近长方形，东西长约 800 米、南北宽约 600 米、周长约 2800 米，折合宋里约 5.6 里，与顾炎武《历代宅京记》“皇城九里”[3]相差较大。城墙均系夯土筑成，并伴有夹杂砖瓦、包砌石块的现象，西、南墙外侧还勘探出具备城壕功能的排水沟，沟宽 15—20 米、深超过 4.5 米[4]。史载皇城共四座城门，现已探明北墙和宁门、东墙东华门的位置[5]。

文献图本史料表明，南宋临安城以纵贯南北的御街为中心，东西横贯四条大街，通向东西墙的城门，其间分布有众多东西向小巷，城内河渠交错，构成了纵街横巷、水陆并行的街网格局。2004 年，考古工作者在今严官巷南北两侧发掘出南宋时期的御街、御街桥堍和桥墩基础、道路、殿址、围墙、河道、石砌水闸设施以及元代石板道路等重要遗迹[6]，确定了全城的中轴线，为研究南宋临安城的形制布局提供了非常有价值的材料（图 1-1-2）。严官巷以北约 100 米为太庙遗址。太庙东围墙厚 1.8 米、残高 1.4—1.5 米，全部用条石错缝砌叠而成，围墙内侧用长方形青砖平铺成凹槽以作散水，外侧则用宋代特有的“香糕砖”铺砌地面并与其东面的御街相衔接。围墙北段的外侧还发现有方形的石砌基础，推测为放置石狮的基石，南段则发现一处大型的夯土台基，高约 0.5 米，其中清理出多块模压有“官”“上二”“平一”等铭文的长方形砖块。太庙的东大门位居围墙中部，宽约 4.8 米，门座底部用长方形砖竖砌城基础及门槛基槽。门外侧并立两个石砧，门内有一条与门等宽的砖砌大道直通太庙的主体建筑。大门右侧还发现地下排水系统，下水道穿墙而过注入御街[7]。严官巷以南约 400 米即为皇城遗址，现已明确其中心区即今省军区某部综合库房大院。2004 年，考古工作者在此勘探出夯土台基若干

---

1 胡艳婷、李稹：《当时临安城堪称“世界第一大都”——听南宋史学大家林正秋教授解析南宋古都》，《杭州日报》2008 年 3 月 31 日第 20 版。

2 杭州市文物考古研究所：《杭州临安城遗址上仓桥段东城墙试掘简报》，《杭州文博》2015 年第 1 期。

3 （明）顾炎武：《历代宅京记》，北京：中华书局，1984 年，第 246 页。

4 朱岩石、何利群：《二〇〇四年度杭州南宋临安城皇城考古取得突破性进展》，《中国文物报》2004 年 11 月 17 日第 1 版。

5 李德金：《南宋临安城遗址》，《中国考古学年鉴》（1986 年），北京：文物出版社，1988 年，第 127 页。

6 《2004 年度全国十大考古新发现》，《社会科学报》2005 年 5 月 19 日第 6 版。

7 杭州市文物考古所：《杭州发现南宋临安城太庙遗址》，《中国文物报》1995 年 12 月 31 日第 1 版。

处，其中较大者5处，水池遗迹3处[1]。此外，还发掘出临安府治诵读书院遗址和恭圣仁烈皇后宅遗址等建筑遗存。其中，诵读书院遗址是一组以厅堂为中心，前有庭院、后有天井、周围有厢房和廊庑环绕的封闭式建筑群[2]；而恭圣仁烈皇后宅遗址则清理出正房、后房、庭院、东西两庑和夹道等遗迹，其房屋台基和地面基础都经过夯筑，台基周围均有砖砌护墙，地面全部用砖铺成。尤其是庭院中的方池和有完善排水设施的夹道，制作非常考究。房屋开间和庭院中的假山，规模十分宏大，为普通古代园林所少有[3]。

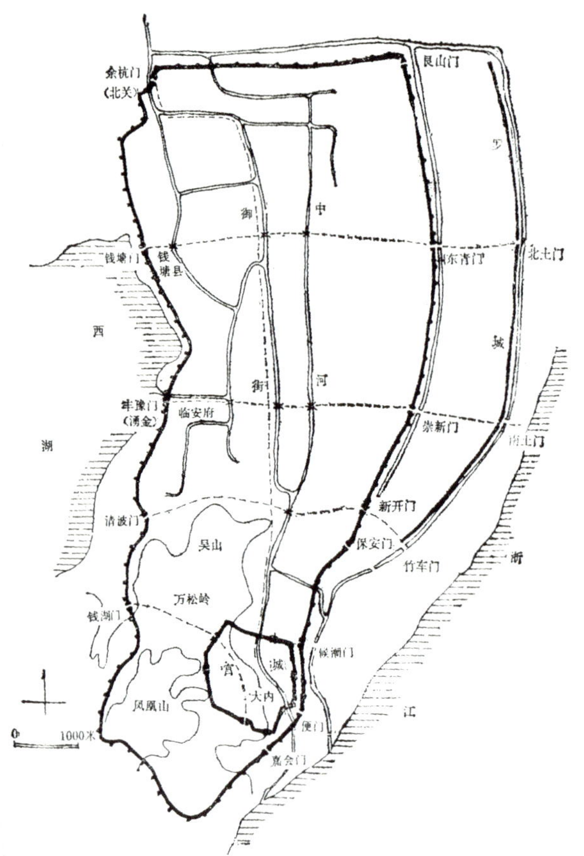

图1-1-2　南宋临安城复原想象图
（采自秦大树：《宋元明考古》，第33页，图二）

南宋临安城位居江南水乡之中，地处丘陵之间，独特的地理环境造就了它别样的风格。较之于北宋东京城、金中都和元大都等中原都城，南宋临安城的特点突出表现在以下三个方面：

1. 城垣呈腰鼓形。全城形制因地制宜，一反中国古代都城形制崇方的传统，整个城垣呈腰鼓形。

2. “坐南朝北”的特殊布局。临安城的南部和西南部是丘陵地带，北部和东南部是水网地带，而政治上的统治中心宜居高以临下。因此，南宋临安城的皇城承袭五代时期吴越国子城设于全城南部的凤凰山麓下。中心御街起自皇城北门——和义门，向北至万宁桥后又折向西直达新壮桥和中正桥，形成了“坐南朝北”的特殊布局[4]。

3. 城内河渠众多，街巷交错其间，形成了水陆并行的交通格局。作为南宋王朝的“行在所”，临安城以贯穿全城南北的中心御街区别于后文将要提及的南宋平江府城，该中心御街应系借鉴北宋东京城中心御街，以标榜其都城性质。中心

1 朱岩石、何利群：《二〇〇四年度杭州南宋临安城皇城考古取得突破性进展》，《中国文物报》2004年11月17日第1版。

2 杜正贤、梁宝华：《杭州发现南宋临安府治遗址》，《中国文物报》2000年11月22日第1版。

3 《2001年度全国十大考古新发现》，《中国文物报》2002年4月19日第6版。

4 杨宽：《中国古代都城制度史研究》，上海：上海古籍出版社，1993年，第344—349页。

御街两侧分布众多东西向街巷，构成了“鱼骨”状的陆路交通格局，是开放式街巷布局的典型代表，体现了南宋时期商品经济的发展和繁荣。

三、辽上京

辽上京遗址位于今内蒙古自治区巴林左旗林东镇南，始建于神册三年（918年），至会同元年（938年）基本建成，天庆十年（1120年）为金兵所攻克。金天眷元年（1138年）改辽上京为北京，天德二年（1150年）又改称临潢府路，至海陵王贞元元年（1153年），原辽上京城旧地被设为北京临潢路提刑司。金代中期以后，辽上京已从一代国都沦落为一个与蒙古接壤的边陲小城镇。正大七年（1230年），蒙古国太宗窝阔台将辽上京旧地之居民迁走，此后的辽上京彻底衰落，逐渐变为废墟，成为蒙古族的游牧之地[1]。

关于辽上京的平面形制，分歧很大，分歧的焦点在于《辽史·地理志·上京临潢府》[2]记载郛郭的有无及其存在形式。

王晴先生认为，上京有二城，“北曰皇城、南曰汉城”，他在将皇、汉两城各自的周长相加后称，“两城总长12173米，合24.34里，与文献记载两城‘幅圆二十七里’略有出入”[3]，试图根据文献记载证明郛郭即皇、汉两城的总体。

李逸友先生没有采用王晴先生皇、汉两城周长相加即辽上京周长这一计算方法，认为皇城东、北、西三墙加汉城东、南、西三墙的总长度才是全城的周长，据此计算出辽上京周长（皇城和汉城）为8916.9米，合17唐里,《辽史·地理志·上京临潢府》记载“幅员二十七里”，应是“幅员一十七里”之误[4]。

李作智先生则认为辽上京分皇城和汉城，更名为上京之前称为内、外城，“其所谓‘郛郭’，即上京之汉城”，“而当时所谓的子城，则是指其大内宫城而言”[5]。

上述三位学者的观点虽有差异，但均认为辽上京是由皇城和汉城两部分构成，文献记载的郛郭只是它们的统称或别称，皇城和汉城之外并无独立的郛郭。

与上述三位学者的意见形成鲜明对照的是，张郁先生认为《辽史·地理志·上京临潢府》“城高二丈，不设敌楼，幅员二十七里”一段文字，讲的是独立于皇城

1 董新林先生根据文献记载，将辽上京的兴废分为四个阶段，即初创阶段（918年之前）、兴建都城阶段（918—938年）、都城使用阶段（938—1120年）和城址的废弃阶段（1120—1230年前后），并指出“从考古试掘的遗物看，辽上京城址内在元代前期可能仍有居民活动”（参见董新林：《辽上京城址的发现和研究述论》，《北方文物》2006年第3期）。

2 《辽史·地理志·上京临潢府》载：“上京，太祖创业之地。负山抱海，天险足以为固……天显元年，平渤海归，乃展郛郭，建宫室，名以天赞。起三大殿：曰开皇、安德、五鸾。城高二丈，不设敌楼，幅员二十七里。门，东曰迎春、曰雁儿、南曰南福；西曰金凤，曰西雁儿。其北谓之皇城，高三丈，有楼橹。门，东曰安东，南曰大顺，西曰干德，北曰拱辰。中有大内。内南门曰承天，有楼阁；东门曰东华，西曰西华……南城谓之汉城，南当横街，各有楼对峙，下列井肆……”（《辽史》卷三七，北京：中华书局，2000年，第440、441页）。

3 辽宁省巴林左旗文化馆：《辽上京遗址》，《文物》1979年第5期。

4 李逸友：《辽代城郭营建制度初探》，中国辽金史学会编：《辽金史论集》第三辑，北京：书目文献出版社，1987年，第54页。

5 李作智：《论辽上京的形制》，中国考古学会编：《中国考古学年会第五次年会论文集》（1985年），北京：文物出版社，1988年，第128—134页。

之外的郛郭。至于郛郭的具体形制，张郁先生未加具体阐述，不过从其后文叙述“根据勘测，汉城北边的东西宽度，大于皇城南边的东西宽度约150米，皇、汉两城之间横隔的皇城南墙，与汉城东西两墙的北端，不仅无连接关系，而且汉城东西两墙的间距比皇城宽，并向皇城的外围展开，呈环抱形势，隔河向北延伸，与皇城东西两侧的外郭[1]有连接的趋势”，可知郛郭形制之概貌[2]。田广林、王禹先生浪[3]亦持相同的观点，田广林先生甚至明确指出“经过跨越太祖、太宗两朝近20年间的数次增修扩建，辽初的皇都最终具有了以大内（宫城）、皇城（内城）和郛郭（外城）三重环护为布局规划特征的大国都城格局。其总体平面投影大体上呈现横置的‘凸’字形，后来清代乾隆年间发展出现的北京城平面图，与辽上京平面图大体相似。时下关于辽上京城址平面投影为‘日’字形的说法，其实是出于对现存辽上京遗址的简单直观，乃是一种误解”[4]。从文献记载看，诚如张郁先生所言，“《辽史·地理志》中‘城高二丈，不设敌楼’以下至‘其北谓之皇城’一段其实应是郛郭（外城）与皇城之关系。所谓‘其北谓之皇城’，乃是指上京整体之北，即郛郭之北，不是指汉城之北而言。否则的话不会在本段下文又有‘南城谓之汉城’之说”[5]。但是郛郭与汉城的关系如何，则语焉不详。

就考古发现而言，历年的考古勘探、试掘工作都是针对皇城开展的，皇城东西两侧的外郭遗迹更多地停留于“据说”阶段。辽上京城址的航拍照片亦未发现皇城外另有城墙等遗迹[6]。因此，辽上京郛郭是否存在、具体形制如何，尚难得到实证。田广林先生“三城环护、平面呈横置的‘凸’字形”的观点值得商榷。本书基于考古调查和勘探所获材料，对辽上京的形制和布局加以介绍（图1-1-3）。

辽上京由皇城和汉城两部分组成，皇城居北，汉城居南，总体形制略呈“日”字形。

皇城是辽朝统治者居住的地方，平面呈不规则六边形，东、北、南墙均作直线，长度分别约为1467米、1485.8米、1601.7米，唯西墙南北两端向内斜收折，长约1844.1米，周长约6398.6米，面积约225万平方米。城墙系夯土版筑而成，高出地面6—9米，与《辽史·地理志·上京临潢府》载“其北谓之皇城，高三丈”[7]

1 张郁先生所称的“皇城东西两侧的外郭”，是指皇城东墙外的地表隆起（据说早年在开垦以前，皇城东墙外这种地表隆起的迹象尤为明显）和西墙外推测应属于郛郭的大諜城遗址。

2 张郁：《辽上京城址勘察琐》，内蒙古文物考古研究所编：《内蒙古文物考古文集》第二辑，北京：中国大百科全书出版社，1997年，第525—536页。

3 王禹浪说，“经过考古学者们的反复实测，在辽上京城的南北二城的外部还发现了郛郭城垣的痕迹，其周长大致为27唐里，里数恰与《辽史》中记载的辽上京实际里数基本相合。目前，保存较好的辽上京城的外部轮廓则是由皇城（亦称北城）和汉城（亦称南城）组合而成，并不包括最近在辽上京城附近发现的郛郭痕迹”［参见王禹浪：《西辽河流域的古代都市——辽上京临潢府》（上），《哈尔滨学院学报》第33卷第7期（2012年7月）］。

4 田广林：《辽朝上京的营建及其划时代意义》，《寻根》2001年第5期。

5 内蒙古文物考古研究所：《辽上京城址勘察报告》，内蒙古文物考古研究所编：《内蒙古文物考古文集》第一辑，北京：中国大百科全书出版社，1994年，第510—536页。

6 中国历史博物馆遥感与航空摄影考古中心、内蒙古文物考古研究所：《内蒙古东南部航空摄影考古报告》，北京：科学出版社，2002年，第33、34页；杨林、雷生霖、徐为群：《内蒙古东部地区古代大型遗址航空摄影考古勘察初步收获》，中国历史博物馆考古部编：《中国历史博物馆考古部纪念文集》，北京：科学出版社，2000年，第255—268页。

7 《辽史》卷三七，北京：中华书局，2000年，第441页。

基本相符。皇城西墙北段的考古发掘表明，墙体结构由主墙、内侧的附加墙台和外侧的马面三部分组成。主墙先筑，先挖深约80厘米的底槽，内填黑色胶泥和小石子，构成基础，后用黄土与黑胶泥土逐层相间夯成，基宽15米。附加墙台和马面大约同时筑成，分别叠压于主墙的内外两侧[1]。东、西、北三墙外侧现存马面45个，最高约13米，凸出主墙12米，每两座马面之间约相距110米。这些马面，应即《辽史·地理志·上京临潢府》所说的“楼橹”。东、西、北墙之外还勘探发现有护城壕，城壕多紧邻马面的底面，壕宽约16—19米、深约1.5米[2]。史载皇城共四门，“东曰安东，南曰大顺，西曰乾德，北曰拱辰”[3]。南面的大顺门已被河水冲毁，其余3座城门遗址尚存，均为单门道，门道宽约5.5米，皆筑有瓮城。2011年7—10月，考古工作者对辽代上京皇城西门——乾德门遗址进行了大规模考古发掘。发掘资料显示，乾德门有过三次大规模的营建活动。第一、二次营建属于辽代，整体建筑讲究，但两次的营建方法有明显差异：“第一次营建门道基础建筑做法，是在石柱础上置木地栿，上插排叉柱。这与汉长安城城门做法相似；而第二次营建门道基础建筑做法，是在规整的石地栿上面置木地栿，木地栿上开卯口，上插排叉柱。这与辽祖陵黑龙门门道一致，开启了有辽一代特有的建筑规制。”第三次营建属于金代，门道窄于辽代，建筑体量也变小，大体反映了上京城兴衰的历史[4]。2015年，中国社会科学院考古研究所和内蒙古文物考古研究所对皇城东门——安东门遗址进行了考古发掘。皇城东门遗址由瓮城和城门组成，城门为木构过洞式城门，呈一门三道格局，中门道破坏严重，南、北两个门道保存较好[5]。

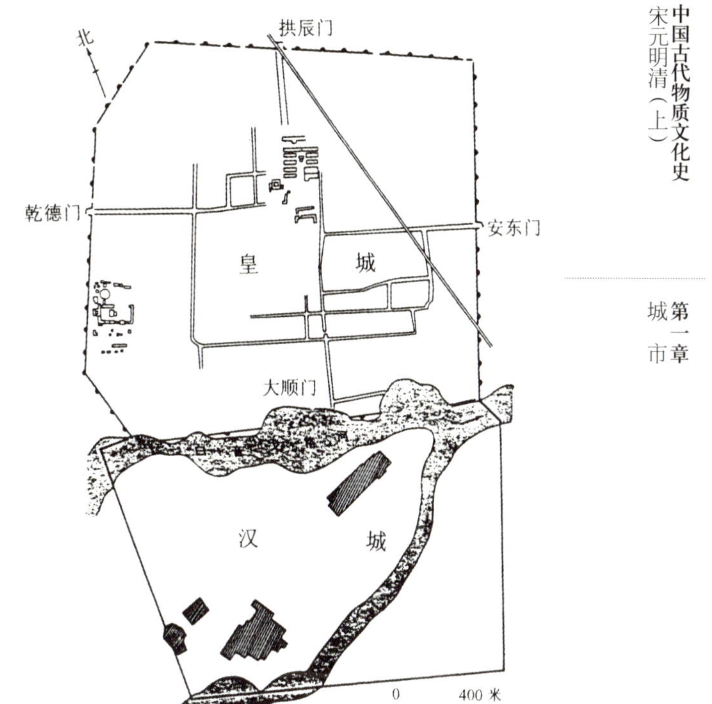

图1-1-3 辽上京城址平面示意图
（采自曲英杰：《古代城市》，第213页，图五三）

宫城位于皇城中部偏东，平面呈长方形，东西宽约740米、南北长约770米。考古发现的宫城遗迹主要包括城墙、西门、东门、东门内院落、晚期“西大院”

1 内蒙古文物考古研究所：《辽上京城址勘察报告》，内蒙古文物考古研究所编：《内蒙古文物考古文集》第一辑，北京：中国大百科全书出版社，1994年，第510—536页。

2 董新林、陈永志、汪盈、康立君、肖淮雁：《辽上京城遗址首次大规模考古发掘乾德门遗址》，《中国文物报》2012年1月20日第8版。

3 《辽史》卷三七，北京：中华书局，2000年，第441页。

4 董新林、陈永志、汪盈、康立君、肖淮雁：《辽上京城遗址首次大规模考古发掘乾德门遗址》，《中国文物报》2012年1月20日第8版。

5 董新林、陈永志、汪盈、肖淮雁、左利军：《辽上京城址首次确认曾有东向轴线》，《中国文物报》2016年5月6日第8版。

北墙等。宫城墙由夯土夯筑而成，夯土可分为地上墙身和地下基槽两部分，墙基两侧筑有夯土护坡等附属设施，墙外可能设有壕沟，宫墙夯土侧壁上发现等距分布的立柱痕迹，在夯土底部发现等距分布的小柱坑，可能与夯土宫墙的营建相关。宫城西门位于宫城西墙中部，与皇城西门相对。西门遗址由两侧的墩台和中间的门道两部分组成，门道内尚存将军石、地栿石、路面、柱洞等建筑基础遗迹。宫城东门为殿堂式城门。门址由夯土基槽、台基、磉墩、坡道和南北两侧的附属设施遗迹等组成，可能为三门道面阔5间、进深2间建筑。宫城东门内的一号殿院落坐西朝东，平面呈长方形，东面中央可能设门，西面正中为一座大型建筑基址（即一号殿址）。一号殿址出土遗物主要以瓦当、滴水、筒瓦、板瓦等建筑构件为主。“西大院”位于宫城西部，是一座大型院落遗址。略呈长方形，东西宽约240—270米、南北长约360—390米，其北墙东部，恰从辽代宫城西墙的西门处穿过。其北墙完全叠压在辽代宫城墙废弃后的堆积上，根据遗迹遗物判断，西大院墙体始建年代不早于金代晚期[1]。

汉城位于皇城之南，北墙疑即皇城南墙，惜已被白音戈洛河冲毁。《辽史·地理志·上京临潢府》载：“南城谓之汉城，南当横街，各有楼对峙，下列井肆。东门之北潞县，又东南兴仁县。南门之东回鹘营，回鹘商贩留居上京，置营居之。西南同文驿，诸国信使居之。驿西南临潢驿，以待夏国使。驿西福先寺。寺西宣化县，西南定霸县，县西保和县。西门之北易俗县，县东迁辽县”[2]，可知汉城是以汉人为主体的各民族（不包括契丹人）生活、市易之所，同时也是各国信使居住之所。平面略呈方形，东、西、南、北墙长度分别约为1290米、1220米、1610米、1680米，总计周长约5800米，面积约210万平方米。城墙亦系版筑而成，高出地面约2—4米，无马面和瓮城等防御设施。关于汉城的城门，文献无记载，情况不详。

上京城内街道仅皇城和宫城（大内）内的街道、建筑基址开展过考古调查与勘探。

1962年，考古工作者在皇城内勘探发现了大小街道九条，三横六纵（图1-1-4），各街道的走向、长宽等基本情况如下[3]：1号东西横街自皇城西门——乾德门起，至大内的西边宫墙止，全长700米、路面宽12米左右，路土层厚25—30厘米左右。2号东西横街位于皇城南部适中之处，南距南城墙350米，略与南墙平行。街西端向北转，又与6号南北纵街相贯通。向东与5号南北纵街成十字交叉，再向东250米路基中断，情况不明，残长约800米、路面宽约10米，路土层厚达85厘米。3号东西横街位居2号横街之北100米处，与2号横街平行，东西长约600米、路面宽约6—8米，路土层厚约15—30厘米。4号南北纵街是皇城北门——拱宸门内唯一的大街，自拱宸门起，至大内北墙以北止，长约280米、路面宽11—14米，路土层厚约20—40厘米。5号南北纵街是皇城南面的主要大街，其北

1 董新林、陈永志、汪盈、左利军、肖淮雁、李春雷：《考古发掘首次确认辽上京宫城形制和规模》，《中国文物报》2015年1月30日第8版；董新林、陈永志、汪盈、肖淮雁、左利军：《辽上京城址首次确认曾有东向轴线》，《中国文物报》2016年5月6日第8版。

2 《辽史》卷三七，北京：中华书局，2000年，第441页。

3 《辽上京城址勘察报告》，内蒙古文物考古研究所编：《内蒙古文物考古文集》第一辑，北京：中国大百科全书出版社，1994年，第510—536页。

端直入大内，与大内以北的4号纵街一南一北相对，但彼此并未直接连贯。南端至河岸断崖止，全长达900米、路面宽10米左右，路土层厚约80厘米。6号南北纵街位于皇城西部西山坡的东侧山坡下。街南端与2号、3号横街西端相连贯，北段与西面乾德门内的1号横街作十字形交叉，一直向北延伸，全长550米、路面宽约15米，路土层厚约30厘米。7号南北纵街位于皇城大内西宫墙的外边。街北端往皇城北伸展，东转后与拱宸门内的4号纵街相通，南端通过乾德门内1号街的东端，再向南进入西大院内，此段已被晚期西大院建筑所打破，路基中断，情况不明，残长约420米、路面宽约12米，路土层厚约75—105厘米。8号南北纵街位于皇城南部，在5号纵街西侧150米附近，北端与2、3号横街距离不远，是一条南北小街。9号南北纵街位于皇城南部偏西，在8号纵街的西边，残长约250米、路面宽约6.5—14米，路土层厚约25厘米。

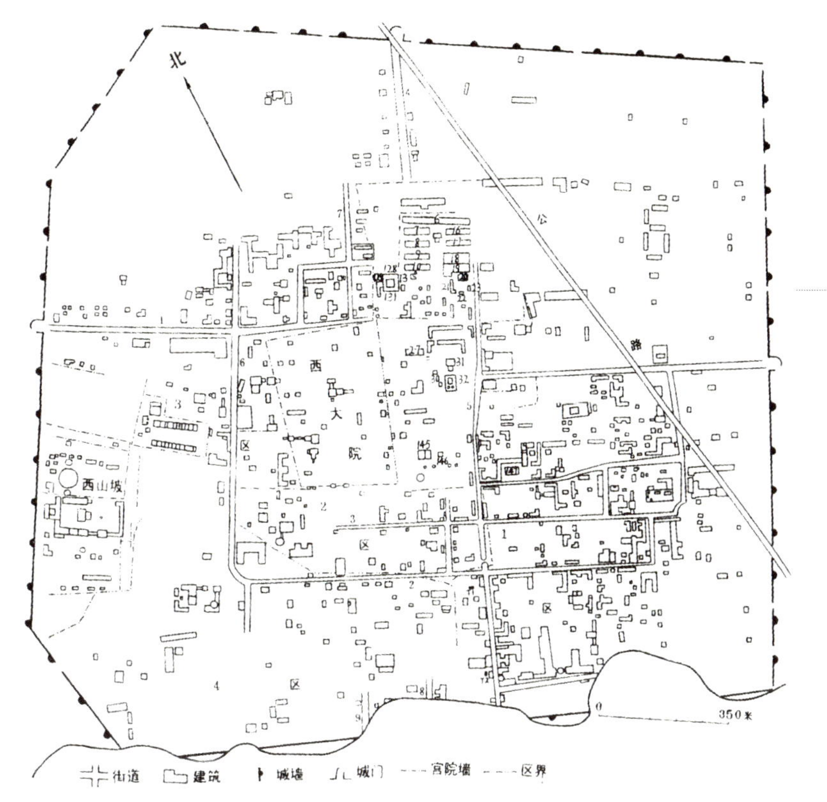

图 1-1-4　辽上京皇城遗迹实测图
（采自秦大树：《宋元明考古》，第39页，图四）

根据街道走向及其附近的遗迹现象，结合有关文献记载，考古工作者推测2号、3号东西横街，应为《辽史·地理志·上京临潢府》所记载的龙寺街、南门街；5号南北纵街应即正南街，其南段应为皇城南门——大顺门；9号南北纵街北段偏东处的方形建筑台基，应为《薛映记》所记载的景福门。2001年，考古工作者对5号南北纵街进行试掘，共清理出近十层路面，获得了一批重要的实物遗存，并依据伴出的实物资料将道路遗存分为辽、金、元三个时期[1]。本次试掘不仅探明了“正南街”的保存和使用情况，同时让我们认识到，1962年勘探发现的九条道路可能并非都是辽代遗存。因此，辽上京街道布局的复原研究，应建立在道路遗存的准确断代基础上。2015年，考古工作者在皇城东门内发现一条道路遗址，一直向西延伸至宫城内。皇城东门、宫城东门和宫城内的一号殿院落，均以此条道

1 董新林：《辽上京城址的发现和研究述论》，《北方文物》2006年第3期；塔拉、董新林：《辽上京城址初露端倪》，《中国文物报》2001年11月9日第1版。

路为轴线，呈东向对称分布，首次证明辽上京城曾存在东向轴线[1]。

勘探表明[2]，大内（宫城）的道路有南北经路和东西纬路两条主干大道，二者交汇于大内中心。南北经路路面宽约4米，路土厚约20—30厘米，其北端与大内的东西纬路连接，南端与皇城南面的正南街（即5号南北纵街）连成一线；东西纬路路面宽达10米左右，路土层厚约10厘米，其西端恰与大内宫墙外左侧皇城内的西大街（即1号东西横街）相连贯，南面则平行分布着一道东西横亘的隔墙，宽约2米、东西长约280米，西端至西大院东北角与西宫墙南端呈十字形交叉。这道隔墙和东西纬路把大内中已发现的100余处建筑遗迹分隔成南北两部分，与《辽史·百官志》所谓“契丹北枢密院，其牙帐居大内之北，故名北院；南枢密院，以其牙帐居大内之南，故名南院”正相对应。南院的建筑遗迹中于史可考者有145号、146号、147号三处台基。145号台基是一座带有平台的东向阶梯形殿基，高于地面1.5米，主体部分南北长28米、东西宽20米；平台部分长18米、东西宽12米。146号台基位居145号台基东侧，东向，平面呈正方形，边长18米，高于地表1米。147号台基位于大内南北街的南端略偏东，适当大内的出入通衢，应为门址所在。台基呈土丘状，高出地表1米多，东西长36米、南北宽20米。147号台基应为大内南门承天门遗址；145号、146号宫殿遗址都是东向，又在承天门之内，应即《辽史》所称“昭德、宣政”两个殿址所在。北院的建筑遗迹都集中在西部，其东半部地势空旷，应即《辽史·地理志·上京临潢府》所说的安置毡庐之区。总体上看，北院的建筑遗迹是以其西北面的大规模建筑群为主体、按照中心对称的形式规划而成的，可分为正殿和东、西偏殿三部分。正殿在5号南北纵街北端偏西，面向南方，以中央15号台基为中心，两翼及后部环绕着九座大型长方形台基，是皇城中规模最大的一组建筑群。其中第15号台基是一座带有平台的南向阶梯形殿基，高出地面约2米、东西宽32米、南北包括台阶在内长约50米，其左右两侧对称分布着八座长方形台基，中间留有东西宽约38米、南北长约60米的廊院。八座台基的大小基本相同，一般都是东西长约70米、南北宽约12—18米、高出地面约0.5米，明显低于台基外侧的生土地面约10—30厘米，表明其构筑方法是先挖槽后夯土；第6号台基位于整个正殿建筑群之后，东西长160米、南北宽18米，是皇城中最大的一座长方形建筑台基。结合文献记载，第15号台基应即《辽史·地理志·上京临潢府》所载三大殿（开皇殿、安德殿、五銮殿）之一的“开皇殿”。东、西偏殿在正殿前方的左右两侧，应属正殿前的陪衬建筑，都作四合院式布局，平面呈正方形，边长约50米，庭院四面各有一处台基。结合文献记载，东、西偏殿应即安德殿、五銮殿。

皇城西南的西山坡地势较高，是全城的制高点。在岗峦顶部偏北分布着一组建筑，平面呈“日”字形，东西宽240米、南北长360米。该组建筑又可细分为南、北、中三个较大的庭院，一律东向排列、背依皇城西墙。三庭院内的建筑亦有主次之分，其中南庭院建筑规模小，仅中部稍偏南处有一长方形台基；中院建

1 董新林、陈永志、汪盈、肖淮雁、左利军：《辽上京城址首次确认曾有东向轴线》，《中国文物报》2016年5月6日第8版。

2 内蒙古文物考古研究所：《辽上京城址勘察报告》，内蒙古文物考古研究所编：《内蒙古文物考古文集》第一辑，北京：中国大百科全书出版社，1994年，第510—536页。

筑规模较大，是西山坡上建筑群中的主体建筑，庭院中央有一座带有平台的东向方形阶梯殿基，以此殿基为中心，周围有廊庑式建筑台基，庭院之后有一方形台基，与中央的殿基呈东西直线，形成前后殿的主次关系；北院建筑规模仅次于中院，其中间稍后处是三座东西并排而立的圆形台基，居中者最大，直径约54米，两侧的直径约10米[1]。这些发现尤其是“日”字形的平面形制和东向开门的建筑布局，使得有学者结合契丹人“东向拜日”的风俗习惯推测其应为辽上京皇城内的日月宫或龙眉宫遗址[2]。2012年春，考古工作者对西山坡遗址北院内的三座台基进行考古发掘，发现三座平面呈六角形的建筑基址（即前述三座圆形建筑基址），居中的建筑基址处清理出一堆较完整的泥塑佛像，佛像具有浓厚的中亚风格特征，两侧的建筑基址下发现了地宫。由此证明，西山坡建筑基址当为辽代始建的佛教寺院遗址，日月宫或龙眉宫之说是错误的[3]。

皇城西部的西山坡下发现有窑址一座，年代“可能在1078年稍前或以后的四十年”[4]。但张郁先生认为，“从中出土的具有辽代特点的器皿为数极少，而且多出于扰土层中，不足以说明可靠的年代。近年来，各地辽墓出土的多量瓷器，此窑并无所见。反之，梅瓶、胆瓶以及较晚的黑、白粗瓷和缸胎粗瓷等具有金代特征的器皿却屡见不鲜。另外作为辽代统治者的京城，不可能让一般劳动人民（主要是汉人）入城建厂烧窑。这种窑业，无论是私营或官办，只能是在辽亡后金人占领之下才有可能”[5]。皇城内还发现了几组重要的建筑遗迹，如皇城南部“正南街”东西两侧分布着许多小型建筑遗迹，皇城东南部现存一尊石刻观音像，高4.2米，周围有围墙。有学者试图依据文献记载对其名称逐一加以考证。但是除了东南隅一组建筑被推定为“天雄寺”外，其余建筑的名称还存有争议，难以一一确指。

辽上京是辽朝早期的统治中心，其规划布局上的最大特点在于南北二城分治的“两城制”。这种规划布局曾流行于东周时代，但彼时的设计思想在于区分统治者（贵族）与被统治者（平民或奴隶）。辽上京的北城为契丹贵族居住区，南城则是以容纳汉人为主体的各族人（不包括契丹人）的活动场所及各国信使居住之所，既有贵贱之别，更有民族歧视之嫌[6]，是辽代所推行的“以国制治契丹，以汉制待汉人”统治政策的产物[7]，前述宫城内分南、北枢密院亦系此种政策的体现。不过，辽上京对中原文化的借鉴也是比较明显的，如建筑朝向上，后期流行中原汉文化常见的南向为尊，又如建筑的组群布局上，无论是早期东向建筑还是后期南向建筑，都采用均衡对称、半空半壁的方式，恰似一个四合院。辽上京的街道布局，虽有待进一步考古勘探，但就目前情况看，似乎没有规整的里坊，以宫城

1 马凤磊、青白音：《辽上京城的兴建、布局及相关问题研究》，《太原大学学报》第2卷第3期（2001年9月）。

2 2012年前，有关论著均持此一观点，恕不一一例举。

3 刘春、孙宝珠：《辽上京遗址揭秘》，《内蒙古日报》2013年5月15日第12版。

4 李文信：《林东辽上京临潢府故城内瓷窑址》，《考古学报》1958年第2期。

5 内蒙古文物考古研究所：《辽上京城址勘察报告》，内蒙古文物考古研究所编：《内蒙古文物考古文集》第一辑，北京：中国大百科全书出版社，1994年，第510—536页。

6 徐苹芳：《中国古代城市考古与古史研究》，氏著：《中国历史考古学论丛》，台北：允晨文化实业股份有限公司，1995年，第89—104页。

7 秦大树：《宋元明考古》，北京：文物出版社，2004年，第44页。

为中心的建筑理念也不是很强烈。总体而言，辽上京虽吸收若干中原文化因素，但仍不失为一座带有浓厚契丹民族色彩的都城。

四、辽中京

辽中京遗址位于今内蒙古自治区赤峰市宁城县大明镇，始建于辽统和二十一年（1003年），至统和二十五年（1007年）基本建成，天祚帝保大二年（1122年）为金兵所攻克。海陵王贞元元年（1153年）改辽中京为北京，作为金之陪都。元初沿用旧名，称北京路，后改为大宁路，至元二十五年（1288年）又改称武平路，至元二十九年（1292年）复为大宁路。明洪武二十年（1387年），太祖朱元璋在此设大宁卫，以为蓟北之军事重镇，后因燕王朱棣发动"靖康之变"毁于战火，至永乐元年（1403年）沦为废墟，变成兀梁哈的游牧之地[1]。

辽中京为外城、内城和宫城重重相套的三重城构成（图1-1-5）。

外城平面呈东西向横长方形，东西长约4200米、南北宽约3500米、周长约15400米，合于《乘轺录》[2]所载三十里之数。城墙高6米、墙基宽约11—15米，皆为夯土版筑而成。其四周设有角楼，西墙外每隔90米有一楼橹痕迹，疑为马面[3]。史载外城南垣共三门，今于南墙正中发现一楼阁残迹，当为朱厦门遗址[4]。

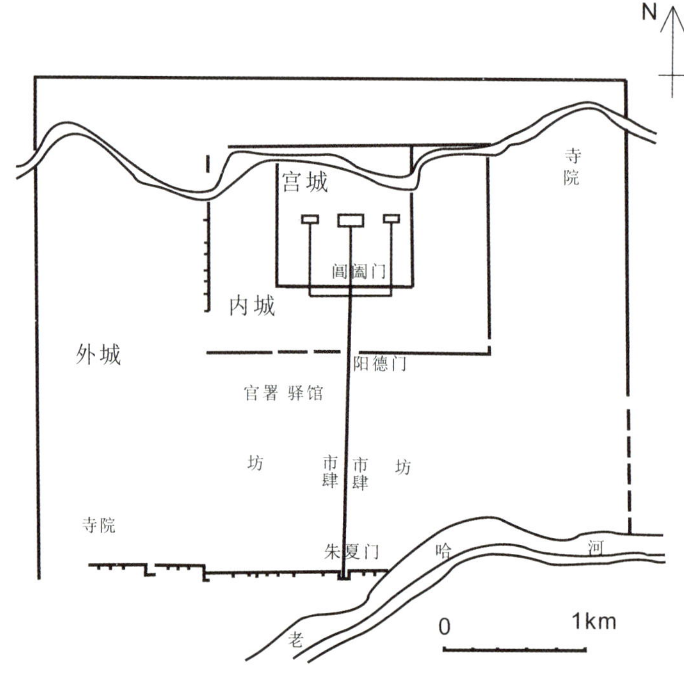

图1-1-5 辽中京遗址平面图
［在冉万里《汉唐考古学讲稿》（西安：三秦出版社，2008年，第324页，图四四）、秦大树《宋元明考古》（第46页，图五）基础上改绘而成］

内城位于外城中央偏北，平面亦呈东西向横长方形，东西长2000米、南北宽1500米。城墙亦系夯筑版筑而成，残高约5米、墙基宽约13米，其四角无角楼，但墙外设有马面，马面间距约100米。南墙正中有两处高大的夯土台基，二者相距约20米、残

1 李逸友：《辽中京遗址》，《中国大百科全书·考古学》，北京：中国大百科全书出版社，1986年，第279页；王禹浪：《西辽河流域的古代城市——辽中京大定府》（下），《哈尔滨学院学报》第33卷第9期（2012年9月）。

2 （宋）路振：《乘轺录》，北京：中华书局，1991年，第2页。

3 20世纪60年代发表的考古调查简报说该城外城无马面，但最新航空摄影考古成果表明外城设有马面。参见辽中京发掘委员会：《辽中京城址发掘的重要收获》，《文物》1961年第9期；中国历史博物馆遥感与航空摄影考古中心、内蒙古自治区文物考古研究所编：《内蒙古东南部航空摄影考古报告》，北京：科学出版社，2002年，第34—36页。

4 辽中京发掘委员会：《辽中京城址发掘的重要收获》，《文物》1961年第9期。

高均约 6 米，整体呈马鞍形，应即文献记载的阳德门遗址。

宫城位于内城北部中央，平面呈正方形，仅东、西、南三面筑墙，北墙则共用内城之北墙，边长约 1000 米，其东南、西南城墙的转角处各有一残高约 5 米的建筑遗址，均略向城外突出。文献记载云，“东西角楼相去约二里”[1]，可知此两处建筑遗址即东、西二角楼。南墙正中分布有一处门址，当即文献所载之阊阖门遗址，其东西约 180 米处各探出一豁口。《乘轺录》云“东西掖门去阊阖门各三百余步”[2]，可知此两处豁口当为东、西掖门。

就目前的考古发现看，辽中京以外城朱厦门、内城阳德门、宫城阊阖门所在的位置为中轴线，大体呈对称布局。外城主干大道起自朱厦门，止于阳德门，长约 1400 米、宽约 64 米，路面略呈弧形，系由黄土、灰土及砂粒铺垫而成。大道两侧有用石块砌成的排水沟，以石板或木料覆盖其上，排水沟连通城内的污水经城墙下的涵洞排至城南的老哈河。水沟之东西两翼有南北向纵街 3 条，宽约 8—12 米；东西向横街 5 条，宽达 15 米，构成了规整的里坊，为汉族居住区。

北距阳德门约 500 米的主干大道西侧约 20 米处有一建筑基址，现存部分方形石柱础及夯土础基。础基平面呈正方形，剖面呈楔形，上端长宽各约 1 米、深 0.7 米，可分五层，每层厚约 0.1 米，共计南北向 13 排，每排 4 个，各排间隔约 3.8 米，同排的相邻台基间距约 1.6 米。此建筑遗址之东西两侧均未发现有台阶或路面相连，当系一南北向长方形建筑。《乘轺录》记载，“街道阔百余步，东西有廊舍约三百间”[3]，可知此即廊舍遗迹，亦即百姓集中贸易之处。

除坊市外，外城还分布有官署、佛塔和庙宇等建筑。官署遗址分布于阳德门西南 300 米处，以土夯筑柱基，亦作四个成排状。佛塔中重要者如“大明塔”，为八角实心密檐式砖塔，高 80.32 米、周长 113 米，是我国现存古塔中体积最大的一座。庙宇遗址则发现于外城的东北和西南隅，以 1960 年于西南隅佛寺建筑群中揭露的一座佛寺遗址为例，基址呈正方形，边长宽约 40 米、高 2.8 米，上有一面阔、进深各 5 间的东西向大殿遗址，每面正中开门。殿内以大方砖铺地，正中设夯土基座以安放佛像，殿四周以条砖铺设散水，宽约 2.8 米，向外倾斜约 10° 以便于排水。内城主干道（即阳德门—阊阖门之间的道路）两侧未勘探出建筑遗迹，但在阊阖门以南约 85 米处发现一条长约 180 米的东西向大道，其两端北折后经东、西掖门通向宫城内的两处建筑遗址，推测应为武功殿、文化殿遗址。宫城内淤积泥沙厚达 1.5—2.3 米，布局不是很清楚，仅知阊阖门以北有一处宫殿基址，其左右即为前述武功殿和文化殿遗址。

辽中京是辽朝中后期的统治中心[4]，其形制布局明显有别于辽上京，具体表现为以下两点：

1. 辽上京为南北二城分治的“两城制”，而辽中京却为外城、内城和宫城重重相套的三重城，城内“实以汉户”[5]。

2. 辽上京街道布局不甚规整，似乎没有规整的里坊，以宫城为中心的建筑理

1 （宋）路振：《乘轺录》，北京：中华书局，1991 年，第 2 页。

2 （宋）路振：《乘轺录》，北京：中华书局，1991 年，第 2 页。

3 （宋）路振：《乘轺录》，北京：中华书局，1991 年，第 2 页。

4 谭其骧：《辽后期迁都中京考实》，《中华文史论丛》1980 年第 2 期。

5 宿白：《汉唐宋元考古——中国考古学》（下），北京：文物出版社，2010 年，第 154 页。

念似乎也不是很强烈，而辽中京却以外城朱厦门、内城阳德门、宫城阊阖门所在的位置为中轴线，大体呈对称布局，外城南部的大道两侧有南北向纵街3条，东西向横街5条，形成规整的里坊。

极具契丹民族特色的东向建筑亦不见于辽中京，表明辽中京规划设计者的汉化倾向。考虑到辽中京三城环套的平面形制和宫城居于“回”字形城之北侧并利用内城北墙的特点，以及其封闭式里坊制街道布局，说明辽中京的汉化思想可能更多地源于渤海上京龙泉府遗址而非北宋汴梁城。

五、金上京

金上京遗址位于今黑龙江省哈尔滨市阿城区南郊，俗称“白城”。始建于金太宗天会二年（1124年），后经熙宗朝天眷元年（1138年）、皇统六年（1146年）两次大规模扩建而成。正隆二年（1157年），为断绝金王朝王室贵族对上京故土的留恋，海陵王毁上京宗庙宫室为耕地。世宗即位后便着力修缮上京城，至大定二十四年（1184年），上京城重建即告完成。金亡后，元、明朝曾沿用此城以为重要驿站。清雍正年间，曾拆毁上京砖石作为阿勒楚喀城的建筑材料，自此，上京城彻底废弃[1]。

金上京由南北二城相连合组而成，两城之间筑有隔墙，平面呈曲尺形（图1-1-6）。

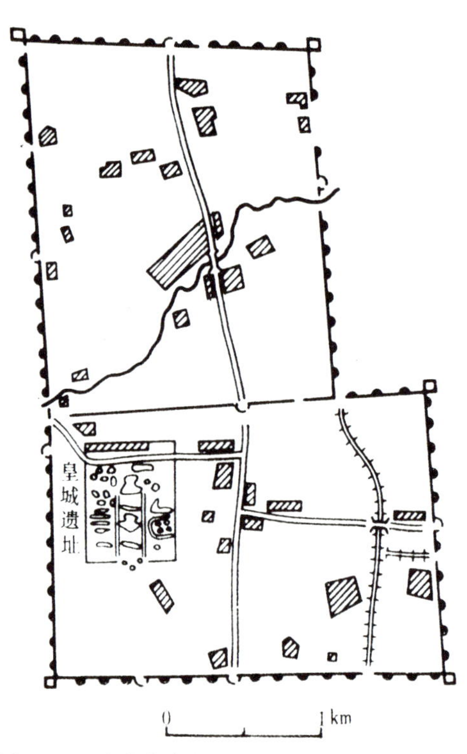

图1-1-6　金上京遗址平面图
（采自《中国大百科全书·考古学》，第235页）

南城南北长1528米、东西宽2148米，其北部偏西处分布有皇城遗址，南北长645米、东西宽500米，周长2290米，墙基宽约6.4米。北城南北长1828米、东西宽1552米。两城周长10783米[2]。城墙系夯土版筑而成，残高3—5米，墙基宽7—10米，其外侧设有马面82

1 赵永军先生根据《金史》《大金国志》等文献将金上京城的营建与废弃历史分为5个阶段，即太祖、太宗时期的初建阶段、熙宗时期的扩建阶段、海陵王时期的短暂毁弃阶段、世宗时期的重建修缮阶段和东西国时期的逐步废弃阶段（参见赵永军：《金上京城发现与研究》，《北方文物》2011年第1期）。李冬楠：《金上京研究综述》，《黑龙江社会科学》2009年第5期。

2 此处关于金上京南北城城墙长度的数据采自徐苹芳先生《金上京遗址》一文（《中国大百科全书·考古学》，北京：中国大百科全书出版社，1986年，第235页）。实际上，目前学术界尚未对该问题达成共识（参见景爱：《关于金上京城的周长》，《学习与探索》1985年第3期）。赵永军先生称“近年来，黑龙江省文物考古研究所……对上京城基本形制的认识有所变化：南城、北城城墙的长度比早年所得数据有所增加”（参见赵永军：《金上京城发现与研究》，《北方文物》2011年第1期），但未披露具体数据。

座[1]，马面之间的间距约 80—130 米。北城的西北角、东北角及南城的东北角、东南角和西南角建有角楼。全城共有 9 处豁口，其中北城东面 1 处，西面 1 处，北面 1 处；南城东面 1 处，西面 1 处，南面 2 处；南北城隔墙上 2 处。除隔墙东段的豁口外，其余八处均有瓮城。以往学界多认为这 9 处豁口即为金上京的 9 座城门。2006 年的考古调查勘探表明，“金上京城南北二城外垣只有五座城门，南北之间有一座原属于北城的瓮门，后为南北之间的门址，全城共有六座城门。北城东垣、南垣，原来被误认为是城门址的‘双墩’，以及南城北垣临城外地段的‘双墩’，属于墙垣上的防御建筑基址”[2]。

皇城南壁有一处三门道门址，当为午门遗址。午门前左右有高丘，当为阙亭的基址。午门内的中轴线上有 5 个台基，在后部形成两组殿基，由前后殿和中间的柱廊构成，平面呈“工”字形。正殿两侧分布有左右廊基址，现各残长约 380 米、宽约 11 米。2014 年，黑龙江省文物考古研究所对南城南墙西门址进行考古发掘，确认上京城外城有 6 座城门，多已遭损毁，仅南城南墙西门址保存尚好。西门址由城门和瓮城组成。城门址由单门道、路面和东西两侧的夯土城墙（墩台）组成。瓮城平面大致呈“马蹄形”，东南侧有一出口，为瓮城门。南城南墙西门址与上述皇城午门址在一条中轴线上[3]。

金上京的考古勘探、发掘工作开展得不多[4]，城内具体情况不是很清楚。2015 年，考古工作者对金上京皇城进行局部勘探，发现一组带院落的大型建筑基址。建筑基址位于皇城西区中部，四周有围墙及附属设施，为中心宫殿区西侧的一处重要附属建筑，可能为金代上京城内一礼制性遗存[5]。

金上京是金朝早期的统治中心，亦系我国古代都城中位置最北者，其形制布局明显承袭了辽上京南北二城分治的“两城制”，北城为手工业区和居民区，南城为皇室和女真贵族居住区，城内街道布局尚不明了。皇城地处南城北墙偏西，位置安排上较为特殊，迥异于中原地区都城如隋唐长安城、北宋汴梁城等以皇宫为中心的思想，但皇城内的“工”字形殿基及廊殿结构却体现了对北宋宫殿制度的模仿。

六、金中都

金中都遗址位于今北京市区的西南部，金天德三年（1151 年）在辽燕京城（南京城）基础上向东、西、南三面扩建而成。此后的元大都及明、清北京城位居其北，金中都逐渐被废弃。《日下旧闻考》卷二九引《金图经》：“亮（按：即海

1 关于上京城马面的数量有多种不同观点，此处所列的 82 座采自 2006 年黑龙江省文物考古研究所调查勘探成果（参见唐小清：《金上京城考古新发现城南北城的建筑时序确定》，《黑龙江日报》2006 年 12 月 25 日，黑龙江新闻网：http://www.hljnews.cn/fou_baoye/2006-12/25/content_550557.htm）。

2 唐小清：《金上京城考古新发现城南北城的建筑时序确定》，《黑龙江日报》2006 年 12 月 25 日，黑龙江新闻网：http://www.hljnews.cn/fou_baoye/2006-12/25/content_550557.htm。

3 赵永军、刘阳：《金上京考古取得新成果——发掘揭露南城南墙西门址》，《中国文物报》2015 年 1 月 30 日第 8 版。

4 对金上京城址考古工作的述评，可参看赵永军：《金上京城发现与研究》，《北方文物》2011 年第 1 期。

5 赵永军：《金上京皇城揭露一组大型带院落建筑基址》，《中国文物报》2016 年 4 月 22 日第 8 版。

陵王完颜亮）欲都燕，遣画工写京师（按：即北宋东京汴梁）宫室制度，阔狭修短，尽以授之左相张浩辈，按图修之。”[1] 从考古调查与勘测结果看，文献记载基本符合事实，金中都的平面布局与北宋东京汴梁城大体相似[2]。

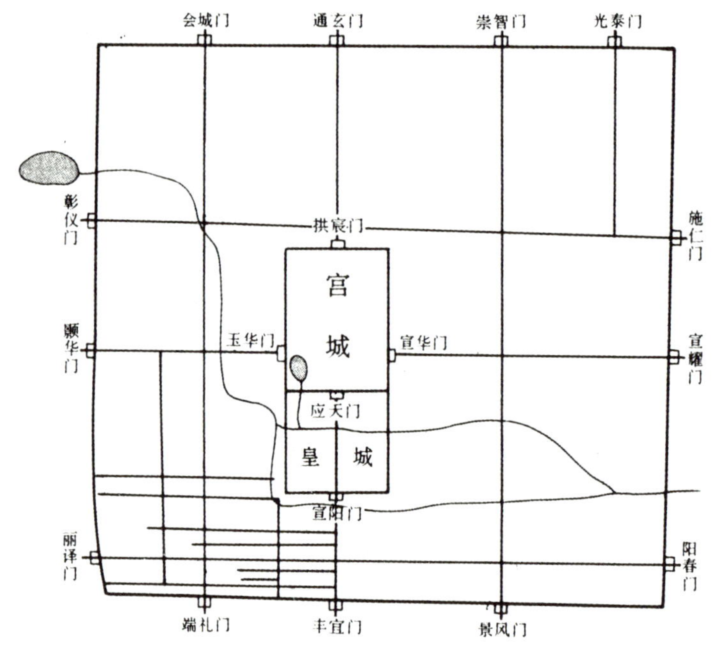

图 1-1-7 金中都复原示意图
（采自《中国大百科全书·考古学》，第 238 页）

金中都由外郭城、宫城、皇城三部分组成（图 1-1-7）。

外郭城平面近方形，东、南、西、北墙分别长约 4510 米、4750 米、4530 米、4900 米，总计周长约 18690 米。城墙均系夯土版筑而成，未见角楼、马面等军事防御设施，南墙外今日所称之凉水河当即金中都之南护城河。关于金中都城门的数量，《金史》[3]和《大金国志》[4]记载相左，前者记载外郭城共十三座城门，其所记之光泰门不见于后者。1959 年，北京大学阎文儒教授经过对金中都的调查，提出“不可过分依赖《金史》的记载而忽略其他文献，把北城多加一门”[5]。考古工作者勘测并探明城门遗址十三处，其中，东、西、南墙各三处，北墙四处[6]。南墙正中即文献所载的丰宜门，其北约 400 米处有一干涸旧渠，上有小桥，应即范成大所称之龙津桥[7]。

宫城位于外郭城中央稍偏西南，平面呈南北向长方形，南墙正中探出一门址，当为应天门。

皇城在宫城之南，其东西二墙与宫城东西墙在一条直线上，北墙即宫城南墙，南墙正中亦探出一门址，应即文献记载中的宣阳门。

考古勘探表明，除光泰门外，金中都外郭城的城门均遥相对应，其间有笔直的大道相通。特别是外郭城南墙的丰宜门、北墙的通玄门，宫城南墙的应天门、北墙的拱宸门，皇城南墙的宣阳门同在一条轴线上，贯穿其中的大道构成全城的中轴线。宫城内已发掘的大安殿遗址即位于这条中轴线上，殿基南北长约 60 米、东西残存 60 米、夯土层厚近 5 米，系由厚约 10 厘米的夯土和碎石间隔夯筑而

1 （清）于敏中：《日下旧闻考》卷二九，北京：北京古籍出版社，1985 年，第 1 册，第 409 页。
2 阎文儒：《金中都》，《文物》1959 年第 9 期。
3 （元）脱脱等撰：《金史》卷二四，北京：中华书局，2008 年，第 572 页。
4 （宋）宇文懋昭撰，崔文印校：《大金国志校正》，北京：中华书局，1986 年，第 471 页。
5 阎文儒：《金中都》，《文物》1959 年第 9 期。
6 北京市文物研究所编：《北京考古四十年》，苏天钧主编：《北京考古集成》15，北京：北京出版社，2000 年，第 381—383 页。
7 阎文儒：《金中都》，《文物》1959 年第 9 期。

成[1]，其西有断续的河泊苇塘，长约1000米，称为洗马沟[2]。在丰宜门与端礼门之间，还探出数条东西向横排的街巷。据考古复原研究，金中都原属辽燕京城范围内的街道，仍保存着唐代街坊的形式；而金代新扩展的部分，则改为沿大街两侧平行排列街巷的形式（如丰宜门西侧至端礼门之间的东西向横排的街巷）。两种不同形式的城市街道共存于一个城市之中，是金中都设计的一大特点，形象地反映了我国古代都城两种不同规划制度（封闭式的里坊制和开放式的街巷式）的交替和过渡。

金中都水关遗址位于南城垣景风门两侧的城墙之下，距地表约5米，呈正南北向，是目前国内古代水关遗址中规模最大、结构最完整的一处，它的发现为研究金中都的城市排水系统提供了极为重要的资料。其平面呈H型，全长43.4米，中间流水面部分长21.35米、宽7.8米，南北两端出水和入水口分别宽12.8米、11.4米。水关建筑整体为木石结构，底面过水面距地表5.6米，最下层基础密置木桩，木桩之间用夹碎石及砖瓦砂土夯实，木桩之上放置排列整齐的大衬石方木。过水石下面的方木之间用木"银锭锁"相接，衬石方上旋转石板，过水面上的部分石板用铁钉与下面的衬石方固定，石板与石板之间用铁"银锭锁"连接。进出水口、泊岸两侧也埋有木桩。木桩、衬石方、石板紧密相连，整体结构合理、坚固，基本上符合宋代《营造法式》中"卷帘水窗"的做法[3]。1992年3月—1993年4月，考古工作者对金中都城外西北部的莲花池进行勘探，确定了古莲花池东、南、北三面界地，并找到了一段出水河道及一座湖心岛，为进一步研究金中都的给排水系统提供了可靠资料[4]。结合此前发现的水关遗址，可大致确定金中都给排水系统的确切水源，乃自城西"西湖"（今莲花池）引水进入中都城之洗马沟（今青年湖），过龙津桥南城垣下的水关遗址，流入金代护城河（今凉水河）。

金中都是海陵王迁都后的新京，它开启了北京城作为历代王朝首都的序幕，其形制布局明显有别于金上京，有以下两个方面的特点：

1. 金上京为南北二城分治的"两城制"，而金中都却为外城内套皇、宫二城的"环状城"。

2. 金上京街道系统尚不明确，皇城偏居南城西北处，城内布局未突出以皇宫为中心的思想，而金中都的皇宫位居外城中央，南、北门间贯以纵穿全城的中轴线，地理位置十分突出。如前所述，这样的差异表明了城市规划设计者的汉化倾向。若考虑到金中都并存着两套不同形式的街道系统而辽中京的街道布局却仍为封闭式的里坊制，我们倾向于认为金中都的汉化思想更多地来源于以北宋汴梁城为代表的中原地区，其汉化程度高于辽中京。此外，金中都对河湖水系的利用亦值得关注，其主要宫殿——大安殿等均建于洗马沟之东侧，这种"宫殿濒水"的

1 齐心：《近年来金中都考古的重大发现与研究》，北京市文物研究所编：《北京文物与考古》第四辑，北京：北京燕山出版社，1994年，第14—21页。
2 秦大树：《宋元明考古》，北京：文物出版社，2004年，第56页。
3 齐心：《近年来金中都考古的重大发现与研究》，北京市文物研究所编：《北京文物与考古》第四辑，北京：北京燕山出版社，1994年，第14—21页。
4 同上。

设计为元大都所继承[1]。

七、元上都

元上都遗址位于今内蒙古锡林郭勒盟正蓝旗敦达浩特镇以东18公里滦河上游北岸的金莲川草原上，始建于蒙古宪宗六年（1256年），初名开平府，中统五年（1264年）改名上都，以为帝后避暑之行宫。明洪武二年（1369年）复名开平府，不久又废府为卫，宣德五年（1430年）开平府迁至独石口后，元上都进一步废弃。至清代，沦为正蓝旗察哈尔部的驻牧地[2]。

元上都由外城、皇城、宫城和城外的关郊四部分构成（图1-1-8）。

外城平面大体呈正方形，边长约2200米，城墙（不包括皇城部分）均系黄土版筑而成，墙体残高约5米、底宽约10米、顶宽约2米。墙身未见马面、角楼等军事附属设施，但其外侧四周环绕护城河，现存河堤坡度30°—40°。南墙与西墙各开一门，门外筑马蹄形瓮城，北墙开两座城门，门外筑方形瓮城。经对外城北墙西侧瓮城门址的解剖得知，门道宽约10.8米，门道两端的夯土墙上贴有圆木一破为二的桦木板，厚约3—4厘米，应为修筑墙体时的护板[3]。

皇城位于外城东南角，其东、南墙即外城东墙南段、南墙东段，平面亦大体呈正方形，边长约1400米。城墙系黄土版筑后以石块包砌而成，墙体残高约6米、底宽约12米、顶宽约2.5米。四面城墙外侧各设石筑马面6个，均为中间夯筑，外侧三面包砌石块，整体呈梯形，底宽上窄，渐作收分，底宽约10米、凸出墙体约6.5米，马面间距约115—180米。四角建有高大角楼。经对皇城东南角楼的解剖得知，角楼呈圆台形，由下至上渐作收分，底径约25米、顶径约14米。在角楼连接的东墙和南墙内侧，各有一条登城的斜坡通道，两通道在楼角的顶部汇合，东侧通道残长9.5米、最宽处3.8米；

图1-1-8 元上都实测图
（采自秦大树：《宋元明考古》，第68页，图八）

1 景爱：《金中都的规划及影响——纪念金中都建立850年》，《北方文物》2004年第4期。

2 李逸友：《元上都遗址》，《中国大百科全书·考古学》，北京：中国大百科全书出版社，1986年，第633页；内蒙古大学历史系：《元上都调查报告》，《文物》1977年第5期。

3 魏坚：《元上都及周围地区考古发现与研究》，《内蒙古文物考古》1999年第2期。

南侧通道残长 12.5 米、最宽处 4.5 米，构筑方法同城墙一致[1]。墙体外侧发现有绕城的河沟，应具备城内排水和护城河的双重功能。皇城共设 6 座城门，东西各两门，南北各一门，应分别为史籍记载的东门、小东门，西门、小西门，明德门和复仁门[2]。各门均筑有瓮城，其中东西城门的瓮城为马蹄形，而南北城门的瓮城作长方形。以清理的皇城南门为例，门道总长 24 米，单门洞，青砖券顶，南端门道较为短窄，长 4.8 米、宽 4.7 米；北端门道较长，长 19.2 米、宽 5.7 米，券门两侧留有高 7 米的城门坍塌建筑残迹。瓮城东西宽 64 米、南北长 51 米，墙体构筑方式与皇城城墙咸通，残高 7 米、底宽 12 米、顶宽 5.2 米。据门道处将军石两侧的城门和铁钉、铁片等残迹判断，瓮城门应为木质过梁式结构[3]。

宫城位于皇城正中偏北处，平面略呈纵长方形，东西宽约 570 米、南北长约 620 米。城墙亦系黄土版筑，外侧青砖包砌，墙体残高约 5 米、底宽约 10 米、顶宽约 2.5 米，每高 1 米约有 2.5 厘米的收分。四角亦建有角楼，规模不及皇城者高大。墙体外侧发现有绕城的河沟。东、西、南三墙各开一门，应分别为东华门、西华门和御天门。各门址均不见瓮城遗迹。南门两侧有两个长宽约 15 米、高 5 米的台基，两台基相距约 80 米，间孔已堵闭，西端尚留有一个缺口，过去曾有一个拱形砖券门洞，今已不存。南门前面还有一个较原门楼台基为窄的建筑台基，其东西长约 50 米、宽约 20 米、高约 5 米，表明当时宫城南门是双重门。

城外的关郊主要有四关和铁幡竿渠。其中东关位于皇城东墙的东门和小东门外，东西宽约 1300 米、南北长约 2000 米；南关地处元上都南侧护城河以南的闪电河两岸，南北宽约 800 米、东西长约 1500 米；西关位于外城西墙外，向西约 1400 米即西山敖包[4]，西北方为哈登台敖包；北关地处外城北墙外，往北近 2000 米为东西横亘的龙岗，东西宽约 2500 米。铁幡竿渠是元上都的防洪建筑，其北段修筑在上都外城西北角约 2 公里处的龙岗西端和哈登台敖包之间，大体呈西北—东南走向注入闪电河[5]。

元上都街道及各类官署、坛庙等建筑的布局，我们分城内和城外两部分加以介绍。

（一）城内部分

外城内西门北侧至皇城北门的瓮城西墙之间筑有一条残高约 0.8 米、基宽约 3 米、顶宽约 2.05 米的夯土墙，将城内除皇城和宫城外的“折磬形”部分划为北部与西部两块[6]。北部主要是一东西向山岗，没有街道，也基本不见建筑，仅存皇

---

1 魏坚：《元上都及周围地区考古发现与研究》，《内蒙古文物考古》1999 年第 2 期。

2 魏坚：《元上都》，北京：中国大百科全书出版社，2008 年，第 25、26 页。

3 魏坚：《元上都》，北京：中国大百科全书出版社，2008 年，第 20 页。

4 上都城北 1.5—2 公里处，即是东西绵延的龙岗，为北方屏障。在正北龙岗主峰和上都城东北 1.3 公里的原子山、西北 2 公里的哈登台山、城西 1.4 公里的西山以及上都城东南约 8 公里的敖包山，西南 6 公里的萤石山的顶部，均建有硕大的石堆敖包。这些敖包是在山顶背对元上都城的一面深挖一坑取石，在面对上都城的一面堆成敖包，直径一般在 35—45 米、高 8—10 米，连同元上都城南约 12 公里东西横亘的南屏山，共同形成对元上都的环形拱卫之势（参见魏坚：《元上都》，北京：中国大百科全书出版社，2008 年，第 26 页）。

5 魏坚：《元上都》，北京：中国大百科出版社，2008 年，第 26—49 页。

6 乌云高娃：《草原古城——元上都》，《中华魂》2012 年第 18 期。

城西北角外北侧、外城北部正中偏南处发现一大型院落，其平面形制为对称的菱形，南、北两墙作东北—西南向，东西两墙方向为350°，东西长315米、南北宽195米，墙体为自然石块垒砌，南墙正中留有缺口，宽约5米，院内较为空旷，未见明显的建筑痕迹。多数学者认为外城北部应为文献所载用以培植奇花异草、豢养珍禽异兽的元代皇家园林，亦即北苑所在[1]。西部有两条从皇城西墙门址通至外城西墙和西门的东西向大街，一条起自外城南门以东约20米的南北向大街。此外，还有几条与之相交或平行的街道。建筑遗迹多分布于近街道处，均作房屋临街、院落在后的布局。在皇城小西门外有一东西宽168米、南北长320米的石砌院墙[2]，院中央略偏北处是一前后两殿，中间以廊道相连，并有厢房的较大工字形建筑，其南北两侧散落建有较多的房屋，门道设于南墙偏西处的两栋较大型房址之间，该院落很可能就是元代晚期文宗为权臣燕铁木儿修建的宅第[3]。

皇城内的街道以正对南门宽25米的南街为中心，大体呈对称布局。南街左右两侧各有一条宽15米的大街，南北贯穿全城，宫城南面有一条宽25米的东西向大街直通皇城南面的东西二门，大街之外即为纵横交错、相互对称的小街。史载皇城内官署寺庙建筑众多，但目前于史可考者只有华严寺、乾元寺和孔子庙三处。

华严寺位于皇城东北角，作以中院为主体，东、中、西三跨院相连，四周围以院墙的建筑布局。外围院墙东西长约325米、南北宽约200米。中院四周墙体完整，基宽约6米，似为一周回廊式建筑，南北长165米、东西宽92.5米，院内正中偏南处建一夯土台基，东西长约35米、南北宽约25米、高3.5米，南侧留有斜坡踏道，北侧为北向长方形廊道，廊道之北又有一长方形台基，东西长22.5米、南北宽12.5米、高3米。中院东南侧建有一南北长15米、东西宽10米的小院，其内北侧有房间两座。另有两处碑亭基址对称分布于中院南部东西侧。西院内后部靠近西墙，建有大片建筑，东侧则较低洼而无建筑遗迹，南部也留有两排房址。东院南北长约110米、东西宽约70米，中部似有一墙，其南遗迹现象不明，其北则有3座作南北向排列的建筑台基，高约1米。北部台基东西长18米、南北宽12米，中间台基呈方形，边长8米。南部基址较小，位于墙基之上，似为门楼遗址。此外，中间台基和南部台基的西侧还有一南北向建筑。

乾元寺位于皇城西北角，分前、后两院，四周建有围墙，南北长约265米、东西宽约132.5米。前院为竖长方形，南北长约167.5米，四周墙基宽约10米，似为一周回廊式建筑。院落中央略偏北处有一长方形夯土台基，南北长约45米、东西宽约40米、高约4米。台基前左右对称有两处碑亭遗址。后院为横长方形，南北宽约97.5米。院落中央后部有一长约30米、宽约10米、高约3.5米的十字

1 魏坚：《元上都》，北京：中国大百科全书出版社，2008年，第71页。

2 笔者按，即调查报告所称“东西宽150米、南北长约200米的石筑院墙”（内蒙古大学历史系：《元上都调查报告》，《文物》1977年第5期）。

3 关于该院落的年代和性质有不同看法，有学者认为，“由于它明显地截断了贯通城东西的元代主要街道，因之断定是元代以后明代的建筑”（参见内蒙古大学历史系：《元上都调查报告》，《文物》1977年第5期）；有学者则认为，“这座院落基础以石块构筑，整齐而坚固，与城中所见明代开平卫指挥使司的墙基完全不同，应属元代权臣燕铁木儿的宅第”，多年从事元上都研究工作的魏坚先生亦持相同看法（李逸友：《明开平卫及其附近遗迹考察》，《内蒙古文物考古》1999年第2期）。

形建筑台基，台基前对称有东西配殿，基址南北长约 20 米、东西宽约 14 米、高约 3.5 米。

孔子庙位于皇城东南角，为一前后两殿式建筑，基址围墙南北长 67.5 米、东西宽 62.5 米。院内南侧基址略低，东西长约 40 米、南北宽约 26 米、高约 0.5 米，北侧基址较高，其北段出于围墙之外，东西长约 27.5 米、南北宽约 18 米、高约 1.5 米。

宫城内的主要街道是通向东、西、南三门的丁字形大街。此外，其南部有一条横街，东南角有一条与前述横街相交的南北向纵街。城内的建筑基址约 40 余处，据其布局特点大致可分为五种：

1. 单一的一座大殿。如宫城中心丁字街北的一处台基，长宽约 60 米、高 3 米，其上偏北处还有一长 30 米、宽 25 米、高 2 米的殿基，整个台基的剖面呈凸字形。大殿东、西、北三面有宽约 8 米的砖铺地面，南面两角有小型建筑遗迹，殿前有台阶。该大殿很可能就是文献记载的大安阁旧址[1]。

2. 正殿前配置平房。如东南角内的一组建筑，正殿台基长宽 30、高 2 米，地处院中靠后，院东墙下有一排平房。

3. 主体建筑为一殿两厢的品字形。两厢有的在同一台上，有的在台下两角，院落布局情况同第 2 种，此类布局为宫城建筑中最普遍者。

4. 工字形建筑。此类建筑仅有西北角一处，分前、后两殿，前（南）殿东西长 20 米、南北宽 16.5 米、高 1.5 米，后（北）殿东西长约 43 米、南北宽约 40 米、高约 2 米，两殿中间有一条与殿基等高的廊道，长约 30 米。有学者推测该基址可能为文献所记载的睿思殿[2]。

5. “阙式”建筑。此类建筑仅有北墙正中一处，以中殿为主，对称连接着东西配殿，东西长约 130 米，中殿呈凸字形而凹后，东西殿为工字形而趋前，南北长约 60 米，是宫城内最大的建筑台基。其形制和规模与文献所载“两陲俱有殿”且“连延数百间”的穆清阁正相吻合，当为穆清阁旧址无疑[3]。

（二）城外部分

东关依地形可分为北部丘陵区和南部平原区两部分。北部因地处龙岗之下，地形略有起伏，建筑分布较为稀疏，其间有一条长约 900 米的东北—西南向街道，其南、北两侧建有民居，民居一般院门临街，内有房屋建筑；南部因靠近闪电河而地表平坦潮湿，故建筑均建在人工堆砌的高台上，大致东西成排，布局不甚规整。现已测绘官署、大型院落、仓址和民居等遗址 13 处。其中，关内东北端小元山子南侧的大型仓址（图 1-1-9），平面呈长方形，南北长 232 米、东西宽 146 米，门道位于南墙正中。仓址均建在院内大型夯土台基之上，台基现存高度近 2 米，由正廒南、北两个仓址，东廒和西廒各三个仓址，南廒东、西各两个仓址组成，中间是空旷的院落。此外，门道内西侧有一处独立房址，应为仓库守卫的住所。以其位置和规模观之，该仓址应即文献记载的广济仓。

南关内有一丁字形大街，南北向大街与皇城南门——明德门正对，东西向大

1 魏坚：《元上都》，北京：中国大百科全书出版社，2008 年，第 52 页。
2 魏坚：《元上都》，北京：中国大百科全书出版社，2008 年，第 56 页。
3 魏坚：《元上都》，北京：中国大百科全书出版社，2008 年，第 52—54 页。

街东段遗迹不清，西段长约500米、宽10米，街道平直，其两侧保存有整齐的房址。现已发掘清理房址4处（图1-1-10），三处居西区，一处居东，另于关内西北部闪电河北调查了官署遗址一处。其中，西区三处房址形制基本相同，且彼此东西相连成一排，房屋为地面建筑，南北进深7.5米、东西宽7.3—12.5米不等。墙壁皆用自然石块坐浆垒砌，基宽50—60厘米、残高16—30厘米，屋内由厅间和火坑组成，或东室为居住火坑，前有灶台，西侧为宽大的客厅；或厅间在前，火坑位于后面的东西两端。门道位于南墙，其外有以瓦片立砌而成的斜坡状台阶。东区一处房址平面呈长方形，进深7.75米，为一进两开式，分中、东、西三室，外有院墙，地面用灰色长方砖铺砌，南侧正中有石砌阶梯式台阶，其规模和面积都高于西区房屋。

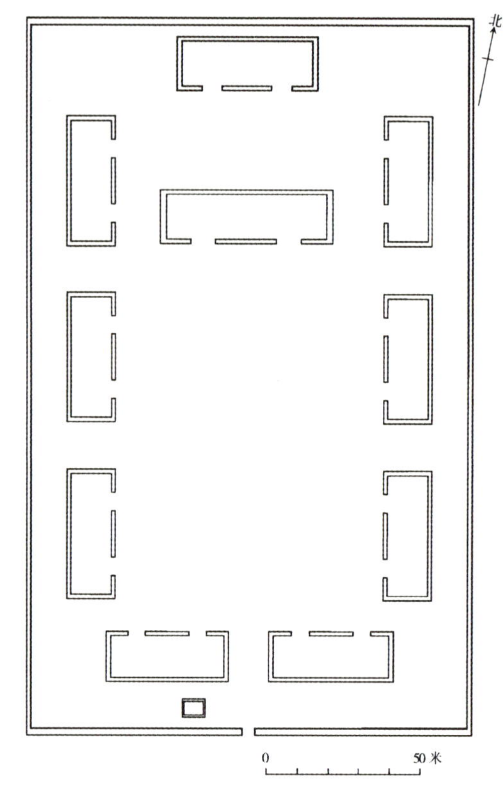

图1-1-9 东关大型仓址（LYD-4）
（采自魏坚：《元上都》，第31页，图七）

西关偏南处有一条东西向大街（西关大街）与皇城小西门外大街相对，长约1000米、宽10米，直通城西的铁幡竿渠旁。大街南、北两侧为排列的店铺，店铺房屋均临街而建，后面为院落。现已测绘官署、粮仓、店铺、民居等遗址14处。其中，关内西山敖包之东南侧的大型仓址（图1-1-11）由北面仓址主体和南面东、西两个院落三部分组成。仓址主体平面呈长方形，南北长210米、东西宽150米，仓址建在高约2米的夯土基址之上，院门位于南墙正中，由正廒一仓、东廒和西廒各两仓、南廒东西两仓及东南角处紧贴东墙的房屋基址组成。该房屋基址面积狭小，似为仓库守卫住所。仓址南面两处院落东西隔墙而邻，东侧院落平面呈长方形，南北长72米、东西宽58米，院门在南墙中部。院内台基上的正殿基址位于院之西北部，由高台基址上的正殿和东西两侧耳室及南面的两排倒座组成。院内近东墙处亦有东房一排，门道外侧东西则各有一石砌围墙，西侧围墙内西部有房址两间。此外，院内最南端门道两侧对称建有小型房址两处，类似门房。西侧院落平面略呈方形，东西长62米、南北宽57米，北墙东门即仓址院落南门，另有一座门址位于南墙中段略偏西，院内房屋建筑较少，由北侧的正殿基址和两侧的东、西厢即南墙门道两侧的两排倒座组成。这座仓址规模巨大且位居城外西关内，很可能即文献记载的万盈关。

北关遗迹保存较差，现已调查测绘仓址、兵营和大型院落4处。其中，关内西北部略偏南处的兵营遗址（图1-1-12）院落平面呈长方形，南北长227米、东西宽130.5米。院落墙址均为自然石块垒砌而成，院门位于南墙正中。该院落布

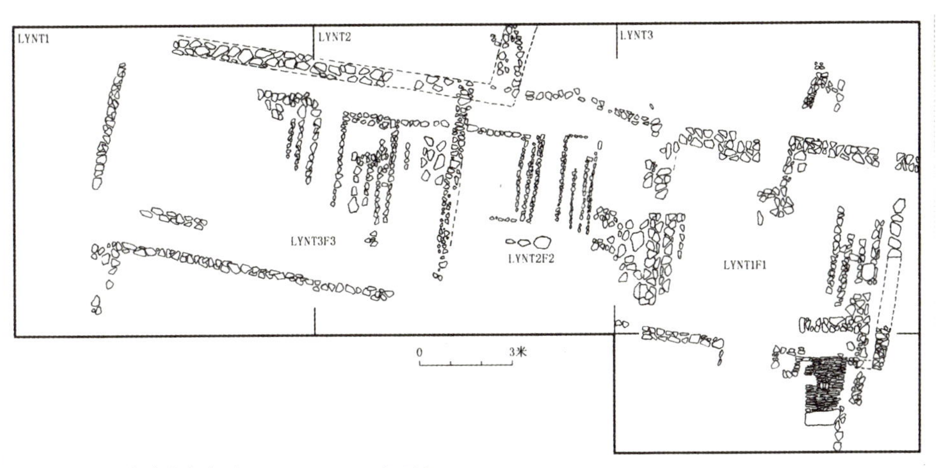

图 1-1-10　南关发掘探方 LYNT1-LYNY3 平面图
（采自魏坚：《元上都》，第 35 页，图一一）

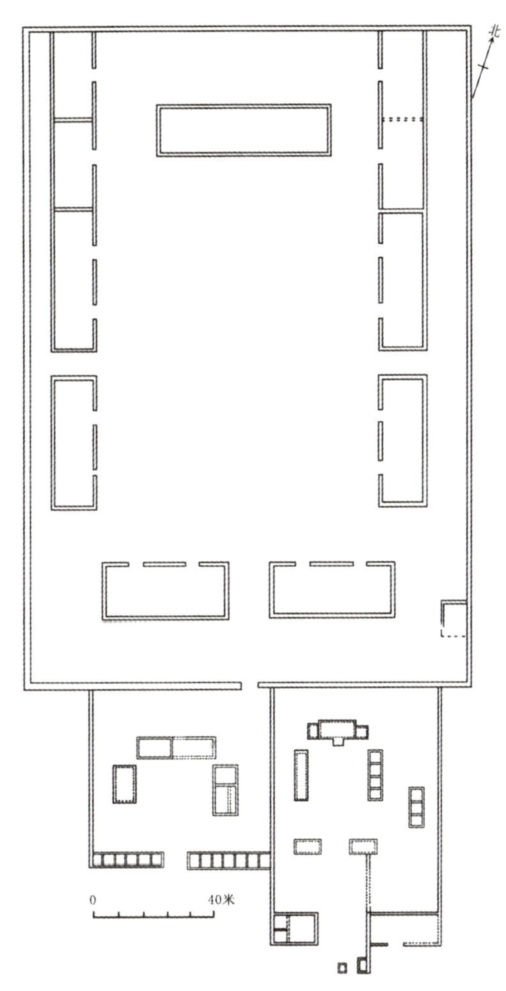

图 1-1-11　西关大型仓址（LYX-1）
（采自魏坚：《元上都》，第 38 页，图一四）

局井然有序，分北部住宿区、南部西侧官署区和东侧仓储区三部分。住宿区南面西侧有隔墙与官署区分开，东侧有通道直达仓储区。东西长约 128 米、南北宽约 63 米，院内有南北四排共 102 间分布整齐、规格划一的房址，其东西两侧，紧贴院落东西墙处有厢房两排，共计 20 间，西侧厢房南段即为院落西门。官署区东墙北段有一侧门通往仓储区，由三个既独立又相互联系的小院落组成，北面并列的两个院落内均建有高台建筑基址，东面基址南侧建有斜坡踏道。南面院落内东北角和南部亦各有一高台建筑基址，南部台基南侧正中有斜坡式踏道。仓储区西与官署区相连，北与住宿区相通，由北向南有五排房址，相对错落分布。此外，仓储区北面院落东墙还有三间房址，可能为仓储区警卫人员住房，南部有三处呈“品”字形分布的小型高台建筑基址，现存高度约 50 厘米。

元上都是元代都城系列中创建最早、历史最久、格局完整且保存最好的都城遗址[1]，其规划布局特征鲜明，突出表现为以下两点：

1 乌云高娃：《草原古城——元上都》，《中华魂》2012 年第 18 期。

1. 城外四周设有面积广大的关厢，调查发现的官署、仓址、大型院落、驿馆、店铺、民居和兵营等几类建筑遗存，在每关的分布既相互关联，又各有侧重。大体而言，布局规整的官署遗址基本位于各关的北部地区；粮仓则建在东、西关的高阜之处；西关的南部和南关的御道两侧主要分布着商肆店铺和酒店客栈等建筑；东关南部是范围较大的普通居民住宅区；北关基本不见商肆和民居建筑，但在铁幡竿渠内侧建有规模宏大的兵营、行殿和仓址等建筑基址[1]。值得注意的是，此类仓址、驿馆、店铺和兵营建筑不见于城内，即便是官署和民居建筑，城内数量亦不及城外四处关厢。由此可见，上都城初建时尚未关注其经济作用，具有强烈的堡垒性质[2]。

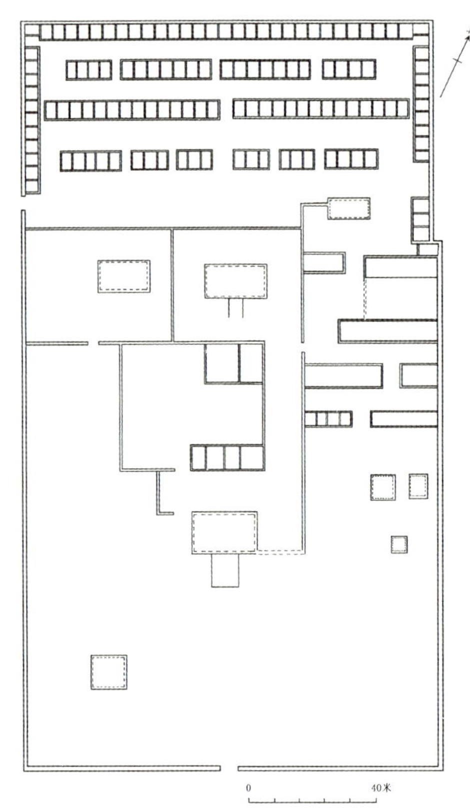

图 1-1-12 北关兵营遗址（LYB-2）
（采自魏坚：《元上都》，第 42 页，图一八）

2. 整体形制采用了中原地区都城规划中常见的“环套城”设计传统，皇、宫城内的街道和建筑设置亦采用了中原地区都城规划惯用的中轴线布局方式，但皇、宫二城偏居外城东南隅，迥异于中原地区皇、宫二城居中的情况，外城内“折磬形”部分的北区设有皇家园林，从而增强了整个都城的苑囿性和离宫色彩。

八、元大都

元大都遗址位于今北京市城区的内城及其以北地区，始建于元世祖忽必烈至元四年（1267 年），至元十一年（1274 年）建成宫城，至元十三年（1276 年）建成大城。元亡后，明朝利用元大都南半部加以改建增筑，使得明清北京城直接继承了元大都形制和布局的主要方面[3]。

元大都为外郭城、皇城和宫城重重相套的三重城（图 1-1-13）。

外郭城平面呈南北向纵长方形，南北长约 7600 米、东西宽约 6700 米，周长约 28600 米，面积约 50 平方公里。城墙均系夯土筑成，基部宽达 24 米，为加固城墙，在夯土中还使用了“永定柱（竖柱）”和“纴木”（横木）。城墙收分很大，

1 魏坚：《元上都的考古学研究》，吉林大学博士学位论文，2004 年，第 78 页。
2 秦大树：《宋元明考古》，北京：文物出版社，2004 年，第 71 页。
3 徐苹芳：《元大都遗址》，《中国大百科全书·考古学》，北京：中国大百科全书出版社，1986 年，第 629 页。

基宽、高和顶宽的比例为 3:2:1，顶部中心安有排水的半圆形瓦管道，顺城墙方向断断续续长达 300 余米，有效避免了城顶雨水对城墙的冲刷。城墙四角筑有高大的角楼，墙外等距离设马面，其外再绕以又宽又深的护城河，共十一座门，东、西、南墙各三门，北墙二门，南墙正中为丽正门。对肃清门和光熙门的勘探表明：城门建筑是被火所焚毁的，大量的木炭屑和烧土的堆积层证明城门建筑可能仍为唐宋以来的“过梁式”木构门洞[1]。各门修建时均无瓮城，至正十八年（1358 年）始修瓮城、吊桥，瓮城城门为砖券门洞[2]。

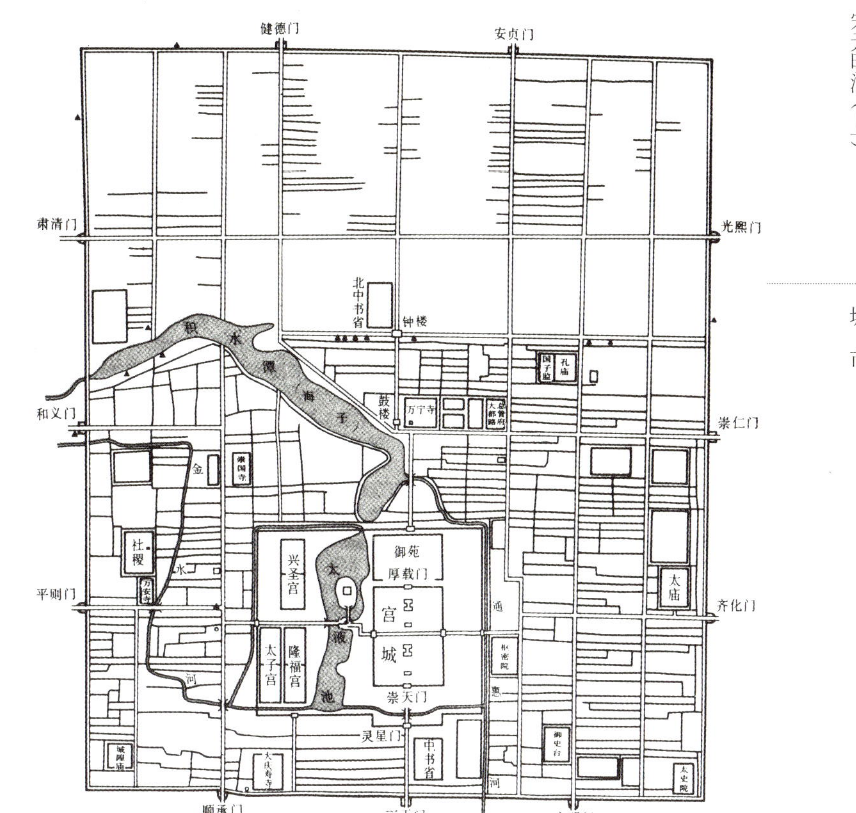

图 1-1-13　元大都遗址复原图

（采自《中国大百科全书·考古学》，第 630 页）

皇城位于外郭城南部的中央地区，平面呈东西向长方形。城墙亦系夯土筑成，墙基宽约 3 米。南墙偏东处有一段略向外凸，南墙正门——灵星门即位于其中。

宫城偏居皇城东部，平面呈南北向纵长方形。城墙亦系夯土筑成，残存墙基最宽处超过 16 米。宫城四面各开一门，南墙正中为崇天门，位置在今故宫太和殿一带，北墙正中为厚载门，位置在今景山北的少年宫前。

外郭城内街道布局整齐。全城的中轴线，南起外郭城南墙正中的丽正门，向北依次穿过皇城南门灵星门、宫城南门崇天门和北门厚载门，直达万宁寺的中心阁。换言之，宫城中央的南北大路即是元大都的中轴线。由此可知，明清北京城中轴线的位置承袭自元大都。中轴线两侧排列着整齐笔直的南北向主干大道，宽约 25 米，其东西两侧又等距离平行排列着若干东西向胡同，宽约 6—7 米。光熙门至北垣间探出的 22 条东西向胡同，与旧北京城朝阳门至东直门之间所排列的 22 条胡同相同，可见明清北京城内街巷基本上保持了元大都城的格局。

元大都的居民区（基本建制亦称“坊”）及各类坛庙、衙署建筑即分布于这

1　“过梁式”木构门洞的建筑形式是：门洞两壁排立木柱，木柱上再搭架梁、枋、椽、板，门洞上部作扁梯形。敦煌石窟的唐代壁画、宋代《清明上河图》中都画有“过梁式”木构城门洞的图像，北京昌平元代建筑居庸关过街塔石门洞，就是模仿“过梁式”木构门洞的形式建成的（参见中国社会科学院考古研究所、北京市文物管理处、元大都考古队：《元大都的勘查与发掘》，《考古》1972 年第 1 期）。

2　中国社会科学院考古研究所、北京市文物管理处、元大都考古队：《元大都的勘查和发掘》，《考古》1972 年第 1 期。

些街道胡同之中。现已清理发掘10余处居住遗址，以后英房、雍和宫后两处院落遗址最为重要。

后英房院落的南北房之间用三间柱廊相连，平面呈“工”字形，三间柱廊总长6.32米、间宽3.72米，两侧不砌墙壁而安装着华丽的木格扇。“工”字形主要建筑物建于砖台基之上，两侧建东、西厢房。南房、北房和西厢房墙壁的“隔减”部分（自窗台以下的部分）和铺地砖均采用“磨砖对缝”的砌法，室内四周也围砌土坯坑，有的实心坑自坑沿以下饰以木板。南房当心间面阔3.72米、进深4.75米，北房面积与南房相同。

雍和宫后院落遗址的南房因在明代城基范围之外而早被破坏，现存的三间北房是其主要建筑，建于砖台基之上，当心间面阔4米、进深5.42米。两明一暗，西暗间面阔3.75米、进深7.08米，两明间的后檐墙向内收入1.66米，形成两间后厦，这是前所未见的形式。屋内四周用砖、坯围砌成坑，较宽者为火坑，较窄者为实心坑。北房前有一方形砖月台，月台前用砖砌出十字形高露道，通往东、西厢房和南房。

据考证，太庙遗址在外城齐化门内的北边，社稷坛遗址在外城和义门内的南边[1]，枢密院遗址在皇城东门稍南的保大坊[2]，御史台遗址在外城文明门内的澄清坊[3]，中书省遗址在外城丽正门内的五云坊[4]。皇城内宫城之西是太液池遗址（即今北海、中海），其西北为兴圣宫遗址，西南为隆福宫遗址。宫城的绝大部分叠压于今故宫和景山之下，无法开展勘探等考古工作，具体情况不明。

文献记载和考古勘探表明，元大都的河湖水系可分为两个系统，一是由高梁河、海子、通惠河构成的漕运水系统；一是由金水河、太液池构成的宫苑用水系统。前者利用高梁河引白浮诸泉及翁山泊水，从和义门北入城，汇为积水潭，经海子桥下进入通惠河，向东、南流出南城垣，东至通州，最后流入海河。进京的物资多系利用这条水道汇集于海子北岸的钟楼、鼓楼和斜街一带，故此处形成了元大都最大的市场。后者利用金水河引玉泉山水从和义门南入城，然后沿北沟沿南行再转东，至今灵境胡同西口内分为南北两支，南支入太液池，再从崇天门东流入通惠河，北支沿皇城西墙北流，再折向东，入太液池。

元大都外城的东、西城垣北段和北城垣西段发掘了3处水涵洞遗址，在今西四的地下发现城内大街两侧的排水渠。涵洞的底和两壁都用石板铺砌，顶部则用砖起券，洞身宽2.5米、长约20米，石壁高1.22米，内外两侧各用石铺砌出6.5米长的出入水口。整个涵洞的石底略向外倾斜，中心部位装有一排断面呈菱形的铁栅棍，栅棍间的距离为10—15厘米，石板接缝之间勾抹白灰，并平打了许多“铁锭”。涵洞的地基满打“地钉”（木橛），“地钉”的卯上横铺数条“衬石枋”（横

1 杨宽：《中国古代都城制度史研究》，上海：上海古籍出版社，1993年，第482页。

2 徐苹芳：《元大都枢密院址考》，氏著：《中国历史考古学论丛》，台北：允晨文化实业股份有限公司，1995年，第192—197页。

3 徐苹芳：《元大都御史台址考》，氏著：《中国历史考古学论丛》，台北：允晨文化实业股份有限公司，1995年，第198—204页。

4 徐苹芳：《元大都中书省址考》，《中国文化研究所学报》新六期（香港中文大学中国文化研究所三十周年纪念刊），1997年，第358—394页；刘卫东：《元至正年〈刑部题名第三之记〉碑与元大都中书省的位置》，《中国文物报》2007年6月29日第7版。

木），地钉和卯间掺用碎砖石块夯实，并灌以泥浆。整体结构与《营造法式》记载的“卷辇水窗”的做法基本符合。排水渠是用石条砌筑的明渠，宽1米、深1.65米，渠内石壁上还有当时工匠刻凿的字迹。上述河湖水系和水涵洞、排水渠遗址是元大都给排水系统的重要组成部分。

元大都是隋唐长安城以后新建的规模最大的都城，全城由九条南北纵街和九条东西横街以及在东西城垣两城门之间的等距离之22条胡同构成街道网络，是北宋汴梁城以来逐步发展形成的城市街道规划的定式。其宫苑在全城中央偏南，市场集中在宫苑之北，太庙在左，社稷坛居右，完全符合《周礼·考工记》所载“国中九经九纬、经涂九轨、左祖右社、面朝后市”的王城之制[1]，部分学者甚至明确指出元大都的总体布局是严格按照《易经》思想指导下的《周礼·考工记》进行规划的，充分体现了“周王礼制”的国都规划制度[2]。此说不无道理，但我们更应该看到元大都城市规划的骨骼[3]——其街道布局仍然顺从了中国古代城市规划的发展规律，从封闭式里坊制转变为开放式街巷制，这在中国历史和中国古代城市规划上都是一次划时代的变化[4]。

九、明清北京城

明清北京城遗址范围即今北京市内外旧城区，洪武元年（1368年）至嘉靖三十二年（1553年）在元大都基础上“北缩南展”（废弃元大都的北墙，在其南约5里处新建北城墙。将南城墙向南拓展一里半，并于其南增筑外城）改建而成。此后的清代沿袭了明北京城的规划，基本未做改变[5]。

明清北京城平面形制呈“凸”字形，由外城、内城、皇城和宫城四部分组成，面积约25.4平方公里（图1-1-14）。

外城是嘉靖三十二年（1553年）增筑的，原拟围内城四面增筑，后因财力不足，仅将内城以南的地区围筑于外城之内。其平面形状酷似“凸”字下半部分，东西长7950米、南北宽3100米。砖包城墙，外设护城河，共七座城门，南墙正中为永定门。

内城是以元大都外郭城为基础“北缩南展”改造而成的，平面呈东西向横长方形，砖包城墙。1949年后，北京城门和城墙大多数已经拆除，在拆除前的现场发掘清理中，考古工作者弄清了明北京城垣的结构：明北京城内城东西城垣是在元大都东西城垣的基础上包砌修筑的；南垣修筑于永乐年间，其修筑方法与东西垣略同，由大砖和小砖两层构成；北垣是为了满足军事防御的需要突击修建的，显得很草率，砖瓦和夯土中夹杂有元代各类瓦件，甚至有未经拆除清理的房址、

1 曲英杰：《古代城市》，北京：文物出版社，2003年，第241页。

2 于希贤：《〈周易〉象数与元大都规划布局》，《故宫博物院院刊》1999年第2期。

3 徐苹芳先生在主持元大都的考古工作中，意识到街道布局是城市规划的骨骼，一个古代城市的街道布局形成以后，是很难做全局性改变的（参见许宏：《学者徐苹芳的古代城市探索》，《中国文化遗产》2010年第3期）。

4 徐苹芳：《元大都在中国古代都城史上的地位》，《北京社会科学》1988年第1期。

5 徐苹芳：《明北京城》，《中国大百科全书·考古学》，北京：中国大百科全书出版社，1986年，第331页。

帐柱等[1]。城墙东南、西南角筑有平面呈曲尺形的高大角楼，共设九座城门，东、西、北墙各二门，南墙三门，南墙正中为正阳门。各门均筑有瓮城和城楼。

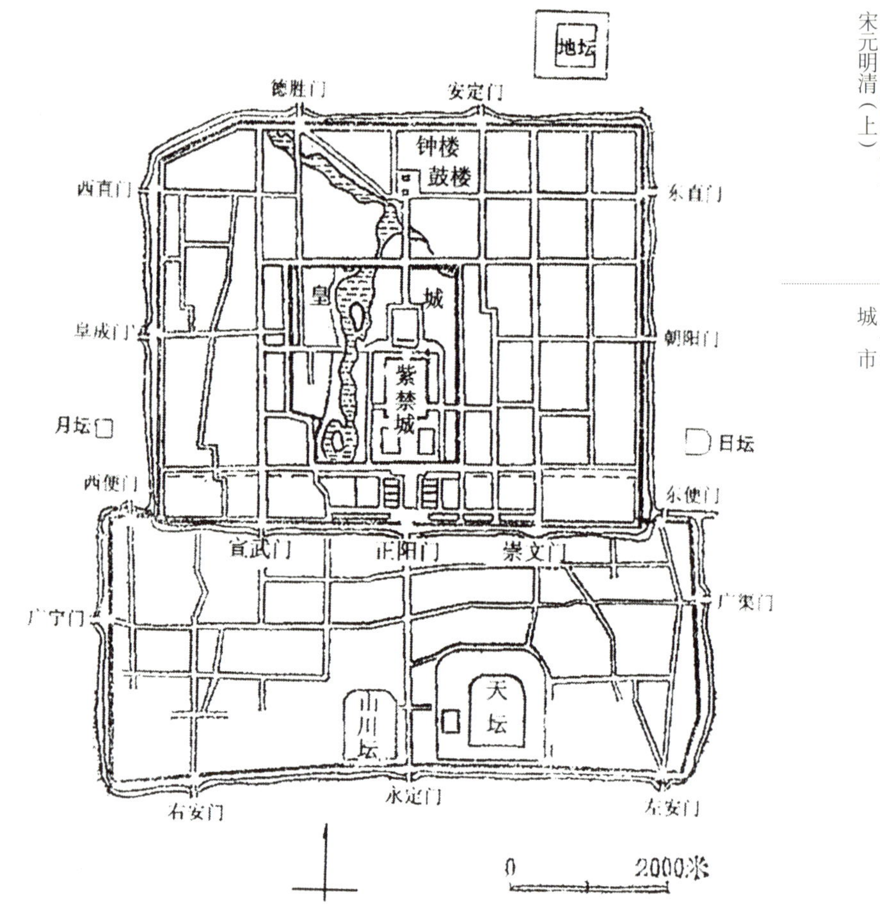

图 1-1-14　明北京城平面图
（采自秦大树：《宋元明考古》，第 85 页，图一二）

皇城位于内城中部偏西南，其东、南墙的位置在元大都皇城的基础上均有所外移，东西宽 2500 米、南北长 2750 米。共四座城门，南墙正中为承天门（清代更名为天安门），北墙正中为北安门（清代易名为地安门）。承天门前有丁字形凸出部分，称为皇城的“外郛”，丁头正中为大明门（清代改名为大清门）。

宫城位于内城中央，其东西墙的位置与元大都宫城相同，南、北墙则均向南偏移，东西宽 760 米、南北长 960 米，面积较元大都宫城略小。共四座城门，南墙正中为午门，北墙正中为玄武门（清康熙年间改为神武门）。

明北京城的外城分布有居民稠密的工商业区和天坛、山川坛等建筑，街道多为修建前自发形成，布局不甚规整。内城以皇城前的东、西长安街为界，以北原属元大都范围，其内街道多承旧制；以南为拓展部分，其内于皇城前置中央官署。全城的中轴线，南起外城南墙正中的永定门，向北依次穿过内城南墙正中的正阳门、丁头正中的大明门（大清门）、皇城南门承天门（天安门）、宫城南门午门和北门玄武门（神武门）、皇城北门北安门（地安门），直达万岁山以北的钟、鼓楼，总长约 8 公里。宫城内的前朝——奉天殿（明嘉靖年间改名为皇极殿，清顺治年间改名太和殿）和后宫——乾清宫及宫城后的景山都位于这条中轴线上。外城内的天坛和山川坛、皇城内宫城前的太庙和社稷对称分列于中轴线东西两侧，皇城南门承天门（天安门）至丁头正中大明门（大清门）之间的中央衙署则按照“左文右武”的原则对称分列于中轴线东西两侧。除了上述对称布局的坛庙、衙署建筑外，明北京城的皇城内还分布有太液池和重华宫及专为皇家服务的内官衙署和

1 北京市文物研究所编：《北京考古四十年》，苏天钧主编：《北京考古集成》15，北京：北京出版社，2000 年，第 401—403 页。

作坊仓库等建筑。其中，太液池位于皇城西部，是以元大都太液池为基础向南扩展而成的。重华宫位于皇城东南隅，内官衙署和作坊仓库则分布于皇城东部和北部。

明北京城是在元大都基础上“北缩南展”改造而成的，其规划布局既体现了对元大都的继承，又呈现出若干为元大都所不见的新特征。具体而言，内城长安街以北的街道系统多承元大都旧制，钟、鼓楼和斜街一带的商业区因循守旧，未作变更，甚至整个内城建筑布局所体现的“左祖右社、面朝后市”王城之制亦可溯至元大都。但是，元大都的社稷、太庙和衙署建筑散布于街道胡同之中，而明北京城则将此类建筑集中、对称设于皇城前，整体格局更为紧凑、合理，从而突出了皇宫的中心地位并强化了皇权的体现。类似布局亦见于明南京城和明中都，且明中都皇城前横贯一东西向云霁街，类似于明北京城皇城前的东西向长安街。因此，可以认为明北京城的规划布局在一定程度上受到了明中都的影响[1]。此外，明北京城外城作为重要的工商业区，它的出现反映了明朝中叶以后北京工商业者和市民阶层的日益强大，同时也见证了封建帝国后期商品经济的高度发达[2]。

第二节　地方城市

宋元明清时期，地方城市获得了迅速发展，数量和规模都超过了前代，尤其是工商业的发达，更催生了纯粹因经济生活而兴起的城镇。同时，军事防御对本阶段地方城市有重要影响，突出表现为军事堡垒数量的急剧增加。

依据所处地理环境的不同，宋元明清时期军事性堡垒大致可分为平地型和山地型两种。平地型军事性堡垒多作方形或长方形十字街布局，以便加强管理；山地型军事性堡垒，则多利用山险、因山起势，形制不甚规则。同时，某些地方行政治所迫于军事环境的压力，在形制布局上亦体现了较为明显的防御色彩，如明嘉靖年间为抗击倭寇所建的奉贤城，平面布局作长方形十字街式[3]，又如南宋末年为抵抗蒙元大军南下而修建的海龙囤和增筑的静江府城[4]，均夹山筑城、因地制宜。本节将以资料较为翔实的海龙囤城址为例，对军事防御影响下的地方行政治所加以介绍。此外，南宋平江府图碑至今尚存，颇有代表性，在此一并加以介绍。

一、南宋平江府城

南宋平江府城遗址位于今江苏省苏州市。史载北宋政和三年（1113 年）苏州升为平江府，直至张士诚攻占平江前，其间两百余年，此名未曾更改。南宋建炎

1 陈怀仁：《明初三都规划制度比较——兼析明中都规划布局对北京城的影响》，中国紫禁城学会编：《中国紫禁城学会论文集》第五辑，北京：紫禁城出版社，2007 年，第 233—244 页。

2 秦大树：《宋元明考古》，北京：文物出版社，2004 年，第 90 页。

3 转引自秦大树：《宋元明考古》，北京：文物出版社，2004 年，第 108 页。

4 苏洪济：《〈静江府城图〉与宋代桂林城》，《自然科学史研究》1993 年第 3 期。

四年（1130 年），自临安北归的金军途中进犯平江，劫掠官府、民居和仓库积聚，纵火延烧，平江城几成废墟，后经半个世纪的惨淡经营方现昔日风貌[1]。绍定二年（1229 年）[2]，平江府郡守李寿朋组织工匠，将当时苏州城市布局以中国古代流行的地图画法即建筑平面与简练的立面形象相结合的手法精确地刻绘于一块石碑上，即现藏于苏州碑刻博物馆的《平江图》碑。该图碑高 279 厘米、宽 138 厘米，图幅纵 197 厘米、横 136 厘米，是我国现存最古老最完整的城市平面图，亦是建炎兵灾后重建的苏州城之地图档案。据此图碑，我们得以清晰了解当时平江府城的形制布局及其规划设计思想。

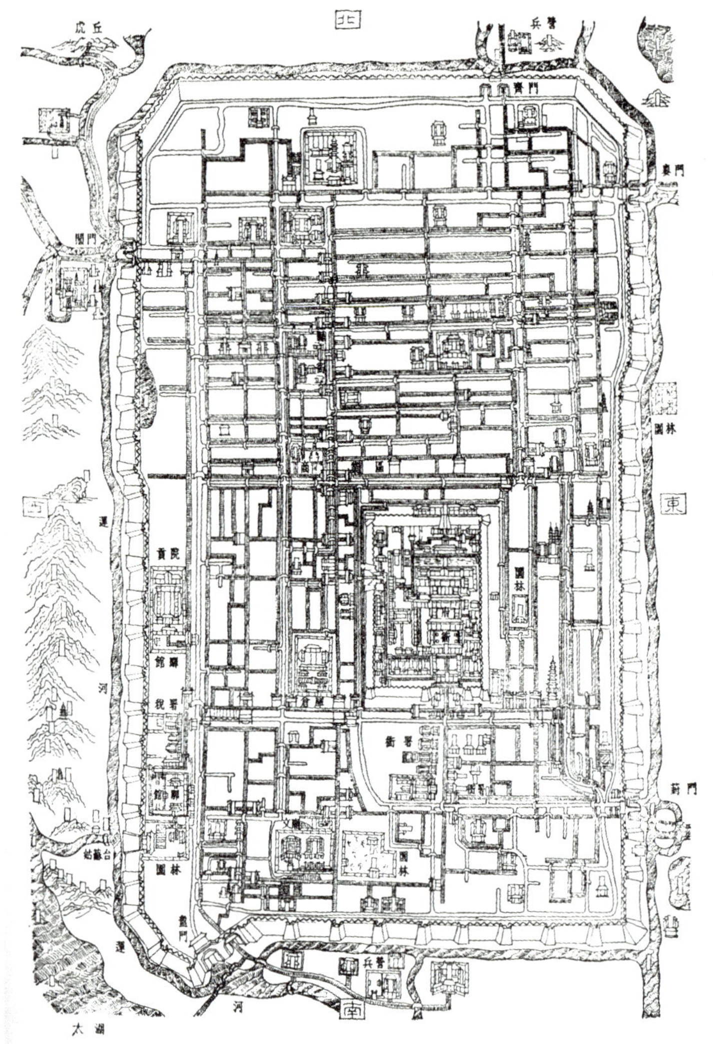

图 1-2-1　南宋平江图碑简绘图
（采自秦大树：《宋元明考古》，第 97 页，图一三）

平江府城由外城和子城两部分组成（图 1-2-1）。

外城的西北和东北角呈梯形，西南略向外凸出呈弧形，东南是直角，整体形制为不规则的南北向长方形，南北长约 4500 米、东西宽约 3500 米，周长约 16000 米。东、南、西三面墙外侧等距离设有马面 53 个，城外绕以护城河，河宽约 133 米。共五座城门，皆作水陆并列，门洞呈梯形，并建有高大门楼。其中，东面两座，称葑门、娄门；南面一座，称盘门；西门一座，称閧门；北面一座，称齐门。尤以盘门规模最大，门前设有方形瓮城，水门内有两道闸门，外窄高内宽矮，以控制水位，城墙和门均为砖石结构。各门位置均偏设而不求正中，显系平江府城所处的地势和河流走向使然。

子城位于外城中央偏东南方向，是平江府城的府治所在，墙高 18.6 米、底部厚 7.5 米，墙身里外均为砖砌，城外亦设有护城河。为安全和防御需要，除南面开正门外，仅西面和北面各开一座偏门。

1 耿曙生：《从石刻〈平江图〉看宋代苏州城市的规划设计》，《城市规划》1992 年第 1 期。

2 关于《平江图》碑的刻绘年代有不同意见和看法，参见张勇坚：《〈平江图〉与古代苏州》，《档案与建设》1999 年第 12 期，注释 1。

外城内河道众多，一般为南北和东西向的直线，较宽者有6纵14横，总长度约82公里，均以水门和闸为出入之处。河道侧旁平行设大街20条、小巷264条、里弄24条。纵向街道都在河道东岸，而横向街道都在河道北岸。纵横河道、街道各自相交处作“十”字或“T”字形，而河道与街道交汇处则以桥梁交叉沟通，有名可考者285座，桥的位置及其规划的格局和形式多样，大致可归纳为五桥、四桥和三桥组合三种类型。这样，便形成了纵街横巷、水陆并行的街网格局。

城内北半部为居民区，河网密集，形如棋盘，多数街坊均与河道平行。此处的坊实际上是跨街建立的“坊表”，并无坊墙、坊门，“坊表”亦系作为街道上的装饰品存在，而与直街垂直的“巷”才是实际的东西。

城内南半部分布有官署、学校和寺观等大型建筑，河道较为稀疏。

子城内大致可分为六个部分：平江府、平江军和设厅等为府院，府院两侧的厅司，府治西南部的兵营，府治中、后部的住宅，府院东的库房和子城后部的花园[1]。六部分建筑群系由院落、厅堂、廊庑等组成，主要建筑物布置在一条明显的轴线上，轴线向南延伸至子城以南，子城外的大街两旁对称布置衙署建筑。

平江府城地处河网密布的江南水乡之中，规划布局因地制宜。居民区位于河道密集的城北，而官府衙署等大型建筑则安置于河道较为稀疏的南部。城内街巷沿河而设，形成了水陆并行的交通系统。各街巷虽宽窄有别，主次有异，但彼此纵横交错，整体格局迥异于前述南宋临安城中的“鱼骨状”，更有别于唐代苏州城的封闭式里坊制[2]。街巷与河道交汇处又以桥梁交叉沟通，河、路和桥三者有机组合在一起，从而形成了“小桥流水人家”的水乡城市风貌[3]。

二、遵义海龙囤

遵义海龙囤遗址位于今贵州省遵义城西北约15公里的龙岩山东麓，旧称龙岩囤，2015年被列入《世界遗产名录》。据《杨文神道碑》[4]和《平播全书》[5]等文献记载，该城堡始建于南宋宝祐五年（1257年），毁于明万历二十八年（1600年），但目前考古发现集中在首尾两端的南宋晚期与明代晚期遗存，尚未发现可确定属中间时段的遗迹，也少有此期遗物出土。因此，有学者推测，海龙囤可能是为抗蒙而修，战事结束、王朝更替后废弃，直到明代才被重新利用[6]，是一处集关堡山城与土司衙署于一身的土司城堡[7]。

调查表明，海龙囤遗址已发现的城垣总长5773米（其中477米为“新王宫”

1 汪前进：《〈平江图〉的地图学研究》，《自然科学技术史》1989年第4期。

2 张勇坚：《〈平江图〉与古代苏州》，《档案与建设》1999年第12期。

3 耿曙生：《从石刻〈平江图〉看宋代苏州城市的规划设计》，《城市规划》1992年第1期。

4 贵州省博物馆：《遵义高坪“播州土司”杨文等四座墓葬发掘记》，《文物》1974年第1期。

5 （明）李化龙：《平播全书·序》，北京：中华书局，1985年，第1—3页。

6 贵州省文物考古研究所、遵义海龙囤文化遗产管理局：《贵州遵义市海龙囤遗址城垣、关隘的调查与清理》，《考古》2015年第11期。

7 贵州省文物考古研究所、遵义海龙囤文化遗产管理局：《两千里疆土家与国——贵州遵义海龙囤考古发掘获重大成果》，《中国文物报》2013年1月4日第6、7版。

城墙），其所围合的面积近 0.38 平方千米[1]。整个城墙状似“9”字形，山巅一圈，囤前有一条“尾巴”随山势逶迤而下，东南接山险，接近于“一字城”的设置。东西两端城墙保存较完整处，高达 7—8 米，设置瓮城；南北则充分利用山险，墙不甚高。囤内沿墙的高地及险要处，遗有“四角亭”“绣花楼”等遗迹，可能为查看敌情的敌楼。发现门址 4 座：万安关以东一条南北土埂的中央及南北两端各有一座，南城墙通往“绣花楼”入口处有一座。城仅东、西各有仄径可供上下，于此各有与城墙连为一体的关隘 9 处：囤东铁柱、铜柱、飞虎（三十六步）、飞龙、朝天、飞凤六关和囤西西关、后关和万安关三关。其中，铁柱、飞虎、西关和万安诸关均设有吊桥，屯西三关两两合围为“土城”“月城”[2]。

海龙囤的布局基本明晰，囤内最核心的遗迹是坐落于中央偏西处的两组规模庞大的建筑群。二者均因山取势，自东北向西南逐级抬升，占地约 2 万平方米，彼此相距约 200 米。许多石砌台基、踏道及柱础石裸露于地表，砖、瓦、瓦当、瓷器碎片等俯拾皆是。居北者，民间称“新王宫”，其西侧的高地建有军营（俗称“金银库”）；居南者为“老王宫”，其西南开阔的平地设有校场坝，西北的石山为采石场，东北侧则为窑址区。采石场和窑址区的发现表明海龙囤的修筑多为就近取材。目前，仅对囤北的“新王宫”作了大规模考古发掘，囤内其他建筑的相关信息，如老王宫的年代和性质等尚难确定。

据现有考古发现可知，“新王宫”的城墙系土石混筑而成，长达 504 米、宽近 2 米，保存较好处尚高出地表 1 米许，多处则未在地表留有痕迹。“宫墙”围成的“新王宫”面积达 1.8 万平方米，其内建筑错落有致，大略分作五级自东北向西南随地势逐渐抬升。

“新王宫”及其附近共探明房址 20 余栋（组），正堂（今海潮寺）居中，前有天井，侧有两厢，中为甬道，次前九级踏道，再前为大门，两翼有八字石墙，外接“宫墙”，门前复为踏道。正堂后有穿堂，后接建于高台上的后堂（F7），此为正衙，面阔五间，明间设须弥座雕龙石榻，传为杨应龙“宝座”，今座尚存，榻已佚。此一组建筑构成了“新王宫”的中轴线，方向为 38° ，其正前方有山峦遥遥相对。中轴线两侧由多栋建筑组合而成的数重院落鳞次栉比，不完全对称。后堂之右有一方池（C1），中央深陷，今仍为井，与其前一屋（F1）连为一体，池中之水用暗沟经 F1 底向右引出。F1 与后堂间有小道间隔。F1 前、正堂之右为一组两进院落（F10），正房（F10-1）居中，砖墙厚实，设考究石窗，其前两侧有廊，中为天井，前横一屋（F10-2），再前为庭院，有踏道上下；正房内出土骨质戢子 1 件、陶权 2 件和鹿角等若干，推测当为囤中府库。后堂之左系一组四合院式建筑（F8），由正房、左右两厢及“前廊”（破坏较甚，结构不明）组成，中央天井深陷，或兼具蓄水防火之功；天井内出石质砚台和青铜象棋子（仕）各 1 件，结合“严禁碑”中“书房听点题单”句，疑其为书房。以上 F1、F7 和 F8 共用一石砌台基，台基高约 2 米。F8 前、正堂左侧，是一栋面阔五间的建筑，仅局部揭露；其开间不足 2 米，颇显狭小，但做工极为考究，屋内墁砖二层，间铺 5

1 贵州省文物考古研究所、遵义海龙囤文化遗产管理局：《贵州遵义市海龙囤遗址城垣、关隘的调查与清理》，《考古》2015 年第 11 期。

2 李飞：《海龙囤：文明碎片闪烁灿烂星光》，《当代贵州》2013 年第 15 期。

厘米厚的细沙；结合“左祖右社”的普遍建置，颇疑系供奉祖先牌位的“杨氏家庙”。F8左侧系一高台，因山所建的台基高约4米，民间称“三台星”（F17），实为五台，逐级抬升，中央各设踏道；两侧山墙基用石雕枭混线，颇显精致；台之两侧前段设对称踏道，居左者通往“水牢”，实系一石砌券拱通道（L2）；据《平播全书》所载杨应龙自缢于“卧房”而明军于“后房”得其尸首，推测F17当即土司寝宫。“水牢”（L2）西邻F9，仅对其东梢间进行了清理，发现青花瓷上万片，另有铁锅碎片、灶台和水槽等，表明此系一厨房。F9西端紧邻城墙处有并列二坑，设进水孔和排水孔，疑系厕所（图1-2-2）。

“新王宫”出土有作为建筑构件的砖、瓦、瓦当、脊兽、石构件及瓷器、钱币、铠甲片、镭石、铅弹等上万件。其中，相当部分青花瓷器带有年号款，均不晚于万历。解剖F10铺地砖下堆积所获的少量青花瓷片则表明，“新王宫”的始建年代应不早于明代。从各组建筑台基的相互叠压、排水系统的严谨和道路系统的相互贯通等情况看，“新王宫”很可能是一次规划建成的。这组建筑在《平播全书》及“严禁碑”中被称为“衙”“衙署”“衙宇”等，且其结构亦符合衙署的普遍模式，毫无疑问，它是一处土司衙署，是海龙囤后期的中心所在。

海龙囤盘踞于峻岭之上，三面环水，一面衔山，仅东西各有仄径以供上下，并于此设关隘多处，军事防御色彩极为浓重，鲜明地体现了其兴建时的抗蒙（元）意图。囤内建筑布局因山起势，“新王宫”内建筑鳞次栉比，但分布并非杂乱无章，而是呈现出正堂居中、其间贯以中轴线、其后设以后堂，中轴线两侧置以府库、家庙和寝宫等建筑的规整格局。

作为一处集关堡山城与土司衙署于一身的土司城堡，海龙囤遗址的特点主要体现在以下两个方面：

1. 从其布局观之，全囤分区明显，“新王宫”之整体格局遵循着“前堂后寝”的普遍模式，宫内中轴线对称、正堂居中的做法反映了播州土司对中央朝廷的精神认同，宫内出土的各种砖、瓦、瓦当、脊兽等建筑材料以及碑刻、青花瓷等遗

图1-2-2 新王宫主要发掘区域航拍图
（贵州省博物馆馆长李飞研究员提供）

物，亦表明了海龙囤遗址与传统中华历史核心文化之间的高度一致性和延续性[1]。

2. 自其兴衰的历史背景观之，海龙囤遗址建于蒙元大军南下、川渝一隅成为首冲之地的 13 世纪，毁于 17 世纪初以“改土归流”为目的的“平播战役”中，其间 343 年一直为播州土司杨氏家族所控制，其兴衰见证了我国少数民族地区政策由元明时期的“土司制度”到明代“改土归流”的变迁。

第三节　特　点

如前所述，宋元明清时期是中国历史上的封建社会晚期，其时中国社会在政治、思想、经济、民族关系和对外交流等方面都发生了深刻变化。此外，这一时期的军事和技术亦有所发展，军事上，火药、火炮的发明及其在战争中的广泛应用对城市防御工程提出了更高的要求；技术上，社会生产力的发展为城市建筑的改进提供了坚实的物质基础。上述种种变化一经汇聚，便形成了一股强大的潮流，促使了宋元明清时期城市的变革。本阶段城市形制布局和建筑技术的新特点即是此种变革的集中表现。

一、都城内宫城位置的改变和开放式街巷的兴起

1. 以宫城为中心的重城式布局。从北宋汴梁城至明清北京城，虽间有辽、金少数民族的南北“两城制”和南宋临安城“坐南朝北”的特殊布局，但宫城居全城中央、外设皇城（或内城）、再外筑大城所形成的以宫城为中心的重城式布局，乃本阶段都城规划布局的主流。较之隋唐长安城中宫城居全城北部、前设皇城的布局，宋元明清都城中宫城的位置更为突出，也更符合儒家“居中不偏”“不正不威”的传统观念。宫城地位的加强还表现在对中轴线两侧建置的安排上。明代初年的南京城和凤阳中都表现得尤为明显，宫城前左为太庙，右为社稷；皇城前左为中央官署，右为五军都督府。明北京宫城和皇城前中轴大路两侧的建置安排完全沿用凤阳中都和南京城之制，皇权至高无上的思想在城市布局中体现得淋漓尽致[2]。

2. 开放式的街巷布局。北宋以前城市居民的日常生活和经济活动被限制在规整的封闭式坊市中。此种规划布局有利于加强城市管理，但却不便于商业活动的开展。随着商品经济的逐渐发展和日趋繁荣，封闭式坊市制的不便之处愈加明显。唐代中期以后，工商贸易活动已不能完全限制在“市”里进行，并出现了夜市。这种对传统市制的突破拉开了封闭式坊市制瓦解的序幕。至北宋中期，政府正式下令拆除汴京的坊墙，标志着封闭式坊市制的崩溃。《东京梦华录》和《清明上河图》显示北宋东京城沿街设店现象常见，并出现了多处贸易中心和多种形式的贸易场所。由此可知适应商业经济发展的开放式街巷布局业已形成，这是中国古

1 参见刘庆柱先生对海龙囤遗址的点评，《中国文物报》2013 年 1 月 4 日第 6 版。

2 徐苹芳：《宋元明时代的城市遗迹》，《中国大百科全书·考古学》，北京：中国大百科全书出版社，1986 年，第 488 页。

代城市发展史上一次巨大的变革[1]。但开放式街巷对封闭式坊市的取代并不是一蹴而就的，辽中京居民住宅区仍作封闭式里坊，但集市突破了里坊的限制而设于中轴大街两旁；金中都封闭式里坊制和开放式街巷制并存等现象，均是此种取代过程的见证。而最典型的开放式街巷布局则迟至元大都方才出现，其南北中轴大街两侧排列着整齐笔直的主干大道，大道东西两侧又等距离平行排列着若干东西向胡同。值得注意的是，开放式街巷对封闭式坊市的取代现象亦存在明显的区域性差异，南宋以后南方地区的城市如杭州城、平江府城和扬州城均作开放式街巷布局，而里坊式城制在唐以后的黄河流域还有强大的生命力，似乎比开放式街巷城制更为流行[2]。

二、城市建筑技术出现若干新特点

宋元明清时期城市建筑技术，出现了若干新的特点，集中体现在以下四个方面：

1. 城墙普遍用砖。城墙大规模用砖是从南方开始的，这在很大程度上是受地理环境的影响。至迟到明代，大规模用砖构筑城墙就不再仅仅局限于南方了。

2. 城墙黏合剂的改进。由于城墙改用砖筑，并具有相当的高度，且还需保证砖与砖之间的黏接紧密牢固，因而对黏合剂的要求也就相应提高，糯米汁石灰浆这种新型黏合剂应运而生，如明南京城以桐油、石灰、糯米汁做黏合剂，城墙至今仍十分坚固。

3. 普遍构筑马面、瓮城、角楼和女墙等边防城市习用的防御设施。

4. 城门由过梁式木结构改为砖券门道。防火性能差是木结构门道的致命弱点，汉唐城市无不毁于战火。火药的使用使城门更易受到火的威胁，木结构门道的淘汰势在必行。自南宋后期起，砖面拱券结构城门开始出现，如 1996 年扬州大城遗址揭露的南宋门址即为券洞式，至元末明初，城门差不多都改为砖券门道了。

1 徐苹芳：《宋元明时代的城市遗迹》，《中国大百科全书·考古学》，北京：中国大百科全书出版社，1986 年，第 488 页。

2 宿白：《隋唐城址类型初探》（提纲），北京大学考古系编：《纪念北京大学考古专业三十周年纪念文集》，北京：文物出版社，1990 年，第 279—285 页。

第二章
墓　葬

第一节　宋代墓葬的发现与研究

宋代墓葬指的是从公元 960 年宋朝开国至公元 1279 年南宋灭亡期间三百多年间赵宋王朝统治疆域内的墓葬。迄今为止已公开刊布的两宋墓葬约 1600 座，其中北方地区[1]400 多座[2]，南方地区 1200 多座[3]。

结合前人研究成果，按照墓葬面貌的差异和不同，宋墓可划分为中原北方地区、南方地区两个大的区域。

一、中原北方地区[4]

宋朝三百多年间，由于战争不断及政治格局的变化，中原北方大部分地区曾几易其主，加上各地自然环境、文化传统、丧葬习俗不同，导致中原北方地区各个不同区域的墓葬形制、墓内装饰及随葬品方面都存在一定的差别。据此，可将中原北方地区宋墓进一步细化为豫中、晋西南地区，晋东南、晋中及豫东北、冀西南地区，冀中、鲁北地区，陕甘宁地区，豫西南、鄂北地区五个小的区域。

（一）豫中、晋西南地区

该地区宋墓主要分布在今河南郑州、登封、巩义、禹州、洛阳、三门峡，山西侯马、绛县等地。墓葬分为土坑墓、土洞墓以及砖室墓三类。

---

1 一般所说的南、北方地区，系以秦岭—淮河为界。结合宋代的历史地理背景，本节所言之北方地区主要是指赵宋政权统统辖范围内的秦岭—淮河以北地区，包括今山西、河北、河南、山东、甘肃、宁夏等地的部分地区；南方地区是指秦岭—淮河以南地区，包括今四川（含重庆）、湖北、湖南、江西、安徽中南部、江苏中南部、浙江、上海、福建、广东、贵州、广西、海南及陕西南部等地区。辽、金、西夏、蒙元时期墓葬，本书另辟专门章节介绍。

2 陈章龙：《北方宋墓装饰研究》，吉林大学博士学位论文，2010 年，第 1 页。

3 吴敬：《南方地区宋代墓葬的区域性及相关问题研究》，吉林大学博士学位论文，2008 年，第 3 页。

4 有关中原北方地区宋墓的分区与分期，主要参考了秦大树先生、韩小囡女士的研究成果（秦大树：《宋元明考古》，北京：文物出版社，2004 年；韩小囡：《宋代墓葬装饰研究》，山东大学博士学位论文，2006 年）。

1. 土坑墓

土坑墓主要分布在河南郑州、洛阳一带，从北宋初年到北宋末年，墓葬形制基本没发生变化。墓室平面多为长方形，有的呈不规则的椭圆形，长度多在 3 米以内。以木棺土葬为主，有的则使用瓮棺（小口双耳平底陶罐）火葬。多为单人葬，墓主为一般平民。随葬品较为简单，往往仅随葬 1 件瓷碗、瓷罐或瓷枕，个别墓葬还随葬有唐宋铜钱。典型墓例有河南洛阳涧滨北宋墓 M7[1]，该墓墓室长 2.8 米、宽 0.74 米、深 0.4 米，墓内发现人骨架一具，头向南，仰身直肢葬，头下枕一弯拱形绿釉瓷枕，头东侧放置一双耳黑釉平底瓷罐。根据瓷枕判断，该墓年代为北宋末年。

2. 土洞墓

土洞墓集中分布在河南洛阳、巩县、三门峡等地。墓葬由竖井墓道、墓门、甬道、墓室组成，墓室平面多呈长方形，洛阳地区还流行一种平面呈靴形的土洞墓[2]。墓葬长度基本不超过 3 米。多为单人葬、夫妻合葬。土洞墓的延续时代也较长，从北宋初年一直到北宋末年一直较流行，北宋早期土洞墓延续唐五代的风格，往往带有天井，墓顶呈弧形，或为穹窿顶，墓道、天井壁上还有土雕的花卉、门窗建筑等图案，之后逐渐趋于简化。随葬品以铜钱、铜镜、瓷罐等为主，基本不见买地券或墓志，墓主可能多为当地平民。典型墓例有河南洛阳西工区北宋墓 LBT10M1[3]、三门峡北宋墓 M47[4]。

河南洛阳西工区北宋墓 LBT10M1，墓道呈长方形斜坡式，墓室长 2.32 米、宽 0.8 米，近似穹窿顶。木棺内人骨已腐朽，随葬品包括黑釉双耳小罐、绿松石珠饰、铜钱、铜扣、铜耳饰、铜簪。据墓葬出土铜钱年号，该墓年代约在北宋哲宗时期（1086—1094 年）。

河南三门峡 M47 北宋墓为带天井的土洞墓（图 2-1-1），墓道为竖井式，墓道壁稍内斜，其北壁有对称的花卉土雕（图 2-1-2），墓门用条砖封堵，墓室平面呈梯形，底部用方砖平铺而成，墓室东西壁较直，北壁下部向内倾斜，弧形顶前低后高，墓室西侧有木棺，已腐朽，根据棺痕可知长 2.26 米、宽 0.8—1.2 米，葬式为仰身直肢葬，头北足南，随葬品有小陶罐、铜镜、骨笄、铜钱、铁片，其中铜镜为仿制的西汉昭明镜，内圈铭文为“见日之光，长毋相忘”，外圈铭文为“内清质以昭明，光辉象夫日月，心忽扬

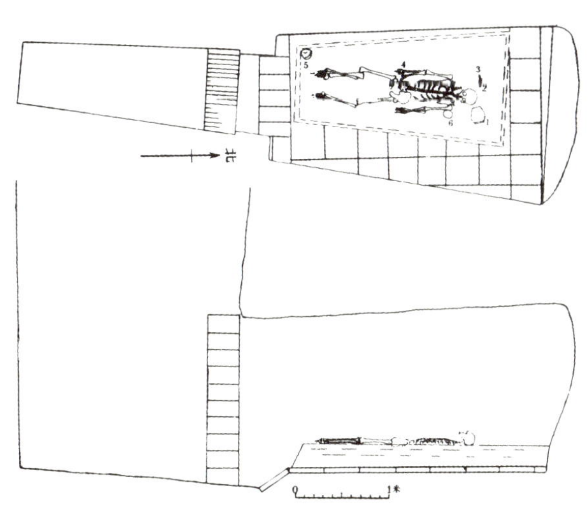

图 2-1-1 河南三门峡北宋墓 M47 平、剖面图
（采自《华夏考古》1993 年第 2 期，第 65 页，图九）

1 冯承泽：《洛阳涧滨仰韶、殷文化遗址和宋墓清理》，《考古》1960 年第 10 期。
2 何凤桐：《洛阳涧河两岸宋墓清理记》，《考古》1959 年第 9 期。
3 杨焕新：《1983 年洛阳西工区墓葬发掘简报》，《考古》1985 年第 6 期。
4 三门峡市文物工作队：《三门峡市北宋墓发掘简报》，《华夏考古》1993 年第 2 期。

而怨忠，然壅塞而不泄”（图 2–1–3）。墓葬年代约为北宋早期。

3. 砖室墓

砖室墓在整个豫中、晋西南地区均有分布，单室、双室、多室墓均有发现，墓室平面有圆形、方形、多边多角形。墓葬装饰见于墓门、甬道、墓壁和墓顶，装饰题材除流行砖雕仿木建筑和家具陈设外，还普遍流行夫妻对坐图、妇人启门、孝子故事图、乐舞杂剧、升仙图以及表现世俗生活的场景。随葬品以生活日用瓷器为主，另有少量铜镜、剪刀、铜钱、墓志等。这一类墓葬多为品官和地方豪强地主使用，往往以家族合葬或夫妻合葬的形式出现。典型墓例有河南三门峡北宋墓 M49[1]、洛阳北宋富弼墓[2]、禹县白沙北宋墓 M1[3]。

图 2–1–2 河南三门峡北宋墓 M47 墓道北壁花卉土雕
（采自《华夏考古》1993 年第 2 期，第 65 页，图一〇）

图 2–1–3 河南三门峡北宋墓 M47 出土仿古铜镜
（采自《华夏考古》1993 年第 2 期，第 66 页，图一三）

河南三门峡北宋墓 M49 为带天井的长方形砖室墓（图2–1–4），由墓道、过洞、天井、墓门和墓室组成，墓道位于墓室东侧，为阶梯式，墓道北壁土雕有门窗、房屋等建筑图案（图 2–1–5）；过洞位于墓道和天井之间，弧形顶，长 4.46 米、宽 1 米，天井长 2.08 米、宽 0.62—0.78 米，北壁有与墓道题材相同的土雕；墓门用砖封堵，高 1.9 米、宽 1.26 米；墓室平面呈长方形，南北长 3.6 米、东西宽 2.47—2.55 米，四壁下部用砖平砌，东、西、北三壁分别设有带仿木结构的假板门、假直棂窗；墓室顶部为砖券拱顶，已被盗洞破坏。墓室内壁原涂有白灰和朱色颜料，现多已脱落。墓室中部西侧砌有棺床，长 2.4 米、宽 1.1—1.54 米、高 0.16 米，棺床南部有一祭台，高度、筑法与棺床相同，棺床上有两具被扰乱的骨架，应为夫妻合葬。随葬品主要出于墓室的北端和墓道填土中，仅有七件完整器物，包括彩瓷香炉、白瓷香炉、盘口瓷瓶、四系瓷罐、小口瓷瓶、铁锁、石柱础各 1 件。墓葬的年代约为北宋早期。

洛阳北宋富弼墓（图 2–1–6），墓葬由墓道、封门、甬道、墓室、椁室五部分组成。墓道为长斜坡式；甬道两侧各设有一壁龛，壁龛周围绘有壁画。墓室平

1 三门峡市文物工作队：《三门峡市北宋墓发掘简报》，《华夏考古》1993 年第 2 期。
2 洛阳市第二文物工作队：《富弼家族墓地发掘简报》，《中原文物》2008 年第 6 期。
3 宿白：《白沙宋墓》，北京：文物出版社，2002 年，第 25—60 页。

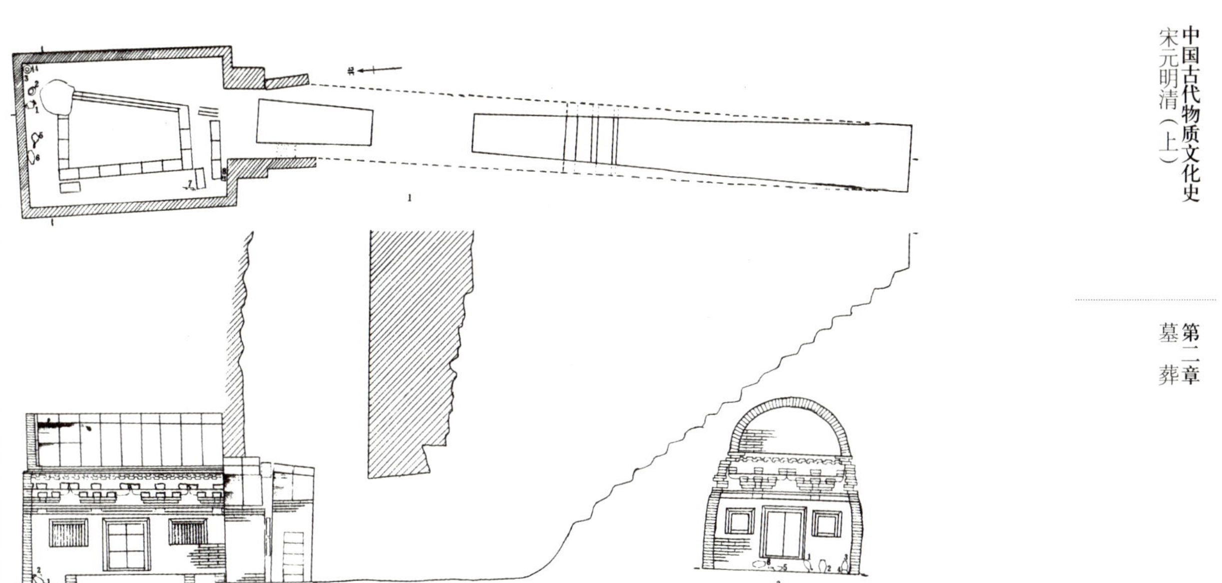

图 2-1-4　河南三门峡北宋墓 M49 平、剖面图
（采自《华夏考古》1993 年第 2 期，第 60 页，图二）

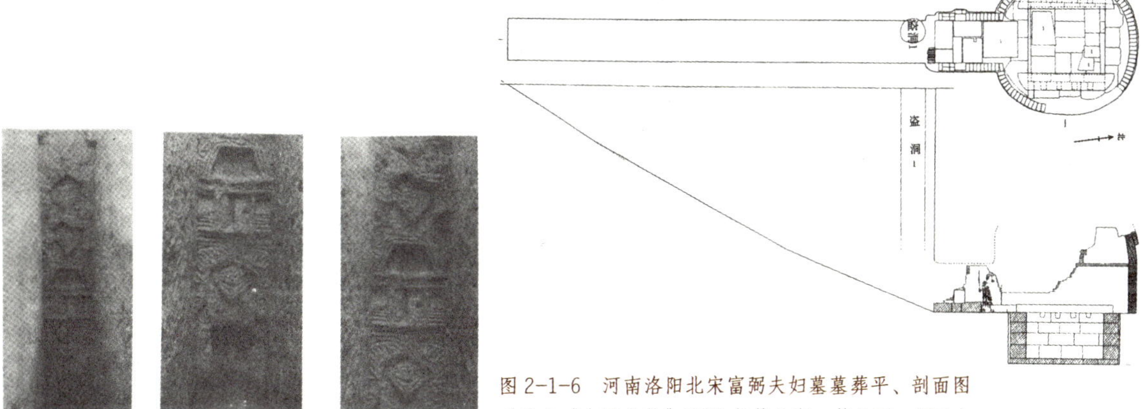

图 2-1-6　河南洛阳北宋富弼夫妇墓墓葬平、剖面图
（采自《中原文物》2008 年第 6 期，第 6 页，图三）

图 2-1-5　河南三门峡北宋墓 M49 墓道北壁土雕
（采自《华夏考古》1993 年第 2 期，第 61 页，图三）

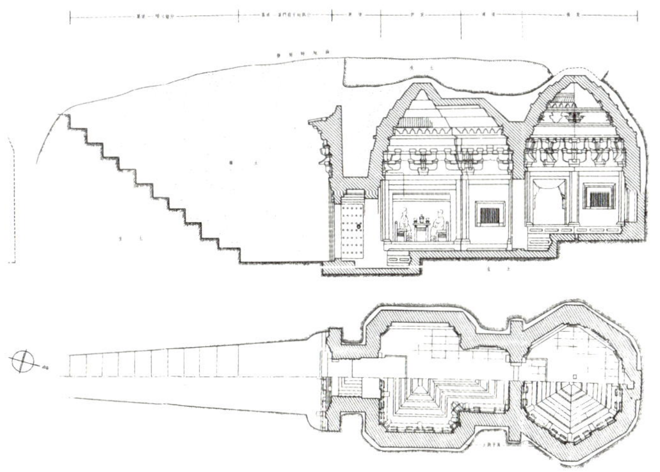

图 2-1-7　河南禹县白沙北宋墓 M1 墓葬形制图
（采自宿白：《白沙宋墓》，图版十六）

图 2-1-8　河南禹县白沙北宋墓墓室西南壁壁画

面呈圆形，穹窿顶；椁室位于墓室中部地平面以下，为暗室，略呈方形。墓室原绘有壁画，出土时损毁严重，仅在墓室西部起券处残存有墨绘线条，依稀可见白云、飞鸟等。据出土墓志，富弼卒于神宗元丰六年（1083 年），并于当年下葬。富弼是北宋中期的宰相，富弼墓在墓室形制上沿用唐代贵族墓葬的长斜坡墓道以及圆形墓室的做法，反映了北宋高等级贵族墓葬对唐代贵族墓葬形制的继承。

河南禹县白沙北宋墓 M1 为双砖室墓（图 2-1-7），由墓门、甬道、前室、过道和后室五部分组成。前室平面呈扁方形，后室平面为六角形。墓室壁面均刷有一层薄薄的白土，上绘彩色壁画。甬道东、西壁分绘启门、备马图。前室入口两侧悬幔下分别站立二人，一人手持骨朵，一人似为甬道所绘人物入门后侍候于此；东壁砖雕悬幔下有女乐十一人，左右各有五女子作吹箫、笛、击鼓、拍板、弹琵琶等状，中间绘有一扬袖作舞的女子；西壁砖砌一桌二椅，桌上浮雕酒注、盘盏，椅子上浮雕墓主人夫妇侧身对坐（图 2-1-8），部分砖雕背后绘壁画，男女墓主人身后皆绘水纹屏风，屏风中间绘侍女、侍者。北壁入口东、西侧悬幔下绘弓箭等兵器。连接前后室的过道东、西壁正中砖砌窗，窗下画罐、瓶等。后室东南壁悬幔下绘三女二男，西南壁悬幔下绘五女，似为侍候梳妆场景，东北壁、西北壁正中砌破子棂窗，窗侧绘灯具、剪刀、熨斗等物，北壁悬幔下砖砌假门，假门后砖雕一袖手端立的少女。后室有一棺床，其上有人骨两具，从棺床上所遗痕迹看，葬具应为木棺。随葬品数量较少，仅见残铁器 1 堆、铜钱 1 枚、砖质地券 1 方、瓷碗 2 件以及陶瓮和瓷器残片若干。根据砖券上的文字，可知该墓的年代为北宋元符二年（1099 年）。

4. 分期

根据墓葬形制、随葬品的演变，该地区宋墓可分为三期：

第一期：北宋早期，即北宋建国至宋仁宗天圣元年以前（960—1022 年）。本阶段墓葬以土坑墓和土洞墓为主，砖室墓较少。土洞墓多保持唐五代的风格，砖室墓内有简单砖雕，但不见壁画。随葬品数量较少，主要有铜镜、陶罐、瓷碗、铜钱等。土坑墓和土洞墓的墓主身份等级较低，多为一般的平民，砖室墓则多用于埋葬品官。

第二期：北宋中期，即仁宗天圣元年至哲宗元祐元年以前（1023—1085 年）。本阶段土坑墓继续存在，形制基本未发生变化。土洞墓摆脱了唐五代的风格，形制逐渐变得多样化，并且出现带纪年的石棺葬具，石棺上雕刻有牡丹图、卷云纹、夫妻对坐饮茶图、收获图、烈女图、孝子故事图、妇人启门图等。砖室墓开始大量出现，平面多呈方形、圆形，仿木结构仍然比较简单，主要流行门窗和桌椅。随葬品以日用瓷器和铜器、铜钱为主。本期墓主人多为品官和地方士绅，且流行家族合葬。

第三期：北宋晚期，即元祐元年至北宋末（1086—1127 年）。土坑墓和土洞墓数量已经大大减少，砖室墓成为主流，墓室平面以六角形、八角形为主，多带仿木结构装饰，且年代越晚越复杂。砖室墓的形制和室内装饰呈两种发展趋势：品官墓仍沿用前期的墓葬形制，但更加简化；乡绅地主的墓葬则出现相反的趋势。前期的砖砌门窗、桌椅继续流行，壁画题材有妇人启门、开芳宴、孝子图等。随葬品以小灰陶罐、黑釉双耳罐、瓷碗、铜钱、铜镜等为主，有的墓葬还出有仿古的卷云纹瓦当和海兽葡萄镜。墓主多为地主乡绅，夫妻合葬和家族合葬更加普遍。

就整体而言，豫中、晋西南地区的土坑墓和土洞墓变化不大，随葬品也较少。砖室墓的使用群体早期多为品官，晚期多为地方乡绅，墓室的仿木结构和内部装饰在北宋中晚期已趋于成熟，砖雕题材以一桌二椅、门窗为主，壁画题材则以妇人启门、开芳宴为主。

（二）晋东南、晋中及豫东北、冀西南地区

该地区的宋墓主要分布在山西太原、长治，河南安阳、焦作、新乡，河北邯郸等地。墓葬可分土坑墓、土洞墓、砖室墓三类。

1. 土坑墓

土坑墓主要分布在河南新乡、山西太原、河北邯郸等地，数量较少，墓室平面多呈长方形，仅随葬少量的瓷罐和铜钱，葬式以仰身直肢葬为主，墓主多为一般平民。根据出土铜钱，墓葬年代多在北宋早中期。

2. 土洞墓

土洞墓主要分布在山西以及豫东北地区，延续了本地唐五代以来洞室墓的风格，从北宋仁宗时期至北宋末年均一直流行，但形制基本没发生变化。墓葬平面形制有圆形、梯形及方形，个别呈刀形，葬具以木棺为主，有的火葬墓则使用塔式罐或陶罐作为葬具。墓葬以单人葬和夫妻合葬为主，葬式多为仰身直肢葬。随葬品繁简不一，主要有陶、瓷器和铜钱、买地券，瓷器有碗、灯、炉、罐、瓶、枕、杯等生活用器，陶器有罐、塔式罐等，年代稍晚的墓葬还随葬有银饰、铜饰

等。墓主多为当地的官员或富户。典型墓例为河南卫辉大司马墓地北宋墓 M7[1]。

河南卫辉大司马墓地北宋墓 M7 为带竖井式墓道之洞室墓，平面略呈刀形（图 2-1-9），由墓道、墓门和墓室三部分组成。墓道位于墓室南壁偏东处，平面呈长方形，直壁，平底，长 2.2 米、宽 1.16 米。墓室长 2.24 米、宽 1.24 米、残高 1.18 米，墓室西部置放木棺一具，棺木已严重腐朽，仅残存棺板痕及棺钉，棺内底部铺青灰。放置木棺时，先于墓室底部下掏一深 0.2 米的长方形坑以放置木棺，棺下半部置于坑内，上半部暴露于墓室内。墓内发现两具骨架，东侧为男性，西侧为女性，年龄在 50 岁左右，推测为夫妻合葬墓，随葬品数量较少，仅有瓷碗、瓷罐各 1 件以及铜钱 41 枚。根据出土钱币推测，该墓年代在北宋晚期哲宗绍圣年间（1094—1098 年）。

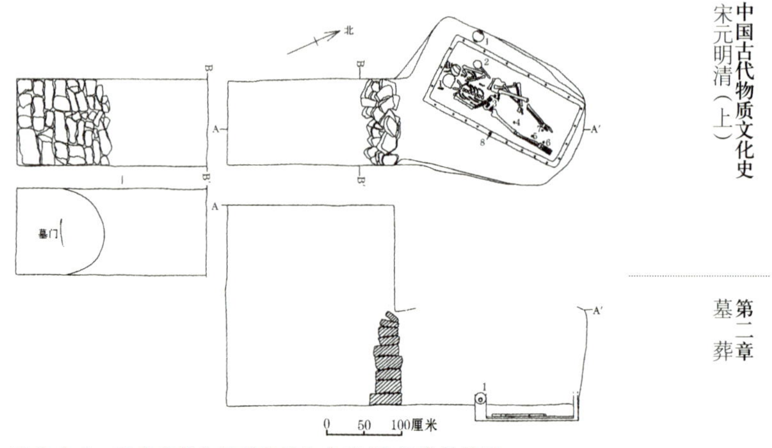

图 2-1-9 河南卫辉大司马墓地北宋墓 M7 墓葬形制图
（采自《华夏考古》2011 年第 4 期，第 37 页，图三）

3. 砖室墓

砖室墓数量较多，豫东北、山西、冀西南地区皆有发现。墓葬多为迁葬墓，夫妻合葬较为流行，墓主多为地方乡绅和富户。墓室平面多呈六角形，新乡地区

图 2-1-10 山西长治北郊故县村北宋墓 M2 南壁门东侧壁画、南壁门西侧壁画
（采自《文物》2005 年第 4 期，第 60 页，图二四、图二五）

1 河南省文物局南水北调文物保护办公室、四川大学考古学系：《河南卫辉大司马墓地宋墓发掘简报》，《华夏考古》2011 年第 4 期。

图 2-1-11　山西长治北郊故县村北宋墓 M2 北壁武士图
（采自《文物》2005 年第 4 期，第 59 页，图二一）

还出有鸭身形的砖室墓[1]。墓室内多用砖砌棺床，有的在棺床上放置木棺。墓顶以方形弧顶或攒尖顶为主。火葬墓规模往往较小，随葬的塔式罐内多有骨灰。随葬品以陶、瓷器为主，瓷器有黑釉瓷罐以及白瓷灯、炉、罐、瓶、枕、碗、杯等生活用器，陶器有小陶罐、塔式罐，个别墓葬还有铜钱及买地券出土。典型墓例有山西长治北郊故县村北宋墓 M2[2]、河南焦作小尚村北宋冀闰墓[3]。

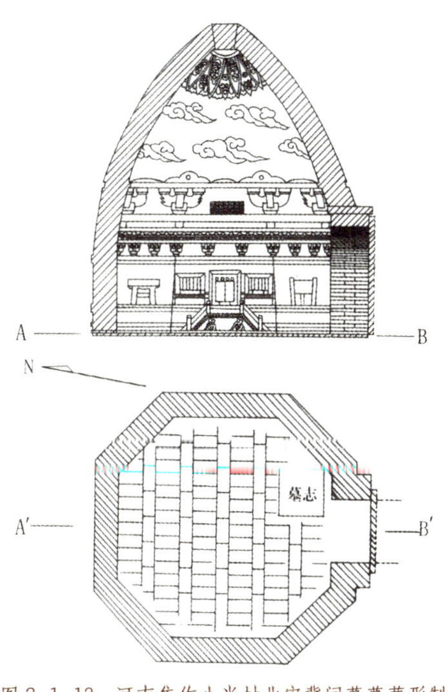

图 2-1-12　河南焦作小尚村北宋冀闰墓墓葬形制图
（采自《文物世界》2009 年第 5 期，第 13 页，图二）

山西长治北郊故县村北宋墓 M2，墓室平面呈方形，四壁下砖砌须弥座，上下边缘均雕刻莲花瓣纹，束腰部位用条砖隔出方框，框内用黑彩绘二十四孝图。须弥座上墓室四角砌立柱、斗拱。墓室除南壁墓门东侧挖一耳室，其余三壁均面阔三间，砌有门、窗，门均挖进墓壁，形成耳室。整个墓室满饰彩绘。南壁正中为墓门，门两侧各站立一身穿甲胄手持兵械的武士（图 2-1-10），门上方绘朱雀，墓门两侧壁面上绘舂米、推碾、牛羊、牵马等图；墓室东、西、北壁正中均为一耳室，两侧各有一窗，门上绘青龙、白虎、玄武，窗上部绘飞天、神兽或者卷帘

1　河南省文物研究所等：《河南省新乡县丁固城古墓地发掘报告》，《中原文物》1985 年第 2 期。
2　朱晓芳、王进先：《山西长治故县村宋代壁画墓》，《文物》2005 年第 4 期。
3　焦作市文物工作队：《河南焦作小尚宋冀闰壁画墓发掘简报》，《文物世界》2009 年第 5 期。

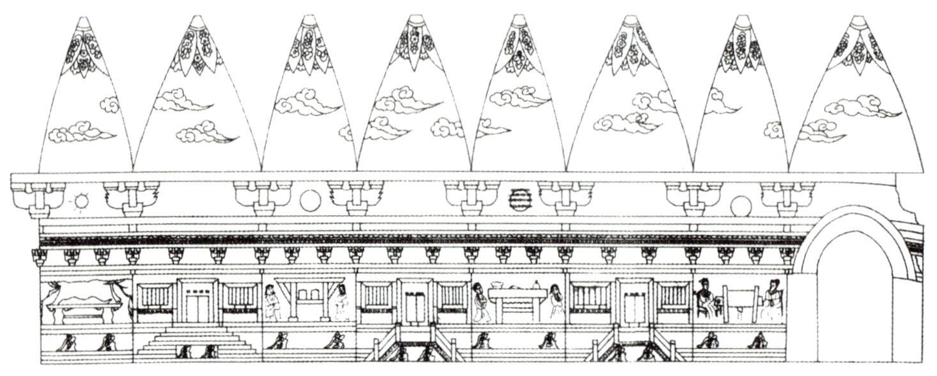

图 2-1-13　河南焦作小尚村北宋冀闰墓墓葬展开图
（采自《文物世界》2009 年第 5 期，第 14 页，图三）

图 2-1-14　河南焦作小尚村北宋冀闰墓出土墓志
（采自《文物世界》2009 年第 5 期，第 18 页，图二〇）

等（图 2-1-11）。墓室门窗两侧均绘有男、女侍者或守孝人。随葬品仅有墓志 1 方，据此可知该墓下葬时间为元丰元年（1078 年）。

河南焦作小尚村北宋冀闰墓为八角形穹窿顶仿木结构单室砖墓（图 2-1-12）。墓室壁面上有两层仿木斗拱，上层斗拱铺作较大，东南、东北、西北、西南的拱眼壁上依次描绘下部未脱离海平面的朝阳、已经脱离海平面的一轮朝阳、正在升起的太阳、光芒四射的太阳，斗拱上部穹窿顶绘制祥云图案，穹窿顶部藻井则彩绘四层垂莲图案（图 2-1-13）。下层斗拱铺作较小，铺作下北、东、西壁均砖砌一门二窗，门前砌平台，平台两侧砌筑上、下台阶式坡道；西北壁正中砌一仿木制柜桌，两侧用黑彩勾绘两个站立的侍女；东北壁正中砌一高案，案上彩绘壶、盆、碗、鱼等，案两侧也分别绘制侍女；东南壁正中砖砌一桌二椅，椅上坐墓主人夫妇；西南壁正中砖砌一床，上方绘帷帐、悬幔和被子。墓室内不见其他随葬品，仅有墓志一方（图2-1-14），从墓志看，墓葬年代为北宋徽宗政和三年（1113 年），墓主乃宋代怀州河内县人，务农为生，但精于治家，遂成为家积巨万的富裕之户。

4. 分期

本区域发现的宋墓年代最早者为北宋仁宗时期。根据墓葬形制、随葬品的演变，该地区宋墓以哲宗元祐元年（1086 年）为界，可分为两期：

第一期：仁宗天圣元年至神宗元丰八年（1023—1085年）。土坑墓数量较少，平面多为长方形；土洞墓较多，延续了晚唐五代以来的风格；砖室墓数量较多，仿木结构较为简单，砖雕题材以假门窗和孝子故事为主，壁画则常见有四神、飞天以及一些生活画面等内容。随葬品较少，以黑釉瓷罐、白瓷器为主。

第二期：哲宗元祐元年至北宋末年（1086—1127年）。土坑墓、土洞墓继续流行，形制基本没发生变化。砖室墓结构较前期复杂，墓内砖雕装饰题材既延续了前一期的内容，又新出现如妇人启门、夫妻对坐等题材；壁画更加普遍和精美，常见四神、飞天、祥瑞、杂剧表演、交租图、庖厨图等题材。相较前一期，本期墓葬的随葬品种类没有明显的变化，不同之处在于铜钱以北宋晚期的钱币为主，瓷器带有明显的北宋晚期的特征。

较之豫中、晋西南地区，本地区砖室墓出现与发展稍晚一些。晋东南、晋中地区的墓葬多带耳室。就墓葬装饰图案的表现形式而言，该区域多采用以砖雕为主、彩绘为辅的形式，壁画和雕刻的技法比豫中、晋西南地区显得粗糙。墓室内图像题材和内容方面，无论是砖雕还是彩绘图案，除一桌二椅、妇人启门、夫妻对坐图外，更普遍地采用四神、飞天、祥瑞、杂剧表演等图像，孝子故事是该区域最为流行的图像。

（三）冀中、鲁北地区

该地区的墓葬主要发现于河北邢台，山东临沂、济南等地，墓葬可分为土坑墓、土洞墓、砖室墓几类。

1. 土坑墓

土坑墓主要发现于河北邢台和山东临沂，整个北宋时期均较流行，但早晚的形制特征基本未发生变化。墓室平面多呈长方形，葬具有木棺、石棺，以仰身直肢葬为主。随葬品以陶罐、瓷碗为主。墓主可能为当地的平民。典型墓例为山东临沂北老屯村北宋墓[1]，该墓为长方形竖穴土坑石棺墓，长约3米。建墓时先挖出墓圹，再用不规则的石块垒砌成墓壁，底部铺石板，棺上盖三块石板。随葬陶罐、瓷罐、瓷碗、银钗、铁器及铜钱若干。根据出土铜钱，可判断该墓年代上限不早于徽宗大观年间（1107—1110年）。

2. 土洞墓

该区域目前发现的土洞墓数量较少，平面呈梯形。随葬有少量的瓷碗、罐、枕等，陶器只有罐、鼓（明器）以及器身贴塑动物、飞天、菩萨的塔式罐，还有少量铜钱。多使用火葬，葬具常见堆塑的塔式罐。根据墓葬形制和随葬品组合情况，墓葬的年代多在北宋初至神宗元丰年间，墓主应该为当地信奉佛教的平民和富裕士绅。

1 临沂市博物馆：《山东临沂市北老屯村宋墓的清理》，《考古》2001年第3期。

3. 砖室墓

砖室墓的数量较多，冀中和山东地区皆有发现，许多墓葬还有明确的纪年，流行长方形和圆形单室墓，年代越晚仿木结构和室内装饰越复杂，典型墓例有山东济南北宋吴从实墓[1]，河北曲阳南平罗北宋墓[2]、平山两岔北宋墓M1[3]。

山东济南北宋吴从实墓为圆形单室穹窿顶砖墓（图2-1-15）。墓室周壁刷白灰，上绘壁画。墓室周壁用朱色彩柱分为五个场景，分别绘有灯檠、桌、椅、凳、窗、箱、罐、盒等家具陈设图案。葬具已朽，棺床上有两具人骨架，可能为夫妻合葬，随葬品仅发现有陶质墓志1方、陶罐2件、铜钱12枚。根据墓志可知墓葬年代为建隆元年（960年），是目前中原北方地区考古发现年代最早的北宋砖雕壁画墓。

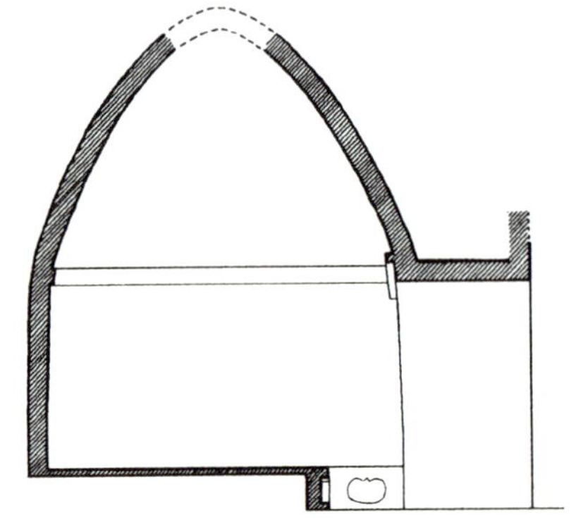

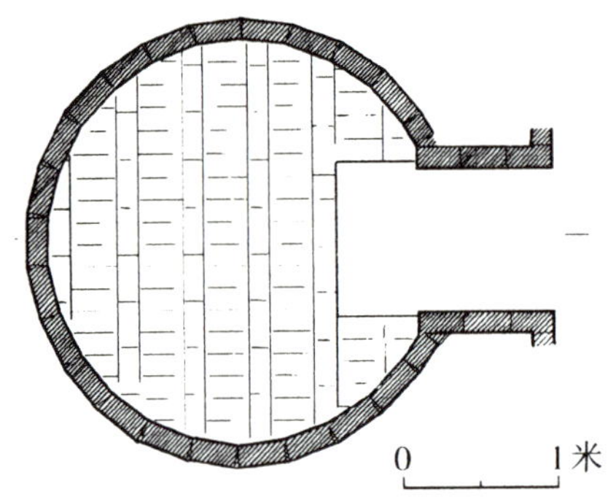

图2-1-15　山东济南北宋吴从实墓墓葬形制图
（采自《文物》2008年第8期，第33页，图一）

河北曲阳南平罗北宋墓（图2-1-16），墓门高1.2米、宽0.78米，封门用砖垒砌而成，墓室平面呈圆形，直径3.2米，墓室北部有凹形棺床，南北长2.15米、高0.3米。墓室内壁用彩绘与砖雕仿木构建筑，共有6根檐柱，每根檐柱上承托一组单抄四铺作斗拱，柱间内壁有用砖雕和彩绘表现的仿木门窗和家具。墓门西侧砖雕灯台，右侧为一砖雕彩绘板门；墓室西壁绘长方形框，框内绘剪刀和熨斗，框外右侧彩绘柜橱；墓室北壁为砖砌一门二窗；墓室东北壁砖雕灯台，旁边为彩绘板门；墓室东南壁则砖雕一桌二椅（图2-1-17）。穹窿顶上用白彩绘星象图，其中东侧绘太阳，西侧绘

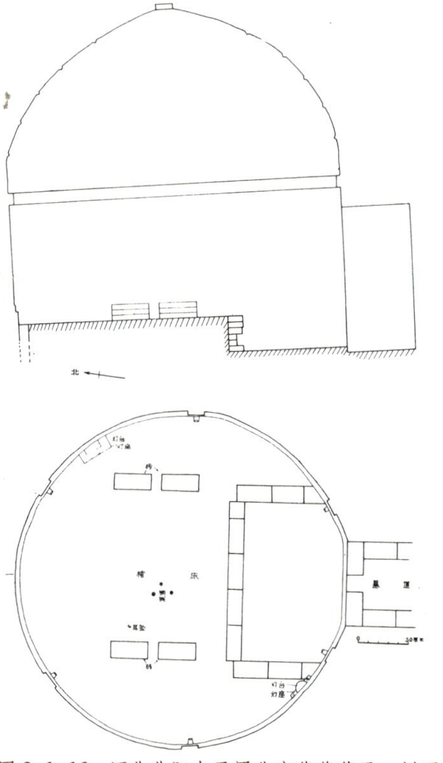

图2-1-16　河北曲阳南平罗北宋墓墓葬平、剖面图
（采自《文物》1988年第11期，第73页，图一）

1 济南市博物馆等：《济南市宋金砖雕砖壁画墓》，《文物》2008年第8期。
2 保定地区文物管理所等：《河北曲阳南平罗北宋政和七年墓清理简报》，《文物》1988年第11期。
3 河北省文物研究所：《河北平山县两岔宋墓》，《考古》2000年第9期。

图 2-1-17 河北曲阳南平罗北宋墓墓室周壁展示图
（采自《文物》1988 年第 11 期，第 74 页，图二）

月亮。墓门右侧壁朱书“政和七年四月”，左侧朱书“政和七年四月六日”。棺床上有两具人骨，可能为夫妻合葬。随葬品有瓷碗 5 件、瓷罐 2 件，瓷水盂和铜耳环各 1 件、铜钱 8 枚。据墓门朱书题记，可知该墓年代为北宋政和七年（1117 年）。

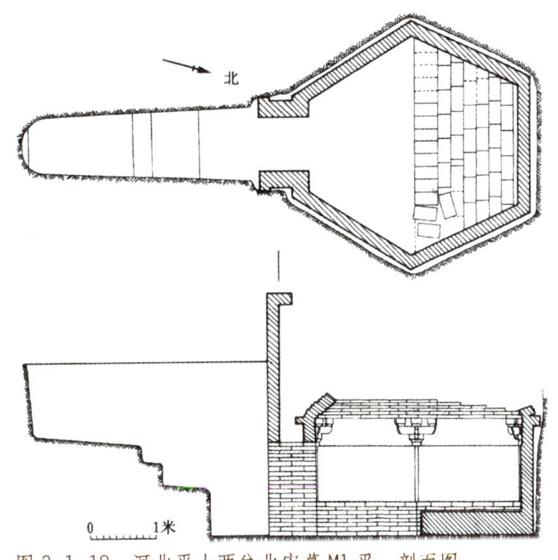

图 2-1-18 河北平山两岔北宋墓 M1 平、剖面图
（采自《考古》2000 年第 9 期，第 50 页，图三）

河北平山两岔北宋墓 M1（图 2-1-18），墓道长 3.55 米、宽 0.8 1.1 米，墓门上部有砖砌门楼，甬道长 0.73 米，墓室南北长 3.17 米、东

图 2-1-19 河北平山两岔北宋墓 M1 西南、西北壁壁画展开图
（采自《考古》2000 年第 9 期，第 51 页，图四）

西宽 3.26 米，墓顶塌毁，墓室北部砌有梯形棺床，上有两具人骨。墓室内有红黑两色彩绘，西南壁右侧为一仕女，手托器皿，内盛三个桃子，左侧画一卧犬；西北壁绘一桌二椅；北壁下部中间砌格子门四扇；东北壁残余墨竹和网格纹平底弧壁器物；东南壁仅残存人物衣服下部（图 2–1–19）。随葬品有瓷罐、瓷碗各 2 件，银钗、银梳、银簪各 1 件，铜钱若干。墓葬未出土纪年材料，简报作者依据墓地内墓葬的排列方式及墓内装饰特征，判断该墓年代为北宋晚期，墓主可能为当时“五等版籍”中的上三等户，属于农村中的中小地主。

4. 分期

根据墓葬形制、随葬品的演变，该地区宋墓可分为三期：

第一期：北宋开国至真宗乾兴元年（960—1023 年）。土坑墓和土洞墓数量少，规模较小，随葬品较少。砖室墓仅山东地区有发现，装饰较少。随葬品有瓷碗、盘、碟和陶器等。

第二期：天圣元年至神宗元丰八年（1023—1085 年）。土坑墓和土洞墓继续流行，形制基本未发生变化。砖室墓多带有仿木结构装饰，墓室内多绘壁画，出现砖雕桌椅等。随葬品数量较少，种类与第一期相比没有发生太大的变化。

第三期：哲宗元祐元年至北宋末年（1086—1127 年）。土坑墓和土洞墓继续流行，形制基本未发生变化。砖室墓在形制上没有明显的变化，但墓室砖雕和壁画题材增多，开始流行在墓顶绘制天象图。随葬品以瓷碗、陶罐、银饰和铜钱为主。

本区域土坑墓、土洞墓一直较流行，从早到晚，墓葬形制基本未发生变化。砖室墓的墓内装饰以砖雕为主，壁画为辅，装饰内容以夫妻对坐、妇人启门以及农村生产活动场景为主，还流行在墓顶绘制天象图，而整个地区均不见河南、山西地区都流行的孝子故事图，以及晋东南流行的四神、祥瑞、飞天等图像。砖室墓墓主多为当地的乡绅富户，少数为中下层官员。

（四）陕甘宁地区

该地区宋墓集中分布在陕西西安、甘肃天水等地，墓葬可分土洞墓和砖室墓两类。

1. 土洞墓

土洞墓主要集中在陕西西安地区，形制上延续了唐代以来的特点。墓葬平面多呈梯形或长方形，年代稍早的还带有天井。该地区在唐代属统治的中心区域，晚唐五代遗民以及其后人受传统土洞墓葬式的影响较明显，墓葬形制基本无明显的变化。典型墓例有陕西西安郭社镇北宋李唐王朝后裔家族墓[1]。

陕西西安郭社镇北宋李唐王朝后裔家族墓地共发现三座墓葬，均为带天井的梯形土洞墓，东西向排列，墓道在东，墓室在西。M1 为李保枢墓（图 2–1–20），墓道为竖穴式，平面呈东窄西宽的梯形，长 3.3 米、西宽 1.5 米、东宽 0.96 米，墓壁

---

1 西安市文物保护考古所：《西安长安区郭社镇清理的三座宋代李唐王朝后裔家族墓》，《文物》2008 年第 6 期。

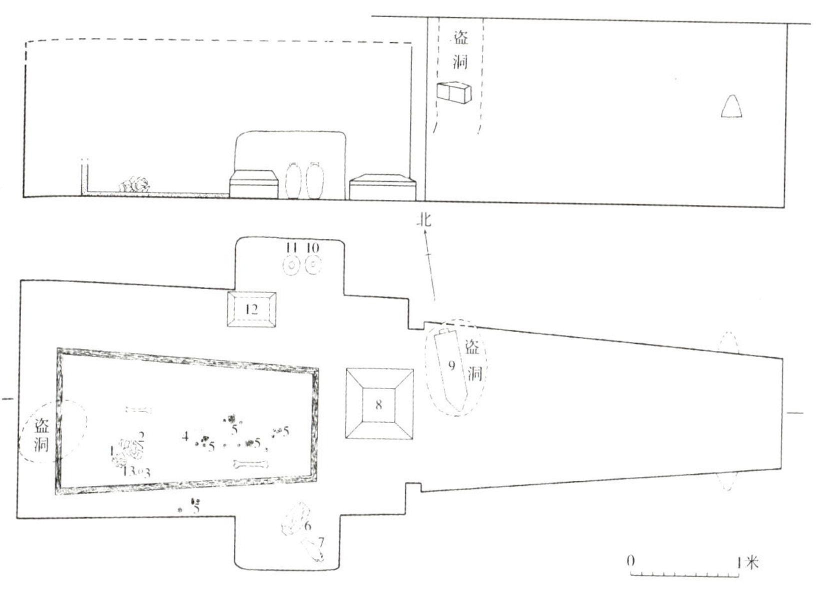

图 2-1-20 陕西西安郭社镇北宋李唐王朝后裔家族墓 M1 墓葬形制图
（采自《文物》2008 年第 6 期，第 37 页，图二）

残高 1.64 米，墓道与墓室之间有宽 1.35 米、进深 0.14 米的甬道，未发现封门。墓室为西宽东窄的东西向梯形，长 3.55 米、西宽 2.1 米、东宽 1.9 米，顶已塌，残壁高 1.3 米，墓室两侧壁各有一对称小龛，大小基本相同，口宽 1 米、高 0.6 米、进深 0.5 米，葬具为一梯形木棺，棺内骨架仅存肢骨两节及头骨一个。由于早年被盗，随葬品仅出土有墓碑 1 件（图 2-1-21）、石函 1 合、黑釉瓷瓶 3 件、瓷瓶 4 件，灰陶罐、青釉瓷罐各 1 件（图 2-1-22），墓志 1 方。据墓志，墓葬年代为北宋真宗天禧三年（1019 年）。M2、M3 形制与 M1 基本相同，M2 随葬品有石函、木盒、墓志、铜钗、瓷盒盖、瓷碗、瓷盒、金镶水晶饰、石砚、铜镊各 1 件，串珠 5 粒，瓷瓶 7 件以及铜钱若干，墓葬年代为天圣元年（1023 年）。M3 出土随葬品有墓志、陶罐、银钗、金圆珠形饰各 1 件，铜花形饰 2 件以及铜钱若干。据墓志，墓主宋氏死后，于元祐元年（1086 年）迁葬至此，故该墓建造时间应不晚于元祐元年（1086 年）。

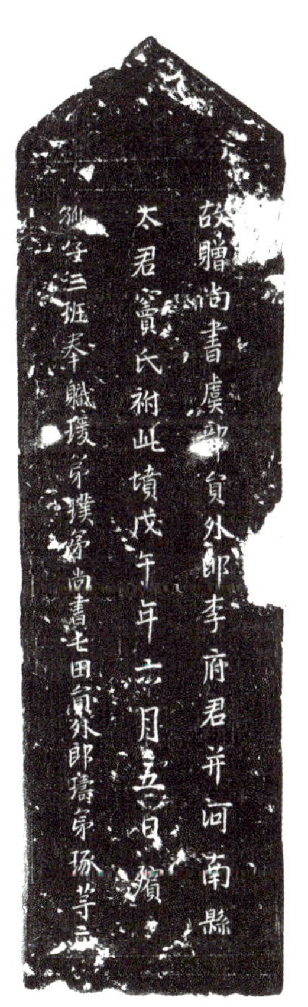

图 2-1-21 陕西西安郭社镇北宋李唐王朝后裔家族墓地 M1 出土墓碑拓片
（采自《考古》2000 年第 9 期，第 41 页，图一二）

2. 砖室墓

砖室墓分布范围较广，数量也较多，主要分布在陕西[1]、甘肃[2]等地。墓内砖雕主要继承了河西地区魏晋画

1 汉中市文物管理委员会、洋县博物馆：《陕西洋县南宋彭杲夫妇墓》，《文物》2007 年第 8 期；杨正兴：《陕西兴平县西郊清理宋墓一座》，《文物》1959 年第 2 期。

2 甘肃省文物考古研究所：《甘肃天水市王家新窑宋代雕砖墓》，《考古》2002 年第 11 期；庆阳地区博物馆：《甘肃镇原县出土北宋浮雕画砖》，《考古与文物》1983 年第 6 期。

图 2-1-22　陕西西安郭社镇北宋李唐王朝后裔家族墓地 M1 出土瓷罐
（采自《考古》2000 年第 9 期，第 40 页，图一〇）

图 2-1-23　甘肃天水王家新窑村宋墓墓葬形制图
（采自《考古》2002 年第 11 期，第 44 页，图四）

像砖墓一砖一画的模式[1]，题材主要有妇人启门、孝子故事、夫妻对坐、伎乐图以及牵马、宴饮等生活场景，砖雕上多施以彩绘。随葬品以少量的日用瓷器、铁器和铜钱、陶俑、铁牛为主。墓葬多为迁葬墓，部分为夫妻合葬墓。典型墓例有甘肃天水王家新窑村北宋墓[2]、陕西商县金陵寺北宋僧人墓[3]、陕西汉中南宋彭杲夫妇墓[4]。

甘肃天水王家新窑村北宋墓，墓门用青砖封堵，墓室平面近方形，东西长 2.6 米、南北宽 2.58 米、高 4.1 米，四壁上收成穹窿顶，顶中部悬挂一铜镜。墓室中部砌有棺床，长 1.5 米、宽 0.98—1.1 米，为发现葬具与人骨。墓室四壁均带彩绘砖雕，最下部为须弥座，基座上有上、下两层仿木构楼阁式建筑（图 2-1-23）。南壁砌有两个绘制牡丹花的倚柱、对开板门，门前各雕有一侍女。北壁雕砖的布局与南壁一致，雕刻有妇人启门、开芳宴图、散乐图。东、西两壁下部须弥座与南、北壁一致。东壁下层建筑中间雕一屏风，上层雕刻屏风和窗。西壁中间为墓门，下层建筑主体为雕砖窗，上层主体建筑突出墓门上面的红、蓝两色太阳纹。墓门内南侧起券处有“大观四年十月”等题记（图 2-1-24），随葬品有纪年文字砖 1 方，瓷注壶、瓷碗、陶罐各 2 件，铜镜 1 件，铜钱 3 枚。据纪年砖和题记可知，墓葬年代为北宋大观四年（1110 年）。

1 易晴：《登封黑山沟宋墓图像研究》，北京：文物出版社，2012 年，第 55 页。
2 甘肃省文物考古研究所：《甘肃天水市王家新窑宋代雕砖墓》，《考古》2002 年第 11 期。
3 陕西省文物管理委员会：《陕西商县金陵寺宋僧人墓清理简报》，《考古》1960 年第 6 期。
4 汉中文物管理委员会、洋县博物馆：《陕西洋县南宋彭杲夫妇墓》，《文物》2007 年第 8 期。

图 2-1-24　甘肃天水王家新窑村北宋墓墓室西壁墓门内南侧题记摹本
（采自《考古》2002 年第 11 期，第 46 页，图七）

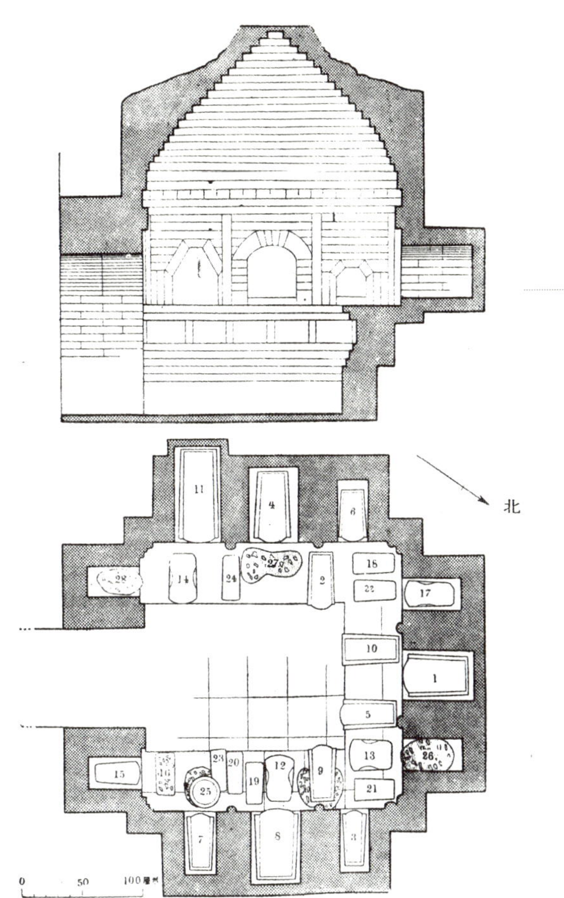

图 2-1-25　陕西商县金陵寺北宋僧人墓墓葬平、剖面图
（采自《考古》1960 年第 6 期，第 19 页，图一）

陕西商县金陵寺北宋僧人墓平面近方形（图 2-1-25），墓室三面（除甬道外）砌有须弥式坛基，坛基上有十一个小龛，甬道占据一个小龛外，每壁各三个，龛与龛之间竖立双砖砍楞的假柱，柱上承枋，枋上出有菱角牙子砖一层，再上是藻井式的墓顶。出土葬具为琉璃、瓷、陶棺及骨灰陶罐。琉璃棺上书元符元年（1098 年），陶棺上最晚的纪年为宣和七年（1125 年），根据棺上题记可得知该墓为迁葬墓，墓葬建造的年代应为北宋晚期，上限为宣和七年（1125 年）。

陕西汉中南宋彭杲夫妇墓为东西向并列三室墓，三室均砌棺床。整个墓室乃模仿木建筑而建，带有较复杂的仿木结构装饰，转角处砌斗拱梁柱，墓壁上砌假门窗，墓室各壁砖雕侍女以及伎乐形象。随葬有三彩俑 20 件，陶龟、蛇、假山、铁牛各 2 件，陶罐、鸡俑、人首鱼身俑、白瓷盒、金钗各 1 件（图 2-1-26），银铃 110 件，墓志 1 方。据墓志，墓主彭杲为南宋高级将领，墓葬年代为南宋高宗建炎二年（1128 年）。

3. 分期

根据墓葬形制、随葬品的演变，该地区宋墓可分为三期：

第一期：北宋真宗天禧年间至徽宗以前（1017—1100 年），土洞墓延续了唐代以来的特征。砖室墓的仿木结构较为简单，仅有少量砖雕花纹，不见壁画。随葬品以陶俑、陶罐、绿釉陶器、瓷器为主，还有少量铁牛、铜镜等。迁葬较流行。

第二期：北宋徽宗至北宋末年（1101—1127 年）。土洞墓延续了前期的特征，数量减少，砖室墓的数量增多，多为迁葬墓，仿木结构装饰比前期较为成熟，砖雕多饰以彩绘，砖雕题材主要有妇人启门、孝子故事、夫妻对坐、伎乐图及牵马、宴饮等生活场景。随葬品以少量的日用瓷器、铁器和铜钱为主，陶俑在数量上有所增多。

图 2-1-26　陕西汉中南宋彭杲夫妇墓出土三彩鸡、龟、蛇、人首鱼身俑（采自《文物》2007 年第 8 期，第 61 页，图一四—图一七）

第三期：北宋末年至南宋绍熙年间（1128—1194 年）。土洞墓已不再流行，砖室墓数量也逐渐减少，墓室内多带有单抄重拱五铺作斗拱等建筑结构。随葬品以日用瓷器为主，也有少量包括武士、文吏、侍女俑在内的三彩俑以及陶罐、铁牛、人首鱼身俑、龟、蛇、鸡俑等出土。

陕甘宁地区受传统墓葬形制的影响较明显，相比中原北方其他区域，土洞墓的延续时间较长，墓主等级也较高。砖室墓到徽宗年间才逐渐发展成熟，墓内装饰以彩绘砖雕为主，具有浓厚的地方特色。南宋时期砖雕精美程度可与河南地区相媲美。无论土洞墓还是砖室墓，都大量随葬动物、神怪、文吏、武士、侍女等陶俑，这一点与北方其他地区有明显差别。

（五）豫西南、鄂北地区

该地区的墓葬主要在河南邓州、方城、南阳，湖北襄阳等地有发现，墓葬以砖室墓为主，也发现有一定数量的竖穴土坑墓。

1. 竖穴土坑墓

土坑墓主要分布在河南南阳和湖北襄阳一带，数量较少，但一直从北宋初延续到北宋末年。墓葬多为单圹单棺，墓室内多采用防潮措施。随葬品较少，以瓷器、铜钱为主。湖北襄樊郑家山北宋墓 M2 平面呈长方形，在墓底铺石灰和草木灰各一层，湖北襄阳八亩坡北宋墓 M1 则是在棺内放置大量木炭[1]。河南南阳还出现两座以灰色泥质陶罐作葬具的土坑墓[2]，罐内放人骨架，罐上盖一方形砖。两墓

1 襄樊市博物馆：《襄樊市郑家山古墓清理简报》，《江汉考古》1993 年第 2 期；湖北省文物考古研究所：《湖北襄阳岗心与八亩坡墓地发掘简报》，《江汉考古》2001 年第 1 期。

2 南阳市博物馆：《河南南阳发现宋墓》，《考古》1966 年第 1 期。

出土方砖，一块砖上刻有大观三年（1109年）纪年，另一块刻有政和二年（1112年）字样。从墓葬形制及随葬品数量分析，此类墓葬墓主应为当地平民。

2. 砖室墓

砖室墓分布较广，主要发现于河南南阳、邓州以及湖北襄阳等地，流行长方形单室墓，也有少数为圆形墓室和船形墓室。但与豫中地区相比，无论是仿木建筑还是砖雕、壁画图案都比较简单，以一桌二椅为主，辅以日常生活类的壁画。随葬品主要有青白瓷、青瓷、白瓷、黑瓷、釉陶、陶器、铜镜、铜钱等，瓷器可能多为南方窑系的产品。墓主多为低等级的官吏及中小地主。典型墓例有河南邓州北宋赵荣墓[1]、湖北襄樊刘家埂北宋墓M5[2]。

河南邓州北宋赵荣墓，墓室平面为六角形（图2-1-27），转角处有倚柱，柱上置斗拱。该墓壁画大部分残损，其中甬道东壁绘侍女图，西壁绘牵马图。墓室西壁正中砖雕一桌二椅，桌上绘制悬幔，正中悬一绣球，椅后为屏风；西北壁上部雕一窗，窗下雕一桌一椅；北壁砖砌假门；东南壁雕灯檠一个。随葬品有梅瓶2件，铜镜、瓷碗、瓷罐各1件，买地券1方。据券文，该墓年代为北宋哲宗元祐元年（1086年）。

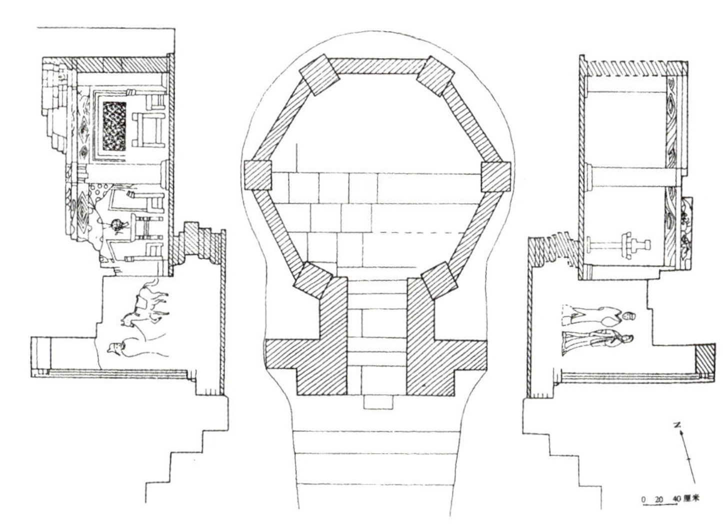

图2-1-27　河南邓州北宋赵荣墓墓葬形制图

（采自《中原文物》1997年第4期，第64页，图一）

湖北襄樊刘家埂北宋墓M5为圆角方形穹窿顶单砖室墓（图2-1-28），墓道长5.5米、宽1.4—2米，墓室长4.1米、宽3.7米、残高2.5米，墓门砌成门楼样式，门楼迎面有八沟瓦，下有椽头，椽下有单拱双抄五铺作斗拱三朵，拱下为门额，上有方形门簪两个。整个墓室内各壁分别砌有各种室内陈设，如一桌二椅，桌上

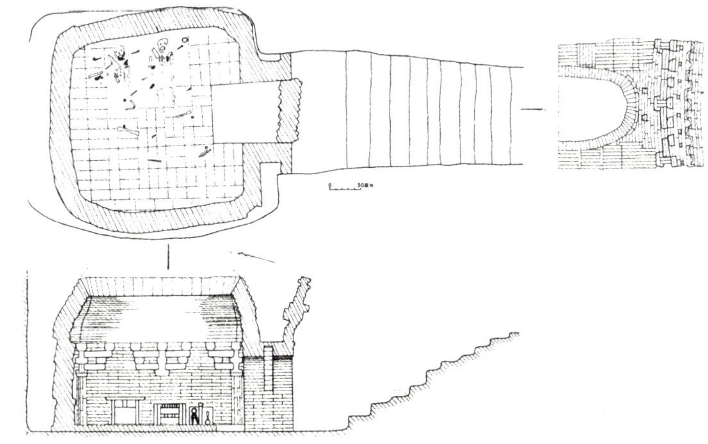

图2-1-28　湖北襄樊刘家埂北宋墓M5墓葬平、剖面图

（采自《江汉考古》1999年第2期，第34页，图七）

1 南阳市文物研究所、邓州市文化馆：《河南邓州市北宋赵荣壁画墓》，《中原文物》1997年第4期。

2 襄樊市文物管理处：《湖北襄樊刘家埂唐宋墓葬清理简报》，《江汉考古》1999年第2期。

还砌有用具和食物，西壁、北壁中间砌有门，两侧砌窗；东壁中间为灶体、案板，案板架上有一圆形砧板，北侧有一饭桌，南侧放置火钳和勺子及台灯等，可能象征厨房。随葬品有瓷盏 1 件，银簪 2 件，铜钱若干。简报推测墓葬年代为北宋中期，墓主身份不详。

3. 分期

根据墓葬形制、随葬品的演变，该地区宋墓可分为两期：

第一期：北宋时期（960—1127 年）。目前该地区发现的北宋时期墓葬较少，墓室结构较简单，随葬品种类和数量均较少，以少量的铜钱和瓷器为主。北宋前期的墓葬数量极少，多为土坑墓和长方形单室砖墓。北宋中后期，土坑墓和长方形单室砖墓继续流行，但带仿木结构的砖室墓已成为主流。

第二期：南宋时期（1128—1279 年）。砖室墓和土坑墓数量不多，土坑墓形制基本无变化，砖室墓形制多与北宋末期的砖室墓相同，随葬品种类和特征变化不大，仅少量墓葬中的瘦长型陶瓶具有南宋时期的特征。

豫西南、鄂北地区的墓葬数量较少，墓主身份多为一般平民和中下层官吏。砖室墓出现的年代较晚，发展相对滞后，仿木结构、砖雕、壁画装饰远不及豫中、山西等地区发达，随葬品的数量也较少，其中日用瓷器多为本地烧造。上述情况可能与该地区远离政治中心，经济欠发达有关。

（六）小结

北方地区宋墓主要分布在河南、山西、山东等地区，以砖室墓和土洞墓为主。土洞墓在北宋早期继承了该地区唐五代土洞墓的形制特征与装饰风格，至北宋中晚期逐渐式微，趋于简化，土洞墓墓主早期多为官员，后期逐渐以平民为主，随葬品数量也逐渐减少，以日用瓷器为主。砖室墓数量逐渐增多，分布区域逐步由河南、山东等地向南、向西扩展。墓室平面由方形向圆形、多边形等转变，墓内仿木斗栱逐渐复杂化，由早期“一斗三升”向四铺作、五铺作重栱斗拱发展，墓壁多饰以砖雕、壁画，题材以家居生活、神仙、动物、家具门窗桌椅为主，年代越晚，设计越复杂，装饰越豪华，随葬品数量不多，以日用瓷器、铁工具、铜镜、铜钱、铜饰以及少量金银饰品为主，个别墓葬出土有墓志和买地券，神怪俑的出现可能是受到南方地区的影响，墓主等级呈现由高级品官向地方乡绅演变的趋势。与此同时，品官墓的装饰日益简化，主要通过墓志来显示身份，而地方乡绅墓葬装饰则日益豪华，体现了宋代商品经济的发达与地方乡绅士族的富庶。

二、南方地区[1]

两宋历经三百多年，南方地区（秦岭—淮河以南地区）一直处于赵宋王朝的

1 有关南方地区宋墓的分区与分期，主要参考了徐苹芳、秦大树、吴敬先生的研究成果（徐苹芳：《宋墓的分区与分期》，《中国大百科全书·考古学》，北京：中国大百科全书出版社，1986 年，第 498 页；秦大树：《宋元明考古》，北京：文物出版社，2004 年；吴敬：《南方地区宋代墓葬的区域性及相关问题研究》，吉林大学博士学位论文，2008 年）。

统治范围，尤其是在“绍兴和议”之后，南宋的疆域正式确定，并获得了长久和平稳定的局面。尽管如此，受自然环境、传统习俗以及移民迁徙的影响，南方地区不同区域之间的墓葬及随葬品仍存在较大的差异，故本书以两宋时期的自然地理与行政区划为基础，结合考古材料自身的特点，将南方地区宋墓分为长江上游地区、湖广地区、闽赣地区、长江下游地区四个不同的区域类型。

（一）长江上游地区

长江上游地区[1]自然地理情况复杂，墓葬形制、内部装饰和随葬品区域性差异较明显，故该地区宋墓又可细分为成都平原地区、陕南川北地区、三峡地区、川南黔北地区四个不同的区域类型。

1. 成都平原地区

广义的成都平原位于龙泉山脉、龙门山脉和邛崃山脉之间，包括现在四川成都的 19 个县（市、区），北至绵阳江油、南至乐山市五通桥区。该地区宋代墓葬主要分布在成都市区以及周边的彭州、蒲江、华阳、郫县、广汉、新津、邛崃等区县。以砖室墓为主，也有少量石室墓。

（1）砖室墓

砖室墓在该地区分布较广，数量较多，流行长方形单、双室墓，墓壁多设置有壁龛，墓室多用砖铺底，带排水沟等设施，壁画和砖雕较少见。随葬品以釉陶俑、瓷器、地券为主。墓主身份地位普遍不高，以当地平民为主。根据墓葬形制可分为单室墓、双室墓、双层墓三类。

单室墓形制较为简单，部分墓室设壁龛，如成都北郊甘油村北宋墓 M1[2]，该墓为长方形券顶砖室墓（图 2-1-29），墓室长 2.75 米、宽 0.98 米，墓壁用条砖平砌而成，高 0.72 米，东西两壁内侧顺墓向错缝平铺二层砖，上砌四道肋拱，肋拱在一丁五平后起券，在肋拱丁砌处留出一小龛，龛高 0.72 米、宽 0.11 米、深 0.19 米。肋拱外覆盖三层砖形成墓顶。墓室北壁设一券拱式壁龛，宽 0.42 米、高 0.31 米、深 0.35 米。该墓未被盗掘，但随葬品不多，有双耳罐 2 件、买地券 1 方、镇墓真文券 4 方、画像砖 1 方。据买地券（图 2-1-30）可知，墓主为当地平民，葬于宣和六年（1124 年）。

双室墓多券顶或拱顶，带封门，两室之间有隔墙，有的隔墙设过洞，墓室内有壁龛、棺台，有的棺台两侧有排水沟。广汉北宋张确夫妇墓[3]，由封门墙、甬道、石门和墓室组成，左右二室以墙相隔，隔墙上有一龛形券顶过洞连通两室，两室形制、大小、结构基本一致（图 2-1-31），以右室为例，墓室长 4.06 米、宽

---

1 长江上游地区，是指长江源头至湖北宜昌这一江段。考虑到宋代疆域版图及其行政区划，此处所谓长江上游地区包括今四川（含重庆）、贵州、陕西南部的安康、汉中及湖北西北部的恩施、宜昌等地。该地区在北宋政和元年（1111 年）时包括宋代的成都府路、梓州路、利州路、夔州路、荆湖北路的西北地区，南宋嘉定元年（1208 年）时包括成都府路、潼川府路中北部、夔州路、利州东路、利州西路、荆湖北路的西北地区（谭其骧：《中国历史地图集》，北京：中国地图出版社，1996 年，第六册，第 29、30、42、43 页）。

2 成都市文物考古研究所：《成都北郊甘油村发现北宋宣和六年墓》，《四川文物》1999 年第 3 期。

3 成都市博物馆考古队：《成都东郊北宋张确夫妇墓》，《文物》1990 年第 3 期。

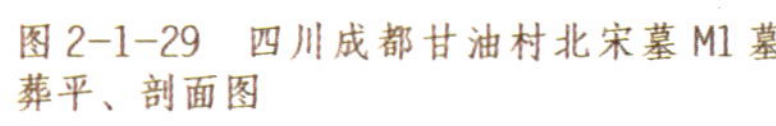

图 2-1-29　四川成都甘油村北宋墓 M1 墓葬平、剖面图
（采自《四川文物》1999 年第 3 期，第 114 页，图一）

图 2-1-30　四川成都甘油村北宋墓 M1 出土买地券
（采自《四川文物》1999 年第 3 期，第 116 页，图四）

1.66 米，因早年被盗，顶部已毁，高度不详。墓壁砌有壁柱，各壁有数量不等的壁龛，龛内放置随葬品。墓室内设长方形砖砌棺台，长 3.18 米、宽 1.5 米、高 0.24 米，棺台中部有一腰坑，平面呈正方形，边长 0.4 米、深 0.42 米，棺台上有木棺残片，北端有人齿，南端发现股骨 2 根。墓葬随葬品中能辨认者共计 77 件，包括神怪俑、文吏俑、武士俑、陶屏风、陶案、陶香炉、陶罐、陶碗、铜钱、墓券（图 2-1-32）、墓志等。墓葬年代为元祐八年（1093 年），墓主为当地乡绅张确。

双层墓，墓室分为上、下两部分，中间以条石相隔，此类墓葬发现极少，如成都北宋宋京夫妇墓 M1[1]（图 2-1-33），该墓为长方形单室券顶砖室墓，墓室上下用九块长 1.86 米、宽 0.38—0.4 米、厚 0.2 米的青石条平铺隔开，上墓室用砖封门，墓室已被破坏，随葬品被盗掘，仅剩 14 件。下层墓室平面呈长方形，长 3.8 米、宽 1.86 米、高 1.14 米，两壁直墙以丁砖砌成，墓底铺砖，墓室中有木棺腐朽的痕迹，推测棺长 2.5 米、宽 0.9 米、高 0.4 米、厚 0.03—0.04 米。随葬品放置较有规律，其中武士俑（图 2-1-34）、买地券、文俑、人首蛇身俑放置在靠近墓门处，木棺前放置铜镜和镇墓真文券，木棺后放置鸡俑、文俑、狗俑、釉陶罐、镇墓真文券，木棺两侧放置镇墓真文券、华盖宫文券（图 2-1-35）、文俑和侍俑等。据墓志、买地券记载，墓主宋京为高等级的品官，卒于宣和六年（1124 年），葬于宣和七年（1125 年）。该墓墓砖规格一致，砖上有“宋仲宏父”的小篆印记，而据墓志，宋京字宏父，因此，墓砖应系为给宋京建墓而专门烧制。从墓葬形制及随葬器物、棺椁的摆放位置来看，双层墓的设计应该是出于防盗的目的。

1 成都市文物考古研究所：《四川成都北宋宋京夫妇墓》，《文物》2006 年第 12 期。

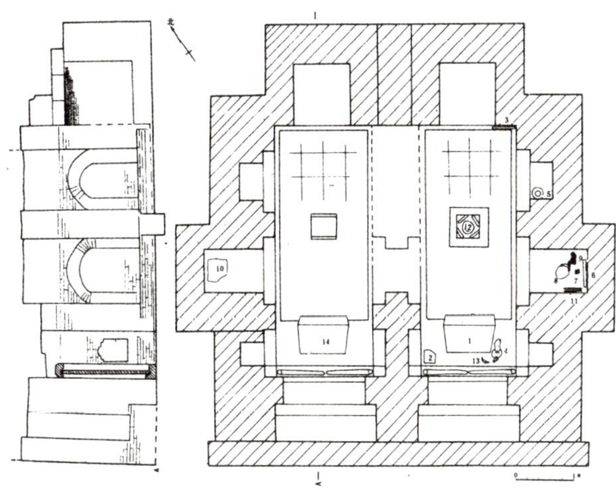

图 2-1-31　四川广汉北宋张确墓平、剖面图
（采自《文物》1990 年第 3 期，第 2 页，图一）

图 2-1-32　四川广汉北宋张确墓出土中方镇墓券
（采自《文物》1990 年第 3 期，第 9 页，图一八）

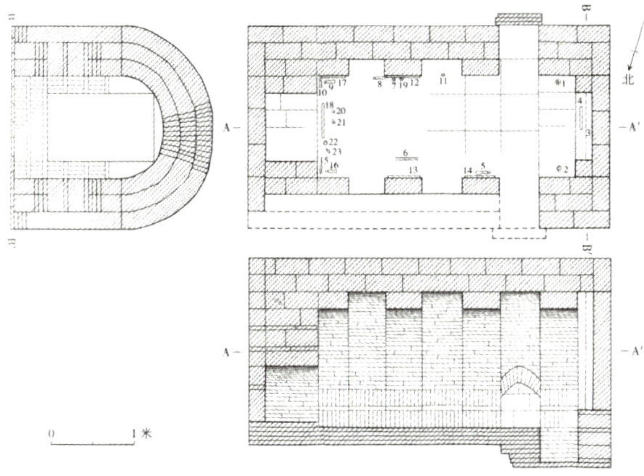

图 2-1-33　四川成都北宋宋京夫妇墓 M1 墓葬形制图
（采自《文物》2006 年第 12 期，第 53 页，图二）

图 2-1-35　四川成都北宋宋京夫妇墓 M2 出土华盖宫文券
（采自《文物》2006 年第 12 期，第 63 页，图一九）

图 2-1-34　四川成都北宋宋京夫妇墓 M2 出土武士俑
（采自《文物》2006 年第 12 期，第 55 页，图四）

(2) 石室墓

石室墓主要分布在成都市区及周边区县、绵阳等地，以长方形单、双室墓为主，墓室内设壁龛、棺台，棺台四周多设有排水沟，底部往往有腰坑，有的墓葬内带精美的石雕装饰，题材以武士形象为主。随葬品以釉陶俑、瓷器以及少量铜钱、墓志、地券为主。墓主身份往往较高，多为高级别官员。按照墓室多寡和形制的差异，可分为单室墓、双室墓、石箱墓三类。

单室墓，形制简单，无墓道，室内无雕刻，设棺台，棺台四周有排水沟，带少量的壁龛或后龛，如中江月耳井村南宋墓[1]。

双室墓，又可分为双室并列和前后排列两种情况。前者形制较简单，多无墓道或甬道，墓内亦无石刻浮雕，仅个别墓葬带壁龛，如蒲江北宋墓 BDM1、BDM2[2]。有的在墓门和墓壁等处带仿木结构和石刻浮雕，如彭山南宋虞公著夫妇合葬墓[3]。后者则多带有仿木结构，有的墓顶设藻井，有的墓内还带石刻浮雕，如绵阳平政桥南宋墓[4]、仁寿县古佛乡南宋墓[5]。

彭山南宋虞公著夫妇合葬墓由墓门、享堂、棺室以及腰坑组成（图 2-1-36），享堂位于墓门后，长 0.97 米、宽 1.9 米，东室高 2.64 米、西室高 2.82 米，东室正壁为素面，西室正壁上刻画浅浮雕图像，享堂的正顶为略呈正方形的平顶，用石条嵌砌。棺室位于享堂后，高出享堂 0.38 米，室长 3.35 米、宽 1.6 米，室内前高后低，棺室门用三石条砌筑，门楣背面刻朱雀，棺室门柱内侧按男女墓主的棺位分别浮雕男女武士像（图 2-1-37）。东棺室壁为素面，西室下部刻回纹花边。两室内均设有前后龛，东室壁龛和龛内均为素面，西室龛内刻画二侍女像，龛台上亦刻连云纹花边。棺室用石板铺底，墓底四周凿有平槽，使墓底凸起以便排水。两棺室内底部中央均设一腰坑，东室腰坑内置一兽首衔环双耳铜瓶，坑内铜钱排列成“千年万岁”四字（图 2-1-38）；西室腰坑内置一兽首衔环双耳铜瓶，还发现铜钱一枚。该墓早年被盗，墓葬出土随葬品较少，仅见男俑 24 件、龟钮陶盖 4 件、陶罐 3 件、铜瓶 2 件、石质碑形墓志 2 方，匍匐女俑、鸟嘴人俑、磨镜砖、铜镜、青瓷罐、盒盖各 1 件，铜钱若干。该墓为夫妻合葬墓，东

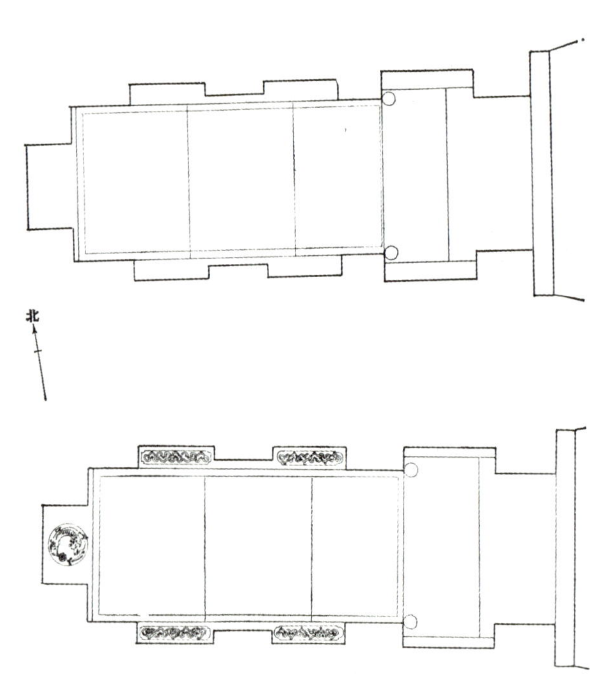

图 2-1-36 四川成都南宋虞公著夫妇合葬墓墓室平面图
（采自《考古学报》1985 年第 3 期，第 384 页，图一）

1 四川省文物考古研究所：《四川中江县月耳井村宋墓清理简报》，《四川文物》2012 年第 2 期。
2 四川省文物考古研究所：《四川蒲江县发现两座宋墓》，《考古与文物》1986 年第 5 期。
3 四川省文物管理委员会：《南宋虞公著夫妇合葬墓》，《考古学报》1985 年第 3 期。
4 四川省文管会：《四川绵阳平政桥发现宋墓》，《考古通讯》1956 年第 5 期。
5 四川省文管会：《仁寿县古佛乡宋墓清理简报》，《四川文物》1992 年第 5 期。

图 2-1-37 四川成都南宋虞公著夫妇合葬墓武士雕像拓本
（采自《考古学报》1985 年第 3 期，第 392 页，图一一）

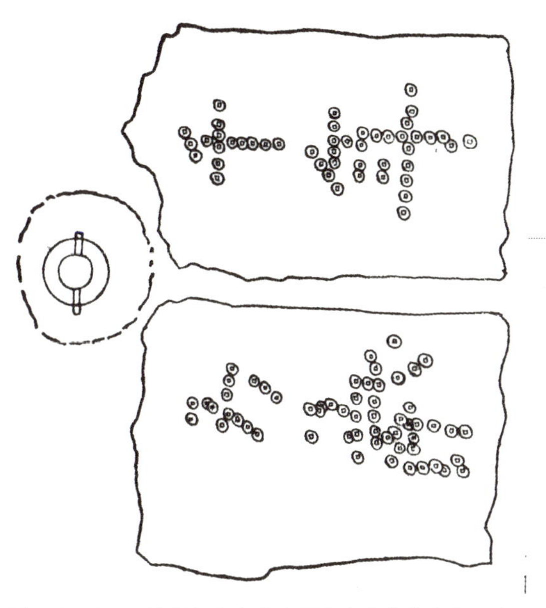

图 2-1-38 四川成都南宋虞公著夫妇合葬墓出土“千年万岁”铜钱图
（采自《考古学报》1985 年第 3 期，第 390 页，图九）

室墓主虞公著为南宋品官，葬于宝庆二年（1226 年）；西室墓主为丞相留正之女、虞公著之妻留氏，葬于庆元六年（1200 年）。

石箱墓，无装饰，以陶罐作为葬具，内装骨灰，如双流华阳镇南宋墓 M16[1]。

(3) 分期

根据墓葬形制、随葬品的演变，该地区宋墓可分为三期：

第一期：北宋早期，即北宋建国至真宗乾兴元年（960—1022 年）。墓葬数量少，不见纪年墓葬，仅能根据墓葬形制及随葬品特征大致判断其年代，流行带简单仿木结构的长方形单、双砖室墓。随葬品较少，主要有釉陶器如碟、壶、酒杯等，无釉陶器或神怪俑出土。

第二期：北宋中晚期，天圣元年至北宋末年（1023—1127 年）。墓葬数量增多。砖室墓数量较多，墓室内多带有壁龛和肋拱，墓室绘壁画；石室墓开始出现，但形制较为简单。随葬品数量较多，有文官俑、武士俑、神怪俑、生肖俑以及仆侍俑等，还有陶瓷器如碗、罐、炉以及少量陶屏风、陶房等，三彩俑、三彩器是这一时期川西地区十分流行并具有地方特色的随葬器物。此外，墓中流行随葬形体矮胖的双耳罐、四系罐，多为邛窑产品，有的还随葬有买地券、镇墓真文券、华盖宫文券、墓志和铜钱。

第三期：南宋时期（1128—1279 年）。砖室墓和石室墓的形制及墓内装饰都趋于成熟，石室墓中流行壁画，题材以武士、花卉等题材为主。火葬墓数量明显增多，以石板构筑石箱以放置骨灰。随葬品种类与数量基本与前期相同。

本区域宋墓以砖室墓为主，墓室内多设有壁龛，这主要是受唐五代以来传统

1 成都市文物考古研究所、双流县文物管理所：《成都市双流县华阳镇绿水康城小区发现一批砖室墓》，成都文物考古研究所：《成都考古发现（2003）》，北京：科学出版社，2005 年，第 347—396 页。

的影响。无论是砖室墓还是石室墓，墓室内部装饰都相对简单。随葬品具有较强的区域性特点，陶罐、神怪俑、地券以及日用瓷器是比较流行的组合。其中值得注意的是，该地区出土的镇墓真文券、华盖宫文券在文字范式、内容以及券石形制方面都逐渐呈多样化趋势，反映了两宋时期道教上清派和灵宝派逐渐融合发展的情况[1]。

2. 陕南川北地区

该地区宋墓主要分布在陕西南部的安康、汉中、略阳以及四川中部及北部的广元、达州、三台、北川、昭化等地。墓葬类别包括砖室墓和石室墓。

(1) 砖室墓

砖室墓主要分布在陕西安康、汉中，四川广元等地，以单、双室墓为主，墓内装饰以仿木结构为主，有的墓壁上有砖雕，墓室底部多设置排水沟和腰坑。随葬品数量较多，有釉陶器、金银饰品、瓷器、铜器等。墓主可能多为当地的中下层官吏和地主。按墓室多寡可分为单室墓、双室墓、三室墓三类。

单室墓，平面多呈长方形或甲字形。长方形墓室内多设腰坑和影壁，墓底铺砖及排水管，有的墓壁上有人物砖雕，如四川广元张家沟北宋墓[2]、陕西汉中八里桥水库北宋墓[3]。甲字形墓室内设有棺床，墓底有排水道，四壁有一斗三升式仿木铺作以及门楼砖雕，目前仅见陕西安康许家台南宋墓[4]。

双室墓，墓室平面呈长方形，带砖砌仿木结构，墓门券顶上有门楼、斗拱、飞椽，墓室四角有砖柱，砖柱上有一斗三升的华栱结构，墓壁上有格子门等，如陕西汉中王道池村南宋墓[5]。

三室墓，前为单室，后为并列双室，如陕西汉中金华村北宋墓[6]。该墓墓门带仿木结构门楼，前室为长方形券洞式，后室为并列长方形双室，两室间有甬道相连。前室西壁砌仿木结构门楼，门楼为带立柱、假门、斗拱、屋檐的仿家居结构。墓室东壁下部砌桌椅和假窗，对坐的双椅上放置男女墓主人俑，上部砌三朵一斗三升斗拱和屋檐结构；后两室东、西、北壁各有一龛。墓内出土随葬品 19 件，大部分放置在墓室壁龛内，还出土有 3000 余枚铜钱，为研究宋代的金融和钱币铸造提供了珍贵的实物资料。根据出土的钱币，可推断墓葬年代为北宋晚期。

(2) 石室墓

石室墓主要分布在四川广元、达州、绵阳等地，以带仿木结构的单、双室墓为主，墓室内多有砖浮雕或石刻，题材以人物、花卉、动物为主。随葬品常见有釉陶龙、狗、猪、盒、罐以及少量瓷器、铜镜、买地券等。墓主以当地平民为主，

1 张勋燎：《川西宋墓和陕西、河南唐墓出土镇墓文石刻之研究》，《南方民族考古》第五辑，成都：四川科技出版社，1993 年，第 119—148 页。

2 唐志工：《四川广元张家沟北宋砖室墓》，《考古》1995 年第 7 期。

3 汉中市博物馆：《汉中八里桥水库清理一座宋墓》，《文博》1989 年第 1 期。

4 陕西省考古研究所、安康市文化教育局：《安康市上许家台南宋墓发掘简报》，《考古与文物》2002 年第 2 期。

5 汉中市博物馆：《陕西汉中市王道池村宋墓清理》，《考古》1965 年第 10 期。

6 汉中市博物馆：《汉中市金华村清理一座北宋墓》，《文博》1993 年第 3 期。

也有个别为官员及家属。根据墓室多寡可分为单室墓和双室墓两类。

单室墓，墓室有棺台，墓底有排水道，有的墓内无任何装饰，如四川三台南宋张氏心娘墓[1]。有的墓壁带简单的浮雕装饰，题材有桌子、人物、花卉、动物等，如四川昭化迴乡南宋墓[2]。

双室墓，多由墓道、墓门、墓室、甬道组成，墓门上有斗拱和门额，墓室间有隔墙，后壁带有头龛，墓壁上有雕刻人物、花卉、动物以及建筑形象。如四川三台杨凳寺南宋墓[3]，该墓左、右两室双室并列，墓室平面呈长方形，形制、大小基本一致，平顶，长2.52米、宽0.88米、高1.4米，墓室间有隔墙（图2-1-39），隔墙镶嵌上部透雕有直棂窗的薄石板。墓室后壁有龛，左室后壁龛口浮雕“寿如山”三字，龛内上部浮雕金乌负日图案，下部分别浅浮雕执壶、盏豆、圈足碗。右室头龛浮雕有“福如海”三字，龛内上部浅浮雕一圆，下部图案不清，右侧似雕有一灯台。随葬品有瓷碗、陶双耳罐各4件，铜勺2件，铜箸2副，陶方盘、圆樽、铜镜各1件，铜钱59枚（图2-1-40）。墓葬年代为南宋中晚期，墓主不详。

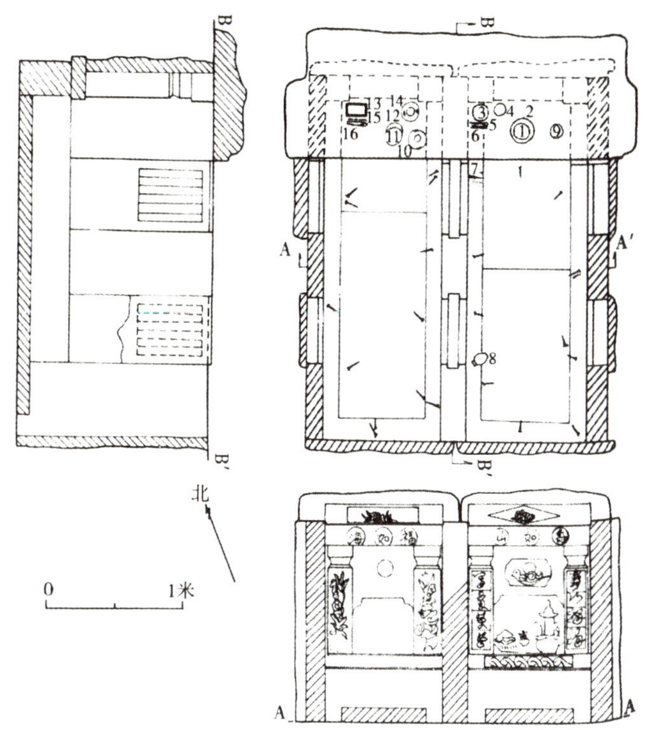

图2-1-39　四川三台杨凳寺南宋墓墓葬平、剖面图
（采自《四川文物》2009年第3期，第28页，图一）

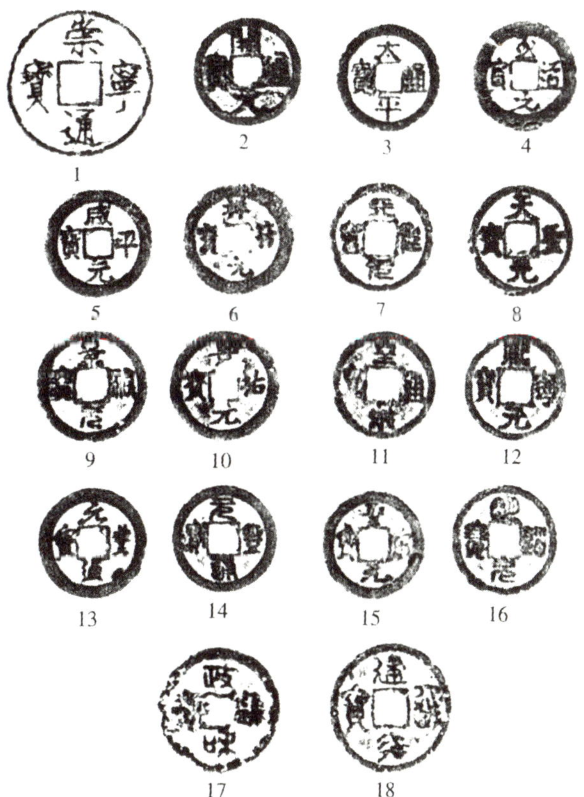

图2-1-40　四川三台杨凳寺南宋墓出土铜钱
（采自《四川文物》2009年第3期，第31页，图六）

(3) 分期

根据墓葬形制、随葬品的

1 三台县文化馆：《四川三台县发现一座宋墓》，《考古》1973年第6期。
2 沈仲常、陈建中：《四川昭化县迴乡的宋墓石刻》，《文物参考资料》1957年第12期。
3 四川省文物考古研究院：《四川三台县永明镇杨凳寺宋墓清理简报》，《四川文物》2009年第3期。

演变，该地区宋墓可分为两期：

第一期：北宋至南宋早期（960—1194年）。砖、石室墓年代集中在北宋晚期，墓葬的仿木结构和装饰都较为简单，具有北方地区的风格。随葬品主要有动物形象的三彩俑以及釉陶枕、陶盒、陶墓券、铜镜、铜钱等。

第二期：南宋中晚期（1195—1279年）。主要流行带装饰的砖石室墓，墓内装饰较繁芜，仿木建筑构件更加复杂，墓室内壁往往带有浮雕的人物、动物、花卉等装饰，有的墓葬砖雕类似北方地区的桌椅、灯檠等。随葬品基本上和前期一致，但釉陶俑数量减少，出土瓷碗、陶双耳罐、铜镜、买地券、金银饰品的墓葬增多。

总之，本区域的墓葬结构和装饰具有很强烈的中原北方地区风格，随葬品主要受到成都平原的影响，流行陶明器、地券、铜镜等。

3. 三峡地区

三峡地区东起湖北宜昌，西迄重庆，包括重庆忠县、垫江、万州、梁平、云阳、开县、奉节、巫山、巫溪，以及湖北巴东、秭归、建始、长阳、兴山、宜昌等地。该地区发现宋墓数量较少，以洞室墓和砖室墓为主，也有一些竖穴土坑墓和石室墓发现。墓葬形制较简单，以单室墓为主。随葬品数量极少，以釉陶罐、瓷碗、碟、罐以及铁刀、铜钱等为主，不见买地券和墓志。土坑墓、石室墓墓主多为当地平民，但洞室墓和砖室墓的墓主可能为外来移民。

(1) 竖穴土坑墓

竖穴土坑墓主要分布于重庆奉节、湖北秭归等地，平面形制以长方形、圆角长方形为主，墓坑内放置有木棺，有的未使用葬具而直接下葬。墓圹一般长度为1—3米不等，宽度多在0.5—1.5米的范围内，随葬品以陶瓷生活用具为主，有的墓葬出有铜钱、铜下颌托以及铜镯、耳环、簪子等首饰。墓主多为当地的平民。如湖北秭归陶家坡北宋墓M22[1]、兴山平邑口北宋墓M1[2]，重庆奉节宝塔坪南宋墓2001M5001[3]。

(2) 洞室墓

洞室墓主要分布在重庆奉节、湖北秭归等地，墓室平面均呈长方形或近似长方形，有的墓葬带短斜坡墓道，有的以乱石封门，多使用木棺葬具，有的设腰坑，腰坑内放釉陶罐、铜钱。随葬品多数放置在头部和腰坑，主要有日用瓷器、釉陶罐、铜钱、铁钱、漆器、铜饰等，个别墓葬随葬有马匹。如湖北秭归庙坪北宋墓

---

1 国务院三峡工程建设委员会办公室、国家文物局编著：《秭归陶家坡》，北京：科学出版社，2010年，第79—118页。

2 咸宁博物馆：《兴山县平邑口墓群发掘简报》，国务院三峡工程建设委员会办公室、国家文物局编著：《湖北库区考古报告集》第四卷，北京：科学出版社，2007年，第465—469页。

3 吉林大学边疆考古研究中心等：《奉节宝塔坪2001年唐宋明清墓发掘报告》，重庆市文物局、重庆市移民局编：《重庆库区考古报告集》（2001卷），北京：科学出版社，2008年，第437—468页。

M38[1]、秭归望江北宋墓M78[2]，重庆奉节宝塔坪北宋墓2000M1047[3]。

(3)砖室墓

砖室墓主要分布在重庆巫山，以及湖北秭归、巴东等地，墓内多带壁龛和较简单的仿木结构，仅个别墓葬出现有壁画。随葬品以釉陶器、日用瓷器和铁器为主。墓主多为当地中下层地主。根据墓葬形制的差别，可分为长方形墓、船形墓两种。

长方形墓可进一步细分为单室、双室、三室墓三类。

单室墓，无装饰，带墓道或甬道，有的带有壁龛。墓室长度在1.4—6米不等，墓顶多为券顶，个别为穹窿顶。葬具多为木棺。随葬品主要有釉陶罐、釉陶盆、瓷碗、瓷盏、铜钱、铁钱、铜镜、铜首饰等。如湖北宜昌中堡岛南宋墓M111[4]、重庆巫山小三峡水泥厂北宋墓M5[5]等。

双室墓，无装饰，用砖砌隔墙将墓葬分为两室，随葬品主要有铜钱、瓷碗、盏等，如湖北巴东黄家梁子南宋墓M2[6]、重庆巫山下湾遗址北宋墓WXM2[7]、湖北秭归下尾子北宋墓M2[8]。

三室墓，数量少，如秭归杨家沱遗址壁画砖室墓[9]，该墓为三室相连的拱顶砖室墓，墓壁为空心墙体，拱顶用楔形砖砌成。东、中墓室用砖铺底，西室墓底铺沙。西室内壁有三个壁龛，壁龛上部抹石灰，用红、黑两种颜色绘壁画，壁画主要内容为长方形屋顶，屋顶为两面坡式，双层屋檐，房内红色帷幔呈八字形两边卷起，并沿两边屋壁自然垂下，帷幔下有左、右两人，下绘长方形几案。墓葬早年被盗，仅在西室发现元祐通宝1枚，简报据此推断该墓年代当不早于北宋。

此外，秭归、巴东、奉节、巫山、宜昌一带还出现“借墓为室”现象，系利用早期砖（石）室墓墓室，或将早期墓葬填土稍加平整，作为墓底使用。个别墓葬上下分层埋葬，且上下层墓葬年代跨度较大，也可归入“借墓为室”类型[10]。这类墓葬保存状况较差，多数使用木棺葬具，大多数为家族合葬墓。随葬品没有固定的摆放位置，主要有陶瓷器、铁工具以及少量铜钱和银饰。有学者认为这种现

1 湖北省文物事业管理局、湖北省三峡工程移民局编：《秭归庙坪》，北京：科学出版社，2003年，第193页。

2 宜昌博物馆：《秭归望江墓群发掘简报》，国务院三峡工程建设委员会办公室、国家文物局编著：《湖北库区考古报告集》第一卷，北京：科学出版社，2003年，第586、587页。

3 吉林大学边疆考古研究中心等：《奉节宝塔坪2001年唐宋明清墓发掘报告》，重庆市文物局、重庆市移民局编：《重庆库区考古报告集》(2001卷)，北京：科学出版社，2008年，第437—468页。

4 国家文物局三峡考古队：《朝天嘴与中堡岛》，北京：文物出版社，2001年，第266—276页。

5 四川省文物考古研究所等：《巫山小三峡水泥厂墓地发掘报告》，重庆市文物局、重庆市移民局编：《重庆库区考古报告集》(2000卷)，北京：科学出版社，2007年，第168—176页。

6 武汉市文物考古研究所：《巴东黄家梁子墓地发掘简报》，国务院三峡工程建设委员会办公室、国家文物局编著：《湖北库区考古报告集》第一卷，北京：科学出版社，2003年，第217页。

7 武汉市文物考古研究所等：《重庆巫山下湾遗址发掘简报》，《江汉考古》2009年第2期。

8 宜昌博物馆、秭归屈原纪念馆：《秭归下尾子遗址发掘简报》，国务院三峡工程建设委员会办公室、国家文物局编著：《湖北库区考古报告集》第一卷，北京：科学出版社，2003年，第300、301页。

9 湖北三峡工作队杨家沱工作组：《秭归杨家沱遗址发现壁画砖室墓》，《江汉考古》1997年第3期。

10 湖北省文物局三峡办、武汉市文物考古研究所：《湖北巴东义种地墓葬发掘报告》，《江汉考古》2009年第4期。

象的出现与墓主人来自中原有关[1]。如湖北秭归庙坪北宋墓M107、巴东老屋场南宋墓M4[2]、巴东蔡家包南宋墓M1[3]。

船形砖室墓，形制简陋，无装饰，由甬道、墓室组成，墓底铺设棺床。如湖北巴东孔包河北宋墓M42[4]。

（4）石室墓

石室墓主要分布在重庆忠县、湖北巴东等地，墓葬结构和室内装饰都比较简单，以单室居多，随葬品以铜钱和陶、瓷器为主。墓主应为当地中小地主。在重庆奉节还发现有以釉陶罐作葬具的火葬墓。根据墓葬形制及构筑方式的差异，可分为长方形砖室墓、刀把形墓、石箱墓三类。

长方形砖室墓，发现数量较多，有的用石板或石块简单构筑，不带装饰，底部砌有棺床，随葬品有少量日用瓷器以及铜钱，如重庆忠县崖脚北宋墓BM7[5]、湖北巴东罗坪北宋墓BLJM2[6]。有的墓葬带复杂程度不一的仿木结构，如重庆大足磨儿坡南宋墓M1[7]、南川钟家塝南宋墓M2[8]等。

刀把形砖室墓，墓内无装饰。数量很少，仅见重庆忠县甘井沟遗址群崖脚DM19南宋墓[9]，该墓为单室墓，墓室和墓道用石条砌成，券顶，墓底铺大小不同的石板，随葬有50件陶、瓷生活用具。墓葬年代为南宋时期，墓主身份不详。

石箱墓，建墓时先掏一不规则土坑，在坑内用石板或石块砌筑墓室或石箱，使用瓮棺作为葬具，无随葬品。如重庆奉节宝塔坪南宋墓2001M4001[10]。

（5）分期

根据墓葬形制、随葬品的演变，该地区宋墓可分为三期：

第一期：北宋早期，北宋建国至真宗乾兴元年（960—1022年）。流行竖穴土坑墓、洞室墓、不带装饰的砖室墓和石室墓，出土釉陶罐、壶带有明显的唐五代

1 吴小平：《三峡地区唐宋时期的借室葬研究》，《江汉考古》2013年第4期。

2 黑龙江省文物考古研究所：《巴东老屋场墓群发掘报告》，国务院三峡工程建设委员会办公室、国家文物局编著：《湖北库区考古报告集》第一卷，北京：科学出版社，2003年，第236—238页。

3 恩施自治州博物馆：《巴东县蔡家包墓群2004年发掘简报》，国务院三峡工程建设委员会办公室、国家文物局编著：《湖北库区考古报告集》第四卷，北京：科学出版社，2007年，第202—207页。

4 湖北省文物考古研究所：《巴东孔包河墓地2002年发掘简报》，国务院三峡工程建设委员会办公室、国家文物局编著：《湖北库区考古报告集》第三卷，北京：科学出版社，2006年，第372页。

5 北京大学考古文博学院三峡考古队、重庆市忠县文物管理所：《忠县崖脚墓地发掘报告》，重庆市文物局、重庆市移民局编：《重庆库区考古报告集》（1998卷），北京：科学出版社，2003年，第724—729页。

6 湖北省文物考古研究所：《巴东罗坪墓葬发掘报告》，国务院三峡工程建设委员会办公室、国家文物局编著：《湖北库区考古报告集》第二卷，北京：科学出版社，2005年，第152—160页。

7 重庆大足石刻艺术博物馆：《重庆大足龙水镇明光村磨儿坡宋墓清理简报》，《四川文物》2002年第5期。

8 重庆市文物考古所、南川区文物管理所：《南川区钟家塝墓群发掘简报》，重庆市文物考古所、重庆文化遗产保护中心编著：《重庆公路考古报告集》，北京：科学出版社，2010年，第193—197页。

9 北京大学考古文博学院三峡考古队等：《忠县甘井沟遗址群崖脚（半边街）墓地发掘报告》，重庆市文物局、重庆市移民局编：《重庆库区考古报告集》（2002卷），北京：科学出版社，2010年，第1467页。

10 重庆市文物局、重庆市移民局：《奉节宝塔坪》，北京：科学出版社，2010年，第94—296页。

时期的风格特点。

第二期：北宋中晚期，仁宗天圣元年至北宋末年（1023—1127 年）。土坑墓和洞室墓基本延续前期的特点，砖室墓仍流行，但同时出现了船形墓和“借墓为室”的墓葬。石室墓则以仿木结构的长方形单室券顶墓为主。随葬品的数量增多，以陶瓷器和铜钱为主。

第三期：南宋时期（1128—1279 年）。土坑墓和洞室墓逐渐消亡，砖室墓种类和数量均有所减少，仅见不带装饰的长方形单室墓和长方形壁画墓。刀把形石室墓开始出现，带壁龛的仿木结构石室墓开始流行，墓内装饰和仿木结构趋于复杂。至南宋末年，石室墓也逐渐减少，开始出现以瓮棺作葬具的火葬石室墓。

三峡地区宋代竖穴土坑墓以及土坑洞室墓始终延续北宋早期的特点，砖室墓和石室墓几乎是同时出现的，此后很长时期内并行发展，砖室墓在很短的时期内由单室向双室甚至多室演变，并出现带仿木结构的壁画墓，这种急遽变化是落后地区快速接受先进地区丧葬文化的显著表现。可能由于受到石室墓的影响，砖室墓在南宋时期又逐渐变得单一，而装饰复杂、带仿木结构的石室墓却在南宋没落以前发展到顶峰。北宋中晚期流行“借室为墓”，南宋时已经逐渐消亡。火葬墓在南宋晚期开始出现，或与北方文化进入有一定的关系，也可能是宗教影响的结果。

4. 川南黔北地区

该地区宋墓主要分布在四川泸州、宜宾、南充、资中、内江，以及贵州桐梓、遵义、清镇等地。墓葬类别以石室墓为主，另有少量竖穴土坑墓、崖墓和岩洞墓。石室墓以单、双室为主，室内多有精美石刻，墓主多为高级品官。土坑墓、崖墓则多为当地平民墓葬，岩洞墓主要为少数民族所采用。随葬品主要出自石室墓，常见有瓷器、釉陶罐、俑、金银饰品、铜镜、铜钱、墓志、墓券。

(1) 竖穴土坑墓

这类墓葬数量较少，主要分布在四川岳池、贵州桐梓等地。川南地区的土坑墓随葬少量青瓷杯等日用器，如岳池代家坟南宋墓[1]。贵州发现的土坑墓多随葬日用铁器、铜首饰等，如清镇平坝北宋墓[2]。

(2) 崖墓和岩洞墓

崖墓主要分布在重庆永川和四川长宁，无墓道，墓室平面呈八边形，墓壁上高浮雕立柱，柱间有龛，浮雕图案有鹤鸟、花卉、仕女等，如重庆永川南宋崖墓 M1[3]，该墓无墓道，墓口有单层门楣，墓室平面呈八边形，墓壁上有高浮雕，开凿有八根立柱，柱子之间有龛，龛楣上雕刻栏额，栏额上刻斗拱。小龛四周刻有花卉、侍女、卧鹿、仙鹤、神兽等图案，柱子上刻有“大宋开禧春造记匠”及“南阴氏天凤郎寿堂”等字样。墓室顶部呈天穹状，边缘装饰有龙头，龙头胡须对角相连，组成八个菱形图案。据题记，可推定该墓开凿于南宋开禧年间（1205—

1 广安市文体局：《岳池代家坟古墓群发掘简报》，《四川文物》2003 年第 2 期。
2 贵州省博物馆：《贵州清镇平坝汉至宋墓发掘简报》，《考古》1961 年第 4 期。
3 永川县文化馆：《永川发现宋代崖墓》，《四川文物》1989 年第 6 期。

1207年）。

岩洞墓主要分布在贵州南部[1]，又称为“棺材洞”，是当地少数民族的墓葬形式，多随葬铜饰等。

(3) 石室墓

石室墓数量较多，按照墓室多寡，又可分为单室墓、双室墓、多室墓三类。墓主身份有官员，亦有当地豪绅，流行家族合葬。

单室墓数量较多，墓室往往由石块或石板垒砌而成，部分墓葬有后龛、排水沟、棺台等。墓内装饰基本没有或极少，有的则以简单的浮雕为主。随葬品仅有少量釉陶罐、瓷碗等，有的墓葬甚至没有随葬品，典型墓例有四川井研北宋黄念四郎墓[2]。

四川井研北宋黄念四郎墓，墓室全长4.3米、宽2.2米，墓内两侧门柱上各浮雕一武士，武士高1米。墓道至墓室中间有一小平台，小平台边缘雕刻有圆珠，后上方两边各有一力士。墓室后为神台，神台边缘立面为海水朝阳图，神台上有3个小台阶，壁上为仙童指路雕刻。墓室平台两侧靠壁处各有一宽0.1米的排水沟。墓底有腰坑，腰坑略呈长方形。由于墓葬早年被盗，随葬品仅存有买地券1件以及铜钱、陶片若干。该墓年代为北宋宣和六年（1124年），墓主为黄念四郎。

双室墓，两室间有隔墙，两单室内部结构基本相同，随葬品主要有陶罐、瓷碗、铜钱等，这类墓葬在四川威远、华蓥、沿口等地均有发现。典型墓葬有四川华蓥许家堝南宋墓[3]，墓室平面呈长方形（图2-1-41），分为左、右两室，两室结构基本相同，现以左室为例介绍。左室由封门石、墓门、棺室、棺床、椁室、侧龛、拱顶、后龛等部分组成，墓室长6米、宽2.6米、高4.64米，后龛分为三重，均由台基、侧柱、龛楣等组成，后龛上还施有花草纹、八卦纹等图案。由于墓葬早期破坏严重，随葬品有丝织物2件，瓷碗残片、铁环各1件，墓主身份不详，根据墓葬装饰和形制特点，报告推测其年代为南宋中晚期。

多室墓，发现数量少，但墓葬规模大，墓主为高等级品官或土司，如四川华

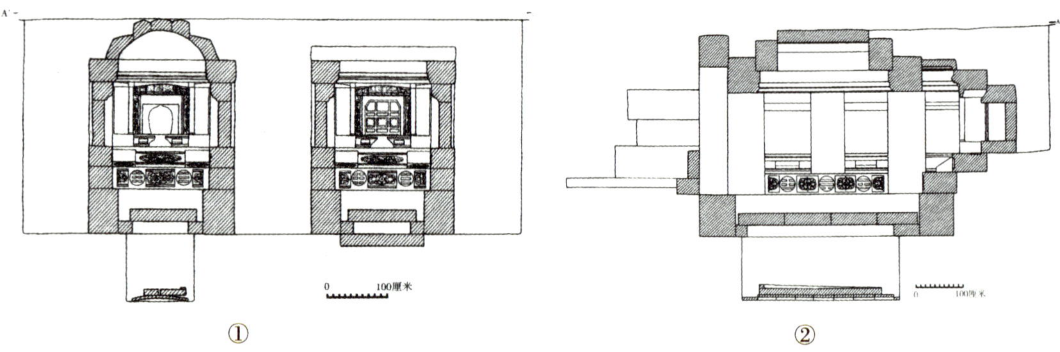

图2-1-41 四川华蓥许家堝南宋墓墓葬平面图、横剖面图
（采自《四川文物》2010年第6期，第4页，图三；第5页，图五）

1 李飞：《贵州崖葬略论》，《贵州民族研究》2009年第1期；李飞：《生死之间——贵州的岩洞葬》，《四川文物》2010年第5期。

2 井研县文管所：《井研县北宋黄念四郎墓清理简讯》，《四川文物》2002年第1期。

3 四川省文物考古研究院等：《四川华蓥许家堝宋墓清理简报》，《四川文物》2010年第6期。

蓥南宋安丙墓 M2[1]，墓道长 4.5 米、宽 3.6—3.7 米，墓门由门基、门柱及门梁组成，面宽 3.03 米、进深 0.61 米、高 2.72 米。墓门后为甬道，宽 2.78 米、高 2.25 米、进深 0.82 米。前室位于甬道后，宽 2.68 米、进深 1.16 米、高 3.42 米，下部为须弥座式结构，左右壁须弥座上各有一长方形侧龛，上部对称雕刻仿木结构斗拱。前、中室间过道宽 2.69 米、进深 0.76 米、高 2.24 米。中室宽 2.68 米、进深 1.175 米、高 3.42 米，下部为须弥座式结构，上部雕刻仿木结构斗拱。须弥座上有一长方形壁龛。中、后室间过道宽 2.68 米、进深 0.8 米、高 2.27 米。后室面宽 2.68 米、进深 2.17 米、高 2.76 米，底部台基宽 2.75 米、进深 0.515 米、高 0.31 米，后部有一条排水沟。后室后壁构筑面阔三间的仿木结构建筑，底部为须弥座式台基，屋顶为重檐歇山式。墓内有大量雕刻和壁画，雕刻题材有武士、四神、花卉、斗拱、卷草、枇杷、荔枝、玄武大帝、孔雀、鼎、二龙戏珠、墓主、侍女等。该墓虽早年被盗，但仍出土有较多的随葬品，其中俑类有男侍俑 31 件，文吏俑 18 件，女乐舞俑 12 件，胡服俑 14 件，武士俑 11 件，生肖俑 7 件，四神俑 4 件，女侍俑 3 件，女舞蹈俑、三身女俑各 1 件；陶器有器盖 8 件，假山 5 件，筒形器 2 件，盘状器、笙各 1 件；瓷器有碗 16 件，碟 2 件，瓶 2 件，盏、壶、罐、鸟头各 1 件；铜器有围棋子 6 枚，钩饰 2 件，壶形器、铜烛台、猴形锁、玉坠饰、夹饰各 1 件；此外还有钱币 44 枚，水银 750 克，墓志 1 方。据墓志，墓主为南宋太师安丙，卒于嘉定十四年（1221 年），葬于嘉定十七年（1224 年）。

(4) 分期

根据墓葬形制、随葬品的演变，该地区宋墓可分为两期：

第一期：北宋至南宋早期（960—1194 年）。流行单、双室石室墓以及不带装饰的多室石室墓和少量的土坑墓，多数墓葬不见随葬品或仅随葬有少量的瓷碗、铁器和陶器等。

第二期：南宋中晚期（1195—1279 年）。流行带仿木结构的石室墓，单室、双室、多室并存，同时有一定数量的崖墓和岩洞墓。石室墓的规模增大，等级相对较高，墓内装饰较为复杂华丽。随葬品种类未发生明显变化，但数量增多。

该区域的墓葬以石室墓为主，墓葬的规模较大，结构和装饰较为复杂，在墓室顶部设仿木结构的藻井和在壁龛处设壁柱的做法较常见。墓内随葬品较为丰富，主要有日用瓷器、陶明器、金银器、铜器和墓志、地券等。石室墓墓主多为汉人高级官吏，而土坑墓、崖墓、岩洞墓则可能多为当地平民和少数民族使用。

5. 小结

总的来看，长江上游地区宋墓墓室存在由长变短、由宽变窄、不断简化，由单室向多室发展的趋势，流行同坟异穴合葬。墓葬装饰则经历了简单趋于复杂，然后逐渐衰落的过程。根据有学者所做的研究，四川地区宋墓，从墓葬形制看主要流行长方形券顶砖室墓和长方形石室墓，双室并列常见；随葬品中瓷器较少见，釉陶俑较常见，陶器较多，以四耳罐、双耳罐、高领四耳罐、碗等为最常见的组

1 四川省文物考古研究院、广安市文物管理所、华蓥市文物管理所等编著：《华蓥安丙墓》，北京：文物出版社，2008 年，第 40 页。

合[1]，而陕南与黔北的宋墓无论在形制还是随葬品的特点上，都与四川地区的宋墓趋同，均受四川地区的影响。因此，笔者将其与四川地区宋墓一同划入长江上游地区。此外，长江上游地区宋墓还多出土买地券、镇墓真文券、湖州镜等器物，有的墓葬腰坑中铜钱的摆放具有浓厚的道教色彩。

(二)湖广地区

湖广地区包括现在的湖北中东部以及湖南、广东、广西地区。因海南出土材料较少，临近两广，故一并加以讨论。目前发现的考古材料多集中在两湖及广东地区，广西和海南出土材料较少。两湖地区与两广地区的墓葬形制和随葬品都各有特色，前者主要流行砖墓，随葬品以日用瓷器为主；而后者的墓葬形制较为简单，主要流行土坑墓，砖石室墓多不见仿木结构和砖雕石刻。故本书将两湖和两广宋墓分开加以讨论。

1. 两湖地区

两湖地区即今湖北中东部及湖南地区，流行长方形竖穴土坑墓、砖室墓、石室墓，砖室墓占绝大多数，土坑墓和石室墓较少。砖室墓的形制和内部装饰特征与豫南、鄂北地区较相似，随葬品以本地窑口的瓷器为主，还有少量文具、铜钱和买地券。墓主多为当地地主乡绅和中下层官吏。

(1)土坑墓

主要分布在湖北洪湖，湖南祁阳、长沙等地。墓室平面多呈长方形，部分设有头龛和腰坑，葬具以木棺为主，随葬品以铜钱与少量瓷碗、罐为主，墓主多为当地平民。如湖北洪湖蒋岭北宋墓[2]，墓口长2.9米、宽1.24米、深2.1米，圹内有楠木棺1具，随葬品有瓷碗2件，漆托盏、陶罐、铜发簪各1件及钱币若干。报告作者认为，出土漆托盏与常州北环新村北宋墓出土漆托盏相同，结合随葬钱币和瓷碗，将墓葬年代定为北宋时期。笔者认为，通过出土的天圣元宝，可进一步将墓葬年代推定为北宋中晚期。

(2)石室墓

主要分布在湖北英山、麻城，以及湖南常德、资兴等地。墓室平面多呈长方形，单室墓多不带装饰，双室墓流行带仿木结构，墓壁有石雕装饰。随葬品以日用瓷器、银首饰为主，还出土有少量铜钱。墓主多为地方官员。根据墓室多寡，可分为单室墓和双室墓两类。

单室墓，墓室呈石椁状，内置木棺，大多数墓葬均不带装饰，如湖北英山郭家湾北宋墓[3]、湖南衡阳何家皂北宋墓[4]；有的墓室内带仿木结构，如湖北云梦罩子墩北宋墓M2[5]，墓室呈长方形石椁状（图2-1-42），分为棺室和头箱两部分，椁长3.52米、宽1.66米、高1.7米，头箱与棺室之间用石门相隔，门前设有封门石，

1 陈云洪：《试论四川宋墓》，《四川文物》1999年第3期。
2 洪湖市文物管理委员会、洪湖市博物馆：《湖北洪湖市蒋岭北宋墓》，《考古》1993年第7期。
3 黄冈地区博物馆等：《湖北英山三座宋墓的发掘》，《考古》1993年第1期。
4 湖南省博物馆等：《衡阳县何家皂北宋墓》，《文物》1984年第12期。
5 云梦县博物馆：《云梦罩子墩宋墓发掘简报》，《江汉考古》1987年第1期。

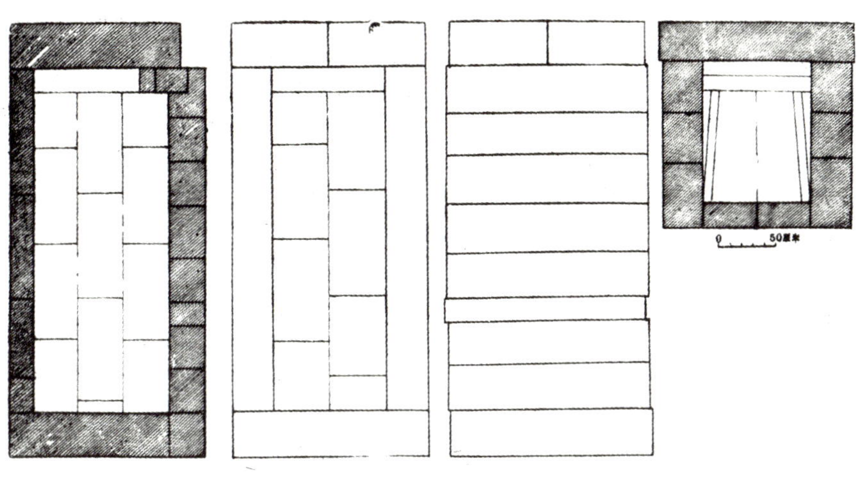

图 2-1-42 湖北云梦罩子墩北宋墓 M2 墓葬平面图
(采自《江汉考古》1987 年第 1 期,第 16 页,图一)

棺室仅存腐烂的棺板,随葬品放置于头箱,有瓷碗、注子、碗各 2 件,器座 1 件,铜钱 56 枚,墓葬的年代为北宋晚期。

双室墓,两室并列,大多数墓室不带装饰,形制简单,平顶或券顶,墓室内有棺床、排水沟等,如湖南资兴北宋墓[1]、湖北麻城北宋石室墓[2];个别墓葬带简单的仿木结构,壁龛、门扉、墓壁上多有浮雕武士以及动物图案,部分还施以彩绘,这类墓葬等级较高,如湖南常德北宋张颙墓[3],墓室呈长方形,全长 4.04 米、宽 4.52 米、高 2.16 米,分东西两室,两室结构及大小基本相同(图 2-1-43),东室葬张颙,西室葬其妻周氏,张颙的墓志竖立在墓门外,周氏墓志在棺室入口处。墓壁全用长方形条石枋横垒而成,两室之间有一隔墙,其中间有一孔眼贯穿两室。墓壁以上为石枋券成的券顶,墓底铺石,中间用长方形石块铺成高出墓底 12 厘米的棺床,两室棺床大小相等,长 2.18 米、宽 1.16 米,棺床上的木棺和尸骨皆腐朽无存。两室四扇门扉的正面上部彩绘甲胄武士立像,下部浮雕的涂彩动物,武士形象的装束与庆历四年(1044 年)成书的《武经总要》所绘制的

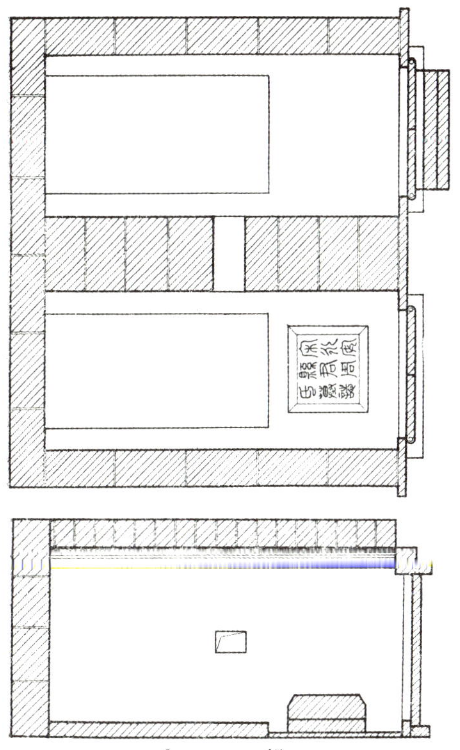

图 2-1-43 湖南常德北宋张颙墓平、剖面图
(采自《考古》1981 年第 3 期,第 234 页,图三)

1 湖南省博物馆:《湖南资兴隋唐五代宋墓》,《考古》1990 年第 3 期。
2 王善才、陈恒树:《湖北麻城北宋石室墓清理简报》,《考古》1965 年第 1 期。
3 湖南省博物馆:《湖南常德北宋张颙墓》,《考古》1981 年第 3 期。

铠甲图基本一致。由于该墓早年被盗，出土随葬品多为残器，包括残陶口沿、白瓷残口沿各 1 件，铁棺钉 15 颗，铜钱 31 枚、墓志 2 方。据墓志，墓主张颙卒于北宋元祐元年（1086 年），葬于元祐二年（1087 年）。

(3) 砖室墓

主要分布在湖北武汉、安陆、孝感等地，墓葬平面形制有长方形、刀形、船形等，墓室结构和装饰与豫中、豫南地区相似，随葬品主要有陶罐、瓷碗、铜钱等。墓主身份可能多为平民。按照墓室多寡和墓葬装饰差异，砖室墓可细分为单室墓、双室墓、刀形墓、船形墓四类。

单室墓，墓室平面多呈长方形，也发现有零星的刀形、船形和多边形单室墓，如沙市荆沙村北宋墓[1]、襄阳磨基山北宋墓[2]。有的墓室不带装饰，部分墓葬带墓道、甬道，少数墓葬还设有腰坑和头龛，如武昌安山北宋墓[3]、长沙杨家山南宋墓[4]。有的墓室带仿木结构，个别墓葬还有天井和耳室，墓门以券门为主，墓室四角多有壁柱、斗拱的设置。墓室顶部多为穹窿顶、券顶，墓壁多浮雕一桌二椅和生活用具，后壁还有直棂窗、格子窗，如孝感徐家坟北宋墓 M7[5]。

双室墓，墓室平面多呈长方形，也有少量为船形，墓室间有隔墙，有的墓葬带有仿木结构及武士、桌椅、门窗等浮雕。如湖北武汉东西湖柏泉北宋墓[6]，该墓为分室合葬的砖室墓，两室紧靠，互不相通，各有墓门，平砖封门。西室长 3 米、中宽 1.34 米、前端宽 0.9 米、后墙宽 0.8 米，东室长 3.1 米、中宽 1.46 米、前端宽 1.1 米、后墙宽 0.7 米。由于墓葬早年被盗，随葬品仅发现有瓷碗 13 件，陶罐、瓷壶4件，陶壶、铜镜、银钗、铁剪各1件，钱币136枚。该墓葬可能为夫妻合葬墓，根据出土瓷器和钱币，报告将该墓年代推定为北宋晚期。

(4) 分期

根据墓葬形制、随葬品的演变，该地区宋墓可分为三期：

第一期：北宋建国至真宗乾兴元年（960—1022 年）。土坑墓较流行，石室墓多为单室，砖室墓平面多呈长方形和船形，墓内不带任何装饰。随葬品以陶罐、瓷碗、铜钱为主。

第二期：仁宗天圣元年至北宋末年（1023—1127 年）。竖穴土坑墓继续流行，形制未发生明显的变化，石室墓、砖室墓平面形制仍以长方形、船形为主，墓室增多且多带有仿木结构。随葬品种类比前期丰富，瓷器的造型风格多样，大多数为本地窑口生产。这一时期，该地区出土有少量的盘口瓶（龙虎瓶、魂瓶或堆塑瓶）、多（牛）角坛，器身较为矮胖，器身常堆塑有龙、虎、鸡、狗、人物等形象，带有明显的道教色彩[7]。

1 沙市市博物馆：《沙市西郊荆沙村一座宋墓的清理》，《江汉考古》1992 年第 3 期。
2 襄樊市博物馆：《襄阳磨基山宋墓发掘简报》，《江汉考古》1985 年第 3 期。
3 武昌市博物馆：《武昌县安山宋墓清理简报》，《江汉考古》1996 年第 3 期。
4 湖南省博物馆：《长沙东郊杨家山发现南宋墓》，《考古》1961 年第 3 期。
5 孝感地区博物馆：《湖北孝感市徐家坟宋墓的清理》，《考古》2001 年第 3 期。
6 武汉市文物管理处：《武汉市东西湖区柏泉北宋墓发掘简报》，《江汉考古》1983 年第 1 期。
7 周世荣：《湖南出土盘口瓶、罐形瓶和牛角坛的研究》，《考古》1987 年第 7 期；黄义军：《南方宋墓出土盘口瓶和多角坛的分区研究》，《考古与文物》2008 年第 4 期。

第三期：南宋时期（1128—1279年）。竖穴土坑墓数量减少，石室墓仅见仿木结构的双室墓，砖室墓出现了刀形墓，但带仿木结构墓葬的数量有所减少，又开始流行不带装饰、无仿木结构的单、双室砖墓。随葬品以生活日用青瓷器、文具、铜镜、铜钱为主，部分墓葬出土有陶瓶和金银首饰。盘口瓶、多角坛逐渐由矮胖变得瘦高，道教色彩愈发浓重。

该地区宋墓主要继承了中原北方地区尤其是河南地区的墓葬传统，同时也吸收了长江中下游宋墓的特点[1]，这种复杂性可能跟移民的迁入有极大关系。

2. 两广地区

该地区宋墓主要分布在广东，其他地区仅有零星发现。墓葬种类有竖穴土坑墓、岩洞墓、砖室墓、石室墓。砖室墓和石室墓都较为简陋，以单室墓为主，不见仿木结构和石刻，随葬品以本地生产的瓷碗、碟、罐和釉陶器为主。墓主可能多为当地平民地主和少数被贬入粤的官员。

(1) 竖穴土坑墓

主要分布在广东深圳、佛山，广西贵县等地，多为单人葬，墓葬形制简单，规模较小，多为单圹单棺，有的使用石灰、碳防潮，如广东深圳咸头岭北宋墓[2]、广西贵县北宋墓[3]。有的土坑内仅埋陶坛，内装骨灰，如广东佛山澜石北宋墓M9[4]、佛山鼓颡岗北宋墓M1[5]。随葬品以铜钱和瓷碗为主，有的墓葬甚至不见随葬品。墓主应为当地平民。

(2) 岩洞墓

岩洞墓主要在广西南丹[6]有发现，系将尸骨放置在棺内，埋葬在当地的溶洞中，故这些岩洞又称为“棺床洞”。岩洞墓年代跨度较大，整个两宋时期都有使用。随葬品以木器、陶器、丝织品、铜钱为主，部分墓葬出土有瓷碗、罐等。墓主应为当地少数民族。

(3) 砖室墓

砖室墓发现数量少，主要分布在广东广州、广西桂林等地，大多数墓内不带装饰，墓壁多设壁龛，随葬品以本地瓷器和铜钱为主，部分墓葬出土有石俑。根据墓葬形制及建筑方式，可分为三类：

第一类为长方形墓，多不带装饰，形制较为简单，又可按墓室多寡分为单室、双室和多室三种情况。单室墓多为券顶，有的有棺床、壁龛，如广东紫金城郊公社北宋墓[7]。双室墓，形制基本与单室相同，如广州华侨小学北宋墓M24[8]。多室

1 黄义军：《湖北宋墓分期》，《江汉考古》1999年第2期。
2 深圳博物馆：《广东深圳宋墓清理简报》，《考古》1990年第2期。
3 梁友仁：《广西贵县清理了一批由西汉至宋代的墓葬》，《文物参考资料》1956年第2期。
4 广东省文物管理委员会：《广东佛山市郊澜石唐至明墓发掘记》，《考古》1965年第6期。
5 曾广亿：《广东佛山鼓颡岗宋元明墓记略》，《考古》1964年第10期。
6 广西壮族自治区博物馆：《广西南丹县里湖岩洞葬调查报告》，《文物》1986年第11期。
7 广东省博物馆：《广东紫金县宋墓出土石雕》，《考古》1984年第6期。
8 丁巍、关舜甫：《华侨小学南宋墓发掘简报》，广州市文物考古研究所：《羊城考古发现与研究》（一），北京：文物出版社，2005年，第294—301页。

墓则由墓门、甬道、前室、中室、两座后室组成，券顶，不带装饰，仅见广西贵县北宋砖室墓[1]。

第二类由坟茔圈、地下墓室、地面假椁室组成，如番禺小陵山南宋墓M2[2]。

第三类为单室双层墓，墓室下层为单室券顶，下层顶上再砌船形砖椁，形成上层墓室。下层墓室内有人物画。该类墓葬仅见广东韶关北宋墓M13[3]。

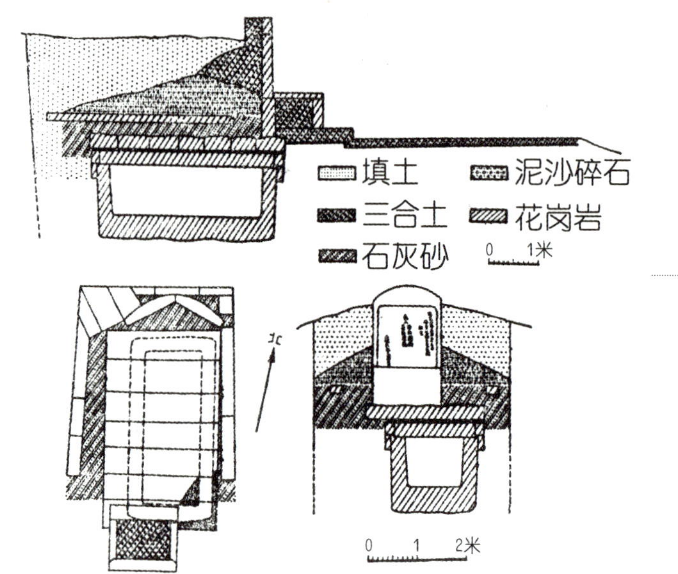

图 2-1-44 广东潮州南宋刘景墓墓葬形制图

（采自《考古》1963年第9期，第499页，图一）

(4)石室墓

主要分布在广东广州、潮州，以及海南琼山等地，墓室多作石椁状，不带装饰，墓葬设计注重防盗。随葬品以瓷碗、文具、铜钱、铜首饰为主。墓主多为被贬官员。根据墓葬形制及建筑方式，可分为三类：

石板墓，由石板围砌，加石板盖顶，不带装饰，如海南琼山美秋北宋墓M3[4]。

石椁墓，用花岗岩凿成石椁，盖上铺石灰砂，再横上石条，并在其上做假椁室，假椁室上用三合土作龟背状墓冢。此种灰隔葬法在南宋较流行，如广东潮州南宋刘景墓[5]（图2-1-44），上为黄土堆成的大封土，正面有一长1.35米、宽1米、高0.6米的石砌与三合土混筑的祭台，后端竖后代建立的墓碑一通，右侧上刻楷书“乾道八年二月二十六日银青光禄大夫开国南刘公”，左侧书“夫人许氏吴氏潜氏詹氏”，末行书“正德六年二月三日修”等字样。墓碑左右用三合土砌成一享堂，与近代坟面建筑相似。该墓结构为木棺石椁，石椁系用一块7立方米的花岗岩凿成，椁内长3.07米、宽1.13米、深1.1米，椁内木棺前端有一横木隔成的器物箱，内有12件随葬品，包括影青暗花白瓷碗、黑釉瓷碗、陶盒、铜盂、端砚、铜印章、铜饰、玉饰等，铜印章上篆刻有“刘景印章”四字（图2-1-45）。结合文献材料可知刘景为广东海阳县人，乃北宋哲宗绍圣四年（1097年）正奏三甲进士刘允的次子，靖康元年（1126年）被荐辟为银青光禄大夫，赐爵开国男，曾任台州、南雄二州知事。

(5)分期

根据墓葬形制、随葬品的演变，该地区宋墓可分为两期：

1 黄增庆：《广西贵县发现宋代砖墓》，《考古通讯》1955年第5期。

2 张强禄：《番禺小谷围岛小陵山宋代家族墓》，广州市文物考古研究所：《羊城考古发现与研究》(一)，北京：文物出版社，2005年，第278—293页。

3 广东省博物馆：《广东韶关市郊古墓发掘报告》，《考古》1961年第8期。

4 郝思德、王明忠：《海南琼山美秋宋代积石墓》，《南方文物》2003年第1期。

5 广东省博物馆：《广东省潮州北宋刘景墓》，《考古》1963年第9期。

第一期：北宋时期（960—1127年）。流行土坑墓、岩洞墓以及长方形券顶砖室墓、单室双层砖室墓和竖穴式石板墓。随葬品主要有釉陶、青瓷器、纺织品、木枕、木扁担、瓷碗、铜镯等。

第二期：南宋时期（1128—1279年）。流行土坑墓、长方形券顶砖室墓、假椁室砖墓和石室墓。随葬品数量较少，以日用瓷器为主，部分墓葬出土有石俑。

由于两广地区宋代墓葬发现较少，许多情况还不甚明了。仅就目前考古发现而言，该地区的宋墓形制都较为简单，未见同时期其他地区流行的形制复杂的仿木结构砖、石室墓，这一点可能与地方偏远、人口稀少，尤其是达官显贵不多有一定的关系。单室双层的砖室墓和带假椁室的石椁墓的建造有明显的防盗意图，也有学者认为这些墓主可能为被贬入粤的官员，他们害怕死后被追求罪责，故有此设计[1]。随葬品数量不多，以瓷器、釉陶罐、坛为主，瓷器主要源于本地和江西景德镇。此外，有的墓葬随葬石俑，这可能是受闽赣地区葬俗的影响。

图2-1-45 广东潮州南宋刘景墓出土铜印章及印文摹本
（采自《考古》1963年第9期，第500页，图六）

3. 小结

相较其他地区，湖广地区宋墓形制比较简单，砖室墓和石室墓的结构多效仿豫南、鄂北地区，墓内装饰发展较滞后，两湖地区还能见到一些带有简单装饰的石室墓，至两广地区则不见任何石刻或壁画。随葬品多为本地生产的瓷器、釉陶器，也比较流行随葬文具、铜钱，墓志发现较少，很少见到长江上游和长江下游地区流行的神怪俑、买地券。这些特点反映了湖广地区在宋代的经济发展程度远远不如长江下游和上游地区。

（三）闽赣地区

闽赣地区主要包括今江西瑞昌、高安、南昌、樟树，以及福建福州、南平、厦门等地，相当于宋代的江南东路的西南、江南西路和福建路，墓葬种类主要包括竖穴土坑墓、砖室墓以及石室墓，以砖室墓最为常见。由于江西、福建两地宋墓随葬品有较大差别，故将两地分开加以介绍。

1. 江西地区

该地区宋墓主要分布于江西南昌、瑞昌、德安、九江、新余等地。墓葬种类有竖穴土坑墓、砖室墓、石室墓等，以砖室墓最为流行。随葬品以釉陶罐、瓷碗、

1 吴敬：《华南地区宋墓初探》，《四川文物》2011年第6期。

神怪俑、买地券、墓志为主。墓主多为官员家属和当地豪绅。

(1) 竖穴土坑墓

此类墓葬主要集中分布在南昌、瑞昌等地，墓葬规模较小，形制简单，部分墓葬以石板作顶，随葬品以瓷器和买地券为主，墓主多为一般平民和官员家属。根据墓室多寡可分为单室墓和双室墓两类。

单室墓，随葬品以陶罐、瓷碗、碟为主，多数墓葬中有买地券，墓主多为平民或官员的家属，如新建樵舍南宋胡六郎墓[1]。

双室墓不多，目前仅见瑞昌大路口南宋万三七郎夫妻合葬墓[2]。

(2) 砖室墓

主要集中分布于德安、九江、樟树、瑞昌等地，以单室墓为主，多使用木棺葬具，室内较少见仿木结构和石刻、壁画等装饰。随葬品以瓷俑、釉陶罐、瓷碗、买地券为主，墓主多为官员家属。根据墓室多寡可分为单室墓、双室墓和多室墓三类。

单室墓，多券顶或石板盖顶，部分墓葬中有壁龛、壁画，典型墓例有德安南宋周氏墓[3]、新余罗坊镇竹山村南宋墓 M2[4]。

德安南宋周氏墓为长方形砖墓，长 3.34 米、宽 1.5 米、深 1.8 米，砖室内以整块青石板搭成石椁，石椁内置红漆木棺，棺椁间填石灰。棺缝填生漆，出土时油漆保存完好。棺内表面覆盖彩绘星宿图（图 2-1-46）。尸体保存完好，身长 1.52 米，仰身直肢，肌肉、毛发均清晰可见，关节仍可活动，死者穿戴整齐，随葬品多放置在棺内，棺底部垫有 5 厘米厚的灯芯草，棺底散见水银，整个棺泡满酱褐色液体。墓葬出土随葬品共 408 件，其中衣物和丝织品 329 件，包括袍、上衣、袄、裤子、裙、被、裹脚带、鞋袜等，此外还有银粉盒、银碟、铁镜、木梳、竹刀、纸刀、银篦等梳妆器物和金银首饰等，另出土铜钱若干以及墓志 1 方。据墓志，墓主吴畴夫人周氏，曾被封为安人，咸淳十年（1274 年）难产而死，同年下葬。此外，墓葬中还发现 2 个粽子，这是我国目前发现的最早的粽子实物遗存。

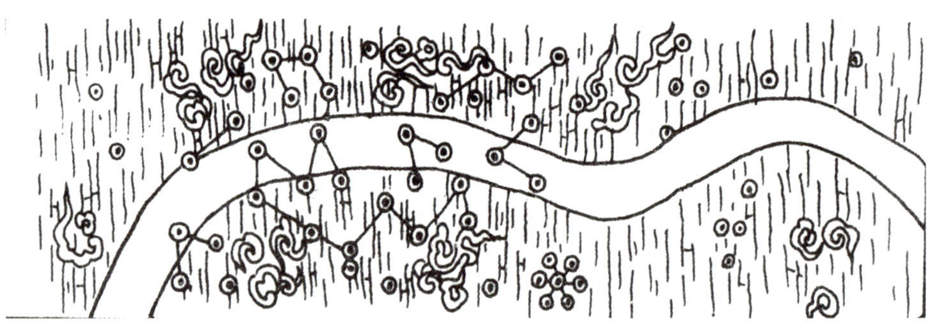

图 2-1-46 江西德安南宋周氏墓星宿图
（采自《文物》1990 年 9 期，第 8 页，图二一）

1 梅绍裘、李科友：《九江市、乐安县的两座宋代纪年墓》，《江西历史文物》1983 年第 2 期。
2 刘礼纯：《江西瑞昌县发现七座宋代纪年墓》，《考古》1992 年第 4 期。
3 江西省文物考古研究所、德安县博物馆：《江西德安南宋周氏墓清理简报》，《文物》1990 年第 9 期。
4 江西省文物考古研究所等：《江西新余市钱家山西周遗址及竹山村三国墓与宋墓考古发掘简报》，《南方文物》2006 年第 2 期。

新余罗坊镇竹山村M2宋墓形制较特殊，墓外围有一砖构平铺圆盘，墓室居于圆盘内正中，墓顶和墓室均被破坏，墓室内长2.7米、内宽0.94—1.06米。随葬品仅存铁剪刀一把。墓葬年代可能为北宋晚期至南宋时期，报告推测墓主可能为道教信徒（图2-1-47）。

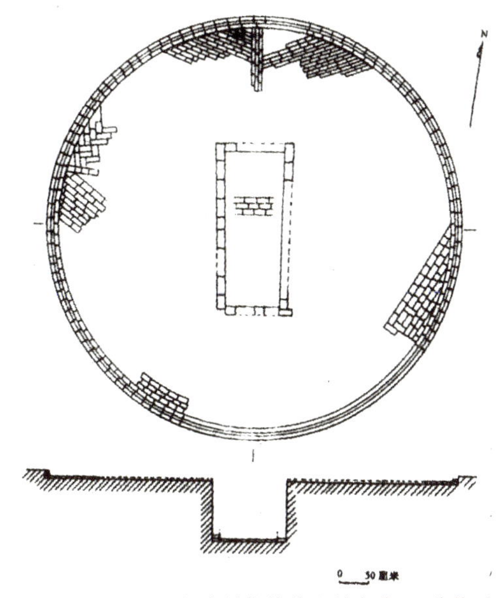

图2-1-47 江西新余罗坊镇竹山村宋墓M2墓葬形制图
（采自《南方文物》2006年第2期，第34页，图十）

双室墓，墓室形制与单室墓基本相同，墓室间往往设置有隔墙，如进贤北宋墓[1]。

三室墓，在并列的两墓室前横置一墓室，如金溪北宋孙大郎墓[2]，该墓平面呈长方形，长3.2米、宽2.2米。墓内以砖墙分割成三部分，北端为一宽0.6米的横室，横室以南并列两个竖室，两室大小相同，长2.1米、宽0.8米，三室间有拱形小门相通，墓室内未见人骨，随葬品有瓷碗6件，瓷盏5件，堆塑瓶4件，瓷盘、瓷盖罐、铁鼎各2件，注子、铜镜、银头饰、石砚各1件以及地券2方。据地券可知墓主为孙大郎夫妇，均下葬于北宋大观二年（1108年）。

图2-1-48 江西樟树北宋道教画像石墓西壁石刻
（采自《江西文物》1991年第3期，第96页，图四）

(3) 石室墓

主要分布在铅山、南丰、德安等地，以单、双室墓为主，墓室装饰以人物壁画为主，随葬品与砖室墓出土的基本一致，墓主多为官员和高级道士，根据墓室多寡可分为单室墓和双室墓。

单室墓，平面多呈长方形，墓内装饰较简单或基本没有，随葬品较少，如樟树北宋道教画像石墓[3]，墓室长3.8米、宽1.82米、西高1.92米、东高1.8米，墓底铺青麻石，墓室四壁有画像石刻，东壁画像石已被破坏，西壁刻筵席图（图2-1-48），南、北壁上部分别绘白虎、青龙，其下方均绘有七人排列的道教教仪图（图2-1-49）。墓内壁的外围是用特制的铭文砖横砌而成，上有“宋甲戌绍圣元年”的铭文。墓葬早年被盗，随葬品仅存釉碟2件、影青瓷碗1件、墓志1方、

1 彭适凡、唐昌朴：《江西发现几座宋代纪年墓》，《文物》1980年第5期。
2 陈定荣：《江西金溪宋孙大郎墓》，《文物》1990年第9期。
3 江西省文物考古研究所、樟树市博物馆：《江西樟树北宋道教画像石墓》，《江西文物》1991年第3期。

图 2-1-49　江西樟树北宋道教画像石墓北壁石刻
（采自《江西文物》1991 年第 3 期，第 97 页，图五）

铜钱若干。墓葬年代为北宋晚期，墓主为灵宝派高道。

双室墓，两室间多设置砖墙，墓葬多不带装饰，如永新北宋刘沆夫妻合葬墓[1]、南丰桑田北宋夫妻合葬墓[2]。目前该地区发现的带壁画的双室砖室墓仅德安聂桥镇北宋墓[3]，墓壁有彩绘，题材包括武士、侍女、星宿图等。

（4）分期

根据墓葬形制、随葬品的演变，该地区宋墓可分为三期：

第一期：北宋建国至真宗乾兴元年（960—1022 年）。主要流行长方形单室竖穴土坑墓以及不带装饰的长方形单室砖墓和不带装饰的长方形单室石室墓，随葬品以陶器、青白瓷、青瓷为主。

第二期：仁宗天圣元年至北宋末年（1023—1127 年）。主要流行土坑墓、不带装饰的长方形双室、三室砖墓，前期的石室墓继续流行，不带装饰的双石室墓和画像石墓开始出现。随葬品种类和数量明显增多，瓷器中青瓷、白瓷、黑瓷均有发现，瓷俑数量增多，制作更加精美，许多墓葬还出土有堆塑瓶，瓶身多有龙虎、神怪、人物、鸡狗等形象。此外，多数墓葬都出有买地券或墓志，墓主多为中下层官吏、地主及其家属。

第三期：南宋时期（1128—1279 年）。土坑墓和不带装饰的长方形砖室墓继续流行，墓室外围平铺圆盘的特殊墓葬出现，不带装饰的石室墓逐渐减少。随葬品数量增多，包括釉陶罐、日用瓷器如碟、碗、盘，铜镜、金银首饰，瓷俑如神怪俑、堆塑瓶等依然流行且数量有所增加，堆塑的题材也更加丰富，常见有神怪、人物、龙虎、鸡狗等多种形象，器形也逐渐由矮胖向瘦高发展。

江西地区宋墓带有明显的道教色彩，这一点和四川地区较接近。江西地区宋墓多出土瓷俑，应与当地瓷业的发达有直接关系，但在本质上与四川地区随葬釉陶神怪俑是一致的，均体现了对道教的信仰。竖穴土坑墓大多集中在瑞昌地区，有学者认为两宋时期竖穴土坑墓的实际分布情况应该不会如此，其他地区的平民

1 江西省文物管理委员会：《江西永新北宋刘沆墓发掘报告》，《考古》1964 年第 11 期。

2 江西省文物工作队：《江西南丰县桑田宋墓》，《考古》1988 年第 4 期。

3 郝能容、郁鑫鹏：《德安发现宋代彩绘壁画墓》，《江西日报》2006 年 5 月 21 日第 A2 版。

也应该多使用此一类型的墓葬[1]。

2. 福建地区

该地区宋墓主要分布在福州、南平等地，流行墓葬种类与江西地区一致，有竖穴土坑墓、砖室墓、石室墓，以砖室墓数量居多。砖室墓多带仿木结构，多在室内绘制壁画，题材以人物、生活场景为主。随葬品以日用瓷器为主，还出有石俑，买地券和墓志较少见。推测墓主人多为当地富裕的平民。此外，该地区还流行火葬，可能与当地佛教信仰传统有直接的关系。

(1) 竖穴土坑墓

该类墓葬的数量较少，多分布在福州和厦门等沿海地区，既有长方形单圹单棺墓，也有火葬墓，如将乐县万全乡吴地北宋墓 M1[2]、厦门北宋火葬骨灰罐[3]。

(2) 砖室墓

主要分布在福州和南平等地，流行长方形仿木结构墓室，墓内装饰以壁画为主，随葬品以瓷器、铜钱、堆塑瓶、石俑为主。墓主可能多为由北方迁入福建的中下层官吏和地主。根据墓葬多寡可分为单室墓和双室墓两类。

单室墓，形制简单，平面多呈长方形。有的墓不带装饰，墓室为简单的砖砌，墓室有封门和排水沟，如邵武南宋黄涣墓[4]。有的墓室内有壁画、砖雕等，题材主要有青龙、白虎、武士、文吏、侍者等，如尤溪城关一中北宋壁画墓[5]，该墓墓室长 3.25 米、宽 1.08 米、高 1.15 米，墓室四壁和底部用砖砌筑，以石板盖顶。墓室内有精美壁画，西壁为寝室图（图 2-1-50），东壁绘有门楼图案，北壁有文吏、武士等图案，南壁也绘有人物和房屋建筑图案，墓室左右两壁还有人物和瑞兽砖雕。随葬品仅见釉陶盖罐 1 件以及棺钉若干。报告推测该墓应该为二次葬，墓葬年代可能在北宋中晚期。

图 2-1-50　福建尤溪城关一中北宋壁画墓寝室图
（采自《考古》1991 年第 4 期，第 347 页，图二）

双室墓，分双室并列和前后排列两种，都有简单的仿木结构和壁画，如南平大凤南宋墓[6]、三明岩

1 金连玉：《江西宋墓研究》，中央民族大学硕士学位论文，2010 年，第 8 页。
2 郜骅、郑辉：《将乐县万全乡吴地宋墓》，《福建文博》2004 年第 2 期。
3 叶文程：《厦门岛首次发现宋代火葬遗物》，《文物参考资料》1959 年第 4 期。
4 福建省博物馆等：《邵武宋代黄涣墓发掘报告》，《福建文博》2004 年第 2 期。
5 福建省博物馆、尤溪县博物馆：《福建尤溪发现宋代壁画墓》，《考古》1991 年第 4 期。
6 南平市博物馆：《福建南平大凤发现宋墓》，《考古》1991 年第 12 期。

前村南宋墓[1]、尤溪麻洋北宋壁画墓[2]。

此外，还发现部分以骨灰罐为葬具，与其他木棺合葬的砖室墓，如漳浦赤土乡北宋墓[3]。

(3) 石室墓

墓室主体用石材建成，可分为单室墓和双室墓两类。

单室墓，多数墓室不带装饰和仿木结构，但墓室设有棺台，墓底有排水沟，典型墓葬如顺昌大干北宋墓[4]。带有仿木结构的目前仅见福州胭脂山宋墓[5]。

双室墓，基本不见装饰，有的墓葬中设置有小龛和天井，如顺昌良坊北宋墓[6]、顺昌大坪林场北宋墓[7]。

(4) 分期

根据墓葬形制、随葬品的演变，该地区宋墓可分为三期：

第一期：北宋建国至真宗乾兴元年（960—1022 年）。流行长方形单圹单棺竖穴土坑墓、不带装饰的长方形单室砖墓、两室并列砖室墓，随葬品较少，以青白瓷器为主，器形较简单，釉陶器具有唐五代风格，有少量陶俑出现。

第二期：北宋中晚期至南宋早期（1023—1194 年）。前期流行的墓葬仍有发现，带仿木结构的单室砖墓、前后排列的双室砖墓、无仿木结构长方形单室石墓和双室石墓以及用于火葬的土坑墓开始出现并逐渐流行。随葬品中青白瓷和青瓷数量增多，陶俑数量与第一期基本持平，但制作更精美，同时部分墓葬出土堆塑瓶、石俑，堆塑瓶制作工艺水平不及江西地区，显得较为粗糙。

第三期：南宋中晚期（1194—1279 年）。长方形单圹单棺土坑墓和长方形单室砖墓又成为主要墓类，带仿木结构的单室石室墓以及以骨灰罐为葬具的砖室墓开始出现，但总的来说，本阶段墓葬形制逐渐趋于简化。随葬品数量比第二期减少，但石俑和堆塑瓶的数量却在增加，其器形逐渐由矮胖向瘦高发展，腹部的分界也很不明显。有学者指出福建地区的火葬墓在两宋时期都广泛流行，墓主多为佛教信徒[8]。

福建地区宋墓仍以砖室墓最为流行，竖穴土坑墓、石室墓发现较少，墓内装饰简单或没有。随葬品以青白瓷、青瓷、黑瓷、釉陶为主，器物种类包括碗、盏、碟、执壶、杯、盒、罐、堆塑瓶，具有本地特色的随葬品是石俑，表现形式与四川的釉陶俑和江西的瓷俑基本一致，如文官俑、武士俑、男女侍俑、神怪俑等。有的墓葬也随葬有墓志和买地券，但数量少于江西和四川地区。

---

1 福建省博物馆、三明市文管会：《福建三明市岩前村宋代壁画墓》，《考古》1995 年第 10 期。

2 福建省博物馆：《福建尤溪麻洋宋壁画墓清理简报》，《考古》1989 年第 7 期。

3 王文径：《福建漳浦县发现一座北宋墓》，《考古》1990 年第 8 期。

4 福建省博物馆：《福建顺昌宋墓》，《考古》1979 年第 6 期。

5 福建省博物馆：《福州市北郊胭脂山宋墓清理简报》，文物编辑委员会：《文物资料丛刊》（2），北京：文物出版社，1978 年，第 123 页。

6 顺昌县文管会等：《福建顺昌县北宋墓清理简报》，《考古》1987 年第 3 期。

7 曾凡：《福建顺昌大坪林场宋墓》，《文物》1983 年第 8 期。

8 林忠干：《福建宋墓分期研究》，《考古》1992 年第 5 期。

（四）长江下游地区

长江下游地区包括今浙江、江苏、安徽（不包括六安）、上海，相当于北宋时期江南东路大部、两浙路、淮南东西的大部、京东西路和京东东路的南部。南宋时期，北方地区被金占领后，南宋朝廷所辖领土缩小，这一地区的范围相当于嘉定元年的两浙路、江南东路的大部、淮南东路和淮南西路的东中部。该地区宋墓主要有竖穴土坑墓、砖室墓以及少量的石室墓。随葬品数量较为丰富，以瓷器、铜器、金银首饰、丝织品、买地券和墓志为主，墓主多为官员及官员家属。

1. 竖穴土坑墓

主要分布在江苏江阴、安徽合肥、上海等地，墓室平面多呈长方形，葬具以木棺为主，部分有防腐防潮措施。如江苏江阴北宋孙四娘子墓[1]、安徽合肥北宋马绍庭夫妇墓[2]；火葬墓亦有零星发现，如上海曹杨新屯火葬墓[3]。随葬品以青瓷、黑瓷、白瓷、釉陶为主，包括碗、瓶、罐等，土坑墓普遍出土买地券、墓志及少量铜钱，这一点有别于其他区域，或有可能是由于该地区土坑墓墓主等级较高。通过对有纪年土坑墓的观察，整个宋代土坑墓在该地区一直较流行，但至南宋时期，土坑墓的数量大量减少，逐步被砖室墓和石室墓所替代。

安徽合肥北宋马绍庭夫妇墓为单圹双棺墓（图 2-1-51），墓内坐北朝南置两具楠木棺，左侧棺稍大，长 3.2 米、南宽 0.72 米、北宽 0.68 米、高 0.94 米；右侧棺较小，长 3.15 米、南宽 0.64 米、北宽 0.6 米、高 0.91 米。发掘时发现棺内已积满淤泥和水，尸体已腐烂，但骨骼保存完好，左侧棺内为男性，右侧为女性，皆为头南足北仰身直肢葬。随葬品保存完好，出土漆器、瓷器、金银器、铜器等生活日用器和文房用品 65 件，墓志和 2 件釉陶罐放置在棺木南端，其余随葬品皆置棺内。据墓志，墓主为宋太师舒国公孙马绍庭及其夫人吕氏，二人合葬于北宋政和戊戌年（1118 年）。

图 2-1-51　安徽合肥北宋马绍庭夫妇墓墓葬平面图
（采自《文物》1991 年第 3 期，第 27 页，图三）

2. 砖室墓

主要分布在安徽望江，以及江苏南京、淮安和上海等地，墓葬平面多呈长

1 苏州博物馆、江阴文化馆：《江阴北宋“瑞昌县君”孙四娘子墓》，《文物》1982 年第 12 期。

2 合肥市文物管理处：《合肥北宋马绍庭夫妻合葬墓》，《文物》1991 年第 3 期。

3 黄宣佩：《上海宋墓》，《考古》1962 年第 8 期。

方形和船形，长方形墓多带壁画，船形墓则往往不见壁画，有的仅在墓壁上设带有仿木结构的壁龛。随葬品以瓷器、铜镜、金银饰品为主。

图 2-1-52　江苏南京南宋张同之夫妇墓出土钱币
（采自《文物》1973 年第 4 期，第 64 页，图一二）

单室墓，有的墓顶为券顶或石盖板，墓壁多有壁龛，部分壁龛还设置成仿木结构形式，如安徽繁昌老坝冲北宋墓 M2[1]、江苏南京南郊南宋墓 M16[2] 以及金坛南宋周瑀墓[3]。有的墓室带壁画，如江苏淮安北宋壁画墓 M1[4]。

双室墓，两室间有隔墙，部分以填土间隔，券顶或以石盖板，如江苏南京南宋张同之夫妇墓[5]，该墓无墓门和甬道，左右两墓室用长方砖砌成，上部以条石封顶，条石之上另行用砖砌成高 0.54 米的拱顶。左室为男室，长 2.92 米、宽 1.45 米、高 1.60 米；右室为女室，长 3.07 米、宽 1.46 米、高 1.59 米。木棺已经腐烂，棺下铺有石灰，并有大量水银，死者骨架保存完好。两室内除头部外，两壁也砌有壁龛，用于放置随葬品。左室出土有砚 2 方，墨 2 锭，铜水盂、铜笔架、铜瓶各 1 件，镇纸、碗各 2 件，铜钹 1 副，铜印 1 方，陶罐、陶瓶、金镶玉钱各 1 件（图 2-1-52），墓志 1 方；右室出土有银盒、白瓷碗各 3 件，银盘、银匙、铜镜各 2 件、银瓶、银盂、银盆、银钵、银碗、银钗、银渣斗、银高足杯、银盏、银盖罐、水晶珠、白瓷盘各 1 件，银筷子 1 双，墓志 1 方，铜钱若干。据墓志，左室墓主张同之为唐代诗人张籍后人、宋代词人张孝祥之子，曾任江南西路转运判官等职，卒于南宋庆元元年（1195 年），右室墓主为张氏之妻，卒于庆元五年（1199 年），二人合葬于庆元六年（1200 年）。

三室墓，三室并列，有的墓室内无装饰，如安徽丹徒南宋岳超夫妇三人合葬墓[6]。个别墓葬墓室内有壁画，如江苏淮安北宋壁画墓 M2[7]，该墓三室各自独立辟门，仅在东室内发现有壁画，室内东、西两壁是吹奏乐人图，图中人物表情各异，后壁绘制的可能为祭祀图。报告称该墓的壁画不似淮安 M1 那样设置边框，是作为整体的一个图案，推测壁画表现的是类似现代人家守丧时一边请乐手吹奏乐曲，一边祭拜的场景（图 2-1-53），墓葬年代为北宋中晚期。

四室砖室墓，四室并列，目前仅见浙江安吉尼姑岙南宋墓[8]，该墓两侧规模较大的墓室葬尸骨，中部两个墓室埋葬骨灰罐，这与福建地区发现的一些火葬墓的形式相同。

1 繁昌县文物管理所：《安徽繁昌县老坝冲宋墓的发掘》，《考古》1995 年第 10 期。
2 南京市博物馆：《南京南郊宋墓》，《文物》2001 年第 8 期。
3 镇江市博物馆：《江苏金坛南宋周瑀墓发掘简报》，《文物》1977 年第 7 期。
4 江苏省文物管理委员会、南京博物院：《江苏淮安宋代壁画墓》，《文物》1960 年第 8、9 期。
5 南京市博物馆：《江浦黄悦岭南宋张同之夫妇墓》，《文物》1973 年第 4 期。
6 镇江博物馆：《丹徒左湖南宋岳超墓发掘简报》，《东南文化》2004 年第 1 期。
7 江苏省文物管理委员会、南京博物院：《江苏淮安宋代壁画墓》，《文物》1960 年第 8、9 期。
8 周亚乐：《浙江安吉尼姑岙宋墓清理简报》，《东南文化》1994 年第 5 期。

图 2-1-53　江苏淮安北宋壁画墓 M2 西壁壁画
（采自《文物》1960 年第 8、9 期，第 50 页，图 22）

船形砖室墓，如安徽合肥西郊北宋墓 M1[1]，墓顶为鱼脊形，墓门有砖砌仿木结构门楼，墓门券顶上有门额，上承柱头铺作，柱头上承一斗三升斗拱，墓室内壁也有仿木建筑结构（图 2-1-54）。墓葬年代为北宋中晚期。

双层双室墓，目前仅见上海朱行乡南宋张玮夫妇墓[2]。

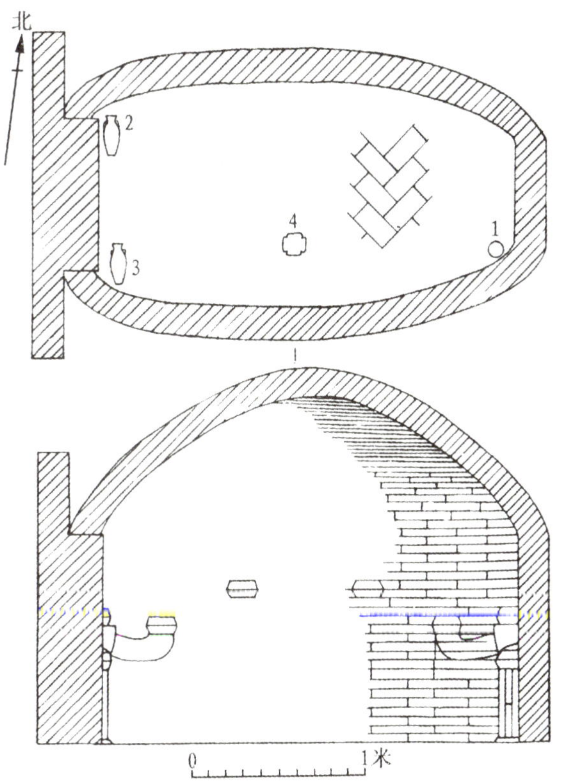

图 2-1-54　安徽合肥西郊北宋墓 M1 墓葬形制图
（采自《考古》2006 年第 6 期，第 94 页，图二）

3. 石室墓

主要分布在安徽合肥、浙江兰溪等地，以并列双室墓为主，室内装饰较简单，随葬品以瓷器、金银器和墓志为主，墓主身份往往较高，多为高级官员及其家属。根据墓葬的形制可分为单室墓和双室墓两类。

单室墓，带墓道、券顶，如安徽合肥北宋包拯原葬墓及其妻董氏原葬墓[3]。

双室墓，有两室并列或前后排列两种形式，如浙江兰溪北宋石室墓[4]，墓室平面呈长方形，四壁用红条石平砌，左右墓室间用红条石砌成一道隔墙墓壁砌至 0.8 米处开始起券，两墓室间开一宽 0.47 米、高 0.72 米的门，门顶部呈弧形，上刻莲瓣纹。门右侧发现一方男性墓主的墓志，故推测男性葬于右室，左室葬女性。右

1 合肥市文物管理处：《合肥市西郊宋墓的清理》，《考古》2006 年第 6 期。

2 沈令昕、谢椎柳：《上海西郊朱行乡发现宋墓》，《考古》1959 年第 2 期。

3 安徽省博物馆：《合肥东郊大兴集北宋包拯家族墓群发掘报告》，文物编辑委员会：《文物资料丛刊》（3），北京：文物出版社，1980 年，第 154—178 页。

4 金华地区文管会：《浙江兰溪县北宋石室墓》，《考古》1985 年第 2 期。

室早年被盗，随葬品主要出于左室，包括执壶、盏托、碟、瓶等日用瓷器，也有铜镜、铁锁、金耳环等。女性墓主人墓志已经模糊不清，据男性墓主人墓志可知，男墓主范惇为当地豪绅，葬于北宋元符二年（1099 年），其妻杜氏于元祐六年（1091 年）下葬。

4. 分期

根据墓葬形制、随葬品的演变，可将该地区宋墓分为三期：

第一期：北宋建国至真宗乾兴元年（960—1022 年）。主要流行以木棺为葬具的竖穴土坑墓、不带壁画的长方形单室砖墓、不带装饰的船形单室砖墓、带耳室的双室并列船形墓，墓葬形制较为简单，大多无装饰。随葬品以日用瓷器、陶瓶、铜镜、铜钱为主，部分墓葬出土银首饰、铁牛、买地券或墓志和少数瓷俑、木俑、锡明器，其中瓷俑的形象多与江西、四川地区的神怪俑相同，砖室墓的墓主身份等级一般较高，多为官员及其家属。

第二期：仁宗天圣元年至北宋末年（1023—1127 年）。墓葬数量激增，带壁画的砖室墓数量增多，新出现带仿木结构的单室船形墓和双室船形墓、石室墓，墓室装饰逐渐复杂，以壁画为主，常见祭祀、乐舞等题材。随葬品品种、数量大增，白瓷、青瓷、黑瓷以及铁牛、陶瓶、瓷俑开始大量流行，各种器物的制作也更加精美。

第三期：南宋时期（1128—1279 年）。竖穴土坑墓火葬墓开始出现，砖室墓以长方形单、双室墓为主，船形墓葬基本消失不见，四室砖墓和双层双室砖墓开始出现，石室墓仅见双室墓，数量较少，且不见复杂的仿木结构和壁画。随葬品中青白瓷大量减少，白瓷和黑瓷有所增多，瓷俑已经不再出现，墓志和陶瓶则仍然流行，但精细程度已不如前期。砖室墓、石室墓墓主多为地方豪强和高级官员。值得注意的是，三合土浇筑而成的墓葬非常流行，主要是出于防盗、防腐的目的，正因为如此，该类墓葬出土的遗体多保存完好。

长江下游地区宋墓以砖室墓和土坑墓为主。船型墓从北宋早期就开始出现并流行至北宋晚期，因此长江中游地区的船型墓应该是起源于此地。该地区的墓葬装饰不似北方地区那么复杂，数量也较少，有学者提出可能与官方推崇的归葬中原故土的思想有直接的关系[1]。

（五）小结

南方地区宋墓数量较多，这与宋朝政权统治时间较长以及两宋时期经济重心南移有直接的关系。该地区的墓葬主要以砖室墓和石室墓为主，另有一定数量的土坑墓。土坑墓分布较为零散，且无明显的变化，除个别墓葬外，大多以若干瓷器和铜钱随葬。砖室墓主要集中在四川、江西、浙江、福建、江苏等地，石室墓主要集中在四川、贵州、广东等地。北宋早期，南方地区的宋墓发现较少，随葬品也主要以日用瓷器以及陶器为主。北宋中晚期，砖室墓数量大大增多，墓葬装饰由简趋繁，并逐渐出现仿木结构的门楼、壁龛等，部分墓葬中也有砖雕和壁画，但规模和精美程度不如中原北方地区，随葬品主要有陶器、日用瓷器、金银器、

1 吴敬：《南方地区宋代墓葬的区域性及相关问题研究》，吉林大学博士学位论文，2008 年，第 154 页。

铜镜、铜钱等，四川、江西、福建等地的墓葬还常出土有神怪俑、魂瓶、买地券等器物。这一时期，石室墓开始出现，但总体数量较少，墓室装饰较为简单，随葬品基本与砖室墓相同。南宋时期，砖室墓经历由繁到简的过程，墓室变小，墓室装饰越来越简单，随葬品的数量、种类有所增多，以日用瓷器和带有压胜性质的明器为主，南宋早中期的随葬品制作较为精美，至晚期慢慢退化。石室墓在南宋早中期数量大增，尤其是四川和贵州出土的石室墓，规模较大且室内装饰复杂，有仿木结构的建筑和石雕的人物、花卉、神怪等形象，墓主往往等级较高，随葬品种类、数量较丰富，此外还常出土有墓志。南方地区宋墓的区域性差异较大，各个地区的墓葬装饰和随葬品均体现了强烈的地方特色以及商品化过程中贸易交流的时代背景，各地区、各类型墓葬的发展演变进程与情况各不相同。从墓主身份来看，土坑墓和砖室墓的墓主多为地方士绅和中下层官吏，石室墓主要为高级官员的墓葬。总的来说，南方地区宋墓的复杂性与多样性是显而易见的，对其的认识与研究也应该建立在此基础之上。

三、漏泽园

漏泽园是在一定历史条件下产生的一种特殊的官办公墓制度，它和居养院、安济坊一起共同构成宋代国家常设慈善救助机制，解决贫民生活、医疗救助和葬埋问题，在全国范围内统一实行[1]。由于此类墓葬较为特殊，故本书辟一专门章节加以介绍。

漏泽园中的墓葬较为简陋，通常死者的尸骨、骨灰被盛入陶罐挖一小坑草草埋葬，或尸体直接被浅浅埋入土中。这种墓葬一般总是成片分布，且排列整齐，大约每隔一米一座。每座墓中除一块铭砖之外，别无其他任何随葬品。铭砖有的盖在罐口上，有的随尸骨直接埋入土中，有的树立在土堆之上。铭砖有的为专门烧制，大约30厘米见方，有的用残破旧砖改制，不甚规整。铭文字迹潦草，除少数两面带字外，大部分是一面带字。铭文内容主要是记载墓葬的编号和入葬经过，包括葬入的时间、经办人和死者的有关情况等，带有墓志的性质[2]。

根据目前的考古材料，在今陕西岐山，山西吕梁，山东兖州，河北磁县，河南南阳、洛阳、滑县、三门峡，四川郫县、绵竹，重庆市郊和云阳，江苏丹阳等地均有漏泽园墓葬发现。不难发现，这些墓葬主要分布在各大市镇的荒郊野外，与文献所载的“择高原不毛之土收葬”[3]相符。

根据有关文献记载和地下出土材料（图2-1-55），北宋漏泽园条例正式颁布的时间是徽宗崇宁三年（1104年）[4]，不过早在神宗、哲宗时期应该就存在公墓性质的墓地，出现最晚的纪年漏泽园墓砖在重庆地区，年代为南宋绍兴二十三年

1 张新宇：《试论我国南方地区宋代漏泽园遗迹——附论江苏丹阳大泊公共墓地出土的唐墓铭砖》，《江汉考古》2008年第3期。

2 王晓：《宋代漏泽园浅议》，《中原文物》2002年第6期。

3（宋）施宿著，（宋）沈作宾修：《嘉泰会稽志》卷十三，中国国家图书馆数字方志藏明刻本，第37页。

4 张勋燎：《新出崇宁三年王观国〈徐州户氏县漏泽园记〉碑考述》，氏著：《中国历史考古学论文集》下册，北京：科学出版社，2013年，第1179页。

（1153年）[1]，说明在南宋时期依然延续了北宋晚期的漏泽园制度。

漏泽园葬埋者的身份主要为社会阶层中的贫民，其中职业军人占大多数，如北宋陕州漏泽园，能明确身份的有175座，其中军人墓120座，占68%以上[2]，从这些材料中我们得以了解文献中不曾见到的包括壮城、牢城、递铺、急脚铺、马铺、瓦窑务、桥道、壕寨司、山河匠、河清军等负责后勤、杂役在内的军队番号10余种。漏泽园埋葬的军人以宋代地方厢兵和乡兵为主，也有少数属于中央禁军。四川大学张新宇指出，公墓制度实际上很大程度主要是为解决士兵死亡后的葬埋问题而设，根本原因是宋代的冗兵问题。此外，还有两个漏泽园形成定制的原因。一是神宗变法的影响，仁宗庆历（1041年）以来，变法运动兴起，神宗用王安石为相，熙丰新政达到高潮，变革成为时代风尚。影响所及，国家官办慈善机制自身也在寻求变革以摆脱困境。而财政体制的改革，又为国家官办慈善事业的发展提供了必要的经济资源。漏泽园制度起于神宗元丰年间（1078—1085年），成于徽宗崇宁年间（1102—1106年），与北宋变法运动的发展息息相关。二是神宗开封城大修工程，大量工役死后无人埋葬，暴尸荒野，使得官方不得不营造公墓统一安置[3]。但从社会发展的角度看，两宋时期政府不抑兼并的政策，最终使得土地空前集中，到南宋时期，佃户数目已升到全国总户数的三分之二[4]。同时，北方人民不堪金人压迫，不断逃往江南，更增加了土地的负担。这既是南宋中后期漏泽园普遍使用火葬形式，也是其最终无法维持逐步走向消亡的根本原因。

图 2-1-55 《虢州卢氏县漏泽园记》碑拓本
（采自《北宋陕州漏泽园》，第391页，图二三四）

1 张新宇：《试论我国南方地区宋代漏泽园遗迹——附论江苏丹阳大泊公共墓地出土的唐墓铭砖》，《江汉考古》2008年第3期。

2 三门峡市文物工作队：《北宋陕州漏泽园》，北京：文物出版社，1999年，第397页。

3 张新宇：《试论宋代漏泽园公墓制度的形成原因和渊源》，《四川大学学报（哲学社会科学版）》2008年第5期。

4 王晓：《宋代漏泽园浅议》，《中原文物》2002年第6期。

四、小结

宋代南北方的葬俗存在较大的差异，世易时移，宋墓的类型、装饰及其背后所体现的古人的精神生活也在不断发生变化。北方地区多流行土洞墓和平面为方形或多角形的砖室墓，墓门、墓壁流行设置仿木结构，壁画、石刻、砖雕题材以开芳宴、一桌二椅、妇人启门、家具、生活用品等为主，随葬品仅有少量的白瓷和铜钱。南方地区则流行平面为长方形的砖、石室墓，壁画、砖雕和石刻题材与北方基本相同，但装饰的复杂和精美程度则明显不及中原北方地区，随葬品数量较多，四川、江西、福建等地还分别流行陶、瓷、石质的压胜性质的俑。

早期的砖、石室墓多为上层人士所用，到北宋中后期直至南宋末，墓葬的等级差别越来越模糊，士大夫甚至因追求“复古”而选择传统的竖穴土坑墓。墓中繁芜的砖雕、壁画和出土的随葬品反映了当时商品经济的发展和地主、商人的富庶。漏泽园制度体现了宋代的社会福利、人文关怀以及城镇发展情况。火葬墓的流行是土地兼并的结果，同样也反映了宗教信仰对葬俗的影响。总体来说，宋墓的分布是从以河南为中心的中原北方地区逐步向南方地区扩展的，伴随着政治、经济、文化中心的逐步南移，宋墓的形制和装饰也渐渐成熟，其承载的两宋繁华以及宋人的精神面貌也在政治中心转移、人口迁徙和文化交融的大潮中为我们所见。

第二节　辽代墓葬的发现与研究

辽代自耶律阿保机建国（907 年）到辽天祚帝保大五年（1125 年）国亡，历时 219 年[1]。其全盛时期的疆域北抵克鲁伦河流域和大兴安岭，东临日本海，西到阿尔泰山附近，南达河北高碑店白沟[2]，本节所讨论的辽代墓葬仅限于中华人民共和国疆域内的在辽政权统辖范围和时期的墓葬。

目前发现的辽代墓葬主要分布在内蒙古中东部、东北三省、河北北部、山西中北部。根据墓主族属，可将目前所发现的辽代墓葬区分为契丹人墓和汉人墓。多位学者的研究表明，辽代契丹墓和汉人墓葬的差异主要体现在墓葬装饰、葬具和随葬品，而在墓葬形制上没有明显的差异。由于对汉文化吸收程度与墓葬制度发展进程的差异，契丹墓本身又有较为明显的差异。为便于讨论，我们将辽代墓葬分为契丹墓（包括契丹贵族大型墓、契丹中小型墓）和汉人墓两个大类，不再就某类墓葬形制作单独讨论。辽代帝陵拟归入“帝陵”一章专门讨论。

一、契丹墓葬

早期契丹人并无造墓埋尸的习俗，北齐以后至唐代晚期（即公元 6 世纪到契

1 辽朝国号曾多次变迁，详见刘浦江：《辽朝国号考释》，《历史研究》2001 年第 6 期。为行文方便，本书将公元 907 年到 1125 年期间的契丹政权通称为辽，不随国号变更而改变相应的称呼。

2 董新林：《辽代墓葬形制与分期略论》，《考古》2004 年第 8 期。

丹建国初）受汉人习俗影响，才开始实行土葬。但由于早期契丹遗存发现较少，因此很难全面系统地阐述其早期文化面貌。契丹建国之后，土葬日趋兴盛，并逐渐形成了汉民族丧葬文化与契丹传统文化相结合、具有浓郁民族特点的一套丧葬礼仪[1]。

（一）契丹贵族大型墓葬

目前发现的辽代契丹贵族大型墓葬[2]数量较少，主要分布在长城沿线两侧及长城以北的辽上京和中京地区，即今内蒙古东南部、辽宁西部、河北北部等地。上京和中京一带，大多都是辽代契丹贵族带壁画装饰的墓葬[3]。根据墓葬形制、壁画装饰、殓葬方式等方面的差异，契丹贵族大型墓葬可分为四期。

第一期：太祖到太宗时期（907—947年）。这一时期契丹贵族墓有较为明显的晚唐五代特征[4]。墓葬以砖石混筑为主，多为带长斜坡墓道的圆角方形单室墓，个别墓葬设置木制小帐和砖砌尸床。壁画题材既有契丹风格的备马和侍奉图，也有汉地流行的启门、厅堂、花鸟屏风和人物故事图像等。典型墓例有内蒙古赤峰宝山辽墓M1、M2[5]。

宝山辽墓M1、M2位于赤峰市阿鲁科尔沁旗一处围有茔墙、规模壮观的契丹贵族墓地，茔区呈长方形，东、南各设一门，建有瓮城，茔区分布大中型辽墓10余座。M1、M2皆为带长斜坡墓道单室墓，墓室为方形或近方形（图2-2-1），与北京八里庄晚唐王公淑墓[6]（图2-2-2）和清河唐墓[7]形制较为接近。墓道由坡道和砖砌阶梯组成，靠近墓门处为门庭，M1在墓门两侧以砖砌仿木建筑形成平面呈长方形的庭院，墙体采用砖雕、影作仿木结构，墙体表面施白灰。墓门砖砌，门洞呈圆拱形，上筑仿木构歇山顶门楼（图2-2-3）。墓室周壁及顶砖雕、影作仿木构件；M2构造较简单，仅在顶部与墓门转交上方斜砌数层石板以简单表现门庭样式，门面通抹白灰，影作仿木门楼，墓室顶部逐层叠涩圆收，正中盖封顶石，室内遍抹白灰作画，地面铺方砖。两墓皆设石房，以雕琢精细的整块石板组装而成，内亦设较为复杂的仿木结构，M1石房设于墓室正中偏后，后半部砖砌尸床，上罩木雕彩绘小帐，残碎的丝织物上还发现了银丝网络印痕；M2石房贴墓室后壁起建，石房内贴西壁砖砌尸床，罩以木制小帐。M1墓室壁画均保存较好，主要绘有契丹人形象的侍仆、牵马、宴桌等；阑额至橑檐为中层，绘卷云火焰宝珠纹；

1 项春松：《辽代历史与考古》，呼和浩特：内蒙古人民出版社，1996年，第216页。关于早期契丹文化，可参阅张柏忠：《契丹早期文化探索》，《考古》1984年第2期。

2 关于辽代契丹贵族大型墓葬，刘未和彭善国先生先后撰文做过细致的梳理，详见刘未：《辽代契丹墓葬研究》，《考古学报》2009年第4期；彭善国：《辽代契丹贵族丧葬习俗的考古学观察》，《边疆考古研究》第2辑，北京：科学出版社，2003年，第298—308页。本节内容以刘未先生一文为主要参考对象。

3 李清泉：《宣化辽墓：墓葬艺术与辽代社会》，北京：文物出版社，2008年，第14页。

4 关于辽墓与晚唐五代墓的关系，可参考齐东方：《中国北方地区唐墓》，北京大学考古文博学院编：《7—8世纪东亚地区历史与考古国际学术讨论会论文集》，北京：科学出版社，2001年，第8—15页；王欣：《辽代与五代十国墓的布局、装饰、葬具的共性研究》，吉林大学硕士学位论文，2013年。

5 李逸友：《阿鲁科尔沁旗水泉沟的辽代壁画墓》，《文物参考资料》1958年第4期；内蒙古文物考古研究所、阿鲁科尔沁旗文物管理所：《内蒙古赤峰宝山辽壁画墓发掘简报》，《文物》1998年第1期。

6 北京市海淀区文物管理所：《北京市海淀区八里庄唐墓》，《文物》1995年第11期。

7 北京市文物工作队：《北京市发现的几座唐墓》，《考古》1980年第6期。

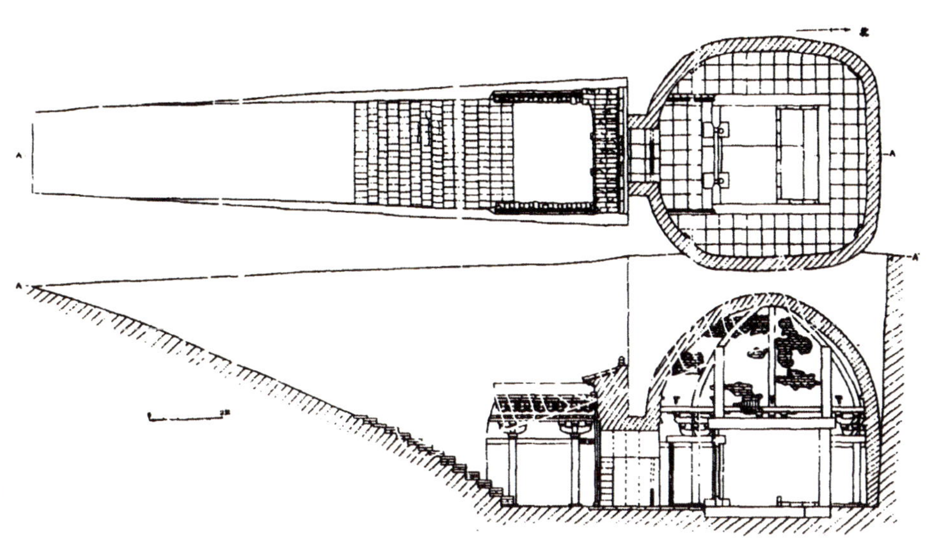

图 2-2-1　内蒙古赤峰宝山辽墓 M1、M2 墓葬形制图
（采自《文物》1998 年第 1 期，第 74 页，图二；第 88 页，图三七）

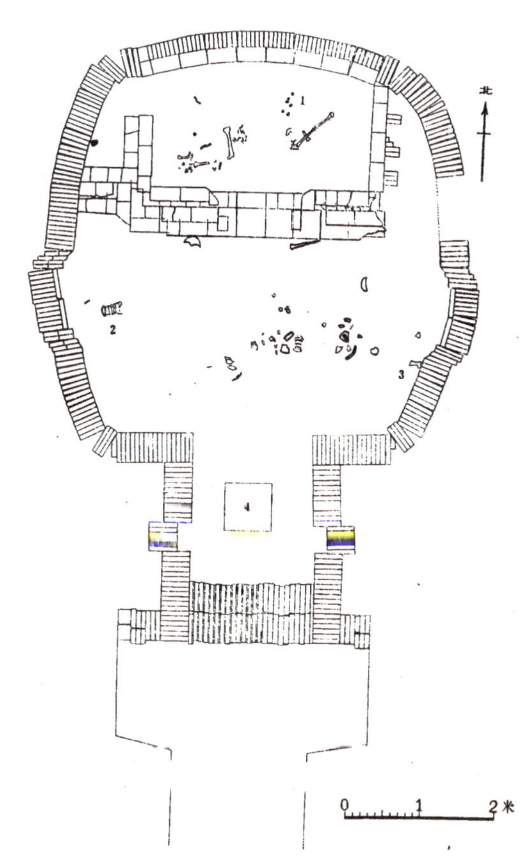

图 2-2-2　北京八里庄晚唐王公淑墓墓葬形制图
（采自《文物》1995 年第 11 期，第 46 页，图 2）

墓顶正中绘双层团花，石房内外壁彩绘壁画，主要绘有火焰纹、宝相花、契丹人形象的侍仆、厅堂、高逸图、降真图、仿木影作等，顶部绘云鹤图。M2 墓室壁画保存较差，大部脱落，叠涩顶部分遍施白灰，圆顶封顶石绘大型团花；石房内外壁彩绘壁画，以贵妇图为中心，主要绘有火焰宝珠、花卉、契丹人形象的侍仆、寄锦图、诵经图等，顶部四角绘对称花卉图案，中间为缠枝花组成的大型环装团花。两墓皆被严重盗掘，随葬品所剩无几，M1 出土有金饰、金环、铜鎏金錾花饰件、铜带扣、铜门鼻、铁挂钩、釉陶碗、白瓷盘、白瓷盖罐、骨器、骨管、蚌质围棋子各 1 件；M2 仅出土打制石碑 1 通，碑首呈半圆形，碑身长方形，其上墨书契丹小字。据 M1 题记，墓主人德勤，墓葬年代为辽早期。M2 位置接近墓地中心，墓主为成年女性，其下葬时间略晚于 M1。

第二期：世宗到穆宗时期（947—969 年）。这一时期最主要的变化在于墓葬形制由单室变为多室，墓室多为方形，前室带有两耳室，后室边长一般在 4 米左右。个别墓中设石墓门和木护墙。木帐和尸床继续流行，有的墓葬发现面具和网络。墓中随葬多套随葬品，以陶瓷、铜、铁器为主，可分为生活用具、马具、生产工具等，按照性质差异分别放置于不同位置。这些都体现出这一阶段契丹人在继续借鉴汉地墓葬传统的同时，不断结合本民族的生活特点所做的一些调整或创新。典型墓例有内蒙古赤峰辽代萧沙姑墓[1]。

图 2-2-3　内蒙古赤峰宝山辽墓 M1 墓门正视图
（采自《文物》1998 年第 1 期，第 74 页，图三）

辽驸马卫国王萧沙姑墓为带斜坡形墓道的多室砖墓（图 2-2-4），墓门用花岗岩凿成，分两扇向外开，门上朱绘人物彩画。墓室分前、中、后三室，前室左右各有一侧室，平面皆呈长方形，墓底铺青色方砖，砖上铺细砂，墓壁用长方砖平铺纵砌，砖与砖之间用胶泥涂缝，内壁涂抹白灰，顶用楔形砖叠涩呈穹窿状；中室墓壁设木护墙，护墙四角有方形立柱，室内底部砖砌尸床，上铺细砂，再上为柏木板床面，四周抱框上和四角方柱上做出凹槽，内镶板壁二层，壁上有板状和半圆状的横竖带，壁四外做出高 30 厘米的栏杆一周，栏杆间有立柱和角柱，床壁外悬有紫地绣金花帷幔，床面上铺织金的紫色炕毡。墓葬曾两次被盗，但随葬品依然保存较多，其中前室出土遗物 118 件，室中部放墓志铭，左边放炉、桶、铲、壶、火夹等铁质生活用具，右边放两组马具；南侧室出土遗物 1556 件，主要是马具，可分为八组，分放于南、东壁下的柏木棹上，有完整的笼头、攀胸和马鞍披挂，侧室西南角出铁盔甲片，门口出钳、锤、凿和鹿角器等；北侧室出土遗物 76 件，以瓷器为主，典型者有鸡冠壶、彩绘长颈瓷瓶白瓷碗、青瓷碗、绿釉陶器等，门口有铁斧和骨器等；中室出土随葬品 131 件，尸床上主要放置死者的衣物和佩饰，室内的东北角放错金银的铁矛，室前放骨刷、残铁刀、锁及护手形铁器等；后室遗物保存完整，位置原封不动，共出遗物 281 件，以炊饮器皿为主，门口处放银锁，室内近西壁的明器台上放白瓷盆、白瓷碗托、白瓷碗、青瓷碗、骨箸、银壶、碗、筷、匙、器把、铁刀等，北面明器台上放匜、剪、锅撑和石砚等，东壁下出有大量骨制鸣镝和铁镞等（图 2-2-5）。据放置于前室的墓志记载，墓主为辽驸马卫国王萧沙姑，墓葬年代为辽穆宗应历九年（959 年）。该墓墓主等级很高，墓葬结构复杂，随葬品丰富，对我们认识这一时期契丹贵族墓葬制、葬俗和随葬品特点具有重要的参

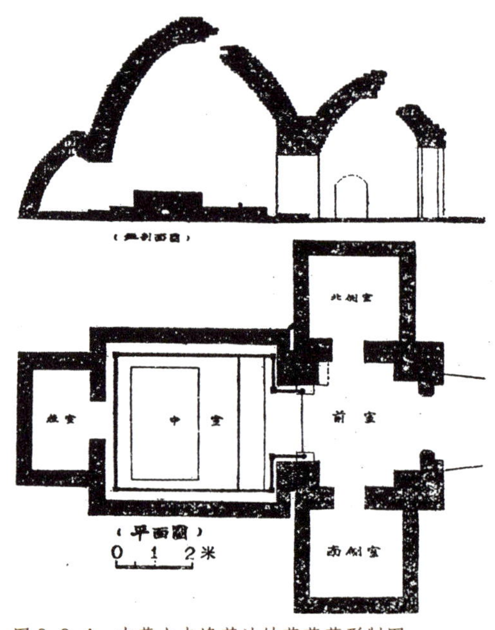

图 2-2-4　内蒙古赤峰萧沙姑墓墓葬形制图
（采自《考古学报》1956 年第 3 期，第 2 页，图一）

1 前热河省博物馆筹备组：《赤峰县大营子辽墓发掘报告》，《考古学报》1956 年第 3 期；罗平等：《一篇不够真实的考古发掘报告——“赤峰县大营子辽墓发掘报告”读后》，《文物参考资料》1957 年第 5 期。

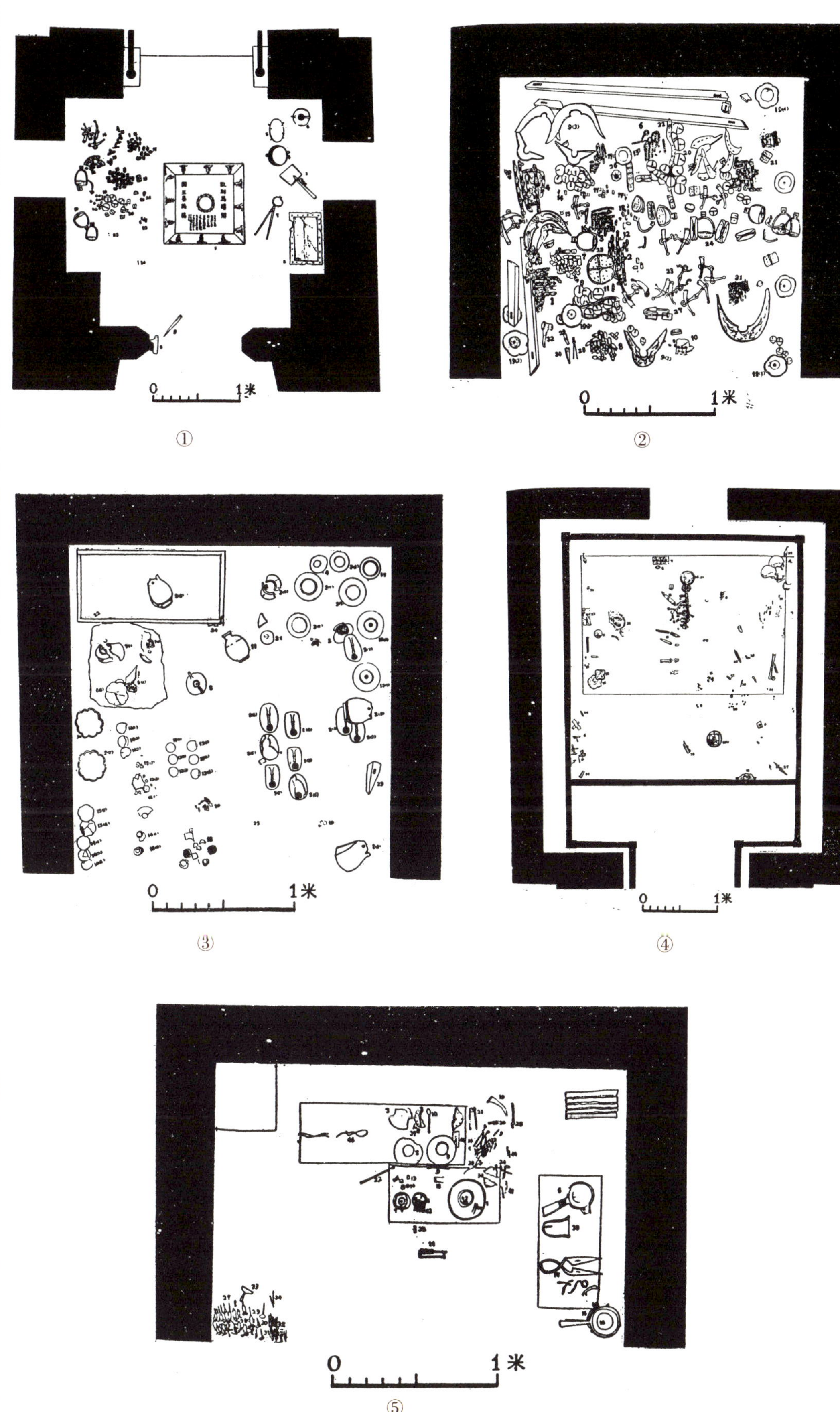

图 2-2-5　内蒙古赤峰萧沙姑墓墓室遗物分布图
（采自《考古学报》1956 年第 3 期，第 4 页，图二；第 5 页，图三；第 6 页，图四；第 7 页，图五；第 8 页，图六）

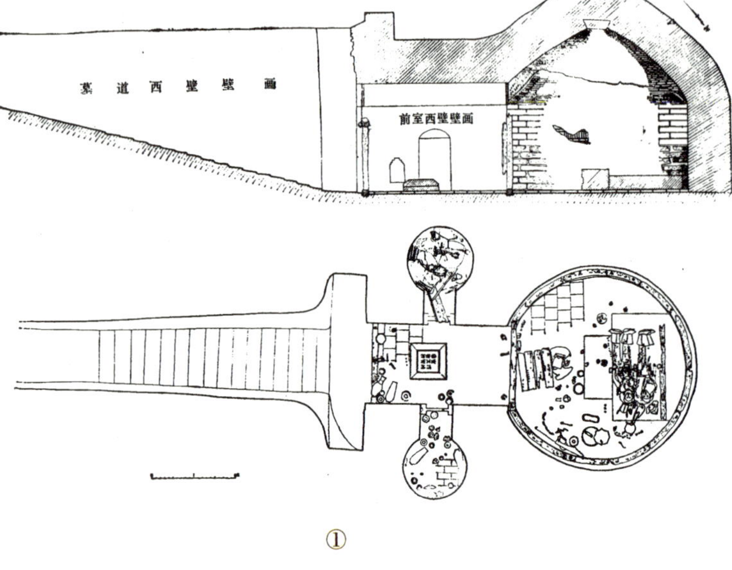

①

考价值。

第三期：景宗到兴宗前期（969—1032年）。本期墓葬多为前室方形、后室圆形的双室墓，后室直径多在5.5米左右，流行在墓室内设木护墙，天井的设置也较普遍。但上一阶段的墓葬形制依旧有少量可见，如辽宁法库叶茂台M7[1]和内蒙古扎鲁特浩特花M1[2]。这一时期墓葬壁画以主室方向为中心在前室及甬道部分绘制室内生活内容，墓门内外有门吏或门神守卫，天井部分绘制室外活动所需的车马仪仗。葬具以木制小帐和石棺为主，但陈国公主与驸马合葬墓则直接将尸体安置在铺设模板的砖砌尸床上，较为特殊。金属面具与网络在这一时期较为流行。随葬品摆放与前一阶段仍大体相似，但在后室放置铁制生活用具不再流行。种种迹象表明，契丹贵族葬制在这一阶段得到了初步确立。典型墓例有内蒙古哲里木盟（今通辽市）辽陈国公主墓[3]等。

②

图2-2-6　内蒙古哲里木盟辽陈国公主墓墓葬平剖面及墓门形制图

（采自《辽陈国公主墓》，第7页，图三；第10页，图六）

陈国公主墓为带长斜坡阶梯墓道和天井的前后双室墓（图2-2-6），前室呈长方形，左右各有一耳室，后室呈圆形。前室券顶，左右耳室及后室为穹窿顶。前后室及两耳室均安有木门槛、门框、门扇和门楣，后室内紧贴砖壁一周安木护

1 辽宁省博物馆、辽宁铁岭地区文物组发掘小组：《法库叶茂台辽墓记略》，《文物》1975年第12期。

2 中国社会科学院考古研究所内蒙古工作队、内蒙古文物考古研究所：《内蒙古扎鲁特浩特花辽代壁画墓》，《考古》2003年第1期。

3 内蒙古文物考古研究所：《辽陈国公主驸马合葬墓发掘简报》，《文物》1987年第11期；内蒙古自治区文物考古研究所、哲里木盟博物馆：《辽陈国公主墓》，北京：文物出版社，1993年。

壁。前室墓门门额以上用砖雕建造和彩绘影作仿木结构的屋檐，墓门用条砖封闭，自下而上层层叠砌。天井用条砖封实，用石灰浆灌缝。后室设木护墙，石灰抹缝，方砖铺地，石块封顶，顶悬铜镜，紧靠后壁处砖砌尸床，后边紧贴木护壁成弧形，前沿连接长方形供台，尸床两侧壁面各砌 3 个桃形小龛，正面左右两侧壁各砌 1 个小龛，正面左右两侧壁及小龛内绘有彩色花卉。尸床上铺柏木板，再铺褐紫色织金褥垫，上面放置两具尸体，面覆金面具，身着银丝网络，脚穿錾花银靴。尸床设木制小帐，无棺具。整个墓葬保存完好，构筑坚固。墓道两壁及前室东西壁、顶部均绘有壁画，壁画保存较好。墓道东西两壁绘牵马图。前室东西两侧墓壁上绘有男女仆役、手持骨朵的侍卫和仙鹤，顶部绘日月、星云和天象等。墓葬随葬品丰富，共3227件。前室主要放置生活用品，东耳室放置饮食器皿，西耳室放置两套马具，后室的随葬品主要置于尸床和棺台上，室内还发现有银带、丝鞓碟躞带、玻璃器、玉器、木弓囊、银器、铜器等（图 2-2-7）。据放置前室正中稍偏南的墓志记载，该墓乃辽陈国公主及其驸马合葬墓，葬于开泰七年（1018 年）。

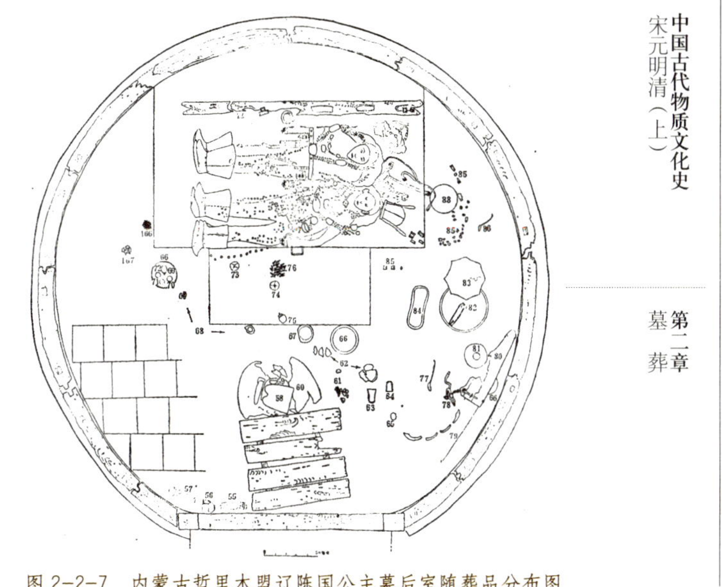

图 2-2-7　内蒙古哲里木盟辽陈国公主墓后室随葬品分布图

（采自《辽陈国公主墓》，第 21 页，图一二）

第四期：兴宗后期到天祚帝（1033—1125 年）。目前发现属于本阶段的辽代契丹贵族大型墓葬较多。前室普遍退化为券顶长方形墓室，形制较简单。后室规模较前阶段普遍较大，平面多呈多角形，尤以八角形最多，极少数为六角形和十角形，圆形墓室极为少见。耳室与后室相仿，多呈八角形或六角形，也有四边形。多数墓葬不设天井或少数墓葬将天井设于墓道靠近墓门处，墓道常以砖铺底且垒砌两壁。墓门上有复杂的仿木结构，墓室内置棺床，木护墙不再仅限于主室，许多墓葬连同前室和耳室均采用，并以木材结顶，构成藻井。墓室地砖下部基本都设有通向墓外的排水沟。墓道两壁对称布置备马、驼车以及仪仗侍卫内容，墓门有门神，天井至甬道部分两壁绘有男女侍者，墓室四壁壁画较为少见。典型墓例为内蒙古库伦辽代壁画墓 M1、M2[1] 等。

库伦辽代壁画墓 M1 为一座大型砖室墓（图 2-2-8），由墓道、天井、墓门、甬道、南北耳室和墓室组成。墓道为狭长斜坡状，南北两壁表面抹白灰，上绘壁画。天井略呈抹角方斗形，南北侧壁下部为三阶砖砌的基墙，上为土筑的斜壁，壁面均涂白灰，分段彩绘壁画。墓门砖砌，呈圆拱形，上筑四阿顶门楼。甬道平面为长方形，呈规整的宽敞券顶，底铺方砖，中间隆起，四周留有排水用的沟槽。甬道两侧壁中段各有一耳室，两耳室形制一致，券门作圆拱形，平面呈不等边的六角形，穹窿顶，顶正中以盖顶石覆压，白灰密缝。墓室平面近正八角形，

1 吉林省博物馆、哲里木盟文化局：《吉林哲里木盟库伦旗一号辽墓发掘简报》，《文物》1973 年第 8 期；王健群、陈相伟：《库伦辽代壁画墓》，北京：文物出版社，1989 年，第 2—46 页。

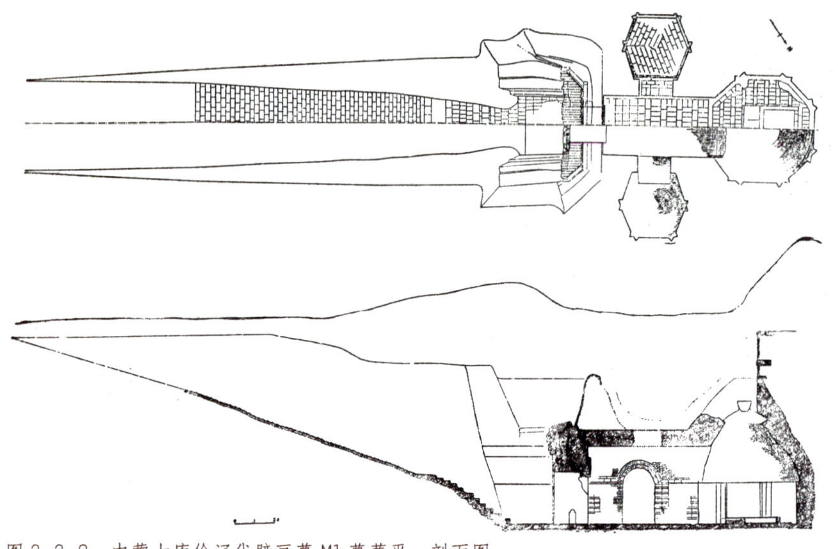

图 2-2-8 内蒙古库伦辽代壁画墓 M1 墓葬平、剖面图
（采自《库伦辽代壁画墓》，第 5 页，图三）

底墁方砖，墓室四周残存镶置护墙木板的沟槽，墓室中央偏西处砖筑方坛，方坛中间偏东的地方有一横墙，将其辟为东西两部分，东部为放置祭品和随葬品的祭台，西部为尸床。墓门、天井、墓道两壁绘壁画，其中墓门门洞两壁外侧各绘 1 门神，门神相对而立，头上绘仙鹤彩云；天井门脊满绘山水，南北壁下层分绘侍女和男侍各 4 人，上绘牡丹、祥云、仙鹤；墓道北壁绘出行图，正幅壁画共 29 人，南壁绘出行归来图，计 24 人，所有人物均为契丹装束，画面以主人为中心，前呼后拥，车马相接，蔚为壮观（图 2-2-9），墓道里层绘备马、备轿等题材。该墓曾被严重盗掘，随葬品所剩不多，以瓷器居多，包括景德镇影青瓷器有 20 件、定窑白釉瓷器 18 件、北

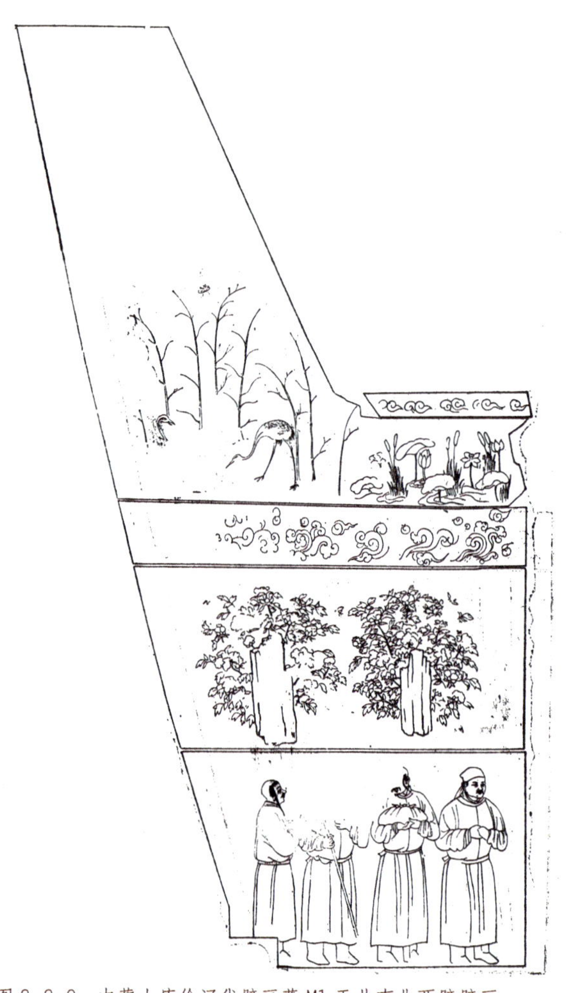

图 2-2-9 内蒙古库伦辽代壁画墓 M1 天井南北两壁壁画
（采自《库伦辽代壁画墓》，第 21 页，图一四；第 22 页，图一五）

方窑瓷器 4 件。其中景德镇影青瓷器有花式碟 7 件，游童菊花大盘 5 件，高足碗 3 件，花式碗 2 件，长颈执壶、瓜棱罐、杯各 1 件；定窑瓷器中器形完整的有高足碗 7 件、钵 3 件，北方窑瓷器包括白釉葫芦形执壶 2 件和白釉罐、沟弦纹白釉罐各 1 件；此外还出土有少量鎏金器、铜器和铁钉、铜钱、经幢和墓志残块、建筑构件、围棋子、水晶饰物等。据出土器物及壁画特点，M1 年代大致在辽代晚期，M2 规模较 M1 小，壁画也没有 M1 宏大，年代比 M1 略晚。

辽代早期的契丹贵族大型墓葬发现不多，墓葬形制具有典型的晚唐五代风格，但墓葬陈设及随葬品，如棺床、小帐、网络、壁画人物形象等，又具有浓厚的契丹民族特点[1]。太宗晚期到兴宗早期，辽政权稳固，在与汉民族的文化交流和融合过程中，契丹贵族丧葬制度逐渐走向成熟，虽然墓葬形制仍与河北地区晚唐五代时期有密切关系，但在墓室数量以及平面形制上都有所发展，而在墓葬装饰、随葬品种类及放置位置、葬俗等方面都形成了独具特色的较为固定的模式。到辽代晚期，契丹贵族葬制基本定型，墓葬形制以多角形墓室为主，主室壁画和耳室木护墙壁画取代了原来前室和甬道壁画的地位[2]，成了墓室壁画的中心，墓葬装饰的繁芜奢华程度达到顶峰。

（二）契丹中小型墓

目前发现的辽代契丹中小型墓葬数量不多，主要分布在内蒙古通辽、赤峰、巴林右旗，黑龙江齐齐哈尔，辽宁阜新等地。与契丹贵族大型墓相比，契丹中小型墓的发展略为滞后，但趋势大致相同。根据墓葬形制、随葬品、壁画等方面的差异，可将契丹中小型墓分为三期。

第一期：太祖到景宗时期（907—982 年）。竖穴土坑墓、砖室墓较为流行，竖穴土坑墓主要分布在内蒙古东南部地区的契丹活动中心地带，辽宁、黑龙江等地也有零星发现。砖砌或石垒的墓葬墓室平面形制多呈圆形、方形或长方形，以单室墓为主，形制简单，规模较小，边长或直径基本在 3 米以下。个别墓葬的随葬品保存较好，随葬品以陶器为主，其中长颈壶、瓜棱壶、侈口罐是最常见的器类，略晚时期又出现鸡冠壶、直领罐等器类。典型墓例有黑龙江龙江县鲁河新丰砖厂辽墓[3]、辽宁阜新卧凤乡七家子辽墓[4]等。

黑龙江龙江鲁河新丰砖厂辽墓为长方形竖穴土坑墓，长约 2 米、宽约 1.5 米，墓内无葬具，葬式为单人仰身直肢葬。该墓共清理出随葬品 50 余件，其中陶器有陶瓜棱罐、泥质灰褐陶罐各 1 件，铁器有铁镞若干及短剑 1 件，银器有剑鞘与饰件各 1 件，骨器有鸣镝 1 件，铜器有椭圆形几何纹带饰 12 件，带扣、带头各 5 件，卷草纹扁桃形饰件、几何纹节约各 4 件，带箍 2 件，棒槌形饰件、六瓣圆盖形点垛花纹饰件各 1 件（图 2-2-10）。从随葬器物组合及形制特征推断，该墓年代应在辽代早期。

辽宁阜新七家子辽墓墓室平面呈方形，边长 2.9 米，门内有甬道，其两侧各

1 刘未：《辽代契丹墓葬研究》，《考古学报》2009 年第 4 期。

2 刘未：《辽代契丹墓葬研究》，《考古学报》2009 年第 4 期。

3 邹向前：《黑龙江省龙江县鲁河新丰砖厂辽墓》，《北方文物》1995 年第 2 期。

4 阜新市博物馆筹备处：《辽宁阜新县契丹辽墓的清理》，《考古》1995 年第 11 期。

有一对称的边长 1.5 米的方形耳室，墓底由自然薄石板砌成，其上砌筑青砖，叠涩起券，穹窿顶，顶中心盖一大封顶石。该墓出土随葬品 100 余件，其中瓷器有白釉瓷鸡冠壶、酱釉瓷錾耳壶、影青瓷碗各 1 件，铁器有铁镞 100 余件（图 2-2-11）、马衔 2 件以及马镫、刀、剑、斧各 1 件，铜器有鎏金铜带銙 9 件、鎏金铜带扣 6 件、铜铃 5 件、鎏金铜节约 4 件、铜饰件以及铜镜各 1 件。此外，还出土有瓜棱形玛瑙饰件和管状玛瑙饰件各 1 件。据随葬器物组合及形制特征，可将该墓年代大致定在辽代早期略偏晚时期。

第二期：圣宗到道宗中期（982—1084 年）。单室墓居多，但形制多样，方形、圆形、多角形均有之，个别墓葬带有耳室。墓葬构筑方式也较前一期复杂，开始流行石筑木椁或砖木混筑，室内多设木护墙以形成新的墓壁和墓室空间。贵族大墓中流行的木制小帐和尸床在此一时期中小型墓葬中开始逐渐盛行，有的墓葬以石棺作葬具。以金属面具和网络作为葬服亦有零星发现，但其质地则较大墓粗糙，佩饰也稍显简单。少数墓葬木护墙内壁有着重表现墓主宴饮出行的基本生活场景的壁画。随葬品数量与种类大为减少，以陶瓷生活用具为主，马具较少见，铜铁器基本不见。典型墓例有内蒙古翁牛特旗解放营子辽墓[1]、巴林右旗查干坝 M11 辽墓[2]等。

内蒙古翁牛特旗解放营子辽墓为石室木椁券顶单室墓（图 2-2-12）。石室呈圆形，直径约 7.5 米，四周用自然石垒砌成石壁，南向留有甬道口，

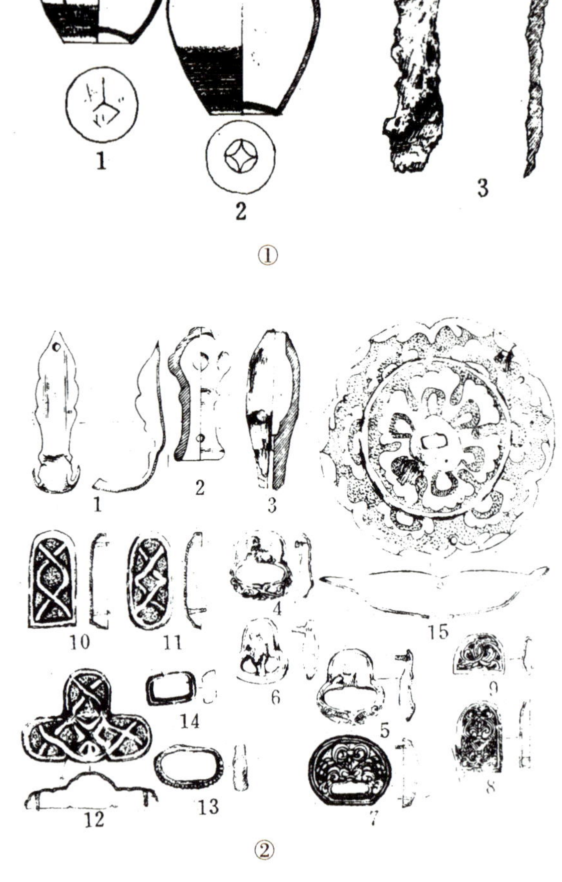

图 2-2-10　黑龙江龙江县鲁河新丰砖厂辽墓出土器物图
（采自《北方文物》1995 年第 2 期，第 58 页，图二、图三）

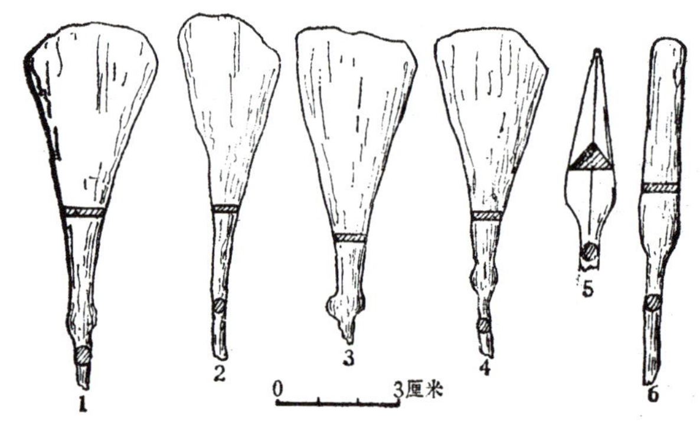

图 2-2-11　辽宁阜新七家子辽墓出土铁镞
（采自《考古》1995 年第 11 期，第 1010 页，图四）

1 翁牛特旗文化馆、昭乌达盟文物工作站：《内蒙古解放营子辽墓发掘简报》，《考古》1979 年第 4 期；项春松：《辽宁昭乌达盟发现的辽墓绘画资料》，《文物》1979 年第 6 期。

2 董文义：《巴林右旗查干坝十一号辽墓》，《内蒙古文物考古》1984 年总第 3 期；董文义：《内蒙古巴林右旗查干坝 11 号辽墓清理简报》，《文物资料丛刊》（10），北京：文物出版社，1987 年，第 177—179 页。

石壁高 1.8 米，以上为半圆形券顶，正顶留一圆洞，上有整块石板覆盖。甬道进深 3.5 米，断面呈梯形，与木椁之门相通，甬道外口用两层大石封堵。木椁系用柏木筑成八角形的蒙古包状。券顶用方木叠压，呈穹窿状。该墓系男女合葬墓，木尸床以东西向置于墓室后壁，男尸在左，女尸居右，尸体头部放置殉葬明器，床前放一小桌。木椁八壁面和券顶布满彩绘壁画，壁画题材有放牧图、备马图、盆花等。该墓出土器物较多，主要有瓷器、木器、银器、铜器、饰品、丝织物，瓷器有叠合式盒 13 件、绿釉碗和绿釉盏托各 2 件，以及黄釉鸡冠壶、黄釉执壶、黄釉钵、黄釉盆、黄釉碗各 1 件，木器有尸床、枕、桌、椅各 1 件，碗 2 件和一些腐朽的钉、管状器等，银器置于小桌上，有杯、壶、盘各 1 件，铜器有镜、勺、筷、刮舌形器各 1 件，靴垫 1 双、面具 2 件和手镯、鎏金戒指等，饰品有玉飞天 1 件，以及琥珀串珠等。墓内未出土带纪年文字的文物，简报据随葬品特点及墓葬装饰等，推定该墓年代在辽中期以后至道宗初年。

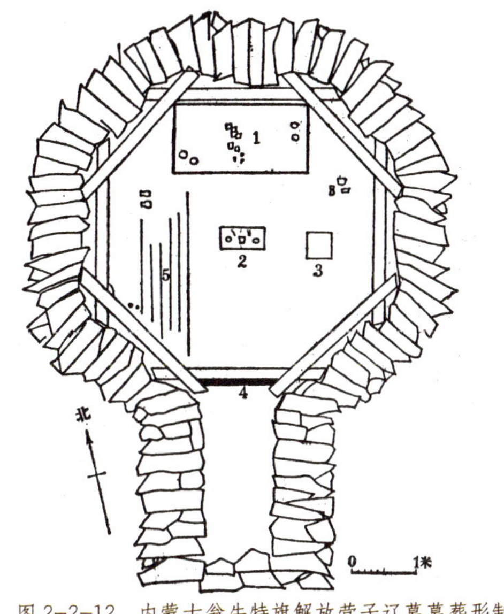

图 2-2-12　内蒙古翁牛特旗解放营子辽墓墓葬形制图
（采自《考古》1979 年第 4 期，第 331 页，图二）

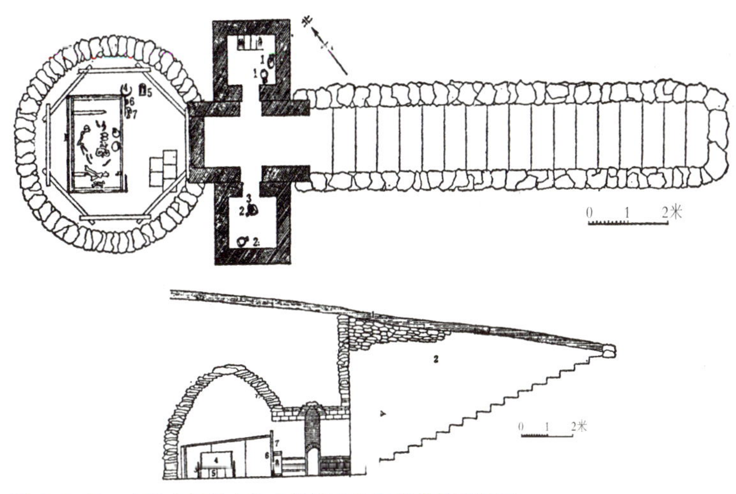

图 2-2-13　内蒙古巴林右旗查干坝 M11 辽墓墓葬形制图
（采自《文物资料丛刊》10，第 178 页，图一、图二）

巴林右旗查干坝 M11 辽墓为前后双室砖室墓，由墓道、甬道、前室、耳室和主室组成，全长 17 米（图 2-2-13）。墓道为长斜坡台阶式，墓道两壁由石块砌成。甬道长 3 米、宽 1.26 米、高 2 米，门面起双券券顶斜收拱起，顶孔用石板封盖。甬道中间有一小前室，长 1.19 米、宽 0.56 米。前室两侧各有一近方形耳室，门为拱形，顶部呈四棱锥体。后室（主室）用石块砌成圆形，直径 4 米，穹窿顶，门口处有柏木门槛，门框，门外设封门墙，室内置八角形木椁，椁板为柏木，椁内后端横置带围栏的长方形台座式棺床，上置木棺。该墓早期被盗，随葬品所剩不多，有白瓷鸡冠壶、铁马镫各 2 件和双鱼纹瓷盆、白瓷大碗、白瓷小碗、风字形陶暖砚、铁衔各 1 件。该墓年代为辽代中晚期。

第三期：道宗中期到天祚帝时期（1085—1125 年）。发现的这一时期契丹中小型墓葬很多，墓室内壁多设木护墙，壁画较少见。中型墓平面形制多为单室八角形，个别有独立的前室，斜坡墓道长度在 10—15 米，墓室直径大约 4—5 米，大多建造规整；小型墓葬平面形制多为单室多角形，斜坡墓道长约 5—10 米，墓

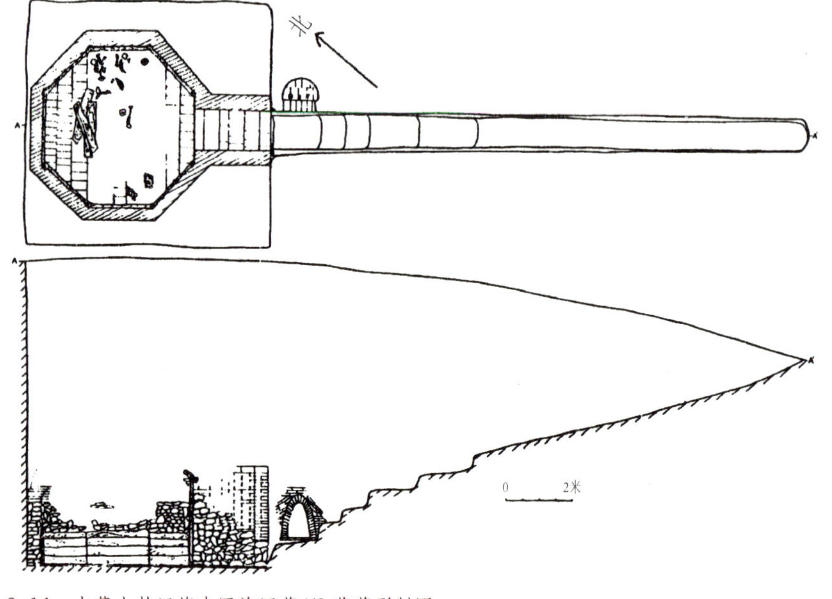

图 2-2-14　内蒙古敖汉旗皮匠沟辽墓 M3 墓葬形制图
（采自《内蒙古文物考古文集》第二辑，第 641 页，图四）

室直径在 3 米左右，墓室建造不甚规整。殓葬用具一般是在砖砌尸床上铺设木板，又有采用石棺或木棺者。葬服一般均有金属网络，面具发现不多。随葬品以陶瓷生活用具为主，多见宋地输入的青白瓷、白瓷和辽境所产三彩器等，还有少量的铁质生活用具和马具，基本不见金银器。典型墓例有内蒙古敖汉旗皮匠沟 M3、M4 辽墓[1]，辽宁锦西西孤山辽代萧孝忠墓[2]。

内蒙古敖汉旗皮匠沟辽墓 M3、M4，墓葬形制、朝向基本一致（图 2-2-14），均为带长斜坡墓道八角形单室砖室墓，墓顶坍塌，墓室内设木制尸床。M3 墓道近墓门处设一耳室，口部渐成券拱形，内呈穹窿形，满壁涂满草拌泥。两墓早期盗掘破坏过甚，出土遗物残碎而稀少，仅 M3 耳室、墓门右侧立壁下摆置遗物未受干扰。M3 出土遗物主要有陶器、瓷器、釉陶器、铁器等。陶器有陶罐 2 件；瓷器有瓷碗和瓷盘各 4 件；釉陶器有釉盂、长盘、鸡冠壶、双耳壶、器盖各 1 件（图 2-2-15）；铁器共出土 29 件，有铁钉 26 枚，铁锨、铁斧、铁钩、铁镞各 1 件；此外，还出土铜钱 4 枚、银饰件 3 件、骨簪 1 件。M4 出土铁钉 4 枚，瓷盏 2 件，瓷盘、铁镞、银饰各 1 件。皮匠沟及邻近一带辽墓分布集中，其中 M3、M4 是东西向排列 6 座辽墓中的两座，两墓均未发现纪年材料，发掘简报据墓葬形制和出土器物特点推测该墓地不早于辽兴宗重熙年间，属辽代晚期一般贵族的家族墓地。

辽宁锦西西孤山辽代萧孝忠墓，系在岩石层里开凿墓圹、修筑墓室，为砖砌券顶圆形单室墓。墓室平面呈圆形，直径 3.6 米、高 3.4 米。券顶顶端盖一方形石板，边长 80 厘米、厚 10 厘米。墓室四壁围镶柏木板。墓底平铺三层砖。墓室后半部保存有垫床的砖柱以放置石床。该墓早年被破坏，葬式无法考查，尸床板已

1 内蒙古文物考古研究所：《敖汉旗皮匠沟辽代墓葬》，内蒙古文物考古研究所编：《内蒙古文物考古文集》第二辑，北京：中国大百科全书出版社，1997 年，第 639—650 页。

2 雁羽：《锦西西孤山辽肖孝忠墓清理简报》，《考古》1960 年第 2 期。

腐朽破碎，发现有火烧过的肋、胫骨二段，推测应为火葬。随葬品有陶棋子76枚，绿釉凤首长颈瓶、黄釉鸡冠壶、铁马镫各2件，三彩游鱼海棠盘1件，墓志1合，此外还发现有铜丝网络、鎏金冠残片、银饰品残片、绢片若干。据墓志，墓主人萧孝忠葬于辽道宗大安五年（1089年）十二月二十五日。

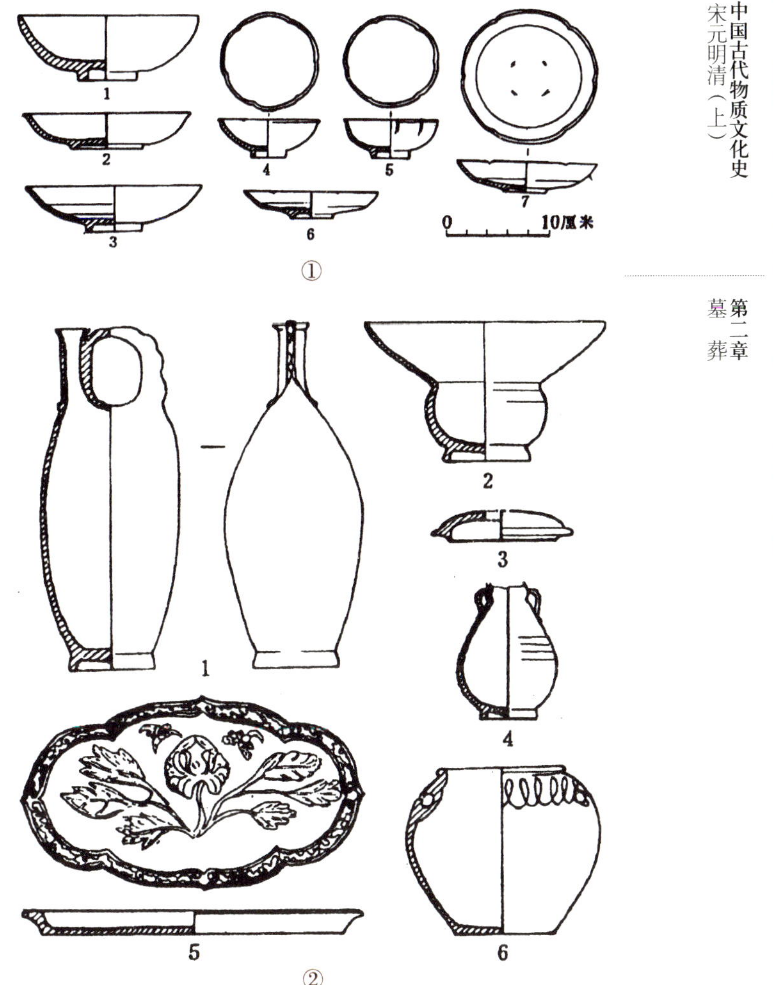

图2-2-15 内蒙古敖汉旗皮匠沟辽墓M3出土瓷器、陶器、釉陶器
（采自《内蒙古文物考古文集》第二辑，第644页，图七；第645页，图八）

契丹中小型墓葬以土坑墓、石室墓、砖室墓为主，墓室平面多呈方形、圆形和多角形，随葬品中既有具有契丹民族特色的网络、面具、马具，也有来自汉地的瓷器等器物，墓葬装饰较为简单，带壁画的墓葬数量相对较少。相对于契丹贵族大型墓葬，契丹中小型墓葬较多地保留了契丹民族特色，有比较完整的发展演变序列，在契丹建国后受汉文化影响明显加强，但时间和地域差别仍较明显，其阶段性差异更多地反映在葬俗的变化上，且越往北则契丹文化因素保存越多，这与契丹统治范围的变迁以及统治政策、人口分布和区域性文化特征有明显的关系。与契丹贵族大型墓葬所体现出来的等级差异相比，契丹中小型墓葬受到等级制度影响较晚，且墓葬与墓主人等级之间没有严格的等级对应关系。即便如此，契丹中小型墓葬的墓主人中仍不乏等级较高的贵族，如在契丹一般贵族家族墓地中的中小型墓葬和一些零星发现的中小型墓葬的墓主人就可能担任中级官吏职务。因此将契丹墓葬区分为大型贵族墓葬和中小型墓葬，这种划分是相对的，这是需要注意的。

尤其值得注意的是，契丹墓中常见有头戴面具、身着网络的干尸"木乃伊"，宋文惟简《虏廷事实》记载："北人丧葬之礼，盖各不同……惟契丹一种，特有异焉。富贵之家，人有亡者，以刃破腹，取其肠胃，涤之，实以香药、盐矾，五彩缝之，又以尖苇筒刺于皮肤，沥其膏血，且尽，用金银为面具，铜丝络其手足。耶律德光之死，盖用此法，时人目为帝羓，信有之也。"[1] 经过上述处理，尸体湿度降低，在干燥季节入葬，可使尸体很快脱水，防止腐烂。而使用铜丝网络包裹尸体，可能是为了防止动物侵害。文献记载与目前考古发现的实例完全吻合，这

1 （元）陶宗仪：《说郛三种》卷八引《虏廷事实》，"丧葬"条，上海：上海古籍出版社，1988年，第173页。

种葬俗在契丹贵族墓葬中较为常见，但很少发现有汉族使用此制者。有学者认为契丹贵族实行“木乃伊”式的葬法，可能是受了经过中亚东传的丧葬习俗的影响。古埃及流行木乃伊，相当于我国汉代的中亚一带阿尔泰部落也发现过“木乃伊”式的尸体，但这些材料在年代、地域上与辽代契丹均相隔甚远，两者之间是否有联系还很难说，因而这一观点尚有进一步商榷的余地[1]。也有人认为这可能是受到印度佛教“肉身之制”的影响，在我国佛教高僧中确有少数用类似“木乃伊”的方式处理尸体者，唐、宋、明乃至近代都有文献记载与实物例证，契丹的这种丧葬习俗的兴起和流行是否与此有关，值得关注。关于尸体穿戴的金属面具和网络，也是学术界关注的重点，关于其起源主要有萨满教说、下嫁到萧氏皇家女子专用说、佛教说、金缕玉衣说、树葬说、东胡说、西胡说等七种说法[2]，各种说法均有一定的道理，但也无法执此而否彼，仍有待进一步研究。

（三）小结

辽代契丹人墓葬以土坑墓、砖室墓、石室墓为主，个别墓葬采用混筑方式建造，墓室多少与墓主人身份等级具有一定的对应关系，高等级的契丹贵族墓多采用多室结构，而中小型契丹墓则多为单室结构。有的墓葬带有仿木构件，墓道、甬道、墓门、墓室等处彩绘壁画，常见的壁画题材有启门、墓主夫妇对坐、出行、狩猎、花卉、星宿等，其中壁画中的人物多为契丹装束。葬具以木棺为主，个别墓葬采用石棺、真容偶像，墓葬多设有棺床，棺床上带木质小帐。葬式主要有火葬和土葬，辽代初期火葬墓墓主人身份地位较低，且流行家族丛葬，有学者认为可能主要受原始宗教中的灵魂不灭观念的影响[3]；而到辽代中后期，火葬的盛行则与佛教在辽国的盛行有一定关系。土葬墓的葬具一般用木棺，或直接将尸体陈放于棺床上，流行在尸体上戴铜丝面具和穿铜丝网络或铜丝手套。火葬墓则以木质真容偶像葬具最具特色。墓中随葬品以陶瓷器居多，典型器物有鸡冠壶、提梁壶、瓜棱壶、鸡腿坛、凤首瓶、长颈瓶等（图 2-2-16），器形多由粗矮变得瘦长；契丹墓葬早期随葬的铁器多为农具，中晚期则多为生活用具和兵器；随葬的木器主要为明器家具；铜器以车马具居多，也有少量生活用具。而马具和鸡冠壶，可以说是契丹墓葬最具民族特征的随葬品。受汉文化影响，中晚期墓葬开始随葬墓志，墓志文字体既有契丹文，也有汉字。这些特征反映出契丹对汉文化的接受与融合，而墓葬形制、装饰以及随葬品的演变过程也正是契丹文化与汉文化融合的过程。等级制度的确立对辽代契丹贵族大型墓葬的形制、装饰、随葬品以及丧葬制度和习俗都有极为重要的影响，并在一定程度上影响了中小型墓葬的发展、演变。

---

1 鲁金科：《论中国与阿尔泰部落的古代关系》，《考古学报》1957 年第 2 期。

2 关于契丹墓葬出土金属面具和网络起源研究的学术史回顾，可参见吕馨：《辽墓出土金属面具与网络起源的再探讨》，《南方文物》2012 年第 1 期。作者认为“从时间上来说契丹族的这种葬俗是有被唐时西域胡人葬俗所影响的可能”，并进一步提出“是综合因素导致的结果，应该是在传统柳条棺的习俗基础上，广泛地吸收各种因素（如萨满教、佛教、金缕玉衣等），形成的具有辽代特色的契丹葬具习俗，而在所有这些因素中唐时西域胡人葬俗的影响最大”。

3 张国庆：《辽代契丹丧葬文化考述》，《中央民族大学学报》（哲学社会科学版）1995 年第 4 期。

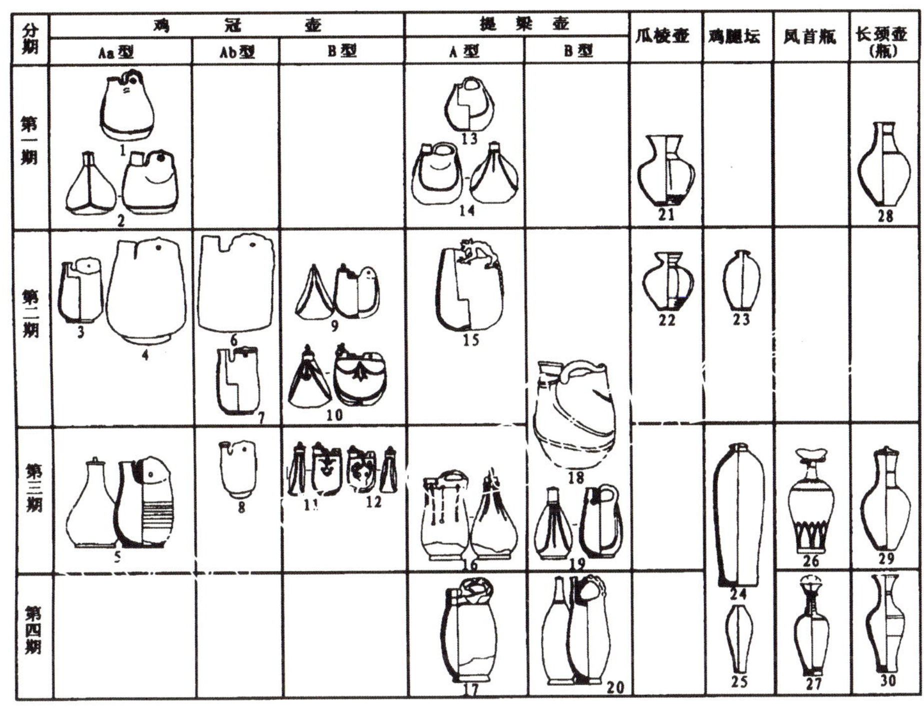

图 2-2-16　辽代契丹人墓葬典型器物分期图
（采自《考古》2004 年第 8 期，第 67 页，图三）

二、汉人墓

辽代汉人分布较广，主要居住在长城以南地区的南京道、东京和西京道大部分地区，其中以韩、刘、马、赵四大家族为盛[1]。穆宗以前的辽代早期墓葬中，能够明确为汉人墓葬的不多。其后，汉人墓葬明显增多。辽代汉人墓葬的墓葬形制与契丹墓差别不大，仅能根据墓志、装饰风格和随葬品组合进行推断。但就刊布的资料看，辽代汉人墓葬大多带有精美的壁画，墓葬装饰风格兼具汉地和契丹因素，早期墓葬罕见墓志。这为准确判别辽墓的民族属性带来了相当大的难度。目前能够明确为汉人贵族的大型墓较少，缺乏时间上的延续性，能够用于分期的材料并不多，因此不再进行分期探讨。依据墓葬所反映的文化因素的差异，大致以长城为界将辽代汉人墓分为南、北两区。

（一）长城以北地区

长城以北地区目前发现的辽代汉人墓不多，主要分布在内蒙古敖汉旗、巴林左旗、巴林右旗和辽宁朝阳等地，以砖室墓为主，墓室以方形和多角形居多，个别墓葬规模较大，墓内装饰既有契丹装束的人物形象、备马图、备宴图、仪仗图等壁画装饰题材，也有汉地风格的四神画像线刻。出土器物既有典型的契丹风格的鸡冠壶等器物，也有来自汉文化的四神石刻等。典型墓例有内蒙古巴林左旗辽

1 王明荪：《略论辽代的汉人集团》，氏著：《宋辽金史论文稿》，台北：明文书局，1981 年，第 63—125 页；萧启庆：《汉人世家与边族政权——以辽朝燕京五大家族为中心》，台湾宋史座谈会编：《宋史研究集》第 27 辑，1997 年，第 481—541 页。

①

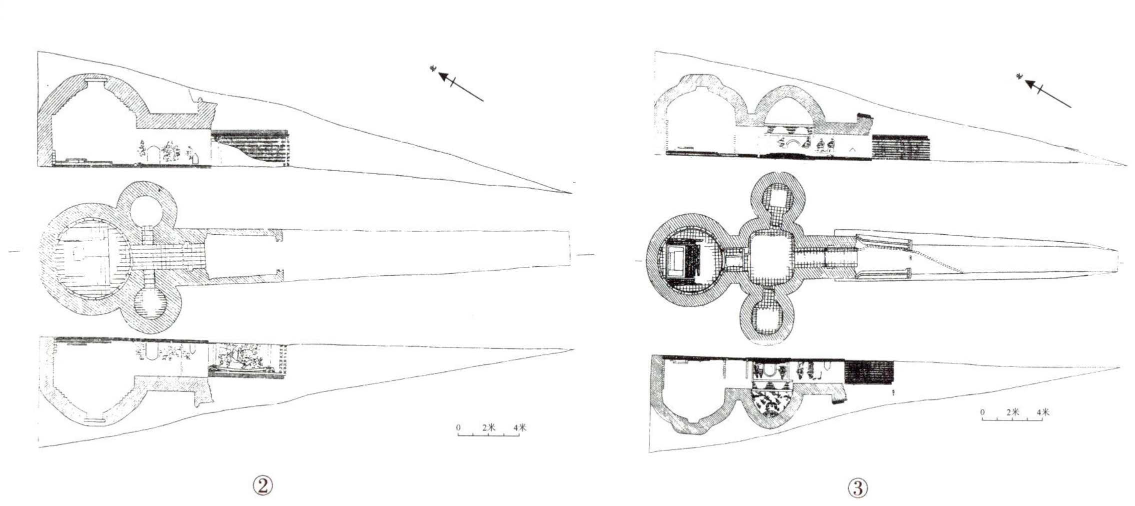

② ③

图 2-2-17　内蒙古巴林左旗韩匡嗣家族墓墓葬形制图
（采自《内蒙古文物考古》2002 年第 2 期，第 20 页，图二；第 24 页，图五；第 31 页，图十二）

代韩匡嗣家族墓[1]、辽宁朝阳辽代耿氏家族墓[2]。

2000 年发掘的巴林左旗白音罕山 3 座大型辽代韩匡嗣家族墓（图 2-2-17），皆为带长斜坡墓道前后双室砖室墓，斜坡墓道长 20 米左右；墓门为仿木结构；前室为长方形或近长方形，左右各有一耳室；后室皆呈圆形，直径 6 米左右，内壁有木护墙。墓道无壁画，天井影作廊庑并绘有出行备马与仪仗图，甬道和前室绘有持物侍者。M3 后室中央设木制小帐与石棺配合使用。墓中均随葬有墓志，但 M2 志石已散佚，M1、M3 两墓墓志保存较好。据墓志，M3 墓主为韩知古之子韩

1 韩匡嗣、匡胤、匡献、匡美皆为韩知古之子，除韩匡嗣一支葬于长城以北的巴林左旗之外，韩匡献、韩匡美两支在今辽阳附近，韩匡胤一支在今河北迁安，皆在长城以南，其墓葬的契丹化程度不及韩匡嗣一支。内蒙古文物考古研究所：《白音罕山辽代韩氏家族墓地发掘报告》，《内蒙古文物考古》2002 年第 2 期；刘未：《辽代汉人墓葬研究》，《汉学研究》第 26 卷第 1 期（2004 年）。

2 朝阳地区博物馆：《辽宁朝阳姑营子辽耿氏墓发掘报告》，《考古学集刊》第 3 辑，北京：中国社会科学出版社，1983 年，第 168—195 页；朝阳博物馆、朝阳市城区博物馆：《辽宁朝阳市姑营子辽代耿氏家族 3、4 号墓发掘简报》，《考古》2011 年第 8 期。

匡嗣与夫人萧氏合葬墓，分别葬于统和三年（985 年）和十一年（993 年），M1 墓主为“赠侍中昌黎公”，年代晚于 M3，简报推断 M2 年代当在 M1 与 M3 之间。对比时代相近的床金沟 M5[1]、陈国公主墓等墓，不难发现 3 座韩氏家族墓从墓葬形制到装饰都与同时期的契丹贵族大型墓极为相似。有学者研究指出，韩氏家族的各代主要人物娶妻几乎都是契丹族，其家族第三代就应当视为在血统上的契丹化完成，甚至在心理认知上与契丹族也几近一致[2]。这一现象反映出辽代政权腹地内汉人豪强契丹化程度之高。

1975—2002 年在朝阳姑营子发掘的 4 座辽代耿氏家族墓（图 2-2-18），其中 M1、M2、M4 为带前后双室墓，出土有墓志，墓主身份及下葬年代记载清楚，分别为耿知新（太平七年，1027 年）、耿延毅及夫人耶律氏（开泰九年，1020 年）、耿崇美及夫人耶律氏（保宁二年，970 年），M3 为单室墓，未出土具有明确纪年或标志墓主人身份的材料，简报根据其地理位置、墓葬形制和装饰风格以及出土遗物等方面推断其墓主人为耿崇美的晚辈，年代与 M1、M2 相当。M4 年代最早，且被盗掘严重，随葬品所剩无几。然其余三座墓中皆出有 2 件釉陶鸡冠壶、数量不等的铁制用具和生活工具，墓门上有复杂的仿木结构，墓室设棺床，上置木制小帐，墓门两侧绘有门吏，主室南壁嵌有舌形灯台。这些特点与晚期契丹贵族大型墓极为相似。此外，这些墓葬又或多或少地保存了一些汉地特征，如 M1 墓志四角所雕伏狮头顶阴刻八卦符号，M3 墓室顶部绘有日月星象图，M2 石椁四壁阴刻有四神图像，M4 出土有 5 块阴刻八卦符号的长方形石块等。此类现象也见于 1972 年、1977 年发掘的赵匡禹墓和赵为干墓[3]，两座墓葬均为圆形单室石室墓，直径 2.4 米左右，皆以小石棺盛火葬骨灰，石棺既有四神图像，又有契丹装饰的侍者持物的形象，表

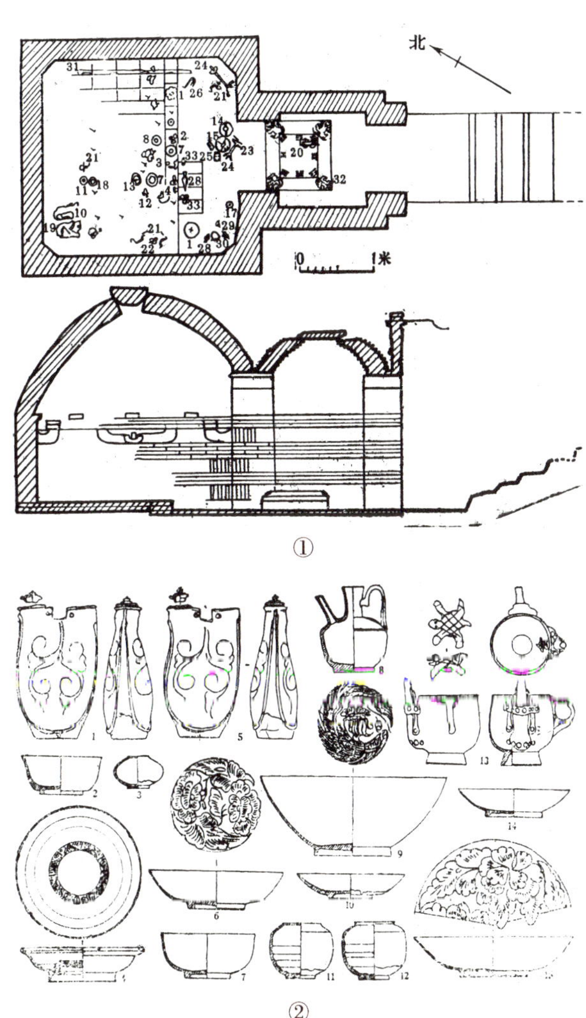

图 2-2-18 辽宁朝阳姑营子耿氏家族墓 M1 墓葬形制图及出土瓷器
（采自《考古学集刊》第 3 辑，第 169 页，图二；第 171 页，图四）

1 内蒙古文物考古研究所：《巴林右旗床金沟 5 号辽墓发掘简报》，《文物》2002 年第 3 期。

2 王玉亭：《从辽代韩知古家族墓志看韩氏家族契丹化的问题》，《北方文物》2008 年第 1 期。关于韩氏家族的通婚情况，可参见付璐：《辽代“汉人”契丹化研究——以韩知古家族为例》，中南民族大学硕士学位论文，2011 年，第 26—30 页。

3 邓宝学等：《辽宁朝阳辽赵氏族墓》，《文物》1983 年第 9 期。

明这一地区汉人豪强在契丹化程度较高的同时又顽强地保留了部分汉地文化因素。

辽宁建平秦德昌墓（1078年）[1]、内蒙古宁城邓中举墓（1098年）[2]、昭乌达盟（今内蒙古赤峰）尚暐符墓（1099年）[3]、内蒙古敖汉旗羊山M2（1099年）[4]、辽宁朝阳龚祥墓（1104年）[5]等墓室为四边形或多边形，内壁对边距均不超过5米，规模较小，形制简单。墓中出土有墓志，墓主身份和墓葬年代记载清楚，有的墓志还刻有十二生肖形象。邓中举墓四壁壁面还镶嵌青龙、白虎、朱雀、玄武四神和老翁、武士、童仆、侍吏等半浮雕像，在辽墓中极为罕见。这类有准确年代的辽代汉人墓的发现，为辽代墓葬分期断代与族别研究提供了可靠的标尺。

不难看出，长城以北的辽代汉人墓葬形制与契丹墓都极为相似，要准确判定这一地区墓主人的民族属性，得更多依靠墓葬中出土的文字材料如墓志、题记等。但带有铭刻文字的墓葬发现并不多，且墓葬级别较高，因此我们只能借此认识较高级别的汉人墓葬，而辽代社会中下层墓葬之民族属性判断则难度较大，只能依据出土器物进行推断。即便如此，我们仍能从为数不多的墓主身份明确为汉人的墓葬材料看出，汉人墓的契丹化程度与其所在位置有极大的关系。位于辽政权统治腹地的汉人墓葬，如内蒙古巴林左旗韩匡嗣家族墓，受契丹文化影响程度最深，而靠近长城以南区域（如朝阳等地）的汉人墓则相对较多地保存了汉人墓葬文化因素。

（二）长城以南地区

长城以南地区主要是指以燕云十六州为核心的辽西京和南京区域。以北为辽朝政权的统治腹心地带，以南则为赵宋政权的统治区域，受汉地影响较深。考古发现的汉人墓葬主要集中在以归化州、奉圣州（今河北宣化、涿鹿）、西京（今山西大同）、南京（今北京）为中心的三个地区。这些地区是辽代汉人的主要居住区，发现的汉人墓较长城以北多，墓葬的汉地文化因素也更加明显。典型墓例有北京辽代赵德钧墓[6]、韩佚墓[7]，山西大同辽代许从赟墓[8]，河北宣化辽代张氏家族墓[9]。

北京辽代赵德钧墓是目前在长城以南地区发掘的年代最早的带有明确纪年的汉人贵族墓。墓葬位于北京南郊，规模宏大，有前中后三个圆形主室，直径分别

---

1 李波：《建平三家乡辽秦德昌墓清理简报》，《辽海文物学刊》1995年第2期。

2 项春松、吴殿珍：《内蒙古宁城辽邓中举墓》，《考古》1982年第3期。

3 郑隆：《昭乌达盟辽尚暐符墓清理简报》，《文物》1961年第9期。

4 邵国田：《敖汉旗羊山1-3号辽墓清理简报》，《内蒙古文物考古》1999年第1期。

5 尚晓波：《辽宁省朝阳市发现辽代龚祥墓》，《北方文物》1989年第4期。

6 北京市文物工作队：《北京南郊辽赵德钧墓》，《考古》1962年第5期。

7 北京市文物工作队：《辽韩佚墓发掘报告》，《考古学报》1984年第3期。

8 王银田等：《山西大同市辽代军节度使许从赟夫妇壁画墓》，《考古》2005年第8期。

9 河北省文物管理处、河北省博物馆：《河北宣化辽壁画墓发掘简报》，《文物》1975年第8期；张家口市文物事业管理所、张家口市宣化区文物保管所：《河北宣化下八里辽金壁画墓》，《文物》1990年第10期；张家口市宣化区文物保管所：《河北宣化下八里韩师训墓》，《文物》1992年第6期；张家口市宣化区文物保管所：《河北宣化辽代壁画墓》，《文物》1995年第2期；河北省文物研究所等：《宣化辽代壁画墓群》，《文物春秋》1995年第2期；河北省文物研究所等：《河北宣化辽张文藻壁画墓发掘简报》，《文物》1996年第9期；河北省文物研究所：《宣化辽墓——1974—1993年考古发掘报告》，北京：文物出版社，2001年。

为 2.74 米、4.12 米、2.62 米，左右各有一对称的圆形耳室，耳室大小不等，然中室两耳室明显大于前后室耳室（图 2-2-19）。根据出土墓志记载，赵德钧先死，待其夫人种氏死后合葬于应历八年（958 年）。墓室多处坍塌，壁画大部分剥落，加之盗掘严重，墓中随葬品所剩无几，仅出土零星铁器、铜器、陶瓷器和少量钱币。即便如此，赵德钧墓葬采用形制宏大的前中后三室的帝陵之制，为辽代汉人墓葬等级最高者。

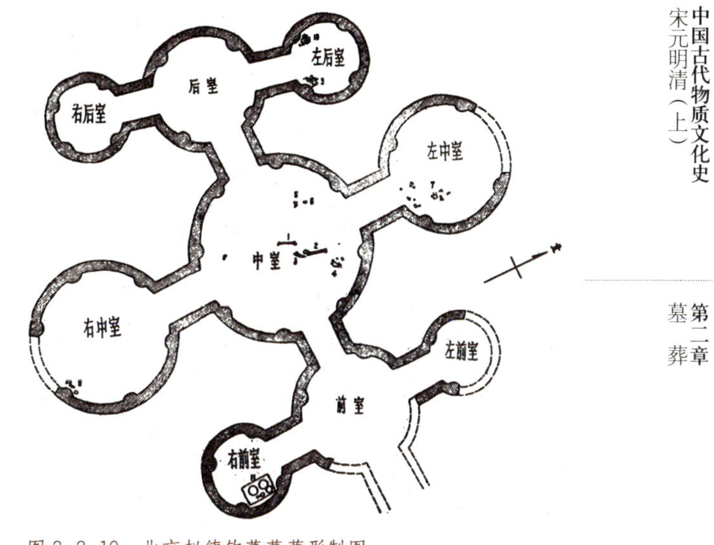

图 2-2-19　北京赵德钧墓墓葬形制图
（采自《考古》1962 年第 5 期，第 247 页，图一）

山西大同辽代乾亨四年（982 年）许从赟夫妇合葬墓是晋北地区唯一一座辽代早期纪年墓。该墓为砖砌圆形单室墓，穹窿顶（图 2-2-20）。底径 4.92 米、高 5.2 米。墓室后部东西向放置 1 件木棺罩，木棺罩四角有风铃，罩内中央铺地砖下面有白砂岩石棺 1 副，石棺长 0.84 米、前宽 0.54 米、后宽 0.36 米、前高 0.48 米、后高 0.32 米，棺内盛有大量骨灰。墓室周壁及墓顶皆绘有彩色壁画，自上而下可分为三层：上层穹窿顶四周绘有星宿图；中层位于穹窿顶与立壁上端，用红、黑两种颜料绘制斗拱、批竹昂、替木等构件；下层位于墓室立壁至近墓室地面处，画面以汉人形象的男女侍者为主（图 2-2-21）。

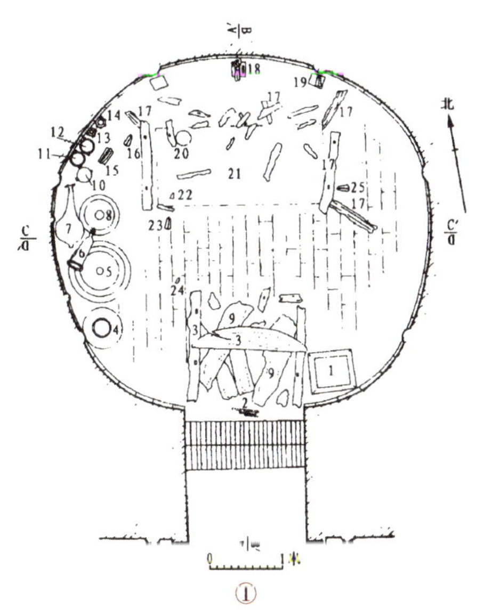

①

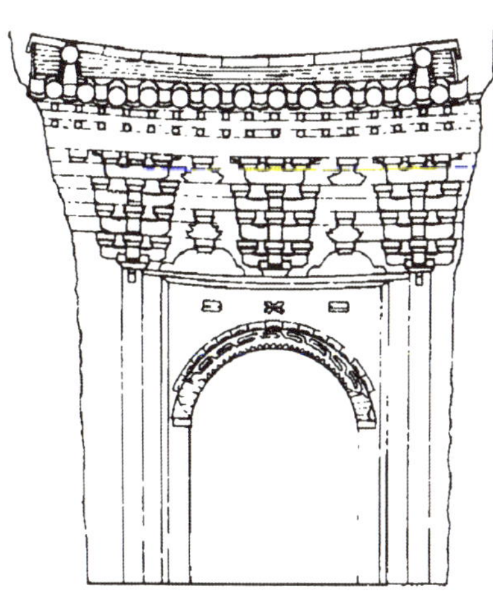

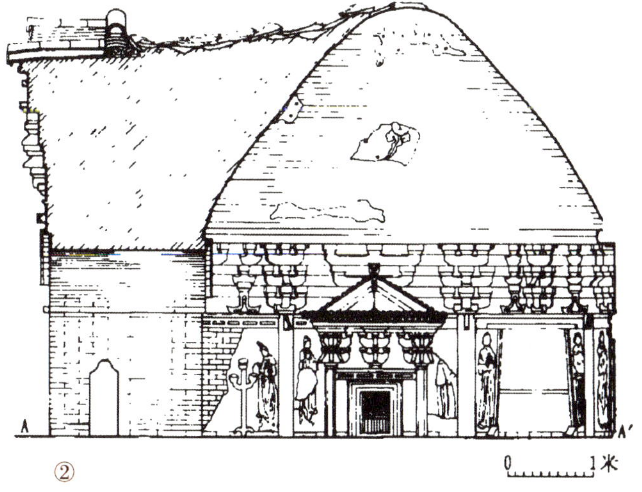

②

图 2-2-20　山西大同许从赟墓墓葬平、剖面图
（采自《考古》2005 年第 8 期，第 35 页，图二、图三）

出土器物较多，陶器有长颈枭兽壶、堆花喇叭口形器和将军罐（图 2-2-22）；铁器有釜、臼、碾、盘、锁、铃、灯盏、钩（图 2-2-23）；还有素面铜镜、木俑和瓦当各 1 件。出土细砂岩墓志 1 合，志盖中央双线刻首尾相接的双凤图案，双凤上下刻九游九星与北斗七星，外围环以曲尺纹。盝顶四杀分刻十二生肖图，每边三个，着交领长袍，双手执物朝向盝顶中央而立。

图 2-2-21　山西大同许从赟墓墓室东北角侍女图
（采自《考古》2005 年第 8 期，第 39 页，图一〇）

北京辽代韩佚与夫人王氏合葬墓由墓道、墓门、甬道和圆形墓室组成（图 2-2-24），全长 13.9 米，墓室直径 3.18 米，穹窿顶，高 0.88 米。墓室后部砖砌束腰棺床，几乎占据了墓室的整个北半部。棺床高 0.65 米、进深 1.53 米。壶门内用墨线勾绘 6 幅花卉。墓室三壁共绘七幅壁画，壁画内容以侍女为主。穹窿顶正中绘莲花，四周用八条红色弧形宽垂带将穹窿顶分成八格，每格内绘白色飞鹤一只，间以流云；顶下部四周分绘头顶生肖的人物像十二个，身着宽衣长袍，面对室内，拱手而立。随葬器物较多，大多保留原位置。可分为两组，棺床上一组，以瓷器为主；棺床下一组，以陶器为主。出土器物近 60 件，以瓷器最多，其次是陶器、铜器、银器和少量腐朽严重的漆器与木器。陶瓷器主要器类有罐、碗、盘、钵、水注、鸡腿坛、执壶、三足炉、盆、勺（图 2-2-25）。此外还出土韩佚墓志1方，无盖；王氏墓志1合，志石、志盖保存完整，盝顶志盖，四角饰花叶纹，四杀每边阴刻十二生肖像，身着宽衣长袍，面对志盖中央，拱手而立。据墓志，韩佚死于统和十三年（995 年），于次年（996 年）下葬；其妻王氏，死于统和二十九年（1011 年），并于当年下葬。对比这一地区的晚唐五代墓葬，如北京八里庄唐开成三年（838 年）王公淑墓、河北曲阳唐天佑二十年（923 年，梁龙德三年）五代王处直墓，不难发现韩佚墓在壁画布局和题材与该两座墓有明显的渊源关系，形象地反映了辽代中期这一地区汉人贵族墓的文化因素构成情况。

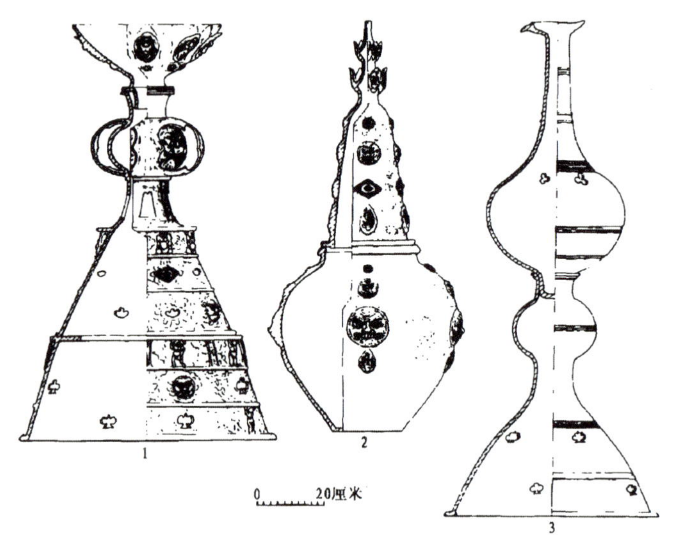

图 2-2-22　山西大同许从赟墓出土陶器
（采自《考古》2005 年第 8 期，第 42 页，图一四）

1974—1993 年间，河北省文物考古工作者先后在宣化下八里清理了 10 座辽

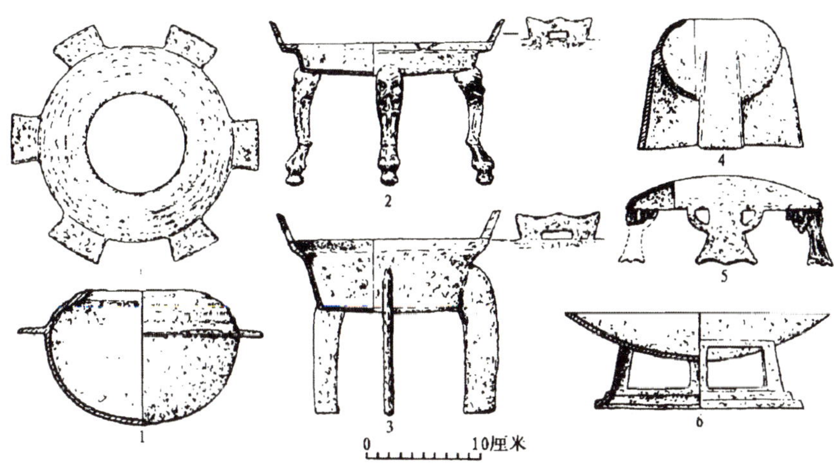

图 2-2-23 山西大同许从赟墓出土铁器
（采自《考古》2005 年第 8 期，第 43 页，图一五）

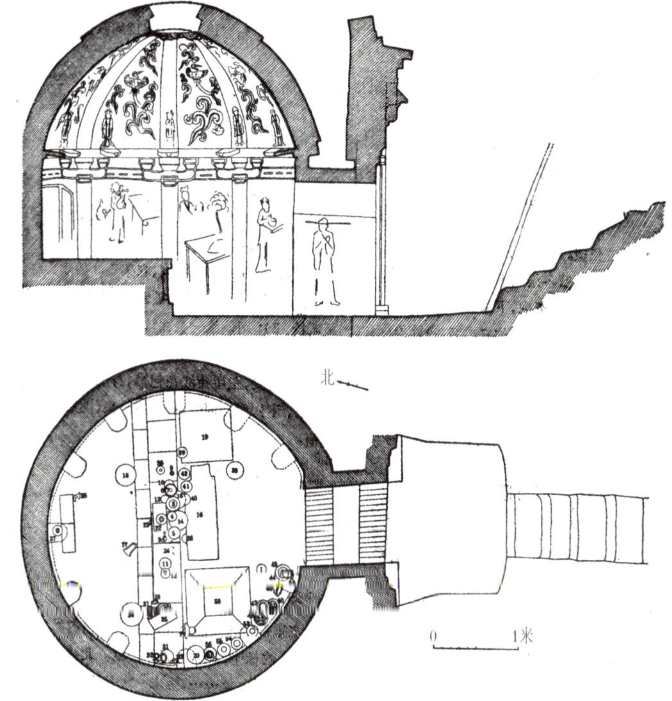

图 2-2-24 北京韩佚墓墓葬形制图
（采自《考古学报》1984 年第 3 期，第 363 页，图三）

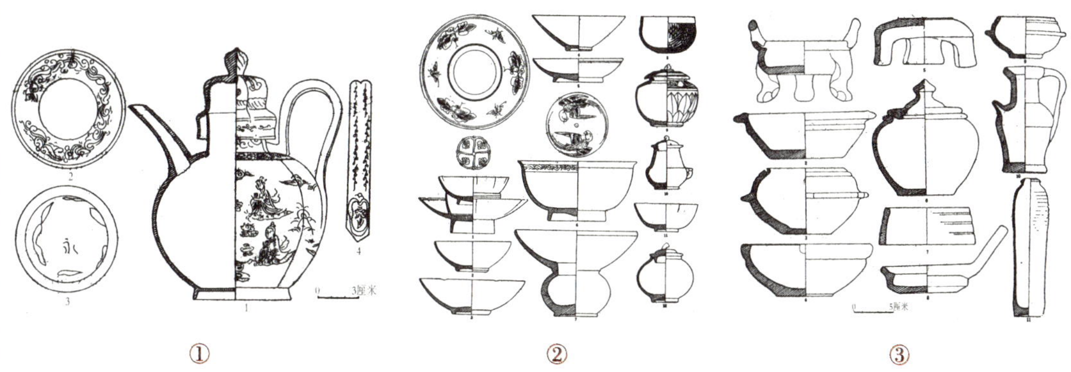

图 2-2-25 北京韩佚墓出土陶瓷器
（采自《考古学报》1984 年第 3 期，第 365 页，图五；第 366 页，图六；第 368 页，图七）

墓，除了M8为未建成的空墓，M4为韩师训墓，其余八座皆为张氏家族墓（图2–2–26）。按照排列方式，可将这八座墓葬大致分为两区：以张匡正墓（M10）为中心的东南区和以张世卿墓（M1）为中心的西北区。墓葬的排列方式可能仍然受到唐人昭穆葬法的影响[1]。根据出土墓志和墓葬之间的关系，八座辽墓和韩师训墓的年代均在辽代晚期，墓主、下葬时间及其辈分关系如下：

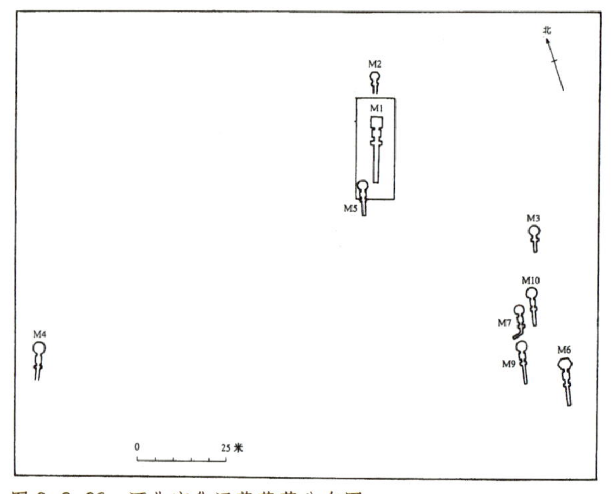

图2–2–26　河北宣化辽墓墓葬分布图
（采自《宣化辽墓》，第5页，图二）

张匡正（M10，1093年）——文纪（M6）——世本（M3，1093年）

文震（M9）——世卿（M1，1116年）

文藻（M7，1093年）——世古（M5，1117年）

——恭诱（M2，1117年）

除M2、M3为单室墓外，其余6座墓皆为前后双室墓，前室呈长方形，后室为圆形或多边形。墓群出土随葬品较多，种类丰富，以M10为例，该墓未被盗，出土瓷器21件，有白釉瓷碟9件，白瓷碗4件，黄釉瓜形壶、三彩洗、黄釉唾盂、黄釉碗、黄釉盏托、黄釉龙柄碗、白瓷小碗、绿釉鸡腿瓶各1件；陶器33件，有冥币9件，仓5件，盆4件，罐3件，匜2件，执壶、鏊子、熨斗、鐎斗、甑、釜、鼎、三足盘、盂、剪各1件；铁器有灯、锁、钥匙各1件，骨木器有木俑6件、骨梳3件、小木桌和木椅各2件以及大木桌、盆架、镜架、衣架、竹编小匣各1件；此外还出土有铜镜2件、铜币68枚。大多数墓葬都保存较完好，墓壁壁画内容以家庭生活场景为主，常见题材有备茶、备酒、备经、启门、挑灯、门卫、府库、侍者、屏风、散乐、童嬉等，出行图仅见于三座墓。值得注意的是，壁画中的侍者多为着契丹服饰的汉人形象，具有鲜明的时代特征。墓顶中心多饰一重瓣莲花，周边画二十八宿、太阳、月亮，有的还配有黄道十二神宫、十二时神、北斗七星等（图2–2–27）。M1、M5和韩师训墓（M4）还出现有车马出行图。

9座建成的墓葬中，除M4墓主韩师训葬于辽天祚帝天庆元年（1111年）外，其余8座均为张姓家族成员墓葬，其中张匡正死于道宗清宁四年（1058年），张文藻死于道宗咸雍十年（1074年），这两人死后均先权葬他处，张世本死于道宗大安四年（1088年），其后三人同于道宗大安九年（1093年）下葬，三座墓葬均位于墓地东南区，分布集中，年代一致，同区的M6、M9年代抑或即与之相当。张世卿死于天祚帝天庆六年（1116年）并于同年下葬，张世古死于道宗乾统八年（1108年），张恭诱死于天祚帝天庆三年（1113年），张恭诱系张世古之长男，两人同于天庆七年（1117年）下葬，此三人墓葬位于墓地西北区，年代相近。东南、

1 宿白：《河北四处古墓的札记》，《文物》1996年第9期。

西北两组墓葬均应经过事先规划，并有可能系统一营建，按照辈分埋葬张氏家族成员。两组墓葬年代相差二十多年，在墓葬形制、装饰与壁画、出土器物等方面有很大的差异[1]。

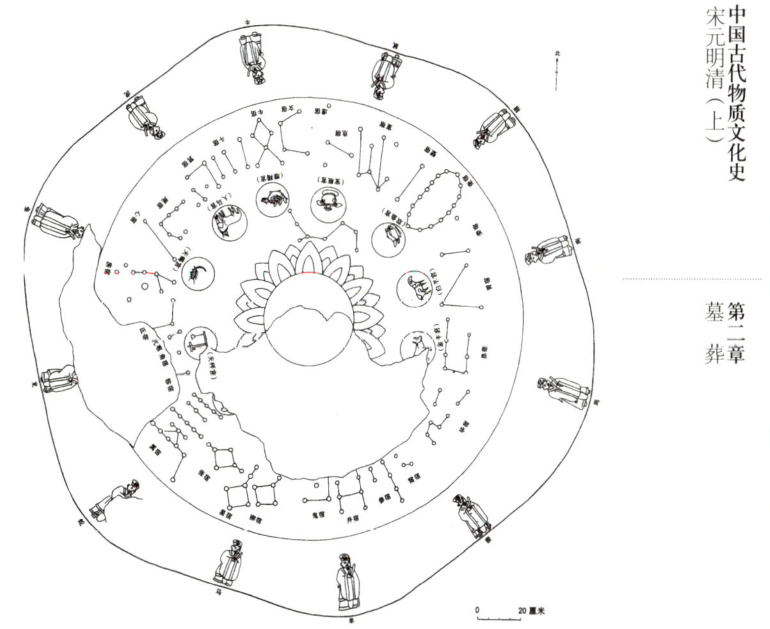
图 2-2-27　河北宣化辽墓 M5 后室室顶彩绘星宿图摹本
（采自《宣化辽墓》，第 257 页，图二〇四）

长城以南的汉人墓葬与契丹人墓葬在形制上差异并不大，两者的差异性主要体现在墓葬内部陈设、装饰及出土器物等方面。契丹人墓室常见的棺床及木制小帐，在汉人墓中很少见到，墓葬装饰题材更多地带有汉地文化因素，如着契丹服饰的汉人形象、墓顶的星宿图等。相对于长城以北地区，该地区的汉人墓葬较多地保留了大量的汉人丧葬习俗，契丹文化则相对较少见，这一点和该地区的丧葬文化传统和辽政权所采用的南北面官分制的统治方式是直接相关的。

（三）小结

目前能明确墓主身份为汉人的辽墓发现得并不多，就目前已刊布的墓葬资料看，辽代汉人墓可大致分为砖室墓、石室墓、砖圹墓三类。砖室墓和石室墓多为仿木的类屋式结构，墓门一般砌成门楼式，墓室四壁多影作立柱，带仿木斗柱、门窗、桌椅，个别仿木构件以彩绘装饰，墓顶多为穹窿顶，墓葬壁画分布以墓室为中心，常见题材有侍奉图、家居生活图、星宿图、乐舞、花卉等，壁画人物既有契丹装束，也有汉人形象，但后者明显居多。宣化辽墓壁画中的家居生活图，画面生动，极具生活气息，反映了辽代汉人的家庭生活面貌。砖圹墓形制简单，多为单室，墓室四壁仅以砖竖砌或平垒而成，规模很小，结构简陋，墓室平面形状以圆形为主，方形次之，辽代中期开始出现六角形、八角形墓，晚期多角形墓比较流行，还出现梯形小墓。墓葬的墓室数量不一，其中砖室墓、石室墓以多室墓居多，而砖圹墓多为单室墓，墓室进深与墓主身份等级有一定的对应关系[2]。随葬品以陶器为主，其中成套的陶质生活明器最具特色，器类有罐、执壶、釜、鼎、盆、鸡腿坛等，器形经历了由粗矮到瘦高的演变过程（图 2-2-28）[3]。汉人墓中

1 关于两组墓葬差异的研究，可参见宿白：《宣化考古三题》，《文物》1998 年第 1 期；河北省文物研究所：《宣化辽墓——1974—1993 年考古发掘报告》，北京：文物出版社，2001 年，第 312、313 页。

2 杨晶先生认为，墓室进深 4 米以上者，墓主一般为高官贵族，随葬品颇多；墓室进深 2.5—3.5 米左右者，墓主一般为中、下官吏或其亲属，随葬品较多；墓室进深不足 2 米者，墓主一般为无官品的庶人，随葬品较少；而结构简陋、规模很小的砖圹墓，墓主的地位就更低下（参见杨晶：《辽代汉人墓葬概述》，《文物春秋》1995 年第 2 期）。

3 董新林：《辽代墓葬形制与分期略论》，《考古》2004 年第 8 期。

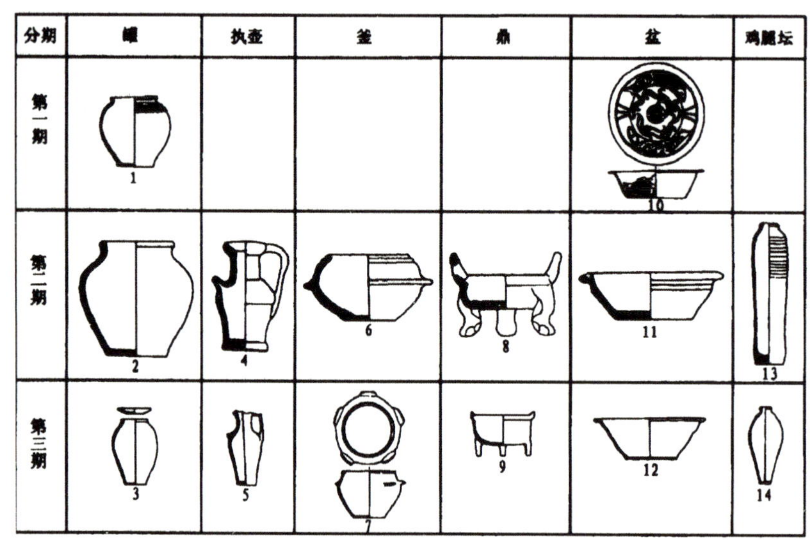

图 2-2-28　辽代汉人墓葬典型器物分期图
（采自《考古》2004 年第 8 期，第 68 页，图四）

也发现有随葬马具和鸡冠壶的现象，但是并不普遍，仅在辽代统治中心腹地区域的高等级汉人官吏墓中有零星发现，这与契丹人墓葬有很大的不同。辽代汉人墓葬盛行火葬，结合墓葬壁画中常见的备经图以及辽代佛教的流行情况等因素分析，这可能是受到佛教影响使然。

综上，辽代墓葬可按民族属性分为契丹墓和汉人墓两大类，两类墓葬在墓葬形制、结构上没有明显的差别，主要流行土坑墓、砖室墓、砖圹墓、石室墓，砖室墓、石室墓墓门常砌成门楼式，墓室内多砖砌棺床，墓室平面形制有圆形、方形、多角形。两者在墓葬装饰、随葬品、葬俗等方面有着比较明显的差别，契丹墓中常见有游牧图、车马出行图、狩猎图、山水图，人物形象多为契丹人装束，这些都是汉人墓葬壁画中较少见到的，后者则以汉人形象的生活家居图最具特色；契丹人墓中常随葬有马具、鸡腿瓶、鸡冠壶等陶瓷器，这是汉人墓中较少见到的；契丹高等级墓中常见有头戴面具、身着网络的干尸“木乃伊”，这是在同时期的汉人墓中基本看不到的。但是这些差别又不是绝对的，随着契丹和北宋政权对峙局面的形成，政权逐步稳固，民族融合进程加速，汉人葬俗和契丹葬俗相互借鉴和吸收，汉人墓和契丹墓中分别较多地出现带有契丹和汉人文化因素的装饰题材和随葬品，个别地区的墓葬文化面貌上呈现出逐步统一的趋势。

与相同地域的唐墓及同时期临近地域的宋墓相比，辽代统治区域火葬墓盛行，使用情况十分复杂，使用者除僧侣外，还有世俗的汉人和契丹人。早期的火葬墓多是规模较小的土坑墓，随葬品中常见契丹风格的篦纹陶罐、羊距骨等，墓主可能多为契丹人。中晚期的火葬墓以砖、石墓为主，墓内流行仿木结构和壁画装饰，随葬品中常见汉族习用的瓷器、陶明器等，少见同时期契丹人墓中使用的辽瓷器和马具等，墓主以汉人为主[1]，既有具有一定地位的官吏，也有部分为无官地主和平民。葬具以陶罐、木匣、石棺为主，中晚期墓葬还出现了砖砌骨灰槽、木质真容偶像葬具，有的甚至直接将骨灰置于尸床或堆砌于墓中。这些特点，与云南地

1 杨晶：《辽代火葬墓》，陈述主编：《辽金史论文集》第三辑，北京：书目文献出版社，1987 年，第 213—219 页。

区的火葬墓采用小型土坑墓圹和陶瓷器葬具在大型墓地集中埋葬的葬俗有明显区别。两地的火葬墓均受到来自佛教的影响，虽都采用火葬，但在具体葬埋方式上却有极大的差异，造成这种差异的原因值得进一步研究。

第三节　西夏墓葬的发现与研究

在中原北方和南方先后被女真、契丹和赵宋统治时，党项人自唐末就已经占领了西北地区。自 881 年（唐僖宗中和元年）拓跋思恭建立夏州政权，1038 年元昊正式建立西夏国，至 1227 年灭国，西夏国政权前后共历时 190 年。其疆域包括今之甘肃大部、宁夏全部、陕西北部和青海、内蒙古的部分地区。由于党项人对该区域统治的开始时间要远早于正式建国，因此我们在研究西夏墓葬时，墓葬年代的上限应从 881 年算起。囿于考古材料的缺乏，西夏墓葬辨识难度较大，目前已发掘的墓葬中能够确定为西夏墓葬者数量不多。因此，在资料公布尚不充分的情况下，只能对西夏的丧葬习俗做一简要梳理和概括[1]。西夏帝陵则放入“帝陵”一章专门讨论。

从目前的考古发现看，西夏墓葬主要分布在宁夏和甘肃武威一带，墓葬种类有塔葬墓、土洞墓、砖室墓等。

一、塔葬墓

塔葬墓在宁夏银川、甘肃金昌等地有发现，但资料尚未正式刊布。从报道来看，塔葬系在事先建好的墓塔地宫或龛内安放死者的骨灰，应为形式较特殊的火葬葬俗，墓主一般为西夏僧侣[2]。

二、土洞墓

土洞墓均分布在今宁夏地区，集中分布在永宁县闵宁村，西夏帝陵陪葬墓中亦有不少土洞墓。从目前的考古发现看，土洞墓均为带阶梯式墓道的单室墓，尸骨葬和火葬并行，墓主多为西夏贵族。典型墓例有西夏帝陵陪葬墓 M108[3]、M101[4]，银川闵宁村西夏墓[5]。

西夏帝陵陪葬墓 M108 为阶梯墓道单室土洞墓（图 2-3-1），地面上有长方形墓垣，南墙外靠东一侧距墙约 40 米处，有一正方形的碑亭残基，边长 10 米，高出地表约 0.8 米。墓室呈方形，圆转角，穹窿顶。墓室四壁和顶部均为原生黄土，

1 本节写作主要参考孙昌盛：《略论西夏的墓葬形制和丧葬习俗》，《东南文化》2004 年第 5 期。

2 庄电一：《宁夏紫圪（土达）西夏墓发掘有意外发现》，《光明日报》1999 年 12 月 23 日第 2 版；宋喜群、贺毓：《甘肃金昌发现国内首处塔龛悬葬遗迹》，《光明日报》2013 年 3 月 25 日第 9 版。

3 宁夏回族自治区博物馆：《西夏陵区一〇八号墓发掘简报》，《文物》1978 年第 8 期。

4 宁夏回族自治区博物馆：《西夏陵区 101 号墓发掘简报》，《考古与文物》1983 年第 5 期。

5 宁夏文物考古研究所：《闽宁村西夏墓地》，北京：科学出版社，2004 年。

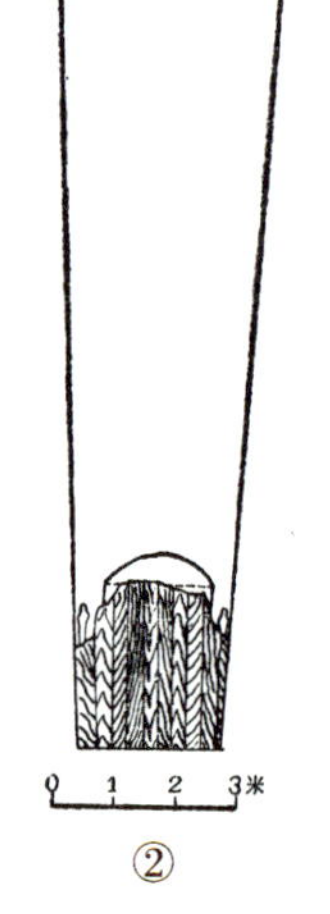

图 2-3-1　宁夏银川西夏帝陵陪葬墓 M108 墓葬形制图
（采自《文物》1978 年第 8 期，第 72 页，图二、图三。左为平、剖面图，右为正视图）

没有砌砖、涂灰和使用护墙板的痕迹，墓室底部未用铺地砖。该墓早期被盗，墓室内的葬具和随葬品遭到了严重的破坏和扰乱。墓室内共发现人骨架 3 具，墓室中部发现棺钉 40 枚和大量朽木。该墓大量的随葬物为家畜、家禽，墓室填土及底部出土有羊、牛、狗等家畜骨骼近百块，发现有鸡、鸭骨架和蛋壳。此外还有石狗、石马各 1 件出土。据出土的汉文和西夏文残碑碑首，墓主为西夏梁国正献王，卒于乾顺正德年间（1127—1134 年），该墓年代在西夏中期，为乾顺显陵的陪葬墓。

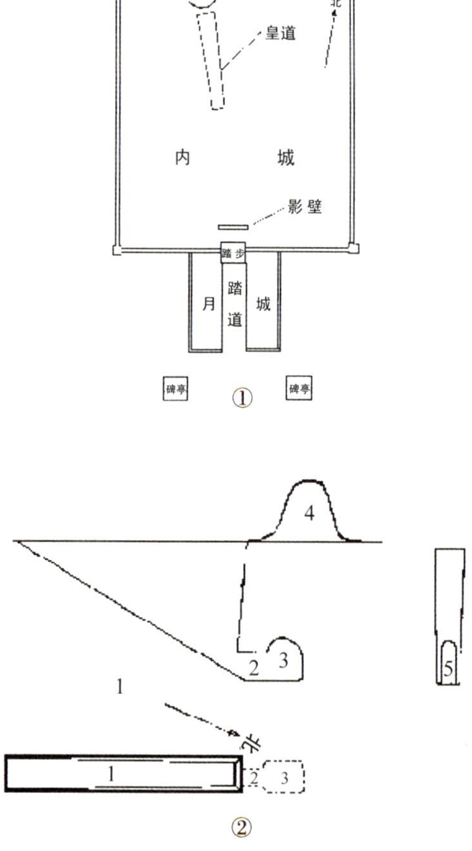

图 2-3-2　宁夏银川西夏帝陵陪葬墓 M101 布局图和墓葬形制图
（采自《考古与文物》1983 年第 5 期，第 38 页，图一；第 39 页，图四）

M101 墓葬形制与 M108 较一致，地面布局由南至北分为碑亭、月城和内城三部分（图 2-3-2）。碑亭共 2 座，形状和面积基本相同，但上部建筑却有明显的差异，西碑亭可能是殿宇式建筑，东碑亭可能是亭台式建筑，两碑亭的台基上出土有汉文和西夏文两种文字的残碑石块 101 块。月城呈长方形，月城背面为内城，呈长方形，南北长 117.4 米、东西宽 101.4 米，四周筑有宽 1.5 米的夯土墙，墙体内外均有两层白色石灰墙皮。墓葬位于内城西北。该墓曾遭盗掘，随葬品仅剩铁狗、铁釜、铁矛、白瓷碗、褐釉陶罐、石人头各 1 件，铜铃 2 件，面食点心 2 块，丝织物残片 10 余片，棺钉 34 枚，棺板 8 块。此外，甬道填土中还发现银质乳帽钉 10 枚、铁门钉 13 枚，墓道底部发现棱形镶金铜饰品 1 件，内城东北角发现鎏金铜饰品 2 件、铸铜 1 块。墓中葬有 1 男 3 女。据汉文残碑，墓葬年代在仁宗天盛二年（1150 年）至乾祐二十四年（1193 年）之间。

2000—2001 年，宁夏文物考古研究所等单位对宁夏回族自治区银川市永宁县闽宁村一处西夏墓地进行抢救性发掘，一共发掘 8 座墓葬和 4 座碑亭（图 2-3-3）。除 M3、M5、M6 破坏较严重导致墓葬形制不明外，其余 5 墓均为带阶梯式墓道、墓门、甬道的土洞单室墓，地面有封土，其中 4 座墓有长方形墓垣，墓葬不在墓园的正中而是位于墓园的西北部，M4 墓园门址内侧正中残留有黄土夯筑的影壁（图 2-3-4）。墓道方向均朝南，有的略偏东；甬道均偏离墓室中央，位于墓室东侧；M2、M4、M7 为土葬，其余均为人骨火化之后再埋入墓中，反映出火葬的盛行。8 座墓受到严重的盗掘，盗坑平面均成椭圆形，范围很大，都位于墓道北段、墓门上方等，有的墓葬被盗后墓室还被火烧毁。这种特点与西夏陵区墓葬盗坑的形

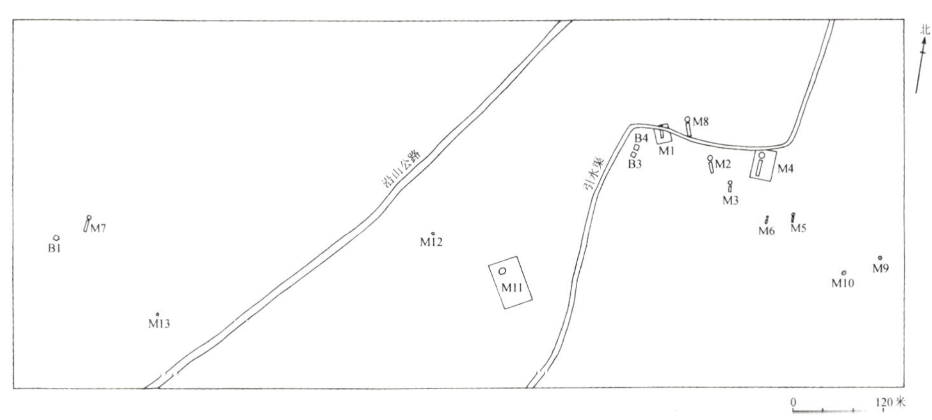

图 2-3-3　宁夏银川闽宁村西夏墓地遗迹分布图

（采自《闽宁村西夏墓地》，第 4 页，图二。笔者按：M9—M14 未发掘，B2 和 M14 位于 M7 西北约 2 公里处，故未在图上标出）

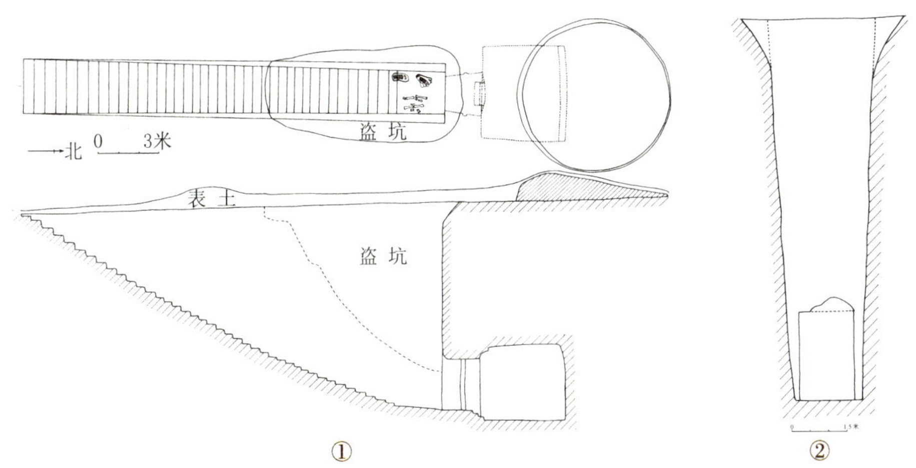

图 2-3-4　宁夏银川闽宁村西夏墓地 M4 墓葬形制图

（采自《闽宁村西夏墓地》，第 30 页，图一八；第 32 页，图一九）

制和现象完全相同，应该是一种有组织的、大规模的盗墓活动，其时间应与西夏陵被盗时间相当，报告推测是在蒙古灭西夏后不久。此外，墓群还遭到若干次小型盗掘。墓中随葬品大多所剩无几，墓志均被打碎。墓内和碑亭的残碑文字均为汉字，据记载，M1 葬于西夏第二代皇帝李谅祚期间（1048—1067 年在位），M7 葬于北宋天禧年间（1017—1021 年），整个墓地的年代当在西夏建国（1038 年）前后。

三、砖室墓

砖室墓主要分布在甘肃武威一带，墓葬形制简单，地面无封土，均为长方形单室墓，墓中流行随葬木塔，有的墓葬还出土有买地券[1]或木版画。目前发现的砖室墓墓主均为汉人。典型墓例有甘肃武威西郊西夏墓 M1、M2[2]。

甘肃武威西郊西夏墓 M1、M2 均为单室砖墓，规模较小。M1 在北，墓门向南；M2 在南，墓门向东。两墓墓葬结构、形制一致，墓门为单层砖拱形券顶，以卵石封门，墓底铺砖，墓顶呈圆锥形，墓室四壁均为平砖叠砌，后壁底部均设二层台，宽度与墓室相等，台上用石灰抹面。随葬品以木器为主，简报对 M2 的木器做了较为详细的报道，包括木条桌、木笔架、木椽塔各 1 件，木衣架、木宝瓶各 2 件、小木塔 4 件、木版画 29 块，木版画一般长 10—28 厘米、宽 5—10 厘米、厚

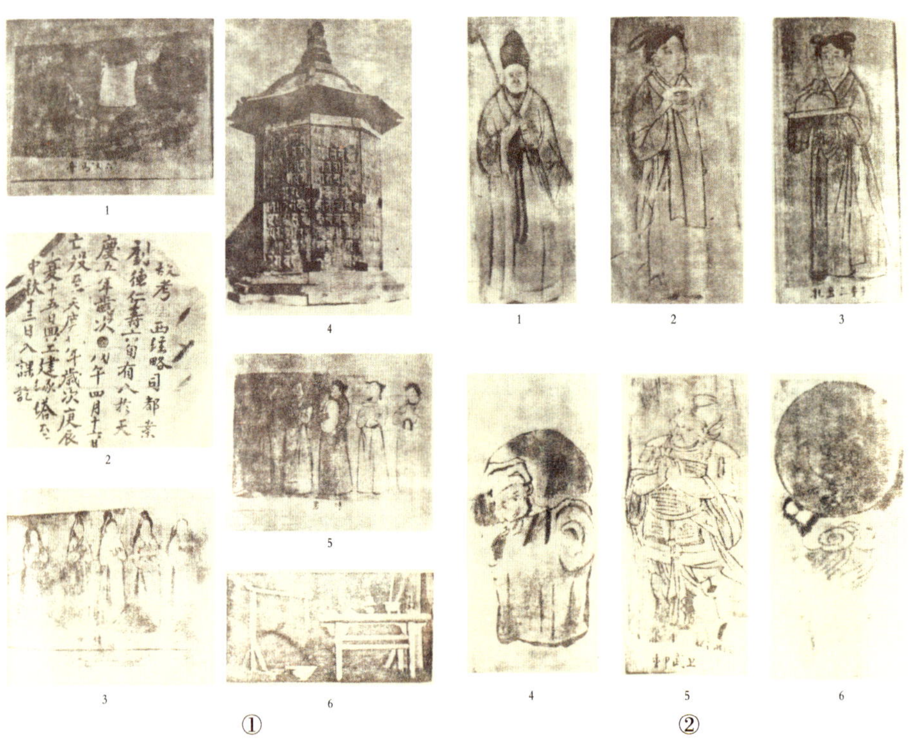

图 2-3-5　甘肃武威西郊西夏墓 M2 出土木版画
（采自《考古与文物》1980 年第 3 期，图版玖、图版拾）

1 姚永春：《武威西郊西夏墓清理简报》，《陇右文博》2000 年第 2 期；朱安等：《武威西关西夏墓清理简报》，《陇右文博》2001 年第 2 期。转引自于光建、徐玉萍：《武威西夏墓出土冥契研究》，《西夏研究》2010 年第 3 期。

2 甘肃武威地区博物馆：《甘肃武威西郊林场西夏墓清理简报》，《考古与文物》1980 年第 3 期。

1—2 厘米。版画放在墓门内两侧、左右两壁和后壁的墙角下。从画面内容、脸部方向和版画大小，可推测原先皆对称排列。板画内容有重甲武士、男女侍从、牵马人和鸡、狗、猪等家禽家畜，不少板画的背面或侧面还有墨书题榜，如“蒿里老人”“童子”“二童子”“大六”“天关”“太阳”“金鸡”等（图 2-3-5）。此外，该墓还出土瓷碗 1 件。M1 有三处题记，分别写于两块木椽塔内作为盖子的六角形木板上和一块未经加工的木板上。据题记，该墓为刘仲达与其夫人李氏顺娇合葬墓，幕葬最后下葬年代为天庆八年（1201 年）。M2 木缘塔内作为盖子的六角形木板上书题记一则，据题记，墓主刘德仁生前任西经略司都案，死于大夏天庆五年（1198 年），到天庆七年（1200 年），其子为墓主人建了缘塔，随葬于墓中。木版画内容带有浓厚的道教色彩，蒿里老人、金鸡、玉犬等在中原北方和南方的买地券中均较常见，题记皆为汉字书写而非西夏文字，两墓墓主均为汉人，均采用火葬。

四、小结

目前西夏墓葬发现和发掘数量较少，从已公布的材料看，墓葬以洞室墓和砖室墓为主，多为单室。葬俗以火葬为主，部分为土葬。党项贵族墓葬地面多有封土、墓垣，部分还带有碑亭，有者殉牲。汉人墓葬带有浓厚的中原北方因素，墓中没有辽、金墓葬繁芜的砖雕和壁画，取而代之以道教色彩浓厚的木版画，这些特点都表明西夏汉人墓葬深受宋、金墓葬制度和佛、道教葬仪的影响。

第四节　云南火葬墓的发现与研究

火葬墓在全国各地时有发现，但相较其他地区，云南的分布范围更广，延续时间更长。自公元 738 年白族蒙舍部落首领皮罗阁建立南诏国，到清朝政府将云南纳入统治范围，从南诏到清代的 900 余年间，火葬墓一直是云南地区的主要丧葬形式。自唐代开始即可在史料中见到云南地区的火葬葬俗。樊绰《云南志》卷八记载：“西爨及白蛮死后，三日内殡葬，依汉法为墓。稍富室广栽杉松。蒙舍及诸乌蛮不墓葬。凡死后三日焚尸，其余灰烬，掩以土壤，唯收两耳。南诏家则贮以金瓶，又重以银为函盛之，深藏别室，四时将出祭之。其余家或铜瓶铁瓶盛耳藏之也。”[1] 明朝景泰《云南图经志书》卷四记载：“人死则置于中堂，请阿吒力僧遍咒之三日，焚之野，取其骨，贴以金箔，书符咒其上，以磁瓶盛而瘗之。”[2] 云南地区集中分布的火葬墓墓地有 20 余处，一个墓地往往分布有数百上千座墓葬。

1 （唐）樊绰撰，赵吕甫校释：《云南志校释》，北京：中国社会科学出版社，1985 年，第 296、297 页。
2 方国瑜主编，徐文德、木芹纂录校订：《云南史料丛刊》第六卷，昆明：云南大学出版社，1998 年，第 64 页。

较重要的墓地有鹤庆象眠山[1]、大理大丰乐[2]、泸西和尚塔[3]、曲靖八塔台[4]、宜良孙家山[5]、禄丰黑井[6]、嵩明凤凰窝[7]、元阳六蓬[8]等。

云南地区的火葬墓年代跨度较长，各个时代的火葬墓在葬具和随葬品等方面略有差异。李萍将云南火葬墓分为洱海区域、滇西地区、滇西北地区、滇中地区、滇池区域、滇东地区、滇南地区、川西南地区等 8 个区系，并对每个区系的火葬墓进行了分期和断代。受篇幅所限，本节只对该区域南诏、大理、蒙元和明代的火葬墓典型墓葬加以介绍[9]。

一、典型墓地

(一) 鹤庆象眠山墓地

鹤庆象眠山火葬墓地分布范围广，墓葬数量多，从大理时期一直延续到明末清初。清理的火葬墓中均未发现地面有封土，部分墓坑用天然条状石块或砖块做标示。墓坑一般呈圆形或椭圆形，直径（或长径）多为 0.5—1 米。该墓地葬具绝大多数为陶质葬具，有少量瓷质和铜质葬具，偶见用木匣、砖砌、石围盛放烧骨的现象。

陶质葬具按陶色和装饰特点可分为四类：

1. 红陶、黄陶葬具，这类葬具陶色相近，火候较低，绝大多数为夹砂陶，偶见泥质陶。出现之初器身无佛教装饰纹饰，随后器表出现刻划的仰覆莲瓣纹装饰或附加堆纹。器形有罐、瓮、盆、瓶、壶等（图 2-4-1）。

2. 绿釉红陶葬具，仍以泥质陶为主，有少量夹砂陶。绿釉葬具出现时，红、黄陶葬具还没完全绝迹。绿釉葬具的佛教装饰纹饰和图案最为丰富，器形有罐、瓶、碗等。罐均为专用葬具，分为外罐、内罐两大类；瓶、碗等为生活实用器，数量少（图 2-4-2）。

3. 灰陶葬具，以泥质为主（仍含少量细砂），夹砂较少。灰陶葬具的大量出现稍晚于绿釉，在绿釉产品为主流葬具流行时，灰陶葬具被少量使用，器形和种

1 云南省文物考古研究所等：《鹤庆象眠山墓地》，北京：文物出版社，2008 年。

2 云南省文物考古研究所、大理市博物馆：《云南大理市凤仪镇大丰乐墓地的发掘》，《考古》2001 年第 12 期；云南省文物考古研究所等：《大理大丰乐》，昆明：云南科技出版社，2002 年。

3 云南省文物考古研究所等：《云南泸西县和尚塔火葬墓地清理》，《考古》2001 年第 12 期。

4 云南省文物考古研究所：《曲靖八塔台与横大路》，北京：科学出版社，2003 年。

5 云南省博物馆文物工作队、昆明市文物管理委员会：《云南宜良县孙家山火葬墓发掘简报》，《考古》1993 年第 11 期；云南省博物馆文物工作队等：《宜良孙家山火葬墓发掘简报》，《云南文物》第 30 期（1991 年）。

6 徐惠萍：《禄丰黑井石龙火葬墓清理简报》，《云南文物》第 44 期（1997 年）；张家华等：《禄丰黑井火葬墓清理简报》，《云南文物》第 48 期（1999 年）；徐惠萍：《云南禄丰黑井石龙火葬墓群出土陶瓷罐》，《收藏》2008 年第 5 期。

7 嵩明县兰茂纪念馆：《嵩明县凤凰窝古墓群调查简报》，《云南文物》第 30 期（1991 年）；云南省文物考古研究所等：《嵩明凤凰窝古墓葬发掘报告》，《云南文物》第 57 期（2003 年）。

8 云南省文物考古研究所等：《云南元阳六蓬墓地发掘报告》，北京：文物出版社，2012 年。

9 本节写作主要参考李萍：《云南古代火葬墓研究》，云南大学硕士学位论文，2010 年。

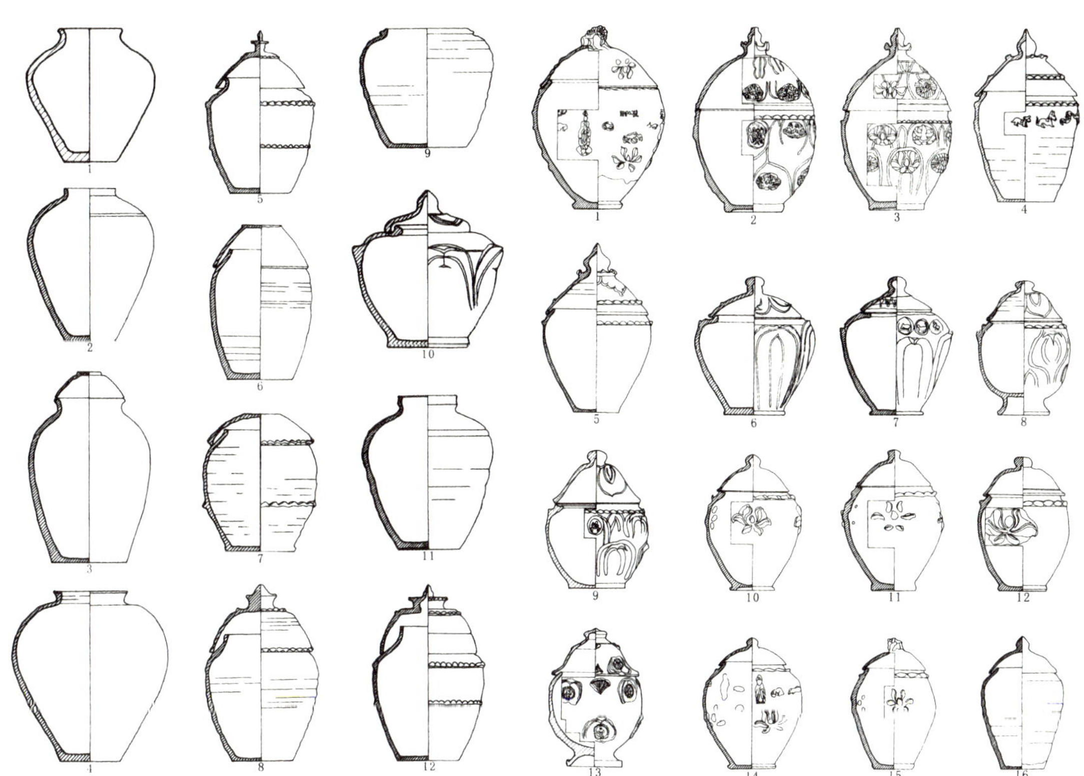

图 2-4-1 鹤庆象眠山火葬墓地出土红陶葬具
（采自杨帆等：《云南考古（1979—2009）》，昆明：云南人民出版社，2010 年，第 325 页，图二七八）

图 2-4-2 鹤庆象眠山火葬墓地出土绿釉葬具
（采自杨帆等：《云南考古（1979—2009）》，第 326 页，图二七九）

类亦较少，主要为瓮类。在绿釉葬具逐渐衰落时，灰陶葬具迅速成为主流葬具。器形有罐、瓮、瓶、盆、碗、盏、匜等。罐大多数为专用葬具，分为外罐、内罐（包括单罐）两大类，亦有用生活实用器作葬具的现象（图 2-4-3）。

4. 黄釉陶葬具，陶质十分坚硬，似瓷器。该类葬具的佛教装饰已大为减少，取而代之的是一种格式化的模印丨二生肖的梵文。晚期的黄釉葬具既无佛教纹饰，也无十二生肖图案，并出现少量使用黄釉葬具的火葬墓打破同墓地土坑墓的现象。器形主要有罐、瓶、碗等。另外，还出现少量的青釉瓷、青花瓷葬具以及铜质葬具（图 2-4-4）。

鹤庆象眠山火葬墓地出土随葬品种类不多，数量亦较少，可分为海贝、陶瓷器、金属器、玛瑙料珠、砖瓦等五类。其中海贝从南诏大理

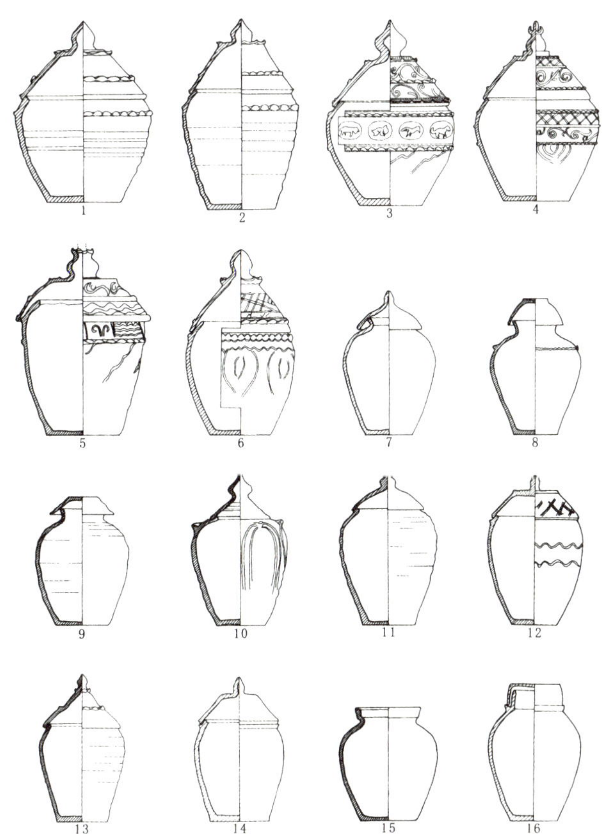

图 2-4-3 鹤庆象眠山火葬墓地出土灰陶葬具
（采自杨帆等：《云南考古（1979—2009）》，第 327 页，图二八〇）

国时期到明末都是云南等地的通行货币，各个时期的墓中均有海贝随葬，但早期墓中要少些，随葬海贝数量从1枚到数百枚不等，有少量海贝上涂有金粉和被烧过的痕迹。陶瓷器仅在个别墓中有零星发现，没有明显的器物组合关系。金属器可分为锡器、铜器、铁器和银器，其中锡器和银器仅出土零星几件，锡器均非实用器；铜器有首饰、铜镜和碎铜片，有的碎铜片上有朱书符咒；铁器以铁片较多，另有少量饰品及生活实用器。砖瓦以青色板瓦和青砖居多，少量瓦面带朱书，有的砖上模印梵文或带朱书。

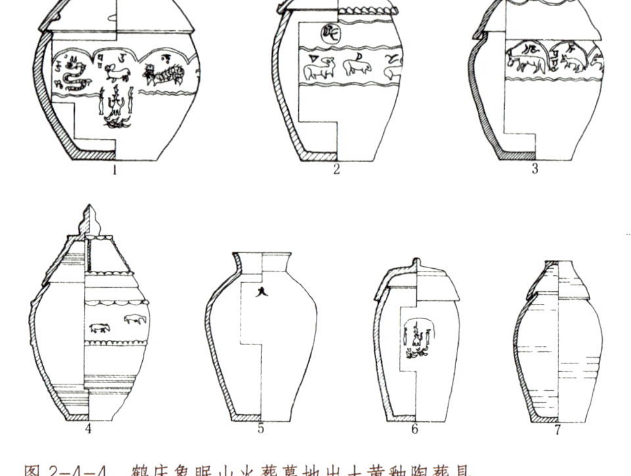

图 2-4-4　鹤庆象眠山火葬墓地出土黄釉陶葬具
（采自杨帆等：《云南考古（1979—2009）》，第330页，图二八三）

根据葬具形制的演变和墓葬间的叠压打破关系，鹤庆象眠山火葬墓可分为四期：

第一期：葬具较简单，宗教色彩较淡。按葬具的种类又可分为前后两段。前段约为南诏晚期至大理国中期，葬具尚多为生活实用器，无佛教装饰色彩；后段约为大理国中后期，专用葬具开始出现，表明佛教含义的火葬仪式开始推行以及丧葬用具的宗教化、专门化。

第二期：约为大理国后期至元末。绿釉葬具大量出现，葬具上的佛教色彩装饰风格浓厚，与红陶瓮、灰陶瓮的组合形式较多，表明该期墓葬是在一种佛教信仰主导下的火葬形式。

第三期：约为明初至明中后期。绿釉葬具开始衰退，灰陶套罐逐渐成为主流葬具。

第四期：约为明末至清初。黄釉葬具出现，先是以格式化的模印图案和较固定的内外罐组合为特点，到该期晚段这种葬具的模印图案便不再出现，出现了以生活实用器的黄釉罐作为葬具的现象，反映了该地区火葬葬俗的衰退。

（二）大理大丰乐墓地

大理大丰乐火葬墓地共清理出墓葬987座，其中火葬墓966座，墓坑以竖穴土坑为主，亦有零星的砖室和石室，墓坑平面形制多为圆形或椭圆形，也有少量的方形。墓葬之间的打破关系极为复杂。埋葬方式有单人葬、双人合葬、多人合葬及其他四类。单人葬墓根据葬具结构可分为单罐葬、双罐葬、三重罐葬、四重罐葬。双人合葬墓可分为二组单罐葬、二组双重罐葬。多人合葬墓数量不多，仅3座。其他埋葬方式为在土坑中放置一灰陶小碟，填土中含有几枚铁钉及大量烧灰，没有葬具。火葬墓的填土中多发现有铁棺钉，简报认为这种现象说明尸体是同棺木一起烧的。值得注意的是，保存较好的烧骨上多有梵文，有的还包有金箔。

966座火葬墓中出土葬具1254件，按质地可分为陶器、瓷器、铜器三类。其中陶器1217件，占绝大多数，包括罐1197件、缸15件、盆15件。陶罐有夹砂陶和泥质陶两类，泥质陶的数量最多，多为红色或灰色，器表均施釉，部分内外兼施，

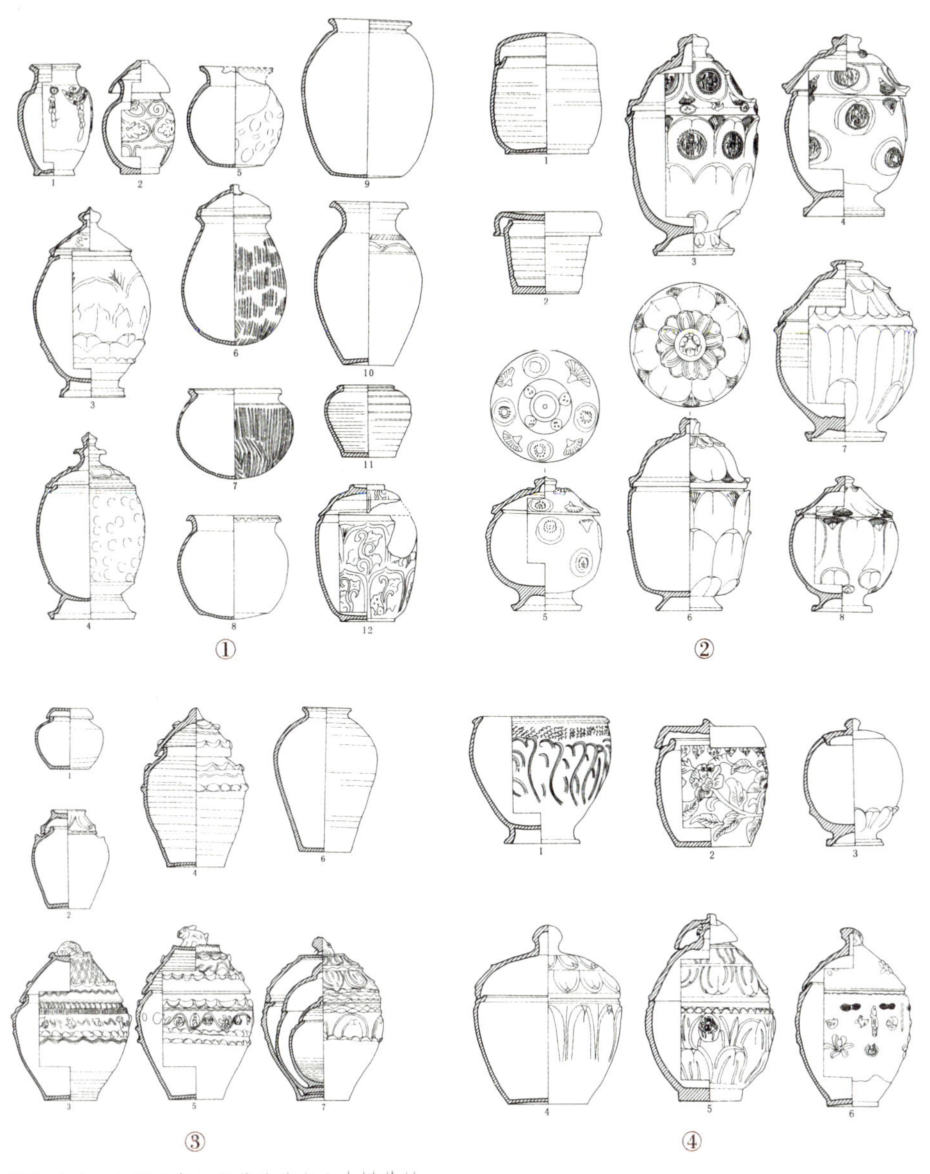

图 2-4-5　大理大丰乐火葬墓地出土陶罐葬具

（采自杨帆等：《云南考古（1979—2009）》，第 333 页，图二八五；第 334 页，图二八六；第 335 页，图二八七；第 336 页，图二八九）

大多数为绿釉，少量为黄褐釉；夹砂陶多为褐色，部分灰色。陶罐造型以假圈足和平底器为多，其次为凸底、圜底等，多数罐带盖，无盖的也用碗、盘等倒扣作盖，器表大多有纹饰，纹饰主要有凹凸弦纹、莲纹、绳纹、璎珞纹、蕉叶纹、水波纹、花边堆纹、宝相花、金刚杵、法轮人物以及十二生肖等（图 2-4-5）。瓷质葬具胎色黄灰，器表施半釉，釉色青中泛灰，有的带青花纹饰，器形有罐和缸，以罐为主（图 2-4-6）。铜器葬具极少，均为罐，系置于多重陶罐内的最内一小罐。

大理大丰乐火葬墓的随葬品种类及数量均较丰富，随葬器物常放置于罐内、内外罐之间，以及外罐外侧上部或坑底。按质地可分为陶器、瓷器和铜器、铁器。陶器数量最多，绝大多数为泥质陶，也有少量的灰黄陶，可大致分为器皿、俑和砖瓦三大类，其中一些小型器如绿釉红陶碟、豆、杯、碗、罐、盒、灯盏等多成组出现，简报推测为明器。瓷器多数为青釉瓷，也有一定数量的青花，应是云南本地的产品。铜器仅在少量墓葬中发现，在随葬品中所占比例不大，以铜片数量最多，也有少量佛教用品、铜镜、饰品以及小型生活用具。铁器绝大多数已锈蚀。

发掘者根据墓葬间的叠压打破关系、葬具、随葬器物以及热释光测年，将该批墓葬分为六期：

第一期：唐晚期至北宋初，相当于南诏晚期至大理国初期。本期墓葬数量极少，均为圆形或椭圆形竖穴土坑墓，单人单罐葬。葬具种类单一，仅见泥质红陶绿釉小型罐。部分墓葬有随葬品，多单独随葬。个别墓发现以3块小石呈正三角形支撑于罐底的现象。该期墓葬是迄今为止云南及周边地区发现的年代最早的火葬墓。

图 2-4-6 大理大丰乐火葬墓地出土瓷罐葬具
（采自杨帆等：《云南考古（1979—2009）》，第332页，图二八四）

第二期：南宋末年至元初。流行圆形或椭圆形的竖穴土坑墓，除单人葬外，开始出现双人合葬，且均为单罐葬。葬具均为体型不大的无釉夹砂薄胎褐陶罐，有的罐有配套的盖、碗、盘或盆。少数墓有随葬品，其中铁片较多见。罐下支石的现象较普遍。

第三期：元中期至元末。以圆形竖穴土坑墓为主，新出现带偏洞的圆形土坑墓，绝大多数是单人葬，少数为双人合葬，单罐葬外，开始出现双罐套葬。葬具除前一期的无釉夹砂薄胎褐陶罐外，新出现一些风格迥异的葬具。随葬品种类、数量均大大超过第二期，以铁片和红砖最为常见，新出现陶镜、高圈足绿釉红陶碗、各类明器、料珠、铜耳坠、银戒指、铁针等，多成组随葬。罐下支石的现象依然存在。

第四期：明初。墓坑形制与前一期无太大差别，单人葬仍占主导地位，合葬墓出现五人合葬的例子，双罐套葬比例增加，个别墓葬为三罐套葬。前一期的随葬品继续流行，新出现铜镜、海贝等。烧骨之上朱书梵文、贴金箔的现象在较多墓中发现。罐下支石的情况已不多见。

第五期：明早期偏晚到中期。出现两座土葬墓，火葬墓仍以圆形或椭圆形竖穴土坑墓为主，开始出现四壁及坑口各支石板的方形竖穴土坑墓。大多为单人葬，个别为双人葬。双罐套葬已成为主流，个别为三罐套葬或四罐套葬。随葬品常见有各类陶俑、陶罐、瓷瓶、瓷碗、砖瓦等。

第六期：明晚期。土葬墓占绝大多数，火葬墓仅零星发现，仍以圆形或椭圆形的竖穴土坑墓为主，以单人葬为主，合葬墓为二人或三人合葬，双罐套葬较多见。随葬品中镇墓兽、陶瓶基本不见，青砖、灰陶人物俑、灰陶十二生肖俑、瓷单耳带流小罐较流行。

（三）曲靖八塔台墓地

曲靖八塔台火葬墓地共发掘火葬墓304座，火葬墓墓坑多为圆形，也有少量的圆角方形和椭圆形坑，存在多个火葬罐同埋于一个坑的现象。人骨同棺木一起焚烧，大的烧骨上有的贴金箔，有的朱书梵文。盛骨灰的内罐也常朱书梵文经咒，

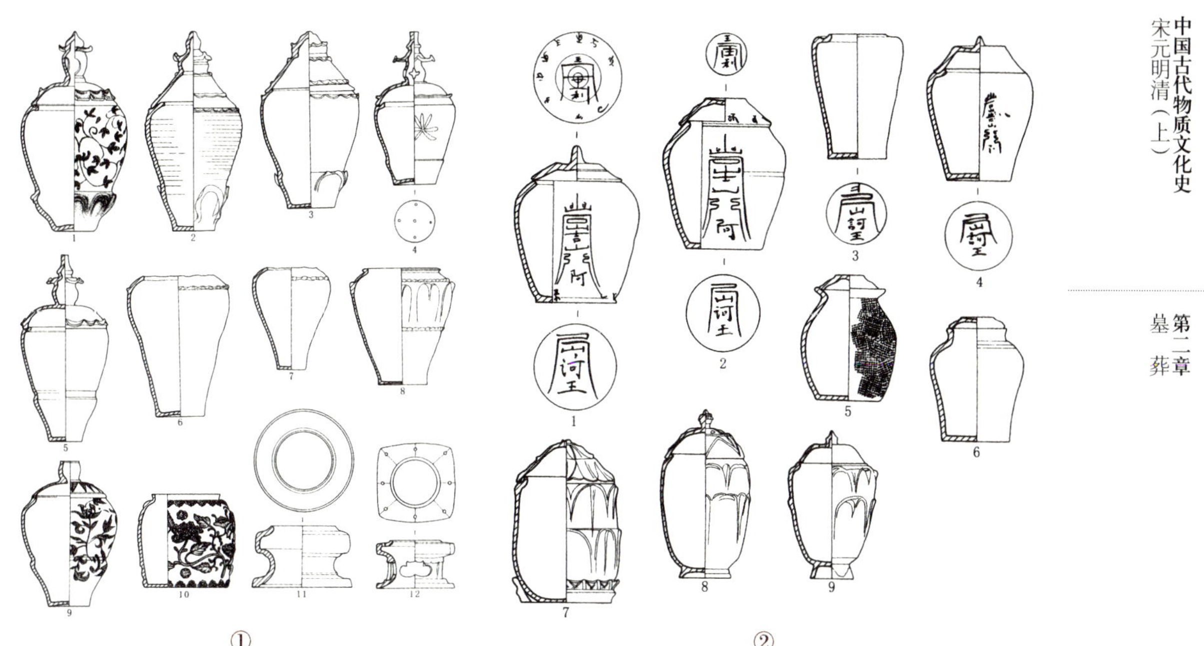

图 2-4-7　曲靖八塔台火葬墓地出土陶葬具
（采自杨帆等：《云南考古（1979—2009）》，第 346 页，图二九九；第 347 页，图二三〇）

有的还有道教符箓。葬具分外罐、内罐和单罐。罐的质地有陶、釉陶、瓷三种。有的罐加陶质器座。陶罐均为泥质灰陶，釉陶以绿釉为主，酱釉和黄釉较少。瓷器有浅黄色釉罐、盖、青花盘（作为器盖使用）。外罐造型仿佛塔样式，盖钮仿塔刹样式。陶外罐可分为束腰罐、斜腹罐、斜腹莲瓣纹罐。釉陶外罐数量少，仅 5 件。瓷外罐 8 件，用盘或碗作盖。陶内罐有敛口、字母口、侈口三种。釉陶内罐 12 件，以绿釉为主。瓷内罐 4 件，均为黄釉土瓷罐。器座有方形、圆形两种。另外还有两件圆形须弥座的酱釉罐盖（图 2-4-7）。

随葬器物较少，一般与骨灰一起放置在内罐里，以铜片、铁片、铁棺钉、料珠、海贝为主。

根据葬具的形制变化以及随葬品的特点，发掘者将这批火葬墓分为三期：

第一期：宋代后期或元代前期。葬具全为陶质，以束腰的子母口罐为主，不使用釉陶或瓷。部分墓中随葬铜镜和宋代钱币。

第二期：元代。釉陶葬具在本期大量使用，装饰题材以缠枝牡丹为主。

第三期：明代。主要使用当地烧造的黄釉土瓷罐作葬具。

二、小结

云南火葬墓实物材料可上溯至东汉[1]，但数量不多。南诏前期火葬墓的数量依然较少，且不能准确识别。目前发现火葬墓的年代主要集中在南诏晚期到明清时期，特别是在唐末至明中期这段时期内，火葬墓尤为盛行，成为该地区最流行的墓葬形制。本节所说的火葬墓主要是指南诏大理国时期至清初期。就全国范围而言，云南地区火葬墓占有相当大的比重，有以下五方面的特点：

1 阚勇、熊瑛：《剑川鳌凤山古墓发掘报告》，《考古学报》1990 年第 2 期。

1. 火葬墓成片地密集分布从而形成一个大型墓地，墓地既有火葬墓，也有其他类型的墓葬，但是火葬墓占绝大多数，火葬墓与火葬墓以及其他类型的墓葬之间的叠压、打破关系极为复杂。

2. 火葬墓墓圹多为竖穴土圹，也有零星的砖室或石室。墓葬形制较简单，多为圆形或椭圆形，直径在 0.5—1 米之间，也有少量长方形及不规则形。

3. 出土随葬品普遍较少，多者也仅 10 余件而已，不见明显的器物组合。

4. 葬具以陶质为主，也有少量瓷质和铜质，偶见用木匣、砖砌、石围盛放烧骨的现象，也有将棺木和尸骨一起焚化然后再盛入其他葬具中。

5. 宗教色彩浓厚，不仅表现在葬具与随葬器物的种类和装饰纹样上，还反映在火葬墓的最终盛行与当地宗教发展阶段密切结合，尤以佛教和道教因素特别明显。

云南地区火葬墓的发掘，为我们认识和研究云南地区的古代社会文化与经济提供了新的材料，丰富了中国古代墓葬考古的内容。

第五节　金代墓葬的发现与研究

金代是我国历史上又一个少数民族政权，自女真族领袖完颜阿骨打于收国元年（1115 年）立国起，至哀宗完颜守绪天兴三年（1234 年）被蒙古军队灭亡，共历 9 帝 120 年。其疆域东临鄂霍次克海、日本海，北达外兴安岭，西部在今内蒙古包头、陕西北部、甘肃兰州一线和西夏王朝接壤，南以秦岭—淮河一线与南宋王朝为界。大致包含原辽国全境和北宋王朝统辖的北方大部分区域。金代墓葬是指金政权辖区的所有墓葬。其政权北部、西北部即今中华人民共和国与俄罗斯、蒙古接壤之地，材料不易得见，故有关内容不在本书讨论之列；又因金政权在立国之后的一段时间之后才获得辽朝和赵宋在北方的统治区域，因此在进行研究时应注意对不同地区金墓的时代加以界定。

从族别上看，金墓主要有女真墓、契丹墓和汉人墓三大类。随着金政权的逐步巩固，民族融合逐步加深，到金代中晚期，金墓汉化的程度越来越高，墓葬中具有女真、契丹等北方民族风格的要素越来越少，大多数体现的是汉文化元素，墓葬风格趋于统一。此外，金朝虽仅存续一百多年，时代远较辽朝短暂，但民族融合进程较快，导致越到后期，明确判别墓葬民族属性的难度越大。因此，统一的分区和分期使得我们更容易掌握金代墓葬制度的形成、演进和变化。

根据墓葬形制、随葬器物的差异和不同，金墓可分为四个不同区域，即东北及内蒙古东部地区，燕云地区，河北南部、河南和山东地区，陇东、关中和晋南地区。由于金政权对纳入其统辖范围的各个地区的具体统治时间有较大差异，因此各区域分期的上下限或略有不同[1]。

1 本节写作主要参考了秦大树、卢青峰和赵永军三位先生的研究成果（秦大树：《宋元明考古》，北京：文物出版社，2004 年；卢青峰：《金代墓葬探究》，郑州大学硕士学位论文，2007 年；赵永军：《金代墓葬研究》，吉林大学博士学位论文，2010 年）。

一、东北及内蒙古东部地区

大兴安岭东侧是女真族起源、早期生活和活动的主要区域，一直是金朝统治的核心区域。本区发现墓葬较多，主要分布在黑龙江哈尔滨、鹤岗、大庆、佳木斯、牡丹江，辽宁沈阳、大连、铁岭、阜新，吉林长春、松原、吉林、延边、通化，内蒙古呼和浩特、赤峰、通辽、乌兰察布等地。这一地区主要流行竖穴土坑墓、砖室墓、石室墓，其平面形制以方形、长方形为主，也有少量圆形和多角形。

（一）竖穴土坑墓

竖穴土坑墓是该地区金墓的主要形制，在女真建国之前及整个金代均较流行，墓葬平面形制绝大多数为方形，也有少量呈圆形、圆角长方形、梯形，个别墓葬带有二层台。早期土坑墓盛行无葬具的尸骨葬，后逐渐流行以木棺或陶罐为葬具，有的墓葬以石棺、石函、石椁、砖椁等为葬具。典型墓例有黑龙江林甸四合乡渔场金墓[1]、吉林长春金代完颜娄室墓[2]、内蒙古敖汉旗老虎沟金代博州防御使墓[3]。

黑龙江林甸四合乡渔场金墓为竖穴土坑墓（图 2-5-1），无葬具，墓底距地表约 1.75 米，从地表往下 0.1—0.15 米深为黑沙土层，再往下均为黄沙土层。墓葬为南北向，墓主为一成年男性，头北足南，仰身直肢葬。出土有铜镜 7 件，马衔、马铃、马镫踏板各 1 件，饰珠 1 颗，北宋铜钱 7 枚，座镜盖 1 件。铜镜中有仿汉代的四乳四螭纹铜镜和仿唐的瑞兽镜。该墓未出土明确标识墓葬年代的材料，然从埋葬方式及随葬品特征来看，该墓为金墓无疑，年代约在金代中期以前。

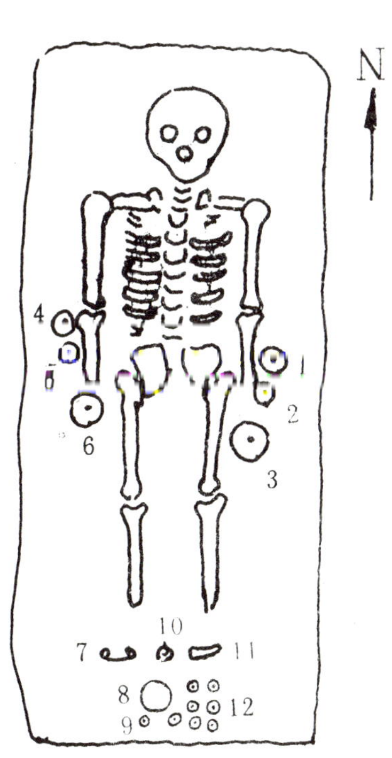

图 2-5-1　黑龙江林甸四合乡渔场金墓墓葬形制

（采自《北方文物》1997 年第 2 期，第 41 页，图二）

吉林长春金代完颜娄室墓，早在清康熙年间即在长春石碑岭被发现，当时墓地曾立有“完颜娄室神道碑”，并有石人、石羊、石虎、望柱等石雕。该墓于 1912 年被日本人盗掘，出土有银毛拔、银帽冠、玉柄铁刀、狮形玉饰、荷花玉饰、骨带具、金钏、金钳等。1988 年，长春文物管理委员会对该墓地进行了清理发掘，发现的遗迹现象有碑亭和墓葬各一座。碑亭平面近方形，进深 11.5 米、面阔 12 米，青砖砌筑基础，内侧有长方形柱础石，亭址中央有石龟趺坐，还发现有大量砖瓦及其他建筑构件和石碑残块（图 2-5-2）。墓葬为长方形竖穴土坑墓，

1 林甸县文物管理所：《林甸县四合乡渔场金代墓葬调查简报》，《北方文物》1997 年第 2 期。

2 长春市文物管理会办公室：《长春市石碑岭金代墓地发掘简报》，《考古》1991 年第 4 期。

3 朱志民：《内蒙古敖汉旗老虎沟金代博州防御使墓》，《考古》1995 年第 9 期。

图 2-5-2　吉林长春完颜娄室墓碑亭遗址平面图
（采自《考古》1991 年第 4 期，第 353 页，图二）

图 2-5-3　吉林长春完颜娄室墓墓葬形制
（采自《考古》1991 年第 4 期，第 354 页，图四）

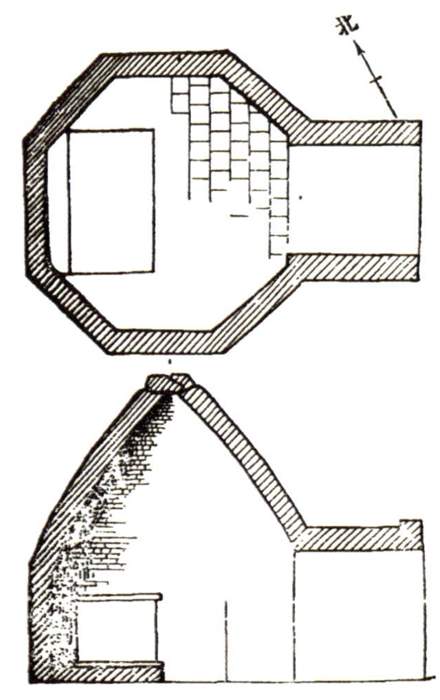

图 2-5-4　内蒙古敖汉旗老虎沟金代博州防御使墓平、剖面图
（采自《考古》1995 年第 9 期，第 804 页，图三）

东西长 3.4 米、南北宽 3 米、墓坑深 2.3 米，墓向 175 度。墓内填土呈红褐色，伴之以碎青石块和砾石，由于该墓早年曾被盗掘，棺椁、人骨及随葬品皆已荡然无存，仅残留两块青石椁板（图 2–5–3）。根据墓葬与早年见诸记载的神道碑的方向和距离，以及神道碑附近尚未发现其他墓葬这一情况，简报推测该墓即被日本人盗掘的完颜娄室墓葬。

内蒙古敖汉旗老虎沟金代博州防御使墓为带斜坡式土坑八边形单室墓（图 2–5–4），边长 1.5 米左右，墓室内面直径 4 米，券顶，墓底铺方砖。墓中有两个头骨，简报推测为夫妻合葬墓。此墓两次被盗，随葬品保存较少。出土 2 个铁锅子、2 件白釉瓷盘、1 件铜饰件和铜丝网络，墓志为汉白玉质，志盖无任何文字和花纹，志文用契丹小字书写。据志文，男性墓主人在金代曾任博州防御使，卒于大定十年（1170年）。

（二）砖室墓

此类墓葬发现数量较少，多分布于内蒙古东部、吉林、辽宁等地。墓葬结构较简单，平面形制有方形、长方形、圆形、多角形，以长方形居多。以单室墓为主，墓室内多有土筑或砖筑棺床，葬具为石棺、木棺、石函或陶盆，以火葬居多。随葬品多为瓷碗、瓷盘、瓷瓶、鸡腿瓶、铜镜等，金银器等贵重物品很少。墓主以中下级汉人官吏和当地乡绅居多，也有墓主为僧人者。典型墓例有辽宁朝阳金代马令墓[1]、阜新西山屯金墓[2]。

辽宁朝阳金代马令墓墓室为砖筑，平面呈方形，边长约2米，券顶。四壁壁面抹约1厘米厚的白灰，上绘壁画，壁画保存较完好（图2-5-5）。西壁绘备膳图；东壁壁画以准备出行为主要内容；南壁壁画分绘于墓门左右，各有一站立侍者形象，身后各有三十余字的题记。北壁壁顶有残缺，画面分东西两部分，两边各绘一侍女像。随葬品以瓷器居多，出土有定窑白瓷碟、影青菊式瓷碟各2件，影青印花小瓷碗、灰绿釉鸡腿坛、翠绿釉长颈陶瓶、骨梳、大泉五十、铁钉各1件。据墓志，墓葬年代为大定二十四年（1184年）。

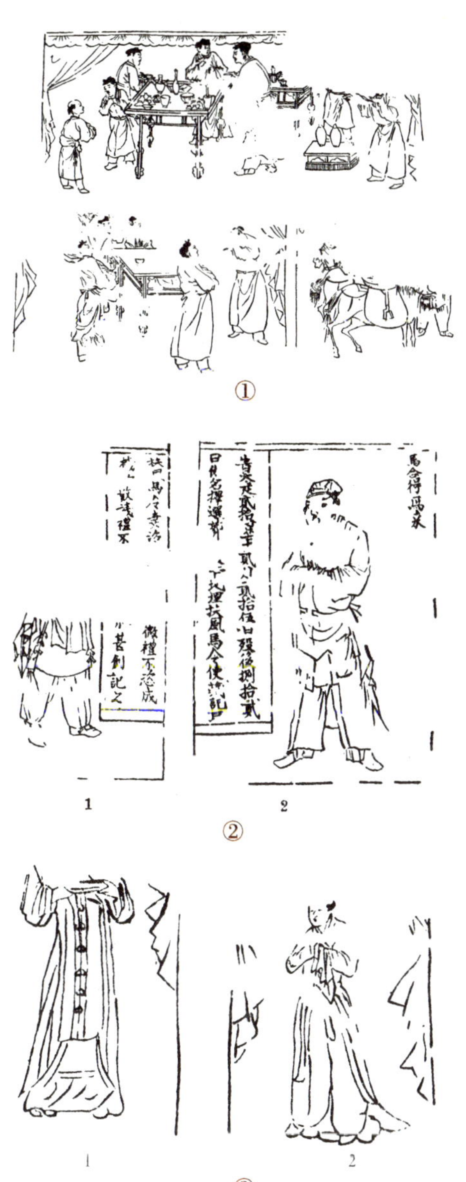

图2-5-5 辽宁朝阳马令墓墓室壁画摹本
（采自《考古》1962年第4期，第183页，图四、图五；第184页，图六、图七）

阜新西山屯金墓为带台阶式墓道的圆形单室墓，直径2.7米。墓壁用青砖向内曲收呈叠涩顶，墓顶正中覆压石块。墓室西北侧用砖平铺尸床，尸床东南侧放置随葬品。墓室南偏东处砖砌券门，略呈梯形，墓门用石块和砖封堵。此墓共出随葬器物5件，均为瓷器，包括碗2件、碟3件（图2-5-6），其器形、釉色等特点与阜新及周边地区金代遗址或墓葬所出器物相似，从整体风格看应属于钧窑系产品。在墓室东南隅近墓门处发现一通抹角方形石墓志，据铭文记载，墓主为僧人，法名智辩，卒于金天兴二年（1233年），

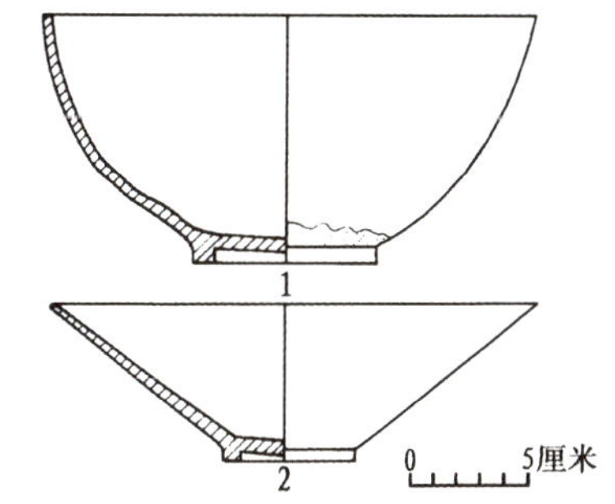

图2-5-6 辽宁阜新西山屯金墓出土瓷器
（采自《考古》2004年第9期，第95页，图二）

1 辽宁省博物馆：《辽宁朝阳金代壁画墓》，《考古》1962年第4期。

2 梁姝丹、赵振生：《辽宁阜新市发现一座金代墓葬》，《考古》2004年第9期。

并于该年下葬，此时阜新地区已属窝阔台蒙古国统辖。

（三）石室墓

此类墓葬在该地区数量不多，主要分布在内蒙古东部、辽宁。包括方形砖室石板盖顶的平顶墓和石室墓，建墓时多就地取材，以自然石块砌筑墓室。此类墓与该地区方形砖室墓在规模、结构、随葬品等方面的差别不大，有的墓葬甚至为砖石混筑。辽宁地区发现许多属于金代中期的方形砖（石）室石板盖顶的平顶墓，到晚期，墓葬形制、结构更加成熟。墓主既有当地平民，也有一些级别较高的官吏。典型墓例有内蒙古敖汉旗英凤沟金代墓地 M1[1]、吉林舒兰完颜希尹家族墓地二墓区 M2 金墓[2]。

内蒙古敖汉旗英凤沟金代墓地 M1 为八角形石砌券顶墓，墓壁用三层天然石块砌成，厚约 0.8 米，墓壁外为掺有小石块的夯土，顶部抹细泥。墓道已全部被冲毁，墓门长 1.3 米、宽 0.8 米、高 1.72 米，墓底为开凿的石底，南北对边长 3.35 米、东西对边长 3.4 米，室内紧靠墙壁有八角形柏木椁室。该墓早年被盗，出土文物及骨架原安放位置不明，根据发现头骨分析，该墓为单人葬，墓主为青年男性，出土有白釉瓷碗、玉牌饰各 2 件，绿釉瓷碗 1 件（图 2-5-7）。根据墓葬形制及随葬品特征，该墓年代应在辽代晚期到金代早期。

吉林舒兰完颜希尹家族墓地二墓区 M2 金墓为土圹石室单室墓，整个墓室用修琢精细的硕大石条和石块修筑而成，墓道狭长筒短，长 5 米，上宽下窄，呈倒置梯形。墓道口外接地表，后接天井，天井呈长方形覆斗形，底铺细砂。墓室顶部为仿木结构的四阿式墓室顶盖，系用整块花岗岩质精细雕琢而成。墓顶外侧以方整的条石错缝拼合的方框将墓顶包裹一周，墓门设台阶、门槛、门楣。墓室南北长 2.45 米、东西宽 2.4 米、高 2.4 米，四壁为雕琢精细的石材砌筑，每层皆 2—3 块石板或石条相接。石壁上的石条仿梁枋，上部渐内收成穹窿状，由下而上三层顶石，顶端收分呈边长 0.85 米的方形天窗，中间直抵四阿式墓顶。墓室内置五个花岗岩质的带盖石函，北壁三个，东西两侧各一个，石函内尸骨均经火化。石函形制略有不同，有的函箱内再置木匣。该墓曾被盗掘，出土随葬品仅有瓷碗、瓷瓶、铜蜡台、铁券等。该墓墓主人，发掘者认为系金代完颜希尹，也有学者对此持疑问

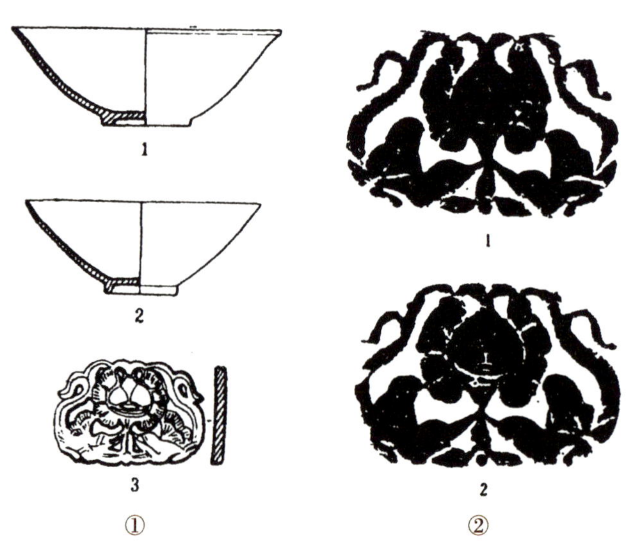

图 2-5-7 内蒙古敖汉旗英凤沟金代墓地 M1 出土器物
（采自《文物》1987 年第 8 期，第 58 页，图三、图四）

1 敖汉旗文物管理所：《内蒙古敖汉旗英凤沟金代墓地》，《文物》1987 年第 8 期。

2 陈相伟：《完颜希尹家族墓地的调查和发掘》，《博物馆研究》1990 年第 3 期；顾聆博：《完颜希尹家族墓地研究》，吉林大学硕士学位论文，2012 年。

态度[1]。

（四）分期

根据墓葬形制、结构及随葬品特征，该地区金墓可分为三期：

第一期：金太祖至海陵王时期（1115—1160 年）。属于此一时期的金墓数量不多，主要分布在黑龙江和吉林省内。墓葬以土坑墓为主，主要盛行无葬具的尸骨葬，与女真族“死者埋之而无棺椁”[2]的记载一致。随葬品以陶器为主。

第二期：金世宗时期（1161—1189 年）。土坑石函墓、土坑砖椁墓及砖石墓开始出现，数量激增，逐步成为流行的墓葬形制。尸骨葬仍占主导地位，火葬开始出现但并未流行开来。随葬品中陶器仍占多数，外来瓷器增多，随葬铁器种类多样化。

第三期：金章宗泰和元年至金灭（1190—1234 年）。墓葬以砖室墓和土坑石函墓占主流，土坑石椁墓、土坑砖椁墓、土坑木棺墓及土坑墓次之，土坑木椁墓已不见。总体来看，墓葬类型变少，统一性加强。尸骨葬和火葬并重，火葬主要出现在土坑石函墓和砖石墓中。随葬品种类丰富，但数量减少。铜镜发现数量略多，但制作粗糙，质量差，花纹模糊。

本地区金墓墓葬种类较齐全，尤以竖穴类墓占大宗，室类墓只占少量，出现了其他区域不见的土坑木椁墓。火葬较为流行，葬具多样化，有木棺、木椁、陶罐、石棺、石椁、石函等。随葬品种类较多，主要是陶、瓷器，金属器较少；瓷器以定窑为主，耀州窑、钧窑和磁州窑少量，多白瓷；陶器以瓜棱罐较为典型；铁器多小型兵器和马具。墓主以女真族较多，其中不乏高等级贵族，但由于盗掘严重，目前很多墓葬尚难以准确判断其墓主身份和墓葬年代。

二、燕云地区

燕云地区包括金代的中都路、西京路、河北东路、河北西路和河东北路，即今天的河北、北京和以大同为中心的山西北部地区。此地区大部分属原辽统治区域，居民以汉族为主体。女真自 1115 年立国，直至 1125 年才完全占领这一地区。目前该地区发现的金墓主要分布在北京，河北石家庄、张家口、唐山、保定、承德、廊坊，天津，山西大同、朔州、吕梁、太原等地。主要流行竖穴土坑墓、砖室墓、石室墓，平面形制以方形、长方形为主，也有少量圆形和多角形。

（一）土坑墓

该地区土坑墓数量不多，主要分布于北京、河北北部的部分地区。墓室平面

1 冯恩学：《对完颜希尹墓地出土“铁券”性质的新认识》，吉林大学边疆考古研究中心：《边疆考古研究》第九辑，北京：科学出版社，2010 年，第 207 页；庞志国：《1979—1980 年间完颜希尹家族墓地的调查和发掘》，《东北史地》2010 年第 4 期；顾聆博：《完颜希尹家族墓地研究》，吉林大学硕士学位论文，2012 年，第 24—26 页。

2 （宋）宇文懋昭撰，崔文印校证：《大金国志校证》卷三九《初兴风土》下册，北京：中华书局，1986 年，第 552 页。

形制以方形为主，其他形制者数量不多，葬具有木棺、石棺、石函、石椁等，规模、葬具、随葬品的不同与墓主身份有直接的关系，墓主既有普通平民，也有级别较高的官吏。典型墓例有北京海淀区南辛庄金墓 M2[1]。

北京海淀区南辛庄金墓 M2，系长方形竖穴土圹石椁墓，石椁六面均为厚 0.13 米的整块青石板，四边凿出榫卯相接，长 2.43 米、宽 1.36 米、高 1.2 米。土圹比石椁稍大，四面用黄土夯实，在石椁底部留有木棺残迹，长 2.02 米、宽 0.66 米，棺内有尸骨两具，葬式不明，推测为夫妇合葬（图 2–5–8）。随葬品有白瓷盘 12 件，白瓷小罐 6 件，白瓷碗 4 件，白瓷盒、红陶小罐各 2 件，黑褐釉瓷托盏 1 套，白瓷葫芦形注子、白瓷盆、绿釉划花瓷枕、陶砚各 1 件，铜镜、小铜刀、木梳、木篦、纸盒各 1 件，铁棺环 4 件，铜钱 55 枚（图 2–5–9）。该墓未发现墓志，但其形制与相距 3 米的 M1 相同，出土瓷器工艺亦很相似，应来自同一个窑口，制作时间相近，而 M1 墓主卒于贞元至正隆年间（1153—1160 年），因此简报推断 M2 年代应与 M1 大体相同或稍早。

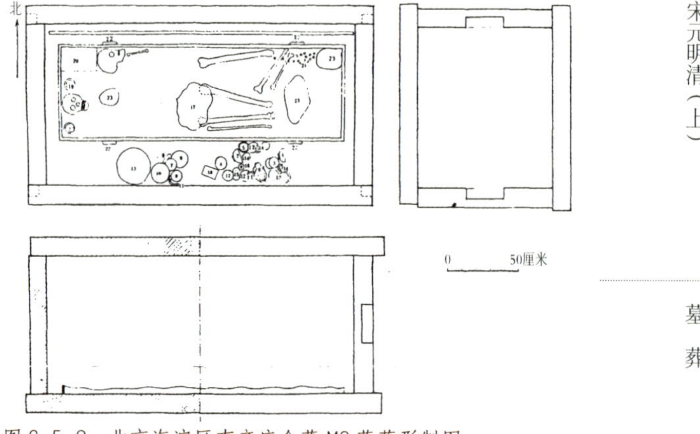

图 2–5–8　北京海淀区南辛庄金墓 M2 墓葬形制图
（采自《文物》1988 年第 7 期，第 57 页，图二）

图 2–5–9　北京海淀区南辛庄金墓 M2 出土瓷器
（采自《文物》1988 年第 7 期，第 58 页，图三）

（二）砖室墓

本地区砖室墓集中分布在晋北、河北地区，多坐北朝南，由墓道、墓门、甬道、墓室组成，墓室平面多为方形、长方形、圆形。墓葬装饰较繁芜，有的墓门带仿木构门楼，甬道多砖砌券拱，墓室内多带壁画、砖雕装饰，内容丰富，题材多样，墓室北部多设砖棺床，床上置木棺或石棺。随葬品多为碗、盘、瓶、铜钱等，墓主多为平民，个别为下级官吏。典型墓例有北京石景山区八角村金代赵励墓[2]，山西大同南郊金墓 M1、M2[3]，大同徐龟墓[4]，河北柏乡县侍中村金墓 M1[5]。

1 北京市海淀区文化文物局：《北京市海淀区南辛庄金墓清理简报》，《文物》1988 年第 7 期。

2 王清林、周宇：《石景山八角村金赵励墓墓志与壁画》，北京市文物研究所编：《北京文物与考古》第 5 辑，北京：北京燕山出版社，2002 年，第 179—202 页。

3 大同市博物馆：《大同市南郊金代壁画墓》，《考古学报》1992 年第 4 期。

4 大同市博物馆：《山西大同市金代徐龟墓》，《考古》2004 年第 9 期。

5 河北省文物研究所：《柏乡县侍中村古墓发掘简报》，河北省文物研究所编：《河北省考古文集》，北京：东方出版社，1998 年，第 338—343 页。

北京石景山区八角村金代赵励墓为圆形单室墓，直径2.3—2.38米，穹窿顶。墓室内壁砖砌6根向心内凹的仿木结构立柱，将墓壁均匀地分作6格，立柱上施仿木平板枋、斗拱、挑檐枋。墓顶中心绘缠枝花卉，四周绕以十二生肖图案。墓壁除正南壁为两层封门立砖而未绘壁画外，其余5壁均有彩绘壁画，壁画内容有侍寝图（北）、备茶图（东南）、备宴图（东北）、散乐图（西南）、侍洗图（西北）。壁画人物多着汉族服饰。随葬品暂未见诸报道。据墓志，墓主赵励曾先后仕辽、宋，宣和五年（1123年）卒于汴京并权葬于汴京西郊长庆禅院，而后于金皇统三年（1143年）由其子亳秀安葬于“燕城宛平县崇禄县黑山之西南隅”。

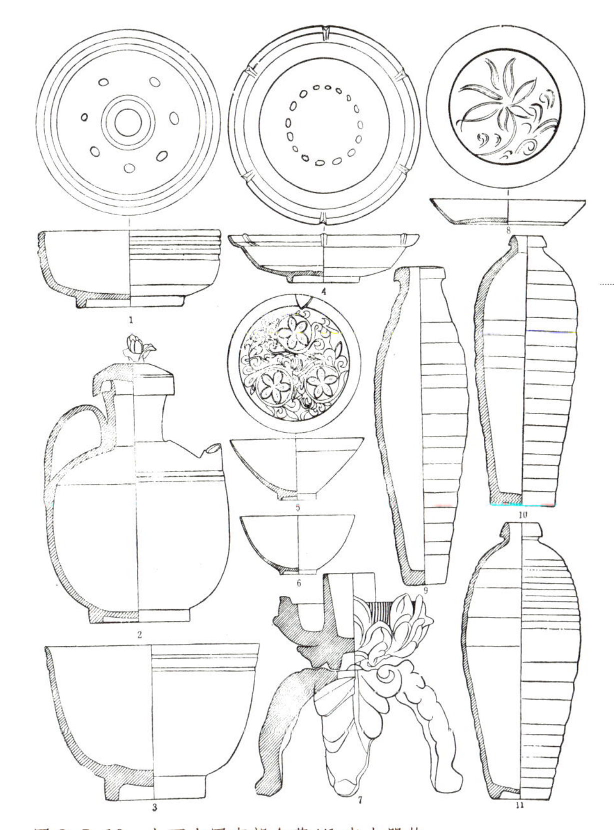

图2-5-10　山西大同南郊金墓M1出土器物

（采自《考古学报》1992年第4期，第513页，图二）

山西大同南郊金墓M1、M2，皆为长方形砖室单室墓，墓室长2米左右、宽1.95米左右。M1出土陶瓷器11件（图2-5-10），器形较多地保留了辽代风格与特征，主要有碟、盅、钵、盘、水注、鸡腿瓶、烛台，还出土有熨斗、鏊、釜共3件铁质生活用具。M2出土陶瓷器13件，主要器类有碟、盅、水注、碗、钵、折腹盘、烛台、洗、器座。有熨斗、双系罐、勺、釜、三足器等5件铁器、1枚铜镜和1方墓志。据墓志，男性墓主人陈庆卒于正隆二年（1157年）、其妻李氏卒于正隆四年（1159年），并于该年合葬。M1、M2壁画题材、内容较一致，如两墓北壁同绘2男侍，西壁同绘散乐图，所不同者惟M1东壁绘备宴图（图2-5-11），M2南壁仅绘1男侍。除此之外，壁画画风也比较接近，简报甚至推测可能出自同一人之手。但从随葬品组合和壁画的细微差异来看，M1更多地保存了辽代晚期的文化面貌，其年代可能略早于M2。

山西大同金代徐龟墓，系带墓道单室砖室墓（图2-5-12），墓室平面呈正方形，内边长1.68米，穹窿顶，墓底铺砖，北部用砖砌出棺床，棺床正中放置一具石棺，棺盖外侧正中阴刻有墓志。墓室内壁彩绘影作和砖砌仿木建筑结构。甬道、墓顶和墓室内壁绘有星象图、散乐侍酒图、侍茶图、归来图及部分男女侍者形象[1]。墓室壁画缺乏神韵，甬道所绘却形神兼备，出现了两种不同的画风。墓门和墓道未发掘，具体情况不明。此墓随葬品曾遭哄抢，后追回24件，包括陶瓷器和铁器（图2-5-13）。其中瓷器11件，器类有注碗、注壶、盏、钵、碟、罐等，其中注碗、注壶、盏成瓜棱形；陶器9件，器类有罐、盆、炉、鍑、盘、箕、水

1 焦强：《金代徐龟墓壁画认识》，《文物世界》2005年第1期。

②

①

③

图 2-5-11　山西大同南郊金墓 M1 墓室壁画
（采自《考古学报》1992 年第 4 期，第 515 页，图三、图四；第 516 页，图五；第 518 页，图六）

斗等；铁器有鍑、承盘、熨斗、勺等生活用具。据石棺侧面的墓志记载，墓葬年代为正隆六年（1161 年）。

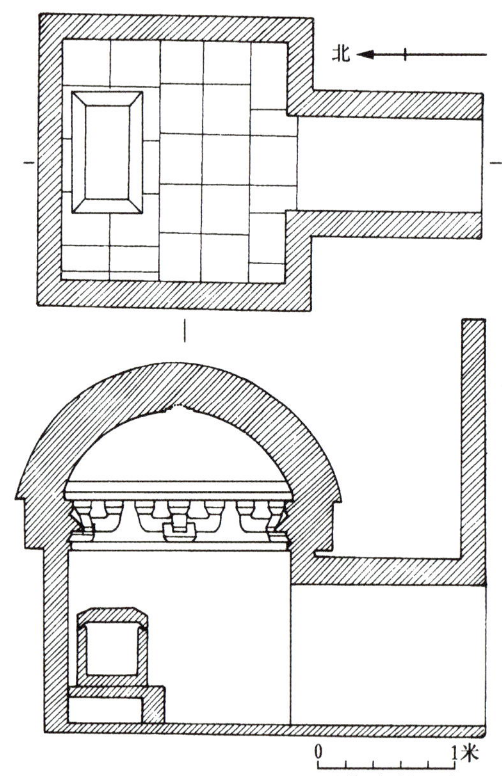

图 2-5-12　山西大同徐龟墓墓葬形制图
（采自《考古》2004 年第 9 期，第 52 页，图二）

河北柏乡县侍中村金墓 M1 由墓道、墓门、墓室三部分构成（图 2-5-14）。墓室平面呈圆形，直径 3.02 米，条砖平砌而成，穹窿顶。墓室底部用条砖平砌三层，形成高于墓道的棺台。墓壁砌有角柱、间柱、斗拱、门阙，间内砌有仿木家具，有桌、凳、案、灯架等。墓内发现人骨架 2 具，出土有铜镜、两釉四系瓶、深腹盘各 1 件、铜钱 19 枚、瓷碗 6 件（图 2-5-15），所出瓷器均为磁州窑系器物。与 M1 相距不远的 M2，墓葬形制与 M1 一致，随葬器物种类也基本一致，仅在纹饰和数量上略有不同。两墓所在墓区有一通立于元代的石碑，据铭刻文字可知

图 2-5-13 山西大同徐龟墓出土器物
（采自《考古》2004 年第 9 期，第 54 页，图四；第 55 页，图五；第 56 页，图六）

两墓应为李氏家族墓。简报推测 M2 年代晚于 M1，M2 墓主为李忠，M1 应为李姈之高祖墓葬，其年代应在金代末年。

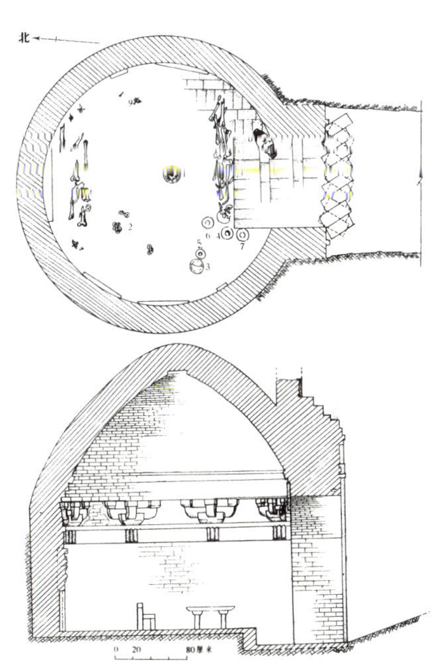
图 2-5-14 河北柏乡县侍中村金墓 M1 墓葬形制图
（采自《河北省考古文集》，第 339 页，图一）

（三）石室墓

此类墓葬发现极少，仅在北京地区有发现。墓室平面以方形和长方形为主，葬具以石椁和木棺为主，石椁尺寸明显大于土坑墓中的石椁，且构筑方式也更为复杂，加上墓葬分布具有明显的地域性特征，因此将此类墓葬归入石室墓加以讨论。墓葬规模大于土坑墓，但又明显小于砖室墓，属于椁墓。随葬品种类丰富，数量较多，以瓷器和饰品为主，典型器类有鸡腿瓶、錾耳洗、碗、盘、执壶等。墓主身份等级较高，多为二品以上的高官和皇亲国戚。典型墓例有北京金代窝

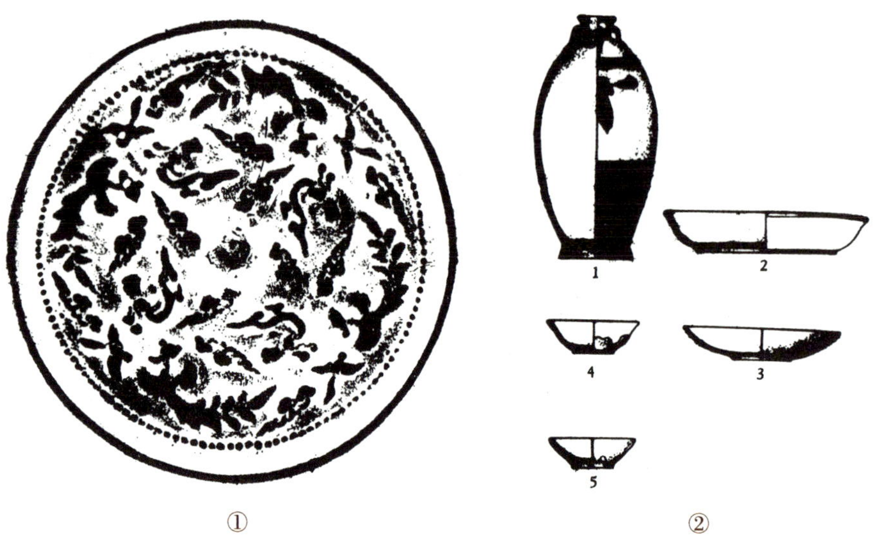

图 2-5-15　河北柏乡县侍中村金墓 M1 出土器物
（采自《河北省考古文集》，第 342 页，图五、图六：1、2、3、4、5）

论墓[1]。

窝论墓平面呈长方形，东西长 3.33 米、南北宽 2.55 米、高 1.65 米，四壁由四块完整的青石板组成，以凹凸状单榫卯相连接，椁底、盖均由三块青石条组成，石条之间以搭口相连（图 2-5-16）。椁内壁有整齐的斜行凿痕。顶盖西部立放墓志一合。椁室底部近北壁处放置一块青石棺床，棺床用砖架起，高出椁底 10 厘米，床上置长方形漆木棺一具。该墓曾被盗，仍出土较多随葬品，有瓷器 10 件、玉器 4 件、石制品 6 件、铁制品 6 件和墓志 1 合。据墓志，墓主窝论迁葬于大定二十四年（1184 年），为大金故金紫光禄大夫。

图 2-5-16　北京金代窝论墓墓葬平面图
（采自《北京文物与考古》第一辑，第 57 页，图二）

（四）分期

根据墓葬形制、结构及随葬品特征，该地区金墓可分为三期：

第一期：金灭辽至海陵王时期（1125—1159 年）。此一时期墓葬明显地受辽代晚期墓葬的影响，兼具部分女真和汉文化因素。墓葬多为砖室墓，其次有少量土坑木椁墓，其他种类的墓葬较零星。土坑木椁墓均采用尸骨葬。砖室墓主要继承了该地区辽墓风格特征，墓葬多带有简单的砖砌仿木结构装饰，墓室内有砖砌

1 北京市文物工作队：《北京金墓发掘简报》，北京市文物研究所编：《北京文物与考古》第一辑，1983 年，第 55—72 页。

或土筑的棺床，多火葬，常以木匣、陶棺等盛装骨灰，部分墓内有少量的壁画装饰。随葬品以陶瓷器为主，主要有鸡腿坛、双系罐、执壶、三足釜、三足盆、盘、平底锅等，有的出有墓志和买地券。

第二期：金世宗时期（1160—1189年）。墓葬种类增多，形制更为齐全，但仍以砖室墓为主流，土坑石椁墓、土坑石函墓次之，并有少量石室墓、土洞墓、土坑木棺墓、土坑砖椁墓等。具辽墓风格的多室壁画砖墓与带壁画的石椁墓消失，北京地区出现方形单室石墓和方形土坑石椁墓，流行带壁画的方形单室砖墓与无装饰的圆形单室砖墓。葬俗上火葬数量多于尸骨葬，二次葬数量增多。随葬品仍以陶瓷器为主，有少量的铁制生活用具。总的来看，金代墓葬的某些特征在早期偏晚时期就已经初步形成，到这一时期更加成熟，墓葬面貌也变得相对较为统一。

第三期：金章宗泰和元年至金灭（1190—1234年）。墓葬种类和类型变少，统一性增强。具体表现为圆形、方形洞室墓及圆形土坑石棺墓消失，出现方形石函墓，八角形单室砖墓数量增多。砖室墓中装饰性壁画和砖砌仿木构件退化。本期墓葬多为土葬，仅少数为火葬。随葬品仍以陶瓷器占多数，但数量明显减少。典型器类有鸡腿瓶、长颈瓶、双系罐、鋬耳洗等。铁器中剪刀较流行，部分墓葬有铜镜出土。

燕云地区发现金墓数量较多，墓葬类别主要有土坑墓、砖室墓、石室墓三种，但是葬具较复杂，有木棺、陶罐、石棺、石函、石椁、砖椁等。随葬品较丰富，以陶瓷器和铁器为主，陶瓷器主要器类有鸡腿瓶、长颈瓶、执壶、三足盆、三足盘、三足罐等，瓷器有定窑、耀州窑、钧窑、磁州窑等多个窑址的产品；铁器常见有鋬耳壶、剪刀等，极少见到东北地区流行的马具。葬俗以尸骨葬为主，也有一定数量的火葬。墓主多为级别较高的汉族或女真族官吏，也有少数当地汉族地主。

三、河北南部、河南和山东地区

河南和山东原为北宋的两京地区，由于1127年金政权灭北宋，这一区域才被纳入金朝疆域，因此本区早期金墓年代上限应为1127年。本区居民以汉族为主，丧葬习俗基本承袭北宋而来。该地区金墓主要分布在河北邯郸，山东济南、临沂、枣庄、青岛、淄博，河南郑州、洛阳、焦作、三门峡、新乡、周口、安阳、许昌等地，主要流行仿木构砖室墓，有的墓葬带有简单的砖雕和壁画，也有少量土坑墓和洞室墓。葬俗以尸骨葬为主，个别为火葬。

（一）土坑墓

该地区发现土坑墓数量较少，仅在山东、河南的部分地区有发现。墓室平面形制比较单一，多呈长方形，其他形制发现的不多，葬具有木棺、石棺、石椁等。典型墓例有山东滕县金代苏瑀墓[1]，河南新乡金墓M1、M2[2]。

1 滕县博物馆：《山东滕县金苏瑀墓》，《考古》1984年第4期。
2 张新斌：《河南新乡市宋金墓》，《考古》1996年第1期。

山东滕县金代苏瑀墓为土坑竖穴墓，墓室四壁用石板围成，上盖三块石板，石灰浆灌缝。石椁长2.2米、宽0.97米，四壁有刻画的穿贝纹、垂帐纹、犬齿纹，椁内有木棺朽痕，内有年龄约35—45岁的男性尸骨一具。出土有铜镜2件（图2-5-17），木梳、骨笄、医书残卷、铁棺环各1件、钱币41枚（图2-5-18），墓志1方。据墓志，墓主苏瑀死于承安四年（1199年）。发掘者指出该墓系利用了原汉墓石椁。这种借墓为墓的现象值得引起关注。

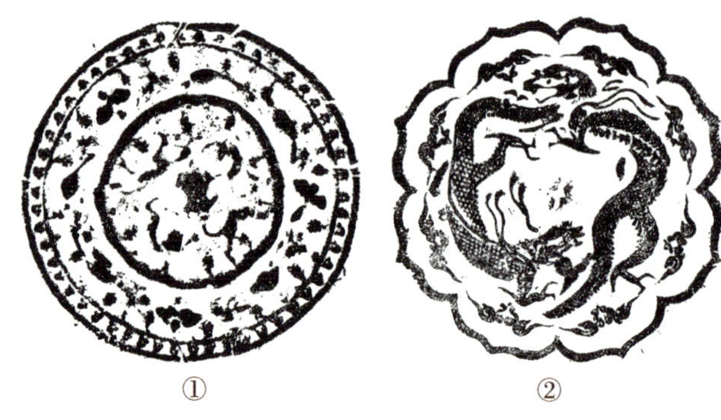

图2-5-17　山东滕县苏瑀墓出土铜镜
（采自《考古》1984年第4期，第349页，图二；第350页，图三）

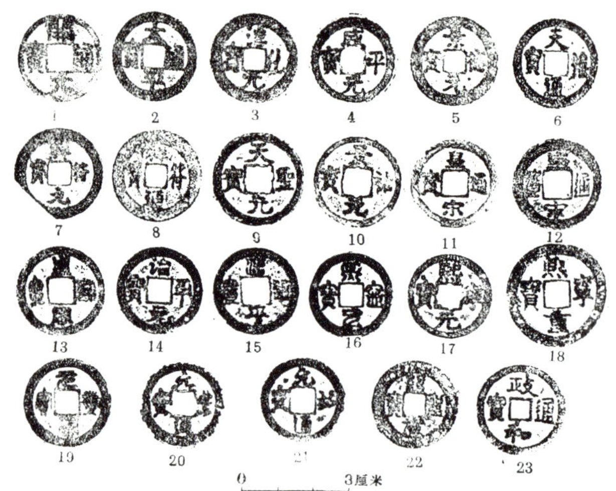

图2-5-18　山东滕县苏瑀墓出土钱币拓本
（采自《考古》1984年第4期，第350页，图五）

河南新乡金墓M1、M2均为长方形竖穴土坑墓，两墓东西并列，M1居东，M2居西，相距仅0.4米。M1长2.2米、宽1.1米，M2长2.4米、宽1.2米。墓底均有棺钉、板灰及白灰泥痕迹，M1棺长1.6米、宽0.65—0.75米，M2棺长1.9米、宽0.48—0.75米。M1棺内有残股骨，性别不详，棺内北部中间置铜钱3枚，东侧中部置铜钱2枚，墓底西侧偏北处有瓷罐1件；M2仅于墓底北端置瓷罐1件。M1出土铜钱年号最晚者为"大定通宝"，其始铸时间为金大定十八年（1178年），可知该墓年代当不早于该年，应在金代中晚期。M2与M1邻近，形制、规模均较为接近，年代应与M1较接近，简报推测两墓为金代中原地区平民夫妇的并穴合葬墓。

（二）砖室墓

砖室墓是该地区金墓的主流，数量多，规模大，墓葬风格明显地继承了该地区北宋墓葬，以单室墓为主，墓室平面多呈多角形、圆形和方形。墓内装饰较繁芜，多带有仿木结构砖雕、壁画，砖雕题材常见有门、窗、桌、椅、灯檠、熨斗、剪刀等，壁画题材常见有妇人启门图、武士、散乐图、庖厨图、宴饮图、孝行图等。墓室内多砖砌棺床，葬俗以尸骨葬为主，个别墓葬为火葬。墓主人多为当地官僚、地主。墓葬大多数被盗严重，出土随葬品较少，以少量的陶瓷器、铜镜、钱币为主。墓主以中下级官吏居多，也有部分为富裕人家和僧人。典型墓例有河南林县金墓[1]、三门峡峄山西路金墓 M1[2]，山东高唐金代虞寅墓[3]。

河南林县金墓为八角攒尖顶砖室墓（图 2–5–19），墓室呈八边形，底部每面宽 1.03—1.04 米不等，墓室高 2.58 米、南北长 2.51 米、东西宽 2.48 米。墓室后壁七面砖砌凹字形棺床，高 0.26 米，棺床南侧面中间凹处砌成双层束腰须弥座式。墓室东、西、北三壁相同，用砖砌成仿木结构的假门，每扇板门上用墨点出纵横 5 个门钉，各门的左侧门扇上绘一启门外望的女子；东北壁、西北壁各设一长 0.39 米、高 0.29 米的直棂窗。壁画保存较好，墓顶绘日月图，墓壁绘妇人启门图、武士、散乐图、庖厨图、宴饮图、孝行图等，画面安排紧凑合理，布局得当，绘画手法相当娴熟。葬具被扰动，葬式不明，尸骨无存，据残留的两束头发推测可能为一男一女合葬墓，随葬有陶瓷器 23 件、青铜器 4 件、玛瑙环 1 件、铜钱 149 枚（图 2–5–20）。陶瓷器包括白瓷盘 6 件，青瓷褐彩盘 5 件，

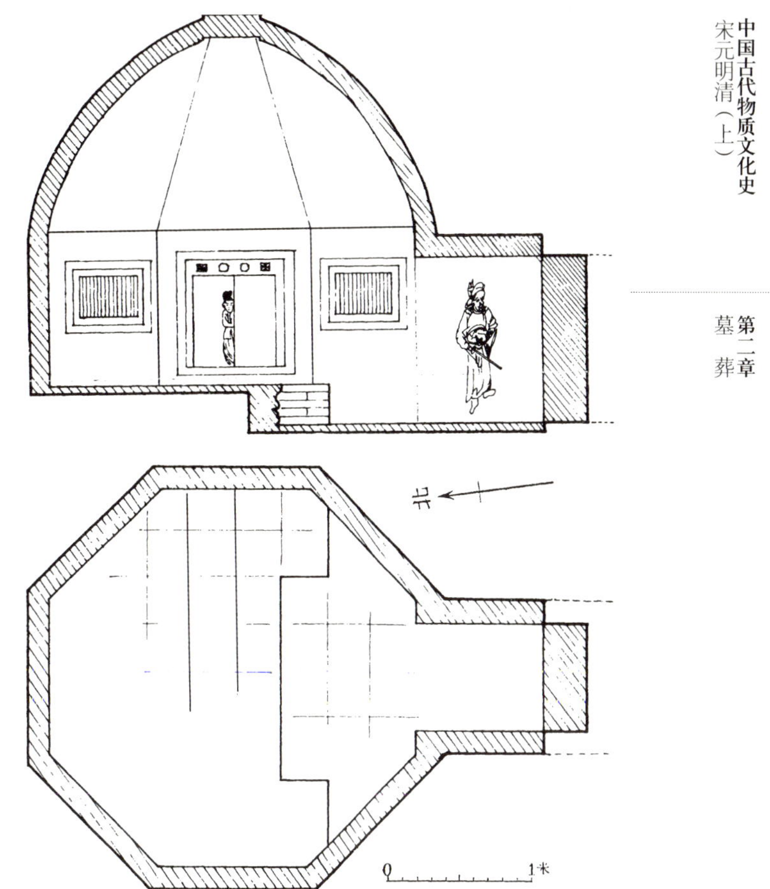

图 2–5–19　河南林县金墓墓葬形制图
（采自《华夏考古》1998 年第 2 期，第 36 页，图二）

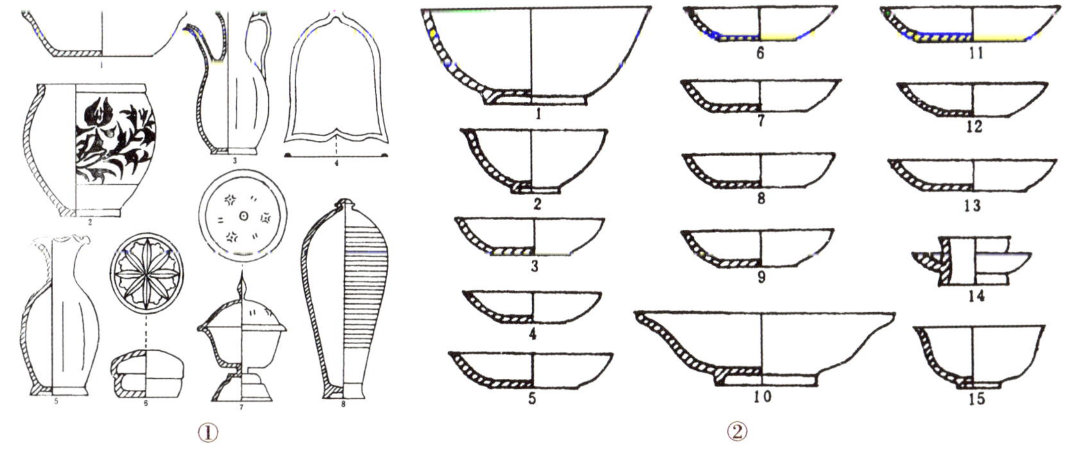

图 2–5–20　河南林县金墓出土器物
（采自《华夏考古》1998 年第 2 期，第 39 页，图四；第 40 页，图五）

1 张增午：《河南林县金墓清理简报》，《华夏考古》1998 年第 2 期。
2 三门峡市文物工作队：《三门峡市峄山西路发现三座古墓》，《华夏考古》1993 年第 4 期。
3 聊城地区博物馆：《山东高唐金代虞寅墓发掘简报》，《文物》1982 年第 1 期。

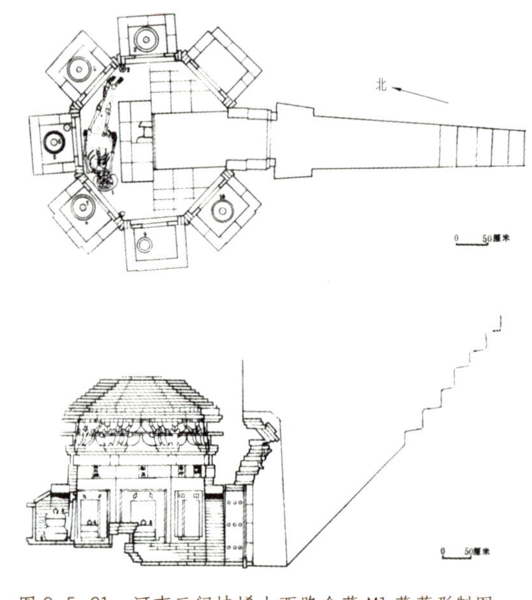

图 2-5-21 河南三门峡峭山西路金墓 M1 墓葬形制图
（采自《华夏考古》1993 年第 4 期，第 83 页，图六、图七）

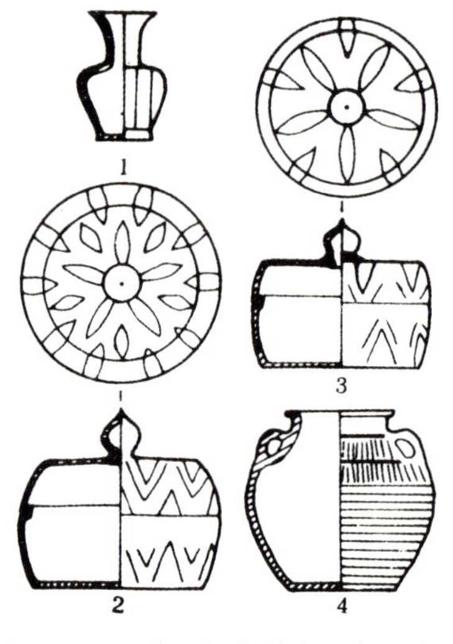

图 2-5-22 河南三门峡峭山西路金墓 M1 部分出土器物图
（采自《华夏考古》1993 年第 4 期，第 85 页，图十）

青瓷碗、青瓷盏托、白瓷碗各 2 件，陶盆、宋三彩香盒、褐釉鸡腿瓶、白瓷褐彩罐、白瓷荷口瓶、白瓷瓜棱执壶各 1 件；青铜器有簪 2 件以及熏炉、铜镜各 1 件；钱币中最早为开元通宝，最晚为宣和通宝。据甬道券顶题记，墓主赵处，葬于金皇统三年（1143 年）。

三门峡峭山西路金墓 M1 为砖室壁画墓。墓道为土圹阶梯式，长 4.65 米、宽 0.48—0.74 米。甬道长 0.68 米、宽 0.62 米、高 1.07 米，系横砖自东西两壁向上叠砌十四层后内收作券顶。墓室平面呈八边形（图 2-5-21），宽 2.39 米，墓底铺砖高出甬道 30 厘米，从而形成凹字形棺床。棺床前砖砌供台。墓室各转角处砖砌仿木结构，叠涩收顶，顶部藻井已被破坏。棺床上有一具尸骨，无葬具，头下置一瓷枕，东北部放一白瓷瓶。七面墓壁上各设一砖券弧形壁龛，壁龛下沿坐于棺床上，除东南部壁龛空置外，其余六龛内皆放置一到两个盛有烧过的人骨的陶盒，壁龛上方共刻十四僧人法号。墓壁有简单的壁画，绘有缠枝花卉、童子和僧人形象。随葬器物有瓷瓶、瓷枕、陶罐、陶盒等（图 2-5-22）。据供台正面的题记，该墓年代应为大定七年（1167 年），应为僧人合葬墓。

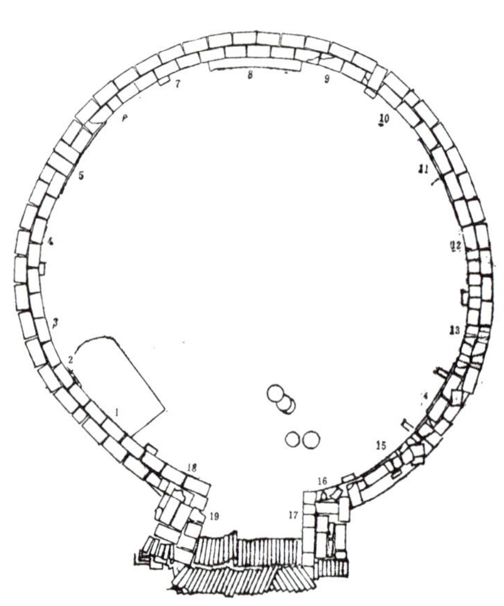

图 2-5-23 山东高唐虞寅墓壁画位置示意图
（采自《文物》1982 年第 1 期，第 49 页，图二）

山东高唐金代虞寅墓为仿木结构建筑的圆形砖砌单室墓，由墓道、甬道和墓室三部分组成，墓道未清理，残存甬道长 1 米多，两壁用青砖错缝平铺，甬道外口用两层青砖立砌封堵。墓室平面呈圆形，直径 5 米，墓顶已塌，墓室内砖砌有门、窗、柱，六条立柱将墓室分为 7 间。墓壁用青砖错缝平砌，白灰勾缝，并在砖壁上抹白灰，再绘壁画，壁画共16幅（图2-5-23），主要绘有出行图、家居生活图以及部分仿木结构彩绘装饰等。墓室偏后部残存棺木和骨架，从头骨判断为一男三女。随葬品有墓志2方、白瓷盘3件以及白瓷大碗、开片瓷盘各1件。据墓志，墓主官至正五品，积勋至骑都尉，卒于金承安二年（1197年）。

（三）土洞墓

该地区土洞墓数量较少，墓室平面呈梯形或长方形，墓道有土坑竖穴式、斜坡式两种，墓顶多为弧形顶或穹窿顶。墓内装饰简单或没有装饰，随葬品较少，以少量的瓷器和卵石较常见。墓主以当地平民为主。典型墓例有河南孟津麻屯金墓[1]。

河南孟津麻屯金墓为单室土洞墓，墓道位于墓室南部，长12米、宽1.0—1.1米。甬道为过洞式，弧形顶，平底，长1.6米、宽0.9—1.6米、高1.5—1.72米。墓室平面呈长方形，长2.9米、宽1.9米，四壁平直，壁高2米，顶作穹窿状，墓室顶部用砖横列错缝平铺（图2-5-24）。该墓曾被盗，尸骨无存，出土随葬品18件，其中白瓷瓶3件、鹅卵石4块、买地券1方。据买地券，该墓为钱择及其家人的合葬墓，墓葬年代为金天德二年（1150年）。

（四）分期

根据墓葬形制、结构及随葬品特征，该地区金墓可分为三期：

第一期：金灭辽至海陵王时期（1127—1160年）。目前能确定为金代早期的墓葬不多，以砖室墓为主，也有极少的土洞墓和土坑墓发现。随葬品以陶瓷器为主，级别较高的墓葬还出土有墓志。总之，墓葬形制、随葬器物特征都较多地保留了北宋时代的遗风，受女真墓葬影响较少。

第二期：金世宗时期（1161—1189年）。目前能确定为中期的墓葬较少，纪年墓更是零星可见。为数不多的考古发现中，土坑墓和砖室墓占绝大多数，砖室墓中的壁画和砖砌仿木结构装饰明显比前一期简单。

第三期：金章宗泰和元年至金灭（1190—1234年）。晚期墓葬数量较多，但种类减少，统一性增强。以砖室墓为主，有少量的土洞墓，其他类型墓葬较少见。近一半的砖室墓内设有简单的仿木构和砖雕装饰。墓室壁画仅零星可见，为砖雕所取代。葬俗以尸骨葬占大多数，有相当数量的二次葬，个别为火葬。随葬品仍以陶瓷器为主，但数量少。

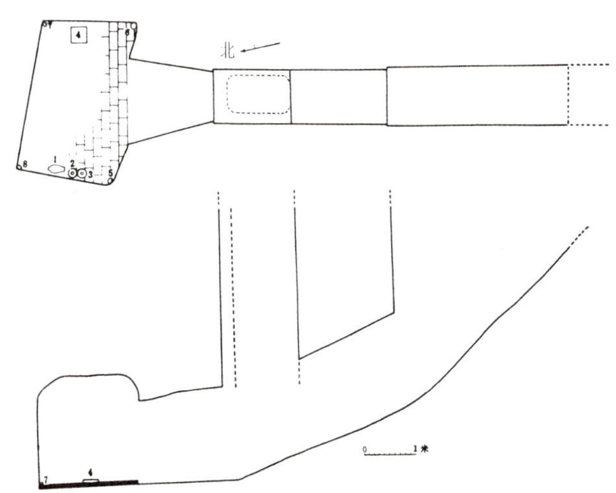

图2-5-24　河南孟津麻屯金墓墓葬形制图
（采自《华夏考古》1996年第1期，第14页，图二）

1 洛阳市文物工作队：《洛阳孟津县麻屯金墓发掘简报》，《华夏考古》1996年第1期。

河北南部、河南和山东地区发现金墓数量较多，但主要集中在金代晚期，早、中期墓葬数量很少。砖室墓数量最多，墓中多带仿木结构砖雕和壁画，土坑墓和洞室墓数量较少。随葬品以陶瓷器、铜钱、铜镜为主，墓主身份等级较高的墓中出土墓志，普通官吏和平民墓中则常见有买地券，少有墓志和买地券共出的情况。葬俗有尸骨葬和火葬两种形式，往往一个墓中两种葬具并存。墓主多为汉族官吏或平民，也有个别为僧侣或道徒。总之，该地区金墓的墓葬形制、随葬品特征都明显继承了北宋遗风。

四、陇东、关中和晋南地区

同河南和山东地区一样，陇东、关中和晋南地区1127年才纳入金朝统治范围，因此本区早期金墓年代上限应为1127年。本区居民以汉族为主，丧葬习俗基本承袭北宋。本区墓葬主要分布在晋南地区，而关中、陇东地区则发现较少。墓葬种类主要是仿木构砖室墓、土坑墓和土洞墓，个别地区发现有石室墓。

（一）土坑墓

该地区土坑墓数量不多，主要发现于晋南地区，形制简单，多呈长方形，规模不大，葬具有木棺、陶罐、石棺等。典型墓例有山西洪赵县坊维村金墓[1]。

山西洪赵县坊维村墓群共发现金墓18座，皆为竖穴土坑墓，有的骨架旁边有青砖。葬式有仰身直肢尸骨葬和骨灰葬两种。其中16座为尸骨葬，包括单人葬7座、夫妻合葬9座，夫妻合葬有一夫一妻同棺葬、一夫二妻同棺葬，也有属于冥婚性质的小孩夫妇合葬。骨灰葬2座，骨灰放在泥质灰陶陶罐中。大多数墓有石炭随葬，另出土有极少的瓷器和钱币。

（二）砖室墓

目前该地区发现的金墓以砖室墓数量最多，分布广泛，墓葬结构、形制基本继承和发展了北宋的风格，墓葬多砌于土圹中，也有砌于土洞中者，墓室平面形制以方形、长方形为主，墓顶流行八角形叠涩攒尖顶或四面攒尖顶，墓壁下部多见有砖雕须弥座式的窄台。大多数墓葬都带有繁芜的装饰，以砖雕为主，尤以晋南地区最为盛行，壁画较少见，大多仅仅是对墓中砖雕题材的修饰，砖雕题材常见有墓主夫妇、侍从、花卉、戏剧、仿木结构等。流行丛葬，不见火葬，基本不用葬具。随葬品极少，以陶瓷器为主，个别墓葬还出土有零星的铜镜、铜钱等，西安地区金墓流行随葬铁牛、铁猪。墓主以中下级官吏和富裕人家居多。典型墓例有山西长子县石哲金墓[2]、侯马102号金墓[3]、侯马金墓65H4M102[4]、山西沁县上庄金墓[5]。

1 山西省文物管理委员会：《山西洪赵县坊维村古遗址墓群清理简报》，《文物参考资料》1955年第4期。

2 山西省考古研究所晋东南工作站：《山西长子县石哲金代壁画墓》，《文物》1985年第6期。

3 山西省考古研究所侯马工作站：《侯马102号金墓》，《文物季刊》1997年第4期。

4 山西省考古研究所侯马工作站：《侯马65H4M102金墓》，《文物季刊》1997年第4期。

5 山西省考古研究所、沁县文物馆：《山西沁县上庄金墓发掘简报》，《文物》2016年第8期。

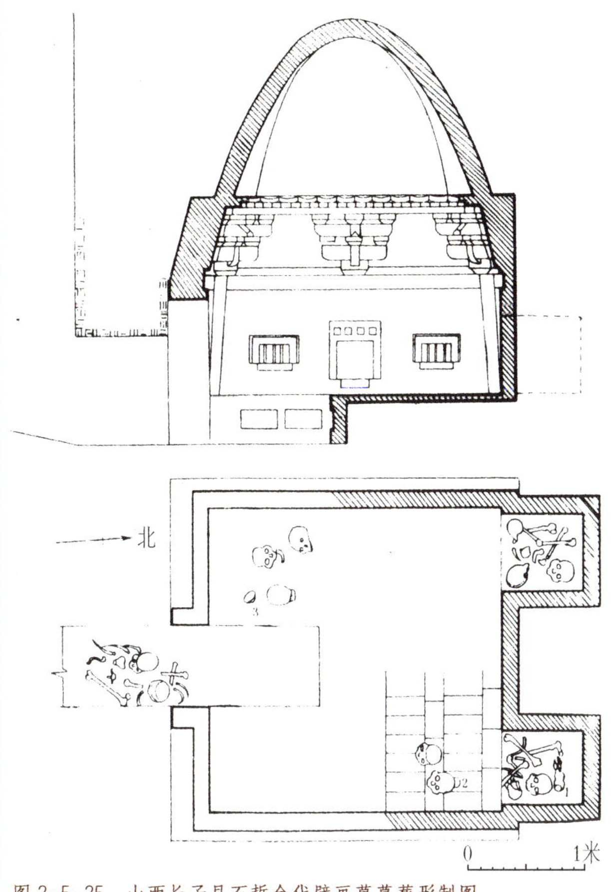

图 2-5-25 山西长子县石哲金代壁画墓墓葬形制图
（采自《文物》1985 年第 6 期，第 45 页，图一）

图 2-5-26 山西侯马 102 号金墓斗拱细部
（采自《文物季刊》1997 年第 4 期，第 30 页，图三）

山西长子县石哲金代壁画墓为方形单室砖室墓（图 2-5-25），墓室有斗拱八朵，斗拱之上微雕飞檐板开，墓顶为八角攒尖，墓室边长 2.5 米、高 3.36 米。墓壁设明柱、栌斗、普柏枋、插板、直棂窗等砖雕仿木构件。四壁和顶部皆绘有壁画，墓顶绘日月图，墓壁绘缠枝花卉、墓主家居生活、侍从、启门、二十四孝。墓中仅随葬黑花瓷枕、白釉瓷枕、黑釉瓷碗各 1 件和 2 枚宋代铜钱。据东壁直棂窗上墨书题记，该墓年代为正隆三年（1158 年）。

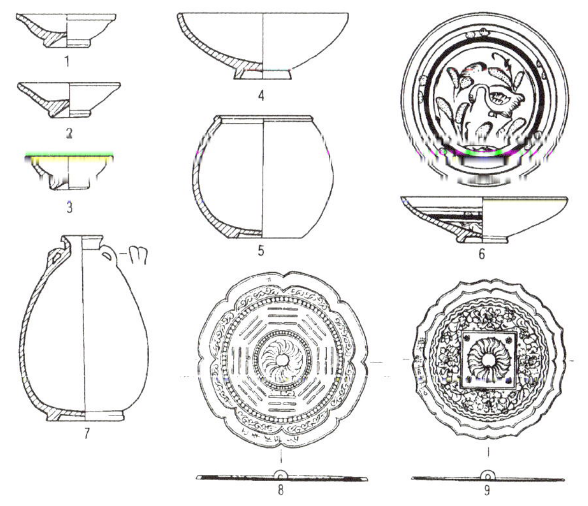

图 2-5-27 山西侯马 102 号金墓出土器物
（采自《文物季刊》1997 年第 4 期，第 35 页，图八）

山西侯马 102 号金墓为前后双室砖室墓，墓室砌筑于土洞之中，甬道、墓门、墓室和过道皆有砖雕仿木结构（图 2-5-26），墓内装饰以砖雕为主，主要内容有墓主人夫妇开芳宴、出行、直棂窗、格扇、桌椅、花卉、马球等，雕刻手法为阴刻与浮雕相结合，也有模制者。墓葬前后室有多幅墨书或阴刻题记，主要内容有墓主及家人名讳、家庭农业生产种收情况、买地券等。出土有漆器 3 件、瓷器 7 件、铜镜 2 枚、铜钱 1 枚（图 2-5-27）。

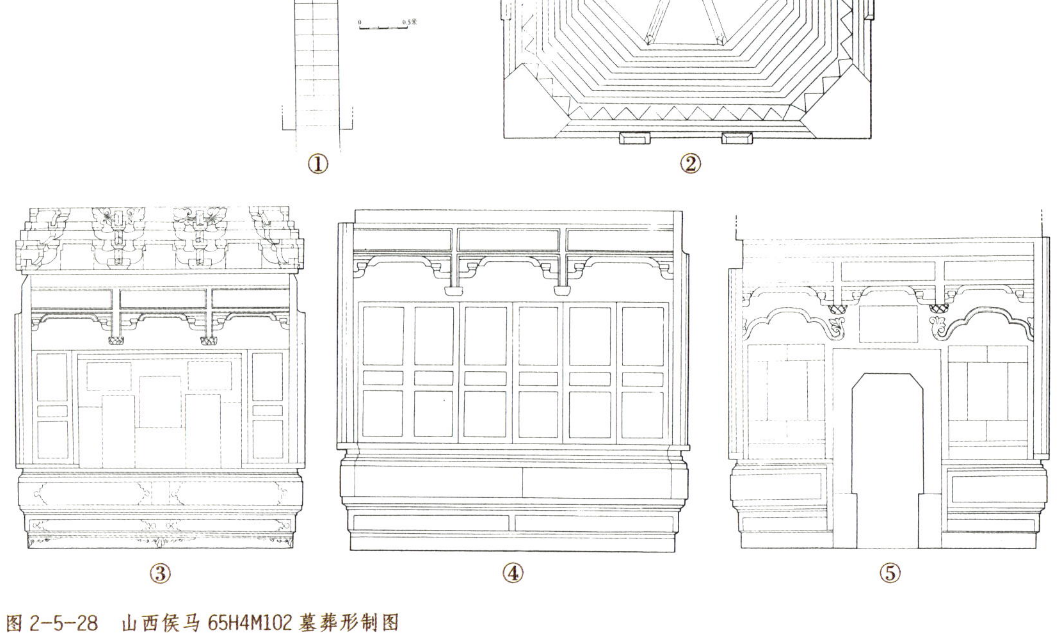

图 2-5-28　山西侯马 65H4M102 墓葬形制图
（采自《文物季刊》1997 年第 4 期，第 17 页，图一；第 19 页，图八；第 20 页，图十二；第 21 页，图十三；第 23 页，图十八）

墓内共发现 11 具人骨，分别置于前后室砖床上。据题记，该墓为家族合葬墓，墓主董海下葬于明昌七年（由于改年号，实为承安元年，即 1196 年），其三个儿子的下葬时间可能略晚。

山西侯马金墓 65H4M102 为方形单室砖室墓（图 2-5-28），墓室边长 2.23 米，墓顶坍塌，形制不明。四壁从地面向上砌须弥座式基座，通高 0.85 米，上砌带仿木结构的墓壁，间以花卉装饰。墓壁砖雕主要内容有花卉、墓主夫妇像、侍者、武士、屏风等，须弥座上雕有天女散花、童子骑竹马嬉戏、乐舞、童子骑鹿等反映民间社火活动的题材，藻井雕刻主要内容为八仙图，八仙分别雕于八块梯形砖上。墓中葬有两具人骨，随葬品仅有白瓷碗盖和白瓷枕各 1 件。据与相邻墓葬的排列关系和墓葬形制特征，简报推测该墓年代在泰和年间（1201—1208 年）。

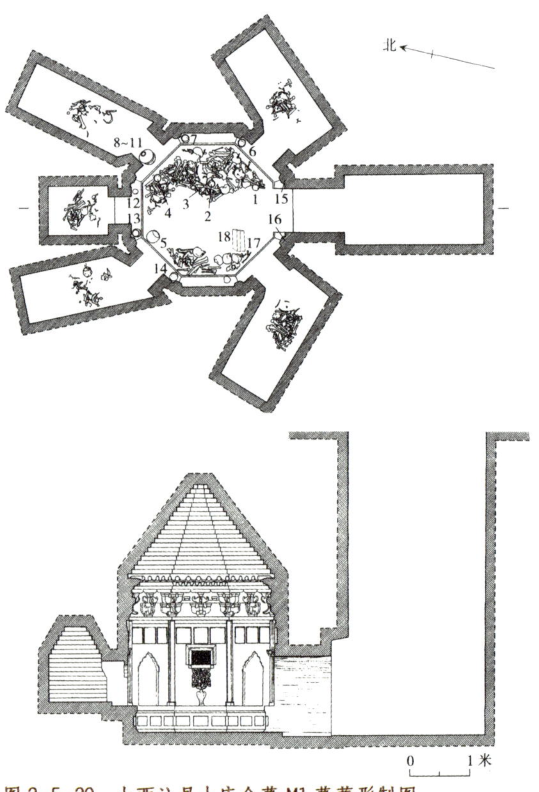

图 2-5-29　山西沁县上庄金墓 M1 墓葬形制图
（采自《文物》2016 年第 8 期，第 39 页，图二）

山西沁县上庄金墓为一座仿木结构砖室墓（图2-5-29），由墓道、墓门、甬道、墓室及耳室组成。墓室位于甬道北侧，平面呈八边形，宽2.6米、进深2.5米、高4米。墓室周壁均砌设有倚柱、普柏枋等雕仿木结构。墓室北、东北、东南、西南、西北壁各有一个耳室向外延伸。墓室除北壁外，其余七壁上部均有一组三幅砖雕孝行图，砖雕为模制，未施彩绘，部分砖面刻有榜题，字迹多模糊不清。此墓共出土器物18件，其中瓷钵6件，瓷碗4件，瓷盏3件，陶罐、瓷罐、铜簪各1件，竖放的方格纹砖2块。墓葬并未出土有文字纪年的资料，根据墓葬结构、砖雕人物服饰和随葬器物等判断其年代为金中晚期。

（三）土洞墓

土洞墓仅在关中、晋南的个别地区有零星分布。墓道呈竖穴式，墓室平面多呈方形、长方形。墓主多为当地富裕人家或中下级官吏。典型墓例有陕西耀县（今铜川市耀州区）董家河金墓[1]、西安南郊黄渠头村金墓[2]。

陕西耀县董家河镇西塬发现2座金代竖穴墓道土洞墓（图2-5-30），两墓东侧3.97米处有一竖立方砖，1.44米—1.72米之间为墓前石刻，包括石羊（图2-5-31）、石翁仲（图2-5-32）、石虎各2件以及龟趺1件。M1墓道口长2.1米、宽1.1—1.22米，墓壁较平直，东壁底部略向外凹，南壁和北壁分别发现有5个脚窝，底部平直，长2.22米、宽1.1—1.22米、深3.82米。封门由土坯错缝平摆而成，宽1.2米、高1.33米。墓室平面呈长方形，长2.2米、宽1.2米，底部有棺木残迹，棺内有三具人骨。墓中未出土随葬品。M2位于M1北侧3米处，墓道口长2米、宽1—1.05米，墓壁平直，南壁、北壁分别发现有5个脚窝，北壁有少量铁镬痕迹，底部平直，长2米、宽1.1—1.24米、深3.86米。封门由土坯垒成，底下两层斜靠立，

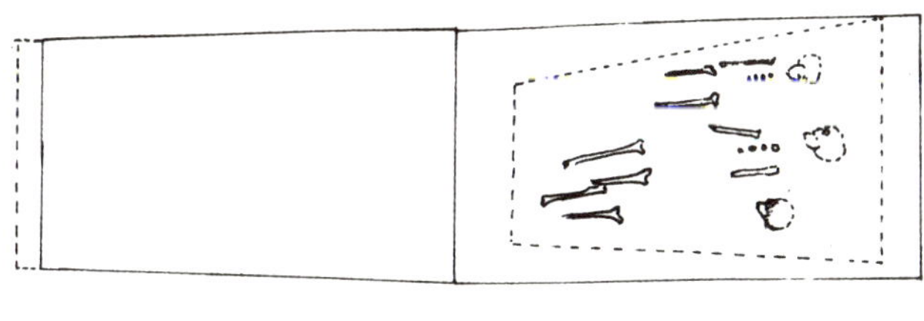

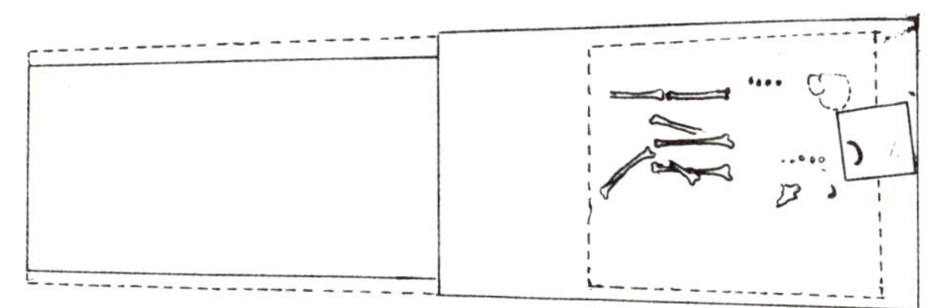

图2-5-30 陕西耀县董家河金墓M1、M2墓葬形制图
（采自《文博》1998年第1期，第18页，图二、图三）

图2-5-31 陕西耀县董家河金墓墓前石羊
（采自《文博》1998年第1期，第18页，图四）

1 铜川市考古研究所：《陕西耀县董家河金墓清理简报》，《文博》1998年第1期。
2 西安市文物保护考古研究院、辽宁师范大学历史文化旅游学院：《西安南郊黄渠头村金墓发掘简报》，《文物春秋》2014年第5期。

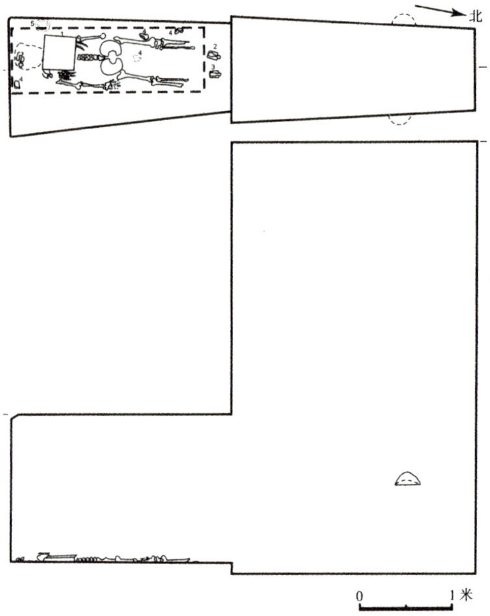

图 2-5-33 西安南郊黄渠头村金墓 M88 墓葬形制图
（采自《文物春秋》2014 年第 5 期，第 30 页，图二）

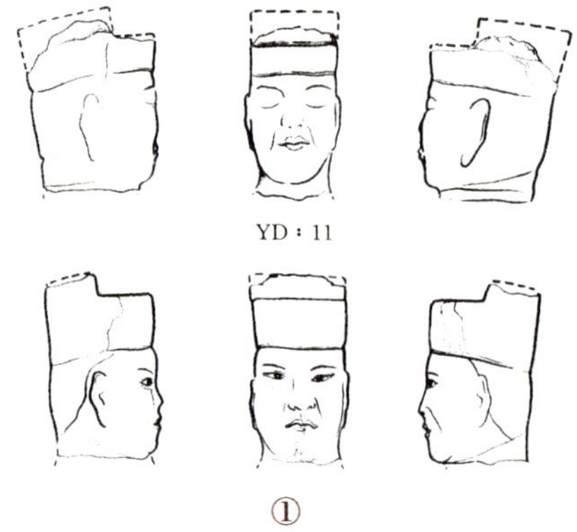

图 2-5-32 陕西耀县董家河金墓墓前石翁仲
（采自《文博》1998 年第 1 期，第 19 页，图五、图六）

上部为错缝平摆，墓门宽 1.2 米、高 1.5 米。墓室平面呈长方形，长 2.4 米、宽 1.25—1.4 米、高 1.6 米，底部有棺木痕迹，棺内有两具人骨。墓室西侧有朱书买地券 1 方，还出土有崇宁通宝 1 枚。据买地券，该墓年代为金明昌二年（1191 年），M1 与 M2 形制、规模、墓道填土、埋葬方式等均较一致，故推测两墓为同一时期的合葬墓。

西安南郊黄渠头村金墓为一座竖穴墓道土洞墓，由墓道和墓室两部分组成。墓室平面呈梯形，土洞拱顶结构，南宽北窄（图 2-5-33）。该墓未被盗掘，骨架保存较好，位于墓室的中部，葬式为单人仰身直肢葬，葬具为木棺。出土器物有方砖买地券 1 块，置于墓主左肩处；镇墓石 4 块，置于头骨右侧及左腿骨两侧；香炉 1 件，置于头骨左侧；铁牛、铁猪各 1 件，置于足部。其中镇墓石质地为石英岩和石灰石，有明显的人为加工痕迹，其中一块涂有朱砂。方砖买地券为一方形青砖，长 30.2 厘米、宽 29.5 厘米、厚 5 厘米。其上朱砂楷书铭文 14 行，满行 18 字，共 160 字。据方砖买地券上朱砂楷书，该墓年代为贞祐四年（1216 年）。

（四）分期

根据墓葬形制、结构及随葬品特征，该地区金墓可分为三期：

第一期：金灭辽至海陵王时期（1127—1160 年）。本期金墓主要集中在晋南地区，数量不多。以砖室墓为主，亦有零星的土洞墓。砖室墓砖雕和壁画题材有墓主人、侍从、杂剧图、孝行等。随葬品数量极少，大多仅有零星几件，以瓷器为主。

第二期：金世宗时期（1161—1189 年）。砖室墓增多，出现多室墓，有少量的竖穴墓道土洞墓。墓葬装饰更加繁芜复杂，砖雕和壁画都较前期增多，表现题材也更加广泛，大量流行二十四孝、杂剧和散乐百戏等，但整体开始有较明显的程式化趋势。墓葬纪年材料以题记为主，墓志较少。葬俗仍以尸骨葬为主，火葬数量有限。随葬品依然较少，以陶瓷器为主，主要器类有瓷灯碗、执壶、瓜棱瓶、瓷枕等，个别墓葬有铁质生产工具出土。

第三期：金章宗明昌元年至金灭（1190—1234 年）。砖室墓继续增多，绝大多数都带有仿木结构和砖雕装饰，墓室壁画也继续流行，常常是砖雕和壁画相结合，壁画题材与第二期大体一致，新出现八仙图等内容。砖雕多模制，从而使墓室内的布局和构造更加程式化。墓室增多，多室墓较流行。除砖室墓外，还有少量土坑木棺墓、土坑石棺墓、石室墓。随葬品种类较多，以陶瓷器为主，主要器类有瓷灯盘、鸡腿坛、双系瓶、瓷枕等。值得注意的是，晚期金墓的年代主要集中在宣宗之前，以后则鲜有发现。家族合葬继续流行，许多墓是迁葬之后再合葬。

陇东、关中和晋南地区发现金墓数量较多，尤以中、晚期墓葬为多，能明确为早期的墓葬不多。砖室墓数量最多，墓葬营建和装饰较其他地区更繁芜和复杂，装饰以砖雕为主，壁画较少。土坑墓和洞室墓数量仅有零星发现。葬俗以尸骨葬为主，有少量火葬墓。随葬品以陶瓷器为主，数量、种类均较少。墓主多为汉族官吏或平民。墓葬形制、随葬品特征都明显继承和发展了北宋的风格。

五、小结

目前发现的金代墓葬绝大多数是金世宗大定年间（1161—1189 年）及以后的墓葬，金代初年的墓葬较少。砖室墓是最为流行的墓葬类别，土坑墓、土洞墓、石室墓数量均较少见。葬俗以土葬为主，也有少量的火葬。砖室墓墓葬装饰继承了宋、辽以来的繁芜和精美，达到了新的顶峰，装饰方式有砖雕、壁画以及少量的线性石刻，装饰题材包括墓主像、妇人启门、侍从、家居生活、二十四孝、八仙、杂剧、花卉等。各地区墓葬装饰有一些细微的差别，砖雕和壁画在装饰中的地位也略有不同，其中东北及内蒙古东部地区金墓内部装饰复杂、精美程度明显不及其他地区，而尤以山西、陕西、山东地区金墓装饰最为繁缛。墓中所见随葬品较少，以陶瓷器为主。砖室墓中常见有买地券，有的品官墓中还随葬有墓志，这为准确判断墓葬年代提供了可靠依据。值得注意的是，目前所发现墓葬中买地券和墓志共出者极少，一般二品以上高官的墓内往往既有墓志，又有墓碑，中下级官吏墓内只有墓志，平民墓内则多置买地券，这或与金代对墓志使用者的身份规定有一定的关系。

按照墓葬地域分布特征及墓葬形制、结构和随葬品早晚演变特征，可将金墓大致分为东北和内蒙古东部地区，燕云地区，河北南部、河南和山东地区，陇东、关中和晋南地区共四区，各可分为早（1115—1160 年）、中（1161—1189 年）、晚（1190—1234 年）三期。需要指出的是，这种分区与分期又是相对的，相邻区域或时代相近的墓葬在形制、结构和随葬品等方面的特征与差异有时比较细微。各地区墓葬较多地受到本地区墓葬传统的影响，其中东北及内蒙古地区金墓较多地保存了女真族的民族特点，墓葬形制简单，随葬品具有草原游牧民族特征；原属于辽统治的燕云地区的金墓大体承袭了辽代晚期墓葬的形制特征，但随葬品种类和数量均明显减少，墓葬装饰则变得更加繁芜和精美；而在北宋故地的金墓则继承了北宋的墓葬传统和风格。值得注意的是，目前发现的墓主身份明确为女真族的墓葬极少，仅在东北等地有零星分布，这些墓葬具有浓厚的民族特点，辨识难度不大。但为何在中原等地却难以见到女真族墓葬，是女真族本身的墓葬在这些地方分布少，还是由于民族融合导致这些地区的女真族墓葬受汉人墓葬影响太大，以至于难以辨识，这是值得思考的。

第六节　元代墓葬的发现与研究

元代是由蒙古族建立的政权。自公元 1206 年春铁木真建立大蒙古国，至 1368 年元顺帝退出中原，大都被明军占领，共历时 163 年。1271 年元世祖忽必烈改国号为大元，1276 年攻灭南宋，1279 年崖山海战消灭南宋残余势力，结束了五代以来多个政权并峙的局面，重新统一了中国。需要加以说明的是，本节所讨论的地域范围与一般意义上的蒙古帝国或元朝疆域都有所差异。囿于历史疆域的变迁和考古发现，本节所述的元墓仅指中华人民共和国境内除青藏高原外所发现的自 1206 年到 1368 年期间的墓葬。

参考前人的研究成果，本书将元墓分为长城以北地区、长城以南到秦岭—淮河以北地区、南方地区三个大的区域。由于各区域纳入蒙元政权统治范围的时间早晚不一，且民族融合的进度不同，导致墓葬文化的区域性差异较大，故对元墓不作统一的分期[1]。

一、长城以北地区

长城以北地区即今长城沿线以北的内蒙古、辽宁、吉林等地，最早被纳入蒙元的统治范围。该地区蒙元墓葬年代延续时间较长，贯穿大蒙古国时期和元代（1206—1368 年），主要分布于辽宁沈阳、朝阳、抚顺、大连，吉林扶余、延边，内蒙古呼和浩特、乌兰察布、通辽、赤峰、锡林郭勒。

1 本节写作主要参考了秦大树和侯新佳两位先生的研究成果（秦大树：《宋元明考古》，北京：文物出版社，2004 年；侯新佳：《蒙元墓葬研究》，郑州大学硕士学位论文，2009 年）。

由于本地区蒙元墓葬多遭盗掘，墓葬形制受到不同程度的毁坏，随葬品保存较差，加上纪年墓较少，该区蒙元墓葬的发展序列尚不清楚，大体可以忽必烈至元八年（1271 年）改国号大元为界，分为大蒙古国时期和元代两期。

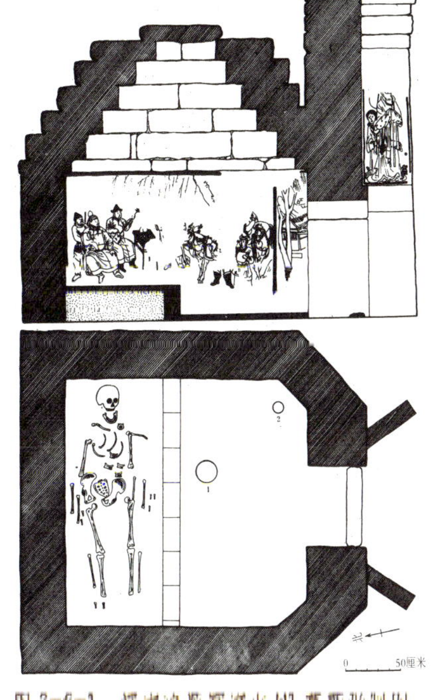

图 2-6-1 辽宁凌源富家屯 M1 墓葬形制图
（采自《文物》1985 年第 6 期，第 56 页，图二）

（一）大蒙古国时期墓葬

大蒙古国时期是指铁木真 1206 年建立大蒙古国到 1271 年忽必烈改国号为大元的这一阶段，处于金元交替过渡时期。由于缺少纪年文字材料，目前能够明确为大蒙古国时期的墓葬不多，仅有内蒙古乌兰察布市察右前旗土城子古墓 M12[1]、辽宁凌源富家屯 M1[2] 等。

察右前旗土城子古墓 M12 为竖穴土坑墓，平面近长方形，长 2.17 米、宽约 1 米、深 0.93 米。砖砌墓壁，转缝夹石灰，壁面亦涂石灰。墓底用大小不等的石块铺砌，中砌一 10 厘米高的长方形尸床，上置棺木，葬男性尸骨一具。无随葬品。

富家屯 M1 系用黄色泥板岩和青灰色条砖筑成（图 2-6-1），墓室平面呈长方形，前部抹角，南北长 2.2 米、东西宽 2.16 米、高 2.42 米。叠涩穹窿顶，顶部浮雕莲花的石板中心凿一横孔，简报推测当为悬挂铜镜所用。墓内外绘有壁画，主要绘有启关图[3]、仕女、柳荫别墅、游乐、探病、花卉等，这些题材在元墓中均较少见。墓室后部砖砌一尸台，出男性骨架一具，随葬品仅有钧窑碗、钧窑残片和陶灯盏各 1 件。

从以上两座墓葬材料看，本阶段墓葬仍较多地保留了辽金时代葬制、葬俗的特点，诸如富家屯 M1 在墓门上砌额墙，额墙上绘妇人启门图，墓门两侧设翼墙，就具有浓厚的金代砖室墓风格[4]。但由于墓例少，尚没有发现这一时期该地区的墓葬具有典型蒙古特色的遗存，在以后的发掘及研究工作中应注重分辨。

（二）元代墓葬

该地区发现的元代墓葬数量较多，但带明确纪年者仍不多见。典型墓例有内

1 内蒙古自治区文物工作队：《察右前旗土城子古墓清理纪要》，内蒙古文物工作队编：《内蒙古文物资料选辑》，呼和浩特：内蒙古人民出版社，1964 年，第 208—212 页。

2 辽宁省博物馆、凌源县文化馆：《凌源富家屯元墓》，《文物》1985 年第 6 期。

3 原简报即写为启关图，与常见的妇人启门图略有差别。姑且从简报。

4 张晓东：《蒙元时期的蒙古人墓葬》，吉林大学硕士学位论文，2006 年，第 34 页。

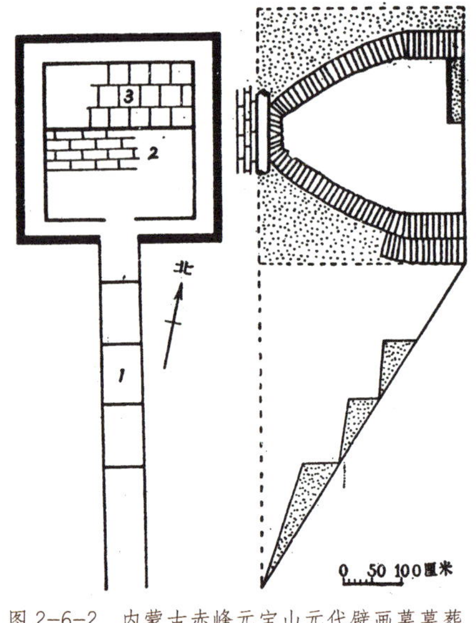

图 2-6-2　内蒙古赤峰元宝山元代壁画墓墓葬形制图
（采自《文物》1983 年第 4 期，第 40 页，图二）

图 2-6-3　内蒙古赤峰元宝山元代壁画墓墓主对坐图

图 2-6-4　内蒙古赤峰元宝山元代壁画墓山居图
（采自《文物》1983 年第 4 期，第 43 页，图一〇）

蒙古赤峰元宝山元代壁画墓[1]、吉林扶余岱吉屯元墓[2]等。

赤峰元宝山元代壁画墓为方形单室砖墓（图 2-6-2），带墓道，墓道呈台阶状，墓室平面为方形，券顶，墓室后部砖砌长方形棺床，棺床上安放男女墓主人尸体。随葬器物较多，铜器有铜镜、鞍饰，铁器有车穿、马镫、铁环、棺钉，木器若干及银耳环 1 件。墓室四壁及券顶均施彩绘，主要内容有墓主夫妇对坐（图 2-6-3）、行旅、山居（图 2-6-4）、家居、礼乐仪仗、花卉等，绘画技法以黑线勾勒为主，直接平涂着色，色彩以深赭墨绿及深黄为主。壁画内容明显受到前代风格的影响，其中男性墓主人和仆从的衣服帽饰特征与蒙古族极为接近，与契丹、女真和汉人有明显的区别。

1 项春松：《内蒙古赤峰市元宝山元代壁画墓》，《文物》1983 年第 4 期。

2 张英：《吉林扶余岱吉屯元墓出土瓷器》，《文物》1994 年第 9 期；扶余市博物馆：《吉林扶余岱吉屯元墓第二次清理简报》，《文物》1996 年第 11 期。

扶余岱吉屯发掘的 9 座元墓，均为长方形竖穴土坑墓，墓葬规模都比较小，长不过 2.3 米、宽不过 0.65 米，仰身直肢葬。随葬品以陶瓷器为主，部分墓中出土有牛羊距骨和铜铁器。M1 中 1 件瓷器题款为"至正年制"，由于"至正年制"彩瓷碗是元代在景德镇置浮梁瓷局的官窑制品，至正十二年（1352 年）红巾军攻克饶州，至此景德镇官窑不可能继续烧制至正瓷器，因此这件瓷器应是至正年前期的产品，该墓年代不会早于至正元年（1341 年）。9 座墓排列较为规整，葬俗、墓葬规模、形制以及随葬瓷器均较为一致，故简报推测其为公共墓地，年代当在元末。

本期墓葬以砖室墓居多，也有少量的土坑墓，砖室墓平面形制以方形及长方形为主，个别墓葬带仿木构件和壁画。本期墓葬继续融合汉文化因素，如随葬来自南方地区的瓷器，壁画中的山居图等。相较前一期，墓葬中的蒙古文化特色也较为突出，如墓葬壁画人物的装饰以及随葬品中的骨器、毛类织物、皮制品、桦皮制品，都具有浓郁的蒙古族特征。

（三）特点

该地区蒙元时期墓葬，按建筑材质及建造方法，可分为土坑墓、洞室墓、砖室墓、石室墓，按平面形制可分为方形墓、圆形墓、多角形墓。目前考古发现以方形、圆形土坑墓和砖室墓居多。

随葬品有陶瓷器、金银器、铜器、铁器，以及少量的骨器、毛类织物、皮制品以及桦皮制品等。陶器以釉陶器为主，瓷器多为民窑生产，鲜见官窑产品[1]；铜器在该地区蒙元墓葬中发现较多，主要有铜镜、簪、钗、耳环、带饰等。出土钱币以宋钱为主，元代钱币出土较少；铁器以马镫、马衔、镞等游牧民族骑马所用马具及武器与棺箍等加固木棺所用的辅助构件较有民族及地域特色。

二、长城以南到秦岭—淮河以北地区

长城以南到秦岭—淮河以北的广大北方区域，即今河北、北京、山东、河南、山西、陕西、甘肃、江苏北部、安徽北部等地区，原属金、西夏故地，蒙古军 1227 年灭西夏，1234 年灭金，将这一区域纳入统治范围，故墓葬年代应包括大蒙古国和元王朝两个时期。本地区元墓主要分布于北京，山东济南、济宁、潍坊、烟台、临沂、临淄、聊城，陕西西安、渭南、延安、宝鸡、咸阳，山西太原、侯马、大同、吕梁、长治、运城、临汾，甘肃定西、武威、酒泉、天水，河南洛阳、信阳、三门峡、焦作，河北石家庄、廊坊、邢台、张家口、保定、定州、唐山、邯郸等地。按墓葬建筑材质及建造方法，该地区元代墓葬可分为土坑墓、砖室墓、石室墓和洞室墓四类。

（一）土坑墓

土坑墓规模较小，平面形制多为长方形，其他形制较为少见，葬具以木棺为

1 侯新佳：《蒙元墓葬研究》，郑州大学硕士学位论文，2009 年，第 21 页。

主，也有少量以石函、石椁、木椁为葬具者，葬俗有火葬和尸骨葬之分，随葬品较少，以陶、瓷器为主，也有少量的铁器及金银器等。因规模、葬具和随葬品的不同，结合部分墓葬出土墓志可对墓主人身份及年代做出相对准确的判断。一般而言，此类墓葬墓主人多为身份地位较低的平民或中下层官僚，但到元代晚期一些较高级别的品官也开始使用土坑墓埋葬。典型墓例有北京耿完者秃墓[1]，山东嘉祥曹元用墓[2]、邹县李裕庵墓[3]。

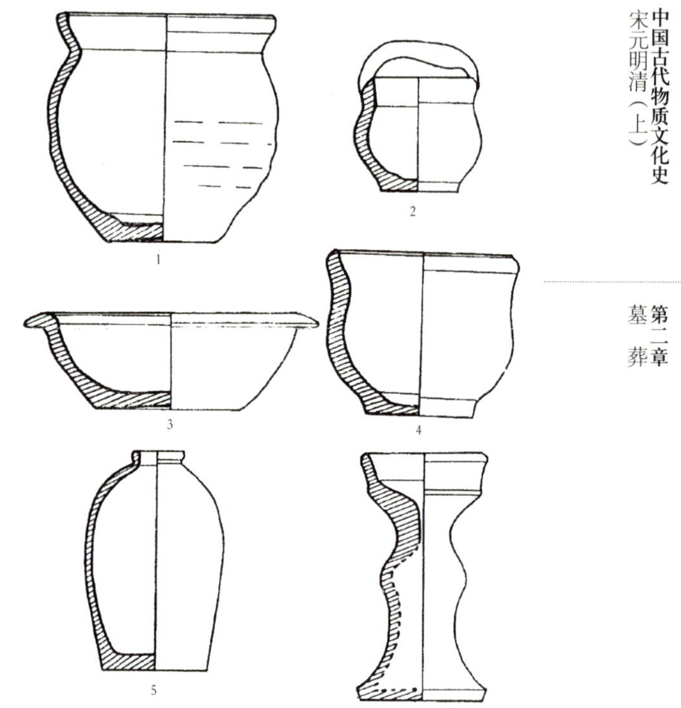

图 2-6-5 北京耿完者秃墓随葬陶器
（采自《北京文物与考古》第三辑，第 220 页，图一）

耿完者秃墓葬具为石函，石函近似方形，由一整块岩石凿成，长 83 厘米、宽 80 厘米、深 48 厘米，壁厚 13—17 厘米。石函上覆盖一块石板，石函内散放墓主人骨灰及 13 件陶质明器，其中缸 6 件，提梁缸 2 件，鏊釜、小盆、杯、灯、瓶各 1 件（图 2-6-5）。据石函南壁外侧贴放的墓志记载，墓主人为亚中大夫、宣政院通判耿完者秃，墓葬年代为 1329 年。

嘉祥曹元用墓及其妻合葬墓为土坑木椁墓（图 2-6-6），墓口东西长 5.8 米、南北宽 5.2 米，有生土二层台。修建时先从生土二层台下挖竖穴，然后用石灰糯米汁拌和细土、白沙粒及少量石块等浇灌铺底，底部厚度 0.5 米，上置两套棺椁，曹元用棺椁居右，其妻郭氏在左。木椁四周再用浇浆将两个木椁凝成一个整体。曹元用木椁系整块楠木合榫而成，椁盖上盖一层苇席，长宽与椁盖尺寸相等。椁内置棺，棺盖上覆一层细绢，上有毛笔题记，棺底有垫板，上凿圆孔，垫板与棺底之间塞满棉花。棺内尸体两侧塞满草纸和纸钱（图 2-6-7），头上别有金银簪各 1 件、两腕戴银镯，头部北侧放置圆形漆盒、透雕鸟形白玉牌、金背梳子及木棍，中部东侧放葫芦银链饰、竹鞘铁刀各 1 件，足部南侧放 2 块长方形织锦和 1 件布衬衣。郭氏棺椁内仅出有铜簪、藤手杖各 1 件和木梳、木棍、藤发髻等物。椁室外有 1 件双系罐和墓志 2 合。据墓志，墓主下葬于至顺元年（1330 年）。该墓墓葬形制、葬俗，特别是以灰浆铺底和包裹椁室的做法，明显深受南方地区宋代三合土墓的影响。联系相关记载，墓中出土织锦极有可能来自皇帝的赏赐，对研究我国元代棉纺织历史及工艺具有重要的参考价值。

李裕庵墓为土坑石椁墓，该墓残留封土南北长 4 米、东西宽 3 米、高 0.5 米，建造时先挖竖穴，再以石灰米汁拌合花岗岩碎块、石灰石及沙砾等浇浆垫底，上面放置用整块石灰岩凿成的大小不同的槽形石椁两个，大椁居右，小椁在左，椁

1 北京文物研究所：《北京地区发现两座元代墓葬》，北京市文物研究所：《北京文物与考古》第三辑，北京：密云华都印刷厂印刷，1992 年，第 219—222 页。简报称墓主人为蒙古人，侯新佳认为当属唐兀人（侯新佳：《蒙元墓葬研究》，郑州大学硕士学位论文，2009 年，第 32 页）。

2 山东省济宁地区文物局：《山东嘉祥县元代曹元用墓清理简报》，《考古》1983 年第 9 期。

3 邹县文物保管所：《山东邹县李裕庵墓清理简报》，《文物》1978 年第 4 期。

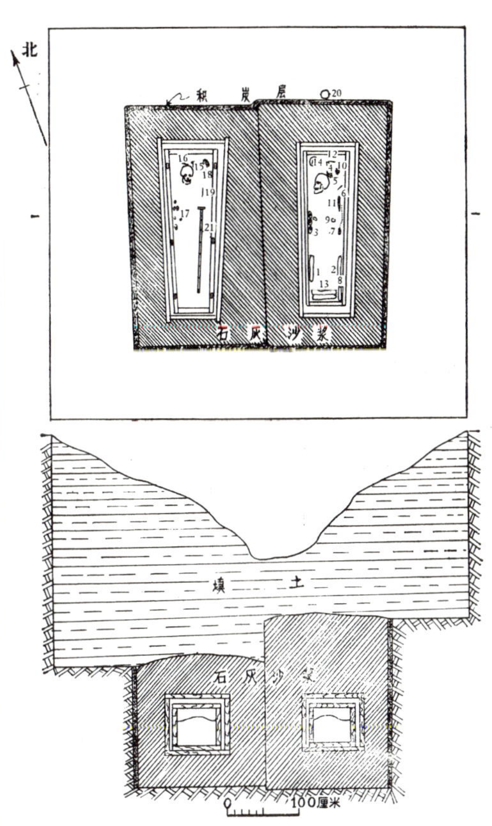

图 2-6-6　山东嘉祥曹元用墓墓葬形制图
（采自《考古》1983 年第 9 期，第 804 页，图二）

图 2-6-7　山东嘉祥曹元用墓出土杂宝画
（采自《考古》1983 年第 9 期，第 805 页，图三）

盖结合处呈子母口齿槽，套合严密，石椁四周再用浇浆将两个石椁凝成一个整体（图 2-6-8）。大石椁椁盖刻楷书文字“有元裕庵李先生府君之墓 / 至正十年二月五日葬”，椁内棺木用六块楠木板合成，棺盖上覆一件素绸棉棺衣，棺衣下置一件深色素罗，上面用乳白色颜料楷书文字一行“邹县儒学博士裕庵□□□□□”。棺内上层盖一床黄褐色素绸棉被，被下男尸保存较好、穿戴整齐，侧有穿着完好并经绑扎的女性骨架。小石椁内放置一件木匣，匣内有一具用带补丁的破衣片裹住的老年女性骨架。墓葬出土的随葬物主要是以丝、棉、麻织品制作的男女衣衾和鞋帽共 55 件，其他器物极少。据棺椁上的题记，该墓墓主人为元代邹县儒学博士李裕庵，墓葬年代为 1350 年。

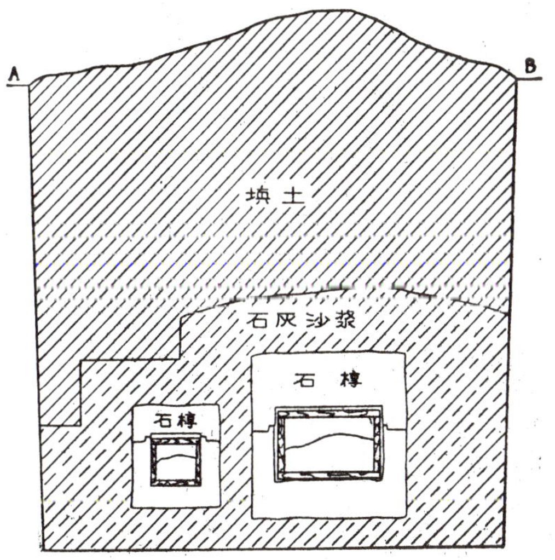

图 2-6-8　山东邹县李裕庵墓建造示意图
（采自《文物》1978 年第 4 期，第 15 页，图四）

（二）砖室墓

砖室墓是目前发现的元代墓葬的主要墓类，在整个长城以南到秦岭—淮河以北地区都有分布，有的墓葬大部分用砖修筑，部分位置使用石材。墓葬平面形制

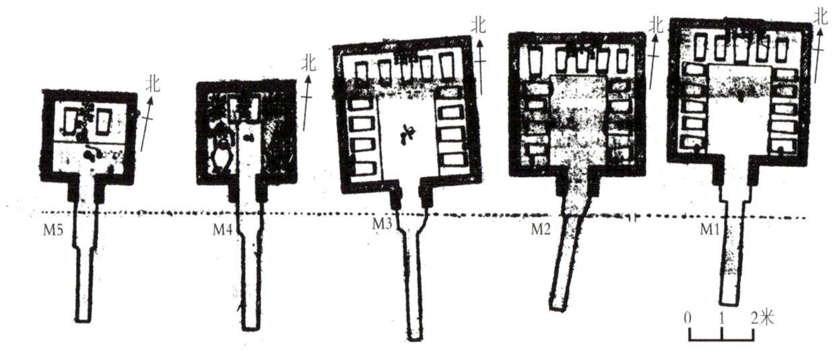

图 2-6-9 山西稷县五女坟平面分布图
（采自《考古通讯》1958 年第 7 期，第 31 页，图一）

有方形、圆形、多角形。绝大多数砖室墓均带或简或繁的壁画或砖雕装饰。由于盗扰严重，出土随葬品较少，以陶瓷器为主。墓主以品官、富裕乡绅为主，部分为宗教徒。

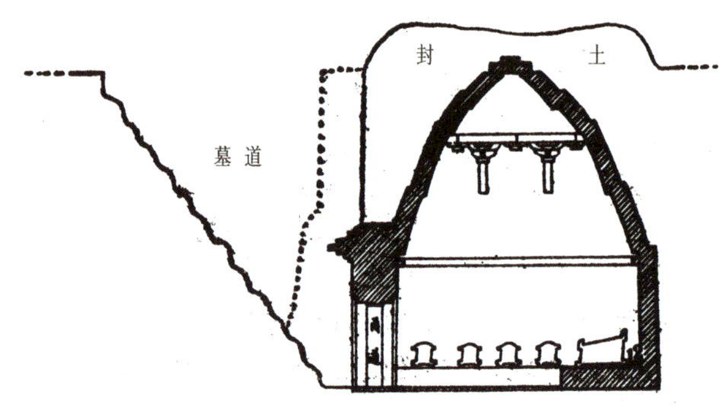

图 2-6-10 山西稷县五女坟 M3 墓葬剖面图
（采自《考古通讯》1958 年第 7 期，第 32 页，图二）

1. 方形砖室墓

方形砖室墓多分布在山西、陕西、甘肃等地，北京、河北、山东、河南则相对较少，按照墓室数量多少可分为单室墓和多室墓两种类型。

方形单室墓在所有砖室墓中所占比重最大，流行于整个元代，多坐北朝南，也有部分东西向，墓道可分为土坑竖井式、斜坡式和阶梯式三种，墓门多用封门砖或石板封堵，墓室内多有砖砌的长方形或凸字形棺床，四隅砌角柱，墓顶常见有穹窿顶或攒尖顶。墓葬装饰较丰富，墓门上多有仿木构门楼，有的墓门外两侧有翼墙，墓室内装饰主要有砖雕和壁画，可大致分为砖雕装饰为主和壁画装饰为主两种，个别墓葬仅带有简单的仿木结构。砖雕题材有戏剧人物、孝子故事、动植物、侍女、厨房场景、马球和马戏、门吏等，壁画题材有夫妇对坐、礼乐供奉、门吏、戏剧、家居、仆人、出行、山水花鸟等。墓主多为当地具有一定级别的官吏和富户人家，也有少数为宗教信徒。典型墓例有山西稷山五女坟[1]，陕西西安曲江池西村元墓[2]、西安东郊元代壁画墓[3]等。

稷山五女坟均为砖室墓（图 2-6-9），五座墓葬东西并排（编号 M1—M5），其中东面三座规模较大，西面两座规模较小。墓葬均坐北朝南，墓向 182° —190° 不等。形制基本相同，均由墓道、甬道和墓室三部分构成（图 2-6-10）。墓道均为阶梯式，墓门设在南壁正中，前接甬道。墓室均为方形或近方形，M1 规模最大，边长 3.8 米，M5 面积最小，长 2.3 米、宽 2.4 米。墓顶为叠涩顶。墓内皆设约 30 厘米高的棺床，铺芦苇编织的人字席。除 M5 棺床横置在墓室的后半部

1 畅文斋：《山西稷县“五女坟”发掘简报》，《考古通讯》1958 年第 7 期。
2 陕西省文物管理委员会：《西安曲江池西村元墓清理简报》，《文物参考资料》1958 年第 6 期。
3 西安市文物保护考古所：《西安东郊元代壁画墓》，《文物》2004 年第 1 期。

外，其余4座都是依东、北、西散三壁环设。墓室四壁多带仿木建筑雕砖及彩绘花卉。墓顶垂铁丝，悬铜镜。葬式特殊，均为丛葬，或同棺合葬，亦有完整骨骸不装于棺者（图2-6-11）。葬具皆为陶棺，陶棺前端有仿木建筑的线画，屋顶之下有榑、栌、昂、栱之饰，再下有乳钉门半启。各墓置棺数字不一，M1为15个，M2、M3各13个，M4、M5各2个，M4陶棺两侧与东壁下有零散骨架7副，M4左右棺床之芦席上有完整骨架2副，5座墓葬共计69个个体。各墓北壁下，皆置小陶罐4—5个，内装黍子、板豆、谷子等粮食。各墓都有石炭1块，置于小罐中间。各墓都出有灯盏，黑瓷质地8个，铁质1个，较浅平，形如小碗。M5还出有大黑瓷碗1个，放在棺床上。M5墓道填土中出有“天圣元宝”1枚。M1西壁枋上有“中统三年六月初一日，平阳北关卫下、何下”墨书题记，说明该批墓葬的营建或下葬年代当在1261年。在五女坟东北约0.5公里处，有“洞宾祠”，祠内发现一块元大德五年（1301年）残碑，正面刻纪道士修祠事，背面刻该祠道士班辈图。联系到死者使用陶棺做葬具，有的骨架比较完整，多数骨架虽为捡骨葬（二次葬），但显然与火葬无涉，又都为女性，故该墓当为一处道姑合葬墓无疑[1]。

①

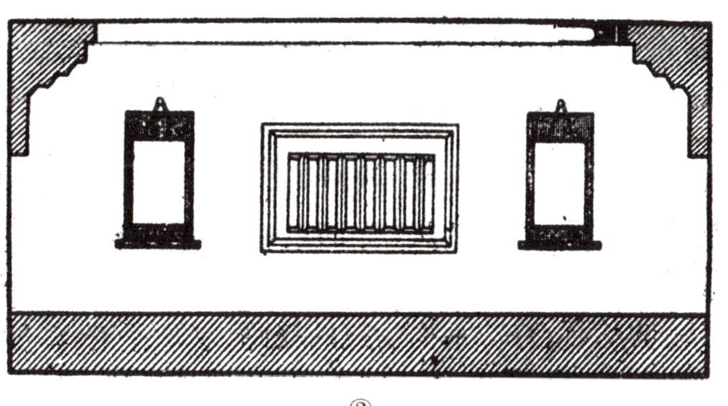
②

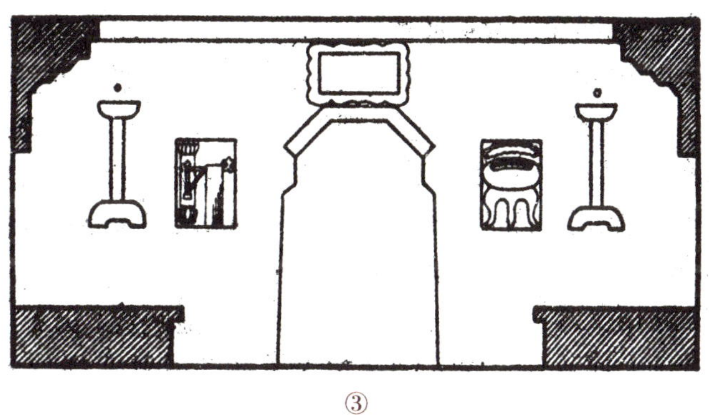
③

图2-6-11 山西稷山五女坟M1墓壁装饰
（采自《考古通讯》1958年第7期，第32页，图三；第33页，图五、图六）

西安曲江池西村元墓为长方形单室砖室墓（图2-6-12），墓室西侧有一高出墓室18厘米的长方形土室后龛。墓室东西长2.76米、南北宽2.96米，龛室东西长1.74米、南北宽1.56米。墓室内铺地砖，墓门、甬道及墓室内部有仿木建筑构件，无壁画，墓顶为攒尖顶。墓室中间有男女合葬的两具尸骨，无棺床，葬具已腐朽。墓葬未经盗掘，随葬品保存完好，陶器主要有男女俑、马、灶、碗、碟、勺、匜、盆、罐、盘、仓、鸭蛋壶、腊台、炉、钫等；铜器有铜镜2枚，铜牛、

1 中国社会科学院考古研究所编著：《新中国的考古发现和研究》，北京：文物出版社，1984年，第607页；秦大树：《宋元明考古》，北京：文物出版社，2004年，第227页。

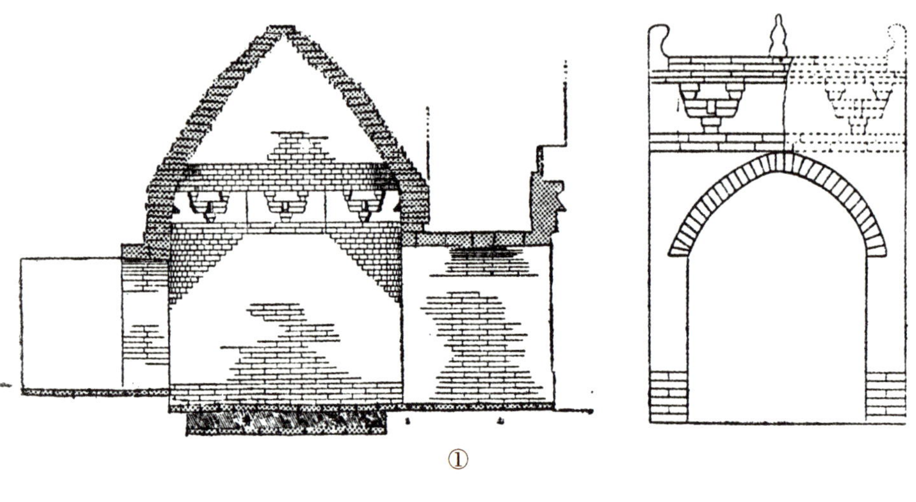
①

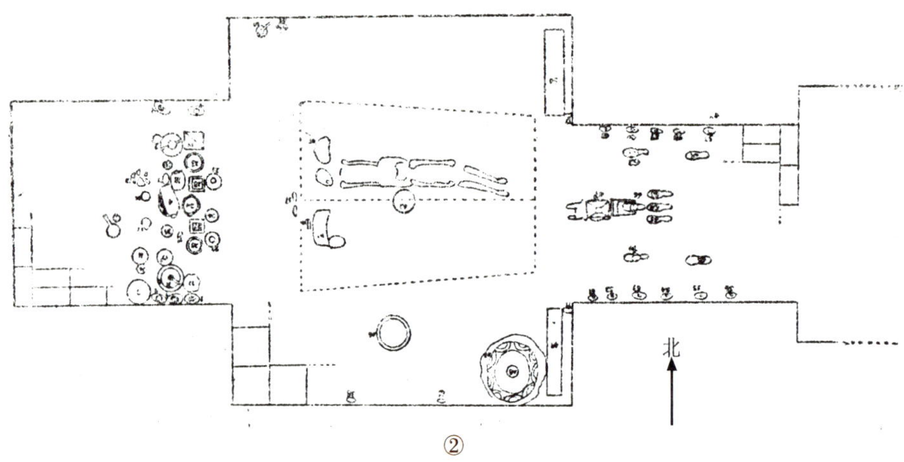

②

图 2-6-12　陕西西安曲江池西村元墓墓葬形制图
（采自《文物参考资料》1958 年第 6 期，第 57 页，图一、图三；第 58 页，图五）

铜猪各 1 件，此外还有 4 枚长圆形的石块及零星瓷枕、铁钉、银簪等。根据出土墓志，该墓为段继荣及夫人刘氏合葬墓，年代为忽必烈至元三年（1266 年）。

西安东郊元代壁画墓为单室砖室墓（图 2-6-13），墓室平面近方形，南北长 2.06 米、东西宽 1.95 米。墓室四角往上砖砌仿木构件并收成穹窿顶，墓顶中央原嵌有一雕莲花的浅绿色多边形玻璃瓦。墓

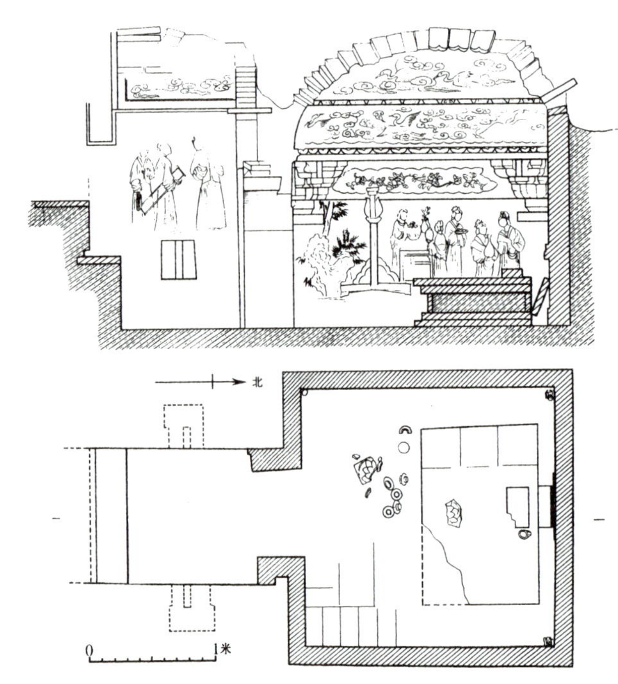

图 2-6-13　陕西西安东郊元代壁画墓墓葬形制图
（采自《文物》2004 年第 1 期，第 63 页，图一）

室西壁有一呈丫字形的砖雕仿木灯擎和灯台，北壁正中砌一带仿木结构的假门。墓室以方砖铺底，北半部设棺床，棺床外层砌砖，中填土。甬道两壁、墓壁及穹窿顶上绘壁画，壁画内容主要有散乐、五女侍宴、湖石修竹、男女墓主人对立、博古插画、祥云仙鹤。出土有瓷器 8 件，包括灯盏 1 件、兔毫盏 3 件、盏托 4 件，铁器 3 件，包括铁牛 2 件、灯 1 件，还有 1 方砖质买地券和 5 块用于镇墓的天然卵石。据买地券，该墓为夫妇合葬墓，年代为世祖至元二十五年（1288 年）。

多室墓又可分为主、侧室结构和前、后室结构两种。前者主要分布在北京、河北等地，墓向多为坐北朝南，墓葬多为夫妻合葬墓，墓内多无装饰。该类墓在整个元代均有发现，墓主多为高级官吏。典型墓例有北京张弘纲墓[1]、河北石家庄后太保村史氏家族墓 M4[2]。

张弘纲墓为横长方形砖室券顶墓（图 2–6–14），墓室近方形，北侧铺一整块长方形青石作棺床，棺床上并排石棺二具，石棺系整块青石凿成，平口，盝顶式盖，棺床正前方设青石供桌。墓室东侧带一长方形侧室，侧室内置木棺一具。该墓曾被盗掘，随葬器物均被扰乱，共 20 余件。其中陶器 13 件，有罐 5 件，盆、提梁壶各 2 件，鏊釜、钵、杯、灯各 1 件。瓷器有瓷炉、白釉黑花瓷四系瓶各 1 件，影青瓷碟 2 件（图 2–6–15）。此外还有铜杯 1 件、铜镜 2 枚、墓志 1 合。据墓志，墓主为元初辅佐忽必烈的重臣张弘纲，卒于大德五年（1301 年），葬于大德九年（1305 年）。

河北石家庄后太保村史氏家族墓 M4 为砖室多室墓，墓室土圹近似长方形，口略大于底，东西长 8.9 米、东部南北宽 4.3 米、西部南北宽 5.35 米。土圹内东西并列 5 个

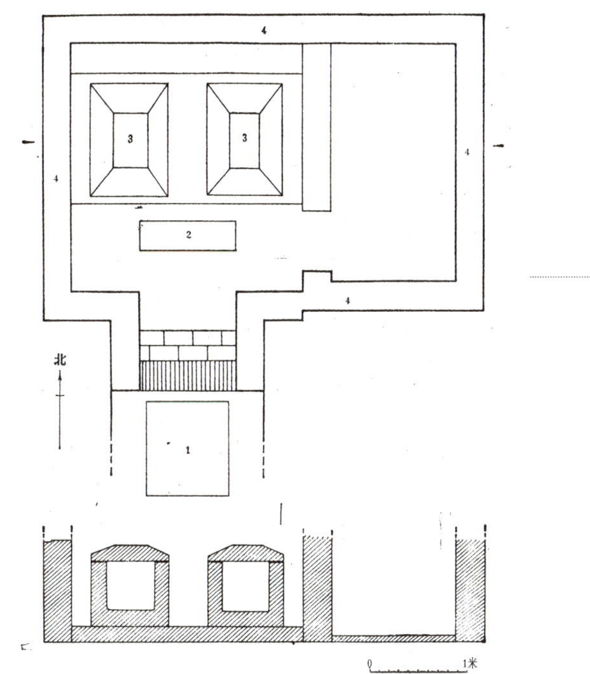

图 2–6–14　北京张弘纲墓墓葬形制图

（采自《考古学报》1986 年第 1 期，第 107 页，图一一）

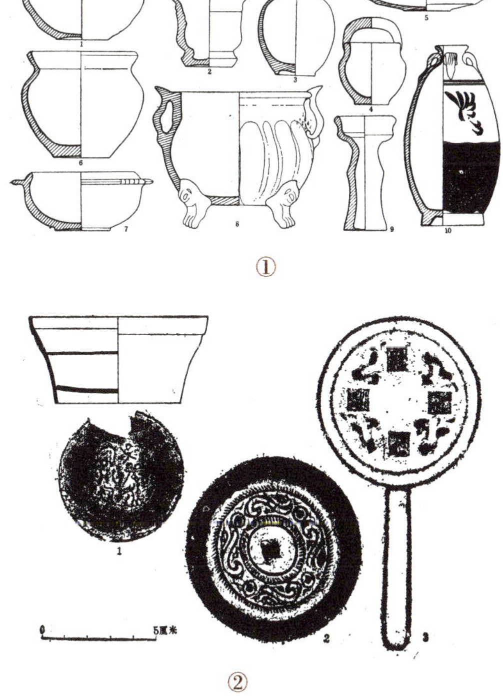

图 2–6–15　北京张弘纲墓出土器物

（采自《考古学报》1986 年第 1 期，第 108 页，图一二；第 109 页，图一三）

1 北京市文物研究所：《元铁可父子墓和张弘纲墓》，《考古学报》1986 年第 1 期。

2 河北省文物研究所：《石家庄后太保村史氏家族墓发掘报告》，河北省文物研究所编：《河北省考古文集》，北京：东方出版社，1998 年，第 344—369 页。

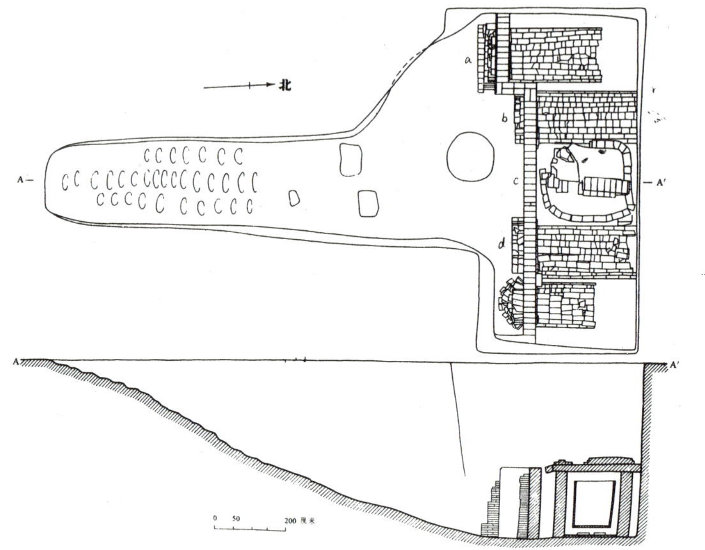

图 2-6-16　河北石家庄后太保村史氏家族墓 M4 墓葬形制图
（采自《河北省考古文集》，第 358 页，图一八）

墓门向南的砖砌墓室，自西向东依次编号为a、b、c、d、e，其中 a、b、d、e 皆作长方形券顶墓，有墓门和封门砖，墓门带有券门、立颊、门额，封门均以纵砖平砌。c 室近方形，墓顶用两块大石板封盖，再用砖和白灰把石板缝盖住（图 2-6-16）。各墓室内壁均抹白灰泥，室内各有一具木棺，棺内外分别涂以黑、红漆。a 室内人骨无存，只发现较完整的头发，头发上纵横插着金簪 7 个、铜簪 3 个、玉簪 1 个、玻璃簪 1 个、金钗 2 个，头发周围还发现小铜枝条、铜碴和一些带孔的小珍珠，此外该墓室还出土金镯、金戒指、金耳坠各 2 枚，铜钱五十余枚以及一些水银，推测死者应为女性。b 室内仰身直肢葬一 35 岁左右的女性，头部出有金簪、金钗、金耳坠各 1 件，在胸下发现 1 枚玉蝉和 3 枚金币。c 室曾被盗掘，葬一 60 岁以上的男性，葬式不明，除在墓室石顶板上方发现一方墓志外，未见其他随葬品。据墓志，该墓室主人当为史天泽四子、官至湖广等处行中书省右丞的史杠，葬于延祐三年（1316 年）。d 室内葬一 45 岁左右的女性，木棺葬具，葬式不明，尸体下垫有 66 枚铜钱，头骨周围发现有金钗、金坠饰、金簪、银簪、铜簪、骨梳各 1 件，金耳坠 2 件以及一些穿孔小珍珠。室内发现一具小木棺，内盛经火烧的黑色人骨碎块，应为火葬。

前、后室结构砖室墓发现数量不多，仅在河北、山西、山东等地部分地区有发现。墓葬结构较为复杂。墓门为拱形，部分设有仿木构砖雕门楼，墓室内多有砖雕、壁画装饰，砖雕题材有杂剧人物、花卉、仿木构件等，壁画题材有力士门卫、花卉仙鹤、侍仆、散乐、墓主夫妇等。此类墓葬形制与装饰均与金墓较为接近，应是受金墓影响的结果，墓主多为具有一定地位的地方官吏。典型墓例有山西新绛吴岭庄卫忠墓[1]、河南洛阳赛因赤答忽墓[2]。

山西新绛卫忠墓平面形制与相距不远的南范庄金墓[3]（图 2-6-17）相同，由墓道、墓门、前室、后室及左右耳室组成。前室呈长方形，东西长 2.1 米、南北宽 1.02 米、高 3.42 米，后室门洞位于北壁中间，南北长 2.04 米、东西宽 1.82 米、高 2.93 米，左右耳室均呈长方形，长 1.76 米、宽 1.02 米。四个墓室皆带仿木结构并施彩绘。前后室四壁都有砖雕，题材有壶门、歇山顶式门楼、侍仆、戏剧人物、墓主燕居等。前室设一架木床，后室及左右耳室骨架尚存，但较零散，人数难辨。墓内有多处题记，据题记可知该墓应为卫忠家族合葬墓，建于至元十六年

1 山西省考古研究所：《山西新绛南范庄、吴岭庄金元墓发掘简报》，《文物》1983 年第 1 期。
2 洛阳市铁路北站编组站联合考古发掘队：《元赛音赤答忽墓的发掘》，《文物》1996 年第 2 期。
3 山西省考古研究所：《山西新绛南范庄、吴岭庄金元墓发掘简报》，《文物》1983 年第 1 期。

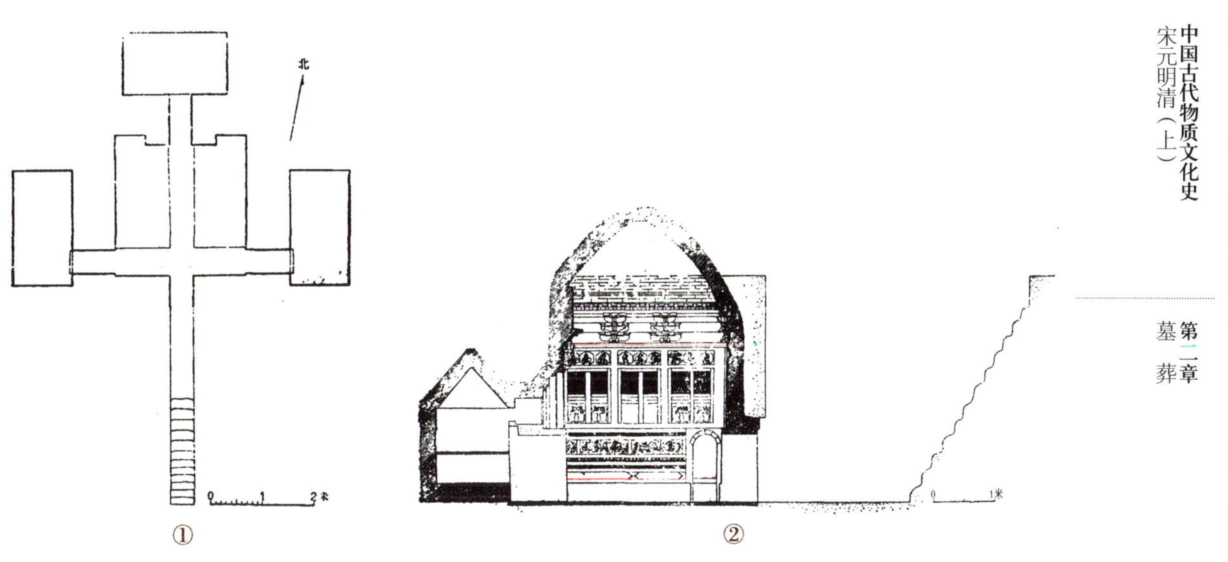

图 2-6-17　山西新绛南范庄金墓墓葬形制图
（采自《文物》1983 年第 1 期，第 65 页，图二、图三）

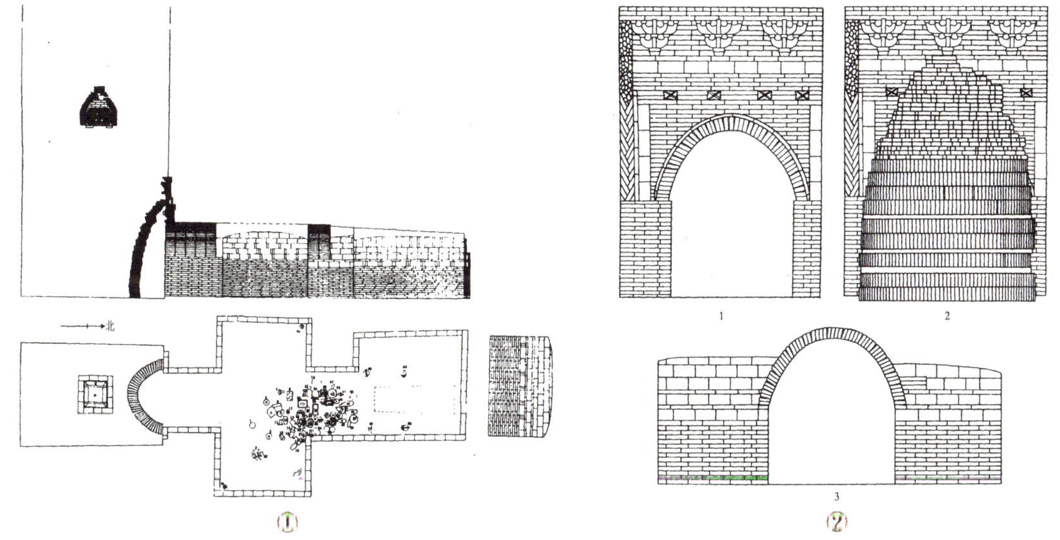

图 2-6-18　河南洛阳赛因赤答忽墓墓葬形制图
（采自《文物》1996 年第 2 期，第 23 页，图一；第 24 页，图二、图三、图四）

（1279 年）。

河南洛阳赛因赤答忽墓为前后双室砖室墓（图 2-6-18），墓道为长方形竖穴土坑式，墓道填土经夯打。墓底垫白石灰一层，厚 2—3 厘米。甬道呈长方形，垂壁弧顶，以砖砌券，壁砖平列错缝，顶横券。墓道北甬道口外为仿木结构门楼，门楼下甬道口前面有呈半圆锥形的封门砖。前室呈长方形，土顶，呈中部略高的拱形。前后室之间的过道近方形，两壁和前半顶以砖砌券，壁垂直，前半顶为拱券砖顶，后半顶为平面土顶。后室近方形，东壁与过道相连，四壁以砖砌筑，从下至上共 22 层，中部略高。后室靠东一侧与墓门相对的地面上，残留黑色的木棺痕迹，西半部留有空地，简报推测可能是预放另一棺的地方。该墓随葬器物 70 件，主要是陶器，另有少量瓷器、铁器等（图 2-6-19）。陶器数量最多，共 58 件，以仿古礼器为主，黑陶，厚胎，表面磨光并模印仿古纹饰，其中豆 21 件、案 8 件、

图 2-6-19　河南洛阳赛因赤答忽墓部分出土器物
（采自《文物》1996 年第 2 期，第 25 页，图五；第 28 页，图一七；第 30 页，图二四）

壶 6 件、簠 5 件、敦 4 件、罐 4 件、鼎 2 件、象尊 2 件和驹尊、大口罐、尊、爵、盆、砚、盒、炉、熏炉各 1 件。瓷器中梅瓶 1 件、碗 2 件。铁器中棺饰 4 件、墓志箍 2 件和铁猪、铁牛各 1 件。墓志以铁箍捆绑置于墓道填土中的方锥形砖室内，是以往古墓发掘中很少见的。据墓志记载，墓主为赛因赤答忽，墓葬年代为元至正二十五年（1365 年）。

2. 圆形砖室墓

圆形砖室墓主要分布在山东地区，河北、北京也有少量发现。墓葬均坐北朝南，墓室以单室为主，多室墓较少见，墓道有土坑竖穴式、斜坡式、台阶式，墓门多拱券式，上有仿木构门楼，墓顶多为穹窿顶、四角攒尖顶。墓葬装饰以砖雕和壁画为主，砖雕多为仿木构件和花卉等装饰性内容，壁画题材有启门、孝行故事、家居、山水、祥云瑞鹤、花卉、金银宝库等。从目前发现的情况看，圆形砖室墓在元代均较流行，墓主身份等级多明显低于同时期流行的方形多室砖室墓墓主，大多是当地的富裕乡绅。典型墓例有济南司里街元代砖雕壁画墓[1]、山东昌乐东山王村元代墓葬[2]。

济南司里街元代砖雕壁画墓，墓道呈台阶式的长梯形状（图 2-6-20），墓门带楼阁式仿木结构门楼，墓室呈圆形，后部略直，南北径 3.05 米、东西径 3.15 米、高 3.33 米。墓室内带有复杂的仿木结构砖雕（图 2-6-21），墓室上部砖雕绣球、流苏各 4 个，再上设莲花藻井。墓门及墓室内部全部刷一层白灰，上施彩绘装饰砖雕或在墓室下层绘壁画，壁画内容为家居生活场面及装饰性图案。该墓早年被盗，墓室已被扰乱，仅在墓门与封门砖相交处出土 1 件天蓝色釉的钧窑瓷碗。简报将墓葬年代定为元代，墓主应为生活殷实的富户。

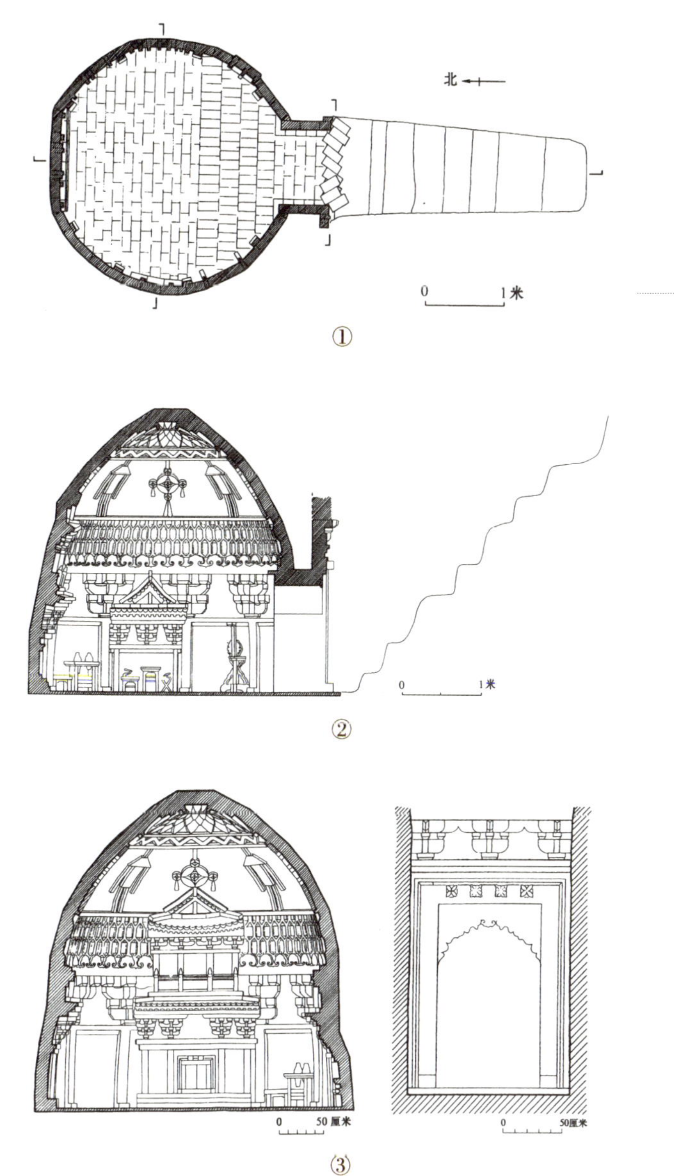

图 2-6-20　山东济南司里街元代砖雕壁画墓墓葬形制图
（采自《文物》2004 年第 3 期，第 62 页，图二、图三；第 63 页，图四）

山东昌乐东山王村共发现圆

图 2-6-21　山东济南司里街元代砖雕壁画墓砖雕及壁画展开示意图
（采自《文物》2004 年第 3 期，第 64 页，图八）

1 济南市考古研究所：《济南市司里街元代砖雕壁画墓》，《文物》2004 年第 3 期。

2 昌乐县文物管理所：《山东昌乐东山王元代墓葬清理简报》，《考古》1995 年第 9 期。

形穹窿顶墓14座，其中石室墓9座、砖室墓4座、砖石混筑墓1座。砖室墓建筑方式基本一致，以M14为例，墓前带斜坡墓道，墓门为券顶，墓底用砖铺成凹形棺床，墓室直径2.1米、高2米，周壁距墓底120厘米处用条砖交叉砌出一周边牙，从边牙处逐渐向上内收成穹窿顶，顶部留一直径48厘米的圆孔，上压一石板（图2-6-22）。周壁带三组砖构仿木图案，东壁为一木桌、西壁为一灯架、北壁为一组供桌（图2-6-23）。随葬品仅见有1件瓷碗。据出土瓷器特征，简报推断昌乐东山王村墓群年代为元代，并认为该墓群为汉蒙民族共用墓地。然从瓷器釉色、纹饰及墓葬砖构图案来看，该墓年代似可进一步定在元代中晚期。

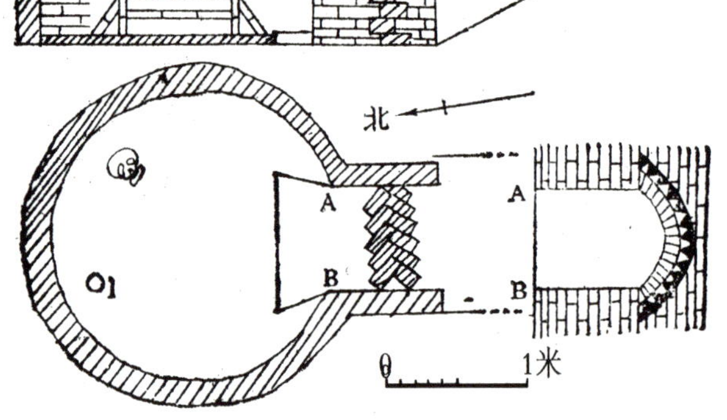

图2-6-22　山东昌乐东山王村元墓M14墓葬形制图
（采自《考古》1995年第9期，第810页，图六）

图2-6-23　山东昌乐东山王村元墓M14墓壁砖构图案
（采自《考古》1995年第9期，第810页，图七）

3. 多角形砖室墓

多角形砖室墓主要分布在山西太原、孝义、阳泉，陕西西安、渭南，河北石家庄、涿州，河南洛阳等地。以单室为主，多室墓很少，墓室平面主要有六角形和八角形两种。墓道分竖井式、阶梯形和斜坡形三种，墓门和甬道一般为拱券顶，个别墓门带仿木构门楼，多以砖、石封门，墓顶以穹窿顶为主，个别为叠涩攒尖顶。墓内普遍带有形制简单的棺床。墓葬装饰以壁画为主，题材有花卉、卷草、火焰、梁枋彩绘、如意云头、门窗、童子、山水画屏风、出行、醉归、放牧、停舆、侍宴场景、金银库、厨房、马厩等，砖雕装饰相对简单，主要有动物形象、如意图案、门、直棂窗等。此类墓葬在整个元代均较为流行，墓主具有较高的身份地位。典型墓例有河北石家庄后太保村史氏家族墓M3、M1[1]，陕西蒲城洞耳村

1 河北省文物研究所：《石家庄后太保村史氏家族墓发掘报告》，河北省文物研究所编：《河北省考古文集》，北京：东方出版社，1998年，第344—369页。

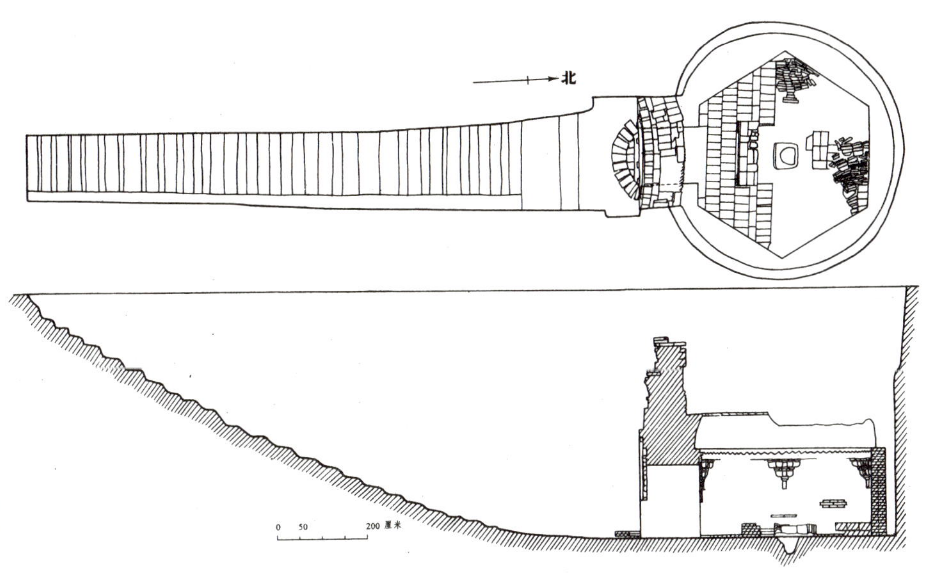

图 2-6-24 河北石家庄后太保村史氏家族墓 M3 墓葬形制图
（采自《河北省考古文集》，第 351 页，图一一）

元代壁画墓[1]。

图 2-6-25 河北石家庄后太保村史氏家族墓 M3 门楼立面图
（采自《河北省考古文集》，第 349 页，图九）

石家庄后太保村史氏家族墓 M3 为带台阶式墓道多角形单室墓（图 2-6-24），墓道长 13 米、宽 1.5—2.25 米，封门砖平砖砌成外弧形，墓门正面为仿木建筑门楼（图 2-6-25），墓室土圹开口直径 5.75 米，距地表 2.5 米处有一周内收台阶，宽 0.25 米。墓顶大部已经坍塌，墓室平面呈六角形，南北长 4 米，设仿木构砖雕，内壁用厚 1 厘米的白灰抹面。墓底正对券门有一砖砌须弥座的长方形供桌，墓室北半部分为棺床，棺床下的墓底正中还发现一近似方形的土坑。在距墓底约 0.55 米的墓内东半部平面上出土有被扰动的 2 个人头骨和 5 具狗骨架，在墓底西南角亦出土 1 具狗骨架。人头骨经鉴定为一男一女，男性 50 多岁，女性 30—40 岁。随葬品多为残件，计有钧瓷碗 2 件、盘 3 件，白瓷盘、龙泉青瓷匜、黑瓷罐、黑瓷器盖、蓝釉瓷盅各 1 件，骨锥、骨饰件、金花残片、玻璃簪各 1 件，宋代铜钱 2 枚。M1 与 M3 形制较近，所不同者为六边形主室两侧各带一个圆形侧室（图 2-6-26），该墓随葬品大多被盗，有四足铜香炉、铜熏炉盖、青瓷梅瓶各 1 件，

1 陕西省考古研究所：《陕西蒲城洞耳村元代壁画墓》，《考古与文物》2000 年第 1 期。

龙泉青瓷碗 2 件，荷叶形器盖、钧瓷碗、官窑瓷碗、金印花残片、残铜耳挖各 1 件，宋代铜钱 2 枚。简报推测 M1 墓主人为史天泽，M3 墓主人为史天泽子孙之辈。

蒲城洞耳村元代壁画墓为带阶梯式墓道的八边形单室墓，穹窿顶（图 2-6-27）。墓道总长 6.4 米，甬道为砖券拱形，长 1.8 米，两壁以白灰敷底，绘有壁画，封门处砖券部分刷涂白灰。墓室地面较甬道底部高 20 厘米，墓室南北纵长 2.52 米、东西最宽 2.4 米、高 2.74 米。棺床位于墓室北端。墓室底铺青砖，边壁和顶壁通体涂抹白灰，绘有壁画，保存较好。其中墓室北壁和西北壁壁画为墓主夫妇堂中对坐图（图 2-6-28），西壁和西南壁为行别献酒图，东壁和东南壁为醉归乐舞图，南壁环绕甬道口绘有对飞双雁和曲蔓卷草图。墓室穹窿顶由下到上分别绘帘幔、梁枋彩画、戏花童子、火焰珠、如意云头，甬道西壁绘放牧图，甬道东壁绘停舆图。该墓曾被盗掘多次，棺床、尸骨毁坏严重，仅出土黑釉瓷罐残件 1 件、铁削残片 1 件及若干墓砖。据墓主夫妇堂中对坐图的墨书题记，该墓年代为“大朝国至元六年岁次己巳”，即公元 1269 年。

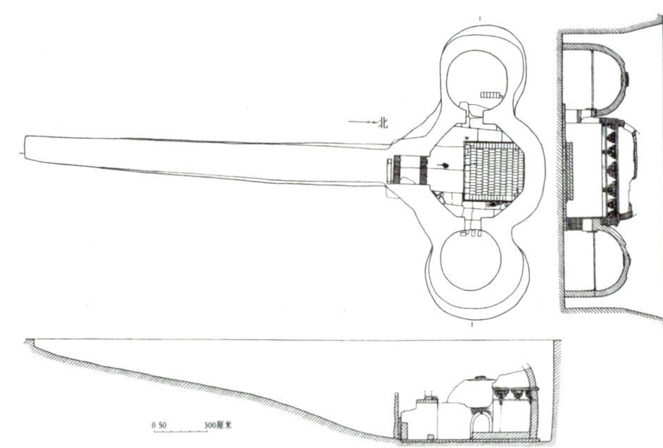

图 2-6-26　河北石家庄后太保村史氏家族墓 M1 墓葬形制图
（采自《河北省考古文集》，第 354 页，图一二）

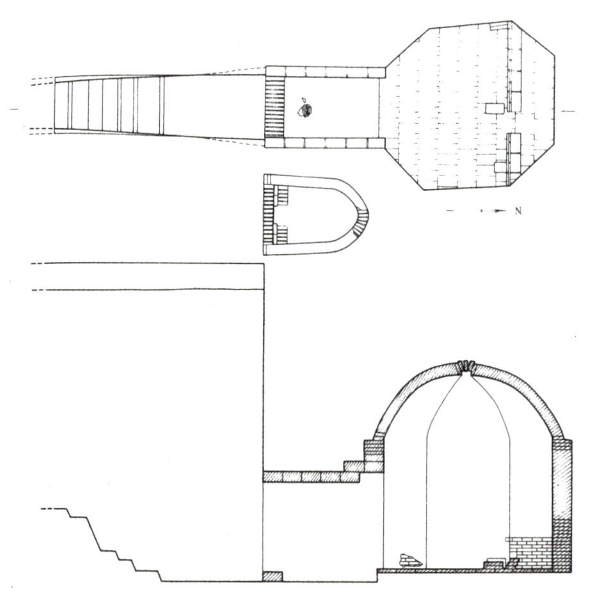

图 2-6-27　陕西蒲城洞耳村元代壁画墓墓葬形制图
（采自《考古与文物》2000 年第 1 期，第 17 页，图一）

（三）石室墓

该地区石室墓发现数量不多，主要分布在北京，山东潍坊、济南，山西吕梁，陕西延安等地。有的墓葬全部用石头砌筑，有的墓葬为砖石混筑。平面形制有方形、圆形和多角形。

1. 方形石室墓

方形石室墓数量不多，主要分布在北京、山东地区。墓室平面形制有正方形和长方形两种，多为穹窿顶，也有直接用石板盖顶者，个别墓葬带墓道。墓葬多无装饰，随

图 2-6-28　陕西蒲城洞耳村元代壁画墓墓主夫妇堂中对坐图

葬品较少，但也零星发现有装饰精美、随葬品较多的墓葬。墓葬年代多集中在元代早中期，墓主多为当地富裕乡绅或级别较高的官吏。典型墓例有山东平阴南李山头村元代石刻壁画墓[1]、北京铁可墓[2]。

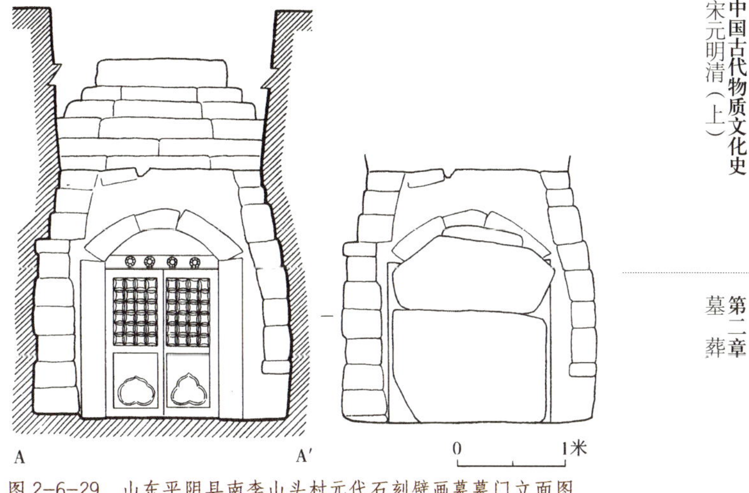

图 2-6-29 山东平阴县南李山头村元代石刻壁画墓墓门立面图
（采自《文物》2008 年第 2 期，第 46 页，图一〇）

山东平阴南李山头村元代石刻壁画墓，墓室前有竖穴式墓道，墓门位于主室南端正中，由门枕石、门框、拱形门楣、门扉组成仿木构样式（图 2-6-29），墓室全部用石灰岩建成，主室平面呈方形，边长 3.13 米，东、南、西三壁辟门，穹窿顶，顶部正中为直径 0.9 米的浮雕莲花藻井（图 2-6-30），中心部位嵌铜镜。主室东西两侧各有一性质相同、尺寸略异的长方形侧室，叠涩顶。墓室地面平铺厚 7 厘米、形状不规则的石板，以石灰抹缝，主室北半部在石板之上又铺一层长方形青砖以作棺床。主室三门之上及北壁两侧角梁之间抹一层石灰，上涂朱彩，用墨线绘有帷帐纹饰，主室及侧室墙壁浅浮雕人物故事及花卉图案。该墓东侧室及主室曾被盗掘，未见人骨及随葬品。西侧室未被盗掘，葬具已朽，有一具年龄 60 岁以上的女性骨架，身下散置 26 枚铜钱，还出土有双系瓷罐、瓷碗、银钗、银耳勺各 1 件（图 2-6-31）。

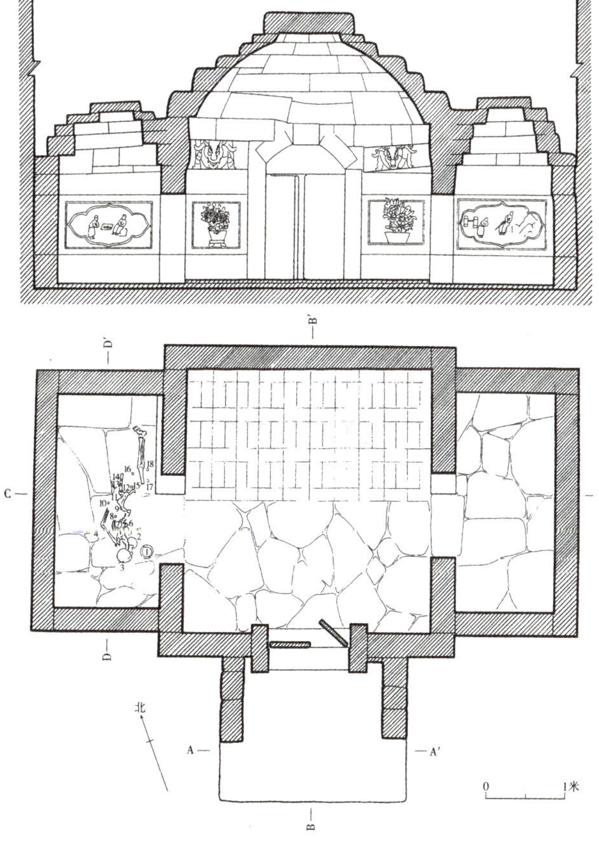

图 2-6-30 山东平阴县南李山头村元代石刻壁画墓墓葬形制图
（采自《文物》2008 年第 2 期，第 45 页，图八）

铁可墓为三石椁室木棺墓，平面呈横长方形（图 2-6-32），南北长 2.6 米、东西长 3.9 米、高 1.1 米。墓室四壁用青石垒砌，室内设两道石板隔墙，将墓室分为三室，室内各置一木棺，每道隔墙北端均凿券形门，门高 60 厘米、宽 40 厘米。墓底用大小不等的青石板平铺，墓顶用等宽的 9 块青石板覆盖，每室 3 块，自南向北作曲尺口叠压式放置。该墓曾被盗掘，西室被拆

1 刘善沂：《山东长清、平阴元代石刻壁画墓》，《文物》2008 年第 2 期。
2 北京市文物研究所：《元铁可父子墓和张弘纲墓》，《考古学报》1986 年第 1 期。

毁，木棺、人骨无存。东室、中室尚存木棺残块，东室木棺内有一女性头骨，中室内有一男一女两具头骨，中室南端出土有墓志。墓葬随葬品大多破碎，经修复整理，陶器有罐、鏊釜、提梁罐、盆、杯、钵、灯，瓷器有瓶、罐、碗、洗、三足炉、鸡腿瓶、双系瓶，铜器有灯、镜。据志文记载，中室男性应为铁可，葬于皇庆癸丑年（1313 年）。

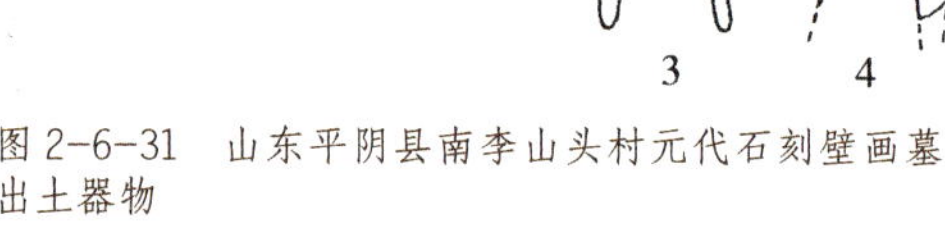

图 2-6-31　山东平阴县南李山头村元代石刻壁画墓出土器物
（采自《文物》2008 年第 2 期，第 49 页，图一六）

2. 圆形石室墓

圆形石室墓发现数量极少，主要发现于山东地区，多为单室墓，墓门有简单的仿木结构，墓顶多为穹窿顶，有的墓葬带有复杂的装饰壁画或砖雕。由于随葬品大多散佚，因此难以确定墓葬的具体年代和墓主身份。但从墓葬规模和装饰看，此类墓葬绝非普通平民所能享用。典型墓例有山东济南历城区埠东村石雕壁画墓[1]。

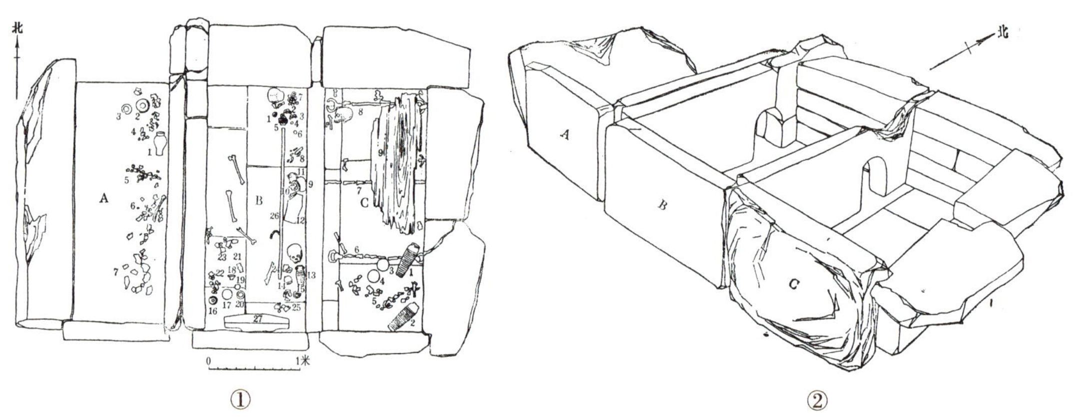

图 2-6-32　北京铁可墓墓葬形制图
（采自《考古学报》1986 年第 3 期，第 96 页，图二；第 97 页，图三）

济南历城区埠东村石雕壁画墓为圆形石砌筑单室，穹窿顶（图 2-6-33），墓道呈梯形长条斜坡状，墓门位于墓室南端，为仿木结构二层楼阁歇山顶式（图 2-6-34），门前用 2 块石板封堵，墓室平面呈圆形，地面铺砖，墓壁用大小不等的弧形石料砌筑，东、西、北三面距墓底高 0.85—0.95 米处各砌一仿木歇山顶石雕，由此向上开始收成穹窿顶，歇山顶上东、西、北三壁有两层浮雕，墓顶浅浮雕莲花藻井。墓门楼及墓室内部歇山顶石雕以下部位刷一层白灰面，然后用墨线勾画图案轮廓，再施以红、绿、黄、灰等色，壁画题材有花卉、卷草、牵马、启门、山水屏风、墓主夫妇对坐、孝行故事等。墓内随葬物均已散失，简报依据墓葬形制及壁画人物衣着推测墓葬年代为元代，墓主可能是有相当地位的官吏。

1　刘善沂、王惠明：《济南市历城区宋元壁画墓》，《文物》2005 年第 11 期。

3. 多角形石室墓

多角形石室墓发现数量极少，仅在山西、陕西的个别地区有零星发现，一般墓门有石门或以石板封门，甬道以石板铺顶，墓室平面多呈八角形，墓顶有穹窿顶、叠涩攒尖顶。典型墓例为山西文水北峪口元墓[1]。

文水北峪口元墓为带甬道的石砌八角形仿木构建筑的单室墓（图 2–6–35），甬道外有厚 10 厘米的门槛，墓室南北长 2.43 米、宽 2.37 米，在墓室的东西及北壁下有石砌棺床，墓门在墓室的南壁，墓室南壁的两角上设仿木结构。墓室顶部以四层石块方形叠涩，最上层盖有一块石板，上有藻井图案，整个墓室、棺床和甬道均用石板铺底。墓壁及甬道壁嵌有线刻板石，题材有备宴、出行、墓主夫妇对坐、武士、花卉等。墓中葬有骨架三具，无棺木痕迹。随葬品仅有 3 件瓷器，包括黄绿釉二龙穿花香炉、黑釉瓷瓶、豆绿色瓷瓶各 1 件。简报依墓葬装饰中的人物服饰特征及随葬品形制，推测墓葬年代为元末明初。仔细观察墓主夫妇对坐图，可进一步确认该墓年代当在元末，而不会晚至明代。

（四）洞室墓

洞室墓发现数量不多，主要分布于陕西西安，河南洛阳、三门峡，河北宣化、邢台等地。墓道多为竖井式，也有少量斜坡式，墓室平面形制多为长方形、方形和梯形，个别墓室平面呈圆形或圆角长方形，墓顶普遍为弧形或拱形。墓葬形制较为简单，没有壁画和砖雕装饰。从目前的发掘情况看，元代早期洞室墓相对较多，墓葬形制较规整，随葬品较多，而中晚期的洞室墓仅零星可见。墓主以当地富裕人家为主。典型墓例有河北宣化元代葛法成墓[2]、

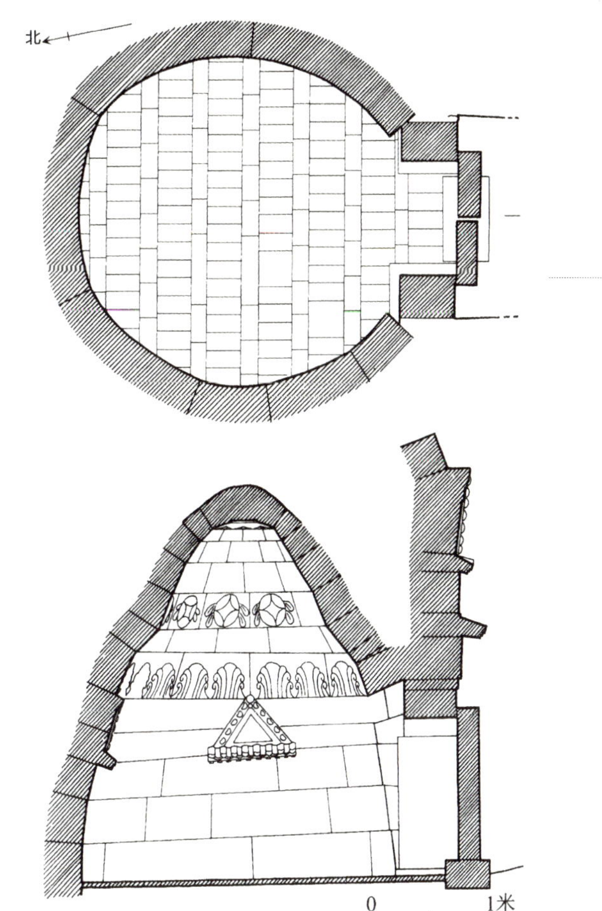

图 2–6–33　山东济南历城区埠东村石雕壁画墓墓葬形制图
（采自《文物》2005 年第 11 期，第 59 页，图一九）

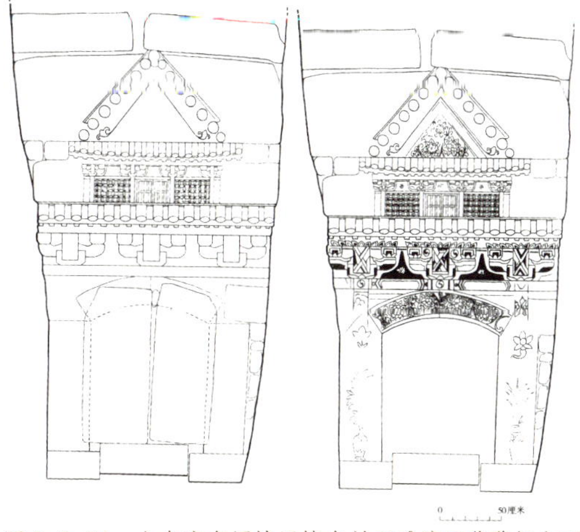

图 2–6–34　山东济南历城区埠东村石雕壁画墓墓门立面及彩绘
（采自《文物》2005 年第 11 期，第 60 页，图二〇）

1 山西省文物管理委员会、山西省考古研究所：《山西文水北峪口的一座古墓》，《考古》1961 年第 3 期。
2 张家口市宣化区文物保管所：《河北宣化元代葛法成墓发掘简报》，《文物》2008 年第 7 期。

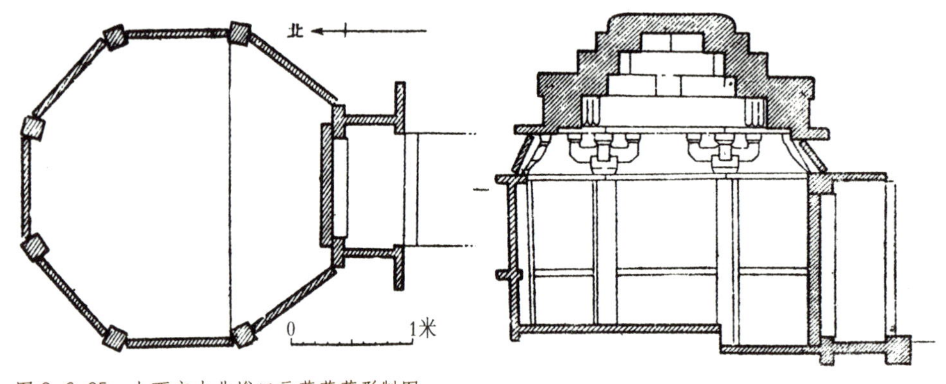

图 2-6-35　山西文水北峪口元墓墓葬形制图
（采自《考古》1961 年第 3 期，第 136 页，图一）

西安曲江缪家寨元代袁贵安墓[1]。

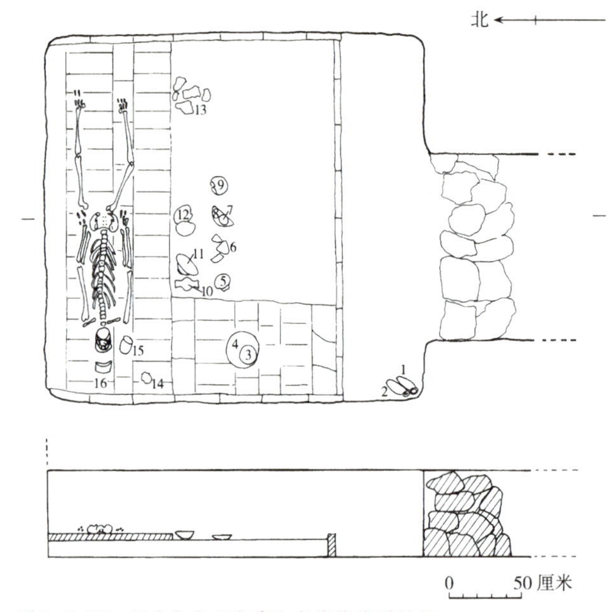

图 2-6-36　河北宣化元代葛法成墓墓葬形制图
（采自《文物》2008 年第 7 期，第 50 页，图二）

宣化葛法成墓为竖穴土洞墓（图 2-6-36），由墓道、墓门、墓室组成，墓道呈斜坡式，墓门置于偏西一侧，用鹅卵石封门，墓室位于基槽以下 0.55 米，长 2.64 米、宽 2.4 米、残高 0.55 米，室内用立砖砌尸床，部分床面铺砖，尸床占据墓室面积的 80%。该墓为单人仰身直肢葬，未发现棺木痕迹。墓葬出土遗物 20 件（图 2-6-37），有钧窑瓷碗 5 件，绿釉鸡腿瓶、绿釉花口瓶各 2 件，黑瓷盆、白瓷碗、钧瓷盘、黑瓷罐、陶釜、铜镜、银钗、木梳各 1 件；此外，还出有钱币 6 枚、买地券 1 方。据买地券文字，墓主葛法成，女性，葬于至元十四年（1277 年）。该墓年代早，且有明确纪年，出土器物为日常器皿，个别器物如钧窑瓷器、鸡腿瓶等具有明显的宋金风格。

西安袁贵安墓为竖穴前后室土洞墓（图 2-6-38），由墓道、封门、甬道、前室、后室组成，墓道近斜坡状，封门位于墓道北端，以土坯砖封堵，前室平面近梯形，南北长 1.38—1.44 米、东西宽 2.2—2.3 米、高约 1.5 米。前室北侧有过洞与后室相通。后室平面呈不规则梯形，南北长 2.4—2.5 米、东西宽 2—2.4 米、高约 1.36 米。后室底高于前室底 0.2 米，底部南端横铺两排条砖，其余均铺方砖。后室发现木棺 2 具，均为南北向放置。西侧木棺已朽，仅存灰迹，南窄北宽，长 1.86 米、宽 0.4—0.68 米。棺内葬 1 人，人骨保存较差，仅下肢骨可辨，葬式为直肢

1　西安市文物保护考古研究院：《西安曲江缪家寨元代袁贵安墓发掘简报》，《文物》2016 年第 7 期。

葬，头向北，左侧下肢骨附近发现少量水银。东侧木棺北端紧靠墓室北壁，此棺北端有尚未腐朽的木板5块，木板南北向放置，排列较整齐，总宽约0.94米，应为盖板，木棺底部发现有竹席朽片，棺内人骨无存，仅残存一团头发。此墓共出土器物72件（套），包括陶器58件（套）、瓷器3件、铜器1件、铁器1件、玉器1件，另有铜钱2枚、镇墓石5块及砖墓券1件。出土器物主要放置于前室两侧及后室南部。据墓券可知，墓主为袁贵安，元贞元年（1295年）四月初十日卒，其年闰四月初五日安葬。

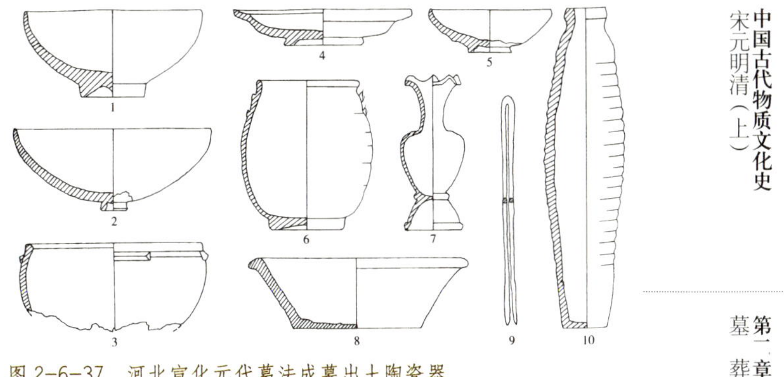

图2-6-37　河北宣化元代葛法成墓出土陶瓷器

（采自《文物》2008年第7期，第50页，图三）

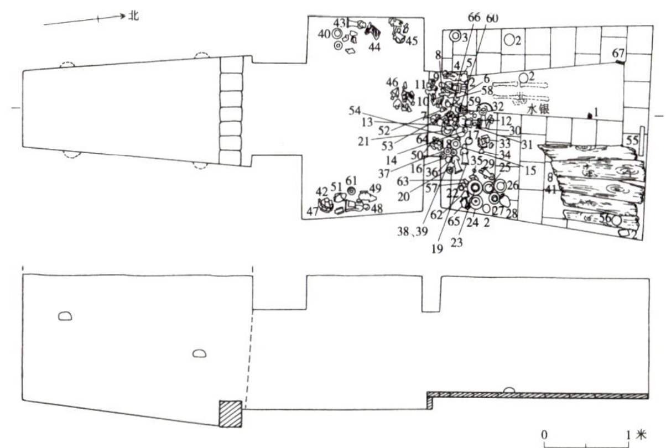

图2-6-38　西安曲江缪家寨元代袁贵安墓墓葬形制图

（采自《文物》2016年第7期，第24页，图二）

（五）分期

根据墓葬形制、装饰和随葬品的变化，该区域蒙元墓葬可分为三期。

第一期：1271年忽必烈改元之前的大蒙古国时期。墓葬以单室砖墓为主，墓室平面形制多为多边形、近方形，圆形墓室较为少见，另有少量长方形石室墓。墓室内多设棺床，多数墓室以砖铺地。墓顶多为穹窿顶、四角攒尖顶。砖室墓不再流行宋金时期华丽的仿木构砖雕装饰，多为简单的如门窗、角柱、普柏枋等房屋构件装饰、家具及花卉。带壁画的墓葬不多，且壁画题材相对较简单，均为前一期较为常见的墓主夫妇对坐、献酒、乐舞等。随葬品与宋金墓有较大区别，常见有陶瓷器、木器、铜器等，数量比宋金时期增多，山西大同地区的墓葬流行陶质仿木家具和陶质烛台、香炉、豆、盘、碗、盏托等。

第二期：世祖至元八年至武宗至大四年（1271—1311年）。砖室墓平面形制以正方形为主，少量为横长方形、多角形和圆形。墓室内多有砖砌棺床，棺床形制不一。出现仿木构门楼。砖雕构件依然较为简单，内容有杂剧、孝行、力士、花卉等。壁画题材有散乐、侍宴、湖石修竹、博古插花等，主要位于墓壁四周，横向构图，个别在甬道和墓顶也绘有壁画。随葬品常见有瓷罐、瓷碗、瓷盘、瓷碟、陶罐、灯盏、铜镜、铜钱等，有的墓内出土有买地券和用于镇墓的铁牛、铁猪、卵石等。

第三期：仁宗皇庆元年至蒙古统治者退出中原（1312—1368年）。墓葬类型增多，主要有砖室墓、石室墓、洞室墓等，土坑竖穴墓中出现了南方地区常见的用糯米汁拌以石灰浆浇灌的墓葬。正方形砖室墓数量减少，出现了方形圆角墓，有方形向圆形发展的趋势。多角形砖室墓依旧较为流行，圆形砖室墓数量增多。

墓室多以砖铺底，内多设棺床，棺床以凸字形为主，长方形次之，也有近圆形者。此期的仿木构砖雕在山西、关中地区更为简化，但在山东地区却依旧兴盛不衰，内容有仿木构门楼、歇山顶建筑、莲花、云纹、流苏、钱币等。壁画题材增多，但是构图则相对简单，宏大复杂的画面相对减少。随葬品中陶俑和仿古陶制礼器数量增多。

长城以南到秦岭—淮河以北地区，元代墓葬可分为三期。早期墓葬形制基本承袭于宋金，以多角形和长方形的砖室墓和土坑墓居多；中期以正方形砖室墓为主，开始出现少量圆形仿木构砖室墓和洞室墓；晚期正方形砖室墓数量减少，多角形墓继续流行，方形砖室墓中出现了方形圆角墓，圆形砖室墓数量增加，呈现出墓室平面由方形向圆形发展的趋势[1]。墓葬装饰呈现出由简到繁，再到衰落的趋势。早期墓葬装饰简单，以壁画为主，题材简单；中期壁画继续盛行，题材增多，构图较复杂，砖雕增多，内容丰富；晚期墓葬装饰除个别地区外，普遍呈现出衰落之势，装饰题材较为简单，内容显得单调，反映出砖雕壁画类墓葬的退化、衰落。由于本区域居民多为汉人和女真人，其葬俗基本上沿袭宋金之旧，随葬品较多保持了传统地方习俗，没有特别明显的变化，常见器物种类有瓷器、陶器、陶俑、木器、铜器[2]。但值得注意的是，到中晚期，中原部分地区的墓葬常见仿古陶瓷器及铜器，体现了北宋以来仿古思潮在这一时期的复兴，这是早期及整个长城以北地区很少见的。

三、南方地区

南方地区是指长江沿线以南的广大区域，原属南宋故地，元军 1276 年灭南宋，1279 年消灭残余抵抗势力，最终完全将这一区域纳入统治范围。该地区墓葬主要发现于四川成都、简阳、绵阳、广安、宜宾，重庆，贵州遵义，江西南昌、宜春、吉安、景德镇、鹰潭，湖北武汉、孝感、黄冈，湖南长沙、岳阳，安徽安庆等地。

根据墓葬形制及随葬品特征，可将南方地区元墓分为长江上游、长江中游、长江下游和华南四个区域。由于元代的统治时间不长，考古发掘和清理的元代墓葬数量不多，各区域内元代墓葬的时代差异不太明显，故本书仅对各区域元代墓葬的特征进行综合介绍，不做分期。

（一）长江上游地区

长江上游地区包括四川、重庆、贵州等地[3]，发现元墓数量不多，主要分布于四川成都、简阳、绵阳、广安、宜宾，重庆，贵州遵义等地。墓葬基本保留了宋墓的特点，变化不大。成都平原墓葬仍以长方形券顶砖室墓为主，流行随葬陶俑

1 侯新佳：《蒙元墓葬研究》，郑州大学硕士学位论文，2009 年，第 50 页。

2 侯新佳：《蒙元墓葬研究》，郑州大学硕士学位论文，2009 年，第 50 页。

3 地理上的长江上游地区是指长江源头至湖北宜昌这一江段，涉及重庆、四川、西藏、青海、云南、贵州等地。但是考虑到元朝政府对各地区统治方式及目前所发现元代墓葬的特点，此处的长江上游地区仅包括四川、重庆、贵州等地。西藏、青海另有专书讨论，云南地区发现的元代墓葬绝大多数为火葬墓，本书辟有专门章节介绍云南发现的南诏至明清时期的火葬墓，兹不赘述。

和三彩俑，如四川华阳皇庆二年（1313年）杨氏墓[1]。成都西郊元墓为以灰浆浇筑的长方形单室墓[2]，系该地区新出现墓类，可能是受长江中下游地区影响的结果。四川盆地周围丘陵山区及贵州地区，元代仍流行石室墓，有单室、并列双室墓及砖室石顶墓，宋代流行的仿木构石室墓已基本不见，但个别墓葬仍带有石雕，如宜宾堰沟碥元墓壁面浮雕有假门、倚柱、菩萨像和女墓主人像[3]。墓葬随葬品种类丰富，但仍以陶瓷器、铜器为主。瓷器产地较复杂，不乏来自长江中下游地区的产品；铜器以生活实用器为主，也有个别仿古铜礼器。其中以四川简阳东溪园艺场元墓出土器物最具特色[4]，该墓为单室石室墓（图2-6-39），该墓用厚10厘米、大小不等的红砂岩石板砌筑，无墓门，入葬后以石板封顶。墓室平面略呈梯形，长2.84米、宽1—1.32米、最高1.1米。墓室地面有用石板平铺的棺台，棺台外为排水沟，排水沟前有一浅横沟。该墓结构简单，砌筑粗糙。随葬器物大部分置于横沟与墓室西壁间及排水沟与墓室南、北壁之间，数量较多，共612件。主要是瓷器和铜器，还有少量釉陶、铁器等。瓷器根据釉色可分青釉、影青、白釉、黑釉、酱釉，其中青釉最多，影青、白釉次之，其他两类较少。青釉瓷器共231件，为龙泉窑产品，有瓶、炉、灯、五管瓶、盂、罐、碗、洗、盘、碟、杯、奁等共22种，胎质细腻，施釉较厚，少数器物釉色较暗。多为素面，瓶、碗、盘、杯的颈、腹及内底饰以弦纹、莲瓣和鱼藻纹。影青瓷器共198件，产于景德镇窑，有碗、盘、杯、碟、温壶、花筒、唾壶共七种。白釉瓷器共82件，为定窑产品，有碗、盘、碟3种。酱釉瓷器为9件碗，黑釉瓷器为5件碗。铜器可分为汉代铜器和仿古铜器，有蜡台、灯、炉、瓶、壶、盂、唾壶、釜、洗、甑、盘、觚、笔架、龙虎牌、印盒、铃、扁钟共17种。此外还出土有石砚17方、铜钱1枚、铁钱4枚以及石瓶、釉陶碗、铁滚各1件（图2-6-40）。该墓无明确的文字纪年材料，然依据部分随葬器物推断，墓葬年代当在元代。

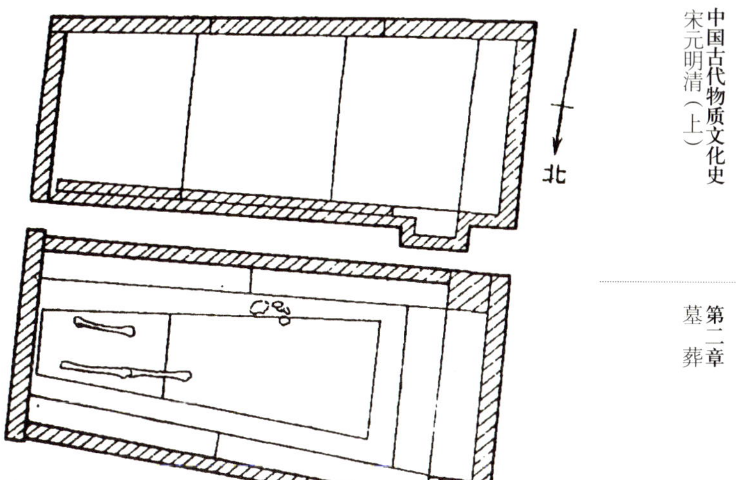

图2-6-39　四川简阳东溪园艺场元墓墓葬形制图
（采自《文物》1987年第2期，第70页，图二）

（二）长江中游地区

长江中游地区发现的元墓主要分布于江西。普遍规模较小，有长方形并列双

1 张才俊、袁明森：《四川华阳县发现元代墓葬》，《考古通讯》1957年第5期。
2 四川省博物馆：《四川古代墓葬清理简况》，《考古》1959年第8期。
3 刘师德：《四川宜宾堰沟碥有带雕刻的古墓》，《文物参考资料》1954年第12期。
4 四川省文物管理委员会：《四川简阳东溪园艺场元墓》，《文物》1987年第2期；四川省博物馆：《四川古代墓葬清理简况》，《考古》1959年第8期。

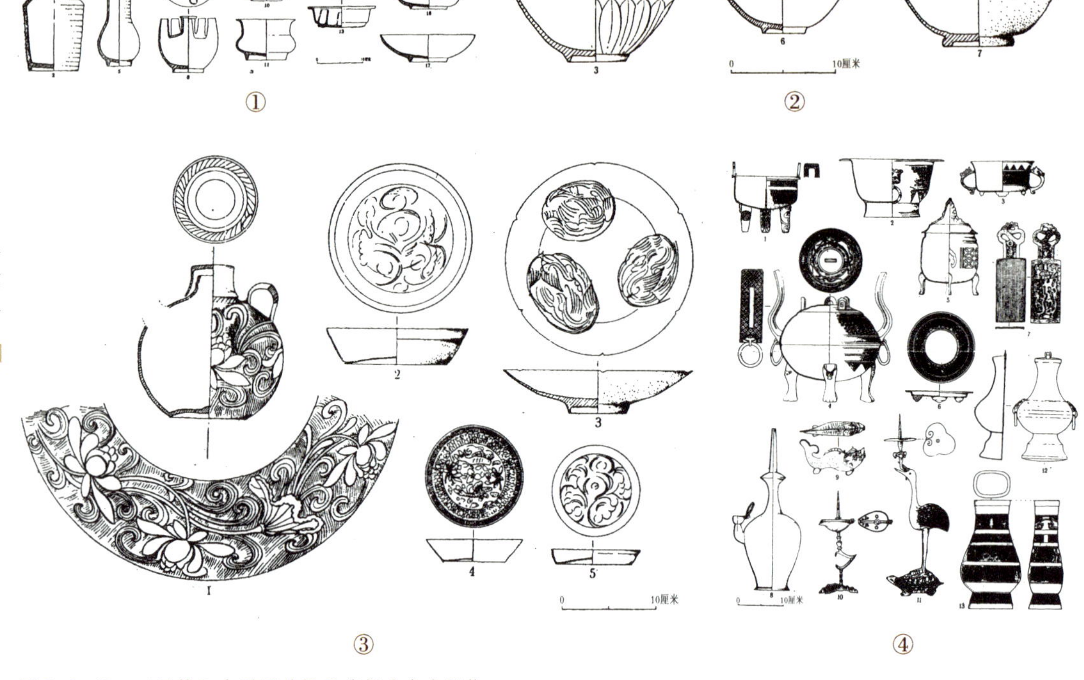

图 2-6-40　四川简阳东溪园艺场元墓部分出土器物
（采自《文物》1987 年第 2 期，第 71 页，图三；第 73 页，图一三；第 77 页，图二四；第 80 页，图三五）

室墓或三室券顶砖室墓、砖室石顶墓，流行在砖框上盖石板再起券。个别墓葬中带有简单的仿木结构，但总的来说该地区元墓内部装饰比宋代大大减少。为保护尸体和防止墓葬被盗，该地区墓葬普遍使用三合土密封，墓中填充石灰、细砂灰浆，有的墓中还以水银防腐。两湖地区元墓仅有零星发现，随葬品以青花瓷器最具特色。江西地区的元墓随葬青白瓷和其他瓷器较多，有的墓葬还出土有大量陶俑，典型墓例有江西高安天历二年（1329 年）许公鼎墓[1]、汉家山至正五年（1345 年）蓝氏墓[2]。

许公鼎墓由于已遭破坏，墓葬形制不明，出土器物 34 件，其中陶塑神怪俑 20 件，包括侍立俑 4 件，仰观俑、伏听俑、朱雀、玄武、青龙、白虎、金鸡、玉犬各 2 件，均系黑灰色泥质陶，表面未施釉。此外还有仓 2 件，陶板、石砚各 1 件，青白瓷堆塑瓶 4 件，影青瓷粉盒 1 件，铜镜、金簪各 2 件，墓志 1 方。据墓志，该墓年代为天历二年（1329 年）。

汉家山元墓为长方形券顶砖室墓，长 2.63 米，宽度不一，出土器物 32 件，其中泥质灰陶神怪俑 17 件，包括侍立俑 5 件，陶狗及仰观俑各 1 件，伏听俑、青龙、白虎、朱雀、玄武各 2 件，瓷器有堆塑白釉瓷瓶、青白釉瓷碗各 2 件，此外还有铜镜 1 件、铜钱 10 枚、陶仓 2 件、陶质买地券 1 方（图 2-6-41）。据墓志，该

1 高安县博物馆：《江西高安县发现元代天历二年纪年墓》，《考古》1987 年第 3 期。
2 刘翔：《江西高安县汉家山元墓》，《考古》1989 年第 6 期。

墓墓主为女性，葬于 1345 年。该墓与许公鼎墓年代相距 16 年，而出土器物特别是神怪俑组合基本相似，同时这些组合在该地区宋代墓葬以及广东和长江中下游地区均有所发现，反映了宋元时期江西地区与广东、长江中下游地区在丧葬墓仪方面的交流与共性。

图 2-6-41　江西高安汉家山元墓出土神怪俑
（采自《考古》1989 年第 6 期，第 538 页，图二、图三：4）

（三）长江下游地区

长江下游地区元代墓葬数量较多，主要分布于江苏、浙江、安徽南部一带，墓葬形制以并列双室的砖室墓和砖室混筑墓为主，墓壁上一般开有小龛，用以放置随葬品，个别墓葬带有仿木结构。与宋代相比，墓葬形制差别不大，形制普遍较简单，墓室空间较小，延续了南宋时期的防潮、防腐处理，注重墓葬的密封，使用松香、糯米加石灰的灰浆来密封墓室，个别墓葬还以木炭铺底。由于灰浆材质坚硬，包裹紧密，使墓葬不易被盗掘，尸体和随葬品普遍保存较好，有的尸体上的衣物保存完好，为研究元代服饰提供了一手材料。墓中大量随葬金银器、玉石、珠宝类高档物品和较高级的漆器、瓷器，构成了一套祭器或供器。相较唐、五代到北宋时期流行随葬一套墓仪神煞俑和器物，以后逐渐转向随葬一套礼器[1]。该地区元墓多带有文字材料，据此可确定墓葬年代及墓主人身份。典型墓例有苏州张士诚父母合葬墓[2]（图 2-6-42）。该墓坐南朝北，方向正南。墓上有封土堆，封土内分四层：第一层为厚 0.64 米的封土，第二层为厚 0.4 米的三合土浇浆，第三层为整齐成排的 11 排石板，第四层为三合土浇浆，结构非常牢固。墓室四周用三合土浇浆、石板、青砖护固五层。墓圹呈正方形，边长 3.79 米，无墓道和墓门，全用大青石板构筑而成，四壁纵横四整块成四壁，上面顺放两整块盖顶。顶盖石下并有直径 0.27 米见方的楠木顺梁四根，两端安在圹壁上的方槽内，以防巨型盖石断裂下塌。墓底铺方形金砖，砖下铺石灰浇浆和碎石。圹内置棺椁两具，分靠东西两边，椁间留有空隙，椁的后端叠砌一青砖墙以楔紧两木椁。左侧棺内放置男尸一具，头北脚南，仰身葬，仅剩下颚骨一片、脊椎骨二三节，应经过迁葬。尸体着黄色锦缎衣服，头戴发冠，尸体下铺设七星笭板，笭板下有一层草麻物痕迹。棺内随葬品只有木盒和朝带各一件。右侧棺内放置女尸一具，死者头戴发冠，发上满插金银钗簪首饰，口含白玉一片，两耳垂环，左右手腕上戴金镯一副，两手心中各握日、月金片，左手食指上戴一枚戒指，身穿黄色锦缎对襟大袖袍，里穿对襟大袖丝绵袄，袄内衬对襟黄绸短衫三

1 秦大树：《宋元明考古》，北京：文物出版社，2004 年，第 241 页。
2 苏州市文物保管委员会、苏州博物馆：《苏州吴张士诚母曹氏墓清理简报》，《考古》1965 年第 6 期。

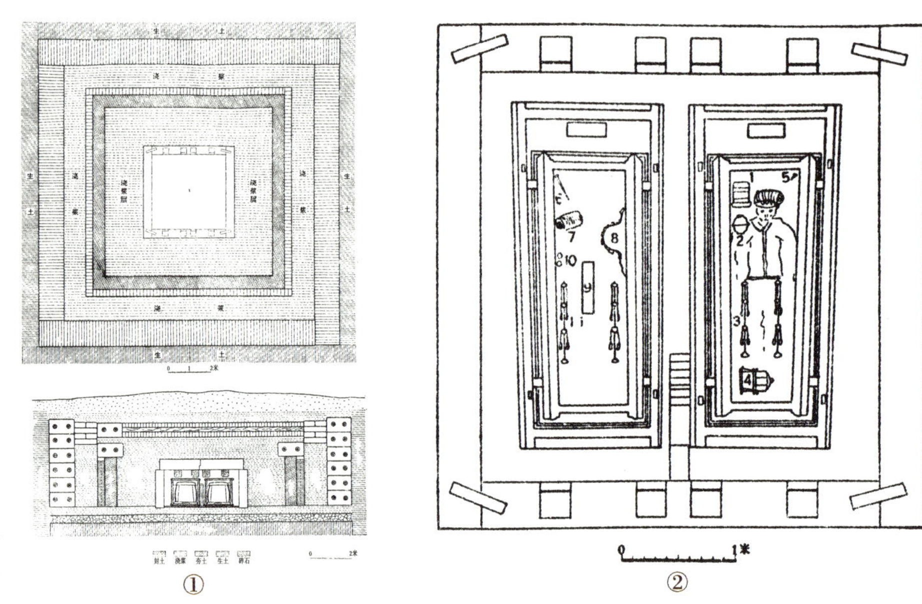

图 2-6-42　江苏苏州张士诚母曹氏墓墓葬形制图
（采自《考古》1965 年第 6 期，第 290 页，图一、图二；第 291 页，图三、图四；第 292 页，图五）

图 2-6-43　江苏苏州张士诚父母合葬墓出土金银器
（①银镜架；②六瓣葵形银奁；③奁内盛放一套梳妆用具）

件，下束缎裙，裙内穿黄锦缎丝绵袄，丝绵裤内有单裤，脚着绛色缎鞋，内再套黄缎子袜。尸下垫织锦缎厚薄不同的丝绵被三条，下铺七星笭板，棺底还铺有约 0.2 米的香楠木屑。此外，墓内还出土一些金银器（图 2-6-43）、木器、漆器和哀册两套。据哀册，该墓为元末割据姑苏的吴王张士诚父母之合葬墓，其父早死，待其母死后从泰州迁葬并与之合葬，葬于至正二十五年（1365 年）。

（四）华南地区

福建、广东所在的华南地区发现元代墓葬数量不多，与其他地区墓葬差别较大。壁画墓在福建尤溪、南平、将乐一带依旧流行，个别墓葬还带有殿堂式的仿木构建筑。福建南安潘八墓[1]为长方形并列双室券顶砖墓，砖壁外还填木炭防潮，有小窗相通。福建南平三官堂刘千六夫妇合葬墓[2]，该墓壁画以建筑彩画为主，这种建筑彩画或可看作是仿木构建筑构件在墓葬中的另一种表现形式。该地区墓葬较少发现如长江中下游地区那样的防潮防腐措施，稍多的是在墓中放置一些木炭防潮。随葬品普遍较少，以陶瓷器为主，多为青瓷。值得注意的是，该地区墓葬中仍较多地放置俑类，以铁、陶、木、瓷、石材较常见。典型墓例有广东海康元墓[3]，墓室以灰砖砌成，青条石盖顶。墓中出土较多的白灰色阴线刻砖，长 23 厘米、宽 12.5 厘米、厚 2 厘米，上方均有小圆孔一个，便于悬挂。阴线刻砖原来应为完整的一套，可惜部分散佚，现存 29 件（图 2–6–44），有十二辰（缺寅、戌）各 1 件，四神中青龙、朱雀、玄武（缺白虎）各 1 件，勾陈、地轴、金鸡、玉犬各 1 件，墓门判官、张坚固、李定度、伏听、蒿里父老、左屈客、右屈客、东叫、西应、唤婢、川山、伏尸各 1 件，此外还有 1 件为手中持笏人物坐像，头部和题名残缺。这些刻砖的题名部分见于《大汉原陵秘葬经》所记天子至庶人墓葬使用的明器，有的名称如青龙、朱雀、玄武、伏尸、墓门判官、勾陈、张坚固等常见于宋元时期买地券，而左屈客、右屈客等则少见，可能与地域传统有关。华南地区元墓中放置此类明器神煞的做法明显是受到来自长江中上游地区的影响，在与当地丧葬习俗融合后呈现出一些新的特点，如神煞名称增多，流行时间较长，在墓葬中的摆放位置也具有一定的特色，如海康元墓阴线刻砖，可能就是悬挂于墓中的。

（五）特点

南方地区元墓发现数量不多，墓葬种类有土坑竖穴墓、砖室墓、石室墓、砖石混筑墓等，平面形制多为正方形或长方形。葬俗以土葬为主，也有零星的火葬。随葬品以陶俑、瓷器、铜镜为主，也发现有少量金银器、丝织品、漆器等，大多数墓葬都出土有买地券或墓志等带文字的铭刻材料。陶俑以四川、江西地区发现最为普遍，多为明器神煞俑，且以金鸡、玉犬、仰观、伏听、侍俑配套成组的方式随葬，有的墓葬还出有蒿里老翁、十二时辰、四神等，广东海康元墓出土的阴线刻砖可看作是同一种丧葬观念的不同表达形式。瓷器多见于长江中上游地区和华南地区的墓葬中，而长江下游地区的墓葬中较少见，产地来源多为长江中下游地区，种类以青瓷、影青瓷居多，多为生活实用器。

南方地区在 1279 年以后的墓葬全部属于元墓无疑，但由于蒙古征服南方各地

1 陈家楫：《福建省南安潘山乡发现元代骨灰墓葬》，《文物参考资料》1954 年第 12 期。

2 张文崟：《福建南平市三官堂元代纪年墓清理》，《考古》1996 年第 6 期。

3 曹腾騑等：《广东海康元墓出土的阴线刻砖》，《考古学集刊》第 2 集，北京：中国社会科学出版社，1982 年，第 171—180 页。

图 2-6-44　广东海康元墓阴线刻砖

（采自《考古学集刊》第 2 集，第 172 页，图二；第 173 页，图三；第 174 页，图四；第 175 页，图五；第 176 页，图六；第 177 页，图七；第 178 页，图八）

区过程较长，占领时间的先后不一，有的地区在1276年以前就已经纳入蒙古统治范围，而有的地区可能在1276—1279年之间甚至更晚的时期才归于蒙古统治，因此在研究这一地区的宋元墓葬时应结合相应的历史背景来考虑墓葬的属性。本地区居民基本为汉人，其丧葬习俗和墓葬制度受蒙古人影响较小，基本沿袭宋代传统，较多地保存了区域性传统，各小区域内部墓葬在整个元代并无明显的变化，而南方地区元墓的差异性也主要体现在各区域墓葬传统上，仅极个别墓葬特征体现出时代差异。但各区域元墓之间表现出明显的共性，如并列双室墓、随葬品所反映的丧葬观念、注重墓室的封闭、加强对尸体防腐处理等，因此各区域的划分又是相对的，南方地区的元墓具有相当大的一致性。

四、小结

总的来看，元代墓葬以砖室墓、石室墓、砖室混筑墓和土坑墓为主，葬俗以土葬为主，也有少量的火葬。相比于宋金时期，元代墓葬墓室空间进一步缩小，墓葬装饰进一步衰落，仅山东及福建等个别地区还较多地保留了原有的墓葬装饰传统。随葬品以陶瓷器、铜器、金银器为主，瓷器根据釉色可分青釉、影青、白釉、黑釉、酱釉等，其中不乏制作精美的官窑产品，有的墓葬还出土有青花瓷器；陶器中以神煞类陶俑和陶质买地券最具特色，反映了宋金丧葬墓仪在元代得到继承并逐渐呈现出地域性差异；中原地区及南方地区个别墓葬中随葬有仿古的青铜及陶礼器，值得注意。

根据各地区墓葬形制、随葬品及墓葬装饰的差异，可将元代墓葬大致分为长城以北、长城以南到秦岭—淮河以北、长江以南三个地区。长城以北地区最先纳入蒙元的统治范围，较多继承了蒙古人的丧葬传统，但到后期也充分吸收了来自中原的文化传统。长城以南到秦岭—淮河以北地区情况较为复杂，其一方面较多地保存了辽金宋的墓葬文化传统，同时又受到来自北方蒙古族丧葬文化的影响，到元代中晚期南方地区流行的浇浆墓也在该地区出现，反映了南方地区丧葬制度和习俗对该地区的冲击和影响。相对而言，南方地区的元代墓葬文化面貌较为单纯，较多地沿袭了宋代墓葬特征，墓葬形制、结构变化不大。同时，由于带文字的墓葬材料增多，年代和墓主身份明确者增多，各个阶层墓葬结构、形制、装饰及随葬品种类、组合等方面的差异也可借此进行梳理。就目前已刊布的材料看，这种差异主要体现在随葬品数量、质地与墓葬形制等方面。但这种差异也不是绝对的，其界限有时是比较模糊的，需要仔细分辨、区别对待。

在讨论长城以北、长城以南到秦岭—淮河以北地区墓主人族别时，不能仅仅关注墓葬形制、随葬品及墓葬装饰特征，还要尽可能地借助文献，结合墓葬出土文字材料，充分考虑到墓葬年代以及地域差异等因素来加以分析。如长城以北地区大多数蒙元墓葬中带有明确标识墓主身份的文字材料不多，墓主族属难以判断，只能主要根据墓葬形制、随葬品、墓室装饰内容等加以推断。蒙古国时期墓葬尚留有辽金时代的葬制、葬俗特点，随葬品较多保留了草原游牧民族特色，因此这一时期的墓主人大多应为蒙古人无疑。到忽必烈统一中原地区和南方地区实现大一统后，蒙汉文化互相融合，墓葬形制以及随葬品较多吸收了中原的特点，如墓室壁画的流行。

具体到族属，这一时期该地区墓主既有可能是汉化的蒙古人，也有可能是蒙古化的汉人，或者是其他少数民族，不能仅仅根据带某种文化因素的随葬品数量及所占比重就简单地认定墓主的族别。长城以南到秦岭—淮河以北地区、南方地区墓葬亦有少量类似的情况存在。这是我们在进行具体分析、研究时需特别加以注意的。

第七节　明代墓葬的发现与研究

明代墓葬是指从公元1368年朱元璋称帝至1644年明朝灭亡期间共276年间明代统治疆域内的墓葬。目前已经发掘清理的明代墓葬在一千座以上，全国各地皆有分布。

明代墓葬与以往各代墓葬的不同点在于，多数墓葬都出土有墓志铭、买地券等铭刻材料，年代准确，墓主的等级和身份比较清楚，故本节拟分宗藩、品官、太监、平民四个不同等级，对明代墓葬的发现与研究加以介绍。

一、宗藩墓

明太祖朱元璋为巩固新兴的大明王朝，把他的24个儿子分封为亲王，由此开启了明代分封藩王的制度。整个明代，实封就藩的亲王共37位，其中太祖封19王、成祖封1王、仁宗封5王、英宗封4王、宪宗封4王、穆宗封1王、神宗封4王[1]。明代之制，自皇太子以下的皇室成员，共分八个等级，各地宗藩依等级分封有序。皇太子以下，其余皇子封亲王；亲王嫡长子封亲王世子，其余众子封郡王；郡王嫡长子封郡王世子，其余众子封镇国将军；郡王之孙均封辅国将军，曾孙均封奉国将军，四世孙均封镇国中尉，五世孙均封辅国中尉，六世孙及以下均封奉国中尉。明代亲王封号一般用古国名或地名，万历以后也有用吉祥字（如福忠王、瑞王）。

据统计，明代在藩亲王前后共有266位，这些亲王中除掉末代王、废王、南明颠沛诸王，又加上追封王及他们的世子、世孙墓，明代两京以外的藩王墓大约有280座[2]。目前已公开刊布的明代宗藩墓葬材料，涉及鲁、德、晋、代、伊、郑、周、徽、赵、潞、汝、福、肃、庆、襄、荆、辽、楚、湘、郢、梁、荣、宁、淮、益、秦、蜀诸府，共27藩，分布在北方地区的山东、山西、河南、陕西、甘肃、宁夏，长江中上游地区的湖北、湖南、江西、四川，沿海地区的广西等地。

（一）北方地区

1. 山东

今山东地区分封有鲁藩、德藩、衡藩，目前已发现有鲁藩的鲁荒王墓[3]、鲁荒

1 刘毅：《明代帝王陵墓制度研究》，北京：人民出版社，2006年，第167页。

2 刘毅：《明代帝王陵墓制度研究》，北京：人民出版社，2006年，第171页。

3 山东省博物馆、山东省文物考古研究所：《鲁荒王墓》，北京：文物出版社，2014年。

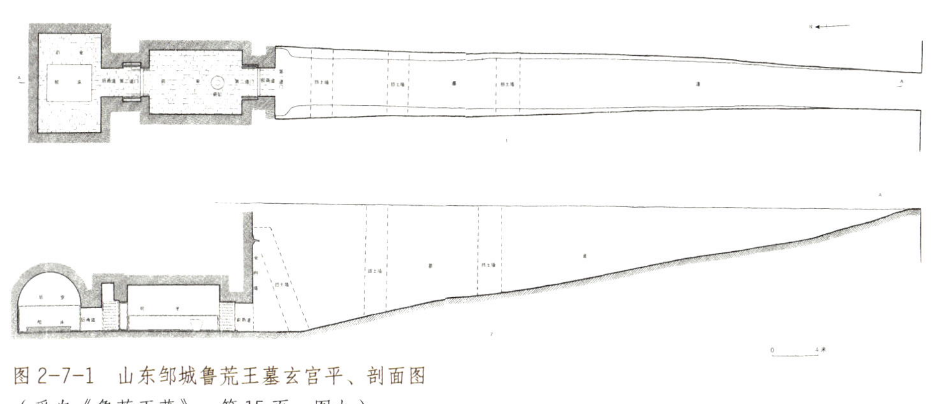

图 2-7-1　山东邹城鲁荒王墓玄宫平、剖面图
（采自《鲁荒王墓》，第 15 页，图九）

王妃戈氏墓[1]以及德藩的德庄王墓[2]。

鲁藩自鲁荒王朱檀受封开始，共传十世十一王。朱檀是明太祖朱元璋的第十子，洪武十八年（1385 年）就藩兖州，洪武二十二年（1389 年）因服丹药中毒身亡，谥号鲁荒王，死后按照亲王礼制在今山东邹城东北九龙山南麓修建了陵寝，是洪武年间陵寝修筑时间最早的亲王陵。陵园围墙均用 40 余厘米的长青砖砌成，南北长 206 米、东西宽 80 米，分前后两院。园内散存大型石柱础、殿基角石、龙纹琉璃瓦当等，现仍有享殿的殿基遗址。墓葬系凿石开圹，以砖砌室，封土夯层坚固。墓葬坐北朝南，由墓道、封门墙、金刚墙、前室、甬道、后室组成（图 2-7-1）。墓道未发掘，长 70 余米，前后两墓室通长 20.6 米，除墓门为石料构筑外，其余均为砖砌，券顶，方砖铺地，四壁及顶敷以白灰。前室顶为东西起券，后室顶为南北起券。前室前部置万年灯，后部中央设一张红御案，案西侧有一内盛“鲁王之宝印”的宝匣，地上有 400 多个木雕仪仗队俑群、马、车等。后室中部砌须弥座式棺床，棺内朱檀仰面直肢，身着龙袍，腰系玉带，戴圆形小帽，贯以金簪，两腋下各有 1 颗金粒，上覆棉被、袍服，下铺棉褥，褥上撒有 19 枚特制的洪武通宝金钱。后室由于积水导致棺椁分离，棺床东侧有 2 件漆木箱，内装冠、袍、玉圭、靴、衣、帽、玉带、梳妆具，西边地上是琴棋书画、文房四宝等，东西两壁各有 3 个用于葬仪的木牌。此外，后室还发现有木雕侍俑、瓷器及木、竹、铜、锡质的生活模型。

德藩系英宗时分封，共传七世七王，历代德王陵皆在山东长清。其中青崖寨山 M4 为德藩始封王德庄王及王妃刘氏墓。德庄王朱见潾为明英宗次子，其陵园是诸德王陵中规模最大的，坐北朝南，内外两重宫垣，版筑土墙。外城南北长 487.5 米、东西宽 286.5 米，有陵门和金水桥；内陵垣内可见宫门、享殿、配殿遗迹；封土堆南北长 13 米、东西宽 19 米、高 5.8 米。玄宫为砖石券拱结构，由墓道、甬道、前室、东西后甬道、后东室、后西室组成（图 2-7-2）。斜坡式墓道长 46.1 米，金刚墙下部正中为墓门，门外有乱石、砖块封堵，其上有德庄王及王妃刘氏圹志各一合。玄宫通长 17.02 米、宽 11.9 米，前室西壁下有一石砌须弥座棺床，正中有长方形金井，棺床上有一具年轻男子骨架，推测为庄王第三子济宁

1 山东省博物馆、山东省文物考古研究所：《鲁荒王墓》，北京：文物出版社，2014 年。
2 济南市文化局文物处、长清县文物管理所：《山东长清县明德王墓群发掘简报》，《考古学集刊》第 11 集，北京：中国大百科全书出版社，1997 年，第 221—241 页。

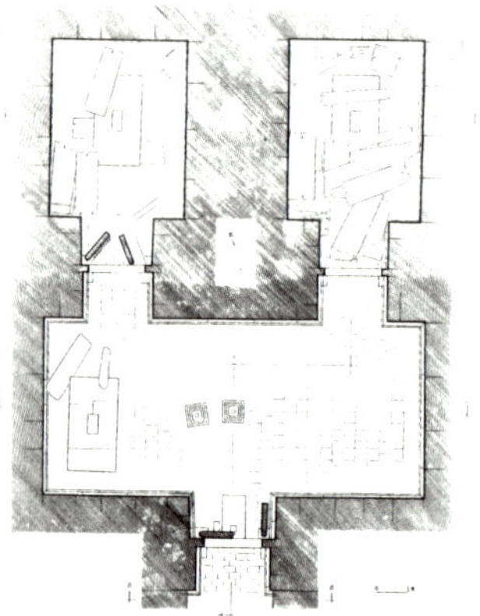
①

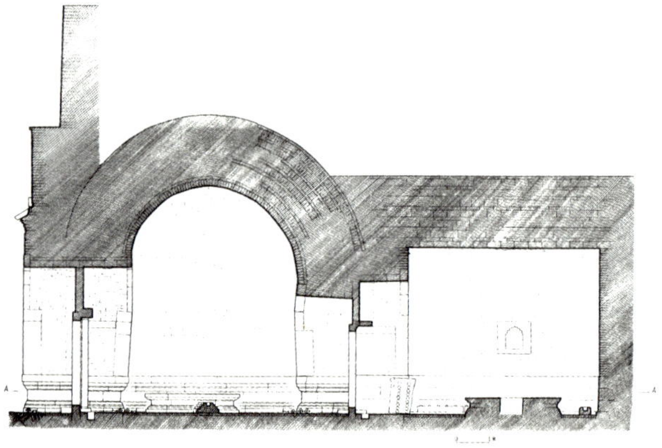
②

图 2-7-2　山东长清德庄王墓玄宫形制图
（①平面图；②纵剖面图。采自《考古学集刊》第 11 集，第 233 页，图 9；第 234 页，图 10）

安僖王朱祐梣。东西两后室建筑规模和结构完全一致，两室之间有一窗形孔道相通，东室葬德庄王，西室葬王妃刘氏。德庄王卒于正德十二年（1517 年），王妃刘氏卒于弘治六年（1493 年），安僖王卒于正德七年（1512 年），墓中三位死者下葬时间相距十几年，因此该墓建造多个棺室应是便于多次开圹合葬之用。

从陵园规划来看，鲁藩诸王陵园是典型的异兆域埋葬，分布在邹城、泗水、滕州、费县等地；而英宗时分封的德藩，却是典型的诸王同兆域埋葬，皆在山东长清。两藩陵园形制都呈长方形，但德藩诸王陵中规模最小的 M1 占地比鲁藩肇始王鲁荒王的陵园规模还大。两藩玄宫都是砖石券顶结构，鲁藩为标准的前后室结构，德藩将后室分为多个平行墓室，是一种变通的前后室结构。

2. 山西

山西地区分封有晋藩、代藩和沈藩，目前已发现晋藩的晋裕王墓[1]、晋恭王第七子广昌王墓[2]；代藩的饶阳王辅国将军墓[3]、代懿王墓[4]。

晋藩分封于太祖年间，共传十二世十一王。晋藩始封王晋恭王之子广昌悼平王朱济熇，卒于宣德三年（1428 年），次年葬。地表有高、底径均为 15 米的圆形封土堆。墓室用条砖建筑，券拱结构，坐东朝西，由墓道、前后两室组成，通长 13.1 米（图 2-7-3）。前室西端大门外有一道封门砖，中间镶砌一合石质墓志，用砖和琉璃瓦筑成硬山式门楼，正面雕刻斗拱、柱子等仿木构件。前室南北长 3.7 米、东西宽 2.7 米、高 3.95 米，后室东西长 9.74 米、南北宽 3.6—6.1 米、高 3.95—4.95 米，南北西三壁各有一壁龛。石砌须弥座棺床，木棺已毁，单人葬，骨架散乱。

代藩始封王朱桂为明太祖第十三子，洪武二十五年（1392 年）封代王，同年就藩大同府，共传十二世十一王。山西大同市城东马铺山南坡发掘的朱桂第五世嫡孙代懿王朱俊杖墓为砖券单室墓，由封土、墓道、甬道和墓室组成。墓道朝南，

1 南京大学历史学院、山西博物院：《山西榆次明代晋裕王墓清理简报》，《中国国家博物馆馆刊》2018 年第 2 期。

2 山西省文物管理委员会：《山西太原七府坟明墓清理简报》，《考古》1961 年第 2 期。

3 李白军：《大同明代朱俊槐墓志考》，《文物世界》2005 年第 5 期。

4 李白军等：《大同明代懿王夫妇合葬墓墓志考》，《文物世界》2001 年第 5 期。

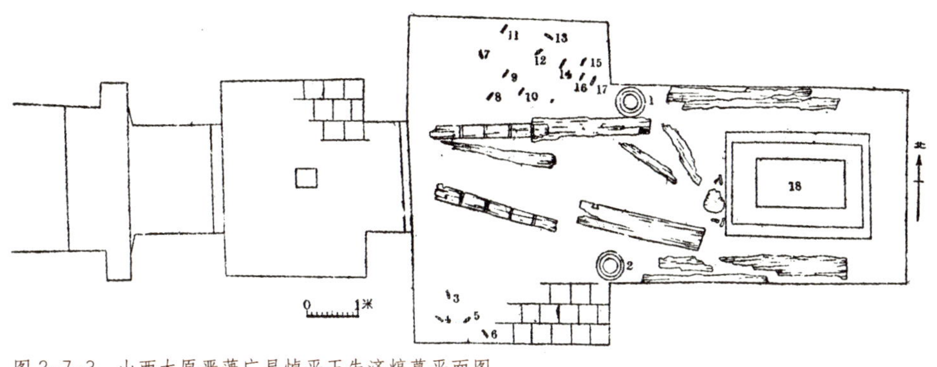

图 2-7-3　山西太原晋藩广昌悼平王朱济熿墓平面图
（采自《考古》1961 年第 2 期，第 104 页，图一）

用条石横砌封门。墓室平面呈长方形，南北长 8.2 米、东西宽 5.6 米，左右后三壁有壁龛。墓室四壁底层均平铺石条两层，其上又以灰色素面条砖垒砌，白灰勾缝，然后起券、收顶，地砖通缝平铺。由墓志可知代懿王卒于嘉靖六年（1527 年），次年葬。

山西目前发现的藩王墓，玄宫规模较小，长度在 10 米左右，均为砖砌券拱结构，都有封门，未见金刚墙，墓室一般是简单的前后两室或单室。室内装饰简单，或有仿木构件雕刻，或仅白灰涂抹。

3. 河南

河南是明代藩王的集中地，明代藩王共有三十四系，其中有十二系藩王封在今河南地区，主要有周、唐、伊、赵、郑、崇、汝、徽、潞、福等藩，约占藩王总数的 35%。

周藩系太祖时分封，共传十二世十一王，周王开府开封，陵墓却在钧州，概因出于风水的考虑。葬地基本没有统一规划，周藩诸郡王有不少是就近葬在郑州、荥阳等地，已发现周定王墓[1]、周恭王墓[2]、周懿王墓[3]、周惠王墓[4]、周悼王墓[5]、南陵庄裕王墓[6]、顺阳王墓[7]、原武温穆王墓[8]。周定王朱橚的陵墓是目前所见唯一一例石室玄宫的明藩王陵。其墓位于河南禹州城北后营老官山，全长 40 米，宽 34 米，总面积近 2000 平方米。墓葬系依山凿洞，砖石砌券，由墓道、墓门、甬道、前室及左右两个配室、后室及后壁并排的四个配室组成。由配室门前出土的墓志可知，四个配室皆为隔室祔葬，符合当时帝王中流行的宫妃殉葬制度。从墓志可知，周定王卒于洪熙元年（1425 年）。另外，在河南荥阳二十里铺发现的明代原

1 杨焕成、周到主编：《河南文物名胜史迹》，郑州：中原农民出版社，1994 年，第 614 页，“明周定王墓”条。

2 国家文物局主编：《中国文物地图集·河南分册》，北京：中国地图出版社，1991 年，第 321 页，“明周恭王墓”条。

3 郑州市文物考古研究所：《二十世纪郑州考古》，香港：香港国际出版社，2004 年，第 247 页。

4 郑州市文物考古研究所：《二十世纪郑州考古》，香港：香港国际出版社，2004 年，第 247 页。

5 郑州市文物考古研究所：《二十世纪郑州考古》，香港：香港国际出版社，2004 年，第 247 页。

6 郑州市文物考古研究所：《二十世纪郑州考古》，香港：香港国际出版社，2004 年，第 247 页。

7 尚玮：《明顺阳王朱有垣墓出土记》，《河南文史资料》1998 年第 4 期。

8 郑州市博物馆：《荥阳二十里铺明代原武温穆王壁画墓》，《中原文物》1984 年第 4 期。

武温穆王夫妇合葬墓则是一座单室玄宫王陵，墓室坐北朝南，平面呈长方形，小砖砌券，石灰抹缝。墓室前壁厚 1.3 米，墙上建有仿庑殿式建筑，中间有一圆拱形墓门。室内除前壁外，布满彩绘壁画，以佛法超度亡灵的题材为主，东壁还有墓主夫妇画像。由墓志可知，原武温穆王卒于万历三十五年（1607 年）。

伊藩为太祖时始封，共传六世七王，末代王朱典楧在嘉靖四十三年（1564 年）因过被废，伊藩绝。伊藩诸王陵墓互不相连，大致分布在河南洛阳邙山地区，已发现伊厉王墓[1]、伊安王墓[2]、万安康懿王墓[3]。

赵藩为成祖时始封，共传十一世九王，已发现赵康王墓[4]、赵简王墓[5]、赵简王翁妃墓[6]。

郑藩为仁宗时始封，共传七世七王，已发现郑懿王墓[7]、郑端清世子墓[8]、郑恭王墓[9]、郑王妃吕氏墓[10]、河阳怀简王墓[11]、朝邑荣简王墓[12]。

徽藩为英宗时始封，共传四世四王，诸徽王亦葬河南钧州，与周藩诸王同享此风水宝地，已发现徽庄王墓[13]、徽简王墓[14]。

汝安王朱祐梈为明宪宗第十一子，弘治四年（1491 年）受封汝王，就藩卫辉，嘉靖二十年（1541 年）去世，谥汝安王，无子封除。现仅发现汝安王次妃晋氏墓[15]。

神宗第三子福王朱常洵继伊藩后，再次开府洛阳，成立福藩。1983 年，河南洛阳东花坛立体交叉桥建设工程时，清理了三座呈品字形排列的明墓，墓葬结构

1 洛阳市文化局：《洛阳市文物志》，洛阳市文化局内部刊行，1985 年，第 133 页，“明代伊王朱木彝墓”条。

2 洛阳古代艺术馆：《洛阳出土墓志研究文集》，北京：朝华出版社，2002 年，第 488、489 页。

3 洛阳古代艺术馆：《洛阳出土墓志研究文集》，北京：朝华出版社，2002 年，第 490—492 页。

4 国家文物局主编：《中国文物地图集・河南分册》，北京：中国地图出版社，1991 年，第 277 页，“赵康王墓”条。

5 国家文物局主编：《中国文物地图集・河南分册》，北京：中国地图出版社，1991 年，第 277 页，“赵简王墓”条。

6 国家文物局主编：《中国文物地图集・河南分册》，北京：中国地图出版社，1991 年，第 277 页，“赵简王翁妃墓”条。

7 国家文物局主编：《中国文物地图集・河南分册》，北京：中国地图出版社，1991 年，第 205 页，“郑懿王墓”条。

8 国家文物局主编：《中国文物地图集・河南分册》，北京：中国地图出版社，1991 年，第 205 页，“朱载堉墓”条。

9 国家文物局主编：《中国文物地图集・河南分册》，北京：中国地图出版社，1991 年，第 205 页，“郑恭王墓”条。

10 国家文物局主编：《中国文物地图集・河南分册》，北京：中国地图出版社，1991 年，第 188 页，“郑王妃吕氏墓”条。

11 国家文物局主编：《中国文物地图集・河南分册》，北京：中国地图出版社，1991 年，第 188 页，“怀简王”条。

12 国家文物局主编：《中国文物地图集・河南分册》，北京：中国地图出版社，1991 年，第 188 页，“朱祁镕墓”条。

13 国家文物局主编：《中国文物地图集・河南分册》，北京：中国地图出版社，1991 年，第 321 页，“明徽庄王墓”条。

14 国家文物局主编：《中国文物地图集・河南分册》，北京：中国地图出版社，1991 年，第 321 页，“明徽简王墓”条。

15 李波涛：《卫辉清理一明亲王次妃墓》，《中国文物报》1991 年 5 月 5 日第 1 版。

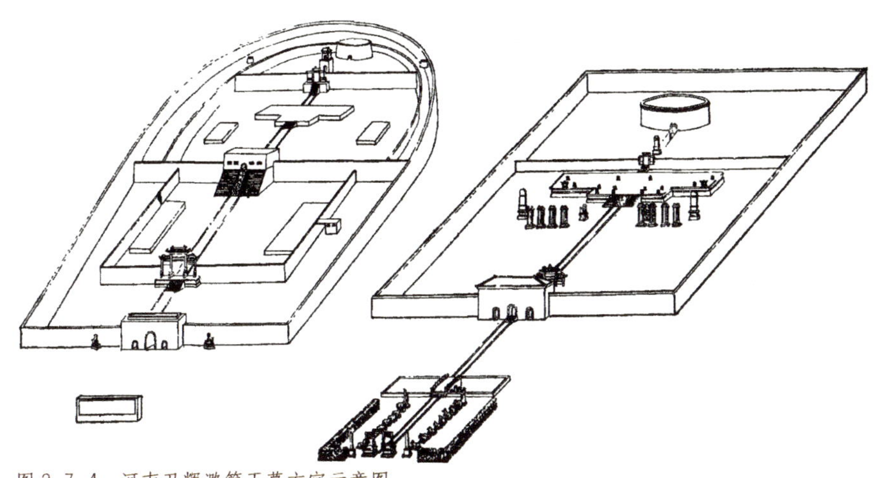

图 2-7-4　河南卫辉潞简王墓玄宫示意图
（采自《中原文物》1978 年第 3 期，第 29 页，图一）

基本相同，坐北朝南，由墓道、封门砖、门洞、石门、甬道、墓室、棺床组成。从墓中出土刻有福府瓦匠姓名的铭砖和金银币推测，这三座墓葬应当是福王家族成员的墓葬[1]。

潞藩为穆宗时分封，仅传二世二王，已发现潞简王墓[2]、潞简王妃蔡氏墓[3]、潞简王次妃赵氏墓[4]、潞简王早殇儿子墓[5]。潞简王为穆宗时分封的唯一一位亲王，卒于万历四十二年（1614 年），其葬地在河南卫辉府城西的五龙岗，虽玄宫早在民国期间已被盗掘一空，但地面建筑基本保存完好，是研究明代藩王陵园制度的重要实例。潞简王墓区陵园分为神道和陵宫两部分，神道南段为仿木结构青石牌坊，其上镌刻“潞藩佳城”四字。由此往北为神道石像生，总长约 100 米，共计 15 对。陵宫原有内外两重墙垣，现只见青条石砌成的外墙。地面陵园分前中后三进院落，第三进院落为祭台，有石供器 5 件，其北有石砌碑台一座，上刻“敕封潞简王之墓”。碑后为直径 40 米的墓冢，仿帝陵宝顶形制（图 2-7-4）。

河南分封了多个藩系，各藩兆域和玄宫形制没有明显规律可循，其中周藩、伊藩采用异兆域埋葬，赵藩、徽藩采用同兆域埋葬。现存的地表陵园大多采用内外宫垣、三进院落的结构，部分可见石像生。墓室多寡不一，最多的是周定王的十室玄宫，最少的为伊藩安惠王的单室玄宫，采用较多的是前中后三室带两配室的十字形五室玄宫或前后室带两配室的四室玄宫。伊藩和潞藩都有陵园内夫妇分葬两座玄宫的现象。

1 洛阳市文物工作队：《洛阳东花坛三座明代墓葬》，《中原文物》1984 年第 3 期；李献奇、张钦波：《明福王朱常洵圹志》，《中原文物》1987 年第 3 期。

2 河南省博物馆、新乡市博物馆：《新乡明潞简王墓调查简报》，《中原文物》1978 年第 3 期；河南省博物馆、新乡市博物馆：《新乡市郊明潞简王墓及其石刻》，《文物》1979 年第 5 期。

3 国家文物局主编：《中国文物地图集·河南分册》，北京：中国地图出版社，1991 年，第 256 页，“明潞王蔡妃墓”条。

4 河南省博物馆、新乡市博物馆：《新乡市郊明潞简王墓及其石刻》，《文物》1979 年第 5 期。

5 郑州大学历史学院考古系、河南省文物局南水北调文物保护办公室：《河南新乡市老道井明代 101 号墓发掘简报》，《华夏考古》2009 年第 3 期。

4. 陕西

陕西地区分封有秦藩和瑞藩。

明朝号称“天下第一藩”的秦藩则在陕西西安附近留下诸多宗藩墓葬。自第一代秦藩王明太祖次子朱樉，至崇祯末被李自成所掳的景王朱存枢，共传十一世十五王。诸王陵主要分布在秦王府城南黄土塬上，但分成若干区域，相距较远，属于诸王异兆域埋葬。先后有10余位藩王、30余位郡王及夫人、子孙等埋葬于今陕西西安长安区、雁塔区、少陵原、鸿固原、高望原、凤栖原等地。其中亲王墓有秦愍王墓[1]、秦隐王墓[2]、秦康王墓[3]、秦惠王墓[4]、秦简王墓[5]、秦宣王墓[6]，郡王墓包括秦王世子朱敬珍墓[7]、兴平安僖王墓[8]、郃阳惠恭王墓[9]、汧阳端懿王墓[10]，其他宗室成员墓包括辅国将军朱秉橓墓[11]、辅国将军朱秉橘墓[12]、上洛县主墓[13]、夏阳县主墓[14]、东三爻村朱氏家族墓[15]。

从考古发掘材料看，明代秦藩王、郡王及家族墓葬，墓向皆接近正南北向，墓室在北，墓道居南，多为竖穴土坑砖券洞室墓，也有个别土洞墓。墓道多为长斜坡式，砖砌仿木构门楼，墓志一般放于砖砌门楼之上。砖券墓室东、西、后三壁皆有用于放置随葬品的壁龛，墓室中间有砖砌棺床，葬具多为一椁一棺，棺上描金纹饰繁缛，男性以龙纹为主，女性则以凤凰为主。葬式为仰身直肢，头北脚南[16]。

1 国家文物局主编:《中国文物地图集·陕西分册》，西安：西安地图出版社，1998年，第109页，“明秦土朱樉王墓”条。

2 王翰章:《明秦藩王墓群调查记》，陕西历史博物馆馆刊编辑委员会:《陕西历史博物馆馆刊》第二辑，西安：三秦出版社，1995年，第188—194页。

3 王翰章:《明秦藩王墓群调查记》，陕西历史博物馆馆刊编辑委员会:《陕西历史博物馆馆刊》第二辑，西安：三秦出版社，1995年，第188—194页。

4 国家文物局主编:《中国文物地图集·陕西分册》，西安：西安地图出版社，1998年，第110页，“明秦惠王墓”条。

5 国家文物局主编:《中国文物地图集·陕西分册》，西安：西安地图出版社，1998年，第110页，“明秦简王墓”条。

6 国家文物局主编:《中国文物地图集·陕西分册》，西安：西安地图出版社，1998年，第110页，“明秦宣王墓”条。

7 国家文物局主编:《中国文物地图集·陕西分册》，西安：西安地图出版社，1998年，第110页，“朱敬珍墓”条。

8 陕西省文物管理委员会:《长安四府井明安僖王墓清理简报》，《考古通讯》1956年第5期。

9 陕西省考古研究所:《明郃阳惠恭王朱公镗墓志考》，《考古与文物》2003年第5期。

10 西安市文物保护考古所:《西安南郊皇明宗室汧阳端懿王朱公缯墓清理简报》，《考古与文物》2001年第6期。

11 孙钢:《明宗室朱秉橓墓志考》，《考古与文物》1995年第5期。

12 陕西省考古研究所、西安大学文博学院:《西安明代秦藩辅国将军朱秉橘家族墓》，《文物》2007年第2期。

13 陕西省考古研究院:《西安南郊明上洛县主墓发掘简报》，《考古与文物》2009年第4期。

14 秦造垣:《明故夏阳县主墓志考释》，《考古与文物》2009年第1期。

15 国家文物局主编:《中国文物地图集·陕西分册》，西安：西安地图出版社，1998年，第110页，“东三爻村朱氏墓”条。

16 陕西省考古研究所:《明秦藩家族谱系及墓葬分布初探》，《考古与文物》2007年第2期。

5. 甘肃

今甘肃地区分封有肃藩、韩藩和安藩，均系明太祖时分封，目前仅有肃藩的考古材料公布。肃藩始封明太祖第十四子朱楧为肃庄王，共传九世九王。大多数藩王墓集中在同一兆域，只有个别藩王别葬，甘肃榆中县紫堡乡平顶峰分布有11座肃藩王陵，大体呈阶梯状排列，如肃庄王墓[1]、肃怀王及妃子王氏墓[2]、肃藩某郡王[3]。

6. 宁夏

庆藩分封在宁夏，共传十世十二王。宁夏同心县韦州镇不仅葬有历代藩王，而且几乎所有的本支郡王也都祔葬于此，庆藩韦州兆域一直使用到明末。据调查，明代庆王墓区内现存土冢34座，如庆靖王墓、庆康王墓[4]。

7. 特点

北方地区藩王陵陵园选址有异兆域埋葬、同兆域埋葬两种类型。采用异兆域埋葬的藩系有鲁藩、周藩、伊藩、潞藩和秦藩，葬地没有统一规划。而采用同兆域埋葬的德藩、赵藩、徽藩、肃藩和庆藩，葬地分布讲究风水，尽量选址在依山傍水的地方，陵园多依山势而建，始封藩王的墓葬一般位于核心位置，规模也是最大的，其后的藩王墓大多按照昭穆制度左右排开。从陵园建制来看，明初下葬的藩王陵园规模相对较大，仿造王府而建，多有内外两层宫垣，依中轴线建前后院或三进院，地面多立有石像生或望柱。明代中后期的藩王陵园相对较小，这与天顺时期颁布的合葬令有一定关系，但也存在逾制现象，如潞简王次妃赵氏[5]、蔡氏墓[6]皆有独立的陵园和玄宫，潞简王次妃赵氏墓前甚至还保留有“明楼”。藩王陵玄宫主要是仿帝陵形制而建。除了秦藩墓葬是分布在黄土塬上，以土洞墓为主外，其余藩王陵墓均依山而建、凿石开室或采用砖砌券顶结构。玄宫平面呈土字形或十字形，多前后两主室的结构，再配以数额不等的配室。最多的当为周定王墓的十室玄宫，一共配备了六个配室。以天顺二年（1458年）颁布合葬令为界，此前多采用单人葬，如鲁荒王、潞简王，此后大多为夫妇合葬，如周定王墓后室的四个配室即是用于宫嫔祔葬。

（二）长江中上游地区

1. 湖北

明王朝在今湖北地区先后分封了八个宗藩，分别是太祖分封的楚、湘、辽

1 甘肃省博物馆：《明肃王墓考略》，《西北史地》1997年第4期。

2 甘肃省博物馆：《兰州明肃王府遗迹遗物调查研究》，《陇右文博》2005年第1期。

3 甘肃省博物馆：《兰州市上西园明墓清理简报》，《考古》1960年第3期。

4 宁夏博物馆考古队：《同心县任庄村明代王陵》，中国考古学会：《中国考古学年鉴（1984年）》，北京：文物出版社，1985年，第175、176页。

5 河南省博物馆、新乡市博物馆：《新乡市郊明潞简王墓及其石刻》，《文物》1979年第5期。

6 国家文物局主编：《中国文物地图集·河南分册》，北京：中国地图出版社，1991年，第256页，“明潞王蔡妃墓”条。

及郢藩，仁宗分封的襄、荆、梁和惠藩。

楚藩共传八世九王，诸王皆葬在今湖北武昌龙泉风景区内，与肇始王楚昭王同兆域，但诸王陵的排列位次看不出明显的辈分规律。九座楚王的陵园形制基本相同，皆有陵宫门、享殿、配殿、墓冢等地面建筑，但陵园规模远远小于楚昭王墓，形制有从近方形演变为长方形的趋势。已发掘清理的有楚昭王墓[1]、景陵郡王墓[2]、镇国中尉朱显栻夫妇墓[3]、某郡王墓[4]。

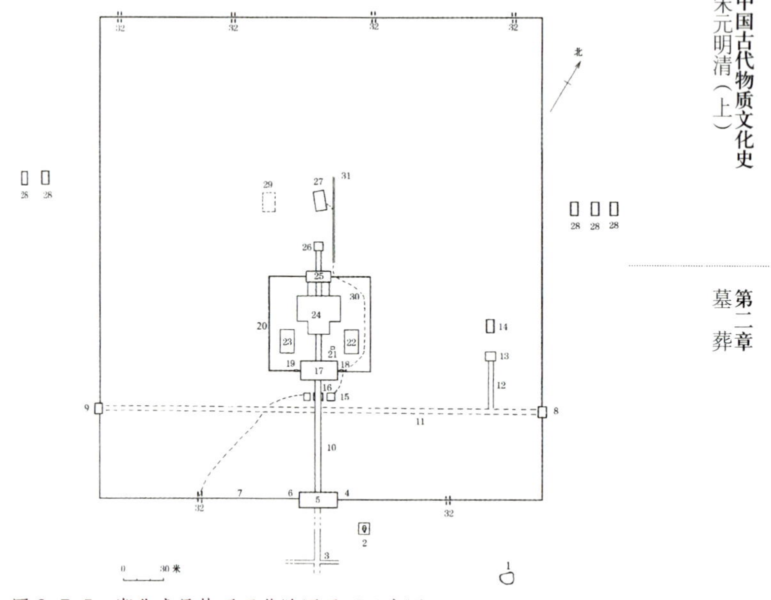
图 2-7-5　湖北武昌楚昭王墓陵园平面示意图
（采自《文物》2003 年第 2 期，第 5 页，图二）

楚昭王墓陵园内中轴线自南向北依次为园地、神道、金水桥、殿门、享殿、棂星门、拜台、地宫等（图 2-7-5）。墓葬位置偏离陵园中轴线，且与陵园规模不成比例。墓门南端为一斜坡墓道，墓顶封土厚约 2 米，封土层坚硬，墓顶及四周均填充木炭，木炭外为三合土，然后用砖纵列成筒拱券。墓室为土圹砖砌的单室，南北长 13.84 米、东西宽 5.78 米、高 4.78 米，三面有壁龛。室内自南而北依次放置墓志、供桌、棺床。有五块石质灵牌，放置在三龛门坎、棺床与供桌、圹志与墓门之间。三龛外放置明器化随葬品，棺床上放置一棺一椁。随葬品共 100 余件，有金镶木腰带、铜镜、铝锡炉、盘、壶、杯、瓷坛、碗等。由墓志可知，楚昭王卒于永乐二十二年（1424 年）。

湘藩始封王湘献王为太祖第十二子。湘献王在建文帝时获罪自焚，现发掘清理者乃朱棣当皇帝后，于建文四年（1402 年）为其平反昭雪而修建的衣冠冢[5]。该墓大部分地面建筑已毁，主轴线仅存大观桥、小观桥、太晖观山门、四圣殿、朝圣门、祖师殿、帏城等。该墓是一座长方形竖穴土坑砖石多室墓，由土坑、墓道、挡土墙、八字形影壁、墓室大门、门厅、二门、前室、中室、后室、前左右耳室、后左右耳室、后门和地砖以下的排水系统等组成，是一座仿地上宫殿建筑结构的墓葬（图 2-7-6）。在整个墓室地面下用砖砌成网格状排水道，十字形相通。出土的随葬器物共计 883 件，几乎全是明器。随葬品放置在前室、中室、后室及后左右耳室，前左耳室仅在靠后墙的正中部位放置 1 件木俑，前右耳室内则空无一物。

1 湖北省文物考古研究所等：《武昌龙泉山明代楚昭王墓发掘简报》，《文物》2003 年第 2 期。

2 武汉市文物考古研究所：《武汉江夏二妃山明景陵王朱孟炤夫妻墓发掘简报》，《江汉考古》2010 年第 2 期。

3 武汉市博物馆：《黄家湾明代楚王朱氏墓》，《江汉考古》1998 年第 4 期。

4 武汉市文物考古研究所：《武汉江夏流芳四股山明墓发掘简报》，《武汉文博》2010 年第 4 期。

5 荆州博物馆：《湖北荆州明湘献王墓发掘简报》，《文物》2009 年第 4 期。

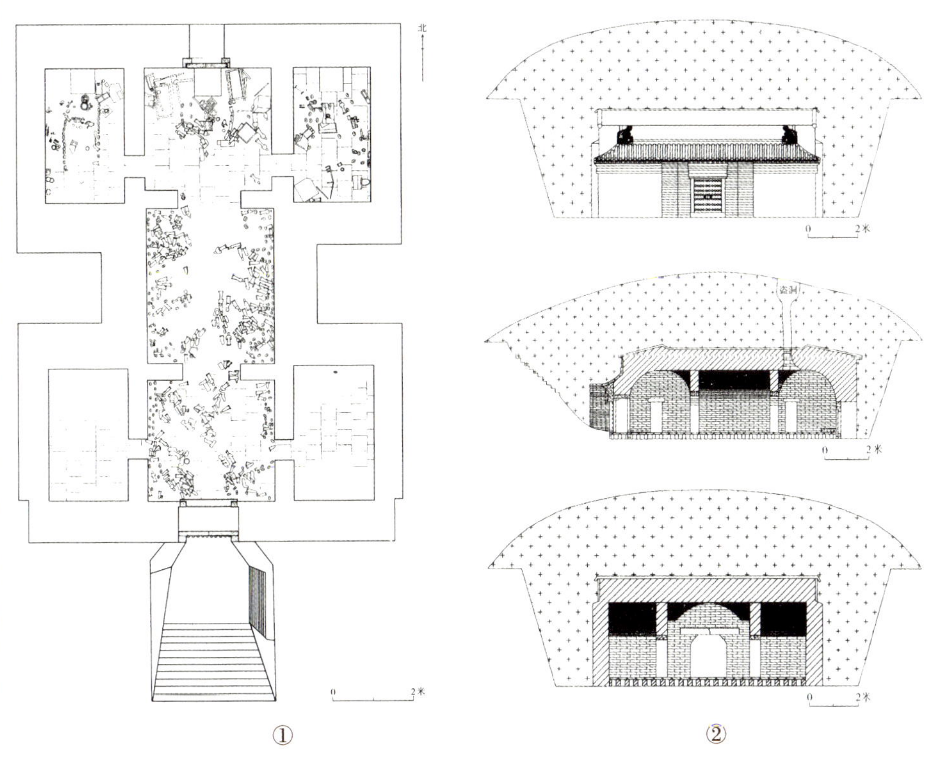

图 2-7-6 湖北江陵湘献王墓玄宫平、剖面图
（采自《文物》2009 年第 4 期，第 47、48 页，图七—图一〇）

辽藩肇始王辽简王为太祖第十五子，共传七世八王。目前仅发现辽简王墓[1]、辽废王妃曹氏墓[2]。辽简王卒于永乐二十二年（1424 年），其墓在湖北江陵县西部的八岭山南麓，该墓封土呈圆形，底径 60 米、高 4.5 米。墓室为砖结构，由墓道、甬道、前室、中室、后室及耳室组成，长 21.8 米、宽 10.6 米（图 2-7-7）。整个墓室因地形原因而自北向南倾斜，墓志埋在墓门前。后室三壁设有壁龛，墓壁距地表高 1 米以下的地方全用金砖垒砌，墓底用方形金砖铺地。棺床设在后室中部，须弥式基座，中间有金井，内填黄土，上置双重棺。

郢藩的郢靖王是明太祖朱元璋二十四子，永乐十二年（1414 年）卒，无子除封。郢靖王墓[3]位于今湖北省钟祥市。陵园建筑布局为中轴对称式，有墓冢、享殿、东西厢房、内官住宅、券门、碑亭、陵西水塘、陵户住地。该墓多次被盗炸未遂，文物基本保存完好。墓室为岩坑亚字形砖石结构，券顶，上有封土，前有斜坡阶梯状墓道，墓室坐北朝南，墓门前发现刻有龙凤纹的墓志铭。堵门石四周缝隙用石灰掺和糯米浆灌注。前室东侧随葬有成组的木俑；中室主要放置木箱，箱内物品皆已腐烂，中室两侧各有一长方形耳室，东、西耳室内各摆放三具红漆木棺，应为殉葬六人，殉葬者皆为未成年人，这种人殉现象在明代藩王墓中较为罕见，却是明代早期帝王陵墓的惯例；后室较宽大，棺床上放置木棺两具，两棺中间置有木箱，两木棺脚下分别放置有青花龙纹梅瓶和青花四爱图纹梅瓶。或许是恤典加厚的缘故，王妃的随葬品明显多于郢靖王。后室东、西墙上有壁龛，龛内放置有玉、锡、鎏金锡、铜、铁、漆木等不同质地的随葬品。

1 荆州地区博物馆等：《江陵八岭山明代辽简王墓发掘简报》，《考古》1995 年第 8 期。
2 荆州地区博物馆等：《江陵八岭山明王妃墓清理简报》，《江汉考古》1988 年第 4 期。
3 湖北省文物考古研究所等：《郢靖王墓》，北京：文物出版社，2016 年。

襄藩的襄宪王朱瞻墡为明仁宗第五子，共传八世九王，已调查发现襄宪王墓、襄定王墓、襄简王墓、襄康王墓、襄惠王墓、襄庄王墓、襄靖王墓[1]。诸王墓兆域相对集中，除襄简王墓外，多在今湖北襄阳市谷城、南漳两县交界的山脉间，陵墓间相距略远。茔地依据风水精心选址，均背靠山岗，面朝谷地，并有河水萦绕，左右矮丘对称。襄藩王陵均未经正式发掘，各墓保存情况很差，大多只有封土和残断围墙痕迹，墓室基本已空，葬具、人骨荡然无存。其中，襄宪王墓封土堆底径 50 米、高 15 米，四周围砌青砖石条。凸字形单室石墓，由甬道和墓室组成，墓室长 6.4 米、宽 4.8 米、高 3.8 米，墓壁以长条石叠砌，墓顶以方块石起券，墓室后部设石棺床。由墓志可知，襄宪王卒于成化十四年（1478 年）。

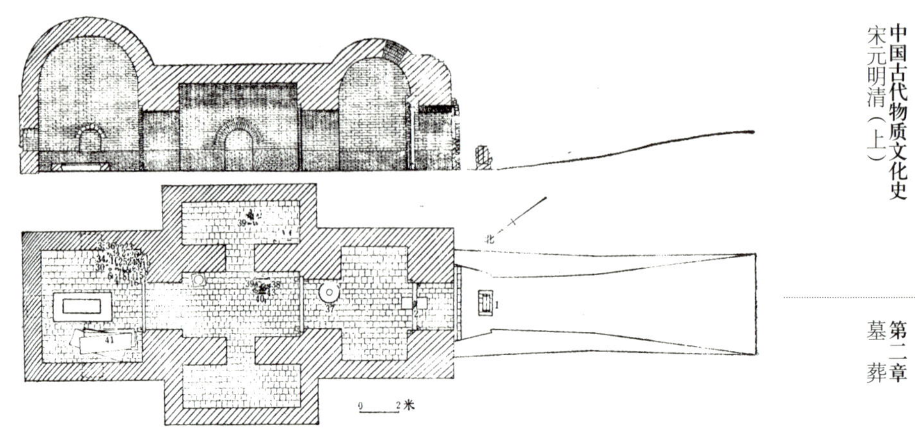

图 2-7-7　湖北江陵辽简王墓玄宫平、剖面图
（采自《考古》1995 年第 8 期，第 703 页，图二）

荆藩藩王墓已调查发现有荆敬王墓、荆端王次妃刘氏墓[2]。位于今湖北蕲春的荆端王次妃刘氏墓仅有简单的椁室，四壁和底部用三合土夯筑而成，无墓门和墓道，东西长 5.1 米、南北宽 2.8 米、通高 2.35 米。墓顶两檐用青砖斜铺，中间用瓦堆成屋脊。由墓志可知，刘氏葬于嘉靖三十九年（1560 年）。

梁庄王为明仁宗第九子，封地在今湖北钟祥，仅一世一王，卒于正统六年（1441 年）。梁庄王墓[3]原有长方形的内、外茔园，现只存其北半部基址，地面建筑已荡然无存。南北向墓室设在内茔园里，平面呈中字形，其南端设一条长达 10.6 米的斜坡墓道。墓室系从墓道北壁横向凿出隧洞，再于洞口内用砖黏合石灰砌成，全长 15.4 米、最宽 7.88 米、高 5.3 米（图 2-7-8），其上有高约 9 米、底径约 25 米的近圆锥形的封土堆，分前、后两室，两室各有一条甬道和一道双扇门，前室横向修造，双穹窿顶，后室设有棺床、灯台、壁龛，墓底铺石灰，所有随葬器物置于石灰层面上。随葬品极其丰富，有金、银、玉、瓷、铜、铁、铅锡、漆木、陶、石、骨角器及串珠（宝石）等 5340 件，其功用主要有实用器、丧葬器和法器，各类金银器中，有不少或刻或铸的铭文，大多为赏赐品，个别是王府自制品。

湖北诸藩王墓多为石室墓和岩坑砖室墓，也有三合土砖室墓，楚藩晚期还有碗椁墓出现[4]。荆端王次妃刘氏墓采用的三合土砖室墓，可以看作由券室墓向无墓室之石灰椁墓过渡的例子[5]。墓葬形制多为平面呈凸字形的单室墓，其次是前

1 襄樊市考古队：《明襄阳王墓调查》，《江汉考古》1999 年第 4 期。
2 小屯：《刘娘井明墓的清理》，《文物参考资料》1958 年第 5 期。
3 湖北省文物考古研究所等：《梁庄王墓》，北京：文物出版社，2007 年。
4 武汉市博物馆：《黄家湾明代楚王朱氏墓》，《江汉考古》1998 年第 4 期。
5 刘毅：《明代帝王陵墓制度研究》，北京：人民出版社，2006 年，第 317 页。

中后三正室配二至四个配室的结构。

2. 湖南

湖南有荣、岷、桂、吉四个藩系，但目前仅调查发现荣藩的荣怀王墓、荣庄王墓、荣定王墓[1]，均在湖南常德。

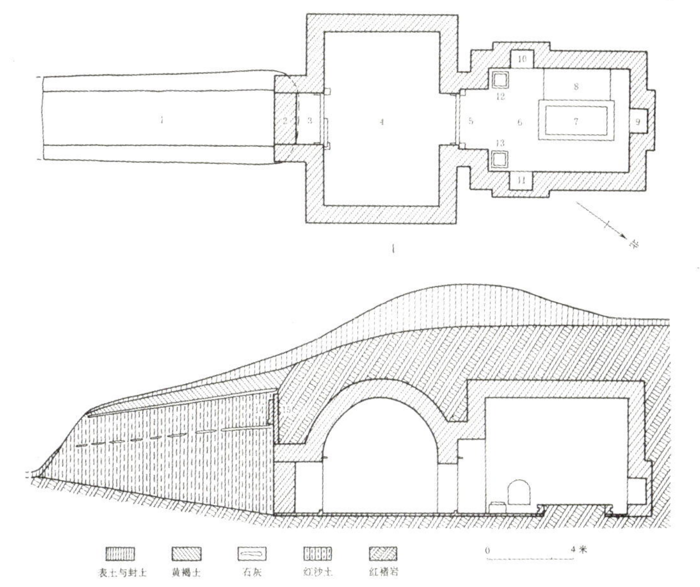

图 2-7-8　湖北钟祥梁庄王墓墓葬（地宫）平、剖面图

（采自《梁庄王墓》，第 12 页，图六）

3. 江西

明代在今江西地区的分封地有宁藩、淮藩、益藩。

明太祖时始封宁藩，共传五世四王，诸王均葬于今江西新建西山山脉一带，现发现有宁献王墓[2]、宁惠王墓[3]、新昌王妃葛氏墓[4]、乐安昭定王及宋氏墓[5]、乐安辅国将军夫人卢氏墓[6]、端简王妃江氏墓[7]、宁康王墓[8]、宁康王次妃冯氏墓[9]、宁靖王妃吴氏墓[10]、奉国将军朱宸涪墓[11]等 30 余座墓葬。宁献王朱权墓开创了生前居宅与茔地为一地的明宗藩王葬制的先例。该墓依山势而建，地面建筑共有五层，呈阶梯状，从上至下依次为封土堆、长生殿、醉仙亭、小桥、石华表、碑座，石阶共长 171 米。玄宫为砖砌券顶结构，通长 31.7 米、宽 21.45 米，由墓道、封门墙、墓门、前室、次前室、中室及左右耳室、后室组成（图 2-7-9）。由于多次被盗，前室、次前室和耳室都空无一物，仅在中室到后室棺台之间的地面发现许多小木俑腐朽的残迹。后室棺台上放置木棺一具，墓主朱权，仰身直肢，口含一小金钱，腰围玉带，胸部有两顶道冠，身穿金钱云纹道袍，右手执一手杖。尸体下垫木栅，木栅上铺布帛，帛上排放大金钱 2 行，每行 6 枚。由墓志可知，朱权卒于正统十三年（1448 年）。

明仁宗时分封其第七子为第一代淮王，最初就藩广东韶州，后因“多瘴疠”

1 国家文物局主编：《中国文物地图集·湖南分册》，长沙：湖南地图出版社，1997 年，第 183、196 页，“荣定王墓”条。

2 陈文华：《江西新建明朱权墓发掘》，《考古》1962 年第 4 期。

3 江西省博物馆编：《江西明代藩王墓》，北京：文物出版社，2010 年，第 5 页。

4 江西省博物馆编：《江西明代藩王墓》，北京：文物出版社，2010 年，第 15 页。

5 徐兴万等：《明乐安昭定王墓清理纪实》，《南方文物》1993 年第 3 期。

6 江西省博物馆编：《江西明代藩王墓》，北京：文物出版社，2010 年，第 23 页。

7 江西省博物馆编：《江西明代藩王墓》，北京：文物出版社，2010 年，第 24 页。

8 王容臣：《新建县古墓葬调查记》，《南方文物》2003 年第 4 期。

9 郭远谓：《南昌明宁康王次妃冯氏墓》，《考古》1964 年第 4 期。

10 王绍雄：《江西发现明宁王妃墓》，《光明日报》2001 年 12 月 6 日第 4 版；马健：《华东交大惊现王妃墓》，《南方文物》2003 年第 3 期；江西省文物考古研究所：《南昌明代宁靖王夫人吴氏墓发掘简报》，《文物》2003 年第 2 期。

11 万为民：《江西新建朱宸涪夫妇合葬墓》，《南方文物》1992 年第 3 期。

而徙藩江西饶州府城鄱阳，淮藩在江西共传八世九王。淮王陵园位于江西鄱阳县城以北的韩山南麓，墓葬全部依山而建，墓前设享堂，立神道碑。陵园内葬有淮靖王、淮定王、淮庄王、淮宪王、淮恭王、淮顺王等[1]，还有十余座王妃墓[2]。墓葬以石灰椁墓为主，也有砖室墓。由于淮王系的墓葬从未正式发掘过，随葬器物早已被洗劫一空，故我们无法得知诸墓的盛殓和陪葬情况。其中淮靖王墓规模最大，长29米、宽12米，连同东西耳室共有七室。

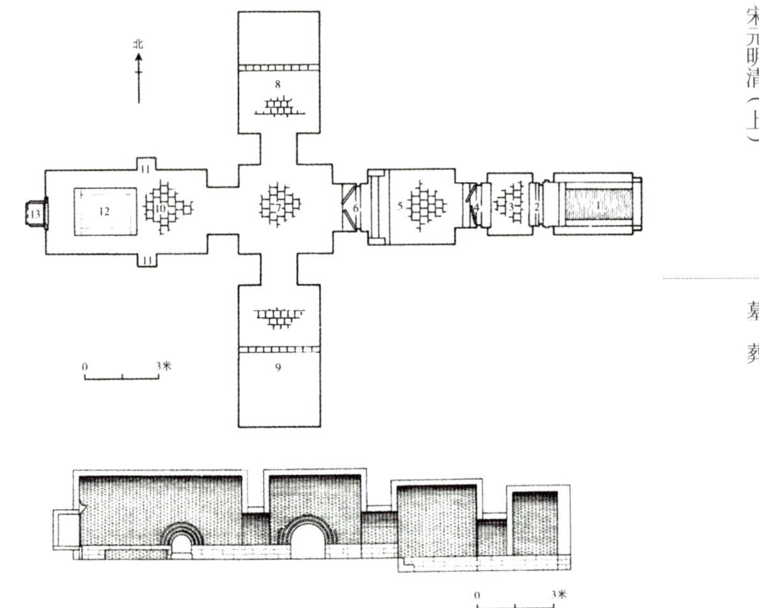

图 2-7-9　江西南昌宁献王墓玄宫平、剖面图
（采自《江西明代藩王墓》，第7页，图一、图二）

益藩始封于明显宗时，就藩建昌（今江西南城），共传七世八王。益藩殁后皆葬于南城，先后使用了两处家族陵园，第一处在南城县东南的洪门乡石山，葬有益端王[3]、益庄王[4]、益恭王[5]、铜陵王[6]、淳河王[7]、罗川王族墓[8]等夫妻合葬墓，大部分宗室均祔葬在此，墓葬形制多为券拱式砖室结构，地表有石像生、神道、享堂等。后来因风水问题，在南城县东北的岳口乡游家港村另辟陵园，葬有益昭王、益敬王、益宣王[9]、益定王[10]及浦阳王等，以石灰椁室墓为主，地表设神道、神道碑、享堂，现存少量石像生。昭、宣、敬、定四代益王在游家港村北女冠山呈自东而西的祖孙鱼贯葬，呈现规模巨大的弧形"寝园"[11]。益端王朱祐槟夫妇合葬墓墓地下方可见用石块砌成的弧形祭台，不远处似有享殿遗址，再往南有红石雕成的石像生及汉白玉碑。墓室开凿在红石山岩之中，用红条石做墙基，以素面青砖结砌。墓室为券棚式，全长8.2米，平面呈凸字形，由墓道、券拱墓门、前后两室组成（图 2-7-10）。墓壁光滑平整，石门和棺台都精心雕刻。后室左右壁各有一壁龛，各放置一方圹志，各刻画三个卦象。后壁及后室门框上方，在水平位置各刻画一朱砂涂抹的卦象。后室正中有一棺台，上置两具红漆木棺，棺台前面地上放置110个陶质仪仗俑。由墓志可知，益端王卒于嘉靖十八年（1539年）。

1 孙家骅：《手铲下的文明——江西重大考古发现》，南昌：江西人民出版社，2004年，第522、523页。
2 江西省博物馆编：《江西明代藩王墓》，北京：文物出版社，2010年，第55页。
3 江西省博物馆：《江西南城明益端王朱祐槟墓发掘报告》，《文物》1973年第3期。
4 江西省文物管理委员会：《江西南城明益庄王墓出土文物》，《文物》1959年第1期。
5 彭桂容：《南城发现明代益恭王朱厚炫夫妇墓志》，《中国文物报》1988年4月1日第2版。
6 江西省博物馆编：《江西明代藩王墓》，北京：文物出版社，2010年，第131页。
7 江西省博物馆编：《江西明代藩王墓》，北京：文物出版社，2010年，第149页。
8 薛尧：《江西南城明墓出土文物》，《考古》1965年第6期。
9 江西省历史博物馆、南城县文物陈列室：《南城明益宣王夫妇合葬》，《江西历史文物》1980年第3期。
10 江西省文物工作队：《江西南城明益定王朱由木墓发掘简报》，《文物》1983年第2期。
11 江西省博物馆编：《江西明代藩王墓》，北京：文物出版社，2010年，第63页。

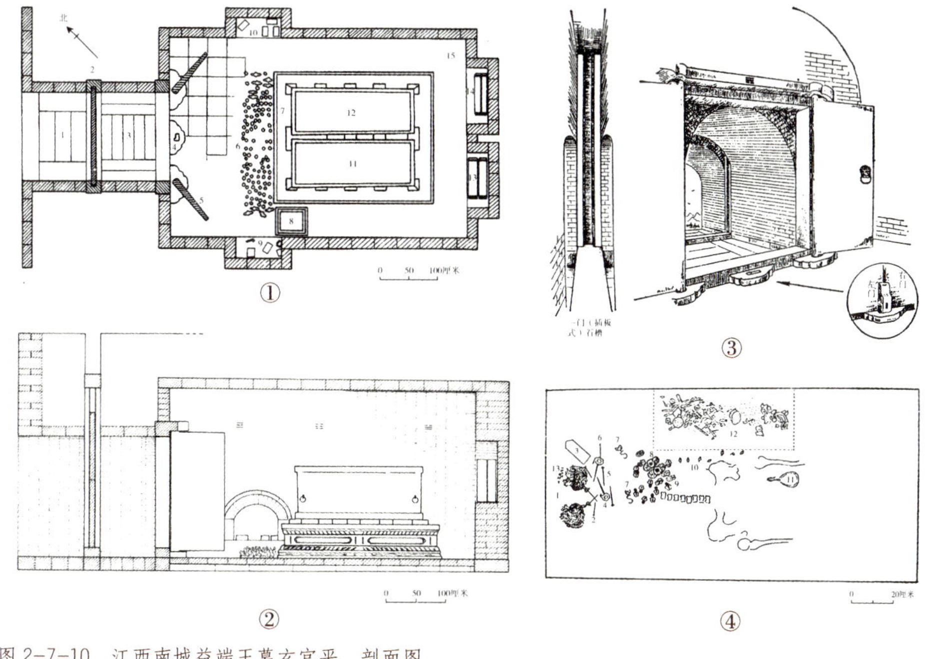

图 2-7-10　江西南城益端王墓玄宫平、剖面图
（①平面图；②立面图；③前室结构示意图；④王妃彭氏棺内器物分布图。采自《江西明代藩王墓》，第 65 页，图八—图一一）

江西诸藩王陵园内多有石像生，特别是益藩诸王陵前的石兽几乎囊括了所有见于天子神道的种类；玄宫制度经历着从明前期的九室或五室砖石构券室墓向明后期砖构石灰椁墓的转变。

4. 四川

四川只有蜀藩一系，历十世十三王，传六十郡王。藩王墓和郡王墓集中分布在成都周边的不同兆域[1]，每一个兆域中一般不止一座亲王墓，部分郡王葬于其间。现主要发现三个兆域：成都北郊金牛区天回镇凤凰山，葬有蜀献王妃墓[2]、悼庄世子墓[3]；成都东南锦江区潘家沟和三圣乡，葬有蜀定王次妃王氏墓[4]、明晚期某蜀王及王妃墓[5]、蜀怀王墓[6]、某蜀王墓[7]；成都东郊龙泉驿区的十陵镇南部和洪河

1 薛登：《成都明蜀王陵》，《成都文物》1999 年第 2 期；薛登：《成都明蜀王陵（中）》，《成都文物》1999 年第 3 期；薛登：《成都明蜀王陵（续三）——昭王陵的发掘及蜀府陵墓寝园规制考释》，《成都文物》1999 年第 4 期；薛登、方全明：《明蜀王和明蜀王陵》，《四川文物》2000 年第 5 期。

2 成都文物考古研究所、金牛区文物管理所：《成都凤凰山明蜀王妃墓》，成都文物考古研究所编：《成都考古发现（2008）》，北京：科学出版社，2010 年，第 485—489 页。

3 成都明墓发掘队：《成都凤凰山明墓》，《考古》1978 年第 5 期。

4 刘雨茂等：《明蜀定王次妃墓发掘记》，《成都文物》1999 年第 4 期；刘骏、朱章义：《明蜀定王次妃王氏墓》，成都文物考古研究所编：《成都考古发现（1999）》，北京：科学出版社，2001 年，第 295—314 页。

5 谢涛：《成都发掘锦江区琉璃乡潘家沟村明蜀王及王妃墓》，《中国文物报》1998 年 2 月 22 日第 1 版；谢涛：《成都市潘家沟村明蜀王、王妃墓》，中国考古学会编：《中国考古学年鉴（1998）》，北京：文物出版社，2000 年，第 224、225 页。

6 成都文物考古研究所：《成都市三圣乡明蜀“怀王”墓》，成都文物考古研究所编：《成都考古发现（2005）》，北京：科学出版社，2007 年，第 382—428 页。

7 成都文物考古研究所：《四川成都三圣乡粮丰村宋明墓葬的调查与清理》，成都文物考古研究所编：《成都考古发现（2007）》，北京：科学出版社，2009 年，第 588—590 页。

镇北部，葬有蜀僖王墓[1]、蜀昭王墓[2]。

四川成都北郊金牛区天回镇凤凰山明初蜀献王朱椿妃子墓[3]。陵园呈南北向的长方形，东西宽100米、南北长240米，部分残存的墙体仍有青砖、青瓦、琉璃瓦痕迹。封土由南向北渐高，现存最高处高于墓室券顶4米，墓圹呈长方形，宽23米、长30米、深8米。地宫坐北朝南，为券顶砖石结构，由墓道、八字墙、前庭、中庭、后庭（棺室）及耳室组成（图2-7-11）。墓内装饰较为简单，前庭面阔7.6米、进深3.72米、高6.56米，东西两侧各建一面绿色琉璃件的仿木影壁，壁面彩绘花卉纹样。中庭两侧设有对称的石构仿木构厢房各三间，仿木构的瓦当和滴水均为龙纹。中庭正中并排放置三个直径1米的铁缸，青石碑座位于缸后。后庭（棺室）与两耳室互不相通。棺室前部石供桌上有铜鼎和铜瓶，地上还有素面铜镜1件和马骨若干。

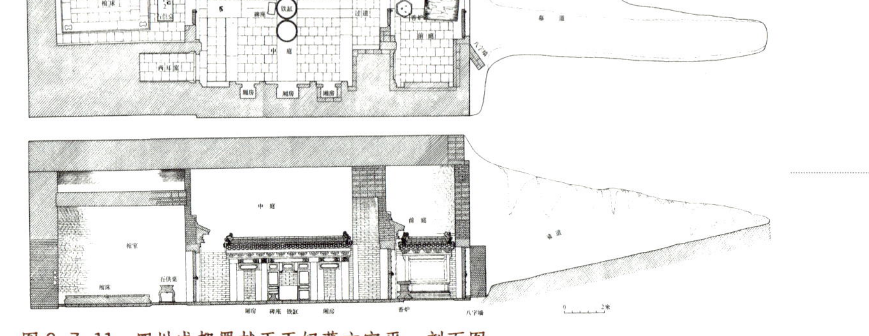
图2-7-11 四川成都蜀献王王妃墓玄宫平、剖面图
（采自《成都考古发现（2008）》，第490页，图二）

成都东南锦江区二圣乡的蜀怀王及正妃徐氏墓，陵园呈长方形，南北长277米、东西宽132米，由陵墙、回廊、南门及门内两侧的附属建筑构成。封土堆位于陵园中偏北部，南北长60米、东西宽40米、其顶部距墓顶2.5米。墓圹呈长方形，长47米、宽16米、深8米，南边与墓道相连。墓葬坐北朝南，两个砖筑的纵列式筒券拱为墓顶，平面呈长方形，由墓道、八字墙、大门、前庭、正庭、中庭与圜殿、后庭及耳室组成（图2-7-12）。墓道长12.8米，开口呈梯形，台阶上有二次下葬时留下的痕迹。前庭东西两侧各建一间硬山式仿木厢房。正庭两侧设有对称的石构仿木建厢房各四间，正庭前部正中放置石供案一张，案前置石雕圆形香炉，刻有镂空龙纹和各类花卉纹。中庭两侧设对称石构仿木厢房各五间，圜殿设于中庭正中，石板殿基底有立柱痕迹和圆形插孔。后庭分东西两室，后壁均用砖平铺成影壁，正中有一方孔直通壁内，后壁正中镶嵌的圆形琉璃龙纹已残。棺台位于后庭后部，中间留有长条形金井。东西耳室大小结构相同，对称设在东西两室的外侧。共出土器物200多件，主要有金银首饰、玉饰件、铜镜、铜剑、锡明器、陶人俑、陶模型家具等。由墓志可知，怀王卒于成化七年（1471年），徐氏卒于成化十一年（1475年），二人下葬时间相距半年，这是成都首次发现一座陵墓分两次修建的现象。

1 成都文物考古研究所：《成都明代蜀僖王陵发掘简报》，《文物》2002年第4期。

2 王毅等：《成都地区近年考古综述》，《四川文物》1999年第3期；薛登：《成都明蜀王陵（续三）——昭王陵的发掘及蜀府陵墓寝园规制考释》，《成都文物》1999年第4期。

3 成都文物考古研究所、金牛区文物管理所：《成都凤凰山明蜀王妃墓》，成都文物考古研究所编：《成都考古发现（2008）》，北京：科学出版社，2010年，第485—489页。

蜀僖王墓陵园平面呈长方形，南北长275米、东西宽120米，地面散见琉璃建筑构件。地宫位于陵园后部，已遭盗掘，平面呈长方形，全长27.8米，顶部为两个砖筑的纵列式筒拱券，地宫以中轴线为基准，沿中轴线及两侧建造八字墙、封门墙、大门、前庭、前殿、正庭、正殿、中庭、后殿及左右两侧室（图2-7-13）。八字墙位于大门外左右两侧，墙面刷石灰浆，边缘砌琉璃砖。顶由一斗三升绿釉琉璃斗栱承托，当头和滴水均饰浮雕龙纹。前庭中部立一长方形石墓志，墓志前有一红砂石香炉。前庭东西两侧各有一间厢房，形制相同，硬山式顶。前殿形制为庑殿式。正庭长6.6米、宽6.14米、高5.11米，有东西厢房，为硬山式仿木琉璃建筑。正庭内左右两侧出土大量的陶俑。正殿为庑殿式仿木琉璃建筑，高4.24米、面阔6.13米。中庭左右厢房的形制同于正庭，除北端左厢房外，每间厢房前都置石供桌一张。正庭中央有一红砂石宝座，靠背正中雕刻云龙纹。后殿由中室和左右两个侧室组成，后殿中室后壁砖砌长方形照壁，中央镶嵌釉陶雕塑，为鎏金云纹和二龙戏珠图案。中室顶部为长方形盝顶，盝顶中间有一个直径2.1米的圆形曼荼罗图案。该墓虽多次被盗，仍出土陶瓷器、铜器、铁器等500余件，其中陶俑400余件（图2-7-14），将军俑位于前庭厢房和正殿大门，其他陶俑和陶马、乐器位于正庭的左右厢房前面，箱、案、桌、凳分立于中庭，盘、碗、瓶等放置在中庭两侧的次间厢房内。由墓志可知，蜀僖王卒于宣德九年（1434年）。

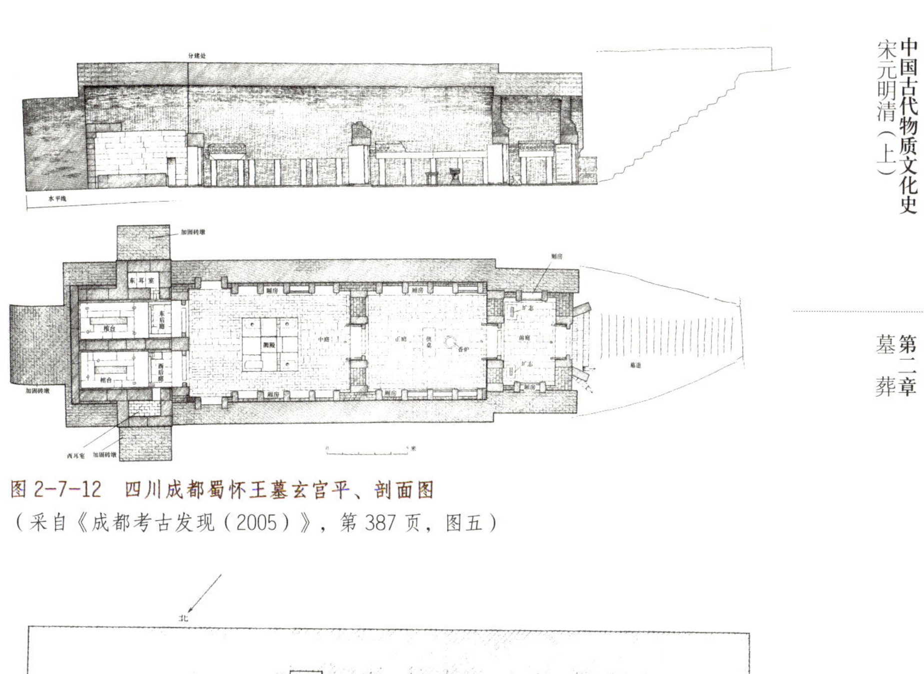

图2-7-12　四川成都蜀怀王墓玄宫平、剖面图
（采自《成都考古发现（2005）》，第387页，图五）

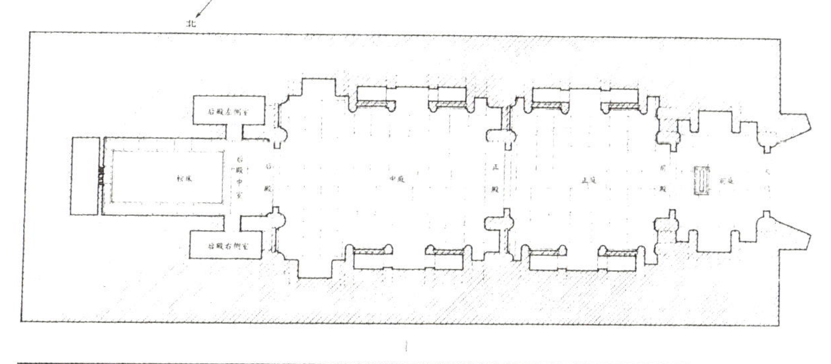

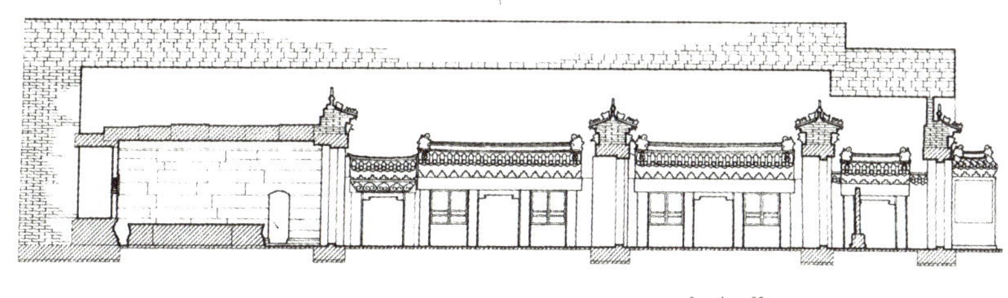

图2-7-13　四川成都蜀僖王墓玄宫平、剖面图
（采自《文物》2002年第4期，第42页，图二）

蜀藩诸王陵陵园平面呈长方形，分为二进或三进院落，陵宫门前有红砂石铺地，部分可见神道，各陵均未见石像生；玄宫依地势建于较高处，其上可能还有

图 2-7-14　四川成都蜀僖王墓出土陶俑
（①将军俑；②仪仗俑；③文官俑；④女侍俑。采自《文物》2002 年第 4 期，第 46—52 页，图一五—图二六）

地面建筑；封土未叠压在玄宫之上，而是稍有后移，其含义有诸多解释[1]。玄宫内部带琉璃或石质的仿木结构，前室不断扩大，后室不断缩小。

5. 特点

长江中上游地区诸藩多集中使用两至三个兆域的异兆域埋葬，如益藩使用两处兆域，蜀藩使用三处兆域，其他诸藩墓葬多依某一山脉呈鱼贯葬状分布。湖北、江西诸藩早期采用砖室墓，中晚期则多使用密封性良好的三合土墓，而蜀藩多采用独具特色的带八字墙的五室玄宫砖室墓。湖北地区各藩的玄宫制度以前后两室

1 刘毅：《明代帝王陵墓制度研究》，北京：人民出版社，2006 年，第 275 页。

加配室为主，平面多呈土字形。而蜀藩的五室玄宫平面呈长方形，前中后各室呈一字形排列，并且明显将配室缩小成耳室，甚至只称得上是壁龛。蜀藩陵墓的特点还体现在模仿地面庭院建造的前庭面积不断扩大，演变为前室；后室不断萎缩，逐渐演变为仅能容下棺椁的棺室。益藩与蜀藩相似，都将配室压缩至壁龛大小；宁藩与蜀藩相似，采用主体墓室前后一字形排列，但保持较大面积的配室。

（三）沿海地区

沿海地区仅在今广西地区分封有靖江王，靖江诸王是明太祖长兄之次子朱文正的后裔，于洪武三年（1370 年）始封，爵禄依郡王，但其礼制规格却与亲王相当，共传十一世十三王。始封的朱守谦，葬于南京，后嗣大部分都葬在今广西桂林东北郊的尧山，同支宗亲也都葬在这一兆域。已发现十一座靖江王、妃合葬墓，三座厚葬次妃墓，两座靖江王夫人墓，三十余座辅国、奉国将军墓等大、中型墓葬，此外还有将军以下等级的中尉、普通宗室、姻亲、王府官员、宫媵墓葬，陵区内各种身份等级的宗室墓共计三百余座[1]。

靖江王陵园使用时间较长，涵盖整个明代，是一处保存状况良好的明代藩王陵墓群。纵观靖江诸陵，其陵园制度基本一致，皆为内外双重宫墙，陵园大门、望柱、石像生、享殿、封土堆依次分布在中轴线上，所有的靖江王墓几乎全是拱券顶砖室墓。以靖江安肃王朱经扶及王妃徐氏合葬墓为例，该墓分左右两室，中有隔墙，以一壁龛相通。两墓室结构相同，均有墓门、前室、甬道和玄室。前室安放墓志，玄室内砌棺床，安放棺柩，玄室三面墙上均设壁龛、头龛以放置随葬品。墓室全部用青砖整砖砌成，砖与砖之间和每层砖之间用高比例的石灰膏灰浆为黏合剂，砖缝整齐。两室分别在隔墙和两侧挡土墙上用楔形砖起拱券，五券四伏，坚固异常。众多随葬品中最有特色的当属两件青花梅瓶，随葬品中频繁出现梅瓶，也是靖江王墓群的一大特点[2]。

（四）分期

根据藩王墓墓葬形制及随葬器物的演变，结合明代历史上的两次王陵改制，明代宗藩墓可分为三期：

第一期：洪武及建文初年（1368—1401 年）。仅见山东邹城鲁荒王陵，推测该期以两室玄宫为主流，随葬品从简，以铜制明器、锡造日用器、木质仪仗俑为主。这一现象，与当时朝廷推行的薄葬政策相符合。

第二期：建文末年至景泰时期（1402—1456 年）。如湖北荆州湘献王墓，乃永乐帝夺权后，为其弟湘献王及王妃平反昭雪而建的衣冠冢，采用七室玄宫，不同于第一期主流的两室玄宫。墓中随葬的谥册铭文记载为洪武三十五年（1402 年），虽 1402 年仍属建文年间，但此时永乐帝已掌权，且衣冠冢是按照他的意愿修建，因此可认为该墓是后来王陵制度的雏形。从发掘材料来看，该期玄宫规模扩大，玄宫个数增多，以五室、七室为主流，最多者为河南禹州周定王陵的十室玄宫。随着社会经济的发展，朝廷对宗藩的经济控制逐渐宽松，

1 陈力：《从桂林靖江王墓出土梅瓶谈明代随葬制度》，《南方文物》2000 年第 4 期。

2 曾祥忠、易仕敏：《靖江王国与梅瓶》，《南方文物》2000 年第 4 期。

亲王墓随葬品的种类和数量较第一期明显增多。但墓室数量与随葬品的多寡并不成正比，如随葬金银珠宝多达 5000 多件的梁庄王陵，只采用了两室玄宫的结构。

第三期：天顺至明末（1457—1644 年）。王与王妃合葬基本成为定制，直接影响到玄宫的形制。然而也有逾制的例子，即潞简王次妃赵氏、蔡氏的别葬墓。该时期玄宫有明显的减少趋势，多为两室或单室玄宫，南方地区还出现了无玄宫的石灰椁室墓，前一时期常见的耳室多缩减为壁龛，随葬品也明显呈现由繁化简的态势。

明代对宗藩葬制进行多次改革，如永乐八年（1410 年）的定制比洪武早期略有扩张，正统十三年（1448 年）明令缩减规制，其后天顺二年（1458 年）的王妃合葬令，弘治五年（1492 年）的子孙从葬令，总的来说都遵循了降低王陵规制以减省开支的原则[1]。永乐、天顺两朝的王陵制度的改革是明代宗藩墓分期的重要界限。明初，亲王陵墓并无定制，洪武三年（1370 年）增定品官坟茔制度时，提到亲王墓制比照一品官员，这是影响第一期墓葬形制的最主要原因。影响第二期墓葬形制的最主要因素是永乐八年（1410 年）确立的王陵制度，将其上限定在 1402 年，则是出于对湖北荆州湘献王墓的考虑。影响第三期玄宫形制的重要因素之一，当为天顺二年（1458 年）颁布的亲王与王妃合葬令。

综合已公开刊布的考古材料，明代诸藩宗室墓有如下特征：

首先，葬地选择分同兆域、异兆域埋葬两种类型，但都非常讲究风水，多选在风景秀丽、依山傍水的地方，肇始王的陵园规模最宏大，其后诸宗室依地形，尊卑有序地排开。

其次，陵园规划仿照帝陵，多依地势建造，藩王多有单独的陵园，筑有内外宫垣，呈二进或三进院落格局，宫门、享殿、宝顶分布在中轴线上。封土堆多呈圆形，出现封土未叠压在玄宫之上，而是稍有后移的现象。从早期到晚期，陵园规模有不断缩减的趋势。北方诸藩及江西、广西的部分藩王墓地面仍可见石刻的神道碑、经幢以及成组的石像生。

再次，明代各宗藩采用的玄宫制度各具特色，特别是楚、蜀、德、益藩表现尤为明显。同时代不同藩系采用的玄宫形制没有明显的共性特点，而藩系内部玄宫形制的发展可以说是自成体系。天顺年间颁布的合葬令，是明代诸藩宗室墓的一大转折点。至此陵园规模得以缩减，玄宫形制也有所改变。总的来说，明代各宗藩墓葬玄宫制度都经历了由简到繁、由繁复简的发展历程。玄宫以砖砌为主，但也不乏一些地域性特色，如山东、河南常见依山凿岩开圹而成的墓室，湖北、江西流行三合土密封的墓穴。

最后，除宁靖王妃吴氏采用的礼服入殓外，大多数亲王和王妃均身着常服下葬，也不乏如宁献王朱权因宗教信仰而身着道服入殓的特例。从保存完整的鲁荒王墓、楚昭王墓、梁庄王墓、宁献王墓、益端王墓、益庄王墓和益宣王墓出土随葬品来看，服饰及生活用品种类十分丰富，还随葬有各种材质的明器。纵向比较后，大体可看出明初流行简葬，随葬品数量少，正统年间有所增加，到嘉靖前后

1 刘毅：《明代帝王陵墓制度研究》，北京：人民出版社，2006 年，第 279 页。

最为丰富，万历末年开始衰退的变化规律[1]。

二、品官墓

明成祖朱棣迁都北京后，大臣退休后基本上都致仕还乡，归葬原籍，因此北京除了明十三陵和金山的嫔妃墓园外，并没有形成高等级的明代品官墓聚集区[2]，这大概也是全国范围内皆有明代品官墓分布的原因之一。以下拟分北方地区、长江中上游地区、长江下游地区、沿海地区四个区域，对各区域内的品官墓的发现与研究加以介绍。

(一) 北方地区

目前在北方地区发现的明代品官墓约 30 座，主要分布在辽宁、北京、天津、河南、河北、山西、山东、甘肃、宁夏、陕西、青海等地，此外还有少量品官墓志发现，主要墓类有土坑墓、砖（石）墓、三合土墓。

1. 土坑墓

品官墓中使用竖穴土坑墓的情况只在北方地区有所发现，数量少，目前只有零星几座墓葬材料刊布，年代主要集中在成化至万历初一百多年的时间内。墓主身份等级有伯侯、外戚等一品官员，也有荣誉性质的儒官。墓葬平面多呈长方形，规模不大，长在 5 米之内，宽在 3 米左右。随葬品比较丰富，甚至有在墓室不远处专门设置器物坑的情况。随葬品常见有玉带、各朝铜钱、金银饰品、表现生活场景的明器模型等。典型墓例有北京李文贵墓[3]、河北阜城廖纪夫妇墓[4]、山东昌邑孙昂墓[5]。

北京李文贵墓为长方形竖穴土圹墓，破坏严重，南北长 5.3 米、残宽 2.7 米（图 2-7-15）。内葬一棺一椁，棺内骨架及随葬品散乱，棺底铺一层铜钱（680 枚），填土中还出土银元宝 1 件、玉带板 1 件、玉花 4 件、金玉耳坠 1 对、金玉珠宝花簪 1 件、青石墓志 1 合等。墓志盖题“明戚畹特进荣禄大夫中军都督府左都督敬山李公墓志铭”。从出土的金玉珠宝花簪来看，说明墓内合

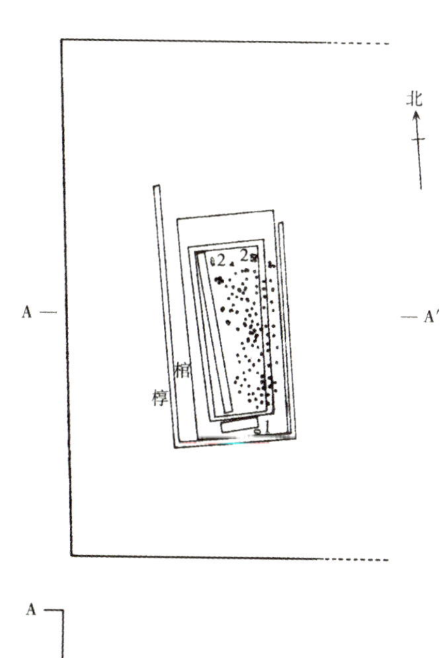

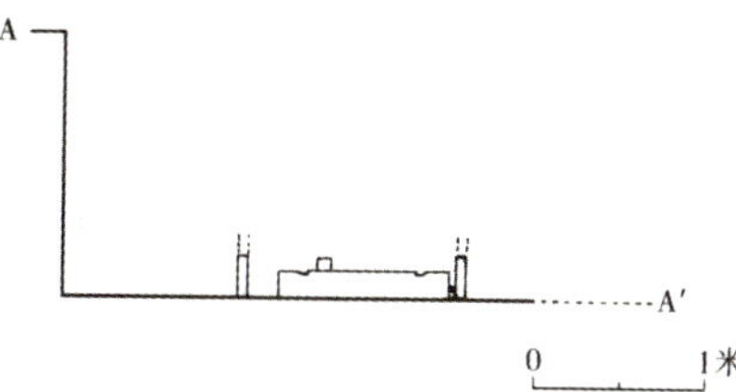

图 2-7-15　北京李文贵墓平、剖面图
（采自《文物》2008 年第 9 期，第 48 页，图二）

1 刘毅：《明代帝王陵墓制度研究》，北京：人民出版社，2006 年，第 417 页。
2 夏寒：《明代江南地区墓葬研究》，南京大学博士学位论文，2006 年，第 3 页。
3 北京市文物研究所：《北京市丰台区李文贵墓》，《文物》2008 年第 9 期。
4 天津市文化局考古发掘队：《河北阜城明代廖纪墓清理简报》，《考古》1965 年第 2 期。
5 潍坊市博物馆、昌邑县图书馆：《山东昌邑县辛置二村明代墓》，《考古》1989 年第 11 期。

葬的是明代命妇一品夫人，该墓推测为李文贵及夫人俞氏合葬墓。由墓志可知，墓主李文贵为万历皇帝生母李太后兄长，李文贵卒于万历十六年（1588年），葬于万历三十九年（1611年），停丧长达23年。该墓的发掘对研究明代外戚葬制、官制、兵制都极具价值。

河北阜城廖纪夫妇墓地表原有文官、武士、虎、羊、马、华表、牌坊和五供等石雕，现仅存一座高4米的明嘉靖皇帝御祭石碑。墓坑平面呈方形，边长约3.5米（图2-7-16）。坑内并列棺椁三具，居中的是以八块汉白玉石板拼成的石棺。三具棺内人骨架凌乱，葬式不明。在石棺西南1.1米处，砖砌一个放置随葬明器的葬坑，平面呈十字形，并以白灰浆灌注，以石板掩盖，可分为前、中、后室三个部分。随葬品少数置于棺内，大部分明器有序陈放在葬坑中。在前室左、右两道分置两组墓主人出行的乘轿和鼓乐、仪仗俑等；中室与后室放置有厅堂、卧室、厨房和生活用具等模型以及侍女俑等。葬坑内出土遗物，均为灰陶明器，火候较高而坚硬，以俑最多，也有生活用具和建筑模型等。共计出土随葬品208件，其中鼓号骑俑16件、侍从骑俑2件、仪仗俑16件、侍女俑22件、生活用具模型50件、金环1对、元宝4锭、玉带饰片26件、瓷罐1件、围棋子1盒、铜钱30枚、墓志1合。墓主廖纪卒于嘉靖十一年（1532年），葬于嘉靖十三年（1534年）。

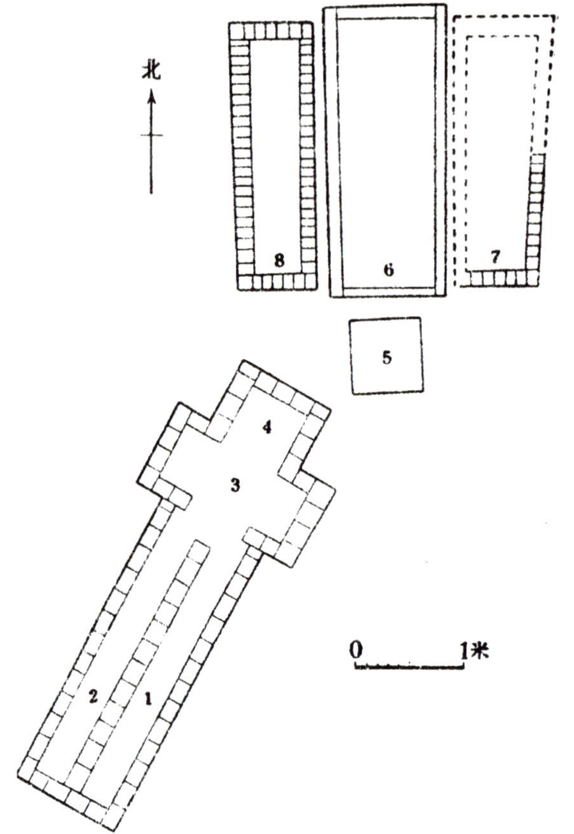

图2-7-16　河北阜城廖纪夫妇墓平、剖面图
（采自《考古》1965年第2期，第73页，图二）

山东昌邑孙昂墓（M1）为一夫二妇同穴三室合葬墓。墓室为灰沙土结构，平顶，近似正方形，东西宽4.05米、南北长3.75米、高2.07米（图2-7-17）。三室位于同一直线上，墓室1和墓室2之间用灰沙土墙相隔，

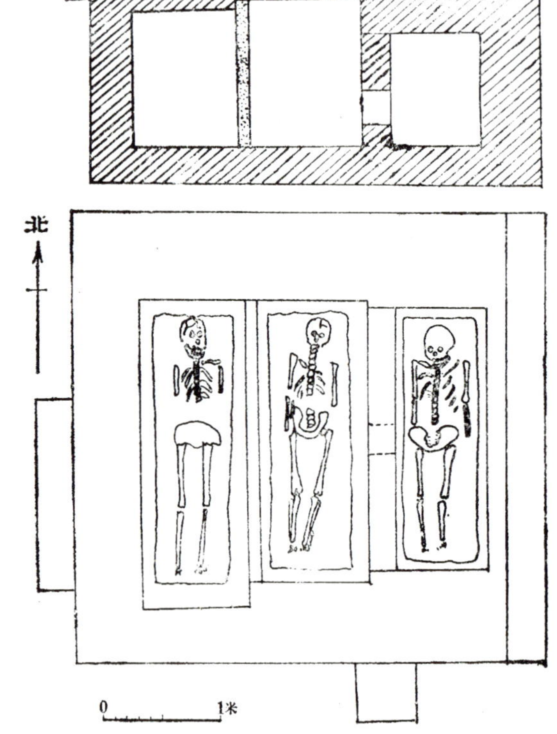

图2-7-17　山东昌邑孙昂墓平、剖面图
（采自《考古》1989年第11期，第1000页，图一）

①

②

图 2-7-18　山东昌邑孙昂墓随葬器物
（①院落及侍者细节；②随葬坑器物摆放位置。采自《考古》1989 年第 11 期，图版陆、图版柒、图版捌）

中部有一长方形壁龛；墓室 2 和墓室 3 之间由一木板相隔。三墓室内均各置一木棺，均仰身直肢。中间为男性，两侧为女性。在墓顶南端出土墓志一方，由墓志可知，孙昂卒于嘉靖三十二年（1553 年），次年下葬。墓顶西侧有随葬坑一个，内置滑石俑、滑石明器一组，共计 74 件。墓主孙昂，生前为四川按察司佥事。随葬坑内出土的滑石俑和明器（图 2-7-18）自南至北可把它们分为三个院落和场面，其中自前门楼至照壁墙之间为前院，是一个出行仪仗队，形象地表明了明代佥事这一类官员巡行的庞大场面；照壁至前厅为中院，是一个宴乐、办公场面，说明墓主人生前的奢侈生活；前厅和后厅之间为后院，为日常生活场面，集中体现了这类官吏的家庭状况[1]。

2. 砖（石）墓

北方地区的砖（石）墓数量较多，在北京、河北、山西、山东、陕西、甘肃、宁夏均有分布，墓葬年代主要集中在成化中期至万历末年。主要流行单室墓和多室墓，墓内多采用仿木结构雕刻及彩绘壁画之类的墓室装饰，随葬品保存情况均

1　潍坊市博物馆、昌邑县图书馆：《山东昌邑县辛置二村明代墓》，《考古》1989 年第 11 期。

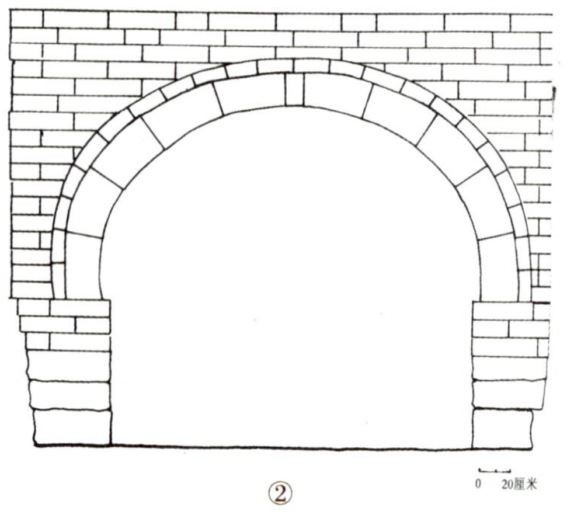

图 2-7-19 河北赤城王铎夫妇墓平、剖面图
（①平面图；②挡土墙及墓门结构图。采自《文物春秋》1993 年第 2 期，第 51 页，图十三、图十四）

不佳。典型墓例有河北张家口王铎家族墓[1]、山西永济祁家坡韩楫墓[2]、陕西彬县纪泰夫妇墓[3]。

河北张家口王铎家族墓共发现三座墓葬，墓葬形制、结构、规模、葬式均较接近，M1 为砖砌长方形平顶单室墓，M2、M3 为长方形砖券洞式单室墓。M3 墓主为王铎，M1、M2 墓主分别为王铎之子王俊、王佐。M3 由墓道、封门墙、墓门、墓室组成（图 2-7-19），墓道为长方形竖井式，长约 2.5 米；封门墙用砖错缝平铺，顶层与墓门顶部平齐，在顶层封门砖中央紧靠墓室砖墙之处立有墓志一合，墓志上方中央放置一铁碗，内填砂粒。墓室为砖券拱形顶，底部平铺三层石条，后壁为自然岩石壁。墓室底边长 2.74 米、宽 2.16 米、券顶高 1.96 米。墓室内无棺椁，仅有两块棺板，各置一具人骨架，左男右女，棺板上散置铜钱 19 枚。随葬有铁碗 1 件、铁犁 1 件、瓷瓮 2 件、墓志 1 合。据墓志，王铎为昭毅将军，卒于成化七年（1471 年）。

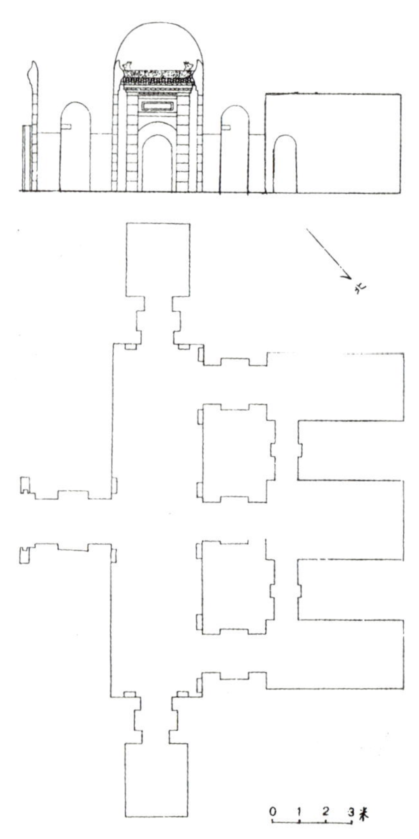

图 2-7-20 山西永济县韩楫夫妇墓平、剖面图
（采自《文物季刊》1992 年第 1 期，第 28 页，图二）

山西永济祁家坡韩楫墓原有封土，年久已夷为平地，墓室系水磨青石砌成，分墓门、前室、椁室（主室及左右侧室）与耳室四大部分（图 2-7-20）。墓门整体为仿木结构石雕，额框中部阴刻篆书“永奠玄台”，上款“万历三十季岁次壬寅夏卯月吉旦”，下款“赐进士第翰林院检讨从仕郎关中盛以弘题”。前室为券顶，四壁皆有精美的仿木结构

1 张家口地区文物管理处、赤城县博物馆：《赤城马营明代墓葬群清理简报》，《文物春秋》1993 年第 2 期。

2 张国维、李百勤：《山西永济祁家坡明代韩楫墓调查简报》，《文物季刊》1992 年第 1 期。

3 咸阳市文物考古研究所：《陕西彬县东关村明代石室壁画墓的发掘》，《苏州文博论丛》第 1 辑（2010 年）。

图 2-7-21 陕西彬县纪泰夫妇墓室壁画图
［①瑞兽及花枝；②侍者。采自《苏州文博论丛》第 1 辑（2010 年），第 49、50 页，图八—图一五］

石雕，两侧各有一个耳室，左右对称，形制相同。左耳室门前额框正中为阴刻贴金“诒谷”，右耳室题记“锺美”，上款“万历壬寅岁孟夏吉旦”，下款“关中盛以弘题”。前室正面辟三门，分别通往后室与侧室。后室为韩楫椁室，左侧室为原配傅氏椁室，右侧室为继配祁氏椁室。后室石雕大门上框额正中阴刻篆书贴金“明中议大夫通政韩公之藏”，上款“万历三十五年岁次丁未冬十二月吉旦”，下款为“赐进士出身知平阳府事南乐李从心题”。前室置石供桌，上设铜狮、犀牛望月、香炉等。墓主韩楫为陕西布政使司左参议，卒于万历三十三年（1605 年），葬于万历三十五年（1607 年），而墓葬始建于万历二十九年（1601 年），即韩楫生前已开始建墓。

陕西彬县纪泰夫妇墓墓室以砂石垒砌，双室并列，东女西男，共用一面隔墙，墓顶为券顶。东室门前为纪泰夫人席氏墓志铭。西室门口设有石供台一张，上置花瓶 2 件以及瓷香炉、碗各 1 件。西室三壁及顶部均绘有壁画，内容以人物、花卉、瑞兽为主（图 2-7-21）。纪泰的两层套棺均保存完好，内棺中部放置铭旌一件。据墓志，纪泰卒于万历四十年（1612 年），葬于万历四十二年（1614 年），而夫人席氏葬于崇祯三年（1630 年）[1]。

3. 三合土墓

明代北方地区三合土墓较罕见，仅北京发现正德年间夏儒夫妇墓[2]。

北京夏儒夫妇墓，外圹呈方形，边长 10 米，内葬木椁，椁内置两棺（图 2-7-22）。椁盖用木板拼成，之上平砌一层石条，再于石条之上夯筑三合土。椁室外用水磨青砖砌出墓室四壁，砖室外用三合土填筑，四周再填塞一层木炭用于防腐。墓内葬木棺两具，东女西男，头皆向北。出土大量丝织品，共计 83 件，

1 咸阳市文物考古研究所：《陕西彬县东关村明代石室壁画墓的发掘》，《苏州文博论丛》第 1 辑（2010 年）。
2 北京市文物工作队：《北京南苑苇子坑明代墓葬清理简报》，《文物》1964 年第 11 期。

大部分衣服纹饰为帝后专用的图案，当为赏赐品。女尸头部还有金嵌宝石花钗7枝、男尸随葬玉带1条。据买地券，墓主夏儒，为明正德皇帝岳父，正德二年（1507年）封为庆阳伯，卒于正德十年（1515年），同年下葬。值得注意的是，该墓墓葬结构十分奇特且规格很高，与北京地区过去发掘的明墓迥然不同，反而类似于宋代帝陵采用的石藏子。

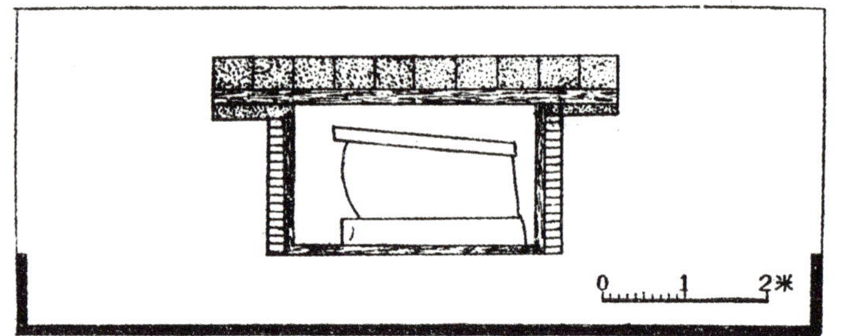

图 2-7-22 北京丰台区夏儒夫妇墓剖面图
（采自《文物》1964年第11期，第45页，图一）

4. 特点

北方地区发现的品官墓墓葬形制比较单一，多呈长方形，墓葬规模不大，单室尺寸多在长5米、宽3米左右。与各省发掘的同一时期的藩王墓相比，毫无共同之处，未见模仿痕迹。特别是北京地区，虽墓主多为伯侯等高等级品官，但墓葬多是由工部规划营造的长方形竖穴土坑墓，面积并不大。目前北方地区发现的品官墓基本都采用夫妻合葬，除了韩楫墓在墓室后壁开设多个棺室用于妻妾祔葬外，其余棺木均并列放在棺室内。同时，该地区流行聚族而葬，墓葬排列多遵循长幼排列有序的昭穆制度。绝大多数墓葬都随葬有墓志，个别还有买地券。山东地区流行表现生活场景的滑石明器[1]，河北廖纪夫妇合葬墓在墓旁专设了葬器坑，这些都是值得注意的现象。

（二）长江中上游地区

该地区明代品官墓主要分布在云南、贵州、四川、重庆、湖北、湖南、江西等地，主要流行砖（石）墓和三合土墓。

1. 砖（石）墓

长江中上游地区品官及命妇墓数量众多，在该地区各省均有分布。已发现墓主身份明确的墓葬有近二十座，包括一品至七品的官阶。建筑材料多为石质，少量为砖砌或砖石混筑。其中以单室墓、前后双室墓、多室并排合葬墓居多。典型墓例有四川平武王玺家族墓[2]、重庆蹇氏家族墓[3]。

四川王玺家族墓地共发现22座砖石室墓，平面均呈长方形，其中M1—M11、M17—M22为平顶墓，M12—M16为券顶墓。根据铭文可知，M1—M5为王玺夫妇墓、M6—M8为王文渊夫妇墓、M9—M11为王祥夫妇墓、M17—M19为王鑰夫妇墓、M20—M22为王鉴夫妇墓、M12—M16墓主不详。

1 潍坊市博物馆、昌邑县图书馆：《山东昌邑县辛置二村明代墓》，《考古》1989年第11期。
2 四川省文管会：《四川平武明王玺家族墓》，《文物》1989年第7期。
3 重庆市文物考古所：《北部新区蹇氏家族墓地调查、勘探、试掘简报》，重庆市文物考古所、重庆文化遗产保护中心编著：《重庆公路考古报告集》，北京：科学出版社，2010年，第203—221页。

王祥夫妇墓位于墓地西侧，王祥墓（M10）居中，东侧为孺人赵氏墓（M11），西侧为孺人明氏墓（M9），三墓间距只有 70 多厘米。M10 长 4.56 米，由前室和棺室组成，棺室内用石条横砌壁龛，龛内浅浮雕飞天、侍从、武士、狮子等。前室发现陶香炉 1 件、锡壶 2 件；后室发现影青瓷碗 3 件、石诏书 1 方。M9、M11 形制相同，长约 2.56 米，仅有一棺室，东西壁龛内浅浮雕侍从和舞乐。M9 出土陶爵、陶瓶各 2 件以及陶炉 1 件；M10 出土铜钱 29 枚、陶爵 2 件以及铁剪、锡壶、铜簪、银耳坠、陶瓶、木梳各 1 件。

王玺夫妇墓位于墓地的东北端，王玺墓（M3）居中，西侧为孺人田氏墓（M1）和安人贾氏墓（M2），东侧为安人曹氏墓（M4）和蔡氏墓（M5），各墓间距在 65 厘米左右。五墓形制基本相同，均由前室和棺室组成，当为一次性建造，分别或同时入葬。现以 M3 为例介绍如下：该墓室由砂岩凿成的石条和石板砌成，由前室和棺室组成（图 2-7-23）。前室呈方形，边长 1.52 米、高 1.9 米，底铺石板，东西壁分别用三块石板交错竖砌。棺室设在前室北面，长 3.12 米、宽 1.1 米、高 1.8 米，三壁砌有壁龛，龛内各层后壁及龛外侧壁均浮雕人物、飞天等，龛外侧壁还彩绘瓶花。出土青花瓷盘 15 件，瓷盖罐、铜觚各 2 件，金簪、银耳勺、素面铜镜、铜香炉各 1 件，买地券 2 方，石诏书及石诰命符各 1 方。据买地券可知，王玺生前为龙州宣抚司佥事，卒于景泰三年（1452 年），曹氏卒于正统十一年（1446 年），蔡氏卒于正统六年（1441 年），田氏卒于天顺三年（1459 年），四人于天顺八年（1464 年）同时入葬。

M12—M16 为一组同穴券顶墓，位于王祥夫妇墓以东，墓圹四周以石板竖砌成墓壁，墓内沿南北向置 6 列石板，将墓隔成五个形制相同的棺室。M14 棺室长 2.91 米、宽 1.05 米、高 2.24 米，南面设长方形前室，长 1.14 米、宽 1 米、高 2.08 米。墓顶用石条砌成券拱，棺室三壁皆设有壁龛，后龛中部还嵌有铜镜 1 面，室底横铺石板，尸骨头部附近的石板下设有圆形腰坑，内置陶罐、金龙饰各 1 件以及铜钱数枚。其余随葬品多置于尸骨头部或上身附近，有金压胜钱 7 枚以及金簪、银粉盒、银钥匙、“长命富贵”铜镜、神兽葡萄铜镜、玉带饰、玛瑙扳指各 1 件。未出墓志之类铭刻材料，据墓葬位置及规模推测系王玺父亲王思民夫

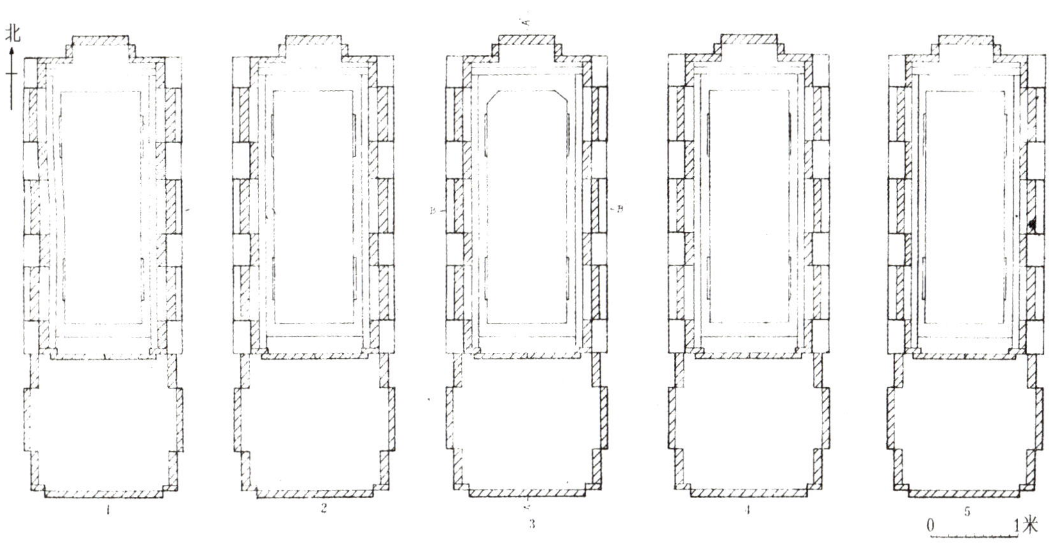

图 2-7-23　四川平武王玺墓平面图
（采自《文物》1989 年第 7 期，第 5 页，图九）

妇合葬墓。

重庆蹇氏家族墓，地表发现有神道碑1座、碑亭1座，明代墓葬5座。其中M2为蹇义夫妇合葬石室墓，长方形并列双室，藻井顶（图2-7-24）。左右两室结构相同，均由拜台、墓门、墓室组成，仅墓室龛内略有差异。墓门前端以整块条石封门，左右墓室平面呈长方形，均长2.48米、宽1.1米、高1.2米，地面由石条铺砌，墓室正中为整块石板做成的棺台。左右室藻井顶上分别阴刻“金玉满堂”“长命富贵”。由于被盗掘严重，墓内未发现随葬品。由神道碑可知，蹇义卒于宣德十一年（1436年）、张氏卒于宣德十年（1435年）。作为明代官阶最高的重庆籍官员之一，蹇义及其家族墓地的发现，为研究明代品官丧葬制度提供了重要材料。

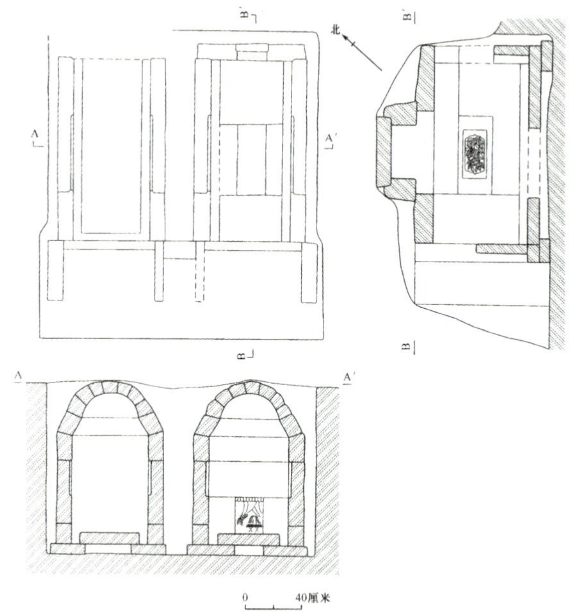

图2-7-24 重庆北部新区蹇义夫妇墓平、剖面图
（采自《重庆公路考古报告集》，第213页，图九）

2. 三合土墓

三合土墓系在竖穴土坑内用三合土层层浇筑而成，墓室数量不一，以单室墓为主，也有少量多室墓。该地区身份明确的品官墓约10座，主要分布在贵州、湖北和江西等地，年代集中在嘉靖和万历年间。保存下来的随葬品主要是墓主的随身衣物。典型墓例有湖北石首杨溥墓[1]、贵州思南张守宗墓[2]。

湖北石首杨溥墓，墓前神道现存石望柱、石人、石马、石羊、石虎各一对，墓冢四周残存铺成扇形的青砖。墓坑长3.8米、宽2.54米、深2.72米（图2-7-25）。土坑内填石灰、粗砂、糯米浆混合浇灌物，分层夯筑，坚硬无比。墓室内置一椁一棺，棺椁之间也用三合土夯实。椁室

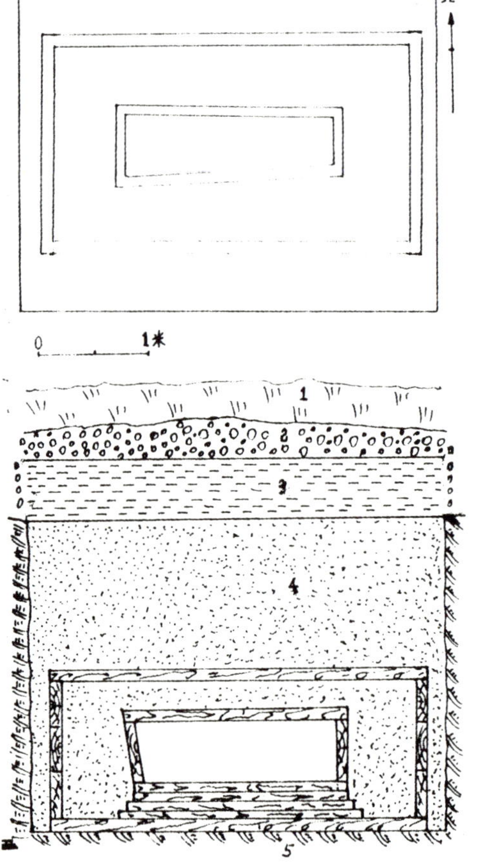

图2-7-25 湖北石首市杨溥墓平、剖面图
（采自《江汉考古》1997年第3期，第46页，图二）

1 荆州地区博物馆、石首市博物馆：《湖北石首市杨溥墓》，《江汉考古》1997年第3期。

2 贵州省博物馆：《贵州思南明代张守宗夫妇墓清理简报》，《文物》1982年第8期。

内无随葬品，杨溥头戴乌纱帽，身着织金麒麟补服。据墓志，杨溥卒于正统十一年（1446 年），并于当年下葬。

贵州思南张守宗夫妇墓，地面残存一石围土冢，现存封土高 1.5 米、直径 8 米。该墓为左右两室并列，左男右女。墓室后壁和两侧壁各用一块长石板砌成，顶部用六块石条覆盖。墓室从外向内有四层密封设施：第一层为 5 厘米厚的木炭，第二层为 10 厘米厚的石灰、碎石混合土，第三层为 10 厘米厚的糯米浆、石灰、明矾、碎石和油类等混合物，第四层和第二层相同。椁顶用 40 厘米厚的石灰、碎砂石等混合物两次灌浆密封。男女葬具均为一棺一椁，仰身直肢葬，尸骨、随葬品均浸在棺液里面。女尸保存完好，身穿衣服 9 件，采用当地俗称“登山”的葬式。据买地券，墓主张守宗卒于万历三十一年（1603 年），右室的女性墓主推测为张守宗之妻，葬年不详。

3. 特点

长江中上游地区品官墓早期以石室墓居多，少数为砖砌、砖石混砌；中晚期以三合土墓为主。江西、贵州、四川、重庆、湖北地区砖室墓多用石灰勾缝，有的墓室外部浇筑三合土密封。墓中多放置炭、松香等以防潮防腐。除江西吴念虚墓[1]是夫妻同室合葬外，其余均为夫妻异室合葬。贵州、重庆、四川流行两个乃至多个墓室并列修建，中间仅一墙之隔。四川平武王玺家族墓采用的也是多个墓室并列修建，但每个墓室之间均有一定间隔。随葬品不多，以陶瓷器为主，有的仅有墓志出土。川渝地区常见有石质俑类和家具模型，有的还随葬有买地券。鄂湘地区发现的明代品官墓中除杨溥墓有穿戴及随葬衣服外，其他墓葬均仅有一两件瓷碗、罐和墓志。江西地区发现的明代品官墓数量相对较多，年代跨度很大，其中成化到弘治年间的墓葬流行随葬陶瓷器（以堆塑瓶为主）、金银首饰及铜镜，嘉靖以后则多出有贴身衣物、补服以及少量金银首饰及铜镜，还流行随葬冥途路引[2]。

（三）长江下游地区

今江苏南京为明代早期都城所在，永乐十九年（1421 年）朱棣迁都北京后，南京成为地位仅次于北京的南都，仍设有中央百官建置。不少开国功臣、皇亲贵族和文人士子在这里终老埋葬，目前南京地区公布的品官墓有 30 多座。南京以外的江苏其他地区、安徽、浙江、上海等长江下游地区，亦有较多的明墓发现。主要墓类有砖（石）墓和三合土墓。

1. 砖（石）墓

该区域的砖（石）品官墓数量众多，尤以明代早期居多。以南京为中心，江苏、安徽、浙江、上海各地均有分布。从墓葬形制看，洪武、永乐年间墓葬规模较大，墓主多为开国功臣，墓室全长在 6—10 米之间，宽约 4 米，有的墓室还分上下两层。宣德、正统年间的砖（石）墓形制稍小，这与墓主身份等级有密切关

1 江西广昌县博物馆：《明代布政使吴念虚夫妇合葬墓清理简报》，《文物》1993 年第 2 期。
2 马莉：《长江中上游地区明墓的初步研究》，四川大学硕士学位论文，2013 年，第 117—119 页。

系，墓室长度在3—5米之间，宽度和高度在2米左右。按照墓室数量多寡，可分为单室墓、多室墓。

单室墓，平面呈长方形，多为券顶。大部分墓葬长度在3—5米之间。多随葬金、玉器、铜钱等。典型墓例有江苏南京何妙莲墓[1]。

图2-7-26 江苏南京何妙莲墓墓葬形制图
（采自《文物》1993年第2期，第63页，图一）

何妙莲墓（M3）为长方形券顶单室砖室墓，墓室长3.8米、宽1.88米、高1.79米。墓室用青砖错缝平砌至墓顶。墓室左右后三壁，各设券门形壁龛一个。棺床高于铺地砖，用平砖砌成回字形（图2-7-26）。随葬品有锡碗4件，锡瓶3件，锡灯盏、锡盘、锡三足炉各2件，金簪、金扣、锡壶、锡香炉、韩瓶各1件，墓志1合。据墓志，墓主何妙莲为徐达长孙徐钦之妻，葬于正统十年（1445年）。

多室墓，根据墓室结构分双室并列墓和多室前后排列墓。

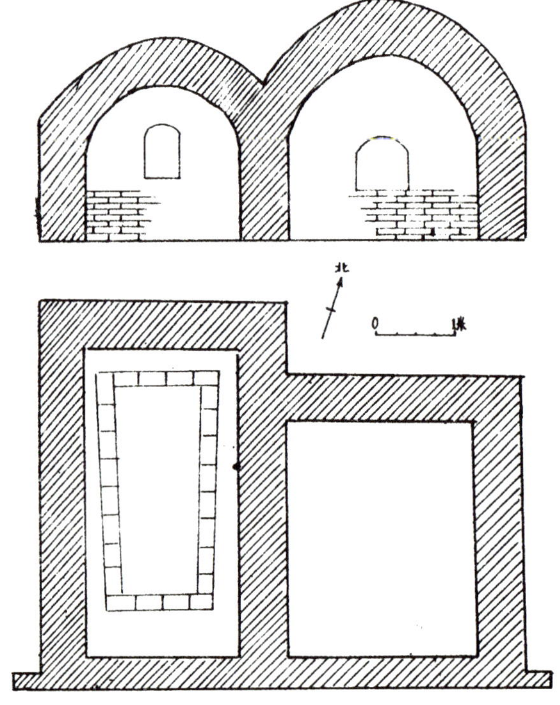

图2-7-27 江苏南京萧氏夫妇墓平、剖面图
（采自《南方文物》1997年第1期，第29页，图一）

双室并列墓，这类墓葬的墓室长度一般在3—5米之间，墓壁多设有壁龛，墓室内设有砖砌棺床。如江苏南京孝陵卫指挥使萧氏夫妇墓[2]。该墓为双室并列券顶砖室墓，即夫妻同茔异穴，东女西男，墓室中间有砖隔墙（图2-7-27），西室长4.15米、宽2.1米、高1.96米。东西两墓室大小不同，可能不是同时建造。左右后三壁砌有拱形壁龛。墓底未铺砖，仅在墓室中部用平砖砌成框形棺床。棺床前有祭台。东室平面略呈方形，长3.25米、宽2.45米、高2.4米，未见铺地砖。西室出土铜钱2枚，小口瓶、陶灶、铁刀、铜镜、锡壶各1件，墓志1合；东室出土青花缠枝牡丹纹梅瓶1件、砖质地券1方、铜钱5枚。据墓志，萧氏卒于永乐十四年（1416年），同年下葬；其妻王氏卒于永乐五年（1407年）。

1 南京市博物馆：《明中山王徐达家族墓》，《文物》1993年第2期。

2 南京市博物馆：《南京南郊明墓清理简报》，《南方文物》1997年第1期。

多室前后排列墓又可分为三种情况。一是带仿木结构前后室上下层墓。数量极少，随葬品主要有金银器皿、精美瓷器。如江苏南京明初功臣康茂才墓[1]。墓室全长9.87米、宽4.3米，分上下两层，上层墓室以砖起券顶，下层墓室以条石盖顶。下层墓室长8.64米、宽2.95米、高2.12米，分前后两室，前室长4.48米、后室长3.68米，前后室之间有甬道相通（图2-7-28）。下层室内有仿木构件装饰，前室的左、右、前三壁以及后室的左、右二壁，各砌有一个拱形壁龛。上层墓室长宽均与下层相同，高1.43米，券顶用三组一平一竖的青砖砌成，底部条石上平铺长方形砖，内置墓志一合。该墓因早年被盗，随葬器物保存较差，出土金、银、铜、铁、锡、玉、陶、木等随葬器物44件，其中金带钩2件、金冥钱2枚、金碗1件、金盘1件、银鼎1件、银玉壶春瓶1件、银双耳瓶2件、银瓶1件、银碗1件、银盘12件、银筷子1副、银匙1件、银带钩1件、银勺1件、银耳挖1件、铜饰件4件、铁刀1件、锡壶1件、玉环1件、陶缸1件、陶瓶1件、木俑3件、铜钱2枚、墓志1合。据墓志，康茂才卒于洪武三年（1370年），同年下葬。

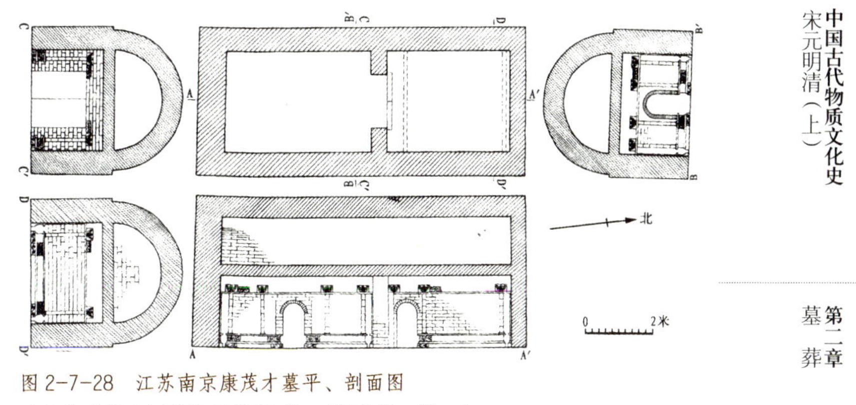

图2-7-28 江苏南京康茂才墓平、剖面图
（采自《考古》1999年第10期，第12页，图二）

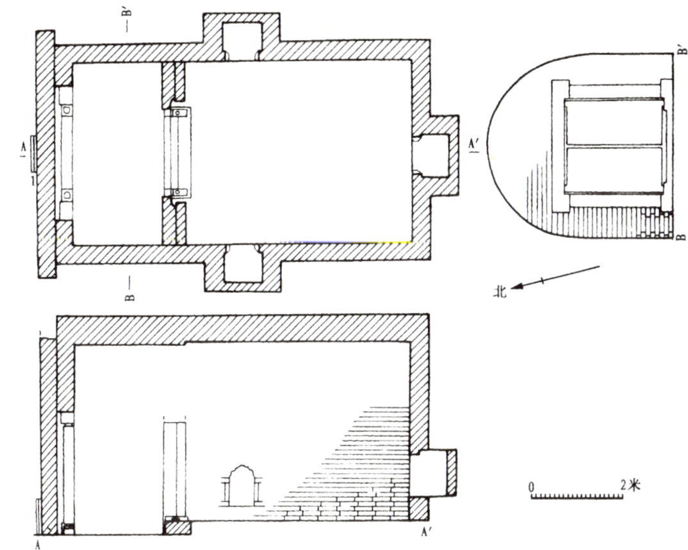

图2-7-29 江苏南京俞通源墓平、剖面图
（采自《考古》1999年第10期，第19页，图二）

二为前后室单层墓，流行时间较长，数量较多，是该区域明代品官墓主要采用的墓葬形制。有的设有墓门，有的没有墓门或仅有封门砖；前后室用隔墙或短甬道分隔开；多在后室侧壁设壁龛。随葬品常见陶罐、陶瓶、梅瓶、瓷碗及铜锡明器，年代稍晚的墓葬中瓷盖罐较常见。如江苏南京俞通源墓[2]，该墓墓室前有石门一重，门柱、门楣、门槛均为石质，墓内以砖砌隔墙将墓室分为前后二室（图2-7-29）。前室长1.96米、宽3.95米、高4.05米，后室长4.95米、宽3.95米、高3.8米，后室左右壁及后壁各砌有一火焰形壁龛。出土随葬品共34件，其中

1 南京市博物馆：《江苏南京市明蕲国公康茂才墓》，《考古》1999年第10期。
2 南京市博物馆、雨花台区文化局：《江苏南京市戚家山明墓发掘简报》，《考古》1999年第10期。

暗花影青瓷盘7件，碗4件，金饰片3件，白釉黑彩瓷瓶、铜锅、银钗各2件，暗花影青瓷瓷缸、玉金簪、铜镜、铜盘、铜钵、铜灶、铁矛形器各1件，腰带1副、铜钱100枚、墓志1合。据墓志，俞通源卒于洪武二十二年（1389年），同年下葬。

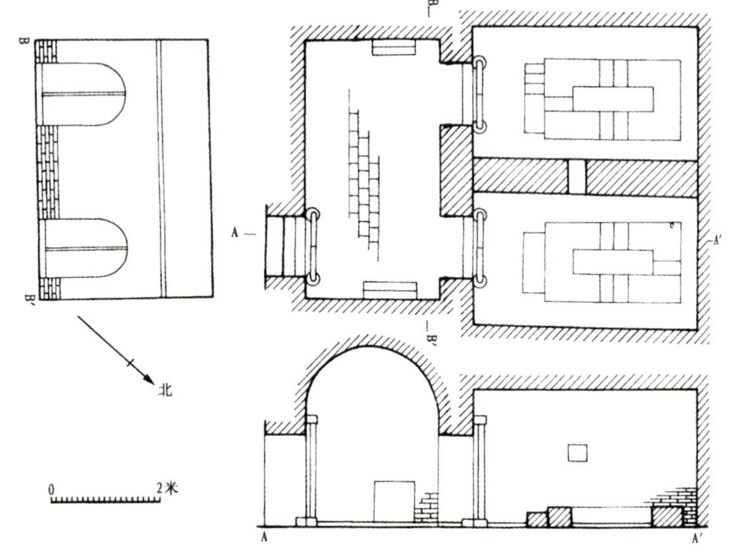

图2-7-30 江苏南京沐昌祚夫妇墓平、剖面图
（采自《考古》1999年第10期，第46页，图二）

三为单前室加上并列多个后室，墓室规模相对比较大，对应身份等级应该更高，有可能是墓主生前或死后享受的朝廷特殊礼遇。墓葬多由封门墙、长甬道、横前室、二至三个并列纵后室组成。前室多为券顶，后室多为平顶。随葬品常见有铜锡明器、梅瓶、陶缸等。如江苏南京沐氏家族墓群[1]，墓群包括明初的沐英、沐晟墓，明末的沐睿、沐昌祚墓，其间相隔200余年，但墓葬形制却基本一致，就连在云南呈贡发现的沐氏家族墓[2]形制也大体相同。M4为沐昌祚夫妇合葬墓[3]，该墓为券顶砖室墓（图2-7-30），墓底铺砖，甬道和前室、前后室之间都设有墓门。前室为横券顶，长4.75米、宽2.5米、高3.13米。两后室形制大小一致，长4.2米、宽2.42米、高2.46米，均设有砖砌棺床，棺床前设祭台，后室之间有方形壁龛相通。随葬品十分丰富，共出土了金、银、玉、琥珀、玛瑙、水晶、铜、瓷、锡、石等不同质地的器物100余件，前室左右侧壁下各置石墓志一合，但志文大部分风化，仅能辨认“配令太子太保世阶上公沐昌祚”等字样。左侧室有金束发冠1件、碧玉簪2件、金护心镜1件、金帽花1件、银锭1件、白玉腰带1条、金冥钱21枚、银冥钱12枚、铜镜1件等，右侧室有金帽花1件、金香囊1件、金纽扣1件、金镯2件、金冥钱8枚、银冥钱10枚、银锭4件、铜镜1件、锡烛台2件、水晶饰件1件、碧玉饰件1件、琥珀饰件1件、白玉腰带1条、白瓷盖罐1件等。

2. 三合土墓

明代中晚期，特别是在成化以后，三合土墓在该地区取代砖（石）墓，成为品官墓采用的主要形制。数量巨大，初步统计有上百座。墓冢分封土堆、墓圹、穴室几部分，葬具以一棺一椁为主，有的为两棺并列。有的在墓圹内先浇筑三合土，有的在墓室顶部浇筑三合土，有的直接在木棺周围浇筑三合土。随葬

1 南京市博物馆：《江苏南京市明黔国公沐昌柞、沐睿墓》，《考古》1999年第10期。

2 云南省文物工作队：《云南呈贡王家营明清墓清理报告》，《考古》1965年第4期。

3 发掘简报认为该墓为沐昌祚夫妇合葬墓，后邵磊考订该墓墓主为沐昌祚的伯父沐朝辅（字文楼），可从。参见邵磊：《明黔国公沐昌祚墓辨讹及其相关问题——从沐朝辅妻陈氏墓志的发现谈起》，《东南文化》2011年第1期。

品常见有各种模型明器、墓志、买地券、铭旌、铜镜以及松江布、品冠、补服等纺织品。根据墓室建筑材料可分土坑木棺墓和砖室墓（含砖石混筑墓）。

土坑木棺墓，不用砖石砌墓穴，直接在棺椁周围浇筑三合土。如江苏泰州徐蕃夫妇墓[1]（图 2-7-31），墓坑长 2.9 米、宽 2.4 米、深 2 米。坑底铺 4 厘米厚的石灰和木板，木板上浇 30 厘米厚的石灰糯米浆，其上放置葬具。葬具为一椁两棺，椁外直接浇三合土，浇浆层及棺椁结构坚实，封闭完好。棺椁之间亦用桐油与石灰的搅拌物填充。棺内尸体头北脚南，包裹数层丝绸衣物，徐蕃为正三品工部右侍郎，身着孔雀补服，与当时的定制相符。徐蕃卒于嘉靖九年（1530 年），张氏卒于嘉靖十一年（1532 年），此墓于嘉靖十二年（1533 年）建造，徐蕃停尸三年之久。

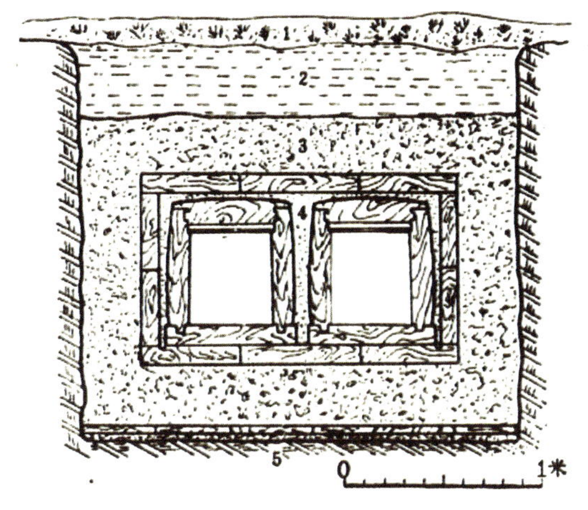

图 2-7-31 江苏泰州徐蕃夫妇墓剖面示意图
（采自《文物》1986 年第 9 期，第 1 页，图一）

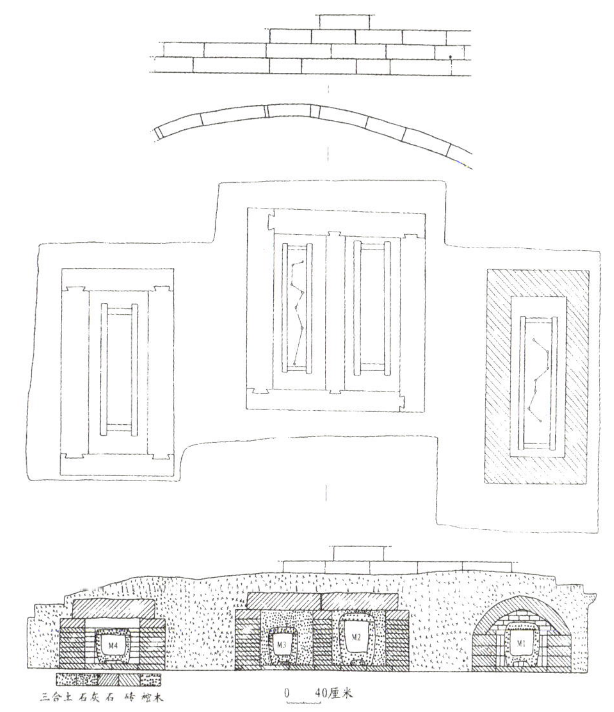

图 2-7-32 浙江嘉兴李湘家族墓平、剖面图
（采自《东南文化》2009 年第 2 期，第 54 页，图二）

砖室墓（含砖石混筑墓），系在土圹内以砖砌或砖石混砌墓室，多以石板盖顶或以砖起券顶。此类墓葬级别较高，随葬品较多，如陶俑、木俑、木质家具明器、铜锡明器。典型墓例有浙江嘉兴李湘家族墓[2]、上海潘允徵墓[3]。

浙江嘉兴李湘家族墓群共有四座墓室，皆坐东朝西，其中主墓为双室合葬墓（M2、M3），南北两边各一单室墓（M1、M4）（图 2-7-32）。M1 为券顶砖室墓，墓室后壁有一小龛，内置一块墓志铭。墓室中部置棺木一具，棺底板刻有北斗七星图样，棺内有成捆的木炭用来防潮，其中女尸的服饰保存较好，右手处有一根手杖。M2、M3、M4 为砖石混筑结构，其中 M2、M3 为同一个墓室内的两个墓穴，之间有一道砖砌隔墙，石板盖与木棺之间填满石膏。M2 墓主为男性，仰身直肢，

1 泰州市博物馆：《江苏泰州市明代徐蕃夫妇墓清理简报》，《文物》1986 年第 9 期。

2 嘉兴博物馆：《嘉兴王店李家坟明墓清理报告》，《东南文化》2009 年第 2 期。

3 上海市文物保管委员会：《上海市卢湾区明潘氏墓发掘简报》，《考古》1961 年第 8 期。

右手执折扇，脚部有 1 枚铜镜；M3 为女性，身上织物保存较好，身穿红色补服，头上部有 1 枚铜镜，棺底刻有北斗七星图样。M4 位于 M3 北边，棺盖上墨书“明故庶母徐孺人灵柩”字样，棺内尸体仰身直肢，头戴发罩，头部和脚部各有 1 枚铜镜。四座墓葬出土有丝织品 23 件、铜镜 5 件、木枕 3 件、帽饰 2 件、铜带板 1 副、墓志铭 1 件等。其中出土丝织品数量较多，纹饰题材丰富，有缠枝花卉、折枝花卉、四季花蝶、云鹤、凤凰、麒麟、螭龙、芭蕉仕女等，具有典型的时代特征。据墓志，M2 墓主为李湘，卒年不详。M1 墓主为其妾陈氏，卒于万历十七年（1589 年），于万历二十年（1592 年）葬于李湘左侧。又从墓葬排列顺序可知，M3 应为李湘之妻，M4 为其妾，M2、M3 的年代应早于 M1。

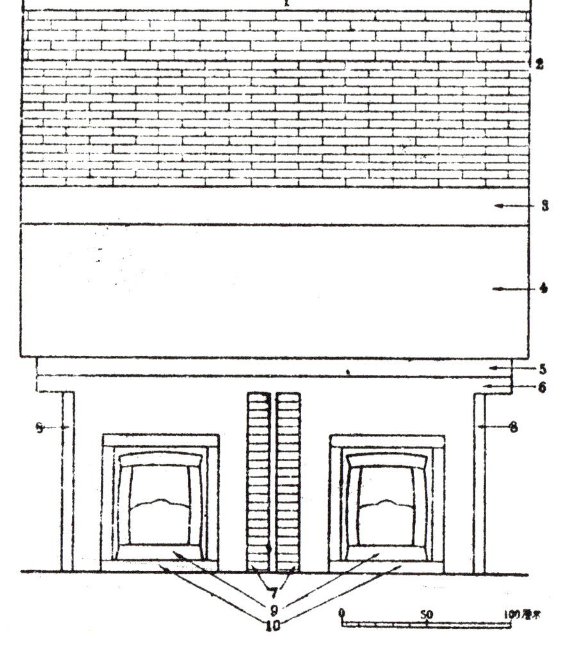

图 2-7-33 上海潘允徵夫妇墓平、剖面图
（采自《考古》1961 年第 8 期，第 428 页，图七）

上海潘允徵夫妇墓为三合土浇筑墓，墓圹呈近正方形，南北长 3.6 米、东西宽 3.8 米、高 3.5 米（图 2-7-33）。墓顶用二合土筑成龟背形，二合土层下为两块大石板，盖在左右两座穴室上，左右两穴室之间以青砖隔开。右穴内的棺盖上有金色字迹“光禄寺掌醢署监事”。右穴较宽大，内置一木椁，椁内放置两套木棺，两棺之间有一砖砌隔梁，左边为原配赵氏，右边为侧室何氏。出土器物极为丰富，有木质生活用具、家具及非常少见的木俑共计 120 余件。由墓志可知，潘允徵卒于万历十七年（1589 年），同年下葬。

3. 特点

长江下游地区明代品官墓数量多，地域分布集中，年代跨度广。世家大族墓葬集中分布在南京附近。同长江中上游地区一样，该地区品官墓多采用夫妻异穴合葬，具体做法是用砖砌或三合土浇筑隔墙，将墓室分为多个穴室，然后将男性墓主及妻妾分别埋入相应的墓室。此外，家族成员聚族而葬的情况较多出现，如上海唐时升家族墓[1]。家族墓多采用一字形横列或者人字形排列，即尊幼有序的昭穆制度[2]。随葬品种类丰富，早期主要随葬成套的铜锡明器、铁兵器、铜钱、陶瓷器以及玉带等；中晚期厚葬之风盛行，以大量的瓷器、金、玉、宝石类装饰品居多。相比平民墓葬而言，该地区品官墓中多随葬有金银器、铁器与锡器。

1 上海市文物管理委员会：《上海明墓》，北京：文物出版社，2009 年，第 5—15 页。

2 上海市文物管理委员会：《上海明墓》，北京：文物出版社，2009 年，第 218 页。

（四）沿海地区

广东、海南、福建三地发现的明代品官墓，墓葬形制各具特点。

1. 广东

广东地区发现的明代品官墓数量不多，主要流行灰沙夯筑墓圹的竖穴土坑墓和石板墓，随葬品常见有陶瓷器、铜镜、铜钱、木质家具明器及包裹尸骨的衣物。典型墓例有广州戴缙夫妇墓[1]、东莞陈莲峰家族墓[2]。

广州戴缙夫妇墓，地面保存有清同治十三年（1874年）用花岗石重建筑成环状的坟场，中立碑碣。建墓时，先掘竖穴土坑，坑底夯灰沙，用整石砌墓壁，四壁外再夯灰沙（图2-7-34）。棺椁下葬后，灌松香，盖顶盖石，墓顶夯灰沙，放置墓志后填土。墓室分左右两室，两墓室是先后分别建造的，中间连接但不相通。戴缙的葬具为一棺一椁，棺椁内外朱漆，棺内先用粗麻布打底再涂朱漆，周氏有棺无椁，墓室与葬具之间的缝隙均灌松香。夫妇的殓装都是外面包裹重重被服，里面是尸体穿着的服装。除二人身上的殓装外未见其他随葬品。据墓志，戴缙之妻周氏卒于弘治十五年（1502年），葬于弘治十八年（1505年），戴缙卒于正德五年（1510年），于正德八年（1513年）合葬于其妻右侧。

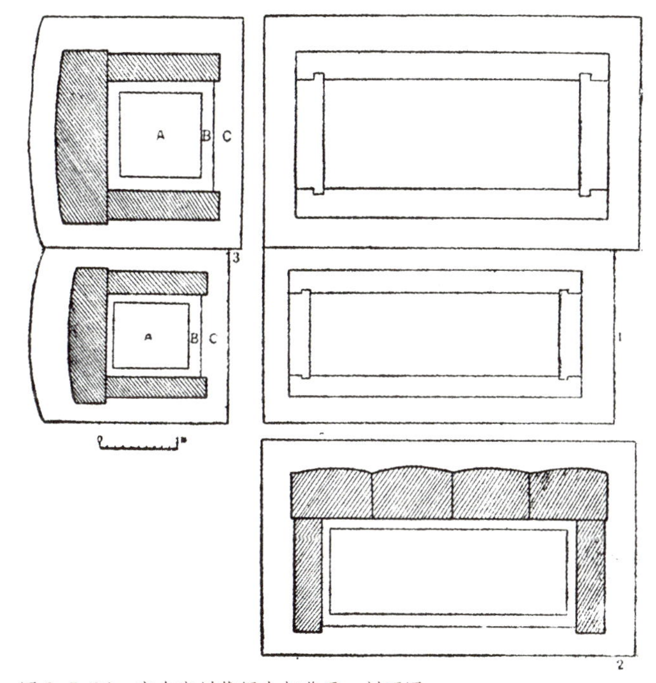

图2-7-34 广东广州戴缙夫妇墓平、剖面图
（采自《考古学报》1957年第3期，第111页，图二）

东莞陈莲峰家族墓（未发掘）是当地规模较大的明代家族墓（图2-7-35）。墓群包括四座，坐北朝南，自东向西分别是七品文林郎散官陈虞肩祖孙合葬墓（M1），始建于崇

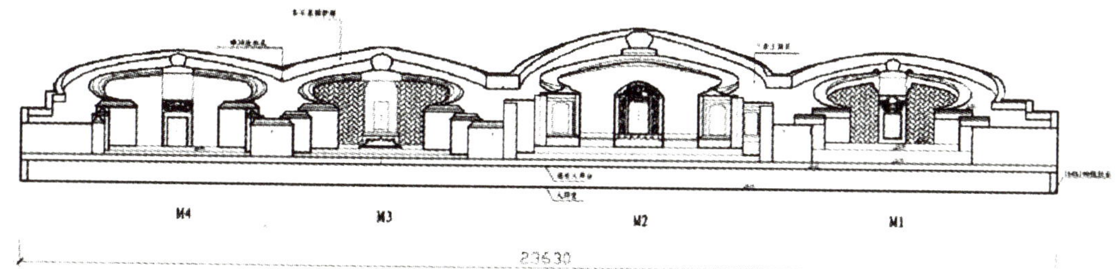

图2-7-35 广东东莞陈莲峰家族墓示意图
（采自《南方文物》2010年第2期，第148页，图一）

1 广州市文物管理委员会：《戴缙夫妇墓清理报告》，《考古学报》1957年第3期。

2 赖旻：《广东东莞陈莲峰墓群及广府民系丧葬习俗》，《南方文物》2010年第2期。

祯十五年（1642 年）、中宪大夫、按察司佥事陈莲峰墓（M2），建于嘉靖三十六年（1556 年）；陈益墓（M3），始建于万历二十三年（1595 年）；陈邓氏墓，始建于清顺治八年（1651 年）。除 M4 为清代修建外，其余三座均为明中晚期墓葬。陈氏家族为当地名门望族，其家族墓地更是当地传统丧葬习俗的典型。

2. 海南

海南在明代出了不少高官，清代宣统《琼山县志》就记载了 43 座明代的海南进士、举人等人的墓葬[1]。但这些明墓绝大多数都遭到不同程度的毁坏，保存至今的屈指可数。这些墓葬的墓主身份并不太高，但他们所享受的墓葬规格却很不一般。主要墓类有两种：一为在长方形竖穴土圹基础上修建的砖石墓；二为石冢墓，即地面上的墓冢用玄武岩砌成，穹窿顶，墓碑前都有神道、石像生等象征墓主身份的标志物。典型墓例有海口陶贵墓[2]。

海口陶贵墓为砖石结构前后双室墓，四壁以青砖横放平铺错缝叠砌而成，以石板盖顶（图 2-7-36）。前室平面呈长方形，长约 3.2 米、宽 0.97 米、高 0.79 米，其左右两壁靠近棺室处各向外砌一小耳室。前壁中间靠底部砌出一尖顶拱门，外用 3 块青砖封门，上以小青砖盖顶。前室和耳室外的底部均平铺一层地砖，前室壁上有 3 块石板盖顶，上面堆积砖室，其间放置酱釉四系陶罐 1 件、陶圹志 1 盒。前后室之间有 10 厘米厚的隔墙，隔墙中间为长 0.8 米、宽 0.71 米的尖顶拱门。后室破坏严重，墓顶无存，墓底不铺地砖，以炭灰和细沙铺到与前室地砖相平。墓室内壁及地砖之上均涂有一层石灰，东壁外有条石叠砌加固，填土内杂有炭灰和小石块，起到防潮和加固作用。墓中随葬器物较多，保存较好，有陶质生活用具、陶俑、瓷器、铜器等。据墓志，墓主人陶贵生前任海南卫镇抚，葬于宣德九年（1434 年）。

3. 福建

福建地区发现的明代品官墓较多，主要流行带墓道的三合土砖室墓，随葬品中有闽南地区明墓常见的烛台、香炉、罐、瓶等陶器组合，也有锡制的家具模型以及金、银、玉配饰。典型墓例有福州张海家

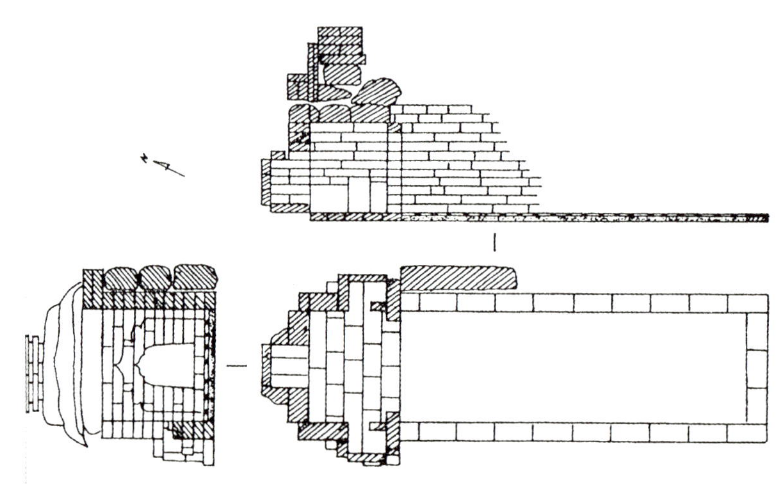

图 2-7-36 海南海口陶贵墓平、剖面图
（采自《南方文物》2001 年第 3 期，第 13 页，图一）

1 欧阳璨等修、陈于宸等纂：《康熙琼山县志》，影印日本藏中国罕见地方志丛刊本，北京：书目文献出版社，1992 年，第 547、548 页。

2 海南省文物考古研究所、海口市博物馆：《海南海口金牛岭明清墓地发掘简报》，《南方文物》2001 年第 3 期。

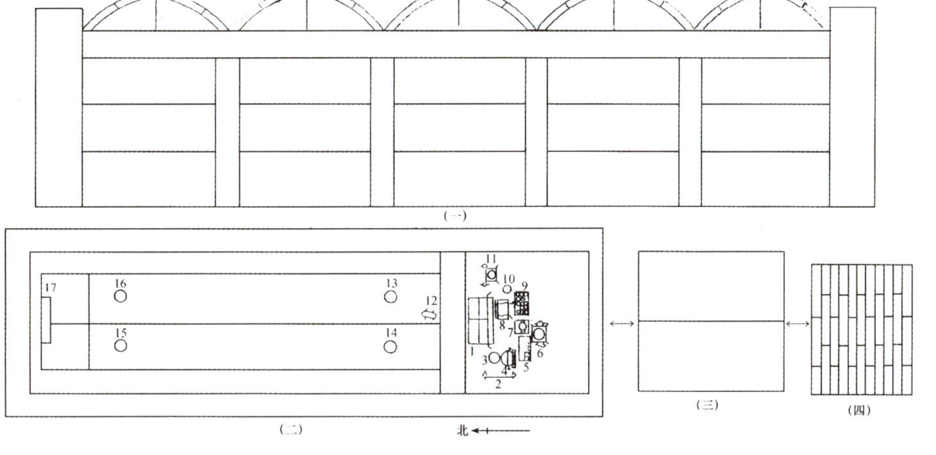

图 2-7-37　福建福州张海家族墓群平、剖面图
（采自《福建考古资料汇编（1953—1959）》，第 226 页，图一）

族墓[1]。

张海家族墓外表为三合土构筑，墓堆约 10 米见方，高 2.31 米。除去三合土后，为一座砖砌五圹相连穹窿顶的砖室墓（图 2-7-37）。张海墓居中，其妻妾四人附葬于其左右墓圹。从各室墓志来看，墓葬年代不超过嘉靖年间。现以第一圹为例介绍如下。墓室封门共三重，一二层为石砌，三层为砖砌，第三层上涂白灰，上书"嘉靖岁次壬子，淑人张母敕葬，并书毓秀钟祥赐福千古，春正月旦题"。封门与棺床之间又隔有一层砖墙，墙正中有一葫芦状小孔，能窥见圹内棺材，棺内人骨仰身直肢。随葬品主要置于棺床前的空隙中，棺床后面砌有一堵砖墙，它与后壁之间的空隙处也放置随葬品。此家族墓共出有铁牛 1 件、陶质买地券 1 方、石墓志 1 合和 1 套锡制生活用品器物模型，包括交椅 2 件以及床、宴桌、书桌、挂架、火盆、脸盆架各 1 件。据墓门题记，第一圹埋葬的是张海之妻刘氏，葬于嘉靖三十一年（1552 年）。

4. 特点

沿海地区明代品官墓主要流行的墓类大致有四种：第一种是明代墓葬中常见的竖穴砖石墓，如福建陈山墓[2]；第二种是海南地区流行的石冢墓，即地面上的墓冢是用玄武岩砌成穹窿顶，如海口陶贵墓[3]；第三种是拌有大量海蛎碎渣的三合土封筑墓，如广东钟雪松墓[4]；第四种是广东南海一带流行的灰沙夯筑墓圹的竖穴土坑墓或砖室墓，如广东戴缙夫妇墓[5]。这些墓葬多为夫妻异穴合葬，但在墓室结构、墓室之间的关系以及埋葬方式上又各有不同的特点。如沿海地区品官墓的左右两个墓室明显是先后分别建造的，两室共用一隔墙，隔墙上有一小孔，俗称

1 福建博物院：《福州市清泉山明墓清理记》，福建博物院编：《福建考古资料汇编（1953—1959）》，北京：科学出版社，2011 年，第 225—227 页。

2 福建省博物馆：《沙县明代陈山墓清理简报》，《福建文博》1996 年第 1 期。

3 海南省文物考古研究所、海口市博物馆：《海南海口金牛岭明清墓地发掘简报》，《南方文物》2001 年第 3 期。

4 张光华：《明钟雪松家族墓发掘实录》，《南方文物》2003 年第 1 期。

5 广州市文物管理委员会：《戴缙夫妇墓清理报告》，《考古学报》1957 年第 3 期。

“夫妻孔”，夫妇尸体的头向和墓向相反，这和广州近代的葬法相同，和唐代以前头向、墓向一致的做法有别。以福建福州张海家族墓、广东东莞陈莲峰家族墓为代表的家族墓群为五圹相连的砖室墓，类似于四川地区家族墓中流行的一字形排列方式，地面上有用灰沙和土夯筑的台阶式建筑，墓群前设有长方台和半月形大拜台。

（五）分期

根据墓葬形制及随葬器物的演变，明代品官墓可分三期：

第一期：洪武至景泰时期（1368—1456年）。品官墓绝大部分都是砖石墓，多为前后二室或左右并列二室，墓内装饰有仿木结构雕刻或彩绘壁画，均为单人葬或异穴合葬。未见土坑墓，三合土墓仅见湖北石首杨溥墓[1]。洪武时期的品官墓墓主多为开国功臣，均葬在南京城附近，或赐葬在钟山之阴，墓葬多为大型砖石墓，以彰显墓主较高的身份等级。建文以后，长江上游地区和沿海地区也有零星品官墓分布，墓葬形制更具有地方色彩，如家族聚葬的四川王玺家族墓[2]、重庆蹇义家族墓[3]。

第二期：天顺至万历初期（1457年—16世纪80年代）。北方地区特别是北京地区出现了由工部统一规划营造的长方形竖穴土坑墓，面积并不大。墓主身份等级更多体现在随葬品上，如北京李文贵墓[4]和北京明怀柔施聚夫妇墓[5]均出土了具有身份象征的玉带板，李文贵墓还随葬有680枚铜钱。砖石墓规模比前一期缩小，多为小型单室砖室墓。三合土墓在全国多处频繁出现，有同穴合葬也有夫妇墓室并列分葬。夫妇合葬的流行与天顺二年（1458年）颁布的“文武大臣，官为造坟者，夫故在前并造妻圹，妻故在前并造夫圹”[6]相吻合。

第三期：万历中期至崇祯时期（16世纪80年代—1644年）。上一时期在北方地区流行的土坑墓消失，全国范围内均流行砖石墓和三合土墓。北方地区和长江下游地区还流行大型砖石墓，如山西韩楫墓[7]、江苏南京沐昌祚墓[8]，这类大型砖石墓多采用一前室和多个并列后室的结构，用于夫妻异穴合葬。长江中上游地区则流行多圹一字形排列的家族墓和夫妻异穴葬制。三合土墓主要在沿海和长江下游地区流行，均为并列双穴或三穴合葬，每个墓室的规模都不大，仅容棺椁，随葬品多为金银饰品。

1 荆州地区博物馆、石首市博物馆：《湖北石首市杨溥墓》，《江汉考古》1997年第3期。

2 四川省文管会：《四川平武王玺家族墓》，《文物》1989年第7期。

3 重庆市文物考古所：《北部新区蹇氏家族墓地调查、勘探、试掘简报》，重庆市文物考古所、重庆文化遗产保护中心编著：《重庆公路考古报告集》，北京：科学出版社，2010年，第203—221页。

4 北京市文物研究所：《北京市丰台区李文贵墓》，《文物》2008年第9期。

5 北京市文物研究所：《北京华能热电厂明墓发掘简报》，《文物春秋》2006年第6期。

6 （明）申时行：《明会典》卷二百三，工部二十三，北京：中华书局，1989年，第1021页。

7 张国维、李百勤：《山西永济祁家坡明代韩楫墓调查简报》，《文物季刊》1992年第1期。

8 南京市博物馆：《江苏南京市明黔国公沐昌祚、沐睿墓》，《考古》1999年第10期。

三、太监墓

明初，明太祖朱元璋和建文帝对宦官的管束极为严格，少有宦官涉政。但从明成祖夺取帝位至崇祯十七年（1644年）明代灭亡的二百多年间，明代宦官一直活跃在政治舞台，数量庞大，设在宫廷以太监为主体的衙门就有十二监、四司、八局，统称二十四衙门，另外还有一些非常设机构，中央会委派一些大太监去地方上负责监军、采办、征税、开矿等任务[1]。除朝廷外，宗室、王亲贵族和各地藩王也都大量任用宦官。太监墓在全国多地均有发现。目前已公布的明代太监墓主要分布在北京、江苏南京、四川成都、河北遵化[2]和福建漳州[3]等地，尤以南京和北京两处最为集中。

（一）北京地区

1950年以来，北京地区发现了大量明代中晚期的太监墓，据不完全统计，有270座之多[4]。按照建筑材质的差异，可分为砖（石）墓、三合土墓和竖穴土坑墓等。

1. 砖（石）墓

此类墓葬多以砖石混筑而成，也有零星的砖室墓和石室墓发现。以单室墓和前后双室墓居多，墓室平面绝大多数呈长方形，内置木棺，且大多有墓志出土。墓葬结构较复杂，装饰精美大气，随葬品以陶罐和铜钱最常见，随葬铜腰带、小件金银饰品、玉饰也较普遍，个别墓中出有墓志、玉带、瓷罐。据墓联和墓志可看出，有的墓主生前就开始建墓。砖（石）墓墓主身份普遍较高，反映了明代中晚期宦官地位高、权势大的历史面貌。典型墓例有北京香山饭店刘忠墓[5]、北京工商大学明代太监墓M3[6]、北京射击场太监墓地M17[7]。

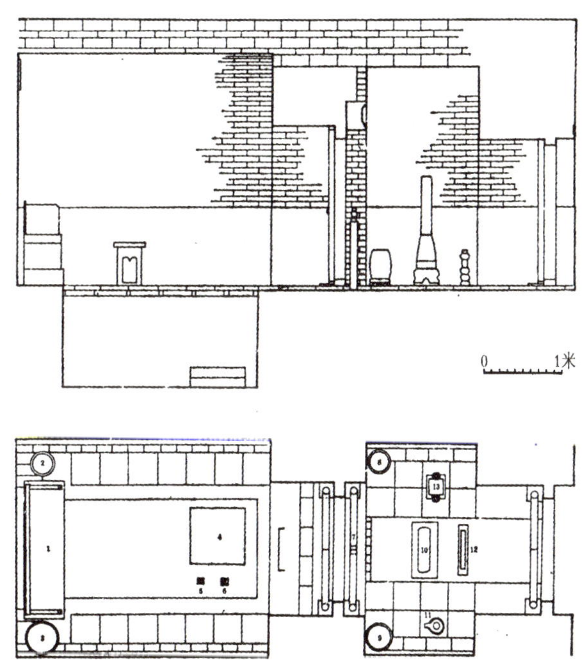

图2-7-38　北京香山饭店刘忠墓平、剖面图
（采自《文物》1986年第9期，第42页，图一）

北京香山饭店刘忠墓为砖石混筑

1 宋大川主编：《北京考古发现与研究》，北京：科学出版社，2009年，第414页。
2 保定地区博物馆：《明两京司礼监太监牛玉墓发掘简报》，《文物》1983年第2期。
3 王文径、王燕凤：《御马监太监邓原碑》，《福建文博》2008年第4期。
4 宋大川主编：《北京考古发现与研究》，北京：科学出版社，2009年，第414页。
5 北京市文物工作队：《北京香山明太监刘忠墓》，《文物》1986年第9期。
6 北京市文物研究所：《北京工商大学明代太监墓》，北京：知识产权出版社，2005年，第57—76页。
7 北京市文物局、北京市文物研究所：《北京射击场工程考古发掘报告》，宋大川主编：《北京奥运场馆考古发掘报告》，北京：科学出版社，2007年，第467—474页。

双室墓，依山开凿，平面呈工字形，券顶（图 2-7-38）。墓门门额刻“栖霞岩”三个字，正面浮雕铺首衔环。前室长 1.5 米、宽 2.6 米、高 2.7 米，地面铺方砖一层，前室内陈设石雕 6 件，与甬道相接处设石栏，两侧立柱和栏板雕缠枝莲花纹。前室中央设青石石碑一座，阳面竖刻“大明三朝近侍御马监太监刘公之碑”，阴面刻八卦乾坤符号。后室墓门门额刻“清虚紫府刘仙翁之洞”。后室长 3.2 米、宽 2.6 米、高 2.85 米，后壁以天然青石凿成。后室中部设石供桌、石椅各 1 件，石墩 2 件。长方形棺穴是在天然岩石上开凿的，其内木棺及骨架已腐朽，仅存墓志一合、小石狮子 2 个。据墓志，墓主刘忠为明御马监太监属乙字库事，历孝宗、武宗、世宗三朝，生前“特赐蟒衣玉带”，卒于嘉靖三十三年（1554 年），同年下葬。

北京工商大学明代太监墓 M3 为石条砌成的前后双室墓（图 2-7-39）。墓道长 2.9 米，两壁用青砖和青灰错缝砌成。前室墓门由石质门框、门槛、砖礅、石墩组成，门槛上残留两层封门。前室平面呈长方形，墓壁及顶部均由大型石条砌筑，平顶，长 3.3 米、宽 2.4 米，室内地面用石条平铺。后室墓门由石框、门槛、门簪、门额、礅、门扉组成，门簪上雕有卷云纹、花卉纹，门额涂黑象征匾额，阴刻“养性洞”三字，门扉为汉白玉质，雕有狮首衔环。后室平面呈长方形，券顶，长 4.38 米、宽 2.76 米、高 3.48 米。东西两壁正中各有一对称壁龛，壁龛上部有仿木结构雕刻。后室北壁底部斜放一朱书方砖，字迹漫漶；东北角放置一石牌位；中部砌长方形须弥座式棺床，棺床中部有一砖砌腰坑，内置方砖，正中刻亚腰型金井。随葬品有玉带 13 块、石牌位 1 块、陶质方形地券 1 件等。据地券，墓主为明御用监总理太监滑永形，葬于万历二十三

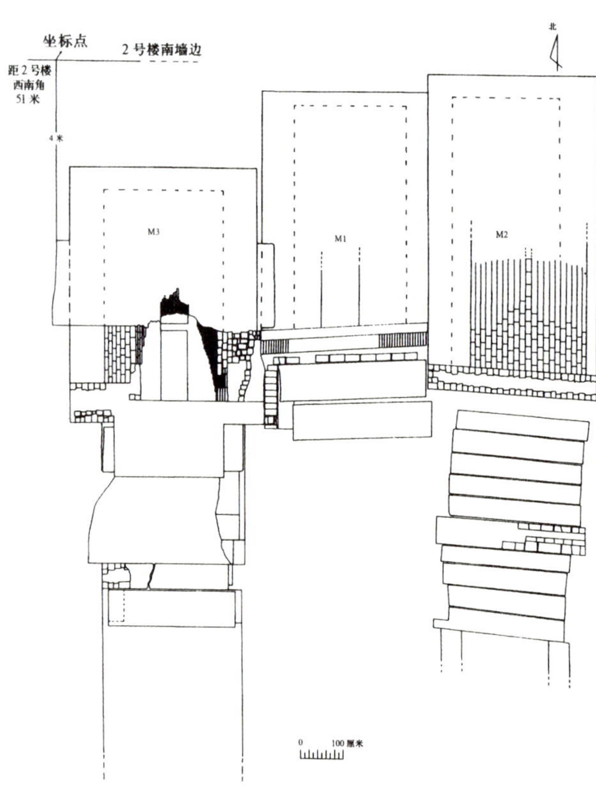

图 2-7-39 北京工商大学出土明代太监墓分布图
（采自《北京工商大学明代太监墓》，第 3 页，图二）

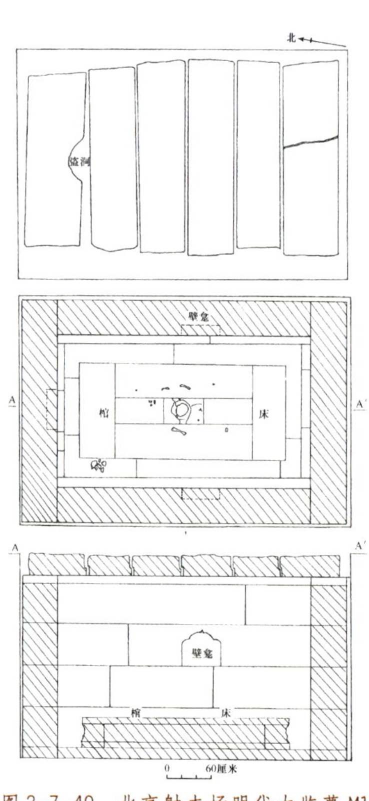

图 2-7-40 北京射击场明代太监墓 M17 平、剖面图
（采自《北京奥运场馆考古发掘报告》，第 496 页，图二三）

年（1595年）。

北京射击场太监墓地共发现明太监墓163座，其中双室砖石墓1座、单室砖石墓23座、三合土墓2座、土坑墓137座。单室砖石墓墓葬形制基本一致，其中M17为竖穴石室墓，平面呈长方形，平顶，长4.6米、宽3.18米、深2.84米（图2-7-40）。墓室东西两壁设小壁龛，墓底中部设有石质棺床，棺床中部设长方形腰坑，墓顶由6块石板呈子母扣状平盖而成，一块石板中部有一圆形盗洞。随葬有万历通宝4枚、铜腰带1套、墓志1方、陶罐1件。据墓志，墓主为明代内官太监杨蕙，墓葬为生前营造，墓志中未有卒年记载。

2. 三合土墓

目前北京地区发现的用于下葬太监的明代三合土墓葬不多，仅零星可见。三合土墓的墓穴为竖穴土坑，内填三合土，经夯打，土质坚硬，以单室为主，内置单棺，随葬品较少或没有。如北京射击场太监墓群M155、M174[1]。

北京射击场太监墓群M155，墓室平面呈长方形，长3.27米、宽2.9米、深1.95米（图2-7-41）。内填三合土，经夯打，土质坚硬。内置单棺，棺已朽，棺内骨架保存较差，头北足南，仰身直肢葬。随葬有玉腰带1套（20块）、釉陶罐1件、铜钱7枚。M174平面近方形，墓壁呈阶梯式，墓深3.08米、墓外扩长5.6米、宽5.5米（图2-7-42）。内填三合土，经夯打，土质坚硬。该墓被严重盗掘，未发现随葬及骨架。墓底有一层吸湿防潮防腐的白灰。

3. 竖穴土坑墓

目前北京地区发现的明代太监墓中，土坑墓数量最多，且分布较集中。北京射击场太监墓群发现137座[2]，中央民族大学太监墓群发

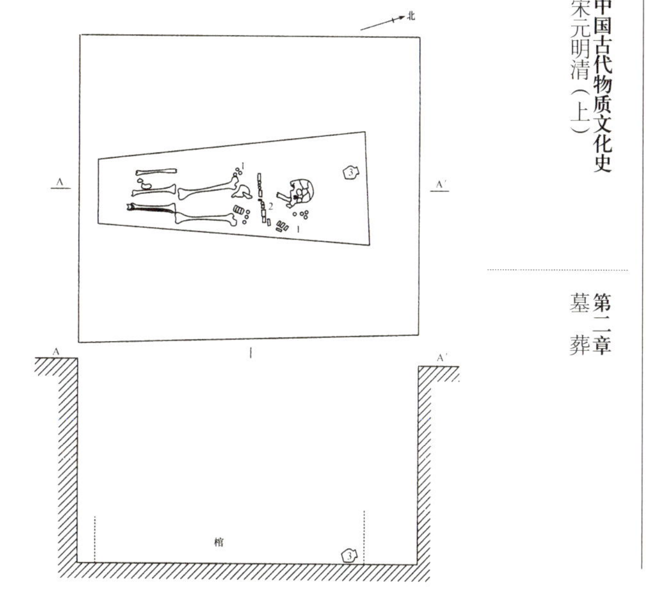

图2-7-41 北京射击场明代太监墓M155平、剖面图
（采自《北京奥运场馆考古发掘报告》，第516页，图四一）

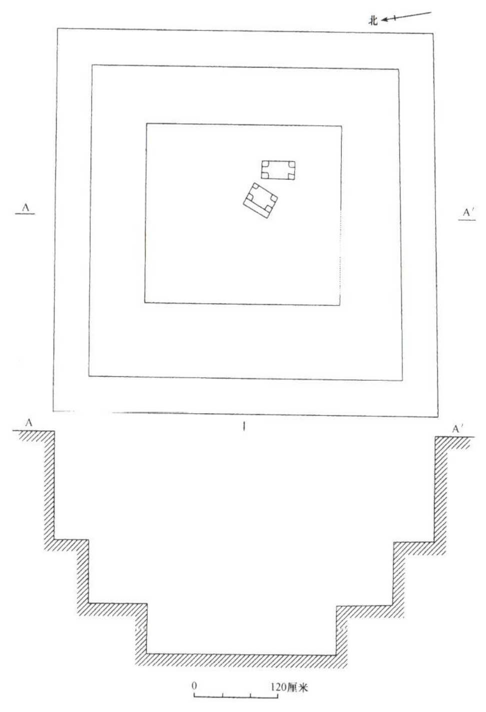

图2-7-42 北京射击场明代太监墓M174平、剖面图
（采自《北京奥运场馆考古发掘报告》，第517页，图四二）

1 北京市文物局、北京市文物研究所编著：《北京射击场工程考古发掘报告》，宋大川主编：《北京奥运场馆考古发掘报告》，北京：科学出版社，2007年，第467—474页。

2 北京市文物局、北京市文物研究所编著：《北京射击场工程考古发掘报告》，宋大川主编：《北京奥运场馆考古发掘报告》，北京：科学出版社，2007年，第467—474页。

现 33 座[1]。这些土坑墓基本呈南北向分布，墓葬形制简单，规模较小，长在 3 米以内，宽不超过 2 米。内置单棺，葬式多为仰身直肢，也有侧身屈肢者。墓中随葬品较简单，以陶罐、铜钱最为常见，有少量带饰品，这可能与墓主生前地位不高有关。如北京射击场太监墓群 M130[2]，该墓长 2.9 米、宽 1.6 米（图 2-7-43），单棺已朽，棺内骨架保存较完整，头北足南，仰身直肢。随葬有金泡 2 个，玉带 1 套，金饰、银饰、骨器、鎏金嘎乌盒各 1 件（图 2-7-44），嘉靖通宝铜钱 35 枚。

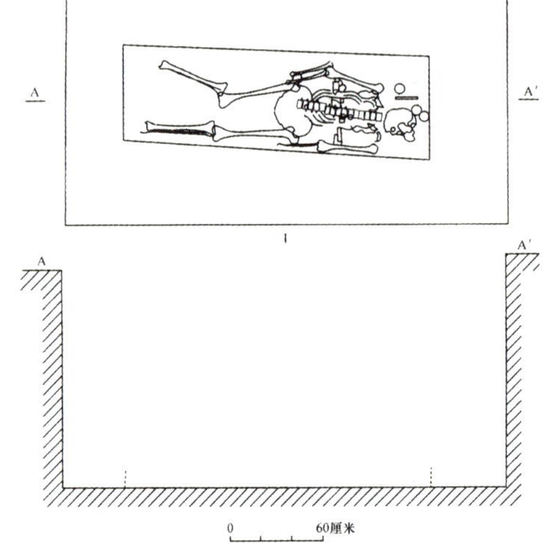

图 2-7-43　北京射击场太监墓 M130 平、剖面图
（采自《北京奥运场馆考古发掘报告》，第 591 页，图一四二）

4. 特点

从墓葬分布情况看，北京明太监墓单独埋葬者较少，多为集中设茔埋葬，其中北京奥运射击场墓地是目前所见的一处集中规划、规模最大的明代晚期太监墓群。该墓地的 163 座墓葬，尽管大部分没有出土纪年材料，但应系周密规划按统一标准进行营建的结果，分布极有规律。从墓葬形制看，墓主身份大体可分为四个等级：M4 为前后室砖石墓，等级最高；以 M15、M17 为代表的单室砖石墓次之；以 M155 为代表的三合土浇浆墓再次；以 M6 为代表的数量众多的竖穴土坑墓，等级最低[3]。这一情况为研究北京明代太监墓墓主身份等级及明代丧葬的等级制度提供了重要线索。

图 2-7-44　北京射击场太监墓 M130 出土嘎乌盒线图
（采自《北京奥运场馆考古发掘报告》，第 630 页，图一八五）

（二）南京地区

明太祖朱元璋于洪武元年（1368 年）定都南京，永乐十九年（1421 年）明成祖朱棣由南京迁都北京，虽然在南京定都只有短短 53 年，但葬在南京周边的太监数量众多。目前已在南京市南郊发现多座明代早期太监墓。值得注意的是，似乎郑和以后的明代太

1 郭力展：《中央民族大学住宅楼及地下车库工程考古发掘报告》，氏著：《北京考古工作报告》（2000—2009）（海淀卷），上海：上海古籍出版社，2011 年，第 292—311 页。

2 北京市文物局、北京市文物研究所：《北京射击场工程考古发掘报告》，宋大川主编：《北京奥运场馆考古发掘报告》，北京：科学出版社，2007 年，第 467—474 页。

3 宋大川主编：《北京考古发现与研究》，北京：科学出版社，2009 年，第 421 页。

监都选择在郑和葬地牛首山四周的山包下葬，呈众星拱月之势[1]。典型墓例有杨庆墓[2]、怀忠墓[3]、金英墓[4]。

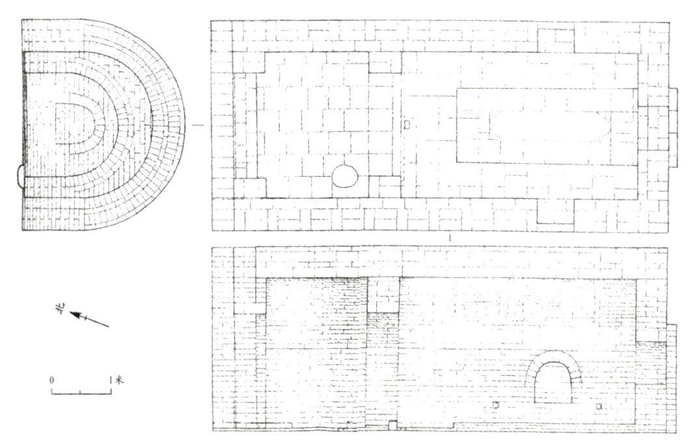

图 2-7-45　江苏南京杨庆墓平、剖面图
（采自《东南文化》2010 年第 2 期，第 53 页，图二）

杨庆墓为砖室墓，由封门墙、短甬道、前室、过道、后室组成，总长 7.03 米（图 2-7-45）。封门墙有内外两重，皆以长方形砖纵横交错平砌。墓室以隔墙分为前室和后室，均为券顶结构。前室长 1.58 米、宽 2.22 米、高 2.28 米，在前室左侧后部，有一圆形凹坑，推测为固定长明灯油缸而开凿。后室长 3.66 米，宽、高与前室相同，中央设长方框形棺床，三壁各有一拱形壁龛，在后室左右两壁壁龛两侧，设有铁索 4 具，两两相对，将棺具悬置于棺床正中的上方。木棺及人骨皆已朽没。该墓虽未遭盗掘，但出土遗物不多，仅有陶瓶 1 件、油缸 1 件、钱币 31 枚、铁凿 1 件、铁钩环 1 件、铁棺钉 50 枚、买地券 2 块、墓志 1 合等。据墓志，杨庆卒于宣德五年（1430 年），同年下葬。

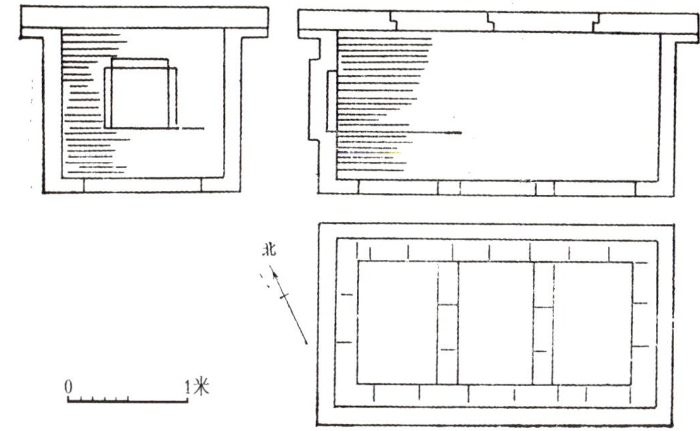

图 2-7-46　江苏南京怀忠墓平、剖面图
（采自《考古》1993 年第 7 期，第 667 页，图一）

怀忠墓为竖穴单室砖石墓，平面呈长方形，长 2.8 米、宽 1.40 米、高 1.27 米（图 2-7-46）。墓壁由青砖平砌，墓顶用四块石板覆盖，墓后壁砌有一方形壁龛。墓底用青砖在黄土上铺设目字形棺台，木棺及骨架均已朽没。墓室出土随葬品共计 28 件，其中镀金铜托墨绿玉带板 20 块、小料珠 6 粒、玉珠 1 粒、“内府”白瓷梅瓶 1 件。墓门外有墓志 1 合，据墓志可知，墓主人为明天顺南京守备司礼监太监怀忠，葬于天顺七年（1463 年）。

金英墓为前中后三室的砖石墓，平面呈长方形，穹窿顶，长 13.6 米、宽 3.8 米、高 3.64 米（图 2-7-47）。墓口左右各砌有护墙一垛，形如凹字。护墙中间为封门墙，墙里面即为第一道券门，有两扇石门。前室较小，前室和中室之间亦

1 李冀：《铁心桥发现明朝太监墓》，《南京日报》2006 年 6 月 21 日第 A06 版。
2 南京市博物馆：《明代宦官杨庆墓的考古发掘与初步认识》，《东南文化》2010 年第 2 期。
3 南京市博物馆：《江苏南京发现明代太监怀忠墓》，《考古》1993 年第 7 期。
4 华东文物工作队：《南京南郊英台寺山明金英墓清理记》，《文物参考资料》1954 年第 12 期。

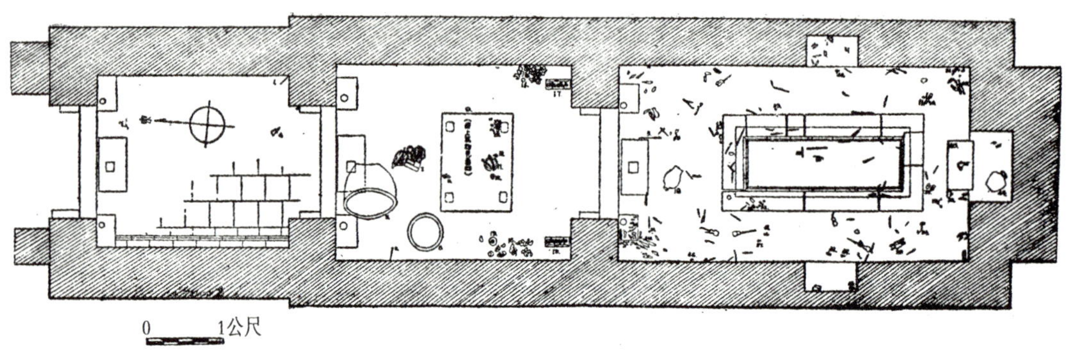

图 2-7-47 江苏南京金英墓平面图
（采自《文物参考资料》1954 年第 12 期，第 65 页，图 1）

有券门，推测有两扇木门。后室较前两室稍大，墓底铺方砖，两旁还砌有下水道。后室三壁各有一壁龛，中部有石质长方形须弥座棺座。正方形墓志置于墓口的券门内。前室仅发现墓门的铜锁和一件残破锡烛台；中室中间有一长方形石桌，上置锡制祭品，东北角及东南角有厨灶模型，后龛下倚靠一块方形地券，另有作长明灯用的陶缸。据墓志，墓主为明故司礼监太监金英，卒于景泰七年（1457 年），同年下葬。

南京地区明代太监墓已公开刊布者数量很少，且年代多在明代早期，多为砖石墓，普遍为前后两室，规格较高的有前中后三室，墓室应当是严格按照等级由工部统一营造的。随葬品不多，主要是锡制祭器，这种情况或与明代早期对宦官权力的严格限制有一定关系，与成都地区明中晚期的蜀藩太监墓出土大量精致的陶俑形成鲜明对比。其中杨庆墓采用了铁索悬棺的奇特葬式，但这种葬式在南京地区的明墓中并非孤例，在南京南郊天堡桥发现的明代宦官墓，墓葬亦未遭盗掘，但除出土石墓志外，几乎未发现其他随葬品和葬具，墓室两壁嵌置两两相对的四条铁索[1]。同样的葬式，还见于 1976 年在河北省发掘的明故两京司礼监太监牛玉墓[2]。简报认为，这种悬棺方式或许反映了信奉道教的太监对这种葬式的心理认同[3]。

（三）成都地区

明代在今陕西、河南、湖北、湖南、江西、四川、宁夏、甘肃、山东等地区都有藩王府分布，在各王府任职的宦官不在少数，但藩地太监墓的发现材料有限，以成都地区发现为多，现介绍如下。

据不完全统计，成都地区已清理发掘的蜀藩太监墓约有 400 座[4]，但多未正式刊布。目前材料公布稍详细者共 28 例，其中有纪年材料 24 例，无纪年材料 4 例。这些墓葬年代主要集中在明代中期[5]，早至弘治十六年（1503 年），晚到万历三十一年（1603 年），年代跨度约百年。

1 南京市博物馆：《明代宦官杨庆墓的考古发掘与初步认识》，《东南文化》2010 年第 2 期。
2 保定地区博物馆：《明两京司礼监太监牛玉墓发掘简报》，《文物》1983 年第 2 期。
3 南京市博物馆：《明代宦官杨庆墓的考古发掘与初步认识》，《东南文化》2010 年第 2 期。
4 罗开玉：《成都地区历代古墓概况》，《四川文物》1990 年第 3 期。
5（美）牟复礼、（英）崔瑞德：《剑桥中国明代史》（张书生等译），北京：中国社会科学出版社，2006 年，第 696 页。

成都地区明蜀太监墓均为砖、石结构，未见竖穴土坑墓。根据墓顶的差异，可大致分为券顶砖石墓和平顶砖石墓。结合纪年材料可知，平顶石室墓延续时间较短，在嘉靖早期短暂出现。而券顶墓贯穿始终，其变化主要体现在三间墓室与两间墓室的更替。出土器物种类丰富，制作精美，材质多种多样，包括陶、瓷、金、银、铜、锡、玉、石和木质。按其用途分礼器、祭器、容器、装饰品、生活用品等，常见随葬品有俑、轿椅、香炉、罐、瓶、碗、买地券、墓志铭、墓碑、杯、爵、发簪等，另有石简、石蜡、石灵牌、玉质小屏风等。

1. 券顶砖（石）墓

券顶砖石墓的墓室数量不一，可分为前中后棺四室墓、前中后三室墓、前后二室墓和单室墓，各墓室均按中轴线修建。墓葬由封土、墓道、八字墙、封门、墓门及数量不等的墓室组成。墓内装饰丰富，有仿木雕刻、壁画彩绘等。随葬品较多，常见有供桌和祭器组合、除侍女俑外的各类陶俑、墓志及买地券等。

前中后棺四室墓较少，墓葬明显是仿照蜀藩王的墓制建造的，可见蜀藩太监权势之大。如新北小区M3[1]，由封土、墓道、八字墙、封门、墓门、前中后棺四室组成（图2-7-48）。整墓长10.6米、宽2.2米、高4.4米。八字墙墙顶及前室、中室、后室墓门门额都饰仿木构屋檐。八字墙墙面饰朱红色狮纹，东西墙内容不同。前室石条封门，墓门上半圆形石板内饰朱红门匾，阴刻“寿室”，门框阴刻涂金对联一副。顶部饰田字形藻井，前室中部近墓门处陈设一墓碑。中室无封门，墓门门框上阴刻涂金对联一副，墓顶饰田字形藻井，中室后部陈设一石雕供桌。后室无封门，墓门门框上阴刻涂金对联一副，墓顶饰藻井。棺室无封门、无门框，墓门由外向内开。后室底部正中有三个钱币形镂孔，后壁雕刻仿木构建筑浮雕，屋内饰供桌，桌上置买地券，立嵌于壁面上。葬具为红漆木棺，严重腐朽。随葬品有瓷罐2件、瓷碗2件、瓷瓶4件、瓷香炉1件、瓷杯3件，石质墓志、地券、墓碑、供桌各1件。据券文，墓主为蜀府品服门正宁武阳，卒于万历二年（1574年），同年下葬。

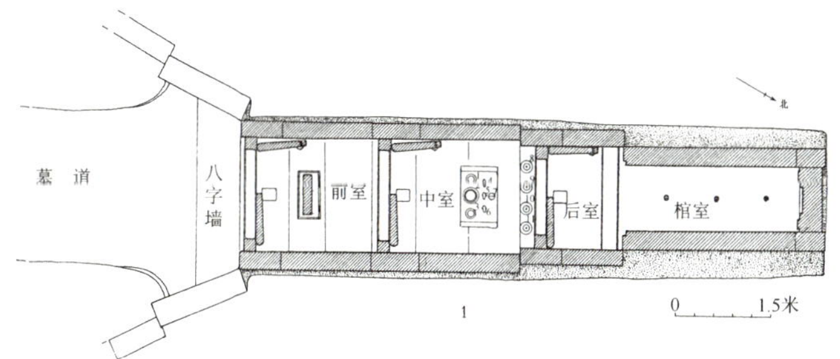

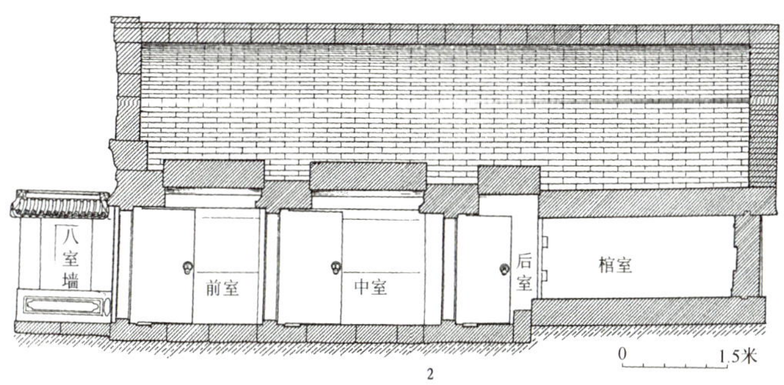

图2-7-48 四川成都新北小区太监墓M3平、剖面图
（采自《成都考古发现（2006）》，第342页，图五；第343页，图六）

前中后三室墓，早期有壁龛且墓内装饰以仿木雕刻为主；晚期壁龛逐渐消失，墓门及墓壁多有彩绘人物。如红牌楼太

1 成都文物考古研究所：《成都“新北小区四期”明代太监墓群发掘简报》，成都文物考古研究所编：《成都考古发现（2006）》，北京：科学出版社，2008年，第335—351页。

监墓 M6[1]，由封土、甬道、八字墙、封门、墓门、前中后三室组成（图 2-7-49）。墓室总长 9.36 米。八字墙由青砖砌墙面，用黑线描绘回字形画框。前室石条封门，门檐用整石雕刻屋面，门扇饰黑线方格纹和大方框纹。室顶天花板饰方框彩绘，壁面无壁画，左右壁龛上沿整石雕刻的仿木建筑屋面。中室无封门，左右壁龛上沿为整石雕刻的仿木建筑屋面，中部倒放一石桌，桌面有花卉彩绘。后室无封门，顶部饰方框彩绘，左右两壁有对称的四壁龛五肋柱，壁龛均饰石刻屋面及彩绘。后壁有两幅壁画，漫漶不清。后龛上沿整石雕刻屋面，内壁彩绘雕刻菊花，下沿浮雕石桌，桌沿刻钱币纹。后部设石板棺台，雕刻镂空钱币纹。葬具为髹红漆木棺，严重腐朽。随葬品中有陶质武官俑 2 件、骑马俑 6 件、侍者俑 9 件、仪仗俑 4 件，石质墓志、地券、供桌各 1 件。据墓志，墓主为明蜀府承奉副谷清，葬于弘治十七年（1504 年）。

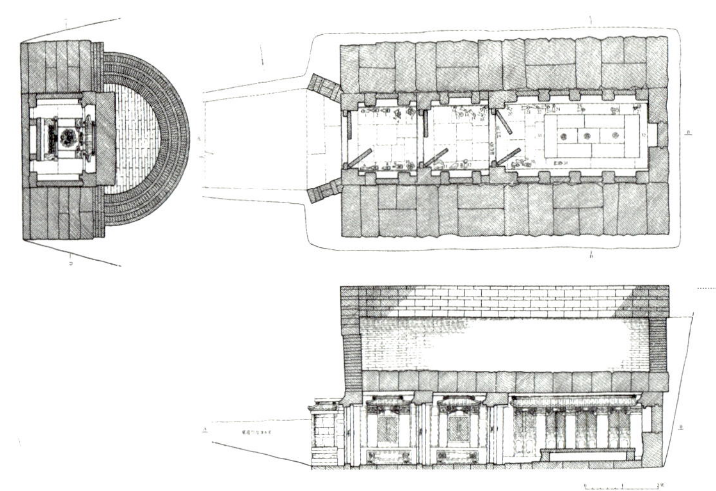
图 2-7-49　四川成都红牌楼太监墓 M6 平、剖面图
（采自《成都考古发现（2003）》，第 442 页，图二〇）

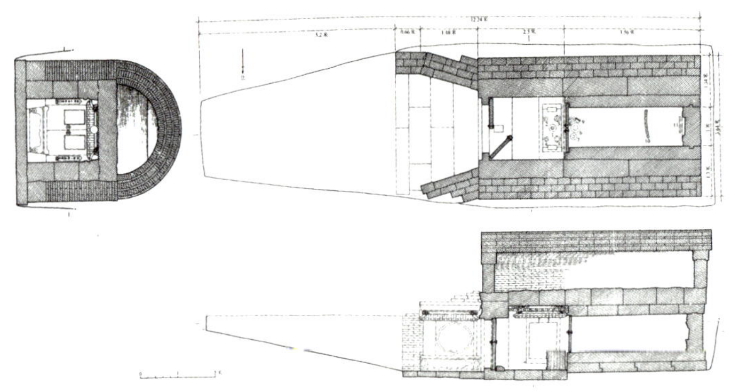
图 2-7-50　四川成都红牌楼太监墓 M8 平、剖面图
（采自《成都考古发现（2003）》，第 426 页，图四）

前后二室墓，壁龛逐渐消失。如红牌楼太监墓 M8[2]，由封土、墓道、八字墙、封门、墓门、前后二室组成（图 2-7-50）。整墓长 5.05 米。八字墙墙帽为整石雕刻屋面，南北两墙浮雕以龙纹为主。前室有砖、石封门，墓门门檐用整石雕刻屋面，门楣上部半月石额刻“山含晚露”四字，门柱阴刻对联，门扇正面彩绘武士门神。室顶天花板彩绘以仙鹤图为主体，左右壁均有人物花鸟等彩绘，壁画上方整石雕刻屋面。后室无封门，墓门门檐雕刻屋面，屋脊中间安放一枚铜镜，门框两侧刻描金对联，门扇内外共四幅人物彩画。室内无彩绘，仅涂一层朱砂颜料，后壁有仿木建筑造型石刻，上部为房屋结构，下部为香案，正中浮雕人物坐像。葬具为木棺，已朽。随葬品有瓷罐 1 件、瓷碗 1 件、瓷瓶 2 件，石质地券 1 件、石供桌 1 件、石瓶 2 件、石香炉 1 件、石烛台 2 件、铜镜 1 件。据券文，墓主谷

1 成都文物考古研究所：《成都市红牌楼明蜀太监墓群发掘简报》，成都文物考古研究所编：《成都考古发现（2003）》，北京：科学出版社，2005 年，第 426—488 页。
2 成都文物考古研究所：《成都市红牌楼明蜀太监墓群发掘简报》，成都文物考古研究所编：《成都考古发现（2003）》，北京：科学出版社，2005 年，第 426—488 页。

以登，为明蜀王府典膳，葬于万历三十一年（1603 年）。

单室墓，形制简单，也没有复杂的装饰。如三座坟 M6[1]，仅由一个墓室组成，长 2.8 米、宽 1 米，墓底铺砖，顶部作弧形砖券拱，用券六层，墓底至券顶高 1.1 米。葬具为红漆木棺，被扰乱，腐烂严重。随葬品仅有陶质谷仓罐和买地券。据券文记载，墓主为蜀府太监江贵，卒于嘉靖四十五年（1566 年）。

2. 平顶砖石墓

平顶砖石墓相对较少，墓室同样有多寡之分，可分为前中后三室墓、前后双室墓。墓室结构与券顶砖石墓基本相同，墓内装饰少量简单的浅浮雕图案及彩绘楼宇、藻井装饰等。墓室内均有供桌，其他随葬品不多，以俑、瓷器、买地券为主。

前中后三室墓，如沙竹苑太监墓 M1[2]，由墓道、八字墙、封门、墓门、前中后三室组成（图 2-7-51），墓室总长 6.08 米。墓门门檐用整石刻屋面，门柱上的对联模糊不清，门扇正反皆素面。墓室皆素面，无彩绘。后室后端中部陈设一石质供案，其上有一圆形内凹，朝南面浅浮雕花瓣纹。被盗严重，仅出土 4 件随葬品，其中有元末明初龙泉窑青瓷，未见墓志或买地券。

前后双室墓，如梁家巷刘公墓[3]，该墓以大石块砌圹，由享堂、前后二室组成，墓室平顶。享堂进深 1.35 米、宽 1.85 米、高 1.7 米，享堂墙壁绘屋宇门楼，室顶绘藻井。前室正中有一石香案，两旁分置瓷俑若干，墓志一方斜倚在香案后。后室长 2.4 米、宽 1.6 米、高 1.4 米，后室中木棺已朽。据墓志，墓主为明蜀王府门副刘四汉，葬于嘉靖十六年（1537 年）。

3. 分期

根据墓葬结构、形制与随葬品种类、数量的差异，成都地区明蜀太监墓可分为三期。

第一期：弘治末年至嘉靖早期。墓葬形制主要流行设壁龛的砖石混建墓及石室墓。随葬品中用于祭奠的器物组合种类逐渐增多；模型明器及俑群较多出现，人物俑形体较小，无女俑；买地券较为常见；瓷器中有明代龙泉窑产品。这一时期内出现的葬俗较多，金井、

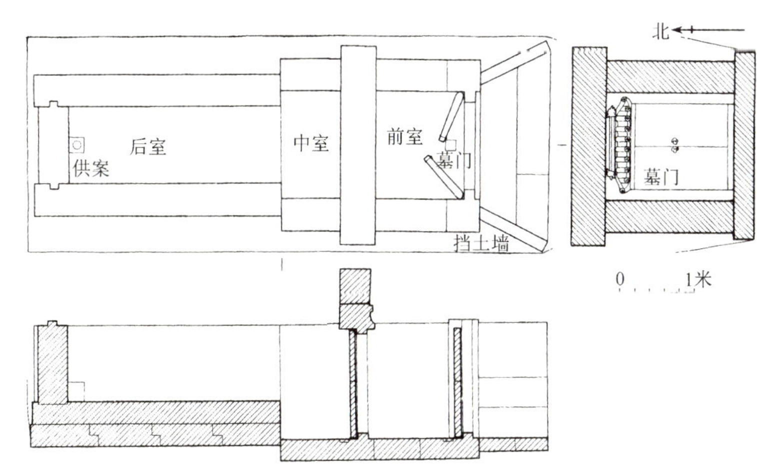

图 2-7-51　四川成都沙竹苑太监墓 M1 平、剖面图
（采自《成都考古发现（2007）》，第 595 页，图三）

1 刘致远：《成都三座坟明墓第一次清理报告》，《成都文物》1988 年第 2 期。

2 成都文物考古研究所：《成都市武侯区“沙竹苑”明代太监墓发掘简报》，成都文物考古研究所编：《成都考古发现（2007）》，北京：科学出版社，2009 年，第 593—607 页。

3 江学礼：《成都梁家巷发现明墓》，《考古》1959 年第 8 期。

墓联较流行，还普遍随葬有装有谷物种子的釉陶仓谷罐。

第二期：嘉靖中期至万历早期。主要流行后室狭长的砖石混建墓。随葬品中动物俑种类增多，人物俑形体变得高大，依旧无女俑；祭奠用品及生活用品明显有延续前期的痕迹，仅形制上稍有变化，墓中多见买地券、墓志、墓碑等。流行墓门上镌刻墓联的现象。

第三期：万历中晚期。主要流行双室的砖石混建墓。随葬品以祭奠用品及生活用品为主；俑群及模型明器消失，被壁画彩绘俑装饰取代；青花瓷器大量出现。

与明蜀藩王墓及四川地区明代品官墓相比，成都地区明蜀太监墓有如下特点：太监墓由政府统一规划营造，多选址在寺庙旁，由僧人代管日常祭奠；墓葬形制模仿明蜀藩王墓，在墓门外砌有八字墙；随葬品中无女俑，葬俑习俗逐渐被壁画彩绘俑所取代，多见买地券，墓中多设有祭奠功能突出的供桌；墓室装饰题材多样；金井、墓联文化在很长时段都很流行。

四、平民墓

随着基建工程的大力开展，全国范围内发掘了大量明代平民墓葬，但目前正式刊布的材料较少，许多形制相对简单、随葬品并不丰富的墓葬并没有得到详细的记录和公布。明代平民墓的分布，大致可分为北方地区、长江中上游地区、长江下游地区、沿海地区四个区域。

(一) 北方地区

北方地区明代平民墓葬不多，零星分布在黑龙江、吉林、辽宁、北京、山西、陕西、河北、河南等地。

黑龙江地区明代平民墓葬仅有零星发现，如绥滨县东胜村明代兀的哈人墓葬群[1]，这批墓葬均为长方形土坑墓，墓中随葬器物较少，不见瓷器和陶器，多为小型青铜饰品。类似绥滨东胜墓群的文物，近年来在宝清、宾县、肇源陆续都有发现[2]。明代这一带居住的是兀的哈人，他们是辽金时代兀惹人的后裔、清代赫哲族的先人，墓主推测多为兀的哈平民。这批墓葬的发现不仅为研究明代兀的哈人的社会生活提供了一批实物资料，更重要的是可作为辨别明代黑龙江流域少数民族遗迹的标尺。

吉林最具代表性的就是扶余油田砖厂明代晚期平民墓群[3]，共发掘了76座墓葬，均为长方形竖穴土坑墓，墓圹四角略呈圆弧形，没有发现男女合葬墓，绝大多数为仰身直肢葬，葬具为木棺。随葬品摆放有一定规律，瓷器等生活用品置于头顶，装饰品置于躯干部位，有些墓葬还有用于放置随葬品的头箱。部分墓葬还

1 黑龙江省文物考古研究所、鹤岗市文物管理站：《绥滨县东胜村明代兀的哈人墓葬》，《文物》2000年第12期。

2 张泰湘：《黑龙江省明代考古学研究》，《北方文物》2007年第1期。

3 吉林省文物考古研究所：《扶余明墓——吉林扶余油田砖厂明代墓地发掘报告》，北京：文物出版社，2011年。

有随葬桦树皮、马牙、马骨的葬俗，推测其族属是明代的海西女真部[1]。

辽宁沈阳近年来清理了多处明墓，且成片分布于不同的墓地，其中农学院明墓[2]、光明电影院明墓[3]、山城子明墓[4]，均为火葬罐墓。佟家坟沟明墓群[5]、天主教修女院明墓[6]、市府广场明墓群[7]，均为长方形土圹竖穴墓，多有头龛或脚龛，葬具为木棺，仰身直肢葬，一般仅见随身饰品，身下多铺有前朝的铜钱。这种葬俗还见于辽阳、大连、鞍山、兴城等地，这应该是东北地区长城腹地汉族居民最流行的丧葬习俗。结合遗物特征进一步推测，八王寺、天主教修女院、市府广场明墓群，应为沈阳中卫城城内居民的墓地；佟家坟沟明墓群则应与明长城沿线烽燧上的驻军有关[8]。

北京地区近年来在各个区县抢救性清理了为数众多的明代平民墓葬。这些墓葬规模较小，形制简单，以竖穴土坑墓为主，其中包括大量的二人或二人以上的竖穴土坑合葬墓。随葬品较少，仅有少量陶器、瓷器、买地券与钱币等，有的仅随葬少量的铜钱或完全无随葬品。如数字北京大厦工程M23[9]，为长方形竖穴土圹墓，南北长2.6米、东西宽2.7米、深1.9米，内填五花土。墓内三人合葬，东西并列三木棺，三棺棺底齐平。三棺内骨架皆仰身直肢葬。西棺出“万历通宝”12枚。

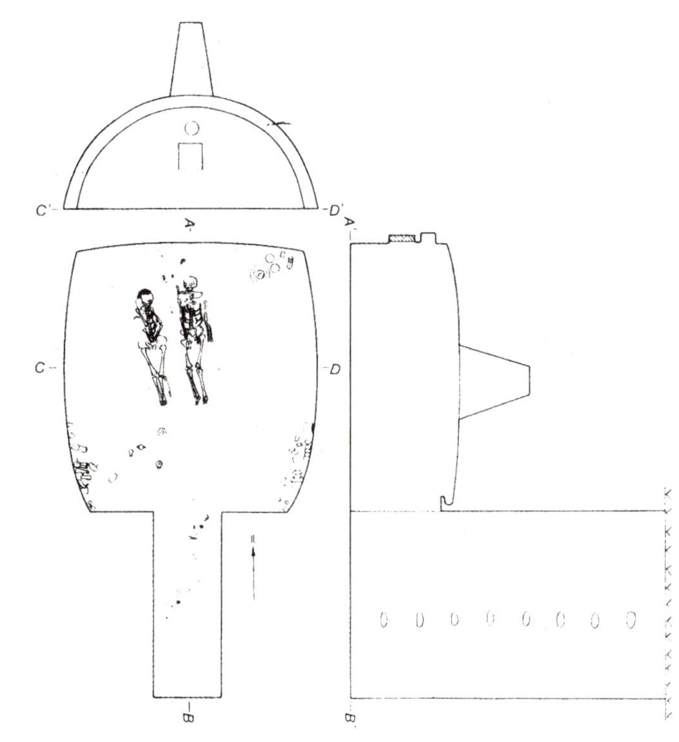

图 2-7-52　山西襄汾丁村明墓 M2 平、剖面图
（采自《文物季刊》1996 年第 1 期，第 63 页，图一）

1 吉林省文物考古研究所：《扶余明墓——吉林扶余油田砖厂明代墓地发掘报告》，北京：文物出版社，2011 年，第 241 页。

2 沈阳市文物管理办公室：《沈阳市文物志》，沈阳：沈阳出版社，1993 年，第 258 页。

3 沈阳市文物管理办公室：《沈阳市文物志》，沈阳：沈阳出版社，1993 年，第 259 页。

4 沈阳市文物考古研究所：《沈阳考古发现六十年（出土文物卷）》，沈阳：辽海出版社，2008 年，第 212 页。

5 沈阳市文物考古研究所：《沈阳苏家屯佟家坟沟明代墓葬发掘报告》，沈阳市文物考古研究所编：《沈阳考古文集》第 1 集，北京：科学出版社，2007 年，第 154—159 页。

6 沈阳市文物考古研究所：《沈阳热闹路天主教修女院古代墓群 2006 年考古发掘报告》，沈阳市文物考古研究所编：《沈阳考古文集》第 1 集，北京：科学出版社，2007 年，第 38—61 页。

7 沈阳市文物考古研究所：《沈阳“市府广场”南明代、清代墓葬发掘报告》，沈阳市文物考古研究所编：《沈阳考古文集》第 2 集，北京：科学出版社，2009 年，第 181—185 页。

8 赵晓刚：《沈阳地区明代墓葬初探》，《东北史地》2012 年第 3 期。

9 北京市文物局、北京市文物研究所：《数字北京大厦工程考古发掘报告》，宋大川主编：《北京奥运场馆考古发掘报告》，北京：科学出版社，2007 年，第 165 页。

山西的平民墓颇具地方特色，墓室仿窑洞而建，如襄汾丁村明墓群[1]，该墓群共发现6座明代墓葬，以M2为例，该墓为土洞墓，平面呈弧边长方形（图2-7-52），墓室两壁挖有对称脚窝，墓门为券门，用砖、土坯封门，墓顶为窑洞式。东男西女，葬具均为木棺，葬式基本相同，骨架置于墓室正中，仰身直肢，头北脚南，头下枕大炭块，棺周围也放置炭块。随葬有泥俑15件、瓷罐1件、瓷碗2件、瓷壶1件、瓷碟1件、铜镜1件、铁灯盏1件、锡壶1件、锡香炉1件、锡烛台2件。总的来说，该墓地陶器多残碎，瓷器多黑瓷，主要器类有罐、碗、壶、瓶、盆；铜器有铜镜、铜钱；铁器有耙、犁头、灯盏等；出土锡器制作简单粗糙，器体较薄，多已变形，主要有壶、香炉、烛座等。墓室内均置有朱书瓦符，墓室后壁正中的龛中均放有朱书买地券，字迹多已模糊不清。据研究，该墓地为襄汾明末丁氏家族三代人的葬地。

在陕西地区发现有少量明代土洞墓。如陕西西安财政管理干部培训中心明墓[2]，竖井式墓道位于墓室南端，平面呈梯形，底部为斜坡状，墓门为券顶，已塌陷。墓室平面呈梯形，券顶，进深2.8米，墓室北壁有一方形小龛，宽0.36米、高0.45米、深0.12米，距墓底0.76米，龛内嵌买地券砖1方。该墓虽被盗掘，仍出土有钱币46枚、瓷罐1件、金币1枚。其中金币为圆形方孔，质地较薄，无钱文，发现于死者口中，应系专为死者用的冥币。买地券文字已漫漶不清。

河北、河南两地均仅发现有零星的明代平民墓，包括砖室壁画墓和砖砌带仿木结构墓。壁画墓形制基本相同，平面略呈方形，由短墓道、墓门、墓室三部分组成，墓室四壁均绘壁画，其中石家庄弘治壁画墓中包含的题材有夫妻对坐、母子图、升天图、执幡图[3]（图2-7-53）；登封嘉靖墓的壁画更为精致，绘画题材包括侍女、宴请、夫妻对坐等[4]。带仿木结构砖室墓以河北行唐明代夫妇合葬墓为典型[5]，该墓为带甬道和墓道的圆形单室砖墓，墓顶已被破坏，墓室是在圆形土坑内贴壁错缝平铺单层砖。墓壁和墓顶的结合处各砌一周菱角牙子，西壁上砖砌一放置长明灯的灯檠。墓底砌单层砖棺床，使用木棺作为葬具，棺上有铁棺环，骨架头西脚东，仰身直肢，头下枕一覆置的板瓦。随葬品有黑釉瓷瓶、青瓷盆、黑白瓷碗、白瓷盏、白瓷高足杯、铁犁铧、石砚台、料质发簪、铜耳环及铜钱等。

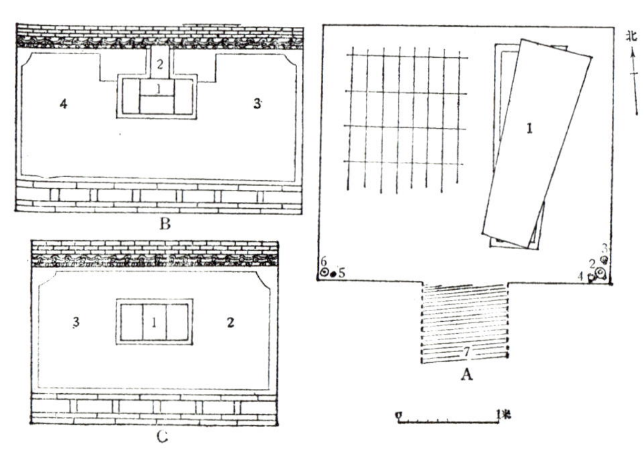

图2-7-53 河北石家庄市郊陈村明代壁画墓平、剖面图
（采自《考古》1983年第10期，第919页，图一）

综上，东北地区明代平民墓葬种类单一，只有长方形竖穴土坑墓，葬式多为仰身直肢单人葬，随

1 山西省考古研究所：《襄汾丁村明代墓葬发掘简报》，《文物季刊》1996年第1期。
2 西安市文物保护考古所：《西安财政管理干部培训中心明墓发掘简报》，《文博》2002年第6期。
3 石家庄市文物保管所：《石家庄市郊陈村明代壁画墓清理简报》，《考古》1983年第10期。
4 郑州市文物考古研究所、登封市文物局：《登封卢店明代壁画墓》，《中原文物》1999年第4期。
5 樊书海：《明代仿木结构墓葬现身河北行唐》，《中国文物报》2007年8月22日第2版。

葬品数量很少，墓主身份有少数民族兀的哈人、海西女真部，亦有汉族。少数民族的特点主要体现在墓中随葬有桦树皮、马牙、马骨等具有民族特色的随葬品[1]。北京虽然也是采用长方形竖穴土坑墓，但差别在于该区域平民墓多采用二人或二人以上的合葬，随葬品也很少，有时只见零星铜钱。而山西、河北、河南三省的平民墓各有特色，有窑洞式的土洞墓、壁画砖室墓、仿木结构圆形砖室墓等，且随葬品较丰富。洞室墓主要出自陕西，与山西出土的土洞墓有诸多共同点，均为仿窑洞式建筑，夫妻合葬墓，随葬有买地券等，两者的区别在于陕西地区土洞墓多采用竖穴式，山西地区的土洞墓采用由墓道进入的形制。

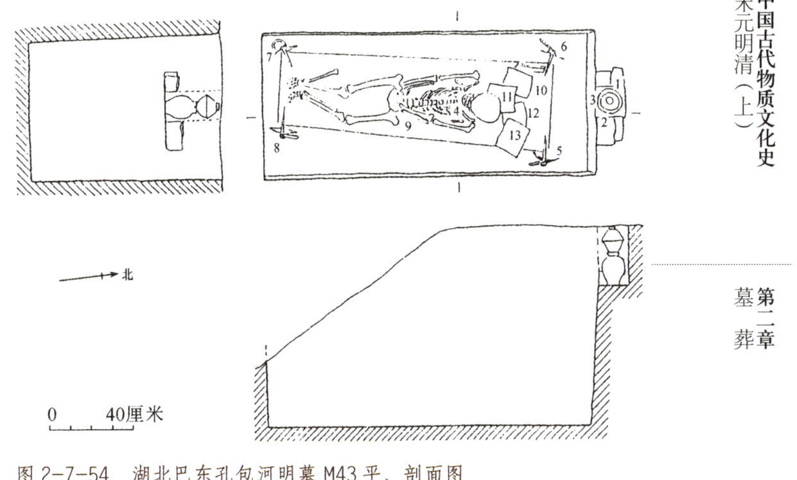

图 2-7-54 湖北巴东孔包河明墓 M43 平、剖面图
（采自《湖北库区考古报告集》第三卷，第 373 页，图一三）

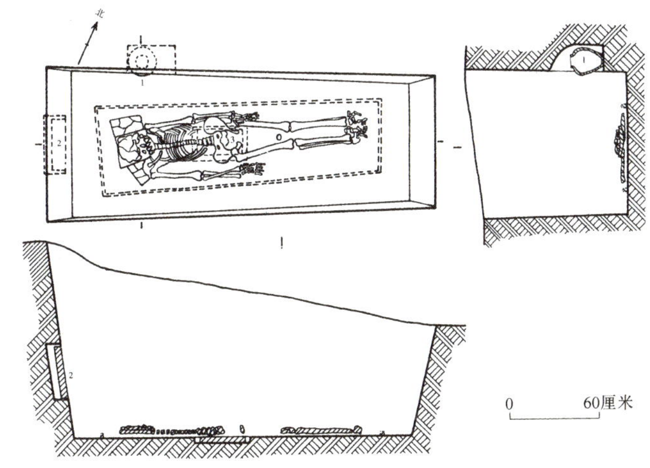

图 2-7-55 湖北秭归庙坪明墓 M27 平、剖面图
（采自《秭归庙坪》，第 260 页，图二二三）

（二）长江中上游地区

长江中上游的明代平民墓集中在三峡地区，其次是湖北及江西。主要流行竖穴土坑墓、砖（石）墓，部分地区发现有少量土洞墓、火葬墓。火葬墓主要分布在四川西昌及云南曲靖、丽江、大理、楚雄、鹤庆、洱源、下关、宾川、蒙化、禄丰、云龙、石屏等地。

1. 竖穴土坑墓

该区域明代平民墓以竖穴土坑墓最为常见，尤其是在三峡地区。墓室平面多呈长方形或梯形，长度一般小于 3 米，宽在 1 米左右，绝大多数墓葬均为单人葬，葬具以木棺为主。有的墓葬带壁龛或头箱以放置罐、碗、碟等器物。如湖北巴东孔包河明墓 M43[2]，平面呈长方形，北壁设头龛，内置青花瓷碗 2 件、陶罐 1 件（图 2-7-54）。湖北秭归庙坪明墓 M27[3]，平面呈西宽东窄的梯形，西壁有一

1 吉林省文物考古研究所：《扶余明墓——吉林扶余油田砖厂明代墓地发掘报告》，北京：文物出版社，2011 年，第 241 页。

2 湖北省文物考古研究所：《巴东孔包河墓地 2002 年发掘简报》，国务院三峡工程建设委员会办公室、国家文物局编：《湖北库区考古报告集》第三卷，北京：科学出版社，2006 年，第 373—378 页。

3 湖北省文物事业管理局、湖北省三峡工程移民局编：《秭归庙坪》，北京：科学出版社，2010 年，第 237—281 页。

长方形头龛，北壁有一长方形壁龛，墓底中部有一腰坑（图2-7-55），据所出契砖，墓葬年代为嘉靖四十三年（1564年）。

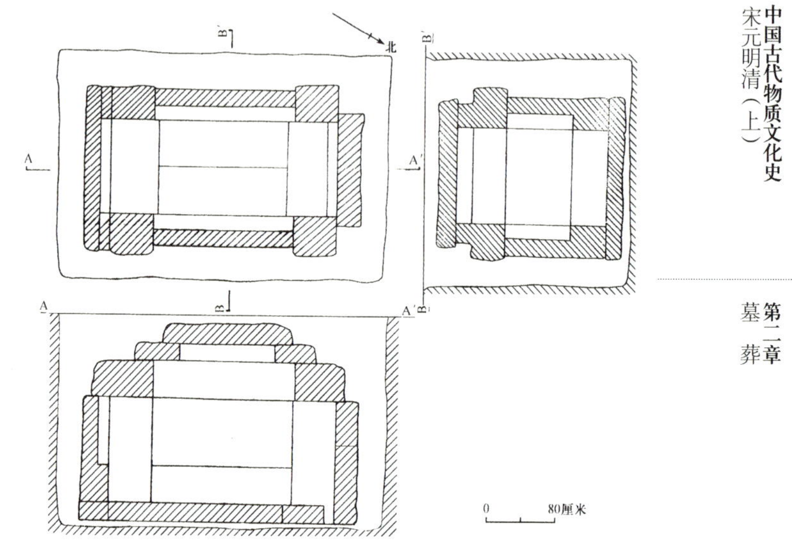

图2-7-56　重庆潼南梁家嘴明墓M1平、剖面图
（采自《重庆公路考古报告集》，第224页，图三）

2. 砖（石）墓

长江中上游地区发现的砖（石）墓数量仅次于土坑墓。其中，砖室墓主要分布在湖北、湖南、江西地区。顶部均为券顶，墓壁由大小不一的砖错缝平砌，石灰抹缝，墓室除极少数呈梯形外，其余均为长方形，室内多设壁龛。石室墓主要分布在川、渝地区，多由石板、石条砌成，墓室平面呈长方形，室内多设壁龛。砖石混筑墓数量很少，仅零星分布在三峡地区，有的为石室砖券，有的为砖砌四壁石板盖顶。根据墓室数量及排列关系的不同，可分为单室墓、前后室墓、前中后三室墓、多室并列墓。随葬品较少，常见有谷仓罐、瓷罐、瓷碟、瓷盖罐及买地券。

（1）单室墓

单室墓可分为石砌单室墓、砖砌单室墓两种。石砌的又分平顶和藻井顶两种，砖砌主要是券顶。室内侧壁或后壁多设壁龛。石砌单室墓，如重庆潼南梁家嘴明墓M1[1]，为单室藻井顶石室墓，由封门、墓室、藻井、侧壁龛和后壁龛组成，墓

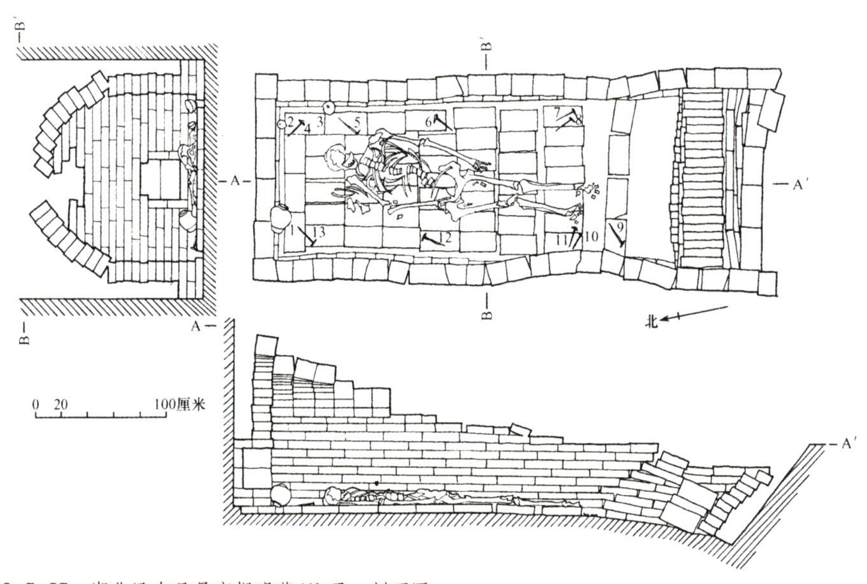

图2-7-57　湖北巴东县吴家坝明墓M1平、剖面图
（采自《湖北库区考古报告集》第四卷，第328页，图二二）

1 重庆市文物考古研究所、潼南县文物管理所：《潼南县崇龛梁家嘴墓群考古发掘简报》，重庆市文物考古所、重庆文化遗产保护中心编著：《重庆公路考古报告集》，北京：科学出版社，2010年，第222—242页。

室内有棺台，石板铺地（图 2-7-56）。砖砌单室墓，如湖北巴东吴家坝明墓 M1[1]，该墓为长方形券顶墓，墓壁用单砖错缝平砌，墓室内砖砌凸字形头龛（图 2-7-57）。

(2) 双室墓

前后双室墓，有砖室、石室，也有砖石混筑结构。如重庆上中坝明墓 M5[2]，为前后室藻井顶石室墓，墓前原建有祭台、台阶和墓碑。前室为横长方形，后室被三道石墙隔为四个墓室，每室均有石门，后室北壁各用一块整石砌成，均开凿一花边尖拱楣后龛（图 2-7-58）。

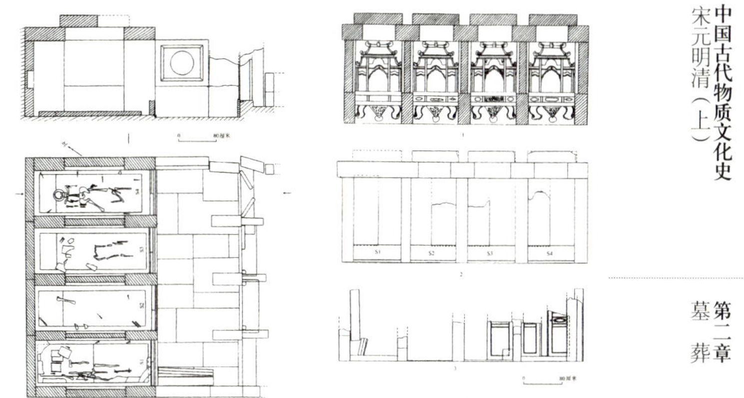

图 2-7-58 重庆上中坝明墓 M5 平、剖面图
［采自《重庆库区考古报告集》（1997 卷），第 550 页，图五、图六］

(3) 前中后三室墓

前中后三室墓数量很少，多为砖石混筑结构。如湖北秭归官庄坪明墓 M27[3]，地面建有葫芦形、八字口的护墙，墓前有台阶。墓室四壁为灰砖平砌，分前、中、后三室，石板封顶（图 2-7-59）。

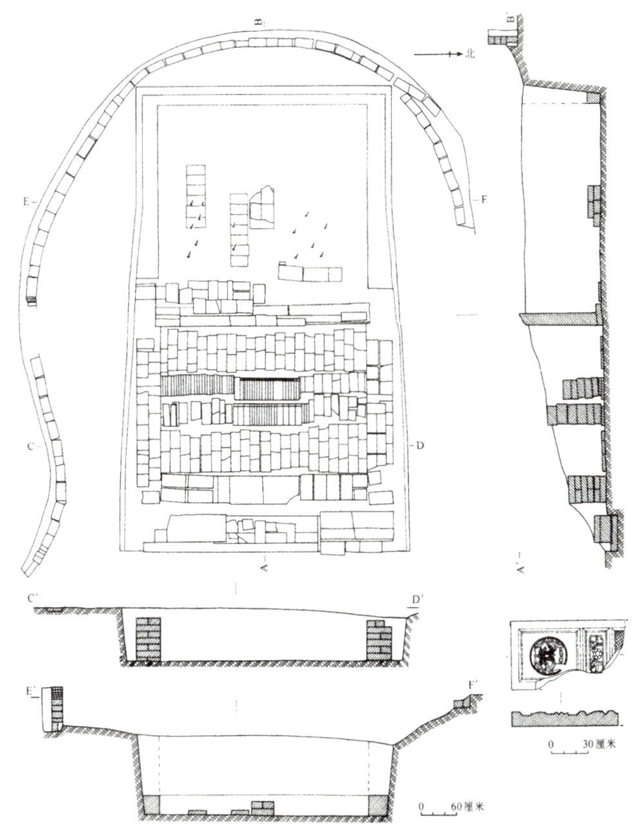

图 2-7-59 湖北秭归官庄坪明墓 M27 平、剖面图
（采自《秭归官庄坪》，第 578 页，图五三一）

(4) 多室并列墓

多室并列墓，以二室或三室并列居多。可分为石砌多室墓、砖砌多室墓、砖石混砌多室墓。

石砌多室墓，大多相邻墓室共用一壁，部分墓室内有侧壁龛及后龛、棺床等。墓顶多为平顶或藻井顶，如重庆江津塘河镇岔口明墓 M1[4]，该墓为五室合葬石室墓，建造时先挖长方形土坑墓圹，然后用长方形石板砌筑墓室，五个墓室呈

1 湖南怀化市博物馆：《巴东县吴家坝遗址发掘报告》，国务院三峡工程建设委员会办公室、国家文物局编：《湖北库区考古报告集》第四卷，北京：科学出版社，2007 年，第 325—331 页。

2 西北大学考古队、万州文物管理所：《万州上中坝遗址发掘报告》，重庆市文物局、重庆市移民局编：《重庆库区考古报告集》（1997 卷），北京：科学出版社，2001 年，第 548—558 页。

3 国务院三峡工程建设委员会办公室、国家文物局编：《秭归官庄坪》，北京：科学出版社，2005 年，第 573—583 页。

4 重庆市文物考古所、江津区文物管理所：《江津区塘白路工程考古发掘简报》，重庆市文物考古所、重庆文化遗产保护中心编著：《重庆公路考古报告集》，北京：科学出版社，2010 年，第 243—247 页。

一字排列（图 2-7-60）。

砖砌多室墓，墓顶多为券顶，大多各墓室单独起券。墓底多铺有地砖及草木灰。后壁和侧壁多设壁龛。如湖北孝昌石板地明墓 M1[1]，为长方形双室双券顶砖室墓。墓室系同时建成，北室先葬，南室预留，两室共用一面隔墙，隔墙中部开有一互通的小窗，两室另一侧壁各设一壁龛（图 2-7-61）。

砖石混砌多室墓，有的石室砖券，也有砖室石板封顶。如湖北秭归卜庄河明墓 M138[2]，由土圹、石室、砖室、石围墙组成，略呈长方形的土圹内砌一横长方形石室，石室内又砖砌三个东西排列的小墓室（图 2-7-62）。

3. 特点

长江中上游地区明代平民墓墓葬类别较多，形制多样，以土坑墓最普遍，集中分布在三峡地区，平面呈长方形或梯形，设有放置随葬品的壁龛，流行单人葬。该区流行的土坑火葬墓，与沿海地区的形制有所不同，沿海地区采用长方形竖穴土坑，单罐葬；长江中上游地区多采用圆形或椭圆形墓坑，坑壁或铺有小砖，一坑内会有合葬情况出现，且陶罐外壁多有刻画符号。北方及沿海地区的砖石墓，无论身份贵贱，多采用单室结构；而长江中上游地区的砖石墓，多采用前后室多室并列结构。

（三）长江下游地区

以江苏南京为中心的长江下游地区发现有较多高等级的明代藩王、品官和太监墓葬，而平民墓数量则明显较少，主要有竖穴土坑墓、小型砖（石）墓、三合土墓。

1. 竖穴土坑墓

竖穴土坑墓发现数量多，但见诸报道者较少，墓坑平面呈长方形，坑内放置木棺。随葬较少，偶见陶罐、瓷碗之类的实用器。典型墓例有江苏宝应时代广场工程明代家族墓[3]。该墓地共发现3座墓葬，均为竖穴土坑双棺夫妇合葬墓，以 M2 为中心，呈东西向“品”字形排列。M1 和 M2 头部放置 2 个倒扣的青瓷碗，棺外放置多个大小不等的釉陶罐，M2 棺前出土一方买地券；M3 西棺发现铜钱，东棺无随葬品，棺外各放置 6 个釉陶罐。从墓葬结构和出土器物看，为一般平民阶层墓葬，据买地券，M2 的年代下限为成化十八年（1482 年），M1、M3 更晚。

2. 砖（石）墓

砖（石）墓相对较常见，墓室长度多在 3 米以下，夫妻合葬居多，并列墓室之间有孔相通。棺室内一般放置尸骨，也有罕见的骨灰葬。随葬品相对丰富，有

1 湖北省文物考古研究所：《湖北孝昌石板地明墓发掘简报》，《江汉考古》2003 年第 4 期。

2 国务院三峡工程建设委员会办公室、国家文物局编：《秭归卜庄河》，北京：科学出版社，2007 年，第 731—746 页。

3 印志华等：《江苏宝应发现明代家族墓》，《中国文物报》2006 年 9 月 22 日第 2 版。

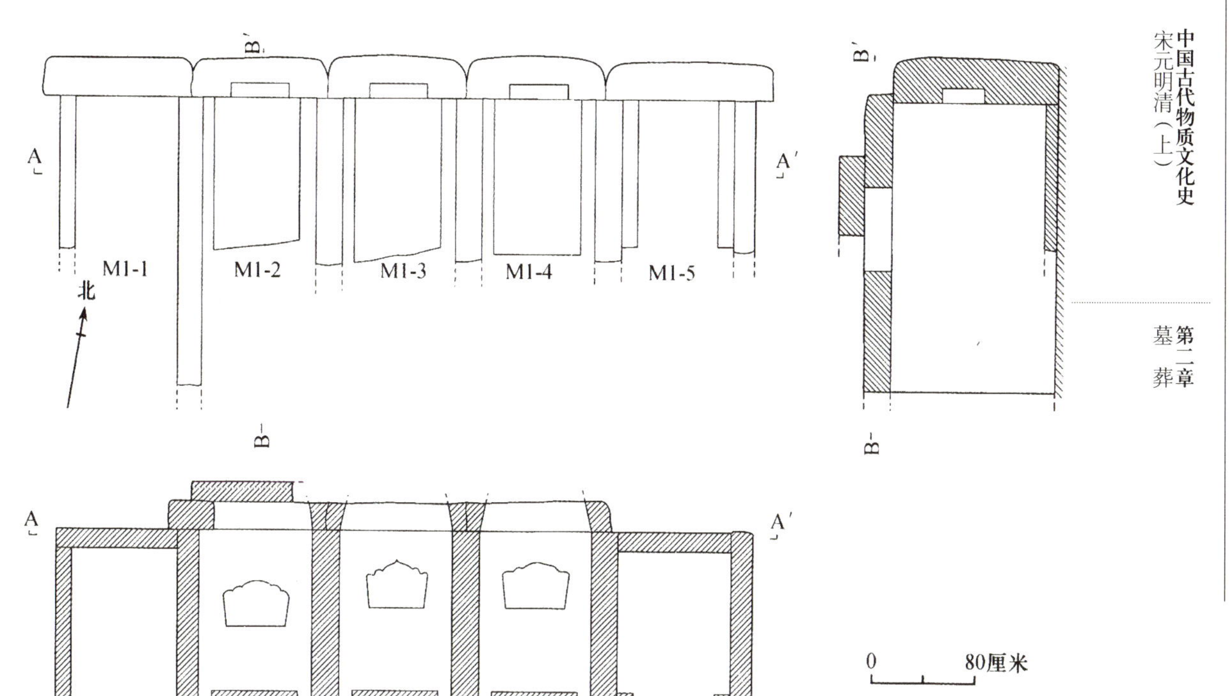

图 2-7-60 重庆江津塘河镇岔口明墓 M1 平、剖面图
（采自《重庆公路考古报告集》，第 244 页，图三）

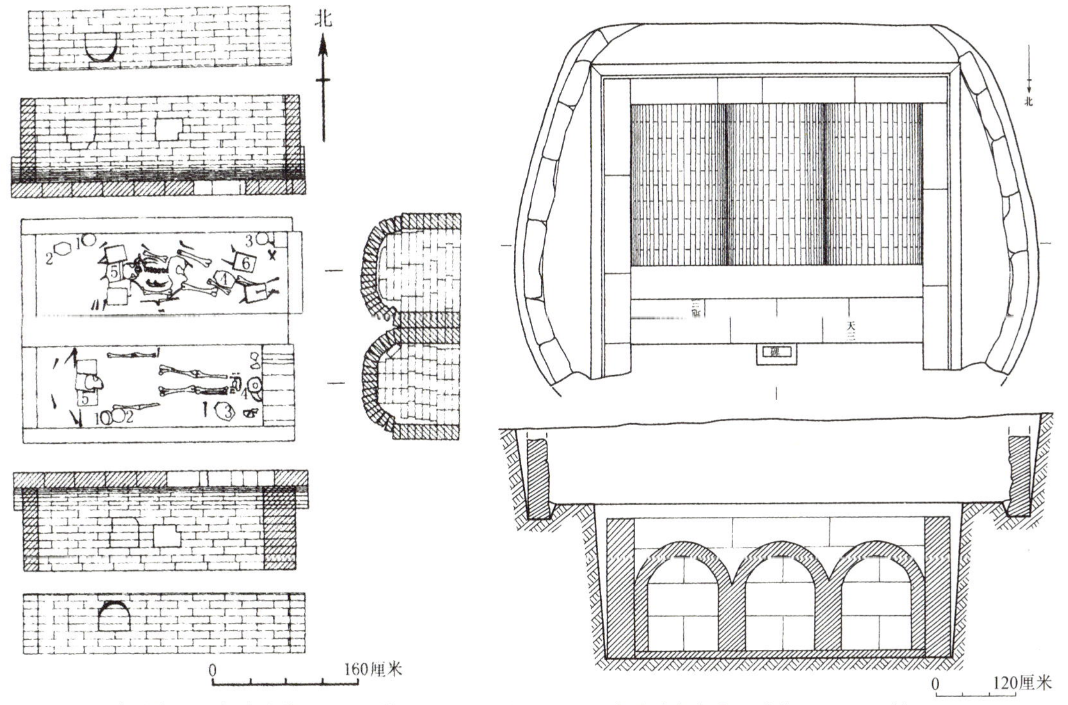

图 2-7-61 湖北孝昌石板地明墓 M1 平、剖面图
（采自《江汉考古》2003 年第 4 期，第 26 页，图二）

图 2-7-62 湖北秭归卜庄河明墓 M138 平、剖面图
（采自《秭归卜庄河》，第 737 页，图七〇八）

成套祭器、日用明器、墓志等。典型墓例有浙江温州项思尧夫妇墓[1]、江苏南京尹西村明墓 M3[2]。

1 温州市文物处：《浙江温州市陈村明代项思尧夫妇墓》，《考古》1999 年第 4 期。
2 南京市博物馆：《南京尹西村明墓》，《江汉考古》1989 年第 2 期。

浙江温州项思尧夫妇墓为并列双室券顶砖室墓，左男右女，总长 2.7 米、宽 2.4 米、高 1.2 米（图 2–7–63）。墓壁由三层砖砌筑而成，墓门用三层砖封砌。墓室内除了数枚棺钉和一些防潮木炭外，别无他物。随葬品集中放置在男室墓门外，包括陶俑 9 件、日用明器 6 件、青石圹志 2 合。据墓志，墓主项思尧，卒于隆庆二年（1568 年），同年下葬。其父官至广东参政，但其本人却终身未得一官半职。出土的陶俑制作精良，生动再现了书童持书、侍女提壶、轿夫抬轿、挑夫担物的工作状态；床、轿、衣架、巾架、脸盆等实用明器为研究明代家具增添了实物资料。

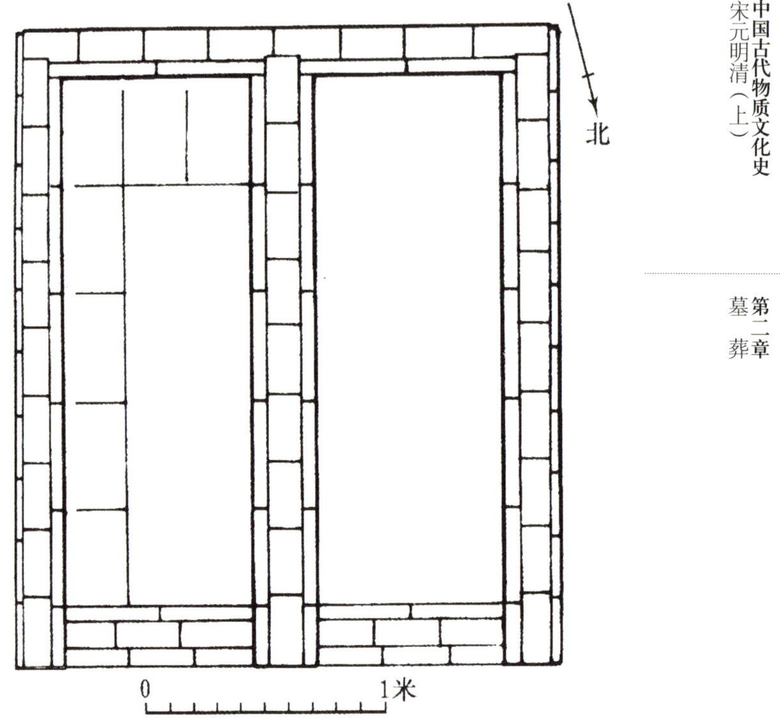

图 2–7–63　浙江温州项思尧夫妇墓平面图
（采自《考古》1999 年第 4 期，第 45 页，图一）

江苏南京尹西村明墓 M3 为双券顶并列之双室墓，平面呈长方形（图 2–7–64）。墓门由两块青石板拼成；墓室地面铺地砖一层，左右后三壁均有券顶壁龛，后龛较大。两墓室结构完全一致，共用隔墙上有一空心花纹砖相通。墓室后部中央各有一方形束腰状砖台，中间有一方孔直通墓底黄土。随葬品有瓷罐 10 件，瓷双耳环瓶 4 件，瓷香炉、铜烛台、瓷盘各 2 件，瓷碗 1 件，骨筷 2 双，铜钱 120 枚。墓内没有发现任何棺椁痕迹，但在左室门口及右室的砖台旁发现两堆骨灰。此墓规模较小，一般常人无法下葬，由此可知，此为双室的骨灰葬墓。这种骨灰葬墓在南京地区常有发现，但专设砖台用以搁置骨灰盒，这种做法在南京地区同类墓葬中属首次发现。

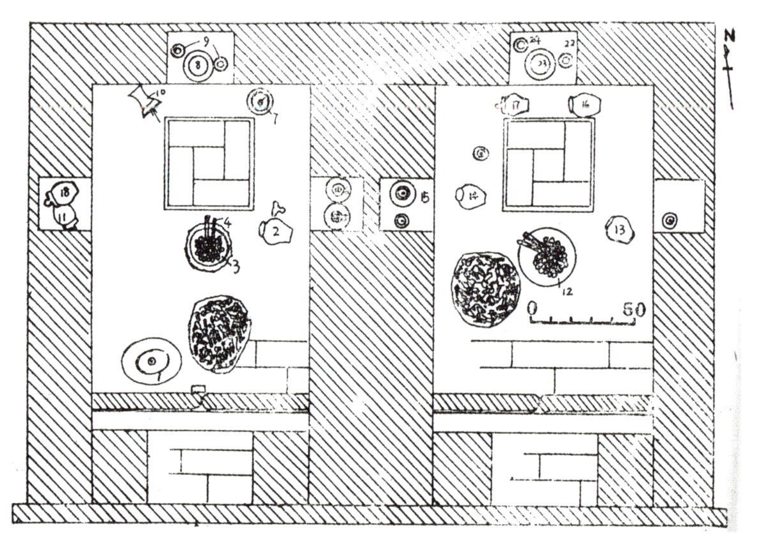

图 2–7–64　江苏南京尹西村明墓 M3 平面图
（采自《江汉考古》1989 年第 2 期，第 38 页，图二）

3. 三合土墓

明初礼制规定了庶民采用灰隔葬（三合土墓），但由于造墓成本高，普通平民大都无力建造灰隔，因此采用三合土墓下葬的平民一般经济条件都较好。通常

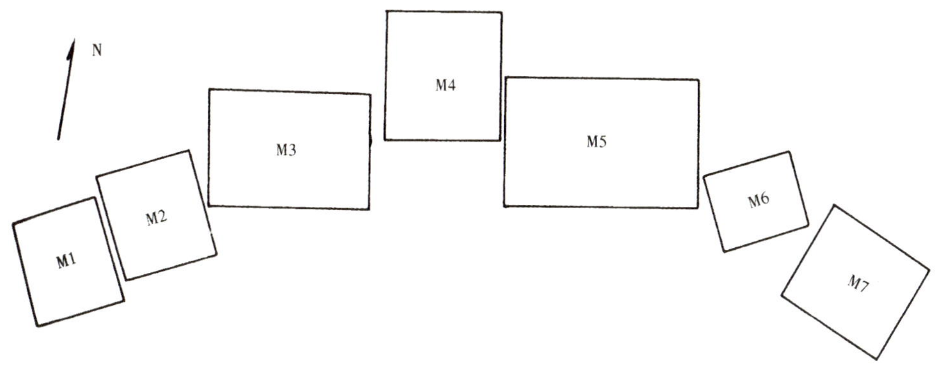

图 2-7-65　上海李惠利中学明墓分布图
（采自《东南文化》1999 年第 6 期，第 57 页，图三）

墓室大小仅可容棺，棺外部浇筑三合土。典型墓例有上海李惠利中学明墓群[1]、江苏江阴叶家宕明墓群[2]。

上海李惠利中学明墓群共有 7 座墓葬、16 个墓穴，实际清理了 6 座墓葬、13 个墓穴（图 2-7-65）。M1、M2、M6 为券顶砖室，平面呈方形，墓穴内置木椁，椁内套木棺，椁与墓穴之间填充三合土，券顶之上用糯米浆三合土封之，葬式为仰身直肢，头北脚南，棺内放置木炭吸潮。M3、M4、M5 为平顶砖室，平面长方形，M4 是双穴，M3、M5 是三穴（图 2-7-66），椁与墓穴之间填塞三合土，石板之上与砖室外用糯米浆三合土封护。随葬品共 134 件，有木折扇 3 件、木梳 6 把、青玉发冠 1 件、银发罩 4 件、发簪 34 件、发钗 10 件、戒指 13 件、铜镜 15 件等。根据墓葬结构及随葬品分析，该墓地为明代中晚期的家族墓地，墓葬排列形式在上海地区明墓中属首次发现。

江苏江阴叶家宕明墓群共发现 7 座呈东西排列的墓葬。其中 M1、M2、M3、M4 均为石椁浇浆单室墓。以 M3 为例，平面呈长方形，南北长 2.14 米、东西宽 1.13 米、深 1.12 米，棺底先铺灰渣状浇浆，再放置楠木棺，木棺周围浇浆，最后填筑黄土。墓主为男性，仰身直肢，身穿布袍、布裙、布鞋，腋下有两捆纸质冥钱，另有 16 块檀香，叠压在两份纸本文书上（图 2-7-67）。墓主身上盖有寝单一条，仅露头部，布被一角斜放竹竿一根，上缠两块棉布，做魂幡之用。该墓群未发现纪年文字材料，根据周边地区发掘的明墓情况看，竖穴单室应是江阴地区明代早期墓葬的共有特点。

4. 特点

长江下游地区公布的明代平民墓材料不多，主要有土坑墓、砖（石）墓、三合土墓。与其他地区不同的是，该区的竖穴土坑墓发现较少，砖（石）墓较常见，形制上与该区低等品级的品官墓相似，多异穴合葬夫妻墓，两相邻墓室之间有孔道相通。还有一类小型的骨灰葬砖石墓，墓室小到常人无法下葬，仅放有骨灰堆，这种骨灰葬墓在南京地区常有发现[3]。三合土墓由于造墓成本很高，在长江下游地区主要是被家境殷实的人家采用，多为双穴、三穴并列的夫妻异穴合葬墓。

1 上海市文物管理委员会：《上海市李惠利中学明代墓群发掘简报》，《东南文化》1999 年第 6 期。
2 江阴博物馆：《江苏江阴叶家宕明墓发掘简报》，《文物》2009 年第 8 期。
3 南京市博物馆：《南京尹西村明墓》，《江汉考古》1989 年第 2 期。

（四）沿海地区

沿海地区即今广西、广东、福建、海南等地，该地区目前发现的明代平民墓数量不多，主要有竖穴土坑墓、砖（石）墓、三合土墓。

1. 竖穴土坑墓

竖穴土坑墓最为普遍，葬具以木棺为主，个别以石棺、陶罐作为葬具。典型墓例有广东番禺茅山岗 M3[1]，广西梧州凤凰山明墓 M1、M2[2]。

广东番禺茅山岗 M3 为长方形土圹竖穴墓，木棺放置在墓圹的东侧，四周有白灰，棺木已朽，骨架残留较少，墓底铺 2 厘米厚的白灰，随葬有 27 枚各朝铜钱。

广西梧州凤凰山明墓 M1、M2，均为圆角正方形的竖穴土坑墓，葬具稍有不同，M1 为两只对扣的陶盆，其内再放置一盖罐，陶罐上下皆用白石灰浆来加固和密封，罐内放置被烧过的碎骨（图 2-7-68）；M2 在罐内人骨上填满碎土至罐的口部，再抹石灰封口（图 2-7-69）。

2. 砖（石）墓

砖（石）墓数量较少，墓葬结构、形制明显较该地区藩王墓和品官墓简单，但又比当地平民墓中的竖穴土坑墓和三合土墓复杂。典型墓例有广东番禺茅山岗明墓 M1[3]、广东南雄县（今南雄市）明墓[4]。

广东茅山岗明墓 M1 地面建筑现残存有斜坡漫道、台阶、祭台、焚香池、排水沟、碑座、石狮、石兽及墙垣。M1、M2 为同一家族的同坟异穴墓，形制基本相同，但开口层位不同。M1 为长方形拱顶并列双室的夫妇合葬墓，墓坑为近方形竖穴坑，砖砌棺室。东侧棺室顶部的多边形砖上均戳印“崔宅”二字，西侧棺室头部清理出铜簪（图 2-7-70）。

广东南雄县明墓是广东首次发现的碗葬墓，墓室长 2 米、宽 1.2 米（图 2-7-71），建造时先用砖砌长方形墓圹，再用碗口向下的青花碗规律地排列呈拱形，然后用石灰泥浆加固。使用的青花碗造型一致，口径 12 厘米、高 4 厘米，斜壁，敞口，底足无釉。

3. 三合土墓

三合土墓数量极少，在福建、广东有所发现。平面多呈长方形，也有因并列的双室并不是同时浇筑而呈不规则形状。如福建蓝田明墓 M1[5]、广东陆丰碣石明墓[6]。

福建蓝田明墓 M1 为三合土并列双室夫妇合葬墓，墓室平面呈凸字形，北室

1 广东省文物局：《番禺茅山岗明墓发掘简报》，广东省文物局等编：《广东文物考古三十年》，广州：暨南大学出版社，2009 年，第 595—599 页。

2 广西文物考古研究所：《梧州凤凰山发现的古墓葬》，广西文物考古研究所编：《广西考古文集》第四辑，北京：科学出版社，2010 年，第 300—304 页。

3 广东省文物局：《番禺茅山岗明墓发掘简报》，广东省文物局等编：《广东文物考古三十年》，广州：暨南大学出版社，2009 年，第 595—599 页。

4 雷时仲：《广东南雄县发现一座明墓》，《考古》1984 年第 11 期。

5 漳州市文物管理委员会办公室：《蓝田开发区明清墓葬清理简报》，《福建文博》2010 年第 3 期。

6 杨豪：《广东碣石明墓清理简介》，《考古》1962 年第 7 期。

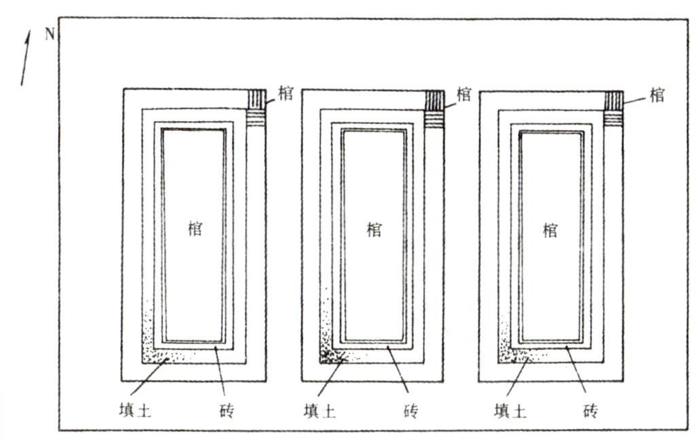

图 2-7-66 上海李惠利中学明墓 M5 棺椁位置图
（采自《东南文化》1999 年第 6 期，第 59 页，图七）

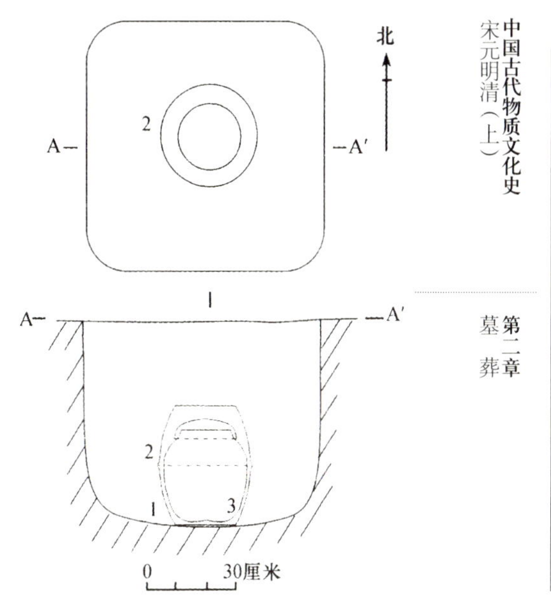

图 2-7-68 广西梧州凤凰山明墓 M1 平、剖面图
（采自《广西考古文集》第四辑，第 301 页，图二、图三）

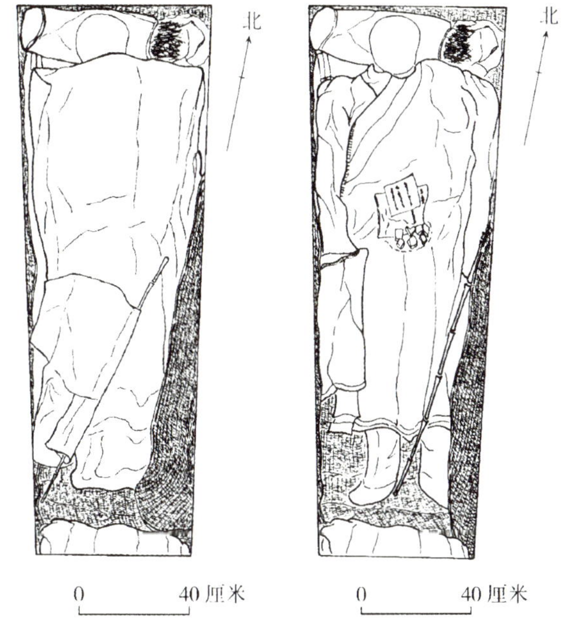

图 2-7-67 江苏江阴叶家宕明墓 M3 棺内衣物线图
（采自《文物》2009 年第 8 期，第 32 页，图三、图四）

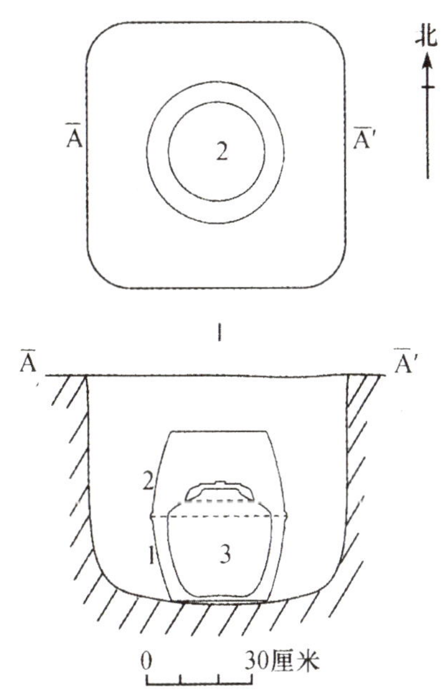

图 2-7-69 广西梧州凤凰山明墓 M2 平、剖面图
（采自《广西考古文集》第四辑，第 303 页，图四、图五）

外凸，南室稍短（图 2-7-72）。墓室四壁用长方形砖垒砌，券顶，墓底铺三层红色方砖，都用白灰黏合。南室在头、腰、足部都有两块枕形砖作为棺垫，室内尚存腐朽的棺木；北室未发现垫砖，也没有发现棺木残留，此墓整体形制较为特殊。由于内部渗泥水，大部分随葬品已朽烂，仅在南室头部垫砖上保存发饰 1 件、木簪 2 根、开元通宝 5 枚。根据墓葬的形制、规模、三合土成分以及南室保存的随葬品等综合判断，墓葬年代应在明代早期。

广东陆丰碣石明墓平面呈长方形，最外层用三合土夯筑，表面作弯弓形，长 4.3 米、宽 2.57 米。墓室内有一长方形木椁，木椁后壁有一方形灰砖墓志。椁内有棺，棺内尸体身下有一草席，席下垫七星板，板下有厚达半米的草木灰，尸体头下枕三角形木枕。尸体保存完好，仰身直肢，身着丝绸，口含铅钱3枚。

4. 特点

沿海地区平民墓主要流行土坑墓、砖（石）墓、三合土墓，未见品官墓中常见的石塚墓。土坑墓又包含有土坑火葬墓。葬具以石棺、陶罐为主，棺的周围多填充石灰以密封，夫妻合葬较普遍。砖（石）墓多为夫妻异穴合葬，并列两棺室也不都是同时建造的，有些墓葬的棺室明显为先后分别建造，还出现了类似长江下游地区出现过的比较特殊的双层墓[1]。三合土墓仅零星有发现，这大概与三合土墓造价太高有关。

（五）分期

根据墓葬形制、随葬品的演变，明代平民墓可分两期：

第一期：洪武至正德时期（1368—1521年）。主要流行竖穴土坑墓，随葬品很少。北方地区的砖（石）墓墓室平面多呈长方形或圆形单室结构；长江中上游地区砖（石）墓结构多样化，多采用砖石混筑；长江下游地区砖石墓多为双室并列结构，墓室间共用的隔墙上有小洞相通，墓室长度在3米以下。虽然洪武三年就规定庶民采用三合土墓，但由于成本太高，在平民墓葬中很少见到。

第二期：嘉靖至崇祯时期（1522—1644年）。长方形竖穴土坑墓仍是平民墓的主流，其中北京地区流行多人合葬，随葬品较少。砖（石）墓多为家境殷实的人家采用，北方地区流行墓室平面呈长方形或正方形单室墓，还发现有多处壁画墓；长江中上游地区砖（石）墓多为石筑，采用单室或双室并列的平

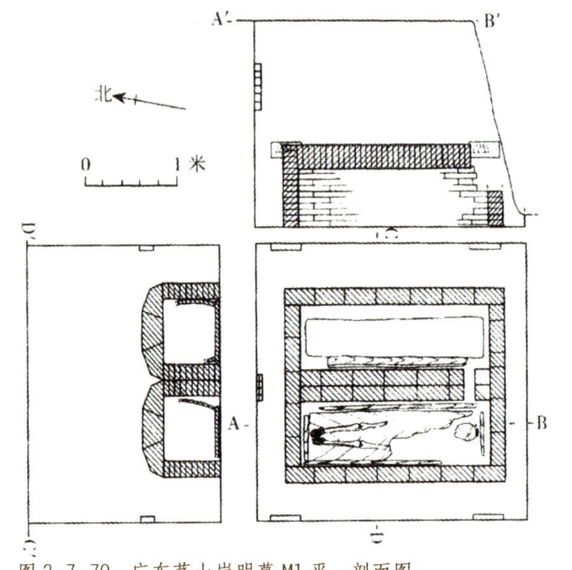

图2-7-70　广东茅山岗明墓M1平、剖面图
（采自《广东文物考古三十年》，第597页，图四）

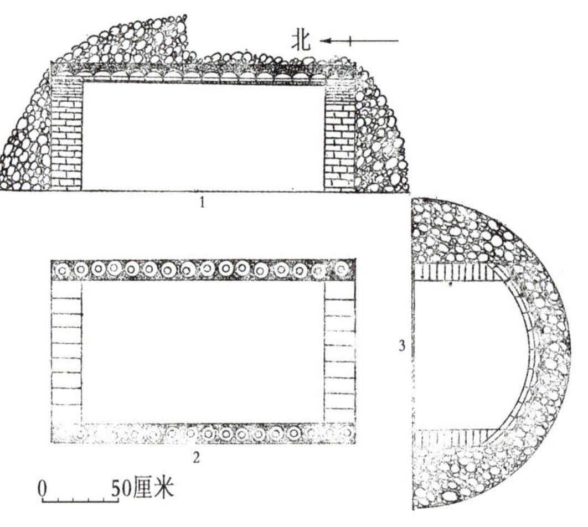

图2-7-71　广东南雄明墓平、剖面图
（采自《考古》1984年第11期，第1053页，图一）

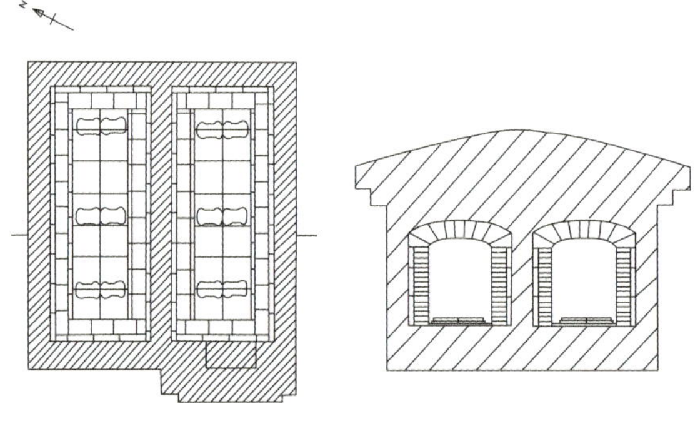

图2-7-72　福建蓝田明墓M1平、剖面图
（采自《福建文博》2010年第3期，第20页，图二）

1 杨豪、邓小红：《广东四会发现二座明墓》，《考古》1994年第2期。

顶形制。三合土墓在江苏、江西、广州、福建多地广泛出现，以双室或多室分穴合葬为主。

五、小结

河南、湖北、江西等地的明代宗藩墓材料最为丰富，各藩采用的葬制葬俗有所不同。早期规模宏大的宗藩墓主要是采用砖石结构，到明代中晚期，由于防腐密封意识增强，墓室较小的三合土墓由南方江西等地向全国传播。宗藩墓的随葬器物中多见各类陶俑、长明灯、常服、谥册、金银首饰等，还有一些体现个人兴趣爱好的物品，如文房四宝、道袍等。

明代品官墓在全国范围内均有分布，特别集中在长江下游地区，年代从洪武至天启之间。砖、石墓贯穿始终，土坑墓仅在成化至万历初年于北方地区出现，三合土墓在成化以后便成为品官墓的主要墓葬形制。最常见的随葬品有墓志、玉带、各朝铜钱、金银饰品、陶瓷器、补子、铭旌、生活及家具模型明器，其中最能体现身份特征的是补子、铭旌。

太监作为一个特殊的阶层，不仅为中央效力，也服务于各地宗藩。北京、成都地区的明代太监墓材料最为丰富。与北京不同的是，成都的太监墓受中央控制较弱，大太监墓更是尽显奢华之风，无论从墓葬形制及随葬品都可见一斑。

平民墓的墓葬形制种类较多，除了竖穴土坑墓、砖（石）墓、三合土墓外，还有土洞墓、火葬墓及石塚墓。随葬品很简单，一般是零星陶器、铜钱、买地券等。

众多墓葬形制中，三合土墓最能体现各阶层间的交流影响。从考古发现来看，三合土墓在北宋时期就已经出现，南宋和元代有所发展，直到明代早期一直都是身份较高或比较富裕的人家所采用。从史书来看，明初规定的是庶民使用三合土墓，然而由于较高的造墓成本，最早主要是品官在使用。到明代中后期，由于防腐观念的盛行，三合土墓逐渐在藩王墓中流行。

第三章
帝　陵

帝王陵墓是我国古代墓葬中比较特殊的一部分，其发展演变规律与古代墓葬大体一致，但由于是用于葬埋帝王这一特殊身份的人群，因而又有其鲜明的个性，是同时代其他阶层的墓葬所不能代表的。

宋元明清时期的帝王陵墓，不仅有巨大的地下宫殿（墓室），地面上还有面积广大的陵园、华丽雄伟的建筑物、高大的封土堆、精美的石刻雕塑。地下宫殿、地上陵园是宋元明清帝陵不可或缺的两个有机组成部分。调查、研究宋元明清帝王陵，不仅要研究其地下部分（墓室结构），亦要关注其地面部分，即陵寝制度。陵寝的设置，既要按照帝王生前居住的宫殿格局，又要符合当时的礼制，作为皇权的一种象征。某种程度上，后者的调查研究更重要。

以下拟按朝代的先后顺序，将宋元明清时期帝陵的发现和研究做一概述。

第一节　宋代帝陵

宋代帝陵的格局基本上延续了唐代的制度，只是由于宋代是皇帝死后才开始营建墓葬，并限期七月内完成，故帝陵的规模较小。北宋皇陵位于今河南省巩义市界内，共埋葬有从宋太祖赵匡胤之父赵弘殷至宋哲宗赵煦的八座陵墓，后世称为“七帝八陵”。徽钦二帝被金兵俘虏，死于五国城（今黑龙江依兰），后葬于巩义，具体情况不详。南宋皇帝的陵寝主要集中在浙江绍兴宝山下，包括宋高宗永思陵至度宗永绍陵在内的六座陵墓，合称南宋六陵。

一、北宋皇陵[1]

北宋皇陵均在巩义市，保存较好者有帝陵8座、皇后陵18座，依据帝系先后和各陵的分布位置，可分为西村、蔡庄、孝义、八陵四个陵区[2]（图3-1-1）。

1 本节内容主要参考了《北宋皇陵》一书，以及杨宽、刘毅两位先生的研究成果（河南省文物考古研究所：《北宋皇陵》，郑州：中州古籍出版社，1997年；杨宽：《中国古代陵寝制度史研究》，上海：上海人民出版社，2008年；刘毅：《宋代皇陵制度研究》，《故宫博物院院刊》1999年第1期）。

2 河南省文物考古研究所：《北宋皇陵》，郑州：中州古籍出版社，1997年，第8页。

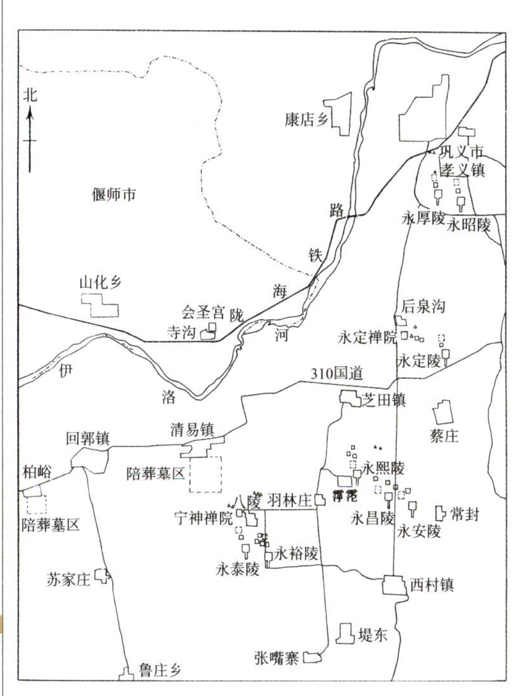

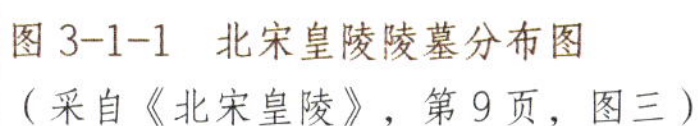
图 3-1-1　北宋皇陵陵墓分布图
（采自《北宋皇陵》，第 9 页，图三）

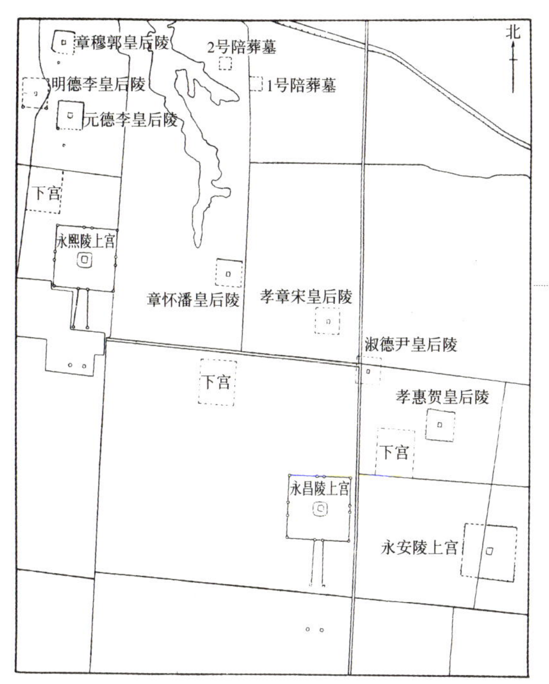

图 3-1-2　北宋皇陵西村陵区陵墓分布图
（采自《北宋皇陵》，第 11 页，图四）

西村陵区内自东南向西北依次排列宋宣祖永安陵、宋太祖永昌陵和宋太宗永熙陵（图 3-1-2）。永安陵是赵匡胤父母的合葬墓，位于常封村西 500 米处，西距巩义西村公路 400 米。永安陵还祔葬有太祖孝明王皇后、太祖孝惠贺皇后、太宗懿德符皇后和太宗淑德尹皇后四座陵墓，均位于永安陵之北或西北方位，呈东南—西北向排列，现仅存太祖孝惠贺皇后与太宗淑德尹皇后两座陵墓。永昌陵是北宋太祖赵匡胤的陵墓，位于永安陵西部偏北处，其北或西北部祔葬有孝章宋皇后陵和真宗章怀潘皇后陵。永熙陵位于永昌陵西北，其祔葬的皇后陵墓现存三座，元德李皇后陵、明德李皇后陵位于永熙陵北部，二李皇后陵墓之北为真宗章穆郭皇后陵。

蔡庄陵区处于北宋诸陵的中部，南与西村陵区遥遥相望。陵区正南面对少室山主峰，东南连接青龙山，西北坡下临伊洛河，宋时称之为“卧龙岗”[1]。陵区内有宋真宗的永定陵，西北部祔葬有三座皇后陵，分别为章献明肃刘皇后陵、章懿李皇后陵、章惠杨皇后陵[2]，基本亦呈东南—西北向排列（图 3-1-3）。永定陵下宫西北隅还陪葬有包拯墓。考古出土材料显示，永定陵上宫西北约 1000 米处应是永定禅院所在地。该禅院直到北宋灭亡才被废弃，但金元时期仍被建作寺院，只是规模较北宋时明显缩小[3]。

孝义陵区位于巩义市区南部，西南距永定陵约 4.5 公里。陵区内东南—西北方向依次营建有宋仁宗永昭陵、宋英宗永厚陵[4]。永昭陵祔葬有慈圣光献曹皇后陵，永厚陵祔葬有宣仁圣烈高皇后陵以及魏王赵颙墓、燕王赵颢墓和兖王赵俊墓，均

1 河南省文物考古研究所：《北宋皇陵》，郑州：中州古籍出版社，1997 年，第 13 页。
2 河南省文物考古研究所：《北宋皇陵》，郑州：中州古籍出版社，1997 年，第 14 页。
3 河南省文物考古研究所：《北宋皇陵》，郑州：中州古籍出版社，1997 年，第 439 页。
4 河南省文物考古研究所：《北宋皇陵》，郑州：中州古籍出版社，1997 年，第 15 页。

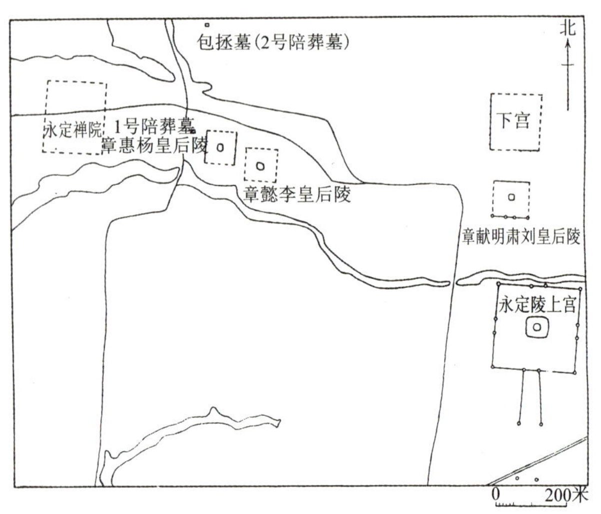

图 3-1-3 北宋皇陵蔡庄陵区陵墓分布图
（采自《北宋皇陵》，第 14 页，图五）

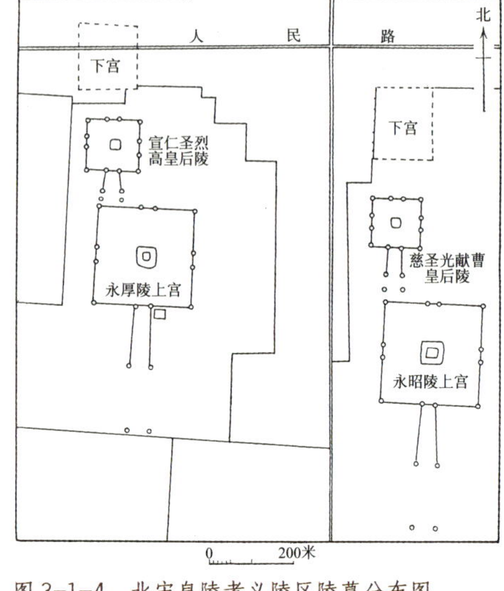

图 3-1-4 北宋皇陵孝义陵区陵墓分布图
（采自《北宋皇陵》，第 15 页，图六）

位于帝陵的西北部[1]（图 3-1-4）。

八陵陵区在诸陵区中偏处西南，东与西村陵区隔天坡河相望。陵区内有宋神宗永裕陵、宋哲宗永泰陵，二者亦呈东南一西北排列。永裕陵现存祔葬皇后陵有四座，分别为钦圣宪肃向皇后陵、钦慈陈皇后陵、钦成朱皇后陵与显恭王皇后陵，前三者东南向西北排列，显恭王皇后陵则位于钦慈陈皇后陵与钦成朱皇后陵的北部[2]（图 3-1-5）。永泰陵位于永裕陵西北，现存昭怀刘皇后陵，亦位于永泰陵西北角。该陵区还出有宋徽宗第七女邓国公主和第九女蜀国公主的追封记碑，碑文皆称“葬于永泰之侧”，这也为陵区主人身份的确定提供了有利证据[3]。

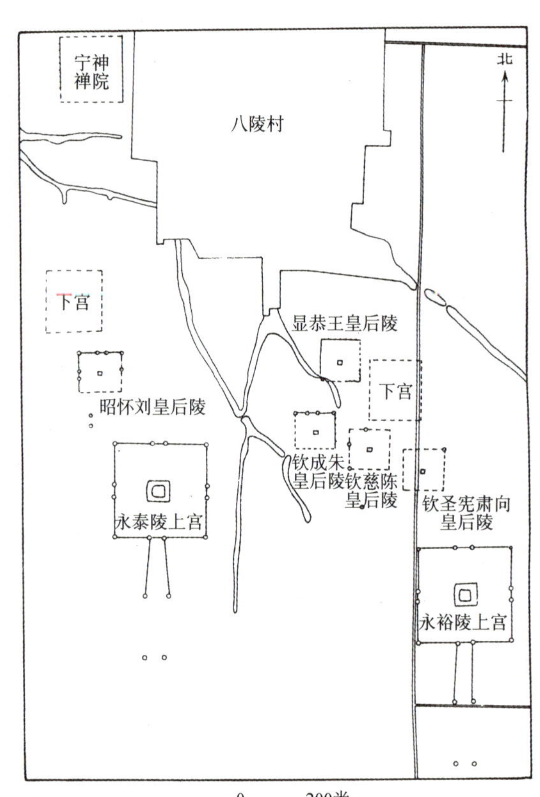

图 3-1-5 北宋皇陵八陵陵区陵墓分布图
（采自《北宋皇陵》，第 18 页，图七）

北宋陵园的建制基本相同，皆坐北朝南，由兆域、上宫、下宫、皇后陵、陪葬墓组成。上宫是陵园的主体，从南至北依次有鹊台、乳台、神道石雕像、陵台和围绕陵台的宫城等地面建筑，陵台下方为地宫，即皇帝的墓穴。下宫位于上宫的西北部，为日常奉飨之所，虽然没有像上宫那样的大殿，却分设有两个小殿及附属建筑。其中正殿安置有柩车、御座，影殿安置有御容（遗像），车幄安置有神帛（招

1 河南省文物考古研究所：《北宋皇陵》，郑州：中州古籍出版社，1997 年，第 16 页。
2 河南省文物考古研究所：《北宋皇陵》，郑州：中州古籍出版社，1997 年，第 19 页。
3 河南省文物考古研究所：《北宋皇陵》，郑州：中州古籍出版社，1997 年，第 19 页。

图 3-1-6　永熙陵神道瑞禽石屏
（采自《北宋皇陵》，第 43 页，图二五）

图 3-1-7　永熙陵神道角端
（采自《北宋皇陵》，第 44 页，图二六）

魂用具）、御衣，还设有“浣濯院”“南厨”以及守灵宫人的住处、陵使的官署等[1]。皇后陵和陪葬墓皆在帝陵上宫的西北隅，皇后陵园与帝陵布局相同，只是规模较小，陵前石雕像数量减少。诸帝陵上宫石雕像皆为 60 件，除东、西、北神门门狮外，其余多集中在乳台以北、宫城以南的神道两侧，从南向北依次是：望柱 2 件、象与驯象人各 2 件、瑞禽石屏 2 件（图 3-1-6）、角端 2 件（图 3-1-7）、马 4 件、控马官 8 件、虎 4 件、羊 4 件、客使 6 件、武官 4 件、文官 4 件、南门狮 2 件、武士 2 件、上马石 2 件、神门内及陵台前宫人 4 件。皇后陵前石雕像为 30 件，从南到北依次为望柱 2 件、马 2 件、控马官 4 件、虎 4 件、羊 4 件、武官 2 件、文官 2 件、宫人 2 件，南门石狮子呈蹲状，与帝陵前狮子呈行走状不同[2]。陪葬墓前也有类似的石雕像，其数量和种类也都符合宋代丧葬制度的规定。

由于北宋帝陵之陵园形制布局基本相同，故本书仅以宋太宗永熙陵及其祔葬皇后陵为例加以介绍。宋太宗永熙陵保存最好（图 3-1-8），由上宫、下宫、元德李皇后陵、明德李皇后陵和章穆郭皇后陵组成，陵区南北长 1300 米、东西宽 400 米，方向 188°。整体布局是从南向北分布，南高北低。上宫最南端为鹊台，由南向北依次为鹊台、乳台、神道、宫城、陵台。鹊台 2 个，间距 45 米，现存东鹊台底部边长 7—8 米、高 3.4 米；西鹊台底部东西长 12 米、南北宽 7 米、高 4.7 米。乳台 2 个，位于鹊台以北 140 米，间距 45 米，现存东乳台底部东西长 9.5 米、南北宽 6 米、高 3.8 米；西乳台底部边长 8 米、高 4 米。宫城位于乳台之北 142 米，平面呈方形，边长约 240 米，四神门两侧有阙台，皆夯筑而成，现呈长方

1 杨宽：《中国古代陵寝制度史研究》，上海：上海人民出版社，2008 年，第 61 页。
2 河南省文物考古研究所：《北宋皇陵》，郑州：中州古籍出版社，1997 年，第 21 页。

形或椭圆形，一般间距在10—16米之间。宫城四隅有角阙，距阙台约80米，平面呈曲尺拐角状，两外边被削成陡壁。现存东南角阙两外边长8—11米、高4.3米；西南角阙现存两外边长10—11米、高4.6米，东北角阙现存两外边长17—20米、高4米；西北角阙现存两外边长14—20米、高4.5米。陵台位于宫城正中，距四周门阙为82—85米。陵台呈方形覆斗状，现存顶部边长10—11米、底部边长51—53米、高于现地面16.4米。永熙陵上宫有石雕像60件，除四神门外各有两件石狮子外，其他均在乳台与宫城间的神道两侧，其东西分列，相向而立，两列间距44.5米，同列石雕像间隔4.4—5.8米。

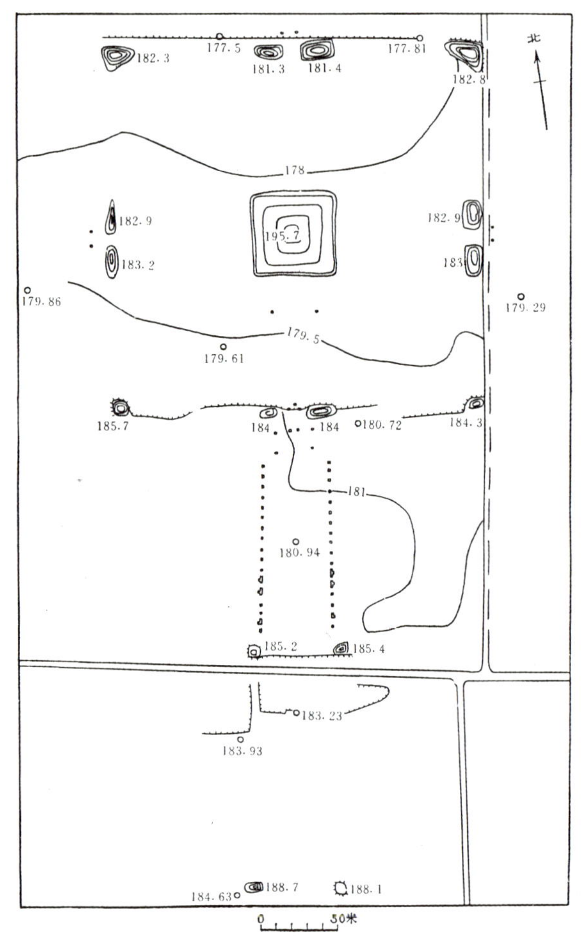

图3-1-8 永熙陵上宫实测图
（采自《北宋皇陵》，第59页，图三八）

永熙陵祔葬的皇后陵有三座，分别为元德李皇后陵、明德李皇后陵以及章穆郭皇后陵，其中元德李皇后陵地宫进行过清理，据此可推测北宋皇陵地宫之形制。

元德李皇后陵位于永熙陵上宫西北约220米处，地面保存有陵台、西乳台、西南角阙基址，还有完整的石雕像。从目前地面尚存的遗迹遗物看，其布局形制确如帝陵无疑。现存西乳台呈圆形土丘状，底部边长10米、高1.6米。西南角阙的东、西两壁被严重破坏，现为一南北向条状夯土台。陵台略呈方形覆斗状，南面和东面被削成陡壁，东面中部挖有一窑洞。现存台顶边长2.6—3米、底部边长19—20米、高8.1米。陵园整体呈方形，实际测量边长约110米。元德李皇后陵现存石雕像30件，其中门狮8件，分别置于四神门外，两狮间距12.2—13.2米，呈蹲坐状，项佩锁链，胸前系铃；其余石雕像都位于神道两侧，东、西两两相对，间距38米，每列像与像间相隔3.5—5米，从乳台至宫城依次排列望柱2、马2、控马官4、虎4、羊4、武官2、文官2、宫人2。地宫位于其陵台正下方，系单室、砖砌，方向185°，由墓道、甬道、墓室三部分组成（图3-1-9）。墓道南北向，水平长34米，位于陵台南部正中，分为南、北两段。北段与甬道底部相平，长4.3米、宽2.5—2.6米，距地表15米，南段呈斜坡状，长33米、宽2.85—3.8米。墓道中部自上而下挖有土台阶，横宽1米、长0.5米、高0.2米。在墓道的底部发现有嵌木凹槽，推测应该为加固墓道用的方木的痕迹。在墓道前端的两壁上部还发现两对两两对称的斗形缺口，缺口内填土早于墓道的填土，可能是挖成墓圹、完成丧葬后回填缺口造成的，那么便可以肯定，挖掘两对缺口的目的是为了就近取土，墓道后端还有扩宽部分，设置有台阶和二层台，也是为了方便取土和运送材料，同时还能防止地宫塌方。

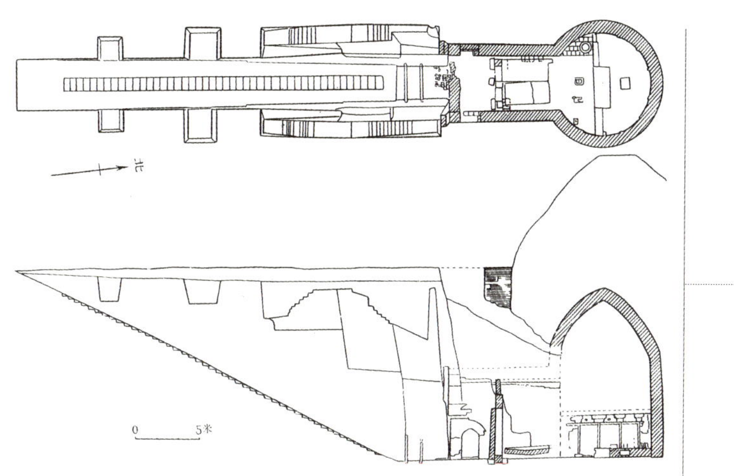

图 3-1-9　元德李皇后陵地宫平、剖面图
（采自《北宋皇陵》，第 309 页，图二七八）

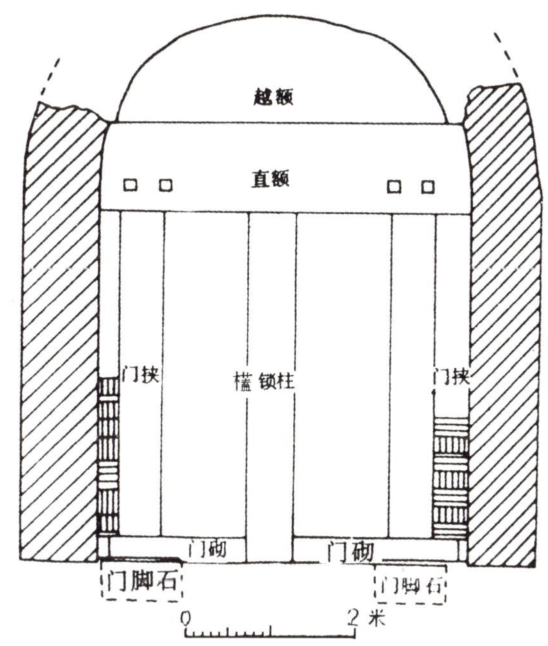

图 3-1-10　元德李皇后陵墓门正面图
（采自《北宋皇陵》，第 310 页，图二七九）

甬道南接墓道，长 9.1 米、宽 4.3 米、高约 6 米，砖券拱形顶，两壁用砖顺砌，从塌方的痕迹看，顶部起五券。甬道现残存封门砖两层，南端东西两侧各有一壁龛。墓门南距甬道 3.6 米，由门砌、门挟、直额、越额、门砧、门扉和锁柱等组成，皆青石质，表面磨光（图 3-1-10）。门扉正面上有线刻武士画像，背面有上下七排仿木构门撑装饰[1]。墓室与甬道相接，相接处早年塌方损毁。郭湖生曾记录“券门内侧逐重挑出而突出壁面，形成门框。券门内顶部，置以虎形之雕刻物，门框经白粉刷饰”[2]。墓室平面呈圆形，穹窿顶，直径 7.95 米、高 12.26 米。墓壁以砖砌筑，泥勾缝，周壁砌抹角倚柱 10 根，柱高 2.65 米、宽 0.19 米、隐出壁面 0.05—0.07 米。柱间以栏额相连，柱头置有仿木结构的单昂四铺作斗拱。这些斗拱皆用水磨砖砌成，结构为：柱头上置栌斗，栌斗上置泥道拱、散斗，再上为令拱、散斗；栌斗正中置单下昂，上施交互斗、耍头、齐心斗。耍头锋面刻一个人首、人身、双手合掌、鸟腹、鸟脚、背部有翅的迦陵频伽。拱眼壁有墨线勾勒的盆花图案[3]。环绕墓壁的砖砌立柱之间有 11 个壁面，一般宽 1.51—1.71 米。壁面上砌雕有桌、椅、灯檠、衣架和门窗等装饰（图 3-1-11）。墓室自斗拱以上砖砌椽及望板两重，再上砖雕有屋檐瓦当及重唇板瓦，圆形瓦当上雕莲瓣纹，板瓦唇部线刻有枝蔓饰。屋檐以上砖砌逐层内收至顶部，中心处留有边长 0.1 米、深 0.3 米的近方形孔。这些斗拱和其余仿木结

1 河南省文物考古研究所：《北宋皇陵》，郑州：中州古籍出版社，1997 年，第 308—314 页。
2 郭湖生、戚德耀、李容淦：《河南巩县宋陵调查》，《考古》1964 年第 11 期。
3 郭湖生、戚德耀、李容淦：《河南巩县宋陵调查》，《考古》1964 年第 11 期。

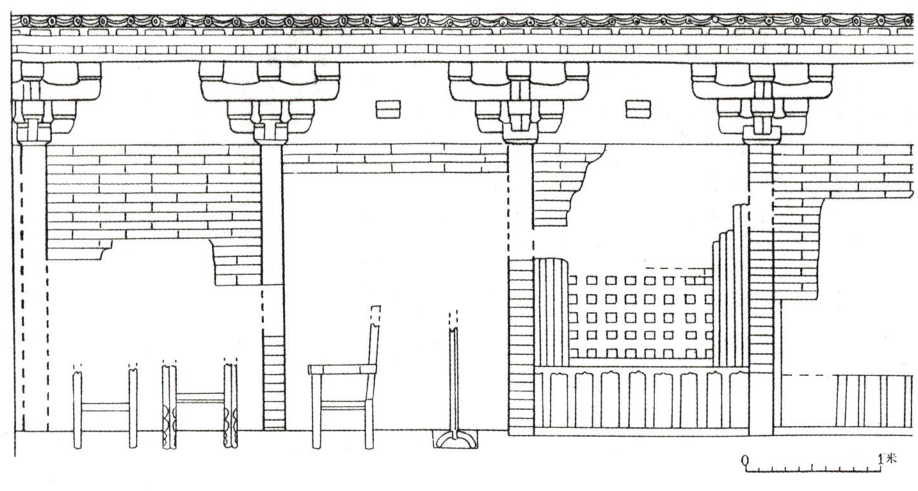

图 3-1-11 元德李皇后陵墓室展开图
（采自《北宋皇陵》，第 312 页，图二八〇）

构的装饰均施以简单的彩绘，墓室顶部还绘有楼阁图和星象图[1]。墓室底部皆铺方砖，现多被毁，墓室中北部砌有石棺床，南北长 4.7 米、东西宽 7.9 米、高 0.62 米，棺床南面作须弥座式，有剔地和线刻花卉装饰[2]。

元德李皇后陵出土遗物可分为三大类，即墓室随葬品、墓道填土遗物、陵园发现的建筑材料。陵墓地宫出土随葬品包括玉质谥册和哀册；越窑青瓷、定窑白瓷和河南当地的黑、白土瓷器，器形包括盘、碗、盒注子、罐、碟、瓶等；石蜡烛座、石函盖；铜装饰构件；小铁器；木质彩绘龙首、雕刻花卉和器座等饰品。墓道出土遗物主要有有字砖、白瓷碗、铜钱、石杵和瓦当等。陵园发现的建筑构件则仅有少量的嫔伽头像、垂兽和脊兽等[3]。

北宋皇陵诸陵附近还设有禅院，院中僧尼为故去的皇帝以及祔葬者诵经、祈祷，“以修福祉”。据史籍记载，北宋专门为皇陵设置的寺院有四处，分别为永昌禅院、永定禅院、昭孝禅院、宁神禅院。此四处禅院完全按照北宋皇陵的四大分布区域来建设，并位于帝后陵园的西北部，符合北宋皇陵的尊卑等级和布局规划。永昌禅院又名三陵永昌院，供应永安陵、永昌陵和永熙陵，位于西村陵区。永定禅院则是专门为宋真宗永定陵修建的皇家寺院，与永定陵上宫、下宫同时修造。遗址南北长约 190 米、东西宽约 156 米。遗址东北部发现有房屋建筑基址，现存东、西墙基和墙基外的散水面，以及残留的柱础石、铺地砖和排水管等遗迹（图 3-1-12）。遗址中发现有大量北宋时期的陶瓷器，伴出百余枚铜钱、铁钱，“政和通宝”是最晚的出土钱币，故可知该房基的使用时间为自仁宗初年至北宋末年。其性质应为永定禅院的僧房，供僧人日常生活起居之用，北宋灭亡后遭废弃[4]。昭孝禅院应该为“奉永昭、永厚陵”所建造的禅院，始建于宋神宗熙宁初，熙宁五年（1072 年）功毕，至徽宗政和年间（1111—1117 年），改名为寿圣寺。宁神禅院位于八陵陵区，应该为永裕、永泰陵的“荐福之所”。宁神禅院始建于宋哲宗

1 河南省文物考古研究所：《北宋皇陵》，郑州：中州古籍出版社，1997 年，第 318 页。
2 河南省文物考古研究所：《北宋皇陵》，郑州：中州古籍出版社，1997 年，第 313、314 页。
3 河南省文物考古研究所：《北宋皇陵》，郑州：中州古籍出版社，1997 年，第 318—337 页。
4 河南省文物考古研究所：《北宋皇陵》，郑州：中州古籍出版社，1997 年，第 438、439 页。

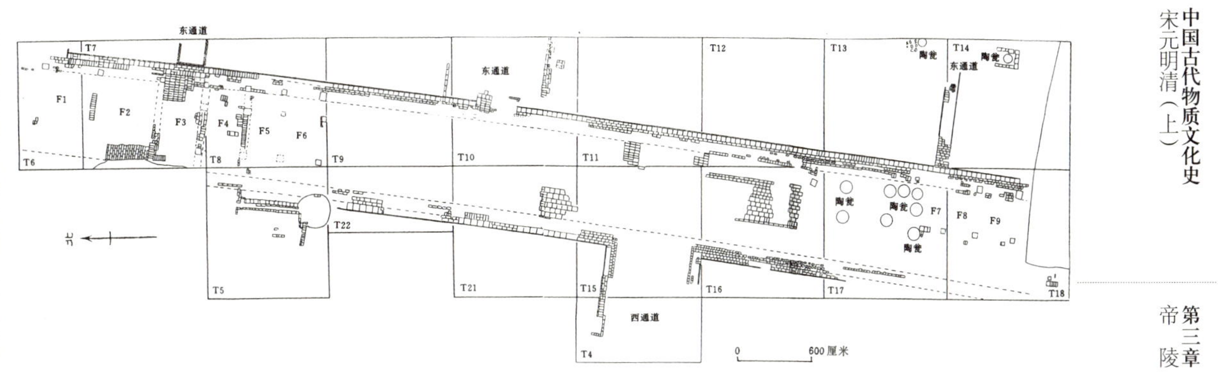

图 3-1-12 永定禅院东侧房基平面图
（采自《北宋皇陵》，第 417、418 页，图三六三）

元祐初年（1086 年）左右，崇宁元年（1102 年）以后追奉永泰陵[1]。

与过去帝陵的设置一样，北宋皇陵也设置有专门的陵邑以奉陵寝。史籍记载“析巩县、偃师、缑氏、登封县地，置县曰永安……宜以殿中丞黄昭度知陵台事，兼永安县事”[2]。永安县位于今巩义市芝田镇镇政府所在地，地处皇陵区中部，地面已难发现遗迹。北宋皇陵区及附近还保留有一些与其相关的遗迹，主要有采石场、砖瓦窑场、永裕陵防洪堤和会圣宫，其中会圣宫是仿汉代原庙之制，宫内设有太祖、太宗、真宗、仁宗和英宗等已故皇帝的遗像[3]。

北宋皇陵的结构和布局基本承袭了唐代帝陵的制度，但亦有其独特之处，归纳起来有以下七个方面。

1. 与唐代皇陵居高临下，背山面水不同，北宋皇陵陵园的选址均在山阴之地，地势则呈南高北低、东穹西垂之势，与汉唐以来帝陵建在高爽之地的传统有别。北宋皇陵继承了唐代的上、下宫制度，但其位置的布局上又有所不同。其鹊台、乳台至上宫逐渐斜降，陵台则位于陵园的最低凹处。这种坐北面南又南高北低的陵园布局是受到北宋时期阴阳堪舆术的影响，主要依据的就是北宋王洙等人编撰的《地理新书》，该书将人的姓氏分为宫、商、角、徵、羽五音，与阴阳五行和地望一一对应。北宋皇帝的赵姓为角音，对应木行，而木主东方，阳气在东，这样东高西下、南高北低便成为利于北宋皇族的地理形势。又由于皇帝逝世后开始营造陵园且七月后必须归葬的制度，导致北宋的帝陵在规模上往往远逊于唐代帝陵。

2. 唐代流行依山为陵，北宋帝陵则恢复了方形覆斗状封土（陵台），但规模较小，并且发展成为重层方上的形式。

3. 帝后同茔合葬，皇后单独起陵，祔葬于帝陵的西北隅。皇后陵一般不再另立陵名，统一称为“园陵”，这一点与唐陵不同。但临朝听政的太皇太后和皇太后园陵则被称为“山陵”，与帝陵名称相同，从一个侧面反映出北宋时期后妃政治地位的提高。同时，皇后陵园的建制与皇帝陵基本一致，只是规模缩小，神道石雕像减少。从元德李皇后陵地宫情况看，北宋皇后陵的地宫应均为带斜坡墓道的砖室墓，墓内应设有仿木结构、壁画、砖雕彩绘、石刻等。

4. 陵园布局整体统一，帝陵、皇后陵以及陪葬墓等皆按照东南—西北向排列，

1 河南省文物考古研究所：《北宋皇陵》，郑州：中州古籍出版社，1997 年，第 410—413 页。
2 （清）徐松：《宋会要辑稿》礼三七之二九，北京：中华书局，1957 年，第 2 册，第 1334 页。
3 河南省文物考古研究所：《北宋皇陵》，郑州：中州古籍出版社，1997 年，第 445、446 页。

辈分高者位于东南，后按营建早晚和辈分等级依次向西北递减。帝陵的上宫是举行大型朝拜祭祀的地点，位于陵园的最南部，下宫是供奉墓主魂灵日常衣食起居的处所，位于上宫的西北处。皇后陵墓又位于帝陵下宫的西北隅，其西北或北部又有相应的陪葬墓和禅院。陵园东南—西北向以及上、下宫的布局也是受到堪舆风水的影响，赵姓角音所利于丙、壬方位，其中丙地又尊于壬地，故北宋皇陵有此布局。

5. 陵台位于上宫中心，夯土筑成覆斗形，神门外各置一对石狮子，帝陵为行狮，后陵为蹲狮。其余石雕像皆位于神道两侧，排列顺序整齐划一，较之唐陵，主要增加了大象、麒麟、凤凰、鸟兽，加强了警卫力量。此外，宋陵的石雕像也更接近于现实生活中的宫廷仪仗，更显陵墓主人的神圣威严和至高无上。

6. 与唐陵将阙台置于四神门外不同，北宋皇陵将阙台布置在神门两侧，与宫墙四周连成一体。陵台夯土由下至上内收两阶，加上顶部平面呈三层台阶状，底部两层台阶夯土表面包砌青砖，砖外施红灰；顶部夯土呈覆斗形，不砌砖，直接施以红灰。这种三层陵台施色的方式也是北宋皇陵所首创。

7. 设县以奉陵邑，建造禅院追福先祖。唐代帝陵不设陵邑，规定“每陵取侧近六乡以供陵寝”。宋真宗景德四年（1007 年）立永安县，以奉陵邑，因北宋皇陵埋葬集中，故北宋王朝只建这一个陵邑，勾管全部陵区。北宋皇陵四个陵区的西北角都设有禅院，有的禅院与上、下宫同时建造，说明这些陵区边设置禅院是北宋的定制。禅院的设置除为先帝祈福外，也是统治者推行孝道的手段。

二、南宋皇陵

因北方领土沦陷，南宋已故皇帝只在今浙江绍兴东南 12.5 公里的宝山下选择陵园浅埋，称“攒宫”，打算将来收复北方失地后再迁回巩县陵园。永思陵、永阜陵、永崇陵、永茂陵四座陵墓在山南高峻处，称为南陵，永穆陵和永绍陵在北山，称北陵。因此，南、北二陵被合称为南宋六陵。南宋诸陵在元初受到严重破坏，至元十五年（1278 年），时任江南释教都总统的杨琏真珈与丞相桑哥合谋将南宋帝陵全部盗掘，并彻底毁坏。因此对南宋帝陵的研究主要是依靠文献与其他相关的出土遗物。

根据南宋周必大《思陵录》记载，南宋帝陵形制基本上与北宋帝陵相同，也分为上、下宫，但规模较小且陵园前没有石雕像。墓室和献殿位于上宫，墓室（皇堂）上没有高大的坟丘。下宫主要建筑包括“櫺星门”“殿门”“前殿”“后殿”等，还附设有“神厨”“神游亭”“库室”“换衣厅”等。杨宽认为下宫的性质应该就是寝宫[1]，并且南宋把唐以来分离的上下宫串联造在同一轴线上，成为当时陵园的一个特点。

尽管南宋攒宫遗迹已毁而不存，但学界根据元末明初出土的“石藏子”墓葬，对攒宫皇堂的结构进行推测。

江苏苏州元代张士诚之母曹氏墓[2]墓上封土高 3.8 米，范围 210 平方米。封土

1 杨宽：《中国古代陵寝制度史研究》，上海：上海人民出版社，2008 年，第 61 页。

2 苏州市文物保管委员会、苏州博物馆：《苏州吴张士诚母曹氏墓清理简报》，《考古》1965 年第 6 期。

内分为四层，最外一层为厚 0.64 米的封土，第二层为 0.4 米厚的三合土，第三层为石板，第四层为厚 1.4—1.9 米的三合土。墓室外围也用“三合土浇浆”、石板、青砖护固五层。墓圹为正方形，无墓道和墓门，长、宽各 3.79 米，全用大青石板构筑而成，顶部盖石板，墓底铺方砖，方砖下铺 33 厘米厚的石灰浇浆和碎石。墓室内有木棺两具，男女尸体各一具，保存完好，随葬品有冠、衣物、金银器、玉器、木盒、木座、哀册。

重庆江北区上横街洗布塘元末明玉珍墓[1]为长方形竖穴石坑墓，长 5.4 米、宽 3.5 米，墓坑自上而下有填土九层，分别为五花土、粗木炭、黏土卵石、碎木炭、黏土卵石、碎木炭、三合土、胶质三合土、粗木炭，主要用于坚固、护卫棺椁和防水防腐。墓室内有一棺一椁，但未见尸骨。随葬品包括铭旌、幡画、棺帷、被褥衣物、缎料、金盏、银锭、玄宫之碑。

史料中关于宋高宗永思陵攒宫的记载：“攒宫藏利害至重，二浙土薄地卑，易为见水，若不措置，深孔未便，谨别彩画石藏图子一本，兼照得厢壁离藏外五尺别置石壁一重，中间用胶土打筑，与石藏一平，虽工力倍增，恐可御湿。”[2]曹氏乃张士诚（吴王）之母，明玉珍是元末大夏政权的创建者，两墓的建造都可能参照了南宋帝陵制度，其所用的三合土浇浆筑墓方式也是南宋以来长江中下游地区十分流行的做法。不难想象，南宋所谓攒宫或许也是在竖穴墓室内外浇筑三合土，使墓室成为坚固、封闭的“石藏子”。当然，这也仅是一种假设，具体情况尚待未来的考古发掘工作来证明。

第二节　辽代帝陵[3]

辽朝皇帝死后分葬五处：辽太祖葬于内蒙古巴林左旗的祖陵；太宗葬于内蒙古巴林左旗的怀陵，穆宗祔葬于此；人皇王和其子世宗的显陵位于今辽宁北镇市医巫闾山一带；景宗和天祚帝的乾陵也在医巫闾山中；圣宗的永庆陵、兴宗的永兴陵和道宗的永福陵相邻，合称为庆陵，位于内蒙古巴林右旗索博力嘎（白塔子）北 10 余公里的山谷中，俗称“王坟沟”。

目前考古材料较为详细的是庆陵[4]，包括圣宗耶律隆绪的永庆陵（东陵）、兴宗耶律宗真的永兴陵（中陵）、道宗耶律洪基的永福陵（西陵），以东陵保存状况最好（图 3-2-1）。东陵整体为东南向，有陵门、神道、享殿等遗迹，陵墓为圆形七室砖墓，墓室前为阶梯墓道，宽 2.58—2.86 米，长不详，后为砖筑券顶甬道，长 2.21 米、宽 2.36 米；前室长方形，长 3.27 米、宽 2.4 米；左右各有圆形耳室，直径 3.27—3.36 米；圆形中室，直径 5.6 米；中室亦有左右耳室，直径约 3.3 米；

1 重庆市博物馆：《四川重庆明玉珍墓》，《考古》1986 年第 9 期。
2 （清）徐松辑录，刘琳、刁忠民、舒大刚点校：《宋会要辑稿》第 3 册，上海：上海古籍出版社，2014 年，第 1569 页。
3 本节内容主要参考了秦大树、董新林先生的研究成果（秦大树：《宋元明考古》，北京：文物出版社，2004 年；董新林：《中国古代陵墓考古研究》，福州：福建人民出版社，2005 年）。
4 秦大树：《宋元明考古》，北京：文物出版社，2004 年，第 172—176 页。

后室也为圆形，直径 5.14 米。各室之间有长甬道相连。永庆陵从甬道至后室全长 23.17 米。各室均为穹窿顶，壁上有仿木构建筑砖雕，柱头和补间均为一斗三升式斗拱。墓室里还出有一些小木做梁柱，如斗拱、枋、榑等。墓道、墓门和墓室内彩绘壁画，在墓道、前室及东西侧室、中室和各甬道壁面上绘制有真人大小的人物。墓道两侧绘十五个戴圆帽或髡发、穿圆领窄袖长衫、执骨朵的仪卫和鞍马一匹。前室前部两壁各绘六人乐队，为汉装的伎乐队。前室后部东边为契丹装大臣，西边为汉装大臣，皆拱手或叉手侍立，人物肖像图的上方有墨书契丹小字榜题，反映出辽代朝廷内部契丹人和汉人“分庭抗礼”、分为南北面官统治国家的政治制度。前室的两耳室绘

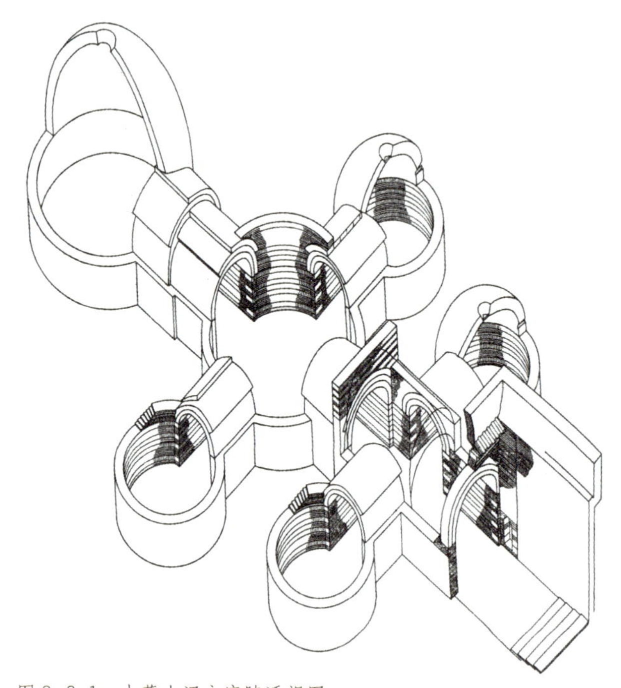

图 3-2-1　内蒙古辽永庆陵透视图
（采自秦大树：《宋元明考古》，第 174 页，图二六）

①　②　③　④

图 3-2-2　内蒙古永庆陵中室四壁四季山水图
（①春季山水图；②夏季山水图；③秋季山水图；④冬季山水图）

制契丹装、髡发、手持骨朵和弓箭以及船桨的契丹侍从。中室四壁绘有春、夏、秋、冬四季风光山水图，是辽代皇帝“四时捺钵”制度的再现（图3-2-2）。此外，还绘有双龙、人物肖像、出行、散乐和其他装饰图案[1]。

辽代帝陵的特点，主要体现在以下三方面：

1. 就都而葬，依山为陵。太祖之祖陵、太宗之怀陵，均位于内蒙古巴林左旗，是为当时“上京”所在。辽代帝陵多三面环山，前临溪流，群峰环绕，林木繁茂，陵寝位于口袋形的山谷之中，仅在陵园入口处留一陵门。这种选择方式应该是承袭唐代帝陵旧制的结果，同时也是堪舆风水术流行的反映。

2. 单一兆域，多座陵墓，以东为尊。如庆陵包括东、中、西三陵，三位皇帝共同使用一个兆域，且按照年代辈分从东向西排列。

3. 置奉陵邑。这些陵邑的行政级别与州等同，祖州、庆州早于陵名，而怀、显、乾三州则因奉陵而改名或得名。

第三节 金代帝陵[2]

金朝早期的帝陵在上京，金皇统九年（1149年），海陵王完颜亮弑熙宗完颜亶自立为帝，最终在大臣的支持下迁都燕京，并在都城附近选定“万年吉壤”作为祖陵和后代陵寝的葬地。此葬地便是峰峦耸立、森林密布的大房山，即今北京市房山区大洪谷云峰寺附近。根据文献记载和考古调查，金帝陵分为三个区域：

帝陵区，埋葬有包括从上京迁葬到此的太祖睿陵、太宗恭陵以及熙宗思陵、德宗顺陵、睿宗景陵、世宗兴陵、卫绍王的裕陵以及章宗的道陵。帝陵区又可细分为三个区域：即九龙山陵区，葬有太祖、太宗、德宗、睿宗、世宗及梁王宗弼（兀术，帝陵区中的唯一亲王陪葬墓），还有石门峪十帝陵和峨眉峪熙宗思陵。

坤厚陵区，始建于世宗大定年间，是埋葬嫔妃的陵园。目前该陵区的具体位置，还有待进一步调查确认。

诸王兆域是金朝宗室的墓地，海陵王也改葬于此，具体位置不清楚。

金代还在房山帝陵区设置奉先县并敕封山神，据文献记载：“奉先县：大定二十九年置万宁县以奉山陵，明昌二年更今名。”[3]又据《金史》卷三十五记载：“大定二十一年，敕封山陵地大房山神为保陵公，冕八旒、服七章、圭、香、币，使副持节行礼，并如册长白山之仪。”[4]这一制度应该是继承了北宋、辽设县（邑）奉陵的做法。

金代帝陵的发掘和研究比较滞后，直到20世纪80年代才展开对黑龙江金上京会宁府附近的太祖原陵的考古调查[5]。2002年，北京文物研究所对北京房山区主

1 董新林：《中国古代陵墓考古研究》，福州：福建人民出版社，2005年，第241页。

2 本节内容主要参考北京市文物研究所金陵考古工作队《北京房山区金陵遗址的调查与发掘》（《考古》2004年第2期）。

3 （元）脱脱等：《金史》卷二十四，北京：中华书局，2008年，第575页。

4 （元）脱脱等：《金史》卷三十五，北京：中华书局，2008年，第820页。

5 许子荣：《金太祖完颜阿骨打陵址》，《黑龙江文物丛刊》1983年第4期；张连峰：《金胡凯山和陵考略》，《黑龙江文物丛刊》1984年第3期。

陵区开展调查与发掘，其位于九龙山主峰下大宝顶前约 15 米处，陵寝以神道为中心轴，两侧对称布局，由石桥、神道、石踏道、东西台址、东西大殿、陵墙及地下陵寝等组成。石桥位于山陵的入口，其他建筑依次由南向北排列，考古工作者还在九龙山山脚下缓坡沟谷内发现了排水暗沟，其主要作用是将沟谷内的雨水和山洪通过数个入口疏导在排水沟中，确保山陵安全（图 3–3–1）。

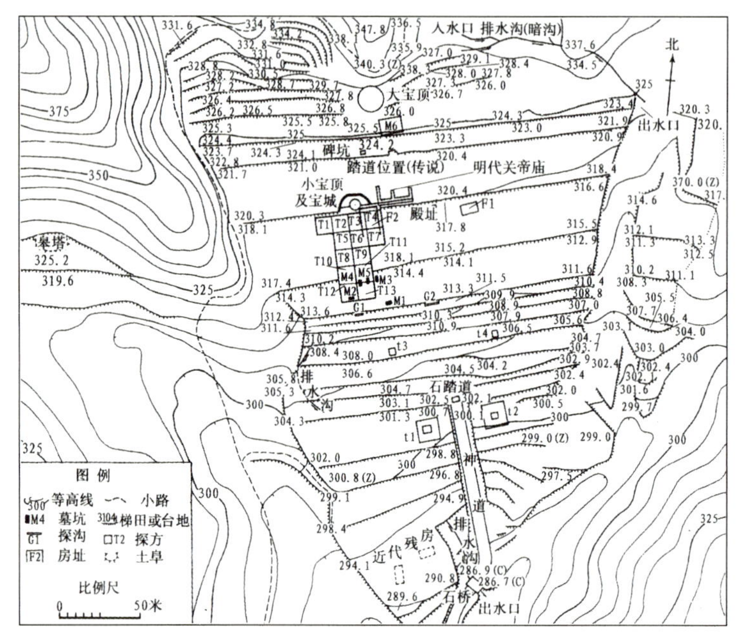

图 3–3–1　北京房山区金陵遗迹分布图
（采自《考古》2004 年第 2 期，第 28 页，图三）

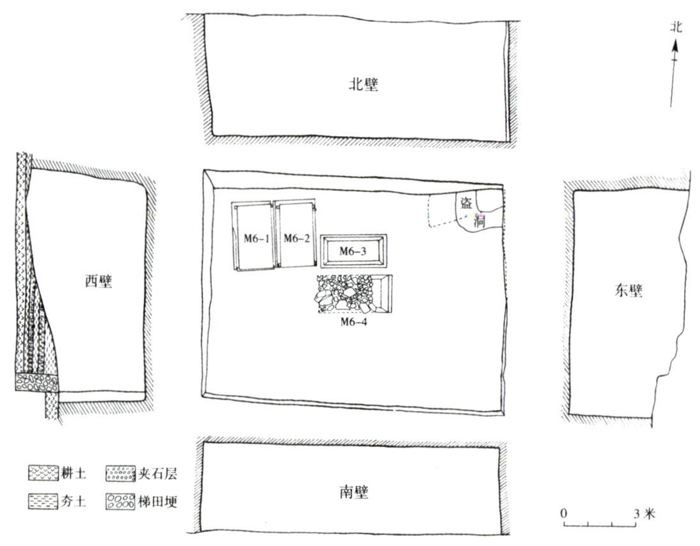

图 3–3–2　北京房山区金陵 M6 平面及四壁立面图
（采自北京市文物研究所编：《北京金代皇陵》，北京：文物出版社，2006 年，第 72 页，图三五）

根据现有考古材料，可知九龙山主陵区内至少有五位金代帝王的陵寝，包括金太祖阿骨打的睿陵、金太宗吴乞买的恭陵、海陵王之父德宗的顺陵、金世宗的兴陵、世宗之父睿宗的景陵。在主陵区内还发现有五座墓葬，均位于神道西侧、太祖陵西南第四台地上。墓葬形制皆为长方形竖穴石圹墓，五座墓葬中 M4、M5 保存较好，其余三座均被破坏，墓内随葬品也因此遗失，仅追回一件“萧何月下追韩信”的三彩瓷枕，所在墓葬情况不详。此次考古发掘最重要的成果是对金太祖睿陵的地宫进行了正式清理。该地宫是一座长方形竖穴石坑墓，东西长 13 米、南北宽 9—9.5 米（图 3–3–2）。石坑内有石椁四具，其中两具为汉白玉质，东西向，一具浅浮雕龙纹，一具浅浮雕凤纹，另外两具为青石质素椁，均南北向。龙纹椁已残，凤纹椁保存完好。石椁长 2.48 米、宽 1.2 米，椁盖顶和椁身浅浮雕双凤纹（图 3–3–3），内填金粉。椁身四壁包裹厚 10—12 厘米的松香。椁内置木棺，长 2.1 米、宽 0.78 米。木棺外壁涂红漆，棺四角及正中部位饰錾刻凤纹的菱形鎏金银饰，棺内出土金丝凤冠和白玉饰件[1]。

1 北京市文物研究所金陵考古工作队：《北京房山区金陵遗址的调查与发掘》，《考古》2004 年第 2 期。

图 3-3-3　北京房山区金陵 M6-3 雕刻凤纹石椁室椁盖图
（采自《北京金代皇陵》，第 76、77 页，图四〇）

根据文献和考古调查的情况，金代帝陵的特点主要体现在以下五个方面：

1. 建于深山之中相对封闭的山谷内，明显带有女真人的原始部落风俗。

2. 陵区的安排没有总体的规划，帝陵区、坤厚陵区、诸王兆域相互分开，按照一定的堪舆风水讲究，选择风水宝地安葬。

3. 地宫为竖穴石坑，以石椁和木棺为葬具，其外包裹松香，多具石椁合葬。

4. 随葬品以玉石为主，装饰多龙凤纹样，也有其他带有世俗生活的花纹。

5. 设置奉先县以奉祖先，敕封山神以护卫陵园。

第四节　西夏王陵[1]

西夏王陵位于今宁夏回族自治区银川市西贺兰山东麓，南北长约 10 公里，东西约 4 公里，包括李继迁的裕陵、李德明的嘉陵、李元昊的泰陵、李谅祚的安陵、李秉常的献陵、李乾顺的显陵、李仁孝的寿陵、李纯祐的庄陵、李安全的康陵以及李遵顼和李德旺的两个无号陵，共计 11 座。

西夏陵区所在地的贺兰山麓有四条大的沟谷，即榆树沟、山嘴沟、甘沟、泉齐沟，四条自然形成的冲沟将西夏王陵自南而北划分为四个区域（图 3-4-1）。一区位于陵区的最南面，现存 2 座帝陵，陪葬墓 34 座。一区陵墓方向一律坐北朝南，两座帝陵分别为 1、2 号陵，二区有 3、4 号陵，三区有 5、6 号陵，四区有 7、8、9 号陵。整个陵区陪葬墓有 207 座，多分布在所属帝陵的南面和西面，显示出明确的“数墓一组、数组一群、数群一区”的规律。

陵园建筑由角台、阙台、碑亭、月城、陵城、门阙、献殿、陵台等部分组成，以夯土为主体，夯土之外甃以砖瓦，屋檐、屋脊饰有各种琉璃装饰物。9 座王陵

1 本节内容主要参考许成、杜玉冰《西夏陵》（北京：东方出版社，1995 年）和宁夏文物考古研究所、银川西夏陵区管理处《西夏三号陵——地面遗迹发掘报告》（北京：科学出版社，2007 年）两书的观点。

中，除3、4号陵外，其余7座皆设置有外城，园陵的结构布局基本一致。无外城的陵园都在其最外围设置了标志茔域的角台，南北各二，对称分布。角台范围内，自南而北依次排列东西对称的阙台、碑亭、月城、陵城。设置有外城的陵园可分为三种类型：其一为封闭式外城，即在前述基本结构的基础上，陵园的外围增筑长方形封闭式外城，将除角台外的所有建筑围在外城之内，外城仅南面开门，角台紧挨外城；其二为马蹄形外城，外城仅西、北、东三面有墙垣，南面敞开，东西两面墙垣至月城处中止，月城以南的碑亭、鹊台等建筑不在外城之内，北面两座角台在茔域的两角，南面两座角台与外城前端齐平；其三为外城附有瓮城，即在外城南面呈开口式，余三面正对陵城城门处向外凸出，形成长方形瓮城，角台在茔域最外围。

第二陵区内的三号陵是西夏王陵中茔域最大、保存状况最好的一座（图3-4-2）。陵园坐北朝南，方向150°，茔域面积15万余平方米。平面呈南宽北窄的梯形，南北长约450米、北端宽（角台间距）272米、南端宽（角台间距）407.4米。三号陵属于无外城式结构，由4座角台、2座阙台、2座碑亭、1座月城和1座陵城组成，建筑均以南北中轴线对称分布，陵城内南门至北门中轴线上还建有献殿和陵塔，墓穴位于献殿和陵塔之间的地下，地面上还能见到隆起的长方形墓道封土。4座角台位于陵园的最外围，是确定茔域范围的标志性建筑。角台对称分布，南北各2个，4个角台均有不同程度的损毁，西北角台是保存最好的一座，底径约5米、高约5米，周围地面上有碎砖瓦和建筑装饰物等。2座阙台位于陵园正南门外，左右对称，东西相距100米。阙台平面呈圆形，现在基底直径约12米、残高约8米，阙台向北35米，有2座直径13米的圆形碑亭建筑，也为左右对称，东西间距80米，碑亭下有砖构方形台基，边长20余米，高2米多。碑亭向北行40米左右即月城和陵城，两城相接，平面呈“凸”字形，南北总长232米、东西宽164米。月城是陵城外的一座小城，类似瓮城，平面呈东西向长方形，南墙中部辟城门，方向150°。月城门至陵城南门的神道两侧，各有两排石像生，呈对称形式，石像生早期均遭人为破坏，经清理后发现，石像生下皆有长方形台座。陵城南北略长，呈方形，四面均辟有陵门，南门为正门，面积较大，面阔五间，进深两间。位于当心间的南北两侧台基处设有斜坡墁道，可出入陵城。其余三

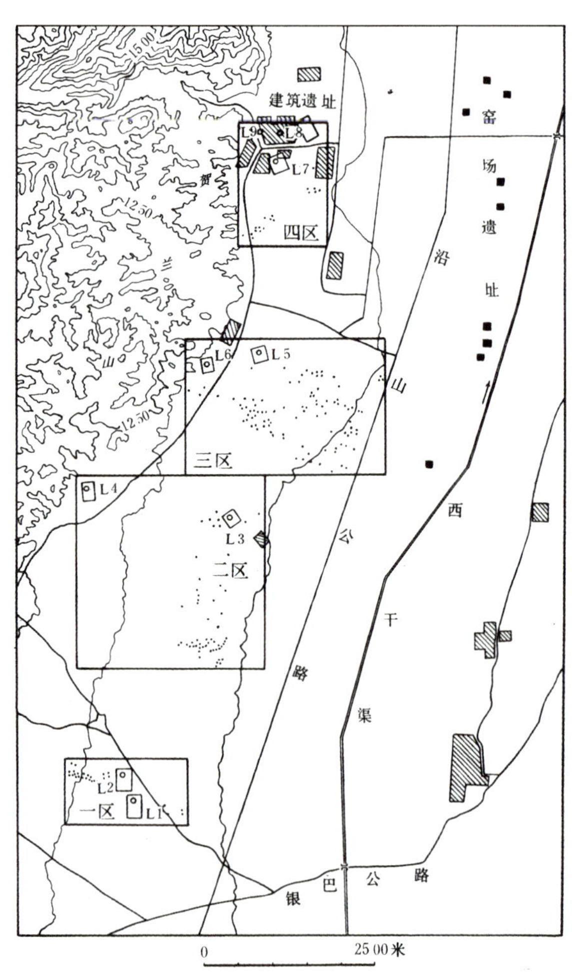

图3-4-1 宁夏银川西夏陵陵墓总分布图
（采自《西夏陵》，第7页，图一）

座面积较小，皆面阔三间，进深两间，未设置墁道，可能只做象征性的设置。陵城四角还设置有角阙，角阙为对称建筑。东南、西南角阙皆由五座高低错落的圆形墩台式建筑组成，东北和西北则由七座墩台式建筑组成。陵城内的南北中轴线上，从南向北建有献殿、墓道、墓室和陵塔。献殿建在八角形台基上，为圆形大殿。献殿南北两侧均设置有斜坡墁道，呈南北相对，北侧墁道距离墓道入口仅有2米，推测墓主灵柩在接受完祭拜后从北侧墁道直接进入墓室（墓室未发掘）。陵塔建在北门处，是陵园中最大的建筑实体，底座直径达37米、残高21米。

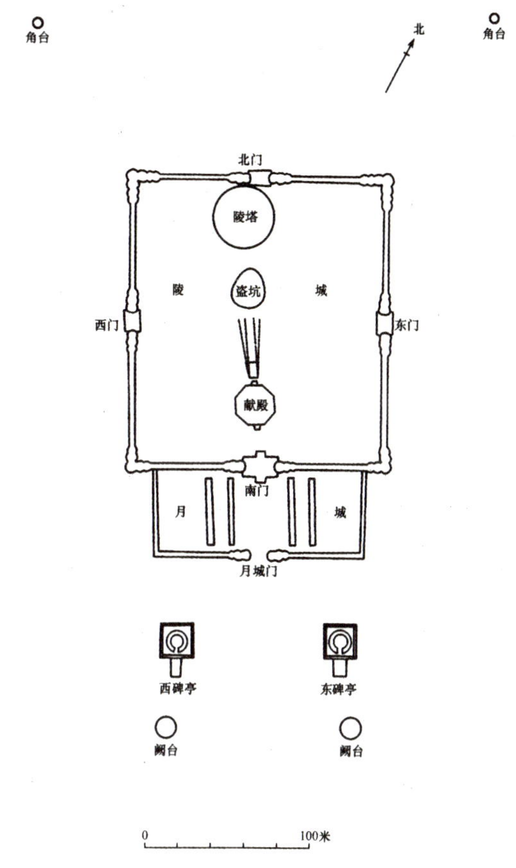

图3-4-2　宁夏银川西夏陵三号陵园平面图
（采自《西夏三号陵》，第14页，图六）

六号陵位于第三陵区西北部，外围四角也有四座角台，基座呈覆斗形，均有不同程度的风化。外城呈马蹄形，南面开口，东西墙前端至月城处终止，长220米、宽165米、与陵城相距16米。外城以内的设置基本上与三号陵一致，由外至内包括阙台、碑亭、月城、陵城，陵城四面设有门阙、四角设有角阙，城内从南至北设有献殿、墓道、墓室、陵塔（台），但各建筑的形制和大小规模与三号陵略有不同（图3-4-3）。据对六号陵地宫的考古发掘，墓室位于陵台前18米的地下，为土洞多室墓。墓室由墓道、甬道、中室、东侧室、西侧室组成（图3-4-4）。墓道全长49米，南窄北宽、下窄上宽，南部上口宽4.9米、下口宽3.9米，北部上口宽8.3米、下口宽4.9米。墓道内东西两壁各有两排柱洞，应该是在修建墓葬时为防止垮塌而设。墓道北侧为甬道，大部分在被盗时毁坏，靠近墓道两壁有少许保留，部分表面抹有草拌泥，上又涂白灰，白灰上绘武士像。墓室底部均铺地砖，中室顶部和四壁损毁严重，仅出土甲片、铜泡饰、铜铃、瓷片、铁钉及珍珠等遗物。东、西两侧室与中室间均由一短过道相接，长、宽各1.8米，东侧室发现有甲片、铜泡饰、铜铃、瓷片、铁钉等物，西侧室仅壁上残留护墙板朽木。三室内均未发现葬具，仅在淤泥中散见零星骨骼。

西夏作为一个少数民族建立的地方政权，其国家制度在各个方面都显示出北方游牧民族的民族性与对汉文化的认同，陵寝制度亦是如此。根据现有的考古调查和发掘，西夏王陵具有以下五个方面的特点：

1. 陵园选址受堪舆风水学说的影响，多选择在依山面水，毗邻国都之地。贺兰山在西夏人心中是龙兴之地，李德明迁都兴庆府便是应此谶纬之说。陵园所在地地形相对封闭，具有一定的隐蔽性，在战事频繁时期，亦能保障陵墓的安全。

2. 西夏陵园呈凸字形，规模较小，结构单纯，布局一致，均由角台、外城、月城、陵城组成，仅部分墓葬不设外城，具有明显的防御性质。西夏王陵取消了唐宋以来的下宫制度，只在陵城内建献殿，亦取消了供奉陵寝的礼仪制度，这是陵寝制度方面的一项重要变化。

3. 西夏王陵设置有角台、碑亭等建筑，陵城内还设置有塔式建筑，建筑数量为奇数。在中国古代文化中，奇数为阳，圆形为天，塔形为佛，反映了西夏国崇儒尚佛的倾向。陵城的主要建筑偏离陵园中轴线，这也是典型的西夏葬式。西夏人认为中间乃神明之位，故陵园如此设置以避神灵。

4. 陵墓周围均有数量不等的陪葬墓，陪葬墓之间具有明显的等级差异，大致可分为甲、乙、丙、丁四等。甲属于大型墓，乙、丙属于中型墓，丁属于小型墓，其中丁型墓葬最多，是陪葬墓的主体。

图 3-4-3　宁夏银川西夏陵六号陵园平面分布图

（采自宁夏文物考古研究所、银川西夏陵区管理处编著：《西夏六号陵》，北京：科学出版社，2019 年，第 8 页，图三）

5. 西夏王陵地宫主要呈多室土洞式，随葬铜器、动物骨骼等，这是游牧民族的风俗以及当地的生存环境所致。墓室内壁壁画有武士题材，墓内出土瓷器，则是在与宋辽交往过程中不断汉化的结果。

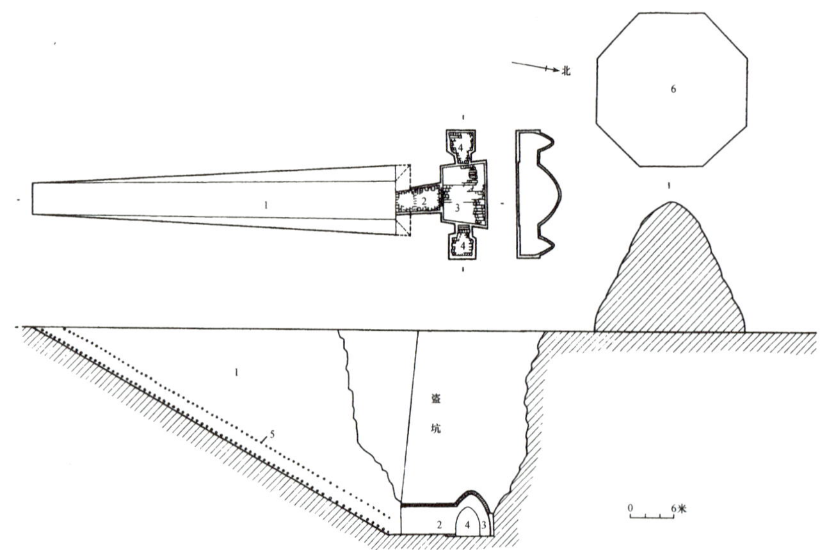

图 3-4-4　宁夏银川西夏陵六号陵墓平、剖面图

（采自《西夏六号陵》，第 383 页，图三六二）

第五节　明代帝陵[1]

元代皇帝以及蒙古的贵族死后都潜埋于蒙古高原，秘不发丧，因此元代帝陵均无发现。《元史·太祖本纪》记载元太祖成吉思汗于1227年农历七月“乙丑，崩于萨里川哈老徒之行宫……寿六十六，葬起辇谷”[2]。起辇谷，是元代皇帝的集中葬所，但是具体位置至今无人知晓。

明王朝的帝陵在南、北方地区皆有分布，其中明祖陵位于泗州（今江苏盱眙），埋葬有朱元璋的高祖、曾祖及祖父，今安徽省凤阳县西南则是明皇陵的所在地，埋葬的是朱元璋的父母。朱元璋本人的陵墓——明孝陵，位于今江苏南京市东郊的钟山南麓独龙阜，始建于洪武九年（1376年），洪武十五年（1382年）皇后马氏入葬，始称孝陵，洪武三十一年（1398年）朱元璋驾崩，入葬孝陵，但实际上明孝陵是到永乐三年（1405年）才正式完工。明显陵是嘉靖皇帝的父亲恭睿献皇帝朱佑杬、母亲章圣皇太后的合葬墓，位于湖北省钟祥市城东北5公里的纯德山上，其“一陵两冢”的陵寝结构在历代帝王陵墓中为独有。

从永乐皇帝朱棣开始至明末崇祯皇帝的陵墓皆在北方，景帝朱祁钰因故别葬于金山，其余十三位皇帝包括成祖朱棣的长陵、仁宗朱高炽的献陵、宣宗朱瞻基的景陵、英宗朱祁镇的裕陵、宪宗朱见深的茂陵、孝宗朱祐樘的泰陵、武宗朱厚照的康陵、世宗朱厚熜的永陵、穆宗朱载垕的昭陵、神宗朱翊钧的定陵、光宗朱常洛的庆陵、熹宗朱由校的德陵以及思宗（崇祯）朱由检的思陵，都在今北京昌平以北10公里的天寿山，合称“明十三陵”。

一、盱眙祖陵

明祖陵是明太祖朱元璋追尊其高、曾、祖三代帝后的衣冠冢，位于今江苏盱眙县管镇乡明陵村，毗邻洪泽湖。由于黄河多次溃决，水患严重，虽经多次治理，但祖陵仍在康熙十九年（1680年）淹没于洪泽湖中。中华人民共和国成立后，洪泽湖水位下降，经过考古调查和发掘，大体弄清了明祖陵的形制和布局[3]。

文献记载明祖陵原有城墙三座，包括外罗城，经多年洪水冲刷已无存；中砖城，长方形，东西长580米、南北宽340米，周长约2000米；内皇城，南北长60米、东西宽64米、周长272米。勘探没有发现外罗城的痕迹，可能外罗城为土城，经长年洪水冲刷，毁坏无存。陵区内所有建筑都是以中轴线进行对称布局的，其中轴线是从玄宫经过皇城内的享殿、金门至神道，再延伸至砖城南门。20世纪60

1 本节内容主要参考南京博物院、盱眙县文化局《江苏盱眙县明祖陵考古调查简报》（《考古》2000年第4期）、南京博物院《明孝陵》（北京：文物出版社，1981年）、中国社会科学院考古研究所等《定陵》（北京：文物出版社，1990年）以及刘毅先生的研究成果（刘毅：《明代帝王陵墓制度研究》，北京：人民出版社，2006年）。

2 （明）宋濂等：《元史》卷一，北京：中华书局，1976年，第25页。

3 南京博物院、盱眙县文化局：《江苏盱眙县明祖陵考古调查简报》，《考古》2000年第4期。

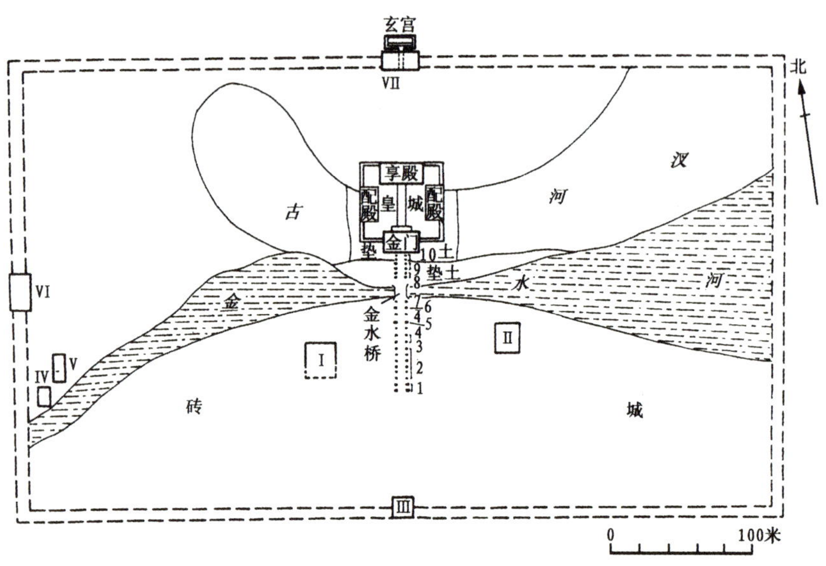

图 3-5-1　江苏盱眙明祖陵砖城、皇城遗迹平面图
（采自《考古》2000 年第 4 期，第 68 页，图二）

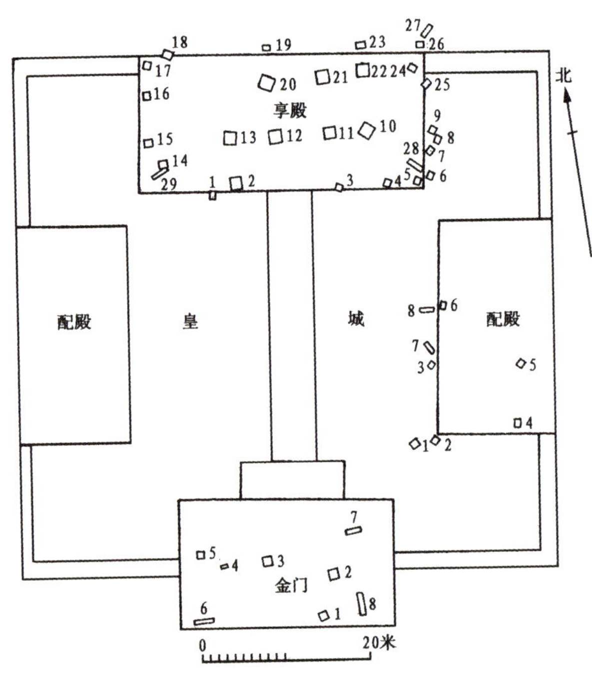

图 3-5-2　江苏盱眙明祖陵皇城地面遗迹平面分布图
（采自《考古》2000 年第 4 期，第 69 页，图三）

年代考古调查发现了神道两侧的石像生 19 对、望柱 2 对，麒麟 2 对，狮子 2 对，马官 2 对，侍马官、石马、侍者各 1 对，文臣、武将及太监各 2 对。砖城中部是东西流向的金水河，金水河与神道的交汇处便是金水桥。金水河穿过砖城西墙，墙外的河道较窄，宽约 20 米，与皇城附近古河汊相邻的部分较开阔，宽约 40 米，据此推测其应是自西向东流。金水河上有一座南北长约 10 米的金水桥，桥将神道的石像生分为南北两部分（图 3-5-1）。目前发现南北两座桥墩，其底部系用石灰、糯米汁及碎砖瓦浇筑而成，桥体已毁，可能为石条砌筑，金水桥两岸均经过人工多次修整和疏浚，应该也是出于防洪的考虑。神道石像生往北即是皇城，城内建筑有享殿、丹墀、东西配殿等。皇城南墙中心部位是金门，现存夯土台呈凸字形，东西长 25.6 米、南北宽 16 米。台基北边中部向北凸出 4 米，形成门阶，与丹墀相连。丹墀现存夯土台基长 30 米、宽 6.5 米，位于金门与享殿之间。皇城最北部为享殿，呈长方形，东西长 32.6 米、南北宽 17 米，享殿前发现有大量的石柱础和阶条石。皇城

的东西两侧为配殿，台基南北长 25 米、东西宽 14.5 米（图 3-5-2）。皇城的北部，位于陵区中轴线北端发现玄宫的所在。玄宫为砖砌，东西长 20 米、南北宽 5 米，距地表约 2 米深处有砖砌拱券 9 座，一字排开，左右对称，券下有两扇对开石门，中间最高，左右依次递减。总体来说，调查的结果与文献记载基本相符。

二、凤阳皇陵

凤阳皇陵在明中都城西南 5 公里的太平乡，东北距凤阳县约 8 公里，是朱元璋父母的陵墓。凤阳皇陵与盱眙祖陵的结构一致，但修建年代更早，规模更大。

有关凤阳皇陵的考古工作开展得比较少，结合文献记载，可知陵园大致由土城、砖城、皇城构成，皇陵的整体布局与盱眙祖陵一样，以南北中轴线进行对称分布。皇城土城平面为正方形，周长 14.4 公里，砖城南北长 1100 米、东西宽 750 米。皇城金门至砖城北明楼的神道两侧列碑亭、石像生和望柱。石像生自北向南依次为麒麟 2 对、狮子 8 对、望柱 2 对、马、左右控马官及侍者 2 对、虎 4 对、羊 4 对、文官武将各 2 对、太监 2 对，总计 28 对[1]。

三、明孝陵

明孝陵在今江苏南京市东郊钟山独龙阜下玩珠峰，是明太祖朱元璋和马皇后的合葬墓。陵园依山而建，建筑坐北朝南，大致可分为神道和陵宫两个部分[2]（图 3-5-3）。神道最南端为下马坊，是一座两柱冲天式的石牌坊，上刻“诸司官员下马”的字样。下马坊西北 1.5 公里为砖石结构的券门，是陵园的大门，名“大金门”。金门往北为大碑楼，平面正方形，内置大明孝陵神功圣德碑。碑亭西北行过御桥便可见神道石雕像，前后依次为蹲坐狮、立狮、蹲坐獬豸、立獬豸、卧骆驼、立骆驼、卧象、立象、蹲坐麒麟、立麒麟、卧立马各一对，再向北则有望柱一对、文臣武将各两对。神道的终点为棂星门，是三间两垣式牌楼门，现仅存柱础。

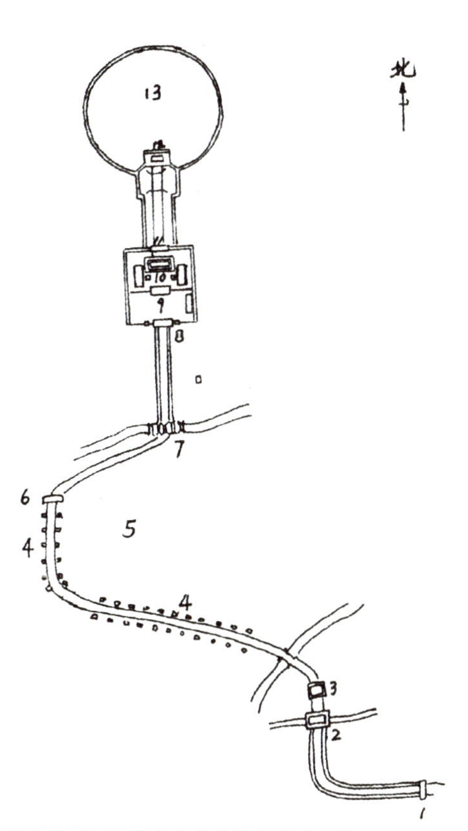

图 3-5-3 江苏南京明孝陵平面示意图
（采自《明代帝王陵墓制度研究》，第 71 页，图 2-13）

神道东北过御河桥为陵宫，其为三进式封闭院落，自陵宫门至享殿为第一进，享殿至内红门为第二进，内红门至宝城为第三进，陵宫门至明楼约 375 米。陵宫门为券拱式大门，1998 年对其基址进行发掘清理，结果表明，陵宫门正门三

1 徐苹芳：《明皇陵和祖陵》，《中国大百科全书 · 考古学》，北京：中国大百科全书出版社，1986 年，第 334 页；周致元：《明代凤阳的皇陵》，《东南文化》1997 年第 1 期。
2 南京博物院：《明孝陵》，北京：文物出版社，1981 年，第 1—5 页。

道，圆券顶，东西二掖门为过梁式平顶。陵宫内设有享殿，现存基址有白石殿陛三重，高3.03米，其上为面阔九间、进深五间的建筑，今已不存，仅剩56个柱础。与祖陵、皇陵一样，明孝陵享殿东西两侧亦设置有配殿，东配殿基长66.84米、进深7.3米，还有神厨、宰牲亭、东井亭等遗迹，西配殿南北长约30米、东西宽约10米，也有神厨、井亭等遗迹。

享殿基座以北为内红门，砖石拱券结构，再往北200米即为方城，正中辟一门，高3.86米，门内有一小院，迎面是一道挡土墙，墙后为坟丘，院内左右可上达明楼。明楼呈长方形，类似城堡，东西长39.25米、南北宽18.4米，南面开三券门，东、西、北面各有一券门。明楼后即为直径325—400米的坟丘，周围环砌城垣，以石条为基，上砌砖，是为宝城。孝陵的玄宫就位于宝城下方[1]。

四、明十三陵

明太祖朱元璋死后，原太子朱标之子朱允炆即位，“靖难之役”后，建文帝朱允炆下落不明，无陵寝。成祖朱棣即位后迁都北京，死后葬北京昌平北天寿山，名长陵。此后，历代明代皇帝（景帝因故别葬）都在天寿山附近营葬，共13处，成为明中后期的帝陵墓区[2]（图3-5-4）。

明十三陵诸陵营建的情况和规模各不相同。如永陵、定陵等生前开始营建者，往往规模较大，死后建造的如献陵、景陵、康陵等规模则较小。思陵，葬崇祯帝朱由检，仅用贵妃田氏墓穴收葬，规模最小。十三陵中规模最大者为长陵，即朱棣和徐皇后的合葬墓，营造时间长达15年。

长陵陵园建制与南京孝陵基本一致，亦分为神道和陵宫两部分（图3-5-5）。神道原以大红门为起点，后向南延伸至1.2公里外的石牌楼，大红门内500米处为正方形的长陵神功圣德碑楼，俗称“大碑楼”，楼内置大明长陵神功圣德之碑。碑亭外四隅各有华表一根。大碑楼往北约一公里处可见神道石刻，有望柱1对和石像生18对。自南向北依次有蹲坐狮、立狮、蹲坐獬豸、立獬豸、卧骆驼、立骆驼、卧象、立象、蹲坐麒麟、立麒麟、卧马、立马各1对，文武大臣、勋臣各2对。石像生尽头为一三座并连的石牌楼门，称棂星门，又名龙凤门。过此门再经七孔桥一座、五孔桥两座，即达长陵宫门[3]。长陵神道基本朝向为由南向北，不同地段略有弯曲，和孝陵一样，并非呈南北一条直线，而是顺地势修建。

长陵陵宫与孝陵相似，亦由三进院落组成，其南垣正中为陵宫门，门前有月台，门外东侧有宰牲亭、西侧有具服殿，门内御道东西原有神厨、神库各五间，现已不存。祾宫门内正北为祾恩门，进深两间，面阔五间，设有三门道，建于汉白玉石台上，祾恩门两侧红墙各辟小琉璃门一座，由此进入第二进院落。祾恩门内为陵宫核心建筑祾恩殿，大殿面阔九间、进深五间，通长65.7米、进深28.5米，重檐庑殿顶，殿内有楠木制作的高达12.58米的金柱32根，直径均超过1米。祾

1 南京博物院：《明孝陵》，北京：文物出版社，1981年，第1—5页；南京文研所：《明孝陵陵宫门基址清理发掘获重要成果》，《中国文物报》1999年5月2日第1版。

2 中国社会科学院考古研究所等：《定陵》，北京：文物出版社，1990年，第2页。

3 刘毅：《明代帝王陵墓制度研究》，北京：人民出版社，2006年，第84页。

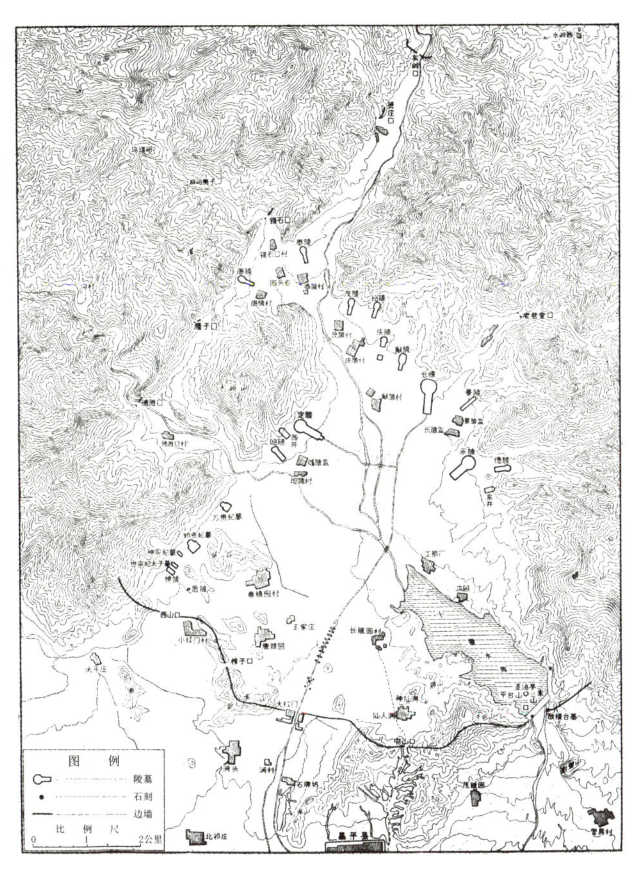
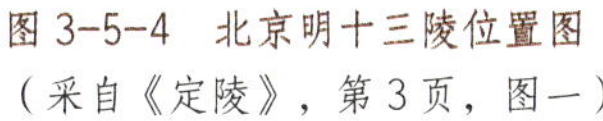

图 3-5-4　北京明十三陵位置图
（采自《定陵》，第 3 页，图一）

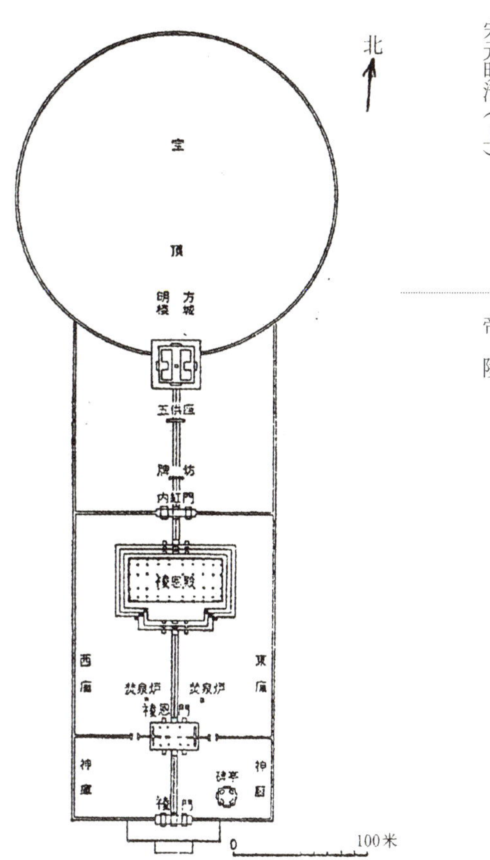

图 3-5-5　北京明长陵平面图
（采自《明代帝王陵墓制度研究》，第 84 页，图 2-17）

恩门内两侧各有一琉璃砖砌焚帛炉，大殿两侧原有东西配殿各十五间，后毁于清初。祾恩殿后为内红门，内红门往北依次为两柱牌楼门、明楼、宝城。

其余十二陵规模均小于长陵，各陵皆无单独通向陵区大红门的神道，且不设置大碑楼、石像生、龙凤门等，陵园主要由碑亭、祾恩门、祾恩殿、东西庑配殿、琉璃花门、二柱牌楼门、石几筵台、明楼、宝城等组成。可见，十二陵属于长陵的丛葬或祔葬陵墓，长陵以后诸陵的自身建置，只有陵宫及其附属建筑和一小段神道[1]。

明神宗的定陵在 20 世纪 50 年代进行过试掘。定陵陵园坐落在大峪山下，东南向，园内建筑包括祾恩门、祾恩殿、明楼和宝城（图 3-5-6）。四周有围墙两道，内墙后接宝城，外罗墙后接大峪山。陵园的整体布局及各建筑和长陵基本一致，只是规模略有不同。

定陵明楼建于方城之上，方城方形，下部设石须弥座，上部砌砖，设雉堞，通高 9.84 米，底部宽 30.45 米、上部宽 29.5 米。明楼为砖石结构，四面券门，各设台级，四角为方形石柱，加砌垒砌，底为石座。重檐歇山顶，上覆黄瓦，檐和枋、斗拱皆仿木结构，石雕而成，楼檐下有石榜，上刻“定陵”两个大字，字涂金彩。明楼内设置有竖石碑一通，碑额篆刻“大明”，碑身刻楷书“神宗显皇帝之陵”。

宝城在陵园的最北部，由城墙围作圆形，内径 216 米，宝城前面与明楼、方

1 刘毅：《明代帝王陵墓制度研究》，北京：人民出版社，2006 年，第 89 页。

城相接，中部用白灰掺黄土夯筑，称宝顶。宝顶之下为帝后的玄宫。宝城中面积广阔，于墙内侧设立井，向城外泄水，墙顶部又设置石螭首排水。在外罗墙南侧墙下和宫墙的南北两侧还分别设有排水沟。陵园外部还有祠祭署、宰牲亭等附属建筑。

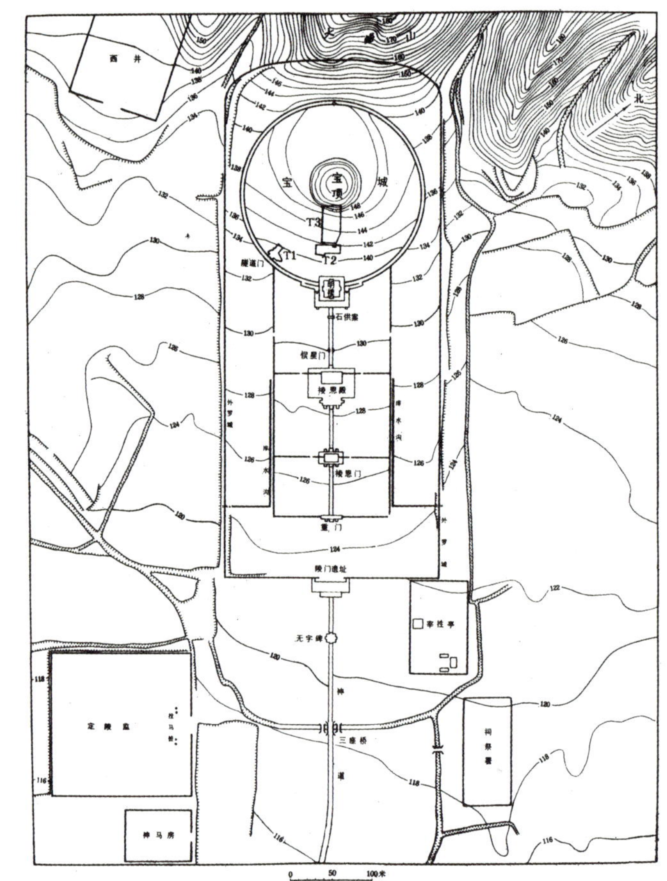

图 3-5-6　北京定陵陵园平面图
（采自《定陵》，第 10 页，图四）

宝城地下为定陵的玄宫。隧道是进入玄宫的通道，由隧道门、砖隧道、石隧道组成，尽头至金刚墙。玄宫是万历皇帝和孝端王皇后、孝靖王皇后的棺椁所在地。玄宫由宫前甬道、前殿、中殿、后殿、左右配殿组成，甬道和部分殿堂铺地砖外，其余全部采用石质结构（图 3–5–7）。

宝城底部宽 6.6 米，中部券洞长 4.8 米，券洞分内外两重，内券洞两侧各有一道砖砌大墙，即砖隧道，高约 4.5 米，用砖三十一层，宽度 8 米，两墙外部各用大鹅卵石加灰土垒砌，作护墙。砖隧道后为石隧道，略作东西向，由两道石砌大墙组成，墙上石条多有墨迹，内容多记月、日、姓名、籍贯、官职以及石材优劣等。金刚墙是进入玄宫的最后一个通道，设有一开口，墙高 8.8 米、厚 1.6 米，开口呈圭字形，墙后为甬道，用砖起券，长宽各 7.9 米。

甬道至墓室前殿间的券洞设有两扇石门，门各高 3.3 米、宽 1.7 米。汉白玉石门连上下门轴，每扇门面上有乳状门钉，纵横各九排，共 81 枚。两门相对处有衔环铺首。墓室前殿是长方形券石室，东西长 20 米、宽 6 米、高 7.2 米，双交券顶，地面铺黄松木板，为入葬棺椁而设，殿西端为中殿石门。中殿券洞和石门的形制规格、结构皆与前殿相同，中殿长 32 米、宽 6 米、高 7.2 米，略长于前殿，中殿后部设有汉白玉质的石神座，呈皇帝御座形制，御座前陈设供奉之用的香炉、烛台、花瓶以及装满油的青花大龙缸，名曰“万年灯”。后殿门楼基座为束腰须弥座，上部檐、额枋、檐瓦、吻兽皆用汉白玉雕成，形制、规格、结构与中殿相同。后殿的形制大体与中殿相同，但作为放置帝后棺椁的地方，相比各殿较大，殿南北长 30.1 米、东西宽 9.1 米、地面至券顶高 9.5 米。后殿中部偏西设有宝床，作束腰须弥座，饰覆仰莲，床面铺花斑石，床长 17.5 米、宽 3.7 米、高 0.4 米，床上放置三具棺椁，中为万历皇帝，左侧为孝端皇后、右为孝靖皇后，万历皇帝的棺椁分别与左右相距 1.2 米。宝床中部凿有长方形孔，长 0.4 米、宽 0.2 米，中填黄土，当为“金井”。

左右配殿位于中殿的左右两侧，与中殿平行，皆设有青石门，无门钉，有铺首，为双交券顶。两殿形制、大小、结构一致，东西长 26 米、南北宽 7.1 米，地表至券顶高 7.4 米。殿中部靠后为长 16 米、宽 3.5 米、高 0.35 米的汉白玉棺床，床中央设有金井。在配殿的西壁北侧还有一券门，门外有一小甬道，西端为封闭的券门形洞，门外即是封门墙，原设计有一条通往玄宫外的隧道。定陵玄宫自甬道至后殿，长 87.34 米，左右配殿两端最宽处为 47.28 米，总面积达 1195 平方米。

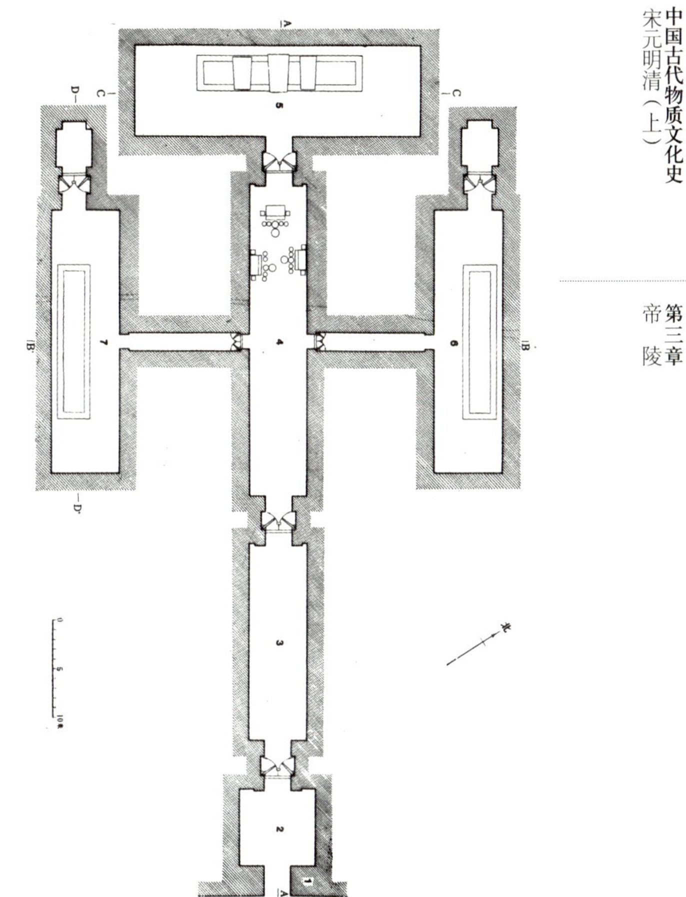

图 3-5-7 北京定陵玄宫平面图
（采自《定陵》，第 14 页，图一二：A）

定陵随葬品极为丰富，出土各类随葬品总数达 2648 件（套），可分为葬仪和生活用具两大类。前者包括谥册 7 份（木 4、锡 3）、谥宝 4 方、墓志 1 方，还有木质彩绘仪仗俑和马俑以及铜明器 60 件，另有锡质小型明器若干。生活用具较多，衣冠及匹料就有 644 件，其中梓宫内的织锦制作精美。此外，还有大量佩饰、首饰、梳妆用具以及金器、银器、铜器、瓷器、琉璃釉陶器、玉器、漆器等。铜器较少，有铜镜、铜剑等。金器主要包括盆、盂、壶、盒等，多有龙纹雕刻，有的还镶嵌珠宝，器物上多刻有制作的年月、器名、重量和工匠姓名。玉器也主要是碗、盆、壶、杯等，有的还制作成仿古的爵、圭等。瓷器主要是带有万历或嘉靖铭款的青花和三彩，造型以梅瓶、碗、炉、觚等为主。

明代的陵寝制度在继承宋代陵寝制度的基础上有所简化，同时亦有创新，其特征归纳起来有以下六个方面：

1. 明代帝陵的选址多集中于都城附近地势宽敞处，对于陵宫的选择也主要依据东晋郭璞所著《葬书》的“吉壤”的说法[1]，但同时也受到礼制的限制。明十三陵最早修建的是长陵，规模最大，位置居中，后代皇帝皆按左昭右穆的顺序排列，且共用长陵的神道，未有出现僭越的现象。从陵园的整体布局来看，明代皇陵在明初便有统一规划的意图，无论是明孝陵还是明十三陵，都设置有主神道，各陵前都不再有各自的石刻。

2. 明皇陵继承了宋代的兆域制度，却废除了唐宋时期流行的上下宫制度，扩大了献殿，祾恩殿成为主要祭祀场所，并兼具献殿和下宫的作用。这样的安排可能是源于西夏陵和金陵。

3. 从明孝陵开始，神道未采用唐宋时期的南北垂直布局，而是顺山势修建，

1 胡汉生：《明定陵选宫制度考》，《故宫博物院院刊》1989 年第 4 期。

蜿蜒曲折。明代帝陵的神道两侧石像生数量和种类相比宋代也有所调整，除去了体形较小的石羊、石虎，增加了较大的动物和神兽，主要以狮、獬豸、骆驼、象、麒麟、马、文武官吏等为主。明孝陵前取消了控马者，朱棣的长陵又增加了勋臣一对，从此形成明陵神道石像生的定制。

4. 陵宫的平面布局模仿皇宫前朝后寝的形制，呈二进或三进院落格局，宫门、献殿、石几筵、明楼、宝顶分布在南北中轴线上。封土由历代沿袭的方形变为圆形宝城式圜丘，明以前的帝陵多将陵台置于陵园中央，而明代的宝城则位于陵园的最后。宝城前增设明楼，内置谥号、庙号碑，这种设置可能也源于金陵，同时也受到西夏陵建造碑亭的影响。

5. 定陵的玄宫为三主两配五殿的结构，全部用石材砌成，有学者认为从明初至万历年间，明代皇陵玄宫制度有所改变，天子用石、亲王用砖石或砖，其建材质地和颜色是等级差异的体现[1]。

6. 明代天子后妃葬具多使用重棺，随葬品以生活日用器为主，种类繁多，包括金银器、铜器、漆器、瓷器、玉器等，明器主要以仪仗俑为主，这一点应该是受唐宋以来的影响，其中最可能源于宋元时期江南地区葬俗遗风。

第六节　清代帝陵

清王朝是由满族建立的政权。兴起于辽东，顺治初期，清廷入主中原，其陵寝制度大抵以此为界，分为前后两个时期。清廷入关前，清代帝陵主要有四处，分别为辽宁省新宾的永陵、沈阳的东京陵、福陵和昭陵。这一时期陵墓的建筑保留了大量满洲的风俗习惯，且未有统一的标准。入关后，清廷在河北省的遵化和易县建有东西两个陵区，即清东陵和清西陵。东西二陵从建筑布局到建筑造型皆仿照明代帝陵。较之前代帝陵，东西二陵亦有不同，顺治以后，清王朝将包括历朝帝王妃嫔、宗室王公、公主及有一定封号爵级的宗室子女的墓葬统称为“园寝”，其设置与修建有着相当严格的规制，是清代陵寝制度的重要组成部分。

清代帝陵年代较晚，有关历史文献较为丰富，故早期主要从历史文献的角度进行研究。2000 年以后，清代考古逐渐受到重视，清代帝陵尤其是清东西二陵的研究取得一定进展。但就总体而言，清代帝陵科学的考古调查及测绘工作仍显不足，许多问题尚待深入。

清廷入关前后，陵寝制度变化明显，故分别以关外的福陵、永陵，关内清东陵内的孝陵为例加以介绍。

一、福陵

福陵位于沈阳市区，陵园背靠辉山、兴隆岭，前临浑河，是清太祖努尔哈赤的陵墓，故又称“太祖陵”。福陵始建于后金天聪三年（1629 年），康雍乾时期，

1 刘毅：《明代帝王陵墓制度研究》，北京：人民出版社，2006 年，第 522 页。

分别进行了扩建，最终形成今日的规模。

福陵的建筑因山势布局，前低后高，南北狭长。陵园平面为长方形，南北 900 米、东西 340 米，占地面积 19.48 万平方米[1]。福陵的建筑由南向北依次为石牌坊、大红门、神道、石像生、一百〇八蹬、大碑楼、方城、隆恩门、隆恩殿、东西配殿、焚帛亭、棂星门、大明楼、月牙城、宝城、宝顶、地宫（图 3-6-1）。石牌坊位于陵墓最南端，为四柱三楼歇山顶式仿木结构牌楼，基座为长方形，四周绘有人物、花卉、松柏、麒麟、瑞鹿等吉祥图案，梁枋浮雕双龙戏珠纹，正中间刻“往来人等，至此下马，如违，定依法处”等字，左满文、中汉文、右蒙文，皆竖排[2]。

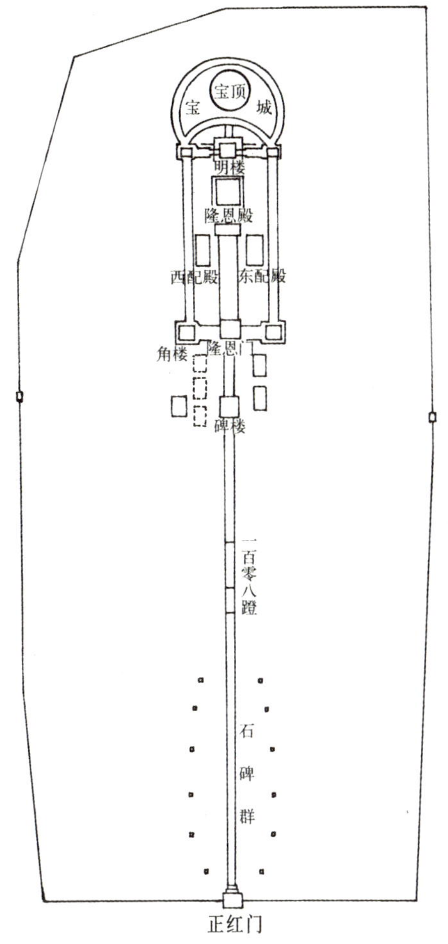

图 3-6-1 辽宁沈阳清福陵平面示意图
（采自《清代园寝制度研究》，第 122 页，图八）

陵墓正面为大红门，单檐歇山顶式建筑，门前立一对石狮。大红门后为神道，神道两侧由南向北排列成对石像生，依次为石望柱、坐狮、坐獬豸、坐麒麟、立象、卧骆驼。石像生之后，地势逐渐增高，依地势建一百〇八级台阶，称为一百〇八蹬。其后为大碑楼，全称为神功圣德碑亭，石碑螭首龟趺，碑额刻有“大清福陵神功圣德碑”。碑楼之后是陵园的主体建筑——方城，四角各有角楼一座，南面正中为隆恩门，门后建有隆恩殿三楹，辅以东西配殿各五楹，供奉神主牌位。隆恩殿前有焚帛亭，殿后立有石柱门和石五供，石五供后为明楼，位于方城北面正中，明楼上悬写有满、蒙、汉三种文字的匾额，上书“福陵”，楼内立有“太祖高皇帝之陵”石碑。方城之后为月牙形的宝城，亦称月牙城，宝城上有圆形宝顶，宝顶之下是地宫所在[3]。地宫未进行发掘，情况不详。

二、永陵

永陵位于辽宁省新宾县永陵镇西北启运山南麓，陵区占地面积 12000 平方米，前临苏子河，依山傍水[4]。永陵原是后金建立前努尔哈赤家族的祖茔所在地，经多次迁葬，最终埋葬有清廷追封的肇、兴、景、显四祖以及努尔哈赤的叔伯。

永陵没有牌坊、神道、石刻，整个陵区分为前院、方城、宝城三部分，四周

1 宋大川、夏连保：《清代园寝制度研究》，北京：文物出版社，2007 年，第 121 页。
2 周莎：《明清墓葬》，天津：百花文艺出版社，2008 年，第 66 页。
3 宋大川、夏连保：《清代园寝制度研究》，北京：文物出版社，2007 年，第 121 页。
4 宋大川、夏连保：《清代园寝制度研究》，北京：文物出版社，2007 年，第 117 页。

以红墙围绕。前院南面正中为正红门，院内横排四座碑亭，内立颂扬四位先祖的大石碑，碑亭东西两侧有祝版房、齐班房、茶膳房、涤器房等建筑。碑亭以北按前朝后寝的制度，设方城和宝城。方城中设享殿，享殿正殿名启运殿，供奉神位，正殿东西侧各有一配殿，殿前设焚帛炉一座。宝城位于启运殿以北，宝城内墓葬环列[1]，地宫形制不详。

三、孝陵

清廷入关后，分别在河北遵化、易县建东西二陵。清东陵位于河北遵化马兰峪以西昌瑞山一带，陵区南北长125公里，东西宽20公里，总面积约2500平方公里，其中建筑面积占地约48平方公里，陵区南面以大红门为起点，分别向东、西两侧建有总长达20余公里的风水围墙，墙内建有顺治孝陵、康熙景陵、乾隆裕陵、咸丰定陵、同治惠陵以及皇后陵四座，妃园寝五座。墙外建有皇后陵一座、公主园寝一座。陵区的东、西侧外围，还建有其他皇族成员及近臣等园寝和坟墓[2]。

清西陵位于今河北易县泰宁山下的太平峪，陵园建筑面积约五万平方米，陵区内建有雍正泰陵、嘉庆昌陵、道光慕陵、光绪崇陵，另有后陵三座，妃园寝三座，亲王、公主园寝六座[3]。

在清东西二陵九座帝陵中，顺治孝陵既是清东陵的首陵，亦是清王朝位于关内的第一座帝陵。孝陵的相关制度是在吸收了汉文化，结合满族丧葬文化的基础上加以改进而形成的，孝陵的建筑格局甚至造型大体上取法于明十三陵，创立了清代皇家陵园的基本规制[4]。顺治以后继任者的陵寝格局，除雍正泰陵、道光慕陵的规制稍有变动外，大体承袭了孝陵的制度。

孝陵筹建于顺治十八年（1661年），康熙三年（1664年）十一月底陵寝建筑主体工程基本竣工。陵园占地2.2万平方米。孝陵的建筑是由一条长达5600余米的神道贯穿起来的。整个孝陵神道南起金星山下的石牌坊，北到昌瑞山下的宝城、宝顶，将孝陵的数十座形制各异的建筑贯穿起来，形成了一条序列完整、层次丰富的陵区建筑中轴线。整个建筑序列随着地形的变化而多有曲折，显现出了南北山向的连贯性[5]。

孝陵的建筑序列从南面的石牌坊起，到北端的宝顶止，从南到北依次为：石牌坊、下马牌、大红门、具服殿、神功圣德碑亭、石像生、龙凤门、一孔桥、七孔桥、五孔桥、三孔桥、神道碑亭、东西朝房、东西值班房、隆恩门、东西燎炉、东西配殿、隆恩殿、陵寝门、二柱门、石五供、方城、明楼、宝城、宝顶、地宫（图3-6-2）。石牌坊以青白石雕刻而成，五间六柱十一楼，面阔五开间，宽31.35米、高12.35米。石牌坊之北各设下马碑石牌一座，以青白石雕成，基座为

1 宋大川、夏连保：《清代园寝制度研究》，北京：文物出版社，2007年，第118页。

2 宋大川、夏连保：《清代园寝制度研究》，北京：文物出版社，2007年，第126页。

3 宋大川、夏连保：《清代园寝制度研究》，北京：文物出版社，2007年，第129页。

4 李寅：《清代帝陵》，沈阳：辽宁民族出版社，2006年，第83页。

5 尹璐：《清代入关后帝陵陵寝建筑形制研究》，东北师范大学硕士学位论文，2013年，第14、15页。

正方形，宽 2.5 米、高 0.5 米。碑身为长方体，宽 1.05 米、厚 0.26 米、高 4.1 米。碑身正反面均刻满蒙汉三种文字，其汉字是“官员人等至此下马”。

大红门是孝陵的大门，从大红门开始，东西两侧建起长达 20 余千米的风水墙，向东往北到马兰关，与长城相接，往西折向北，延伸到黄花山南麓。大红门整体面阔 37.99 米、进深 11.15 米，单檐庑殿顶，共建三座拱券式门洞。中间门洞面阔 5.51 米、高 5.94 米，两座旁门均面阔 5.08 米、高 5.7 米。具服殿位于大红门内左侧，坐东朝西，单檐歇山顶，面阔三间，进深一间，黄琉璃瓦盖顶，台基面阔 13.27 米、进深 9.37 米，是谒陵时休息的地方。陵区建筑中轴线上大红门以北 500 米处，建有碑亭一座，碑亭建筑形式为重檐歇山式，通高约 33 米，每面檐墙面阔 25 米，每面墙各有一个拱券式门洞，基座为正方形青白石须弥座。亭内功德碑高 6.72 米、宽 2.17 米、厚 0.73 米，碑趺为龙首龟趺，碑额篆刻“大清孝陵神功圣德碑”，以满汉两种文字记载清世祖一生的功德。碑亭四角各建有一华表。碑亭以北的神道两侧设有石像生 18 对，由南往北依次是卧狮、立狮、卧狻猊、立狻猊、卧骆驼、立骆驼、卧象、立象、卧麒麟、立麒麟、卧马、立马各 1 对、武将、文臣各 3 对。石像生北端为龙凤门，穿过龙凤门依次有一孔拱桥、七孔拱桥、五孔拱桥和三路三孔桥。神道碑亭较小，神道碑高 5.1 米、宽 1.77 米、厚 0.71 米，碑额题“大清”两字，碑身用满汉蒙三种文字镌刻“世祖体天隆运英睿钦文显武大德弘功至仁纯孝章皇帝之陵”。朝房在神道碑亭以北，神道两侧相向而建，面阔五间，进深三间，设有前廊，单檐硬山顶，上覆黄色琉璃瓦，东朝房为茶膳房，西朝房为饽饽房。东西值班房在朝房以北，是三间布瓦卷棚顶的房子，进深一间，八旗官兵驻守时的居所。神厨库位于东朝房后偏南，整组建筑坐东朝西，主要有神厨一座，单檐硬山，面阔五间，是制作肉类祭品的所在。南北相对神库两座，单檐悬山，各为五间，是存放物品的库房。东南角建重檐歇山式

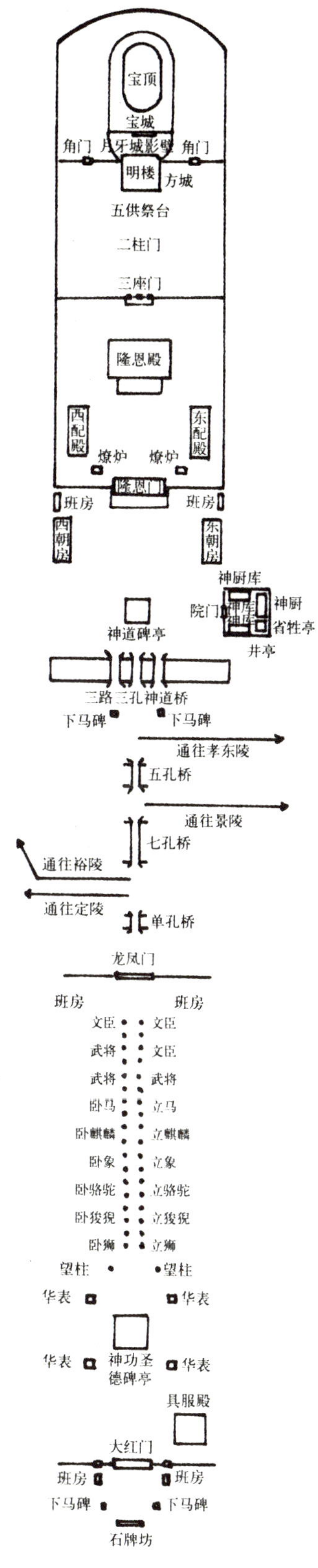

图 3-6-2　河北遵化清孝陵平面示意图
（采自《清代园寝制度研究》，第 130 页，图一二）

省牲亭一座，面阔、进深都是三间，是杀牛宰羊之所。

隆恩门顶为单檐歇山式，面阔五间，进深三间，黄色琉璃瓦盖顶。穿过隆恩门，东西两侧各有一焚帛炉。焚帛炉北面东西侧各有一配殿，单檐歇山顶，面阔五间，在台基上建有前廊，建筑面积为299.42平方米。东西配殿往北为隆恩殿，是供奉帝后神牌，举行祭祀活动的场所。陵寝门又称三座门、琉璃花门，是陵园前朝和后寝部分的分界，往北为二柱门、五供祭台。五供祭台北面为方城、明楼，方城是方台式建筑，基座呈长方形，上沿东西南三面做雉堞，北面是宇墙。方城下是一座南北相通的门洞券，南口有券脸石，北口无券脸石。明楼是建在方城上的碑亭式建筑，重檐歇山顶。明楼内竖石碑一统，碑身阳面用满、蒙、汉三种文字镌刻“世祖章皇帝之陵”。月牙城是方城和宝顶之间的半封闭小院，穿过方城南北相通的门洞券就是月牙城。陵园最北端为宝城和宝顶，宝城是环绕宝顶的马蹄形城墙。北端为半圆形，南端与方城相接。外面澄浆砖干摆，做雉堞，内侧砌宇墙，之间是马道，宝顶用三合土夯筑而成的北高南低的南北狭长的长圆形土丘[1]。宝顶的正下方便是地宫。孝陵地宫尚未经考古发掘，情况不详。

综上所述，清代陵寝制度在清廷入关前后变化明显。入关前，保存了大量满族的丧葬习俗和风格，帝王与贵族墓葬之间的界限不明，建筑规格、布局和造型未有统一的标准；入关后，从顺治孝陵开始，逐渐形成定制，其特征体现在以下四个方面：

1. 选址主要以形势派风水理论为主，注重龙、砂、水、穴的相互配合，将建筑设计与山川形式巧妙结合[2]。

2. 建筑布局和造型效仿明十三陵，陵园皆坐北朝南，逐级增高，以神道为中轴线，东西对称，前朝后寝的建筑形制以及明楼、宝顶等建筑造型，皆取法自明代帝陵。陵寝建筑的数量和规模，除慕陵有较大的变更外，后世陵寝皆以孝陵为定制，依循修建。不同之处在于，明十三陵共享神道，而清代东西二陵中的各个陵墓分别有各自的神道。明代各帝陵神道两侧石像生的数量和种类基本一致，而清代帝陵神道石像生未形成固定的规制，东西二陵除顺治孝陵神道有石像生18对外，后世仅康熙景陵、雍正泰陵、乾隆裕陵建有石像生，其中景陵、泰陵各有五对，裕陵石像生的数量仅次于孝陵，共有八对。

3. 陵园按照昭穆制度进行建造，体现儒家意识形态下长幼尊卑的等级次序。同时，清廷为帝王妃嫔、皇室宗亲等修建园寝，并建立了严格的园寝制度。

4. 世祖时依旧沿袭祖辈的火葬习惯，孝陵地宫随葬品的数量较少[3]。康熙首开土葬先河，之后清代皇帝彻底摒弃火葬，皆施行土葬。与此同时，顺治孝陵之后，清代帝陵地宫多安置大量随葬品，丧葬习俗逐渐汉化。

1 尹璐：《清代入关后帝陵陵寝建筑形制研究》，东北师范大学硕士学位论文，2013年，第15—21页。
2 尹璐：《清代入关后帝陵陵寝建筑形制研究》，东北师范大学硕士学位论文，2013年，第37页。
3 徐若冰：《清东陵随葬品研究》，河北大学硕士学位论文，2016年，第53页。

图书在版编目(CIP)数据

中国古代物质文化史.宋元明清.上/白彬等编著.
-- 北京:开明出版社,2018.12
ISBN 978-7-5131-4719-4
Ⅰ.①中… Ⅱ.①白… Ⅲ.①物质文化-文化史-中国-宋元时期②物质文化-文化史-中国-明清时代
Ⅳ.①K220.3

中国版本图书馆CIP数据核字(2018)第260673号

出 版 人: 陈滨滨

责任编辑: 魏红岩　柴小星
美术编辑: 郑雯月
装帧设计: 羽人·高伟

出　版: 开明出版社(北京市海淀区西三环北路25号青政大厦6层)
印　制: 保定市中画美凯印刷有限公司
开　本: 889×1194　1/16
印　张: 36
字　数: 480千
版　次: 2019年11月第1版
印　次: 2022年8月第2次
定　价: 300.00元(全二册)

ISBN 978-7-5131-4719-4

中國古代物質文化史

宋元明清（下）

白彬 张科 王丽君 张媛媛 编著

开明出版社

目 录

※ 本书所使用图片，如未标注出处者，均系由开明出版社提供。

第四章
瓷 器

陶瓷器是我国古代物质文化遗存中最为常见的一类，因其出土数量多、时代敏感度高、使用过程易损且埋藏过程中不易腐蚀变质等特点而常被视为典型器物，对复原古代社会历史有重要价值[1]，是最能体现中华民族尤其是华夏民族文明史的物质载体[2]。中国古代陶瓷制作业的发展和演变，大致经历了新石器时代、夏商周、秦汉、魏晋南北朝、隋唐五代、宋元和明清七个阶段[3]。东汉晚期，成熟的瓷器烧制成功，陶、瓷制作就此“分家”。魏晋南北朝时期，制瓷手工业获得迅速发展，瓷器产量增加，逐渐取陶器而代之成为日常生活用具的主体[4]。魏晋南北朝以降，陶器虽仍有烧制甚或创新，如唐之三彩器、宋元之紫砂器和明之珐华器，但终不及瓷器数量大、种类多、信息丰富。宋元两代属于我国制瓷业发展史上的繁荣、兴盛期，窑址数量较之此前五段明显增多[5]，分布范围亦有所扩大，突出表现为原来没有制瓷历史的辽宁、内蒙古、宁夏、甘肃和云南等边远地区相继建窑烧瓷[6]。各地瓷窑在商品经济的刺激下，技术更新和文化交流异常活跃，瓷器品种多样，形成了丰富多彩、百花齐放的局面，此种情形远非唐代的“南青北白”所能比拟[7]。入明以后，景德镇以外的各大窑场日趋衰落，景德镇窑却迅速崛起，生产规模急剧扩大，产量和质量逐渐提高，有宋一代窑口“百家齐放、异彩纷呈”的瓷业格局终为景德镇瓷窑的一尊独大所替代，造就了景德镇“工匠来八方、器成天下走”的新局面[8]。清代中前期社会相对稳定，中国瓷器的发展达到高峰，景德镇瓷窑代表了中国瓷器的最高水平，瓷器外销现象尤为显著[9]。

20 世纪 20 年代以来，宋元明清瓷器考古发掘与研究成绩斐然，不仅开辟了一条科学可行的研究途径，构建起了宋元明清瓷业发展的时空框架，而且以多元、细致的研究视角提取了宋

1 吴隽：《陶瓷科技考古》，北京：高等教育出版社，2012 年，第 1 页。
2 周世荣：《长沙窑彩瓷》，福州：福建美术出版社，2002 年，序。
3 权奎山、孟原召：《古代陶瓷》，北京：文物出版社，2008 年，第 2—4 页。
4 权奎山、孟原召：《古代陶瓷》，北京：文物出版社，2008 年，第 130 页。
5 隋唐五代及宋元时期的窑址数量及其分布概况，详见叶喆民：《中国陶瓷史》（增订版），北京：三联书店，2011 年，第 116、144、228 页。
6 权奎山、孟原召：《古代陶瓷》，北京：文物出版社，2008 年，第 176 页。
7 秦大树：《宋元明考古》，北京：文物出版社，2004 年，第 276 页。
8 中国硅酸盐学会编：《中国陶瓷史》，北京：文物出版社，1997 年，第 359 页。
9 中国硅酸盐学会编：《中国陶瓷史》，北京：文物出版社，1997 年，第 415、416 页。

元明清瓷器蕴含的诸多信息，使之成为观察宋元明清社会面貌、复原宋元明清历史的有效“窗口”。谈及宋元明清尤其是宋元瓷器时，多数论著沿用“六大窑系”之说，亦有按窑口[1]或瓷器品种[2]进行叙述者。秦大树先生则独辟蹊径，依据制瓷业的区域性差异分区介绍，各区下论及窑口、瓷器品种及其阶段性变化[3]。

本书拟以窑口这一瓷器生产的基本单位为纲，分宋元、明、清三节，对此一时段瓷器的考古发现和研究作一介绍。

第一节　宋元时期

宋元时期瓷窑林立，数量众多。目前发现的宋元窑场广布于长江流域、东南沿海、西南和黄河流域、华北、东北地区，遍布全国20多个省、市、自治区的近150多个县（市），每一县（市），窑址少则几处，多则几百处[4]，尤以福建、浙江、河南地区最为密集。多数瓷窑是唐五代和宋元时期开创的，其中部分瓷窑宋元时期发展较快，逐渐进入盛烧期。少数瓷窑的烧造历史可溯至东汉魏晋南北朝时期，但在宋元时期多趋于衰落[5]。北方地区的定窑、磁州窑、耀州窑和南方地区的龙泉窑、景德镇窑、吉州窑、建窑、德化窑，是宋元时期烧瓷时间长、制瓷水平高、影响范围大的名窑，可作为其时制瓷业的代表。辽代龙泉务窑和西夏灵武窑的影响范围虽不及上述名窑，但作为辽、西夏少有且发掘工作较为充分的瓷窑，其重要性亦不容忽视。

一、定窑

窑址分布于今河北曲阳县涧磁村、北镇村及野北、燕川村一带，因地属定州而得名。总面积约117万平方米，以涧磁、北镇窑区保存最好、规模最大[6]。创烧于唐代初期，发展于晚唐五代，繁盛于北宋、金代，衰落于元[7]。

北宋定窑以烧造细白瓷为主，兼烧黑釉瓷、酱釉瓷、绿釉瓷和施化妆土的粗白瓷。器类多为日常生活用具，亦有少量供器和玩具，器形有碗、盘、罐、盏、

1 北京艺术博物馆编：《中国古瓷窑大系》5册，北京：中国华侨出版社，2011—2013年。

2 裴光辉编：《中国古代名瓷鉴赏大系》10册，福州：福建美术出版社，2002年。

3 秦大树：《宋元明考古》，北京：文物出版社，2004年，第280—288页。

4 秦大树：《宋元明考古》，北京：文物出版社，2004年，第277页。

5 权奎山、孟原召：《古代陶瓷》，北京：文物出版社，2008年，第178页。

6 黄信：《关于定窑的分期问题》，《文物世界》2010年第4期。

7 从20世纪30年代叶麟趾先生发现定窑遗址以来，该窑经历了多次调查与三次发掘，但仅1960—1962年涧磁村窑址的试掘见诸报道（河北省文化局文物工作队：《河北曲阳涧磁村遗址调查与试掘》，《考古》1965年第8期），余者未见刊布，致使目前学术界对定窑的分期意见差异较大（关于定窑分期的不同观点，详见孟繁峰、王会民、张春长：《河北瓷考古的几个问题》，张忠培、许倬云：《中国考古学跨世纪的回顾与前瞻》，北京：科学出版社，2000年，第365—380页）。本书关于定窑烧瓷历程尤其是创烧时间的认识，主要参考申献友：《二十世纪河北省瓷窑研究回顾》，《文物春秋》2000年第6期；项坤鹏：《故宫博物院定窑学术研讨会综述》，《故宫博物院院刊》2013年第1期。

枕、盒、壶、盆、瓶（图 4-1-1）、炉、净瓶、香薰、法螺等，以碗、盘数量居多且流行仿金银器的造型，孩儿枕（图 4-1-2）颇具特色。细白瓷胎质坚硬、胎色洁白，釉质莹润、釉色正白或白中微闪青、黄两色。装饰技法有划花、刻花、印花、贴塑、白地剔划花、褐地剔划花、绿地剔划花数种，以前四种数量居多，后三者始见于北宋晚期，当是受磁州窑影响的结果。花纹图案布局繁复而严谨，层次分明，以各种花卉图案和动物形象为主，常见者有萱草、荷莲、石榴、牡丹、莲瓣、菊瓣、双鱼、蟠螭、婴戏和龙纹等[1]。不少瓷器刻有题款，内容大都与宫廷有关，既有入窑焙烧前刻写的，如“官”“新官”“尚药局”“尚食局”等，亦有烧成后由宫廷玉工刻写的，如“奉华”“德寿”“慈福”等，尤以“官”“新官”字款数量最多，分布范围最广[2]。装烧工艺更新较快，北宋前期，采用一匣一器正烧法置于柴窑还原焰中烧成；北宋中期以后，发明并开始采用支圈覆烧法置于煤窑氧化焰中烧成，致使北宋中期以后的细白瓷尤其是碗、盘釉色呈白中泛黄状，口沿多无釉，时称“芒口”[3]。

图 4-1-1　定窑白釉刻花龙首流净瓶（河北定州净众院塔基地宫出土）

较之北宋，金代定窑的黑釉、褐釉、绿釉和细白瓷的烧制水平有所提高，但粗瓷数量明显增多。器类仍以日常生活用具为大宗，尤以碗、盘数量最多，占全部出土瓷器的 2/3 以上，其中斗笠碗、六格碗、平底盘、折沿盘、折腹盘是本期流行的器形[4]。

图 4-1-2　定窑白釉孩儿枕（故宫博物院藏）

1 张金茹：《定窑瓷器分期初探》，《文物春秋》1995 年第 3 期。

2 中国硅酸盐学会编：《中国陶瓷史》，北京：文物出版社，1997 年，第 234—236 页。

3 刘涛：《宋辽金纪年瓷器研究》，北京：文物出版社，2004 年，第 1—7 页。

4 刘淼：《考古发现的金代定窑瓷器初步探讨》，《考古》2008 年第 9 期。

细白瓷胎、釉特征基本同北宋，其余品种胎体一般呈灰色，釉面多较浑浊。装饰技法有划花、刻花、印花、贴塑、剔花、白釉酱彩和白地黑花等，以印花最为流行，受磁州窑影响的剔花和彩绘技法亦形成了自己的风格。纹饰题材继承北宋时期的装饰而又有所创新。以碗、盘为例，莲花、莲瓣、牡丹、菊花、石榴、双鱼、婴戏、回形纹等承自北宋而略有变化，四季花、鸳鸯卧莲、游鹅戏水、犀牛望月、鹭鸶戏龟、双凤花卉、牛郎织女、波浪纹、云气纹等都是创新花纹，北宋时期流行的云龙纹则几乎不见[1]。支圈组合覆烧法盛行，涩圈叠烧法逐渐流行。

元代定窑仍保持相当规模的生产，但表现出明显的衰颓景象。所烧瓷器以白釉和黑釉为主，另有少量钧釉瓷。胎质粗松、呈灰白色，白釉稀薄、釉面白中闪灰黄色。器类多为碗、罐、瓶等日常生活用具，有者内底以黑、褐彩书写“王”“张”“千”等字款。花纹装饰几乎空白，黑褐彩点绘偶有发现。此前流行的支圈组合覆烧法完全为涩圈叠烧法所取代[2]。

定窑是以生产白瓷为主的著名窑场。宋元时期所烧细白瓷可见唐代邢窑的影响，浅浮雕式刻花装饰仿自越窑，剔花、白釉酱彩和白地黑花器具有典型的磁州窑风格，而印花装饰和支圈组合覆烧法则为定窑独创，并被视为该窑制瓷工艺的标志性特征。

宋代定窑虽是土贡，如前述刻有“奉华”等铭文的白瓷即为贡器，但宋元时期定窑仍以商品生产为主，产品销路广，流通地域布及河北、河南、北京、天津、山东、山西、内蒙古、黑龙江、辽宁、吉林、湖北、湖南、江西、江苏、浙江、安徽、四川、重庆等省、市、自治区[3]和韩国[4]、俄罗斯[5]、非洲[6]等地。产品的行销和流通促进了定窑制瓷风格和工艺技术的传播，影响波及山西平定窑、阳城窑、盂县窑、介休窑、霍县窑，河北磁州窑，河南鹤壁集窑，北京龙泉务窑，江西景德镇窑、吉州窑和四川磁峰窑等南北窑场。

二、磁州窑[7]

窑址分布于今河北磁县，因地属磁州而得名。其中心有二：一处在滏阳河流域，以邯郸市峰峰矿区彭城镇为中心；另一处在漳河流域，以磁县观台镇为中心，观台窑址[8]是历年调查和小规模发掘的重心。该窑场创烧于五代北宋初，发展于北宋中晚期，繁盛于金代中晚期，衰落于金末元代，明以后为其延烧期，虽有正式贡御的文献记载，但主要作为景德镇产品的补充，供应当地。

1 张金茹：《定窑瓷器分期初探》，《文物春秋》1995 年第 3 期。

2 李辉柄、毕南海：《论定窑烧瓷工艺的发展与历史分期》，《考古》1987 年第 12 期。

3 刘涛：《宋辽金纪年瓷器研究》，北京：文物出版社，2004 年，第 1—19 页；刘淼：《考古发现的金代定窑瓷器初步探讨》，《考古》2008 年第 9 期。

4 金英美：《韩国国立中央博物馆藏高丽遗址出土中国瓷器》，《文物》2010 年第 4 期。

5 彭善国：《俄罗斯滨海地区出土定窑瓷器的探讨》，《考古》2007 年第 1 期。

6 朱凡：《中国文物在非洲的发现》，《西亚非洲》1986 年第 4 期。

7 秦大树：《磁州窑研究》，北京大学博士学位论文，1997 年。

8 北京大学考古系、河北省文物研究所、邯郸地区文物保管所：《观台磁州窑址》，北京：文物出版社，1997 年。

五代末北宋初，磁州窑以烧造白釉、黑釉瓷为主，另有少量棕黄釉和铁红釉瓷。釉面晶莹光润，白釉略泛黄绿色，黑釉漆黑光亮。胎质较细腻，胎色一般较深，呈灰、灰褐或灰黑色，胎体多施有白色化妆土。器类以日常生活用品为大宗，另有少量明器，器形有碗、盘、罐、瓶、水注、香炉、盒、枕、唾盂、盏托及各种小型动物等。装饰技法有白釉绿彩、白釉酱彩、划花、印花、刻花、剔花、珍珠地划花和“素胎黑花”等，纹饰图案主要有草叶纹、半圆形团花、云头形团花、菊瓣纹、仰莲纹、连续忍冬纹和缠枝菊花等。烧瓷窑炉为北方地区常见的馒头窑，器物均系在柴窑氧化焰中烧成的，装烧方法主要有裸烧、匣钵单烧、对口套烧和器物搭烧等，间隔具以三足垫饼最为常见。

北宋中后期，磁州窑所烧瓷器仍以化白妆瓷、黑釉瓷为主，棕黄釉瓷数量减少进而消失，仿定窑精白瓷、仿建窑天目釉瓷、低温绿釉瓷和黄绿琉璃开始出现。白釉釉面光润，呈正白或粉白色，黑釉大多釉色不纯。胎质细腻坚致，胎色变浅，呈灰白、灰褐或浅褐色。器类除日常生活用品外，开始出现艺术性陈设用瓷、宗教用瓷和建筑用瓷。此前流行的白釉绿彩和珍珠地划花逐渐减少并消失，白釉酱彩和剔花先后成为本阶段流行的装饰，新出现白釉篦地划花、黑剔花、白地黑花、白地绘划花、半浮雕式的模印花、黑釉酱彩、绿釉剔花、绿釉黑剔花等。纹饰题材有牡丹花、莲花、草叶纹、七点梅花纹、动物形和人物形纹样，尤以牡丹、莲花最为流行。较之五代末北宋初，本阶段装烧技术的最大变化在于用煤烧瓷的出现和流行，与此相应的是裸烧法的废弃和匣钵装烧法的普及，此前的匣钵单烧、对口套烧和器物搭烧仍见使用，新出现三角形支钉叠烧法、支圈覆烧法和涩圈叠烧法，以三角形支钉叠烧法最为流行。

金代磁州窑所烧瓷器以白化妆瓷为主，黑釉瓷比例下降，仿定窑白瓷、低温黄釉和绿釉瓷比例上升，新出现红绿彩瓷。胎质一般较细，但不少胎体很疏松，胎色主要呈棕灰、棕褐和灰褐色。白釉呈正白或卵白色，黑釉釉色晦暗，以黑褐色和酱褐色为主。器类除日常生活用品外，另有大量艺术性陈设用瓷、宗教用瓷和建筑用瓷。日常生活用品有碗、盘、钵、盏托、注壶、盒、炉、罐、盆、枕等；艺术性陈设用瓷有花盆、熏炉、花瓶（图 4-1-3）、各种形态的瓷塑人物；宗教用瓷有佛像、佛龛、佛座和塔等；建筑用瓷有各类瓦件、建筑正脊（图 4-1-4）、垂脊、鸱吻、脊刹宝座、蹲兽类脊饰等。装饰技法颇为丰富，主要有篦地划花、白地黑花、白釉酱彩、白地绘划花、半浮雕式的模印花、绿釉黑花、绿釉酱彩、绿釉剔花、黑剔花填彩、镂空等，尤以篦地划花最为流行，白地黑花、白地绘划花发展成熟并成为磁州窑最典型的装饰手法。纹饰题材除牡丹花、莲花、草叶纹外，流行婴戏、荷塘蕉叶、太湖石、花鸟蜂蝶和各种动物纹，如鱼、兔、鸭、鹅、鹤、鹭鸶、芦雁、鹿、狮、龙、凤和怪兽等，亦见大量诗、词、曲、吉语、警言等书法题材，多施于枕之侧墙和花盆、大盘上，如“张家造”“家国永安”“风花雪月”等，生活气息浓厚。装烧技术基本同北宋中后期，但盘形支圈和匣钵圈的大量使用和涩圈叠烧法的少量出现，是值得注意的新现象。

元代磁州窑的制瓷中心由观台镇转移至彭城镇一带，所烧瓷器以白釉、黑釉居多，低温绿釉和黄釉琉璃仅有少量遗存，新出现翡翠釉和钧釉瓷。白釉一般明显地泛黄或呈灰白色，黑釉光泽较好，釉色较杂，有黑、酱紫和墨绿色。胎质较粗，呈灰或灰褐色。器类变得单调，仍以日常生活用具为主，器形有碗、盘、瓶、

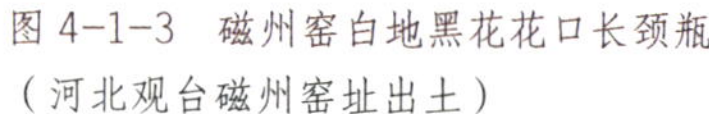

图 4-1-3　磁州窑白地黑花花口长颈瓶（河北观台磁州窑址出土）

图 4-1-4　磁州窑三彩釉迦陵频伽脊饰（河北观台磁州窑址出土）

罐、盆、盒、枕等，以碗的数量居多。装饰技法亦较单调，除少量白釉划花外，绝大部分是白地黑花。装饰题材除牡丹、莲花和少量动物纹外，流行用黑彩在碗、盘内画双环纹和草书文字，亦见少量内容复杂的杂剧、历史故事和山水人物画等。装烧方法主要有砂堆叠烧法、匣钵单烧法和对口套烧法，以砂堆叠烧法最具时代特征。

磁州窑是以生产白化妆瓷为主的民间窑场，被誉为北方地区宋元时期民窑的代表[1]。所烧瓷器装饰技法多样，既有继承北方地区唐代业已形成的粗白瓷生产传统而加以发展者，如白釉酱彩和白釉绿彩在晚唐时期便已普及于河南中西部地区，磁州窑此类装饰在技法和图案上均体现了河南中西部地区窑场的影响。北宋后期，磁州窑白釉绿彩瓷趋于衰落，入金以后基本绝迹，白釉酱彩瓷却继续烧制并发展为具有独特风格的白地黑花瓷。亦有模仿同时期其他窑口制瓷风格而进行创新者，如划花、刻花、印花装饰仿自定窑，低温釉瓷受到了河南中西部地区北宋前期部分窑场的影响，但划花中的篦地划花、篦划花装饰却系磁州窑首创，印花装饰多施于低温釉瓷上，低温釉瓷突破胎体上直接施釉的传统，出现白釉器上再施低温釉的新品种；剔花和珍珠地划花瓷则为磁州窑所独创，其源头可分别溯至金银器上的局部鎏金和鱼子纹地錾花装饰。磁州窑采用的支圈组合覆烧法当系定窑影响所致，用煤烧瓷技术出现较早，在北方地区诸多窑场中名列前茅。

1 李辉炳：《宋代南方民窑的代表——吉州窑》，《河北陶瓷》1986 年第 2 期。

磁州窑产品的流通情况有待深入研究[1]，该窑影响波及陕西耀州窑，宁夏灵武窑，内蒙古缸瓦窑，北京龙泉务窑、河南当阳峪窑、鹤壁集窑、扒村窑、曲河窑，河北定窑，山东淄博窑，山西介休窑、临汾窑，湖南衡山窑，江西景德镇窑、吉州窑，福建磁灶窑和广西西村窑、严关窑、海康窑等窑场，甚至远达朝鲜、日本、越南、泰国等地[2]。

三、耀州窑

窑址分布于今陕西铜川市黄堡镇、陈炉镇、上店村、安仁村、立地坡和玉华宫一带，因地属耀州而得名[3]。中心窑场在黄堡镇，是历年调查和发掘的重心。创烧于唐，兴盛于宋，金元时期继续烧造，至明代衰落[4]。

宋代耀州窑以烧造青瓷为主，兼烧少量黑釉、酱釉和白釉瓷器。器类多为日常生活用具，亦有尊、熏、花插、瓷塑等陈设用具和宗教用具。器形有碗、盘、碟、钵、盆、壶、瓶（图 4-1-5）、杯、盏、盒、灯、炉、枕等，造型自北宋早期至北宋晚期逐渐丰富。早期器物胎色有黑、白两种，黑胎表面施有化妆土。青瓷釉色以灰青为主，另有天青、淡青等，釉质细润光亮。器体多素面，有纹饰者相对较少，纹样多见划花流云、剔花缠枝花卉及刻划的多层仰莲瓣等。中期胎质致密，均呈浅灰白色。青瓷几乎都呈典雅深沉的橄榄青，釉面温润而富有玻璃感。器体多饰有纹样，装饰手法以具有浅浮雕特征的刻花为主，印花工艺开始流行，纹样以牡丹、菊花、莲花等花卉为主，另有龙、凤、狮、鸭、鱼等瑞兽、珍禽和水族组成的各种图案，某些印花青瓷书有“熙宁”等神宗朝年号款，工艺考究，很可能是为宫廷烧造的[5]。晚期胎质亦较致密，多呈灰白和浅灰色。青瓷以橄榄青为主，另有釉色浅淡的月白色釉，黑釉瓷。装饰技法以印花为主，具有浅浮雕特征的刻花工艺退居其次，纹样除中期所

图 4-1-5　耀州窑青釉刻花瓶
（陕西铜川黄堡窑址出土）

1 事实上，因磁州窑影响范围广，产品为其他窑场所仿烧的现象较为普遍且某些仿制几可乱真，目前学术界尚难以准确辨识出磁州窑烧造的产品，而多采用“磁州窑类型”或“磁州窑系”产品这一概念。

2 叶喆民：《中国陶瓷史》，北京：生活·读书·新知三联书店，2011 年，第 246 页。

3 张维：《耀州窑》，《西北美术》1983 年第 1 期。

4 李德金：《耀州窑址》，《中国大百科全书·考古学》，北京：中国大百科全书出版社，1986 年，第 602 页。

5 刘涛：《宋辽金纪年瓷器研究》，北京：文物出版社，2004 年，第 23 页。

见外，新增梅、竹、松、蕉纹、鹤、雁、鸳鸯、鹿纹、钱纹和云雷纹等。亦有为宫廷烧造的瓷器，如窑址发掘出土的部分工艺考究且书有“大观”“政和”等徽宗朝年号款的印花青瓷[1]。窑炉外形同于唐代而作半倒焰式馒头状，但结构上有所改进，燃烧室内均装有用耐火砖做成的炉栅，炉栅下的落灰坑或连有通风道以助燃。从落灰坑内残存煤渣来看，此时用煤烧瓷已较为普遍[2]。装烧方法有匣钵单烧法、器物搭烧法和匣钵套烧法等，以匣钵单烧法最为流行，匣钵与器足之间隔以垫饼或垫圈，器物与器物之间多采用涩圈叠烧法[3]。

金元时期，耀州窑所烧瓷器以青釉为主，另有较多的白釉和黑釉瓷。胎体粗厚，不施化妆土。青釉呈姜黄或月白色。器形中大件碗、盘（图4-1-6）最多，灯、炉亦有不少，造型简单。装饰技法有刻花、印花和白地黑花等，以印花工艺为主，白地黑花开始出现并盛行于元代中后期，具有典型的磁州窑风格[4]。纹样趋于简化，但新出现八卦、鹿、鹅、吴牛喘月等题材，元代中晚期亦见用黑彩书写的诗文[5]。较之宋代，金元时期耀州窑窑炉的主要变化，在于燃烧室面积的明显扩大，所有窑炉均使用煤为燃料。装烧方法以涩圈叠烧法最为流行。

耀州窑兴起于初唐时期，盛唐时期开始生产白化妆瓷，晚唐时期成为北方地区装饰技法最丰富的窑场，生产白釉绿彩、白釉酱彩、青釉褐彩等釉上彩瓷和青釉釉下白彩瓷及素胎黑花、黑釉刻花填彩瓷等，是彼时白化妆瓷生产的代表性窑场。宋元耀州窑对上述装饰技法少有继承，而是在五代耀州窑制瓷格局的基础上进一步发展，成为北方地区以生产刻花青瓷著称的窑场[6]。刻花装饰多承自五代耀州窑，而其更早源头则在越窑，是故耀州窑青瓷又有“越器”之称[7]，划花、印花装饰仿自定窑，白地黑花装饰为磁州窑影响所致，部分黑釉兔毫盏是仿建窑的产品，耀州窑址宋代地层出有建窑黑盏为此种仿造提供了直接证据[8]。用煤烧瓷技术出现较早，在北方地区诸多窑场中亦位居前列。

图4-1-6 **耀州窑青釉印花盘**
（陕西铜川黄堡窑址出土，采自张柏主编：《中国出土瓷器全集》第15册，北京：科学出版社，2008年，图版180）

---

1 刘涛：《宋辽金纪年瓷器研究》，北京：文物出版社，2004年，第23页；陕西省考古研究所、耀州窑博物馆：《宋代耀州窑址》，北京：文物出版社，1998年，第543—547页。

2 杜葆仁：《耀州窑的窑炉和烧成技术》，《文物》1987年第3期。

3 王芬、曹化义：《耀州窑具及装烧方法》，《文博》1996年第3期。

4 仵录林、傅春玲：《从出土窑炉看耀州窑元代陶瓷生产》，《文博》1998年第2期。

5 李德金：《耀州窑址》，《中国大百科全书·考古学》，北京：中国大百科全书出版社，1986年，第603页；中国古陶瓷编辑委员会编：《中国古陶瓷图典》，北京：文物出版社，1998年，第310页。

6 秦大树：《磁州窑研究》，北京大学博士学位论文，1997年，第169页。

7 中国硅酸盐学会编：《中国陶瓷史》，北京：文物出版社，1997年，第251页。

8 刘涛：《宋辽金纪年瓷器研究》，北京：文物出版社，2004年，第122页。

耀州窑产品流通区域布及陕西、山西、甘肃、宁夏、内蒙古、河北、河南、北京、天津、辽宁、吉林、黑龙江、湖北、安徽、江苏、四川、重庆等省、市、自治区[1]和日本、埃及、阿曼和坦桑尼亚等地[2]，宋、金时期还曾用作御贡。该窑影响及于河南临汝窑、宜阳窑、宝丰窑、新安城关窑、禹县钧台窑、内乡大窑店窑，广州西村窑和广西永福窑等窑场[3]。

四、龙泉务窑

窑址分布于北京市门头沟区龙泉务村北，东起永定河西岸，西至丁家场，南及村北修配厂院内，北达蔬菜大棚，总面积约 27600 平方米。该窑场创烧于辽代早期，延烧至金代[4]。

辽代初期，龙泉务窑所烧瓷器以白瓷为大宗，黑釉及褐釉瓷极少，白瓷可分为粗、细两种。粗白瓷数量较多，胎质略粗，胎色灰白，釉层薄而浑浊，釉色灰白泛青，细白瓷胎质细密坚致，胎色洁白，釉色白中微泛青。器类以日常生活用具为主，器形有碗、盘、碟、罐、钵、炉、盆、盒、枕等，造型特征具有典型的汉文化色彩，契丹游牧文化所特有的鸡冠壶、长颈瓶、海棠式长盘等未见。器体多素面，纹饰仅见剔刻莲瓣纹。窑炉为馒头窑，结构不详。装烧方法有支柱裸烧和匣钵叠烧两种，器物之间用支钉支垫。

辽代中晚期，龙泉务窑所烧瓷器仍以白瓷为大宗，另有黑釉、酱釉和茶叶末釉瓷，新出现三彩器。白瓷仍为粗、细者并存，胎、釉特征基本同辽代初期，但细白瓷数量较初期增多，晚期甚至占据主导地位。三彩器多为白胎，少数白中泛粉或黄，色彩以绿、黄为主，釉以天然硼砂作助熔剂，迥异于汉代以来低温釉普遍以铅作助熔剂的情形。器类除日常生活用具外，亦见少量宗教用具，器形多样，有碗、盘、碟、罐、钵、盆、净瓶、盒、水盂、器盖、枕、炉、盏托、杯、灯、洗、壶（图 4-1-7）、渣斗、香插、佛像（图 4-1-8）等，造型特征多具汉文化色彩。器体装饰较为普遍，装饰技法有压印、剔刻、模印、点彩、贴塑等，纹样题材以花叶为主，人物、动物图案较少，常见者有莲瓣纹、牡丹纹、花叶纹、蜂纹、鱼纹、狮头纹和龙纹等，以莲瓣纹和牡丹纹最为流行。窑炉为馒头窑，平面形制有长方形和马蹄形两种。装烧方法以匣钵叠烧为主，器物之间仍以支钉支垫，新出现对口摞烧、器物搭烧法等。

金代龙泉务窑继续烧造白釉、黑釉、酱釉和茶叶末釉瓷及三彩器，其中细白瓷占据主导地位。胎色洁白细密，釉色光亮细润。器类以日常生活用具为主，不见宗教用具，器形以碗、盘居多，大型器物较辽代中晚期明显减少。装饰不及辽代中晚期普遍，装饰技法和纹饰题材亦不出辽代中晚期所见。窑炉为馒头窑，平面呈葫芦形。装烧方法以匣钵叠烧为主，除支钉支烧外，新出现涩圈叠烧法。

1 彭善国：《略论五代宋金耀瓷的流布》，氏著：《辽金元陶瓷考古研究》，北京：科学出版社，2013 年，第 109—116 页；刘涛：《宋辽金纪年瓷器研究》，北京：文物出版社，2004 年，第 20—30 页。

2 禚振西：《耀州窑外销陶瓷初析》，中国陶瓷研究会等编：《中国古陶瓷的外销——一九八七年晋江年会论文集》，北京：紫禁城出版社，1988 年，第 26—33 页。

3 中国硅酸盐学会编：《中国陶瓷史》，北京：文物出版社，1997 年，第 251—260 页。

4 北京市文物考古研究所：《北京龙泉务窑发掘报告》，北京：文物出版社，2002 年，第 33 页。

图 4-1-7　龙泉务窑白釉执壶
（北京龙泉务窑址出土，采自《北京龙泉务窑发掘报告》，彩版五：1）

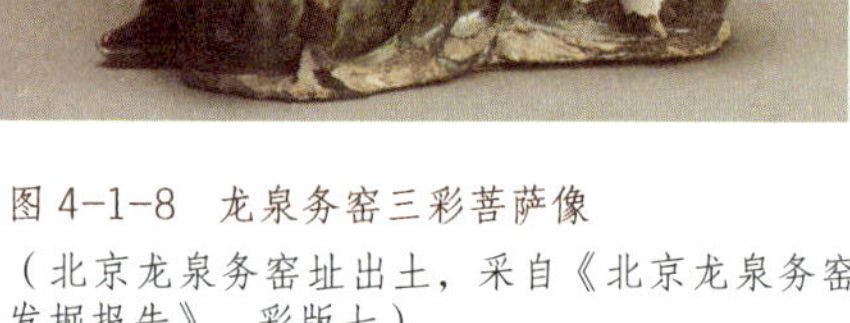

图 4-1-8　龙泉务窑三彩菩萨像
（北京龙泉务窑址出土，采自《北京龙泉务窑发掘报告》，彩版七）

龙泉务窑是辽代在中原地区影响下新创的以生产白瓷为主的窑场。所烧白瓷在造型和装饰上都具有典型的定窑风格，其工艺基础很可能源自辽初即被俘入辽境的定窑窑工[1]。三彩器的低温釉生产技艺很可能是河南中西部地区窑场传入的，主体风格亦见于当阳峪窑和巩县窑、曲河村窑、扒村窑、城关窑等河南中西部地区窑场[2]，但其彩釉却为独特的低温硼釉，这在世界上亦属创举，是我国古代陶瓷工艺的重大发明和突破。

该窑产品的汉文化色彩浓重，其中量少质精者是供奉辽朝统治者使用的，余者则作为商品进行营销，但其流通范围较窄，仅在北京、河北、辽宁等地有出土[3]。

五、灵武窑

窑址分布于今宁夏回族自治区灵武县磁窑堡乡的磁窑堡、回民巷一带，以磁窑堡窑址发掘工作较为充分，烧瓷时间较长。该窑场创烧于西夏，元代继续生产但趋于衰落[4]。

西夏灵武窑所烧瓷器有白釉、青釉、褐釉、黑釉、茶叶末釉、紫釉和姜黄釉瓷等，亦见少量一器施两种釉色者，以白釉和黑釉瓷数量最多。胎质坚密有少量细沙粒，胎色灰白或灰黄，白釉瓷胎施有化妆土。釉层较薄，白釉多呈牙白色。器类以日常生活用具为主，另有较多雕塑品和少量宗教用具，器形有碗、盘、盆、壶（图 4-1-9）、瓶、罐（图 4-1-10）、瓮、缸、钵、釜、杯、唾盂、盒、炉、

1 中国硅酸盐学会编：《中国陶瓷史》，北京：文物出版社，1997 年，第 313、314 页。

2 秦大树：《磁州窑研究》，北京大学博士学位论文，1997 年，第 133、134 页。

3 北京市文物考古研究所：《北京龙泉务窑发掘报告》，北京：文物出版社，2002 年，第 420 页。

4 中国社会科学院考古研究所：《宁夏灵武窑发掘报告》，北京：中国大百科全书出版社，1995 年，第 165—168 页；权奎山、孟原召：《古代陶瓷》，北京：文物出版社，2008 年，第 191 页。

灯盏等，尤以腹部有圈足的扁壶最具特色。装饰技法有刻花、剔花、印花、点彩和镂空等，以剔花尤其是黑釉剔花居多，纹样题材以植物纹居多，有牡丹、莲花、菊花、梅花、石榴、慈姑等，动物纹有马、鹿、鱼、鸭、鹅、鹰、兔、狗、鸟等，亦见婴儿攀花、鹿衔花纹、送葬狩猎图等反映民间生活习俗的题材，不少为开光图案，布局合理，部分器物器身或器底刻划西夏文、梵文、汉文和天干地支等。窑炉为北方地区常见的馒头窑，火膛下有较深的灰坑，灰坑前方有通风暗道。多用匣钵装烧，装烧方法多样，有顶碗覆烧、支圈正烧、芒口对烧、器物搭烧等，器物之间采用砂圈叠烧或涩圈叠烧的方式。

较之西夏，元代灵武窑所烧瓷器的釉色变化不大，但精致的白瓷消失不见。产品质量下降，胎质粗厚，器外均施半截釉或施釉不到底。器类以日常生活用具为主，不见宗教用具和雕塑品，器形以碗、盘居多。纹饰趋向简单，以带状纹饰为主。窑炉及装烧方法基本同于西夏。

灵武窑是西夏王朝在中原地区影响下新创的窑场，亦是宁夏境内古代制瓷规模最大、延续时间最长、唯一经过正式考古发掘的西夏瓷窑[1]。该窑以白釉瓷和剔刻花瓷最具有特色，其中白釉瓷的造型和装饰可见金代定窑的影响，剔刻花是磁州窑的代表性装饰技法，但亦流行于山西北部的浑源、大同、怀仁、朔县和河曲等窑场，考虑到灵武窑和上述山西北部诸窑场均未曾发现白地黑花这一磁州窑颇为流行的装饰技法[2]，且西夏王朝曾占领晋北沿黄河一带地区[3]，我们倾向于认为灵武窑的剔刻花装饰技法当源于山西北部地区的窑场。此外，酱黄釉印花瓷体现了

图 4-1-9　灵武窑褐釉双鱼寿字纹四系扁壶
（宁夏灵武窑址出土，采自张柏主编：《中国出土瓷器全集》第 16 册，图版 46）

图 4-1-10　灵武窑黑釉剔花罐
（宁夏灵武窑址出土，采自张柏主编：《中国出土瓷器全集》第 16 册，图版 41）

1 钱汉东：《苍凉的西夏灵武瓷窑》，《收藏界》2006 年第 12 期。
2 秦大树：《磁州窑研究》，北京大学博士学位论文，1997 年，第 125 页。
3 宇文懋昭：《大金国志》卷四，北京：中华书局，1986 年，第 57 页。

金代耀州窑的影响，顶碗覆烧法为山西、陕西、河北诸窑场普遍使用[1]。

灵武窑虽受中原地区影响颇深，不少瓷器具有典型的汉文化色彩，但亦不乏代表其民族特色的造型和纹饰，如前述扁壶和送葬狩猎图等，其产品部分为官府生产，大量则为民用。

六、龙泉窑

窑址分布于今浙江丽水地区及其周邻的武艺、永嘉、文成、泰顺等县，总数约400处，因龙泉境内最为密集，约达300处，且其中的大窑窑址制瓷工艺精湛、烧瓷时间长，最具代表性，故命龙泉窑。该窑场创烧于北宋，南宋至元为其兴盛期，明代中叶开始衰落，清代中叶停烧。宋元时期瓷器为单一的青瓷[2]。

北宋至南宋初期为龙泉窑的初创期。本期产品主要有碗、盘、钵、盆、罐、瓶和执壶等，实用性较强。胎体较厚，胎质较为疏松，呈灰白色。釉层薄，釉面光洁度高，釉色较淡，多青中带黄。装饰技法以划花、刻花为主，常见纹样有团花、菊花、莲瓣和缠枝牡丹[3]。烧瓷窑炉均为斜坡状龙窑，窑身较长，一般在40米以上，南宋前期盛行长窑，最长者达82米。以匣钵装烧法为主，执壶、五管瓶等高大器则采用喇叭形垫座置于明火垫烧。用于间隔匣钵与器物的支垫具有垫环、支钉和泥饼等。北宋前期采用器底垫垫环，垫环与器底之间隔以支钉的装烧方法，北宋中期至南宋前期普遍地以泥饼间隔[4]。

南宋早中期为龙泉窑的发展期。本期产品除日常生活用具外，开始出现陈设用具。器形以碗、盘为大宗，另有瓶、鼎式炉、尊式炉、水盂和钵等。胎体厚重，胎质较致密，呈深浅不一的灰色。釉层较厚，釉面开片较多，釉色多为青灰色，部分呈青黄色。装饰技法仍以刻花、划花为主，常见纹样有荷花、牡丹、莲花、游鱼、凤鸟等。器底印“金玉满堂”字款的器物大多出现于此期。装烧工艺基本同前期。

南宋中晚期到元初为龙泉窑的鼎盛期。本期产品除日常生活用具外，另有陈设瓷和贡器等。器形有碗、盘、洗、壶、炉、罐（图4-1-11）和葫芦形器等，既有宋代通行的式样，亦有仿照古代铜器或玉器的造型，如觚、觯、鬲式炉（图4-1-12）、簋式炉和琮式瓶（图4-1-13）等。受官窑影响，产品风格开始转型，新出现薄胎厚釉青瓷。该类瓷器改传统的高钙石灰釉为高温黏度较强的石灰碱釉，并运用了多次上釉的工艺，釉层丰厚柔和、滋润如玉。胎色有黑、白两种，白胎占绝大多数，釉色有粉青、豆青和梅子青等；黑胎青瓷釉色以粉青为上，另有蟹壳青和墨绿色等，口沿处因釉水下流隐现紫色，圈足无釉处呈铁色，故有“紫口

---

1 中国社会科学院考古研究所：《宁夏灵武窑发掘报告》，北京：中国大百科全书出版社，1995年，第182页。

2 朱伯谦、任世龙：《龙泉窑志》，《中国大百科全书·考古学》，北京：中国大百科全书出版社，1986年，第288页。

3 陈扬：《试论龙泉窑的时代风格与变迁》，中国陶瓷学会编：《龙泉窑瓷器研究》，北京：故宫出版社，2013年，第191页。

4 朱伯谦、任世龙：《龙泉窑址》，《中国大百科全书·考古学》，北京：中国大百科全书出版社，1986年，第288页。

图 4-1-11　龙泉窑青釉盖罐
（四川遂宁金鱼村窖藏出土）

图 4-1-12　龙泉窑青釉鬲式炉
（四川遂宁金鱼村窖藏出土）

铁足”之称。装饰纹样趋于单调，多以釉色取胜。装饰技法流行出筋、浮雕和贴花等，常见莲瓣纹、牡丹纹、龙凤纹和双鱼纹等。较之前两期，本期龙窑窑身有所缩短，至元代长 30 米左右，匣钵与器物之间改以垫饼间隔，垫饼均置于圈足下，是故圈足的着地部分一圈无釉，通称“朱砂底”，此为本期龙泉青瓷的特征之一。

图 4-1-13　龙泉窑青釉琮式瓶
（四川遂宁金鱼村窖藏出土）

元代中晚期至明初为龙泉窑的扩展期。本期产品数量剧增，大型器物多见，一改之前秀美的造型风格。器形主要碗、盘、炉、花盆、高足杯、瓶、盖罐和砚滴等。胎壁明显增厚，胎色灰白。釉层减薄，釉色以青绿为主，另有青灰、青黄色。装饰技法多样，有刻花、划花、模印、贴塑、镂刻、点彩等，纹样颇为丰富，有云龙、荔枝、牡丹、如意、福鹿、飞鸟、虫鱼、龙凤、八卦等，亦见模印“福”“禄”“吉”和八思巴文者。部分器物外底以臼形垫饼托与匣钵隔离，外底一圈呈朱红色。

龙泉窑是南方地区继越窑之后兴起的代表性青瓷窑场，所烧青瓷总体上可分为厚胎薄釉和薄胎厚釉两种类型。厚胎薄釉者是龙泉窑的传统产品，其发展贯穿于龙泉窑之始终，装饰技法多样，早期的刻划装饰深受浙江瓯窑、越窑和婺州窑影响；薄胎厚釉者始见于南宋中晚期，是龙泉窑为应付南宋宫廷需求而生产的仿官窑瓷器，以如脂如玉的粉青、豆青和梅子青釉色驰名中外[1]。

该窑产品销路广，不仅流通于北京、内蒙古、吉林、黑龙江、河北、山东、湖北、湖南、江西、四川、浙江、上海、江苏等地[2]，还远销日本、韩国、新加坡、菲律宾、印度尼西亚、马来西亚、文莱、埃及、肯尼亚等国家和地区，在宋元时期外销瓷中占据着极其重要的地位[3]。伴随着产品的流通，龙泉窑制瓷风格和工艺广泛传播，影响波及福建建窑、松溪窑、南安南坑窑、同安汀溪窑，江西吉州窑、景德镇窑等窑场[4]和国外的北非、东非、印度、波斯、伊拉克等地[5]。

七、景德镇窑

窑址分布于今江西景德镇市内，故名。该区自唐代开始烧制瓷器，宋、元、明、清各代均为著名的瓷器产地。宋元两代是景德镇瓷业发展史上烧造技艺日趋成熟、承前启后的重要时期，窑址集中分布于南河及小南河一带，数量多达136处[6]，以湖田窑遗址最为典型，考古工作开展最为充分。

北宋时期，景德镇窑的瓷器品种以青白瓷为大宗，另有少量青釉、酱黑釉[7]、黄黑釉和类建盏黑釉瓷。器类以日常生活用具为主，亦见少量陈设用瓷和雕塑等。器形主要有碗、盘、执壶、杯、盏、盏托、炉、熏、多管器、钵、碟（图4-1-14）、罐、盆、瓶、砚滴、枕、盒等，尤以碗、盘数量居多。北宋早期，多数器物胎体较厚，胎质较粗，胎色灰黄。青白瓷釉层较薄，釉面较浑浊，釉色青白中泛黄或泛绿。器体装饰较少，装饰手法以刻花、划花为主，纹样题材主要流行折枝牡丹和折枝花果两种图案。烧瓷窑炉均为龙窑，普遍采用一匣一器的匣钵仰烧法，匣钵与器物间隔以垫饼或垫圈，垫饼套入圈足内，圈足悬空烧制。北宋中晚期，多数器物胎薄质坚，胎色洁白。青白瓷釉层较厚，釉面细腻，釉色青翠欲滴。器体装饰增多，装饰技法除此前的刻花、划花外，新出现“半刀泥”刻花、印花、褐色点彩等；纹样题材丰富，主要有牡丹、荷叶、菊花、云气、龙、婴儿戏水、海涛、三团鸾、飞禽、游鱼等。窑炉形制及结构变化不大，垫钵覆烧法[8]开始出现并流行。

南宋时期，景德镇窑以烧造青白瓷为主，兼烧较多仿建窑和吉州窑的黑釉瓷。南宋前期的瓷业面貌承续北宋中晚期而又稍有变化，突出表现为部分青白瓷胎体

1 任世龙：《龙泉青瓷的类型与分期试论》，中国考古学会编：《中国考古学会第三次年会论文集》，北京：文物出版社，1984年，第121—127页。

2 项坤鹏：《龙泉窑研究综述》，《东方博物》第二十六辑，2008年。

3 叶文程：《宋元时期龙泉青瓷的外销及相关问题探讨》，氏著：《中国古外销瓷研究论文集》，北京：紫禁城出版社，1988年，第45—61页。

4 权奎山、孟原召：《古代陶瓷》，北京：文物出版社，2008年，第199页；叶喆民：《中国陶瓷史》，北京：三联书店，2006年，第340页。

5 项坤鹏：《龙泉窑研究综述》，《东方博物》第二十六辑，2008年。

6 江西省文物考古研究所、景德镇民窑博物馆：《景德镇湖田窑址——1988—1999考古发掘报告》，北京：文物出版社，2007年，第1页。

7 青釉与酱黑釉不见于湖田窑址，但在铜锣山等窑址的宋代堆积中有发现，详见张文江、何敬《从铜锣山等几处窑址的发掘看宋代景德镇窑业状况》，《东方博物》第三十辑，2009年。

8 刘新园、白焜：《景德镇湖田窑各期碗类装烧工艺考》，《文物》1982年第5期。

疏松、胎色泛灰黄，釉层失透、釉色泛米黄。一反北宋中晚期至南宋初的繁盛局面，南宋中晚期，受困于上层瓷石枯竭、北方市场丧失和赋税负担繁重等原因，南河流域的许多著名窑场纷纷停烧。器物种类和造型较之前期急剧减少，主要器形有碗、盘、执壶、炉、钵、杯、盏、瓶（图 4-1-15）、灯、盒等。青白瓷胎体多较薄，胎质较疏松。釉层较厚，釉色青白闪绿或黄绿。装饰技法以印花为主，刻花、划花相对减少。刻划纹饰流行婴戏、团鸾、玄武、鱼藻、折枝梅和折枝菊纹等，印花纹饰流行芦雁、凤凰、喜鹊，亦常见组合式博古盆景。仿吉州窑黑釉瓷胎体瓷化程度不高，呈黄褐、灰褐、灰白色，但装饰技法多样，除前期可见的兔毫纹外，还有鹧鸪斑、剪纸贴花、油滴和木叶贴花等。窑炉结构变化不大，支圈覆烧法开始出现并流行，成为南宋中晚期最主要的装烧方法，匣钵单烧法仍有使用。

元代景德镇窑的瓷器品种[1]较多，除青白釉和黑釉瓷外，新出现卵白釉、高温铜红釉、高温钴蓝釉、釉里红、青花釉里红和青花瓷。青白瓷胎体厚重，胎质普遍较粗疏，胎色灰白或灰褐。釉层肥厚，釉面普遍较浑浊，釉色青绿或青黄。器形较宋代少，品种单一，除常见的碗、盘日用瓷器外，新出现折腰碗、高足杯、仿铜器的鬲式炉和鼎式炉等。装饰技法以印花为主，题材图案与宋代相同，但多较简略，不甚规整；黑釉瓷器类

图 4-1-14　景德镇青白釉碟

（辽宁潮阳双塔区红旗街道西上台辽墓出土，采自张柏主编：《中国出土瓷器全集》第 2 册，图版 84）

图 4-1-15　景德镇青白釉梅瓶

（四川遂宁金鱼村窖藏出土，采自成都文物考古研究所、遂宁市博物馆编著：《遂宁金鱼村南宋窖藏》下册，北京：文物出版社，2012 年，图版一〇三）

1 本书赞同霍华等先生构建的中国古瓷器品种谱系，认为中国古瓷器首先可分为颜色釉瓷、彩绘瓷和工艺瓷三大类。颜色釉瓷下的白釉、黑釉、青釉瓷与彩绘瓷中的釉下青花、釉下黑花处于该谱系中的同一层级。前文论及磁州窑等窑口时，囿于发掘报告公布材料将白地黑花、白釉酱彩归为白釉瓷的装饰方法而无从得知该类彩绘瓷数量、纹饰等诸多属性，只能依从报告叙述方式。故本书并未采用“瓷器品种”的概念（详见霍华、陈晓亮：《吉州窑瓷品种谱系》，北京艺术博物馆编：《中国吉州窑》，北京：中国华侨出版社，2013 年，第 250—259 页）。

少，器形有碗、盏和高足杯。胎体瓷化程度不一，胎色变化大。釉层较薄，多呈深褐色，釉面多光素无饰，只有少量的盏类有灰白色的油滴形成梅花点装饰；卵白釉胎体细白，釉色白里透青，釉面一般呈乳浊状，器形主要有折腰碗、浅盘和高足杯等。装饰技法以印花为主，常见纹样有缠枝花卉、云龙、云凤和八吉祥纹等，亦见花纹间模印“枢府”两字者，是故卵白釉瓷多被称为枢府瓷；高温铜红釉胎体细白，釉面多呈暗红色。器形仅碗、盘、壶数种。装饰技法有刻花、印花等，常见云龙纹；高温钴蓝釉胎质白细，釉面光润。器形有碗、盘、梅瓶等。装饰技法有蓝釉上施金彩和蓝釉白花，纹样常见龙纹、梅花纹等；釉里红胎质细腻，胎色洁白。釉面莹润，呈白中泛青色；纹样主要有植物花卉、山石灵芝、松竹仙鹤、芦雁双凤等，以玉壶春瓶（图 4-1-16）、高足杯较多[1]；青花瓷器形较少，主要有盘、瓶（图 4-1-17）、高足杯等。胎质为典型的糯米胎，釉色多为青白色，釉面莹白光亮。装饰技法有白地蓝花和蓝地白花两种，多见莲花、荷花、菊花、蕉叶、葡萄、松、竹、麒麟、鸳鸯等纹饰。龙窑仍有使用，新出现分室龙窑和葫芦形窑，装烧方法有匣钵单烧法，涩圈叠烧法和支圈覆烧法等，以涩圈叠烧法最具时代特征，匣钵单烧法中用于间隔匣钵和器物的支垫具仍为垫饼，但此时的垫饼面积均大于器体圈足，器物圈足置于垫饼上，迥异于北宋时期圈足悬空的情形[2]。

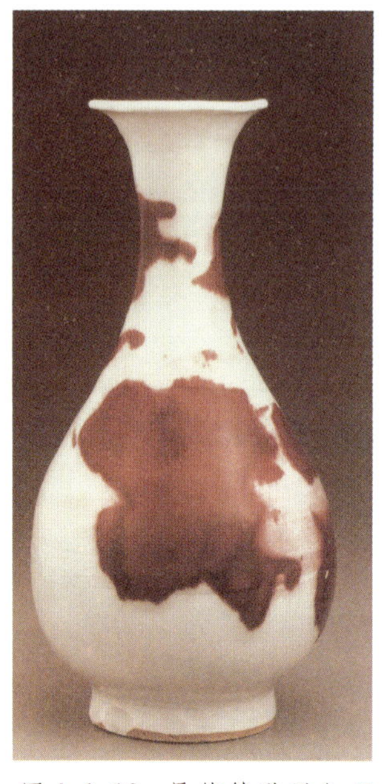

图 4-1-16　景德镇釉里红玉壶春瓶

（内蒙古集宁路古城遗址出土，采自陈永志主编：《内蒙古集宁路古城遗址出土瓷器》，北京：文物出版社，2004 年，图版 41）

图 4-1-17　景德镇窑青花凤穿牡丹、云龙纹带盖梅瓶

（江西高安市元代窖藏出土，采自张柏主编：《中国出土瓷器全集》第 14 册，图版 102）

宋元景德镇窑是青白瓷生产的代表性窑场。宋代的制瓷工艺和风格较多受其他窑场的影响，既烧仿吉州窑、建窑的黑釉瓷，又有颇具定窑特征的印花装饰和支圈组合覆烧法，青白瓷的出现则是安徽繁昌窑影响所致[3]。元代制瓷工艺获得较大突破，首先是制胎原料的进步，一改南方地区仅用瓷石的“一元配方”传统，开始采用瓷石加高岭土的“二元配方法”，此种改进不仅提高了瓷器的质量和成品率，还拓宽了瓷石的使用面，增加了胎料的选取范围，大大拓展了制瓷原料的来源；其次是烧瓷窑炉的改进，新出现分室龙窑和葫芦形窑，此两种窑型既有龙窑装烧量大、产量高的长处，又有馒头窑容易控制升、降温度等优点，适合烧制元代新出现的石

1 权奎山、孟原召：《古代陶瓷》，北京：文物出版社，2008 年，第 195、196 页。

2 刘新园、白焜：《景德镇湖田窑各期碗类装烧工艺考》，《文物》1982 年第 5 期。

3 黄义军：《宋代青白瓷的历史地理研究》，北京：文物出版社，2010 年，第 61 页。

灰碱釉，形成肥厚的釉层[1]。最后是青花、釉里红等彩绘瓷和卵白釉、红釉和蓝釉等单色釉瓷的创烧，前者使中国绘画技巧与制瓷工艺的结合更趋成熟，具有强烈中国气派与风格的釉下彩瓷因此发展到一个新的阶段，后者则结束了元代以前瓷器釉色主要是仿玉类银的局面[2]。元朝曾于景德镇设“浮梁磁局”以烧制贡瓷，但是当时的磁局很可能没有专门的独立窑场，而是选择条件较好、有一定基础的优秀民窑作为定点的窑场，其生产模式尚停留于“有命则贡、否则止”的状态[3]。

宋元时期景德镇窑仍以商品性生产为主，其产品流通于江西、江苏、上海、安徽、浙江、福建、湖北、湖南、四川、重庆、广东、广西、河南、河北、山东、北京、天津、辽宁、新疆、内蒙古、陕西、甘肃等省、市、自治区[4]和朝鲜、日本、菲律宾、马来西亚、印度、斯里兰卡、埃及、苏丹等地[5]。

八、吉州窑

窑址分布于今江西吉安市永和镇西侧约两公里长、一公里宽的地带，共有24座窑包，因地属吉州而得名。该窑场创烧于唐末五代，发展于北宋，盛烧于南宋，元代末期趋于衰落[6]。

北宋时期，吉州窑以烧造黑釉、乳白釉和低温绿釉瓷为主，兼烧少量青白瓷。器类以日常生活用具居多，亦见佛坐像、门塔等雕塑，器形主要有碗、钵、盏、碟、壶、罐、枕、瓶等。胎体多较疏松，胎色有红褐、灰白和米黄数种，以米黄色居多。釉层较薄，釉面莹润。黑釉瓷以素黑釉最为多见，另有少量在黑色底釉上施以黄、褐色釉形成不规则的斑彩，或产生独特的窑变结晶，主要有玳瑁斑、兔毫纹和虎皮斑等。乳白釉的装饰手法有划花、刻花和印花等，以印花为主，装饰风格多受定窑影响，常见纹样有缠枝牡丹、水波、莲花、鸾凤和回纹边等。部分碗底或枕底有模印或以褐色材料书写的字款，如“吉”“记”“太平”“本觉”“舒家记”“元祖郭大枕记”等。与江南产瓷区一样，窑炉类型属于斜坡状龙窑，但构造方法具有自身特点，突出表现为窑床是以匣钵、瓷片和砂土平地起建的。以匣钵装烧法为主，大件器物多为一匣一器单烧，叠烧者用高岭土或垫饼间隔，其中以高岭土“衬烧”的方式与河南禹县窑相似。

南宋时期，吉州窑所烧瓷器有黑釉、白釉、青釉、青白釉、酱釉、酱黄釉和低温绿釉瓷等，以黑釉、白釉瓷数量最多[7]。器类除碗、盘、碟、炉、枕等日常生

1 权奎山：《2002年—2004年景德镇出土明代御窑瓷器概说》，景德镇市陶瓷考古研究所、江西省文物考古研究所、北京大学考古文博学院编：《景德镇出土明代御用瓷器》，北京：文物出版社，2009年，第10—25页。

2 中国硅酸盐学会编：《中国陶瓷史》，北京：文物出版社，1997年，第332页。

3 江建新：《元青花与浮梁磁局及其窑场》，《南方文物》2008年第1期。

4 目前尚未有专文对宋元时期景德镇窑瓷器的流通情况进行研究。本书对其在国内流通情况的归纳，主要参考张柏主编《中国出土瓷器全集》（北京：科学出版社，2008年）。

5 江建新：《景德镇宋元时期瓷器外销与新安沉船中的瓷器——兼论高丽和朝鲜白瓷青花与景德镇窑之关系》，中国古陶瓷学会编：《中国古陶瓷研究》第十四辑，北京：紫禁城出版社，2008年，第165—177页；彭涛：《元代景德镇青花瓷的外销及相关问题》，《南方文物》2003年第2期。

6 张文江、赖金明：《吉州窑》，《文史知识》2002年第3期。

7 国家文物局编：《中国陶瓷》，上海：上海古籍出版社，1994年，第414页。

活用具外，亦有较多牛、马、狗等动物玩具和供器。黑釉瓷中施装饰者较多，装饰技法多样，除玳瑁斑、兔毫纹和虎皮斑外，另有釉上彩绘、剪纸贴花（图 4-1-18）、木叶贴花（图 4-1-19）、剔花（图 4-1-20）等，以木叶贴花和剪纸贴花最具特色。釉上彩绘常见兰花、月梅、月竹、芦荻、牡丹等植物题材和凤蝶纹、双凤纹等动物题材[1]。剪纸贴花常见纹样有梅花、兰花、牡丹、双蝶、海棠、鸾凤、鸳鸯、龙凤，亦有“金玉满堂”“长命富贵”“福寿康宁”等吉祥文字组成的图案。剔花多见折枝花卉纹，有折枝梅、折枝牡丹、折枝兰草等，以折枝梅最为典型。白釉瓷的装饰技法除刻花、划花和印花外，新出现釉下彩绘（图 4-1-21）。此类彩绘瓷是受磁州窑白地黑花影响产生的，但它直接在白色或米黄色地上用铁质涂料绘画，与磁州窑在白色化妆土上施彩有所不同[2]，花纹装饰多为与民间风俗相关的吉祥图案，如双鱼、鸳鸯、蜂蝶、鹿、鹊等，亦有较为纯粹的绘画题材，如折枝梅、芦苇、梅竹、折枝花等。青釉瓷中部分印花器具有耀州窑风格。器物胎、釉特征较之北宋变化不大，白釉釉下彩瓷制作精良，胎质坚硬，胎色灰白。窑炉形制及结构变化不大，除匣钵烧造法外，受定窑影响，新出现支圈覆烧法。

元代吉州窑继续烧造白釉、黑釉和低温绿釉瓷。器类仍以日常生活用具为主，除南宋时期流行的器形外，新出现镂空炉、高足杯、乳钉纹柳斗罐和香薰盖等。装饰技法沿袭宋代，其中白釉釉下彩瓷从形制到纹饰都有很大发展，突出表现为南宋时期白釉釉下彩瓷器形较少，仅盆、枕、鼎炉、盘、粉盒等，至元代新增罐、瓶、壶、执壶、杯、碗、器盖和香薰等器形。纹样题材有花卉、虫鱼、云涛、波浪、人物、动物、山水及回纹等，以云涛、波浪纹最具特色。窑炉形制、结构与装烧方法尚不明确。

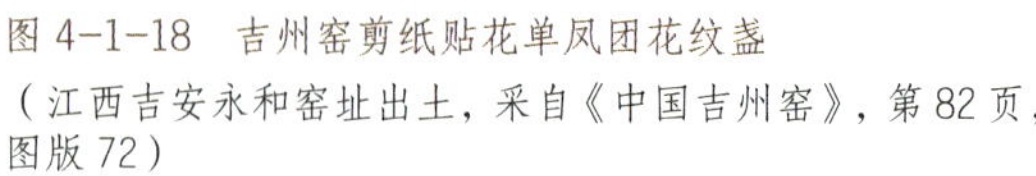

图 4-1-18　吉州窑剪纸贴花单凤团花纹盏
（江西吉安永和窑址出土，采自《中国吉州窑》，第 82 页，图版 72）

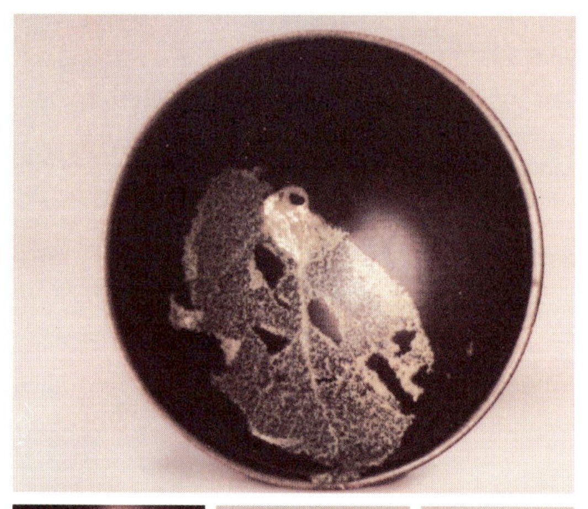
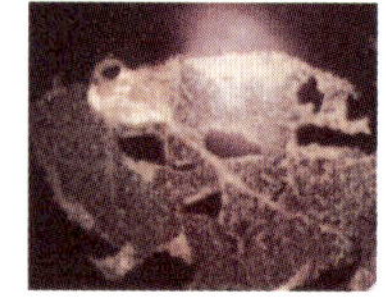

图 4-1-19　吉州窑木叶贴花盏
（江西上饶南宋开禧二年赵氏墓出土，采自《中国吉州窑》，第 93 页，图版 82）

1 邓禾颖、方忆：《南宋陶瓷史》，上海：上海古籍出版社，2013 年，第 189 页。

2 张文江、赖金明：《吉州窑》，《文史知识》2002 年第 3 期。

图 4-1-20 吉州窑黑釉剔花折枝梅纹筒式三足炉
（江西宜春市郊南宋庆元五年墓出土，采自《中国吉州窑》，第 63 页，图版 54）

图 4-1-21 吉州窑釉下彩绘莲池鸳鸯纹长颈瓶
（江西吉安永和窑址出土，采自《中国吉州窑》，第 161 页，图版 148）

吉州窑是一座博采众长而又风格独具的民窑[1]，被誉为南方地区宋元时期民窑的代表[2]。所烧瓷器既有南方窑系流行的黑釉、黄釉、青白釉，又有北方窑系常见的乳白釉、褐釉、低温绿釉，以黑釉为大宗，在同时期各窑场中釉色最为丰富[3]。装饰技法多样，其中支圈覆烧法和印花装饰可见定窑的影响，部分刻花青瓷近似耀州窑产品，兔毫盏和青白釉瓷分别仿自建窑和景德镇窑，白釉釉下彩绘、剔花和低温釉绿釉瓷具有较明显的磁州窑风格，而木叶贴花和剪纸贴花装饰则为吉州窑所独有，绝少见于其他窑场[4]。

该窑产品行销于江西、安徽、江苏、浙江、广东、香港、河南等省市区[5]和日本、朝鲜、菲律宾、印度尼西亚等地，影响及于广东海康窑、奇石窑、南海窑、道溪窑和江西景德镇窑等窑场和国外的日本等地，尤以景德镇青花瓷的产生体现得最为明显[6]。

九、建窑

窑址分布于今福建建阳县（今南平市建阳区）水吉镇的池中村、后井村一带，因此地宋时属建州而得名[7]。其范围，东起大路后门山，西至牛皮崙、庵尾山，北

1 王莉英：《吉州窑的装饰艺术》，《故宫博物院院刊》1983 年第 4 期。

2 李辉炳：《宋代南方民窑的代表——吉州窑》，《河北陶瓷》1986 年第 2 期。

3 彭明瀚：《雅俗之间——品读吉州窑》，《南方文物》1994 年第 3 期。

4 余家栋：《试论吉州窑》，《江西历史文物》1982 年第 3 期。

5 喻珊：《试论宋元时代吉州窑瓷器的流布》，北京艺术博物馆编：《中国吉州窑》，北京：中国华侨出版社，2013 年，第 260—281 页。

6 曹建文：《关于吉州窑历史地位的几点思考》，北京艺术博物馆编：《中国吉州窑》，北京：中国华侨出版社，2013 年，第 242—249 页。

7 吕成龙：《试论建窑的几个问题》，《文物》1998 年第 7 期。

及芦花坪，南达营长墘山、源头坑，面积约11万平方米，废窑堆达20余处[1]，以芦花坪、大路后门山窑址发掘工作较为充分。该窑场创烧于晚唐五代，宋代逐渐兴盛，元代末年衰落[2]。

宋代建窑所烧瓷器以黑釉瓷为大宗，亦有少量青釉、青白釉瓷[3]。黑釉瓷器形单纯，以碗（盏）居绝大多数，另有极少量灯、钵、罐、瓶和碟等。胎体多较厚，胎质粗糙，胎色灰黑。釉层厚多薄少，釉面光亮莹润，釉色较为复杂，有漆黑、蓝黑、深绿和酱褐等。除纯黑釉外，尚见因釉体中铁质结晶析出而形成的兔毫纹（图4-1-22）、鹧鸪斑（图4-1-23）和曜变斑（图4-1-24），以兔毫纹最为流行，纯黑釉次之，鹧鸪斑[4]和曜变斑量少而名贵[5]；亦见在黑色底釉上施黄、白色釉形成的窑变斑彩，装饰技法同吉州窑[6]。不少器物圈足内阴刻有“供御”“进盏”等字款，窑址内所出垫饼也印有这两种铭文的阳文反体字，表明宋代建窑确为宫廷烧造过贡瓷。青、青白釉瓷胎质坚硬，胎体为灰或灰白色。釉面较莹润，青釉可细分为青黄、青灰、青绿等釉色。器形以碗为主，另有碟、盘、杯、盒、壶等。装饰技法以刻划居多，模印次之，部分饰刻划篦纹的青釉瓷与越窑、龙泉窑北宋青釉瓷较为相似，纹样题材丰富，有缠枝花、莲花般、菊花、水草纹、卷草纹、卷云纹、篦点纹、水波纹和斜线纹等。窑炉为斜坡状龙窑，多采用匣钵单烧法。

图4-1-22　建窑黑釉兔毫盏
（福建建阳水吉大陆后门山窑址出土，采自张柏主编：《中国出土瓷器全集》第11册，图版133）

南宋末至元代，建窑改烧青白瓷，黑釉瓷几乎不见。器物胎体较薄，胎质洁白细腻。釉面明亮莹润。器形有碗、盘、洗、炉、罐、壶、瓶等。装饰技法分模印和刻划两种，以模印居多，纹样题材有莲花、菊花、向日葵、飞凤、水禽、孩儿攀花、勾连云雷等。窑炉变化不大，装烧工艺以支圈组合覆烧法为主[7]。

宋代建窑几乎只生产一个品种的瓷器，即黑釉茶盏，且产量很大，这在中国古代瓷窑中可算作是孤例了。究其原

1 叶文程：《“建窑”初探》，文物编辑委员会编：《中国古代窑址调查发掘报告集》，北京：文物出版社，1984年，第146—154页。

2 权奎山、孟原召：《古代陶瓷》，北京：文物出版社，2008年，第195、196页。

3 中国社会科学院考古研究所、福建省博物馆、建窑考古队：《福建建阳水吉北宋建窑遗址发掘简报》，《考古》1990年第12期。

4 对于鹧鸪斑建盏的具体所指，有四种不同观点，参见吕成龙：《试论建窑的几个问题》，《文物》1998年第7期。

5 吕成龙：《试论建窑的几个问题》，《文物》1998年第7期。

6 邓禾颖、方忆：《南宋陶瓷史》，上海：上海古籍出版社，2013年，第75页。

7 中国社会科学院考古研究所、福建省博物馆、建窑考古队：《福建建阳水吉建窑遗址1991—1992年度发掘简报》，《考古》1995年第2期。

图 4-1-23 建窑黑釉鹧鸪斑碗
（日本静嘉堂文库美术馆藏，采自叶喆民：《中国陶瓷史》，第 324 页，图 8-205）

因，当与宋代点茶、斗茶习俗风行密切相关[1]。宋时建窑亦因之迎来了其发展史上的鼎盛期，著称于世的兔毫盏、鹧鸪斑和曜变斑盏创烧成功，黑釉瓷流通区域布及黑龙江、吉林、内蒙古、江苏、陕西、江西、福建、浙江、广东、湖北等省、市、自治区和韩国、日本等地[2]，部分黑釉盏曾作为“供御”“进盏”送达宫廷，引起了如福建南平茶洋窑、武夷山遇林亭窑，江西景德镇窑、吉州窑和陕西耀州窑等窑场的争相仿制，烧造方法一度传入日本，对当地陶瓷业的发展产生了深远的影响[3]。元代建窑趋于衰落，受景德镇窑影响较大。

图 4-1-24 建窑曜变天目碗盏
（日本静嘉堂文库美术馆藏，采自叶喆民：《中国陶瓷史》，第 322 页，图 8-201）

十、德化窑

窑址分布于今福建省泉州市德化县内，故名。早在商周时期，此地已开始烧制原始青瓷，降至宋元两代，该区制瓷业获得迅速发展，窑址数量由唐代的 1 处增至 42 处。分布地域集中于盖德乡、龙浔镇、浔中镇和三班镇等地，以龙浔镇数量为多，较重要者有碗坪仑窑和屈斗宫窑（甲址）[4]。以此二窑为依据，宋元德化窑的发展历程可归纳为以下三个阶段[5]。

北宋晚期至南宋中期，德化窑的规模和技术迅猛发展，其生产的白瓷可与定

1 吕成龙：《试论建窑的几个问题》，《文物》1998 年第 7 期。
2 桂冠：《建窑黑釉瓷研究》，吉林大学博士学位论文，2013 年，第 18 页。
3 叶文程：《关于“建窑”几个问题的探讨》，《厦门大学学报（哲学社会科学版）》1980 年第 3 期。
4 陈建中、陈冬珑：《德化瓷》，北京：文化艺术出版社，2012 年，第 25—56 页。
5 林忠干、张文崟：《宋元德化窑的分期断代》，《考古》1992 年第 6 期。

窑相媲美，成为中国白瓷系中南北两大代表性产地之一[1]。德化窑以烧制白瓷和青白瓷为主，兼烧部分青釉、酱釉瓷。胎质细腻，胎体薄而坚硬，胎色洁白。釉层较薄，釉面莹润，白釉釉色洁白，青白釉色调深浅不一，深者呈淡绿色，浅者近白色。器形有碗、盘、盒（图 4-1-25）、钵、洗、碟、炉、执壶、瓶等，以盒数量居多。装饰技法为刻划与模印并重，刻划主要施于碗、盘内里，盛行卷草纹、篦纹，亦有部分扎菜团花、莲瓣、莲花、牡丹等图案，模印图案多施于各类盒盖上，纹样有莲花、牡丹、菊花、萱草、兰花、茶花、海棠花、芦雁、蜜蜂和游鱼等，亦见模印“颐草堂先生雕造功夫”“林立”等文字。器物均在龙窑中烧制，装烧方法以托盘叠烧法为主，对口套烧、匣钵正烧和支圈覆烧亦有少量应用，器物之间隔以垫圈或垫饼。

图 4-1-25　德化窑青白釉印花粉盒
（福建德化盖德乡碗坪崙窑址出土，采自张柏主编：《中国出土瓷器全集》第 11 册，图版 121）

南宋晚期至元初，德化窑所烧瓷器以青灰釉瓷为主，青白釉次之，另有少量酱釉、黑釉和青黄釉瓷。胎、釉质量与前期相比略显略微粗糙。器形除盘、碗、碟、钵、炉、执壶、瓶外，新出现军持（图 4-1-26）。装饰技法变化不大，纹样题材趋于简单草率，以菊瓣和形态瘦长的莲瓣纹最具时代特征。窑炉结构及装烧方法大体同前期。

图 4-1-26　德化窑青白釉军持
（福建德化盖德乡碗坪崙窑址出土，采自张柏主编：《中国出土瓷器全集》第 11 册，图版 123）

元代德化窑仅烧制青白瓷和白瓷。胎质坚硬而细腻，胎色洁白。白釉细腻温润，有的呈乳白色，与明代常见的乳白釉较为相似，青白釉多呈水清色，釉厚处呈淡绿色。器形有碗、盘、洗、钵、碟、炉、盒、执壶、军持、瓶、高足杯等。装饰技法以模印为主，盛行瘦长的莲瓣纹和缠枝卷草纹，亦见蝴蝶、飞凤、婴戏、狮球、菊瓣、折枝花、牡丹花和钱纹等，部分盒盖印有“金玉”“金玉满堂”“寿上福海”等吉语款。烧

1 刘幼铮：《中国德化白瓷研究》，北京：科学出版社，2007 年，第 3 页。

瓷窑炉由此前的龙窑改进为分室龙窑，装烧方法以支圈覆烧和匣钵正烧为主，托座叠烧退居次要地位。

宋元德化窑是以泉州港为依托，以生产外销青白瓷为主的重要窑场。模印装饰和支圈组合覆烧法是景德镇窑直接影响的结果，分室龙窑或可溯至广东宋代潮州窑[1]。器物造型和装饰题材多为其时国内流行的式样，印花装饰和部分图案题材可见定窑、景德镇窑的影响，专为外销东南亚而生产的军持则造型独特，纹样具有浓郁的宗教色彩，应是为迎合当地人喜好而设定的。宋元德化窑瓷器外销范围较广，印度尼西亚、菲律宾、马来西亚、日本、韩国、非洲等地均有发现[2]。

十一、小结

宋元两代制瓷业的繁荣兴盛，离不开陶瓷生产长期发展和工艺技术积淀而形成的历史条件，更得益于晚唐五代以来特定的政治、经济、文化背景。考古材料表明，从唐代后期开始，瓷器已由高档消费品普及为一般平民皆可使用的商品。五代以后，一些帝王不断地禁止民间制作甚至使用铜器，销铜铸钱以应付晚唐以来日益增加的钱币需求，同时鼓励“以瓦代铜”，瓷器使用愈加普遍，并随着北宋以来商品经济的高度发达而持续兴旺。商品经济的发展直接导致了城市经济体系的形成，市民阶层随之产生，其居住集中和联系广泛的特性使得他们对文化艺术具有特殊的爱好和追求，宋代文化因之形成了士大夫清雅艺术和庶民艺术两大分野。受此影响，宋元瓷器艺术尤其是装饰变得丰富多彩[3]。

较之隋唐五代，宋元时期制瓷业的繁荣兴盛不仅表现为窑址数量的剧增及分布范围的扩大，还体现在以下三个方面：

1. 制瓷工艺的改进与创新颇多[4]。在商品经济的刺激下，宋元时期新的制瓷工艺层出不穷，涉及胎、釉、装饰工艺、装烧和烧成技术等方面。其中，胎料和制胎方面的创新，突出表现为元代景德镇窑发明了瓷石加高岭土的“二元配方法”。

釉及釉料配制方面的进步，突出表现为以下三点：（1）发明了石灰碱釉。南宋中期龙泉窑烧制的粉青、梅子青是其代表，釉层肥厚，釉面莹润。（2）创烧了卵白釉、青白釉、铜红釉和钴蓝釉等高温单色釉瓷。高温铜红釉在晚唐时期的长沙窑就已出现，北宋、金时期的钧窑亦见使用，但均是以斑点形式作为青釉之点缀，元代景德镇窑较好地掌握了铜红釉的成色机理和烧成技术，成功烧制了单色铜红釉。（3）黑釉瓷取得很大进步。该种瓷器与青瓷几乎同时诞生于东汉时期，但直到宋代，才因茶文化崇尚“黑”道而受到较高的礼遇，从而迸发出前所未有的创造力[5]，建窑兔毫纹、鹧鸪斑和曜变斑黑盏是其代表。

装饰工艺的发展，突出表现为以下四点：（1）在划花、刻花的基础上，增饰篦划纹，以定窑、磁州窑、耀州窑和景德镇窑最为精美；（2）印花装饰出现内容

---

1 熊海堂：《东亚窑业技术发展与交流史研究》，南京：南京大学出版社，1995 年，第 93 页。

2 陈建中：《泉州的陶瓷贸易与东西方文化互动——以德化外销瓷为例》，《海交史研究》2004 年第 1 期。

3 秦大树：《宋元明考古》，北京：文物出版社，2004 年，第 277—280 页。

4 权奎山、孟原召：《古代陶瓷》，北京：文物出版社，2008 年，第 205—209 页。

5 邓禾颖、方忆：《南宋陶瓷史》，上海：上海古籍出版社，2013 年，第 72 页。

连续的图案，以定窑、耀州窑、景德镇窑和德化窑为代表；（3）新创剔花、珍珠地划花、剪纸贴花、木叶贴花装饰，前两者为磁州窑独创，后两者属吉州窑独有；（4）釉下彩饰得到了很大发展，代表性品种有磁州窑、吉州窑之白地黑花和景德镇窑的釉里红、青花瓷。

装烧技术的最大创获，在于支圈组合覆烧法的发明。烧成技术的改进，突出表现为以下两点：（1）北方地区和川渝地区部分窑场，如定窑、磁州窑、耀州窑、涂山窑[1]，开始使用煤作为燃料，窑炉中火膛部分增设了炉栅，火膛外增设有通风管道以助燃；（2）南方地区的龙窑发展为分室龙窑，景德镇窑在元代新出现葫芦形窑。

2. 制瓷技术的交流十分活跃。为保持传统市场和争夺新市场，在商品经济大发展的浪潮中立于不败之地，宋元时期绝大多数窑场除了进行自主创新和改进外，更注重借鉴和吸收其他窑场的制瓷工艺和风格，窑场间制瓷技术的交流十分活跃。其涉及面广，依据接受的难易程度之异，可分为成形技术、装饰技术、配方技术、装烧技术和窑炉技术等层次[2]。成形、装饰技术是决定瓷器外观特征的显性因素且通过瓷器外观便可模仿，所见交流较多。前述定窑印花装饰和磁州窑白地黑花装饰对南北方诸多窑场的影响，耀州窑、景德镇窑、吉州窑等窑场对建窑兔毫盏的仿制等均属此种情形。配方技术、装烧技术和窑炉技术是影响瓷器外观特征的隐性因素，只有有经验的工匠才能解读其中的奥妙，所见交流有限。装烧技术的交流，突出表现为定窑独创的支圈组合覆烧法影响波及磁州窑、景德镇窑、吉州窑、建窑和德化窑等南北方窑场；浙江杭州湾一带发明的M形匣钵在五代时期随着越窑青瓷技术传至耀州窑，至宋代，在耀州窑大量使用，南宋及其以后，又随着龙泉青瓷技术流传至广东、福建地区[3]。窑炉技术的交流突出表现为重庆涂山窑受耀州窑影响，开始用煤烧瓷，窑炉结构亦随之变化；元代景德镇窑吸收北方地区流行的馒头窑，将宋代流行的龙窑改进为分室龙窑和葫芦形窑。商品经济的竞争机制导致了名窑名瓷的出现，以商品流通为导向的技术传播促进了各窑场制瓷水平的提升，更使得窑场间相互模仿的现象变得普遍，其中普通窑场对名窑产品外形、装饰的模仿尤为明显。如此，便形成了以某一窑场为核心，某些品种瓷器为特征的瓷窑体系[4]。部分窑系中中心窑场与某些普通窑场相距较远，甚至分属南、北两大自然地理及人文环境截然不同的区域，如耀州窑系中耀州窑和广州西村窑、广西永福窑即属此种情形，但多数窑系中诸窑场则处于相同或相似自然地理和人文地理单元。是故，宋元时期制瓷业亦呈现出较为明显的区域性差异[5]。

3. 政府重视力度加强，瓷器外销规模扩大。宋元时期制瓷业的繁荣兴盛与政府重视力度的加强，存在着互为因果的关系。一方面，瓷器作为商品畅销国内外所带来的巨额经济利润驱使政府采取一系列措施，如命令地方官府[6]设立专门机

1 重庆市文物考古所：《重庆涂山窑》，北京：科学出版社，2006年，第331—335页。

2 熊海堂：《东亚窑业技术发展与交流史研究》，南京：南京大学出版社，1995年，第12页。

3 熊海堂：《东亚窑业技术发展与交流史研究》，南京：南京大学出版社，1995年，第192页。

4 关于瓷窑体系的划分，详见中国硅酸盐学会编：《中国陶瓷史》，北京：文物出版社，1997年，第229—277页。

5 关于宋元时期制瓷业的区域性差异，详见秦大树：《宋元明考古》，北京：文物出版社，2004年，第280—288页。

6 王光尧：《从官手工业制度看汝窑——兼论宋代的官府窑业制度》，《故宫博物院院刊》2002年第1期。

构[1]，管理窑场、鼓励官民海外贸易[2]等，以加强窑事管理、推动窑业发展。另一方面，上述措施促进了宋元时期制瓷水平的提高和瓷器外销规模的扩大。如北宋朝曾命汝州烧制青釉瓷，汝州在受命承烧之初，贡进宫廷的产品只是一般的临汝窑风格瓷器，此后却通过改变釉料配方实现了从豆青釉和青绿釉向天青釉的成功转变，在受命烧造青瓷的各窑场中逐渐形成了“汝窑为魁”的地位，从而为皇室所垄断。产品专供御用、落选品则打碎集中处理，其制瓷技术和管理制度多为北宋汴京官窑、南宋修内司和郊坛下官窑所继承[3]。元代景德镇窑制瓷工艺的较大突破亦与其时设置的“浮梁磁局”密切相关，尤以新创的元青花表现最为明显。该品种瓷器，无论是极为珍贵的进口苏麻离青料，还是富有伊斯兰文化气息的造型与纹饰以及五爪龙纹等，均非偏居于江南广袤丘陵深处的景德镇凭自身之力所能办到，必然有浮梁磁局的参与主持[4]。宋元时期，我国瓷器外销菲律宾、印度尼西亚、文莱、马来西亚、泰国、印度、日本、韩国、巴基斯坦、伊拉克、埃及、坦桑尼亚、肯尼亚等地，几乎遍及印度洋、太平洋沿岸所有亚非国家。品种多样，几乎囊括了当时所有类型，以越窑青瓷、耀州窑系青瓷、龙泉窑系青瓷、定窑白瓷、景德镇青白瓷数量居多，磁州窑系彩绘瓷、建窑系窑变黑釉瓷及景德镇元青花亦不少。不同品种瓷器畅销区域有所不同，其中青瓷、青白瓷几乎遍及亚洲各地乃至非洲东海岸，建窑系各式窑变黑釉盏多见于日本、朝鲜，而元青花则在西亚阿拉伯地区有惊人发现。产地除越窑、耀州窑、景德镇窑、龙泉窑、磁州窑、建窑等各大名窑外，另有泉州德化窑、磁灶窑、南安窑和广州西村窑等分布于东南沿海港口的窑场，尤以沿海港口窑场的异军突起颇为值得注意，其产品或专为外销，或以外销瓷为主，显系宋元时期瓷器外销规模扩大的产物[5]。

第二节　明代

较之宋元时期，明代瓷窑数量减少，分布范围缩小，发现于全国 15 个省、市、自治区、特区，以江西、广东和福建省数量为多。大部分瓷窑是宋元时代延续下来的，其中多数瓷窑发展平平或逐渐衰落乃至停烧，唯有景德镇窑和德化窑取得了新的进展，步入其发展史上的鼎盛期。小部分瓷窑是明代创建的，基本上分布在南方地区，多是烧制青花瓷或以烧制青花瓷为主的窑场[6]。

1 徐文：《浮梁瓷局的设置及其他》，《景德镇陶瓷学院学报》1982 年第 1 期。

2 中国硅酸盐学会编：《中国陶瓷史》，北京：文物出版社，1997 年，第 306 页。

3 王光尧：《汝窑与北宋汴京官窑——从汝窑址考古资料看宋代官窑的出现及官窑制度的形成》，《故宫博物院院刊》2010 年第 5 期。

4 张敏：《论浮梁瓷局在元代景德镇瓷业中的地位与作用》，《中国陶瓷》2012 年第 3 期。

5 任荣兴：《宋元时期中国瓷器外销述略》，《史林》1995 年第 3 期。

6 权奎山、孟原召：《古代陶瓷》，北京：文物出版社，2008 年，第 21—25 页。

一、景德镇窑

依据窑场性质的不同，可分为御窑和民窑两种类型。

（一）御窑

御窑是专为宫廷烧制瓷器的窑场，窑址位于景德镇市中心的珠山地区，以珠山上景德镇的标志性建筑——龙珠阁为中心，呈南宽北渐窄的梯形分布，周长约1145米，总面积约54300平方米。该窑场创建于洪武二年（1369年），时称“御器厂”，清代沿用，改称“御窑厂”，直至清朝灭亡[1]。1982—1994年的考古发掘表明永乐时期御窑所烧瓷器以白釉、青花瓷器为主，宣德时期则以青花瓷为主，但2002—2004年的考古发掘，永乐时期瓷器却以釉里红、红釉瓷为主，宣德时期则以红釉、白釉、仿哥釉瓷为主[2]。前后两次发掘所揭示的瓷器品种构成情况截然不同。2014年景德镇御窑遗址考古发掘的出土遗物，则以明代釉上彩半成品瓷器最为重要[3]。隆庆、万历朝对落选御用瓷的处理方式，一改之前打碎掩埋的措施，采取存贮于库房、登记造册的办法，致使此两朝瓷片遗存不见或少见于御窑遗址[4]。困于上述原因，学界至今尚未能对明代御窑瓷器做一历时性的通盘考察和归纳。

明代御窑瓷器品种多样，除元代景德镇窑烧制的卵白釉、黑釉、高温铜红釉、高温钴蓝釉、釉里红、青花釉里红（图4-2-1）和青花瓷外，新出现甜白釉、仿哥釉、仿龙泉青釉、仿宋官青釉和低温黄釉、孔雀绿釉等单色釉瓷，以及青花红彩、斗彩（图4-2-2）和五彩等彩绘瓷（图4-2-3），以青花瓷数量最多。其中，甜白釉瓷创烧于永乐时期；仿哥釉、仿龙泉青釉、仿宋官青釉和青花红彩瓷始见于宣德朝；斗彩瓷为成化御窑的一大创举，经弘治、正德两朝发展为嘉靖、万历朝的五彩瓷；低温黄釉瓷创于成化朝，弘治时期及以后较为流行；孔雀绿釉以正德时期为多[5]。胎体多质坚细密，呈白色或灰白色。釉面色泽优劣不一，但以光洁莹润者居多。青花瓷的青花呈色因钴料来源不同显得较为复杂，概而言之，永乐、宣德时期主要使用进口的“苏麻离青”，青花色泽浓艳；成化、弘治两朝主要使用“平等青”，青花色泽淡雅；正德朝的青花钴料除“平等青外”，尚有“石子青”，青花色泽以浓中带灰者居多，亦有少量淡雅如成化者；嘉靖、隆庆朝和万历早期将“回青”和“石子青”配合使用，青花色泽一反成化朝的淡雅之风，亦有别于正德朝的浓中带灰，而是呈现一种蓝中微泛红紫的浓重、鲜艳色调；万历中期至明末主要使用“浙料”，青花色泽呈蓝中微泛灰，不及嘉靖青花浓艳[6]。器

1 北京大学考古文博学院、江西省文物考古研究所、景德镇市陶瓷考古研究所：《江西景德镇明清御窑遗址发掘简报》，《文物》2007年第5期。

2 权奎山：《2002年—2004年景德镇出土明代御窑瓷器概说》，景德镇市陶瓷考古研究所、江西省文物考古研究所、北京大学考古文博学院编：《景德镇出土明代御窑瓷器》，北京：文物出版社，2009年，第10—25页。

3 景德镇市陶瓷考古研究所、江西省文物考古研究所、北京大学考古文博学院、故宫博物院考古研究所：《2014年景德镇御窑遗址考古发掘主要收获》，《故宫博物院院刊》2016年第2期。

4 权奎山：《江西景德镇明清御器（窑）厂落选御用瓷器处理的考察》，《文物》2005年第5期。

5 中国硅酸盐学会编：《中国陶瓷史》，北京：文物出版社，1997年，第380—389页。

6 中国硅酸盐学会编：《中国陶瓷史》，北京：文物出版社，1997年，第370—377页。

图 4-2-1　景德镇窑青花釉里红云龙纹梅瓶（永乐朝）
（江西景德镇明代御窑厂出土，采自《景德镇出土明代御窑瓷器》，第 47 页，图版 007）

图 4-2-2　景德镇窑斗彩灵芝纹碗（成化朝）
（江西景德镇明代御窑厂出土，采自《景德镇出土明代御窑瓷器》，第 172 页，图版 093）

类有日常生活用具、陈设用瓷和祭祀用瓷等，器形主要有碗、盘、罐、高足杯、鸡缸杯、盆、靶盏、盒、碟、炉、执壶、扁壶、僧帽壶、梨形壶、梅瓶、贯耳瓶、炉、觚、爵、簋、尊等，造型多样，既有明代流行的式样，亦有仿自商周时期铜器的造型，如觚、爵、簋、尊等，而蒜头口绶带扁壶、八方烛台和直颈方流执壶则更见伊斯兰金属器的影响。装饰技法较多，有细线划花、剔刻花、印花和绘花等，前三者多用于卵白釉等单色釉瓷，绘花则多见于青花瓷等彩绘瓷，纹样题材颇为丰富，有卷草、牡丹、菊花、莲瓣、瑞果、牵牛花、灵芝、蕉叶等植物纹样，龙、凤、孔雀、麒麟、狮子、海马等动物纹样，婴戏图、仕女图、高士图、历史故事、神话故事等人物图案，八宝、八仙等宗教图案，亦有用阿拉伯文或波斯文作图案装饰的，其中龙纹最为常见。不少器物内、外底刻写或以青料书写年款，洪武、永乐朝少见，且无统一格式，宣德朝及其以后常见，有四字、六字款两种形式，如“正德年制”“大明宣德年制”，格式规范统一。值得注意的是，

图 4-2-3　景德镇窑五彩葫芦式瓶（万历朝）
（日本兵库·白鹤美术馆藏，采自叶喆民：《中国陶瓷史》，第 503 页，图 11-40）

正德朝以后既有本朝年款，亦有仿写前代年款[1]。洪武、永乐时期采用葫芦形（图4-2-4）窑烧制瓷器，一组7座[2]，整体长度较元代景德镇地区即已出现的葫芦形窑为短，前、后室大小比例和倾斜度亦小于元代。此种改进更适合烧造器型较大、胎釉较厚、釉料中氧化钾含量较高的器物。宣德朝以后，烧瓷品种多样化，特别是彩瓷、低温颜色釉瓷器的发展和大型瓷器烧造量、器类的迅速增长，使得原有的葫芦形窑不再适应御窑生产需要，馒头形窑便应运而生了。考古发掘的宣德至万历朝的馒头形窑为一组15座[3]，窑体较北方元明时期馒头形窑为小，窑床平整无坡度，窑床与后壁之间增设有低于窑床面的烟道。御窑的装烧方法以匣钵单烧法为主，宣德朝还流行过深腹桶形钵内置一套钵，套钵内地铺细沙，细沙上置一垫饼，饼上放器物的“套钵装烧法”[4]。

（二）民窑

民窑是相对于御窑而言，属于非官方经营的以商品生产为主的窑场。除珠山龙珠阁一带的“御器厂”外，景德镇明代窑场均可视作民窑。窑址多分布于市区和近郊区，一反宋元时期遍布乡村四野的情形，明代后期以后则全部集中于市区[5]。大多数窑址作过初步调查[6]，经科学考古发掘的仅有湖田窑[7]、瓷器山窑[8]

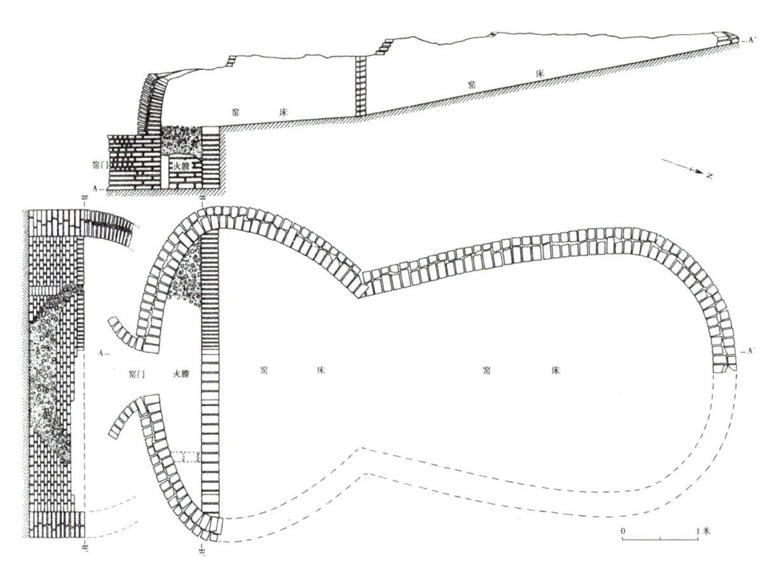

图 4-2-4 明代景德镇窑葫芦形窑炉平、剖面图

（采自《景德镇湖田窑址——1988—1999考古发掘报告》，第46页，图四二）

1 马希桂：《中国青花瓷》，上海：上海古籍出版社，1999年，第178页。

2 北京大学考古文博学院、江西省文物考古研究所、景德镇市陶瓷考古研究所：《江西景德镇明清御窑遗址发掘简报》，《文物》2007年第5期。

3 北京大学考古文博学院、江西省文物考古研究所、景德镇市陶瓷考古研究所：《江西景德镇明清御窑遗址发掘简报》，《文物》2007年第5期。

4 权奎山：《2002年—2004年景德镇出土明代御窑瓷器概说》，景德镇市陶瓷考古研究所、江西省文物考古研究所、北京大学考古文博学院编：《景德镇出土明代御窑瓷器》，北京：文物出版社，2009年，第10—25页。

5 江建新：《景德镇窑业遗存考察述要》，《南方文物》2008年第1期。

6 江建新：《景德镇窑业遗存的考察与研究》，氏著：《景德镇陶瓷考古研究》，北京：科学出版社，2013年，第11—86页。

7 江西省文物考古研究所、景德镇民窑博物馆：《景德镇湖田窑址——1988—1999考古发掘报告》，北京：文物出版社，2007年。

8 故宫博物院、江西省文物考古研究所、景德镇市陶瓷考古研究所：《江西景德镇丽阳瓷器山明代窑址发掘简报》，《文物》2007年第3期。

和观音阁窑[1]三处。

明代民窑的瓷器品种有青白釉、白釉、蓝釉、仿龙泉青釉、仿哥釉、紫金釉等单色釉瓷和青花瓷、红绿彩、青花红绿彩等彩绘瓷，以青花瓷为大宗。胎体多洁白，明代早期质地略粗，中期以后多较细腻致密。釉层一般较薄而均匀，釉面多光洁莹润[2]。明初至成化朝以前的青花钴料多是国产料，呈色较之于用“苏麻离青”的永乐、宣德官窑青花瓷为灰，亦无黑色斑点；成化朝及其以后，民窑与御窑青花瓷在青花呈色上的区别不及此前明显[3]。器类以日常生活用具为主，器形有碗、盘、碟、罐、盒、瓶、炉、灯盏、高足杯等。装饰技法有划花、刻花、印花和绘花等，以绘花最为常见。单色釉瓷多素面，青花瓷等彩绘瓷的绘画题材广泛，且存在着较为明显的阶段性差异。明代早中期主要是折枝莲、牡丹、菊花、莱菔、孔雀、凤凰、海马、莲池水禽等动植物纹和张骞出塞、仙山楼阁、仙人乘槎、高人逸士等人物故事，亦有方胜、钱纹、海涛、十字宝杵等图案，部分器物的内外底刻写或用青料书写字款，常见者有年款和“福”“寿”等吉语款两种，以吉语款居多，年款亦有本朝款和仿前代款之分。因朝廷“严禁逾制”的规定，基本不见龙纹[4]。明代后期，由于“官搭民烧”制度的实行，官窑的“钦限”御器被分派到民窑中烧造，民窑青花瓷的装饰纹样突破了此前“严禁逾制”的束缚，观音阁窑址就出土有饰青花五爪龙纹的瓷碗残片。受嘉靖、万历皇帝崇道思想的影响，白云、青鹤和乾卦等带有浓厚道教色彩的装饰图案开始出现。随着外销规模的扩大，万历朝产生了为外销欧洲而特制的大批青花器皿，即通常所谓的“克拉克瓷”，其图案纹饰多是根据欧洲客户需要设计的，盘子口沿一般分成若干格，内绘郁金香纹。器物字款除年款和“福”“寿”等吉祥款外，新出现“沈府佳器”“博物斋藏”等堂名款。窑炉形制较为多样，有龙窑、葫芦形窑和马蹄窑三种。以匣钵单烧法为主，器物与匣钵之间垫以垫饼或细沙，瑶里瓷窑多使用涩圈叠烧法[5]。

较之宋元时期，明代景德镇窑的最大变化在于御器厂的设立，景德镇制瓷业因此发展成为官、民窑并存的局面，直至清朝灭亡[6]。不过，此种并存没有形成完全公平的竞争机制，官、民窑之关系在不同时期差异明显。明代初期展现的往往是以官压民、以官限民、以官剥民的生产现象，官、民窑产品在质量和装饰风格上迥然有异；嘉靖以后，随着“官搭民烧”及生产管理体制的放宽，官、民窑之间的联系和相互促进，愈来愈占据着主导地位，官、民窑产品在质量、装饰上逐渐趋同[7]。总体上看，官窑制瓷不计成本且与皇帝喜好密切相关，如宣宗、宪宗对

1 北京大学考古文博学院、江西省文物考古研究所、景德镇市陶瓷考古研究所：《江西景德镇观音阁明代窑址发掘简报》，《文物》2009年第12期。

2 权奎山、孟原召：《古代陶瓷》，北京：文物出版社，2008年，第225页。

3 中国硅酸盐学会编：《中国陶瓷史》，北京：文物出版社，1997年，第377—380页。

4 中国硅酸盐学会编：《中国陶瓷史》，北京：文物出版社，1997年，第378页。

5 江建新：《景德镇窑业遗存的考察与研究》，《景德镇陶瓷考古研究》，北京：科学出版社，2013年，第11—86页。

6 清朝灭亡后，袁世凯称帝，曾于景德镇设“洪宪窑”，但其历时短，成就远不及明清。

7 万能：《明清景德镇官窑制度对景德镇瓷业的影响》，景德镇陶瓷学院硕士学位论文，2013年，第44页。

宋代名窑名品有特殊爱好，明代御器厂的仿宋官窑之作则只见于宣德、成化朝[1]。其产品虽为宫廷烧制，但亦通过官方赠予、贸易等方式流向国外，尤以永乐、宣德年间郑和七下西洋规模最大。永宣时期的青花瓷片，几乎在郑和航线的周边各国都有发现，其中伊朗、土耳其等国更是集中了大量相当精美的传世永宣青花瓷[2]。不少官窑，如宣德窑、成化窑，因其产品的精美而为后世所仿效，影响深远。民窑制瓷虽多有模仿官窑之处，但始终以市场为导向，产品内销几乎及于全国各省、市、自治区，外销则远达日本、朝鲜、菲律宾、印度、非洲、欧洲和美洲等地[3]。

二、德化窑

明代德化窑窑址共计30处，集中分布于浔中镇、三班镇和龙浔镇等地，以浔中镇数量居多，较重要者有甲杯山窑和屈斗宫窑（乙、丙址）[4]。

明代德化窑以烧制白瓷著称，兼烧部分青花瓷和五彩瓷。白瓷按其瓷质和釉色又可分为“象牙白”“猪油白”“孩儿红”“葱根白”等品种。青花瓷始见于明代中期，器形主要有碗、盘、碟、杯（图4-2-5）、盒、炉、壶、瓶等。胎、釉质量优劣不一，优者胎质洁白，釉面莹润，劣者胎质灰暗，釉面玻璃相较差。装饰技法有“绘青花”和“印青花”两种，以前者为主，画面生动活泼，后者是采用刻好的印章印制而成，整个作品显得呆板。花纹图案取材广泛，有云中飞凤、梅中鸣雀、水中追鱼、草中蝴蝶、团凤祝寿等动物纹，石榴、水槽、菊花、梅花、葡萄、牵牛花、灵芝草、牡丹等植物纹，婴戏图、游仙图、高士图、秀才晨读、贵人下棋等山水人物图和佛梵字、八卦图等宗教图案，亦见“寿”“喜”“丰”“福”等吉祥文字和“粒粒皆辛苦”“画栋朝飞南浦云，珠联暮卷西山雨”等诗句[5]。五彩瓷始见于明代中晚期，器形基本同青花瓷。胎白质坚，釉面洁净，釉层

图4-2-5 德化窑白釉梅花杯
（福建德化甲杯山窑址出土，采自张柏主编：《中国出土瓷器全集》第11册，图版180）

1 江建新：《谈明御厂遗址出土的仿宋官窑瓷器及相关问题》，《景德镇陶瓷考古研究》，北京：科学出版社，2013年，第201—216页。

2 刘洋：《明代青花瓷外销分期研究》，《明史研究论丛》第七辑，2007年。

3 万明：《明代青花瓷的展开——以时空为视点》，《历史研究》2012年第5期。

4 陈建中、陈冬珑：《德化瓷》，北京：文化艺术出版社，2012年，第25—56页。

5 陈建中：《德化民窑青花》，北京：文物出版社，1999年，第19、20页。

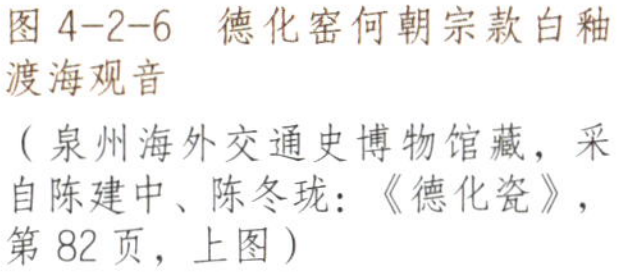

图 4-2-6 德化窑何朝宗款白釉渡海观音

（泉州海外交通史博物馆藏，采自陈建中、陈冬珑：《德化瓷》，第 82 页，上图）

图 4-2-7 德化白瓷达夫总督一家组雕

（欧洲私人藏，采自陈建中、陈冬珑：《德化瓷》，第 91 页，上图）

均匀。釉上彩的颜色主要由红、绿、蓝三种组成，图案有茶花、牡丹、卷草、花鸟、福禄寿和山水人物等。白瓷胎质、胎色与五彩瓷相似，“象牙白”釉面呈白中闪黄的色调，是明代早期流行的白瓷品种，“猪油白”和“葱根白”釉色莹润光良，玉质感强，是明代晚期流行的品种，“孩儿红”釉色白种蕴红，是德化白瓷中的极品。器形除碗、盘、碟、壶、炉、盒、洗、盏灯日常生活用具外，另有较多祭祀和陈设用瓷，如觚、爵、簋、尊和瓷塑等，尤以瓷塑最引人注目，除观音（图 4-2-6）、达摩、如来、文殊、布袋和尚、文昌帝君、福德正神、关公等取材于中国传统文化的造型外，亦有较多西洋工艺瓷，如亚当与夏娃、西洋骑士和西洋家庭小组雕（图 4-2-7）等，还涌现出了如何朝宗、张寿山、林朝景、陈伟等一批瓷塑艺术大师[1]。装饰技法有模印、堆贴、刻花、透雕等，常见梅花、夔龙、莲瓣、人物和云雷纹。烧瓷窑炉由元代的分室半倒焰龙窑发展为分室倒焰龙窑，克服了半倒焰式窑炉室内温度不均的弱点，增加了器体胎釉的润泽度[2]。以匣钵装烧法为主，器物在匣钵内装烧的方式有盒类的对口烧、叠烧，碗类的支钉烧等[3]。

明代德化窑是以漳州月港、厦门港和福州港为依托，以生产外销白瓷、青花瓷为主的重要窑场。较之宋元时期，明代德化窑的数量有所减少，但是其综合发展水平却得到了显著提升，国际上享誉盛名的德化白瓷即为此种提升的集中体现。

1 陈建中、陈丽华：《中国古陶瓷标本——福建德化窑》，广州：岭南美术出版社，2003 年，第 38—40 页。

2 陈建中、陈丽华：《中国古陶瓷标本——福建德化窑》，广州：岭南美术出版社，2003 年，第 24、25 页。

3 刘幼铮：《中国德化白瓷研究》，北京：科学出版社，2007 年，第 9 页。

青花瓷和五彩瓷的烧制体现了其对景德镇窑制瓷工艺的吸收。为迎合消费者喜好，最大程度开辟市场，明代德化窑不仅生产符合行销地民众审美情趣的瓷器，而且接受由国外提供摹本的定烧方式，装饰题材颇具西洋艺术风格。其外销范围在宋元基础上有所拓展，不仅见于东南亚、日本、非洲等地，而且远及欧洲大陆，引发意大利、荷兰、法国、德国对中国白瓷的仿烧，促进了欧洲地区陶瓷制作业的发展[1]。

三、小结

明代是我国制瓷发展史上的革新期，突出表现为以景德镇为制瓷中心、以青花瓷为主流产品的瓷业生产格局的形成。此种转变奠基于元，其最终完成与明代特定的社会背景密切相关，主要体现在以下三个方面[2]：

1. 御器厂的设立。一方面，御器厂通过垄断优秀工匠和优质原料等措施，为其窑业发展提供制度保障和政策支持，并在宫廷用瓷的高标准要求下不断提升制瓷技术；另一方面，御器厂与景德镇民窑在技术交流和市场竞争中相互促进，为景德镇制瓷业的发展注入了强大的活力。

2. 郑和下西洋。永乐、宣德年间的郑和七下西洋是明初大规模的官方贸易活动，其活动所及之处对青花瓷的喜爱使得青花瓷在明初诸多瓷器品种中脱颖而出。景德镇青花瓷生产规模因此扩大，为青花瓷的迅速崛起提供了历史契机，同时也引发了国人审美观念的更新，进而导致中国瓷器发展趋向的变迁。

3. 钴料本土化。如果说海外市场的畅销提升了青花瓷的影响力并引领了国内审美时尚的新潮流，那么发生于成化朝的进口钴料到国产钴料的成功转换，则是青花瓷得以普及并发展成为明代瓷器主流的关键因素。正是因为平等青等国产钴料的开发，以往依赖于进口钴料的情形方才得以改变，青花瓷生产成本下降，民窑开始大量生产，青花瓷转而纳入国内商品化的轨道，成为其时畅销国内外的商品瓷之大宗，青瓷、白瓷的传统地位为之取代。有明一代生产青花瓷的窑场有江西景德镇窑、乐平窑、吉安窑，云南玉溪窑，福建德化窑和广东博罗窑、揭阳窑和澄迈窑等[3]，景德镇窑无疑是其中制瓷水平最高、影响力最大的窑场。相应地，青花瓷畅销的推动作用必定最为强烈和明显，景德镇制瓷中心的地位亦随之真正确立和巩固。

较之宋元时期，明代制瓷业所取得的成就除前述突出表现外，还体现在制瓷工艺的发展和瓷器外销的繁荣上。

就制瓷工艺而言[4]，主要有以下三点：

1. 胎料精细、制备更加完善，以景德镇窑和德化窑表现得尤为明显。景德镇窑瓷石加高岭土的二元配方渐趋成熟，胎色极白，SiO_2 含量降低，Al_2O_3 含量增加，瓷器烧成温度得以提高。德化白瓷胎料属于较纯的 SiO_2—Al_2O_3—K_2O 系统的石英、

1 陈建中：《泉州的陶瓷贸易与东西方文化互动——以德化外销瓷为例》，《海交史研究》2004年第1期。
2 万明：《明代青花瓷崛起的轨迹——从文明交融走向社会时尚》，《故宫博物院院刊》2008年第6期。
3 中国硅酸盐学会编：《中国陶瓷史》，北京：文物出版社，1997年，第397—399页。
4 权奎山、孟原召：《古代陶瓷》，北京：文物出版社，2008年，第232—236页。

绢云母质瓷，Fe_3O_2 含量极低，K_2O 含量较高，致使白瓷胎质极为细腻，胎色纯白。

2. 石灰碱釉的稳定性进一步提高，釉面光洁、莹润。景德镇窑永乐时期烧制的“甜白釉”、永宣时期的“祭红釉”和德化窑烧制的乳白釉是其代表。

3. 彩绘装饰获得很大的发展，彩绘瓷品种丰富。既有承自元代的釉里红、青花釉里红和青花瓷，又有创烧于明代的青花红彩、斗彩和五彩瓷。

就瓷器外销而言，主要有以下两点：

1. 外销区域进一步扩大。明代瓷器外销地除菲律宾、文莱、马来西亚、泰国、印度、日本、韩国、伊拉克、埃及、印度尼西亚、坦桑尼亚、肯尼亚等宋元外销瓷所及之处外，更随着 16 世纪以来葡萄牙、西班牙、荷兰等西方商业势力的介入而远达欧洲和美洲[1]。

2. 新出现了国外定烧的经营方式。景德镇窑、漳州窑生产的“纹章瓷”“克拉克瓷”和德化窑烧制的西洋工艺瓷雕，采用了由欧洲人提供摹本定烧的方式，是明代瓷器在海外市场畅销的见证，反过来又推动了明代瓷器外销的进一步繁荣。

第三节　清代

清代瓷器以传世文物为主，科学的考古发掘工作开展较少。清代瓷窑遗址的调查、发掘，较重要者有福建南靖县东溪窑封门坑窑址[2]、江西景德镇明清御窑厂遗址[3]、董家坞遗址[4]等，非瓷窑遗址有“小白礁Ⅰ号”清代沉船[5]等。

清代瓷器较明代有所发展，清官窑自康熙朝开始，不但恢复自永乐、宣德以来的所有釉色，还创烧出粉彩、珐琅彩等新品种[6]。康熙、雍正、乾隆三朝制瓷业达到巅峰，乾隆以后由于政治腐败、经济衰退等原因，社会生产力遭到空前破坏，瓷器烧造质量急剧下降。清代瓷窑产地较广泛，部分民窑因交通不便、运输困难而停烧。和明代一样，景德镇官窑仍是其时代水平的杰出代表[7]。

1 万明：《明代青花瓷的展开——以时空为视点》，《历史研究》2012 年第 5 期。

2 福建博物院、南靖县文物保护中心：《南靖县东溪窑封门坑窑址 2015 年发掘简报》，《福建文博》2015 年第 3 期。

3 景德镇市陶瓷考古研究所、江西省文物考古研究所、北京大学考古文博学院、故宫博物院考古研究所：《2014 年景德镇御窑遗址考古发掘主要收获》，《故宫博物院院刊》2016 年第 2 期。

4 江建新：《景德镇窑业遗存考察述要》，氏著：《景德镇陶瓷考古研究》，北京：科学出版社，2013 年，第 5 页。

5 宁波市文物考古研究所、国家文物局水下文化遗产保护中心：《浙江象山县“小白礁Ⅰ号”清代沉船 2012 年发掘简报》，《考古》2015 年第 6 期。

6 冯先铭：《中国陶瓷》，上海：上海古籍出版社，1990 年，第 541 页。

7 中国硅酸盐学会编：《中国陶瓷史》，北京：文物出版社，1997 年，第 415、416 页。

第五章
金银器

金银器，是金银容器、金银饰件、金银铸币以及其他金银制作器物的总称[1]。我国金银器制作、使用的起始年代尚未确定，但最迟从公元前 16 世纪起，其发展轮廓渐趋明朗，使用也变得越来越普及。时至今日，金银器在社会生活中仍扮演着重要的角色。较之铜镜，金银器的考古学研究明显滞后，在传统考古学著作中难觅其踪影。中华人民共和国成立以后，随着有关材料的不断增多，金银器逐渐引起学术界的关注，成为考古学研究之一重要专题。

根据器类、形制、装饰、制作技术及使用者的不同和变化，中国古代金银器的发展历程大体可分为夏商至初唐、盛唐至北宋初、北宋中叶至清末三个大的时段[2]。“安史之乱”以后，随着中央集权的衰落和方镇割据势力的强大及商品经济的发展，唐代前期金银器生产为中央所控制的局面渐被打破，地方官府及私营金银器作坊逐步兴起，使用者不再限于皇室贵族，一般富庶之家多有使用，9 世纪的金银器面貌因此呈现出了明显的多样化特征[3]。宋代金银器生产在此基础上又有所创新，产品的民众化和商品化特征更为突出，形成了有别于唐代的崭新风貌，故宋元明清在古代金银器研究中的重要性是不言而喻的。但总体而言，宋元明清时期的金银器研究较薄弱，存在一定的不平衡性，宋、辽两朝研究相对较多，元、明两朝次之，西夏、大理、金、清四朝研究最为薄弱。受篇幅所限，金银铸币不在本书讨论之列。

第一节　宋代金银器

截至 2013 年底，墓葬、窖藏、佛塔等考古遗存中出土的宋代金银器有 1800 多件[4]。较之唐代，其数量有所减少，但分布范围明显扩大，不仅出现在河北、河南、陕西、江苏、浙江等唐代金银器出土较多的地区，江西、安徽、山东、山西等以往少有金银器出土的地区亦多有发

1 秦浩：《隋唐考古》，南京：南京大学出版社，1992 年，第 280 页。

2 齐东方、张静先生将上述三期形象地称为“初始期”“形成期”“发展期”（详见齐东方、张静：《古代金银器》，北京：文物出版社，2008 年，第 4 页）。

3 齐东方：《唐代金银器研究》，北京：中国社会科学出版社，1999 年，第 173 页。

4 廖望春：《宋代金银器物研究》，南京：南京大学出版社，2012 年，第 45 页。

现，唐代极少发现金银器的四川、福建地区更是突然增多[1]。更为重要的是，随着商品经济的发展和经济重心的南移，中晚唐时期初现端倪的南北方金银器之别在宋代表现愈加明显，地区性差异逐渐明确[2]。

近30年来，宋代金银器研究取得丰硕成果，主要体现在宋代金银器区域性特点的概括和时代特征的归纳[3]，宋代金银器分期体系的构建和发展轨迹的勾勒[4]，宋代金银器的名物学研究[5]等方面。本节主要参考前两类研究成果，对宋代金银器的考古发现和研究做一概述。

宋代金银器大致可分为日用器皿、首饰和宗教用具三大类。

日用器皿主要有杯、盏、盘、碗、碟、盒、匜、钵、壶、瓶、匙、罐和奁等，尤以杯、盏、盘、碗数量最多（图5-1-1）。银胭脂碟、奁、银胭脂罐[6]等妆奁用具的出现与发展是值得注意的新现象。较之唐代，宋代金银器皿虽然种类变化不大，但形制等方面却有着明显的差异，突出表现为以下四个方面：（1）形体小巧、胎体轻薄。唐代金银盘、碗、盒口径多在20厘米以上，形体丰腴，气势磅礴，而宋代金银杯、碗、盏类器物口径多为8.5—11厘米、通高多为3.5—5.5厘米，盘口径多为16.5—17.5厘米、通高多为1—2.5厘米[7]。（2）造型精巧别致，丰富多彩，流行多曲形、多瓣形、多棱形和多角形（图5-1-2）。其中，曲瓣式造型虽见于

图5-1-1　金瓜杯
（四川彭州宋代金银器窖藏出土）

1 齐东方、张静：《古代金银器》，北京：文物出版社，2008年，第110页。

2 齐东方、张静：《古代金银器》，北京：文物出版社，2008年，第110页。

3 肖梦龙：《试谈宋代金银器的造型和装饰艺术》，《文物》1986年第5期；张静：《赣闽地区宋代金银器》，中国社会科学院考古研究所：《21世纪中国考古学与世界考古学》，北京：中国社会科学出版社，2002年，第529—544页；伍显军：《宋代温州金银器研究》，《东方博物》2005年第3期；扬之水：《南方宋墓出土金银首饰的类型与样式》，《考古与文物》2008年第4期；齐东方、张静：《古代金银器》，北京：文物出版社，2008年，第109—143页；谢涛：《四川地区宋代金银器研究》，成都文物考古研究所编：《成都考古研究》（一），北京：科学出版社，2009年，第589—603页。

4 刘婵：《宋代金银器的考古学研究》，四川大学硕士学位论文，2012年；廖望春：《宋代金银器物研究》，南京：南京大学出版社，2012年。

5 代表性论著有2007年以来扬之水先生在《收藏家》《紫禁城》《中国历史与文物》《考古与文物》等期刊上发表的系列论文。

6 典型例证见安徽六安县文物工作组：《安徽六安县花石咀古墓清理简报》，《考古》1986年第10期。

7 肖梦龙：《试谈宋代金银器的造型和装饰艺术》，《文物》1986年第5期。

图 5-1-2　银鎏金八方盏
（福建泰宁宋代金银器窖藏出土）

图 5-1-4　鎏金银乳钉纹簋式夹层盏
（江苏溧阳平桥窖藏出土，采自《奢华之色——宋元明金银器研究》卷三，第 74 页，图 1—202）

图 5-1-3　金菊花盏
（四川彭州宋代窖藏出土）

唐代，但宋代所见者样式更为复杂，少者四曲，如江苏溧阳平桥[1]出土的凸花狮子戏球图鎏金银盘；多者三十二曲，如四川彭州窖藏[2]出土的菊花形金碗（图5-1-3）。花型亦呈多样变化，除唐代流行的菱花形、葵花形外，还涌现出大量的莲花形、菊花形、梅花形和瓜形、桃形等象生造型。（3）同类器物大量重复，反映了批量化生产方式的存在。如江西乐安窖藏[3]出土的一百余件银器中，双鱼盘三十八件，匙二十二件，箸二十三双，高足杯二十件，即为典型的批量制作产品[4]。（4）部分器物如江苏溧阳平桥窖藏[5]出土的双兽首耳乳钉纹鎏金夹层银盏（图 5-1-4），颇具三代青铜簋[6]之韵味，体现了宋代器物的复古风潮。

金银首饰主要有簪、钗、镯、梳（背）、指环、耳环和帔坠等，尤以簪、钗数量最多。较之唐代，宋代金银首饰的种类有所增加且样式复杂，如耳环、指环，宋代以前的汉族聚居区域极为罕见；至宋代，则一改其衰颓之势，除契丹等少数民族外，在汉民间亦成为普遍的社会风气，浙江、上海、江西、湖南、重庆、四

1 肖梦龙、汪青青：《江苏溧阳平桥出土宋代银器窖藏》，《文物》1986 年第 5 期。
2 成都市文物考古研究所、彭州市博物馆：《四川彭州宋代金银器窖藏》，北京：科学出版社，2003 年，第 5 页。
3 杨后礼：《江西省乐安县发现窖藏银器》，《文物资料丛刊》第 8 辑，北京：文物出版社，1983 年，第 116—120 页。
4 齐东方、张静：《古代金银器》，北京：文物出版社，2008 年，第 122 页。
5 肖梦龙、汪青青：《江苏溧阳平桥出土宋代银器窖藏》，《文物》1986 年第 5 期。
6 可资比较的例子见于中国青铜器全集编辑委员会：《中国美术分类全集——中国青铜器全集》第 2 卷，商（二），北京：文物出版社，1997 年，第 101 页，图版九九。

川和陕西等地均有出土[1]。常见的首饰种类，其形制亦与此前有所不同。以金银首饰之大宗——簪和钗为例，唐代金银簪多作素面棒状，钗则多为素面U形，如江苏丹徒丁卯桥窖藏[2]所出的760件银钗均为U形折股式钗；而宋代金银簪则有圆棒形、扁平形、立体形、叶形和花形之别，金银钗亦可细分为U形折股式钗、扇形连体式钗和T形桥梁式钗等多种样式[3]。簪、钗首造型多样，尤以并头式簪、搔头式簪、镂空花筒簪和花筒钗，颇具特色。其中，搔头式簪主要流行于两宋时期，后则鲜见；花筒钗和镂空花筒簪的设计与制作始于宋代，流行于宋元时期而明代罕见，时代特征较为鲜明[4]。

宗教用具主要有棺、椁、像、瓶、炉、函盒、塔和牌条等，总数约当百余件。其中，牌条曾以纹样形式出现于晚唐五代时期的佛教金银盒上，但有唐一代未见一例实物[5]。唐代虽有金银塔，但数量少且形制简单，如法门寺地宫[6]所出金塔，作单檐攒尖顶正方体状；宋代金银塔共计12座[7]，形制较为多样，可细分为阿育王塔（图5-1-5）、楼阁式塔（图5-1-6）和经幢式塔（图5-1-7）三种[8]。

图5-1-5　阿育王塔
（浙江杭州雷峰塔地宫出土，采自《中国历史文物》2002年第5期，图版二：左）

就装饰纹样而言，迥异于唐代雍容华美、刻板严谨的风格，宋代金银器以清素典雅、活泼生动为特征。唐代金银器纹样的装饰手法多为“满地装”，宋代金银器则以“分区装”为主。唐代金银器的植物纹样，依装饰位置和效果之不同，可分为主题纹样和附属纹样两大类，主题纹样有忍冬纹、葡萄纹、缠枝纹、宝相花纹、图花纹、折枝纹、荷叶纹，附属纹样有缠枝纹、小花纹、半花纹、叶瓣纹等；宋代金银器植物纹样的主次之分不及唐代明显，多穿插分布，主要有折枝纹、团花纹、荷叶纹、缠枝纹、蕉叶纹、荔枝纹、秋葵纹和水草纹等种类，尤以折枝纹最为流行[9]。唐代金银器的动物纹样有龙纹、凤纹、狮纹、鹿纹、马纹、犀牛纹、猞猁纹、熊纹、摩羯纹、孔雀纹、双鲤纹、鸽纹、猴纹、象纹、海狸鼠纹、鹦鹉纹等

1 扬之水：《奢华之色——宋元明金银器研究》卷一，北京：中华书局，2010年，第118—157页。
2 丹徒文教局、镇江博物馆：《江苏丹徒丁卯桥出土唐代银器窖藏》，《文物》1982年第11期。
3 廖望春：《宋代金银器物研究》，南京：南京大学出版社，2012年，第79—82页。
4 扬之水：《奢华之色——宋元明金银器研究》卷一，北京：中华书局，2010年，第26、40、43、50页。
5 廖望春：《宋代金银器物研究》，南京：南京大学出版社，2012年，第78页。
6 陕西省考古研究院、法门寺博物馆、宝鸡市文物局、扶风县博物馆：《法门寺考古发掘报告》，北京：文物出版社，2007年，第164、169页。
7 廖望春：《宋代金银器物研究》，南京：南京大学出版社，2012年，第6、21页。
8 廖望春：《宋代金银器物研究》，南京：南京大学出版社，2012年，第75页。
9 廖望春：《宋代金银器物研究》，南京：南京大学出版社，2012年，第175页。

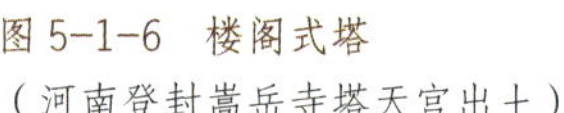

图 5-1-6 楼阁式塔
（河南登封嵩岳寺塔天宫出土）

图 5-1-7 经幢式塔
（陕西白水妙觉寺塔出土）

多种题材；宋代金银器的动物纹样有龙纹、凤纹、狮纹、鱼纹和龟纹等。与唐代相比，宋代金银器的动物纹品种明显减少，但构图多以“成双”“配景”形式出现，打破了唐代“图章式”构图的单一中心模式，给人以生动活泼的感觉[1]。唐代金银器的人物故事纹多为狩猎纹、伎乐纹、仕女图和春秋人物故事等，宋代金银器则多将人物、花草、飞禽走兽和亭台楼阁融为一体，颇具山水画风[2]。此外，仿古纹样如云纹、雷纹、蝉纹、兽面纹、回纹、弦纹、乳钉纹、蕉叶纹的大量出现亦是宋代金银器的重要特征之一，从一个侧面反映了宋代复古思潮的兴起和盛行。

就工艺技术而言，宋代金银器的制作继续沿用唐代即已成熟的捶揲、錾刻、镂空、凸花、模冲、鎏金、铆接和焊接等技术，在此基础上，增加了如夹层、高浮雕和重瓣等新工艺，尤以夹层工艺应用最为流行[3]。

就器体刻铭而言，有别于唐代刻铭金银器数量少且内容多为计量数、物主和产地的情况，宋代金银器刻铭现象甚多，内容多是店铺匠户的名号，表明私营作坊和个体工匠的存在及商品经济的发展[4]。

1 廖望春：《宋代金银器物研究》，南京：南京大学出版社，2012 年，第 181、182 页。
2 廖望春：《宋代金银器物研究》，南京：南京大学出版社，2012 年，第 183 页。
3 刘婵：《宋代金银器的考古学研究》，四川大学硕士学位论文，2012 年，第 128 页。
4 齐东方、张静：《古代金银器》，北京：文物出版社，2008 年，第 103、129—132 页。

宋代金银器尤其是金银器皿的发展有较明显的阶段性特征，可分为五期[1]：

第一期，10世纪后半叶，北宋太祖至真宗景德以前（960—1003年），即北宋早期。典型单位有河南登封嵩岳寺天宫[2]、河北定县净志寺真身舍利塔塔基[3]和河北定县净众院舍利塔塔基[4]，标准器物有嵩岳寺仿楼阁式银塔、净众院鎏金银棺和银瓶。主题纹样有佛像，动物纹中的双凤纹饰，植物纹中的缠枝纹、牡丹纹、忍冬纹、仰莲纹等，部分器物如金棺还饰以珍珠地纹作为主题纹样的底衬。

本期金银器发现不多，生活器皿发现很少，多为寺院的供奉用具且多在北方。这与北宋初年的社会背景息息相关，宋朝"立国之初，崇尚俭朴，金银为服用者鲜，士大夫罕以侈靡相胜，故公卿以清节为高，而金银之价甚贱"[5]。当时公卿的日常生活中金银器不太流行，也很少将金银器随葬到墓中，而淳化元年（990年）八月宋太宗"毁左藏库金银器皿"直接影响到了金银器的制作和使用。

图5-1-8　鎏金舍利瓶
（浙江瑞安慧光塔出土）

第二期，11世纪，真宗景德元年至哲宗朝（1004—1100年），即北宋中期。典型单位有属于11世纪前半叶的有江苏连云港海清寺阿育王塔[6]、河南邓州福胜寺塔地宫[7]、江苏南京幕府山夫妇合葬墓[8]、浙江瑞安慧光塔[9]，属于11世纪后半叶的有河北正定天宁寺凌霄塔地宫[10]、山西临猗双塔寺地宫[11]、江苏镇江甘露寺铁塔[12]、上海松江兴圣教寺塔地宫[13]、江苏溧阳李彬夫妇墓[14]、山东长清真相院释迦舍利塔地宫[15]。标准器物有阿育王塔银棺、鎏金银棺、银方函、银精舍、银盒，福胜寺金棺、

1 刘婵：《宋代金银器的考古学研究》，四川大学硕士学位论文，2012年，第106—111页。
2 河南省古代建筑保护研究室：《登封嵩岳寺塔天宫清理简报》，《文物》1992年第1期。
3 定县博物馆：《河北定县发现两座宋代塔基》，《文物》1972年第8期。
4 定县博物馆：《河北定县发现两座宋代塔基》，《文物》1972年第8期。
5 （宋）王栐：《燕翼诒谋录》卷二，北京：中华书局，1981年，第14页。
6 连云港市博物馆：《连云港海清寺阿育王塔文物出土记》，《文物》1981年第7期。
7 河南省古代建筑保护研究室、河南省文物研究所：《河南邓州市福胜寺塔地宫》，《文物》1991年第6期。
8 南京市博物馆：《南京幕府山宋墓清理简报》，《文物》1982年第3期。
9 浙江省博物馆：《浙江北宋瑞安慧光塔出土文物》，《文物》1973年第1期。
10 刘友恒、樊子林：《河北正定天宁寺凌霄塔地宫出土文物》，《文物》1991年第6期。
11 临猗县博物馆：《山西临猗双塔寺北宋塔基地宫清理简报》，《文物》1997年第3期。
12 江苏省文物工作队镇江分队、镇江市博物馆：《江苏镇江甘露寺铁塔塔基发掘记》，《考古》1961年第6期。
13 上海博物馆：《上海市松江县兴圣教寺塔地宫发掘简报》，《考古》1983年第12期。
14 镇江市博物馆、溧阳县文化馆：《江苏溧阳竹箦北宋李彬夫妇墓》，《文物》1980年第5期。
15 济南市文化局文物处、长清县博物馆：《山东长清县宋代真相院释迦舍利塔地宫》，《考古》1991年第3期。

银樽、银盒、鎏金银壶，南京幕府山夫妇合葬墓的银粉盒和鎏金银盒，瑞安慧光塔的银瓶、鎏金舍利瓶（图 5–1–8）、鎏金盂、鎏金银塔、银葫芦瓶，天宁寺凌霄塔鎏金银棺、带座鎏金银棺、银棺、鎏金银净瓶、银净瓶和小银瓶，临猗银棺，甘露寺银盒和银函（图 5–1–9），李彬夫妇墓的银盒、银箸，真相院椁盖、棺盒、酒盅。主题纹样有佛像、菩萨、武士像、力士和植物纹中的缠枝花纹，附属纹样有忍冬纹、卷草纹、宝珠火焰纹、古钱纹、如意云纹、“卐”字连续纹和莲瓣纹（图 5–1–10）。

图 5–1–9　银函

（江苏镇江甘露寺铁塔出土，采自《考古》1961 年第 6 期，第 308 页，图一六）

图 5–1–10　银罗汉

（山东长清真相院释迦舍利塔地宫出土，采自《考古》1991 年第 3 期，第 221 页，图四）

本期生活器皿仍然很少，寺院中的供奉用器较多。但较之第一期，其种类和数量均有所增加。“咸平、景德以后，粉饰太平，服用寖饰，不惟士大夫家崇尚不已，市井闾里以华靡相胜”[1]等文献记载，表明北宋中期金银器的使用已普及到民间。

第三期，12 世纪后半叶前段，徽宗、钦宗朝（1101—1127 年），即北宋晚期。典型单位有江西省波阳宋墓[2]、四川什邡窖藏[3]、浙江宁波天封塔地宫[4]。标准器物有波阳宋墓的银箸、银勺、银盒，什邡窖藏的银碗，天封塔银塔、银香炉、银熏炉、银碗、银匙。主题纹样盛行狮子滚绣球纹、如意云头纹和柳条纹，植物纹中的牡丹花、莲花、缠枝纹和卷草纹亦是主题纹样，附属纹样则盛行乳丁纹、雷纹、兽面纹、覆莲纹、童子戏球纹。

本期的金银器皿几乎全为日常生活器皿，器类较前两期增多，部分器形和纹样的仿古风格明显，当与徽宗时的复古思潮和金石学的兴起有关。

---

1 （宋）王栐：《燕翼诒谋录》卷二，北京：中华书局，1981 年，第 17 页。

2 温江县文化馆：《江西波阳宋墓》，《考古》1977 年第 4 期。

3 郑绪滔：《四川什邡出土宋代银碗》，《四川文物》1986 年第 2 期。

4 林士民：《浙江宁波天封寺地宫发掘报告》，《文物》1991 年第 6 期。

第四期，12 世纪后半叶后段，南宋高宗至光宗朝（1127—1194 年），即南宋早期。典型单位仅江苏江浦黄悦岭张同之夫妇墓[1]一处。标准器物有银盘、银盂、银蕉叶盏、银盒、银盆、银碗、银钵、银匙等。主题纹样流行人物故事图、梅梢月纹，立体装饰如立体童子像盛行，动物纹中盛行夔龙狮球纹、螭纹，植物纹饰中盛行卷草纹、折枝花卉纹。附属纹样盛行卷草纹和变形萱草纹。

本期金银器皿的种类和数量均多于北宋时期，且集中出土于南方地区，北方则很少。南方地区金银器种类和数量的增多应是经济重心南移的客观反映，而北方地区少见的现象当系宋、金隔江对峙的军事格局使然。史载北方广大地区在宋、金的军事争夺下，各经济中心和城市在南宋初基本沦为一片废墟，有些地区在多年的战争中“民去本业，十室而九；其不耕之田，千里相望”[2]。

第五期，13 世纪前半叶至南宋末，宁宗、理宗朝及以后（1195—1279 年），即南宋中晚期。典型单位有湖北武昌卓刀泉 1 号墓[3]、福建福州黄昇墓、江西德安周氏墓、浙江衢州史绳祖夫妇墓[4]、福建福州茶园山许峻墓[5]。标准器物有卓刀泉 1 号墓的银碗，黄昇墓的银盅和银盖罐[6]，德安周氏墓的银奁、银粉盒、银碟和银茶托[7]，史绳祖夫妇墓的银盏、银盒和银盘，许峻墓的鎏金银碗、鎏金银茶托、鎏金银注碗、银茶盏、银盘、银碟、银瓶、银唾盂、银箸和银匙。纹饰题材丰富，生活气息浓郁，风格上以写实为主。主题纹样盛行人物故事图、蝴蝶纹、折枝花卉纹、莲瓣纹、如意云头纹，附属纹样盛行雷纹，新出现一例摩羯纹。本期金银器的形制流行象生花式，如芙蓉花、菊花、梅花、菱形和葵花形等，种类大大丰富且质量也有所提高，对元明清金银器制作影响很大。

如前所述，宋代金银器的区域性差异承继中晚唐时期的南、北方之别而又有所发展，大致可分为中原北方地区、江浙地区、川渝地区和赣闽地区。

以陕西、山西、河北、山东等地为代表的中原北方地区，金银器主要出自塔基，多为宗教用具。

以江苏溧阳、南京、江浦、连云港、镇江以及浙江衢州、湖州、兰溪、吴兴、永嘉、义务、宁波等地为代表的江浙地区，金银器出自塔基、窖藏和墓葬，多为日用器皿和首饰，亦有不少宗教用具。日用器皿以饮食用具和梳妆用具最为常见，器物造型多样且精巧别致，如江苏溧阳窖藏[8]出土的 10 件银盏各不相同，可分为四曲海棠、五曲梅花、六曲秋葵、八曲方口、十二曲六角栀子花、单瓣莲花、重瓣莲花、复瓣莲花、蟠桃形、仿篮状十种式样，狮子戏球纹银盘的狮子和瑞果纹银盘的瑞果均高于盘沿，造型独特，亦有较多仿生状、仿古状造型和仿古纹饰及动物装饰，刻铭现象较普遍，多为工匠姓名。

以彭州、绵阳、德阳、平武、什邡、崇庆、南江、蓬安等地为代表的川渝地

1 南京市博物馆：《江浦黄悦岭南宋张同之夫妇墓》，《文物》1973 年第 4 期。
2 （宋）李心传：《建炎以来系年要录》卷四十，北京：中华书局，1988 年，第 1 册，第 749 页。
3 武汉市文物管理处：《武昌卓刀泉两座南宋墓的清理》，《考古》1964 年第 5 期。
4 衢州市文管会：《浙江衢州市南宋墓出土器物》，《考古》1983 年第 11 期。
5 福建省博物馆：《福州茶园山南宋许峻墓》，《文物》1995 年第 10 期。
6 福建省博物馆：《福州南宋黄昇墓》，北京：文物出版社，1982 年，图版九五、九六。
7 周迪人、周旸、杨明：《德安南宋周氏墓》，南昌：江西人民出版社，1999 年，第 13 页。
8 肖梦龙、汪青青：《江苏溧阳平桥出土宋代银器窖藏》，《文物》1986 年第 5 期。

区，金银器大多出自窖藏，其数量之多远非其他三区可比，可分为日用器皿和首饰两大类。日用器皿以饮、食具为主，少见江浙、赣闽地区流行的梳妆用具，器物造型多仿生状、仿古状，仿古纹饰和动物装饰较多，器身刻铭现象普遍，不仅有产地、店铺商号、工匠名字，也有表明成色的，个别器物还铭刻府宅姓氏[1]。

以江西彭泽、波阳、遂川、德安、乐安以及福建福州、邵武等地为代表的赣闽地区，金银器出自墓葬和窖藏，有日用器皿和首饰两大类，首饰数量较其他三区为多。日用器皿主要是饮食用具和梳妆用具，缺乏江浙地区、川渝地区那样丰富的仿古造型和纹饰，少见动物装饰，文字刻铭亦不及川渝地区丰富且以工匠姓名居多[2]。

第二节　辽代金银器

辽代金银器主要出自内蒙古、吉林、辽宁、河北、北京、山西等地的墓葬、窖藏和佛塔中。就时段而言，主要集中在辽代早、中期，晚期则相对较少且以银器为主；就区域而言，内蒙古的赤峰、通辽和辽宁西部较为集中；就遗迹类型而言，尤以墓葬所出居多，佛塔次之，窖藏最少。

辽代金银器的研究始自20世纪80年代[3]。20世纪90年代以来，随着考古材料的增多和研究视角的拓展，辽代金银器研究获得长足进步，主要表现在：基本勾勒出了辽代金银器的发展轨迹，合理解构了辽代金银器的文化内涵并初步揭示了某些文化因素的历时性消长[4]。

辽代金银器种类繁杂，可分为日用器皿、首饰、鞍马具、殓葬用具和宗教用具五大类。

金银器皿主要有碗、盘、杯、壶、盏托、碟、罐、盒、匝、渣斗、箸和匙等，尤以碗、盘、杯、壶数量最多。除极具契丹民族特色的鸡冠壶（图5-2-1）和部分折肩器如折肩杯、折肩罐和折肩壶（图5-2-2）外，多数器形都能在中原地区汉族金银器中找到相似者。

金银首饰主要有耳坠、戒指（图5-2-3）、手镯、钗、簪、带饰和冠等，尤以耳坠（图5-2-4）、戒指、手镯最为常见，且男性亦有穿戴，如科右中旗代钦塔拉[5]的男性墓主就戴有金耳坠，此种现象与中原汉族聚居区域以簪、钗为首饰之大宗情形迥然有别。手镯两端多塑有小兽头（图5-2-5），耳坠则多饰有联珠纹、

1 张静：《赣闽地区宋代金银器》，《21世纪中国考古学与世界考古学》，北京：中国社会科学出版社，2002年，第538页。

2 张静：《赣闽地区宋代金银器》，《21世纪中国考古学与世界考古学》，北京：中国社会科学出版社，2002年，第538页。

3 杜晓帆：《契丹族葬俗中的面具、网络与萨满教的关系——兼与同志商榷》，《民族研究》1987年第6期；李逸友：《辽代带式考实——从辽陈国公主驸马合葬墓出土的腰带谈起》，《文物》1987年第11期。

4 张景明：《辽代金银器研究》，北京：文物出版社，2011年。本节内容主要参考了张景明先生的研究成果。

5 兴安盟文物工作站：《科右中旗代钦塔拉辽墓》，《内蒙古文物考古文集》第二辑，北京：中国大百科全书出版社，1997年，第668—672页。

图 5-2-1 鎏金卧鹿纹银鸡冠壶
（内蒙古赤峰市松山区城子乡洞山村窖藏出土）

图 5-2-2 折肩银壶
（内蒙古克什克腾旗二八地一号辽墓出土）

图 5-2-3 金戒指
（辽耶律羽之墓出土，采自《文物》1996 年第 1 期，第 11 页，图一六）

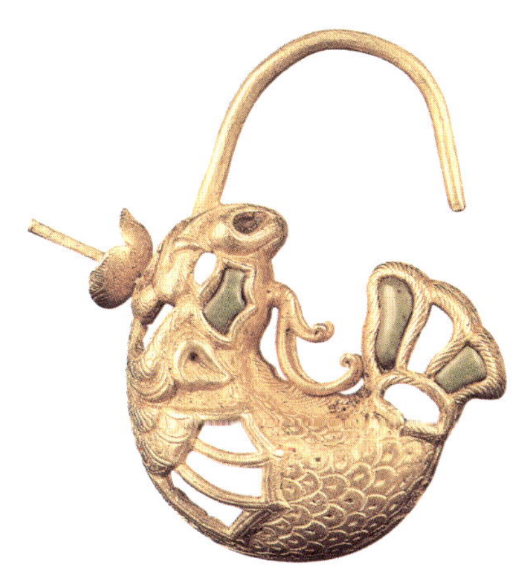
图 5-2-4 摩羯纹金耳坠
（辽耶律羽之墓出土）

龙纹、凤纹和摩羯纹等。

鞍马具主要有前鞍桥、后鞍桥、前鞍翅、后鞍翅、笼头饰、盘胸饰和后鞦饰等（图 5-2-6），是辽元时期北方草原地带游牧民族的典型器类。

殓葬用具主要有面具（图 5-2-7）、网络（图 5-2-8）、靴（图 5-2-9）或靴底等，虽然浙江衢州史绳祖墓[1]亦出有银鞋一双，但是宋代的类似实例极少，而契丹贵族墓葬中则较为常见，尤以陈国公主、驸马墓[2]所出者最为全面，有冠饰、面具、网络、靴底和枕等。

1 衢州市文管会：《浙江衢州市南宋墓出土器物》，《文物》1990 年第 9 期。

2 内蒙古自治区文物考古研究所等：《辽陈国公主墓》，北京：文物出版社，1993 年，第 25、31—37 页。

图 5-2-5　龙首金镯
（内蒙古科右中旗代钦塔拉辽墓出土）

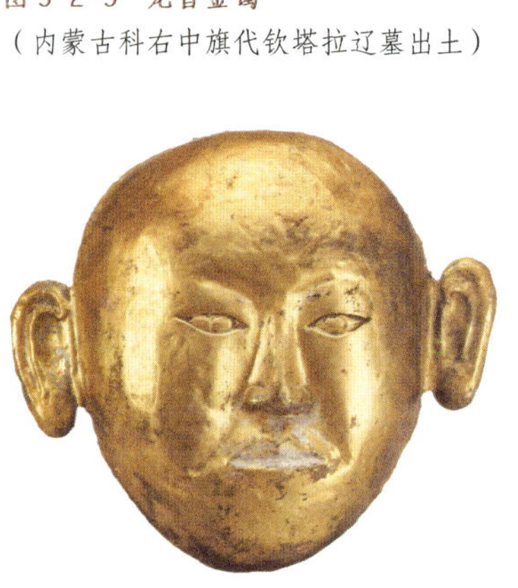

图 5-2-6　鎏金牡丹纹银马鞍饰
（内蒙古科右中旗代钦塔拉辽墓出土）

图 5-2-7　金面具
（内蒙古奈曼旗辽陈国公主墓出土）

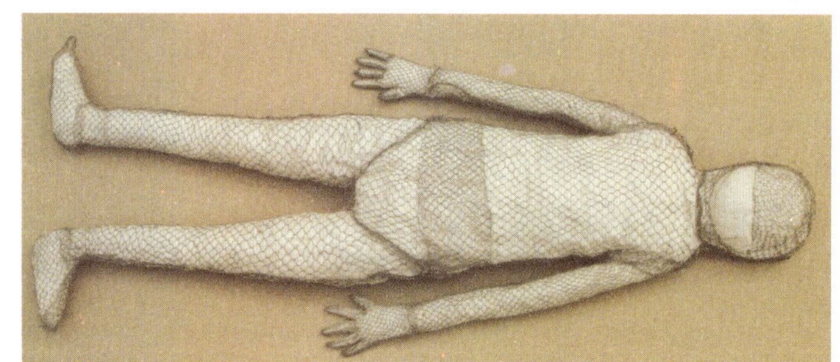

图 5-2-8　银丝网络
（内蒙古奈曼旗辽陈国公主墓出土，采自《辽陈国公主墓》，第 32 页，图一八）

图 5-2-9　鎏金双凤纹银靴
（内蒙古奈曼旗辽陈国公主墓出土）

图 5-2-10 鎏金银塔
（辽宁朝阳市辽代北塔天宫地宫出土，采自《文物》1992 年第 7 期，彩色图版壹：2）

图 5-2-11 银菩提树
（辽宁朝阳市辽代北塔天宫地宫出土，采自《文物》1992 年第 7 期，图版贰：4）

图 5-2-12 双凤纹金方盒
（流失于国外文物市场，采自《辽代金银器研究》，第 142 页，图 51）

宗教用具主要有塔（图5-2-10）、瓶、菩提树（图5-2-11）、法轮和函盒（图5-2-12）等，以塔和函盒的数量为多。

辽代金银器的发展演变，可分为三期。

第一期，辽太祖至圣宗时期（907—1030 年），历经太祖、太宗、世宗、穆宗、景宗、圣宗六朝，金银器种类繁多，器形和纹饰演变比较复杂，又可以穆宗朝为界分为前后两个阶段，前段为太祖至穆宗时期（907—968 年），后段为景宗、圣宗时期（969—1030 年）。

第一期前段的金银器种类有日用器皿、首饰、鞍马具和殓葬用具，尚未发现宗教用具，典型单位如内蒙古阿鲁科尔沁旗耶律羽之墓[1]。器口形式以花瓣形为主，其次为圆口，再次为七角形、五角形、曲角形、椭圆形和盘状等。花瓣口器有杯、碗、盘、盆，大部分为五瓣形（图 5-2-13），盒为四瓣和曲角形。圆口器有杯、壶，亦有口呈圆形，腹作五瓣形的杯。椭圆形口用于匜，盘状口为渣斗专用。圈足发达，平底器较少，高足杯足部矮小。仿动物形态的首饰较多，有兽形、摩羯形和龟形等。装饰纹样可分为动物纹、植物纹和人物故事纹三种，动物有龙、凤、摩羯、狮、鹿、羊、鸳鸯、雁、鸟、昆虫和鱼等，尤以龙、凤、摩羯、鸳鸯最为常见，植物有牡丹、莲花、莲瓣、卷草、宝相花、折枝花、盘带花，尤以莲瓣、牡丹、卷草居多且常以缠枝形式出现，人物故事多以古代的民间故事、文人雅士情趣生活为题材，如孝子图、高士图（图 5-2-14）、对弈图。装饰手法较多，计有环带夹单点式、散点式和满地装三种。

第一期后段的金银器种类齐全，典型单位如内蒙古奈曼旗陈国公主、驸马

1 内蒙古自治区文物考古研究所等：《辽耶律羽之墓发掘简报》，《文物》1996 年第 1 期。

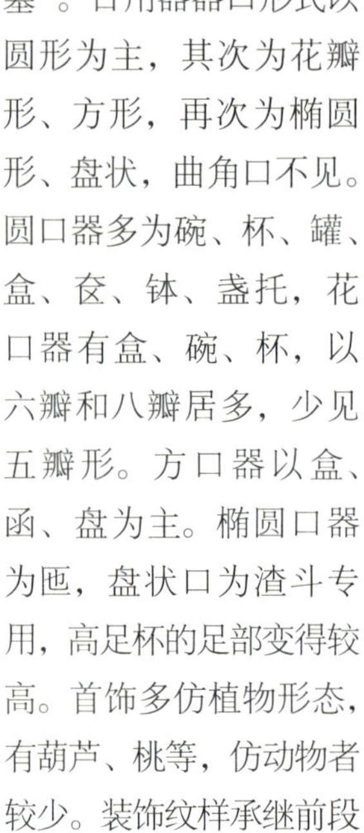

墓[1]。日用器器口形式以圆形为主，其次为花瓣形、方形，再次为椭圆形、盘状，曲角口不见。圆口器多为碗、杯、罐、盒、奁、钵、盏托，花口器有盒、碗、杯，以六瓣和八瓣居多，少见五瓣形。方口器以盒、函、盘为主。椭圆口器为匜，盘状口为渣斗专用，高足杯的足部变得较高。首饰多仿植物形态，有葫芦、桃等，仿动物者较少。装饰纹样承继前段而又有所发展，新出现佛教造像如释迦牟尼、供花菩萨、迦陵频伽、伎乐飞天等，动物纹有龙纹、凤纹、鸳鸯纹、狮纹、兔纹、鹤纹，植物纹有缠枝忍冬纹、牡丹纹、莲纹、海棠纹，人物故事图有仙人、伎乐天等，多为仙人与动物的组合。鱼子纹作为器物地纹特别流行，少见羽状纹。装饰手法同前段，但以满地装最为盛行。本期制作工艺有铸、铆、焊、切、锤鍱、抛光、模冲、编缀、鎏金、线雕、镂雕、立雕、錾刻等技法。

图 5-2-13　五瓣花口金杯
（辽耶律羽之墓出土）

图 5-2-14　鎏金“高士图”银把杯
（辽耶律羽之墓出土）

第二期，兴宗时期（1031—1055 年）。较之第一期，本期的金银器种类明显减少，鞍马具、首饰和殓葬具基本不见，日用器皿亦大量减少，宗教用具则急剧增多，典型单位如辽宁省朝阳市北塔天宫地宫[2]。器口形式有花瓣形、圆形、海棠形三种而以花瓣形为主，不见前期流行的方形和曲角形口。花瓣口器有碟、盒、杯，圆口器有瓶、罐、壶，椭圆口器有盒，海棠形口器有盘。圈足器减少，平底器增多并占据主导地位。装饰纹样较前期有所减少，且以佛教图案为主，如佛像、菩萨、力士、供养人和莲花座等。素面器大量增加。单点装和满地装依然流行，分区装则不见使用。制作工艺上，承继第一期而有所发展，新增贴金和错金银技法。此外，金银器上錾刻年号、被供奉者姓名和贡臣结衔署名等铭文，是本阶段最显著的特征，亦是辽代金银器显著的特点之一。

第三期，道宗、天祚帝时期（1055—1125 年）。较之第二期，本期金银器的种类有所增加，鞍马具和首饰重新出现，日用器皿大量出现并占据主导地

1 内蒙古自治区文物考古研究所等：《辽陈国公主墓》，北京：文物出版社，1993 年，第 25—46 页。
2 朝阳北塔考古勘察队：《辽宁朝阳北塔天宫地宫清理简报》，《文物》1992 年第 7 期。

位，宗教用具却消失不见，典型单位如内蒙古巴林右旗白音汉窖藏[1]（图5-2-15）。器口形式有花瓣形、圆形、曲角形、海棠形，且以花瓣形为主。花瓣口器有杯，圆口器有杯、筒，曲角口器有壶、碗，海棠形口器有盘。圈足与平底器平分秋色。装饰纹样有莲花纹、牡丹纹、石榴纹、鸟羽状纹、双鱼纹等，以莲花纹为主且多件复瓣莲花，龙、凤、狮、摩羯等象征着吉祥如意的图案则几乎不见，素面器数量仍较多。纹饰布局以写实为基调的花叶形为主，打破了前两期的团花格局，显得生动、活泼，颇具宋代金银器之风。制作工艺上，不见前两期所用的鎏金工艺，但切削、抛光、焊接、模冲、压印、锤鍱、錾刻等工艺应用更加自如，浮雕凸花技术得到新发展，并出现立体装饰手法。

图5-2-15　八棱錾花银碗
（内蒙古巴林右旗白音汉窖藏出土）

辽代金银器不仅种类繁杂，还呈现出明显的多元化特征。除了构成其主体的唐宋文化因素外，还有当地的前代民族文化因素和来自中亚的西方文化因素。

前述辽代金银器中的折肩罐在突厥金银器中较为常见，匈奴、鲜卑金银器中的神马纹与鹰纹在辽代金银器中亦有体现，如内蒙古敖汉旗沙子沟一号辽墓[2]出土的鎏金神马纹银带銙、辽宁省建平县张家营子辽墓[3]出土的鎏金鹰纹银马具。辽代早期的高足杯则似可溯至中亚地区，如内蒙古赤峰市大营子驸马墓[4]出土的鎏金团龙戏珠纹银高足杯（图5-2-16），杯身浅宽，呈敞盘形，圈足矮小，不见于唐代金银器中，却与中亚（今乌兹别克斯坦南部铁尔梅兹市）巴拉雷克发现的公元5—6世纪嚈哒壁画中人物手中的高足杯相近[5]。与此同时，不可忽视契丹族在金银器制作中的自我创造能力，如鸡冠壶、殓葬具和鞍马具的流行等。总体上看，辽代金银器第一、二期大量吸收了唐代金银器的文化因素，至第三期，艺术风格有所改变，体现了宋代金银器造型和纹饰的局部渗透。葬于会同五年（942年）的耶律羽之墓是辽墓中出土金银器皿数量和种类最多、最为精美的一组，不少器物唐风浓郁。五瓣

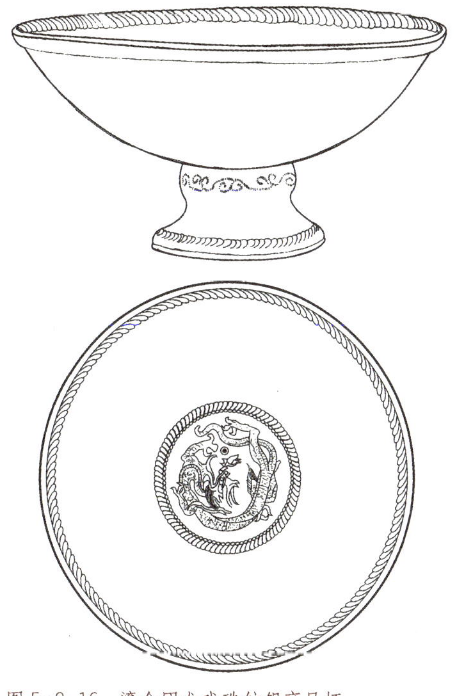
图5-2-16　鎏金团龙戏珠纹银高足杯
（内蒙古赤峰市大营子辽驸马墓出土，采自《辽代金银器研究》，第85页，图22-2）

1 巴右文、成顺：《内蒙昭乌达盟巴林右旗发现辽代银器窖藏》，《文物》1980年第5期。
2 内蒙古自治区敖汉旗文物管理所：《内蒙古敖汉旗沙子沟、大横沟辽墓》，《考古》1987年第10期。
3 冯永谦：《辽宁省建平、新民的三座辽墓》，《考古》1960年第2期。
4 前热河省博物馆筹备组：《赤峰县大营子辽墓发掘报告》，《考古学报》1956年第3期。
5 张景明：《辽代金银器中之西方文化和宋文化的因素》，《内蒙古大学艺术学院学报》2006年第1期。

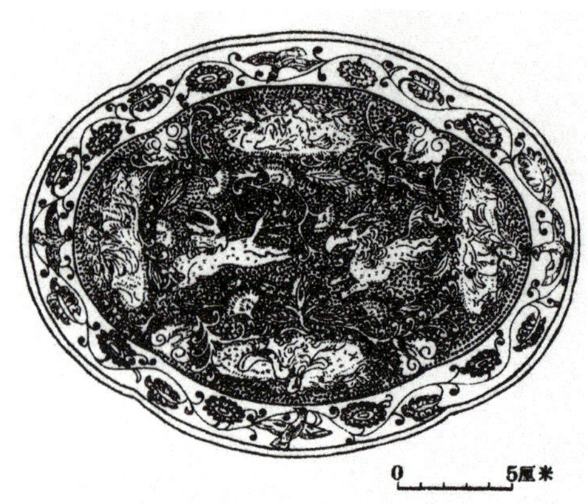

图 5-2-17 鎏金錾花银盘

（内蒙古科左后旗白音塔拉契丹墓葬出土，采自《内蒙古文物考古》2002 年第 2 期，第 13 页，图二）

图 5-2-18 八棱錾花银执壶

（内蒙古巴林右旗白音汉辽代窖藏出土）

花口金杯在器形上与江苏丹徒丁卯桥唐代窖藏[1]出土的五瓣花口银碗相似，在装饰纹样上更见唐代金银器的影响，其内底以荷叶衬双鱼纹装饰意匠见于唐末天复元年（901 年）浙江临安水邱氏墓[2]出土的银温器器盖，外壁在主题纹饰之下饰莲瓣纹，圈足饰翻卷荷叶纹的做法则与 9 世纪后半叶陕西扶风法门寺[3]乐伎纹香宝子和人物纹香宝子风格一致。而主体纹饰在开光中安排纹饰的做法也见于唐晚期的江苏丹徒丁卯桥童子纹三足银壶和浙江临安水邱氏墓人物纹四足银壶上。圆口花瓣腹金碗内沿所饰的花瓣纹带和内底所饰的双鱼戏水纹均见于唐长庆四年（824 年）河南伊川齐国太夫人墓[4]所出的双鱼纹金长杯内壁，外壁的双雁衔花纹在构图上与陕西蓝田杨家沟所出的唐代晚期鸳鸯绶带纹银盘[5]腹部花纹相近。其他器皿，无论是装饰简洁的鎏金摩羯纹银碗、鎏金双凤纹五曲银盘、鎏金缠枝卷草纹五曲银盘，还是装饰繁缛的鎏金绶带纹银盒、鎏金双狮纹菱形银盒、鎏金对雁团花纹银唾壶，都能看到中原地区金银器的传统[6]。辽宁省朝阳市北塔天宫地宫出土金银器 23 件，其中的花瓣形团龙纹银碟，在陕西扶风唐代法门寺地宫[7]中可找到原型范本，佛教用具中的法轮、供养器等都是唐文化直接影响的产物，造型特征十分接近[8]。而与之大约同时的内蒙古翁牛特旗解放营子辽墓[9]所出的海棠形银盘则是唐代第三、四期金银器中的常见器，更可见唐文化对辽代金银器影响的继续深化[10]。内蒙古巴林

1 丹徒县文教局、镇江博物馆：《江苏丹徒丁卯桥出土唐代银器窖藏》，《文物》1982 年第 11 期。

2 转引自齐东方：《唐代金银器研究》，北京：中国社会科学出版社，1999 年，第 124 页。

3 陕西省法门寺考古队：《扶风法门寺塔唐代地宫发掘简报》，《文物》1988 年第 10 期。

4 洛阳市第二文物工作队：《伊川鸦岭唐齐国太夫人墓》，《文物》1995 年第 11 期。

5 蓝田县文管会：《陕西蓝田发现一批唐代金银器》，《考古与文物》1982 年第 1 期。

6 齐东方、张静：《古代金银器》，北京：文物出版社，2008 年，第 163 页。

7 陕西省法门寺考古队：《扶风县法门寺塔唐代地宫发掘简报》，《文物》1988 年第 10 期。

8 张景明：《辽代金银器研究》，北京：文物出版社，2011 年，第 200 页。

9 内蒙古自治区翁牛特旗文化馆、昭乌达盟文物工作站：《内蒙古解放营子辽墓发掘简报》，《考古》1979 年第 4 期。

10 张景明：《辽代金银器研究》，北京：文物出版社，2011 年，第 199 页。

右旗白音汉窖藏[1]出土银器26件，其中，二十五瓣莲花口银杯与江苏省溧阳宋代窖藏[2]出土的鎏金十二曲六角栀子花银盏、复瓣莲花银盏及四川德阳宋代窖藏[3]中的Ⅰ、Ⅲ、Ⅳ式样银杯相类似，海棠形錾花银盘（图5-2-17）与江苏溧阳窖藏出土的鎏金海棠形狮子绣球纹银盘的形制相近，八棱錾花银执壶（图5-2-18）、八棱錾花银温碗呈现的八棱体造型亦可溯至宋代，与福建邵武故县[4]出土的鎏金夹层银八角杯有异曲同工之处[5]。

第三节　西夏、大理、金代金银器

较之宋、辽两朝，西夏、大理、金代金银器数量少且研究薄弱。据不完全统计，迄今为止，经考古发掘出土的西夏、大理、金代金银器各有45件、183件、220件，有关讨论和研究不多[6]，尚处在材料的积累阶段。

西夏金银器出自西夏八号陵[6]、宁夏灵武县[7]和内蒙古自治区高油房古城[8]，可分为首饰、日用器皿、宗教用具和鞍马具四大类。

金银首饰有饰片、钗形器、环和耳坠四种，以饰片数量最多，作菱形、弧形、花瓣形、桃形和兽面形，其上或嵌以珠宝。钗形器和环均素面无纹，耳坠饰以镂空人物雕像。

日用器皿仅碗、盒、盏托三种，碗可细分为两型，一如宁夏灵武石坝窖藏所出者（图5-3-1），敞口，浅曲腹，小平底，内外皆素面，器底墨书西夏文；一如内蒙古高油房古城所出者（图5-3-2），敞口，浅腹，喇叭状小圈足，碗心錾刻凤凰团喜纹，内腹刻芍药、牡丹和西番莲，沿下刻缠枝牡丹纹一周，圈足外延又刻忍冬纹一周。盒（图5-3-3）

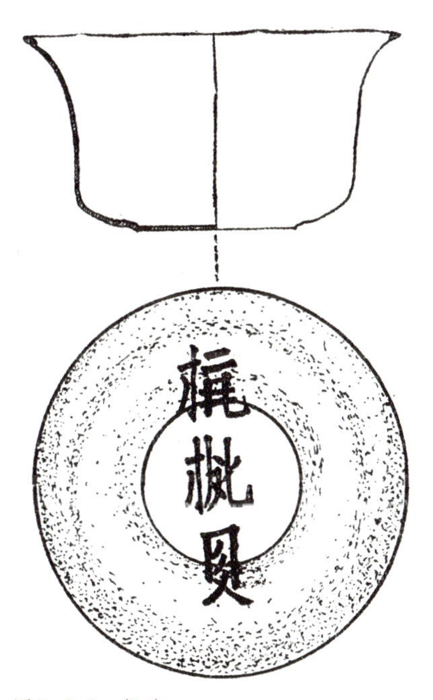

图5-3-1　银碗
（宁夏灵武石坝窖藏出土，采自《文物》1978年第12期，第84页，图三）

1 巴右文、成顺：《内蒙昭乌达盟巴林右旗发现辽代银器窖藏》，《文物》1980年第5期。
2 肖梦龙、汪青青：《江苏溧阳平桥出土宋代银器窖藏》，《文物》1986年第5期。
3 沈仲常：《四川德阳出土的宋代银器简介》，《文物》1961年第11期。
4 王振镛、何圣庠：《邵武故县发现一批宋代银器》，《福建文博》1982年第1期。
5 张景明：《辽代金银器研究》，北京：文物出版社，2011年，第223、224页。
6 李海东：《西夏金银器概述》，《陇右文博》2001年第2期；齐东方、张静：《古代金银器》，北京：文物出版社，2008年，第168—172页；张景明：《中国北方草原古代金银器》，北京：文物出版社，2005年，第213—222页；张景明：《辽代金银器研究》，北京：文物出版社，2011年，第303—329页。
6 宁夏回族自治区博物馆：《西夏八号陵发掘简报》，《文物》1978年第8期。
7 董居安：《宁石坝发现墨书西夏文银器》，《文物》1978年第12期。
8 陆思贤、郑隆：《内蒙古临河县高油房出土的西夏金器》，《文物》1987年第11期。

图 5-3-2　凤凰纹金碗
（内蒙古高油房古城出土，采自《文物》1987 年第 11 期，第 66 页，图四）

图 5-3-3　银盒
（宁夏灵武石坝窖藏出土，采自《文物》1978 年第 12 期，第 85 页，图七）

图 5-3-4　莲形金盏托
（内蒙古高油房古城出土）

图 5-3-5　金佛像
（内蒙古高油房古城出土，采自《文物》1987 年第 11 期，第 66 页，图二）

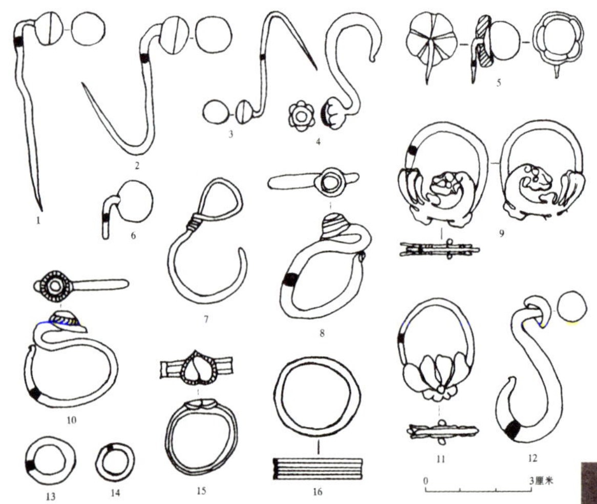

图 5-3-6　银耳环
（云南鹤庆象眠山火葬墓地出土，采自《鹤庆象眠山墓地》，第 192 页，图二一五）

图 5-3-7　鎏金银盒
（云南大理崇圣寺佛塔出土，采自《考古学报》1981 年第 2 期，图版二二）

均作小鼓圆形，盒面铸同心圆凹凸弦纹，其内或素面无纹，或铸梵文。盏托（图5-3-4）作莲花形，其上刻缠枝草叶纹。

宗教用具仅内蒙古高油房古城发现的一件佛教造像（图5-3-5），失头，呈结跏趺坐式，身着袈裟，外披双领大衣，腰系带垂至膝下，右臂微曲，左手扶膝。鞍马具仅宁夏西夏八号陵发现的两件：一为鞍桥的包边，拱形，素面无纹；一为鞍侧的一段边饰，亦无纹饰。

大理金银器出自鹤庆象眠山火葬墓地[1]、禄丰黑井火葬墓地[2]、嵩明凤凰窝火葬墓地[3]和大理崇圣寺佛塔[4]，以鹤庆象眠山火葬墓地和大理崇圣寺佛塔所出最为丰富，可分为首饰、日用器皿和宗教用具三大类。

金银首饰有饰片、耳环、戒指、镯、簪，以饰片数量居多，作鱼形、鸟形、叶形、椭圆形、半圆形、半球形和锥形，其上多刻有花瓣纹。耳环（图5-3-6）多近圆形，以双龙抢宝纹最为常见，亦有少量嵌以珠宝。戒指流行桃形和带状戒面。镯和簪数量少，装饰题材单调，镯上多刻花草纹，簪呈宝剑状，器身刻一“寿”字。

日用器皿数量极少，仅大理崇圣寺佛塔出土有一件鎏金银质雕花圆盒（图5-3-7），作六瓣莲花形，盒盖刻二鸟立于二莲花上，交颈而立，各含花枝，盒底亦刻花卉。

宗教用具集中出自大理崇圣寺佛塔，有佛像、观音菩萨像、大势至菩萨像、天王力士像（图5-3-8）、密檐式方塔（图5-3-9）、刻像片和金翅鸟（图5-3-10），尤以金翅鸟最负盛名。

金代金银器发现于河北固安县宝严寺塔基地宫[5]、黑龙江阿城市金代齐国王墓[6]、黑龙江绥滨县

图5-3-8 银天王力士像
（云南大理崇圣寺佛塔出土，采自《考古学报》1981年第2期，图版拾捌：2）

图5-3-9 密檐式银方塔
（云南大理崇圣寺佛塔出土，采自《考古学报》1981年第2期，图版贰贰：1）

1 云南省文物考古研究所、大理白族自治州文物管理所、鹤庆县文物管理所：《鹤庆象眠山墓地》，北京：文物出版社，2008年，第151、190—195页。

2 徐惠萍：《禄丰黑井石龙火葬墓清理简报》，《云南文物》1997年第1期；楚雄州博物馆：《禄丰黑井火葬墓清理简报》，《云南文物》1999年第1期。

3 嵩明县兰茂纪念馆：《嵩明县凤凰窝古墓群调查简报》，《云南文物》1991年第12期；云南省文物考古研究所、昆明市博物馆：《嵩明凤凰窝古墓葬发掘报告》，《云南文物》2003年第1期。

4 云南省文物工作队：《大理崇圣寺三塔主塔的实测和清理》，《考古学报》1981年第2期。

5 河北省文物研究所、河北大学历史系、固安县文物保管所：《河北固安于沿村金宝严寺塔基地宫出土文物》，《文物》1993年第4期。

6 黑龙江文物考古研究所：《黑龙江阿城巨源金代齐国王墓发掘简报》，《文物》1989年第10期。

中兴古城及墓葬[1]、黑龙江绥滨县奥里米古城及墓葬[2]、黑龙江哈尔滨新香坊墓地[3]、金上京古城窖藏[4]、北京市通县金代墓葬[5]和内蒙古自治区四子王旗红格尔墓葬[6]，以河北固安县宝严寺塔基地宫和黑龙江哈尔滨新香坊墓地所出最为丰富，可分为首饰、日用器皿、宗教用具和鞍马具四大类。

金银首饰有饰片、耳坠、簪、钗、镯等（图5-3-11），以饰片为大宗，多作花形。耳坠装饰题材较丰富，有兽头形、葫芦形、花蕾形和花卉形等，部分或嵌以珠宝。簪、钗数量少且保存状况差，形制和纹饰不明。镯有圆形和半圆形之别，其上或饰以忍冬纹。

日用器皿有碗、杯、盏、盒、碟、壶、盘、香炉等，碗以圈足最为常见，口沿作五曲或六曲葵瓣状。杯流行六曲葵瓣圈足形。盏（图5-3-12）作荷花口圈足状。盒均呈子母扣相扣状，顶面或錾饰翔凤衔牡丹图案，盖口沿和器身亦各錾饰一周蔓草纹，并以鱼子纹为底。碟均为六曲花瓣口，平底，器身素面无纹。壶仅黑龙江哈尔滨新香坊墓地发现的一件，附盖，小口，底大而略圆，素面无纹。盘仅金上京窖藏发现的两件，二者均作敞口斜腹圈足状，但一件素面无纹饰，另一件内沿錾刻夔纹，内底錾刻如意纹，沿底间墨书“一十九两五分”。香炉两件，一出自金上京窖藏，顶端为一空心龙首，口衔银环，环下以三条长链悬一圆腹状素面香炉，一出自河北固安宝严寺塔基地宫（图5-3-13），香炉器身呈八棱形，通体錾刻花卉纹。

宗教用具集中发现于河北固安宝严寺塔基地宫，有舍利柜、舍利盒（图5-3-14）、菩萨立像（图5-3-15）和佛幡架杆，尤以

图5-3-10 金翅鸟
（云南大理崇圣寺佛塔出土，采自《考古学报》1981年第2期，图版贰伍）

图5-3-11 金步摇
（陕西西安市临潼区北河村窖藏出土）

1 黑龙江文物考古工作队：《黑龙江畔绥滨中兴古城和金代墓群》，《文物》1977年第4期。
2 黑龙江文物考古工作队：《松花江下游奥里米古城及周围的金代墓群》，《文物》1977年第4期。
3 黑龙江省博物馆：《哈尔滨新香坊墓地出土的金代文物》，《北方文物》2007年第3期。
4 阎井泉：《金上京故城内发现窖藏银器》，《黑龙江文物丛刊》创刊号（1981年）。
5 北京市文物管理处：《北京市通县金代墓葬发掘简报》，《文物》1977年第11期。
6 田广金：《四子王旗红格尔地区金代遗址和墓葬》，《内蒙古文物考古》创刊号（1981年）。

图 5-3-12　银盏
（黑龙江哈尔滨新香坊墓地出土，采自《北方文物》2007 年第 3 期，第 50 页，图三）

图 5-3-13　熏炉
（河北固安宝严寺塔基地宫出土，采自《文物》1993 年第 4 期，第 14 页，图二四：2）

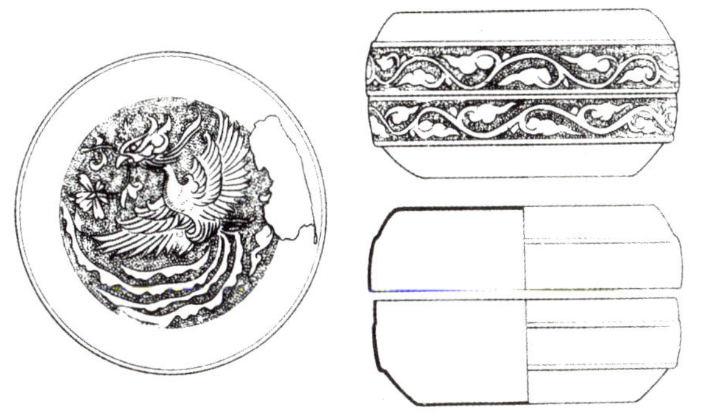

图 5-3-14　凤纹团花盖舍利盒
（河北固安宝严寺塔基地宫出土，采自《文物》1993 年第 4 期，第 16 页，图二九）

图 5-3-15　银观音立像
（河北固安宝严寺塔基地宫出土，采自《文物》1993 年第 4 期，第 12 页，图二〇：1）

图 5-3-16　鞍马具
（黑龙江哈尔滨新香坊墓地出土，采自《北方文物》2007 年第 3 期，图版肆：1、2；图版伍：1、2、3）

舍利柜最为珍贵，装饰极为繁缛。

鞍马具（图5-3-16）均为鞍桥装饰，作梯形、三角形、圆形和半月形，装饰题材较丰富，有卷云纹、花草纹、龙纹、鱼鳞纹等。

总体上看，西夏、大理、金代金银器虽在器物形制和装饰题材上受到了宋代金银器的影响，但三者的区域性特色仍较明显，以首饰为大宗的现象迥异于宋代金银器以日用器皿居多的情形，地处北方草原地带的西夏和金代还发现了宋地不见的鞍马具，地处西南边陲的大理尤尚佛教，宗教用具常见。

第四节　元代金银器

截至2013年，考古出土的元代金银器1200多件[1]，主要出自内蒙古、辽宁、河北、江苏、浙江、安徽、江西、湖北、湖南等地的墓葬、窖藏，尤以湖南地区窖藏所出居多。目前，学术界对元代金银器的若干方面皆有涉及，但不够系统[2]，综合性研究尚待开展。

元代金银器可分为日用器皿、首饰和鞍马具三大类。

日用器皿有杯（图5-4-1）、盏（图5-4-2）、盘（图5-4-3）、碗、碟、盒、匜、壶、瓶（图5-4-4）、匙、箸、勺、罐和奁等，尤以杯、盏数量最多，其种类和组成与宋代金银器皿颇为相似，但在形制和纹饰上却存在着比较明显的差异。以宋元金银器皿之大宗器——杯为例，宋代金银杯有圆口圈足杯、圆口带把杯和圆口圜底杯三种，尤以圆口圈足杯数量最多，圆口圜底杯和圆口带把杯只有一两件。圆口圈足杯又可据其口沿和腹部特征之差异分为敞口圈足杯、侈口深腹杯和直口深腹杯三型[3]。而元代金银杯则有带耳杯、圈足杯、高足杯（图5-4-5）、平底杯、

图5-4-1　龙首衔环柄银杯
（内蒙古敖汉旗敖吉乡新丘元代银器窖藏出土）

1 廖望春：《宋代金银器物研究》，南京：南京大学出版社，2012年，第187页。

2 龚国强：《与日月同辉——中国古代金银器》，成都：四川教育出版社，1998年，第155—163页；张景明、赵爱军：《内蒙古地区蒙元时期金银器》，《内蒙古文物考古》1999年第2期；张景明：《中国北方草原古代金银器》，北京：文物出版社，2005年，第225—242页；齐东方、张静：《古代金银器》，北京：文物出版社，2008年，第177—189页；扬之水、陈建明：《湖南宋元窖藏金银器的发现与研究》，北京：文物出版社，2009年；喻燕姣：《湖南出土金银器》，长沙：湖南美术出版社，2009年，第67—289页；廖望春：《宋代金银器物研究》，南京：南京大学出版社，2012年，第187—197页；扬之水：《奢华之色——宋元明金银器研究》卷一，北京：中华书局，2010年；扬之水：《奢华之色——宋元明金银器研究》卷三，北京：中华书局，2010年；曹雅惠：《内蒙古地区出土的元代金银器》，内蒙古大学硕士学位论文，2013年。

3 廖望春：《宋代金银器物研究》，南京：南京大学出版社，2012年，第51—57页。

图 5-4-2　银乳丁簋式夹层盏
（湖南澧县珍珠村金银器窖藏，采自《奢华之色——宋元明金银器研究》卷三，第 73 页，图 1-201a）

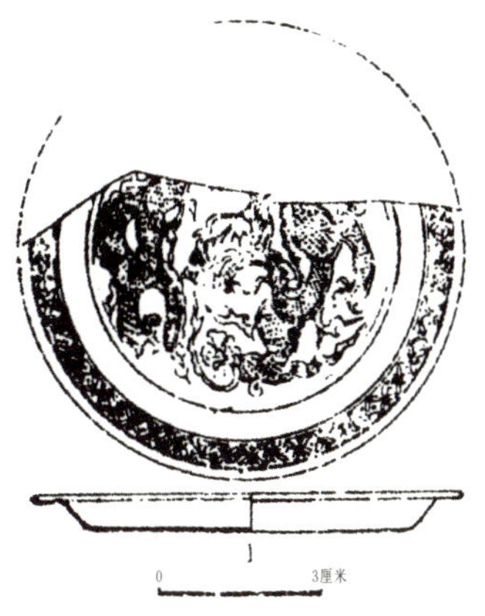

图 5-4-3　龙纹银盘
（敖汉旗盛家窝铺窖藏出土，采自《内蒙古文物考古》1991 年第 1 期，第 90 页，图二：1）

图 5-4-4　玉壶春瓶
（湖南沅源桥头河镇石洞村元代银器窖藏出土，采自《湖南宋元窖藏金银器发现与研究》，第 280 页，图 570）

图 5-4-5　鎏金银仿古纹高足杯
（湖南临澧新合元代金银器窖藏出土，采自《湖南宋元窖藏金银器发现与研究》，第 118 页，上图）

图 5-4-6　朱碧山银槎杯
（台北故宫博物院收藏，采自《奢华之色——宋元明金银器研究》卷三，第 67 页，图 1-181）

图 5-4-7　金瓜瓞单耳杯
（湖南临澧新合元代金银器窖藏出土，采自《湖南宋元窖藏金银器发现与研究》，第 114 页，上图）

槎杯等式样，尤以台北故宫博物院所藏的银槎杯（图5-4-6）最负盛名，带耳杯又可据其器耳之多少和形态分为单耳杯（图5-4-7）、双耳杯（图5-4-8）和錾耳杯三型[1]。就装饰纹样而言，宋元金银器皿植物纹样的主次之分皆不及唐代明显，多穿插分布，且以折枝纹为主，但二者的题材却有些差异，元代以海石榴纹、蜀葵花纹为主，基本不见宋代流行的栀子花纹和水仙花纹等[2]（图5-4-9）；宋代金银器皿的动物纹样有龙纹、凤纹、狮纹、鱼纹和龟纹等，元代金银器皿的动物纹样则相对丰富些，主要有龙纹、凤纹、狮纹、蝴蝶纹、玉兔纹、鹤纹、鹿纹、虎纹、鸳鸯纹、大雁纹等[3]；宋代金银器皿的人物故事纹多将人物、花草、飞禽走兽和亭台楼阁融为一体，颇具山水画风，佛像、菩萨和飞天等佛教题材纹饰较为流行，元代金银器皿上的人物故事纹有文王访贤故事纹、太子玩莲纹、贵妇图和童子图等，几乎不见佛像、菩萨等宗教纹样，生活情趣较为浓厚[4]。

图5-4-8　八棱双耳金套杯
（湖南津市元代金银器窖藏出土，采自《湖南宋元窖藏金银器发现与研究》，第180页，上图）

图5-4-9　錾花金高足杯
（内蒙古包头市达茂旗明水村出土）

元代金银器中数量最多的首饰，可分为簪、钗、耳环、戒指、镯和梳背等。簪主要有荔枝簪（图5-4-10）、瓜头簪（图5-4-11）、如意簪（图5-4-12）、凤簪（图5-4-13）、对鸟簪、环耳瓜果纹簪、满池娇荷叶纹簪（图5-4-14）、庭院小景簪、绣羽鸣春图簪等。钗主要有U形折股式钗、扇形连体式钗和T形桥梁式钗，钗首多饰以竹节（图5-4-15）、花筒（图5-4-16）、凤凰、螭虎（图5-4-17）、春游夜归图等。耳环数量不多，但式样较杂，以仿璎珞的掩耳式耳环及由此发展而来的牌环最具特色。较之宋代，元代金银首饰既有继承又有发展，如狮子佩件、环耳瓜果纹簪、凤簪、如意簪、U形折股式钗、扇

1 廖望春：《宋代金银器物研究》，南京：南京大学出版社，2012年，第188、189页。
2 廖望春：《宋代金银器物研究》，南京：南京大学出版社，2012年，第195、196页。
3 廖望春：《宋代金银器物研究》，南京：南京大学出版社，2012年，第196页。
4 廖望春：《宋代金银器物研究》，南京：南京大学出版社，2012年，第197页。

图 5-4-10　荔枝簪
（湖南临澧新合元代金银器窖藏出土，采自《湖南宋元窖藏金银器发现与研究》，第 69 页，上图）

图 5-4-11　瓜头簪
（湖南临澧新合元代金银器窖藏出土，采自《湖南宋元窖藏金银器发现与研究》，第 65 页，上图）

图 5-4-12　如意簪
（湖南临澧新合元代金银器窖藏出土，采自《湖南宋元窖藏金银器发现与研究》，第 70 页，上图）

图 5-4-13　凤簪
（湖南临澧新合元代金银器窖藏出土，采自《湖南宋元窖藏金银器发现与研究》，第 76 页，上图）

图 5-4-14　满池娇荷叶纹簪
（湖南临澧新合元代金银器窖藏出土，采自《湖南宋元窖藏金银器发现与研究》，第 82 页，上图）

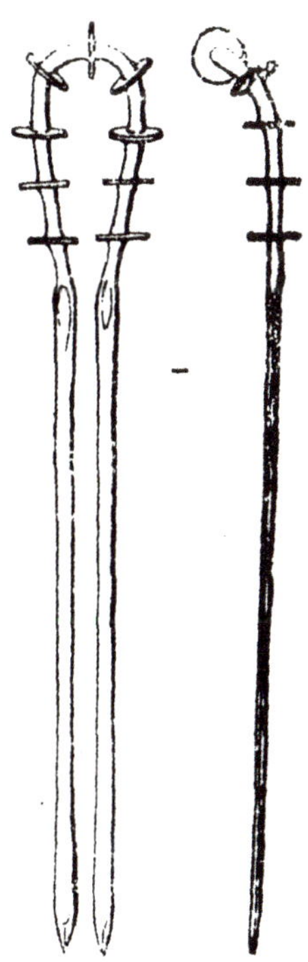

图 5-4-15　U 形竹节钗
（内蒙古敖汉旗太吉合窖窖藏出土，采自《内蒙古文物考古》1991 年第 1 期，第 97 页，图一二：4）

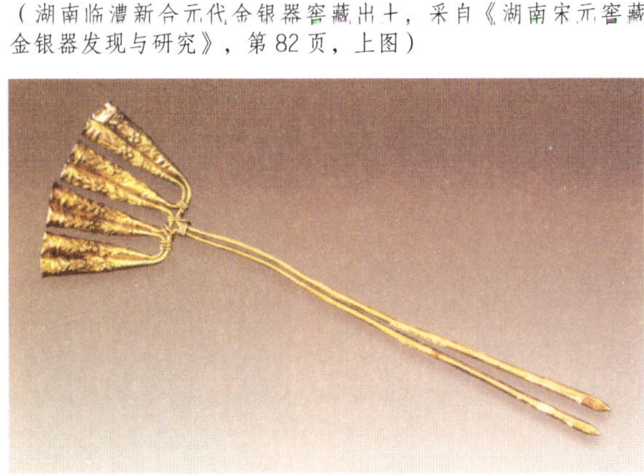

图 5-4-16　连体式花筒钗
（湖南临澧新合元代金银器窖藏出土，采自《湖南宋元窖藏金银器发现与研究》，第 38 页，上图）

形连体式钗和T形桥梁式钗均见于宋代，而银事件儿、荔枝簪、瓜头簪、对鸟簪、环耳瓜果纹簪、满池娇荷叶纹簪、庭院小景簪、绣羽鸣春图簪及钗首所饰的螭虎纹和春游夜归图则属元代新创。此外，耳环和戒指镶嵌宝石的现象，亦是元代金银首饰区别于宋代的重要特征。元代金银器首饰数量最多，此一现象，与宋代金银器中器皿居多的情形判然有别，反映了蒙元时期各族人民喜饰金银的社会风气。

马具数量最少，目前只有内蒙古镶黄旗乌兰沟墓葬[1]（图5-4-18）和苏尼特左旗恩格尔河墓葬[2]（图5-4-19）出土的两套，由前鞍桥、后鞍桥、前鞍翅、后鞍翅、鞍桥中心饰、鞍桥边饰等部分组成。

南北两地区域性差异明显，是元代金银器最为突出的特征。以内蒙古为代表的北方游牧民族地区尤尚金银首饰，金银器皿数量较少且种类单调，仅杯、盘、碗、壶、瓶数种[3]，器身刻铭现象不多。南方地区金银器集中出自江苏、安徽和湖南三地，器皿和首饰数量相当，鞍马具则未曾发现。金银器皿种类丰富，以江苏吴县吕师孟墓[4]、江苏无锡钱裕墓[5]、江苏吴县张士城母曹氏墓[6]、江苏金坛窖藏[7]、安徽六安花石咀元墓[8]、安徽合肥窖藏[9]、湖南临澧窖藏[10]、湖南澧县窖藏[11]所出者较具代表性，囊括了

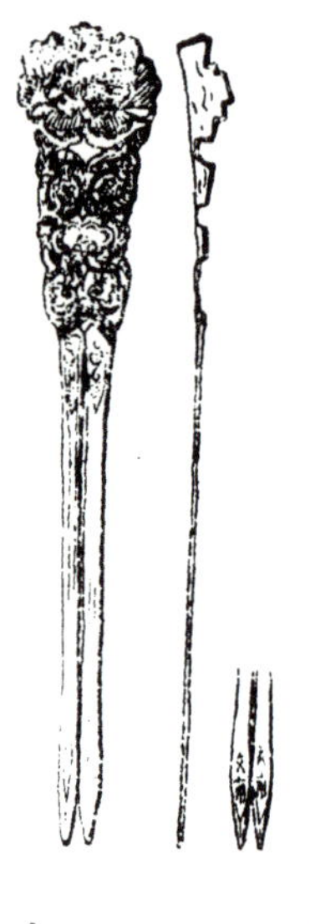

图5-4-17 螭虎钗
（内蒙古敖汉旗太吉合窑窖藏出土，采自《内蒙古文物考古》1991年第1期，第96页，图一一：1）

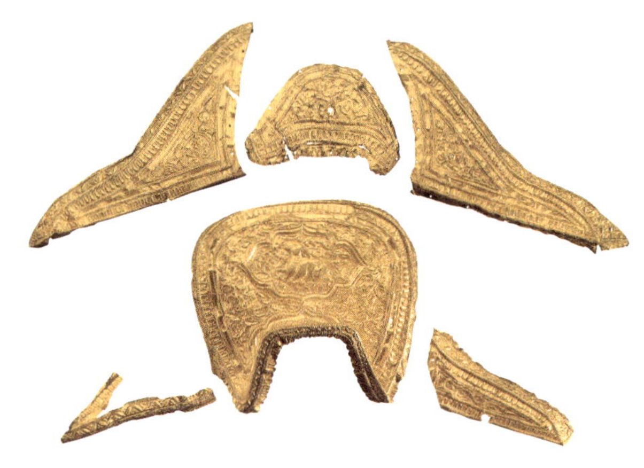

图5-4-18 马鞍前鞍翅饰
（内蒙古镶黄旗乌兰沟出土）

---

1 内蒙古博物馆、锡林郭勒盟文物工作站：《镶黄旗乌兰沟出土一批蒙元时期金银器》，《内蒙古文物考古文集》第一辑，北京：中国大百科全书出版社，1994年，第605—609页。

2 内蒙古自治区博物馆、锡林郭勒盟文物工作站：《苏尼特左旗恩格尔河的元代墓葬》，《内蒙古文物考古》2005年第2期。

3 材料来源详见曹雅惠：《内蒙古地区出土的元代金银器》，内蒙古大学硕士学位论文，2013年，第25—29页。

4 江苏省文物管理委员会：《江苏吴县元墓清理简报》，《文物》1956年第11期。

5 无锡市博物馆：《江苏无锡市元墓中出土的一批文物》，《文物》1964年第12期。

6 苏州市文物保管委员会：《苏州吴县张士城母曹氏墓清理简报》，《考古》1965年第6期。

7 肖梦龙：《江苏金坛青花云龙罐窖藏》，《文物》1980年第1期。

8 安徽六安县文物工作组：《安徽六安县花石咀古墓清理简报》，《考古》1986年第10期。

9 吴兴汉：《价值连城的元代金银器窖藏》，《收藏界》2003年第4期。

10 常德地区文物工作队：《临澧县新合出土一批窖藏金银器》，《湖南考古辑刊》第二集，长沙：岳麓书社，1984年，第113—119页。

11 湖南省博物馆：《湖南宋元窖藏金银器发现与研究》，北京：文物出版社，2009年，第163—175页。

上述元代金银器皿的所有品种。器身刻铭现象较多，以制造作坊和工匠名字最为常见，如钱裕墓出土的金杯印有“邓万四郎十口赤金”，银瓶、银盒等银器印有“陈铺造口”，合肥窖藏出土的金杯和金碟均刻有“章仲英造”，金坛窖藏出土的银器刻有“沈万贰郎”“董乙郎”“朱五郎”等字样，部分器物如湖南澧县窖藏所出的乳钉纹篦式夹层银杯与江苏溧阳宋代窖藏[1]所出双兽首耳乳钉纹鎏金夹层银盏颇为相似，体现了对宋代金银器风格的较强承续。就形制来看，南北方金银器皿亦存在着较明显的差异。以两地多见的金银杯为例，南方地区不见北方地区的錾耳杯[2]，而北方地区则尚未发现南方地区自宋代以来即已流行的圈足杯，南方地区高足杯器形较小，形制上更接近唐代高足杯[3]，而北方地区高足杯器形较大，具有明显的草原文化特点[4]。

①

②

③

图 5-4-19 马鞍后鞍桥中心饰
（内蒙古苏尼特左旗恩格尔河墓葬出土，采自《内蒙古文物考古》2005 年第 2 期，图版一、图版二）

第五节 明代金银器

明代墓葬和窖藏出土金银器约 200 余件，其分布地域涉及北京、山东、甘肃、河南、江苏、上海、浙江、安徽、江西、湖南、湖北、贵州、四川、重庆、广东、

1 肖梦龙、汪青青：《江苏溧阳平桥出土宋代银器窖藏》，《文物》1986 年第 5 期。
2 研究表明，錾耳杯是北方草原文化吸收中亚和西亚金银器文化后自创的一种器形，详见张景明、赵爱军：《内蒙古地区蒙元时期金银器》，《内蒙古文物考古》1999 年第 2 期。
3 齐东方、张静：《古代金银器》，北京：文物出版社，2008 年，第 184 页。
4 廖望春：《宋代金银器物研究》，南京：南京大学出版社，2012 年，第 189 页。

广西等省市自治区，尤以北京定陵[1]、湖北梁庄王墓[2]和江西益庄王墓[3]等高规格、高等级贵族墓所出最为丰富，窖藏所出较少，平民墓葬则几乎不见。扬之水、齐东方、张静、龚国强等学者先后对明代金银器进行分析和探讨[4]。

明代金银器以首饰为大宗，用途未知的薄片[5]次之，日用器皿再次之[6]。

金银首饰大致可分为冠（图 5-5-1）、簪、梳背、耳环、戒指、手镯、帔坠、带饰和纽扣等，尤以簪的数量最多，宋元时期颇为流行的钗[7]则几乎不见。冠主要有女性使用的各式金冠（图 5-5-2）、金银丝髻和男性束发冠（图 5-5-3）。女性金冠，复杂者如云南沐崧妻徐氏墓[8]、江西益庄王妃万氏墓[9]所出（图 5-5-4），一薄金叶锤制或金丝编制，上接花朵或云形饰片，并镶嵌诸色宝石，瑰丽精致；简单者如沐晟墓[10]所出，为覆盂形，上刻画云纹装饰。髻出土较多，如江苏武进王洛家族墓[11]、江苏无锡华复诚妻曹氏墓[12]、浙江义乌吴鹤山妻金氏墓[13]、上海浦东明陆氏墓[14]、上海李惠利中学明墓[15]出土的各式金丝、银丝制作者，其样式有覆盂形、圆锥体型、梁冠型等不同。男性金银束发冠数量有限（图 5-5-5），多制为梁冠式，如江苏南京宋朝用墓[16]、沐昌祚墓[17]、仇成墓[18]所出。

簪的形制多样，除传统的简单扁平或细长簪脚，还出现了多棱锥形簪脚、圆锥形簪脚、圆形簪脚、宽扁平簪脚等多种不同样式；簪首装饰题材丰富，有花卉、瑞兽、神佛、楼阁等不同类型，多寓意吉祥多子多福多寿，常见者有凤凰（图 5-5-6）、麒麟、兔子、灯笼、云朵、蘑菇、葫芦、石榴、花卉、荷叶、楼阁、瓜鼠、桃枝花鸟、双凤牡丹、凤碟穿花、蜂蝶赶菊花篮、蝴蝶凤凰、双龙捧福寿、

1 中国社会科学院考古研究所、定陵博物馆、北京市文物工作队：《定陵》，北京：文物出版社，1990 年。

2 湖北省文物考古研究所、钟祥市博物馆：《梁庄王墓》，北京：文物出版社，2007 年。

3 江西省博物馆、南城县博物馆、新建县博物馆、南昌市博物馆：《江西明代藩王墓》，北京：文物出版社，2010 年，第 123—130 页。

4 扬之水：《奢华之色——宋元明金银器研究》卷二，北京：中华书局，2010 年；齐东方、张静：《古代金银器》，北京：文物出版社，2008 年，第 190—202 页；龚国强：《与日月同辉——中国古代金银器》，成都：四川教育出版社，1998 年，第 164—175 页；扬之水：《奢华之色——宋元明金银器研究》卷三，北京：中华书局，2010 年。

5 推测其用途有以下两种可能性：金银器尤其是金银首饰的饰片；专门用于殓葬的丧葬用具。

6 部分墓葬如梁庄王墓出土的大黑天神像、阿弥陀结跏趺禅像虽具有浓郁的宗教意味，但是从神像尺寸小且边缘设有小孔等形制特征来看可能是帽饰或服饰，而非专用的宗教用具。

7 此处对簪、钗的定名，是基于其形制作出的判断，即传统意义的“两只脚曰钗、一只脚曰簪”。

8 云南省文物工作队：《云南呈贡王家营明清墓清理报告》，《考古》1965 年第 4 期。

9 江西省文物管理委员会：《江西南城明益庄王墓出土文物》，《文物》1959 年第 1 期。

10 南京市文物保管委员会：《南京江宁县沐晟墓清理简报》，《考古》1960 年第 9 期。

11 武进市博物馆：《武进明代王洛家族墓》，《东南文化》1999 年第 2 期。

12 无锡市博物馆：《江苏无锡明华复诚夫妇墓发掘简报》，《文物资料丛刊》第 2 集，北京：文物出版社，1978 年，第 137—141 页。

13 吴高彬：《浙江义乌明代金冠》，《收藏家》1997 年第 6 期。

14 上海博物馆：《上海浦东明陆氏墓记述》，《考古》1985 年第 6 期。

15 何民华：《上海市李惠利中学明代墓群发掘简报》，《东南文化》1999 年第 6 期。

16 南京市文物保管委员会：《南京中华门外明墓清理简报》，《考古》1962 年第 9 期。

17 南京市博物馆：《江苏南京市明黔国公沐昌祚、沐睿墓》，《考古》1999 年第 10 期。

18 南京市博物馆：《江苏南京白马村明代仇成墓发掘简报》，《文物》2014 年第 9 期。

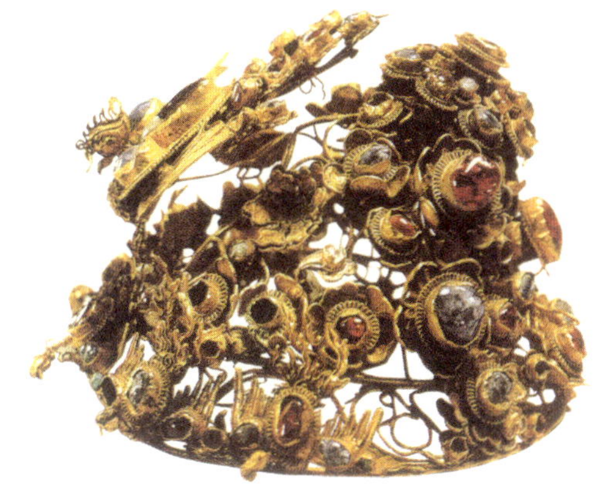

图 5-5-1　镶宝钿花鸾鸟冠
（湖北蕲春刘娘井明墓出土，采自《奢华之色——宋元明金银器研究》卷一，第 5 页，图 1-11）

图 5-5-3　二龙戏珠束发冠
（长沙市博物馆藏，采自《奢华之色——宋元明金银器研究》卷二，第 132 页，图 1-37：9）

图 5-5-2　金丝福寿五梁冠
（浙江临海县王士琦墓出土，采自《奢华之色——宋元明金银器研究》卷二，第 11 页，图 1-3）

图 5-5-4　金冠及发簪
（江西益庄王妃万氏棺内出土，采自《江西明代藩王墓》，彩版三八：4）

图 5-5-5　金累丝束发冠
（四川凉山博物馆收藏，采自《奢华之色——宋元明金银器研究》卷二，第 127 页，图 1-372）

鱼蓝观音、南极老人、群仙庆寿、骑鹤仙人、张天师骑虎、教子升天、西王母、真武像[1]、佛像、佛手、禅杖、瀛洲学士图、绵阳引子图、十自在相图、“寿”字、“喜”字“卐”字和梵文等数十种，其上多镶嵌珠宝玉石，部分题材如凤凰、瓜鼠、楼阁、蜂蝶赶花和双龙捧福寿以累丝工艺制作而成，造型精巧别致。

图 5-5-6　金累丝凤簪
（湖北钟祥明梁庄王墓出土）

女性金银簪饰以髻为核心，以一副头面为单位，形成了比较固定的组合关系[2]。扬之水先生认为明代所谓的“一副头面”，是指一组插戴在髻周围且装饰题材一致的各式簪钗，不包括作为耳饰的耳环和耳坠[3]；孙机先生将挑心、顶簪、头箍、分心、掩鬓、围髻、钗簪、耳坠都算作头面的内容[4]。据扬之水先生研究，一支挑心、一枚分心、鬓钗一对、各式小簪三对是一副头面的通常组合，繁者则添掩鬓一对，小簪若干对，或更增花钿、顶簪、后分心等[5]。簪钗的命名多着眼于其所在位置[6]，而非基于形制上的“两只脚曰钗、一只脚曰簪”，挑心的得名即因它是自下而上用着挑的方式簪戴于髻的正面之当心，装饰题材有佛像、凤凰、西王母（图 5-5-7）、南极老人、“寿”字和梵文（图 5-5-8）等，以佛像挑心最为常见[7]；分心即挑心之下、髻前后口沿处所簪者，有前、后之分，后者

图 5-5-7　金西王母寿字挑心
（广东普宁明墓出土，采自《奢华之色——宋元明金银器研究》卷二，第 21 页，图 1-71）

1 出自李伟夫妇墓王氏棺内，像高 7 厘米、宽 4.8 厘米，其背面有插鞘可以插戴，故推测该真武像当是簪首之装饰，而非模型明器。
2 扬之水：《奢华之色——宋元明金银器研究》卷二，北京：中华书局，2010 年，第 1 页。
3 扬之水：《奢华之色——宋元明金银器研究》卷二，北京：中华书局，2010 年，第 2 页。
4 孙机：《明代的束发冠、髻与头面》，《文物》2001 年第 7 期。
5 扬之水：《奢华之色——宋元明金银器研究》卷二，北京：中华书局，2010 年，第 2、3 页。
6 扬之水：《奢华之色——宋元明金银器研究》卷二，北京：中华书局，2010 年，第 2 页。
7 扬之水：《奢华之色——宋元明金银器研究》卷二，北京：中华书局，2010 年，第 17—27 页。

图 5-5-8　金梵文挑心
（江苏常州钟楼区永红街道霍家村出土，采自《奢华之色——宋元明金银器研究》卷二，第 200 页，图 2-108）

图 5-5-9　金累丝镶玉嵌宝牡丹鸾鸟纹分心
（湖北钟祥明梁庄王墓出土，采自《梁庄王墓》下册，彩版一二六）

图 5-5-10　金镶宝梵文分心
（北京右安门外彭庄明万贵墓出土，采自《奢华之色——宋元明金银器研究》卷二，第 192 页，图 2-101）

图 5-5-12　金骑鹤仙人掩鬓
（江苏无锡大墙门出土，采自《奢华之色——宋元明金银器研究》卷二，第 31 页，图 1-101）

图 5-5-11　金凤穿牡丹鬓钗
（广东普宁明墓出土，采自《奢华之色——宋元明金银器研究》卷二，第 46 页，图 1-122）

图 5-5-13　金累丝葫芦耳环
（浙江余杭塘栖超山明墓出土，采自《奢华之色——宋元明金银器研究》卷二，第 72 页，图 1-212）

图 5-5-14　金镶宝珠梅花耳环
（甘肃兰州上西园明墓出土，采自《奢华之色——宋元明金银器研究》卷二，第 78 页，图 1-231）

《三才图会》[1]称之为“满冠”，其造型通常为十厘米长的一道弯弧，正面上缘一溜尖拱，中心高，两边依此低下来。就装饰题材而言，以明中期为界，此前以牡丹凤凰等花鸟题材为多（图5-5-9），此后以王母、观音等仙佛题材流行[2]（图5-5-10）；明代将两鬓与额角合称“四鬓”，倒插于额角者称鬓钗[3]（图5-5-11），其造型是从元代流行的如意簪发展而来的，装饰题材以凤穿牡丹花最为流行，插戴于两鬓者称掩鬓[4]，最常见的样式云朵式造型，其上加饰各种吉祥或嵌以珠宝（图5-5-12）；花钿佩戴位置与分心相当，二者可相互替代，装饰题材以牡丹花和群仙庆寿流行。值得一提的是，明代金银首饰中常见的蘑菇头、耳挖头与竹节形簪一般为男女性束发所通用，且由于髻上要戴巾冠，这些簪子多较短小。耳环式样较少，一般为环状或“S”形钩加装饰，装饰题材主要有葫芦（图5-5-13）、梅花（图5-5-14）、动物、摩羯和镶宝琵琶（图5-5-15）等。戒指多作马镫式，戒面或嵌以珠宝，或饰以文字、花鸟图案和人物故事，如“忍”“安”满池娇纹纹和秋胡戏妻图等。手镯主要有累丝嵌宝镯、龙头连珠镯、金钑花钏等，以累丝嵌宝镯最具时代特征。帔坠延续了宋以来的形制，以錾花钩连接一镂空装饰的滴珠状坠为全器，多发现于高等级墓葬中，纹饰多为展翅凤鸟（图5-5-16）。配饰仍流行事件儿，包括耳挖、牙签、镊子等。组扣分搭扣与珠形扣两种，以金银搭扣（子母扣）为特色，多作蜂蝶赶花状（图5-5-17）、如意云纹状、多瓣花状等，其上或嵌以宝珠（图5-5-18）；珠形扣为一系环与一珠形扣身组成（图5-5-19），形制与现所用圆扣相似。

除女子用具，还有男子冠帽装饰与各种金银带饰、配饰。以湖北钟祥梁庄王墓[5]为例，出土有金网巾环、冕冠与皮弁的金玉附件（图5-5-20）、金镶宝石帽顶（图5-5-21）、金镶玉镂空纹革带（图5-5-22）、金镶宝石革带、金累丝镶宝石革带（图5-5-23）、金镶玉绦环、金银累丝镶宝石绦环（图5-5-24）、金组佩挂钩、金曼荼罗镶木佛珠等，揭示了明代贵族男子奢华精致的生活面貌的一角。

日用器皿有杯（图5-5-25）、盘、碗、盒、盆（图5-5-26）、壶（图5-5-27）、罐、鼎（图5-5-28）、爵（图5-5-29）、瓶、勺、匙、箸、匜、香炉、盂（图5-5-30）、唾壶、斝、尊（图5-5-31）、碟、盏等，以杯、盘、碗数量最大（图5-5-32），鼎、爵、斝、尊数量不多，但仿古造型十分明显。大部分器物素面无纹，少数饰纹饰者装饰题材较为广泛，有龙、凤、鱼、鹤、鹿、狮子、喜鹊、蝴蝶、莲花、桂花、梅花、牡丹、灵芝、荷叶、鼎、琴、棋、扇、书、画、树木、楼阁、人物等，尤以龙纹数量最大。各种题材往往并不单独出现，而是相互点缀，周围再衬以卷云纹或水波纹，以形成特定的故事场景，如北京右安门外万贵墓所出的金錾八仙故事图八方盘[6]（图5-5-33），或表达一定的吉祥意蕴，如重庆长寿火神街窖藏所出的鎏金银喜鹊登梅图寿字托盘[7]。器体刻铭现象较多，所涉范围较

1 （明）王圻：《三才图会》卷三，上海：上海古籍出版社，1988年，第1537页。

2 扬之水：《奢华之色——宋元明金银器研究》卷二，北京：中华书局，2010年，第29页。

3 扬之水：《奢华之色——宋元明金银器研究》卷二，北京：中华书局，2010年，第47页。

4 扬之水：《奢华之色——宋元明金银器研究》卷二，北京：中华书局，2010年，第38页。

5 湖北省文物考古研究所、钟祥市博物馆：《梁庄王墓》，北京：文物出版社，2007年。

6 转引自扬之水：《奢华之色——宋元明金银器研究》卷三，北京：中华书局，2010年，第145页。

7 王豫：《重庆长寿县出土的明代金银器窖藏》，《东南文化》1994年第5期。

图 5-5-15　金镶宝琵琶耳环
（湖北钟祥梁庄王墓出土，采自《梁庄王墓》下册，彩版一三九）

图 5-5-16　金镂空凤纹坠
（湖北钟祥梁庄王墓出土）

图 5-5-17　蝴蝶盘菊镶宝石鎏金银扣
（江西益庄王妃万氏棺内出土，采自《江西明代藩王墓》，彩版三七：6）

图 5-5-18　双蝶对梅镶宝石鎏金银扣
（江西益端王妃彭氏棺内出土，采自《江西明代藩王墓》，彩版二八：2）

图 5-5-19　鎏金小铜扣
（江西益庄王妃万氏棺内出土，采自《江西明代藩王墓》，图版四二：5）

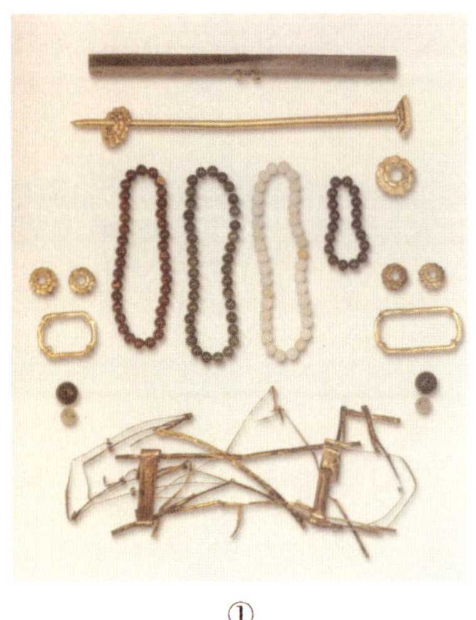

①

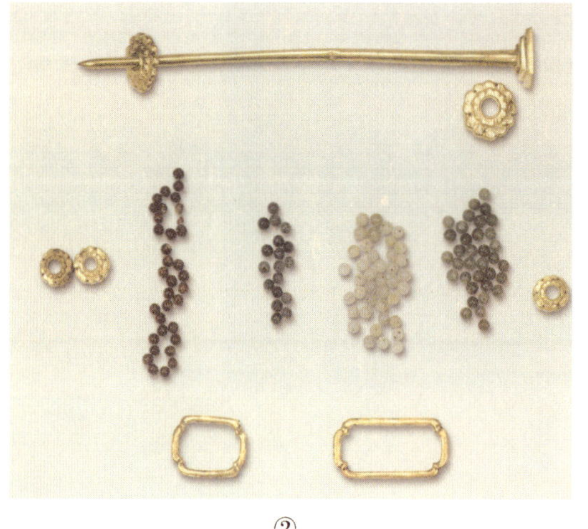

②

图 5-5-20　金玉附件

（①冕冠的金玉附件；②皮弁的金玉附件。湖北钟祥梁庄王墓出土，采自《梁庄王墓》下册，彩版一四九；彩版一五〇）

图 5-5-21　金累丝镶宝石帽顶

（湖北钟祥梁庄王墓出土，采自《梁庄王墓》下册，彩版一五四）

图 5-5-22　金镶青白玉镂空龙穿牡丹革带

（湖北钟祥梁庄王墓出土，采自《梁庄王墓》下册，彩版一六六）

图 5-5-23　金累丝镶宝石革带

（湖北钟祥梁庄王墓出土）

图 5-5-24　金镶宝石绦环

（湖北钟祥梁庄王墓出土）

图 5-5-25　金高脚杯
（浙江龙游县石佛村出土）

图 5-5-26　游龙戏珠纹金盆
（北京昌平区明定陵出土）

图 5-5-27　金杏叶执壶
（湖北钟祥明梁庄王墓出土）

图 5-5-28　银鼎
（湖南通道侗族自治县江口乡出土，采自《湖南出土金银器》，第 295 页，图 256）

图 5-5-29　银爵
（湖南通道侗族自治县江口乡出土）

图 5-5-30　金圆须弥座盘盂
（北京定陵出土）

图 5-5-31　银尊
（北京定陵出土，采自《定陵》，图版一六三：左）

图 5-5-32　金镶宝爵杯盘
（北京定陵出土）

图 5-5-33　金錾八仙故事图八方盘
（北京右安门外明万贵墓出土）

广，有纪年、记事、吉语、诗文、人名等，尤以湖南通道南明窖藏银器[1]最具代表性。该批银器是“党哲”门生为之祝寿所作，28 件银器中，有铭文者多达 11 件。

考虑到明代金银器多出自高等级墓葬，而宋元金银器多发现于普通墓葬和民间窖藏，考古发现所揭示的宋、元与明代金银器的差别，可能并非时代特征之异，这是需要特别强调的。

第六节　清代金银器

清代金银器流传极多，但经正式考古发掘出土的材料很少，故本节仅作简要介绍。

考古发现的清代金银器，主要见于贵族墓葬，如清初固龙雍穆长公主墓[2]、荣

1 怀化地区文物工作队、通道县文化局：《湖南通道发现南明窖藏银器》，《文物》1984 年第 2 期。
2 张柏忠：《清固龙雍穆长公主墓》，《文物资料丛刊》第 7 集，北京：文物出版社，1983 年，第 127—133 页。

宪公主墓[1]、乾嘉年间兴隆山的公主墓[2]、江苏毕沅夫妇合葬墓[3]、清中期卓礼克图亲王墓[4]等。

清代金银器可分为首饰、日常用器、观赏器、宗教用具、殓葬用具等，器物种类繁多，造型千变万化。

出土数量最多的是各类首饰。从工艺看，清代首饰制作集历代技艺之大成，熟练地运用了雕、錾、锤、刻、掐丝累丝、镶嵌、珐琅、点翠等传统工艺与西洋珠宝加工技术相结合，极尽精巧。从材质看，除了元明常用的祖母绿、猫精、绿松石、红宝、蓝宝、黄宝石、珍珠等传统宝石装饰外，还大量取用翡翠、珊瑚、碧玺、蜜蜡、紫英石、茶晶、青金石、钻石、东珠等。除了金累丝首饰外，金银已沦为陪衬[5]；由于点翠首饰的盛行，翠羽也大量使用。从款式看，除了传统的针状、锥形、杆状、窄条状簪、钗外，适应满族女性梳妆的扁方簪、扁簪也普遍流行开来。从样式看，传统的耳挖簪、象生簪（图5-6-1）、气通簪（图5-6-2）、凤簪、花头簪仍十分流行并出现了更丰富的花样，特点是簪脚更为纤细而簪首头装饰丰富、色彩明丽，更为精巧雅致。元明时流行的葫芦形与灯笼型耳坠在清代继续流行，如荣宪公主墓出土的龙衔珍珠金耳环与北京石景山区与宁夏平吉堡姚氏墓出土的金累丝灯笼耳坠（图5-6-3）[6]。此外，还有满族妇女习戴的耳钳（图5-6-4），即耳环去掉坠子而在环上别作装饰者[7]，如北京宣武区出土银镀金龙口含珠耳钳[8]。清代新出现的首饰还有满族女性佩戴的指套，指套前代即有之，据传为弹筝时保护手指所用，清代盛行以为饰，常见以万字、福寿、盘长、古禄钱、巧连环、梅、兰、竹、菊等为镂空纹饰，花样繁多。除此以外，清代金银配饰还有各式领约、项圈、锁牌、纽扣、事件儿等。

图 5-6-1　金镶玉蝶赶花簪

（北京通州区草寺村出土，采自《中国古代金银首饰》卷三，第 840 页，图八—五五：一）

随葬金银器，以盛放骨灰的房屋模型为特色，如皇太极之女固龙雍穆长公主殓葬所用银屋，银屋长 51.5 厘米、宽 45 厘米、高 60 厘米，基座和屋身一体，呈

---

1 项春松：《内蒙古白音尔灯清代荣宪公主墓》，《文物资料丛刊》第 7 集，北京：文物出版社，1983 年，第 122—126 页。

2 吉林省文物工作队等：《吉林通榆兴隆山清代公主墓》，《文物》1984 年第 11 期。

3 南波：《江苏吴县清毕沅墓发掘简报》，《文物资料丛刊》第 1 集，北京：文物出版社，1977 年，第 141—148 页。

4 于宝东等：《科左后旗衙门营子出土的清代文物》，《内蒙古文物考古文集》第一辑，北京：中国大百科全书出版社，1994 年，第 689—696 页。

5 扬之水：《中国古代金银首饰》卷三，北京：故宫出版社，2014 年，第 779 页。

6 扬之水：《中国古代金银首饰》卷三，北京：故宫出版社，2014 年，第 847 页。

7 扬之水：《中国古代金银首饰》卷三，北京：故宫出版社，2014 年，第 842 页。

8 天戈：《北京出土文物》，北京：北京出版社，1989 年，图六四〇；转引自扬之水：《中国古代金银首饰》卷三，北京：故宫出版社，2014 年，第 842 页。

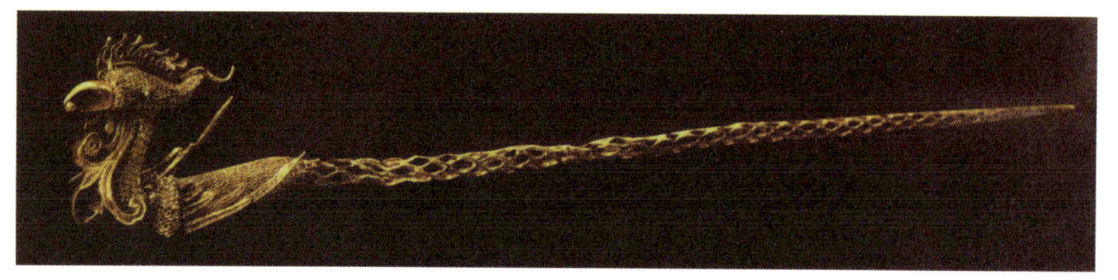
图 5-6-2 金累丝凤凰气通簪
（北京海淀区巨山农场地区出土，采自《中国古代金银首饰》卷三，第 829 页，图八—四四：二）

图 5-6-3 金累丝灯笼耳坠
（宁夏平吉堡姚氏墓出土，采自《中国古代金银首饰》卷三，第 849 页，图八—六三：二）

图 5-6-4 银鎏金龙口含珠耳钳
（北京宣武区椿树劳动服务公司出土）

盒状，屋顶为盖，可开合。屋顶为歇山顶九脊式，脊上有兽，四面有银瓦；银屋为回廊式，面阔三间，进深两间，正面饰格子门与台阶；基座为木质，包以银皮，饰乳钉纹与莲瓣花纹。

与前代相比，清代金银器的器型和纹饰变化很大，追求富丽华贵，已全无古朴之意。其制作熟练地运用了雕、錾、锤、刻等技术，还常常与镶嵌、珐琅工艺相结合，首饰制作中还大量使用点翠工艺，十分精细；其造型依器物功能、材质的不同而多姿多样；其纹饰则善于运用各种色彩，以繁密瑰丽为特征，器物的造型、纹饰、色彩调配，均达到了炉火纯青的程度。

第六章
铜　镜

铜镜是我国古代用以照面饰容的生活用具，最早出现于距今约4000年前的齐家文化，此后历经商周、秦汉以讫明清长期流行，直至近代，随着玻璃镜的普及才逐渐退出社会生活的历史舞台。早在北宋，《宣和博古图》就收录了许多传世铜镜。降至清代，《西清古鉴》《宁寿鉴古》和《金石索》等金石学著作均有著录。20世纪以来，有关铜镜的著录不断增多，尤以《岩窟藏镜》收录最广、品类最多。中华人民共和国成立之后，随着文物考古事业的发展，年代可靠的铜镜材料急剧增多，古代铜镜发展演变序列逐渐明晰[1]，大致可分为齐家文化至西周、春秋战国、汉代、三国魏晋南北朝、隋唐和宋元明清六个阶段[2]。宋元明清属于我国铜镜发展史上的日趋衰落期，艺术成就不及汉唐两朝，长期以来不为学术界所注重，迄今尚缺乏全面、系统的研究。相对而言，宋辽金三朝研究较多，元明两代稍显薄弱，清代则因材料所限而鲜有涉及，呈现出鲜明的不平衡性。故本章拟以朝代为纲对宋元明时期铜镜的发现和研究情况加以叙述。

第一节　宋代铜镜

以宋代铜镜为主要对象的考古学研究始自1950年[3]，至20世纪80年代初期，宋代铜镜的研究扩展至造型、装饰和分期等[4]。20世纪80年代以来，随着田野考古资料的积累，宋代铜镜的考古学研究愈加深入，突出表现在以下三个方面：第一，造型、装饰等基本面貌的归纳总结更加完备，有关论著逐渐增多[5]；第二，阶段性特征的阐述更为细致[6]，地域性差异亦有所涉及；第三，专题研究继续深化，如对某种装饰题材的考证、对湖州镜的系统研究等。

1 王仲殊：《铜镜》，《中国大百科全书·考古学》，北京：文物出版社，1986年，第529页。

2 孔祥星、刘一曼：《中国古代铜镜》，北京：文物出版社，1984年。何堂坤先生将古代铜镜发展演变的六大阶段形象地称为“滥觞期”“勃兴期”“繁荣期”“中衰期”“中兴期”和“衰退期”（何堂坤：《中国古代铜镜的技术研究》，北京：紫禁城出版社，1999年，第6页）。

3 王士伦：《谈谈湖州镜》，《文物参考资料》1958年第6期。

4 李恒贤：《试谈宋元明铜镜的鉴别》，《江西历史文物》1981年第2期；陈柏泉：《宋代铜镜简论》，《江西历史文物》1983年第3期。

5 杨海霞：《宋辽金时期铜镜形制分类比较研究》，《当代艺术》2009年第3期。

6 陈章龙：《宋代铜镜分期初探》，吉林大学硕士学位论文，2007年。

较之汉唐铜镜，宋代铜镜的合金成分发生了较大的变化，具体表现为含锡量的减少和含铅量的增多，而且锌的比例亦有所加重。因此，宋代铜镜一反汉唐铜镜色泽银白、质地坚硬的作风，而是呈现出色泽泛黄、质地粗软的特征[1]。宋代铜镜形制多样，镜背装饰取材广泛，内容丰富。就形制而言，可分为圆形、葵花形、菱花形、方形、带柄形、委角方形、钟形、炉形、桃形、“圆缺”形、云托月形和八边形十二种。以镜背装饰题材而论，则可分为连毬纹镜、龙纹镜、凤凰纹镜、花卉纹镜、花鸟纹镜、神仙人物故事纹镜、动物纹镜、八卦纹镜、仿古纹镜、素面铭文镜、双剑纹镜、“卐”字纹镜、月宫纹镜、云雷纹镜和素面镜十五类。

1. 连毬纹镜

镜形有圆形、方形和委角方形等式样。镜背纹饰图案似一枚枚连在一起的圆形方孔钱，又似一幅经纬交织的“十字缎锦”。此类铜镜在五代时期就已出现，《中国铜镜图典》即收录有一面[2]，辽代墓葬亦出土较多，宋代实例见于江苏连云港北宋初期墓葬[3]和江西九江北宋崇宁三年（1104年）墓[4]（图6-1-1）。

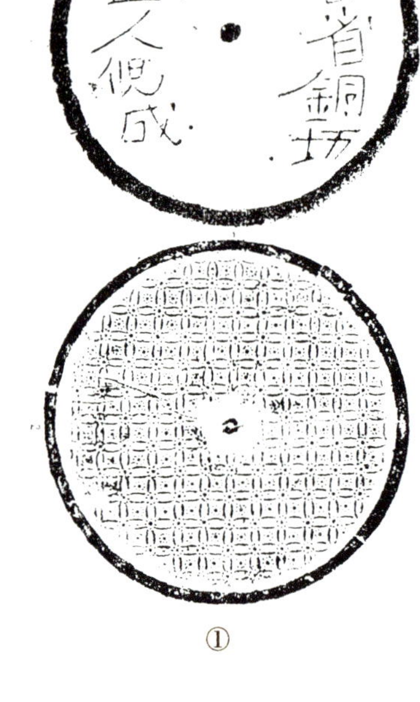

①

②

图6-1-1　连毬纹镜
（①江苏连云港北宋初期墓葬出土，采自《考古》1987年第1期，第55页，图九：2；②江西九江北宋崇宁三年墓出土，采自《南方文物》1993年第3期，第119页，图三）

2. 龙纹镜

有圆形、带柄形、菱花形和葵花形等镜形。主题纹饰为一条或两条盘龙，盘龙姿态不一，周身或衬以云气和水波。江西新余市渝水区草溪村[5]、河北宝丰文化馆所藏者[6]均属此类（图6-1-2）。

3. 凤凰纹镜

有圆形、方形、葵花形和带柄形等镜形。主题纹饰为一只或两只凤凰，围绕镜钮作展翅飞翔状，周身衬以云纹。江西德安县博物馆所藏[7]、四川成都南宋墓[8]所

1 何堂坤：《宋镜合金成分分析》，《四川文物》1990年第3期。
2 孔祥星、刘一曼：《中国铜镜图典》，北京：文物出版社，1992年，第687页。
3 南京博物院、连云港市博物馆：《江苏连云港市清理四座五代、北宋墓葬》，《考古》1987年第1期。
4 刘晓祥：《九江县文管所藏镜选介》，《南方文物》1993年第3期。
5 章国任：《江西新余博物馆藏镜选记》，《南方文物》1993年第4期。
6 宝丰县文化馆：《宋代“蛟龙闹海”铜镜》，《文物》1984年第2期。
7 于少先：《德安县博物馆藏铜镜选介》，《文博》1993年第1期。
8 成都市文物考古工作队：《成都市石羊乡新加坡工业园区宋墓发掘简报》，《四川文物》1999年第3期。

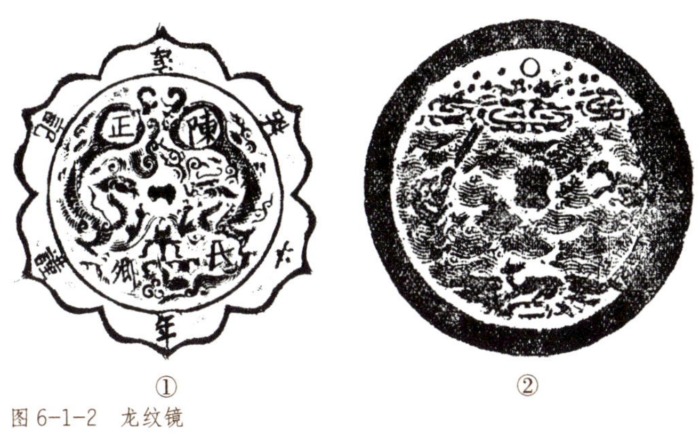

①　　②

图 6-1-2　龙纹镜

（①江西新余渝水区草溪村出土，采自《南方文物》1993 年第 4 期，第 68 页，拓片 5；②河北宝丰文化馆收藏，采自《文物》1984 年第 2 期，第 79 页）

图 6-1-3　凤凰纹镜

（江西德安县博物馆收藏，采自《文博》1993 年第 1 期，第 60 页，图十三）

①

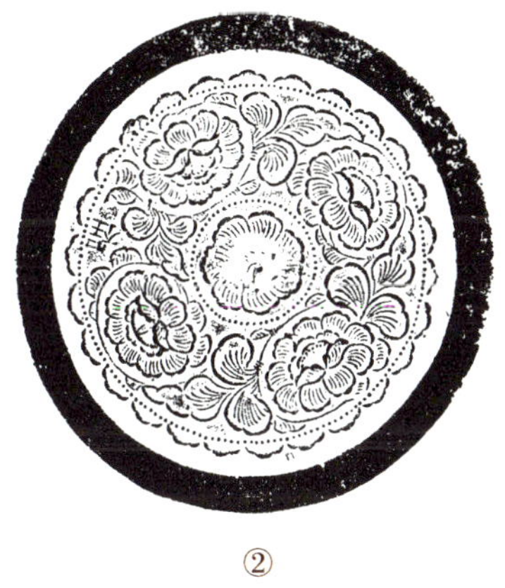

②

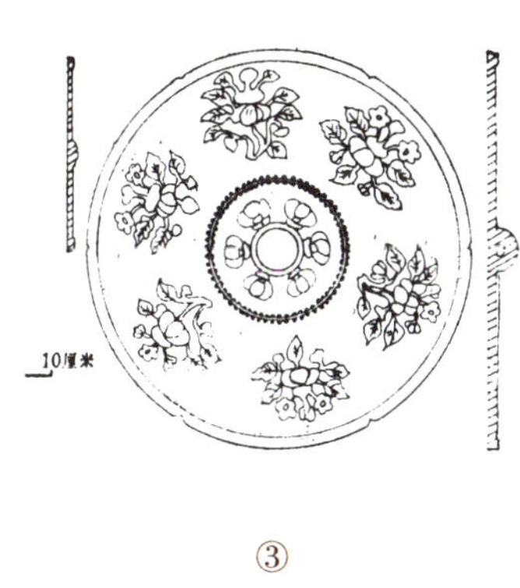

③

图 6-1-4　花卉纹镜

（①湖北浠水北宋墓葬出土，采自《江汉考古》1989 年第 3 期，第 14 页，图二：10；②山西忻县北宋墓葬出土，采自《文物参考资料》1958 年第 5 期，第 50 页，图九；③湖北英山北宋墓葬出土，采自《江汉考古》1988 年第 1 期，第 29 页，图十：2）

出均属此类（图 6–1–3）。

4. 花卉纹镜

此类铜镜是宋代铜镜中数量较多者，其形制有圆形、方形、委角方形和菱花形等。主题纹饰为各种不同形式的花枝、花瓣，依花卉布置之不同，可分为连枝花、缠枝花和切枝花等式样。湖北浠水北宋元祐三年（1088 年）墓[1]、山西忻县北宋墓[2]、湖北英山县北宋墓[3]所出者均属此类（图 6–1–4）。

5. 花鸟纹镜

镜形有圆形、葵花形、“圆缺”形和委角方形等式样，主题纹饰为禽鸟（不包括凤凰）和花枝的巧妙配合，据图纹配置方式之不同，可分为双鸟纹和鸟绕花枝纹两种。双鸟纹镜是唐代铜镜中较为流行的品种，宋代墓葬所出者多系对唐镜的

1　浠水宋墓考古发掘队：《浠水县城关北宋石室墓发掘简报》，《江汉考古》1989 年第 3 期。

2　冯文海：《山西忻县北宋墓清理简报》，《文物参考资料》1958 年第 5 期。

3　黄冈地区博物馆、英山县博物馆等：《英山县茅竹湾宋墓发掘》，《江汉考古》1988 年第 1 期。

直接继承，如浙江海宁北宋早期墓葬[1]出土的双鸟纹镜，即与《中国古代铜镜》[2]收录的“唐双鸾系绶纹镜”相似。鸟绕花枝镜亦见于唐代，但多呈对称布局，宋镜则创造性地将花卉、枝叶和鸟雀组合起来，给人一种清新脱俗的感觉，如河北赤城县博物馆所藏[3]（图 6-1-5）。

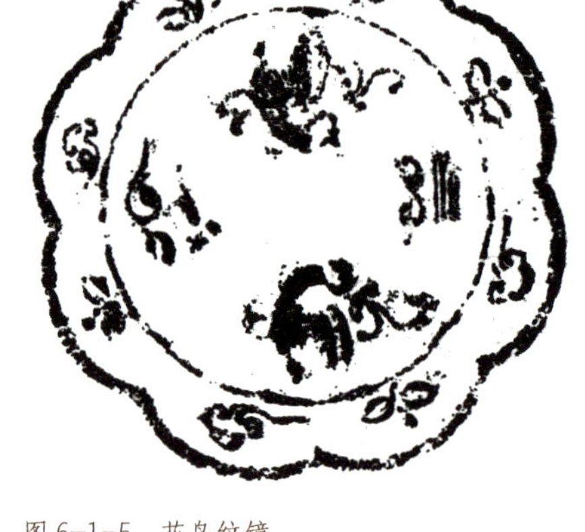

图 6-1-5　花鸟纹镜
（浙江海宁北宋墓出土，采自《文物》1983 年第 8 期，第 31 页，图一六）

6. 神仙人物故事纹镜

此类铜镜的纹饰题材颇为广泛，涉及神话传说、宗教信仰、历史故事和社会生活等各个方面。最常见的题材有仙人龟鹤纹、“明皇夜游”纹、飞仙纹、仙人渡海纹、供奉纹、佛说法纹、“巢父饮牛”纹等，尤以仙人龟鹤纹最多。其形制有圆形、葵花形、带柄形、钟形和桃形等样式。山东济南山东广播电视局[4]、安徽合肥北宋墓[5]所出者均属此类（图 6-1-6）。

7. 动物纹镜

此处所称的动物纹不包括前述龙纹、凤凰纹和花鸟纹及后文将要提到的瑞兽纹，其动物类别均是日常生活中较为常见的，包括耕牛纹、双鱼纹、蟾蜍纹、蜻蜓纹和蜜蜂纹等。镜形有圆形、委角方形、桃形和炉形等样式。湖北沙市北宋墓[6]、江西南昌市征集者[7]均属此类（图 6-1-7）。

8. 八卦纹镜

镜形有圆形、方形、葵花形、菱花形、八边形和桃形等式样。主题纹饰有八卦、八卦四神和八卦十二生肖等图案。此类铜镜流行于公元八世纪中叶至十世纪初，此后的宋、辽、元朝都有发现。河南巩县北宋墓[8]、湖南长沙北宋墓[9]所出者均属此类（图 6-1-8）。

9. 仿古纹镜

多为仿汉镜，以规矩纹镜和昭明镜为主，圆形。湖南常德戴家山北宋天禧年间（1017—1021 年）墓葬所出者，内圈饰规矩纹和神兽纹，间布乳钉。一侧有楷书铭文“震湖”二字，另一侧有倒置的楷书铭文“假充李镜，真乃猪狗”八字。

1 海宁县博物馆：《浙江海宁县东山宋墓清理简报》，《文物》1983 年第 8 期。
2 孔祥星、刘一曼：《中国古代铜镜》，北京：文物出版社，1984 年，第 155 页。
3 王国荣：《赤城县发现宋代六鹤同春镜》，《文物春秋》1991 年第 1 期。
4 王厚之、杨波：《山东省博物馆新收部分铜镜》，《考古》1995 年第 5 期。
5 合肥市文物管理处：《合肥北宋马绍庭夫妻合葬墓》，《文物》1991 年第 3 期。
6 沙市市博物馆：《沙市西郊荆沙村一座宋墓的清理》，《江汉考古》1992 年第 3 期。
7 陈定荣：《近年出土古镜及相关问题》，《江西文物》1990 年第 1 期。
8 河南省文化局文物工作队：《河南巩县石家庄古墓葬发掘简报》，《考古》1963 年第 2 期。
9 周世荣：《略谈长沙的五代两宋墓》，《文物》1960 年第 3 期。

①

②

图 6-1-6 神仙人物故事镜

（①山东济南山东广播电视局工地出土，采自《考古》1995 年第 5 期，第 474 页，图二：5；②安徽合肥北宋墓葬出土，采自《文物》1991 年第 3 期，第 31 页，图二二）

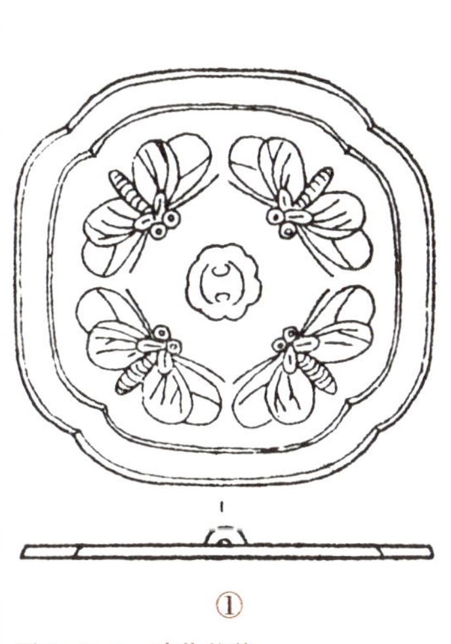

①

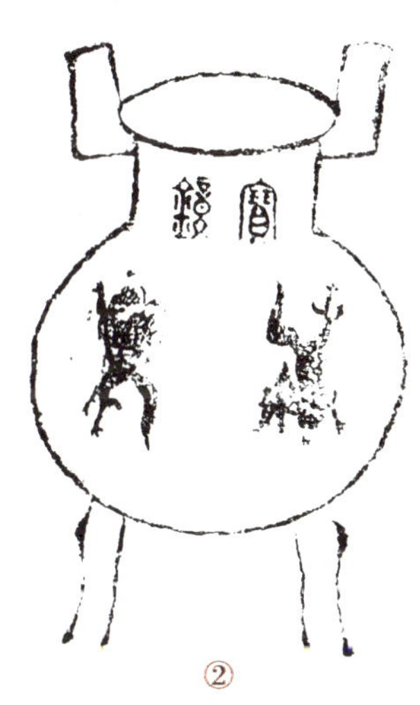

②

图 6-1-7 动物纹镜

（①湖北沙市北宋墓葬出土，采自《江汉考古》1992 年第 3 期，第 34 页，图四：5；②江西南昌市征集，采自《江西文物》1990 年第 1 期，第 29 页，图六：1）

①

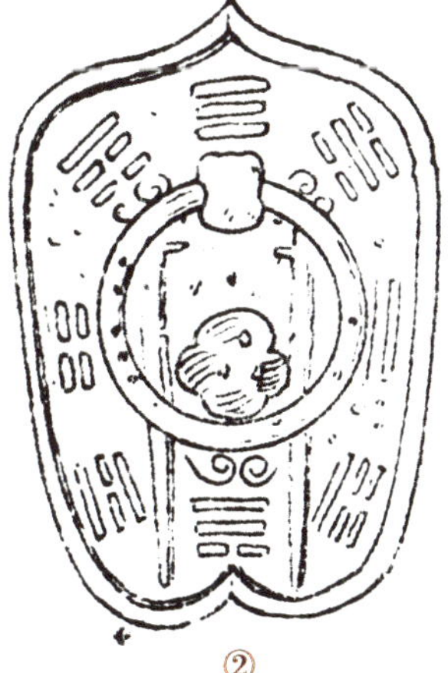

②

图 6-1-8 八卦纹镜

（①河南巩县北宋墓出土，采自《考古》1963 年第 2 期，第 76 页，图一一：5；②湖南长沙北宋墓出土，《文物》1960 年第 3 期，第 62 页，图 13）

外圈从外向里分别饰卷云纹和锯齿纹各一周[1]（图6-1-9）。

10. 素面铭文镜

此类铜镜形制多样，有圆形、方形、长方形、葵花形、菱花形、委角方形、带柄形、桃形、钟形和炉形等样式。铭文内容涉及范围较广，既有标明制造者或铸造地区的商标字号铭文镜，如宋代铜镜中大量存在的湖州镜；也有阐述处世哲学者，如湖北武昌南宋墓[2]出土铜镜，其上铭文为"八面玲珑、一尘不染"。还有反映佛道思想者，如河南商城县文管会所藏[3]，镜背以小篆"佛"字为中心，以弦纹方框界分为内外两区，内框铭文："南无□□□□□三普马大俱□□□您□□□□主隶准□婆娑阿部林"，外区为梵文一周（图6-1-10）。

11. 双剑纹镜

此类纹饰是宋代铜镜中较为特殊者，数量较少，不见于其他朝代。镜形有菱花形、桃形和钟形两种。江苏武进博物馆收藏桃形双剑纹镜[4]较具代表性，镜钮居上，其下为北斗七星，两侧各有三星。再下为一尊形器，尊形器四周布置乾、坤、坎、离四卦，两侧各饰宝剑一柄，剑外近缘处各有字符一行，当系道教符箓。湖南出土双剑纹镜[5]，两剑外侧各有一行铭文，即"安明贵宝"和"弗剑而镜"（图6-1-11）。

12. "卐"字纹镜

此类铜镜主要流行于中晚唐时期[6]，宋、辽两朝均有出土，但数量较少，质量较差。湖北浠水县北宋元祐三年（1088年）墓葬[7]出土铜镜作委角方形，镜背饰有凸线条的"卐"字形纹样（图6-1-12）。

13. 月宫镜

此类铜镜出现并流行于盛唐时期，其时铜镜中嫦娥、蟾蜍和玉兔往往共出，有时还有吴刚的身影，铜镜作圆形、葵花形和菱花形。至宋代，月宫镜纹饰中嫦娥、蟾蜍和玉兔均不同时出现，或仅为玉兔捣药，或出现代表月宫的楼阁建筑，且镜形灵活多变作云托月形，湖南[8]、四川[9]皆有此类铜镜出土（图6-1-13）。

14. 云雷纹镜

云雷纹是三代青铜器中常见的装饰纹样，汉代铜镜上曾有出现，如云雷连弧

---

1 常德市博物馆：《湖南常德市戴家山发现宋墓》，《考古》1996年第12期。
2 湖北省文物管理委员会：《武昌卓刀泉两座两宋墓葬的清理》，《考古》1964年第5期。
3 杨琼：《商城县文管会馆藏铜镜选介》，《中原文物》1996年第4期。
4 夏星南：《介绍江苏武进县博物馆藏的一件宋代铜镜》，《文物》1993年第8期。
5 孔祥星、刘一曼：《中国铜镜图典》，北京：文物出版社，1992年，第795—797页。
6 孔祥星、刘一曼：《中国古代铜镜》，北京：文物出版社，1984年，第166页。
7 浠水宋墓考古发掘队：《浠水县城关北宋石室墓发掘简报》，《江汉考古》1989年第3期。
8 孔祥星：《月宫镜——铜镜上的神话传说故事》，《文物天地》1992年第5期。
9 胡清友：《四川资中出土一件云纹托月宫铜镜》，《文物》1990年第4期。

图 6-1-9　仿古纹镜

（湖南常德北宋墓出土，采自《考古》1996 年第 12 期，第 61 页，图一）

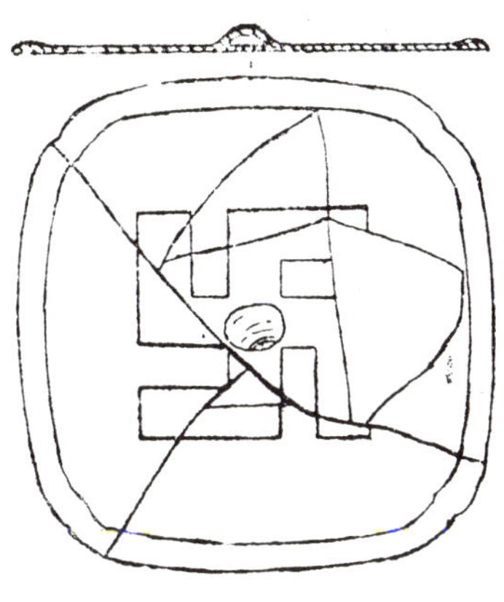

图 6-1-12　“卐”字纹镜

（湖北浠水北宋元祐三年墓葬出土，采自《江汉考古》1989 年第 3 期，第 14 页，图二：11）

①

②

图 6-1-10　素面铭文镜

（①湖北武昌南宋墓出土，采自《考古》1964 年第 5 期，第 240 页，图八；②河南商城县文管会收藏，采自《中原文物》1996 年第 4 期，第 115 页，图六）

①

②

图 6-1-11　双剑纹镜

（①江苏武进博物馆收藏，采自《文物》1993 年第 8 期，第 47 页，图二；②出土地点不明，采自《中国铜镜图典》，第 796 页）

纹镜[1]，宋代云雷纹镜数量较少。浙江东阳南宋墓[2]出土葵花形镜，镜背分内、外区，内区又分为四个小区，图案较模糊，云雷纹地，有两个不规则乳点；外区为双线勾连纹，也有两个不规则乳点（图 6-1-14）。

图 6-1-13　云纹托月镜拓片

（四川资中鱼溪区金李井乡白果树村出土，采自《文物》1990 年第 4 期，第 96 页）

15. 素面镜

镜形有圆形、方形、长方形、委角方形、葵花形、菱花形和带柄形等样式，尤以葵花形和菱花形数量居多。此类铜镜数量较多，分布较广，江苏、浙江、安徽、湖南、湖北、山西、福建等地均有出土（图 6-1-15）。

上述各种铜镜的流行年代不尽相同，呈现出较为明显的阶段性特征[3]，其发展演变大体可分为五期：

图 6-1-14　云雷纹镜

（浙江东阳南宋墓出土，采自《考古》1996 年第 9 期，第 90 页，图五：1）

第一期：北宋初期，即太祖、太宗和真宗三朝（960—1022 年）。本期铜镜形制有圆形、委角弧边方形和“圆缺形”三种，均是唐、五代以来比较常见的款式。纹饰内容上，除动物纹、花鸟纹、花卉纹、连毬纹和都省铜坊铭文镜等唐、五代传统类型外，新出现仿汉式的博局纹镜和昭明镜。其中，动物纹镜的部分形制与唐代铜镜一脉相承，纹饰布局亦相似；连毬纹镜以毬纹中间是否加饰莲花状花纹可分为两型，未饰莲花状花纹者多见于五代和宋初，而施以莲花状花纹者则始见于宋初。总体而言，北宋初期的铜镜在形制和纹饰上较多地继承了唐、五代的风格，创新和提高较少。较之后期的宋镜，此期铜镜尚处于一个借鉴和酝酿阶段，基本不具备成熟时期宋镜特有的形制多样、简单实用之特点。

第二期：北宋中期，即仁宗、英宗、神宗和哲宗四朝（1023—1100 年）。以仁宗和哲宗朝出土数量最多，神宗朝亦有出土，而英宗朝则基本不见。本期铜镜形制有圆形、委角方形、方形、葵花形、带柄形和桃形六种。较之北宋初期，本期仍以圆形镜为大宗，委角方形镜数量有所增加，但以委角直边镜为主，唐以来的委角弧边形镜数量相对减少，新出现方形镜、带

1 孔祥星、刘一曼：《中国古代铜镜》，北京：文物出版社，1984 年，第 86 页。

2 东阳市文物办：《浙江东阳市胡前山村发现南宋墓》，《考古》1996 年第 9 期。

3 宋代铜镜的发展阶段，以往学者多归纳为北宋早期、北宋中晚期和南宋三期（代表性论著有梁上椿：《岩窟藏镜》，大业印刷局育划印刷所，1935 年；李恒贤：《试谈宋元明铜镜的鉴别》，《江西历史文物》1981 年第 2 期；管维良：《中国铜镜史》，重庆：重庆出版社，2006 年）。亦有学者将宋代铜镜的发展历程细分为五期（陈章龙：《宋代铜镜分期初探》，吉林大学硕士学位论文，2007 年）。本书采用陈章龙先生的观点。

柄镜和桃形镜，数量虽然较少，但亦体现了宋代工匠在铜镜造型工艺上的突破。镜背纹饰上，承续前期而来的有连毬纹、动物纹、花卉纹和花鸟纹，本期新创的有八卦纹、人物故事纹、“卐”字纹和部分铭文等。其中，部分连毬纹镜的装饰较北宋初期更为复杂，除连毬纹中间点缀以莲花状花蕊外，周边还辅助装饰以散点式联珠纹和环绕镜背的花卉图案。本期铜镜虽在某些方面仍可见唐、五代的因素，如“都省铜坊”铭文镜的出土，部分纹饰的格式化布局，葡萄纹等唐代常用纹饰的应用等。但总体上讲，其演变还是主要的，具体表现在以下两个方面：第一，花卉纹镜的布局虽讲究对称原则，但常为四朵主花伴以连枝纹，迥异于唐代的六朵、八朵团花或宝相花，而且花纹刻画更加自由、写意，这一点也体现在瑞兽镜上；第二，产生了一些新的镜纹和镜形，如桃形镜和委角直边方形镜等。尤其是委角直边方形镜凸显了宋镜的特色，可作为本期铜镜尤其是素面镜区别于前朝铜镜的依据。

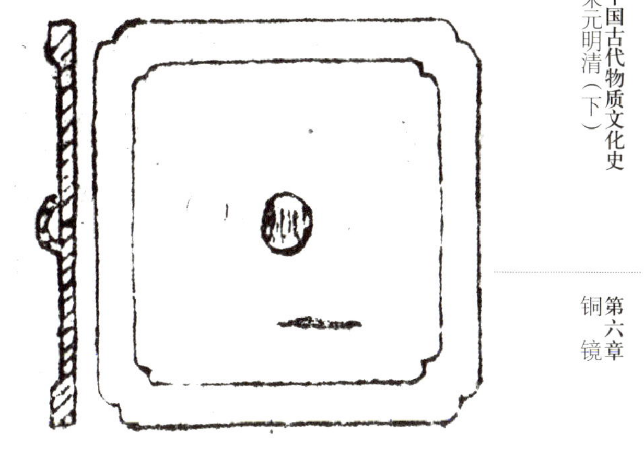

图 6-1-15　素面镜
（湖北浠水北宋墓出土，采自《江汉考古》1989 年第 3 期，第 14 页，图二：8、9）

第三期：北宋晚期，即徽宗和钦宗朝（1101—1127 年）。本期铜镜形制有圆形、葵花形、菱花形、方形、委角方形、钟形、炉形和带柄形八种。较之北宋中期，本期的圆形镜和葵花形镜仍占多数，方形镜、委角方形镜和带柄镜继续流行，不见桃形镜，新出现菱花形镜、钟形镜和炉形镜，尤其是钟形镜和炉形镜，基本上是模仿日常生活中的香炉和铜钟平面形状铸造而成的，反映了北宋工匠精湛的手工技巧和敏锐的想象力，凸显了两宋铜镜形制多样的特点。纹饰内容上，承续前期而来的有花卉纹、花鸟纹、八卦纹、人物故事纹、动物纹和部分铭文，本期新创的有瑞兽纹和龙纹。其中，人物故事纹的题材较北宋中期更为广泛，纹饰内容亦更加丰富。本期铜镜数量之多、形制和纹饰之杂，是两宋其他时期所无法比拟的，可称得上宋镜的黄金时期。镜背纹饰虽仍以花卉纹为主，但在北宋初、中期的基础上有所改进，花卉形状和花纹装饰都讲求一种祥瑞之气，表现了一种自然神力，当系道教书画模本影响所致。

第四期：南宋前期，即高宗到宁宗四朝（1127—1224 年）。本期铜镜形制有圆形、葵花形、菱花形、方形、炉形和带柄形六种，均可见于北宋晚期。纹饰内容上，题材多取自前代，如八卦纹、四神规矩纹、重圈花卉纹等，都是前代出现过的镜类。总之，南宋前期，除了湖州、建康等长江下游部分地区仍有部分铜镜生产外，其他地区的铜镜生产基本处于停滞倒退阶段。种类和形制无创新，质量似乎也较差。究其原因，当与宋、金隔江对峙的军事格局息息相关。史载北方广大地区在宋、金的军事争夺下，各经济中心和城市在南宋初基本沦为一片废墟。南宋政权所在的广大南方富饶之地，虽然经济生产条件比较优厚，但矿业生产却全面下降，特别是铜、银、锡等有色金属，产量更是急剧萎缩。

第五期：南宋晚期，即理宗朝以后（1224 年以后）。本期的铜镜形制有圆形、葵花形、菱花形、方形、带柄形、桃形、炉形和钟形八种。较之于南宋前期，本期的镜形有所增加，新出现桃形和钟形镜。镜背纹饰上，承续前期而来的有人物故事纹和部分铭文，本期新创的有俯冲双龙纹、云雷纹和双剑纹，其中，俯冲双龙纹镜特征鲜明，具有断代意义。南宋后期尤其是理宗朝的铜镜生产一改前期的衰退之势，可称得上南宋铜镜生产的中兴期，其数量有所增加，质量亦明显提高。究其原因，当与理宗朝的励精图治和社会生产力的恢复不无关系。但是，好景不长，理宗朝后期，由于蒙古大军的南下，江南经济遭到极大破坏，社会生产几近崩溃，包括铜镜生产在内的手工业生产急剧衰落下去，目前考古发现的南宋朝铜镜少见理宗朝后期以后者的主要原因，或许即在于此。

商标字号铭文镜在北宋中晚期的出现和南宋朝的盛行是宋代铜镜最重要的特征[1]。此类铜镜的字号外框均作长方形印章式，其位置多在镜钮右侧，亦有居左和左右两侧均有者，方框内竖写一行或多行铭文。铭文内容涉及铜镜产地、匠师姓氏和铜镜材料等，不少铭文还注明“真”“真正一色”等宣传字样，如“湖州真正石家无比炼铜照子”“饶州叶家久炼青铜照子”“建康府茆家炼铜照子”“成都龚家青铜照子”……反映了北宋中晚期以来铜镜的进一步商品化和商业竞争的加剧。依据铭文所记产地之不同，此类商标字号铭文镜可分为湖州镜、建康镜、饶州镜、成都镜、抚州镜、衢州镜、信州镜等诸多种类，尤以湖州镜数量最多，分布范围最广，其出土地域除了我国的内蒙古、黑龙江、辽宁、吉林、北京、河北、山东、新疆、陕西、河南、江苏、安徽、湖北、湖南、重庆、浙江、广东、福建、江西、云南、广西、四川等省份外，更远及蒙古、韩国和日本等邻近国家[2]。考虑到在商品经济的刺激和商品利益的驱使下，某些地区存在着冒用湖州名号仿制湖州镜的可能性，上述分布范围是否即为湖州镜的运销范围有待考证，如部分学者就怀疑四川地区所出的湖州镜可能即是当地镜师冒用湖州石氏名号仿制而成[3]。不过，如此广阔的分布地域，说明湖州镜在宋代铸镜业中享有崇高声誉。

第二节 辽代铜镜

较之宋、金铜镜，辽代铜镜研究明显滞后。1984年出版的《中国古代铜镜》是一部以时代为纲，系统阐述各历史时期铜镜之类型和特点的综合性著作，但该书却独缺对辽代铜镜的叙述。迟至1988年，学界方才展开对辽代铜镜的研究[4]。近年来，辽代铜镜的研究有所增多，以刘淑娟女士《辽代铜镜研究》一书较具代表性[5]。就形制的多样性而言，辽代铜镜亦不及宋、金两朝且多承唐代旧式。迄今所知的七种辽镜形制[6]中，唐代业已出现的就占了六种，即圆形、方形、菱花形、葵

1 杨夏薇：《宋代湖州镜的研究》，南京艺术学院硕士学位论文，2012年，第3页。

2 杨夏薇：《宋代湖州镜的研究》，南京艺术学院硕士学位论文，2012年，第12—22页。

3 孔祥星、刘一曼：《中国古代铜镜》，北京：文物出版社，1984年，第197页。

4 刘淑娟：《辽代铜镜的分类与分期》，《辽海文物学刊》1988年第2期。

5 刘淑娟：《辽代铜镜研究》，沈阳：沈阳出版社，1997年。

6 辽代铜镜的形制可分为圆形、方形、菱花形、葵花形、八角形、“亚”字形和带柄形七种，而“亚”字形则包括委角弧边方形和委角直边方形两亚种（潘春利：《辽金铜镜的艺术风格比较探究》，《艺术生活》2011年第3期）。

花形、委角弧边方形和带柄形[1]，不见于唐代的仅有委角直边方形和八角形两种。其中，委角直边方形镜当系宋、金影响的结果，而八角形镜则很可能系契丹民族的创造[2]。就镜背纹饰而言，辽代铜镜内容之丰富、题材之广泛丝毫不逊于宋、金铜镜。依据其内容之不同，辽代铜镜可分为连毬龟背纹镜、龙纹镜、凤纹镜、汉式镜、分花式镜、菱格珠点纹镜、重圈纹镜、荷叶纹镜、铭文镜、素面镜、神仙人物故事纹镜、云鸟鱼龙人物纹、松树纹镜、火焰纹镜、"卐"字纹镜、八卦纹镜和云鹤纹镜十七类。

1. 连毬龟背纹镜

此类铜镜是辽镜中数量最多而又最具特色的种类，时代特征强，流行于辽代早中期，晚期不见。镜形有圆形和委角方形两种。依据纹饰布置方式之不同，可分为两种类型，其一如辽宁法库县叶茂台辽墓[3]所出，镜背无方圆结合的图形，仅饰连毬纹，与宋代的连毬纹镜极为相似；其二如内蒙古赤峰市辽驸马赠卫国王墓[4]所出，镜背钮外饰方形连毬纹图案，外用连珠纹构成两个圆圈，内饰乳钉纹，两圆之间饰斜线珠点纹，圆外饰方框纹，框内四角饰四蝶，方框之间亦饰斜线珠点纹，框外则饰连毬纹。此种样式是辽代连毬纹镜的主体（图 6-2-1）。

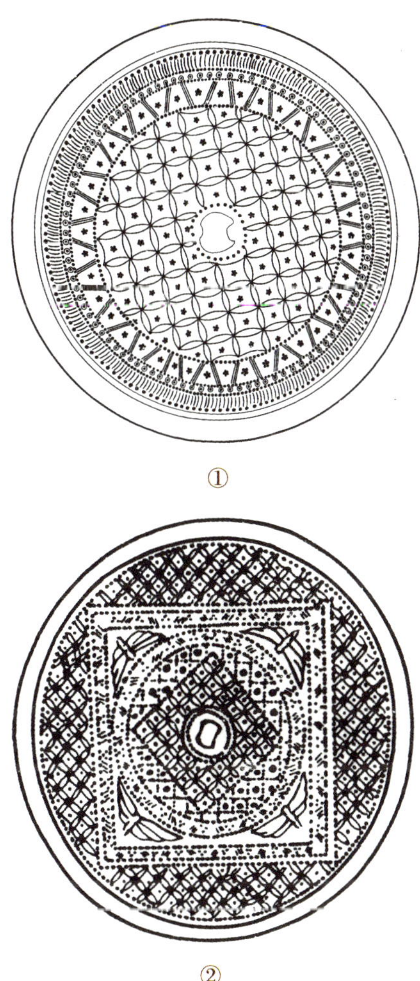

①

②

图 6-2-1 连毬龟背纹镜

（①辽宁法库县叶茂台辽墓出土，采自《辽代铜镜研究》，第 48 页，图三十二：A；②内蒙古赤峰市辽驸马赠卫国王墓出土，采自《辽代铜镜研究》，第 44 页，图二十七：B）

2. 龙纹镜

多作圆形，主题纹饰为一条或两条盘龙，以云朵衬双龙者居多，具有较强的时代特征。早期如耶律羽之墓[5]所出，继承了唐、五代龙纹风格，气势磅礴；中期如辽宁省阜新县塔营子乡西大巴村[6]所出，龙身蜿蜒蟠绕，仪态丰满（图 6-2-2）。

3. 凤纹镜

多作圆形，主题纹饰为成双成对的凤凰，可分为双凤纹镜、四凤纹镜和团凤云纹镜三种，以双凤纹镜居多。辽宁省凌源市凌

1 唐代形制的种类，可参看徐殿魁：《唐镜分期的考古学探讨》，《考古学报》1994 年第 3 期。不过，该文未列举有柄形镜，而现有研究成果表明，"圆形带柄镜始见于唐代，至宋代流行开来"（杨海霞：《宋辽金时期铜镜形制分类比较研究》，《当代艺术》2009 年第 3 期）。

2 刘淑娟：《辽代铜镜的分类与分期》，《辽海文物学刊》1988 年第 2 期。

3 转引自刘淑娟：《辽代铜镜研究》，沈阳：沈阳出版社，1997 年，第 48 页。

4 转引自刘淑娟：《辽代铜镜研究》，沈阳：沈阳出版社，1997 年，第 44 页。

5 内蒙古文物考古研究所等：《辽耶律羽之墓发掘简报》，《文物》1996 年第 1 期。

6 刘淑娟：《辽代铜镜研究》，沈阳：沈阳出版社，1997 年，第 39 页。

源镇八里铺村小喇嘛沟辽墓[1]所出可作为双凤纹镜的代表，四凤纹镜见于辽宁省博物馆所藏[2]，团凤云纹镜则有河北省平泉县征集的一面铜镜[3]（图6-2-3）。

4. 汉式镜

圆形，其仿汉特征主要表现在镜缘上，主题纹饰则随辽代各时期的纹饰而变化，早、中、晚期辽墓中均有出土。辽宁省博物馆所藏的连弧花草纹镜[4]属于辽代中期，钮座外饰八角连弧纹，每个角分别饰两两相对的花枝；吉林农安辽墓[5]出土的汉式牡丹纹镜属于辽代晚期，钮座外饰连珠纹一周，中心饰鸾鸟缠枝牡丹花纹，外有一周凸弦纹并缀有珠点花，二十五角连弧纹镜缘（图6-2-4）。

5. 分花式镜

镜形有圆形、葵花形、委角方形等式样。主题纹饰为牡丹、瓜瓞蝴蝶和飞天云纹组成的对称图案，依据构图方式之不同可分为二分式、三分式和四分式等种类，尤以四分式镜类数量最多。河北丰宁县辽墓[6]所出双蝶牡丹纹镜、天津市蓟县营房村辽墓[7]所出折枝牡丹纹镜、内蒙古科右前旗白辛屯辽墓[8]所出牡丹纹镜，分属以上三类（图6-2-5）。

6. 菱格珠点纹镜

圆形，主题纹饰由点、线组合而成，流行于辽代中期，可细分为三种类型，一如北京顺义木林乡安辛庄辽墓[9]所出，桥状钮周围饰七朵珠点小团花，外饰连珠纹一周；一如辽宁省博物馆所藏[10]，鼻钮外饰连珠圈点纹四周；一如辽宁博物馆所藏[11]，圆钮外饰菱格纹，其内缀以圆点（图6-2-6）。

7. 重圈纹镜

此类铜镜兴盛于辽代晚期并流行于金代，镜形有圆形和八角形两种样式，以圆形者居多。主题纹饰为围绕镜钮呈环状分布的花草纹和卷云纹。代表性实例有内蒙古宁城县大明城辽中京遗址[12]所出铜镜（图6-2-7）。

8. 荷叶纹镜

圆形，主题纹饰为以镜钮为中心呈放射状向外舒展的荷叶，其外或饰有缠枝

1 刘淑娟：《辽代铜镜研究》，沈阳：沈阳出版社，1997年，第123页。
2 刘淑娟：《辽代铜镜研究》，沈阳：沈阳出版社，1997年，第127页。
3 河北省文物研究所编：《历代铜镜纹饰》，石家庄：河北美术出版社，1996年，图版211。
4 刘淑娟：《辽代铜镜研究》，沈阳：沈阳出版社，1997年，第71页。
5 张英：《吉林出土铜镜》，北京：文物出版社，1990年，图版29。
6 河北省文物研究所编：《历代铜镜纹饰》，石家庄：河北美术出版社，1996年，图版212。
7 赵文刚：《天津市蓟县营房村辽墓》，《北方文物》1992年第3期。
8 潘行荣：《内蒙古科右前旗白辛屯古墓古城的调查》，《考古》1965年第7期。
9 北京市文物研究所、顺义县文物管理所：《北京顺义安辛庄辽墓发掘简报》，《文物》1992年第6期。
10 刘淑娟：《辽代铜镜研究》，沈阳：沈阳出版社，1997年，第121页。
11 刘淑娟：《辽代铜镜研究》，沈阳：沈阳出版社，1997年，第122页。
12 转引自刘淑娟：《辽代铜镜研究》，沈阳：沈阳出版社，1997年，第146页，图一六零。

①　②

图 6-2-2　龙纹镜

（①内蒙古赤峰市耶律羽之墓出土，采自《文物》1996 年第 1 期，第 16 页，图三二；②辽宁阜新县塔营子乡西大巴村出土，采自《辽代铜镜研究》，第 39 页，图二十三：A）

①　②　③

图 6-2-3　凤纹镜

（①辽宁凌源市凌源镇八里铺村小喇嘛沟辽墓出土，采自《辽代铜镜研究》，第 123 页，图一三零：B；②辽宁省博物馆收藏，采自《辽代铜镜研究》，第 127 页，图一三六：B；③河北省文物考古研究所收藏，采自《历代铜镜纹饰》，图版 211）

①　②

图 6-2-4　汉式镜

（①辽宁省博物馆收藏，采自《辽代铜镜研究》，第 71 页，图五十七：B；②吉林农安辽墓出土，采自《吉林出土铜镜》，图版 29）

①

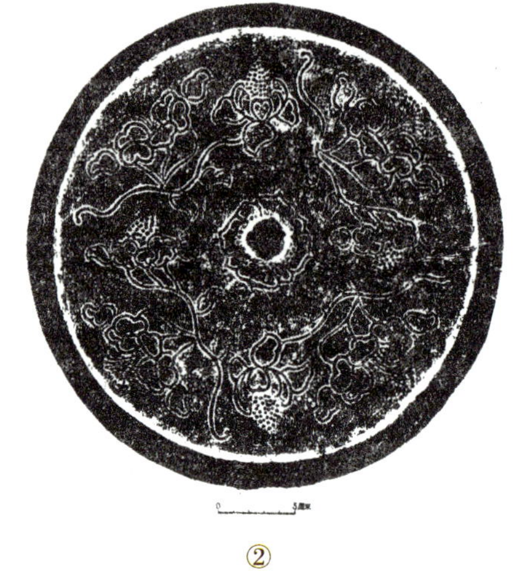

②

图 6-2-5　分花式镜

（①河北丰宁县辽墓出土，采自《历代铜镜纹饰》，图版 212；②内蒙古科右前旗白辛屯辽墓出土，采自《考古》1965 年第 7 期，第 376 页，图二）

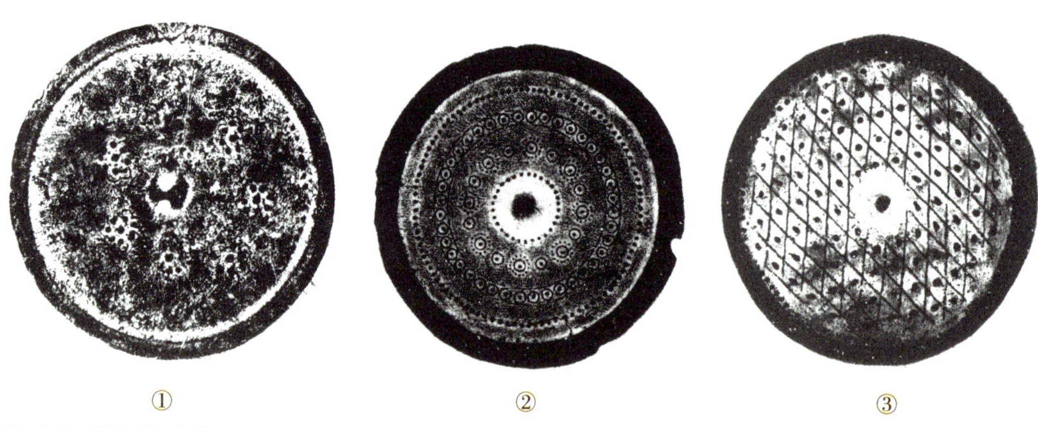

①　②　③

图 6-2-6　菱格珠点纹镜

（①北京顺义木林乡安辛庄辽墓出土，采自《文物》1992 年第 6 期，第 21 页，图一七；②辽宁省博物馆收藏，采自《辽代铜镜研究》，第 121 页，图一二八：B；③辽宁省博物馆收藏，采自《辽代铜镜研究》，第 122 页，图一二九：B）

牡丹纹。此类铜镜在五代时期就已出现，如湖南长沙窑岭 69 号墓[1]即出有一面荷叶纹镜，叶脉曲展，沿微内卷，辽代早期尚未发现，至中期始见，晚期则大为流行。吉林省梨树县胡家台辽墓[2]所出可作为此类铜镜的代表（图 6-2-8）。

9. 铭文镜

辽代中晚期始见，终止于辽代末期。依据文字性质之不同，可分为汉文镜和契丹文镜两种。汉文镜多作圆形，如辽宁省铁法市（今调兵山市）太平山[3]出土“千秋万岁”镜，辽宁省博物馆所藏“天庆三年”（1031 年）镜，契丹文镜多作八角形，如吉林省大安[4]所出（图 6-2-9）。

1 周世荣：《中国历代铜镜鉴定》，北京：紫禁城出版社，1993 年，第 151 页。

2 梨树县文物管理所：《吉林梨树胡家台辽代壁画墓》，《博物馆研究》1996 年第 3 期。

3 刘淑娟：《辽代铜镜研究》，沈阳：沈阳出版社，1997 年，第 164 页。

4 陈述：《跋吉林大安出土契丹文字铜镜》，《文物》1973 年第 8 期。

图 6-2-7　重圈纹镜
（内蒙古宁城县大明城辽中京遗址出土，采自《辽代铜镜研究》，第 146 页，图一六零）

图 6-2-8　荷叶纹镜
（吉林梨树县胡家台辽墓出土，采自《辽代铜镜研究》，第 157 页，图一七七）

10. 素面镜

镜形有圆形、方形和亚字形等样式，始见于辽代中期，流行至辽代晚期。辽宁省喀左县白塔子乡辽墓[1]为辽代中期，所出素面镜呈亚字形；辽宁省建昌县喇嘛洞乡辽墓[2]为辽代晚期，所出素面镜为圆形（图 6-2-10）。

11. 神仙人物故事纹镜

此类铜镜装饰题材较广泛，涉及宗教信仰和社会生活等方面。常见题材有迦陵频伽纹、亭阁人物抚琴纹和飞天云纹等，以迦陵频伽纹最具特色。此种纹饰是佛教经典中“妙音鸟”梵语的译音，见于内蒙古库伦旗辽墓壁画[3]，应系佛教影响所致。镜形多作圆形，代表性实例有辽宁省建平县张家营子辽墓[4]、河北省文物研究所所藏[5]、辽宁省建平县三家乡辽墓[6]所出者（图 6-2-11）。

12. 云鸟鱼龙人物纹镜

镜形有圆形、方形和葵花形等样式，以圆形者居多。依据纹饰布置方式之不同，可分为两种类型。其一如辽宁省博物馆所藏[7]，圆钮外浮雕三只大雁，间以鱼龙纹，近沿处饰有六朵如意云纹，整个镜背装饰未见分区；其二如内蒙古乌兰察布市察右前旗辽墓[8]所出，镜钮外饰连珠纹一周，连珠纹圈引四条连珠纹射线将镜背分为四个扇形，每扇面饰一侧向人物，人物前后及上部均饰一如意纹（图 6-2-12）。

13. 松树纹镜

圆形，主题纹饰为一棵枝叶茂盛的松树，枝干上缀满珠点，且有流苏垂

1 武家昌：《喀左北岭辽墓》，《辽海文物学刊》1986 年创刊号。
2 转引自刘淑娟：《辽代铜镜研究》，沈阳：沈阳出版社，1997 年，第 171 页。
3 内蒙古文物考古研究所、哲里木盟博物馆：《内蒙古库伦旗七、八号辽墓》，《文物》1987 年第 7 期。
4 冯永谦：《辽宁省建平、新民三座辽墓》，《考古》1960 年第 2 期。
5 河北省文物研究所编：《历代铜镜纹饰》，石家庄：河北美术出版社，1996 年，图版 224。
6 刘淑娟：《辽代铜镜研究》，沈阳：沈阳出版社，1997 年，第 83 页。
7 刘淑娟：《辽代铜镜研究》，沈阳：沈阳出版社，1997 年，第 134 页。
8 转引自刘淑娟：《辽代铜镜研究》，沈阳：沈阳出版社，1997 年，第 137 页。

①

②

图 6-2-9 铭文镜

（①辽宁铁法市太平山出土，采自《辽代铜镜研究》，第 164 页，图一八五：A；②吉林大安县出土，采自《文物》1973 年第 8 期， 第 36 页，图二）

图 6-2-10 素面镜

（辽宁喀左县白塔子乡辽墓出土，采自《辽代铜镜研究》，第 166 页，图一八六：A）

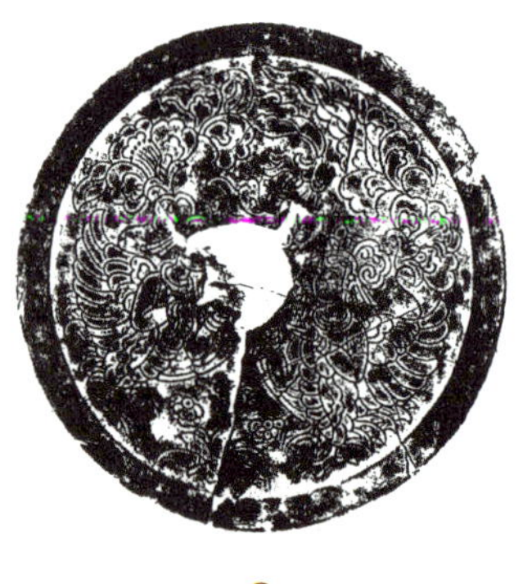

①

②

③

图 6-2-11 神仙人物故事纹镜

（①辽宁建平县张家营子辽墓出土，采自《考古》1960 年第 2 期，第 18 页，图二；②河北省文物考古研究所收藏，采自《历代铜镜纹饰》，图版 224；③辽宁建平县三家乡辽墓出土，采自《辽代铜镜研究》，第 83 页，图七十：A）

下，树干两侧各有一蝴蝶相对扑来，树根部饰以水纹。此类铜镜较为少见，数量亦不多，镜形作圆形。代表性实例有辽宁喀左县白塔子乡辽墓[1]所出（图6-2-13）。

14. 火焰纹镜

圆形，镜钮外环绕火焰纹，火焰纹外饰以如意云纹或人物纹等。此类铜镜是辽代铜镜中较为特殊者，类似的火焰纹还见于辽宁朝阳前窗户出土的鸡冠壶上，当与辽代崇奉佛教的社会风气有关。典型实例有内蒙古自治区敖汉旗大甸子乡辽代窖藏[2]所出（图6-2-14）。

15. “卐”字纹镜

“卐”字纹镜主要流行于中晚唐时期，宋、辽两朝均有出土，但数量较少，质量较差。1974年河北省平泉县拣选的“卐”字纹镜[3]，可视为辽镜中此类铜镜的代表（图6-2-15）。

16. 八卦纹镜

此类铜镜流行于公元八世纪中叶至十世纪初，此后的宋、辽、元朝都有发现。辽宁省绥中县秋子沟乡东山根村[4]曾出一枚方形八卦镜（图6-2-16）。

17. 云鹤纹镜

圆形，镜钮外饰对称云纹，外围六只仙鹤。此类题材较为少见，仙人骑鹤云游是道教信仰中的常见题材，铜镜上的云鹤纹或与此有关。辽宁省喀左县白塔子辽墓[5]所出即属此类（图6-2-17）。

辽代铜镜的发展演变可分为三期[6]：

第一期，辽代早期，即辽太祖建国初期至景宗后期（916—982年）。本期是唐镜和辽镜并存发展的时期，汉式镜只占少数。唐镜中瑞兽葡萄纹镜占有一定比例，而辽镜则以龟背连毬纹镜为主。

第二期，辽代中期，即圣宗初期至兴宗后期（983—1054年）。本期是辽代铜镜迅速发展并日臻成熟的时期，除个别墓中出土唐镜外，多数为辽镜，并形成了自己的风格。八角形镜开始流行，龟背连毬纹镜更加普遍，而分花式镜则得到长足发展，同时出现凤纹镜、菱格珠点纹镜、素面镜和迦陵频伽纹，后者显系佛教题材，是辽代中期信佛之风的真实写照，中期偏晚还出现云鸟鱼龙人物纹镜。

第三期，辽代晚期，即道宗初期至天祚失国（1055—1125年）。本期的辽镜风格为之一变，镜体厚重，镜缘多变，纹饰粗率，与早中期相比判若两代。早中期盛行的龟背连毬纹镜消失，云鸟鱼龙人物纹镜普遍流行，晚期偏晚阶段则呈现

---

1 武家昌：《喀左北岭辽墓》，《辽海文物学刊》1986年创刊号。

2 邵国田：《敖汉旗出土两件辽代铜镜》，《文物》1995年第5期。

3 河北省文物研究所编：《历代铜镜纹饰》，石家庄：河北美术出版社，1996年，图版226。

4 刘淑娟：《辽代铜镜研究》，沈阳：沈阳出版社，1997年，第88页。

5 武家昌：《喀左北岭辽墓》，《辽海文物学刊》创刊号（1986年）。

6 刘淑娟：《辽代铜镜研究》，沈阳：沈阳出版社，1997年，第171、172页。

①

②

图 6-2-12　云鸟鱼龙人物纹镜

（①辽宁省博物馆收藏，采自《辽代铜镜研究》，第 134 页，图一四六：B；②内蒙古乌兰察布市察右前旗辽墓出土，采自《辽代铜镜研究》，第 137 页，图一四九）

图 6-2-13　松树纹镜

（辽宁喀左县白塔子乡辽墓出土，采自《辽代铜镜研究》，第 76 页，图六十三：A）

图 6-2-14　火焰纹镜

（内蒙古敖汉旗大甸子乡辽代窖藏出土，采自《文物》1995 年第 5 期，第 65 页，图二）

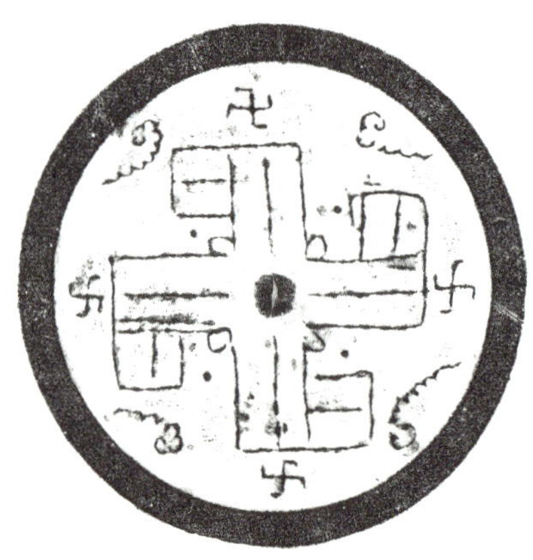

图 6-2-15　“卐”字纹镜

（河北省文物考古研究所收藏，采自《历代铜镜纹饰》，图版 226）

图 6-2-16　八卦纹镜

（辽宁绥中县秋子沟乡东山根村出土，采自《辽代铜镜研究》，第 88 页，图七十七）

出荷叶镜、重圈纹镜和铭文镜三者并存发展的现象。其中，重圈纹镜最为金代赏识，金墓常有此类铜镜出土。

图 6-2-17 云鹤纹镜
（辽宁喀左县白塔子辽墓出土，采自《辽代铜镜研究》，第 89 页，图七十八）

据不完全统计，现存辽代铜镜近千面[1]，但确为墓葬、遗址所出者仅百余面，其出土地域布及辽宁、内蒙古、河北、吉林、黑龙江和湖南等地。各地辽镜的类型及年代分布存在着较大的差异，从而使得辽代铜镜呈现出较为明显的区域性特征。契丹腹地所在的今内蒙古东部及辽西地区是辽代铜镜的主要产地，所出铜镜跨越早中晚三期，但以早中期数量为多，晚期镜则较少；种类丰富，基本囊括辽代铜镜的所有类型，而以龟背连毬纹镜数量最多。燕云地区所在的今河北西部和山西东部多见在辽政权中任职的汉人墓葬，出土的辽镜主要有分花式镜、龙纹镜、凤纹镜及反映佛教思想的“卍”字纹镜和亭阁人物抚琴镜。吉林省出土辽代铜镜数量较多，但多集中于辽代晚期，“天庆十年”铭文镜、大安出土的八角形契丹铭文镜、通榆县出土的缠枝牡丹纹镜和农安出土的汉式镜，都是重要的辽晚期铜镜。黑龙江所出的几面铜镜年代较早，如阿城出土的汉式镜和八瓣牡丹纹镜均为辽早期铜镜。出自湖南地区的辽代铜镜数量较少，年代亦不甚明了，多推测是文化交流的产物[2]。

第三节　金代铜镜

近百年来，金代铜镜的整理研究大致可分为三个阶段[3]。二十世纪五六十年代以前，著录很少，评价极低，如沈从文即认为，“南宋时，女真族在北方建立的金政权对生产破坏极大，官私镜子除部分沿用北宋旧样，也产生了些新式样，在制度上虽反映出些问题，艺术方面却无创造性”[4]；20 世纪 70 年代出版的《阿城县出土铜镜》[5]披露了 40 件金代铜镜，其中不乏纹饰优美、制作精细者，基本廓清了上一阶段的模糊认识；20 世纪 80 年代中期以来，有关图录逐渐增多，研究逐步

1 马尔开：《金代铜镜的工艺与题材》，《艺术市场》2012 年第 21 期。
2 刘淑娟：《辽代铜镜研究》，沈阳：沈阳出版社，1997 年，第 175—177 页。
3 王宇、刘广堂：《金代铜镜研究述评》，《中原文物》2000 年第 3 期。
4 沈从文：《唐宋铜镜》，北京：中国古典艺术出版社，1958 年，第 6 页。
5 阿城县文物管理所编：《阿城县出土铜镜》，北京：文物出版社，1974 年。

深入[1]。

据不完全统计，迄今所见金代铜镜2000余面[2]，其出土或传世之地相当广阔，除我国黑龙江、吉林、辽宁、河北、北京、天津、山西、陕西、甘肃、内蒙古、湖南、江苏等省区外，朝鲜、韩国、日本和俄罗斯滨海地区亦有发现，而尤以女真人之故地——即今吉林省、黑龙江省发现最多[1]。较之辽代，金代铜镜的形制更加多样，除有辽一代的所有镜形外，还有桃形、心形、附耳提梁形及凹面阳燧形和錾花双面形等样式[4]。就纹饰内容而言，可区分为自制和仿制两大系统。仿制镜盛造于大定年间，多是利用旧镜翻铸而成，亦有依前朝纹样仿制者。自制镜系指金代本朝创作、纹饰创新多变、出土或存世数量较多，集中体现金代工艺水平和时代风格的铜镜[5]。依镜背纹饰之不同，可归纳为双鱼纹镜、龙纹镜、童子戏花镜、神仙人物故事纹镜、花卉纹镜、花鸟纹镜、摩羯纹镜、素面镜、海船纹镜和双马纹镜等。

1. 仿古纹镜

圆形，依据所仿对象之不同，可分为仿汉镜、仿六朝镜和仿唐镜三种。仿汉镜主要有内向连弧缘花乳镜、内向连弧缘乳丁星云镜和昭明镜等，其上多带汉字铭文，造型浑厚古朴；仿六朝镜的纹饰内容多为神兽或翼龙；仿唐镜多是海兽葡萄镜。代表性实例见于《吉林出土铜镜》[6]《阿城县出土铜镜》[7]（图6–3–1）。

2. 双鱼纹镜

镜形有圆形、葵花形、八角形和带柄形等式样，是金代铜镜中数量最多、最富特色的镜类。主题纹饰为两条漫游的鲤鱼，首尾相对，周围饰翻卷的水波纹。代表性实例见于《中国铜镜图典》[8]《历代铜镜纹饰》[9]（图6–3–2）。

3. 龙纹镜

有圆形、菱花形、葵花形和八角形等镜形，多为双龙，亦有单龙和四龙。双龙镜中两龙首尾相对，互相追逐，如吉林前郭他虎古城所出者[10]；单龙镜龙身修长、首尾几乎相接，如吉林珲春所出者[11]；四龙镜镜背纹饰作四分式布局，四龙分

1 何堂坤：《几件金代铜镜的科学分析》，《北方文物》1990年第3期；张英：《吉林出土铜镜》，北京：文物出版社，1990年；徐英：《金代铜镜制作的成就与问题》，《阴山学刊》2005年第6期；王崇：《金代铜镜初步分析》，《黑龙江史志》2012年第1期；尤洪才：《金代铜镜两个问题的探讨》，《黑龙江史志》2013年第3期。

2 马尔开：《金代铜镜的工艺与题材》，《艺术市场》2012年第21期。

1 徐英：《金代铜镜制作的成就与问题》，《阴山学刊》2005年第6期。

4 潘春利：《辽金铜镜的艺术风格比较探究》，《艺术生活》2011年第3期。

5 尤洪才：《金代铜镜两个问题的探讨》，《黑龙江史志》2013年第3期。

6 张英：《吉林出土铜镜》，北京：文物出版社，1990年，图版98、103、131。

7 阿城县文物管理所编：《阿城县出土铜镜》，北京：文物出版社，1974年，图版32、34。

8 孔祥星、刘一曼：《中国铜镜图典》，北京：文物出版社，1992年，第822页。

9 河北省文物研究所编：《历代铜镜纹饰》，石家庄：河北美术出版社，1996年，图版244、247、249。

10 孔祥星、刘一曼：《中国铜镜图典》，北京：文物出版社，1992年，第813页。

11 孔祥星、刘一曼：《中国铜镜图典》，北京：文物出版社，1992年，第807页。

居其位，如《吉林出土铜镜》所收者[1]（图 6-3-3）。

4. 童子戏花镜

此类铜镜是金代铜镜中颇为流行的镜种，其形制有圆形、葵花形、菱花形、方形和八角形等式样。主题纹饰由童男童女和花枝叶曼构成，儿童数量为二至五个不等，样式也很多，构图生动。河北尚义县大清沟[2]、河北隆化县所出者[3]均属此类（图 6-3-4）。

5. 神仙人物故事纹镜

此类铜镜纹饰多取材于历史故事或神话传说，常见者有柳毅传书、许由洗耳、王质观棋、宁戚饭牛、月夜抚筝、吴牛喘月和仙人龟鹤齐寿纹等。其形制有圆形、葵花形、菱花形和带柄形等样式。河北唐县[4]、黑龙江阿城[5]、河北怀来县拣选者[6]均属于此类（图 6-3-5）。

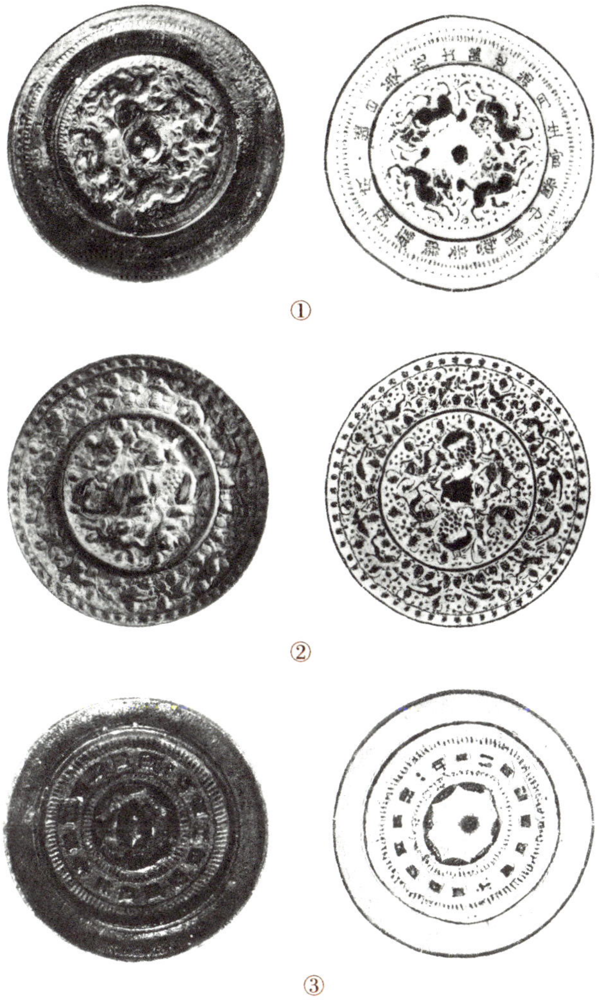

①

②

③

图 6-3-1　仿古纹镜
（吉林出土，采自《吉林出土铜镜》，图版 98、图版 103、图版 131）

6. 花卉纹镜

有圆形、葵花形、菱花形和委角方形等镜形，主题纹饰为各种不同形式的花枝、花瓣，依花卉布置之不同，可分为连枝花、缠枝花和切枝花等式样。黑龙江阿城[7]、河北邢台市[8]、河北承德县齐家营所出者[9]分属以上三类（图 6-3-6）。

7. 花鸟纹镜

数量不多，镜形有圆形、菱花形和带柄形等式样，主题纹饰为禽鸟与花枝的巧妙配合，不过图纹配置不似宋代花鸟镜那样有迹可循。代表性实例见于《历代

1 张英：《吉林出土铜镜》，北京：文物出版社，1990 年，图版 54。
2 河北省文物研究所编：《历代铜镜纹饰》，石家庄：河北美术出版社，1996 年，图版 251。
3 河北省文物研究所编：《历代铜镜纹饰》，石家庄：河北美术出版社，1996 年，图版 254。
4 河北省文物研究所编：《历代铜镜纹饰》，石家庄：河北美术出版社，1996 年，图版 257。
5 孔祥星、刘一曼：《中国铜镜图典》，北京：文物出版社，1992 年，第 841 页。
6 河北省文物研究所编：《历代铜镜纹饰》，石家庄：河北美术出版社，1996 年，图版 287。
7 孔祥星、刘一曼：《中国铜镜图典》，北京：文物出版社，1992 年，第 871 页。
8 河北省文物研究所编：《历代铜镜纹饰》，石家庄：河北美术出版社，1996 年，图版 373。
9 河北省文物研究所编：《历代铜镜纹饰》，石家庄：河北美术出版社，1996 年，图版 374。

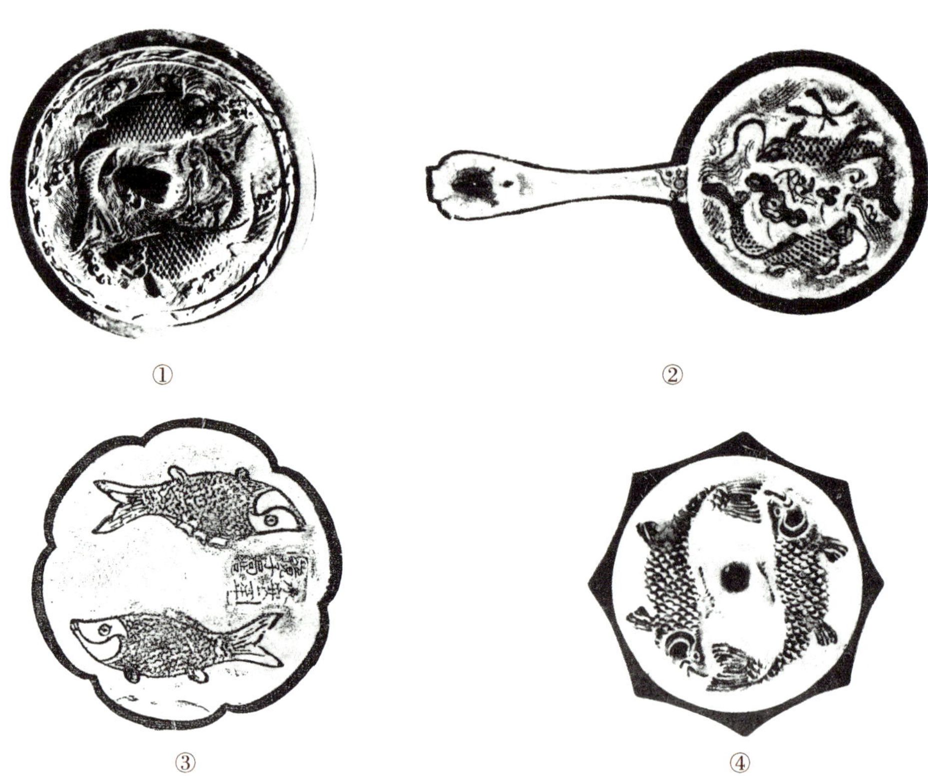

图 6-3-2　双鱼纹镜

（①黑龙江阿城县出土，采自《中国铜镜图典》，第 822 页；②③④河北承德市征集，采自《历代铜镜纹饰》，图版 244、图版 247、图版 249）

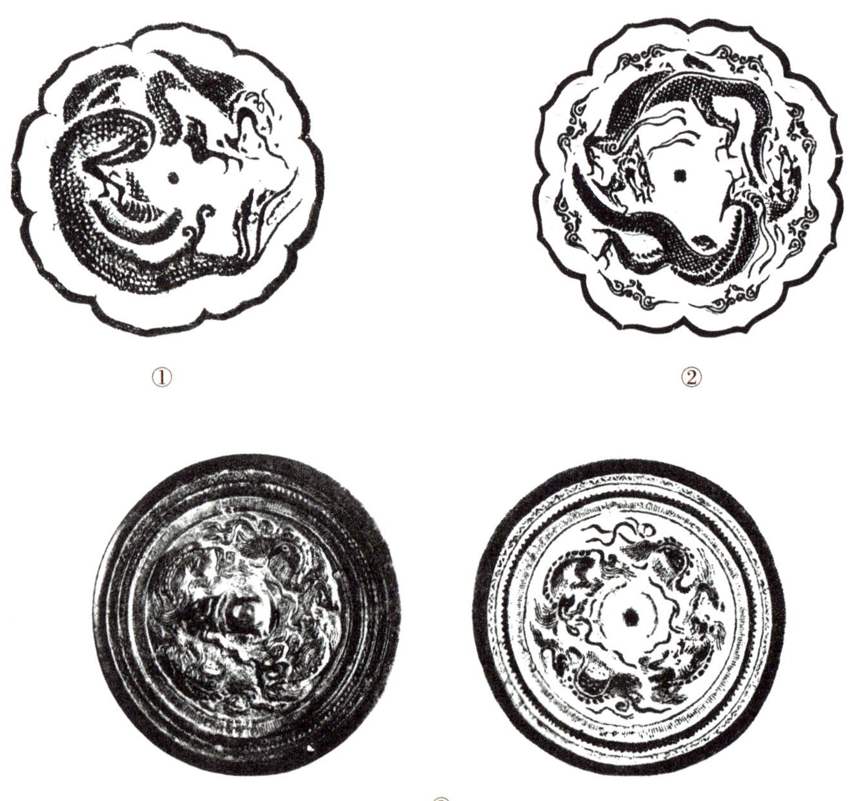

图 6-3-3　龙纹镜

（①吉林珲春市出土，采自《中国铜镜图典》，第 807 页；②吉林前郭他虎古城出土，采自《中国铜镜图典》，第 813 页；③吉林出土，采自《吉林出土铜镜》，图版 54）

①

②

图 6-3-4 童子戏花镜

（①河北围场县出土，采自《历代铜镜纹饰》，图版 251；②河北隆化县出土，采自《历代铜镜纹饰》，图版 254）

① ② ③

图 6-3-5 神仙人物故事纹镜

（①河北唐县出土，采自《历代铜镜纹饰》，图版 257；②河北怀来县拣选，采自《历代铜镜纹饰》，图版 287；③黑龙江阿城出土，采自《中国铜镜图典》，第 841 页）

铜镜纹饰》[1]（图 6-3-7）。

8. 摩羯纹镜

数量不多，但却是金代铜镜中独特的品种，镜形有圆形、葵花形和带柄形等样式，镜背纹饰可分为单摩羯和双摩羯两大类，摩羯均作龙首鱼身盘曲状，周围饰水波纹或火焰纹。代表性实例见于《中国铜镜图典》[2]（图 6-3-8）。

9. 素面镜

多作圆形，亦有少量菱花形。代表性实例见于《中国铜镜图典》[3]《吉林出土铜镜》[4]（图 6-3-9）。

10. 海舶纹镜、双马纹镜

两者数量都比较少，但却是金代铜镜中独特的品种，均作圆形。代表性实例

1 河北省文物研究所编：《历代铜镜纹饰》，石家庄：河北美术出版社，1996 年，图版 346—348。

2 孔祥星、刘一曼：《中国铜镜图典》，北京：文物出版社，1992 年，第 823、824 页。

3 孔祥星、刘一曼：《中国铜镜图典》，北京：文物出版社，1992 年，第 875—878 页。

4 张英：《吉林出土铜镜》，北京：文物出版社，1990 年，图版 56—62。

见于《历代铜镜纹饰》[1]《金代铜镜研究述评》[2]（图 6–3–10）。

金代自制镜的发展历程，大体可分为四期[3]：

第一期，金初至太宗天会年间（1115—1135 年），自制镜的空白期。据许亢宗《行程录》载，金天会年间已有造镜作坊。但这一时期金统治者致力于巩固政权和拓疆征战，社会经济受战争破坏，铸镜尚不能形成规模，大抵还是仿制宋辽旧镜。

第二期，金熙宗至海陵王统治时期（1135—1161 年），自制镜的产生期。本期的总体特点是创新镜类较少，发现数量亦较少且多集中于北方地区，构图简单，制作粗糙，而仍以仿宋辽镜为主。本期的典型作品为单龙纹镜，而最具金代民族和时代风格的双鱼纹镜也始铸于本期。

第三期，金世大定年间至章宗统治时期（1161—1208 年），自制镜的全盛期。本期的自制镜种类繁多，几乎包括前文列举的所有镜类，制作精良，分布广泛，题材丰富，构图多变，制作工艺和艺术水平均达到了较高的程度。具体可分为两段，早段约当世宗大定早、中年，其主要特点是双鱼纹镜一度流行，另一时代风格鲜明的镜类即四童子戏花镜出现并流行。双龙纹镜形成固定风格，构图生动、气势磅礴。单摩羯纹镜、许由巢父故事纹镜也开始摆脱旧有式样而走向创新道路。晚段约当大定晚年至章宗统治时期，其主要特点是双鱼纹镜继续流行，圈带双鱼纹镜、铭带双鱼纹镜、有柄双鱼纹镜和“镜子局”铸款双鱼纹镜在大定晚期至章宗明昌、承安年间一度兴盛。童子戏花镜处四童外，二童、三童和五童镜也一度流行。双龙纹镜在大定晚年承发年间发展一段后步入其衰落期。而摩羯纹镜则创新出双摩羯纹镜型和有柄镜类。吴牛喘月镜在大定晚期兴起，在明昌、承安年间则步入其高潮阶段。人物故事镜的大量涌现是本阶段最为明显的迹象，许由巢父摆脱了宋的构图影响，发展出新的镜型，仙人龟鹤齐寿镜大为兴盛。

第四期，卫绍王时期至金末（1208—1234 年），自制镜的衰败期。此期受战乱和经济衰退的影响，铜镜的数量较少且无创新镜型出现，官铸镜制造基本停滞，一些私家作坊镜可能有所发展，但仅是延续前期的纹饰风格，制作亦很粗糙。

金代铜镜的另一重要特征是多数铜镜边缘錾刻有官府检验刻记或押记[4]。最完备的刻款包括以下四个方面内容：第一，铸镜的时间，其中有些刻款标明的是官府检验的时间；第二，刻款末尾的花押记号；第三，铜镜的质量；第四，检验该铜镜的路、府、州、县的名称，包括一些地方组织的最高长官验记、造镜官府的名称、直接负责官员的官衔及姓氏等。这些刻款为研究金代铜镜的流行年代、使用地区以及金政权的结构和社会生活提供了可靠的实物资料[5]。据部分学者研究，金代铜镜的验镜机构存在着等级性差异：在诸京是“警巡院”，在诸府、节

1 河北省文物研究所编：《历代铜镜纹饰》，石家庄：河北美术出版社，1996 年，图版 278。

2 王宇、刘广堂：《金代铜镜研究述评》，《中原文物》2000 年第 3 期。

3 尤洪才：《金代铜镜两个问题的探讨》，《黑龙江史志》2013 年第 3 期。

4 虽然目前所发现的刻铭铜镜有相当一部分非金代所制，而是宋、辽之镜，但其铭大部分为金代所刻。换言之，检验刻记即使不是金镜所独有的，至少可认为是以金镜最多。

5 旅顺博物馆编：《旅顺博物馆藏铜镜》，北京：文物出版社，1997 年，第 11 页。

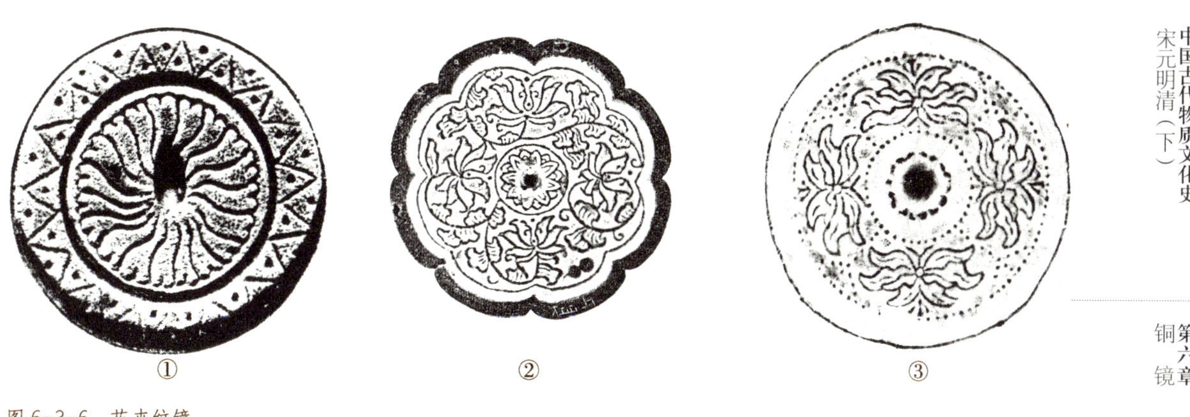

①　②　③

图 6-3-6　花卉纹镜

（①黑龙江阿城县出土，采自《中国铜镜图典》，第 871 页；②河北邢台市拣选，采自《历代铜镜纹饰》，第 373 页；③河北省承德县齐家营出土，采自《历代铜镜纹饰》，第 374 页）

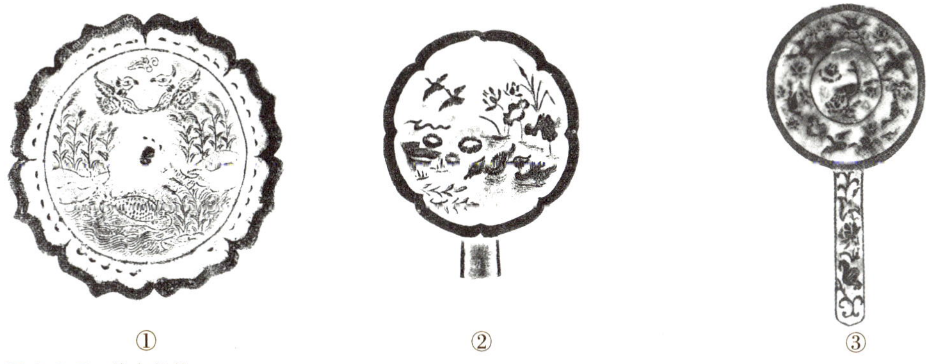

①　②　③

图 6-3-7　花鸟纹镜

（①河北保定市拣选，采自《历代铜镜纹饰》，图版 346；②河北张家口市拣选，采自《历代铜镜纹饰》，图版 347；③河北省定县出土，采自《历代铜镜纹饰》，图版 348）

①　②

图 6-3-8　摩羯纹镜

（①甘肃临洮出土，采自《中国铜镜图典》，第 823 页；②河南淇县征集，采自《中国铜镜图典》，第 824 页）

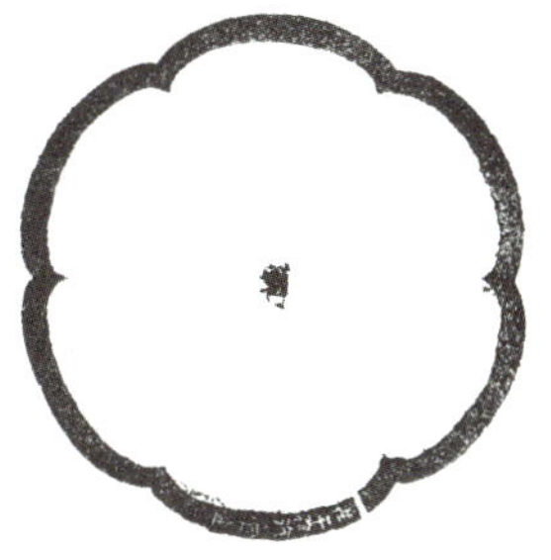

图 6-3-9　素面镜

（山东茌平出土，采自《中国铜镜图典》，第 876 页）

①　②

图 6-3-10　海舶纹镜

（①河北崇礼县出土，采自《历代铜镜纹饰》，图版 278；②出土地点不明，采自《中原文物》2000 年第 3 期，第 54 页，图八）

镇州是“录事司”，在诸防刺州是“司侯司”，在各县是县令或主簿[1]。就现有材料来看，金代铜镜的检验刻记使用时间较长，起自世宗早期而终于章宗晚期，历时约40年，而这一时期恰是金朝实行铜禁的阶段[2]。史载本阶段铜禁极严，铜镜的制造和流通必须经过有关机构认可，新铸铜镜要经官府验证后方可出售，而民间原有铜镜则要全部送到当地官府登记，并刻上铭款、押记以示归属后方可使用[3]。由此便不难理解官方检验刻记在世宗早期至章宗晚期的金代铜镜中盛行的现象。不过，这只是金代铜镜对上述规定适应的一个方面，另一方面，民间镜师多仿汉、唐、宋镜并“托为旧物”以障官府耳目，使得仿制镜在金代的铜禁阶段大行其道[4]。

第四节　元代铜镜

元代手工业生产虽自13世纪末叶开始逐渐恢复，但是铜镜的铸造却呈现出明显的衰颓之势。迄今所见的元代铜镜不仅数量较少，工艺水平亦不高[5]。或许正因如此，目前的元代铜镜研究仍处于初始阶段，披露和介绍元代铜镜的图录和论著虽多，但较为全面深入的研究寥寥无几[6]。

从目前的传世品和出土材料来看，元代铜镜形制有圆形、方形、葵花形、菱花形、带柄形、钟形和炉形七种，以圆形最多，表现出对宋镜形制的直接继承。依据镜背装饰之不同，可将元代铜镜分为龙凤纹镜、神仙人物故事纹镜、动物纹镜、梅月纹镜、缠枝牡丹纹镜、铭文镜、仿古纹镜、莲花八宝纹镜、符箓星象八卦纹镜和汉元钱纹镜十类。

1. 龙凤纹镜

多作圆形，主题纹饰为双龙、双凤或一龙一凤，周身衬以仙山大海，有者刻“至元四年”铭文。代表性实例有甘肃漳县元代汪世显家族墓[7]、河北省石家庄[8]、江西永丰佐龙乡元墓所出者[9]（图6-4-1）。

2. 神仙人物故事纹镜

多作圆形，亦有少量带柄形和花叶形。题材广泛，有仙人龟鹤纹、大德元年铭观音纹、八仙过海纹、柳毅传书纹、许由洗耳纹、山水人物故事纹、对弈纹、

1 孔祥星、李雪梅：《关于金代铜镜上的检验刻记》，《考古》1992年第2期。

2 尤洪才：《金代铜镜两个问题的探讨》，《黑龙江史志》2013年第3期。

3 徐英：《金代铜镜制作的成就与问题》，《阴山学刊》2005年第6期。

4 张英：《吉林出土铜镜》，北京：文物出版社，1990年，第3页。

5 管维良：《中国铜镜史》，重庆：重庆出版社，2006年，第327页。

6 刘淑娟：《元代铜镜研究》，辽宁省文物考古研究所编：《辽宁考古文集》，沈阳：辽宁民族出版社，2003年，第295—309页。

7 甘肃省博物馆、漳县文化馆：《甘肃漳县元代汪世显家族墓葬》，《文物》1982年第2期。

8 河北省文物研究所：《历代铜镜纹饰》，石家庄：河北美术出版社，1996年，图版401。

9 杨后礼：《江西永安县元代延祐六年墓》，《文物》1987年第7期。

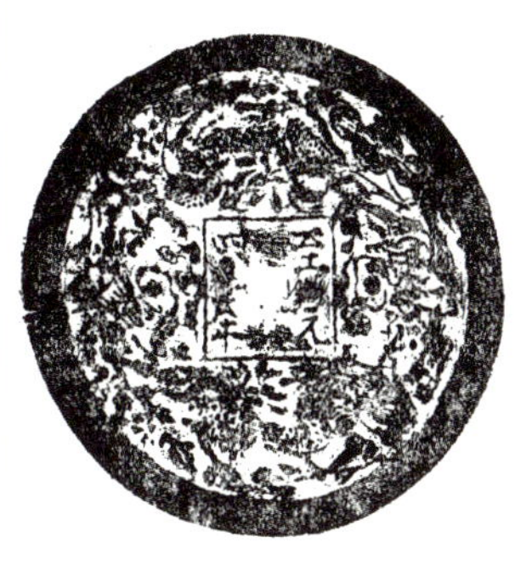
①

②

图 6-4-1 龙凤纹镜
（①甘肃漳县元代汪世显家族墓葬出土，采自《文物》1982年第2期，第17页，图六；②河北石家庄拣选，采自《历代铜镜纹饰》，图版401）

洛神故事纹和户外讲学纹等。河北高碑店[1]、河南淇县[2]、北京西绦胡同所出者[3]均属于此类（图 6-4-2）。

3. 动物纹镜

包括双羊戏猴纹、六鹤争春纹和双鱼纹等，以圆形居多，亦有少量带柄形。代表性实例可见《历代铜镜纹饰》[4]、《旅顺县博物馆藏铜镜》[5]、河南省信阳元代残墓[6]（图 6-4-3）。

4. 梅月纹镜

圆形，数量不多，镜钮上为一枝梅花，钮下水波涟漪，一月牙倒映水中。河南林州市所出即属此类[7]（图 6-4-4）。

5. 缠枝牡丹纹镜

数量较少，圆形，花瓣钮座外有六组葡萄缠枝纹。代表性实例有江苏吴县虎丘元墓所出者[8]（图 6-4-5）。

6. 铭文镜

多为圆形，依文字性质之不同，可分为梵文镜、汉文镜和梵、汉两体镜三种类型，汉文镜多刻吉祥用语和纪年款识。北京密云县元代壁画墓[9]、内蒙古元上都

1 河北省文物研究所：《历代铜镜纹饰》，石家庄：河北美术出版社，1996年，图版396。
2 耿青岩：《河南淇县征集的一批宋元铜镜》，《考古》1987年第3期。
3 中国社会科学院考古研究所、北京市文物管理处、元大都考古队：《北京西绦胡同和后桃园的元代居住遗址》，《考古》1973年第5期。
4 河北省文物研究所：《历代铜镜纹饰》，石家庄：河北美术出版社，1996年，图版397。
5 旅顺博物馆编：《旅顺博物馆藏铜镜》，北京：文物出版社，1997年，图版202。
6 河南省博物馆：《河南省信阳发现元代残墓》，《考古》1966年第4期。
7 张增午：《河南林州市出土古代铜镜》，《考古》1997年第7期。
8 江苏省文物管理委员会：《江苏吴县元墓清理简报》，《文物》1959年第11期。
9 张先得、袁进京：《北京市密云县元代壁画墓》，《文物》1984年第6期。

①

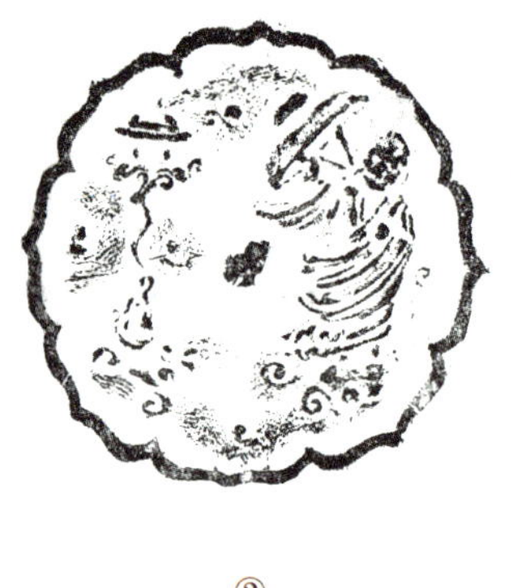

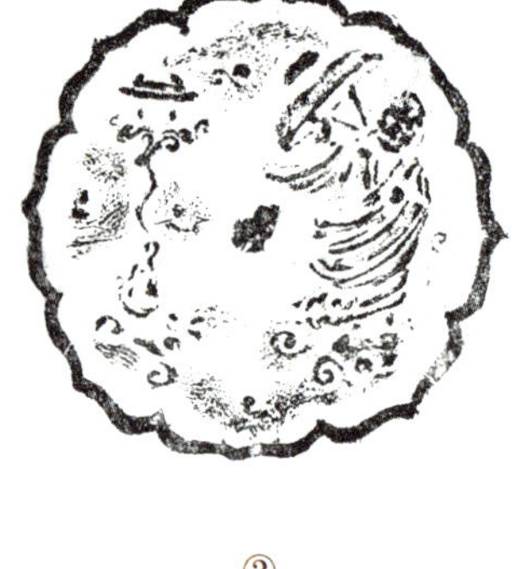

②

③

图 6-4-2 神仙人物故事纹镜

（①河北高碑店拣选，采自《历代铜镜纹饰》，图版 396；②河南淇县出土，采自《考古》1987 年第 3 期，第 283 页，图一：3；③北京西绦胡同元代居住遗址出土，采自《考古》1973 年第 5 期，第 283 页，图九：4）

图 6-4-3 动物纹镜

（河北保定市拣选，采自《历代铜镜纹饰》，图版 397）

图 6-4-4 梅月纹镜

（河南林州市出土，采自《考古》1997 年第 7 期，第 79 页，图七）

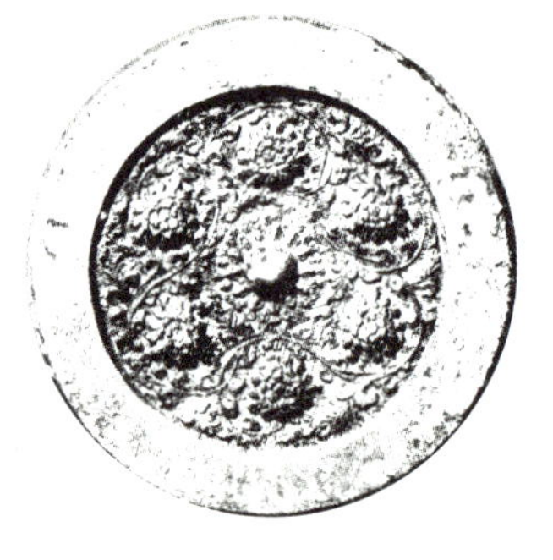

图 6-4-5 缠枝牡丹纹镜

（江苏吴县虎丘元墓出土，采自《文物》1959 年第 11 期，第 23 页，图 13）

南砧子山南区墓葬[1]、吉林[2]、浙江宁波所出者[3]均属于此类（图 6-4-6）。

1 内蒙古文物考古研究所、锡林郭勒盟文物管理站、多伦县文物管理所：《元上都城南砧子山南区墓葬发掘报告》，李逸友、魏坚主编：《内蒙古文物考古文集》第一辑，北京：中国大百科全书出版社，1994 年，第 639—671 页。

2 张英：《吉林出土铜镜》，北京：文物出版社，1990 年，图版 139。

3 孔祥星、刘一曼：《中国铜镜图典》，北京：文物出版社，1992 年，第 894 页。

①

②

③

图 6-4-6 铭文镜

（①元上都城南砧子山南区墓葬出土，采自《内蒙古文物考古文集》第一辑，第 656 页，图十七；②浙江宁波出土，采自《中国铜镜图典》，第 894 页；③吉林出土，采自《吉林出土铜镜》，图版 139）

7. 仿古镜

圆形，依所仿对象之不同可分为仿汉镜和仿唐镜两种，仿汉镜主要有花草纹镜、瑞兽纹镜、四乳云纹镜和四乳禽兽纹镜，仿唐镜则多为海兽葡萄纹镜。代表性实例有内蒙古赤峰市元宝山元代壁画墓[1]、内蒙古四子王旗城元墓[2]、江苏无锡[3]、内蒙古凉城县后德胜元墓所出者[4]（图 6-4-7）。

8. 莲花八宝纹镜

圆形，数量不多，是元代铜镜中较为特殊的种类。如北京龙潭湖元代墓葬所出[5]，主区作莲花状，莲瓣内饰法轮、法螺、宝伞、白盖、莲花、宝瓶、金鱼、盘肠等八宝图形。缘内饰带状太极金刚杵图形一周（图 6-4-8）。

---

1 项春松：《内蒙古赤峰市元宝山元代壁画墓》，《文物》1983 年第 4 期。

2 内蒙古文物考古研究所、乌兰察布博物馆、四子王旗文物管理所：《四子王旗城卜子古城及墓葬》，李逸友、魏坚主编：《内蒙古文物考古文集》第二辑，北京：中国大百科全书出版社，1997 年，第 688—712 页。

3 无锡市博物馆：《江苏无锡市元墓中出土一批文物》，《文物》1964 年第 12 期。

4 内蒙古自治区文化厅文物处、乌兰察布盟文物工作站：《内蒙古凉城县后德元胜元墓清理简报》，《文物》1994 年第 10 期。

5 周世荣：《中国历代铜镜鉴定》，北京：紫禁城出版社，1993 年，第 186 页。

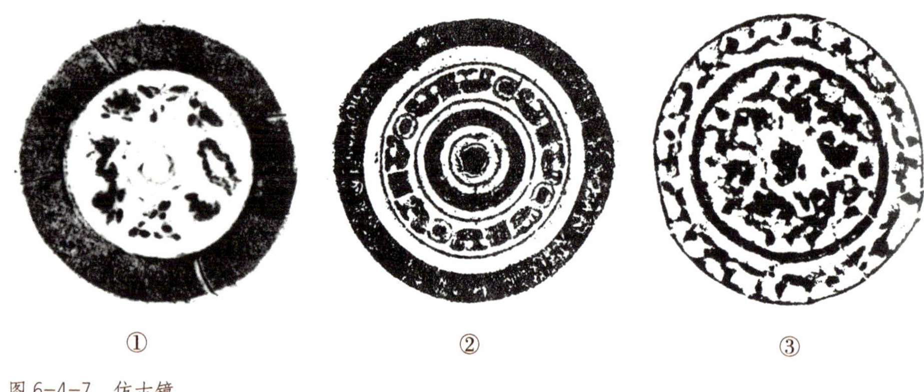

图 6-4-7 仿古镜

（①内蒙古四子王旗城元墓出土，采自《内蒙古文物考古文集》第二辑，第 703 页，图一八：1；②江苏无锡市元墓出土，采自《文物》1964 年第 12 期，第 54 页，图一；③内蒙古凉城县后德元胜元墓出土，采自《文物》1994 年第 10 期，第 18 页，图一七）

图 6-4-8 莲花八宝纹镜

（北京龙潭湖元代墓葬出土，采自《中国历代铜镜鉴定》，第 186 页，图二八六）

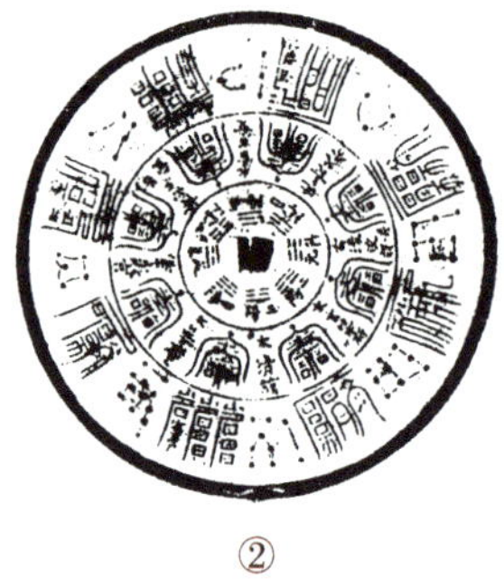

图 6-4-9 星相镜

（①出土地点不明，采自《中国铜镜图典》，第 891 页；②河南孟津县出土，采自《中国铜镜图典》，第 892 页）

9. 星相镜

圆形，数量不多，是元代铜镜中较为特殊的种类，有八卦星相镜和十二属二十八宿图形镜两种。八卦星相镜装饰图案分内、中、外三区，内区八卦纹环钮一周，八卦外注有元阳、二阳、三样、四阳、元阴、二阴、二阳、四阴字样。中区环列八个“寿”字，“寿”与“寿”字之间有太玄禁府、太清宫、太华台、紫微宫、皇帝左居堂、太素右堂、元长父舍、玄凌交度府等铭文。外圈八个符箓与八个星座相间环绕。十二属二十八宿图形镜镜钮外饰一周十二属相图，即鼠、牛、虎、兔、龙、蛇、马、羊、猴、鸡、狗、猪。十二属外配以二十八宿，西方白虎——奎、娄、胃、昂、毕、觜、参，东方苍龙——角、亢、氐、房、心、尾、箕，北方玄武——斗、牛、女、虚、危、室、壁，南方朱鸟——并、鬼、柳、星、张、翼、轸。代表性实例见于《中国铜镜图典》[1]（图 6-4-9）。

10. 汉元钱纹镜

仅湖南省博物馆收藏一例[2]，形制和纹饰特殊，单列一类。香炉形，镜背上部饰云雷纹，间有铭文两行：“汉元年中秋□”，下半部饰波浪纹，中间有货币钱纹和印纹（图 6-4-10）。

1 孔祥星、刘一曼：《中国铜镜图典》，北京：文物出版社，1992 年，第 891、892 页。

2 周世荣：《中国历代铜镜鉴定》，北京：紫禁城出版社，1993 年，第 185 页。

较之宋、金两朝，元代铜镜的装饰题材既有继承又有创新，如仙人龟鹤纹、柳毅传书纹、许由洗耳纹、花鸟纹、缠枝牡丹纹、仿汉纹和仿唐纹等均是宋、金铜镜中常见的装饰内容，八仙过海纹镜、山水人物故事纹镜、对弈纹镜、洛神故事纹镜、梵文镜、八思巴文镜和汉元钱纹镜则属于元代新创。总体上讲，元代铜镜呈现的新特征可归纳为以下三点：第一，佛、道教题材增多，最典型者如仙人龟鹤纹和梵文镜，前者不仅见于铜镜上，亦大量出现于瓷盘中，反映了道教信仰的盛行，后者时代特征鲜明，是有元一代佛教信仰的客观反映；第二，山水人物故事纹盛行并为明代所继承，冲破了此前图案装饰的羁绊；第三，杂剧人物出现，八仙故事多见于唐宋元明文人的记载中，元代杂剧里更有他们的形象，其中尤以八仙过海的故事流传最广，元代工匠将之移植到铜镜上，造就了一种新的艺术境界[1]。

图 6-4-10　汉元钱纹镜
（湖南省博物馆收藏，采自《中国历代铜镜鉴定》，第 185 页，图二八五）

第五节　明代铜镜

明代虽处于我国铜镜发展史的尾声[2]，但是其铸镜业却获得了极大的发展[3]。较之宋元时期，有明一代的铜镜数量更多，质量亦有所提高，以至于某些学者径称之为“衰落期的回光返照阶段”[4]。不过，现存的明代铜镜多为传世品，经考古发掘出土者实属少数[5]，加之其艺术成就不及汉、唐铜镜，故长期不为学术界所注重，有关研究很薄弱，1984 年出版的《中国古代铜镜》一书即无明代铜镜之专章。现今所见铜镜图录和论著虽不乏对明代铜镜的涉猎，但多为简单的介绍和诸如“制作粗糙”“形制单一”等武断评述[6]，深入研究尚待展开。

就形制而言，明代铜镜可分为圆形、带柄形、带支架型、正方形、长方形、菱花形和葵花形七种，以圆形最多。参照纪年镜或纪年墓可知，圆形镜自明初一直沿用至明末；带支架镜仅见于明初的洪武年间；正方形镜流行于明代晚期；长方形镜的铸造年代当不晚于永乐年间。其他如带柄形镜、菱花形镜和葵花形镜的流行年代，则因缺乏有明确纪年信息的标准镜以资对比而不可详考[7]。依据镜背装饰之异，可将明代铜镜分为龙纹镜、凤凰纹镜、龙凤纹镜、双鱼纹镜、花卉纹

1 刘淑娟：《元代铜镜研究》，《辽宁考古文集》，沈阳：辽宁民族出版社，2003 年，第 295—309 页。
2 管维良：《中国铜镜史》，重庆：重庆出版社，2006，第 336 页。
3 苏强：《明代铜镜概述》，《中国国家博物馆馆刊》2012 年第 4 期。
4 广西壮族自治区博物馆编：《广西铜镜》，北京：文物出版社，2004 年，第 22 页。
5 刘宁：《铜镜知识三十讲》，北京：荣宝斋出版社，2004 年，第 69 页。
6 魏玉光：《为明代铜镜正名》，《文史天地》1999 年第 3 期。
7 苏强：《明代铜镜概述》，《中国国家博物馆馆刊》2012 年第 4 期。

镜、神仙人物故事纹镜、吉祥纹镜、乐器纹镜、五岳真形纹镜、仿古纹镜和铭文镜十一类，另有数量较多的素面镜。

1. 龙纹镜

镜形有圆形、带柄形和带支架形等式样，主题纹饰以单龙和双龙居多，亦有少量三龙纹，龙身细长而卷曲，周围饰以水波纹或流云纹。故宫所藏铜镜[1]和《中国铜镜图典》[2]均可见此类铜镜，河北承德石灰窑村所出三龙纹镜[3]亦属此类（图 6–5–1）。

图 6–5–1　龙纹镜
（出土地点不明，采自《中国铜镜图典》，第 903 页）

2. 凤凰纹镜

圆形，依据凤纹数量和表现手法之不同分为两种类型，一如辽宁旅顺博物馆藏四凤镜[4]，镜背仅饰四凤凰，作逆时针环钮状，装饰简洁；一如旅顺博物馆藏八凤镜[5]，镜钮四周均匀分布四个戳记形团凤纹，其外饰四只长尾展翅的凤鸟，凤鸟头部皆向钮环列，其间饰稀疏云纹及星纹，装饰较为繁缛（图 6–5–2）。

3. 龙凤纹镜

圆形，依据龙、凤方向之不同分为两种类型，一如河南南阳溅水郡主墓所出者[6]，龙、凤反向对置于钮之两侧，其外饰花草纹；一如故宫博物院藏之万历鎏金龙凤纹镜[7]，龙、凤同向对置于钮之两侧，间饰流云纹（图 6–5–3）。

4. 双鱼纹镜

圆形，主题纹饰为一对首尾相接，作逆时针环钮状的鲤鱼，钮之上下或刻有铭文，或饰以水草纹，装饰简洁。代表性实例见于《中国铜镜图典》[8]（图 6–5–4）。

5. 花卉纹镜

圆形，常以三至五株花卉为装饰，各株花卉相互隔离，其间留白，如湖北随州市博物馆[9]、故宫博物院所藏者[10]（图 6–5–5）。

1 何林主编：《故宫收藏》，北京：紫禁城出版社，2007 年，第 204 页。
2 孔祥星、刘一曼：《中国铜镜图典》，北京：文物出版社，1992 年，第 903 页。
3 承德县博物馆：《承德县收藏的铜镜》，《文物春秋》1994 年第 1 期。
4 旅顺博物馆编：《旅顺博物馆藏铜镜》，北京：文物出版社，1997 年，第 243 页。
5 旅顺博物馆编：《旅顺博物馆藏铜镜》，北京：文物出版社，1997 年，第 236 页。
6 刘霞：《南阳明故溅水郡主墓》，《东南文化》2004 年第 5 期。
7 转引自苏强：《明代铜镜概述》，《中国国家博物馆馆刊》2012 年第 4 期。
8 孔祥星、刘一曼：《中国铜镜图典》，北京：文物出版社，1992 年，第 898、900 页。
9 左德田：《随州市博物馆近年征集的古代铜镜》，《江汉考古》1995 年第 3 期。
10 转引自苏强：《明代铜镜概述》，《中国国家博物馆馆刊》2012 年第 4 期。

①

②

图 6-5-2　凤凰纹镜
（①出土地点不明，采自《旅顺博物馆藏铜镜》，第 236 页，图 224；②出土地点不明，采自《旅顺博物馆藏铜镜》，第 243 页，图 231）

图 6-5-3　龙凤纹镜
（故宫博物院收藏，采自《中国国家博物馆馆刊》2012 年第 4 期，第 76 页，图七）

图 6-5-4　双鱼纹镜
（山东聊城出土，采自《中国铜镜图典》，第 898 页）

①

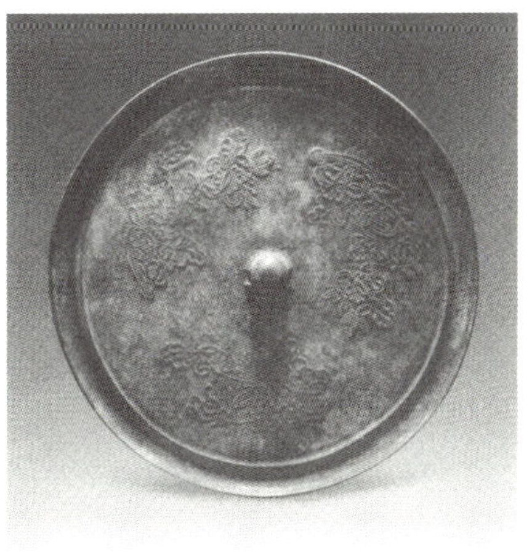

②

图 6-5-5　花卉纹镜
（①湖北随州博物馆收藏，采自《江汉考古》1995 年第 3 期，第 41 页，图二十四；②故宫博物院收藏，采自《中国国家博物馆馆刊》2012 年第 4 期，第 78 页，图八）

6. 神仙人物故事纹镜

以圆形居多，亦有少量带柄形。题材广泛，主要有山水人物纹、八仙祝寿纹、出行人物故事纹、人物双鱼吉语纹、天上人间纹等。代表性实例见于《中国铜镜图典》[1]（图 6-5-6）。

7. 吉祥纹镜

圆形，主要是多宝纹和送子纹镜，尤以多宝纹镜最为常见。依据其纹饰布局方式之不同分为两种类型，一如《中国铜镜图典》所收之多宝镜[2]，镜背装饰中仅饰多宝，且均作绕钮回旋式排列。内圈饰宝钱、梅花、犀牛角、银锭，外圈饰三组犀牛角、两组方胜、三朵梅花。一枚元宝钱和一枚元宝相间环绕；一如《中国铜镜图典》所收之四人多宝镜[3]，镜背纹饰由上至下排列。最上方中心为一座二层仙阁，两侧为展翅高飞的仙鹤。鹤下分别有宝钱和花叶。钮上为犀牛角，两侧各二人，三人手执不同物品。钮下饰香炉，两侧为宝瓶，再外侧有方胜、宝钱、双角、盘肠及画卷（图 6-5-7）。

8. 乐器纹镜

圆形，数量较少。如河北承德下板城镇下板城村征集者[4]，环钮饰有笙、琵琶、箫、鼓、竖琴、木琴等乐器（图 6-5-8）。

9. 五岳真形纹镜

五岳真形纹是道教中用于免灾致富的符箓，唐代铜镜上即有发现。明代的五岳真形纹镜数量较少，镜形有圆形和方形两种。代表性实例有上海博物馆所藏的大明万历五岳真形镜[5]和江苏苏州太仓明崇祯年间（1628—1644 年）黄元会夫妇墓所出者[6]（图 6-5-9）。

10. 仿古镜

有圆形、带柄形和菱花形等镜形，依所仿对象之不同，可分为仿汉纹和仿唐纹镜两种。仿汉纹镜主要有神人画像镜、四神规矩镜和四乳禽兽镜；仿唐纹镜主要八菱鸾兽纹镜、十二生肖镜和瑞兽葡萄纹镜。代表性实例见于《中国铜镜图典》[7]、《故宫收藏》[8]和《旅顺博物馆藏铜镜》[9]（图 6-5-10）。

---

1 孔祥星、刘一曼：《中国铜镜图典》，北京：文物出版社，1992 年，第 910—914 页。

2 孔祥星、刘一曼：《中国铜镜图典》，北京：文物出版社，1992 年，第 909 页。

3 孔祥星、刘一曼：《中国铜镜图典》，北京：文物出版社，1992 年，第 908 页。

4 承德县博物馆：《承德县收藏的铜镜》，《文物春秋》1994 年第 1 期。

5 上海博物馆编：《练形神冶莹质良工——上海博物馆藏铜镜精品》，上海：上海书画出版社，2005 年，第 238 页。

6 苏州博物馆考古组、太仓县博物馆：《苏州太仓县明黄元会夫妇合葬墓》，《考古》1987 年第 3 期。

7 孔祥星、刘一曼：《中国铜镜图典》，北京：文物出版社，1992 年，第 936 页。

8 何林主编：《故宫收藏》，北京：紫禁城出版社，2007 年，第 243 页。

9 旅顺博物馆编：《旅顺博物馆藏铜镜》，北京：文物出版社，1997 年，第 222、225、227 页。

①

②

③

图 6-5-6　神仙人物故事纹镜

（①出土地点不明，采自《中国铜镜图典》，第 910 页；②江西新建县朱权墓出土，采自《中国铜镜图典》，第 913 页；③吉林永吉出土，采自《中国铜镜图典》，第 914 页）

①

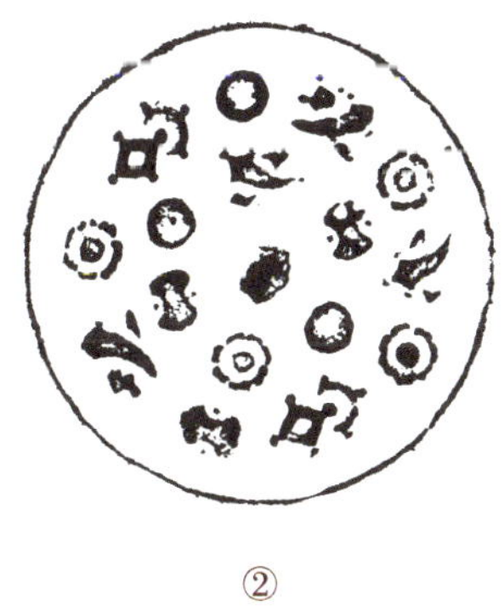
②

图 6-5-7　吉祥纹镜

（①山东嘉祥出土，采自《中国铜镜图典》，第 908 页；②出土地点不明，采自《中国铜镜图典》，第 909 页）

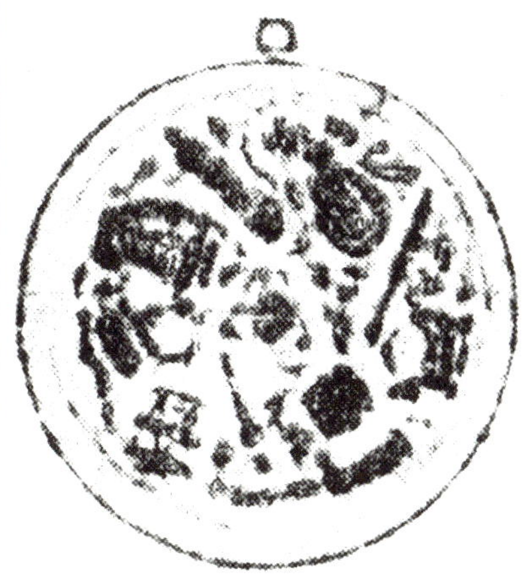

图 6-5-8　乐器纹镜

（河北承德下板城镇下板城村征集，采自《文物春秋》1994 年第 1 期，第 90 页，图二三）

图 6-5-9　五岳真形纹镜

（上海博物馆收藏，采自《练形神冶 莹质良工——上海博物馆藏铜镜精品》，第 238 页，图 81）

①

②

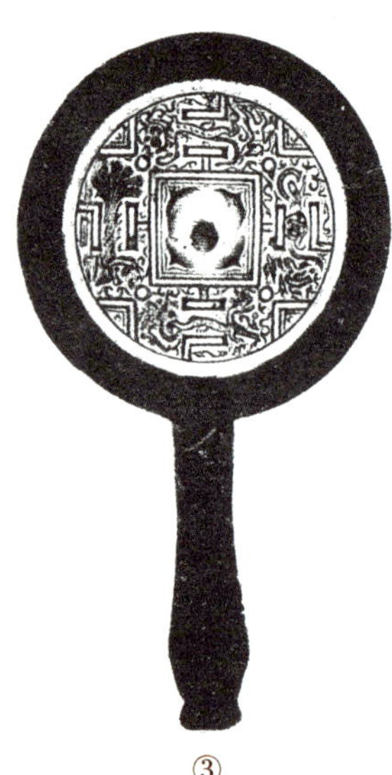
③

④

图 6-5-10　仿古镜
（①江西南城县明益庄王朱厚烨继妃万氏棺内出土，采自《中国铜镜图典》，第 936 页；②出土地点不明，采自《旅顺博物馆藏铜镜》，第 222 页，图 210；③出土地点不明，采自《旅顺博物馆藏铜镜》，第 225 页，图 213；④出土地点不明，采自《旅顺博物馆藏铜镜》，第 227 页，图 215）

①　②

图 6-5-11　铭文镜
（①桂林博物馆收藏，采自《广西铜镜》，图版 206；②河北保定拣选，采自《历代铜镜纹饰》，图版 421）

11. 铭文镜

多作圆形，亦有少量葵花形、菱花形和带柄形等式样。铭文内容涉及面广，既有纪年、记事类，也有吉语、诗文类；既有作坊、人名类，也有修道、供养类等。代表性实例见于《故宫收藏》[1]《历代铜镜纹饰》[2]和《广西铜镜》[3]（图 6-5-11）。

12. 素面镜

数量较多，圆形，如北京定陵万历棺内[4]和江苏南京中华门外明墓 M4、M6[5]均有出土，但是因镜背无纹饰未见图录。

结合纪年墓或纪年镜及文献记载看，单体云龙纹流行于洪武时期；反向对置龙凤纹的出现不晚于弘治时期；山水人物纹的出现不晚于正统时期；五岳真形纹流行于明代晚期的万历、崇祯时期；吉祥纹镜的始铸年代不晚于成化并一直沿用至明晚期[6]。

较之宋元时期，明代铜镜的纹饰题材更具生活气息，突出表现为吉祥图案的流行。

铭文的大量出现是明代铜镜的重要特征之一，其种类之繁杂超过前代。如前所述，既有纪年、记事类，也有吉语、诗文类；既有作坊、人名类，也有修道、供养类等。特别是科举类、修道类铭文，均为前代所未见。仿古镜的大量铸造是明代铜镜的另一重要特征。从制作方法看，明代的仿古镜可分为以下三种情况：第一，以古镜为模直接翻铸，虽然形制、纹饰相同，但纹饰粗率不精，线条软弱无力，有其形而无其神；第二，完全按照原镜的形制、尺寸和纹饰制模铸造，虽然此种仿镜与原镜相差无几，但铜镜的质地和重量却完全不同；第三，在仿古镜的基础上进行再创造。从所仿对象上看，以仿汉镜数量最多，仿唐镜次之。各类仿古镜上常铸有工匠戳记或年款，为仿古镜的断代研究提供了重要依据，更表明这些仿古镜不在于以假乱真，而是承载着人们的一种崇古之情[7]。

1 何林主编：《故宫收藏》，北京：紫禁城出版社，2007 年，第 208、233 页。

2 河北省文物研究所编：《历代铜镜纹饰》，石家庄：河北美术出版社，1996 年，图版 421。

3 广西壮族自治区博物馆：《广西铜镜》，北京：文物出版社，2004 年，图版 200。

4 中国社会科学院考古研究所、定陵博物馆、北京市文物工作队：《定陵》，北京：文物出版社，1990 年，第 213 页。

5 南京市文物保管委员会：《南京中华门外明墓清理简报》，《考古》1962 年第 9 期。

6 苏强：《明代铜镜概述》，《中国国家博物馆馆刊》2012 年第 4 期。

7 苏强：《明代铜镜概述》，《中国国家博物馆馆刊》2012 年第 4 期。

第七章 宗教遗存

宋元明清时期，宗教遗存可分为佛教、道教和其他宗教三类。不同宗教遗存的时代、数量、种类、地域分布并不均衡，其中佛教遗存最多，道教遗存次之，其他宗教遗存相对较少。尽管这些材料比较零星，尚未形成体系，但我们仍可以从一个侧面了解宋元明清时期人们的宗教信仰情况，不同宗教在不同地域的流布、发展、融合及其对社会各阶层的影响。

第一节 佛教遗存

宋元明清时期是佛教发展的晚期阶段，佛教的世俗化趋势更为明显。世俗化导致佛教的宗教神圣性不断丧失，但与此同时，其对普通民众日常生活的影响更为广泛、直接。此一时期，除汉传佛教外，藏传佛教亦广为流行，有关实物遗存在很多省市都有发现。受篇幅所限，本书所述以汉传佛教遗存为主，包括汉地部分受藏传佛教影响较深的石窟寺、佛塔等，藏传佛教遗存不在本书讨论之列。

宋元明清时期的佛教遗存，可分为地上、地下两部分，地上部分如石窟寺、寺院、塔幢、水陆画等，而地下部分则以墓葬出土为主。

一、石窟寺[1]

佛教石窟寺开凿始于3世纪，盛于5—8世纪，最晚可到16世纪[2]。宋元明清时期是中国石窟寺发展的最后一个阶段。早年多数学者认为此一阶段是石窟艺术的衰落期，经历了北朝和隋唐两个石窟艺术高潮的北方地区开窟造像的风气渐衰，新开凿的石窟数量大减，主要对前代石窟进行重修、妆彩。四川、云南、浙江都发现了各具地方特色的宋元明清时期石窟造像，尤其是川东地区大量精美的宋代石窟，代表着石窟艺术史上的最后一个高峰。宋元明清时期，石窟寺艺术中心虽转移到了南方地区，但北方地区开龛造像的风气并未完全终止。晚期石窟造像

1 北方地区以石窟遗存为主，南方地区多开龛造像，本书所说的石窟寺包括石窟和摩崖造像。

2 宿白：《中国石窟寺研究》，北京：文物出版社，1996年，第16页。

主要集中在新疆柏孜克里克石窟，甘肃敦煌莫高窟、安西榆林窟，陕北石窟，重庆大足石刻，四川安岳石窟，云南剑川石钟山石窟和浙江杭州飞来峰。

（一）重要石窟寺

1. 柏孜克里克石窟

柏孜克里克石窟距离高昌故城约 10 公里，是新疆地区晚期石窟最为丰富的地点，始建于麹氏高昌时期，主要洞窟的年代属于 9 世纪以后回鹘高昌时期，最晚可到 13 世纪。柏孜克里克石窟在 9 世纪末以后成为回鹘高昌的王家寺院，代表着回鹘高昌统治时期石窟建造的最高水平。

柏孜克里克主要洞窟形制为长方形纵券顶的大窟，有的后壁开凿小禅窟，后壁或左右侧壁塑造佛像，主室前多凿有前室，部分洞窟共享一个前室。柏孜克里克石窟的雕塑保存情况较差，壁画的题材内容丰富，布局大致相似：一般在窟顶绘制千佛，有的千佛置于塔中，有回鹘文、汉文题名；立佛为主要的供养像，两侧配置菩萨、弟子、诸王、天龙八部等胁侍和护卫，毗沙门天及其眷属也是较为流行的主尊；经变画以主图居中，两侧及下部绘出相关各品，题材有法华经变、阿弥陀西方净土变、观无量寿经变、药师东方净土变、涅槃变等，分布于窟室正壁及左右侧壁上；四天王绘于窟内四隅，还有窟室和甬道两侧的佛像、菩萨像等；供养人一般绘制在窟门或说法图两侧，以回鹘人为主，其中有高昌国王及其家族的供养像，此外还有少量蒙古人、西域人、汉人[1]。

2. 敦煌莫高窟

敦煌莫高窟是河西地区最重要的石窟，北凉时开凿，唐代以后敦煌莫高窟进入晚期阶段，经历了五代、北宋、西夏、元四个时代和三个民族建立的政权。按照石窟内容和形式上的不同特点，可分为曹氏画院时期和少数民族政权时期。

曹氏家族统治河西地区期间崇信佛教，设立画院，为开窟造像提供了大批专门的匠师。曹氏画院时期共开凿洞窟 55 个，典型的洞窟形制是中心佛坛式，平面略呈纵长方形，中部偏后置马蹄形佛坛，坛上塑像，后有背屏直达窟顶，佛坛与四壁之间构成可供礼拜绕行的通道；顶部呈覆斗形，装饰藻井，窟顶四角均有凹入的浅龛，画四天王。洞窟开凿在崖面下层，塑像大多被毁。壁画内容主要有六类，经变画是石窟壁画最主要的题材，经变题材众多，描绘的各品内容及具体情节有所增加，描绘的内容多以变文为依据，榜题遍布画面各处；故事画数量大增，大多绘在四壁下部的屏风画内，题材取自《贤愚经》和佛传故事；供养人画像数量众多、形象高大，按照长幼尊卑排行列次，身份最尊显的人物被绘制在甬道两侧；佛教史迹故事画将感应故事画和瑞像绘在一起，巨幅的五台山图开始出现；尊像画与特定的功能有关，如四大天王的镇窟功能，天龙八部的护卫功能；装饰图案主要有祥瑞动植物和几何纹样。

西夏和元代是少数民族建立的政权，在河西统治近三百年，在莫高窟修建洞

1 阎文儒：《新疆天山以南的石窟》，《文物》1962 年第 7、8 期；中国大百科全书总编辑委员会：《中国大百科全书·考古学》，北京：中国大百科全书出版社，1986 年，第 53 页。

窟80余窟，其中西夏70余窟，绝大多数是改造或修缮前代洞窟，新建的极少；元代约有10窟，多是新建的。西夏窟大多在前代洞窟基础上进行修改，所以在洞窟形制上基本没有时代特色，壁画和塑像内容也都承袭北宋格局。元代洞窟有三种形制，一是方形覆斗顶窟；二是主室长方形、后部有中心柱的窟；三是主室方形、有中心圆坛的窟，属于藏密洞窟的典型形式。壁画内容主要有四类，尊像画成为主要的壁画题材，包括水月观音、十六罗汉、千佛等显教图像和五方佛、明王像、双身像等藏密图像；经变画逐渐衰落，品种和数量大减，构图简单，形象呆板；供养人画像减少，只存部分少数民族形象的供养人；装饰图案种类繁多，装饰华丽，包括祥瑞的植物、动物及几何纹样，以龙凤图案最具代表性[1]。

3. 安西榆林窟

榆林窟位于距离安西城南140公里的山谷中，发现唐代至元代洞窟40多个。榆林窟兴盛于莫高窟渐趋衰落的时期，西夏元代洞窟中丰富的壁画有助于增进对河西地区晚期石窟艺术的理解。

榆林窟与莫高窟的发展历程相似，亦可分为曹氏归义军统治时期和党项蒙古统治时期。

曹氏归义军时期开凿或改妆的洞窟是榆林窟的主体部分，曹氏画院培养的工匠也参与到榆林窟的建造之中。这一时期主要的窟龛形制为中心佛坛式窟，由前室、甬道、主室组成，主室的中部设置佛坛，或为马蹄形，窟顶雕凿成向中心升高的覆斗形藻井。中心佛坛之上塑像，保存情况极差。榆林窟壁画的题材内容多承袭前代，可分为经变画、尊像画、供养人、装饰图案四类。经变画的内容丰富，有十余种题材，与前代相比数量减少，构图出现程序化倾向；尊像画有所发展，在佛像、菩萨像外，还有梵天、帝释、天王、金刚、天龙八部以及新出现的龙王礼佛图；供养人的地位尊显，形象高大，被绘制在显目的东西壁和甬道两侧，河西地区的历代统治者都出现在壁画中；主要壁画的间隙处填充满各式装饰图案，还在接近窟顶的壁面上绘出斗拱图案[2]。

西夏、元代共建造妆修了8窟，元代洞窟的主要形制为平面方形的佛坛式窟，中心佛坛呈圆形或者八角形，没有前室和甬道。西夏、元代的壁画最重要的特点是显密混合，西夏以显教为主，元代则更重视密教题材。壁画题材可以分为四类，经变画种类减少，经变的人物布局简化，有些着重表现水墨山水；尊像画有显教的水月观音、释迦多宝以及帝释梵天、天龙八部环绕的佛说法图，汉密的如意轮观音、千手观音、不空羂索观音，藏密的明王、护法、佛母及曼荼罗，发现有金刚界曼荼罗、胎藏界曼荼罗、观音曼荼罗等；供养人形象全部为少数民族形象，身着党项、回鹘、蒙古的传统服饰，表明这一时期各民族在敦煌地区活动频繁；装饰图案集中在洞窟顶部，形成笼罩窟室的宝帐，一般以曼荼罗为中心，周围环

1 段文杰：《莫高窟晚期的艺术》，敦煌文物研究所：《中国石窟·敦煌莫高窟》第五卷，北京：文物出版社，1999年，第161—174页；宁强：《敦煌佛教艺术》，高雄：复文图书出版社，1992年，第317—374页。

2 敦煌文物研究所：《安西榆林窟勘查简报》，《文物参考资料》1956年第10期；张伯元：《安西榆林窟》，成都：四川教育出版社，1995年，第29—48页。

绕着富有动感的几何纹饰和祥瑞图案[1]。

4. 陕北石窟

陕北地区宋金时期石窟是中原北方地区为数不多的晚期石窟之一，分布在以延安为中心的陕北高原，尤其集中在西部和北部，包括近50个地点的百余处石窟，以延安、子长、黄陵、富县、安塞、铜川、宜君等地的石窟为代表[2]，据题记和造型特征判断其中大部分洞窟开凿于北宋时期，少量属于金代，另有少量元明清时期造像。根据题记可知石窟施主分为家族、结社、军人、军民四类，军人参与开凿的洞窟规模大，地理位置重要，与军事城寨关系密切，属于陕北宋金石窟的独特现象[3]。

与这一地区的早期窟龛相比，宋金时期部分石窟的规模比较大，有些地点不同类型的洞窟之间还有明显的组合关系。窟龛形制以佛坛窟为主，另外有少量中心柱窟、佛殿窟、禅窟和瘞窟。佛坛窟的规模较大，题材丰富，装饰富丽堂皇，是最具代表性的窟龛形式，可细分为坛柱式、坛屏式和坛式。坛柱式窟的佛坛四角各雕立柱与窟顶藻井相接，坛屏式窟的佛坛上左右侧或后侧有直达窟顶的屏壁，坛式则只有中央佛坛[4]。石窟平面呈方形或长方形，均为平顶，窟内所起方形或长方形佛坛上圆雕或高浮雕主尊群像，也有部分可移动造像，现存主尊组合有三世佛、一佛二菩萨二弟子等，窟顶雕出覆斗形、六角形或八角形藻井。佛坛窟的四壁、甬道，甚至坛柱式的石柱、坛屏式的屏壁上皆遍布造像。造像题材以显教题材为主，出现少量密教造像，思惟菩萨、佛传故事一类始于北朝的题材有少量保留，许多唐代中晚期开始流行的题材大量出现。三世佛、释迦牟尼佛、大日如来、文殊普贤、十六罗汉、水月观音、五百罗汉、千佛万菩萨是陕北宋金时期石窟中最重要的题材，十二圆觉菩萨、千手观音、日光月光菩萨、地藏十王、泗州大圣、布袋和尚等题材居次要地位，各个题材之间存在一定的组合关系，有机地结合起来配置于石窟之中以表现多种佛教思想[5]。

5. 大足石刻

四川东部（包括重庆）发现了数量众多的两宋时期摩崖造像，大足石刻是川东地区造像最为集中的地域之一，北山和宝顶山两个地点保存了300余龛宋代造像，题材丰富，规模宏大，雕工精美，代表了我国晚期石窟艺术的最高水平。

北山的宋代造像集中在佛湾、北塔及附近的观音坡、佛耳岩，凿造年代从北

1 段文杰：《榆林窟的壁画艺术》，敦煌文物研究所：《中国石窟·安西榆林窟》，北京：文物出版社，1999年，第170—175页。

2 姬乃军：《延安地区的石窟寺》，《文物》1982年第10期；延安地区文物普查队、子长县文物管理局：《子长中山石窟调查记》，《考古与文物》1982年第6期；张智：《黄陵万佛寺、延安万佛洞石窟寺调查记》，《文物》1965年第5期；员安志：《陕西富县石窟寺勘察报告》，《文博》1986年第6期；杨宏明：《安塞县石窟寺调查报告》，《文博》1990年第3期；陈晓捷：《铜川耀州西部的石窟与摩崖造像》，《考古与文物》2012年第3期；陈晓捷：《陕西宜君县东部石窟、摩崖造像调查简报》，《四川文物》2013年第3期。

3 李静杰：《陕北宋金石窟题记内容分析》，《敦煌研究》2013年第3期。

4 张璐：《陕西唐宋石窟寺建筑研究》，西安建筑科技大学硕士学位论文，2006年，第38—40页。

5 李静杰：《陕北宋金石窟佛教图像的类型与组合分析》，《故宫学刊》2014年第1期。

宋初年到南宋绍兴年间（1131—1162年）。窟龛形制以龛为主，龛顶基本为平顶，也有少量穹窿顶；出现了形制简单的洞窟，皆为平顶，平面大多呈方形，小型窟位置较高，窟前凿成阶梯式，有的中型窟根据特定题材设置支撑。一铺七身或一铺九身的造像组合基本不见，一般在正壁造主尊，左右壁辅以其他造像。观音像成为这一时期最为盛行的题材，在半数以上的窟龛中都有发现，根据形态和持物不同可分为千手观音、不空羂索观音、水月观音、如意轮观音、数珠手观音、杨柳枝观音等不同类型，还出现不同类型的观音组合在同一洞窟的例子，观音、地藏的组合明显减少。毗卢遮那佛、华严三圣作为华严宗的主尊逐渐流行起来，佛像菩萨像之外的一些新的密教主尊开始出现，如摩利支天女、孔雀明王、诃利帝母、龙树菩萨，五百罗汉和千佛通壁雕凿，晚期经变题材比较少见，仅见维摩变和弥勒下生经变[1]。

宝顶山石窟由大足僧人赵智凤主持兴建，开凿于南宋淳熙至淳祐年间（1174—1252年），耗费七十余年之功。宝顶山石窟以大小佛湾为主体，周围山区散布十余处群像。大佛湾的窟龛形制以露天雕凿的敞口龛为主，有少量平顶洞窟，造像题材包括六趣唯心图、广大宝楼阁、华严三圣、千手千眼观音、涅槃变、孔雀明王经变、毗卢道场、报父母恩重经变、大方便佛报恩经变、观无量寿经变、缚心猿锁六耗图、大方广华严十恶品经变、柳本尊十炼图、圆觉道场、牧牛图等，布局有序，情节丰富，其中部分题材为大足石刻独有，在造像的空隙处附经文或偈语对雕刻内容进行阐释说明。小佛湾为宋代圣寿寺遗址，包括经目塔、坛场、僧房，造像题材有报父母恩重经变、大方便佛报恩经变、柳本尊十炼图、地狱变及诸佛和菩萨，题材布局与大佛湾相近，有学者据此认为小佛湾为大佛湾的设计蓝本。周围的十余处群像源于《守护大千国土陀罗尼经》，每处群像数量不多，雕凿巨大的佛、菩萨半身像及药叉、罗刹等鬼神像。有研究者认为大佛湾是讲传教理的俗讲道场，小佛湾为宗教修行的专修道场，四方群像是守护性质的结界像，共同构成规模宏大、内容完备而独具特色的密教道场[2]。

6. 安岳石窟

安岳石窟与大足石刻同属川东地区，造像年代与大足大致相近。盛唐到北宋是安岳石窟的全盛时期，南宋时逐渐衰落。现存两宋造像主要发现于圆觉洞、千佛寨、毗卢洞、华严洞、茗山寺等地。

安岳窟龛形制比较单一，主要以方形或矩形的窟龛为主，多数为平顶，有少量弧形顶，与大足同期造像相比，规模较大的平顶窟所占比例更高。一般在窟龛内后壁或三壁前造像，造像题材丰富，除了一直比较流行的单尊造像和组合如释迦佛、阿弥陀佛、弥勒佛、西方三圣之外，水月观音、数珠手观音、日光月光菩萨、解冤结菩萨一类题材的出现标志着菩萨信仰的兴盛，千手观音、孔雀明王、毗沙门天王、地藏等密教题材仍然较为常见，与华严信仰关系密切的毗卢遮那佛、华严三圣、圆觉经变、善财童子五十三参题材开始出现，释迦拈花微笑、十八罗

1 黎方银：《大足北山石窟》，童登金主编：《大足石刻研究文集》(4)，北京：中国文联出版社，2002年，第145—170页。

2 李巳生：《宝顶山石窟寺》，《美术研究》1985年第4期。

汉之类的禅宗题材亦有少量发现[1]。部分题材颇有地方特色，带有柳本尊眇目断臂形象特征的佛像出现在安岳石窟的许多地方，最引人注目的是与宝顶大小佛湾相似的柳本尊十炼图。

7. 云南剑川石窟

云南剑川石窟位于剑川县城西南的石宝山，分为沙登箐、石钟寺、狮子关三区，开凿年代从南诏国时期一直持续到蒙元时期，其中多数窟龛属于大理国时期，大理盛德年间（1176—1180年）是剑川石窟开凿的高峰，与文献记载大理国佛法兴盛的情况相符。

大理国时期开凿的窟龛多位于石钟寺区和狮子关区。较之南诏时期，大理国时期造像题材更加丰富多元，雕凿工艺更为精细流畅。从题材性质看，部分造像的本土特色比较明显：狮子关第2窟观音化梵僧像，身侧还浮雕一条狗，类似的梵僧形象见于沙登箐第5窟，沙登箐第2窟阿嵯耶观音像也属于当地独有的观音；第9窟南诏国王、王后及其子女像，石钟寺第1、2窟南诏国王及其属下像。还有一些造像可能与四川地区摩崖造像关系密切，如石钟寺第3窟的地藏菩萨、第4窟的华严三圣和第6窟的八大明王，在四川地区也都有发现。

蒙元时期并没有开凿新的洞窟，但是从大量元代游人题记可看出，此一时期剑川石窟在佛教徒心目中仍享有崇高的地位。有学者认为剑川石窟保存有少量元代造像，沙登箐第2窟左右侧浮雕三座喇嘛塔，石钟寺第8窟内外的造像属于藏传佛教体系，可能源自于元代中央政府推崇藏传佛教的影响[2]。

8. 杭州飞来峰

杭州飞来峰石窟是东南沿海地区规模最为宏大的一处石窟造像点，窟龛数量众多，现存五代、宋、元时期的佛教造像300余尊，其中五代11尊，宋代200余尊，元代100余尊[3]。两宋和元代，飞来峰是杭州一带摩崖造像的中心。

飞来峰的宋代造像集中在北宋时期，宋真宗咸平年间（998—1003年）百姓大规模造像祈雨引发飞来峰造像的第一次高潮。宋代造像数量较多，内容丰富，主要分布在青林洞、玉乳洞及龙泓洞。窟龛形制以较浅的圆拱形龛为主，罗汉群像在这一地区非常盛行，其中十八罗汉最为常见，在此影响下南宋时期出现了中国化的大肚弥勒佛，玉乳洞还发现了禅宗六祖师像，可能反映禅宗在江南一带影响深远。单尊的观世音菩萨像数量增多，体现了两宋时期观音信仰在全国范围内的流行，西方三圣是五代时期比较突出的题材，这一时期继续流行。其他比较特别的题材还有卢舍那佛会和西行求法，都为浮雕作品，卢舍那佛会包括华严三圣及天王、供养人、飞天等，西行求法表现汉代、魏晋、唐代的中国僧人远赴西方求

1 曾德仁：《四川安岳石窟的年代与分期》，《四川文物》2001年第2期；刘长久：《中国西南石窟艺术》，成都：四川人民出版社，1998年，第23—25页。

2 北京大学考古学、云南大学历史系、剑川石窟考古研究课题组：《剑川石窟——1999年考古调查简报》，《文物》2000年第7期。

3 国家文物局教育处：《佛教石窟考古概要》，北京：文物出版社，1993年，第162页。

取佛法的艰辛历程[1]。

至元十三年（1276年）元军攻陷临安后，江南释教都总管杨琏真伽在杭州大兴佛寺，并主持开凿元代龛像，许多元朝的达官贵人也纷纷在此开窟造像，飞来峰迎来了第二次造像高峰。飞来峰的元代造像根据风格特征可以分为藏传佛教和汉传佛教两类。藏传佛教造像题材可以分为佛部、菩萨部、佛母部、明王部、护法部和上师部[2]。造像风格为“西天梵相”式，具有额头平广、眉眼细长、肉髻高耸如桃形、肩宽腰细、姿态多样等特点[3]。汉传佛教造像题材除了华严三圣、西方三圣等组合外，单尊的佛像数量较多，两宋时期流行的观音信仰也有延续，但是此地前期甚为流行的罗汉像不再出现。汉传佛教造像有部分受到了藏式风格的影响。

（二）典型题材

宋元明清时期的佛教造像数量众多，题材丰富多样。除北朝以来就流传甚广的显教造像外，受华严宗、禅宗思想影响的题材在此一时期占据了相当重要的地位，密教题材分属汉传和藏传两支，成为晚期石窟题材最重要的组成部分之一。各地的造像还在地方性教派的影响下创造出了独特的题材。宋代流行的题材多创始于晚唐五代时期，也有部分题材为宋代初创。元代造像在中央政府的强势推动下新吸收了大量藏传佛教题材，与此前的造像呈现出完全不同的风貌。汉传题材造像的风格比较写实，尤其擅长表现女性柔美端庄的气质；而藏传题材则怪诞诡谲，造像风格上较多受到藏地的影响。以下拟选取十种最具代表性的内容题材加以介绍。

1. 不空羂索观音

“羂索”是一种捕获野兽的绳索，“不空”寓意捕获从不落空，佛教借此比喻观音菩萨以慈悲之心使众生脱离苦海，无一遗漏。供奉不空羂索观音能得到无病无灾、水火不侵等二十种功德和八种寿终正寝之法。隋代开皇年间（581—600年）《不空羂索咒经》汉译传世，但目前发现年代最早的不空羂索观音像大约是盛唐时期，晚唐以后此一题材才逐渐流行。敦煌石窟、大足北山、资中西岩发现最多，敦煌石窟有80幅不空羂索观音经变画，从盛唐持续到西夏时期；大足北山造像18尊，雕凿于五代和宋代；资中西岩罗汉洞现存11龛晚唐五代时期的不空羂索观音造像。不空羂索观音像的姿势以结跏趺坐为主，部分呈站姿；面数以一面为主，少数三面相，面相大多祥和，少数呈愤怒状；敦煌八臂者最多，其次为六臂，手持法器包括三叉戟、莲花、君持、宝瓶、宝杖、数珠、柳枝、宝珠、羂索等十四种，大足造像则以六臂为主，无八臂者，手持法器包括摩尼珠、羂索、剑、钵等七种；敦煌石窟的观音眷属有菩萨、忿怒尊、天王、龙王、日光月光菩萨、夜迦神、比丘等，大足造像则以童子、飞天、侍者、善财龙女为主。不空羂索观音信

1 高念华：《飞来峰造像》，北京：文物出版社，2002年，第12—16页；李裕群：《古代石窟》，北京：文物出版社，2003年，第240—243页。

2 赖天兵：《杭州飞来峰藏传佛教造像题材内容辨析》，《文博》1999年第1期。

3 洪惠镇：《杭州飞来峰“梵式”造像初探》，《文物》1986年第1期。

仰有明显的地域性，不同区域样式的区别较大，可能遵从的造像仪轨各不相同[1]（图7-1-1）。

图7-1-1 重庆大足北山佛湾第123龛不空羂索观音
（采自郭相颖主编：《大足石刻雕塑全集》北山石窟卷，重庆：重庆出版社，1999年，第120页，图一三二）

2. 摩利支天女

摩利支天女常行日前，具有隐身的特异功能，能躲避水火刀兵等一切灾难，可以护佑信奉者的安全。唐宋时期摩利支天信仰非常盛行，唐代不空、宋代天息灾翻译的《佛说摩利支天经》《摩利支提婆华鬘经》《佛说大摩利支菩萨经》等经典都记载了摩利支天的形象。现存的石窟壁画和造像主要发现敦煌石窟和大足北山，飞来峰有两身元代造像，安岳华严洞窟门侧还雕凿一龛明代的摩利支天女。敦煌石窟共有摩利支天像五处，唐代的两幅壁画均作贵妇人装扮，左手持扇，右手施与愿印，身侧立两侍者，应当是根据不空译本绘制；敦煌石窟、大足北山的宋元摩利支天女形象与天息灾译本关系密切，均作菩萨装扮，三面多臂，正面女相、右面童女相、左侧猪相，八臂持风火轮、无忧树枝、弓箭、羂索、金刚杵、剑、盾、钩、针等以兵器为主的法器，主手于身前结印，乘坐猪拉的战车，敦煌的摩利支天有时还作为密教曼陀罗的主尊。飞来峰元代造像属于“西天梵相”式风格，一面双臂，头戴五叶冠，上身赤裸，左手持无忧树枝于胸前，半跏趺坐于金刚座上，座前卧一猪，保留了忿怒像摩利支天女的基本特征[2]（图7-1-2）。

3. 孔雀明王

孔雀明王信仰产生与佛教本生故事有关，主要的功能是驱毒、消灾。《孔雀明王经》传入我国时间较早，著名僧人义净、不空皆有译本传世。孔雀明王像出

1 黎方银：《大足石窟不空羂索观音像研究——大足密教造像研究之二》，重庆大足石刻艺术博物馆：《大足石刻研究文集》（5），重庆：重庆出版社，2005年，第94—103页。

2 张小刚：《敦煌摩利支天经像》，敦煌研究院编：《2004年石窟研究国际学术会议论文集》，上海：上海古籍出版社，2006年，第382—409页；刘永增：《敦煌石窟摩利支天曼荼罗图像解说》，《敦煌研究》2013年第5期；陈玉女：《大足石刻北山摩利支天女像的雕凿时局》，重庆大足石刻艺术博物馆：《2005年重庆大足石刻国际学术研讨会论文集》，北京：文物出版社，2007年，第23—36页。

图 7-1-2　甘肃敦煌东千佛洞第 5 窟南壁摩利支天女
（采自《敦煌研究》2013 年第 5 期，图版三）

图 7-1-3　重庆大足北山佛湾第 155 窟孔雀明王
（采自郭相颖主编：《大足石刻雕塑全集》北山石窟卷，第 73 页，图八一）

自于《坛场画像法式》和《佛说大孔雀明王画像坛场仪轨》，唐宋时期许多著名画家绘制过孔雀明王像，石窟中保存的造像则时代偏晚。孔雀明王像主要发现于敦煌地区和大足。敦煌地区现存五代、宋代的孔雀明王像 8 幅，敦煌孔雀明王像分布十分有规律，除一幅绘于甬道南壁外，其他都绘制在甬道顶，孔雀明王坐于水池莲花中的孔雀身上，装扮如菩萨，一般有四臂、六臂，手中持孔雀尾、果实、莲花、弓箭等宝物，眷属多数为供养菩萨，还有少数飞天。大足地区的孔雀明王像共有 6 尊，开凿于宋代，均单独开窟造像，主尊置于洞窟中部或后壁前，孔雀明王也作菩萨形象坐于孔雀背上，但不表现水池荷花，臂数以四臂最为常见，持物包括孔雀羽、如意珠、莲花、果实、经书、扇等，眷属有天王。洞窟四壁有时会浮雕帝释天大战阿修罗的场景，还出现根据《佛母大孔雀明王经》创造的孔雀明王变相，讲述莎底比丘伐木被毒蛇咬伤，阿难请教佛祖为其说经解救的故事[1]（图 7-1-3）。

4. 报父母恩重经变

佛教传入中国之初提倡不礼王者、不敬父母，在中国化过程中孝道思想逐渐融入佛教思想体系，《父母恩重经》是一部以劝孝为目的的疑伪经，流行于唐宋时期，并出现大量俗讲变文。敦煌石窟发现 4 铺报父母恩重经变画，年代从盛唐

1　王慧民：《论〈孔雀明王经〉及其在敦煌、大足的流传》，《敦煌研究》1996 年第 4 期。

持续到晚唐[1]；大足宝顶大佛湾、小佛湾各保留了一处南宋时期的报父母恩重经变，各有特点。大佛湾第15龛布局紧凑、情节丰富，是宋代报父母恩重经变的代表作。大佛湾第15龛宽6.9米、高14.95米，画面内容可分为三个部分。上层雕凿七佛像，均为半身像，头上有螺髻，头后有圆形头光，着双领下垂式袈裟，七佛姿态面容相似，只有所结手印各不相同。中部雕刻十恩德，“投佛祈求嗣息”位于壁面中部，左右侧各雕刻五种恩德，分别是怀胎守护恩、临产受苦恩、产子忘忧恩、咽苦吐甘恩、推干就湿恩、哺乳养育恩、洗濯不净恩、为造恶业恩、远行忆念恩、究竟怜悯恩。下层刻阿鼻地狱，有饿鬼灌注铜汁、毒蛇喷吐火焰、巨石压身等刑罚场景，表现的是不孝子死后堕入地狱受苦[2]（图7-1-4、图7-1-5）。

图7-1-4　重庆大足宝顶山大佛湾第15龛报父母恩重经变
（采自郭相颖主编：《大足石刻雕塑全集》宝顶石窟卷，上册，第68、69页，图七六）

图7-1-5　重庆大足宝顶山大佛湾第15龛报父母恩重经变“究竟怜悯恩”
（采自郭相颖主编：《大足石刻雕塑全集》宝顶石窟卷，上册，第76页，图八四）

5. 圆觉经变

《圆觉经》全称《大方广圆觉修多罗了义经》，实际上是一部伪经。唐代以来受到华严宗、天台宗、禅宗等佛教各宗派的推崇，宋代成为最重要的佛教经典之一。以圆觉经为主要题材的造像集中在重庆大足、四川安岳一带，保存较好者如安岳华严洞、大足宝顶圆觉洞，凿造年代集中在两宋时期。圆觉经变造像所在洞窟形制均为长方形平顶窟，基本的造像组合是毗卢遮那佛与十二圆觉菩萨，毗卢遮那佛有时与药师佛、阿弥陀佛组合成三佛，左右壁前对称分列文殊、普贤、普眼、金刚藏、弥勒、威德自在、清净慧、净业障、辨音、普觉、圆觉、贤善首十二位圆觉菩萨，或与十二圆觉中的文殊、普贤于正壁前组合成华严三圣，左右壁前则分列另外十位菩萨。

1 孙修身：《大足宝顶与敦煌莫高窟佛说父母恩重经变相的比较研究》，《敦煌研究》1997年第1期。
2 孙修身：《大足宝顶与敦煌莫高窟佛说父母恩重经变相的比较研究》，《敦煌研究》1997年第1期；胡文和：《四川道教、佛教石窟艺术》，成都：四川人民出版社，1994年，第284—292页。

图 7-1-6　重庆大足宝顶山大佛湾第 29 窟圆觉洞
（采自郭相颖主编：《大足石刻雕塑全集》宝顶石窟卷，下册，第 44、45 页，图四六）

十二圆觉菩萨一般结跏趺坐，神情姿态各不相同，表现十二圆觉菩萨依次向佛问法，请教如何证得圆觉境界。圆觉经变造像系统与四川地区以柳本尊、赵智凤为代表的本土宗教和以善财童子五十三参为代表的华严造像关系密切[1]（图 7-1-6、图 7-1-7）。

图 7-1-7　重庆大足宝顶山大佛湾第 29 窟圆觉洞贤善首菩萨
（采自郭相颖主编：《大足石刻雕塑全集》宝顶石窟卷，下册，第 49 页，图五〇）

6. 五台山图

五台山是文殊菩萨的道场，五台山图随着文殊信仰的普及而出现。最早的五台山图为唐高宗龙朔年间（661—663 年）沙门会赜所创，在吐蕃占领敦煌时传入敦煌石窟。敦煌莫高窟现存 7 幅五台山图，中晚唐时期画幅较小、场面简单，均为屏风画形式，至曹氏家族统治河西地区时期出现了占据整个壁面的巨幅五台山图，榆林窟和五个庙石窟的五代、西夏时期五台山图都绘在文殊变中，重在表现化现场景。莫高窟第 61 窟开凿于 943—947 年之间，以详细表现五台山一带的地理环境、名胜古迹、风土人情而闻名。五台山图绘于西壁，长 13.45 米、高 3.42 米，五座山峰，中间的主峰“五台之顶”最高，四周分列“东台之顶”“南台之顶”“西台之顶”“北台之顶”。上层绘圣灯化现、化金桥现、金龙云中化现等各种化现场景，表现文殊菩萨的神通威力，中部描绘

1　向世山：《从〈圆觉经变〉石刻造像论宋代四川民间佛教的信仰特征》，《中华文化论坛》1995 年第 1 期；童登金、胡良学：《大足宝顶山大佛湾“圆觉经变”窟的调查研究》，《四川文物》2000 年第 4 期。

五台之间大大小小的城市、寺院、佛教圣迹一百多处，下部则表现通向五台山的朝拜路线，其间穿插着各式人物，描绘了包括朝山、讲法、送贡、行脚、商旅、刈草、推磨、舂米等各种充满现实生活气息的场景[1]（图7-1-8）。

图7-1-8 甘肃敦煌莫高窟第61窟五台山图局部
（采自《中国石窟·敦煌莫高窟》第五卷，图版55）

7. 牧牛图

牧牛图位于大足宝顶山大佛湾第30龛，是大足石刻的独特题材之一。从左至右共十二组造像，分别描绘未牧、初调、受制、回首、驯伏、无碍、任运、相忘、独照、双忘、禅定、圆月这十二个场景，从题字可知牧牛图的内容来源于杨次公的《证道牧牛颂》。牧牛图主要表现禅宗修行次第，以牧童比喻修行者的正觉，以牛比喻人心，以牧牛的方法比喻修习禅观的过程，从初步调息心意到最后进入万象皆空的境界。以牛喻禅源于印度佛教，唐宋时期，随着禅宗兴起这种说法极为盛行，有《牧牛图》《牧牛颂》等多种版本的图文传世，但在石窟造像中仅大足宝顶山大佛湾有发现。牧牛图是体现禅宗思想的代表作之一[2]（图7-1-9）。

8. 柳本尊十炼图

柳本尊信仰是四川区域性宗教信仰的体现。据《唐柳居士传》碑和十炼图题刻记载，柳本尊本名居直，以居士身份修行密教，晚唐五代时期在四川一带传教，通过自残身体的苦修方式屡次显现神异。唐末五代两宋时期，柳本尊创立的宗派在四川地区颇有影响，南宋赵智凤称其为“唐瑜伽部主总持王”，与此相关的造

图7-1-9 重庆大足宝顶山大佛湾第30龛牧牛图
（采自郭相颖主编：《大足石刻雕塑全集》宝顶石窟卷，下册，第30、31页，图三三）

1 赵声良:《莫高窟第61窟五台山图研究》,《敦煌研究》1993年第4期；段文杰:《莫高窟晚期的艺术》，敦煌文物研究所:《中国石窟·敦煌莫高窟》第五卷，北京：文物出版社，1999年，第161—174页。

2 四川省社会科学院大足石刻研究所、重庆大足石刻艺术博物馆研究室:《大足宝顶大佛湾“牧牛图”调查报告》,《四川文物》1994年第4期。

像流布于川东地区不少石窟中，如大足宝顶山、普圣庙、保家林、陈家岩，安岳毗卢洞、华严洞、茗山寺。其中安岳毗卢洞和宝顶山大佛湾、小佛湾各有一处柳本尊十炼图，造像年代在两宋时期，构图、题记相似之处甚多，不同之处在于安岳十炼图以毗卢遮那佛为主尊，而大足十炼图以柳本尊本人为主尊。十炼图包括十幅独立的图像，每幅图像都以柳本尊为中心人物，柳本尊身着交领大衣，头戴平顶方冠，作居士装束，旁边配置佛、菩萨、天王、官吏、弟子等人物，分别表现炼指、立雪、炼踝、剜眼、割耳、炼心、炼顶、舍臂、炼阴、炼膝十个场景，每个场景一侧都有题记说明柳本尊的相关事迹及其宗教义理[1]（图 7-1-10）。

图 7-1-10　重庆大足宝顶山大佛湾第 21 龛柳本尊行化图之炼心（采自郭相颖主编：《大足石刻雕塑全集》宝顶石窟卷，下册，第 3 页，图三）

9. 大肚弥勒

大肚弥勒亦称布袋和尚，原型来自名为契此的游方和尚。契此行为奇特，身旁常携带一布袋，死前作“弥勒真弥勒，分身千百亿”的偈语，人们认为他是弥勒转世，争相造像供奉，布袋和尚的形象在江南一带流传开来。布袋和尚在摩崖造像中多见于杭州西湖沿岸，飞来峰、宝成寺、烟霞洞均有发现，年代从宋到元皆有，造像形象类似罗汉，“行裁腲腰，蹙额皤腹”，笑容满面，一手持数珠，有的还有布袋。布袋和尚属于杭州地区盛行的罗汉像，有时与十八罗汉配置一处，反映出江南一带禅宗的势力较大。布袋和尚是一种中国化的弥勒形象，早期石窟中的弥勒或作交脚菩萨形，或作佛形，沙门形弥勒（即和尚形象的大肚弥勒）自宋代出现后一直非常流行，是宋元明主要的弥勒形象[2]（图 7-1-11）。

图 7-1-11　浙江杭州飞来峰第 68 龛大肚弥勒（采自《飞来峰造像》，第 111 页，图 77）

1 陈明光、胡良学：《四川摩岩造像“唐瑜伽部主总持王”柳本尊化道“十炼图”调查报告及探疑》，《佛学研究》，1995 年；王熙祥、黎方银：《安岳、大足石窟中〈柳本尊十炼图〉比较》，《四川文物》1986 年第 S1 期。

2 阎文儒：《中国石窟艺术总论》，桂林：广西师范大学出版社，2003 年，第 347、348 页。

10. 阿嵯耶观音

阿嵯耶观音始见于《南诏图传》，是南诏晚期出现的一种具有云南地方特色的观音。年代为大理国时期的云南剑川石钟山石窟第10窟和第13龛，代表阿嵯耶观音的两种表现形式。一种为观音像，第13窟的观音作菩萨装扮，但具有鼻子直平、嘴唇较厚的面部特征和体态修长、宽肩细腰、身躯扁平等体态特征，身后有边缘饰卷草纹的舟形身光；另一种为观音化圣僧像，表现观音化现圣僧像在云南地区行化授记的事迹。如第10窟中高浮雕一身手持净瓶的梵僧立像，头后有圆形头光，左下方有一犬，据题记可知为盛德四年（1179年）造。阿嵯耶观音的风格源自于东南亚地区，与杜撰的梵僧事迹结合起来则是云南地区的独创。阿嵯耶观音信仰的流行与南诏、大理统治者证明其政权合法性、神圣性的意图有关[1]（图7-1-12、图7-1-13）。

图7-1-12 云南剑川石窟沙登箐区第2龛阿嵯耶观音
（采自《文物》2000年第7期，第73页，图四）

图7-1-13 云南剑川石窟狮子关区第2龛梵僧观音
（采自《文物》2000年第7期，第75页，图九）

（三）特点

宋元明清时期是石窟艺术的最后一个发展阶段，时代特色十分鲜明。

从地域分布看，石窟造像的中心从北方地区转移到了南方地区，北方地区除新疆、河西和陕北少数几个地点外，其他地区的石窟造像都趋于衰落，且新开凿的洞窟所占比例不高，多在前代洞窟基础上改造。与此形成鲜明对照的是，南方地区石窟开凿正处于兴盛期，四川东部地区和云南剑川石钟山代表了宋代造像的高峰期，浙江杭州西湖一带保留了大量元代造像。

从时代看，前述省区的石窟多数兴建于两宋时期，不仅数量丰富，地域分布广，还达到了比较高的艺术成就。元代造像集中在飞来峰，敦煌地区也存留少量元代壁画，四川地区的明清两代的石窟造像数量相当可观，但是目前尚未展开科学、系统的考古调查。

1 傅云仙：《阿嵯耶观音造像研究》，南京艺术学院博士学位论文，2005年，第11页。

从窟龛形制看，北方地区多流行佛坛式窟，佛坛的形式有坛柱式、坛屏式和坛式，集中在河西地区和陕北地区，系模仿当时寺院的布局形式而产生；南方地区则以龛为主，规模较小、龛形简单，但值得注意的是川东地区出现了一批大型平顶窟。

从造像题材看，两宋流行的题材除了盛行已久的释迦佛、弥勒佛、三世佛等传统题材外，大多创始于唐宋时期，如水月观音、十六罗汉、千手观音、孔雀明王、不空羂索观音、地藏菩萨、白衣观音、文殊普贤、善财童子五十三参等，地狱变、涅槃变、净土变、报父母恩重经变、大方便佛报恩经变等经变亦有一定数量，佛传故事、本生故事重新流行起来，以观音为代表的菩萨信仰极为兴盛，密教题材的种类、数量大大增加，成为晚期龛窟中最重要的宗教题材，以毗卢遮那佛、华严三圣为代表的华严宗造像和以十八罗汉、大肚弥勒、禅宗六祖为代表的禅宗造像特点鲜明，在三教融合的背景下还出现了部分佛道混合造像或三教造像。元代则较多藏传佛教题材，如五方佛、明王像、佛母像、双身像、曼荼罗等，显然与元代中央政府推崇藏传佛教有关。

从造型风格看，宋代的造型风格显得更为精细华丽，但是缺少唐代造像的气势风韵，菩萨的形象完全女性化，面貌姿态与世俗贵妇无异，是极具写实主义风格的作品。元代的作品一改宋代精致写实的风格，带有明显的藏传造像特征，造型夸张，设色大胆，营造出诡谲神秘的宗教气氛。

上述八个地点拥有晚期石窟的一些共性，但是每地点之间亦存在差异。有的差异源自于对前代的继承，如柏孜克里克石窟的洞窟形制和组合，在新疆地区的早期石窟中即有发现，敦煌地区以壁画为主要的艺术形式由来已久，经变画的题材风格几乎都是继承唐代；陕北地区通壁满雕造像的做法，与云冈石窟有相似之处；北方以窟为主，而南方地区以龛为主的窟龛形制也没有改变。有的差异是在不同历史背景下产生的，如敦煌的五台山图与当地文殊菩萨信仰兴起有关，杭州的罗汉群像与禅宗在江南地区的影响力有关，剑川石窟存在大量地方特色的造像，则是当地宗教与王权的体现，川东石窟被打上了深深的柳本尊印记，以其为尊的川密系统在两宋时期四川地区的影响不容忽视。

二、寺院

（一）宋、辽、金、西夏时期寺院

现存两宋、辽、金、西夏时期的寺院50余座，其中10多处大体保留了原来的平面布局，佛寺平面布局主要有以塔为中心和以佛殿为中心两种形式。以塔为中心的寺院布局早期较为盛行，隋唐以后趋于衰落，此一时期仍有发现，集中在契丹统治区域。以佛殿为中心是此一时期最为常见的寺院布局形式，是佛教中国化在寺院建筑方面的具体体现。除寺院遗存外，壁画和文献中也保留了部分寺院的图像。

1. 以佛殿为中心的寺院

以佛殿为中心的寺院占据主流地位，寺院平面多呈竖长方形，主要建筑置于中轴线，基本上左右对称，呈纵轴式布局。主要建筑包括山门、天王殿、大雄宝殿、法堂等，佛殿多位于后部，其前左右或有配殿，主体建筑周围往往有回廊环绕。现存的佛殿中心式寺院主要有河北正定隆兴寺、天津蓟县独乐寺、辽宁义县奉国寺、河南开封相国寺、山西大同善化寺等。隆兴寺、独乐寺都以高阁为全寺中心，这种布局方式与唐宋时期供奉大佛像的风尚有关。

(1) 正定隆兴寺

隆兴寺位于河北省石家庄市正定县城东门里街，始建于隋开皇六年（586 年），北宋开宝二年（969 年）立大像和佛阁。隆兴寺东西仅数十米，而南北长 360 米，显得极为狭长，主要建筑集中在一条南北向中轴线上，分为前后两个区域。前院宽约 60 米，南端为山门，中部有大觉六师殿，钟楼鼓楼分列其前左右，其北为摩尼殿，有左右配殿；隆兴寺最重要的佛寺建筑群集中于后院，宽约 100 米，前部有戒坛，周围环绕有一圈回廊，为清代加建，主殿佛香阁位于后部，阁内有高 24 米的铜观音像，其前左右两侧分别是转轮藏殿与慈氏阁，与其他偏离中轴线的伽蓝殿、祖师殿、御书楼、集庆阁等构成一个主次分明的寺院空间。现存山门、摩尼殿、慈氏阁、转轮藏阁为宋代建筑（图 7-1-14）。

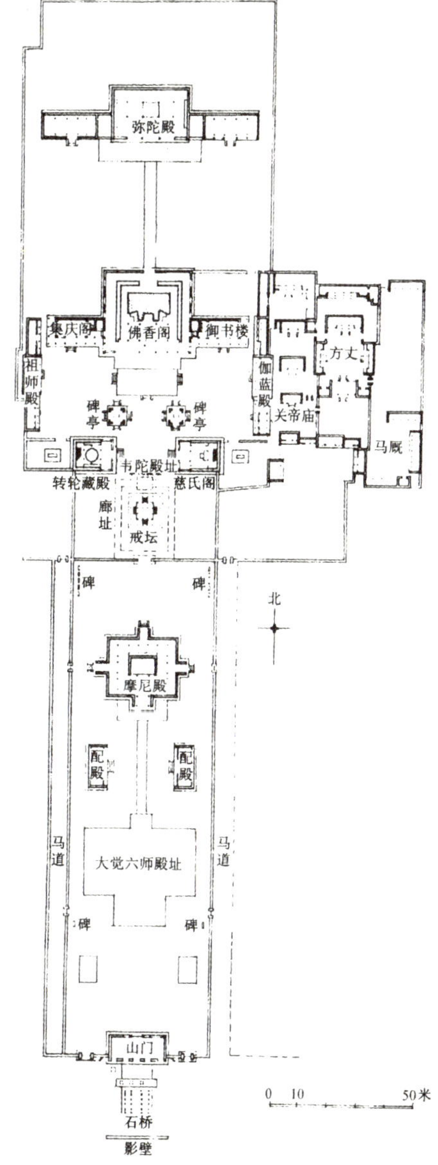

图 7-1-14　河北正定隆兴寺平面图
（采自郭黛姮：《中国古代建筑史》第三卷，第 356 页，图 6-210）

摩尼殿是北宋皇祐年间（1049—1054 年）原建，保存情况较好。面阔七间，进深七间，面宽 33.29 米、进深 27.12 米，坐落在 1.2 米高的台基上。平面呈十字形，殿身四面各出一抱厦，南面抱厦最宽，方形大殿上覆重檐歇山顶，抱厦上覆单檐歇山顶，歇山山面朝外[1]。

(2) 蓟县独乐寺

独乐寺位于天津蓟县西大街，创建年代在辽代以前。现存山门、观音阁、韦陀亭及一组小型四合院，山门与观音阁之间的院落内有东西两配殿，从山门到阁原来应有回廊环绕。山门和观音阁是辽代遗存，据记载为韩匡嗣于统和二年（984 年）重建，经过历代修葺（图 7-1-15）。

山门面阔三间，进深两间，面宽 16.56 米、

1 刘敦桢：《中国古代建筑史》第二版，北京：中国建筑工业出版社，1984 年，第 202—204 页；郭黛姮：《中国古代建筑史》第三卷，北京：中国建筑工业出版社，2003 年，第 354—373 页。

进深 8.67 米，坐落于 45 厘米高的台基上。单檐庑殿顶，正脊两端各有一造型遒劲的鸱尾，檐下有出檐较远的斗拱，整座建筑显得稳固而舒展。两次间内外各有一力士像，保存着辽代彩塑的风格。

观音阁面阔五间，进深四间，高三层，中间一层为暗层，坐落于 90 厘米高的台基上。单檐歇山顶，阁内开有空井，置一辽代十一面观音像，高 15.4 米，通达三层，斗拱、藻井、勾栏、胡梯也属辽代造。观音阁构架有三层，每层由柱、梁、额、斗拱组合成一个独立的结构层[1]。

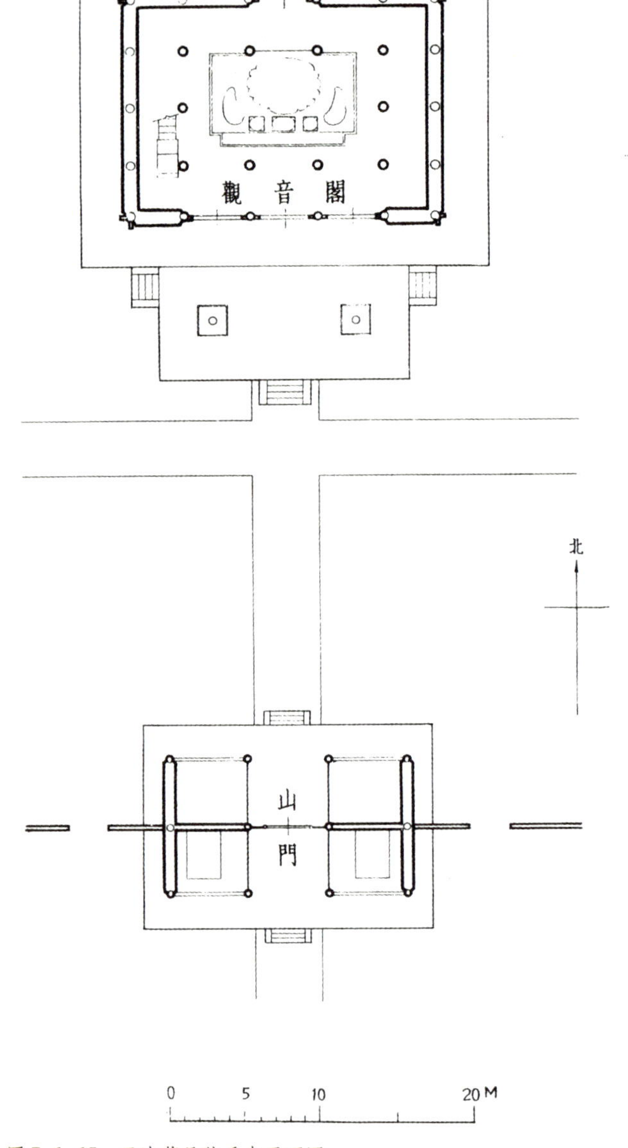

图 7-1-15 天津蓟县独乐寺平面图
（采自刘敦桢：《中国古代建筑史》第二版，第 206 页，图 118-1）

(3) 义县奉国寺

奉国寺位于辽宁省锦州市义县城内东街，建于辽开泰五年（1016 年），结合文献记载可知寺院沿南北向中轴线布置，最前是山门，山门之后为伽蓝堂，其后的大雄殿是主殿，殿前有正观音阁、东三乘阁、西弥陀阁，殿后有法堂，周围有回廊环绕，其中一百二十间内塑有佛像，称为贤圣堂，此外僧寮、客堂、厨舍等附属建筑可能置于侧院中[2]（图 7-1-16）。

寺内仅存大雄殿一处辽代建筑，面阔九间，进深十架椽，面宽 48.2 米、进深 25.13 米，坐落于 3 米高的台基上，台基前附站台，边缘有矮墙环绕。大殿为单檐庑殿顶，正面开间从中间到两侧尺寸递减，除两端外皆开门。殿内前面的金柱减少腾出前部礼佛空间，佛坛设于前后内柱之间。大部分梁架采用殿堂与厅堂混合式架构，梁架和斗拱上保留有辽代彩绘。大殿前保存有多个辽代柱础[3]。

1 刘敦桢：《中国古代建筑史》第二版，北京：中国建筑工业出版社，1984 年，第 204—208 页；杨新：《蓟县独乐寺》，北京：文物出版社，2007 年，第 7—23 页。

2 辽宁省文物保护中心、义县文物管理所：《义县奉国寺》，北京：文物出版社，2011 年，第 13—22 页。

3 辽宁省文物保护中心、义县文物管理所：《义县奉国寺》，北京：文物出版社，2011 年，第 23—40 页。

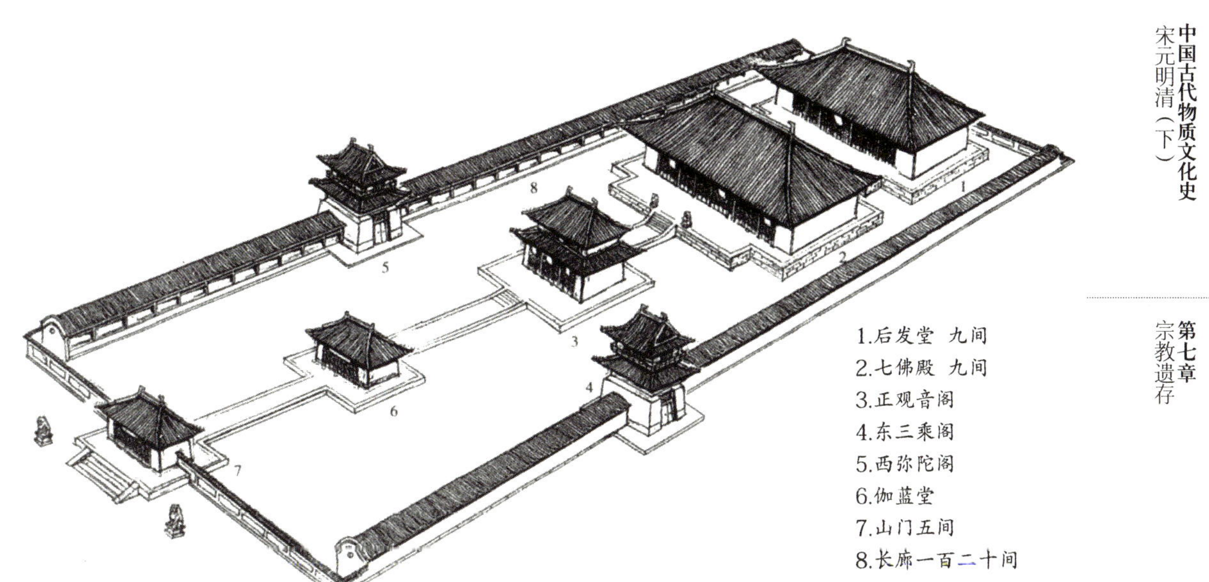

图 7-1-16　辽宁义县奉国寺平面图
（采自《义县奉国寺》，第 17 页，图 1）

2. 以塔为中心的寺院

以塔为中心的寺院布局，其主要特点是庭院呈纵长方形，山门位于前面正中，塔在庭院中轴线上，有的塔前左右有钟楼鼓楼，塔后有大殿，如山西应县佛宫寺、河北涿州普寿寺、内蒙古巴林左旗庆州佛寺。这一时期出现了部分双塔，对称布置于主殿、山门或寺外两侧，如北京房山云居寺、江苏苏州罗汉院、安徽宣城广教寺，有部分塔不处于中轴线上而是置于一侧，如江苏虎丘云岩寺、福建莆田广化寺，可能说明塔的宗教意义开始逐渐丧失。

(1) 庆州释迦佛舍利塔佛寺

庆州释迦佛舍利塔佛寺位于辽代庆陵，佛塔系辽圣宗皇后所建，寺院与辽代皇室关系密切。庆州佛寺仅存中部佛塔，根据遗迹可知庭院平面约呈竖长方形，主要建筑沿着中轴线分布，南端有山门，山门之后为寺院的中心塔，周围回廊环绕，塔后有佛殿。塔院后有中部、西部两组院落。中部院落中的中殿和后殿相连呈工字型，处于全寺的中轴线上，中部院落及塔院可能是主要的礼佛场所，西部院落有前后两进，西前院单独设门，西院可能是供皇室日常起居使用的建筑群[1]（图 7-1-17）。

(2) 应县佛宫寺

应县佛宫寺位于山西应县城内西北佛宫寺内，即俗称的应县木塔。始建于辽清宁二年（1056 年），金代有所增益。寺院现存一座释迦塔，为木结构建筑，根据文献记载和建筑遗迹可知，寺院中轴线对称布局，南端为山门，面阔五间，进深两间，面宽 19.81 米、进深 6.37 米。佛塔位于寺院中部，其前有钟楼，面宽进深在 10 米以上，塔后有面阔九间的大雄宝殿，现存大殿的砖砌塔基。寺内左右侧可能还有僧房、仓库等附属建筑[2]（图 7-1-18）。

1 郭黛姮：《中国古代建筑史》第三卷，北京：中国建筑工业出版社，2003 年，第 256 页。
2 陈明达：《应县木塔》，北京：文物出版社，1966 年，第 30—40 页。

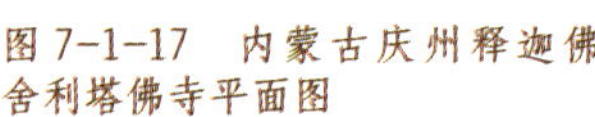

图 7-1-17　内蒙古庆州释迦佛舍利塔佛寺平面图
（采自郭黛姮：《中国古代建筑史》第三卷，第 477 页，图 6-464）

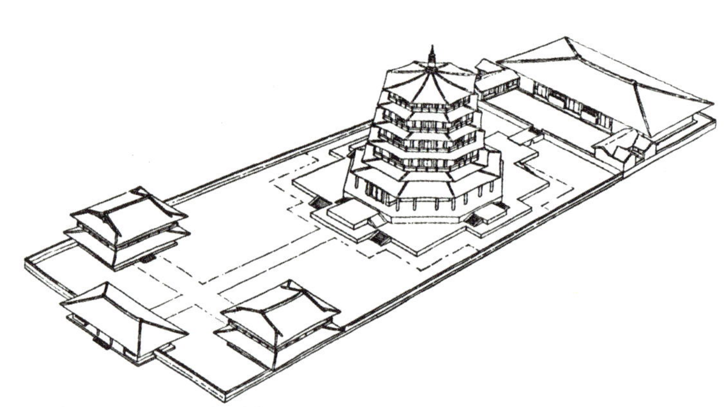

图 7-1-18　山西应县佛宫寺平面图
（采自《应县木塔》，第 39 页，图 16）

（二）元代寺院

元代的汉传佛教寺庙保存不好，大多仅存单体的殿堂，多数分布于北方地区，山西尤为丰富。江南地区少量寺院保存有元代建筑，如上海真如寺、浙江金华天宁寺。整体布局保存较好者以山西洪洞广胜下寺为代表。

广胜寺位于山西洪洞县城东的霍山。上寺建于山顶，下寺在山脚，相距约 500 米。下寺平面形状略呈纵长方形，位于南高北低的坡地上，分为前后两院。前院开阔，建筑物稀少；后院布局紧凑封闭，建筑物多集中在后院。南北中轴线上依次为山门、前殿、后大殿，后大殿东西各有垛殿，东垛殿已毁。山门、西垛殿、后大殿都建于元代，前殿经明成化年间（1465—1487 年）重建，但保留了元代特征，清代在前殿两侧增加了钟楼、鼓楼。

广胜下寺建筑较有特色，除山门为重檐歇山顶外，前殿、后大殿、垛殿都为单檐悬山顶，给人宏大雄健之感。山门的下层檐加施垂花雨搭，平出檐略短于上檐，造型别致。前殿殿内金柱大量减少，增加室内空间，采用自然弯曲的木材制作梁、额等负重构件，与其他元代殿堂建筑的构筑方式比较相似[1]（图 7-1-19）。

（三）明代寺院

明代的寺院基本上继承了殿堂为中心的寺院布局思想，按照中轴线对称的方

1 柴泽俊、任毅敏：《洪洞广胜寺》，北京：文物出版社，2006 年，第 47—66 页。

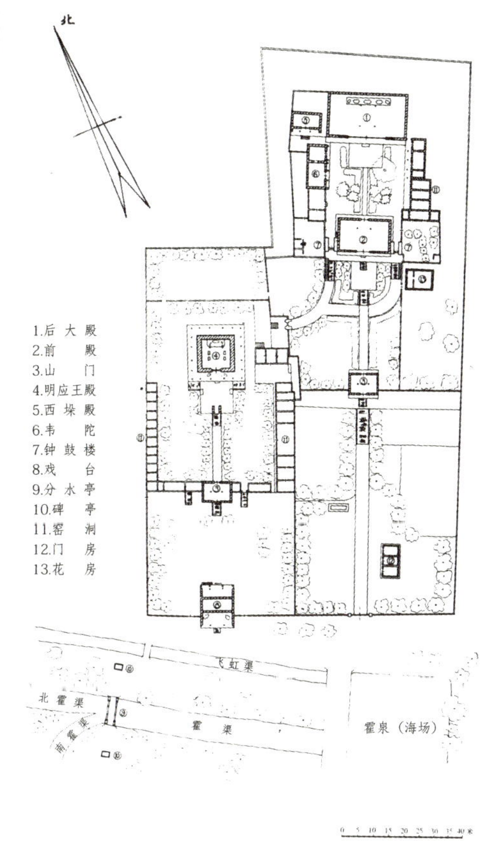

图 7-1-19　山西洪洞广胜下寺及水神庙平面图
（采自《洪洞广胜寺》，第 187 页，图三一）

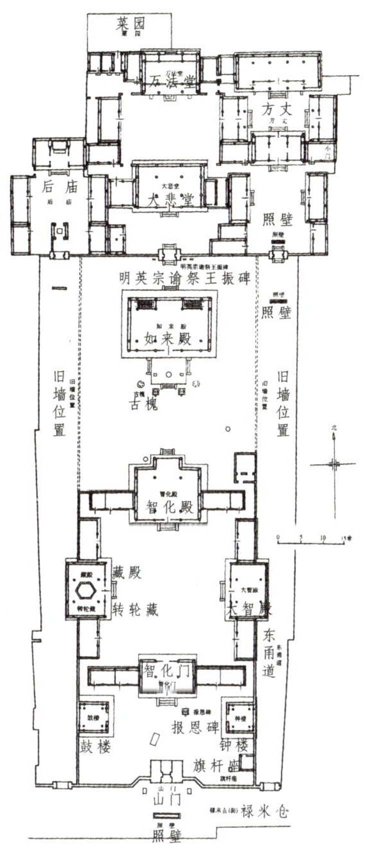

图 7-1-20　北京智化寺平面图
（采自潘谷西：《中国古代建筑史》第四卷，第 316 页，图 6-29）

式，沿纵深方向布置一系列院落，院落中设置各类不同功能的殿堂，与前代相比占地面积更广，带有肃穆严谨的官式建筑风格，以北京智化寺、福建泉州开元寺、山西太原崇善寺、四川平武报恩寺为代表。

1. 北京智化寺

智化寺位于北京东城区，为明英宗时期的太监王振所建，建于明正统八年（1443 年）。智化寺为南北向，全长约 140 米，分为前后两院。前院山门后为天王殿，称智化门，殿前左右钟楼鼓楼对峙，智化殿为主殿，左右侧有轮藏殿、大智殿两座配殿，主殿、配殿及一圈围房构成一个四合小院，其后有如来殿。后院较前院布局紧密，包括大悲堂、万法堂、方丈等建筑。殿堂的规模较小，但是雕刻精致，彩画华丽，代表了明代装饰艺术的成就[1]（图 7-1-20）。

2. 平武报恩寺

平武报恩寺位于四川省平武县龙安镇，为龙州土官王玺奏请朝廷派遣北京的工匠兴建而成，具有典型的官式建筑风格。始建于明正统五年（1440 年），完成于天顺四年（1460 年）。寺院坐西朝东，前高后低，全长约 300 米，山门面阔五间，进深两间，左右接八字琉璃墙，门前立一对经幢，山门之后为天王殿，殿前左侧建钟楼，不见鼓楼。天王殿后有前后两院，周围环绕廊庑。前院中部建大雄宝殿，

1　潘谷西：《中国古代建筑史》第四卷，北京：中国建筑工业出版社，1999 年，第 314—318 页。

面阔五间，左右侧分别为华严藏殿、大悲殿两座配殿，面阔三间，均为重檐歇山顶；后院中建万佛阁，阁前左右各立一碑亭。前院左右两侧的仓库、禅室等建筑兴建于后代。建筑屋顶覆盖绿色琉璃瓦，大悲殿、大雄宝殿中现存佛教雕塑和壁画极为精美[1]（图 7-1-21）。

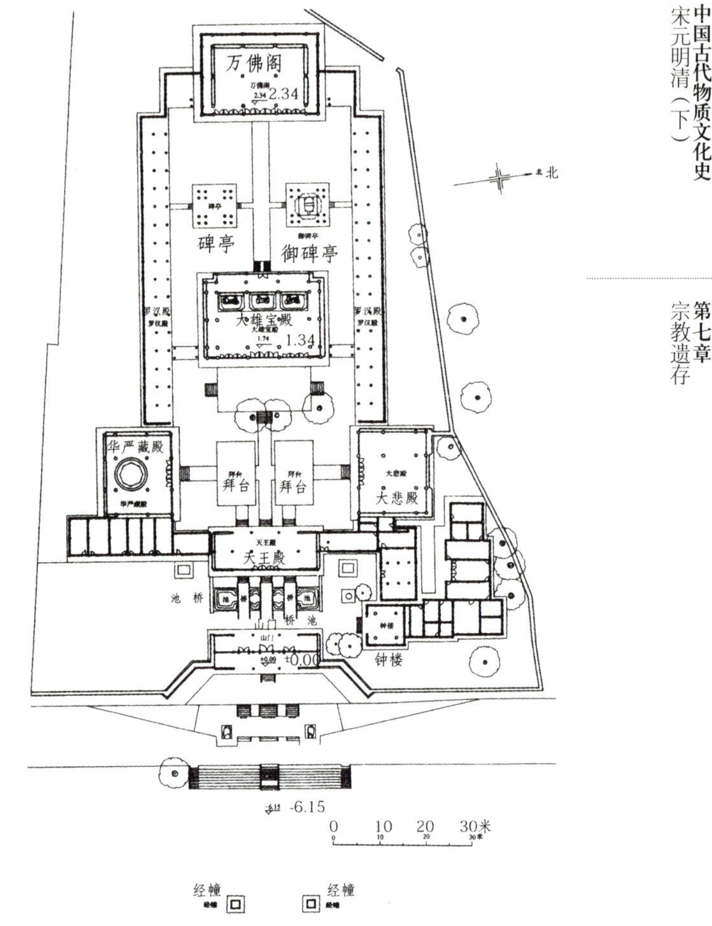

图 7-1-21 四川平武报恩寺平面图
（采自潘谷西：《中国古代建筑史》第四卷，第 324 页，图 6-49）

（四）清代寺院

清代中央政府并无大力支持汉传佛教的举措，官式建筑与明代布局相近，而依靠民间力量兴建的中小型寺院数量较多，规模较小，布局自由，受到地方建筑风格的影响较大，与山川林泉的结合更加紧密，以山西忻州五台山、四川峨眉山、浙江舟山普陀山、安徽池州九华山四大佛教名山为代表。

峨眉山明清时寺院数量近百，庙宇布局灵活多变，强调与地势山水的结合，并不严格遵守中轴线对称的传统布局方式，如报国寺、洪椿坪利用天然台地显现建筑的宏伟气势，清音阁背山面水，层次分明，牛心亭、双飞亭、大雄宝殿纵深排列。寺庙的建筑风格也比较自由，充分结合地形，如遇仙寺在峭壁之间设佛殿，山路自殿中穿过，伏虎寺入口的三座桥廊曲折经过不同的景观[2]。

（五）寺院雕塑

宋元明清时期佛教雕塑的重要特点是，随着石窟寺造像艺术的衰落，现存大多数雕塑都保存在寺院的殿堂中。宋元明清时期每一阶段的佛寺数量达数万座，僧尼众多，每所寺院皆有彩塑以供礼拜，但是保存至今的彩塑不多，多集中在山西地区。佛教雕塑作为一种重要的宗教艺术遗存是寺院的重要组成部分，不同时期呈现出不同的特点。

宋辽金时期雕塑保存较好的寺院集中在北方地区，尤以山西一带的寺院雕塑保存最好，公布资料最为详细。主要题材有佛、弟子、菩萨、罗汉、天王、诸天、力士，佛像类既有汉地一直流行的显教主尊，也有五方佛一类的藏密题材；弟子

1 四川省文物考古研究院、四川省平武报恩寺博物馆、四川省平武县文物保护管理所编著：《平武报恩寺》，北京：科学出版社，2008 年，第 1—29 页；潘谷西：《中国古代建筑史》第四卷，北京：中国建筑工业出版社，1999 年，第 323—329 页。

2 孙大章：《中国古代建筑史》第五卷，北京：中国建筑工业出版社，2002 年，第 332—337 页。

像为迦叶和阿难；菩萨种类丰富，还有数量众多的胁侍菩萨和供养菩萨，菩萨作为主尊与宋以来菩萨信仰兴盛的背景息息相关；唐末五代兴起的罗汉造像是宋代盛行的造像题材之一，由十六罗汉发展成为十八罗汉、五百罗汉，造型丰富多样；天王主要为镇守四方的四大天王；天部是以武力护持佛法的天神，宋辽以来随着战乱纷争信奉日盛，天部诸神如梵天、帝释天、日天、月天等开始出现在雕塑的行列中[1]。现存雕塑一般置于佛寺的主要殿堂中，天王殿中置四大天王，主要殿堂的中部多设佛坛，坛上塑群像，一般以佛像主尊、二弟子、二菩萨、二天王以及胁侍菩萨的组合较多见，亦有以菩萨作为主尊的情况，护法神性质的诸天置于两侧，在规模较小的寺院中也以主尊胁侍分列殿堂两侧。宋辽金佛教雕塑的风格沿袭自唐代，尤其以辽代唐风最为显著，这一时期的雕塑在写实性上取得了相当大的成就，佛教造像的衣着、外貌、神情与普通人几乎没有差异，菩萨的女性化特质更为明显。

宋辽金时期雕塑保存较好的寺院有山西晋城青莲寺、长子法兴寺、长子崇庆寺、大同华严寺、大同善化寺、朔县崇佛寺，山东济南灵岩寺，天津蓟县独乐寺，辽宁义县奉国寺，北京海淀大悲寺等。

大同华严寺位于山西大同古城西南隅，其下寺的主体建筑——薄伽教藏殿建于辽重熙七年（1038 年），殿内的雕塑属于辽代原物。薄伽教藏殿中部设置宽大的佛坛，长 17.7 米、宽 10.38 米，约占据殿内面积的一半，平面呈倒凹字形，与唐代流行的中心佛坛形制相同。佛坛之上塑 29 尊像，当心间、北次间、南次间各造一铺塑像，每铺以一尊佛像为主尊，两侧分列弟子、胁侍菩萨、供养菩萨，三铺造像的主尊构成三世佛的组合，佛坛四隅塑四大天王。当心间一铺七身，为一佛二弟子二菩萨二胁侍菩萨。中央主尊释迦佛连座高 5.45 米，面部平阔，神情庄严，身着袈裟，施拈花印，结跏趺坐于八边形束腰仰莲台座上，位于当心间中后部；佛像左右两侧分别立阿难、迦叶，阿难面貌经后代修饰，迦叶面部略显沧桑，但身躯雄健、神态自信；二弟子之前的二菩萨面庞圆润，神情恬淡，施拈花印，结跏趺坐于八角束腰生莲座上；二菩萨之前还有两身胁侍菩萨，与坐式菩萨装扮相近，只是上身着络腋，装饰略显简朴，跣足立于仰莲座上。北次间一铺九身，分别为主尊燃灯佛及二弟子、一立式三坐式四尊胁侍菩萨，佛前左右侧还跪有两身供养菩萨。南次间与北次间配置相似，主尊为弥勒佛，佛侧的二弟子变为二胁侍菩萨（图 7-1-22）。四大天王镇守佛坛四角，皆双目圆瞪，鼻孔隆起，两腮突出，给人不怒自威之感，头戴王冠，身着铠甲，手中持宝剑而立[2]。

济南灵岩寺位于山东济南市西南泰山北麓长清万德镇灵岩峪方山，千佛殿是寺院建筑群中的主体建筑，始建于初唐，十世纪中期重修，大体上保持着宋元建筑风格。殿内保存的雕塑大多为宋代和明代所塑。大殿中部的佛坛上置三尊佛像，中间一尊为法身毗卢遮那佛，通高 5.46 米，头戴宝冠，面容庄重，着通肩袈裟，结跏趺坐于莲座之上，背后有火焰纹背光，皆髹漆贴金，装饰华丽。据记载

1 中国寺观雕塑全集编辑委员会编：《中国寺观雕塑全集》第 3 卷，哈尔滨：黑龙江美术出版社，2005 年，第 1—14 页。

2 柴泽俊、柴玉梅：《山西古代彩塑》，北京：文物出版社，2008 年，第 31—38 页。

图 7-1-22　山西大同华严下寺薄伽殿南次间胁侍菩萨

图 7-1-23　山东灵岩寺千佛殿泥塑罗汉之一

是宋治平二年（1065 年）僧人惠从运至灵岩寺的，其余两身佛像属明代造像。40 尊罗汉像置于沿大殿四壁起的 80 厘米高砖砌壁坛上，高度在 145—165 厘米之间，每尊罗汉的年龄性格、动作神态各不相同，有的禅定沉思，有的高谈辩论，老者满面风霜，幼者圆润清秀，人物比例恰当，衣褶线条流畅准确，是宋代彩塑的精品之作。修复过程中在其体腔内发现丝质内脏、宋代铜镜、铜币以及治平三年（1066 年）纪年题记，还剥离出一尊完整的铁质罗汉。现存罗汉像中的 27 尊塑于宋英宗治平三年（1066 年），原有 32 尊，明代万历年间（1573—1620 年）迁入千佛殿中，并补塑至 40 尊[1]（图 7-1-23）。

元代寺院雕塑的保存情况不如宋明两代，有雕塑的寺院较少，且多经过后代重装，主要题材与宋辽金时期区别不大，组合方式亦并无新意。题材包括佛、弟子、菩萨、罗汉、童子、金刚、天王，佛像类有三世佛、释迦佛、弥勒佛等；菩萨类有文殊菩萨、普贤菩萨、观音菩萨、大势至菩萨、地藏菩萨、十二圆觉菩萨，地藏与十王组合出现；罗汉信仰延续宋代，在元代仍然是重要的寺院雕塑题材之一，十六罗汉、十八罗汉之类的罗汉群像较为常见[2]。从艺术特征看，元代雕塑的面部更为宽平，身材较为强壮，可能与蒙古人体貌特征更加接近，衣饰较之前代显得轻薄舒展。现存元代雕塑较多保存在山西原平慧济寺、洪洞广胜下寺、五台广济寺等寺院中。

1 中国寺观雕塑全集编辑委员会编：《中国寺观雕塑全集》第 2 卷，哈尔滨：黑龙江美术出版社，2005 年，第 7—9 页；灵岩寺编辑委员会编：《灵岩寺》，北京：文物出版社，1999 年，第 28—30 页。

2 中国寺观雕塑全集编辑委员会编：《中国寺观雕塑全集》第 3 卷，哈尔滨：黑龙江美术出版社，2005 年，第 14—16 页。

洪洞广胜下寺的大雄宝殿是寺内规模最大的主体建筑，殿内后槽砌有佛坛，当心间和两次间供奉三身佛，两稍间供奉文殊普贤，雕塑年代为元代至大二年（1309年），与大雄宝殿是同一时期的作品。当心间塑法身佛毗卢遮那像，东次间塑报身佛卢舍那像，西次间塑应身佛释迦牟尼像，三身佛像比较相似，头上有螺髻，面部丰圆饱满，着双领下垂式袈裟，内着僧祇支，结跏趺坐于束腰须弥座上，毗卢遮那佛施毗卢印，佛卢舍那佛施无畏印，释迦牟尼佛施说法印。须弥座装饰精丽，表面装饰彩绘的牡丹、卷草、几何及仿木结构纹饰，沥粉贴金，束腰饰有壶门，转角处置一小力士作负重状，座上有三层仰莲。东稍间塑文殊菩萨，西稍间塑普贤菩萨，身体均微侧向中部，面部饱满圆润，神态恬静可亲，半跏趺坐于仰莲台座上，莲瓣分别装饰彩绘牡丹、宝相花，一腿屈起，一腿下垂踏于小莲座上，文殊菩萨座下有一青狮，普贤菩萨座下有一白象，均作俯卧状，侧首回顾[1]（图7-1-24）。

明代的佛教活动较为兴盛，修缮大量前代寺院，并增补了一些殿堂，对寺院中的佛教塑像也多有重妆或重塑。现存明代塑像数量较多，种类丰富，全国各地均有发现，虽然整体艺术水平有所下降，但亦不乏经典之作。主要题材有佛、菩萨、弟子、罗汉、天王、金刚、诸天、佛母、明王，以显教为主，也有少量藏密题材，布置并无一定界限，有者甚至儒、释、道三教造像共处一堂，表现出民间信仰的杂糅并蓄。佛像类包括横三世佛、竖三世佛、五方佛以及单尊的佛像；菩萨延续宋元时期的题材，大多属于主尊胁侍，还出现送子观音之类世俗化的菩萨形象；罗汉像以十八罗汉的组合为主，十八尊罗汉姿态各异，表现出不同的性格；其他如地藏王、道明冥公、十殿阎罗、六曹判官、牛头马面的组合，随着地狱信仰深入人心而广为流传，还修建专门的地藏殿供奉[2]。明代寺院殿堂数量增加，雕塑被放置在更多的殿堂中，每一间殿堂中雕塑数量有所增加，雕塑形式更加多样化，大型雕塑或置于殿堂后部的佛坛之上，或直接立于地面，小型雕塑或在小龛内设造像，或于墙上悬塑，布局井井有条。明代佛教雕塑的总体艺术水平不及前代，身材矮短、比例失调的情况比较常见，金刚天王一类护法神虽作狰狞可怖之貌，却神情呆板缺乏气势，其他神祇的面貌姿态更加接近俗人，明代服饰也较多融入菩

图7-1-24 山西洪洞广胜下寺大雄宝殿元代塑像
（采自《山西古代彩塑》，第276页，图九九）

1 柴泽俊、柴玉梅：《山西古代彩塑》，北京：文物出版社，2008年，第99、100页。
2 中国寺观雕塑全集编辑委员会编：《中国寺观雕塑全集》第4卷，哈尔滨：黑龙江美术出版社，2005年，第4—9页。

萨、天王的装束中。明代雕塑保存较好、规模较大的寺院以山西太原崇善寺、灵石资寿寺、大同上华严寺、长治观音堂、长治观音堂、平遥双林寺，四川新津观音寺为代表。

平遥双林寺位于山西省平遥县桥头村，其中轴线上有天王殿、释迦殿、大雄宝殿、佛母殿，前院左右两侧置观音殿、地藏殿、武圣殿、土地殿，中院两侧置千佛殿、菩萨殿，一共保存有1500余尊精美的明代雕塑，分布于十座殿堂中。雕塑技艺高超、布置严谨，是明代彩塑的精品之作。以释迦殿为例，释迦殿现存大小造像二百八十尊。中心佛坛上雕塑一佛二菩萨，释迦佛大小与真人相近，头上有螺髻，面容庄严，着袒右袈裟，施无畏印，结跏趺坐于须弥座上，两侧的文殊普贤头戴花冠，面容秀丽，神情和蔼，腰束带，下着裙，披帛自双肩垂下绕于左右臂后下垂，戴手镯臂钏，身躯微向前倾，姿态虔诚柔美。佛坛后砌扇面墙，墙后塑观世音菩萨游戏坐于一瓣莲花上，姿态潇洒随意，身侧十大弟子踩于水生动植物上，头上有二金刚和一坐佛，身处波涛汹涌的海面上，观音菩萨之前的侧面两壁上塑十大明王和十二圆觉菩萨。殿内南壁上部十二个屋形龛中塑三十五佛，均结跏趺坐于仰莲台座上，结不同的手印，下部门窗之间的檐柱塑十二佛，均为立式，姿态神情略有不同。殿内两山及后檐次稍间墙上悬塑佛传故事四十八幅，情节设置丰富，每幅故事之间没有间隔，人物、环境的差异表现得相当细致。整个殿堂的雕塑层次分明、主题突出，单个塑像因身份不同而装扮举止各异，众多塑像构成一个统一严谨的宗教空间[1]（图7-1-25）。

图7-1-25　山西平遥双林寺释迦殿扇面墙背后雕塑

清代寺院雕塑保存数量巨大，但材料公布不多，总的来说艺术水平进一步下降，随着佛教信仰的衰败，寺院雕塑程式化、世俗化的愈发明显。清代寺院雕塑除佛、菩萨、罗汉、诸天等前代流行的题材外，关帝一类民间信仰的神灵占据重要的地位。雕塑的神情动作多呆滞单调，人物比例失调，精美作品不多。山西忻州五台山镇海寺、普化寺、龙泉寺、金阁寺，解州关帝庙、常平关圣祖祠，盂县圣母祠是这一时期的代表作品。

1 柴泽俊、柴玉梅：《山西古代彩塑》，北京：文物出版社，2008年，第103—118页。

解州关帝庙位于山西运城市解州镇西关，主殿崇宁殿位于中轴线后部。殿内中部设木雕神龛，神龛装饰极其精美华丽，龛内供奉关帝塑像，为清康熙五十二年（1713年）所塑。关公通高3.35米，面容肃穆，身材魁梧，头戴冠冕，身着冕服，腰束玉带，足着云履，双手捧笏板于身前，端坐于龙椅之上。神龛内关帝左右前方各有一胁侍，姿势神情恭敬，头戴幞头，身着圆领长袍，一人手中捧印，一人手中捧书。神龛前左右前方各有一侍臣，左侧王甫通高3.28米，为一老者形象；右侧赵累高3.27米，为一中年人形象，皆神情恭谨，头戴进贤冠，身着长袍，足着云履，双手捧笏板于身前，微躬身而立[1]（图7-1-26）。

图7-1-26　山西解州关圣祖祠崇宁殿关圣像
（采自《山西古代彩塑》，第398页，图二三二）

（六）寺院壁画

壁画亦是寺院宗教艺术的重要组成部分。现存宋元明清时期的佛教壁画，大多保存在寺院建筑中，也有少量绘制在石窟寺中，如前述以壁画为主要艺术形式的敦煌石窟、柏孜克里克石窟。壁画和雕塑虽然属于不同的艺术形式，但关系密切，一座殿堂中的雕塑和壁画往往相互补充配合，部分题材既可绘于壁上，亦可用雕塑表现，有时两者相互替代。寺院壁画与其所依附的主体建筑的保存情况密切相关，保存情况多不太好。现存寺院壁画多见于山西地区。

宋辽金时期的寺院壁画较少，主要题材可以分为尊像画、故事画、经变画、供养人像等几类。尊像画数量较多，有佛、菩萨、天王、金刚、明王、力士、鬼卒、童子，佛像及其胁侍菩萨是最常见的尊像画题材，说法图中听法者众多，气势恢宏，金刚、明王体量高大，形象威严，有的还有鬼卒、童子、菩萨等胁侍，佛塔壁画似乎尤其注重表现护法类题材，菩萨包括观音菩萨、妙吉祥菩萨、净业障菩萨、地藏王菩萨、千手观音及其眷属；此一时期的经变画种类不多，但是往往占据大幅壁面，对于细节的表现细致入微，现存华严经变、观音经变等；佛传故事画、本生故事画与经变画的分布位置相似，佛传故事画绘制出的情节比北朝时期的佛传故事丰富得多，多者达48个情节，须阇提太子本生、鹿女本生、华色比丘尼本生、善事太子本生、忍辱太子本生，都属于比较常见的本生故事。壁画多被绘制在殿堂的壁面上，少量发现于佛塔的回廊和地宫中。宋辽金时期的寺院

1 柴泽俊、柴玉梅：《山西古代彩塑》，北京：文物出版社，2008年，第166—172页。

壁画保存较好者以山西高平开化寺、灵丘觉山寺舍利塔、应县佛宫寺释迦塔、朔县崇福寺、繁峙严山寺，河北定州静志寺为代表。

高平开化寺位于山西省高平市舍利山腰，大雄宝殿现存壁画由画师郭发等人绘于北宋绍圣三年（1096 年），总面积 88.68 平方米，主要绘于两山及后檐墙两次间的壁面上，檐下拱眼也绘有卷草纹、宝相花、海石榴等装饰纹样。东壁上绘法华经变七处九会的其中四会，由南至北分别为兜率天宫会、普光法堂会、重会普光法堂、再会普光法堂，西壁上绘本生故事画，南部为须阇提太子本生，中部为忍辱太子本生、华色比丘尼本生、转轮王本生及善事太子本生的一部分，北部为善事太子本生和光明王舍头本生，北壁东次间绘观音法会，表现观世音在普陀山举行法会的盛况，西次间绘鹿女本生和均提童子本生[1]（图 7-1-27）。

元代寺院壁画发现不多，盗卖和损毁现象比较严重，现存壁画的种类较少，宋辽金时期已经出现的说法图、佛传故事、本生故事、供养人、千手观音及其眷

图 7-1-27　山西高平开化寺大雄宝殿观世音法会

1 柴泽俊、贺大龙：《山西佛寺壁画》，北京：文物出版社，2012 年，第 16—22 页。

属等题材延续下来，一些以前未见的题材如水陆画、弥勒下生经变、七佛图、善财童子五十三参亦有发现。值得一提的是山西稷山青龙寺元代水陆画是我国现存年代最早的水陆壁画。山西稷山青龙寺、稷山兴化寺、洪洞广胜下寺、五台南禅寺等寺院保存有部分精美的元代壁画作品。

稷山青龙寺位于山西省稷山县城马村，壁画主要分布在后殿和腰殿中，元至正年间（1341—1370年）绘制。后殿南壁两侧各绘一身供养人，东壁绘释迦牟尼说法图，西壁绘弥勒下生经变。腰殿内四壁绘水陆画，西壁以西天神佛为主，东壁以道教仙人为主。西壁上方为三身佛及弟子、菩萨的组合，舍利弗面向佛座礼拜，中部为帝释天、梵天、十迴菩萨、元君圣母、天龙八部、四大天王、五岳神王，下部有护法善神、鬼子母、大药叉、普天列曜星君、十二元神、大罗叉将、三曹、五方五帝、婆罗门仙、南斗六星、五通仙人、四海龙王等；东壁上部残毁，中部为紫微大帝、天皇大帝、善惠地菩萨、登光地菩萨、极喜地菩萨、四横九天、二十八宿、主书大神、主夜大神，下部为后土圣母、玉仙圣母、五岳帝君、真武真君、辟毒金刚、清除灾金刚、散支迦大将军、跃支迦大将军以及掌管自然界风雷雨电水火的神灵；南壁上部中央的佛像损毁，侧面有金刚心菩萨、般若心菩萨、十二宫神像、十大明王，中部绘年、月、日、时四直使者，下部多表现往古的帝王子孙、后妃宫女、文武大臣、捐躯将士、九流诸子、孝子贤孙、贞妇烈女、女冠尼姑以及各种动物，其前有城隍伽蓝神、五瘟使者导引；北壁上部为净业障、灭定业、地藏王三身菩萨，中部为十六罗汉，下部绘十殿阎王、六曹判官、阴曹鬼卒和地狱刑罚场景；扇面墙正面原有接引佛及胁侍菩萨，背面有千手千眼观音及其眷属[1]（图7-1-28）。

明代寺院壁画在山西、四川等地有发现，保存情况比宋元时期好得多，主要题材有尊像画、故事画、水陆画、供养人像。尊像画是最重要的壁画题材，三身佛、天龙八部、八大或十大明王、十方佛、十善菩萨或十界能化菩萨、十二圆觉、十六或十八罗汉、二十四诸天、善财童子五十三参、五百罗汉、千佛等成组合的佛、菩萨、罗汉、护法神，在每座绘有壁画的殿堂中几乎都有发现，单尊佛像、菩萨像及其胁侍的数量相对较少；本生故事画逐渐不再流行，佛传故事画的数量继续上升，情节更加复杂，有的多达84幅，这样规模宏大的佛传故事画成为一些殿堂中的主要题材；随着追福荐亡的水陆法会在民间更加流行，水陆画成为这一时期重要而常见的题材之一，儒释道三教人物汇聚一堂，场面宏大布局有序，一般占据两侧壁的全部壁面；供养人像发现不多，但是形象逼真，多绘制于板门两侧，与前一时期做法相同。这一时期的寺院壁画见于四川新津观音寺、蓬溪宝梵寺、剑阁觉苑寺，北京法海寺，河北正定隆兴寺，山西太谷圆智寺、灵石资寿寺、繁峙公主寺、洪洞广胜上寺等。

蓬溪宝梵寺位于四川省蓬溪县宝梵镇宝梵村，其大雄宝殿原有壁画十二铺，南北壁各两铺，东西壁各四铺，现存明代壁画九铺，大约绘制于景泰元年（1450年），面积84平方米。北壁东侧一铺空缺，西侧绘药师佛及日光月光菩萨、十二药叉大将，东西两壁最北端的两铺分别为布袋和尚和菩提达摩，其余六铺绘十六罗汉，分别为宾度罗跋啰惰阇、迦诺迦伐蹉、迦诺迦跋厘堕阇、苏频陀、诺距罗、

1 柴泽俊、贺大龙：《山西佛寺壁画》，北京：文物出版社，2012年，第39—48页。

图 7-1-28 山西稷山青龙寺腰殿西壁水陆画
（采自《山西佛寺壁画》，第 162、163 页，图一三一）

跋陀罗、迦理迦、伐阇罗弗多罗、戍博迦、半托迦、啰怙罗、那伽犀那、因揭陀、伐那婆斯、阿氏多、注荼半托迦，与玄奘译《大阿罗汉难提蜜多罗所说法注记》记载的名号顺序相同，罗汉面貌各异，举止不一，极其生动活泼；四角处各绘一身天王，与东西壁上方所绘二十天人共同组成二十四诸天，主像之间的云水山林之中还分布着僧人、俗人、兽类[1]。

新津观音寺毗卢殿内的壁画绘于明成化四年（1467 年），后壁及左右侧壁共绘制七铺彩绘壁画，占壁面一百多平方米。毗卢殿的中央主尊是高大的三身佛，后壁绘观音菩萨本生故事，情节丰富紧凑，人物形象生动，场景富有生活气息，但是清代的两次重妆对壁画造成了一定影响。左右侧壁绘有十二圆觉菩萨、二十四诸天、两身天女和九身供养人，十二圆觉菩萨由北向南交错次第排列，每铺壁画菩萨居中，护法天神位于左右上方，供养人立于边角，每幅壁画皆有记载出资者和造像尊称的题记。十二圆觉菩萨表现了十二位菩萨依次向释迦佛问法的情景，展示出《圆觉经》的修行和观想法门。绘制毗卢殿壁画的匠师技艺高超，线描晕染技巧娴熟，不同神灵的姿态神情表现到位，整体布局也具有气势，是同时代壁画中的精品[2]。

清代大体延续了前代寺院绘制壁画的传统，但目前资料公布不多。从已刊布的资料看，西北地区、中原地区都有寺院壁画发现，中原地区寺院壁画的艺术水

1 范丽娜：《蓬溪宝梵寺明代壁画罗汉图像考察》，《故宫博物院院刊》2011 年第 4 期；范丽娜：《蓬溪宝梵寺明代壁画图像综合分析》，《故宫博物院院刊》2011 年第 5 期。

2 赵树同：《对新津观音寺壁画雕塑的探索》，《四川文物》1985 年第 2 期；方世聪、车永仁主编：《新津观音寺佛教艺术》，天津：天津人民美术出版社，2013 年，第 4—21 页。

平显著降低[1]。壁画题材除宋元以来一直流行的尊像画、佛传故事、说法图、水陆画外，表现三教合流的壁画较为常见，另有关帝、土地等民间信仰题材。这一时期材料公布较详细的有山西太谷县静信寺、大同善化寺大雄宝殿、大同华严寺大雄宝殿等。

图 7-1-29 太子习数
（采自《山西佛寺壁画》，第 218 页，图二五四）

华严寺大雄宝殿壁画是清代壁画中的精品。大雄宝殿佛坛上雕塑五方佛、胁侍菩萨和二十诸天，壁面满绘壁画，面积达 886.91 平方米，绝大多数壁画绘于清光绪四年（1878 年）。东壁由北向南依次绘佛传故事（图 7-1-29）、准提佛母像及其护法胁侍、西方净土变、千手千眼观音及胁侍、观无量寿经中的十六观，南北壁及西壁南端绘华严经变中的七处九会，西壁还绘有善财童子五十三参、十八罗汉与水月观音、释迦牟尼初转法轮、药师佛及其胁侍、禅宗传嗣图、释迦牟尼说法图。大殿遍布壁画气势恢宏，布局紧凑，疏密有致，构图有早期壁画的遗风，色泽艳丽、沥粉贴金，但人物绘制水平则参差不齐，影响了华严寺壁画的整体效果[2]。

（七）特点

宋辽金西夏时期寺院的主要平面布局形式有两种，即以塔为中心和以佛殿为中心。自佛寺传入中国以来，佛塔作为最主要的礼拜对象在寺院中一直占据非常重要的地位，寺院布局围绕着佛塔展开。但此一时期，随着佛教中国化、世俗化的加深，塔的位置偏离寺院的几何中心，以塔为中心的早期形式的寺院数量大减，取而代之的是将主要殿堂置于中轴线，呈纵轴式布局的布局形式。元明时期，以佛殿为中心的布局形式占据绝对主流的地位，规模更为宏大，布局更加规整，纵轴线的建筑数量增多，与世俗的宫殿群组建筑较为相似，明代的许多寺院都呈现

1 柴泽俊、贺大龙：《山西佛寺壁画》，北京：文物出版社，2012 年，第 7 页。
2 柴泽俊、贺大龙：《山西佛寺壁画》，北京：文物出版社，2012 年，第 84—88 页。

出浓厚的官式建筑风格。

宋元明时期寺院中的主要雕塑一般放置在佛坛上，从宋到明佛坛的位置逐渐后移，雕塑亦随之后移，寺院中设置雕塑的殿堂越来越多，殿堂中的雕塑也越来越多，雕塑的形式多样化。佛坛上的主要雕塑以一铺五身、一铺七身的组合最为多见，天王护持四隅，其他如十二圆觉菩萨、二十四诸天列于左右侧壁前，罗汉群像流行于元明时期，明代出现更多民间创造、三教合流的雕塑形象。这一时期的艺术风格一直沿着写实化、世俗化的方向发展，但是艺术水平总体呈衰落之势，身体比例失调、面目呆滞失真的现象到明清时期已经颇为严重。

宋元明的寺院壁画以尊像画、佛传故事画、水陆画最具时代特色。在此之前，佛像一直是供奉的主要尊像，但两宋以后，大量菩萨、护法神的尊像流行起来，它们体例高大，绘制精细，数量甚至在佛像之上，体现出宋元明时期佛信仰之外其他信仰兴起的风潮；唐代流行的经变画逐渐简化，进而消失，佛传故事画在北朝较为兴盛，之后一度沉寂，此时却成为最引人瞩目的题材之一，情节的详细程度远远超过北朝；元代以前的水陆图像目前尚未发现，现存水陆画多以寺院壁画和卷轴画的形式保存，元代水陆壁画仅见于山西稷山青龙寺，明清时期则发现较多，可能与水陆法会在民间的普及有关。

三、佛塔和经幢

（一）宋辽金西夏时期的佛塔

两宋、辽、金、西夏时期是佛塔建造的繁荣期，佛塔分布范围远比唐代广，数量数以百计。此一时期的佛塔类型繁多，各具特色。有些佛塔作为寺院的中心置于南北中轴线上，符合自魏晋以来以佛塔为寺院中心的传统格局；部分佛塔已偏离中轴线，布局更加自由，根据地形建造在寺院中甚至寺院外。与佛教世俗化的时代背景相呼应，佛塔供宗教礼拜之作用逐渐淡化，出现了一些新的实用功能。

按照佛塔形制的差异，大致可分楼阁式、密檐式、花塔、覆钵式、复合式等类型。

1. 楼阁式塔

（1）楼阁式木塔

仅存山西应县佛宫寺释迦塔一座。木塔数量的稀少一方面可能因为保存不易，另一方面也与这一时期砖石成为主要建筑材质有关。

应县佛宫寺释迦塔位于山西应县县城内，辽兴宗皇后的父亲清宁二年（1056年）所建，是国内现存最早的高层木结构建筑。木塔位于佛宫寺中轴线的中部，为寺院的中心。全塔高67.3米，建造于外包砖石的夯土台基上，台基下层方形，上层八角形，塔身平面呈八角形，每层面阔三开间，东南西北中部开一门，塔顶为八角攒尖式，顶上立铁制塔刹。木塔外观五层，底部围绕主塔建造一圈外廊，共有六重檐，最下层为重檐；第二至四层都有暗层，外观上处理成腰檐和平座，内部结构共九层。底层平面从外而内依次是外壁、回廊、内壁和八角塔心室。平座夹层由梁、枋、斗拱、短柱构筑而成，金代增加了斜撑，使结构更加稳定，每层有内外两圈柱子，构成双层套筒，外圈二十四根外柱，内层八根内柱。各层檐柱和其下的平座檐柱在同一轴线上，但比下一层檐柱向塔心略退，使纵向轴线微向内倾斜，形成下大上小的稳定结构。在内槽柱里的空间供奉释迦坐像，高 11 米，周围有壁画[1]（图 7–1–30）。

图 7–1–30　山西应县木塔复原图
（采自《应县木塔》，第 35 页，图 13）

(2) 砖身木檐式塔

砖身木檐式塔是五代开始出现的一种新塔型，在砖砌的塔身外以木材为原料建造腰檐、平座和勾栏，砖砌塔身平面形状有六角形、八角形、方形三种，以八角形最为常见，木制外檐出檐深远，檐下设斗拱，平座悬挑大，可供行人观光，兼顾了砖石的坚固与木构的繁复优美。部分北宋塔的塔身为单层套筒，搭建木楼板，有的平面呈方形，与唐代佛塔较为相似。南宋塔多为双层套筒，楼梯设在外层套筒的回廊里，塔心砌出小室，塔身呈八角形，宋塔的特征较为突出。砖身木檐式塔以上海龙华寺塔、松江兴圣教寺塔，浙江延庆寺塔、杭州六和塔江，江苏苏州瑞光寺塔、苏州报恩寺塔为代表。

苏州瑞光寺塔位于江苏苏州城盘门内，是瑞光寺仅存的建筑，根据塔心室内发现的佛教遗存推测建于北宋大中祥符二年（1009 年）至天圣八年（1030 年）。瑞光寺塔为一座七层的砖身木檐楼阁式塔，平面呈八角形，台基为浮土掩埋，塔刹倒塌，残高 43.2 米，塔身的高度逐层降低，直径逐层内收，外轮廓线呈弧线形。塔身转角处有倚柱，每面分成三开间，中间一间辟门或装饰直棂窗，第 1 层开四门，第 2、3 层开八门，第 4 至 7 层四面交错辟门，另四面雕凿假窗。第 1 到 5 层中央用砖砌塔心柱，第 5 层塔心柱顶上施木梁，木梁中心立刹柱，外壁和塔心柱之间砖砌构成回廊，回廊中以砖雕仿制木构件装饰。底层塔身周围有副阶周匝，2 层以上每层塔身外都有插入外壁的斗拱承托的平座、腰檐，与其他装饰的阑额、拱枋、椽、榑等一样都是木构件。塔内佛龛中发现少量砖雕石刻佛像和木质比丘像[2]（图 7–1–31）。

1 陈明达：《应县木塔》，北京：文物出版社，1966 年，第 6—17 页。
2 张步骞：《苏州瑞光寺塔》，《文物》1965 年第 10 期。

(3) 砖石式塔

砖石式塔整体由砖石构筑而成，多模仿木结构，有的模仿极为精细，但因材质所限，外檐以砖斗拱承托，用五铺作或四铺作斗拱，出檐较近，平座挑出亦不远，不能供人登临，有的甚至没有平座，整体风格较之砖身木檐式塔显得拘束沉闷。砖石式塔的代表作有河南开封天清寺繁塔、开封祐国寺塔，河北定县开元寺塔，山东长清灵岩寺塔，安徽蒙城兴化寺塔，江苏苏州罗汉院塔，浙江杭州灵隐寺双塔，福建泉州开元寺塔等。

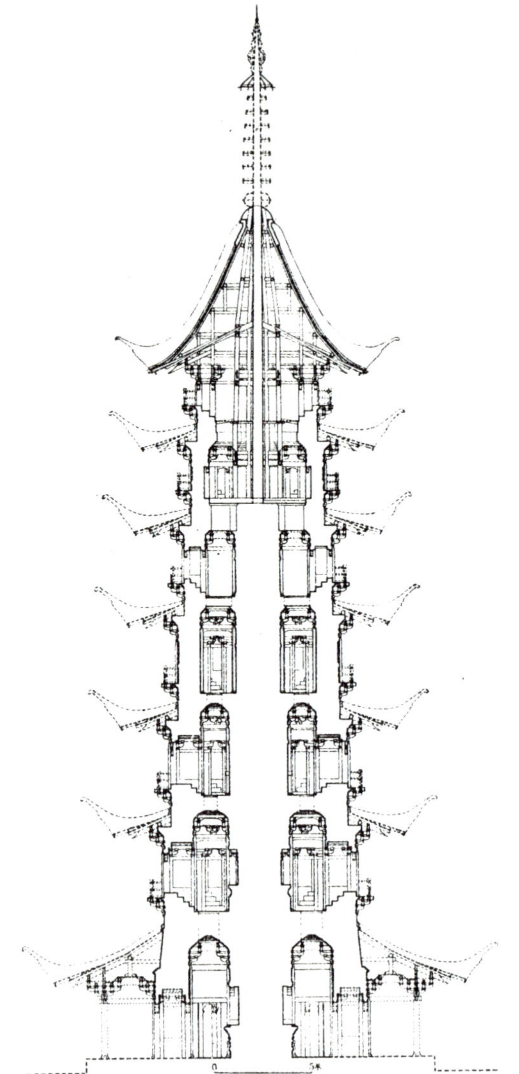

图 7-1-31 江苏苏州瑞光寺塔剖面图
（采自《文物》1965年第10期，第60页，图五）

定县开元寺料敌塔位于河北定州南门内，北宋咸平四年（1001 年）到至和二年（1055 年）历经 55 年建成。因为处于宋辽边境地带，高塔可以用作瞭望敌情而被称为“料敌塔”。料敌塔为十一层砖砌楼阁式塔，大体上仿造木楼阁的构造，但又表现出一些砖石结构的特征。平面呈八角形，高 84 米、底边边长 9.8 米，外轮廓呈优美的弧形。塔的四个正面辟门，门券装饰火焰纹图案，二层以上的四个斜面装饰假窗，雕凿出几何形窗棂。第一层塔身较高，有腰檐、平座，其余只有塔檐，塔檐为叠涩短檐。塔以砖砌筑刹座和覆钵，其上置铁相轮、露盘和青铜宝珠。结构采用套筒形，外部砖墙和中央砖砌塔心柱之间形成回廊，回廊采用叠涩结构形成楼面，顶部用砖砌斗拱承托平棊天花，装饰球纹、琐纹等花纹，砖砌阶梯设在塔心柱中，楼梯的方向采取十字交叉式，以便受力均匀[1]（图 7-1-32）。

2. 密檐式塔

(1) 八角形塔

八角形是辽金统治范围内最为盛行的密檐塔形式，由下部的基座、中部的塔身和上部的十三层密檐组成，平面呈八角形。基座大多较为繁复，由束腰须弥座和莲座组合而成，须弥座上装饰力士、狮子，塔身四面雕凿假门窗，并装饰大量佛教题材造像如佛、菩萨、力士及天宫楼阁等，其上密檐层层相叠，檐部用砖雕

1 郭黛姮：《中国古代建筑史》第三卷，北京：中国建筑工业出版社，2003 年，第 462、463 页；中国大百科全书总编辑委员会：《中国大百科全书·考古学》，北京：中国大百科全书出版社，1986 年，第 94、95 页。

图 7-1-32 河北定州开元料敌塔

图 7-1-33 辽宁北镇崇兴寺双塔

出仿木结构或叠涩挑出，檐上覆盖瓦片，檐端连线微内收或直线斜收，最上用砖砌出塔刹。辽代著名的密檐塔有北京天宁寺塔，辽宁北镇崇兴寺塔，内蒙古宁城辽中京大塔小塔，山西灵丘觉山寺塔，河北昌黎影源塔，金代著名的密檐塔有山西浑源圆觉寺塔，河北正定临济寺塔等。在辽金统治范围外亦有少量发现，如宁夏银川西夏时期拜寺口双塔、云南大理崇圣寺的两座小塔，亦为八角形密檐塔，具有一定的地方特色。

北镇崇兴寺塔位于辽宁省北镇县城崇兴寺山门前，建于辽天祚年间（1075—1128 年），系辽道宗的皇后出资兴建。崇兴寺双塔为 13 级密檐双塔，东塔高 43.85 米、西塔高 42.63 米，相距 43 米。两座塔结构相似，都是实心砖塔。台基为砖砌，最下为束腰须弥座，转角处各雕一力士像，每面装饰三壶门，门内雕狮子，须弥座上为仰莲平座，转角也雕力士。每面塔身中部开拱形龛，龛内雕凿一佛二菩萨，顶部装饰华盖及飞天。密檐以砖叠涩出檐，檐下每面镶嵌铜镜。塔顶为八角攒尖式，塔刹由砖砌仰莲座、宝瓶、刹杆、相轮、葫芦组成[1]（图 7-1-33）。

（2）方形塔

方形密檐塔数量相对较少，与八角形密檐塔形制相近，区别在于塔身、基座呈方形。辽代方形密檐塔主要分布在辽宁省朝阳一带，包括朝阳北塔、南塔、凤

1 于余：《北镇崇兴寺双塔》，《辽宁大学学报（哲学社会科学版）》1981 年第 5 期；郭黛姮：《中国古代建筑史》第三卷，北京：中国建筑工业出版社，2003 年，第 481、482 页。

凰山摩云塔、大宝塔等，塔身装饰砖雕佛传故事画是该地区的一个特色。金代方形密檐塔带有明显的唐代风格，以河南临汝风穴寺塔、洛阳白马寺塔为代表。四川地区的方形密檐塔有四川邛崃石塔寺释迦塔、彭州正觉塔、乐山灵宝塔、宜宾白塔，西夏时期的方形密檐塔也有少量发现。

图 7-1-34　辽宁朝阳北塔

朝阳北塔位于辽宁省朝阳市双塔街北端，系在唐塔的基础上经过辽代两次重修而成。唐塔本为一座15层的密檐塔，辽代重新包砌基座和塔身，增建两层密檐，并对券门、塔心室、地宫等进行了修补和重砌，改造成具有辽代风格的密檐塔。现存的朝阳北塔高42.6米，底部为砖砌基座，基座上有方形须弥座和塔身，其上为13层密檐，内部的筒式结构应为唐代原有。须弥座的束腰装饰壶门，门中雕花卉、伎乐，转角处有抹角柱。塔身四面砖雕五方佛及以佛塔形式表现的佛传故事，每一面以佛像居中，头顶装饰华盖与飞天，两侧胁侍二菩萨，再外侧各一座代表佛传故事的佛塔。北面表现坐金翅鸟座的不空成就佛，右侧曲女城边说法塔，左侧耆阇山般若塔；南面表现坐双马莲座的宝生佛，右侧净饭王宫生处塔，左侧菩提树下成佛塔；西面表现坐孔雀座的阿弥陀佛，右侧鹿野苑中法轮塔，左侧给孤独园论议塔；东面表现坐象座的阿閦佛，右侧庵罗林卫维摩塔，左侧娑罗林中圆寂塔。地宫重封于辽重熙三年（1034年），位于塔基中心偏北，内有高大的塔幢；塔心室在地宫正上方，位于一层塔身之内，原供奉大日如来及菩萨像；天宫位于第十二层塔檐中，由六块石板构筑而成，用以放置佛舍利、佛塔、宝盖等物[1]（图7-1-34）。

3. 花塔

花塔始创于晚唐时期，在宋辽金时期逐渐成熟并流行起来。花塔的上部装饰华丽，占据全塔相当大的比例，外观似上小下大的高筒形花束，因此称为花塔。高筒外部装饰莲瓣、小塔、动物或者天宫楼阁，多在莲瓣上立小塔，塔刹处还有较大的小塔，这样的设置可能代表着《华严经》中的莲花藏世界，以小塔代表万千小世界。现存十余座花塔多发现于北方地区，宋塔中也有少量花塔，以砖塔

1 郭黛姮：《中国古代建筑史》第三卷，北京：中国建筑工业出版社，2003年，第474—476页。

为多，有少量的土塔。保存较完好者有北京房山陀里花塔、丰台长辛店镇岗塔，河北丰润寿峰寺塔、涞水庆华寺塔、正定广慧寺塔，甘肃敦煌华塔等。

正定广慧寺花塔兴建于北宋太平兴国四年（979 年）之前，金代大定年间（1161—1189 年）重修上部。由中部一座大塔与周围四座小塔组成，类似金刚宝座塔的平面布局。主塔有四层，残高 31.27 米，第 1 至 3 层平面皆为八角形，第 1、2 层塔身大小相当，第 3 层大大缩小，三层塔身均仿木结构，有腰檐和平座，装饰角柱、阑额、斗拱，四个正面辟门，上两层四个斜面雕假窗。其上的第 4 层造成高筒形，表面浮雕出莲瓣、小塔、力士、佛像及狮、象等动物共五层，莲瓣和小塔上下左右交错分布，顶部为八角攒尖式，塔刹已毁。第 1、2 层内部采用套筒结构，中心为塔心室，环绕回廊，第 3 层无回廊，只有平座。四座小塔位于主塔四角上，高度相当于主塔第一层，外部仿木结构与大塔相似，塔顶作四面坡式，毁于抗日战争[1]（图 7-1-35）。

图 7-1-35 河北正定广慧寺花塔

4. 覆钵式塔

覆钵式塔以出土的覆钵形塔身为特征，来源于印度的窣堵波。自佛教传入以来一直存在，元明时期随着藏传佛教的传播广为流行，俗称为喇嘛塔。宋辽金时期的覆钵式塔主要见于西夏统治地域，可能与西夏中晚期受到吐蕃文化影响较深有关，在额济纳旗黑水城中保存了二十余座覆钵式塔，另外石嘴山市涝坝沟口北侧的山崖上浮雕与之相似，塔身均为覆钟式，或有仰覆莲座装饰[2]。

5. 复合式塔

系在中国传统楼阁式塔身上加建来源于印度的覆钵式塔，属于比较独特的建筑形式，天津蓟县白塔、北京云居寺塔和宁夏贺兰弘法塔是仅存的三座复合式塔。

贺兰宏佛塔位于宁夏回族自治区贺兰县习岗镇东潘昶乡王澄村，始建于西夏晚期，经过后代数次维修，保存状况不好，是西夏地区唯一的一座复合式塔。弘

1 郭黛姮：《中国古代建筑史》第三卷，北京：中国建筑工业出版社，2003 年，第 508—510 页。
2 宿白：《西夏佛塔的类型》，雷润泽等编：《西夏佛塔》，北京：文物出版社，1995 年，第 4 页。

法塔残高28.34米，由夯筑地基、楼阁式塔身和覆钵式塔刹组成。地基平面呈方形，高1.5米，略大于塔身底层，地基中部有一椭圆形土坑，坑底出土十余件泥质塔模。塔身为砖砌，平面呈八角形，三层塔身外都有塔檐和平座，仿木结构形式砌出柱子、阑额和斗拱。楼阁式塔身上建一座完整的十字折角覆钵式塔，由塔座、塔身、塔刹三部分组成，塔座下部为三层十字折角底座，上部为圆形束腰须弥座，塔身为带肩覆钵式，塔刹残存刹座和相轮。塔心室从楼阁式塔身底层直达覆钵式塔身中部，呈八角锥形。天宫位于覆钵式塔身中，为一中间有方孔的梯形槽室，高1.63米、边长2.2米，里面放置绢画、雕版、佛像等佛教文物[1]（图7-1-36）。

图7-1-36　宁夏贺兰宏佛塔

（二）元代的佛塔

元代统治者信奉藏传佛教，将藏传佛教定为国教，并且在全国范围内进行强制性地推广，所以敦煌石窟、杭州飞来峰等地元代壁画造像的题材风格多为藏传佛教式的，佛塔兴建的情况与之相似，各地出现数量较多藏式佛塔，以覆钵式塔最为盛行，还出现很有特色的过街塔。

1. 覆钵式塔

覆钵式塔最早在西藏、青海等藏传佛教流行地区盛行，元代随着藏传佛教在内地的流行开始广为传播，至明清时期在全国范围内大肆兴建，是元明时期最具代表性的佛塔形式。覆钵式塔由塔座、塔身、十三天及塔刹组成，塔座一般为较高大的多层须弥座，座前设塔门，采用上大下小的覆钵形塔身，塔身上设十三重相轮，整体呈尖锥形，其上设伞盖，置塔刹。元代的覆钵式塔外观显得较为粗壮敦厚，充满异域风格，著名的覆钵式塔有北京妙应寺白塔、湖北武昌胜像寺塔等。

北京妙应寺白塔的修建年代在至元八年（1271年），元世祖敕令著名的尼泊尔工匠阿尼哥主持修建，位于元大都大圣寿万安寺中，是内地最早、规模最大的藏式佛塔之一。佛塔为砖石结构，通高50.9米，由塔基、塔身、相轮、塔刹组成。

1 于存海、何继英：《贺兰县宏佛塔》，雷润泽等编：《西夏佛塔》，北京：文物出版社，1995年，第55—75页。

建于T字形台座的中部，往上依次为两重亚字形须弥座、莲座和金刚圈，金刚圈承托塔身，塔身为上肩略宽的覆钵形，由七条铁箍固定。塔身上置一折角塔座，其上有十三层逐层缩小的相轮。塔刹包括铜华盖和一个覆钵形小铜塔。外部涂抹石灰，不事雕饰[1]（图7-1-37）。

图7-1-37　北京妙应寺白塔立面图
（采自刘敦桢：《中国古代建筑史》第二版，第281页，图149-2）

2. 过街塔

过街塔与覆钵式塔一样属于藏式佛塔，系受到藏地教派萨迦派建筑影响的产物，元代开始出现。过街塔建造于街道中，下部为砖石砌成的门楼，其上有一座或几座小塔。门楼中留出或大或小的门洞，供行人或车马通行，建于上部的佛塔主要是覆钵式。过街塔有特定的宗教意义，行人从塔门洞中穿过就表示对佛塔进行了礼拜，这种极其简化的宗教仪轨与转动藏经轮礼佛有异曲同工之处。现存过街塔的数量不多，北京、云南两地最为集中[2]，以北京居庸关过街塔、广西桂林万寿寺舍利塔、江苏镇江西津渡过街塔为代表。

北京居庸关过街塔建于至正二年（1342年）到至正五年（1345年）之间。现仅存塔基，据记载元代塔基之上建三座塔，可能与三世佛信仰有关，有萨迦派僧人参与塔的设计修建，据此推断三塔应为藏式的覆钵式塔。塔基的门券上雕刻佛教造像，券顶有五曼荼罗，十方佛刻于券顶两侧斜面，千佛在十方佛之间，原有金饰装銮，护法天王位于门券两壁左右，南北券面雕刻六拏具，足部各雕一羯磨杵[3]（图7-1-38）。

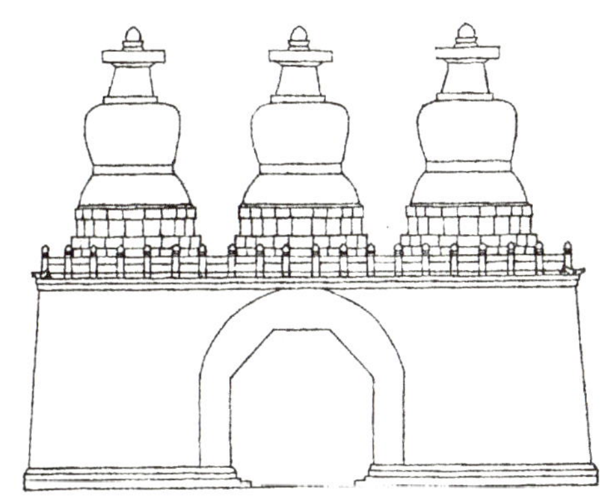

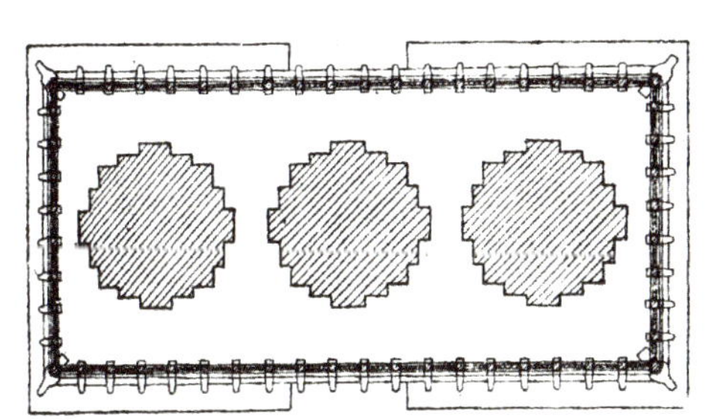

图7-1-38　北京居庸关过街塔复原图
（采自《文物》1964年第4期，第25页，图二）

（三）明代的佛塔

明代建塔数量远超前代，建筑质量和雕刻水平也有所发展，其中一个重要的进步是建筑材质多源化，出现少量铜塔、铁塔，琉璃作为建材或在砖塔外部的装饰效果也非常突出。明

1 刘敦桢：《中国古代建筑史》第二版，北京：中国建筑工业出版社，1984年，第276页；杨小琳：《元大都大圣寿万安寺与白塔建筑布局形制初探》，中央民族大学硕士学位论文，2012年。

2 曹汛：《藏传佛教过街塔与门塔》，王贵祥主编：《中国建筑史论汇刊》第二辑，北京：清华大学出版社，2009年，第18—36页。

3 宿白：《居庸关过街塔考稿》，《文物》1964年第4期。

代佛塔以楼阁式塔为主，也有密檐塔、覆钵式塔等前代流行的各类佛塔，在造型上极力模仿宋辽金时期的佛塔，显得呆板沉闷，华丽有余而灵巧不足，艺术成就反而不如前代，兹不赘述。值得注意的是新出现金刚宝座塔、傣式塔两种重要塔型。

图 7-1-39　湖北襄阳广德寺多宝佛塔

1. 金刚宝座式塔

金刚宝座式塔源于印度，大约在北朝时期传入中国。现存形制成熟的金刚宝座式塔不早于明代，由塔座和五座塔组成，塔座为五座塔共享，一般修建得较为高大，五座塔的中间一座较大，周围环绕四座小塔，塔的形式较为丰富，包括楼阁式、密檐式、覆钵式等常见类型，装饰则表现出藏传佛教的题材和风格。金刚宝座式塔的五塔象征着金刚界五部主佛，分别是中部的大日如来、北方的不空成就佛、东部的阿閦佛、南部的宝生佛、西部的阿弥陀佛。金刚宝座式塔现存 10 多座，均建于明清时期，代表性的明代塔有北京大正觉寺塔、五塔寺金刚宝座塔，湖北襄阳广德寺多宝佛塔、云南妙堪寺妙应兰若塔等。

襄阳广德寺多宝佛塔位于湖北襄阳城西郊的广德寺后，建于明弘治七年到九年（1494—1496 年）间。佛塔为砖石结构，台座呈八角形，高约 10 米，底部有低矮的基座，四个正面开石券门，八面墙上嵌有佛龛和佛像，正面的佛龛上有一方石匾额，刻“多宝佛塔”四字。塔座内部正中有一砖砌亭式小塔，相当于塔心柱，与塔外壁构成回廊式塔室，有台阶可登临台座之上。台座上的中间一塔为覆钵式，塔座为须弥座形，承托仰覆莲座，座上为覆钵形塔身，塔身之上的须弥座四面造龛像，其上为相轮和塔刹。大塔的四角各造一小塔，塔顶为六角攒尖式，有三层塔檐，塔身也开龛像[1]（图 7-1-39）。

2. 傣式塔

云南傣族的佛塔也是明代一种重要的佛塔类型，集中在云南西双版纳一带的傣族聚居区。傣式塔多为砖石砌成，由塔座、塔身、塔刹组成，塔座多为须弥座，平面呈方形、六角形、圆形、亚字形等多种形状，四隅装饰瑞兽、神怪，塔身有覆钟式和叠置式两类，处理方式灵活，显得灵动活泼，其上的塔刹细高。傣式塔除了轮廓多变外，装饰更是华丽，涂以白灰、绘以彩画、表面贴金。组合形式比较多样，既有独塔、双塔，也有大塔周围环绕小塔的群塔。因为所在区域与缅甸

1 孙启康：《记襄阳广德寺多宝佛塔》，《江汉考古》1980 年第 1 期。

接壤，傣式塔的造型风格与缅甸塔较为相似。以云南景洪曼飞龙白塔、潞西风平大佛殿熊金塔和曼殊曼塔为代表。

曼飞龙白塔，位于云南西双版纳州景洪市，塔座为平面呈圆形的须弥座，其上建九塔，大塔位于中央，周围环绕八座小塔，大小不同而样式相似，底部为三层须弥座，塔身为覆钟式，塔刹由仰莲座、宝瓶、刹杆组成，刹杆上装有风铎和华盖。八个方向向外延伸出一个方形小龛，顶部覆两面坡的屋顶，屋脊装饰龙凤、孔雀、佛像，中下部开圆拱形券门，龛内中部供奉石佛像一身，龛壁上雕小型佛像[1]（图7-1-40）。

图7-1-40 云南景洪曼飞龙白塔

（四）清代的佛塔

清代佛塔数量较多，保存情况良好，但材料公布较少。具有代表性的佛塔有北京颐和园花承阁多宝琉璃塔、江苏镇江金山寺塔、辽宁千山真和尚塔、宁夏银川海宝塔等。

多宝琉璃塔位于北京颐和园万寿山后的花承阁，建于乾隆十六年（1751年），是乾隆皇帝为皇太后庆祝六十寿诞而建。多宝塔高16米，共七级，为楼阁式与密檐式相结合的塔，呈不等边八角形。底座为汉白玉质地的须弥座，塔身由五色琉璃砖镶嵌，第一、三、五层为楼阁式，第二、四、六、七层为重檐式，檐下皆有琉璃砖仿木斗拱承托，楼阁式塔身四正壁中部开龛造像，正壁其他壁面及四侧壁遍布排列整齐的小佛龛，塔身四周围绕护栏[2]。

（五）塔基地宫

地宫是佛塔的重要组成部分，建于一些大型佛塔的地面下部，可视为佛塔的地下室，一般在建好后即封闭。地宫的作用是保存珍贵的佛教文物，主要有佛舍利、造像、法器、经卷以及供养财物等。最重要的收藏无疑是佛舍利，这也是塔作为礼拜对象的原因所在。新中国成立以来，考古工作者在清理塔基的过程中发现不少保存完好的地宫，出土了大批精美的佛教遗物。地宫与佛塔的保存情况往

1 隋璐：《中国古代佛教文物》，南京：南京大学出版社，2010年，第146页。

2 侯伟、汪建民：《北京名胜古迹考略——北京古塔之十八》，《首都师范大学学报（社会科学版）》1997年第1期。

往差异较大，有些地宫保存完整，但地面上的佛塔已经残毁或重建，故单辟一独立的章节介绍地宫的考古发现。

据徐苹芳先生统计，20 世纪 90 年代已经发现塔基近 50 处[1]，近年来又有许多重要的新材料公布，如南京长干寺真身塔地宫[2]、杭州雷峰塔地宫[3]、江苏江阴泗州大圣塔地宫[4]、江苏涟水妙通塔地宫[5]、兖州兴隆塔地宫[6]、周至县八云塔地宫[7]，这些新发现的材料对相关研究有很好的补充作用。塔基地宫多有纪年，考古发现的地宫最早为北魏时期建造，隋唐时期也有发现，但发现最多的是两宋、辽、金、西夏时期的地宫，与这一时期佛塔修建极为兴盛的历史背景相符。

地宫平面一般近方形，南面或开门，有的四壁装饰壁画，壁画题材以天王、诸天等具有护法威力的神灵和释迦牟尼涅槃的相关图像为主，这两个题材均与地宫供奉舍利的性质有关。地宫中的供奉之物与前代相比发生了一些变化：释迦佛舍利是前代主要的供养对象，而此一时期出现供奉定光佛舍利的现象，且有明确的铭文记录其名。定光佛舍利在北宋到辽金的地宫中有少量发现。塔幢不再只作为盛放舍利的器皿，往往在一座地宫中发现多件材质并不完全相同的小塔，高达 2—3 米的大型塔幢也时有发现。佛教尊像被大量放入地宫，一次发现的单尊造像可达几十件之多，佛、菩萨、天王、力士是常见的造像题材，观音像和僧伽像的出现代表了两宋时期流行的观音信仰和圣僧信仰，造像材质种类丰富，包括铜、铁、石、砖、木等。舍入地宫的经卷多属于当时民间信奉的密宗、净土宗、华严宗的经典，具有消灾弭祸等特定功能的各种陀罗尼经尤为多见[8]。以下介绍保存较好的河北定县静志寺塔地宫和辽宁朝阳北塔地宫。

河北定县静志寺真身舍利塔地宫呈不规则方形，边长 2.1—2.2 米、高 1.1 米，四壁上部用砖砌出斗拱，顶部呈覆斗形，顶口盖石雕歇山式顶，南面开门，门为砖砌拱券式，宽 0.63 米，门口用砖石封堵。四壁绘制壁画，南壁两侧各绘一身天王，东西壁分别为帝释、梵天礼佛图，身侧跟随童子和侍女，北壁中部为一灵牌，上书“释迦牟尼真身舍利”，两侧各立五个神情悲戚的弟子。出土了年代为隋大业二年（606 年）和大代兴安二年（453 年）的石函、两个唐代石棺、隋代鎏金铜函，应该都是后代重瘗时放入，在石函、石棺的内外放置大量精美的器物，共计 115 件种类繁多、造型优美的定窑瓷器，金棺、银椁、银塔、银炉等金银器极尽精巧，此外还有木塔、天王像、莲花等佛教遗存。根据地宫内铭文可知，地宫建造于太平兴国二年（977 年）[9]。

1 徐苹芳：《中国舍利塔基考述》，《传统文化与现代化》1994 年第 4 期。

2 南京市博物馆、中国文化遗产研究院、敦煌研究院编：《南京报恩寺遗址地宫文物保护研究》，北京：文物出版社，2014 年；曾立平：《北宋金陵长干寺真身塔地宫发掘与佛顶真骨舍利重光》，《文物鉴定与鉴赏》2011 年第 4 期。

3 黎毓馨：《杭州雷峰塔地宫的清理》，《考古》2002 年第 7 期；黎毓馨：《杭州雷峰塔遗址考古发掘及意义》，《中国历史文物》2002 年第 5 期。

4 陆建方、唐汉章、高振威：《江苏江阴发掘北宋泗州大圣宝塔塔基》，《江阴文博》2004 年第 1 期。

5 淮安市博物馆、涟水县图书馆：《江苏涟水妙通塔宋代地宫》，《文物》2008 年第 8 期。

6 山东省博物馆：《兖州兴隆塔北宋地宫发掘简报》，《文物》2009 年第 11 期。

7 西安市文物保护考古研究所：《陕西周至县八云塔地宫的发掘》，《考古》2012 年第 6 期。

8 徐苹芳：《中国舍利塔基考述》，《传统文化与现代化》1994 年第 4 期。

9 定县博物馆：《河北定县发现两座宋代塔基》，《文物》1972 年第 8 期。

辽宁朝阳北塔地宫位于夯土台基与砖基座之间，塔心室正下方。地宫呈长方形，南北长2.05米、东西宽1.76米、高4.48米，四壁和地面由青砖砌筑而成，柏木搭建棚顶，地宫内有一座石经幢，平面呈八角形，由底座、幢身、幢顶组成，四节幢身，三节立于地宫中，高4.28米，另有一节幢身和两个莲花座散落于其东侧。每节幢座均上为仰莲圆座，下为八角形座，雕饰佛像、菩萨、佛传故事，幢身均为八角形，下粗上细，刻写《般若波罗蜜多心经》和各种陀罗尼经。经幢之前有一长方形砖室，南北长1.29米、宽0.44米、深0.66米，石函原来应置于其中。石函呈长方形，盝顶，子母口，长51厘米、宽33.5厘米、高41.5厘米，通体雕饰，函盖上部雕刻方塔，塔中刻写《般若波罗蜜多心经》，下部刻飞天和藻井，每侧面各刻一飞天，石函侧面浮雕哪吒追杀龙王的故事。此外还出有瓷器、珠饰、竹雕、铜钱等[1]。

除了在塔基地宫中发现大量佛教遗物外，少量佛塔的塔身或天宫之中亦藏有珍贵文物，遗物种类与塔基中所出者相似，发现较丰富者，如江苏苏州瑞光寺塔第三层塔心中发现了装饰华美的真珠舍利宝幢以及经卷、经匣、佛像、金涂塔等[2]，第二层塔壁中发现熟药方单和残经卷[3]；辽宁朝阳北塔的天宫中放置盛舍利金塔的木胎银棺、鎏金银塔、菩提树、香炉、玻璃瓶、瓷净瓶、盘碟，有特定的放置方式[4]；陕西铜川神德寺塔塔身出土大量佛教文献、彩绘佛画，整理出佛经300余卷和彩画十余种，年代集中在唐五代宋初[5]。天宫和塔身中的发现是佛塔的重要组成部分，可对地宫作一定补充。

（六）经幢

经幢就其性质而言，是一种融合了刻经与造像、有特定宗教作用的塔，不仅建筑结构与塔相似，宗教功能亦有相似之处，有的经幢甚至自称为塔[6]。经幢是一种唐代出现的佛教石刻，唐代较为兴盛，发展出多种形制、功能的经幢。宋元明时期一直有建造，宋辽金时期的经幢发现数量较多，元明时期相对较少。

宋辽金时期的经幢外形高挑优美，装饰华丽精致，出现部分形体高大的经幢，小型墓幢的数量也比较多。经幢由幢座、幢身、幢顶组成，幢座为束腰须弥座，束腰上装饰佛传故事、佛像、菩萨、力士、天王、盘龙、狮子、花卉等题材；幢身一般采用多层结构，也有些小型墓幢仅一层，平面呈八角形、六角形或四边形，下几层幢身多刻有《佛顶尊胜陀罗尼经》经文和造幢记，上层幢身雕刻佛传故事、本生故事、佛像、菩萨、飞天、天王、塔幢等佛教造像，有的幢身立面开有小龛，造像置于龛中，造像部分的幢身占有相当大的比例；各节幢身之间有界檐，多呈

1 朝阳北塔考古勘察队：《辽宁朝阳北塔天宫地宫清理简报》，《文物》1992年第7期；辽宁省文物考古研究所、朝阳市北塔博物馆：《朝阳北塔：考古发掘与维修工程报告》，北京：文物出版社，2007年，第84—99页。

2 苏州文管会、苏州博物馆：《苏州市瑞光寺塔发现一批五代、北宋文物》，《文物》1979年第11期。

3 陈玉寅：《苏州瑞光寺塔再次发现北宋文物》，《文物》1986年第9期。

4 朝阳北塔考古勘察队：《辽宁朝阳北塔天宫地宫清理简报》，《文物》1992年第7期。

5 黄征、王雪梅：《陕西神德寺塔出土文献编号简目》，《敦煌研究》2012年第1期。

6 刘淑芬：《灭罪与度亡：佛顶尊胜陀罗尼经幢研究》，上海：上海古籍出版社，2008年，第101—113页。

八角形，檐面上亦雕饰佛教造像，装饰精美者还饰以璎珞、垂幔、莲花、宝珠，界檐之上或雕出仰莲座承持幢身，有的界檐雕作仿木结构的挑檐；幢顶一般为仿木结构的攒尖顶或朝上的寿花，其上置宝珠或葫芦宝瓶，也有的幢顶仿密檐式塔，为辽金地区独具特色的建筑形式。

河北赵县陀罗尼经幢始建于北宋景祐五年（1038 年），原位于开元寺中，通高 16.44 米，是迄今为止发现最高的经幢。最下为方形束腰台基，边长约 6 米，下部装饰覆莲，束腰上雕刻妇人掩门和金刚力士，外侧还有莲花石柱支撑；幢座由两层须弥座构成，平面均呈八角形，束腰立面以石雕圆柱分隔成数量不等的空间，在每个空间内雕凿佛教造像，下层须弥座束腰上装饰坐莲菩萨，上层须弥座束腰上雕刻庙宇殿堂，其中刻出佛像、宝塔、仙山等；须弥座上雕刻盘龙与须弥山，须弥山层峦叠嶂，山林葱茏，浮云环绕，庙宇、塔幢、登山小径上的朝拜者隐现其间；幢身共六节，平面呈八角形，自下而上第一节正面刻“奉为大地水陆苍生敬造佛顶尊胜陀罗尼幢”十八字以及经序、题名、祝词，最下三节幢身除正面外皆刻佛顶尊胜陀罗尼经经文，第四节八面雕有门窗，门窗上装饰佛教故事，第五节八面雕刻力士作承持界檐状；一二节幢身之间分三层，下层为形似八角形华盖的界檐，装饰佛像、飞天、璎珞、垂幔、龙首，中层四个象头四个狮首悬空伸出，上层为仰莲座，每个莲瓣上装饰一身佛像，二三层幢身之间的界檐和莲座与之类似，三四层之间的界檐雕成一座八角形城，城角雕出建筑，四面刻太子出游四门的佛传故事，四五层之间雕出仿木结构的挑檐，五六层之间的界檐八面雕刻与释迦涅槃有关的佛传故事；第六节幢身之上雕一座八角形小亭，亭顶上为仰莲座和火焰宝珠[1]（图 7-1-41）。

图 7-1-41 河北赵县陀罗尼经幢立面
（采自郭黛姮：《中国古代建筑史》第三卷，第 509 页，图 6-499）

元明时期的经幢虽然还存在一定数量，但是材料公布少，情况不是很清楚。从已刊布的材料看，元明时期经幢体量不大，幢身层数以一、二层居多，幢座、幢顶、幢身造型简单，不再像宋辽金时期一样使用繁丽多样的装饰，整体风格显得粗犷简素。

1 尹振江、刘运田：《赵州陀罗尼经幢》，《佛教文化》1994 年第 4 期。

四川西昌近郊发现的一座元代经幢高 1.33 米，平面呈长方形，顶部为半圆形，正面和背面分别刻有数行梵文，左侧面上部刻“南无□阿□□□”，中部开一小龛，龛内浅浮雕释迦牟尼像一身，像下线刻须弥座和莲座，右侧面上部为梵文，中部亦开一小龛，龛内浅浮雕尊胜大佛母像，线刻须弥座和莲座。这座经幢属于凉山地区流行的阿吒力教派[1]。

（七）特点

宋元明清时期是我国佛塔兴建的兴盛期，每一个阶段都有大量的佛塔建成，尤其以宋、辽、金、西夏时期的成就最高，在全国范围内都有发现，以北京、山西、河北为代表的北方地区和以长江中下游为代表的南方地区是佛塔保存最多的地区，甘肃、云南、四川等地也有部分独具特色的佛塔发现。

从平面形状看，唐代流行的方形佛塔逐渐消失，宋、辽、金、西夏时期的佛塔以八角形为主，辽金时期有的方塔从造型风格方面模仿唐塔，其后很少出现，八角形的楼阁式塔、密檐塔一直沿用到明清时期。

从建筑材质看，坚固的砖石代替木材成为宋、辽、金、西夏时期最主要的建材，元明因循之，这也是大量佛塔得以保存至今的重要原因，但木塔的影响一直存在，仿木结构在砖塔装饰中长盛不衰，明代对于新建材的使用较多，现今发现了一些使用铜、铁、陶瓷之类的材料建成的佛塔，琉璃瓦的装饰效果极好，是明代佛塔创新的一大亮点。

从佛塔类型看，楼阁式塔的分布范围最广，是宋塔的主要类型，明代佛塔大部分都属于楼阁式，在建筑造型上亦极力模仿宋塔；密檐塔多分布于辽金统治的北方地区，是辽金时期的代表性塔型，四川和云南一带也有少量发现，后代亦有建造；覆钵式塔最早见于西夏中后期，随着蒙元入主中原广为流行，与过街塔一样同属元代最重要的藏式佛塔，明代的金刚宝座塔也有藏传佛教的因素；花塔和复合式塔是宋、辽、金、西夏时期的独特创造，体现了佛塔兴盛时期的旺盛创造力，此后不再出现；傣式塔是具有缅甸风格的地方性佛塔类型，分布地域比较单一。

地宫是佛塔的重要组成部分，是用于供奉释迦佛真身舍利的神圣场所，这一时期定光佛舍利及大量的塔幢、造像、经卷等供奉品开始大量流行，壁画尤其重视护法神和涅槃图像。

宋辽金时期的经幢遵循唐代经幢的发展轨迹而来，整体高度增加，幢身层数增加，形体更加修长，装饰更加华丽，雕刻的题材内容更加复杂多样，与这一时期崇尚精丽的时代风尚一致。元明时期的经幢情况不明，从已公布的材料看，似乎一反宋辽金的优美繁缛，显得简单粗壮，更加接近早期经幢的形态。

四、水陆画

水陆法会是一种超度亡魂的仪式，水陆法会的起源时间不详，后人多将其追溯到梁武帝时期。从画史资料看至迟在晚唐时期已发展成熟，北宋杨谔制定水陆

1 唐亮：《西昌新发现元代经幢》，《四川文物》1992 年第 4 期。

仪文中兴水陆法事，元明清时期水陆法会在民间广泛普及，并极为盛行。水陆画为水陆法会图的简称，是举行水陆法会时用于追荐亡魂的神祇图像。现存的水陆画以寺院壁画、卷轴画、画片和石刻形式保存，以壁画和卷轴画最为常见。壁画在前文已有介绍，本节以卷轴画为介绍重点。

水陆画在全国许多地方都有发现，南方地区的四川、重庆、贵州、湖南、湖北、江西、广西，北方地区的河北、山西、陕西、甘肃、青海都有发现。四川成都博物院收藏的卷轴画不下万件，有关研究成果较丰富[1]。绝大多数水陆画年代集中在明清时期，元代水陆画以稷山青龙寺腰殿壁画为代表。水陆画的宗教属性以佛教为主，也有部分道教水陆画。水陆法会有南北两个不同系统，南北水陆法事各自有不同的仪轨和图像。北方地区的水陆画属于北水陆系统，使用的仪文是《天地冥阳水陆仪文》，水陆画的题材布局与之对应[2]。南方水陆画图像布局与南水陆系统经典《法界圣凡水陆胜会修斋仪轨》有相似之处。

北方水陆画中的神祇鬼灵图像可以分为六类，具有不同的功能。第一类是佛、菩萨、弟子、罗汉、明王以及天龙八部一类的护法神；第二类是天界神祇，可以再细分为天众和掌管日月星辰的神仙，天众包括梵天天众、帝释天众、四大天王、无色界四空天众、自在天、化乐天、兜率天、夜摩天、忉利天的一切天众等，天仙包括五方五帝、日曜月曜、五德星君、十二宫神、二十八宿、北斗七星、年月日时持符使者等；第三类是下界神祇，与第二类有对应关系，也可以细分为阿修罗神众和地祇神、水府神，阿修罗神众包括大力阿修罗、旷野大将、般支迦大将、矩畔拏大将、大力鬼神、大罗刹女等，地祇神、水府神以五岳圣帝、四海龙王、三元水府、城隍真宰、掌管风雷雨电、山林苗稼、水火地空一类自然界现象的神灵；第四类是冥府神祇，以地藏王菩萨、冥界十王为尊，还包括五道大神、监斋使者、典狱诸王、牛头马面等冥府官吏和地狱场景；第五类以帝王将相、僧尼女冠、孝子顺孙、贞妇烈女、九流百家代表各种不同身份地位而今身陷幽冥的往古人伦，图像中往往表现为民间耳熟能详的历史人物如唐太宗、关羽、诸葛亮、尉迟敬德、丁兰、郭巨；第六类为恶道之中受苦的无主孤魂，这些孤魂多遭遇死于溺水、中毒、战争、牢狱、自杀、堕胎、坠崖等意外而横死，死后不得解脱。佛菩萨之类地位超然的

图 7-1-42　斗牛女虚危室星君局部
（采自《宝宁寺明代水陆画》，图版 71）

1 杜康：《丧祭中的宗教美术——成都博物院馆藏道场画初步研究》，四川大学硕士学位论文，2012 年。

2 戴晓云：《佛教水陆画研究》，北京：中国社会科学出版社，2009 年，第 38—41 页。

圣众是法会的主要见证者，天界下界的神祇掌管天地宇宙，在法会中担任各自不同的职责，冥界神祇对亡魂进行审判和定罪，往古人伦和孤魂野鬼是法会的超度对象。水陆画以佛教题材为主，也融合了许多儒家人物、道教神灵和民间信仰的神祇，有学者因此认为水陆画为三教题材，也有学者认为其他神祇实际上已经融入佛教体系之中，应该列为佛教神祇[1]。

图 7-1-43　兵戈盗贼诸孤魂众
（采自《宝宁寺明代水陆画》，图版 168）

宝宁寺水陆画为卷轴式水陆画的代表，原属于右玉县宝宁寺，收藏于山西省博物馆，共有 136 幅，是单堂水陆画中数量最多、保存最完整的，以细绢制作，浅黄色或浅红色花绫装裱，佛像长 150 厘米、宽 80 厘米，其余画像皆长 120 厘米、宽 60 厘米。其中有 61 幅属于佛教内容，包括诸佛菩萨、明王尊者、诸天梵王等；47 幅属于神道内容，有日月星辰、五方五岳、十二生肖、天后圣母、江河四渎、五湖百川、风雷雨电、苗稼药谷、三官大帝、四海龙王等人物；12 幅表现各色人等，有帝王太子、后妃宫嫔、官僚宰辅、将帅士兵、比丘比丘尼、优婆塞优婆夷、女冠道士、孝子贤孙、贤妇烈女、九流百家等；13 幅描绘社会生活，包括雇典婢奴、弃离妻子、八寒八热、屋倒墙崩、饥荒饿殍、病疾缠绵、自刑自缢、树折崖摧、兽咬虫伤、堕胎产亡、横遭毒药、客死他乡等场景；3幅记载装裱情况，有康熙乙丑（1705 年）纪年的两幅，嘉庆二十年（1815 年）的一幅。画像设色庄重华丽，线条流畅雄劲，布局疏密有致，按照人物身份职业的不同表现出不同的外貌特征和精神气度，帝王后妃皆雍容华贵、端庄肃穆，佛道人士则神情虔诚、姿态各异。宝宁寺建于天顺四年（1460 年），卷轴画成画年代当与之接近，为朝廷敕赐以镇边疆和为生民祈福，经过清代两次大规模的装裱[2]（图 7-1-42、图 7-1-43）。

1 戴晓云：《佛教水陆画研究》，北京：中国社会科学出版社，2009 年，第 79—124 页。
2 吴连城：《山西右玉宝宁寺水陆画》，《文物》1962 年第 4、5 期；吴连城：《宝宁寺明代水陆画》，山西省博物馆编：《宝宁寺明代水陆画》，北京：文物出版社，1988 年，第 1—7 页。

五、墓葬材料中的佛教遗存

唐代以后，伴随世俗化的进一步加深，佛教渗入到社会活动的各个角落，丧葬仪式也不例外。考古发掘出土宋元明清墓葬材料中，与佛教有关的实物遗存，可分为遗迹和遗物两类。遗迹有火葬墓、多角形墓和坟寺，遗物可分为佛教造像、塔幢、佛经、墓葬装饰、佛教法器、普通器物、瘗钱等。

（一）遗迹

1. 火葬墓

火葬是宋元明清时期一种十分盛行的丧葬方式，据目前刊布的考古资料，河南、陕西、山西、四川等地均发现过大量北宋末漏泽园的火葬罐[1]。辽代火葬习俗更为普遍，考古发现显示，自辽统和（983—1012 年）以后，火葬墓的数量呈明显渐次增多的趋势，到辽代后期，考古发现的汉人墓葬几乎全是火葬墓。北宋时期火葬墓主要集中在黄河流域，南宋时期长江流域亦开始流行。有学者统计，截至 20 世纪 50 年代，成都地区南宋火葬墓的数量占发现墓葬总数量的 80% 以上[2]；宋代以后的火葬墓也屡有发现，火葬的方式与宋辽时期相比大同小异，但火葬的习俗已不如宋辽时期风行。按照墓葬形制、规模、随葬品等体现出来的墓主的等级的差异，大致可以将火葬墓分为低等级火葬墓和高等级火葬墓两类，前者火葬墓占地面积一般不大，多为小型的砖室墓或土坑墓（图 7-1-44），多采用陶、瓷罐（瓶）作为葬具盛放骨灰，也有用木匣或不用葬具的，随葬品一般较少；后者多为大型砖雕彩绘壁画墓，葬具多为木、陶或石质棺，随葬品丰富。

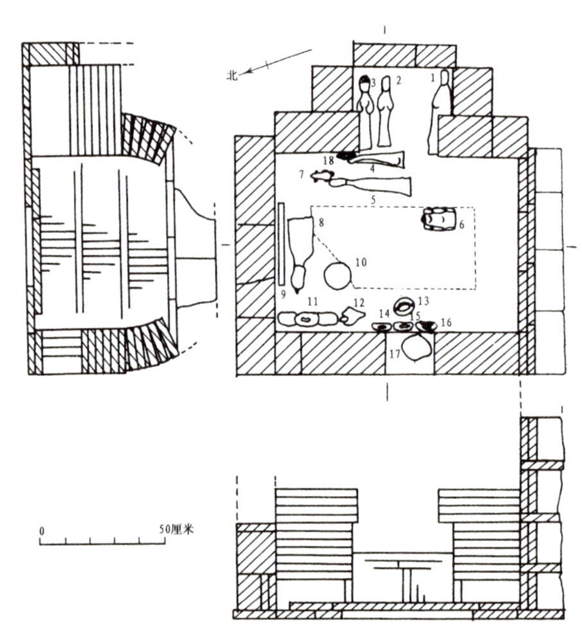

图 7-1-44　四川成都金鱼村宋墓 M3 平、剖面图
（采自《考古》1997 年第 10 期，第 62 页，图二）

目前学界对宋辽时期火葬墓的研究集中在流行的原因上，大致可以总结为四点，一是受到土地兼并影响，火葬这种节省简便的方式更容易被下层群众接受；二是对传染病的特殊处理；三是受佛教观念的影响及僧侣的推动；四是受到少数民族葬俗的影响[3]。徐苹芳先生通过对比考古出土材料与文献记载，认

1 中国大百科全书总编辑委员会《考古学》编辑委员会、中国大百科全书出版社编辑部编：《中国大百科全书·考古学》，北京：中国大百科全书出版社，1986 年，第 190 页。

2 洪剑民：《略他成都近郊五代至南宋的墓葬形制》，《考古》1959 年第 1 期。

3 参见冉万里：《宋代丧葬习俗中佛教因素的考古学观察》，《考古与文物》2009 年第 4 期；张邦伟、张敏：《两宋火葬何以蔚然成文》，《四川师范大学学报》1995 年第 3 期；李政：《两宋火葬述论》，安徽大学硕士学位论文，2010 年，第 19—32 页；张艳坤：《宋代火葬风俗研究》，广西师范大学硕士学位论文，2012 年，第 13—31 页。

图 7-1-45　云南蒙自瓦渣地明代火葬墓
（采自云南省文物考古研究所编：《云南考古报告集（之二）》，昆明：云南科技出版社，2006 年，图版一三：右上）

图 7-1-46　大理国赵兴明为亡母造墓幢
（采自《考古》1963 年第 6 期，第 338 页，图一）

为宋元时期的失地贫民、破产商人、贫苦手工业者和羁旅亡人等社会下层，多采用焚化时尸体与棺木一同烧掉，骨灰撒于水中且不起坟墓的火葬方式，与考古发现的有坟墓、葬具和随葬品的火葬墓并非同一类型，使用后者的大多不是贫民，使用火葬并非经济所迫，而多受到佛教观念的影响[1]。

受佛教观念影响的火葬墓在云南地区延续时间更长，从南诏大理时期一直到清代都十分盛行。一个墓地的火葬墓数量往往达到好几百座，大致有土坑墓、石板墓和砖室墓三种，葬具多采用陶或瓷罐，少数也用缸等（图 7-1-45），随葬少量俑、陶瓷器等，部分墓葬立有多刻梵文《佛顶尊胜陀罗尼神咒》墓碑或墓幢（图 7-1-46）。截至 2010 年，云南发现的较大型的火葬墓群有 69 处[2]，各有火葬墓几十至几百座不等，近年来发掘的火葬墓墓地有大理大丰乐[3]、鹤庆象眠山[4]、曲靖八塔台[5]等。20 世纪 80 年代以来，有关云南火葬墓的研究逐渐增多，涉及火葬墓的

1 徐苹芳：《宋元时代的火葬墓》，《文物参考资料》1956 年第 9 期。后收入徐苹芳：《中国历史考古学论集》，上海：上海古籍出版社，2012 年，第 227—238 页。

2 李萍：《云南古代火葬墓研究》，云南大学硕士学位论文，2010 年，第 10、11 页。

3 云南省文物考古研究所、大理市博物馆编著：《大理大丰乐》，昆明：云南科技出版社，2002 年。

4 云南省文物考古研究所、大理白族自治州文物管理所、鹤庆县文物管理所编著：《鹤庆象眠山墓地》，北京：文物出版社，2009 年。

5 云南省文物考古研究所编著：《曲靖八塔台与横大路》，北京：科学出版社，2003 年。

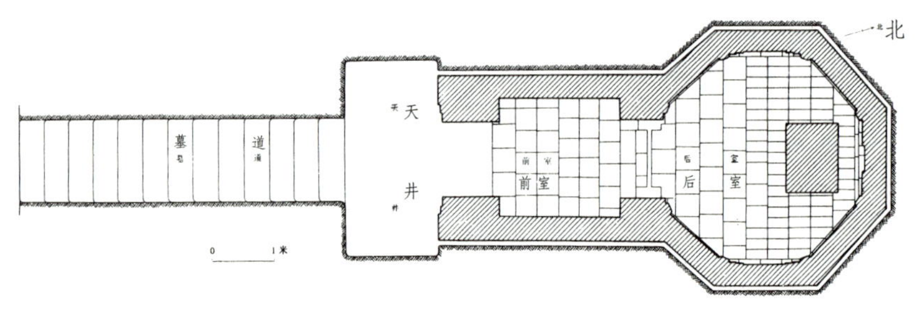

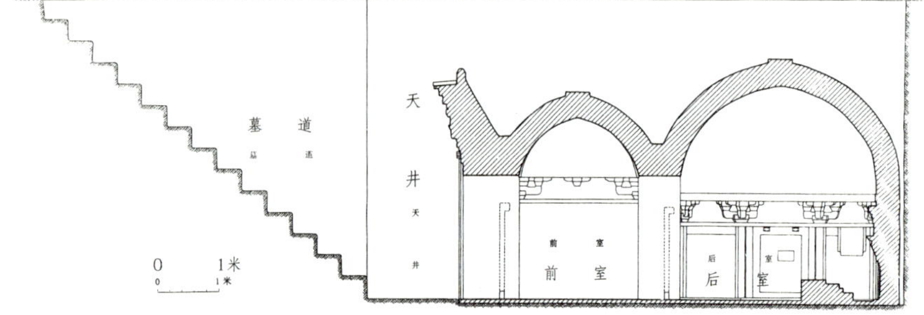

图 7-1-47 河北宣化辽张氏家族墓 M6 平面图
（采自《宣化辽墓》，第 163 页，图一二九）

区域、时代、特点、性质或者族属[1]。部分学者注意到这批火葬墓中的刻佛像及梵文陀罗尼碑、幢与佛教的关系[2]。

2. 多边形墓葬

10 世纪早期，内蒙古和辽宁一带的辽墓中开始出现一种平面形制呈八角形的墓葬，如内蒙古宁城县右桥子辽太平八年（1028 年）李知顺墓[1]、辽宁阜新辽太平九年（1029 年）墓[4]，平面形制呈八角形。到辽代晚期的道宗时期，此一墓葬形制已经成为辽代墓葬的主流，除八角形外，还出现了六角形墓葬，如河北宣化张氏家族墓 M4、M5 和 M6，前二者即为六角形，后者为八角形（图 7-1-47）。同时期的北宋墓葬亦有同样的趋势。据不完全统计，北宋此类多边形墓葬有 80 余座[5]，集中分布在河南地区，山西、河北等地仅有少量发现，如河南新密大观二年（1108 年）墓[6]、河南登封黑山沟绍圣四年（1097 年）墓[7]、河南禹县白沙宋墓[8]、

1 朱云生、李云华：《浅谈云南古代的火葬墓》，《考古与文物》1983 年第 3 期；罗开玉：《古代西南民族的火葬墓》，《四川文物》1991 年第 3 期；田晓雯：《云南古墓研究概况及研究》，《云南文物》1999 年第 1 期；田晓雯：《试谈云南古代火葬墓》，《云南文物》2000 年第 2 期；朱云生、李云华：《云南火葬墓综述》，《云南文物》2001 年第 1 期。

2 参见孙太初：《大理国彦贲赵兴明为亡母造尊胜墓幢跋》，《考古》1963 年第 6 期；李东红：《白族梵文火葬墓碑、幢考述》，《云南学术探索》1996 年第 4 期；谢道辛：《云龙顺荡火葬墓地梵文碑刻的文化内涵》，《大理师专学报》2001 年第 4 期。

1 李逸友：《辽李知顺墓志铭跋》，《内蒙古文物考古》创刊号（1981 年）。

4 李宇峰、表海波：《辽宁阜新辽萧仅墓》，《北方文物》1988 年第 2 期。

5 秦欢：《北宋多边形墓分区与墓室装饰初探》，中央民族大学硕士学位论文，2012 年，第 15 页。

6 郑州市文物考古研究所、新密市博物馆：《河南新密市平陌宋代壁画墓》，《文物》1998 年第 12 期。

7 郑州市文物考古研究所、登封市文物局：《河南登封黑山沟宋代壁画墓》，《文物》2001 年第 10 期。

8 宿白：《白沙宋墓》，北京：文物出版社，2002 年，图版拾陆、叁柒、肆陆。

河北平山两岔宋墓[1]等。此类墓葬在金代依然流行，如河南林县金墓M2[2]、山西汾阳高级护理学校金墓M2[3]、内蒙古敖汉旗老虎沟金墓[4]等。到了元代，此种多边形墓葬趋于减少，多分布在内蒙古地区。

目前有关此类多边形墓葬的讨论集中在北宋辽金时期，围绕墓葬的渊源，大致可以分为三种观点。第一种观点认为这种多边形单室墓是在唐代弧边墓的基础上发展而来的，唐代弧边墓四角绘倚柱，东、西两壁中部绘一根或二根倚柱，柱间绘屏风式壁画。绘一根或两根柱子，并使柱子向外扩张，即形成了北宋辽时期六边形或八边形墓的创意基础[5]。

秦欢先生提出“唐与北宋时期，六边形与八边形在使用上有讲究的，其中‘六角盖’用于古代帝王仪仗中之赤色引旛，伞于礼仪中的使用亦有制度规定，（祭祀）土神的方丘为八角，北宋中晚期，这种形制上的僭越抑或是上层文化的市井化等，都可能成为触发墓葬形制转变为多边形的因素”[6]。这是第二种观点。

图7-1-48　河北正定舍利寺塔基地宫形制（采自《文物》1999年第4期，图版肆：1）

而大部分学者都持第三种观点，即认为这种形制的墓葬的出现是受到地面佛塔（图7-1-48）影响。夏南悉教授注意到八角形墓葬与辽代八角形塔之间的关系：通过塔和八角形墓葬空间的永久性建筑，契丹统治者把自己比作佛教的神[7]。霍杰娜女士认为辽代新传入的瑜伽密教对“八大菩萨”“八大灵塔”的崇拜，“首先影响了佛教建筑，特别是作为佛教象征建筑的塔”，使得辽代八角形的塔占绝大多数，平面形制呈八角形墓葬，完全有可能是辽地佛教徒模仿八角形佛塔的地宫建置，并逐渐形成一种风俗[8]。韩小囡女士认为墓与塔有着功能上与结构上的

1 河北省文物考古研究所：《河北平山县两岔宋墓》，《考古》2009年第9期。
2 张增午：《河南林县金墓清理简报》，《华夏考古》1998年第2期。
3 山西省考古研究所、汾阳县博物馆：《山西汾阳金墓发掘简报》，《文物》1996年第12期。
4 朱志民：《内蒙古敖汉旗老虎沟金代博州防御使墓》，《考古》1995年第9期。
5 郝红星、于宏伟：《辽宋金壁画墓、砖雕墓墓葬形制研究》，郑州市文物考古研究所编著：《郑州宋金壁画墓》，北京：科学出版社，2005年，第267页。
6 秦欢：《北宋多边形墓类型分区与墓室装饰初探》，中央民族大学硕士学位论文，2012年，第91、92页。
7 Nancy Shintzman Steinhardt, *Liao Architecture*, Honolulu: University of Hawaii Press, 1997, p.398.
8 霍杰娜：《辽墓中所见佛教因素》，《文物世界》2002年第3期。

重叠，宋墓中的多角形墓葬，是受到了宋辽时期在地面出现并流行的砖塔的影响而出现的[1]。李清泉先生注意到，宋辽时期墓葬出土的不少八角形或六角形陀罗尼经幢都，并非墓室所出，而是原先竖立在墓顶，后来墓葬坍塌，坠入墓内，提出在宋辽墓葬之上建造陀罗尼经幢，一度成为僧俗社会的一种风气，随着墓上经幢逐渐墓塔化，地下墓室也开始出现模仿佛塔地宫的倾向，以致墓室平面呈现出与墓上经幢相对应的八角形或六角形形制，成为一种坟塔化的墓葬样式[2]。易晴女士则认为八角形北宋砖雕壁画墓直接来源于佛塔、经幢、瘗埋佛僧舍利的地宫、墓塔，其精神内核体现的是周易的八卦方位，在民间堪舆思想与佛教的融合过程中，经北宋易学的规范后重新诠释的再创造[3]。

3. 坟寺

坟寺即皇室、贵戚乃至庶民为守护先祖坟墓而设置的寺院，这种寺院一般建立在陵园范围内，有僧侣常住，目的在于对祖先尽孝道、修梵福[4]。据文献记载，宋代此种坟寺据等级高低，可分为陵寺、皇室坟寺、贵戚勋臣坟寺和坟庵四类[5]。此类遗存在考古发掘中亦得到印证，如河南巩县北宋帝陵陵区附近即有永昌禅院、永定禅院、宁神禅院等，并对其中的永定禅院进行了发掘，出土有墨书“永定”“永定院”等瓷器，结合文献中有关永定院位置的记载，可以确定其为宋真宗定陵建造的禅院遗址[6]（图 7-1-49）。

宋代墓葬还有一种比较特殊的墓葬形式——漏泽园，即将尸骨或骨灰盛放在陶罐内，陶罐埋于小坑中，集中埋葬，每个墓葬一般随葬一块铭砖，简略说明墓葬编号、入葬经过和死者的简要信息，制作不规整，砖铭字迹潦草。墓葬成排成片分布，集中埋葬死者（图 7-1-50）。此类墓葬在四川、重庆、江苏、陕西、河

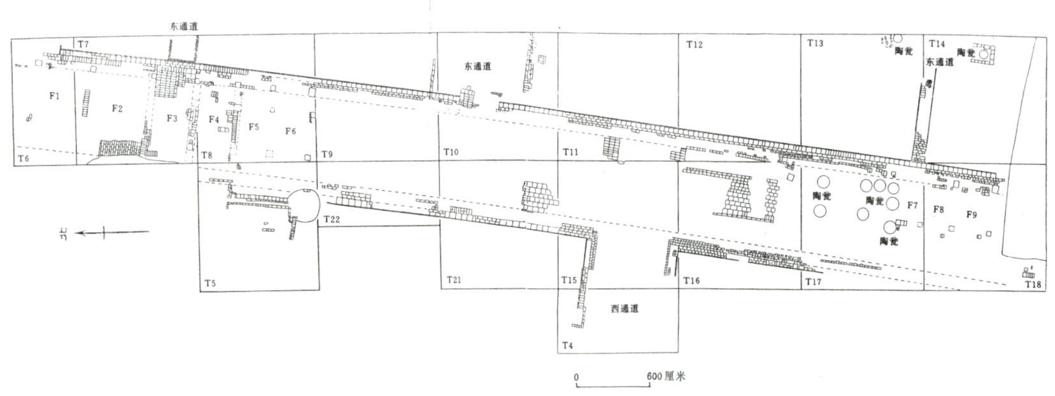

图 7-1-49 永定禅院东侧房基平面图
（采自《北宋皇陵》，第 417 页，图三六三）

---

1 韩小囡：《墓与塔——宋墓中仿木建筑雕饰的来源》，《中原文物》2010 年第 3 期。

2 李清泉：《真容偶像与多角形墓葬——从宣化辽墓看中古丧葬礼仪美术的一次转变》，中山大学艺术史研究中心编：《艺术史研究》第八辑，中山：中山大学出版社，2006 年，第 433—482 页；李清泉：《宣化辽墓：墓葬艺术与辽代社会》，北京：文物出版社，2008 年，第 294—317 页。

3 易晴：《试析河南北宋砖雕壁画墓八角形墓室形制来源及其象征意义》，《中原文物》2008 年第 1 期；易晴：《登峰黑山沟宋墓图像研究》，北京：文物出版社，2012 年，第 84—99 页。

4 冉万里：《宋代丧葬习俗中佛教因素的考古学观察》，《考古与文物》2009 年第 4 期。

5 白文固：《宋代的功德寺和坟寺》，《青海社会科学》2000 年第 5 期。

6 河南省文物考古研究所编著：《北宋皇陵》，郑州：中州古籍出版社，1997 年，第 410—439 页。

南、山西、山东、河北都有发现，系宋代官办公墓制度之遗存，一般被用作安葬社会下层民众，事实上是一种官办的管理这些公墓的特殊坟寺。漏泽园一般建有佛寺，由僧侣主管，僧侣数量随被安葬者的数量而增减[1]，张勋燎先生据1990年河南三门峡卢氏县采集到的崇宁三年（1104年）《虢州卢氏县漏泽园记》石碑[2]，结合文献记载，对宋代漏泽园制度进行了详细考证，认为漏泽园制度颁行的最早时间是在徽宗崇宁三年，具体措施包括：土地则来源于国家或私人高地，墓园面积大小视实际情况而异；墓园中建有房屋作为祭奠之所，并选择两名僧侣作为管理者，负责瘗埋死者，为死者举行祭奠仪式；死者所用葬具、随葬物资及埋葬死者的工作人员均由国家配给，禁止进入院内打柴放牧；绘图记录，建立墓葬档案，由地方官吏掌管；本州本郡委派官员对漏泽园制度的施行情况进行监察等。类似后来漏泽园的公墓，早在神宗元丰年间（1078—1085年）即已萌芽，是受到王安石主导的熙丰变法而出现的，随着王安石变法失败，元丰年间（1078—1085年）新倡导的公墓制度在哲宗时期无人敢提。到徽宗即位，打着绍述神宗变法遗志的旗号，否定哲宗之制，漏泽园制度作为绍述熙丰变法的一项内容而出现[3]。

图7-1-50　河南北宋陕州漏泽园
（采自《北宋陕州漏泽园》，图版一：2）

（二）遗物

1. 佛教造像

此之所谓“佛教造像”指可移动的单独塑像，宋、金墓葬中有少量发现，多瓷俑，少数为铜质，包括佛像、菩萨像、僧侣像等。

江苏溧阳竹箦北宋元祐六年（1091年）李彬夫妇墓出土有结跏趺坐、结禅定印的绿釉陶佛像1件，同时伴出七宝香炉、长柄香炉各1件[4]，墓志铭云死者“平时日诵佛书数卷”，可知墓主李彬生前是佛教徒，墓中随葬佛像极有可能是墓主生前礼拜的对象，而香炉则可能是墓主生前诵经立佛的法器[5]。

菩萨像发现很少，仅1982年江西高安县博物馆征集到墓葬出土的素烧游戏坐瓷观音1件（图7-1-51），造型优美，研究者通过菩萨造型及出土十二生肖堆塑

1 冉万里：《宋代丧葬习俗中佛教因素的考古学观察》，《考古与文物》2009年第4期。
2 三门峡市文物工作队编著：《北宋陕州漏泽园》，北京：文物出版社，1999年，第390页。
3 张勋燎：《新出崇宁三年王观国〈虢州卢氏县漏泽园记〉碑考述》，四川大学历史文化学院编：《蒙文通先生诞辰110周年纪念文集》，北京：线装书局，2005年，第323—334页。后收入张勋燎：《中国历史考古学论文集》下册，北京：科学出版社，2013年，第1179—1193页。
4 镇江市博物馆、溧阳县文化馆：《江苏溧阳竹箦北宋李彬夫妇墓》，《文物》1980年第5期。
5 冉万里：《宋代丧葬习俗中佛教因素的考古学观察》，《考古与文物》2009年第4期。

图 7-1-51　江西高安宋墓出土瓷观音
（采自《文物》1987 年第 9 期，第 25 页）

图 7-1-52　四川蒲江县五星镇宋墓出土僧侣俑
（采自《考古与文物》1986 年第 3 期，图版肆：6）

瓶的对比分析，认为是北宋时期的遗存[1]。

僧侣像数量较之前二者略多，主要有江西德兴香屯宋墓出土的 2 件素烧瓷佛像，1 件仰卧傲首，着星云大袍，另 1 件扑卧于地[2]；江西南丰桑田北宋政和八年（1118 年）墓出有 2 件“僧侣俑”，1 件老者形象，1 件青年形象[3]；四川蒲江五星镇北宋熙宁五年（1072 年）夫妻合葬墓出土 3 件站立僧侣俑，2 件青年形象，1 件老者形象，姿态各异[4]（图 7-1-52）。此类造像在元墓中仅有少量发现，如 1984 年清理的江苏常州纺织机械厂元墓 M2 即出有 1 件模制陶佛像，该墓为火葬，反映出墓主的佛教丧葬观念[5]。

2. 塔、经幢

（1）塔。塔是一种佛教建筑，用作供奉或收藏佛骨、佛像、佛经、僧人遗体等。宋元明清时期，塔作为墓葬建筑的一个组成部分通常位于墓室顶部或墓葬旁边，不进入墓葬内，这种遗存在宋代至明代的墓葬中均有少量发现。如 1960 年发现的陕西商县金陵寺北宋宣和七年（1125 年）僧人墓的墓顶上方砌有数层方砖，发掘者据此推测原墓顶上原有塔或者亭类建筑，也有可能是墓幢，但考虑到

1 高安县博物馆：《江西高安出土的宋代瓷塑观音》，《文物》1987 年第 9 期。
2 德兴县博物馆：《江西德兴县香屯宋墓》，《考古》1990 年第 8 期。
3 江西省文物工作队、南丰县博物馆：《江西南丰桑田宋墓》，《考古》1988 年第 4 期。
4 陈显双、廖启清：《四川蒲江县五星镇宋墓清理记》，《考古与文物》1986 年第 3 期。
5 徐伯元、赵多福：《江苏常州出土元代吉州窑釉下彩绘瓷器》，《考古》1990 年第 2 期。

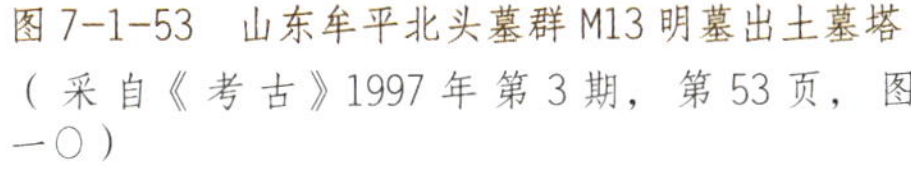

图 7-1-53　山东牟平北头墓群 M13 明墓出土墓塔（采自《考古》1997 年第 3 期，第 53 页，图一〇）

图 7-1-54　湖南望城蚂蚁山明墓出土墓塔（采自《文物》2007 年第 12 期，第 46 页，图七）

墓主僧侣身份和墓葬长宽均超过 2 米的情况，推测这一建筑很可能是塔[1]。1992 年发掘的山东牟平县北头墓群元明时期的 M1—M15、M18 的墓室之上均建一座塔，塔基为双层须弥座，底座之上有两层八边形叠涩，覆钵式塔身，塔顶有相轮，塔基上雕刻力士、狮子图案（图 7-1-53）。据发掘者介绍，此类墓葬在胶东地区还有相当数量[2]。湖南望城蚂蚁山明墓墓道中的圆柱形石砌建筑内出土的一件覆钵式塔，形制与前述山东牟平北头墓群出土的塔接近，高 1.56 米，由基座、覆钵、相轮、塔顶四部分组成，覆钵内置经箱，内藏佛、道经书[3]（图 7-1-54）。覆钵式塔又称喇嘛式塔，是藏传佛教常见的造型，元代随着喇嘛教的兴盛，在汉族地区大量出现，蚂蚁山明墓出土的覆钵式塔，应是受到喇嘛教的影响[4]。韩小囡[5]、李清泉[6]先生均认为，这种墓葬是宋墓中多边形等墓葬建筑模仿地面塔的证明。

（2）经幢。经幢是唐代才出现的一种多面体佛教石刻，形状与塔类似，以八

1 陕西省文物管理委员会：《陕西商县金陵寺宋僧人墓清理简报》，《考古》1960 年第 6 期。

2 林仙庭、侯建业：《山东牟平县北头墓群清理与调查》，《考古》1997 年第 3 期。

3 长沙市文物考古研究所、望城县文物管理局：《湖南望城蚂蚁山明墓发掘简报》，《文物》2007 年第 12 期。

4 黄朴华：《湖南望城蚂蚁山明墓的特殊现象及相关问题研究》，《文物》2007 年第 12 期。

5 韩小囡：《墓与塔——宋墓中仿木建筑雕饰的来源》，《中原文物》2010 年第 3 期。

6 李清泉：《宣化辽墓：墓葬艺术与辽代社会》，北京：文物出版社，2008 年，第 307—309 页。

角形棱柱最多，也有少数是六面或四面体，一般可分为幢座、幢身和幢顶三部分，主要竖立在寺院、佛塔、道路、石窟、墓葬内，其上大都刻《佛顶尊胜陀罗尼经》等佛教经典和神咒，也有少量刻道教经典，部分经幢用梵文书写（图 7-1-55）。宋辽金时期墓葬中仍有发现，主要集中在山西、河南、北京、辽宁等中原北方地区和云南等地，如 2000 年河南洛阳之洛阳至三门峡高速公路机场段工程施工中，发现北宋石幢一件，仅见八棱柱状幢身，幢身上端边缘镌刻蔓草一周，缘下八面刻大日如来佛像与篆书“佛顶尊胜陀罗尼”七字[1]；山西壶关南村宋墓出土一件陶质经幢，高 0.74 米，底部为饰有莲花瓣纹的方形基座，上承覆莲纹支座，其上为双层仰莲纹幢托，幢身置于幢托之上，呈八棱柱状，幢身上有宝盖、莲柱和莲花盆形顶，上刻元祐二年（1087 年）题为《佛说金刚经纂净口业真言》经咒[2]；2000 年发掘的辽宁阜新市关山宋墓 M8 中出土 1 件汉白玉质经幢，仅存八棱柱状柱身，高 1.4 米，两端有尖圆锥状榫头，幢身八面均刻文字，其中一面有大康二年（1076 年）纪年题记，其余七面刻《大宝广博楼阁善住秘密警觉陀罗尼》等陀罗尼经咒，正文均用梵文书写[3]。云南地区的墓幢主要是大理时期至明代的遗存，多见于墓葬，墓幢形制与中原地区相近，墓幢上书写梵文经文的情况较为普遍，一般用汉文刻墓铭及立幢年月，幢身下部一般开小龛，内刻有佛像（图 7-1-56）。

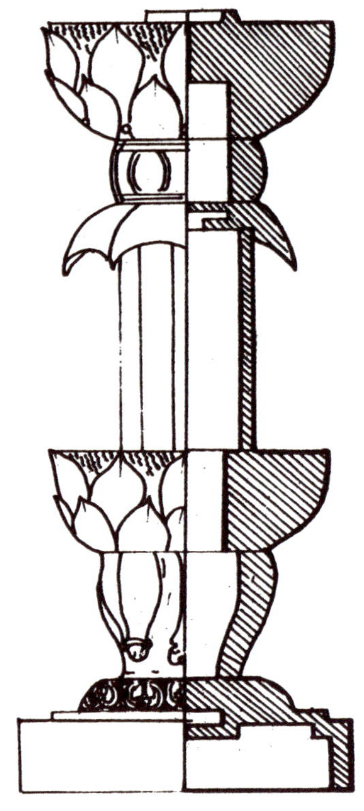

图 7-1-55　山西壶关南村宋墓出土经幢
（采自《文物》1997 年第 2 期，第 46 页，图八）

刘淑芬研究员广泛收集唐宋时期寺院、佛塔、墓葬出土经幢材料，系统讨论了唐宋时期经幢的形制、性质和来源，认为经幢的本质是塔，是一种融合了刻经与造像，并有宗教作用的特殊的塔，其来源，则与北凉石塔以及北朝至唐时期建筑上流行的八角柱有关[4]。她认为，唐代以后地狱信仰十分流行，而经幢上一般所刻的《佛顶尊胜陀罗尼经》尤其强调其破地狱功能，加上当时盛行僧俗通过建立经幢来报答师恩和父母恩，使得此一时期墓幢流行。另外，密教的广泛流传及认为建幢的功德大于起塔的功德的观念，也促使了墓幢的使用[5]。李清泉先生在研究宋辽多角形墓葬时，认为随着墓幢功能的墓塔化，墓室开始模仿佛塔地宫，使得

1 黄吉君：《洛阳发现佛顶尊胜陀罗尼北宋墓幢》，《中原文物》2000 年第 2 期。

2 长治市博物馆、壶关县文物博物馆：《山西壶关南村宋代砖雕墓》，《文物》1997 年第 2 期。

3 辽宁省文物考古研究所编著：《关山辽墓》，北京：文物出版社，2011 年，第 63 页。

4 刘淑芬：《灭罪与度亡——佛顶尊胜陀罗尼经幢之研究》，上海：上海古籍出版社，2008 年，第 50—121 页。

5 刘淑芬：《灭罪与度亡——佛顶尊胜陀罗尼经幢之研究》，上海：上海古籍出版社，2008 年，第 122—180 页。

辽墓平面形制逐渐转变为与经幢相对应的八角形或六角形[1]。

除墓幢外，陀罗尼经咒还出现在唐代纸质写本[2]和辽墓墓棺[3]上，刘淑芬研究员认为上述随葬品均是墓幢的变形，其功能与墓幢是一致的[4]。

3.特殊的葬式及葬具——“真容偶像”与“陀罗尼棺”

从20世纪70年代开始，河北、北京地区辽墓中就开始有一种比例和形态都十分接近生人的“偶像”出土，多为木质，少量稻草扎成，比较精细地雕出五官和四肢，有的躯体外表穿戴衣帽鞋袜，盖有锦被且配有饰物，部分偶像的躯干内甚至还填有死者火化后的骨骼，一般置于木棺之内（图7-1-57）。典型墓例有1974年发掘的河北宣化辽代张氏家族墓地M1张世卿墓[5]、1996年公布的M7张文藻墓[6]，1979年北京辽代马直温夫妇合葬墓[7]等。学者一般称这种偶像为“真容偶像”，是墓主形象或者容貌的再现。

颜诚、张帆与李清泉先生均认为辽墓中出现的“真容偶像”做法，即是遵循张世卿墓志中提到的“西天荼毗礼”的要求，是受到当时佛教丧葬观念影响而出现的。颜诚先生着重论述了“西天荼毗礼”对辽金元火葬葬俗的影响，认为辽金元时期北方地区的火葬墓即是“西天荼毗礼”的葬制，辽境内汉人墓葬中雕刻真容偶像，既遵守了佛教仪轨，又不违背保存死者躯体“入土为安”的

图7-1-56　云南鹤庆象眠山墓地M1842明墓经幢
（采自《鹤庆象眠山墓地》，彩版九：1）

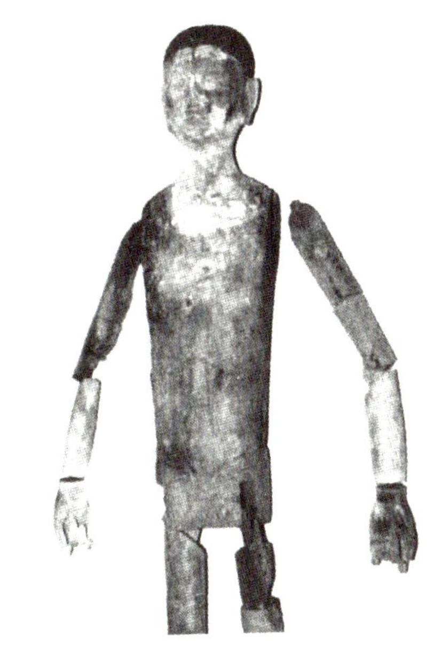

图7-1-57　河北宣化下八里辽契丹人墓M1出土真容偶像
（采自《文物春秋》2004年第3期，第26页，图五）

1 李清泉：《宣化辽墓：墓葬艺术与辽代社会》，北京：文物出版社，2008年，第294—317页。

2 有关唐五代纸质陀罗尼经咒的研究，可参考霍巍：《唐宋墓葬出土陀罗尼经咒及其民间信仰》，《考古》2011年第5期。目前宋墓中尚未发现此类纸质陀罗尼经咒。

3 有关带陀罗尼经咒的葬具，后文将有详述。

4 刘淑芬：《灭罪与度亡——佛顶尊胜陀罗尼之研究》，上海：上海古籍出版社，2008年，第181—187页。

5 河北省文物管理处、河北省博物馆：《河北宣化辽壁画墓发掘简报》，《文物》1975年第8期；河北省文物研究所编著：《宣化辽墓》，北京：文物出版社，2001年，第222—224页。

6 河北省文物研究所、张家口市文物管理处、宣化区文物管理所：《河北宣化辽张文藻墓发掘简报》，《文物》1996年第9期；河北省文物研究所编著：《宣化辽墓》，北京：文物出版社，2001年，第88—90页。

7 张先得：《北京市大兴县辽代马直温夫妇合葬墓》，《文物》1980年第12期。

儒教礼制[1]。张帆先生认为可能是因为张氏家人仍相信灵魂存在，死后仍会返回尸体，尽管肉身已按佛教传统焚毁，但通过木质或草质的偶像来模拟真人，盛装死者骨灰，仍可以保证死者灵魂的返归，这种做法与契丹墓葬中死者面戴金属面具与全身穿网络葬衣的做法有许多类似之处，辽境内的汉人墓葬中采用真容偶像的做法，可能是既为保持本民族丧葬习俗，又为迎合契丹贵族而采用一种折中的办法[2]。李清泉先生则进一步通过详细梳理考古材料及文献记载，认为晚唐至辽代出现的为死去僧人造真容偶像，将火化后的骨骼放于其中的做法，以及唐宋时期寺院流行为保存高僧遗体而制作"真身"的习俗，致使佛教中的法身观念被偶像化，上述辽境内的汉人墓葬中出现"真容偶像"，正是受到此一佛教葬俗的影响而出现的[3]。

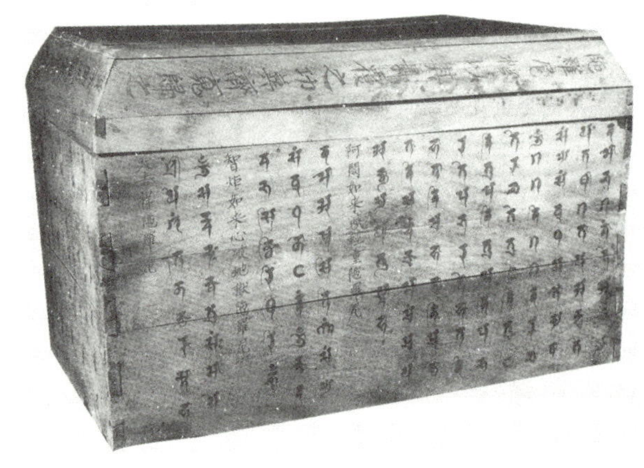
图 7-1-58　河北宣化辽张氏家族墓 M7 出土陀罗尼棺
（采自《宣化辽墓》，图版四五：1）

值得注意的是，前述河北宣化辽代张氏家族墓地 M1 张世卿墓、M7 张文藻墓内的阵容偶像，均是从一种自名为"陀罗尼棺"的木棺内出土的。同属于这个墓地的 M2 张恭诱墓[4]、M3 张世本墓[5]、M5 张世古墓[6]、M6 张氏墓[7]和 M10 张匡正墓[8]的棺床上，均出有这种"陀罗尼棺"（图 7-1-58）。这些墓葬中墓主尸骨无存，但从现场遗迹现象，及对比 M1、M7 的情况看，木棺内墓主的尸骨也应当是采用"西天荼毗礼"，

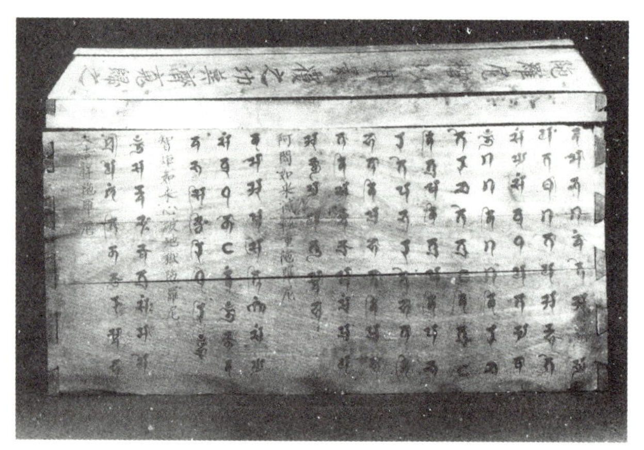
图 7-1-59　河北宣化辽张氏家族墓 M7 出土陀罗尼棺经文
（采自《宣化辽墓》，图版四六：1）

1 颜诚：《辽代真容偶像葬俗刍议》，《文物春秋》2004 年第 3 期。
2 张帆：《试谈宣化辽墓中所见真容偶像》，《中国历史文物》2005 年第 1 期。
3 李清泉：《宣化辽墓：墓葬艺术与辽代社会》，北京：文物出版社，2008 年，第 262—294 页。
4 张家口市文物事业管理所、张家口市宣化区文物保管所：《河北宣化下八里辽金壁画墓》，《文物》1990 年第 10 期；河北省文物研究所编著：《宣化辽墓》，北京：文物出版社，2001 年，第 271、272 页。
5 张家口市文物事业管理所、张家口市宣化区文物保管所：《河北宣化下八里辽金壁画墓》，《文物》1990 年第 10 期；河北省文物研究所编著：《宣化辽墓》，北京：文物出版社，2001 年，第 130—139 页。
6 张家口市宣化区文物保管所：《河北宣化辽代壁画墓》，《文物》1995 年第 2 期；河北省文物研究所、张家口市文物管理处、宣化区文物管理所：《宣化辽代壁画墓群》，《文物春秋》1995 年第 2 期；河北省文物研究所编著：《宣化辽墓》，北京：文物出版社，2001 年，第 244—250 页。
7 张家口市宣化区文物保管所：《河北宣化辽代壁画墓》，《文物》1995 年第 2 期；河北省文物研究所编著：《宣化辽墓》，北京：文物出版社，2001 年，第 174 页。
8 河北省文物研究所、张家口市文物管理处、宣化区文物管理所：《宣化辽代壁画墓群》，《文物春秋》1995 年第 2 期；河北省文物研究所编著：《宣化辽墓》，北京：文物出版社，2001 年，第 21—30 页。

装入真容偶像之后再放入木棺的。从位置、形制与功能上看，这种木棺有着比较统一的做法，均位于后室棺床之上；有盝形棺盖与方形棺身，棺的尺寸明显小于常人；部分木棺内仍可见尸骨零乱，有烧骨痕迹；棺盖顶部及四杀、棺身四面均墨书陀罗尼经文（图 7-1-59），棺盖顶书《不空羂索真言》或《观自在如意轮菩萨陀罗尼》，棺一侧面书《佛说生天陀罗尼》《佛说转生净土陀罗尼》《五字大明陀罗尼》《六字大明陀罗尼》《满愿陀罗尼》等，另一侧面则书汉文《般若波罗蜜多心经》，棺一端书《一切如来白伞盖大佛顶陀罗尼》《佛顶炽盛光如来陀罗尼》和《佛顶炽盛光如来大吉祥陀罗尼》，另一端一般书《阿閦如来灭轻重罪障陀罗尼》《智炬如来心破地狱陀罗尼》等[1]。

除河北外，山西地区的辽墓中也有这种形制陀罗尼棺的实物出土，与张氏家族墓不同的是，均为石棺，上刻梵文陀罗尼，如 1956 年发掘的山西大同南郊第 9、10 和 15 号墓[2]，1957 年发现的大同卧虎湾第 1、2 号墓[3]等。

从出土墓志记载看，上述墓葬的墓主多为佛教徒，如河北宣化张氏家族墓 M3 墓主张世本则“不味血腥，日诵《法华经》，拟终万部，至七千余秩……”[4]；M7 墓主张文藻“迩后，田园地宅尽付于子，但积功累行，崇敬三宝为业。于当州圣因寺施净财，画优填王壁……”[5]；M10 墓主张匡世生前“不乐歌酒，好读《法花》《金刚经》”[6]。

李清泉先生认为这些棺箱的顶盖全部作四阿式盝顶，与通常所见的方形盝顶舍利函十分相似，很显然，佛教葬俗对辽代世俗社会丧葬礼俗的浸染不仅反映在葬式（真容偶像）上，同时也反映在葬具上，是当时社会墓葬模仿佛塔地宫倾向的体现；真容偶像与陀罗尼棺，表达死者“企图保有一副具有佛教法身意味的身体，以便逃离地狱之苦，最终托生佛国、天宫的来世关怀”[7]。刘淑芬先生则认为这种墨书陀罗尼经咒的木棺，是墓幢的另一种变形，其功能与墓幢是一致的[8]。

4. 佛经

宋、明墓葬中有少量发现。江苏北宋孙四娘子墓随葬存佛教写经 4 种，包括《金刚般若波罗蜜经》《佛说观世音经》《般若波罗蜜多心经》和《金光明经》，其中《金刚般若波罗蜜经》卷尾墨书题记“瑞昌县君孙氏四娘子谨舍财权赎此经，永世供养，至和元年十一月”之字样[9]（图 7-1-60），表明墓主孙四娘子生前乃佛

1 河北省文物研究所编著：《宣化辽墓》上册，北京：文物出版社，2001 年，第 22—30、81—88、130—139、198—200、244—250 页。

2 山西云岗古物保养所清理组：《山西大同市西南郊唐、辽、金墓清理简报》，《考古通讯》1958 年第 6 期。

3 山西省文物管理委员会：《山西大同郊区五座辽墓壁画》，《考古》1960 年第 10 期。

4 河北省文物研究所编著：《宣化辽墓》，北京：文物出版社，2001 年，第 158—161 页。

5 河北省文物研究所编著：《宣化辽墓》，北京：文物出版社，2001 年，第 123—125 页。

6 河北省文物研究所编著：《宣化辽墓》，北京：文物出版社，2001 年，第 65—68 页。

7 李清泉：《宣化辽墓：墓葬艺术与辽代社会》，北京：文物出版社，2008 年，第 294—298 页。

8 刘淑芬：《灭罪与度亡——佛顶尊胜陀罗尼经幢之研究》，上海：上海古籍出版社，2008 年，第 187—190 页。

9 苏州博物馆、江阴文化馆：《江阴北宋“瑞昌县君”孙四娘子墓》，《文物》1982 年第 12 期。

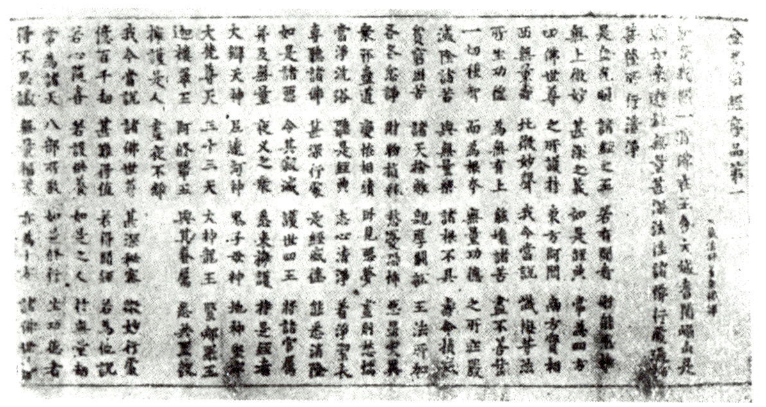

图 7-1-60 江苏江阴北宋孙四娘子墓出土佛经
（采自《文物》1982 年第 12 期，第 30 页，图五）

教信众，此经即孙四娘子生前诵读之物。冉万里先生结合纸质佛经不易保存的情况，认为其他宋墓中以佛经随葬是可能的[1]。前述湖南望城蚂蚁山明墓覆钵式塔经箱出土有经书 15 册，可确定为佛经的有 2 种，包括《金刚般若波罗蜜经》和《大佛顶首楞严经》，字迹工整清晰，书名及内容均用金粉书写[2]（图 7-1-61）。有学者认为出土的《大佛顶首楞严经》是一部镇邪经书，是佛教中一部如照妖镜的经，所有天魔外道、魑魅魍魉一见到它就会现出原形，这亦是墓主佛教信仰的反映[3]。

图 7-1-61 湖南望城蚂蚁山明墓出土佛经
（采自《文物》2007 年第 12 期，第 48 页，图版一七）

5. 墓葬装饰

宋元明清墓葬多有壁画或雕刻等墓葬装饰，部分佛教遗存亦以此两种方式出现在墓室壁面上。根据题材和内容的不同，分为迦陵频伽和力士像、僧伽超度场景、佛祖涅槃场景、备经和念佛场景、发丧场景、接引场景、三教会棋场景和佛教图案八类，多见于北方地区宋、辽、金墓葬。

（1）迦陵频伽和力士像。数量皆较少。20 世纪 50 年代末，考古工作者在对北宋元德皇后陵进行调查时，发现“耍头锋面刻人首、人身，两手合掌、鸟腹、鸟脚、背有翅之迦陵频伽”[4]；河南洛宁北宋乐重进画像石棺棺盖上线刻出形象基本

1 冉万里：《宋代丧葬习俗中佛教因素的考古学观察》，《考古与文物》2009 年第 4 期。

2 长沙市文物考古研究所、望城县文物管理局：《湖南望城蚂蚁上明墓发掘简报》，《文物》2007 年第 12 期。

3 黄朴华：《湖南望城蚂蚁山明墓的特殊现象及相关问题研究》，《文物》2007 年第 12 期。

4 郭湖生、戚德耀、李容淦：《河南巩县宋陵调查》，《考古》1964 年第 11 期。

相同的迦陵频伽，两侧各有一飞天[1]（图 7-1-62）。迦陵频伽又名美音鸟或妙音鸟，是西方极乐世界的“种种奇妙杂色之鸟”之一，它出现在墓葬中，应是墓主祈求往生西方极乐世界的反映[2]。

山西稷山化峪金墓 M2、M3、M4 在墓室的浮雕底部再雕出基座，基座束腰处雕出披头散发、肌肉发达、体形矮壮的力士形象[3]。此种力士形象多见于佛教各种台座，表明台座是力士承托起来的。四川华蓥安丙家族墓 M2 中亦有类似的形象，该墓左壁左起第四身力士双手承托上部雕刻，右壁中央一身力士亦作出承托上部雕刻[4]。安丙家族墓 M2 左右壁与承托力士相同位置还分别雕出三身和二身此种力士形象，牵象、狮或鹿。此种形象一般出现在佛教造像，被称作“狮奴”或“象奴”，是为佛、菩萨牵引坐骑的。稷山金墓和安丙墓 M2 中的此类形象，应系受到佛教影响而出现的。

（2）僧伽超度场景。河南新密平陌宋代合葬墓北壁顶部绘有“四洲大圣度翁婆”场景，画面左侧的泗州大圣立于云朵中，左侧立一弟子，右侧立一侍女，画面右侧的有一男一女面向泗州大圣而跪，双手合十，面容苍老[5]（图 7-1-63），应

图 7-1-62　河南洛宁乐重进画像石棺线刻迦陵频伽
（采自《文物》1993 年第 5 期，第 31 页，图二：下）

图 7-1-63　河南新密平陌宋墓僧伽超度场景壁画

1 李献奇、王丽玲：《河南洛宁北宋乐重进画像石棺》，《文物》1993 年第 5 期。
2 冉万里：《宋代丧葬习俗中佛教因素的考古学观察》，《考古与文物》2009 年第 4 期。
3 山西省考古研究所：《山西稷山金墓发掘简报》，《文物》1983 年第 1 期。
4 四川省文物考古研究院、广安市文物管理所、华蓥市文物管理所编著：《华蓥安丙墓》，北京：文物出版社，2008 年，第 61、62 页。
5 郑州市文物考古研究所、新密市博物馆：《河南新密市平陌宋代壁画墓》，《文物》1998 年第 12 期。

为墓主夫妇。结合题记文字，可确定这是泗州大圣在超度墓主夫妇的场景。

除墓葬外，泗州大圣材料多见于江浙一带的寺塔地宫内，如江苏苏州盘门内瑞光寺塔[1]，浙江瑞安慧光塔[2]、温州白象塔[3]、宁波天封塔[4]等都有泗州大圣像出土。河南洛阳古代艺术馆亦收藏有一件宋代泗州大圣像[5]。

图 7-1-64 陕西韩城盘乐村宋墓佛祖涅槃场景壁画
（采自《中国墓室壁画全集·宋辽金元》，石家庄：河北教育出版社，2011年，第96页，图版一二九）

泗州大圣即唐代高僧僧伽，西域何国人，唐高宗时来到洛阳。北宋时期，僧伽已从高僧转变为神僧，有关他的化现神异之事都是为百姓消灾免祸，主要有治病、求雨、免除兵灾等，故传之为观音化身[6]，可见宋代僧伽信仰之盛。墓葬中出现僧伽形象，可能与当时流传的有关僧伽种种神异传说有关。

（3）佛祖涅槃场景。见于陕西韩城盘乐村宋代夫妇合葬墓。该墓东壁描绘佛祖释迦牟尼涅槃场景；壁画中央，佛祖卧于七宝佛床之上，佛床四周是十大弟子，多作哭泣状；壁画左上角有一弟子腾云升天，应是优婆离；场景右侧描绘邪魔外道；佛祖脚边有两个汉装人物像（图 7-1-64），而非经典所载的大弟子迦叶，反映了佛教进一步汉化的某些轨迹[7]。

（4）备经和念佛场景。此两种图像主要发现于北方地区的辽、金墓葬，通过墓主生前敬奉三宝的场景表明其佛教徒身份。备经图见于河北宣化辽代张氏家族墓 M1[8]、M2[9]、M4[10]、M6[11]、M7[12]（图 7-1-65）及宣化下巴里辽金壁画墓 M3[13]，均彩绘一桌，桌上放置有经卷、佛珠等物。宣化辽代张氏家族墓 M1 还绘

1 苏州市文管会、苏州市博物馆：《苏州市瑞光寺发现一批五代北宋文物》，《文物》1979 年第 11 期。

2 浙江省博物馆：《浙江瑞安北宋慧光塔内出土文物》，《文物》1973 年第 1 期。

3 温州市文物处、温州市博物馆：《温州市北宋白象塔清理报告》，《文物》1987 年第 5 期。

4 林士民：《浙江宁波天封塔地宫发掘报告》，《文物》1991 年第 6 期。

5 陈长安：《洛阳出土泗州大圣石雕像》，《中原文物》1997 年第 2 期。

6 徐苹芳：《僧伽造像的发现和僧伽崇拜》，《文物》1996 年第 5 期。

7 康保成、孙秉君：《陕西韩城宋墓壁画考释》，《文艺研究》2009 年第 11 期。

8 河北省文物研究所编著：《宣化辽墓》，北京：文物出版社，2001 年，图一六二，彩版六二、六三，图版一一一、一一二。

9 河北省文物研究所编著：《宣化辽墓》，北京：文物出版社，2001 年，彩版八一。

10 河北省文物研究所编著：《宣化辽墓》，北京：文物出版社，2001 年，图二二八，彩版九四。

11 河北省文物研究所编著：《宣化辽墓》，北京：文物出版社，2001 年，图一四二，彩版五三。

12 河北省文物研究所编著：《宣化辽墓》，北京：文物出版社，2001 年，图七四，彩版三三，图版四八、四九。

13 张家口文物事业管理所：《河北宣化下里巴辽金壁画墓》，《文物》1990 年第 10 期。

出墓主即将诵经的准备场面及桌上放置的《金刚般若经》《常清静经》的经名。念佛场景比较集中出现在山西地区金代墓葬中，内蒙古的辽墓中也有发现，内蒙古赤峰宝山2号墓[1]，山西侯马牛村古城金代董氏墓[2]（图7-1-66）、侯马牛村古城M29[3]和M104[4]、侯马晋光药长M1[5]、长子县小关村金大定十四年（1174年）墓[6]，均绘墓主（夫妇）坐于桌、执经卷、念珠等。山西金墓均绘出墓主夫妇，相对而坐，男性墓主手持念珠、女性墓主手捧佛经，墓主两侧各立一侍者。霍杰娜女士认为，佛教要求在家居士要对佛、法、僧三宝进行供养，在供桌上放置佛经即是（死者生前）对佛法的供养和对佛的礼拜，墓葬中的念佛场景是生前的再现[7]。李清泉先生则认为辽墓中的备经图与备茶图有十分密切的联系：由于饮茶所产生的生理功效，早在西晋时期，茶就被视为有助于轻身换骨、羽化登仙的一剂灵药，从而使兴盛于唐宋的饮茶文化一直带有神仙思想的浓郁色彩；其次同样由于醒神的作用，茶在唐代作为参禅、行经的重要辅助品而备受佛教徒青睐，佛教寺院中以茶帮助禅修的茶法和以茶帮助行经的茶会仪式当时已传到河北地区，宣化辽墓中的备茶图与备经图可以看作死生前饮茶念经宗教生活的特定反映，结合墓葬中发现的陀罗尼经咒及墓志中死者崇佛记载，不难发现备经图的背后，暗含死者在生死交关之际对大量诵经、写经的极端重视，之所以如此，乃是因为对佛教所宣扬的地狱之苦的畏惧，需不断诵经念佛来求得度脱[8]。

图7-1-65　河北宣化辽张氏家族墓M1备经场景

图7-1-66　山西侯马牛村古城董氏金墓M1念佛场景浮雕
（采自《文物》1959年第6期，第51页，图4）

1 内蒙古文物考古研究所、阿鲁科尔沁旗文物管理所：《内蒙古赤峰宝山辽墓发掘简报》，《文物》1998年第1期。
2 山西省文管会侯马工作站：《侯马金代董氏墓介绍》，《文物》1959年第6期。
3 山西文物管理委员会侯马工作站：《山西侯马金墓发掘简报》，《考古》1961年第12期。
4 杨富斗：《山西侯马104号金墓》，《考古与文物》1983年第6期。
5 山西省考古研究所侯马工作站：《侯马两座金代纪年墓发掘报告》，《文物季刊》1996年第3期。
6 长治市博物馆：《山西长子县小关村金代纪年壁画墓》，《文物》2008年第10期。
7 霍杰娜：《辽墓中所见佛教因素》，《文物世界》2002年第3期。
8 李清泉：《宣化辽墓：墓葬艺术与辽代社会》，北京：文物出版社，2008年，第178—200页。

图 7-1-67　山西长治北郊安昌村金墓 M2 发丧场景浮雕
（采自《文物世界》2003 年第 1 期，第 5 页，图一二）

图 7-1-68　河南荥阳槐西村宋墓超度场景壁画
（采自《中原文物》2008 年第 5 期，第 22 页，图三）

（5）发丧超度场景。见于山西长治金墓 M2[1]（图 7-1-67）、河南荥阳希格玛欧洲产业基地宋墓 M13[2] 壁画（图 7-1-68）和河南荥阳槐西村北宋绍圣三年（1096 年）石棺线刻[3]。山西长治金墓 M2 前者墓室东壁上部浮雕 12 人右行队列，右首人物执幡，右数第三、四名为身穿袈裟、拍钹铙、吹法螺的僧人，右数第六名为顶冠披帛的佛事主持，左手提灯，侧身向后招呼送葬的随行亲属，其后随行人物服饰男女有别，神情肃穆。河南荥阳槐西村绍圣三年（1096 年）石棺线刻与此接近，只是众人脚下多雕出祥云，身后雕出有建筑。河南荥阳希格玛欧洲产业基地 M13 西壁彩绘墓主夫妇相对而坐，场景左侧站立四名僧人，右起前三名僧人皆身披袈裟，双手拍钹铙，第四名僧人双手托莲花于胸前。此三座墓主要内容基本相同，皆表现墓主死后，由僧人执法器做法事，对亡者发丧超度的场景。长治金墓 M2 发丧与超度似同时进行，而荥阳宋墓 M13 似侧重表现对墓主的超度。

（6）接引场景。此种场景仅在河南和山西地区有少量发现，可大致分为两类。一类是佛与弟子前来接引墓主，如河南新密下庄河宋墓北壁顶部中央彩绘一身佛结跏趺坐于束腰台座上，外披袈裟，身后有背光，佛左右分别立一青年、老年僧侣，佛左前方有二世俗形象，面向佛而立，表情严肃[4]（图 7-1-69）。这些佛、弟

1 商彤流、杨林钟、李永杰：《长治市北郊安昌村出土金代墓葬》，《文物世界》2003 年第 1 期。

2 郑州市文物考古研究院、荥阳市文物保护管理所：《荥阳槐西壁画墓发掘简报》，《中原文物》2008 年第 5 期。

3 吕品：《河南荥阳北宋石棺线画考》，《中原文物》1983 年第 4 期。

4 郑州市文物考古研究所、新密市文物保管所：《新密下庄河宋代壁画墓》，《中原文物》1999 年第 4 期。

子绘于墓室顶部，应当是象征兜率天，含有墓主往生兜率天之意[1]，此说虽没有直接证据，但是佛于墓室顶部，作世俗形象的墓主面向佛恭敬而立，墓主期望死后有佛接引，往生净土的意愿是可以推测的。

图 7-1-69　河南新密下庄河宋墓接引场景壁画
（采自《郑州宋金壁画墓》，第 38 页，图四八：1）

另一类接引场景则是由执幡侍女进行接引，目前发现有 4 例，包括河南登封黑山沟北宋绍圣四年（1097 年）墓[2]、河南洛阳北宋崇宁五年（1106 年）张君墓[3]、河南新密平陌北宋大观二年（1108 年）墓[4]（图 7-1-70）和山西长子县金大定十四年（1174 年）墓[5]（图 7-1-71）。其基本内容是，墓主双手捧佛珠等物及侍从，跟随执幡侍女向着同一方向前进，场景都发生在桥上，桥四周有祥云升起，表明所处的环境已不在人间。张君墓、新密平陌北宋大观二年墓（1108 年）的发掘者皆认为，此种题材为升仙图，所表现的内容是墓主死后被导引至仙界的过程[6]。山西长子县小关村金墓的发掘者认为，墓室内南壁东西两侧的壁画表现的是民间传说“奈何桥”题材，壁画所描绘的是墓主死后过奈何桥的情景[7]。而韩小囡女士则认为壁画最

图 7-1-70　河南新密市平陌宋墓接引场景壁画
（采自《文物》1998 年第 12 期，第 31 页，图九）

1 冉万里：《宋代丧葬习俗中佛教因素的考古学观察》，《考古与文物》2009 年第 4 期。

2 郑州市文物考古研究所编著：《郑州宋金壁画墓》，北京：科学出版社，2005 年，第 88、116 页。

3 黄明兰、宫大中：《洛阳北宋张君画像石棺》，《文物》1984 年第 7 期。

4 郑州市文物考古研究所、新密市博物馆：《河南新密市平陌宋代壁画墓》，《文物》1998 年第 12 期。

5 长治市博物馆：《山西长子县小关村金代纪年壁画墓》，《文物》2008 年第 10 期。

6 黄明兰、宫大中：《洛阳北宋张君画像石棺》，《文物》1984 年第 7 期；郑州市文物考古研究所、新密市博物馆：《河南新密市平陌宋代壁画墓》，《文物》1998 年第 12 期。

7 长治市博物馆：《山西长子县小关村金代纪年壁画墓》，《文物》2008 年第 10 期。

前的执幡导引者，可能是敦煌藏经洞出土的五代时期绢画所描绘的“引路菩萨”[1]。易晴女士认为，登封黑山沟宋墓的这种《升仙图》融合了民间丧葬仪式、西方净土的往生观念及道教的升仙思想，体现了北宋儒、释、道三教合流的文化趋势[2]。

图 7-1-71 山西长子小关村金墓接引场景壁画
（采自《文物》2008 年第 10 期，第 64 页，图九）

（7）三教会棋场景。前述河北宣化辽墓 M7 张文藻墓后室墓门门额与券拱之间彩绘一幅弈棋场景，画面中央三位老者围坐于一方形束腰壶门棋盘前，居右者头梳高髻，下颌有长髯，外着广袖长袍，腰系带，右手抬起作挥棋状；居左者光头，络腮胡，着通肩式袈裟，左手持钵，右手指棋盘；中间一人头戴幞头，下颌有长髯，外着圆领长袍，腰束带，双目观棋盘[3]（图 7-1-72）。内蒙古赤峰宝山辽壁画墓 M1 也有此类壁画发现[4]。罗世平、李清泉先生均认为此种场景为“三教会棋图”。罗世平先生认为壁画在安排人物时，将僧、道画作对弈的双方，儒士作观弈者，其中多少含有批判统御的意味，认为该题材与样式均来自汉地[5]；李清泉先生则认为此种“三教会棋图”是墓主得道升仙的象征[6]。

图 7-1-72 河北宣化辽张氏家族墓 M7 三教会棋场景壁画
（采自《宣化辽墓壁画》，图版 29）

（8）佛教图案。宋元明清墓葬中可能与佛教相关的图案有莲花纹、火焰宝珠图案，基本确定与佛教信仰相关的图案主要有“卍”字形图案，与藏传佛教相关的曼荼罗浮雕、“八吉祥徽”彩绘。莲花纹图案在此一时期的装饰墓内多有发现，

1 韩小囡：《宋代墓葬装饰研究》，山东大学博士学位论文，2007 年，第 124、125 页。
2 易晴：《登封黑山沟宋墓图像研究》，北京：文物出版社，2012 年，第 139—159 页。
3 河北省文物考古研究所：《宣化辽墓》，北京：文物出版社，2001 年，第 96、97 页。
4 内蒙古文物考古研究所、阿鲁科尔沁旗文物管理所：《内蒙古赤峰宝山辽壁画墓发掘简报》，《文物》1998 年第 1 期。
5 罗世平：《辽墓壁画试读》，《文物》1999 年第 1 期。
6 李清泉：《宣化辽墓：墓葬艺术与辽代社会》，北京：文物出版社，2008 年，第 200—230 页。

图 7-1-73　内蒙古赤峰宝山辽墓 1 号墓彩绘摩尼宝珠
（采自《文物》1998 年第 1 期，第 79 页，图一八）

图 7-1-74　山西五台县宋金墓出土一号陶棺
（采自《文物季刊》1996 年第 4 期，第 30 页，图一）

图 7-1-75　四川成都白马寺明墓 M6 八吉祥徽图案
（采自《文物参考资料》1956 年第 10 期，第 44 页，图十）

主要集中在中原北方地区。内蒙古赤峰市宝山辽代 1 号墓甬道拱门顶部绘对称火焰宝珠（图 7-1-73）；年代稍晚的 2 号墓石房门额白描莲花，蕊托火焰宝珠[1]。“卍”字图案仅有零星发现，如山西五台县城关镇宋墓中出土六具陶棺，陶棺栏杆上均装饰“卍”字图案[2]（图 7-1-74）。

曼荼罗浮雕和“八吉祥徽”彩绘见于四川成都明宣德十年（1435 年）蜀僖王墓，棺室顶部中间有一直径 2.1 米的二层同心圆曼荼罗，中心刻梵文，梵文左侧有三个圈点；圆心之外刻双侧莲瓣；外层刻宝瓶、双鱼、海螺等八种吉祥纹。圆心中的梵文，即“星祥”，是藏族丧葬中特有的“灵牌”，用于喇嘛、贵族、土司等社会上层，其左侧三个圈点即象征所依本尊之身、语、意，据此推测僖王生前受过密宗灌顶；宝瓶、双鱼等八种吉祥图案，即是“八吉祥徽”，此种图案旨在表现死者已登仙界，永处于佛法庇佑、清净吉祥之境[3]。四川成都白马寺六号明墓棺室

1 内蒙古文物考古研究所、阿鲁科尔沁旗文物管理所：《内蒙古赤峰宝山辽墓发掘简报》，《文物》1998 年第 1 期。

2 忻州地区文管处：《五台县发现宋代陶棺》，《文物季刊》1996 年第 4 期。

3 任建新：《明蜀僖王陵藏式石刻考释》，《四川文物》1995 年第 3 期。

顶部绘 8 个方格，排成两列，每个方格中心各绘一八吉祥图案[1]（图 7-1-75）。此两例材料显然受到了藏传佛教的影响。白马寺 M6 墓主因社会地位较低，故未用“星祥”，而仅用了“八吉祥徽”[2]。

6. 佛教法器

此类遗存零星出现，但种类繁多，包括香炉、念珠、印章、金铃、金刚杵、金刚咒牌、金种子字、法戒和葬仪图等。

香炉在宋、明墓葬中多有发现，但作为一种祭祀活动中普遍采用的法器，不能认为墓葬中出土的所有香炉皆与佛教有关，只有与明显佛教信仰共同伴出的香炉，才有可能与佛教信仰有关联。前述江苏溧阳李彬夫妇合葬墓，李彬之妻潘氏墓内出有七宝香炉 1 件（图 7-1-76），江苏江宁明代沐晟墓[3]、江苏吴县明代许裕甫墓[4]，各出有铜香炉 1 件。结合李彬夫妇墓出有佛像和沐晟墓、许裕甫墓都有佛教瘗钱的情况看，推测该香炉可能是墓主佛教信仰的反映。

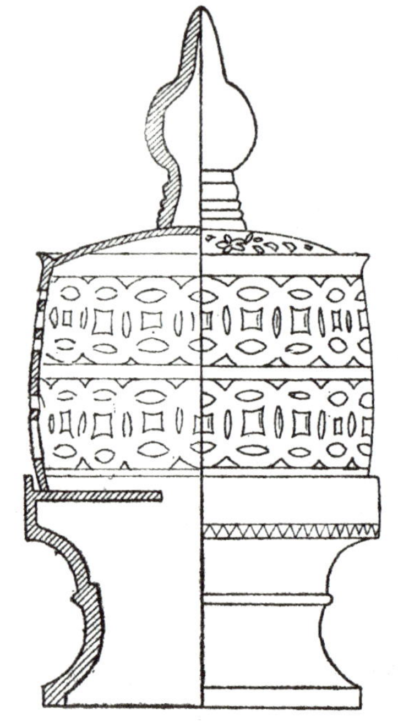

图 7-1-76　江苏溧阳李彬夫妇墓出土香炉
（采自《文物》1980 年第 5 期，第 38 页，图六）

图 7-1-77　四川三台白鹤乡宋墓出土铜印
（采自《四川文物》1995 年第 5 期，第 75 页）

念珠在宋、明墓葬中有零星出土。江苏江阴夏港宋墓出土木质念珠 1 件，由 78 粒组成，佛珠末端雕牌饰两块，其中一块上刻有“佛”字[5]。前述宣化辽代 M7 张文藻墓也出土木念珠 2 串[6]。明代念珠种类更加丰富，湖北钟祥明代梁庄王墓棺床的法器匣内出有念珠 8 串，包括金嵌木珠、水晶珠和骨珠，部分佛珠上刻有陀罗尼经咒，或带有金刚杵等法器附件[7]；四川成都白马寺第六号明墓中也有出土[8]。

1 四川省文物管理委员会：《成都白马寺第六号明墓清理简报》，《文物参考资料》1956 年第 10 期。
2 马莉：《长江中上游地区明墓的初步研究》，四川大学硕士学位论文，2013 年，第 144—146 页。
3 南京市文物保管委员会：《南京江宁县沐晟墓清理简报》，《考古》1960 年第 9 期。
4 南京博物院：《江苏吴县洞庭山发掘清理明许裕甫墓》，《文物》1977 年第 3 期。
5 振卫、邬红梅：《江苏江阴夏港宋墓清理简报》，《文物》2001 年第 6 期。
6 河北省文物研究所编著：《宣化辽墓》，北京：文物出版社，2001 年，第 120、121 页。
7 湖北省文物考古研究所、钟祥市博物馆编著：《梁庄王墓》，北京：文物出版社，2007 年，第 193—195 页。
8 四川省文物管理委员会：《成都白马寺第六号明墓清理简报》，《文物参考资料》1956 年第 10 期。

墓葬出土的与佛教信仰有关的印章目前仅见1例，即四川三台白鹤乡宋墓出土的一件阳刻有“佛法僧宝”的方形铜印[1]（图7-1-77），表明墓主生前可能就是供养“佛法僧”的信众。

金玲、金刚杵在明墓中有少量发现，前述湖南望城蚂蚁山明墓即出有金铃9件（图7-1-78）、银质金刚杵1件[2]。湖北钟祥明代梁庄王墓内亦出土3件铜质金刚杵[3]（图7-1-79），造型与蚂蚁山明墓十分接近。

图7-1-78 湖南望城蚂蚁山明墓出土金铃
（采自《文物》2007年第12期，第46页，图九）

图7-1-79 湖北钟祥明梁庄王墓出土金刚杵
（采自《梁庄王墓》，彩版二〇三：3）

金刚咒牌、金种子字和法戒见于湖北钟祥明代梁庄王墓。金刚咒牌1件，为一金属薄片锤揲而成，圆形，中刻一段佛教咒语（图7-1-80）；金种子字2件，皆用金片裁剪、锤揲而成单个梵字，二字写法正相反（图7-1-81）；法戒1件，金质，圆环形，铸造而成[4]（图7-1-82）。

1983年发掘的湖北广济红旗公社明代张懋夫妇合葬墓内男棺内出土两份印刷的纸本佛教葬仪图，发掘报告分别将其定名为《法被图》和《阿弥陀曼荼罗》。前者披于墓主身上，印喇嘛式塔，塔下书五方佛名，用汉、藏两种文字分别书写《灭恶趣王普觉曼荼罗》和“劝持南谟阿弥陀佛离苦得乐”发愿文（图7-1-83）;《阿弥陀曼荼罗》在梵文组成的圆形图案中间，也有“志心归命……阿弥陀佛”的发愿文（图7-1-84）。结合发愿文看，当是希望自己死后能够往生阿弥陀佛所在的西方极乐净土[5]。《法被图》披于棺内墓主身上，应是墓主希望借其往生净土的一种纸质的法器。

除张懋夫妇出土的《法被图》和《阿弥陀曼荼罗》外，其余皆有可能是墓主生前就在佛教活动中使用，死后带入墓葬的。明代之前的宋辽金元墓中，这类法器种类和数量都较少，明墓内的种类和数量都有增加，明显受到了藏传佛教的影响。

1 左启：《三台宋墓出土“三宝”铜印》，《四川文物》1995年第5期。

2 黄朴华：《湖南望城蚂蚁山明墓的特殊现象及相关问题研究》，《文物》2007年第12期。

3 湖北省文物考古研究所、钟祥市博物馆编著：《梁庄王墓》，北京：文物出版社，2007年，第195、196页。

4 湖北省文物考古研究所、钟祥市博物馆编著：《梁庄王墓》，北京：文物出版社，2007年，第187、188、197、198页。

5 湖北省文物考古研究所编著：《张懋夫妇合葬墓》，北京：科学出版社，2007年，第21、22页。

图 7-1-80　湖北钟祥明梁庄王墓出土金刚咒牌
（采自《梁庄王墓》，彩版一九四：1）

图 7-1-82　湖北钟祥明梁庄王墓出土金法戒
（采自《梁庄王墓》，彩版二〇五：5）

图 7-1-81　湖北钟祥明梁庄王墓出土金种子字
（采自《梁庄王墓》，彩版一九四：3）

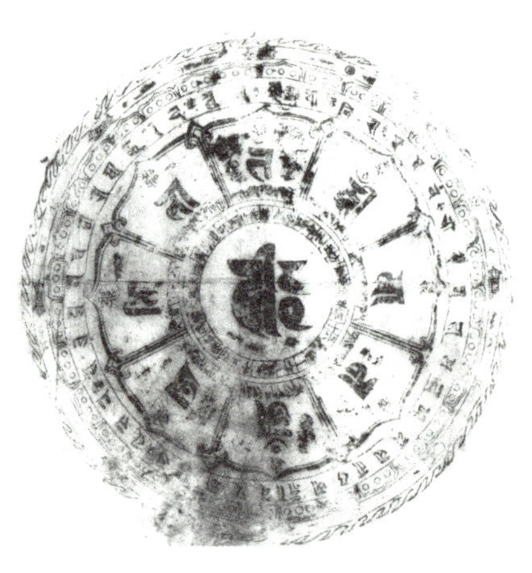
图 7-1-84　湖北广济明张懋夫妇墓出土《阿弥陀曼荼罗》
（采自《张懋夫妇合葬墓》，图版三一）

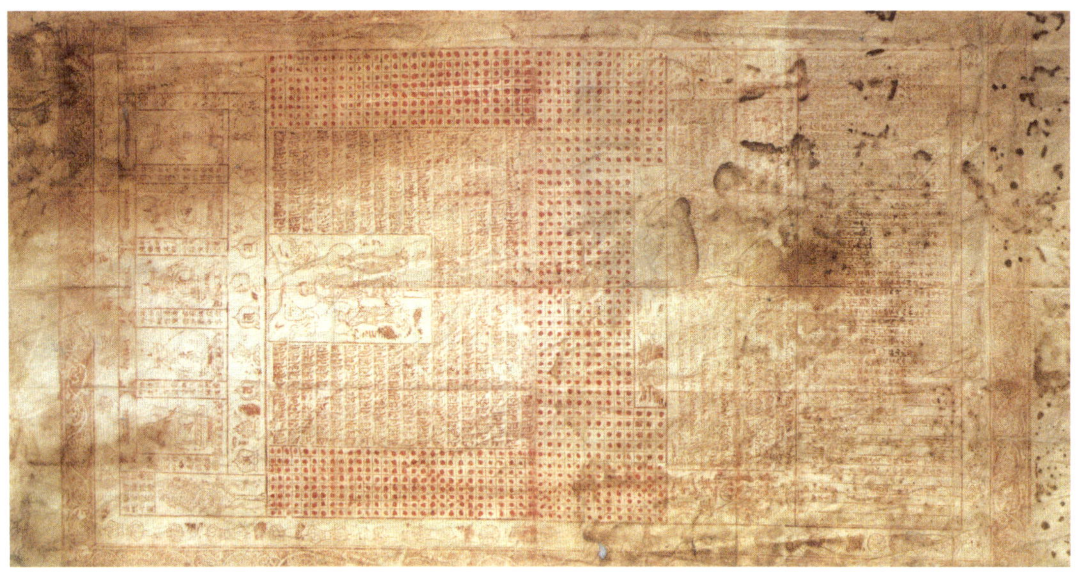
图 7-1-83　湖北广济明张懋夫妇墓出土《法被图》
（采自《张懋夫妇合葬墓》，彩版四）

7. 普通器物

宋明墓葬中，还有一些普通器物因其造型或装饰与佛教建筑、造像类似，亦可能与佛教信仰相关。此类器物可分为两类，一类是大型器物塔式罐，另一类是发饰、帽饰或衣饰。

塔式罐出现并流行于唐代，一般由盖、罐、座三部分组成，造型与最初佛塔相似，故名。一般施釉彩绘，装饰有宝相花、卷云、仰覆莲、兽首、铺首衔环等图案，主要出自河南、河北、山西、甘肃、宁夏等地。塔式罐可能系仿自一种金属佛具，如河南洛阳市粮食局龙门粮库唐神会和尚身塔塔基[1]、江西瑞昌唐墓中[2]出有与塔式罐造型十分接近的铜“盆”各1件。因工艺的变更，形成了陶质塔式罐的固定造型，性质为用于盛放五谷的五谷仓，是传统丧葬观念与外来佛教糅合的产物，一方面认为墓主死后仍需饮食，另一方面又希望借佛教的来世说，供奉佛具，以得到来世的超生和解脱[3]。宋代塔式罐在河北、山西和甘肃等地仍有零星发现，保留了唐代塔式罐的主要特征，如河北邢台泽丰园小区宋墓M1—M4各出有塔式罐1件，均由盖、身、座三部分组成，罐身贴塑佛、菩萨、天王形象[4]（图7-1-85）；山西离石马茂庄金墓亦出十一件塔式罐，造型与泽丰园小区宋墓基本一致，罐身朱书“大吉”二字[5]；甘肃陇西宋墓出土两件，其中一件为须弥座，座上部饰一圈莲瓣，扁圆腹罐身，三层宝塔式盖[6]。

辽墓中有少量与佛教相关的饰件，如2000年发掘的辽宁阜新市关山辽墓M4内出土一件鎏金铜佛像饰片，宽4厘米、高4.6厘米，铜片上錾刻一结跏趺坐佛，高肉髻，螺发，有头光及身光，左手抚左膝，右手掌心向外，置于胸前[7]（图7-1-86）。明墓出土与佛教信仰相关的发饰、帽饰或衣饰较多。如前述湖北钟祥明梁庄王墓出有带背屏的铸制金大黑天2件（图7-1-87）、金翅鸟1件（图7-1-88），带镀金铜龛的结跏趺坐佛像1件（图7-1-89）。大黑天像有穿孔，结跏趺坐佛像龛两侧各有一金簪，显然是为了固定佩戴时固定佛龛所用，此4件佛像可能是帽饰或服饰[8]。江苏南京太平门明代徐达家族墓M9出土金钗1件，上部采用模压工艺饰一尊佛盘坐于莲座上[9]。安徽凤阳县余庄村严端玉明墓出土一件覆盂式女冠，金质，模印云纹及梵文六字真言[10]。这些饰件较为精美，尺寸与实际使用者大致相当，显然非明器，或为墓主生前所佩戴，死后被带入墓葬。

---

1 洛阳市文物工作队：《洛阳唐神会和尚身塔塔基清理》，《文物》1992年第3期。

2 张翊华：《析江西瑞昌发现的唐代佛具》，《文物》1992年第3期。

3 袁胜文：《塔式罐研究》，《中原文物》2002年第2期。

4 李军、李恩玮：《河北邢台市泽丰园小区宋墓的发掘》，《考古》2007年第5期。

5 商彤流、王金元：《离石马茂庄发现一座金墓》，《文物季刊》1994年第1期。

6 陈贤儒：《甘肃陇西县的宋墓》，《文物参考资料》1955年第9期。

7 辽宁省文物考古研究所编著：《关山辽墓》，北京：文物出版社，2011年，第32、33页。

8 湖北省文物考古研究所、钟祥市博物馆编著：《梁庄王墓》，北京：文物出版社，2007年，第185—187页。

9 南京市博物馆：《明中山王徐达家族墓》，《文物》1993年第2期。

10 安徽省文物考古研究所、凤阳县文物管理所：《凤阳县余庄村明墓》，《文物研究》第7辑，合肥：黄山书社，1991年，第308—317页。

图 7-1-86　辽宁阜新关山辽墓 M4 出土鎏金铜佛像饰片
（采自《关山辽墓》，图版二二：2）

图 7-1-85　河北邢台泽丰园小区宋墓 M4 出土塔式罐
（采自《考古》2007 年第 5 期，图版柒：5）

图 7-1-87　湖北钟祥明梁庄王墓出土大黑天
（采自《梁庄王墓》，彩版一九一：1）

图 7-1-88　湖北钟祥明梁庄王墓出土金翅鸟
（采自《梁庄王墓》，彩版一九二：3）

图 7-1-89　湖北钟祥明梁庄王墓出土佛像
（采自《梁庄王墓》，彩版一九三：1）

8. 瘗钱

瘗钱是墓葬中随葬的钱币，此类遗存数量较多，多出自明墓，多为金质。如江苏江宁明代沐晟夫妇合葬墓出有“世世闻经”“生生见佛”瘗钱，由金片翦成[1]；江苏吴县明代许裕甫墓出有“花开见佛”“愿生西方”“上品莲台”等瘗钱[2]（图7-1-90）；江西南城明益定王朱由木墓次妃王氏棺内出土“金钱”7枚，圆形，方孔，圆径4.2厘米、孔径0.5厘米，其中四枚“径上西天”、三枚“金光接引”[3]。此类遗物应是专门为佛教信众专门制作的明器，从瘗钱字面看，多反映死者往生西方极乐净土的愿望，明代较多出现此种遗存，与儒家孝道有关。明代中晚期随着商品经济的发展，富商人贾在组织商品生产和经营商业的过程中积累了大量物质财富，社会上流于奢侈、专以享乐的风气盛行，这种风气也体现在丧葬上，崇尚厚葬，也促使价值更加高昂的金质瘗钱出现在明墓内[4]。

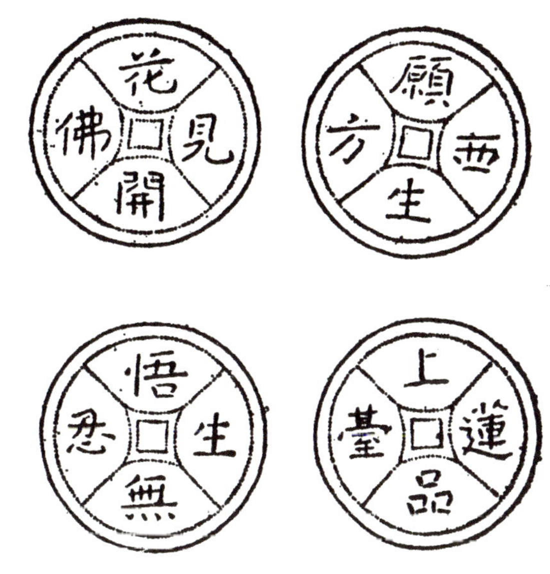

图7-1-90　江苏吴县明代许裕甫墓出土瘗钱
（采自《文物》1977年第3期，第78页，图三）

六、小结

宋元明时期地面上保存的佛教遗存主要有石窟寺、寺院、塔幢和水陆画。石窟寺已经进入其发展的衰落期，但是南方地区出现了精彩纷呈的宋元造像，代表着石窟艺术的最后辉煌。寺院汇集建筑艺术、雕塑艺术和绘画艺术于一体，从中可窥见佛教艺术整体面貌之一隅，每一时期虽各有特色，总体艺术水平却有下滑趋势。塔幢兴盛于宋元明时期，不仅数量很多，还出现许多极富创造力的佛塔类型，地宫之中的发现也值得注意。水陆画属于民间超度亡魂的水陆法会的一部分，实物最早发现于元代，明清时期这一题材的寺院壁画和卷轴画较为多见。

现存佛教遗存与宋元明时期流行的几个教派关系密切。宋代盛行的密宗、禅宗、华严宗以及一些地方性的教派如川密、滇密都有所体现，密宗的孔雀明王、千手观音、不空羂索观音和华严宗的毗卢遮那佛、华严三圣、善财童子五十三参等多见于川东、敦煌的石窟，部分题材在元明时期寺院雕塑壁画中也时常使用，以罗汉群像、大肚弥勒、禅宗六祖为代表的禅宗造像最早流行于杭州一带的石窟中，罗汉群像随后成为全国范围内极为盛行的题材。元代的藏传佛教更是影响深远，从覆钵式塔、过街塔到敦煌、飞来峰的藏密造像，五方佛、十大明王成为寺院艺术中的常用题材，影响一直持续到明清时期。

---

1 南京市文物保管委员会：《南京江宁县沐晟墓清理简报》，《考古》1960年第9期。

2 南京博物院：《江苏吴县洞庭山发掘清理明许裕甫墓》，《文物》1977年第3期。

3 江西省文物工作队：《江西南城明益定王朱由木墓发掘简报》，《文物》1983年第2期。

4 杨海涛：《略论明代的金质瘗钱》，《中国钱币》2007年第3期。

世俗化是宋元明佛教最值得注意的特征。佛教世俗化的进程开始时间远早于两宋，但是在这一时期特殊的经济文化背景刺激下大大推进，体现在佛教遗存的各个方面：宗教仪轨通俗化，过街塔为简便易行的礼佛提供了方便，水陆画随着水陆法会这样民间性的荐亡仪式流行起来；寺院塔幢的宗教意义弱化，北宋著名的大相国寺实际上成为一处游玩之地和商业中心，许多寺院的佛塔偏离中轴线，不再作为重要的供奉对象；民间题材进入佛教造像系统，哪吒大战龙王成为辽代地宫石函的重要装饰，关羽、二郎神被绘制在水陆画的行列中；造像追求逼真写实，宋代女性化的菩萨是这种风格的代表作，元明也遵循写实的风格特征，神灵充满了人性的光辉，同时丧失了宗教的神圣。

宋元明清时期墓葬出土佛教遗存的种类和数量不多，没有形成相对比较统一的固定做法。此一时期佛教逐渐走向世俗化、大众化，火葬墓大范围、长时间流行就是体现。信众选择何种佛教元素进入墓葬，显得比较多元化。值得注意的是，在多元化选择的同时，同一地域内墓葬中的佛教因素却体现出比较大的一致性，如长江流域的宋墓，一般放置佛、弟子、菩萨造像；而与此同时的北方地区宋辽金时期，部分墓葬模仿佛塔的形式，注重使用壁画和雕刻形式表现有关场景，超度、往生的场景占了很大比重，显示出净土信仰在宋代社会的流行，《佛顶尊胜陀罗尼经》的大量出现，则显示出密教在中原北方地区的广泛影响。较之宋代，明代墓葬出土佛教遗存的形式及属性发生了很大变化：带有佛教因素的墓葬大都出现在长江流域；墓葬内的佛教遗存在种类上不如宋辽金时期丰富，与佛教信仰相关的陶、瓷偶像和壁画减少，而法器等小件数量增多；出土遗物较多受了藏传佛教的影响。

宋元明清时期墓葬出土佛教遗存并不是单一的，经常同时伴出有道教神怪俑、道经、道符以及以儒家所提倡的以孝为中心的“二十四孝”装饰，表明墓主或者丧仪的操办者，对不同宗教信仰是采取兼收并蓄的态度，彼此互不排斥。这一现象是此一时期三教合流的具体体现。

第二节 道教遗存

道教是中国土生土长的唯一大型宗教，自东汉创立以来已有近2000年的历史，对中国古代政治、思想、民俗等产生了广泛而深刻的影响。以沟通人神、隔绝人鬼为显著特征的道教既重“生”，亦重“死”，其宗教活动、宗教仪式，不少都是围绕“死”这个主题展开的。在道教看来，人活着的时候可成神成仙，“死”不过是暂死，日后通过一定的手段和法术，一样可以复生成仙。道教这种独特的灵魂观念，使得与古代道教活动有关的实物遗存多见于墓葬，这一点与佛教遗存多石窟很不一样。考古出土道教遗存，可分遗迹、遗物两大类，其中遗迹有道教石窟（摩崖造像）、道教宫观、生墓、道士墓、壁画，遗物则有镇墓文刻石、神怪俑、五岳真形铜镜、堪舆罗经图、河图洛书墓券与契砖、买地券、冥途路引、道教水陆画（黄箓画）、朱书板瓦等。

一、道教石窟（摩崖造像）

宋元明清时期，道教石窟（摩崖造像）不仅数量较多，题材内容也相当丰富。宋代造像主要见于西南地区，元代造像主要见于山西地区，明清造像零星分布于全国大部分地区。除少数地点外，北方地区大规模开凿道教造像的风气趋于平息，而南方尤其是西南地区，开凿道像的风气依然较盛，据笔者不完全统计，仅四川一地宋元明清道教造像即有110处之多。但多未展开过系统、科学的考古调查和测绘，代表性道教石窟（摩崖造像）有山西太原龙山石窟、重庆大足石窟等。

（一）山西太原龙山道教石窟

该石窟位于山西太原20公里的龙山东巅原古昊天观旧址。共有洞窟9个，雕像65尊。9个洞窟中，第4、5两窟建于唐代；第1、2、3、6、7、8、9窟系由元代宋德芳及其弟子秦志安和李志全主持开凿[1]（图7-2-1、图7-2-2）。第1窟名虚皇龛，中为主座虚皇像，左右两侧各有真人十；第2窟名三清龛，中为元始天尊、灵宝天尊、道德天尊坐像，左侧真人三、侍者四，右侧真人三、侍者三；第3窟名卧龙龛，中为卧像，道装，左、右两侧各立侍者一；第4窟名三天大法师龛，中座真人一，左侧座真人一、立侍者四，右侧座真人一、立侍者三；第5窟名三皇龛，中座为“三皇”，伏羲、神农塑像尚完整，黄帝像已损坏无头。左右侧陪祀各五，大部残损；第6窟名玄真龛，中座真人一，左右侧各立侍者一；第7窟名七真龛，石室洞口上横额刻“玄门列祖洞”，中间真人坐像三，左侧真人坐像二、侍者立像一，右侧真人坐像二、侍者立像一；第8、9窟俱名辨道龛，无雕像。

图7-2-1 山西太原龙山石窟第1窟正壁虚皇像线图
（采自张明远：《太原龙山道教石窟艺术研究》，第8页，图六）

图7-2-2 山西太原龙山石窟第7窟正壁真人像线图
（采自张明远：《太原龙山道教石窟艺术研究》，第42页，图五一）

（二）重庆大足宋代道教石窟

大足是西南地区保存宋代道教石窟最多且最为集中的地区，在南山、舒成岩、

1 张明远：《龙山石窟历史分期问题研究》，《敦煌研究》1999年第2期；张明远：《太原龙山道教石窟艺术研究》，太原：山西科学技术出版社，2002年；宁俊伟：《论山西太原龙山道教石洞龛》，《中国道教》2006年第5期；李养正：《龙山道教石窟有关问题初探》，《中国道教》1981年第2期。

石门山等十数个点均有道教石窟分布[1]。造像题材涉及三清、四御、真武、后土圣母、淑明皇后、东岳大帝、佛道合龛等。

图 7-2-3 重庆大足南山石窟第 5 窟正壁“三清”像（赵川拍摄）

南山位于大足区东南部的南山山顶，山顶原有古道观，名玉皇观。石窟造像共编 15 号[2]，道教造像 5 窟（图 7-2-3），雕像 500 多尊。5 窟中，第 1 窟建于明正德十六年（1521 年），余 4 窟建于宋代。第 1 窟名真武龛，中为主座真武大帝，左右两侧各立侍者二。第 4 窟名后土三圣母龛，中为三圣母坐像，三像两侧各立侍女一，左右壁各立男女神像各一和供养人四。第 5 窟名三清古洞，窟外门楣匾额刻“三清古洞”，上层中为元始天尊、灵宝天尊、道德天尊坐像，两侧各有飞檐楼阁、侍者一，左右壁中部各有一天帝（即御）；下层左右壁各有一天帝（御），外侧各有元君、侍童一，龛外门柱开小龛四，内均立像一；中心柱后左壁造天尊巡游图、春龙起蛰图；全龛左、右、后壁分六层造感应天尊立像三百六十尊，左右壁外侧有六圆龛，内雕像。第 6 窟名佛道合龛，上层中为佛坐像，左右壁各坐天尊像一；中层中为三立像，两侧各有三头六臂护法神一；下层左右壁各立供养人四；第 15 窟名龙洞，中为一飞龙。

舒成岩位于大足区北部中敖镇三桥村，共有 5 窟（图 7-2-4），雕像 100 余尊。石窟均建于南宋绍兴年间（1131—1162 年）。第 1 窟名淑明皇后龛，龛门匾额刻“淑明皇后一位”，中为淑明皇后坐像，左右各立男侍一，左壁立武将一，右壁立抱婴老妇一。第 2 窟名东岳大帝龛，中为东岳大帝坐像，左右各立男侍一，两侧壁与正壁转角处各有供养人三，左壁像残，右壁为一官员坐像。第 3 窟名紫薇大帝龛，中为紫薇大帝坐像，左右分别为一三头六臂和一头四臂神将，左右壁分别有二、一身立像，正壁与右壁转角开一小龛，内立一供养人。第 4 窟名三清像龛，中为元始天尊、灵宝天尊、道德天尊坐像，像后壁有宋以后补刻“三教古洞”。第 5 窟名玉皇大帝龛，中为玉皇大帝坐像，左右各立宫女一，正壁左右角

1 胡齐畏、胡若水：《大足道教摩崖造像》，内部资料，1989 年，第 54—179 页。

2 胡文和：《中国道教石刻艺术史》下册，北京：高等教育出版社，2004 年，第 88 页。

各立妇人一，左右壁各有尊者坐像一，左右壁门柱上方分别有三、二身供养人。

石门山位于大足区东南部的石马镇石门村，石窟造像共编13号，有道教造像5窟，雕像140余尊。道教石窟均建于宋代。第2窟名玉皇大帝龛，中为玉皇大帝坐像，左右各立侍者一，龛外分别有千里眼、顺风耳、供养人立像一。第7窟名独脚五通大帝龛，中为独脚五通大帝立像。第10窟名三皇洞，中为天、地、人三皇坐像，两侧各有立像一，左右壁各立三头六臂护法神将一，左壁分两层造天人像二十八，右壁残。第11窟名东岳大生宝忏变相图（图7-2-5），中为东岳大帝、淑明皇后坐像，两侧各立侍童一，身后及两侧有男像七十二，龛下部有立像十八，龛外下方壁上有地狱变浮雕。第13窟名山王、地母龛，上龛中为山王、地母坐像，下龛中为坐像一、立像二。

图7-2-4 重庆大足舒成岩石窟第5窟“玉皇”像（赵川拍摄）

图7-2-5 重庆大足石门山石窟第11窟“东岳大生宝忏变相图”像（赵川拍摄）

二、道教宫观

宋元明清时期，保存至今的道观虽为数甚多，但开展过严格意义上的考古调查、发掘和测绘者很少，较具代表性的有河北易县龙兴观遗址[1]、山西芮城元代永乐宫[2]、福建莆田元妙观[3]、四川都江堰宋代建福宫遗址[4]、湖北十堰武当山明代道

1 河北省博物馆、河北省文物管理处：《河北易县龙兴观遗址调查记》，《考古》1973年第11期。

2 王世仁：《“永乐宫”的元代建筑和壁画》，《文物》1956年第9期；杜仙洲：《永乐宫的建筑》，《文物》1963年第8期；宿白：《永乐宫调查日记——附永乐宫大事年表》，《文物》1963年第8期。

3 林钊：《莆田元妙观三清殿调查记》，《文物》1957年第11期；陈文忠：《莆田元妙观三清殿建筑初探》，《文物》1996年第7期。

4 中国社会科学院考古研究所四川工作队等：《四川都江堰市青城山宋代建福宫遗址试掘》，《考古》1991年第10期。

教建筑[1]等。

龙兴观位于河北易县南城，始建于唐景龙二年（708年），是我国北方著名道教宫观之一，历经宋、元、明各代，屡有兴废。辛亥革命时尚存有部分殿宇和碑碣，后因年久失修而逐渐废弃。遗址南北长120米、东西宽约100米，其上发现有大量唐宋金元明时期的建筑构件（条砖、板瓦、瓦当等）。据残存的碑碣，可大致弄清元明时期龙兴观的形制和布局。元代龙兴观包括“正殿一、法箓堂一、灵官堂一、库房三、东西云堂各五、厨房三、正方丈三、西方丈三、东西房一十、影堂三、三门一”。明代自南而北包括道德经幢、十师殿、左右天师殿、真官堂，中为三清殿和东西方丈，后为玉皇殿。可见元代龙兴观之规模比明代略大。

青城山系道教名山，文物古迹众多。建福宫乃青城山建筑最为庞大辉煌、闻名遐迩的道观之一。据传始建于唐开元十八年（730年），初名“丈人观”，南宋淳熙二年（1175年）朝廷赐名“会庆建福宫”，建福宫由此得名。20世纪50年代以来，建福宫遗址内的居民，因施工取土发现若干建筑构件和古代遗物，有者还带有“建福宫”字样。1990年，考古工作者在青城山山门附近一带清理出宋代建福宫部分建筑基址（一号台基）。台基坐北朝南，暴露长度14米、高2米，为须弥座形式，平面为长方形，带廊道。壁面以石板包砌，表面以石板铺砌，基壁带有精美的雕刻。结合台基附近征集所获带有“建福宫藏殿供具”字样的石供具瓶柱，以及20世纪50年代在建福宫遗址出土的“□□山会庆建福宫飞轮道藏记”碑刻，发掘者推测一号台基应为建福宫之“藏殿”所在[2]。“藏殿”即宫观中专门用于以庋藏道藏文献的殿堂屋室[3]。以“藏殿”贮道经，其名始见于唐末五代，系由早期之“藏室”与“经楼”发展而来。宋元时期，多以一般贮经之所曰“藏室”“经楼”，庋存“正藏”且有专门贮藏设备之殿室曰“藏殿”，但仍间有“藏室”与“藏殿”混用而称藏殿曰“藏室”者。按经藏装置及使用方法之不同，“藏殿”有普通藏殿与“飞天法轮藏殿”之分。“飞天法轮藏殿”简称“轮藏殿”，因此种殿室专用以设置与庋贮道经有关的“飞天法轮藏”（简称“轮藏”）装置而得名，可细分为藏经、无经、不动三种类型。藏经型的基本结构是下设机轴，上置转盘以承经匣，盛经于匣，推动转盘旋转经藏以代替阅读道经；无经型以四川江油窦圌山南宋淳熙八年（1181年）建造的轮藏为代表，此飞天轮藏由藏座、藏身和上部的天宫楼阁、藏顶构成，中有轴承，可旋转自如，但无经匣、亦无藏经；不动型虽建有法轮宝藏，只具轮藏形式而不能转动。道教的轮藏系源自佛教，和佛教的轮藏有许多共同之处，但道教的飞天法轮并非只是佛教轮藏的简单模仿，而是根据道教的教义加以改造创新，增添了天宫楼阁，雕绘各种道教的仙真神祇，对轮藏的结构形式和运转也赋予了新的解释。轮藏与藏殿之建，多系募化集资而成，

1 武当山文管所：《武当山古建筑群部分古建筑调查简报》，《江汉考古》1996年第2期；湖北省文物考古研究所：《武当山遇真宫西宫建筑基址发掘简报》，《江汉考古》2012年第2期；湖北省文物局、湖北省移民局、南水北调中线水源有限责任公司编著：《武当山遇真宫遗址》，北京：科学出版社，2017年。

2 中国社会科学院考古研究所四川工作队等：《四川都江堰市青城山宋代建福宫遗址试掘》，《考古》1991年第10期。

3 张勋燎：《四川省都江堰市青城山南宋建福宫藏殿遗址试掘材料的考察》，张勋燎、白彬：《中国道教考古》第4册，北京：线装书局，2006年，第1221页。

或独家捐款，或众赞助。多人赞助者，往往由施主指定承担某些部分的建造经费，皆属祈福功德之举。有宫观未必有道藏与轮藏，有轮藏则必有藏殿，故宫观中之藏殿多为整个宫观建成后若干年增建之配殿，其位置自多不在宫观的中心部分而在两侧的边缘地带。建福宫遗址出土刻铭“建福宫藏殿供具”石雕瓶柱提到的“藏殿”，乃为安置碑刻所称“飞轮道藏”之殿室，考古发掘揭露出来的宋代建福宫一号建筑基址之性质应为轮藏殿，而非一般类型的藏殿。

三、道教黄箓画

道教黄箓画，又称道教水陆画，是指用于道教黄箓斋中超度亡灵的一种神祇人物画，起着替代寺观殿堂内造像的作用[1]。道教黄箓画与佛教水陆画一样，亦有壁画和卷轴画两种形制，其内容包含了民间信仰的大多数神祇。而道教黄箓画与佛教水陆画的最大区别，则是道、佛像的排列位置不同。目前水陆画资料以河北、山西、陕西、四川四省公布较多，绝大部分为明清时期，佛教水陆画占多数，属道教者甚少[2]。较有代表性的有山西闻喜博物馆藏明代三清黄箓画[3]，北京白云观藏明清道教黄箓画[4]，四川成都博物馆藏清代道教黄箓画[5]，甘肃武威博物馆藏清代道教黄箓画[6]等。

闻喜博物馆藏三清水陆画一堂，共计 41 轴，多为绢本，少数为纸本，内容有道教主神“三清”、朝元仙仗图及道教诸神像。

白云观藏有明清时期道教黄箓画近百幅，多为绢本。内容有道教主神“三清”、元君、雷声普化天尊及诸天将、东西八天帝、元帅、司命、灵官等诸神像（图 7-2-6、图 7-2-7、图 7-2-8）。

成都博物馆藏有三堂较为典型的清代道教黄箓画（图 7-2-9、图 7-2-10、图 7-2-11），共计 36 轴，均为纸本。第一堂仅见 10 轴，年代为乾隆二年（1737 年）九月，内容有道教主神“三清”、紫薇大帝及各殿大王像。第二堂仅见 6 轴，年代为咸丰七年（1857 年），内容有道士、仙真、十王真君和少量僧人像。第三堂仅见 20 轴，年代为光绪七年（1801 年），来源于湖南省湘西一带，内容有道教主神“三清”、玉皇大帝、紫薇大帝、东岳泰山大帝、南岳衡山大帝、灵官及各殿大王等诸神像。

武威博物馆藏清代道教黄箓画一堂，共计 67 轴，均为绢本，年代为雍正四年（1726 年），内容有道教主神“三清”、玉皇大帝、王母娘娘、“四神”、五祖七真、大罗群仙、斗姆、二十八宿及各殿阎王等诸神像。

宋以后，三教趋于融合，佛与道均互相吸收对方的佛、仙、菩萨、天神和儒家圣贤作为自身体系的尊神，佛教水陆画中多出现道教神灵图像，而道教黄箓图

1 王宜峨：《道像庄严——壁画水陆画版画的神仙世界》，北京：五洲传播出版社，2016 年，第 147 页。

2 杜康：《丧祭中的宗教美术——成都博物院馆藏道场画初步研究》，四川大学硕士学位论文，2012 年。

3 王晓林：《明代道教三清水陆画》，《收藏》2011 年第 2 期。

4 香港中文大学道教文化研究中心等编：《书斋与道场：道教文物》，香港：香港中文大学，2008 年，第 132—165 页。

5 现藏成都博物馆。

6 谢生保：《甘肃河西道教黄箓图简介》，李凇主编：《道教美术新论：第一届道教美术史国际研讨会论文集》，济南：山东美术出版社，2008 年，第 349—361 页。

图 7-2-6　北京白云观藏明代晚期灵宝天尊像轴

（采自《书斋与道场：道教文物》，第 135 页，图Ⅳ：02）

图 7-2-7　北京白云观藏清代元君像轴

（采自《书斋与道场：道教文物》，第 141 页，图Ⅳ：05）

图 7-2-8　北京白云观藏清代东八天帝像轴

（采自《书斋与道场：道教文物》，第 147 页，图Ⅳ：08）

图 7-2-9　成都博物馆藏清乾隆二年（1737 年）师宝像轴

（成都博物馆杜康先生提供）

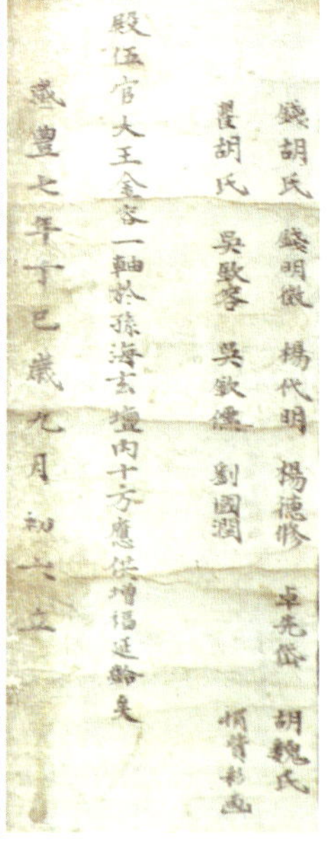

图 7-2-10　成都博物馆藏清咸丰七年（1857 年）四殿五官像轴

（成都博物馆杜康先生提供）

中则出现少数佛教图像。总之，道教黄箓画与佛教水陆画一样，为研究儒、释、道三教融合，民众民俗信仰，中国道教艺术史提供了重要资料。

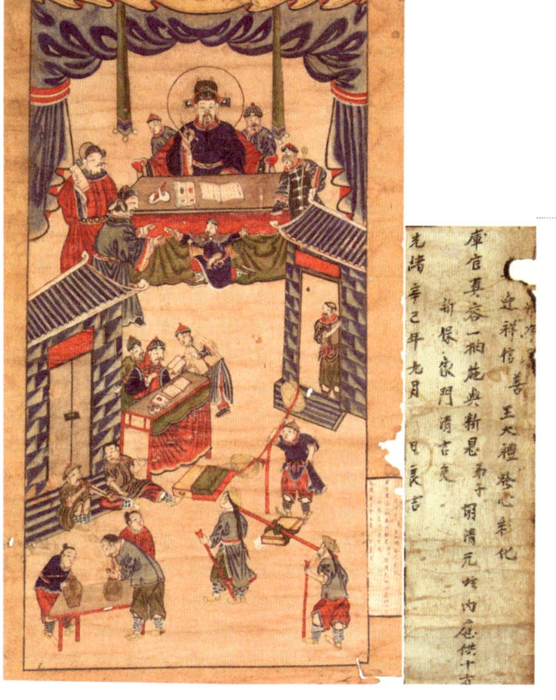

图 7-2-11　成都博物馆藏清光绪七年（1881 年）库官像轴（成都博物馆杜康先生提供）

四、墓葬材料中的道教遗存

（一）遗迹

1. 生墓

生墓，又称寿堂、寿冢、寿藏，是指人尚健在之时即为自己或他人建造墓葬。生前即预作寿藏之俗源于战国[1]。宋代，这一特殊的习俗流行较广，西南地区已经被识别出来的宋代生墓不下 40 座[2]。

宋代生墓较具代表性的是 1992 年四川成都西郊金鱼村发掘清理的南宋嘉定四年（1211 年）吕忠庆夫妇砖室火葬墓（图 7-2-12）。吕忠庆墓平面形制为长方形，长 1.01 米、宽 0.67 米、残高 0.53 米。后壁（南壁）砌出一小龛，小龛内置有红砂石雕墓主人像 1 件。墓内出土石质买地券两块，其中一块文曰："大宋淳熙九年，岁次壬寅，十二月丁酉朔，初四日庚子。今有奉道弟子吕忠庆，行年四十六岁，九月十六日生，遂于此成都县延福乡福地，预造千年吉宅，百载寿堂。以此良辰，备兹掩闭。所（祈）愿闭吉之后，四时无灾厄相侵，八节有吉祥之庆。今将石真替代，保命延长。绿水　瓶，用为信契。立此明文，永保清吉。"（图 7-2-13）另一石券云："大宋嘉定四年，大（太）岁辛未，二月甲寅朔，二十五日戊寅，故吕忠庆地券。生居城邑，死安宅兆，卜筮叶（协）从，相地宜吉，于成都县延福乡福地之原安厝。其界左至青龙，右至白虎，前至朱雀，后至玄武，中方勾陈，分

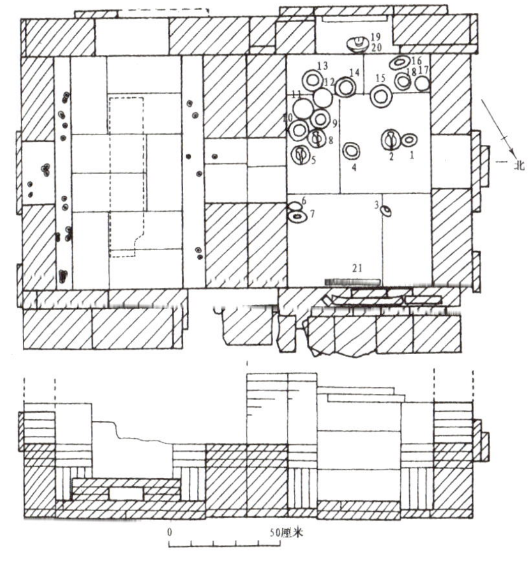

图 7-2-12　四川成都金鱼村南宋嘉定四年（1211 年）吕忠庆夫妇砖室火葬墓平、剖面图（采自《考古》1997 年第 10 期，第 63 页，图三）

1 杨爱国：《汉代的预作寿藏》，《汉代考古与汉文化国际学术研讨会论文集》编委会编：《汉代考古与汉文化国际学术研讨会论文集》，济南：齐鲁书社，2006 年，第 271 页。

2 张亮：《川渝黔地区宋代生墓的初步研究》，四川大学本科生学位论文，2011 年。

掌四域。存亡安吉。”[1]第一块买地券（生墓券）中的“千年吉宅，百载寿堂”之语，说明该墓一个叫吕忠庆的奉道弟子，在尚未死亡之前即淳熙九年（1182年）为自己建成生墓（“寿冢”）。“今将石真替代，保命延长”，说明“石真”即墓主石像，墓主石像和第一块买地券都是在淳熙九年（1182年）寿冢建成时一起放入的，放入之后当即把整个墓室封闭（“掩闭”）起来。放入石真的目的是让“石真”为吕忠庆去代死，让吕忠庆“保命延长”，长命百岁。等到二十九年之后的嘉定四年（1211年）墓主吕忠庆死去，重开墓冢，将吕忠庆的真身连同第二块买地券和其他随葬品葬入墓内。1958年发掘清理之上海西郊朱行乡南宋嘉定六年（1213年）张玮墓亦值得注意，墓不大，砖筑，分上下两层，每层四角各置一铁牛，上层置有木棺、墓志各1件，下层放置一石雕“道教神像”。石像后面置一雕砖插屏，上雕一仙人坐于树下根干之上，有圆形头光，左一童捧物侍立，当系仙真人物。插屏背面镌刻“石若烂，人来换”六个大字[2]。石像前有一影青瓷瓶。石雕“道教神像”当为墓主张玮之“石真”，而石像前的影青瓷瓶，也就是吕忠庆生墓券文所说的“绿水一瓶，用为信契”。可知墓主像、生墓券、陶瓷瓶，是辨识宋代生墓的标志性器物。

图7-2-13　四川成都金鱼村南宋嘉定四年（1211年）吕忠庆夫妇砖室火葬墓出土生墓券拓片
（采自《考古》1997年第10期，第70页，图八）

明代生墓这一特殊习俗亦较为流行，全国已经被识别出来的明代生墓不下34座，其中西南地区有24座[3]。

明代生墓较具代表性的是1974年四川平武古城乡发掘清理的明景泰三年（1452年）、正统六年（1441年）王玺家族墓M3、M5石室墓。王玺家族墓M3、M5平面形制为前室方形，棺室长方形，前室长1.52米、高1.8米，棺室长3.12米、宽1.1米、高1.9米。两墓棺室后壁（北壁）龛内分别浮雕王玺及其妻蔡氏像，龛下层雕“寿山福海”[4]。浮雕墓主像当似宋代生墓中的墓主之“石真”。1955年四川成都北门外发掘的明弘治十八年（1505年）白马寺M6石室墓亦值得注意，白马寺M6平面形制为前室近方形，后室长方形，前室长1.84米、宽1.72米、高1.9米，后室长3.9米、宽2.73米、高1.83米。在墓门屋檐石额、后室门两侧石柱上有“寿域”“甲子岁新开寿域，己丑年大备工程”等题刻。虽无“石真”，但从题

1 成都市文物考古工作队：《四川成都市西郊金鱼村南宋火葬墓》，《考古》1997年第10期。

2 沈令昕等：《上海西郊朱行乡发现宋墓》，《考古》1959年第2期。

3 千倩倩：《川渝黔地区明代生墓研究》，待刊。

4 四川省文管会、绵阳市文化局等：《四川平武明王玺家族墓》，《文物》1989年第7期。

刻文字亦能推定其为生墓。值得注意的是，部分出土买地券，其上卒年、下葬时间及地点皆空缺[1]，应为墓主在生之年预置生圹时所立，故亦将其纳入生墓范畴。可知明代生墓继承了宋代生墓的部分传统，如均出现“石真”和墓券，但明代生墓中文字材料多以墓联形式出现，不见陶瓷瓶等器物。

宋明时期生墓的流行，应是道教解注代人方术与中国传统习俗相结合的产物。按照道教的说法，但凡生存于世之人，不论身份高低贵贱，都存在一种所谓注鬼注祟的潜在祸殃之威胁。所谓注鬼注祟，是说家内家外有人死亡变成了鬼，跑到家里来行祸，夺取包括具有父子、兄弟等亲属关系的活人的性命。注鬼之说最初由传染病发展而来，其特点是后死者和前死者的死亡方式完全一样，看起来是一种前后重复的行为，当时人用宗教的观点加以解释，以为是前死者在为自己找替死鬼，让后死者按照自己的死亡方式去死，索取生人的魂魄代替自己受苦，以求自身解脱。后来发展到认为非传染性疾病、疾病之外的天灾人祸，以及其他各种不同原因造成的死亡和祸殃都是注鬼为害造成的[2]。葬墓是产生注祟的主要根源。采用各种法术“令断生死”，断绝生人和死者鬼魂的接触，解除注祟，称为“解注”“断注”。解注是当时道士最重要的功德活动[3]。解注的方法很多，其中之一就是假人代形[4]。“假人代形”是指用模拟人形的东西作为生人或某亡人魂魄的替身受祸，以求死者魂魄获得解脱而不再成为注鬼注祟生人，让生人逃脱注鬼的注害。解注所用的代人材料，就质地而言，有金、银、锡（铅）、玉等；就代人的性质而言，可分代生人与代死者两类；至于代人用器数目，或随家人生者之数，一人一形，或按五方之数，一方一形，或以一形总代一家生口。

东汉代人材料有代生人与代墓主死人两个不同的系统，一般是以人参代替生人，用铅人代替死人。魏晋南北朝时期，代人仍分代生人和代死者两个类型，代人用品的材质多元化，大体以铅人、铜人、松人代替死者，以桐人、柏人代替生人。隋唐时期的代人用品见诸报道者极少，但从晚唐五代开始，代人用品频繁出现，有代替死者之铅人、锡人，有一家一形以代生人的柏人，而川西地区则出现用以持代生墓墓主之“石人”。宋代的代人材料，除柏人、石真外，其他均消失不见。石真代形属一人一形，且限于替代尚健在之墓主，确保墓主一人长寿，为寿藏之专用。以无生命之石质人像替代生人，可能有两方面的原因：一是早期那种以有生命的材料替代生人、无生命之物以代死者的原则逐渐淡化；二是石质不易腐烂，以此雕琢成“石真”藏于寿冢以代生人，最为适宜。但不管怎样，宋代生墓中的石真是东汉以来道教代人习俗的延续和进一步发展，是一种道教性质的遗存，这是很清楚的。

1 成都文物考古研究所、成都博物院：《成都出土历代墓铭券文图录综释》下册，北京：文物出版社，2012 年，第 1063、1064、1110、1111、1116、1117 页。

2 张勋燎：《东汉墓葬出土解注器和天师道的起源》，张勋燎、白彬：《中国道教考古》第 1 册，北京：线装书局，2006 年，第 8、9 页。

3 张勋燎：《东汉墓葬出土解注器和天师道的起源》，张勋燎、白彬：《中国道教考古》第 1 册，北京：线装书局，2006 年，第 5—23 页。

4 张勋燎，东汉墓葬出土解注器和天师道的起源，张勋燎、白彬：《中国道教考古》第 1 册，北京：线装书局，2006 年，第 28—42 页。

两汉时期生墓习俗较为流行[1]。魏晋南北朝时期，生墓之俗在汉人的丧葬礼仪中依然有所体现，同时亦为部分少数民族所采用。隋唐时期，建造生墓之俗不如两汉之盛。宋代，预作寿藏之俗似有复古回潮之势，正史、笔记小说和集部文献中都有不少这方面的内容。据有关的文献记载，宋代预作生墓者，有男性有女性，有皇室成员，有高级官员，亦不乏普通民众和社会下层人士。值得注意的是，生墓墓主中有一部分是道教中人，如前述吕忠庆自称“奉道弟子”。上海西郊南宋嘉定六年（1213年）张玮墓，石真身着道装，说明墓主应为一道士，至少是一个奉道之人。

预作生墓之习俗早在战国西汉时期就已兴起并流行，显然应为中国古代传统文化固有的内容，与道教无涉。但从晚唐五代开始，这一传统习俗开始与道教相互影响，彼此渗透。宋明时期，这一趋势更为明显。一方面，道教信众、道士为自己预作寿藏；另一方面，没有明显道教背景的世俗之人生墓中，出现具有浓厚道教色彩的器物，如墓主像、镇墓石、镇墓文等。

2. 道士墓

(1) 宋代道士墓

宋代墓葬中，根据伴出铭刻材料，有一部分可明确推定为道士墓[2]。

四川成都龙泉驿区北宋田世中墓夫妇合葬墓[3]、北宋田世用墓[4]，四川成都锦江区北宋曹氏夫妇墓[5]，四川成都成华区保和乡北宋张氏夫妇墓[6]，墓中随葬炼度真文、华盖宫文、天帝敕诰文均明确提到死者的身份是“小兆臣”。宋代著名道士葆光子孙夷中《三洞修道仪·初入道议》载：“凡初欲学道，男七岁号录生弟子，女十岁号南生弟子……自此后，不更婚嫁。如已成夫妇者，男称清真弟子，女称清信弟子，常依科斋戒，兼行黄赤交接之道……凡道士未受经法，通称小兆可也。”[7]可知“小兆臣”乃是尚未正式受箓的低级道士。“小兆臣”亦是道士自谓品级不高之谦称。道书文献记载道士所书章奏牒状文范本，多有自称“小兆臣”者，如宋《高上神霄玉清真王紫书大法》卷十二《祈雨奏状》[8]《投简表式》[9]《奏

1 杨爱国：《汉代的预作寿藏》，《汉代考古与汉文化国际学术研讨会论文集》编委会编：《汉代考古与汉文化国际学术研讨会论文集》，济南：齐鲁书社，2006年，第271—281页。

2 杜康：《成都地区北宋道士墓研究》，待刊。

3 成都市文物考古研究所：《成都市龙泉驿区青龙村宋墓发掘简报》，《成都考古发现（1999）》，北京：科学出版社，2001年，第278—294页。

4 成都市文物考古研究所：《成都市龙泉驿区青龙村宋墓发掘简报》，《成都考古发现（1999）》，北京：科学出版社，2001年，第278—294页。

5 四川省文物管理委员会：《四川华阳县北宋墓清理简报》，《文物参考资料》1956年第12期。

6 成都市文物考古研究所：《成都市保和乡东桂村宋墓发掘简报》，《成都考古发现（2002）》，北京：科学出版社，2004年，第359—383页。

7 《道藏》第32册，北京：文物出版社，上海：上海书店，天津：天津古籍出版社，1988年，第166、167页。

8 《道藏》第28册，北京：文物出版社，上海：上海书店，天津：天津古籍出版社，1988年，第665页。

9 《道藏》第28册，北京：文物出版社，上海：上海书店，天津：天津古籍出版社，1988年，第667页。

圣母式》[1]等，文式之首书文道士皆自称“具位小兆臣某”或“具位小兆臣姓某”。结合墓葬规模、随葬品看，四川成都地区清理发掘的几座带有“小兆臣”字样的北宋墓，属于“未受经法”之低级道士的可能性更大。其中，田世用墓应为未婚配之男性道士，其余三个墓例为已婚之女性道士。

1988年，江西樟树市郊东南19公里的道教名山阁皂山发掘清理了一座北宋砖室墓[2]。根据出土墓志铭文字，知其墓主为北宋晚期道士戴知在。该墓长3.8米、宽1.82米，四壁嵌有石刻画像，西壁（后壁）的砖框内发现大半块墓志。该墓早年被盗，随葬品保存不多，仅见少量青瓷碟、唐宋铜钱和棺钉。

1958年发掘的上海西郊朱行乡南宋嘉定六年（1213年）张玮墓，墓葬砖筑，分上下两层，每层四角各置一铁牛，上层置有木棺、墓志各1件，下层放置一石雕“道教神像”。石像后面置一雕砖插屏，上雕一仙人坐于树下根干之上，有圆形头光，左一童捧物侍立，当系仙真人物。插屏背面镌刻“石若烂，人来换”六个大字。随葬品仅有素面铜镜1件，影青瓷2件，唐宋钱币50多枚[3]。“道教神像”即墓主像，也就是四川成都地区宋墓中的“石真”，身着道装，说明墓主生前乃一道士，换句话说，这亦应是一道士墓。

以上6座身份明确的宋代道士墓，均砖筑，平面形制为长方形单室，都是规模不大的中型墓葬，葬具多为木棺。上海西郊南宋道士张玮墓分上下两层，较为罕见。

墓室一般都没有壁画或其他壁面装饰，唯有江西樟树北宋道士戴知在墓墓室四壁嵌有石刻画像，原发掘报告编写者认为它所反映的是“道教人物及其仪仗”。有学者认为，画像内容与伴出墓志铭文记载墓主临终前所述的“昨梦海山朝元，东华校籍，遽有洞府之命”，以及作志人所说的“朝元仙岛，玉醴金草”铭词有关。整个画面乃道士们根据道门之说，虚构墓主死时，东华帝君或其使者率仙司仪仗接迎墓主前往东海仙岛准备上朝元始天尊的场景[4]。

墓向很不统一。江西樟树北宋道士戴知在墓为坐西向东，四川成都4座道士墓墓向50—322度不等，联系到“小兆臣”田世中墓、“小兆臣”曹氏墓均设腰坑这一现象看，应与堪舆风水有关。

江西、上海发现的道士墓均为男性单人葬，而四川成都的4座道士墓中，仅田世用墓为男性单人葬，其余3座均为同坟异葬之夫妻合葬墓。

从墓葬选址看，上海西郊南宋道士张玮墓情况不详；江西樟树北宋道士戴知在墓，伴出墓志铭云其仙逝后葬在“西山之南”，离他生前居住和修炼的阁皂山道观应不会太远；而成都地区自称为“小兆臣”的4座道士墓，葬地与道观的关系不详，但“小兆臣”田世中墓出土中方炼度真文说墓主生前住在“成都府华阳县宣阳坊”，不言其居住在某某道观，言外之意是说“小兆臣”这种品级比较低的道士，生前不一定要出家在道观修炼，死后即进入自己的家族茔地，与同门宗亲（俗人）同葬一地。

1《道藏》第28册，北京：文物出版社，上海：上海书店，天津：天津古籍出版社，1988年，第667页。

2 江西省文物考古研究所、樟树市博物馆：《江西樟树北宋道教画像石墓》，《江西文物》1991年第3期。

3 沈令昕等：《上海西郊朱行乡发现宋墓》，《考古》1959年第2期。

4 张勋燎：《江西樟树北宋道士戴知在墓出土墓志与石刻画像考》，张勋燎、白彬：《中国道教考古》第4册，北京：线装书局，2006年，第1201—1212页。

随葬品因地而异。江西樟树北宋道士戴知在墓被盗掘严重，情况不详；上海西郊南宋张玮墓比较简约，除铁牛、石人、墓志、雕砖仙人插屏外，只有1件素面铜镜，2件影青瓷，50多枚唐宋钱币。四川成都发现的4座道士墓，随葬品较丰富，多随葬买地券、陶瓷器，个别还有大量陶俑，多随葬道教色彩浓厚的天帝敕告文、华盖宫文、五方炼度真文。

不过就总体而言，宋代道士墓与同时代的俗人墓相比，相同之处甚多，差别不大。

(2) 金元道士墓

考古清理发掘之金元墓葬中，墓主身份可明确推定为道士者有10多座，均集中分布在今山西地区，包括山西曲沃金代“安法师”墓[1]，山西大同金代“西京玉虚观宗主大师”阎德源墓[2]，山西芮城元代“玄都至道披云真人”宋德方墓、潘德冲墓[3]，山西大同元代“西京创建龙翔万寿宫宗主、清虚德政助国真人”冯道真墓[4]，山西大同元代李妙宜墓[5]，山西稷山“五女坟”道姑合葬墓[6]。

从葬地的选择看，金元时期道士墓葬地多在道观附近，葬地、葬日多经卜选。

从墓向看，金元时期道士墓墓向都是坐北朝南。

从墓葬形制结构看，金元时期道士墓均为单室墓，平面形制多为方形或长方形，个别为六边形。

从墓室装饰看，金元时期道士墓墓室多有雕砖，内容多为仿木建筑，如有门、窗、柱、枋、斗拱等，或带壁画，其题材有垂幛、钱纹、花卉、仙鹤、狸猫，“奉茶”“观鱼”“山水”“论道”“焚香”等，较为罕见。宋德方、潘德冲墓出土石椁，则线刻不少的房屋建筑、夫妻开芳宴、墓主出行归来、二十四孝子故事等。

从葬式、葬俗看，五女坟道姑合葬墓较特殊，为丛葬，死者均为女性，其余道士墓都是单人葬，死者均为男性。金法师、阎德源、潘德冲、冯道真等道士，均为一次葬，而五女坟、宋德方墓，墓主多为检骨二次葬，甚至检骨三次迁葬。有的墓葬墓顶悬挂铜镜（如阎德源墓、五女坟）。阎德源墓、冯道真墓墓主身着道袍、头戴道冠，面覆罗纱或乌巾，有的罗纱还绘有道符。

从随葬品看，金元时期道士墓可分为两种情况。第一种情况是随葬品较丰富，如阎德源墓、冯道真墓，随葬品都在40件以上，以木制家具和瓷器为主，明器也有一定数量。第二种情况是基本无随葬品，或者随葬品很少，以金法师、宋德方墓、潘德冲、五女坟墓为代表，随葬品均在10件以下，以瓷器较常见，五女坟墓还出纸衣、纸鞋。

1 孙永和、孙丽萍、张红勤：《山西曲沃西南街发现金代安法师墓》，博宝艺术网，http://news.artxun.com/zuotou-741-3704909.shtml，2011年5月20日查阅。

2 大同市博物馆：《大同金代阎德源墓发掘简报》，《文物》1978年第4期。

3 山西省文物管理文员会、山西省考古研究所：《山西芮城永乐宫旧址宋德方、潘德冲和“吕祖”墓发掘简报》，《考古》1960年第8期。

4 大同市文物陈列馆、山西云冈文物管理所：《山西省大同市元代冯道真、王青墓清理简报》，《文物》1962年第10期。

5 大同市博物馆：《大同金代阎德源墓发掘简报》，《文物》1978年第4期。

6 畅文斋：《山西稷山县“五女坟”发掘简报》，《考古通讯》1958年第7期。

以道派而论，金元道士墓可分两组。一组是五女坟、宋德方、潘德冲墓7座，属全真道。该派对丧礼不太重视，主张薄葬，故随葬品很少；另一组包括阎德源、冯道真墓2座，属于符箓派，具体派属不明。传统的符箓派重厚葬，故随葬品相应也比较丰富。

金元时期道士墓之墓向、墓葬形制、壁面装饰及内容、葬式、随葬品等，与同一时期的俗人墓相比有一定差异，但共性更大。与江西樟树、四川成都等地宋代道士墓相比则差异明显。金元道士墓中的男性者均为单人葬，“五女坟”道姑合葬墓尽管为丛葬，但均为女性，也都属于同性丛葬，绝无男女共葬一墓的现象，而同时期的俗人墓，则盛行夫妻合葬，或一家男女老幼多人合葬。四川成都地区宋代道士墓则有所不同，“小兆臣”墓常见夫妻同坟异葬之合葬，罕见单人葬。大部分金元道士墓均在分布死者生前修炼或主持过的道观附近，而不入家族茔地。从伴出铭刻文字材料看，死者的丧礼亦多由道门弟子而非家亲安排。而四川成都地区宋代“小兆臣”往往不住在宫观中，死后也不埋葬在道观附近，而是入葬家族茔地，与同宗家亲埋在一起。金元道士墓均为土葬，不见火葬，而同时期俗人墓，则土葬、火葬都流行。死者生穿道袍，头戴道冠，以带符箓之丝织品覆面，是金元时期道士墓的重要特征。

金元道士墓之墓内装饰，尽管有一部分反映墓主生前传道或修炼的场面，但就总体而言，无论是壁画还是随葬器物，都是以表现墓主家居或内宅生活为主，宗教氛围淡漠，缺乏南方地区尤其是成都地区那种保卫死者灵魂不受邪魔精怪干扰、复生成仙的内容。而四川成都、江西樟树、上海等南方地区的宋代道士墓则道教色彩浓厚，除了时代、地域、墓主身份不同等原因外，更有可能是两个地区流行的道教在丧葬观念上存在显著差异所致[1]。

3. 墓室装饰

宋代墓葬多有装饰，中原地区宋辽金元墓葬多见壁画，或在仿木建筑雕砖上加彩绘壁画；江西、福建一带宋元墓葬亦流行壁画，重庆也有个别发现；四川、重庆、贵州一带的南宋石室墓，墓室四壁多带有精美的雕刻；江西地区宋代砖室墓则镶嵌比较罕见的石刻画像。这些壁画、雕刻、画像涉及的内容比较广泛，多世俗题材，但部分题材明显与道教有关。

1982年清理发掘之四川彭山南宋理宗宝庆二年（1226年）虞公著夫妇双室并列合葬石室墓，墓壁浮雕男女侍从、文武仪仗、宴饮出行等表现世俗生活的画面之外，同时亦有野鹿含芝、带翼天马等仙界图像。二石室之后壁龛内皆浮雕墓主像、蓬莱仙山，仙境刻画尤为细致、具体。男室（东室）一图保存最为完整，“下部刻有波涛翻滚的海潮，上部刻蓬莱仙山，蓬莱山下有通向山顶的石阶小径迂迴而上，半山间刻镂空亭，似为登山者憩息之地，亭的对面山间刻灵芝仙草。山顶为茂密丛林，林中筑一洞室，室门顶上刻‘蓬莱’二字。山麓栖息一仙鹤，山下有一着长服的长须长者（疑为墓主），面朝登山小路，作似欲登山状。整幅图像

1 白彬：《山西地区金元道士墓研究》，黎志添编著：《道教图像、考古与仪式：宋代道教的演变与特色》，香港：香港中文大学出版社，2016年，第123—164页。

图 7-2-14　江西樟树阁皂山北宋道士戴知在墓室北壁石刻画像
（采自《江西文物》1991 年第 3 期，第 97 页，图五）

图 7-2-15　江西樟树阁皂山北宋道士戴知在墓室南壁石刻画像
（采自《江西文物》1991 年第 3 期，第 97 页，图六）

给人勾画出了一幅想象中的仙山胜景”[1]。女室（西室）一图部分残损，“但大体尚隐约可见，山麓有仙鹤和母鹿、子鹿，上山的道路亦为石阶小径，崇山峻岭中亦有亭阁建筑。画面与东室同是反映想象中的仙境”[2]。

1988 年江西樟树阁皂山发掘清理北宋道士戴知在单室砖墓[3]，墓室之西、北、南三壁镶嵌石刻画像（图 7-2-14、图 7-2-15）。西壁（后壁）似为观宇之一室，室内设屏风，屏风前设一长方形单人食桌，上置简单菜肴餐具，正向端坐男性墓主人，三男子立侍两旁[4]。北壁上半部刻一白虎，作空中飞翔状。下半部刻一行七人，一人恭揖前导，次为一束发老翁，面目奇异，左手二指前伸指引方向，右手举曲柄杖，杖柄钩住虎颈。余五人身着道服，头戴芙蓉、云冠，手捧笏板[5]。南壁上半部刻一青龙，下半部刻一行七人，由西向东为序，方向与北壁一致。一人前导，冠服姿容与北壁第一人相同，第二人束发不冠，手捧一小壶。余五人之衣冠

1 四川省文物管理委员会、彭山县文化馆：《南宋虞公著夫妇合葬墓》，《考古学报》1985 年第 3 期。
2 四川省文物管理委员会、彭山县文化馆：《南宋虞公著夫妇合葬墓》，《考古学报》1985 年第 3 期。
3 江西省文物考古研究所、樟树市博物馆：《江西樟树北宋道教画像石墓》，《江西文物》1991 年第 3 期。
4 江西省文物考古研究所、樟树市博物馆：《江西樟树北宋道教画像石墓》，《江西文物》1991 年第 3 期，第 96 页，图四。
5 江西省文物考古研究所、樟树市博物馆：《江西樟树北宋道教画像石墓》，《江西文物》1991 年第 3 期，第 97 页，图五。

服饰，大体与北壁相同[1]。有学者进行研究后认为，戴知在墓石刻画所刻画的依然是仙境，表现的是东华帝君或其使者率仙司仪仗，接迎墓主前往东海仙岛准备上朝元始天尊的场景[2]。

道家修行，以求仙为宗旨。成仙之要道，不外乎生人直接成仙（“白日飞升”）与死后复生成仙（“尸解”）两条途径。唐末以后，白日飞升之说渐衰，尸解之说日盛。以死为尸解仙去，崇奉道教者往往于葬埋之际，施行种种助成尸解之宗教法术仪式，以墓室为蜕化之所，将之布置为想象中的仙境。四川彭山虞公著、江西樟树戴知在墓之石室浮雕石刻画像，就是宋代道教尸解之说盛行的生动体现。或许是因为时代、地域、墓主之身份地位之不同，具体内容和表现形式有所差异。

（二）遗物

1. 镇墓文刻石

20 世纪 50 年代以来，在以成都为中心的四川地区宋代墓葬中，不断有学者称之为“镇墓文”的铭刻材料发现和出土，数量众多，内容特殊，类型复杂。材质多为石板，少数为砖板。其上的文字或全部采用道教特有的符书字体刻成，或主体部分为道教符书，同时附刻部分普通汉字。按其内容的差异和不同，可分为“华盖宫文”“天帝敕告文”“五方五精石”“八威真文”“消灾真文”“五方五帝灵宝真符”“炼度真文”。

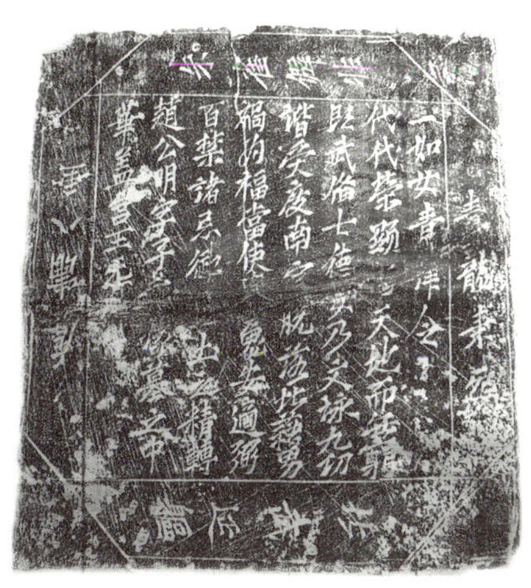

图 7-2-16　四川成都九眼桥北宋治平三年（1066 年）房府君墓出土“华盖宫文”石刻拓片
（采自《中国道教考古》第 5 册，第 1455 页，图版拾玖：2）

（1）“华盖宫文”

“华盖宫文”石刻因铭文中带有“华盖神宫”“华盖宫”之类字样而得名。按其平面形制，“华盖宫文”石刻可分八角形、方形两种。按其铭文和图像的不同，“华盖宫文”石刻可分为 3 种不同类型。A 型，四周刻“青龙秉气”“虎啸八垂”“朱雀辟非”“北（玄）武延躯”16 个字，无八卦图像，内容详细而固定，与道书文献的有关记载体现出很大的一致性（图 7-2-16）。B 型，四周无前述 A 型之“青龙秉气”等 16 刻字，而以后天八卦图像或文字代之，铭文字数差别较大，与道书文献记载出入亦大（图 7-2-17）。C 型，铭刻文字由内向外旋刻，四周既无八卦亦无四灵内容（图 7-2-18）。

图 7-2-17　四川成都九眼桥南宋淳熙十三年（1186 年）邓世英墓出土“华盖宫文”石刻拓片
（采自《中国道教考古》第 5 册，第 1460 页，图版拾玖：5）

1 江西省文物考古研究所、樟树市博物馆：《江西樟树北宋道教画像石墓》，《江西文物》1991 年第 3 期，第 97 页，图六。

2 张勋燎：《江西樟树北宋道士戴知在墓出土墓志与石刻画像考》，张勋燎、白彬：《中国道教考古》第 4 册，北京：线装书局，2006 年，第 1201—1212 页。

“华盖宫文”实物材料目前仅见于川西宋墓，其中A型年代最早，约在仁宗皇帝之北宋中叶，北宋、南宋时期皆有出土；C型稍晚，最早见于北宋末年；B型主要流行于南宋时期。

“华盖宫文”通常不著墓主姓名官封，或用于葬墓，或用于寿藏（生墓）[1]。

图7-2-18　四川彭州宣和三年（1121年）宋承富墓出土“华盖宫文”石刻拓片

（采自《南方民族考古》第七辑，第308页，图三）

(2)“天帝敕告文”

“天帝敕告文”石刻因文首带有“天帝敕告”字样而得名。又因刻文系以天帝名义所下敕令，故亦称“天帝敕文”。根据其平面形制和铭文内容，“敕告文”石刻可分为两种不同类型。A型，石刻平面为六边形，内刻敕告文（普通汉字），其平面形制和铭文内容与道书文献记载基本一致（图7-2-19）。B型，石刻平面为方形，内刻敕告文，敕告文之外加刻“青龙秉气，上玄辟非，玄武延躯，虎啸八垂”16字（图7-2-20）。

图7-2-19　四川成都沙河堡宋墓出土“天帝敕诰文”石刻拓片

（采自《中国道教考古》第5册，第1465页，图版拾玖：7）

以时代而论，“敕告文”之A型最早出现年代与“华盖宫文”相当，大约亦是在北宋中叶，而B型则主要流行于南宋绍兴年间（1131—1161年）和淳熙年间（1174—1189年）。

“敕告文”石刻不带八卦图像或文字，但一般都带有墓主姓名，有官封者亦加以标明。与“华盖宫文”一样，“敕告文”或用于葬墓，或用于寿藏（生墓）。

“敕告文”石刻并非宋代才新出现的一种随葬品，肖梁、隋唐墓葬中即有出土。“文化大革命”期间，在江苏句容茅山北部的雷平山，当地老百姓偶然掘开一座带有南朝肖梁“天监十九年”（520年）铭文的砖墓，墓主自称“太上道君之臣”“释迦佛陀弟子”。在出土的多种不同铭文墓砖中，有一种即作“玄武延躯”[2]。河南省洛阳市旧出隋开皇二十年（600年）马稚与其妻张氏合葬墓志，在题名“大隋故荡边将军信州典义马君墓志铭”之前，有隶书大字一行：“天帝告冢中王气、五方诸神、赵子都等：马老生善人”[3]。1964年，河南扶沟县一座时代为开元、天宝年间（713—756年）前后的唐代赵洪达墓，亦出有“天帝敕告文”1件，敕告文四周刻“青龙秉气，上玄辟非，玄武延躯，虎啸八垂”16字，每方四大字之外，刻

1 张勋燎：《江苏、陕西、河南、川西南朝唐宋墓出土镇墓文石刻之研究》，张勋燎、白彬：《中国道教考古》第5册，北京：线装书局，2006年，第1452—1461页。

2 陈世华：《陶弘景书墓砖铭文发现及考证》，《东南文化》1987年第3期，第56页，图13。

3 陈长安主编：《隋唐五代墓志汇编·洛阳卷》第一册，天津：天津古籍出版社，1991年，第24页。

出与铭文内容相对应之青龙、白虎、朱雀、玄武四神图像[1]。

“华盖宫文”和“敕告文”石刻，虽名称不同，出现年代早晚不一，但器形和刻文内容有相同或相似之处。平面形制分多边形和方形两种；内容皆刻写“土下冢中王（旺）气神赵公明子都”，“男即武备七德，女乃文咏九功”；正文以外之上下左右四方刻写“青龙秉气，上玄辟非，玄武延躯，虎啸八垂”等字样，说明两者之间存在着密切的关系。

图 7-2-20 四川成都九眼桥南宋淳熙十三年（1186 年）邓世英墓出土“天帝敕告文”石刻拓片

（采自《中国道教考古》第 5 册，第 1469 页，图版拾玖：10）

“敕告文”“华盖宫文”乃道教上清派遗存。上清派著名道士陶弘景《真诰》[2]以及成书年代稍晚的《洞真太上太霄琅书》[3]对此有比较详细的记载。根据道书文献的记载，此两种镇墓石乃道教葬埋所谓“太阴炼形”秘法所用，其形状应做成长、宽、高皆为三尺之立方体石块[4]，刻文后埋入地下三尺。其在墓中的作用和意义乃是“制五土之精”，“冢墓百忌，害气之神”，使墓室成为“神仙之丘窟，炼形体之所归”，“镇尸不朽，朽即又生，终与神合”；“藏尸少时，枯骸更肉，凋脏生华，瘁形又郁，先神后身，混合为一。炼易之妙方，成真之要术”。对墓主是炼尸成仙，对墓主之子孙后代，则可“无复冢墓之患”，“千禁万忌，一皆压之，必反凶为吉”；“子孙昌炽，文咏九功，武备七德，世世贵王（旺），与天地无穷”。

此种道教葬墓之法，《真诰》《洞真太上太霄琅书》二书皆言源于东汉时范幼冲之“解地理”，“以冢宅为意”，讲求吉地的选择，与风水堪舆之说有关。出自东汉之说未必可信，但从萧梁天监年间（502—519 年）墓砖文字中带有“玄武延躯”的字样看，至迟在南朝后期即已出现。旧传为晋郭璞所著《葬书》中即有“葬以左为青龙，右为白虎，前为朱雀，后为玄武。玄武垂头，朱雀翔舞，青龙蜿蜒，白虎驯俯。形势反此，法当破死”字样的文字[5]，与“华盖宫文”“敕告文”中的“青龙秉气，虎啸八垂，朱雀（上玄）辟非，玄武延躯”相比，文字虽不尽相同，然含义相合，表明六朝时期风水堪舆葬术兴起后，与道教彼此互相渗透。值得注意的是，C 型“华盖宫文”与后面将要述及的“墓券堪舆罗经图”是上下扣合，配套放在墓葬中使用的，亦可说明华盖宫文的确不是单纯道教性质的东西，而是

1 河南省文化局文物工作队：《河南扶沟县唐赵洪达墓》，《考古》1965 年第 8 期，第 387 页，图二。

2 《道藏》第 20 册，北京：文物出版社，上海：上海书店，天津：天津古籍出版社，1988 年，第 545 页。

3 《道藏》第 33 册，北京：文物出版社，上海：上海书店，天津：天津古籍出版社，1988 年，第 692、693 页。

4 后人或误解文意，或有意变通以便刻文，做成六边形、方形，或方形抹角之八边形石板。

5 周文铮铮等编：《地理正宗》，南宁：广西民族出版社，1993 年，第 209 页。

道教与风水堪舆相互交融的产物[1]。

(3)“五精石”

据《大汉原陵秘葬经》《宋会要辑稿》等文献记载，上至帝王下至庶人，均要随葬“五方五精石”明器[2]，不过有关实物在迄今为止已刊布的宋代墓葬中尚未见诸报道。从河南等地唐墓出土“五精石”[3]，即可对宋代“五方五精石”的形制、性质、用途有初步的了解。中原地区唐墓出土“五精石”石刻，形制酷似现在的方形、带盖，用以盛放物品的盒子，故亦有学者称之为“安魂盒”。“五精石”（“安魂盒”）由盒盖、盒身两部分构成，盖顶部分刻有“其灵冥冥，以此为极。阳覆阴施，大道之则。五精变化，安魂之德。子孙获吉，诸殃永息。急急如律令”之类文字，有的盖盒四周还刻有青龙、白虎、朱雀、玄武四神图像；盒身部分则凿出五个坑槽，坑槽内分别放置丹砂、雄黄、云母、石英等五种不同颜色、质地的矿物药（图 7-2-21）。此种由五种矿物原料配成的药物“五石”（即盖顶刻文中提到的“五精”），生人修道用之以为服食，死者随葬之则可辟邪镇墓。与前述华盖宫文、敕告文一样，此种道教石刻不用道教符书而只用普通汉字刻写，亦属道教上清派遗存。20 世纪 50 年代四川彭州一南宋墓出土华盖宫文石刻，刻文中不仅有“镇压寿堂之内百禁诸忌、五土之精，转祸为福”的文字，且铭文分刻于两石，两石刻有文字的一面相对重叠[4]，与中原地区唐墓所出“五精石”之有底有盖及“阳覆阴施”之刻文完全吻合，表明及至宋代，此一道教性质的明器仍继续流行，但在四川出现“五精”与华盖宫文融合的现象[5]。

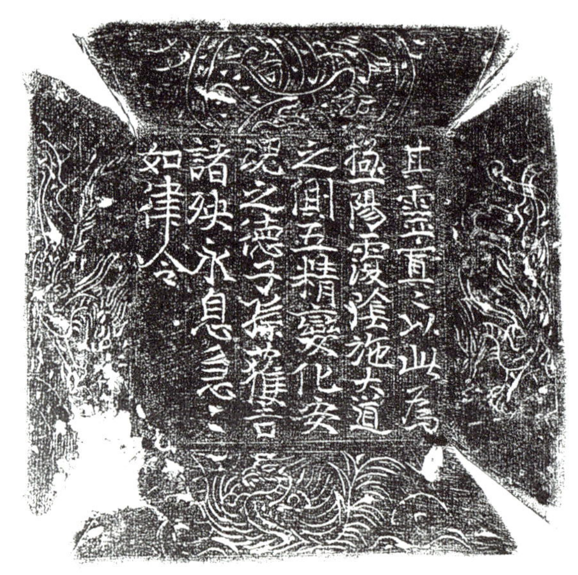

图 7-2-21　河南洛阳城北郊唐墓 M1037 出土“五精石”石刻拓片
（采自《华夏考古》1996 年第 1 期，第 10 页，图六）

(4)“八威真文”

川西地区宋墓中有一种自称为“安

---

1 张勋燎：《江苏、陕西、河南、川西南朝唐宋墓出土镇墓文石刻之研究》，张勋燎、白彬：《中国道教考古》第 5 册，北京：线装书局，2006 年，第 1462—1484 页。

2 《大汉原陵秘葬经·盟器神煞篇》云大夫以下至庶人随葬诸明器，其中即有“镇墓五方五精石，镇五方”（《永乐大典》影印本第 4 册，北京：中华书局，1986 年，第 3829 页）；《宋会要辑稿》礼二九之二五载：北宋乾兴元年（1022 年）二月，真宗驾崩，群臣议葬礼。六月“二十五日，内降镇墓法，五精石镇墓法，令山陵修奉司委在彼祇，应人将阴阳文字看详”（北京：中华书局影印本第 2 册，1957 年，第 1076 页）。

3 偃师商城博物馆：《河南偃师唐墓发掘报告》，《华夏考古》1995 年第 1 期；洛阳市文物工作队：《洛阳市北郊唐代墓葬的发掘》，《华夏考古》1996 年第 1 期。

4 四川省文物管理委员会：《四川官渠埝唐、宋、明墓清理简报》，《考古通讯》1956 年第 5 期。

5 张勋燎：《江苏、陕西、河南、川西南朝唐宋墓出土镇墓文石刻之研究》，张勋燎、白彬：《中国道教考古》第 5 册，北京：线装书局，2006 年，第 1484—1494 页。

图 7-2-22　四川成都九眼桥南宋淳熙十三年（1186 年）邓世英墓出土“东方青帝安墓真文”石刻拓片
（采自《中国道教考古》第 5 册，第 1496 页，图版拾玖：20）

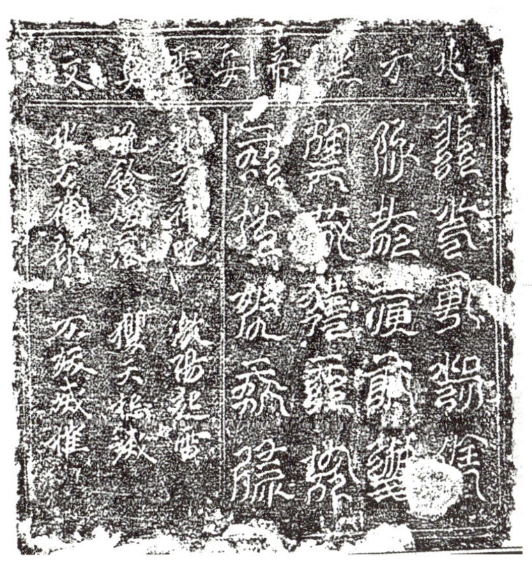

图 7-2-23　四川成都九眼桥南宋淳熙十三年（1186 年）邓世英墓出土“北方青帝安灵真文”石刻拓片
（采自《中国道教考古》第 5 册，第 1499 页，图版拾玖：23）

墓真文”的镇墓文出土[1]，完整者一套五件，其内容包括题名、云篆、云篆汉字译文，部分还带有咒语祷语（图 7-2-22、图 7-2-23）。同墓之五方五石，各自称谓不同。不同墓葬所出之同一方位刻石，叫法亦不尽相同。不过就总体而言，五方云篆之数，云篆之汉字译文，一般都比较固定。此种镇墓文，年代较早见于四川新都北宋元丰三年（1080 年）马诚普墓出土之“东方青帝洞玄灵宝东山神咒八威策文”[2]，流行则是在南宋时期。

据有学者所作的研究，“安墓真文”石刻乃道教灵宝派“灵宝五真文”中的“八威真文”。南宋西蜀道士吕元素《道门定制》卷八对此有比较详细的记载[3]，主要用于安镇生人住宅，亦可用于“安坟”。

“八威真文”和后面将要叙述的“五方消灾真文”，是灵宝派主要经文　“灵宝五篇真文”（或称“灵宝五真文”）中的部分内容。在《元始五老赤书玉篇真文天书经》[4]一书中，灵宝五真文被划分为四个不同段落，每个段落的效用各不相同，其用途分别是道士修道成仙、禳却水灾、摄伏鬼神、主诸方星宿错位失度致灾事。换句话说，灵宝五方真文包含了四种不同功用的“赤书玉文”，考古出土的“八威真文”乃灵宝五真文中的第三段落组合而成。宋代以前，其使用方法通常是将包含了四种不同“赤书玉文”的五方真文分置五方，以获得四段四种不同的功效。而将灵宝五真文中每一方同一段次的真文分解出来，单独组合成不同用途的五方

1 又有称“镇墓真文”“安山真文”“安灵真文”者。
2 张勋燎：《江苏、陕西、河南、川西南朝唐宋墓出土镇墓文石刻之研究》，张勋燎、白彬：《中国道教考古》第 5 册，北京：线装书局，2006 年，第 1501 页。
3 《道藏》第 31 册，北京：文物出版社，上海：上海书店，天津：天津古籍出版社，1988 年，第 730—732 页。
4 《道藏》第 1 册，北京：文物出版社，上海：上海书店，天津：天津古籍出版社，1988 年，第 776—783 页。

真文是从宋代开始的[1]。

多数道书文献均笼统地说“八威真文”的用途乃“摄伏鬼神”，而西蜀道士吕元素说它可用于安坟镇宅。

(5)“五方消灾真文”

以石刻自带“某方某帝消灾真文”字样，或者祷文祝语带有“乞为弟子解除某季之某月厄某星行度之厄刑克临照之灾”之语，故名。完整者亦是一套五件（图7-2-24、图7-2-25），保存完整者不多。流行于南宋时期的川西地区。与“八威真文”一样，不同墓葬所出之同一方位刻石的名称、云篆字数、正音往往不同，即使同一墓葬所出不同方位刻石名称也不尽相同。此种道教真文是由“灵宝五篇真文”中每一方第二段内容组合而成的，但少数五方消灾真文石刻，如20世纪50年代四川成都东南郊原得胜乡南宋墓出土五件消灾真文石刻中，出现了本该出现在“八威真文”中的真文云篆。这一现象的产生，可能与其使用机会较少、掌握不易、尚未单独分段组合使用有关。根据道书文献记载[2]，此种镇墓文是专门针对生人建斋所用，系将木、火、金、水、土五星与春、夏、秋、冬四季配东南西北中五方，祈祷五星真君、各方神仙诸灵官解除因星宿错位失度给某人造成的灾厄。其用法，可书纸焚烧，亦可刻石埋于地下。从考古出土的实物材料看，多为生墓所使用。

图7-2-24　四川成都羊子山南宋淳熙九年（1182年）严世广夫妇合葬墓出土“东方青帝消灾真文”石刻
（采自《中国道教考古》第5册，第1513页，图版拾玖：26）

图7-2-25　四川成都羊子山南宋淳熙九年（1182年）严世广夫妇合葬墓出土“中方黄帝消灾真文”石刻拓片
（采自《中国道教考古》第5册，第1514页，图版拾玖：27）

(6)“五方五帝灵宝真符”

四川成都宋墓出有“北方黑帝灵宝真符”石刻（图7-2-26），与道书文献所

1 张勋燎：《江苏、陕西、河南、川西南朝唐宋墓出土镇墓文石刻之研究》，张勋燎、白彬：《中国道教考古》第5册，北京：线装书局，2006年，第1494—1511页。

2 《道藏》第31册，北京：文物出版社，上海：上海书店，天津：天津古籍出版社，1988年，第698—700页。

图 7-2-26 四川成都宋墓出土“北方黑帝灵宝真符”石刻拓片
（采自《中国道教考古》第 5 册，第 1531 页，图版拾玖：36）

图 7-2-27 四川成都东郊跳蹬河南宋绍兴二年（1132 年）王宜人墓出土“北方八天镇墓真文” 石刻拓片
（采自《中国道教考古》第 5 册，第 1536 页，图版拾玖：38）

载“元始黑帝真符”完全相同[1]，说明两者应系同一东西。既自铭“灵宝真符”，则当属道教灵宝派遗存无疑。完整者应为一套五件。此种神符用法颇多，或吞服，或纳于神杖节中随身携带，亦可书符于石分置五方以安镇宫宅[2]。安镇宫宅，既包括生人所居的阳宅宫室屋宇，亦包括死人所居之阴宅墓室，墓葬出土此种以神符为主的镇墓文石刻，和文献记载也是一致的。道书文献云此神符“施于上学好道之士，不行凡庶”[3]，推测此种镇墓文石刻主要是道士这一身份特殊的人群才能使用的，故而墓葬中类似的实物发现很少。

（7）“炼度真文”

此种道教石刻以刻文中带有“某方八（五）天炼度真文”，故名[4]。在川西地区宋墓出土多种不同镇墓文石刻中，“炼度真文”的数量是最多的。完整者一套五件，分东、南、西、北、中五方刻写不同内容的云篆、普通汉字，在墓中按方位放置。每方刻石，有固定字数的云篆，中方 16 字，其余四方各 64 字。多数刻石另外还有普通汉字刻文，包括石刻名称、云篆释文和祷语祝文等。

根据铭文内容，川西地区出土的此种石刻可分为四种不同类型。A 型，仅刻题名、云篆（图 7-2-27）；B 型，石刻题名、云篆之外，另附祝文祷语或简单普通汉字说明（图 7-2-28）；C 型，除石刻题名、云篆外，另附云篆之汉字译文（图 7-2-29）；D 型，除云篆外，同时并有云篆之汉字译文、石刻题名和简单的祷语

1 《道藏》第 1 册，北京：文物出版社，上海：上海书店，天津：天津古籍出版社，1988 年，第 786 页。

2 《道藏》第 1 册，北京：文物出版社，上海：上海书店，天津：天津古籍出版社，1988 年，第 786、787 页。

3 《道藏》第 1 册，北京：文物出版社，上海：上海书店，天津：天津古籍出版社，1988 年，第 786、788 页。

4 此种镇墓真文又有“某方八（五）天安灵真文”“某方八（五）天荐拔真文”“某方八（五）天安灵荐拔真文”“某方八（五）天安墓真文”“某方八（五）天镇墓真文”“某方某帝安尸真文”“某方某帝镇山真文”“太上洞玄灵宝某帝练度五仙安灵镇神某气天文”等不同称呼。

图 7-2-28 四川成都宋墓出土“东方八天炼度真文”石刻拓片

（采自《中国道教考古》第 5 册，第 1543 页，图版拾玖：44）

图 7-2-29 四川成都宋墓出土“西方八天炼度真文”石刻拓片

（采自《中国道教考古》第 5 册，第 1544 页，图版拾玖：45）

祝文（图 7-2-30）。

在川西地区，“炼度真文”镇墓石刻大约出现在北宋中叶的仁宗时期，流行于南宋。类似的镇墓文石刻在中原北方地区的宋辽金墓中未有发现，但陕西西安、咸阳、河南安阳等地唐墓中却不断有发现，尤以西安地区出土数量较多（图 7-2-31）。两地所出有同有异。中原北方地区唐墓所出，不见云篆真文之译文，祝语祷文系用普通汉字刻写，统一规范。而川西宋墓所出，多见云篆真文之译文，中原北方唐墓石刻习见的统一规范的长篇祷词消失不见，转而被另外一种内容不同的简短祝语所取代。尽管如此，唐宋墓葬所出炼度真文有着密切的关系，这是很清楚的。

“五方炼度真文”石刻系出自《太上洞玄灵宝灭度五炼生尸经》，是道教灵宝派的遗存[1]。根据《五炼生尸经》的说法，五方炼度真文乃是上智童子等在香林园中向天尊反映，有奉道之人因功行未到，死而灭度，只好“安宫立室”，“庇形后土”，建墓室于地下，但在地下受到各种故气邪精的迫害，甚至殃及子孙，因而请求设法加以拯救解脱。天尊乃命在坐之三十二天帝君、无极太上大道君等，“安尸镇灵，保魂度神”，“无令地官驱迫摇动”，“魔无干犯”。书五方真文于石，分别“埋文于亡者尸形所在”之相应方位，让墓主尸体和灵魂得到各种土官、仙真、神灵的保护，不受邪魔精怪的侵害，经过炼度，最后得以返魂再生，升天成仙。同时，也让死者的子孙得到福祐。

1 张勋燎：《川西宋墓和陕西、河南唐墓出土镇墓文石刻之研究》，四川大学博物馆等编：《南方民族考古》第五辑，成都：四川科学技术出版社，1993 年，第 119—148 页（该文后经补充修改，以《江苏、陕西、河南、川西南朝唐宋墓出土镇墓文石刻之研究》为题收入张勋燎、白彬：《中国道教考古》第 5 册，北京：线装书局，2006 年，第 1451—1609 页）；Carole Morgan, “Inscribled Stones: A Note on a Tang and Song Dynasty Burial Rites” ,*T'oungPao* 82（1996）4—5, PP.317—348，中译本见法国茅甘：《论唐宋的墓葬刻石》，《法国汉学》丛书编辑委员会编：《法国汉学》第五辑（敦煌学专号），北京：中华书局，2000 年，第 150—186 页；（日）加地有定：《中国唐代镇墓石の研究：死者の再生と崑崙山への昇仙》，大阪：株式会社かんぽうサービス，2005 年，第 114—130 页。

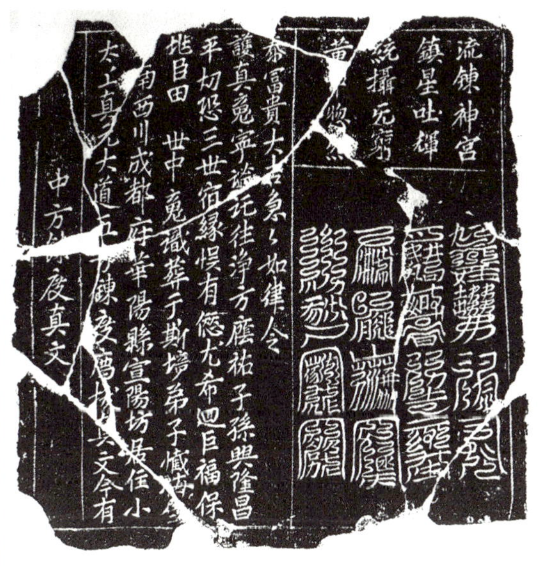

图 7-2-30　四川成都龙泉驿区北宋嘉祐七年（1062 年）田世中夫妇合葬墓出土“中方炼度真文”石刻拓片
（采自《中国道教考古》第 5 册，第 1550 页，图版拾玖：48）

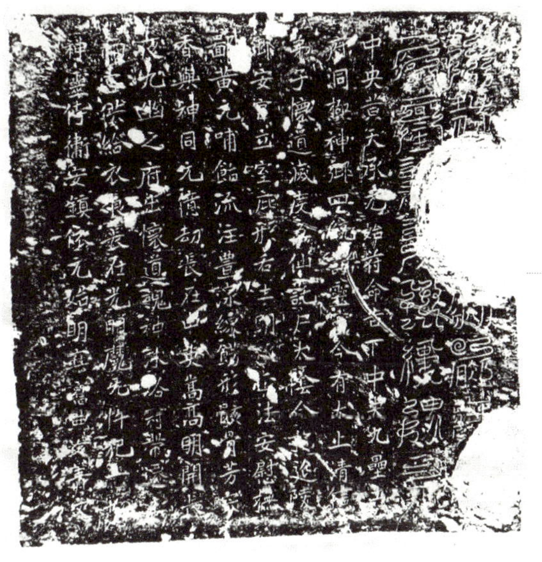

图 7-2-31　陕西咸阳博物馆藏唐代“延陵镇墓石”（中央炼度真文）石刻拓片
（采自《中国道教考古》第 5 册，第 1559 页，图版拾玖：53）

上述七种不同镇墓文石刻中，“天帝敕告文”“五精石”“五方炼度真文”三种在宋以前即已出现，两宋时期继续流行；“华盖宫文”“八威真文”“消灾真文”“五方五帝灵宝真符”四种镇墓文石刻都是在宋代新出现的，这一情况说明，两宋时期，道教对丧葬仪式的影响逐渐从过去的简单趋向于复杂。

从镇墓文石刻的地域分布上看，宋代以前，集中分布在以西安、洛阳为中心的陕西、河南两地。而两宋时期则集中分布在以成都为中心的川西地区，北方地区完全消失不见，说明两宋时期，道教尤其是灵宝、上清两派的活动中心已经由两京地区转移至四川成都。

从用法看，宋以前镇墓文石刻一般在葬墓时使用；而宋代则葬墓和生墓同时都在使用，甚至有的主要使用于生墓（如“消灾真文”）。

从组合看，宋以前，尽管上清、灵宝两个不同道派的镇墓文石刻（如“天帝敕告文”“五方炼度文”等）皆已出现，但绝无两个不同道派或者同一道派之不同类型镇墓文石刻共出的现象；而宋代情况有所不同，既有一个墓葬只出某一教派的石刻，如“天帝敕告文”和“华盖宫文”共出，只出“炼度真文”或“消灾真文”，但这样的例子不多。常见的是两个不同教派的材料共同伴出，如“天帝敕告文”“华盖宫文”和“炼度真文”共出，“天帝敕告文”“华盖宫文”和“消灾真文”共出，“天帝敕告文”“华盖宫文”和“八威真文”共出。这一情况表明，宋代以前上清、灵宝之间的宗派观念比较强，彼此之间的界限很清楚；而到宋代以后，灵宝、上清两派出现融合的趋势。

从镇墓文石刻行用者的身份等级看，宋代以前有道士（如“上清玄都大洞三景女道士”“大洞弟子”“太上清信弟子”“肃明观道士”等）、有俗人，其身份等级一般都比较高，多为皇帝、皇后及皇室成员。宋代镇墓文石刻的行用者少数是道士（如“小兆臣”），多数是道教信众（如“奉道弟子”）和俗人，但身份等级普遍不高，多为普通民众，高门显贵者罕见。

除上述七种不同镇墓文石刻外，宋墓中还有两种与灵宝派有关的道教石（砖）刻值得注意。

图 7-2-32 江西高安南宋淳熙六年（1179 年）砖室墓出土“酆都罗山拔苦超生镇鬼真形”石刻拓片
（采自《中国道教考古》第 4 册，第 1240 页，图版拾叁：1）

1988 年，江西高安一南宋淳熙六年（1179 年）砖室墓死者头端出土一碑形石刻，额文“酆都罗山拔苦超生镇鬼真形”12 个大字。额文下刻一略呈横长方形的山形平面图，以回曲圆转之不规则黑、白块状表示不同的地形，图间以细字标注冥府宫阙、官司所在共 17 处（图 7-2-32）[1]。此种自题为“酆都罗山拔苦超生镇鬼真形”的石刻，在多种不同道书文献中都有记载[2]。它是北宋末南宋初灵宝派道士在编著灵宝大法道书的过程中，略采《真诰》《登真隐诀》有关文意，依仿五岳真形图创构而成的一种灵图，道书多将其列入灵宝大法中“开度祈禳通用”的“炼度品”，北宋末南宋以来各符箓派皆广泛使用之。此种灵图生人、死者皆可使用。生人用于炼度，如石刻所言，“学者佩身，及置堂室上，万鬼灭爽，幽原开泰”。炼度亡魂用之，或以火焚化，或刻石置于墓葬主室上方位置，以镇御鬼神，炼度墓主亡魂，或者在作道仪灯坛图形时使用。联系该石刻出自死者头端及石刻铭文本身，其作用应即镇邪辟鬼，炼度墓主徐永亡魂，早日升天成仙[3]。

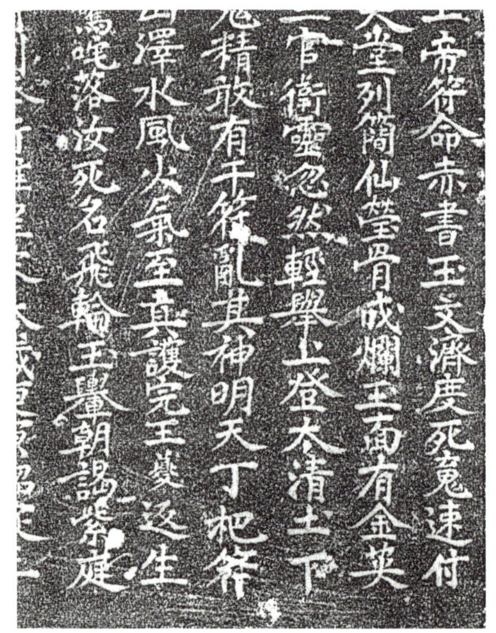

图 7-2-33 中国三峡博物馆藏南宋绍定三年（1230 年）王夔符咒砖刻
（正面，采自《长江文明》第一辑，第 2 页，图二）

中国三峡博物馆藏有南宋绍定三年（1230 年）王夔符咒砖刻 1 件（图 7-2-33、图 7-2-34），尽管是未经正式发掘所获，但当出自重

1 陈行一：《江西高安南宋墓出土一批道教文物》，《东南文化》1989 年第 2 期。

2《道藏》第 30 册，北京：文物出版社，上海：上海书店，天津：天津古籍出版社，1988 年，第 815 页；同书第 8 册，第 298 页。

3 张勋燎：《江西高安南宋淳熙六年徐永墓出土“酆都罗山拔苦超生镇鬼真形”石刻》，张勋燎、白彬：《中国道教考古》第 4 册，北京：线装书局，2006 年，第 1239—1250 页。

庆一带的南宋墓葬无疑。根据道书文献记载，此种道教符咒砖刻原是信奉道教的人父母师长死后，入葬炼尸所用。济度死魂，当朱书玄宫济度棺内符十二道，安放于棺内尸体上下四周。王夔墓所出，即为“玄宫济度棺内符十二道”之一的棺内北部道神符安放好后，所念咒语中的主要部分，主要内容是“太上老君命天神太乙守护死者体，丰都三官来保卫死者神魂，炼度易容，骨芳肉香，金身不坏，早日飞升成仙”[1]。

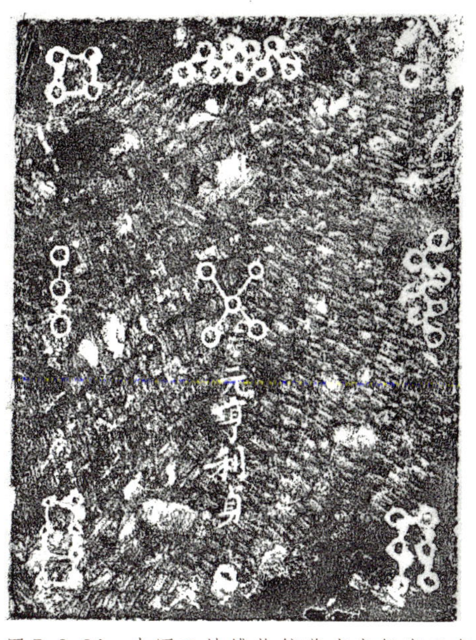

图 7-2-34 中国三峡博物馆藏南宋绍定三年(1230 年)王夔符咒砖刻
(背面，采自《长江文明》第一辑，第 2 页，图一)

2. 神怪俑

宋元墓葬，尤其是南方地区的宋元墓葬中多随葬成组的俑类，其材质有陶、三彩、瓷、石、木等。有的墓葬虽不随葬俑，但却随葬内容丰富的木版画、阴线刻砖。人首龙(蛇)身、人首鸟身、人首鱼身、鸟首兽身、猪首人身、马首人身、牛首人身、负鼓力士等造型奇特的陶(瓷)俑在宋元墓葬中不断涌现。有的陶(瓷)俑、木版画和阴线刻砖还有墨书题记、榜题或题刻，如 1984 年发掘清理之江西南丰桑田北宋墓，随葬瓷俑 90 多件，其中若干底座有墨书题记，如“金鸡”“玉犬”“大小二耗”等[2]；1985 年发掘清理之江西临川南宋庆元四年(1198 年)朱济南墓，随葬瓷俑 70 件，大部分带有墨书题记，包括“张坚固”“李定度”“张仙人”“王公”“指路”“引路”“□□童子”，以及底座墨书“子”“丑”“寅”“卯”等十二地支字样的生肖俑[3]；1977 年发掘清理之甘肃武威西郊西夏天庆七年(1200 年)火葬墓，随葬彩色木版画 29 件，有的版画旁带有榜题，如“金鸡”“童子”“天关”“太阳”“蒿里老人”等[4]；1976 年广东海康元墓偶然发现一元代墓葬，墓室四周摆放带有铭刻的阴线刻砖 30 多件，其中有“子”“丑”“寅”“卯”等十二地支，青龙、白虎、朱雀、玄武四神，“勾陈”“地轴”“金鸡”“玉犬”“墓门判官”“张坚固”“覆(伏)听”“蒿理(里)父老”“伏尸”“川山”等[5]。这些材料为我们研究和探讨这些随葬品的性质、用途提供了重要线索。

宋元墓葬出土各类人物俑，按其用途和功能，大体可分为仪仗俑、仆侍俑、神怪俑三类。神怪俑的出现，通常认为与迷信、辟邪、压胜，尤其是与宗教的影响有很大关联。上述带墨书题记、榜题、题刻之陶(瓷)俑，造型奇特的俑类，相当一部分都属于神怪俑。宋元时期神怪俑是佛教、道教、堪舆风水、民间信仰

1 张勋燎：《四川平武明王玺家族墓出土部分道教文物的考察》，张勋燎、白彬：《中国道教考古》第 4 册，北京：线装书局，2006 年，第 1298—1311 页。
2 江西省文物工作队等：《江西南丰桑田宋墓》，《考古》1988 年第 4 期。
3 陈定荣、徐建昌：《江西临川县宋墓》，《考古》1988 年第 4 期。
4 宁笃学、钟长发：《甘肃武威西郊林场西夏墓清理简报》，《考古与文物》1980 年第 3 期。
5 曹腾騑、阮应祺、邓杰昌：《广东海康元墓出土的阴线刻砖》，《考古学集刊》第 2 集，北京：中国社会科学出版社，1982 年，第 171—180 页。

等多种因素共同影响的结果，但道教对神怪俑的影响最大。

（1）四目老翁

四川三台南宋嘉定四年（1211 年）墓出土有一“两面俑”，头戴幞头，着圆领窄袖长袍，腰束带。此俑背面又做出一人面，戴幞头，作仰面挺胸状[1]。此俑并非《周礼》所记“黄金四目，执戈扬盾”之方相。方相的使用历来都有比较严格的规定，是有相当高地位的官员死后才能使用的一种物品，宋代亦不例外。《宋史·礼制》：“身无官而葬用方相者，望严禁之。”[2]《司马氏书仪》卷八云：“丧葬令四品以上用方相，七品以上用魌头。方相四目，魌头两目。”[3]出土两面俑这座墓的墓主，从伴出石碑的内容看，身份和社会地位并不高，没有资格使用方相，至多能使用两目魌头。两面俑当是道教经典中经常提到的“四目老翁”。《道法会元》卷二百六十六，北阴酆都太玄制魔黑律灵书，召将变神诀法，召四目老翁咒：“天蓬天蓬，万神之宗，有大威神。四目老翁，目视四部，一一皆通，巡游世界，束缚邪宗。有一不顺，押送北酆，忽来倏去，随召奔风。速降速降，大显真功。”[4]说明四目老翁系道教中的一位保护神，扫魔降妖是其职责范围之事，故置之墓中，祈盼借助于这样一位勇猛无比的道教天将在阴间替死者扫魔荡邪，保护墓主灵魂。

（2）负鼓力士和鼓

四川蒲江县北宋熙宁五年（1072 年）砖室墓出土“负鼓力士俑”，力士仅做出上半身，背负大鼓，一件鼓面向后，另一件鼓面向前[5]（图 7-2-35）。神怪俑背负陶鼓，表明该鼓并非日常生活所用之乐器。四川蒲江、邛崃、广汉、成都等地宋墓多有陶鼓模型发现和出土。陶鼓或置于云形座上，或置于双兽足上，或置于云形座加兽足上，或以脚趾支撑鼓身。陶鼓置于云形座上，亦表明该鼓并非一般日常生活用品。陶鼓之兽足，或四脚趾支撑鼓身，应为前述负鼓力士俑的一种简化表现形式（图 7-2-36）。负鼓力士和鼓皆应为古代的雷公。根据王充《论衡·雷虚篇》的描述，汉代人心目中的雷公形象是“图雷之状，累累如连鼓之形。又图一人，若力士之容，谓之雷公，使之左手引连鼓，右手

图 7-2-35 四川蒲江北宋熙宁五年（1072 年）砖室墓出土“负鼓力士俑”
（采自《考古与文物》1986 年第 3 期，第 44 页，图六：3）

1 三台县文化馆：《四川三台县发现一座宋墓》，《考古》1973 年第 6 期。
2 《宋史》卷一百二十五，志第七十八，礼二十八，凶礼四，北京：中华书局，1985 年，第 2917 页。
3 （宋）司马光：《司马氏书仪》卷八，王云五：《丛书集成初编》，上海：商务印书馆，1936 年，第 87 页。
4 《道藏》第 30 册，北京：文物出版社，上海：上海书店，天津：天津古籍出版社，1988 年，第 637 页。
5 陈显双、廖启清：《四川蒲江县五星镇宋墓清理记》，《考古与文物》1986 年第 3 期。

推椎，若击之状”[1]。两宋时期雷神力士之形象或有变化，但雷鼓、雷椎则为不可缺少之物，椎则或以斧、钻等物代之。四川地区两宋墓葬所出陶鼓，则是以形代声、以形代物，作为雷神之标志性特征。天鼓和雷鼓力士多见于道书文献。《无上九霄玉清大梵紫微玄都雷霆玉经》除载录三十六雷等雷名外，复言天尊大震天威，“电火交飞，云师前呼，雨骑后啸，大鼕天鼓，万蛰震惊”[2]。同书所言雷神使者中有“霹雳火猪黑犬使者”“三十六雷鼓力士”等[3]。可见四川蒲江、邛崃、广汉、成都宋墓出土之陶鼓即道教雷神所用之天鼓；四川蒲江宋墓出土之背负大鼓力士俑应即道教之雷鼓力士。

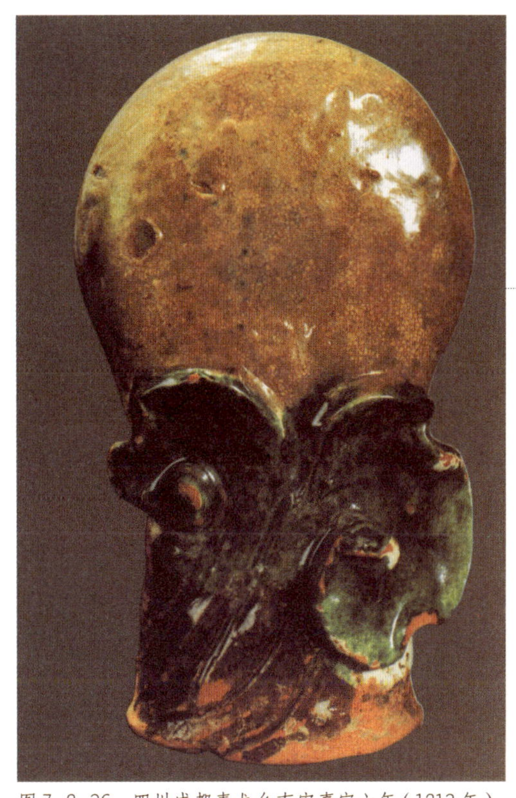

图 7-2-36　四川成都青龙乡南宋嘉定六年（1213 年）M1 出土三彩鼓
（采自《成都考古发现（2003）》，图版一〇：4）

（3）猪首人身俑

四川地区宋代墓葬常有猪首人身俑出土，其面部作猪形，身为人形，质地或陶或三彩，一墓一件。可分站立、骑鼓或击鼓、手执锤钻三种不同类型（图 7-2-37、图 7-2-38、图 7-2-39）[4]。关于其性质，有一种观点认为它应为残存的十二生肖俑之一种，另一种观点认为它代表墓主的属相，其实它亦是古代的雷公形象。在道书文献中，雷神除作力士形象外，亦有作猪首人身者。《太平广记》卷三百九十三，雷部一引杜光庭《录异记》云：“元和春，大风雨，堕一鬼，身二丈余，黑色，面如猪首”[5]。前述《无上九霄玉清大梵紫微玄都雷霆玉经》亦云雷神使者有作猪首者（“霹雳火猪黑犬使者”）[6]。道书文献所提到的雷神往往手执钻、槌。《道法会元》卷六十一，“高上神宵玉枢斩勘五雷大法”云“雷公江赫冲，朱发、蓝身、青衣，手执雷槌”[7]；《道法会元》卷二一四云雷神“邓天君讳燮……左手雷钻，右手雷槌。”[8]故四川宋墓所出手执锤钻之猪首人身俑，亦应为道书文献中提到的雷神之一种。

（4）人首鱼身俑、人首蛇身俑、人首龙身俑、人首鳖身俑、鳖首人身俑

人首鱼身俑见于江西、四川、湖北罗田等地宋墓，人首蛇身俑、人首龙身俑见于陕西、四川、江西、福建等地宋墓（图 7-2-40），人首鳖身俑、鳖首人身俑

1（汉）王充：《论衡》，北京：中华书局，1979 年，第 394 页。
2《道藏》第 1 册，北京：文物出版社，上海：上海书店，天津：天津古籍出版社，1988 年，第 749 页。
3《道藏》第 1 册，北京：文物出版社，上海：上海书店，天津：天津古籍出版社，1988 年，第 756 页。
4 白彬：《四川五代两宋墓葬中的猪首人身俑》，《四川文物》2007 年第 3 期。
5《太平广记》卷三九三，北京：中华书局，1961 年，第 3144 页。
6《道藏》第 1 册，北京：文物出版社，上海：上海书店，天津：天津古籍出版社，1988 年，第 756 页。
7《道藏》第 29 册，北京：文物出版社，上海：上海书店，天津：天津古籍出版社，1988 年，第 166 页。
8《道藏》第 30 册，北京：文物出版社，上海：上海书店，天津：天津古籍出版社，1988 年，第 332 页。

图 7-2-37 四川成都青龙乡南宋嘉定六年（1213 年）墓出土三彩猪首人身俑（采自《成都考古发现（2003）》，图版九：2）

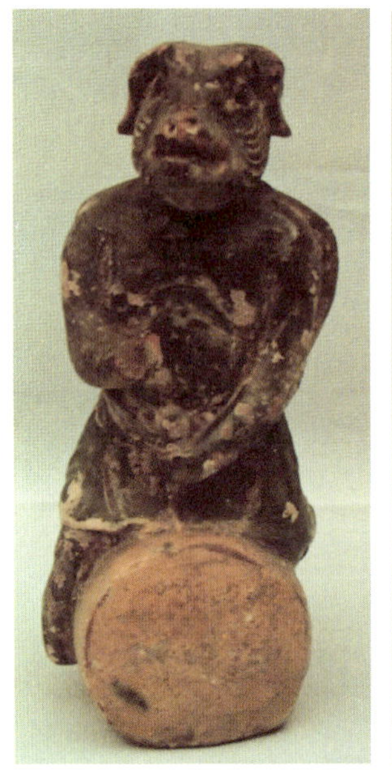

图 7-2-38 四川绵阳杨家南宋墓出土三彩猪首人身俑（绵阳博物馆唐光孝先生提供）

图 7-2-40 四川绵阳杨家南宋墓出土三彩人首龙身俑（绵阳博物馆唐光孝先生提供）

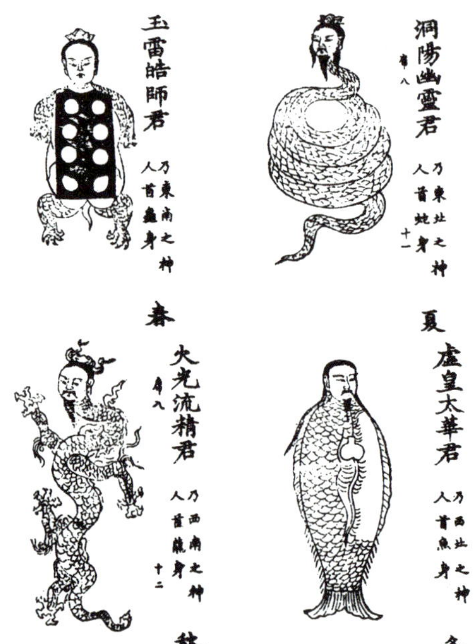

图 7-2-41 道书文献中的雷神形象（采自《雷法议玄篇》，《道藏》第 32 册，第 428、429 页）

图 7-2-39 四川绵阳宋墓出土陶猪首人身俑（绵阳博物馆藏，绵阳博物馆唐光孝先生提供）

不多，仅见于湖北、江西宋墓。人首鱼身俑最初被视为“镇墓兽”之一种[1]，后有学者认为此即《大汉原陵秘葬经》所记公侯卿相墓中于棺东所安之“仪鱼”[2]。受此观点的影响，多数学者都把此种人首鱼身俑称之为“仪鱼”[3]“人首鱼”[4]或“人面鱼”[5]。有学者根据《山海经》的有关记载，推测人首蛇身俑为早期神话传说中的山神；根据《山海经》之南山经、山中经提到的山神往往作“龙身而人面”，海内东经提到的雷神亦作“龙身而人头”，暗示人首龙身俑与山神、雷神有关[6]。实际上，人首鱼身、人首龙身、人首蛇身、人首鳖身俑，都应是道教之雷神。元虚真人万宗师《雷法议玄篇》之“太极雷坛祭四维神法”条云：“净室设四位，血食供养，酌酒，召玉雷皓师等四神。”其四神：“玉雷皓师君，乃东南之神，人首龟身。”“洞阳幽灵君，乃东北之神，人首蛇身。”“虚皇太华君，乃西北之神，人首鱼身。”“火光流精君，乃西南之神，人首龙身。”（图7-2-41）[7]《道法会元》卷五十八《上清玉枢五雷真文·祭四神》引《五雷经》：“有四神主掌风雨事。一、东南之神丁文广，人首龟身，号玉雷浩师。二、西南之神丁文行，人首龙身，号火光流精。三、西北之神丁文达，人首鱼身，号虚精大华。四、东北之神丁文惠，人首蛇身，号洞阳幽灵。此四神，太初混沌之时，水之精也。太禹治水，令四神镇四角。又云八卦之精。”[8]上述四种造型奇特的俑类，应即道教代表不同方位的雷神。

(5)鸟首人身俑

鸟首人身俑仅见于四川宋墓。元虚真人万宗师《雷法议玄篇·太极雷坛祭四维神法》所载道符符中画雷神形“其爪欲锐……天雷、神雷、龙雷、水雷、社令雷，鼓动奋发而为两翅……故曰‘朱发巨翅双目彤’”[9]；《道法会元》所载雷法诸神亦多作鸟首人身，持雷斧（锤）、钻。该书卷九十三《雷霆三要一炁火雷使者法》尊“昊天至尊玉皇上帝”为主法，有主雷大神“邓燮，朱发天丁冠，兰身……两翅，两脚鹰爪……左手执钻，右手执锤。”雷神“张玨，三目，两翅，赤身赤体，左手执召雷旗，右手执斧”[10]。从该书卷九十《先天一炁雷法》所载看，

---

1 山西省文物管理委员会：《山西长治唐墓清理简报》，《考古通讯》1957年第5期。

2 徐苹芳：《唐宋墓葬中的“明器神煞”与“墓仪制度”——读〈大汉原陵秘葬经〉札记》，《考古》1963年第2期。

3 彭适凡：《景德镇市郊出土宋瓷俑》，《考古》1977年第2期；辛明伟等：《河北南和唐代郭祥墓》，《文物》1993年第6期；辽宁省文物考古研究所等：《辽宁朝阳市黄河路唐墓的清理》，《考古》2001年第8期；山西省考古研究所等：《山西襄垣唐墓（2003 M1）》，《文物》2004年第10期；齐东方：《隋唐考古》，北京：文物出版社，2002年，第90页。

4 长治市博物馆：《山西长治市唐代冯廓墓》，《文物》1989年第6期。

5 长治市博物馆：《山西长治唐代王惠墓》，《文物》2003年第8期。

6 南京博物院：《南唐二陵发掘报告》，北京：文物出版社，1957年，第74页。

7 《道藏》第32册，北京：文物出版社，上海：上海书店，天津：天津古籍出版社，1988年，第428、429页。

8 《道藏》第29册，北京：文物出版社，上海：上海书店，天津：天津古籍出版社，1988年，第157页。

9 《道藏》第32册，北京：文物出版社，上海：上海书店，天津：天津古籍出版社，1988年，第428页。

10 《道藏》第29册，北京：文物出版社，上海：上海书店，天津：天津古籍出版社，1988年，第390页。

雷公因级别不同而有鸟、猪之异形[1]。《法海遗珠》卷八记有若干雷公符，符中雷神形象，多作鸟啄鸟爪形[2]。四川宋墓出土“鸟首人身俑”，指的可能就是这种作鸟首状之雷公。

（6）马首人身俑、牛首人身俑

四川蒲江、邛崃北宋墓各出有马首人身俑、牛首人身俑各1件。后者伴出完整的一套生肖俑，所以该“牛头人身俑”无论如何都不会是生肖俑之一种，当别有用途。《道法会元》卷一八八《太一火府五雷大法》述五方雷神分别作鸠、牛、马、狗、神农相[3]，考古出土之“牛头人身俑”可能就是作牛相之五方雷神，而“马首人身俑”可能就是作马相之五方雷神。

北宋中叶以后，不同造型的雷神相继以明器的形式在墓葬中频繁出现，与我国传统的雷神信仰不能说没有一点关系，但主要与道教雷法的兴起和影响有关。

雷法是道教最有影响的法术之一，以推崇和信奉雷部正神为主要内容，其形成大约是在北宋末年[4]。道教认为，雷法乃万法之尊，威力最大。王文卿《雷说》云：“夫雷霆者，天地枢机。天枢地机，名枢机，二台位列东西，总摄雷霆七十二司。……雷乃天之号令，其权最大，三界九地一切，皆属雷司总摄。”[5]得其法者，可“驱雷役电，祷雨祈晴，治祟降魔，禳蝗荡疠，炼度幽魂”[6]。广泛施行于包括“炼度幽魂”在内的各种法事活动中。根据道书文献的记载，雷法斋醮科仪所召诸神中，即有雷祖大帝、五雷院、五雷元帅、五雷使者、五方雷将、雷公等。

尽管早在唐五代就有雷神俑发现和出土，然种类不多，组合单一，直到11世纪中叶的北宋中期都是如此；然北宋中期以后，雷神俑种类大为增多，组合与前一时期相比亦发生了很大的变化。雷神俑的这一变化，恰恰发生在雷法兴起前后，这当然不是一种偶然的巧合。“炼度幽魂”是雷法的主要使命，雷法召请诸神中即包括惩恶扬善、司人之生杀大权的雷公，而葬墓正属于“炼度幽魂”的范围，因此在葬墓时把掌管“三界九地一切”的雷神置于墓中，以保卫死者的灵魂免受各种邪魔精怪的干扰，那是很正常的。北宋中期以后的雷神俑造型复杂，异象甚多，而这正是宋代雷法的特点，与《雷法议玄篇》《道法会元》等道书文献反映的情况完全相符。宋代的雷神俑均出自南方地区，其中四川最多，江西、福建、湖北亦有零星发现。而西蜀、江南和福建，恰恰是当时神霄雷法活动最为频繁的地

1《道藏》第29册，北京：文物出版社，上海：上海书店，天津：天津古籍出版社，1988年，第371页。

2《道藏》第26册，北京：文物出版社，上海：上海书店，天津：天津古籍出版社，1988年，第770、771页。

3《道藏》第30册，北京：文物出版社，上海：上海书店，天津：天津古籍出版社，1988年，第191、192页。

4 李远国：《神霄雷法：道教神霄派沿革与思想》，成都：四川人民出版社，2003年，第1页；胡孚琛主编：《中华道教大辞典》，北京：中国社会科学出版社，1995年，第584页，“雷法”条。

5《道藏》第29册，北京：文物出版社，上海：上海书店，天津：天津古籍出版社，1988年，第215、216页。

6《道藏》第29册，北京：文物出版社，上海：上海书店，天津：天津古籍出版社，1988年，第212、213页。

区[1]，考古发现和道教界的研究基本吻合。有理由认为，宋代的雷神俑多为道教性质的遗存，是道教雷法影响的产物。

(7)张坚固、李定度

江西、广东等地宋元墓葬中有明确题记的“张坚固”“李定度”瓷俑、阴线刻砖出土，故知其形象为男性侍者，衣冠服饰与宋元墓葬中习见的仆侍俑并无多大差别，如无题记，殊难分辨。宋元墓葬出土买地券中，此二人常以地主、保人、见证人身份出现，有学者认为其性质乃墓葬之专职神仙[2]。

(8)蒿里老人

四川、江西、福建宋墓多有老人俑出土。甘肃武威西夏墓出土板画中，有一头戴高冠，着交领右衽宽袖长衫，腰束带，持竹杖的老人形象，侧面有“蒿里老人”的题记[3]。持杖、颏下蓄须乃蒿里老人之典型特征。广东海康元墓中出有一题铭为“蒿理（里）父老”的阴线刻砖，形象为头戴高巾，蓄须，着圆领长袍，双手置腹前，手中亦未持杖，作坐姿（图7-2-42）[4]。人死魂归蒿里的说法由来已久，故一般将蒿里视为民间信仰影响的产物。在宋元时期的堪舆风水文献中，蒿里老翁常被描绘成一位主宰着亡人升天与否，大权在握的阴间大吏。蒿里老翁亦是道教神祇之一，地位不算太高。《灵宝领教济度金书》卷二六一，炼尸升仙品，上清灭度炼尸升仙科法，告文云：“道士灭度，欲归蒿里，依仪送终。”[5]在《无上黄箓大斋立成仪》一书中，蒿里父老与上下二千石、河伯水府、魂门监司、魂门亭长等一道，在为死者举行的超度仪式中，是必须向之发出“牒状”的神灵，牒状要求蒿里相公等释放“一切孤魂滞魄，无问高下远近，尽诣坛前，恭听法者，开悟迷识，普享法食……不得有违故牒。”[6]同书卷八云：“东岳蒿里相公，引东岳泰山府下，沿途承受土地传送。”[7]

图7-2-42　广东海康元墓出土“蒿里父老”阴线刻砖
（采自《考古学集刊》第2集，第176页，图六：4）

1 李远国：《神霄雷法：道教神霄派沿革与思想》，成都：四川人民出版社，2003年，第93—105页。
2 黄景春：《地下神仙张坚固、李定度考述》，《世界宗教研究》2003年第1期。
3 宁笃学、钟长发：《甘肃武威西郊林场西夏墓清理简报》，《考古与文物》1980年第3期。
4 曹腾騑、阮应祺、邓杰昌：《广东海康元墓出土的阴线刻砖》，《考古学集刊》第2集，北京：中国社会科学出版社，1982年，第176页。
5《道藏》第8册，北京：文物出版社，上海：上海书店，天津：天津古籍出版社，1988年，第267页。
6《道藏》第9册，北京：文物出版社，上海：上海书店，天津：天津古籍出版社，1988年，第421页。
7《道藏》第9册，北京：文物出版社，上海：上海书店，天津：天津古籍出版社，1988年，第424页。

这一情况说明，宋元时期阴阳家和道教都尊奉蒿里老人，故在墓葬中放置象征蒿里老翁的明器，目的就是请求蒿里老翁高抬贵手，早日让亡魂上升仙界。

(9) 勾陈

江西、湖北等地宋墓出有一种双人首蛇（龙）身俑，蛇（龙）身相互缠绕的陶俑。广东海康元墓中出有题铭为“勾陈”之阴线刻砖，其形象为两人头共一龙（蛇）身，龙（蛇）身相互缠绕（图 7-2-43）[1]。在道书文献中，勾陈作人首蛇身形象。《太上三洞神咒》卷十，祈禳召遣诸咒，天皇咒：“天皇大帝，南极至尊，炎火之祖，勾陈之精，红头黑面，人首蛇身，口吐黑气，盘绕昆仑。”[2] 与墓葬出土材料正相吻合。勾陈被道教尊奉为“勾陈星宫天皇大帝”，乃宋代四御之一，主要职责是协助玉皇大帝执掌南北极与天地人三才，并主宰人间兵革之事。勾陈是宋代广为举行的炼度仪中必须向之发出奏状的最高神灵之一。在宋元买地券中，勾陈常以掌管墓域四方的身份出现。

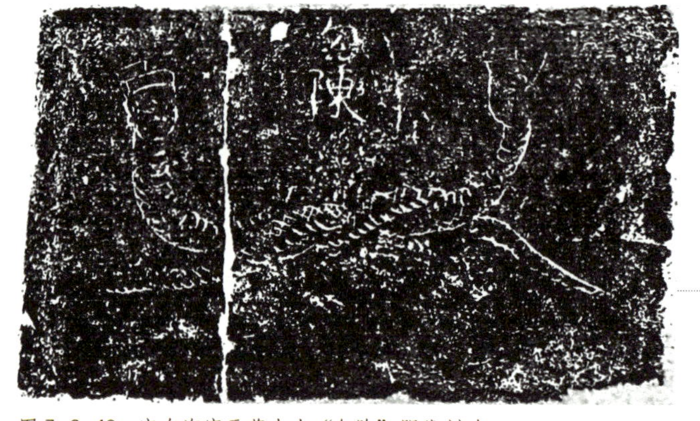

图 7-2-43　广东海康元墓出土“勾陈”阴线刻砖
（采自《考古学集刊》第 2 集，第 175 页，图五：2）

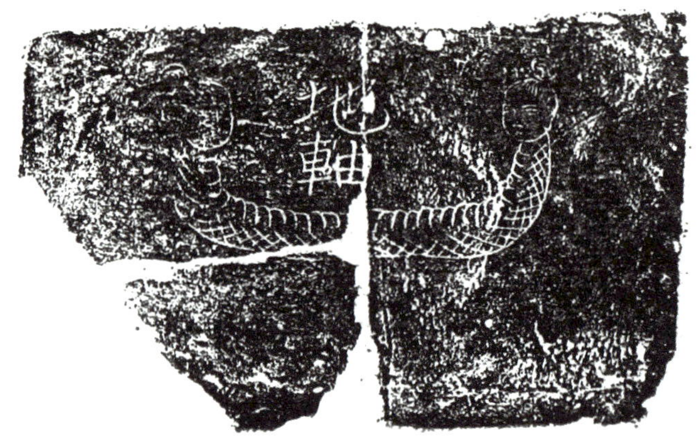

图 7-2-44　广东海康元墓出土“地轴”阴线刻砖
（采自《考古学集刊》第 2 集，第 175 页，图五：3）

(10) 天关、地轴

甘肃武威西夏天庆七年（1200 年）出有一彩绘板画，系一男侍形象，但板画朽蚀严重，人物衣着不清，其侧面有“天关”的题记[3]。从这个材料看，天关的形象可能就是一男侍。广东海康元墓出土阴线刻砖中有两人首共一龙身的形象，其旁有题铭为“地轴”（图 7-2-44）[4]，可知地轴的形象应为两人首共一龙（蛇）身，蛇身平卧，与前述同样是两人首共一龙（蛇）身，蛇身相互缠绕之“勾陈”有所不同。过去不少发掘报告不分青红皂白，把双人首龙（蛇）身俑皆称为“墓龙”是不对的。

天关本为一星名。《宋史·天文志》：“东方角宿二星为天关，其间天门也，

1 曹腾騑、阮应祺、邓杰昌：《广东海康元墓出土的阴线刻砖》，《考古学集刊》第 2 集，北京：中国社会科学出版社，1982 年，第 175 页。
2 《道藏》第 2 册，北京：文物出版社，上海：上海书店，天津：天津古籍出版社，1988 年，第 122 页。
3 宁笃学、钟长发：《甘肃武威西郊林场西夏墓清理简报》，《考古与文物》1980 年第 3 期。
4 曹腾騑、阮应祺、邓杰昌：《广东海康元墓出土的阴线刻砖》，《考古学集刊》第 2 集，北京：中国社会科学出版社，1982 年，第 175 页。

其内天庭也。”[1]马端临《文献通考》亦云：“天关一星在五车南毕西北，亦曰天门，日月五星所行之道也，主边塞事，主关闭。”[2]《上清天关三图经》云：“生死离合，莫不由于七星。故人为斗所加则死，斗所移则生。故七星为天之相，开关为度生之府。”[3]若修七星移度之道，即可“断落六宫死名，填塞东北鬼户，上闻天关，移度我身，然后可得上登三元。”[4]只要精心奉道，即有“琼舆飞盖丹辕来迎，兆身上登天关，塞死路于东北，记生录于南仙。”[5]天关既是天上主关闭之星，又是主生死离合之星神。西夏墓出土“天关”题记的板画，可能就是以把守天门的天丁来代表天关。墓中置“天关”明器，其含义应该是请求天丁早开天门，让死者脱落死籍，升度南宫，遨游玄云。

宋代帝陵、后陵及诸臣丧葬仪，随葬明器有“十二时神、当圹、当野、祖明祖司、地轴”[6]。道书文献中多将地轴、天关并称，谓之曰“天关神”“地轴神”。《北极真武佑圣真君礼文·举十方灵宝天尊》：“志心皈命，礼虚危二宿，水火两精，天关、地轴之神君。”[7]《太上玄天真武无上将军箓·煞鬼神咒》有“天关大神”“地轴大神”之语[8]。《高上神霄玉清真王紫书大法》卷四“天关地轴四直捉法”云：“天关地轴，与吾速降。天关神箍脑，地轴神箍脚。”[9]

（11）五星

江苏溧水北宋元祐六年（1091年）李彬夫妇墓出土“五星神像”各1件[10]，当是李氏夫妇宗教信仰的反映。五星即太白、岁星、辰星、荧惑和镇星，在道教神系中被尊为五星真君。《上清天关三图经·五离解过绝死度生上法》：“五方五星真皇道君各统一方，总领诸仙。应得道者，言名东华。有阴罪阴过，阳罪阳过，结在北帝太阴君，言名酆都之宫，离别善恶生死之人。”[11]是总领五方群仙，决定一个人是下入酆都鬼狱还是上升东华仙境的五位仙真。

（12）太阳、太阴

四川邛崃北宋墓有捧日俑、捧月俑各1件。前者身着圆领宽袖长袍，腰束带，双手捧“日”于胸前，日以下以云朵相衬；后者头顶挽髻，系巾带，发披于后，双手捧“月”于胸前，月以下亦以云朵相衬[12]；四川蒲江北宋墓出有“捧日俑”“捧月俑”各1件（图7-2-45、图7-2-46）[13]；江西南丰桑田北墓也出有二俑，双手

1 《宋史》卷五十，志第三，天文三，二十八舍上，北京：中华书局，1985年，第995页。
2 《文献通考》卷二七九，象纬二，北京：中华书局，1986年，第2219页。
3 《道藏》第33册，北京：文物出版社，上海：上海书店，天津：天津古籍出版社，1988年，第818页。
4 《道藏》第33册，北京：文物出版社，上海：上海书店，天津：天津古籍出版社，1988年，第818页。
5 《道藏》第33册，北京：文物出版社，上海：上海书店，天津：天津古籍出版社，1988年，第808页。
6 《宋会要辑稿》礼三一之三，第2册，北京：中华书局，1957年，第1155页。
7 《道藏》第18册，北京：文物出版社，上海：上海书店，天津：天津古籍出版社，1988年，第382页。
8 《道藏》第28册，北京：文物出版社，上海：上海书店，天津：天津古籍出版社，1988年，第501页。
9 《道藏》第28册，北京：文物出版社，上海：上海书店，天津：天津古籍出版社，1988年，第592页。
10 镇江市博物馆等：《江苏溧阳竹箦北宋李彬夫妇墓》，《文物》1980年第5期。
11 《道藏》第33册，北京：文物出版社，上海：上海书店，天津：天津古籍出版社，1988年，第818页。
12 邛崃县文物保管所：《邛崃县发现一座北宋墓》，《成都文物》1987年第4期。
13 陈显双、廖启清：《四川蒲江县五星镇宋墓清理记》，《考古与文物》1986年第3期。

分捧扁圆形星形器，原发掘报告推测二俑手中所捧者当系“太阳”“太阴”[1]。甘肃武威西夏2号墓出土板画中，有一太阳，居中有乌，太阳下面还有卷云的形象，其侧面有“太阳”的题记[2]，与上述俑的造型正相吻合，故上述捧日俑、捧月俑当分别代表“太阳”“太阴”。

宋墓中出现的“太阳”“太阴”明器系道教性质的东西。《太上感应篇》卷一云：北都罗丰山近水处有一洞名曰阴泉天宫，“主此洞者名曰太阴天君”，东南西北斗都只是其助手[3]。《上清天关三图经》云：“削阳罪于太阴，度阴气于太阳”[4]“首罪于太阴，修生于太阳”[5]。墓中置太阳、太阴形象的明器，其目的是乞请太阳、太阴赦免死者生前所犯罪孽，削除北阴死籍，早登仙录。

图 7-2-45　四川蒲江北宋墓出土“捧日俑”

（采自《考古与文物》1986年第3期，第41页，图四：2）

图 7-2-46　四川蒲江北宋墓出土“捧月俑”

（采自《考古与文物》1986年第3期，第41页，图四：3）

(13) 柏人

江西地区宋代墓葬中，常有自铭为“柏人”的明器出土。其形制，或将柏木雕刻成人形，墨线画出五官，墨书长篇文字；或刻写在墓碑形石板上（图 7-2-47）。此种明器，江西、湖北地区唐末五代墓葬即有出土，形制与前一种类型很接近。柏人乃道教代人性质的遗存，与汉六朝时期中原和西北地区早期天师道以人参或桐人、柏人持代生人习俗有一定的渊源关系，但具体用法已有所改变。柏人属一家一形，以一形总代家亲生人，随尸入葬；所承担义务除汉六朝时期习见的杜绝冥讼引起的鬼神传呼死者家中生人，为死人解谪、绝鬼神呼讼、为生人除殃外，还要于墓中斩杀凶神恶鬼，保证生人的平安长寿，保证家畜安全，蚕桑林木繁殖，并由柏人在地下招取金银钱财、土地资产、牛马六畜、高官厚禄、聪明智慧等，将种种好运送与阳道子孙[6]。

(14) 墓主像

主要见于四川、贵州遵义等地宋代砖室墓、石室墓，上海亦有零星发现，材质以石质为主，少数为陶质或三彩（图 7-2-48）。一般置于生墓（寿藏）之后壁

1 江西省文物工作队等：《江西南丰桑田宋墓》，《考古》1988 年第 4 期。

2 宁笃学、钟长发：《甘肃武威西郊林场西夏墓清理简报》，《考古与文物》1980 年第 3 期。

3 《道藏》第 27 册，北京：文物出版社，上海：上海书店，天津：天津古籍出版社，1988 年，第 7 页。

4 《道藏》第 33 册，北京：文物出版社，上海：上海书店，天津：天津古籍出版社，1988 年，第 808、809 页。

5 《道藏》第 33 册，北京：文物出版社，上海：上海书店，天津：天津古籍出版社，1988 年，第 812 页。

6 张勋燎：《墓葬出土道教代人的“木人”和“石真”》，张勋燎、白彬：《中国道教考古》第 5 册，北京：线装书局，2006 年，第 1403 页。

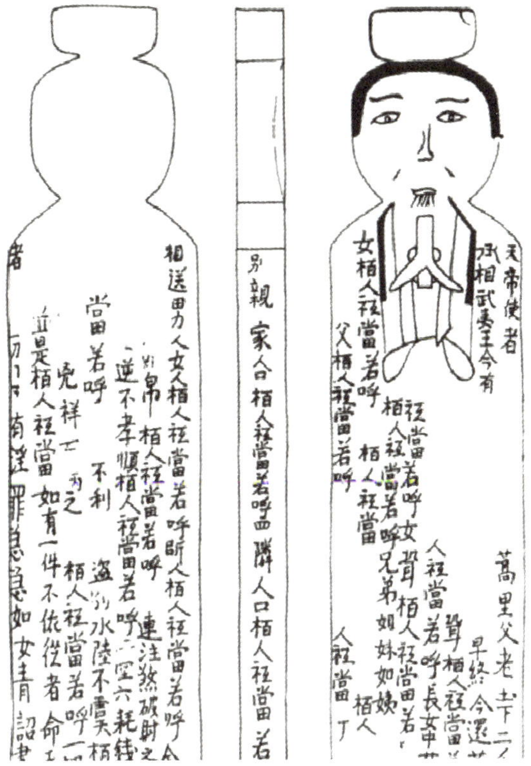

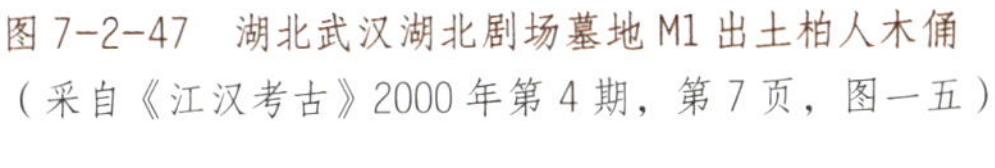

图 7-2-47　湖北武汉湖北剧场墓地 M1 出土柏人木俑
（采自《江汉考古》2000 年第 4 期，第 7 页，图一五）

图 7-2-48　四川成都金鱼村南宋嘉定四年（1211 年）吕忠庆夫妇砖室火葬墓出土墓主石像
（采自《考古》1997 年第 10 期，图版柒：6）

或后龛内，极少例外。若为石室墓，则多浮雕于墓室后壁者。根据伴出生墓券材料，当时称“石真”“石人”。此为道教代人性质遗存，置于生墓中的目的，是用以替代生人，让生人长命百岁，用与墓主像伴出的生墓券自己的话来说，就是“水干石碎，方归本堂”；“主人长生，延寿万岁”；“长生万岁，富贵长久。石人石契，不得慢临……天番（翻）地倒，方始相会”。

与隋唐时期相比，宋元墓葬中随葬道教性质神怪俑的数量、种类大为增多，组合与过去相比也很不相同。不仅如此，道教性质神怪俑的地域分布也发生了很大改变。宋代以前，道教性质的神怪俑以中原北方地区稍多，南方地区次之；宋代以后，则几乎全部集中出自南方地区，四川、江西数量最多。出现这一变化的原因很多，其中很重要的一点，就是晚唐五代以后道教白日飞升之说衰微，尸解炼度说得到很大发展，对葬墓之事极为重视，故墓葬中旨在为生者消灾去祸、祈求长寿，保护死者尸体灵魂安全的明器纷纷应运而生。

宋元时期中原北方地区道教性质的神怪俑罕见，一般认为这一现象的产生，与当时纸明器的流行和焚化有关，但更重要的原因或许是儒家习俗的根深蒂固、中原北方地区新道派的兴起和流行。

按照儒家的观点，人死之后到阴间仍过着与阳世间一样的生活，对待死者应“事死如事生”，故墓葬的地上、地下部分和随葬品，均应模仿阳世间进行设计安排。从考古发现材料看，重视对生人居室的模仿是中原北方地区宋墓的一大特点，墓室高大宽敞，壁面装饰和仿木斗拱繁缛、华丽、复杂，流行门窗、桌椅、墓主人夫妇对坐、伎乐、出行和家居生活等题材，完全是世俗生活的翻版，把阴宅布置得像生人居室那样。事实上，中原北方地区宋墓，不仅神怪俑罕见，其他随葬器物亦很少。为数不多的几件随葬品，也均为日常生活用品。这种现象，除了儒家"事死如事生"观念，恐怕很难再有别的更恰当的解释。换句话说，儒家对中原北方地区宋代丧葬礼仪影响的广度和深度应远在道教之上。

唐末五代特别是两宋时期，各种道教派别纷纷兴起，在当时的中原北方地区，出现并流行的道派主要有三，即全真道、真大道和太一道，一般把它们称之为"新道派"。在北方地区诸道派中，影响最大的是全真道。该派主张内丹修炼，不尚符箓，也反对黄白之术，认为修身养性乃道士修炼的唯一正道，符箓劾鬼、黄白烧炼乃邪术。在对待生死问题上，该派认为人活着是受罪，肉体成仙是一种罪过和不幸。基于这种认识，全真道对人的死及死后的处理很不重视。前述山西芮城全真派高级道士宋德方墓、潘德冲墓，墓内装饰和随葬器物与一般俗人墓并无不同，如果缺乏铭刻材料，很难想象它是道士墓。因此，由于新道派不重视葬埋之事，中原北方地区不出或少出道教性质的随葬品是不奇怪的。

3. 五岳真形铜镜

五岳真形铜镜是指镜背饰"五岳真符"的一种铜镜。这种铜镜不多，目前正式刊布的材料仅有1984年清理的江苏太仓娄东乡明崇祯十二年（1638年）黄元会夫妇墓女棺出有一面（图7-2-49）[1]。除此之外，旧金石文献中亦有著录，如《宣和博古图》著录"唐五岳真形镜"，圆形，镜背有五个圆圈，内有五岳真形符[2]。《故宫藏镜》著录"康熙五岳八卦镜"，径9.3厘米，镜背铸五岳神符，外部靠镜缘铸后天八卦图像，卦间插铸"康熙五十九年六月"八字[3]，当为康熙五十九年（1720年）造。《故宫藏镜》另著"乾隆五岳真形镜"一面，径13.55厘米，镜背内饰符箓，外饰铭文："五岳真形，传青鸟使，大地河山，蟠萦尺咫，写象仙铜，明鉴万里。"[4]

图7-2-49　江苏太仓娄东乡明崇祯十二年（1638年）黄元会夫妇墓女棺出土五岳真形符铜镜摹本（采自《考古》1987年第3期，第251页，图二：右）

一般认为"五岳"是指东岳泰山、南岳衡山、西岳华山、北岳恒山、中岳嵩山这五大名山。道教的五岳真形图就是用某种图符作为五岳名山的象征，作为人们与五岳主神交通的信物，是一种护身符性质的东西，随

1 苏州博物馆考古组、太仓县博物馆：《苏州太仓明黄元会夫妇合葬墓》，《考古》1987年第3期。
2 （宋）《宣和博古图》卷二十八，（清）黄晟亦正堂刻本。
3 郭玉海：《故宫藏镜》，北京：紫禁城出版社，1996年，图185。
4 郭玉海：《故宫藏镜》，北京：紫禁城出版社，1996年，图195。

葬墓中可以起到辟邪压胜之用[1]。江苏太仓明黄元会夫妇墓及旧金石文献所著录五岳真形镜，实为以五岳符为五岳图制镜。按道书文献说法，符箓的佩戴方法有“欲佩之法，以青为缯，或用白为缯，盛以紫囊，或带之头上，或带之心前，或肘后”之分[2]。黄元会夫妇墓出土五岳真形镜置于胸前符合道书所载“带之心前”之说，当为护心之镜，辟除一切精灵古怪对墓主魂灵的侵扰。

4. 堪舆罗经图

宋明墓葬，尤其是南方地区宋明墓葬中，有不少风水堪舆术的内容，其中较具代表性的为堪舆罗经图。

彭州市博物馆藏北宋宣和三年（1121 年）宋承富砖质华盖宫文券券盖，内容复杂，券石中部线刻三层圆圈，外层圆圈之外的四方分别刻有八卦符号，并刻“人道”“鬼路”“天门”“地户”等。最里层圆圈内刻一正方形线框，内刻华盖宫文券文，中间圆圈内分等份刻二十四星宿部分名称。最外层圆圈内亦分等份镌刻天干地支和八卦符号（图 7-2-50）[3]。

四川大学张勋燎教授认为此为一南北倒置的四层堪舆罗经图，第一层环内大方框四方与环线间为坎、离、震、兑四卦卦象，和第四层乾、坤、艮、巽四卦构成完整的后天八卦象。“人道”“鬼路”“天门”“地户”代表八卦九宫方位西南、东北、东南、西北。第三层包括八天干、十二地支和乾、坤、艮、巽四卦，分布在 24 个不同方位，当为堪舆罗经中的“二十四山”。第二层共计 20 个星名，24

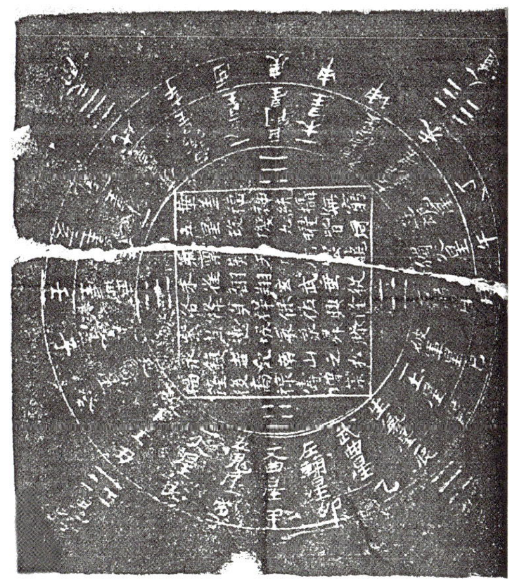

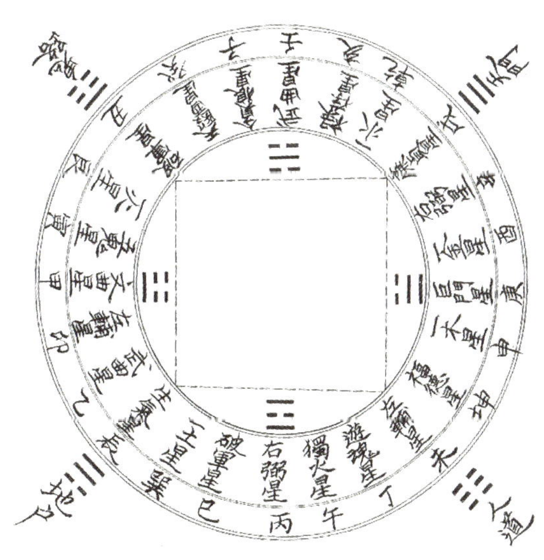

图 7-2-50　四川彭州北宋宣和三年（1121 年）宋承富墓出土堪舆罗经图拓片
（彭州博物馆藏，采自《南方民族考古》第七辑，第 306 页，图一；第 307 页，图二）

1 张勋燎：《江苏明墓出土和传世古器物所见的道教五岳真形符与五岳真形图》，张勋燎、白彬：《中国道教考古》第 6 册，北京：线装书局，2006 年，第 1752 页。

2《道藏》第 32 册，北京：文物出版社，上海：上海书店，天津：天津古籍出版社，1988 年，第 633 页。

3 成都文物考古研究所、成都博物院：《成都出土历代墓铭券文图录综释》上册，北京：文物出版社，2012 年，第 346—352 页。

个星位，当为堪舆罗经上的“坐山九星”[1]。

宋承富堪舆罗经券图四层，由内至外第一层天池内置后天八卦坎、离、震、兑，第二层坐山九星九曜，第三层二十四山，第四层乾、坤、艮、巽四卦，称天门、地户、人道、鬼路等“四门”，虽整个罗盘层数不多，但与古代堪舆罗经文献中基本的层数吻合。

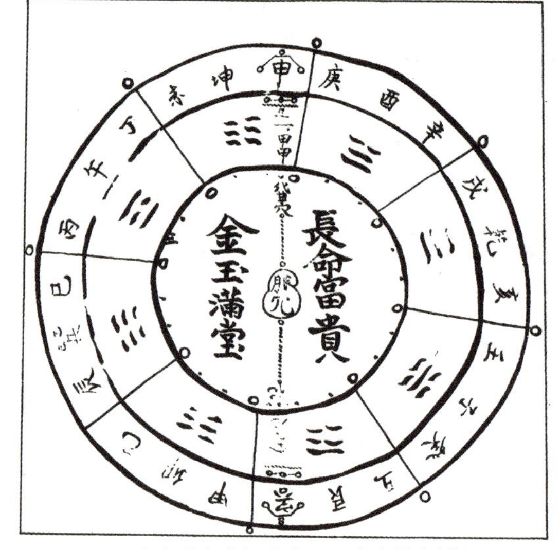

图 7-2-51 湖北秭归庙坪明墓 M67 出土堪舆罗经图

（采自《秭归庙坪》，第 278 页，图二四八）

宋承富堪舆罗经券图是迄今为止考古出土年代最早的风水罗盘图像。既为堪舆罗经图，则其当属风水堪舆遗存。然其道教属性，以及道教与堪舆术融合的特点亦很明显。与堪舆罗经图伴出的，尚有道教“华盖宫文”、买地券各1件。罗经图与“华盖宫文”在北宋宋承富墓中应是上下扣合，成套放在墓内使用的；罗经图天池方框内刻写的八行 64 字之“华盖宫文”，是一种道教性质的东西，然券文中既有道教的内容（如“华盖福神”），又有专门解释罗经之风水堪舆方面的文字（如“五星璇玑，九曜皆同”）。此种将道教“华盖宫文”与堪舆罗经配套使用、将道教“华盖宫文”纳入堪舆罗盘内环方框内的做法，亦是道教与风水堪舆相互影响、彼此融合的很好说明[2]。

1997 年，考古工作者在湖北秭归庙坪遗址发掘明墓 20 座，其中 M67（竖穴土坑墓）墓底西壁和墓底中部残存二方灰色铭砖。M67：2 号砖“方形。一面朱书八卦、天干地支及‘金玉满堂，长命富贵’八字”（图 7-2-51）[3]。已刊布的摹本显示，该砖画面由三个直径大小不同的同心圆线自内向外构成三层环带，内层环线内侧和第三层环线外侧各有八个小圆圈相互对应，相对应之二小圆圈均各画有直线连接，将二、三两层各分为面积相等的八区。第二层刻八卦卦象，每区一卦。但仅有坎、离、乾、坤四卦卦爻方位正确，艮、巽、震、兑四卦卦爻皆错乱[4]。第三层的八区，按顺时针方向依次刻“庚酉辛”“戌乾亥”“壬子癸”“丑艮寅”“甲卯乙”“辰巽巳”“丙午丁”“未坤申”等八组文字，每区一组三字，距离相等，分别与第二层之八卦卦象相对应。在“申”与“寅”二字相对的第二层

1 张勋燎：《我国南方宋明墓葬出土墓券堪舆罗经图和有关方位文字考说——兼论堪舆与道教的关系》，四川大学博物馆等：《南方民族考古》第七辑，北京：科学出版社，2011 年，第 312、320 页。

2 张勋燎：《我国南方宋明墓葬出土墓券堪舆罗经图和有关方位文字考说——兼论堪舆与道教的关系》，四川大学博物馆等：《南方民族考古》第七辑，北京：科学出版社，2011 年，第 305—352 页。

3 湖北省文物事业管理局、湖北省三峡工程移民局编：《秭归庙坪》，北京：科学出版社，2003 年，第 278 页，图二四八。

4 张勋燎教授认为，第二层所刻八卦卦象虽有四卦卦爻严重错乱，但坎、离、乾、坤四卦卦爻方位正确，且第三层的八区二十四方位文字和排序也都正确规范。他认为造成其余四卦错乱的原因，可能是图像的摹绘者对八卦卦爻和有关方位材料不熟悉，加上出土时画迹模糊不清造成的摹写失真，这种错乱可据八卦所对应的第三层二十四方位名称位置加以校正复原，参看张勋燎：《我国南方宋明墓葬出土墓券堪舆罗经图和有关方位文字考说——兼论堪舆与道教的关系》，四川大学博物馆等：《南方民族考古》第七辑，北京：科学出版社，2011 年，第 325、326 页。

环线上，两侧各画出用直线连接的三个小圆圈，其排列方式，外侧者中间一圈高起略呈三角形，内侧者作水平状，均各画有直线连接。此外，第一层环线内侧的八个小圆圈之间，各画两个距离相等的小圆点，将由八个小圆圈所划分的八个区段每段再分为三等分。内侧作水平状排列并有直线连接的三个小圆圈之下，另画一短横线与小圆圈连线平行，其下各竖书二字，靠“申”字方位者为“甲申”，靠“寅”字方位者已模糊莫辨。另在第一层圆环正中画一竖线，上端靠近第二层“甲申”二字处书有“坐（或墓）穴”二字；中心处用细线勾画出一葫芦形图像，内书“眼穴”二字，左右两侧书“金玉满堂”“长命富贵”两行大字。第一层的这一条竖线及其附属有关文字、图像，与上方第二层的“甲申”二字、第三层的“申”字和下方第二层的“□□”二字、第三层的“寅”字都在一条直线上。

张勋燎教授认为此为一个三层堪舆罗经图，自内向外，中央第一层为天池，第二层为后天八卦卦象，第三层二十四山。第一层环线内侧和第三层环线外侧八个小圆圈直线连接，将二、三两层各分为大小相同的八区，第三层每区各有三个表示方向的文字与第二层的一卦象对应，表示一卦管三山。连接第三层内上方的“申”字与下方的“寅”字那条直线应为墓坑的中轴线，表示墓穴正处在龙脉线上。“眼穴”二字表示此为墓坑的中心位置，也就是一般所说墓葬之“腰坑”；“坐穴”或“墓穴”表示墓葬的坐向，联系第三层那条直线上下两端所书的“申”“寅”二字看，说明该墓为申山寅向即坐申向寅，即坐西南略偏西向东北略偏东。墓向的选择，除山水地貌环境外，还需考虑墓主的属相和下葬日期，该墓天池正中竖线即“正穴脉”线上部靠近坤卦卦象与“申”字处的“甲申”二字，可能是代表死者的属相（生年干支）或葬年干支[1]。

秭归 M67 明墓出土罗经图只有天池、八卦卦象和地盘正针二十四山三层，是堪舆罗盘中比较简单的一种，虽层数不多，内容简单，但容易掌握、便于使用，尤其适合主要根据山水地貌选择墓地、确定墓向而不是特别讲究方位的形势派堪舆葬师们的需求，它在山高谷深的三峡地区秭归明墓中被发现，在一定程度上反映了明代堪舆术在三峡地区的流行，时代虽晚，但类似的材料发现极少，是弥足珍贵的实物资料[2]。

5. 河图洛书墓券与契砖

河图洛书是由若干组始于一终于九和始于一终于十的数字，按照一定方式排列组合而成的图像，属于《易》学之象数学范畴，有多种不同含义和用法[3]。始于一终于九者为数共九组，其排列组合形式是“戴九履一，左三右七，二、四为肩，六、八为足，五在中央”，每一横行、纵列相加皆成十五，总数四十五（图 7-2-52）。始于一终于十者为数共十组，其排列组合形式是“一与六同宗而居北，二与七为朋而居南，三与八同道而居东，四与九为友而居西，五与十相守而居

1 张勋燎：《我国南方宋明墓葬出土墓券堪舆罗经图和有关方位文字考说——兼论堪舆与道教的关系》，四川大学博物馆等：《南方民族考古》第七辑，北京：科学出版社，2011 年，第 326、327 页。
2 张勋燎：《我国南方宋明墓葬出土墓券堪舆罗经图和有关方位文字考说——兼论堪舆与道教的关系》，四川大学博物馆等：《南方民族考古》第七辑，北京：科学出版社，2011 年，第 328 页。
3 张勋燎：《川渝黔地区考古发现的河图洛书与先天八卦图研究》，张勋燎、白彬：《中国道教考古》第 4 册，北京：线装书局，2006 年，第 1063、1064 页。

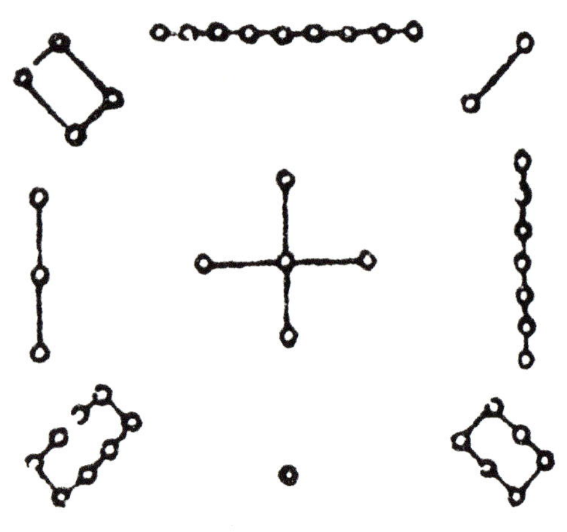

图 7-2-52　洛书
（采自《玉清无极总真文昌大洞仙经》卷一，《道藏》第 2 册，第 601 页下）

图 7-2-53　河图
（采自《玉清无极总真文昌大洞仙经》卷一，《道藏》第 2 册，第 601 页上）

中”[1]，即下一、六，上二、七，左三、八，右四、九，中五、十，总数五十五（图 7-2-53）。两种象数图，终于九者，一般简称为“九”；终于十者，一般简称为“十”。何为河图，何为洛书，众说纷纭，意见很不统一。有主九河十洛者，有主九洛十河者。南宋时期，少数人仍主九河十洛，但多数人主十河九洛。元代前后，蜀中之人对河图、洛书较为普遍的看法是：十组数字按五方排列，总数为五十五者乃河图；九组数字按九方排列，总数为四十五者是洛书[2]。

河图洛书实物在宋元明墓葬中皆有出土，西南地区的四川、重庆、贵州分布最为集中，邻近的鄂西一带亦有出土。

宋代的河图洛书实物数量不多，其中洛书见于四川华蓥、重庆南宋墓。四川华蓥安丙家族石室墓之 4 号墓用钱币摆设而成的由 1、3、5、7、9 五组数字构成的洛书象数图案[3]。将数字中的五组奇数抽出来单独组合使用，应属洛书图案之简化或变体。前述中国三峡博物馆（原重庆市博物馆）早年入藏的南宋绍定三年（1230 年）王夔砖刻墓券，墓券两面凿刻，正面刻楷书咒文九行，背面刻画从一到九共九组数字，按九个不同方位排列，总数为四十五之洛书象数图案（参见图 7-2-34）。河图见于南宋咸淳三年（1243 年）贵州播州土司杨文及其夫人田清惠夫妇石室墓出土镇墓券，券文正面刻画从一到十共十组数字，按五个不同方位排列，总数为五十五之河图象数图案[4]。这是迄今为止我国发现的最早的河图实物。

元代的河图洛书遗存数量稍多，只见于墓券，均为按五方排列，总数为五十五之河图，如重庆市博物馆藏重庆北碚区元墓出土元代元贞三年（1297 年）袁梦彪砖墓券[5]、贵州德江县元墓出土元代大德元年（1297 年）田惟成砖墓券[6]、

1《道藏》第 33 册，北京：文物出版社，上海：上海书店，天津：天津古籍出版社，1988 年，第 193 页。

2 张勋燎：《川渝黔地区考古发现的河图洛书与先天八卦图研究》，张勋燎、白彬：《中国道教考古》第 4 册，北京：线装书局，2006 年，第 1120—1132 页；张勋燎：《重庆、四川成都和湖北秭归新发现的河图洛书遗迹》，《长江文明》第一辑，重庆：重庆出版社，2008 年，第 1 页。

3 四川文物考古研究院、广安市文物管理所、华蓥市文物管理所编：《华蓥安丙墓》，北京：文物出版社，2008 年，第 102—104 页。

4 贵州省文物考古研究所所长周必素研究员见告。

5 重庆市博物馆编：《中国西南地区历代石刻汇编》第 1 册，天津：天津古籍出版社，1998 年，第 94 页。

6 潘成义主编：《中国西南地区历代石刻汇编》第 19 册，天津：天津古籍出版社，1998 年，第 8 页。

重庆合川出土元代至顺三年（1332 年）吴祖寿石墓券[1]、重庆合川出土元代至元五年（1339 年）何四娘墓券（图 7-2-54）[2]、四川华蓥市阳和乡元墓出土至正五年（1345 年）僧惠聪石墓券[3]。

图 7-2-54 重庆合川元代至元五年（1339 年）何四娘墓券

（采自《中国西南地区历代石刻汇编》第 1 册，第 93 页）

明代的河图洛书实物发现比较多，均为墓券，以四十五数之洛书居多，见于四川成都、南充明墓。典型者如温江区文管所藏万历十六年（1588 年）陈氏大石券，按四正四隅方位刻从一到九九组象数，构成四十五数之洛书[4]。都江堰市文物管理局藏万历十六年（1588 年）“侍佛买地亡人福睿”石券，环刻九组象数构成四十五数之洛书，用太极九宫作为固定的方向来指示兆域内九方神位，再以转动后的八卦卦位指示墓向（图 7-2-55）[5]。此例材料对了解洛书九宫图像具有重要意义。成都市郊出土永乐六年（1408 年）蒋子明买墓券[6]、彭州市博物馆藏正德十五年（1520 年）鄢宽石券[7]、南充市文管所藏明正德十五年（1510 年）王恺墓券[8]，亦有洛书材料出土。五十五数之河图材料，见于都江堰市文物管理局藏明弘治二年张氏三石券，按五方排列，中央为带“元亨利贞”字样的两组五梅花数像图，当为一幅误刻的河图象数图[9]。成都文物考古研究所藏明弘治十六年（1503 年）吴氏大石券，后天八卦内刻长线相连呈梅花形排列的五个小圆圈[10]。此例材料与南充市文管所藏明隆庆六年（1572 年）张氏大墓券构图方式一致[11]，当均为由十组数象成五方排列的河图象数的简化形式。

1 重庆市博物馆编：《中国西南地区历代石刻汇编》第 1 册，天津：天津古籍出版社，1998 年，第 98 页。

2 重庆市博物馆编：《中国西南地区历代石刻汇编》第 1 册，天津：天津古籍出版社，1998 年，第 93 页。

3 袁明森、张玉成：《从志聪买地券的发现看元代的丧葬习俗》，《四川文物》1996 年第 5 期。

4 成都文物考古研究所、成都博物院：《成都出土历代墓铭券文图录综释》下册，北京：文物出版社，2012 年，第 966、967 页。

5 成都文物考古研究所、成都博物院：《成都出土历代墓铭券文图录综释》下册，北京：文物出版社，2012 年，第 961、962 页。

6 张勋燎：《中国历史考古学论文集》中册，北京：科学出版社，2013 年，第 465 页。

7 成都文物考古研究所、成都博物院：《成都出土历代墓铭券文图录综释》中册，北京：文物出版社，2012 年，第 737 页。

8 重庆市博物馆编：《中国西南地区历代石刻汇编（四川重庆卷）》，天津：天津古籍出版社，1998 年，第 122、123 页。

9 成都文物考古研究所、成都博物院：《成都出土历代墓铭券文图录综释》中册，北京：文物出版社，2012 年，第 593、594 页。

10 成都文物考古研究所、成都博物院：《成都出土历代墓铭券文图录综释》中册，北京：文物出版社，2012 年，第 653、654 页。

11 重庆市博物馆编：《中国西南地区历代石刻汇编（四川重庆卷）》，天津：天津古籍出版社，1998 年，第 15、16 页。

图 7-2-55 成都都江堰市文物管理局藏万历十六年（1588 年）“侍佛买地亡人福睿”石券券阴拓片

（采自《成都出土历代墓铭券文图录综释》下册，第 962 页，图版六五七）

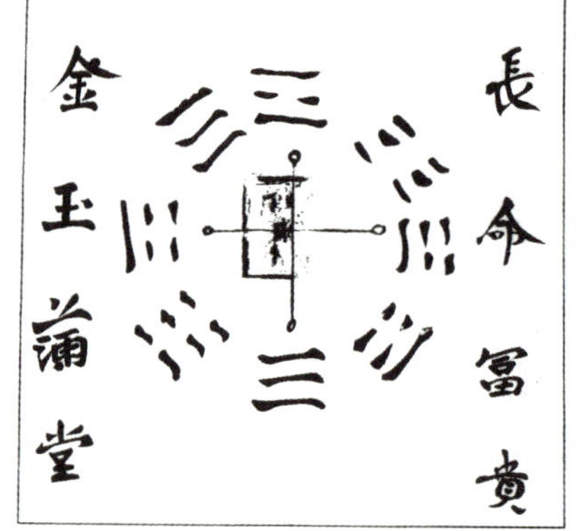

图 7-2-56 湖北秭归庙坪明墓 M19 出土河图墓券

（背面，采自《秭归庙坪》，第 271 页，图二三六：下）

1997 年，考古工作者在湖北秭归县西陵峡归州镇庙坪古遗址发掘明墓 20 座，其中 3 座为同坟异葬砖墓，余皆为竖穴土坑墓[1]。这批明墓一共出土契砖 18 件，“多置于头龛，少数置于墓底中部。契砖形制相同，契文皆朱书，字体笔画不规整，内容多与道教有关的八卦图、道符及亡灵与山神的合同等，目的是希望死者安乐富贵，从一个侧面反映了道教对当时人们生活的深刻影响”[2]。有学者在对这 18 件契砖材料进行仔细考察后指出，至少有 3 件是河图契砖[3]。

其一是明代 M19 出土契砖（M19：2）。契砖背面正中绘八卦，两侧书“长命富贵，金玉满堂”八字，内圈画一“十”字线，线端各有一小圆圈。“十”字线正中交叉处当有一小圆圈，今摹本缺失（图 7-2-56）。四川大学张勋燎教授认为，这是一件由 10 组数象按东、南、西、北、中五方排列的河图数象的简化图形。正面契文存字不多，其中有“岁主值符之神月主值符之神日主值符之神时主值符之神”字样，末行大字书“祖师三天扶命（教）大法师张在天判给”[4]（图 7-2-57）。

其二是明嘉靖四年（1525 年）M11 头龛出土的青灰契砖（M11：3）。契砖背面正中绘制一后天八卦图，上方书榜题“八卦之图”四字，卦圈内中间九个小圆圈作三行三列整齐排列，两侧之各圈皆以斜线相连，左侧下二圈之间及右侧上二圈之间画竖线连接，中间一列则均无连线（图 7-2-58）[5]。四川大学张勋燎教授认为，这种按洛书九宫方位排列而由九个小圆圈连线组成的图像，其构图方法与上述 M19：2 号契砖河图数象相同，每组数象都只用一个小圆圈作代表，亦是一种简化了的洛书数象。正面契文多脱蚀，后半部分“右给付山家地里（理）古老前贤收照”，“嘉靖四年岁次乙酉”纪年；半字“合同”；“……张坚固”“……

1 湖北省文物事业管理局、湖北省三峡工程移民局编：《秭归庙坪》，北京：科学出版社，2003 年。

2 湖北省文物事业管理局、湖北省三峡工程移民局编：《秭归庙坪》，北京：科学出版社，2003 年，第 280 页。

3 张勋燎：《重庆、四川成都和湖北秭归新发现的河图洛书遗迹》，《长江文明》第一辑，重庆：重庆出版社，2008 年，第 8—10 页。

4 湖北省文物事业管理局、湖北省三峡工程移民局编：《秭归庙坪》，北京：科学出版社，2003 年，第 271 页。

5 湖北省文物事业管理局、湖北省三峡工程移民局编：《秭归庙坪》，北京：科学出版社，2003 年，第 241 页。

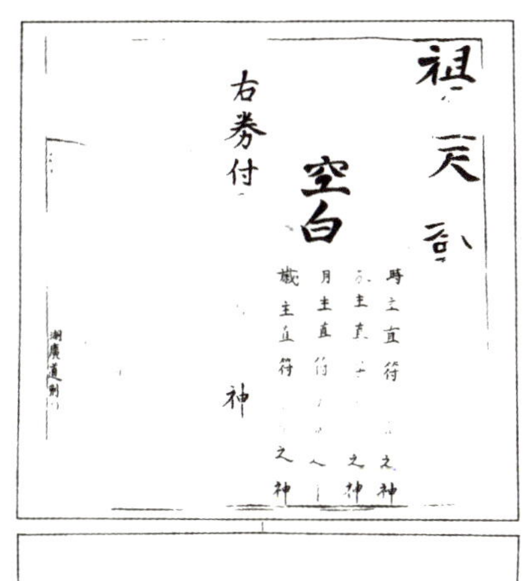

图 7-2-57　湖北秭归庙坪明墓 M19 出土河图墓券
（正面，采自《秭归庙坪》，第 271 页，图二三六：上）

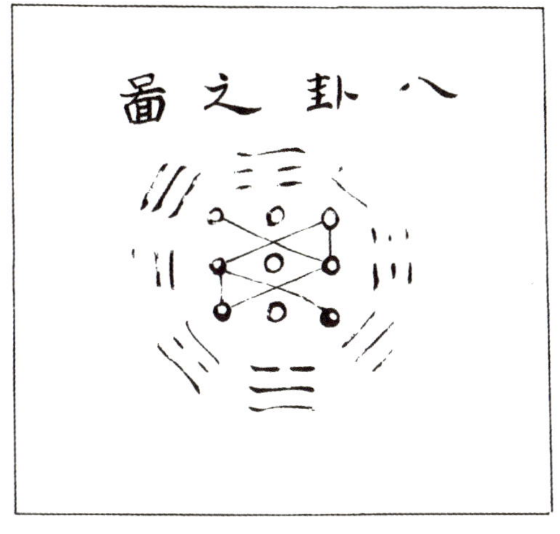

图 7-2-58　湖北秭归庙坪明墓 M11 出土河图契砖
（背面，采自《秭归庙坪》，第 241 页，图一九七：下）

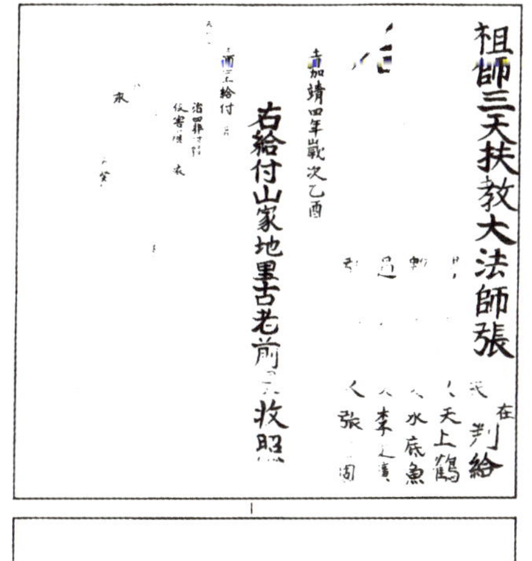

图 7-2-59　湖北秭归庙坪明墓 M11 出土河图契砖
（正面，采自《秭归庙坪》，第 241 页，图一九七：上）

图 7-2-60　湖北秭归庙坪明墓 M28 出土河图契砖
（背面，采自《秭归庙坪》，第 244 页，图二〇一：下）

李定度”“……水底鱼”“……天上鹤”等卖地人、说合人、见证人、读契人姓名；文末有“祖师三天扶教大法师张在天判给”字样[1]（图 7-2-59）。

其三是明嘉靖四年（1525 年）M28 头龛出土的契砖（M28：4）。契砖背面正中绘先天八卦图，卦圈内中间九个小圆圈作三行三列整齐排列，两侧之各圈皆以斜线相连，左侧下二圈之间及右侧上二圈之间亦有竖线连接，中间一列无连线。八卦圈外四角书“八卦之图”四字[2]（图 7-2-60）。图形的画法与上述 M11：3 号契砖券相同，亦是一种简化了的洛书数象。正面券文脱落严重，其中有“盖闻阴阳……生者卜其宅兆死（？）者”“书契人天上鹤，鹤飞天上去，鱼在水”“右给付山家地里（理）古老前贤收照。嘉靖四年岁次乙酉，九月十四日给”“引领人张

1 湖北省文物事业管理局、湖北省三峡工程移民局编：《秭归庙坪》，北京：科学出版社，2003 年，第 241 页。

2 湖北省文物事业管理局、湖北省三峡工程移民局编：《秭归庙坪》，北京：科学出版社，2003 年，第 241 页。

坚固／过（？）钱人李定度／数钱人水底鱼／书契人天上鹤”“祖师三天扶教大法师张在天判给”等字样[1]（图7-2-61）。

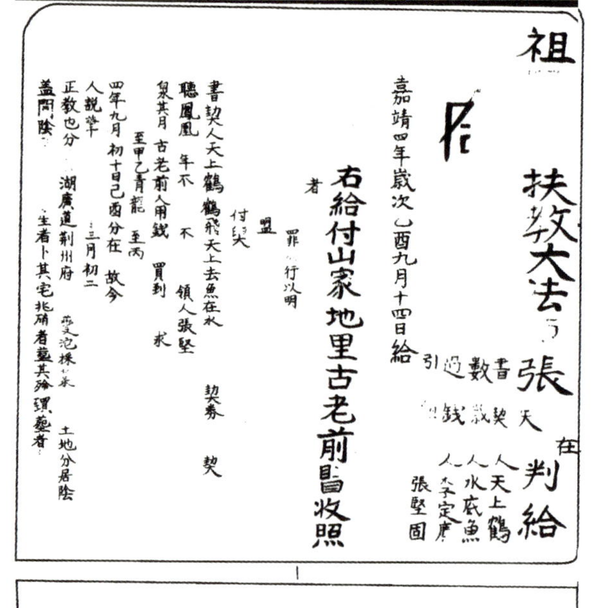

图 7-2-61　湖北秭归庙坪明墓 M28 出土河图契砖
（正面，采自《秭归庙坪》，第 244 页，图二〇一：上）

五十五数之河图、四十五数之洛书可单独使用，分别代表与五方、九宫有关的方位，可单独使用，亦可与八卦、干支配合运用于葬埋堪舆，其含义一是标示墓向和墓葬所在的山向；二是说明墓葬茔域范围内的天星地曜、山水龙脉等自然环境状况；三是请求各种与墓葬有关的神灵按此茔域范围进行保护，使墓主和葬家大吉大利[2]。

宋元明河洛象数实物中，道教与风水堪舆葬墓术融合的特点至为明显。一方面，上述带有河图洛书象数的实物道教色彩浓厚，如南宋绍定三年（1230 年）王夔砖刻墓券正面刻有长篇道教符咒；元代元贞三年（1297 年）袁梦彪墓券文字中出现“一如女青盟文律令”之类道教术语；湖北秭归明墓出土三件朱书契砖文字中有“祖师三天扶教大法师张在天判给”之类道教词汇。另一方面，墓券文中又有不少堪舆葬术内容，如重庆市博物馆藏重庆北碚区元墓出土元代元贞三年（1297 年）袁梦彪墓券云：“卜此坤山未穴，子癸水入，寅水出，为安厝之地。”[3]两方面的材料存在于同一河洛象数实物，充分体现了三峡地区宋元明时期，道教与风水堪舆相互交融并运用于葬墓的事实。

6. 买地券

宋元明时期买地券在全国各地都有发现，尤以南方地区出土数量最多[4]。与前述河洛象数实物一样，不少买地券具有浓厚的道教色彩，有的带道符，如江西峡江县宋景定元年（1260 年）王有四买地券文：“太上灵符，镇安幽宅。”券尾有道

1 湖北省文物事业管理局、湖北省三峡工程移民局编：《秭归庙坪》，北京：科学出版社，2003 年，第 244 页。

2 张勋燎：《川渝黔地区考古发现的河图洛书与先天八卦图研究》，张勋燎、白彬：《中国道教考古》第 4 册，北京：线装书局，2006 年，第 1157—1175 页。

3 “元代元贞三年袁梦彪砖墓券”，重庆市博物馆编：《中国西南地区历代石刻汇编》第 1 册，天津：天津古籍出版社，1998 年，第 94 页。

4 高朋：《人神之契：宋代买地券研究》，北京：中国社会科学出版社，2011 年，第 295—306 页；金石学著录和考古出土宋元买地券材料，日本学者池田温、美国学者 Valerie Hansen 先后进行过比较全面的收集和整理，参见池田温：《中国历代墓券略考》，《东洋文化研究所纪要》86，1981 年，第 193—278 页；Valerie Hansen, *Negotiating Daily Life in Traditional China: How Ordinary People Used Contracts* 600—1400, New Haven and London: Yale University Press, 1995, Appendix A, pp.233—237.

符一道[1]。亦有如四川成都龙泉驿北宋嘉祐七年（1062年）买地券文末“急急（如五帝）使者女青律令”字样[2]；河北蔚县大德二年（1298年）郭仲谦买地券文末“急急如玉帝使者女青律令”[3]；安徽合肥正统九年（1444年）陶时买地券文末“急急如玉帝使者女青律令”[4]。而江西进贤县宋代政和八年（1118年）吴助教买地券“受钱人天官道士”；江西临川县宋代淳熙二年（1175年）秦秘校买地券“书（券）人天官道士”；江西临川县宋墓出土庆元四年（1198年）朱济南买地券“书（券）人天官道士”[5]，则直接讲到书券人或买墓地受钱人为道士。江西德清县宋代宣和三年（1121年）张公买地券“今奉太上老君给地券一道”，江西分宜县宋代庆元五年（1199年）彭氏念一娘买地券“奉太上老君敕给地券一所”[6]，则直接讲到给券者为太上老君。

宋元明时期买地券有大量表示墓葬所在山向、墓向、水向等堪舆方位的文字，部分地券还对墓葬周围风水环境进行生动形象的描述[7]。如成都市新都区文物管理所藏万历二十六年（1598年）覃亨妻刘氏砖券文称“买地一穴，坐子，午向”，墓向为坐北坎向南离。券背所刻后天八卦圈，离卦在上，坎卦在下，震卦在左，兑卦在右，属后天八卦的标准卦位画法。在卦圈内正中刻一“龙”字，表示墓穴处在龙脉上。卦圈外离卦上方刻“前朱雀”与离卦相应，坎卦下方刻“后玄武”与坎卦相应，右方刻“左青龙”与兑卦相应，左方刻“右白虎”与震卦相应，整个卦位与券文所著墓向一致而与券面相反[8]。同时兼具道教和风水堪舆的内容，亦是本阶段买地券不同于汉唐买地券的一个新的重要特点。

7. 冥途路引

冥途路引是墓葬中出土的一种纸质明器，乃死者灵魂在冥世使用之通行证，起着知会冥司酆都牛头、狱卒诸神吏兵，凡遇关津渡口盘查过往鬼魂时，见引放行，赦其罪恶，不得刁难阻挡之功效[9]。迄今“冥途路引”实物仅见于明墓，主要集中于江西地区，零星见于四川地区[10]。较具代表性的是1979年发掘江西南城县原岳口公社游家巷大队万历年间（1573—1620年）益宣王朱翊鈏及其二妃李英姑、孙氏墓，在长妃李英姑墓室出土嘉靖三十五年（1556年）冥途路引一件，绵纸质，出于盖被之上，保存完好，装于葛布袋中一毛边纸封套内。尚见墨书一“封”字，

1 陈柏泉：《江西出土墓志选编》，南昌：江西教育出版社，1991年，第576页。
2 成都市龙泉驿区博物馆：《成都市龙泉驿区出土的宋、明石质买地券与镇墓券》，《考古与文物》2002年汉唐考古增刊，第90页。
3 蔚县博物馆：《河北省蔚县元代墓葬》，《考古》1983年第3期。
4 汪炜、赵生泉等：《安徽合肥出土的买地券述略》，《文物春秋》2005年第3期。
5 陈柏泉：《江西出土墓志选编》，南昌：江西教育出版社，1991年，第556、559、564页。
6 陈柏泉：《江西出土墓志选编》，南昌：江西教育出版社，1991年，第557、565页。
7 张勋燎：《我国南方宋明墓葬出土墓券堪舆罗经图和有关方位文字考说——兼论堪舆与道教的关系》，四川大学博物馆等：《南方民族考古》第七辑，北京：科学出版社，2011年，第335—340页。
8 成都文物考古研究所、成都博物院：《成都出土历代墓铭券文图录综释》下册，北京：文物出版社，2012年，第101页。
9 张勋燎：《江西、四川明墓出土的道教冥途路引之研究》，张勋燎、白彬：《中国道教考古》第5册，北京：线装书局，2006年，第1373页。
10 张勋燎：《江西、四川明墓出土的道教冥途路引之研究》，张勋燎、白彬：《中国道教考古》第5册，北京：线装书局，2006年，第1373页。

上有一方朱红印。葛布袋内满装烧纸灰。路引为木版印刷，用墨书填写死者的姓名、籍贯、出生年月和填发路引的日期。文内盖有相同的符印三方，印文为篆体符号三行大字，右下方空隙处亦印有几种道教的杂宝符号，左上方刻绘太上老君图像。路引宽 0.55 米、高 0.69 米（图 7-2-62）[1]。

图 7-2-62　江西南城县万历年间（1573—1620 年）益宣王朱翊鈏墓出土冥途路引
（采自《文物》1982 年 8 期，第 21 页，图一二）

1988 年，四川省博物馆举办全省文物普查成果展览时，展出井研明墓出土的万历四十三年（1615 年）冥途路引一纸，因从盗墓者手中缴获，引纸出土情况不详，引纸保存完好，周边饰 2.5 厘米宽云纹，边饰及引文均为墨色拓印，印鉴亦为墨色。用墨书填写死者的姓名、籍贯、出生年月和填发路引的日期。横长 0.66 米、宽 0.51 米[2]。

就文字保存比较完整的四件冥途路引实物，按引首标题“灵宝大法司”和“酆都山冥途路引”之不同，可分为“灵宝引”与“酆都引”两个类型。两种类型的冥引，不仅具体名称不同，从字数的多少到文字内容、年代范围，都有明显的差别。灵宝引文字除少数内容外皆较酆都引为详。灵宝引按东汉以来的传统，奉张陵为教主，而又与灵宝派有关。而酆都引以玄天上帝为“万法教主”及“祖师”，通篇引文不见天师张陵材料。四川大学张勋燎教授认为：“明代的冥途路引是从世宗嘉靖年间开始出现的，最初在‘灵宝派’中流行，到了穆宗以后，发行权则由‘灵宝派’转入了玄帝派之手，由灵宝引改行酆都引。”[3]

冥途路引是模仿明代实际通行的路引制度加以宗教化的产物，冥途路引的出现是与嘉靖皇帝妄道，大力扶持道教这一主要社会政治背景原因密不可分的；而道士贪财弄巧，利用各种名义敛财，仿阳世路引而创为冥途路引骗取道教信众引钱亦是冥途路引出现于嘉靖年间的一个经济原因[4]。

1 江西省文物工作队：《江西南城明益宣王朱翊鈏夫妇合葬墓》，《文物》1982 年第 8 期。

2 江玉祥：《一张新出土的明代酆都冥途路引》，陈鼓应主编：《道家文化研究》第九辑，上海：上海古籍出版社，1995 年，第 319—331 页。

3 张勋燎：《江西、四川明墓出土的道教冥途路引之研究》，张勋燎、白彬：《中国道教考古》第 5 册，北京：线装书局，2006 年，第 1373 页。

4 张勋燎：《江西、四川明墓出土的道教冥途路引之研究》，张勋燎、白彬：《中国道教考古》第 5 册，北京：线装书局，2006 年，第 1377 页。

8. 朱书板瓦

从文献记载看，朱书板瓦随葬的习俗至少不晚于北朝时期[1]，但广为流行则是在明清时期，墓葬出土实物主要集中于华北、黄河中下游一带。

河南地区 2006 年发掘的卫辉大司马墓地，在五座明清墓中出土朱书板瓦 6 件（图 7-2-63 ～图 7-2-67）。除明末清初的 M24 为带竖井式墓道洞室墓外，余 4 座清墓均为长方形竖穴土坑墓。朱书板瓦均为泥质灰陶，一端宽、一端窄，内施布纹，外为素面，其上有朱书符箓一道，部分符箓周围分别朱书“安”“镇”“大”“吉”或“回山”“作吉”。M24 出土 2 件，分别放在死者的胸、腹部，其余 4 件均置于死者头端。就相对位置关系看，M24、M4 随葬朱书板瓦皆置于棺内，其余均置于棺外[2]。就时代而论，明代朱书板瓦置于棺内死者之胸、腹部，而到清代，朱书板瓦或置于棺内，或置于棺外，以置于棺外者居多，无一例外均置于死者头端。

朱书板瓦随葬并非只有河南卫辉大司马墓地，邻近的卫辉马林庄清代墓葬[3]，洛阳明清墓葬均有发现[4]，河南之外的天津、河北、北京、山东、山西、安徽等地元明清墓葬亦有发现。因发掘报告尚未正式刊布，具体情况尚不清楚，现择要介绍如下。

天津蓟县明清竖穴土坑墓和部分石椁墓墓主头枕或胸压朱砂符咒板瓦[5]。河北张家口杨家湾清代七品官杨成及夫人王氏墓，为带墓道单室砖墓，三人合葬。棺盖上出有两件灰陶镇墓板瓦，内侧分别竖书“清故显妣王氏灵”“清诰封文林郎杨成之墓”字样，外侧有朱绘符咒，可辨“奉敕煞鬼”“镇墓”“吉”等字[6]；高阳边家务清代家族墓地，随葬品以瓷罐、镇墓瓦各 1 为一套组合，双人葬中 2 套，三人葬中 3 套，镇墓瓦上符为朱砂或墨绘，咒语为楷书或草体，可辨“除邪斩鬼”“成化”“亡□”“安镇”“墓中”等字[7]。北京密云发掘清理 104 座明清墓葬，均为竖穴土坑墓，镇墓瓦上有丹砂书写的镇墓文字，有的画有道符，可辨识的有“敕”“煞”“伏尸故气”“永不侵争”等字[8]。

上述朱书符箓中，相当部分有“敕”“奉敕”“敕令”等字样，说明该命令是从主管道教尊神那里发出的。符首多朱书三点，代表三台，其下多有北斗符号。

1 王利器：《颜氏家训集解》（增补本），北京：中华书局，2002 年，第 98 页。

2 李金凤、白彬：《河南卫辉县大司马明清墓葬出土朱书板瓦初探》，《四川文物》2012 年第 1 期。

3 2006 年夏曾参加过河南卫辉马林庄墓地发掘的四川大学考古系 2006 级硕士研究生，现在中国社会科学院考古研究所工作的付兵兵见告。

4 曾在洛阳市文物工作队工作过多年，现在中国国家博物馆工作的霍宏伟博士见告。

5 戴滨：《蓟县上宝塔唐墓及明清墓葬》，中国考古学会编：《中国考古学年鉴（2008）》，北京：文物出版社，2009 年，第 146 页；张瑞、盛立双：《蓟县桃花园明清墓群》，中国考古学会编：《中国考古学年鉴（2007）》，北京：文物出版社，2008 年，第 138 页；姜佰国等：《蓟县东大井西周遗址和汉代、明清墓葬》，中国考古学会编：《中国考古学年鉴（2004）》，北京：文物出版社，2005 年，第 107 页；梅鹏云等：《蓟县小毛庄汉代与明代墓群》，中国考古学会编：《中国考古学年鉴（2004）》，北京：文物出版社，2005 年，第 119 页。

6 樊书海：《张家口市杨家湾清代七品官员墓葬》，中国考古学会编：《中国考古学年鉴（2008）》，北京：文物出版社，2009 年，第 165 页。

7 樊书海、郭济桥：《高阳县边家务清代家族墓地》，中国考古学会编：《中国考古学年鉴（2006）》，北京：文物出版社，2007 年，第 146 页。

8 《104 座明清墓葬密云出土》，《北京日报》2008 年 11 月 20 日第 A03 版。

图 7-2-63　朱书符箓（M4：2）河南卫辉大司马明清墓 M4 出土朱书符箓摹本

（采自《四川文物》2012 年第 1 期，第 59 页，图一：1）

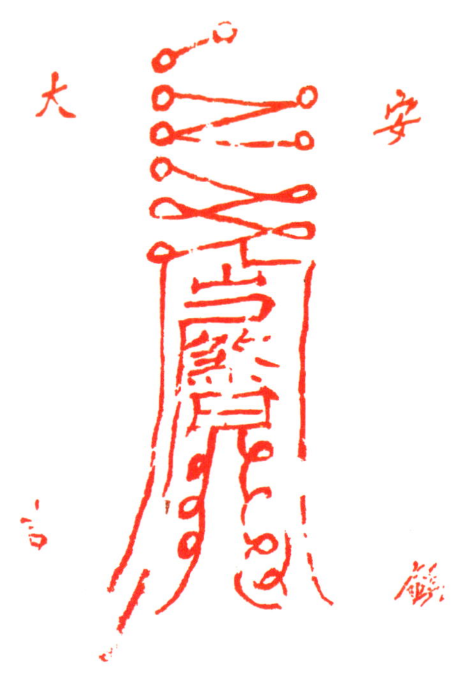

图 7-2-64　朱书符箓（M6：2）河南卫辉大司马明清墓 M6 出土朱书符箓摹本

（采自《四川文物》2012 年第 1 期，第 59 页，图一：2）

图 7-2-65　朱书符箓（M11：1）河南卫辉大司马明清墓 M11 出土朱书符箓摹本

（采自《四川文物》2012 年第 1 期，第 59 页，图一：3）

图 7-2-66　朱书符箓（M24：3）河南卫辉大司马明清墓 M24 出土朱书符箓摹本

（采自《四川文物》2012 年第 1 期，第 59 页，图一：4）

图 7-2-67　朱书符箓（M24：4）河南卫辉大司马明清墓 M24 出土朱书符箓摹本

（采自《四川文物》2012 年第 1 期，第 59 页，图一：5）

按道书文献的说法，常思三台，“生我养我，护我身形”，则众恶消除，诸善备至；生前拜北斗可求延年益寿，死后祈北斗可护命超生[1]。符箓本身及符箓两侧有“斩鬼”“煞鬼”“除邪斩鬼”“奉敕煞鬼”“伏尸故气，永不争”“安镇大吉”“镇墓大吉”“回山作吉”“神符镇墓中，片片除凶去”等语。由是观之，明清墓葬中朱书符箓的作用，显然就是斩鬼、煞鬼、镇墓。其含义是三台星君、北斗星君奉有关道教神祇的敕令，斩杀诸鬼，保护墓主身魂不受邪魔精怪的侵扰，确保死者在阴间的平安。

五、小结

宋辽金元明清道教遗存，从大的方面讲，可分遗迹、遗物两大类，遗迹可分道教石窟（摩崖造像）、道教宫观、生墓、道士墓、壁画，遗物则有镇墓文刻石、神怪俑、五岳真形铜镜、堪舆罗经图、河图洛书墓券与契砖、买地券、冥途路引、道教水陆画（黄箓画）、朱书板瓦等。较之唐代，宋辽金元明清道教遗存的数量、种类大为增多[2]。

宋辽金元明清道教遗存地域分布广泛，北京、天津、河北、河南、山东、山西、陕西、甘肃、宁夏、四川、贵州、重庆、湖北、江西、福建、广东、上海等17个省（市、区）都有发现和出土。较之隋唐时期道教遗存主要集中分布在两京地区，不能不说这是一个巨大变化。宋辽金元明清道教遗存的分布又很不平衡。朱书板瓦只见于北方地区，道教宫观、道教水陆画（黄箓画）、买地券、道士墓等在南方地区和北方地区同时都有发现和出土，但其他类型的道教遗存则主要见于南方地区，尤以四川、江西两省数量最多。

宋辽金元明清道教遗存多出自墓葬。以功用而论，墓葬出土道教遗存大体可分三种类型。第一类是专门针对在生之人而设计、安排的，主要出现在生墓中，目的是为生人消灾去祸、祈求长寿，进而成仙，典型者如“消灾真文”、墓主像（石真、石人）、生墓券等，这是少数。第二类专门针对死者而设，是墓主死后葬尸入墓时置放的各种随葬物品，目的是保卫死者尸体的完好，免受各种邪魔精怪的伤害，在诸神的帮助下“炼度幽魂”，脱落死籍，复生成仙，典型者如“五方炼度真文”、除墓主像之外的大部分神怪俑等，这是多数。第三种类型则是生墓和葬墓皆可使用者，如“华盖宫文”“天帝敕告文”“八威真文”。

宋辽金元明清墓葬道教遗存中，若干不同道派的内容都有所体现，如上清派、灵宝派、神霄雷法、全真道，还有一些派属不明的符箓派，其中以灵宝派和神霄雷法遗存最多，表明此两个道派对本阶段丧葬礼仪的影响要远远超出其他道派。值得注意的是，不同道派的内容往往并存于同一墓葬，如川西地区宋墓，上清派、

1 《道藏》第2册，北京：文物出版社，上海：上海书店，天津：天津古籍出版社，1988年，第93页。

2 唐代墓葬出土道教遗存种类有五方炼度文、五精石、柏人、铅人、石真、道士墓志铭等，可参阅张勋燎：《江苏、陕西、河南、川西南朝唐宋墓出土镇墓文石刻之研究》，张勋燎、白彬：《中国道教考古》第5册，北京：线装书局，2006年，第1451—1609页；张勋燎：《墓葬出土道教代人的“木人”和“石真”》，张勋燎、白彬：《中国道教考古》第5册，北京：线装书局，2006年，第1383—1450页；樊光春：《陕西新发现的道教金石》，《世界宗教研究》1993年第2期；武玮：《略谈唐代墓葬中的道教因素》，《文物春秋》2006年第3期。

灵宝派的镇墓文石刻经常共同伴出。这一点与唐墓出土道教遗存之道派泾渭分明，绝少混淆不同，表明宋代以后道派之间出现彼此融合的趋势。

宋辽金元明清墓葬中的道教遗存，部分出自身份等级比较高的墓葬，但绝大多数都出自普通民众的墓葬，这与唐代道教遗存大多出自皇室成员及达官贵人墓葬有所不同，表明宋辽金元时期，道教对社会上层和普通民众的丧葬仪式都有影响，但比较而言，对普通民众丧葬仪式的参与和介入更为深广。

从晚唐五代开始，墓葬中道教性质的遗物遗迹数量大增，种类、组合与过去相比也发生了很大变化，地域分布由过去主要集中分布在中原地区，转而集中在南方地区出现。宋元时期，这一格局依然如此，没有发生太大的变化。唐宋间丧葬礼仪出现的这一巨大变化和转折，应与晚唐五代以后道教白日飞升之说衰微，尸解炼度说得到很大发展有关。中原北方地区宋辽金元明墓葬中道教性质的遗物罕见，则与儒家习俗在这一地区根深蒂固、影响巨大，中原北方地区新道派的兴起和流行不无关联。

根据伴出铭刻材料，部分宋金元明墓葬可被确认为道士墓。宋金元明道士墓有一些自己的特点，但与同一时期同一地区的俗人墓相比，差别不是很大。四川、江西、上海等南方地区的宋代道士墓，与分布在北方地区的金元道士墓相比存在较大的差异，前者道教色彩浓厚，后者宗教氛围淡漠，除了时代、地域、墓主身份不同等原因外，更有可能是两个地区流行的道教在丧葬观念上存在显著差异所致。联系此前笔者对唐代以前道士墓、宋代道士墓材料的梳理和的研究，从六朝至宋元时期，道士墓始终没有太多独具特色的内容，与同时期同一地区的俗人墓相比差别不是太大，世俗丧葬礼仪与道教丧葬礼仪相互影响，比较而言，后者受前者的影响似乎更大。

旨在为生人消灾去祸、祈求长寿而出现的生墓，在宋明两代都较为流行，它是道解注代人方术与中国传统习俗相结合的产物，具有浓厚的道教色彩，其行用者既有俗人，也有道门中人。

宋元明墓葬中，道教与风水堪舆相互吸收、影响和融合的现象突出，这是由于道教和风水堪舆两者都重视墓埋，都以追求死者尸体灵魂的安全为目的。

第三节 其他宗教遗存

宋元明清时期，中国大地上信仰复杂、宗教林立，摩尼教、景教、祆教、伊斯兰教等均得到一定程度的传播和发展，各自留下了特征鲜明的实物遗存。

摩尼教、景教、祆教、伊斯兰教在唐及唐以前陆续传入中国，唐武宗年间的灭佛运动对以上四教皆有波及，尤其被称为三夷教的摩尼教、景教、祆教受到很大的冲击。宋元明时期，此四教又有各自不同的走向。

一、摩尼教遗存

摩尼教于武则天延载元年（694 年）传入中国，玄宗时渐渐被禁。763 年，摩尼教传入回鹘。8—9世纪时，在回鹘汗国取得了长足的发展，不久便替代了原来盛行的萨满教而一跃成为回鹘的国教。在回鹘首领的大力推动下，摩尼教在中原地区也得到了较大的发展，当时在三京（长安、洛阳、太原）及荆（今湖北江陵县）、扬（今江苏扬州市）、越（今浙江绍兴市）、洪（今江西南昌市）诸州各置大云光明寺一所。840年，回鹘灭亡，唐武宗遂于会昌三年（843年）废止摩尼教，唐朝境内摩尼教遭到毁灭性打击，此后在中原销声匿迹，只有少部分人在回鹘高僧呼禄法师的带领下南逃福建，隐遁福建民间[1]。

目前发现的摩尼教遗存不多，主要有新疆吐鲁番地区的摩尼教石窟寺[2]和出土的相关文书[3]；20世纪70年代福建晋江草庵前出土的宋代“明教会”瓷碗[4]；20世纪50年代福建泉州发现的元代晋江华表山摩尼教遗迹[5]，福建莆田涵江摩尼教遗址、碑刻、石雕等遗存[6]，以及浙江苍南元代《选真寺记》碑[7]，福建泉州“元代管领江南诸路明教秦教的失里门主教墓碑”[8]等。近年来，田野考古调查发现了更多的摩尼教遗存，如福建霞浦元代乐山堂、明代三佛塔和飞路塔等遗迹[9]，新近出现的摩尼教文献[10]，浙江瑞安宋代明教寺石经幢[11]等。这些遗存的详细资料尚未刊布，却为研究摩尼教的分布、流行等提供了新的材料，值得持续关注。

上述遗存集中分布在新疆吐鲁番和闽浙两个区域。就时代而言，前者主要为9—11世纪，约唐末至宋初；后者延续时间较长，贯穿宋元明各代。两个区域的摩尼教遗存特征明显不同，以下分述之。

（一）新疆吐鲁番地区

该地区摩尼教遗存主要有石窟寺院和出土文书。

1. 石窟寺院

吐鲁番地区的三个主要石窟群落吐峪沟、伯孜克里克和胜金口均有摩尼教石窟寺院。吐峪沟的摩尼教石窟寺时代较早，约在唐代；伯孜克里克和胜金口两个

1 杨富学：《敦煌吐鲁番摩尼教文献研究述评》，《吐鲁番学研究》2015年第2期。
2 晁华山：《寻觅淹没千年的东方摩尼寺》，《中国文化》1993年第1期。
3 黄文弼：《吐鲁番考古记》，北京：中国科学院出版，1954年，文第63页，图第95—100页，图版89—94；吐鲁番地区文物管理所：《柏孜克里克千佛洞遗址清理简记》，《文物》1985年第8期。
4 黄世春：《福建晋江草庵发现明教会黑釉碗》，《海交史研究》1985年第1期。
5 庄为玑：《谈最近发现的泉州中外交通的史迹》，《考古通讯》1956年第3期。
6 陈长城：《莆田涵江发现摩尼教碑刻》，《海交史研究》1988年第2期；祁顺华：《莆田市涵江新发现摩尼教文物古迹初考》，《世界宗教研究》2000年第3期；邹志鹏：《我省发现的摩尼教石碑》，《群文天地》2012年第4期下；游国鹏、刘元妹：《莆田发现的摩尼教遗物》，《福建文博》2010年第4期。
7 林顺道：《苍南元明时代摩尼教及其遗迹》，《世界宗教研究》1989年第4期；金柏东：《元〈选真寺记〉碑考略》，《东方博物》2005年第2期；林悟殊：《宋元温州选真寺摩尼教属性再辨析》，《中华文史论丛》2006年第4期。
8 庄为玑：《谈最近发现的泉州中外交通的史迹》，《考古通讯》1956年第3期；吴文良原著，吴幼雄增订：《泉州宗教石刻》（增订本），北京：科学出版社，2005年，第395页。
9 粘良图：《闽南晋江与闽东霞浦两地明教史迹比较》，《泉州师范学院学报》2012年第1期。
10 樊丽沙、杨富学：《霞浦摩尼教文献及其重要性》，《世界宗教研究》2011年第6期。
11 吕承朔：《摩尼教文化遗迹寻踪——浙闽考察散记》，《书城》2012年第2期。

石窟群中摩尼教石窟寺年代较晚，约在9—11世纪[1]。上述石窟寺一般由3—7个洞窟组成，有的寺前有共同建筑，部分洞窟内绘有摩尼教题材的壁画或题记。

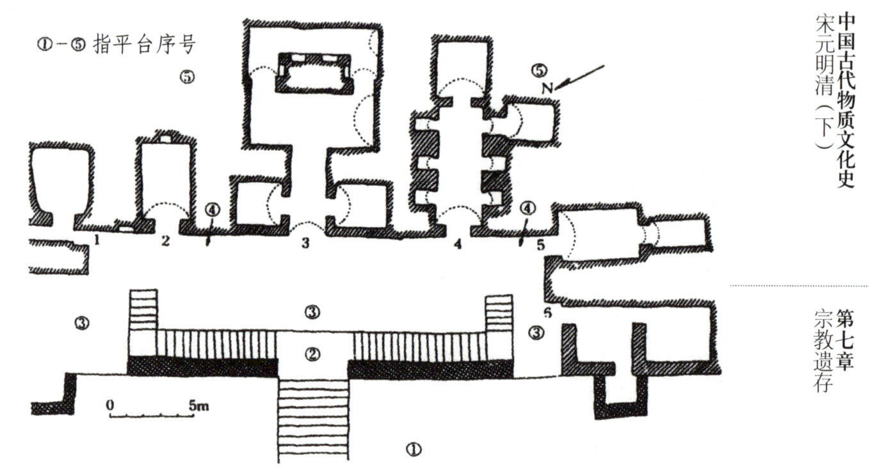

图7-3-1 新疆吐鲁番胜金口北寺平面图
（采自《中国文化》1993年第1期，第3页，图4）

（1）摩尼教石窟

吐鲁番摩尼教石窟寺院洞窟可分为两类：一类是上下有五排的五层台式；一类是由较为集中的洞窟形成一个较为独立的单元，与其他洞窟相距较远，部分窟前发现共同建筑遗迹，可称为成组式。五层台式的寺院主要有胜金口北寺和南寺。北寺规模较大（图7-3-1），左右宽约40米、上下高约12米，共5层平台，第3层是主平台，正壁有5个洞窟，第1窟有主室、旁室和通道，第2窟正壁有龛，中心第3窟是有环形道，第4窟较大，三壁开有旁室，第5窟有主室和后室；南寺规模较小，上下有5层整齐的平台，洞窟开凿于下起第1、2层平台，上方3层平台不开洞窟，但工程浩大，雄伟壮观[2]。成组式的寺院主要是伯孜克里克石窟群的中区寺和南区寺。中区寺由7个洞窟（23A、24A、25A、25B、26B、26、27A）组成，各洞窟连通或邻接在一起，其后上方的崖壁上有共用的5米高的草泥涂层；南区寺由6个洞窟（34A、35A、36A、37、38B、39A）组成（图7-3-2），各窟门外上方有一列梁孔和一列椽孔，表明当时这里有共同的前檐[3]。

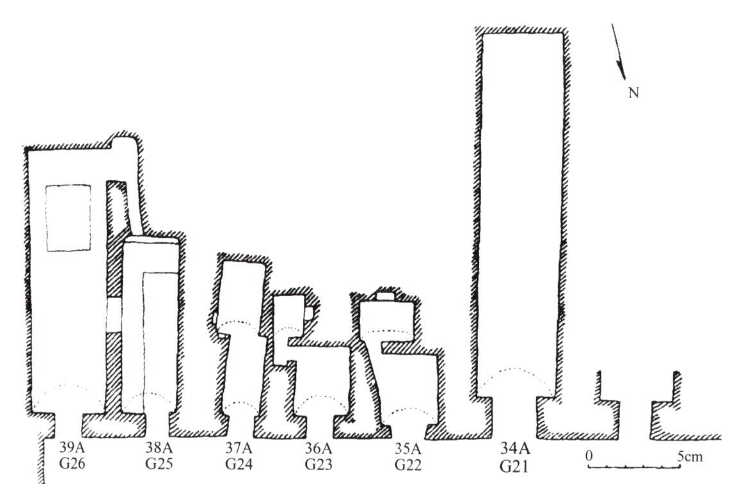

图7-3-2 新疆吐鲁番伯孜克里克南区寺平面图
（采自《中国文化》1993年第1期，第3页，图3）

组成石窟寺的洞窟，功能各有不同。典型的石窟寺由五种殿堂组成，每种各一座：经图堂、斋讲堂、礼忏堂、教授堂和病僧堂[4]。根据壁画题材及榜文的内容

1 晁华山：《寻觅淹没千年的东方摩尼寺》，《中国文化》1993年第1期。
2 晁华山：《寻觅淹没千年的东方摩尼寺》，《中国文化》1993年第1期。
3 晁华山：《寻觅淹没千年的东方摩尼寺》，《中国文化》1993年第1期。
4 林悟殊：《〈摩尼光佛法仪略〉释文》，氏著：《摩尼教及其东渐》（增订版），台北：淑馨出版社，1997年，第285页。

可将洞窟分为三类：斋讲堂、礼忏堂、教授堂。有的寺院仅有其中一个或几个堂。胜金口北寺主平台有五个洞窟（参见图7-3-1），为上述五堂。正壁中心的第3窟规模宏大，有环形礼拜道，相当于五堂中的礼忏堂；其北邻第2窟，壁画所绘葡萄树和宝树果园图，象征这里是一个教团，由高阶法师在这里宣讲经律，相当于教授堂；其南邻第4窟，壁画所绘生命树和死亡树，象征光明王国和黑暗王国，还有宝树果园和斋戒的高师，并有供斋戒修业的旁室，应相当于斋讲堂；主平台南端第5窟和北端第1窟，由于没有壁画、题记等信息，不能确定是否就是病僧堂和经图堂[1]。伯孜克里克第38B窟为教授窟，壁画绘礼赞生命树图，窟内建有坐台，供师徒打坐[2]。

（2）洞窟壁画、榜文

以上石窟寺洞窟，在11世纪以后多被改建成佛教石窟，窟内原有摩尼教题材壁画，部分被遮盖，部分已难于辨识。明确与摩尼教相关的壁画题材，多以生命树为主题（图7-3-3），包括生命树、生命树与死亡树交会、宝树果园、葡萄树、七重宝树、明使等，以及摩尼教僧人、波斯信徒、寺宇等。伯孜克里克南区寺第38B窟除绘有生命树、波斯信徒像外，礼赞生命树图[3]（图7-3-4）和寺宇图（图7-3-5）也较为典型。寺宇图上下分别是天穹和大地，天穹为七重半圆，象征摩尼教的七部大经，中间寺宁为五重台式建筑，殿堂设在下起第一、二层台内[4]。这与胜金口南寺的形制相同，第一层五个门，与胜金口北寺第三层五个洞窟的设置亦极相似。

图7-3-3　新疆吐鲁番胜金口北寺第4窟壁画分布图
（采自《中国文化》1993年第1期，第5页，图7）

图7-3-4　新疆吐鲁番伯孜克里克第38B窟礼赞生命树图
（采自《中古三夷教辨证》，第475页，图版十七）

有榜义的洞窟不多，集中在柏孜克里克第25B、27A、35A窟。伯孜克里克中区寺第27A窟正壁有帕提亚文和回鹘文题记十多行；始侧壁里端有帕提亚文竖行大字

1 晁华山：《寻觅淹没千年的东方摩尼寺》，《中国文化》1993年第1期。
2 晁华山：《寻觅淹没千年的东方摩尼寺》，《中国文化》1993年第1期。
3 有学者称其为"摩尼教三千树图"，参见林悟殊：《中古三夷教辨证》，北京：中华书局，2005年，第475页，图版十七的照片及文字部分。
4 晁华山：《寻觅淹没千年的东方摩尼寺》，《中国文化》1993年第1期。

榜文四行；末侧壁和两侧壁其他部位亦有帕提亚文榜文，但被后来的佛教窟墙壁覆盖[1]。经释读，这些文字是摩尼教的祈祷文和发愿文[2]。

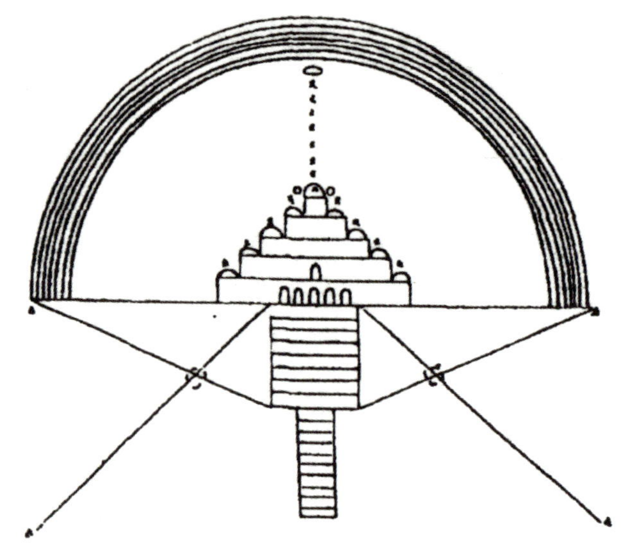

图 7-3-5 新疆吐鲁番伯孜克里克第 38B 窟摩尼教寺宇图
（采自《中国文化》1993 年第 1 期，第 4 页，图 6）

2. 出土文书

(1) 回鹘文摩尼教寺院文书[3]

此系黄文弼先生在新疆考古所获，原文称古维吾尔文写本[4]。文书为一长卷形式，现存部分长 270 厘米、高 29.5 厘米，计 125 行。文书上盖有汉字篆文红色方印（图 7-3-6），共记 11 处，文字相同，共四行，每行字数不等。印文为“大福大迴鹘”“国中书省门下”“颉于？迦思诸”“宰相之宝印”[5]。这是一件高昌地区回鹘官府以官方文件的形式颁发给摩尼教寺院的文书，约写于 9—11 世纪，其中规定摩尼教寺院占有的土地数量和享有的特权，反映出当时摩尼教寺院与农户之间的依附与被依附关系，如农户需向寺院缴纳九百六十石小麦、八十四石芝麻、二十四石豆子、三十六石小米；需向寺院缴纳棉花、苇子、甜瓜等物。除大量的实物和货币地租外，寺院中还有许多被迫做无偿劳役的杂工，如放牧工、砍柴工、制毡工、养鹅工等[6]。

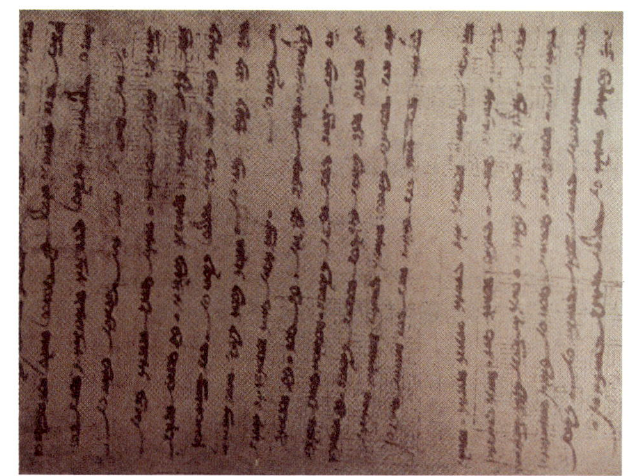

图 7-3-6 回鹘文摩尼教寺院文书局部
（采自《吐鲁番考古记》，第 100 页，图版 94）

(2) 回鹘文摩尼教文献《美味经》残卷

出自新疆维吾尔自治区吐鲁番县城东 40 多公里的木头沟河谷西岸的伯孜克里克千佛洞遗址。石窟崖前堆积中出土大量文书，其中回鹘文文书 90 余

1 晁华山：《寻觅淹没千年的东方摩尼寺》，《中国文化》1993 年第 1 期。

2 （日）森安孝夫：《ウイグルニマニ教史の研究》，大阪，1991 年，转引自晁华山：《寻觅淹没千年的东方摩尼寺》，《中国文化》1993 年第 1 期。

3 黄文弼：《吐鲁番考古记》，北京：中国科学院印行，1954 年，文第 63 页，图第 95—100 页，图版 89—94。

4 今居住在新疆吐鲁番地区的维吾尔族的先人即唐西州回鹘，其所用回鹘文在一些著作中或被称为古维吾尔文，为行文方便，本书统一称为回鹘文。

5 耿世民：《回鹘文摩尼教寺院文书初释》，《考古学报》1978 年第 4 期。

6 耿世民：《回鹘文摩尼教寺院文书初释》，《考古学报》1978 年第 4 期。

件，分别出自崖前下层堆积和 10 号窟内，有手抄本和印本二类，内容涉及佛教、摩尼教等宗教经籍。写本回鹘文摩尼教文献《美味经》残卷（80TBI，524）5 页 10 面，每一页皆两面书写，中间和后部有缺页，当属一部经典。残卷作梵夹页式的活页装。第一页（80TBI，524-1a）长 25.5 厘米、宽约 11 厘米，存墨书文字 21 行。标题上下两端各有一朵红色花瓣图案装饰，转译作《美味经》[1]。

（二）闽浙地区

该区域的摩尼教遗存比较分散，主要涉及寺庙、建筑构件、碑刻以及信众用具，较为典型的是福建泉州晋江华表山摩尼教遗存。

1. 晋江华表山摩尼教遗迹

以草庵为主的华表山摩尼教遗迹，位于福建晋江西南华表山上，距泉州城 23.7 公里，山因双峰耸立如华表，故名。草庵规模不大，由花岗石砌成[2]，单檐歇山式，四架椽，宽 167 厘米、深 340 厘米，面宽 3 栋，进深 2 间。庵后紧依巨石，正厅后壁的花岗岩摩崖上雕一圆形佛龛，直径为 170 厘米，龛内刻一摩尼佛像，为半立体浮雕坐像，身高 154 厘米、宽 85 厘米、深 11 厘米，头部长 32 厘米、宽 25 厘米[3]（图 7-3-7）。造像散发披肩，下巴有两道长须，身着宽袖衣，两手掌心向上重叠于腹前，趺坐，背后有佛光。佛像白花岗岩刻成，外妆金身。雕像左右各有摩崖碑记，皆高 29 厘米、宽 22 厘米，左边阴刻汉字 5 行 34 字："谢店市信士陈其泽立寺，喜舍本师圣像，祈荐考妣早生佛地者。至元五年戍月四日记"；右边阴刻汉字五行 52 字："兴化路罗山境姚兴祖，奉舍石室一完，祈荐先君正卿姚汝坚三十三宴、妣郭氏五九太孺、继母黄十三娘、先兄姚月涧，四学世生界者"[4]。草庵前有一自然岩石，上刻："劝念：清净光明，大力智慧，无上至真，摩尼光佛。正统乙丑年九月十三日，住山北子明书立"[5]。

图 7-3-7 福建晋江草庵内之摩尼光佛
［采自《泉州宗教石刻》（增订本），第 442 页，图 C2.2］

1 吐鲁番地区文物管理所：《柏孜克里克千佛洞遗址清理简记》，《文物》1985 年第 8 期。

2 吴文良：《泉州宗教石刻》，北京：科学出版社，1957 年，第 444 页；怀华：《福建晋江华表山摩尼教遗址》，《文物参考资料》1958 年第 4 期。

3 林文明：《摩尼教和草庵遗迹》，《海交史研究》1978 年第 1 期，转引自林悟殊：《20 世纪的泉州摩尼教考古》，《文物》2003 年第 7 期。

4 吴文良原著，吴幼雄增订：《泉州宗教石刻》（增订本），北京：科学出版社，2005 年，第 444 页。

5 吴文良原著，吴幼雄增订：《泉州宗教石刻》（增订本），北京：科学出版社，2005 年，第 444、445 页。原石"文革"时被毁，现已复原。原文"已丑年"应为"乙丑年"之误读，即公元 1445 年，林文明已撰文更正之，参见林悟殊：《20 世纪的泉州摩尼教考古》，《文物》2003 年第 7 期。

2.“明教会”瓷碗

1979年，在草庵寺前20米处发掘出土“明教会”瓷碗1件，碗残片60多块。该碗黑釉，口径18.5厘米、高6.5厘米，底高0.08厘米，碗内刻“明教会”三字。残片中间有“明”“教”“会”三字，铭文不甚完整，但与该碗字体字模相同；这些黑釉瓷碗系宋代磁灶大树威窑烧制的产品[1]。

该地出土的瓷碗或为信徒所用，可以认为草庵所在地在宋代即已成为摩尼教信众的活动地点。草庵或建于至元五年（1283年）。1313年刊刻的“元代帖迷答扫马等立的墓碑石”[2]，说明元政府专为管理江南各地摩尼教、景教等事务专门设有官职，摩尼教信众当有一定数量。至正统乙丑年（1445年），仍有公开的宗教活动，表明宋明时期该地摩尼教之流行与承继。雕像摩尼光佛，结合了典型的佛教身光以及道教衣着，兼具佛教、道教色彩的题记“清净光明，大力智慧，无上至真，摩尼光佛”十六字，前两句是中国摩尼教徒对摩尼教义的高度提炼，这四句则是以佛教偈语之形式，对教主摩尼的颂扬[3]。

（三）摩尼教遗存的特点

新疆吐鲁番地区摩尼教遗存多为石窟形式，规模较大，五层台式石窟寺的形制与壁画内容相印证，部分洞窟的功能以及大部分壁画题材可与敦煌出土唐三部汉文摩尼教残经内容互为印证[4]。文书与壁画榜题多为回鹘文，这与此一时期高昌回鹘君臣上下皆尊崇摩尼教[5]，以致后来被奉为国教[6]的历史暗合。受回鹘统治者政令[7]影响，部分洞窟后来被封闭或被改建为佛教寺院。

而闽浙地区的摩尼教遗存，虽然分布零星，但部分典型遗存有明确纪年，前后延续，反映出摩尼教信仰在该地的发展演变轨迹。福建晋江华表山草庵摩尼石雕像，是目前全世界仅见的一尊，具有很高的学术价值，其形象及偈语之佛、道色彩，是唐宋时摩尼教与道教相互依托，并逐渐本土化的体现[8]。

研究表明，新疆吐鲁番地区摩尼教是从陆路传入中国的[9]，而宋明时期东南沿

---

1 黄世春：《福建晋江草庵发现明教会黑釉碗》，《海交史研究》1985年第1期，转引自林悟殊：《20世纪的泉州摩尼教考古》，《文物》2003年第7期。

2 夏鼐：《两种文字合璧的泉州也里可温（景教）墓碑》，《考古》1981年第1期。

3 林悟殊：《福建明教石刻十六字偈考释》，氏著：《中古三夷教辨证》，北京：中华书局，2005年，第25、26页。

4 林悟殊：《敦煌本〈摩尼光佛教法仪略〉的产生》，氏著：《摩尼教及其东渐》（增订版），台北：淑馨出版社，1997年，第189页；林悟殊：《〈摩尼教残经〉释文》，氏著：《摩尼教及其东渐》（增订版），第268—282页；林悟殊：《〈摩尼光佛教法仪略〉释文》，氏著：《摩尼教及其东渐》（增订版），第283—286页；林悟殊：《〈下部赞〉释文》，氏著：《摩尼教及其东渐》（增订版），第287—316页。

5 陈垣：《摩尼教入中国考》，氏著：《陈垣学术论文集》第一集，北京：中华书局，1980年，第335页。

6 林悟殊：《回鹘奉摩尼教的社会历史根源》，氏著：《摩尼教及其东渐》（增订本），1997年，台北：淑馨出版社，1997年，第94页。

7 （日）森安孝夫：《ウイグルニマニ教史の研究》，大阪，1991年，第148、149页，转引自晁华山：《寻觅淹没千年的东方摩尼寺》，《中国文化》1993年第1期。

8 陈垣：《摩尼教入中国考》，氏著：《陈垣学术论文集》第一集，北京：中华书局，1980年，第344、357页。

9 陈垣：《摩尼教入中国考》，氏著：《陈垣学术论文集》第一集，北京：中华书局，1980年，第342页。

海地区摩尼教的传入线路则有两种不同意见[1]，一种意见认为是海路传入的，一种意见认为系源自唐代中原的摩尼教并已高度华化。有学者将吐鲁番地区8—9世纪的摩尼画像与泉州14世纪中叶的草庵摩尼雕像进行比较研究[2]，注意到前者教主以胡人面貌出现，头戴该教特有的冠帽，以日月光明为背景，突出本教的象征手法；后者则与佛、道融为一体，以偶像的形式出现，说明随着时空与社会背景的转变，摩尼教为适应新环境而本土化，摩尼教在高昌回鹘时即已封建化，就是很好的说明[3]。

部分遗存是否是摩尼教遗存，学术界存在不同意见，如湖北英山出土的毕昇碑，有学者认为是摩尼教教徒碑[4]，也有学者认为该碑具有佛教色彩[5]；龙门大竺寺，有学者认为其最初为摩尼教寺[6]，有学者持否认态度[7]。因此，对于摩尼教遗存的认定尚需谨慎。

二、祆教遗存

祆教，又称火祆教、拜火教，是对琐罗亚斯德教的一种称谓。琐罗亚斯德教是公元前6世纪由波斯人琐罗亚斯德在波斯东部创建的，约南北朝时传入中国，隋末唐初称火祆，唐武宗会昌年后受排斥，五代、两宋尤有残存，以后在中国内地基本绝迹[8]。

属于此一阶段的祆教遗存不多，主要有泥塑雕像以及墓葬壁画，零星分布于新疆吐鲁番地区和河南尉氏县，时代分别是五代宋初以及北宋中期。

（一）新疆吐鲁番地区

新疆吐鲁番地区的祆教遗存，主要是高昌古城北10公里火焰山胜金口发现的火祆教彩色泥塑神像。神像有男有女，神态生动形象，有的贴有金箔，面貌具有明显的粟特人特点，与粟特地区出土的祆教神像极为相似。在胜金口峡谷星座窟对面，河流右岸垃圾堆出土的C号女性大神的头部，30×29厘米，头的上部及前额戴着样式奇特的小帽，黑色的帽子上有些地方特别是遮盖耳朵的部分，绘

1 林悟殊：《宋代明教与唐代摩尼教》，氏著：《摩尼教及其东渐》（增订版），台北：淑馨出版社，1997年，第141—155页；林悟殊：《福建明教石刻十六字偈考释》，氏著：《中古三夷教辨证》，北京：中华书局，2005年，第5—32、375—398页。

2 林悟殊：《泉州草庵摩尼雕像与吐鲁番摩尼画像的比较》，氏著：《中古三夷教辨证》，北京：中华书局，2005年，第33—41页。

3 林悟殊：《从考古发现看摩尼教在高昌回鹘的封建化》，氏著：《摩尼教及其东渐》（增订本），台北：淑馨出版社，1997年，第96—106页。

4 任昉：《毕昇与湖北英山出土的“毕昇碑”》，《中国文物报》1994年9月25日第3版；林梅村：《英山毕昇碑与淮南摩尼教》，《北京大学学报（哲学社会科学版）》1997年第2期。

5 孙启康：《对〈英山毕昇碑与淮南摩尼教〉一文中几个问题的商榷》，《江汉考古》2005年第2期；孙启康：《再说毕昇墓碑的物象崇拜与宗教色彩》，《出版科学》1995年第4期。

6 温玉成：《龙门天竺寺与摩尼教》，《中原文物》1986年第2期。

7 林悟殊：《龙门天竺寺非摩尼教寺辨》，《中原文物》1986年第2期。

8 中国大百科全书总编辑委员会《宗教》编辑委员会、中国大百科全书出版社编辑部编：《中国大百科全书·宗教》，北京：中国大百科全书出版社，1988年，第382—385页。

有红白两色圆形彩点；额头中央上部，有几块四角形金箔；头顶发束已缺失；小帽以红线描边，脸为白色，双颊、下颏、嘴以及额头靠近鼻子处为朱红色；眼眉为黑线条，眼皮周边描以黑线；下颏前部有个很深的小坑，使下颏显得突出有力；下颏底下画一条红色曲线，以表示双下颏[1]。编号 O 的金刚头像，出自胜金口峡谷第 2 号庙群与第 3 号庙群之间，河左岸陡峭悬崖上的庙群；20×17.5 厘米，面孔为浅蓝色，头发、眼眉以及样式奇特的唇须皆为红砖色，其中唇须以朱红色描边；上唇和眼窝也为朱红色；眼球为白色，以红色描边；瞳孔为黑色[2]。这两个火祆教神像很可能分别是粟特火祆教女神娜娜和波斯火祆教主神阿胡拉·马兹达，泥塑年代有可能晚于唐代，属高昌回鹘统治吐鲁番时期[3]。

（二）河南

河南尉氏祆教遗存以宋墓壁画中的祆教图案为主。河南尉氏县张氏镇北宋墓 M1，墓室壁画内容除墓主人画像、孝子、农作经商、飞天、花卉外，还有宗教信仰图案。宗教信仰图案分别绘于北、东、西三壁龛上侧，仿木结构砖雕下方，共三幅。三幅图案的主题内容均为一个红色大圆。北壁圆圈内为莲花底座，上托一个发出红色火焰的类似太阳的圆球；东壁圆圈内绘有一盆，盆内一支点燃的蜡烛发出红色的火焰；西壁圆圈内绘有一个火盆，盆内放置有炭火，炭火上方有燃起的红色火焰。三幅图案都与火相关，特别是北壁分明就是供奉的太阳图案，这应与北宋时期京城流行的祆教信仰有关[4]。

（三）祆教遗存的特点

新疆地区发现的祆教遗存具有明显的粟特特征，而河南尉氏县出土的祆教遗存，融合淡化的特征明显。这或与祆教传入的先后以及祆教自身的变化有关。有学者提出，火祆教传入的路线是由西向东从于阗到都善再到沙州，经河西走廊，至长安、洛阳，最后到开封；来到开封以后，便向四川、湖湘和江南一带传播。祆教由西往东、由北而南的传播过程，祆味渐淡，汉味日浓[5]。宋人孟元老《东京梦华录》描述街巷时，两处提到祆庙[6]，可见宋代汴京城内的祆庙不少。宋代祆祠、祆庙不仅数量多，而且按官方的标准享受祭祀[7]，《宋史》一书多有记载[8]。但“南

1 （德）勒柯克：《高昌——吐鲁番古代艺术珍品》（赵崇民译、吉宝航校定），乌鲁木齐：新疆人民出版社，1998 年，文第 147 页。

2 （德）勒柯克：《高昌——吐鲁番古代艺术珍品》（赵崇民译、吉宝航校定），乌鲁木齐：新疆人民出版社，1998 年，文第 148 页。

3 林梅村：《高昌火祆教遗迹考》，《文物》2006 年第 7 期。

4 开封市文物工作队、尉氏县文物保护管理所：《河南尉氏县张氏镇宋墓发掘简报》，《江汉考古》2006 年第 3 期。

5 张小贵：《唐宋祆教分布辑录》，纪宗安、汤开建主编：《暨南史学》第五辑，广州：暨南大学出版社，2007 年，第 184—195 页。

6 （宋）孟元老撰，邓之诚注：《东京梦华录注》卷三，北京：中华书局，1982 年，第 82、111 页。

7 林悟殊：《波斯琐罗亚斯德教与中国古代的祆神崇拜》，氏著：《中古三夷教辨证》，北京：中华书局，2005 年，第 322、323 页。

8 《宋史》卷一百二，志第五十五，礼五，北京：中华书局，1977 年，第 2497、2500、2501 页。

宋之后，中国典籍，罕见祆祠之名；祆祠即有留存，当亦式微极矣”[1]。与之相应的，目前尚未见到北宋以后的祆教遗存。

三、景教遗存

景教是唐代对传入中国的基督教聂斯托利派的称谓，先于公元 5—6 世纪时经叙利亚从波斯传入中国新疆，7 世纪中叶传入内地，唐武宗会昌五年（845 年）下令禁佛，波及景教，一度绝于中原地区。唐末至五代北宋之间，西北边陲地区景教活动仍十分频繁。13 世纪元朝建立后，景教再度进入中原[2]，并向南北各地发展，“也里可温”是当时对景教徒与来自欧洲的天主教教徒的蒙古语称谓[3]。

对中国景教的研究，当始于明代对“大秦景教流行中行碑”的发现及解读。随着 19 世纪末至 20 世纪初敦煌、吐鲁番、内蒙古、泉州、扬州等地景教遗存的发现，国内外学者的研究不断深入，国内研究以《中国景教》[4]一书最具代表性[5]。20 世纪 80 年代至今，随着实物遗存的不断增加，学者们从不同方面研究景教，既有专题研究，如《西域景教研究》[6]《元代泉州基督教石刻图像研究》[7]《元代基督教研究》[8]，亦有综合研究，如《中国古代基督教研究》[9]。以下重点就景教遗存的发现与研究作一介绍。

从目前考古发现材料看，景教遗存多为碑刻、十字架，另有零星的文书发现。分布范围较广泛，西至新疆，南至福建，北至吉林的广大地区皆有发现，其中内蒙古、福建泉州发现较为集中，其他地区分布零星。以时代而言，景教遗存主要集中在唐以后至元代末期，明代偶有发现。

（一）宋辽西夏金代的景教遗存

属于此一阶段的景教遗存零星分布于内蒙古赤峰[10]、福建泉州[11]、甘肃敦煌[12]、

1 陈垣：《火祆教入中国考》，氏著：《陈垣学术论文集》第一集，北京：中华书局，1980 年，第 327 页。

2 中国大百科全书总编辑委员会《宗教》编辑委员会、中国大百科全书出版社编辑部编：《中国大百科全书·宗教》，北京：中国大百科全书出版社，1988 年，第 212—213 页。

3 中国大百科全书总编辑委员会《宗教》编辑委员会、中国大百科全书出版社编辑部编：《中国大百科全书·宗教》，北京：中国大百科全书出版社，1988 年，第 448 页。

4 朱谦之：《中国景教》，北京：人民出版社，1998 年。

5 详情可参考杨富学：《回鹘景教研究百年回顾》，《敦煌研究》2001 年第 2 期；杨晓春：《二十年来中国大陆景教研究综述（1982—2002）》，《中国史研究动态》2004 年第 6 期。

6 李超：《西域景教研究》，新疆大学硕士学位论文，2012 年。

7 李静蓉：《元代泉州基督教石刻图像研究》，福建师范大学博士学位论文，2013 年。

8 黄子刚：《元代基督教研究》，暨南大学博士学位论文，2004 年。

9 黄昌渊：《中国古代基督教研究》，陕西师范大学博士学位论文，2013 年。

10 张松柏、任学军：《赤峰市出土的也里可温瓷质碑》，内蒙古文物考古研究所编：《内蒙古文物考古文集》第一辑，北京：中国大百科全书出版社，1994 年，第 672—676 页；昭乌达蒙族师专北方民族文化研究所资料室：《古松州城址发现元代也里可温教徒墓碑》，《北方民族文化》1991 年增刊。

11 吴文良原著，吴幼雄增订：《泉州宗教石刻》（增订本），北京：科学出版社，2005 年，第 413—416 页。

12 敦煌研究院编：《敦煌莫高窟北区石窟》第二卷，北京：文物出版社，2000 年，第 41—45 页。

北京[1]、河北[2]、吉林安山[3]等地。遗存以碑刻为主，材质可分石、瓷两种。另有铜质十字架出土。

1. 碑刻

景教碑刻以墓碑为主，墓碑主体纹饰多为十字架，下边承一莲花；碑文有汉文、回鹘文与古叙利亚文合璧以及八思巴文与古叙利亚文合璧等。内蒙古赤峰城子乡城子村所在的元代松州故城发现的瓷质碑[4]，胎表施白色化妆粉，再施一层透明釉；体略呈长方形，高 47 厘米、宽 39 厘米、厚 6 厘米；正面绘出黑褐色铁锈花图案：中部偏上绘十字架，十字架中心绘一圆环，环内绘一朵盛开的六瓣莲花；十字架下托一朵九瓣莲花，以十字架为主体将碑面分成的四部分中，上部两侧各写有一行古叙利亚文，下部两侧各写四行回鹘文。据回鹘文铭文可知，墓主是一位将军。至于碑刻的性质，有不同意见，或以为此乃基督教徒墓碑，或认为是纪念某将军建筑宫室、围墙后所立的记事碑[5]。立碑年代有 1241 年、1229 年、1253 年几种不同意见，但大致年代当在 1229—1253 年之间，碑的主人当是汪古部信仰景教的人。

图 7-3-8 福建泉州戴舍王氏十二小娘为故妣二亲立墓碑

［采自《泉州宗教石刻》（增订本），第 413 页，图 B47 拓片］

景教在传播过程中，融入佛教因素，并被汉族人接受，不断华化。福建泉州城区发现首例古代基督教徒合葬墓碑——戴舍王氏十二小娘为故妣二亲立墓碑（图 7-3-8）。该碑上刻有十字架，下有云朵承托。碑高 52.5 厘米、宽 25.5 厘米、厚 8.5 厘米。碑的背面琢平，正面沿碑周缘浮雕 1 厘米宽的边框，整个碑面分为上、中、下和碑榫四个部分，其中部框内竖阴刻七行汉字："至元丁丑 / 郭氏十太孺 / 故妣二亲 / 陈氏十太孺 / 正月日吉 / 戴舍王氏十二小娘 / 丙戌仲秋壬申 /"[6]至元丁丑，当为 1277 年，亦即南宋景炎二年，这是泉州目前

1 曾毅公：《北京石刻中所保存的重要史料》，《文物》1959 年第 9 期。

2 吴梦麟、熊鹰：《北京地区基督教史迹研究》，北京：文物出版社，2010 年，第 52 页。

3 王静：《中国境内聂斯脱利教遗物分布状况综述》，《人文杂志》2003 年第 3 期。

4 张松柏、任学军：《赤峰市出土的也里可温瓷质碑》，内蒙古文物考古研究所编：《内蒙古文物考古文集》第一辑，北京：中国大百科全书出版社，1994 年，第 672—676 页。

5 乔吉：《读赤峰市出土的古回鹘文碑铭》，《蒙古学信息》1995 年第 2 期；（法）James Hamilton、牛汝极：《赤峰出土景教墓砖铭文及族属研究》，《民族研究》1996 年第 3 期；鲍音：《古松州古回鹘文瓷碑考补》，《中国边疆史地研究》1996 年第 1 期；乔吉、王大方：《内蒙古赤峰市出土回鹘文景教瓷碑考》，《新疆文物》2001 年第 1、2 期；张松柏、任学军：《赤峰市出土的也里可温瓷质墓碑》，内蒙古文物考古研究所编：《内蒙古文物考古文集》第一辑，北京：中国大百科全书出版社，1994 年，第 672—676 页；张松柏：《内蒙古赤峰市松山区出土的也里可温教瓷质墓碑》，《海交史研究》1994 年第 1 期。

6 吴文良原著，吴幼雄增订：《泉州宗教石刻》（增订本），北京：科学出版社，2005 年，第 413、414 页。

发现的年代最早的景教墓碑。从碑文的行文方式及称谓看，当为汉族景教徒，与中国的二次葬俗与祖先崇拜融汇，说明在南宋中后期在泉州就有景教的流行，并与当地汉人生活习俗相融合。

2. 十字架

甘肃敦煌莫高窟北区石窟出土十字架（B105：2）一件，由圆环和十字架组成，横竖交叉的十字位于圆环中央，十字各端均伸出圆环之外 1.3—1.5 厘米，十字各端之间各有一鸟头，共 4 个，从交叉的十字、环绕十字的圆环以及圆环外的鸟头上的凹槽分析，十字架原有镶嵌物，已不存，十字架背面中部有两个铸造时留下的乳状突，可能属于佩戴的徽章[1]。其时代当为宋、西夏时期，或为景教信徒使用的徽章[2]。这种铜质十字架，或可看成为鄂尔多斯十字架铜章的前行形态[3]。

（二）元代的景教遗存

元代是中国历史上景教广为流行的一个时期，景教遗存地域分布广，包括今新疆霍城[4]、甘肃敦煌[5]、内蒙古[6]、福建泉州[7]、北京[8]、江苏扬州[9]等地，以内蒙古、福建泉州分布最为集中。遗存种类有遗址以及文书、石刻、十字架等遗物，石刻分为石墓、墓碑以及墓顶石、墓垛石等石墓构件和建筑石柱，以墓碑为主。

---

1 敦煌研究院编：《敦煌莫高窟北区石窟》第二卷，北京：文物出版社，2000 年，第 43 页。

2 敦煌研究院编：《敦煌莫高窟北区石窟》第二卷，北京：文物出版社，2000 年，第 45 页。

3 姜伯勤：《敦煌莫高窟北区新发现中的景教艺术》，中山大学艺术史研究中心编：《艺术史研究》第 6 辑，广州：中山大学出版社，2004 年，第 337—352 页。

4 黄文弼：《新疆考古的发现——伊犁的调查》，《考古》1960 年第 2 期；黄文弼：《新疆考古发掘报告》(1957—1958)，北京：文物出版社，1983 年，文第 16 页，图版八，6—8；黄文弼：《元阿力麻里古城考》，《考古》1963 年第 10 期；佘逊、容媛：《西北科学考查团之工作及其重要发现》，《燕京学报》第八期(1930 年 12 月)，第 1610 页；牛汝极：《新疆阿力麻里古城发现的叙利亚文景教碑铭研究》，《西域研究》2007 年第 1 期；成振国：《新疆阿力麻里古城又发现一块基督教叙利亚文石刻》，《文物》1985 年第 4 期。

5 敦煌研究院编：《敦煌莫高窟北区石窟》第二卷，北京：文物出版社，2000 年，第 41—45 页；(德)克罗恩、土巴奇：《敦煌出土叙利亚文基督教文献残卷》(赵崇民、杨富学译)，敦煌研究院编：《敦煌研究文集：敦煌研究院藏敦煌文献研究篇》，兰州：甘肃民族出版社，2000 年，第 493—509 页；牛汝极：《莫高窟北区发现的叙利亚文景教—回鹘文佛教双语写本再研究》，《敦煌研究》2002 年第 2 期。

6 盖山林：《阴山汪古》，呼和浩特：内蒙古人民出版社，1991 年，第 186—204、270—301 页；内蒙古自治区博物馆、锡林郭勒盟文物工作站：《苏尼特左旗恩格尔河的元代墓葬》，《内蒙古文物考古》2005 年第 2 期；明义士(James Mellon Menzies)：《汇印聂克逊先生所藏青铜十字序》，齐鲁大学《齐大季刊》第三、五合期《青铜十字专号》，济南：齐鲁大学出版，1934 年，第 1 页，转引自姜伯勤：《敦煌莫记窟北区新发现中的景教艺术》，中山大学艺术史研究中心编：《艺术史研究》第 6 辑，广州：中山大学出版社，2004 年，第 339 页。

7 吴文良原著，吴幼雄增订：《泉州宗教石刻》(增订本)，北京：科学出版社，2005 年，第 365—440 页；吴幼雄：《福建泉州发现的也里可温（景教）碑》，《考古》1988 年第 11 期。

8 曾毅公：《北京石刻中所保存的重要史料》，《文物》1959 年第 9 期；徐苹芳：《元大都也里可温十字寺考》，《中国考古学研究》编委会：《中国考古学研究——夏鼐先生考古五十年纪念论文集》(一)，北京：文物出版社，1986 年，第 309—316 页；吴梦麟、熊鹰：《北京地区基督教史迹研究》，北京：文物出版社，2010 年，第 19—56 页。

9 朱江：《扬州发现元代基督教徒墓碑》，《文物》1986 年第 3 期。

1. 寺院遗址

景教遗存中，与景教建筑相关的石刻或建筑构件偶有发现，但景教遗址极少发现。北京房山区车厂村十字寺遗址，曾在元代被改建为景教十字寺，改建前后均为佛教寺院，其为景教寺院的特征尚可寻见。该遗址距北京城区 50 多公里。寺址坐北朝南，仅存山门及大雄宝殿基址，但大雄宝殿后原依山势而建殿堂的阶地无大的变化，原寺的规模布局依稀可寻。大雄宝殿前有明代以后柱础，原大殿面阔五间，进深三间，前有台阶，殿前右方一株银杏树。银杏树旁辽碑殿前左方元碑为现代修复重立，两组也里可温十字架石刻由南京博物院收藏。经考证，该寺可能在辽崇圣院旧址基础上略有增扩，即在至正十八年（1358 年）前，这里可能建过也里可温十字寺，后又改建为佛寺[1]。

2. 遗物

(1) 文书

本阶段出土文书，皆为叙利亚文从右向左横书，双面写本，内容有礼拜仪式中使用的赞美诗片段，以及平时祷告的唱诗。甘肃敦煌莫高窟北区石窟发现叙利亚文文书，残存四整页，白麻纸，纤维交织较匀，纸较厚，质较硬，折页装。标本 B53：14（背，右），第 2 页（图 7-3-9），有文字 15 行，其中有一字为朱书，手书楷体，每行文字下方有黑、红各二点，页面宽 19.8 厘米、高 15.4 厘米，文字文面宽 16 厘米、高 11 厘米[2]，内容为《圣经》文选，摘录《旧约》中《诗篇》的内容，是景教教会使用的文献[3]。也有学者认为 B53：14 号叙利亚语文书，是供景教信仰者平时在每日黄昏祷告时唱诗之用，其节选的断句依据是唱诗时轮流应答的形式，每一行末尾的句号实际上应该是休止符号[4]。北京出元代叙利亚文也里可温唱咏歌抄本，发现于故宫午门楼，是为景教礼拜用的赞美颂，共 8 页，内容为赞颂当时从事商贾的景教徒为传播景教而牺牲的事迹[5]。

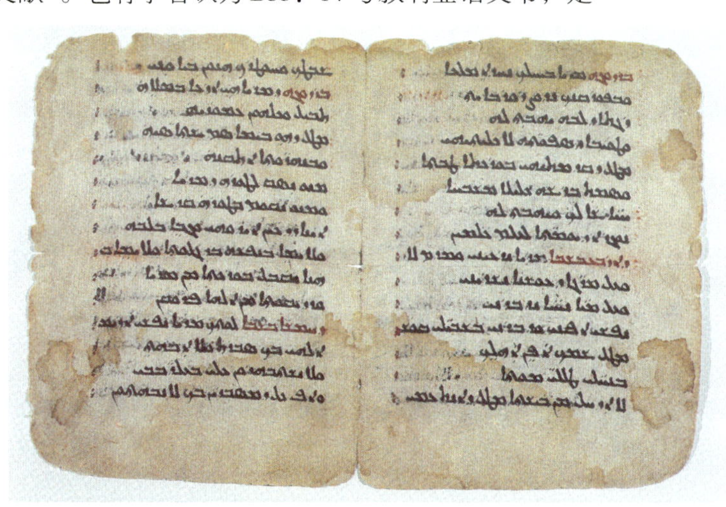

图 7-3-9　叙利亚文文书 B53：14
（敦煌莫高窟北区第 53 窟出土，采自《敦煌莫高窟北区石窟》第一卷，彩版二〇，背，左第 3 页，右第 2 页）

1 吴梦麟、熊鹰：《北京地区基督教史迹研究》，北京：文物出版社，2010 年，第 26—32 页。

2 敦煌研究院编：《敦煌莫高窟北区石窟》第一卷，北京：文物出版社，2000 年，第 194—195 页。

3 段晴：《敦煌新出土叙利亚文文书释读报告》，敦煌研究院编：《敦煌莫高窟北区石窟》第一卷，北京：文物出版社，2000 年，第 382—390 页。

4 牛汝极：《莫高窟北区发现的叙利亚文景教—回鹘文佛教双语写本再研究》，《敦煌研究》2002 年第 2 期。

5 吴梦麟、熊鹰：《北京地区基督教史迹研究》，北京：文物出版社，2010 年，第 19 页。

（2）石刻

此一时期景教墓碑皆为石质，碑文为叙利亚文。新疆发现的景教墓碑石集中在霍城县阿力麻里古城旧址，多直接在原石上雕刻，部分有十字架、莲花或十字架与莲座组合，时代多为14世纪中叶，约元代末期。1958年，黄文弼所得的一块墓碑石（图7-3-10），石面无十字架与莲花装饰，阴刻5行叙利亚文[1]，翻译为“依玛户尔牧师于希腊历1654年故去并离开此世”，希腊历的1654年对应公元1342—1343年[2]。1980年新疆阿力麻里古城发现的景教墓碑为河卵石质，呈不规则三角形，长26厘米、上宽24厘米，墓石一侧的中部阳刻叙利亚文字和十字架图案，凿刻部分略呈长方形，长14厘米、上宽11厘米、下宽9厘米[3]。十字下有莲花图案。叙利亚文字翻译为“基督徒乔治于1677年（或1674年）逝世”，时间可能是公元1365—1366年，或公元1362—1363年[4]。

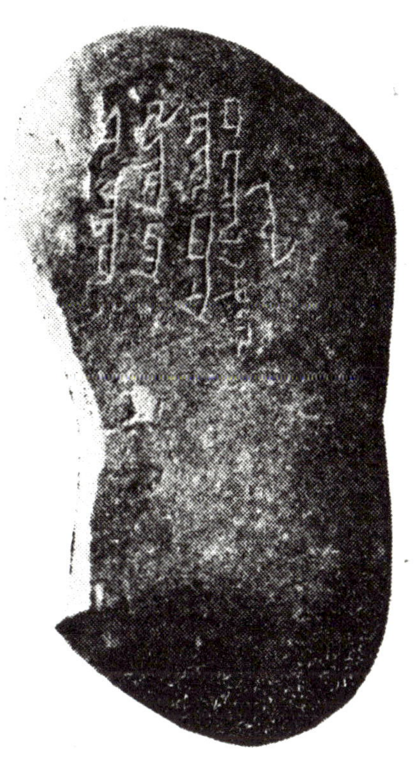

图7-3-10　新疆霍城县阿力麻古城旧址出土叙利亚文墓碑石
（采自《考古》1963年第10期，第558页，图三：1）

福建泉州发现的约40件景教石刻，包括石墓、墓碑、墓顶石、墓垛石、墓志碑、墓道碑、石墓构件、建筑石柱等，最能体现东南沿海一带景教遗存的面貌。石墓有须弥座式石墓和须弥座祭坛式石墓。石墓以及墓碑、墓顶石、墓垛石等构件所刻图案，多数以十字架，或上为十字架下为莲花或莲台的纹饰为主题。福建泉州北门城基内出土的B59须弥座式墓墓顶石，白花岗石琢成，残长63厘米、高24厘米、底宽27厘米，正面作尖拱形，尖拱下浮雕十字架，其下为莲花[5]。碑文文字新出现蒙古文，文字组合多沿袭宋辽西夏金时期，但新出现汉文与叙利亚文合璧等多种形式。福建泉州通淮门城墙下所出B37元代管领江南诸路明教秦教的失里门主教墓碑（图7-3-11），高56厘米、宽49厘米、厚9.5厘米，碑两面磨光，其正面右阴刻直书的聂斯脱利叙利亚文两行，左阴刻汉字两行53字：“管领江南诸路明教、秦教等，也里可温、马里、失里门、阿必思古八、马里哈昔牙。皇庆二年岁在癸丑八月十五日，帖迷答扫马等泣血谨志”[6]。该碑石学界多有研究[7]。其叙利亚文的翻译据日文为：“在公元1313年，聂斯托利教主教失里门师死于泉州”[8]。碑文所记内容为泉州景教的发展提供了新的实物资料。福建泉

1 黄文弼：《元阿力麻里古城考》，《考古》1963年第10期，第558页，图三，1；黄文弼：《新疆考古发掘报告（1957—1958）》，北京：文物出版社，1983年，图版八，8。
2 牛汝极：《新疆阿力麻里古城发现的叙利亚文景教碑铭研究》，《西域研究》2007年第1期。
3 成振国：《新疆阿力麻里古城又发现一块基督教叙利亚文石刻》，《文物》1985年第4期。
4 牛汝极：《新疆阿力麻里古城发现的叙利亚文景教碑铭研究》，《西域研究》2007年第1期。
5 吴文良原著，吴幼雄增订：《泉州宗教石刻》（增订本），北京：科学出版社，2005年，第424页，B59。
6 吴文良原著，吴幼雄增订：《泉州宗教石刻》（增订本），北京：科学出版社，2005年，第395、396页。
7 吴文良原著，吴幼雄增订：《泉州宗教石刻》（增订本），北京：科学出版社，2005年，第396、397页。
8 吴文良原著，吴幼雄增订：《泉州宗教石刻》（增订本），北京：科学出版社，2005年，第398页。

图 7-3-11　福建泉州元代管领江南诸路明教秦教的失里门主教墓碑、拓片
［采自《泉州宗教石刻》（增订本），第 396 页，B37］

州涂门外津头埔村水渠闸门边发现的 B51 元代管领泉州路也里可温掌教官兼兴明寺住持吴咹哆呢书须弥座祭坛式墓垛石，碑长 61 厘米、高 25 厘米、厚 10 厘米，碑面围绕 6 厘米宽的连续卷云纹浮雕图案，中刻长方形框，琢平，阴刻竖行汉字 14 行，正文字径 2 厘米，碑文如下："于我明门，公福荫里。匪佛后身，亦佛弟子。无憾死生，升天堂矣。时大德十年岁次丙午三月朔日记。管领泉州路也里可温掌教官兼住持兴明寺吴咹哆呢书。"[1] 碑文撰写者管理泉州地区的景教事宜，并为兴明寺主持，可证元代大德十年（1306 年）泉州曾经有一座聂斯脱利教教堂，称兴明寺。

内蒙古地区的石碑、墓顶石、火炬形石刻等景教遗存，多集中在汪古部地区的阿伦苏木古城、毕其格图好来陵园、四子王旗王墓梁耶律氏陵园、达尔罕茂明安联合旗木胡儿索卜尔嘎古城东北的景教墓地等地。墓顶石多为横卧式的棺形，一面刻十字架，后身多饰蔓草纹，墓碑亦多刻有十字架与莲花，碑文形式有汉、蒙、叙利亚文合璧者。在阿伦苏木古城外东部墓地，发现一块汉、蒙、古叙利亚文残碑，碑圭首，上刻十字架，其上左右分别为金鸡、玉兔，下刻莲花，碑残高 100 厘米、宽 85 厘米，汉文部分有四行[2]，部分碑文内容反映出当时景教信仰的情况。耶律公神道碑，出自四子王旗王墓梁耶律氏陵园。死者耶律子成，系从西域来的回鹘人（即后来所称的汪古部人），因其先祖在辽代做官而被赐姓，后改姓耶律，生前是景教徒，是某十字寺"主管领也里可温"的人，在汪古部某首领支持下，修建了一座规模甚大的十字寺[3]。从碑文可知，信仰景教的汪古部人是从西域来的回鹘人。元代汪古部是元皇室的姻亲之部，其封土在今内蒙古大青山南北，表明元代景教在该地区较为盛行，景教僧十分活跃。

（3）十字架

此一时期发现的十字架多出自墓葬，可分木、铁、金等不同材质，部分用于

1　吴文良原著，吴幼雄增订：《泉州宗教石刻》（增订本），北京：科学出版社，2005 年，第 418、419 页。
2　盖山林：《阴山汪古》，呼和浩特：内蒙古人民出版社，1991 年，第 271 页。
3　盖山林：《阴山汪古》，呼和浩特：内蒙古人民出版社，1991 年，第 272—276 页。

饰件。内蒙古四子王旗“王墓梁”耶律氏家族陵园M10的随葬品中，顾姑冠上有木质十字架[1]。内蒙古苏尼特左旗恩格尔河元代墓葬所出十字架金饰件，体型较大，素面，高39.6厘米、宽20.5厘米，重82.65克，为一长一短两个金片采用锤碟的方法交合于长金片上端三分之一处，形成一个十字架形状[2]。

（三）明代的景教遗存

明代景教遗存极少，北京房山区石经山曝经台九级石塔下的悬崖下发现一石经墨书题记：“大明国景教庆寿寺僧人超然，经匠道□四名，游于□□。正统三年四月廿九日游到□□□□小西天石经堂瞻礼。”[3]正统三年即1438年，说明15世纪30年代北京尚有景教庆寿寺，景教僧人四处云游布道。

（四）景教遗存的特点

宋辽西夏金时期，甘肃、内蒙古、北京等北方地区以及东南沿海的福建泉州景教活动频繁，甘肃敦煌、内蒙古以及福建泉州三个地点景教遗存相对集中，特点各异。甘肃敦煌出土十字架尚具有西亚风格，内蒙古所出瓷质碑刻有明显的地方色彩，而福建泉州墓碑则汉化特征明显。

元代，景教在我国更为盛行，有关遗存地域分布更广，但重点仍是甘肃敦煌、内蒙古和福建泉州，尤其是内蒙古和泉州，成为元代景教活动的南北两个中心。敦煌所出文书，说明元代仍有教会或教团组织在此活动，并沿用叙利亚文。内蒙古地区景教信仰则发展到极盛时期，十字架除延续前期部分特征，还出现单体无装饰的十字架饰物；汉、蒙、叙利亚文碑文的出现以及碑文内容的识读，显示出景教与佛教、伊斯兰教因素的糅合。泉州景教碑刻与内蒙古地区相似，但本地汉化因素更多，呈现出各地景教信仰者汇聚于此的特征。

有学者主要根据墓石所刻十字架纹样，将景教遗物分为两类。一类是中国式（或称东亚式），以十字架纹样的莲瓣、莲台为特征；另一类是中亚—西亚式，以十字架纹样装饰有宝玉为特征。扬州、泉州等地墓石为中国式，而北京石刻似乎两种特征兼有。东亚景教又分唐—五代式及宋元式两类，前者的十字架既饰有西方式的宝玉，又附加着东亚式特有的莲瓣或莲台等佛教艺术因素；宋元类的景教十字架，不见宝玉，代之以伊斯兰教艺术因素中的火灯窗形式的边饰。这种变化，暗示宋元时代的景教受佛教、伊斯兰教影响，而扬弃了西亚、中亚景教的原有因素[4]。

景教碑的墓主有回鹘人、汪古部人、蒙古人、汉人。新疆、内蒙古一带出土的大量回鹘语文，与泉州、扬州发现的叙利亚文、回鹘文景教碑铭的语言文字较为一致，可知泉州、扬州等地景教墓碑主人多为畏吾儿人[5]。通过对泉州发现的也里可温碑（B37）的释读分析，说明公元14世纪初泉州一带的江南各地有过很多

1 盖山林：《阴山汪古》，呼和浩特：内蒙古人民出版社，1991年，第196页。

2 内蒙古自治区博物馆、锡林郭勒盟文物工作站：《苏尼特左旗恩格尔河的元代墓葬》，《内蒙古文物考古》2005年第2期。

3 曾毅公：《北京石刻中所保存的重要史料》，《文物》1959年第9期；吴梦麟、熊鹰：《北京地区基督教史迹研究》，北京：文物出版社，2010年，第55页。

4 盖山林：《阴山汪古》，呼和浩特：内蒙古人民出版社，1991年，第283—286页。

5 牛汝极：《从出土碑铭看泉州和扬州的景教来源》，《世界宗教研究》2003年第2期。

景教徒，以致需要设置一位管理诸路明教、秦教（景教）等的教长。B37墓碑虽不采用叙利亚语文（即景教官方语），但仍用叙利亚字母来拼写突厥语，可见景教影响之大，教长（主教）本人或是一位突厥族（汪古部）人[1]。泉州在南宋时已有景教，尚不兴盛，其由来或为当时波斯商人很多到过泉州，景教随之到达泉州。13—14世纪时，南下的汪古部人、东来的回鹘人景教徒也来到泉州。泉州的景教除了自波斯由海上传入外，还有另一路是由陆路传入的[2]。此时泉州景教渐渐兴盛，似乎成为景教徒中心。这里当有一个宗教办事处，而莲花十字架是中国东方教会最典型的标志[3]。

明代景教遗存不多，说明景教的活动尽管呈现衰落之势，但并未完全停止。

四、伊斯兰教遗存

伊斯兰教7世纪初产生于阿拉伯半岛，中国旧称回教、清真教或天方教，约8世纪传入中国。唐宋元三代是伊斯兰教在中国传播的主要时期[4]。

属于宋元明时期的伊斯兰教遗存分布较广泛，遍布全国大部分省份[5]，包括南方地区的福建、浙江、广州、海南等地，以及北方地区的北京、河北、内蒙古、新疆、陕西等，大体可分为寺院、墓葬、其他三个部分。

（一）寺院

伊斯兰教寺院，一般称为清真寺，除供教徒进行礼拜等日常宗教活动的礼拜寺外，有的还附有祠墓和塔。这种组成并不固定，部分寺院三者皆有，目前仅存局部；部分寺院在历代增修过程中不断变化，留存其中一二。为便于叙述，本书将祠墓归入墓葬部分。

伊斯兰教寺院建筑留存至今不少，包括东南沿海地区著名的古寺，如泉州清净寺、广州怀圣寺等，以及分布于各地的大小寺院。

1. 泉州清净寺

泉州清净寺，原为艾苏哈卜大寺（圣友寺），位于福建泉州市区，南临涂门街，北邻八卦沟。现存清净寺的主要构成部分是石构拱门和露天奉天坛。奉天坛（图7-3-12）位于门楼西侧，坐西向东，平面呈凸字形，凸出部分称为拜坛，略呈正方形，墙宽0.98米；东向为礼拜大殿，呈不规则长方形；东、北、西面三墙

1 夏鼐：《两种文字合璧的泉州也里可温（景教）墓碑》，《考古》1981年第1期。

2 吴文良原著，吴幼雄增订：《泉州宗教石刻》（增订本），北京：科学出版社，2005年，第437页。

3 （澳大利亚）肯·帕里：《刺桐基督教石刻图像研究》（李静蓉译），《海交史研究》2010年第2期。

4 中国大百科全书总编辑委员会《宗教》编辑委员会、中国大百科全书出版社编辑部编：《中国大百科全书·宗教》，北京：中国大百科全书出版社，1988年，第460页。

5 刘致平：《中国伊斯兰教建筑》，乌鲁木齐：新疆人民出版社，1985年；福建省泉州海外交通史博物馆编：《泉州伊斯兰教石刻》，银川：宁夏人民出版社，福州：福建人民出版社，1984年；吴文良原著，吴幼雄增订：《泉州宗教石刻》（增订本），北京：科学出版社，2005年；雷昊明：《透过内地伊斯兰教古迹看回族形成发展史——伊斯兰古建筑考古随笔》，《回族研究》2006年第1期；庄为玑、陈达生：《福州新发现的元明时代伊斯兰教史迹》，《考古》1982年第3期。

宽 0.98 米，南墙宽 1.05—1.08 米，东段与门楼相连[1]。

图 7-3-12 福建泉州清净寺奉天坛基址
（采自《考古学报》1991 年第 3 期，图版拾柒：2）

奉天坛具有中国式殿堂建筑的特点：它是一座南北广五间、进深四间的独立的殿堂；四周殿墙本身无法承受奉天坛主体建筑的重量，而对其仅起到限隔与围护作用，推测奉天坛可能没有石构顶盖[2]；其屋盖形式，倾向于木构重檐鸡笼式藻井的中国风格古建筑[3]。但奉天坛建筑局部保留了伊斯兰教建筑的传统形式以及装饰，在房屋设置上迎合伊斯兰教的习惯。后者在西墙中部向外凸出一间作为“拜坛”，以适应伊斯兰教的西向为尊[4]；在东面入口有尖拱形大门；门楣由三方双侧弧形的石刻组成；西向墙面设七个尖拱形壁龛，内刻阿拉伯文，各龛间有长方形大窗；墙上额，自北向南嵌浮雕阿拉伯语石刻[5]。

清净寺石拱门的始建年代以及与奉天坛的关系尚不明确。

门楼在寺院南墙东侧，底部用花岗岩石、上部用辉绿岩石混砌而成，上窄下宽；楼顶为平台，平台北墙嵌花岗岩石刻“月”“台”两字；正面楼额横嵌花岗岩浮雕石刻；通向寺内的甬道由四道尖拱门组成；甬道后的北墙，嵌两条花岗岩石刻；人门西连接南围墙，西段为晚期砌筑；东段与礼拜殿共用，墙壁外侧并列八个长方形大石窗；窗上方横嵌八方花岗岩石板浮雕阿拉伯文；出甬道向西即是奉天坛正门[6]。

门楼早年有光塔，清康熙年间被刮倒；门楼现基本保持 1310 年或 1350 年重修时的中世纪伊斯兰寺的建筑风格，并在局部带有中国传统建筑的技艺；同时，清净寺大门与二进、三进所用石料以及其上的雕刻都有不同，可能经元代以后

1 黄天柱：《福建泉州清净寺建筑形式考察记》，《考古》1992 年第 1 期。

2 福建省博物馆、泉州市文物管理委员会、泉州海外交通史博物馆：《泉州清净寺奉天坛基址发掘报告》，《考古学报》1991 年第 3 期。

3 黄天柱：《福建泉州清净寺建筑形式考察记》，《考古》1992 年第 1 期。

4 福建省博物馆、泉州市文物管理委员会、泉州海外交通史博物馆：《泉州清净寺奉天坛基址发掘报告》，《考古学报》1991 年第 3 期。

5 福建省泉州海外交通史博物馆编：《泉州伊斯兰教石刻》，银川：宁夏人民出版社，福州：福建人民出版社，1984 年，第 3、4 页。

6 福建省泉州海外交通史博物馆编：《泉州伊斯兰教石刻》，银川：宁夏人民出版社，福州：福建人民出版社，1984 年，第 1、2 页。

修缮[1]。

此外，在清净寺入门甬道第二拱门内东壁，靠墙的碑座上曾立有1407年的《明永乐〈敕谕〉碑》；在清净寺门楼甬道后东侧台阶上，有两碑嵌于矮墙上，自南而北分别为《重立清净寺碑》（1507年）和《重修清净寺碑记》（1609年）[2]。

2. 广州怀圣寺

广州怀圣寺位于广东省广州市怀圣路，又名光塔寺。怀圣寺为南向，入门长甬道设三进门，主体建筑有看月楼、方亭、礼拜殿、光塔等。礼拜殿两侧的四方对亭，与殿右之矩形亭，为明成化年间（1465—1487年）建，经清初重修；矩形亭尚存两根六边形石柱，两边相交处作海棠曲线，上置圆栌斗，其下石础剥蚀严重，石柱与础当为宋元旧物[3]。怀圣寺现存建筑大多为清代重修，只有寺之西南隅的宣礼楼（即怀圣塔）是原始建筑，至今保存尚好[4]。怀圣塔砖砌抹灰，塔底直径8.85米，总高35米；外观若一圆柱，分上下两段，均有收分，下段高且粗，上段低而细；两段相接处设圆形围栏平台；极顶挑出叠涩檐饰两圈，以葫芦样宝珠收成尖顶；塔底前后各一门，皆有蹬道，两蹬道相对盘旋而上至平台[5]。大殿左侧有《重建怀圣寺碑记》碑。碑文内容为元至正十年（1350年）八月郭嘉所撰重建该寺之缘由[6]。

3. 北京牛街礼拜寺

北京牛街礼拜寺位于北京市牛街18号，东邻牛街民族敬老院，南接春风小区，西临牛街，北邻输入胡同[7]。牛街礼拜寺建于辽宋，历经金、元、明、清、民国各期扩建修缮，尤其明代重建邦克楼、翻修扩建礼拜寺、翻修大殿、新建两座碑亭及南北围廊，将两座大殿连在一起，初步形成今天的勾连搭建筑形式[8]。

现在的礼拜寺坐东向西，中轴线上自西而东依次为照壁、正门、望月楼、礼拜殿、邦克楼、对厅等；两侧对称排列碑亭、讲堂，寺院南侧为男沐浴室和阿訇宿舍；礼拜大殿是寺中主要建筑之一，位于第二进院落内正西，大殿现由窑殿、大殿和抱厦组成。大殿五楹三进，总进深约39米，面积约760平方米；殿内最前面是一座六角形攒亭式的窑殿建筑，内部为穹窿结构；顶上横壁处保留着原有色彩的宋式彩绘；窑殿两侧各有一个镂空阿拉伯文图案的窗棂；殿内前两侧挂有圆匾，正中并有主柱18根，组成21个拱门，仿阿拉伯式上尖弧形

1 黄天柱：《福建泉州清净寺建筑形式考察记》，《考古》1992年第1期。

2 福建省泉州海外交通史博物馆编：《泉州伊斯兰教石刻》，银川：宁夏人民出版社，福州：福建人民出版社，1984年，第8—10页。

3 陈从周、路秉杰：《广州怀圣寺》，《社会科学战线》1980年第1期。

4 廖大珂：《广州怀圣塔建筑问题初探》，《宁夏社会科学》1992年第1期。

5 国家文物局：《中国文物地图集·广东分册》，北京：地图出版社，1994年，第213页。

6 白寿彝：《跋〈重建怀圣寺记〉》，中华书局编辑部编：《中华学术论文集》，北京：中华书局，1981年，第177、178页。

7 北京市宣武区伊斯兰教协会编著：《清真古韵：北京牛街礼拜寺》，北京：文物出版社，2009年，第38页。

8 北京市宣武区伊斯兰教协会编著：《清真古韵：北京牛街礼拜寺》，北京：文物出版社，2009年，第48页。

落地[1]。

现存寺院大致是明代建成的，大殿平面布局亦是明代的，后来曾历次重建，如今只有柱、斗拱、湾门、后窑殿仍是明代的；望月楼为明末清初的建筑，对厅五间为明正统七年增修，邦克楼可能是在明代旧址上重建[2]。

寺内有回民墓两座，墓下段砖须弥座尚存元代风格[3]。礼拜大殿前南北两座碑亭，内立刻有明代的碑刻，分别为“敕赐礼拜寺碑”和“敕赐礼拜寺增修碑”；寺内尚保留有元筛海墓阿文石碑，以及元、明时期的石雕和明青花瓷器等文物[4]。

4. 西安化觉巷清真大寺[5]

该寺位于陕西西安市中心区化觉巷内，始建于唐，历经宋、元、明、清多次重修，今存主要建筑多是明代中期所修建，间有明初建筑。清真寺平面呈一东西狭长的长方形，长约 250 米、宽 50 米，总面积约 12500 平方米，四周砌青砖围墙。全寺分四进院落，皆木结构，主殿、亭阁、楼台、牌坊等均列于中轴线上。

第一进院约呈正方形。大门设在南北墙两侧，门楼南北对称，门楣上砖雕“清真大寺”四字，院心为建于 17 世纪初的木牌楼，院西端是五间楼。

第二进院自五间楼后檐至敕修殿，为正方形四合院，院中心立明代建石牌枋一座，前后有踏道；其后北侧为明万历三十四年（1606 年）立“敕赐重修清修寺碑记”，南侧为清乾隆三十三年（1768 年）立“敕修清真寺碑”。

第三进院进敕修殿，面阔三间，进深两间。此殿造型与明嘉靖五年（1526 年）立石“重修清修寺”碑阴石刻图同；两侧近墙处立有石碑数通，南侧为清雍正十年（1732 年）三月十三日立阿拉伯文“月碑”；敕修殿于明嘉靖年间（1522—1566 年）重修，这座殿在历次拓建重修时，位置原貌均未改变，结构尚留宋式作法，现两侧随墙垂花角系清代增修；院正中立“省心楼”，东西向踏道为明初所建，从个别构件来看，尚有元代建筑余韵。

第四进院，该寺的主殿立于月台西端，此殿面宽七间、进深九间。平面呈“凸”字形，建筑面积 1278.46 平方米，立面单檐歇山造。明间内檐悬挂明成祖朱棣颁赐给当时寺院住持的护持，该敕谕木匾至今保存完好；殿正面七间，殿内天花彩画成于明代，大殿翻修时在天花板背面曾发现有明代彩绘工人记工的字样，如“万历贰拾叁年（1595 年）重修后殿并花板。本年正月起拾月完”等。院落后部碑廊立有唐天宝元年（742 年）“创建清真寺碑”，明嘉靖元年（1522 年）“重修清修寺碑”。

5. 杭州真教寺

该寺位于浙江省杭州市，又名凤凰寺，始建年代不详，曾毁于宋，重建于

---

1 北京市宣武区伊斯兰教协会编著：《清真古韵：北京牛街礼拜寺》，北京：文物出版社，2009 年，第 106、107 页。

2 刘致平：《中国伊斯兰教建筑》，乌鲁木齐：新疆人民出版社，1985 年，第 101—103 页。

3 刘致平：《中国伊斯兰教建筑》，乌鲁木齐：新疆人民出版社，1985 年，第 100 页。

4 北京市宣武区伊斯兰教协会编著：《清真古韵：北京牛街礼拜寺》，北京：文物出版社，2009 年，第 148—224 页。

5 以下对该寺的描述皆参阅樊增华《西安化觉巷清真大寺纪》（《古建园林技术》1985 年第 2 期）。

元祐年间（1086—1094 年）。该寺坐西向东，中轴线上现存建筑由西向东依次为寺门、礼拜殿和窑殿，寺门和礼拜殿为近代重修，只有窑殿为元代原物。窑殿并列三间，砖砌，有半圆券洞相连，前墙皆开半圆拱门，正中一间后壁正中开圭门式圣龛。每间平面均为方形，上覆半圆穹窿顶。各方室与圆顶之间以平砖和菱角牙子交替出挑为过渡，转角处由下而上逐层出挑，形成三角形穹隅，使上口连接成为圆形[1]。这种屋顶上再起攒尖顶的建筑作法，明显是受到阿拉伯建筑的影响。

（二）墓葬

伊斯兰教徒墓葬包括祠墓，它不但是营葬的需要，同时还含有纪念的性质，也有大型的祠墓园。泉州发现的多是地面留存的石墓以及零散的石墓构件。墓碑各地均有发现，数量最多。

1. 祠墓

留存至今者不多，主要分布于新疆霍城[2]、福建泉州[3]、江苏扬州哈普丁墓[4]以及广东广州桂花岗斡葛斯墓[5]等。

位于新疆维吾尔自治区霍城县东约五公里玛扎村的吐虎鲁克玛札是吐虎鲁克铁木耳陵墓，墓主逝于 1363 年，玛札或建于此后不久；墓在砖砌墓祠内，祠正中有圆拱顶（无梁殿结构，无木柱横梁）[6]。正面装置除横额和左右两条阿拉伯文字外，其余皆花纹图案，字和图案用紫、白、蓝色瓷砖镶砌而成[7]。祠内平面近于方形，上覆跨度 7 米多的鼓座和穹窿顶，顶尖距地约 14 米；一侧为门，门外有尖拱券门龛，大门外其他三面外墙最厚处超过 3.3 米，四个墙角各有一方形小龛室，前方的两个龛室内设暗梯可达穹顶；穹顶鼓座以下的外侧有一环形弧顶甬道；室内穹顶鼓座以下在墙体四角和四面，各有一个悬挑出墙表的券龛砌体，反映出中亚伊斯兰建筑风格[8]。

泉州灵山圣墓，又称圣墓，三贤、四贤墓，位于福建泉州东郊灵山南坡，墓坐北朝南，靠山的东、北、西环抱柱廊；进深 10.4 米、阔 11 米；柱廊为元代以前的遗物，柱廊下竖五方记载元、明、清历代修缮陵墓事迹的碑刻，柱廊外侧石壁上嵌两方清代重修圣墓的碑刻；柱廊正中空，地下为墓穴，穴上铺盖石板，板上并排放置两座塔式石墓盖。花岗岩石琢为三层，顶石长 1.55 米，截面呈半圆形，端部内凹；中层无雕刻；底层环刻莲花瓣图案；全墓通高 0.6 米。现存的中式挑檐亭盖为现代重建；圣墓内现存的碑刻，有 1332 年重修墓阿拉伯文碑、1417 年郑和

---

1 萧默主编：《中国建筑艺术史》上册，北京：文物出版社，1999 年，第 545 页；纪思：《杭州的伊斯兰教建筑凤凰寺》，《文物》1960 年第 1 期。

2 刘致平：《中国伊斯兰教建筑》，乌鲁木齐：新疆人民出版社，1985 年，第 217 页。

3 福建省泉州海外交通史博物馆编：《泉州伊斯兰教石刻》，银川：宁夏人民出版社，福州：福建人民出版社，1984 年，第 54、55 页。

4 刘致平：《中国伊斯兰教建筑》，乌鲁木齐：新疆人民出版社，1985 年，第 198—203 页。

5 刘致平：《中国伊斯兰教建筑》，乌鲁木齐：新疆人民出版社，1985 年，第 193—196 页。

6 刘致平：《中国伊斯兰教建筑》，乌鲁木齐：新疆人民出版社，1985 年，第 217 页。

7 西北文化局新疆文物调查工作组：《新疆伊犁区的文物调查》，《文物参考资料》1953 年第 12 期。

8 萧默主编：《中国建筑艺术史》下册，北京：文物出版社，1999 年，第 1014、1015 页。

下西洋行香碑等[1]。

2. 石墓

发现较多、较典型的是福建泉州宋元时期的石墓。泉州伊斯兰教石墓可分为须弥座祭坛式石墓、须弥座式石墓两类，另有大量石质墓垛石、墓顶石、石墓构件等[2]。

须弥座祭坛式石墓，通常是由数十方辉绿岩石或白色花岗石雕琢后砌成，墓座的正面作长方形的祭坛式，上下石板伸出，中部有束腰石，突出部分刻莲瓣图案；中央束腰部分一般是分五节或三节，每节有石垛五方或三方，各石垛衔接处隔以间柱；如座为五垛刻石，正中石垛常刻伊斯兰教徒最重视的“云月”图案，其他两石垛刻阿拉伯文字；墓葬的前面，竖立一方尖拱形墓碑，碑上刻一大型的“云月”，云月两旁有上涌卷云，或在云月中刻阿拉伯字，记载死者的姓名及生卒年月，其主要特征是有云月及阿拉伯文字，如泉州 A338[3]。

须弥座式石墓，由上述祭坛式石墓形式演变而成，一般有五层，第一至四层为一整块石雕成；自底部起第一层最长，向上逐次变小直到第五级；第一级四周雕刻成花纹，作为石墓的六个墓柱脚；第二层四周雕刻有各种连续缠枝图案；第三层四周雕有覆莲瓣图案；第四层四周刻有阿拉伯文字的《古兰经》经文；第五层通常是另外雕成的长形尖拱或圆拱的“墓顶石”，放置在石墓的第四层上面；在伊斯兰教徒的墓顶石前端有浮雕的“云月”。伊斯兰教徒的石墓一般由墓底至墓顶全部凿空[4]。

泉州发现的较为完整的须弥座式石墓，刻有墓主卒年的不多，泉州 A200 施那威人迈哈茂德墓[5]共四层，由一块白花岗石雕成，实心：第一层为六足如意状底座，第二层正面阴刻古阿拉伯文字一行，第三层未雕刻纹饰，第四层墓顶石已毁。古阿拉伯文的译文为：“这是迈哈茂德·本·亥姆宰·夏莫菲之墓。（回历）700 年 7 月。”[6]墓主迈哈茂德，“夏菲”（即波斯施拉夫城）人，卒于回历 700 年（大德四年，公元 1300 年），“夏菲”即施罗围，或译成施那威、撒那威、西拉围，是地处波斯南部法尔斯坦的重要城市，靠近波斯湾，自 9 世纪上半叶至 13 世纪上半叶的近 400 年间，为波斯湾最大的贸易港；在此期间，大量波斯商人通过此城到东方进行贸易[7]。

泉州古伊斯兰教墓垛石、石墓构件发现较多，残损程度不同，多刻有文字，大部分为阿拉伯文字。如 A106 须弥座祭坛式墓垛石（图 7-3-13），发现于泉州东门外东头乡，长 0.86 米、高 0.28 米、厚 0.15 米；石面四周雕图案花纹，中间浮雕库法体的古阿拉伯文字一行；左右两侧间柱完好，双间柱后各延伸 10 多厘米长

1 福建省泉州海外交通史博物馆编：《泉州伊斯兰教石刻》，银川：宁夏人民出版社，福州：福建人民出版社，1984 年，第 54、55 页。

2 吴文良原著，吴幼雄增订：《泉州宗教石刻》（增订本），北京：科学出版社，2005 年，第 8—257 页。

3 吴文良原著，吴幼雄增订：《泉州宗教石刻》（增订本），北京：科学出版社，2005 年，第 254、255 页。

4 吴文良原著，吴幼雄增订：《泉州宗教石刻》（增订本），北京：科学出版社，2005 年，第 256 页。

5 吴文良原著，吴幼雄增订：《泉州宗教石刻》（增订本），北京：科学出版社，2005 年，第 174、175 页。

6 吴文良原著，吴幼雄增订：《泉州宗教石刻》（增订本），北京：科学出版社，2005 年，第 362 页。

7 吴文良原著，吴幼雄增订：《泉州宗教石刻》（增订本），北京：科学出版社，2005 年，第 175 页。

图 7-3-13　福建泉州须弥座祭坛式墓垛石墓侧面的石垛局部
［采自《泉州宗教石刻》（增订本），第 120 页，A106］

的石刻，浮雕古阿拉伯文字[1]。须弥座式石墓构件 A154，发现于泉州东门城垣，两端残断，残长 0.85 米、高 0.14 米，石面中间阴刻一行古阿拉伯文字，内容为《古兰经》的部分章节[2]。

内蒙古出土的墓顶石，出自元上都宫城 I 号上层建筑基址中，一面圆弧，三面平齐，长 1.0 米、底宽 0.18 米、粗端高 0.21 米、细端高 0.16 米，弧面阴刻 5 行半古阿拉伯文，两端各有 2 行，内容为《古兰经》的部分章节和穆罕默德的颂词。

3. 墓碑

墓碑大量集中在福建泉州[3]，这些墓碑顶部多呈尖拱状；碑刻文字以阿拉伯文为主，部分为波斯文、突厥文；有的将汉文、波斯文、阿拉伯文刻于一碑。碑文内容大部分刻《古兰经》有关章节、死者姓名、卒年等。由碑文可知墓主来源多数是波斯、阿拉伯，也有土耳其、阿曼、也门、里海地区和中亚布哈拉等；身份有花剌子模（地处咸海南部，今中亚基发一带）之贵族，亦有贫民、商人、传教士等。部分墓碑有纪年，时代跨宋元时期。

泉州墓碑 A281 是花剌子模人穆罕默德的墓碑，由辉绿岩琢成，1983 年夏清理清净寺明善堂附属建筑北屋地面时掘获。碑残高 0.54 米、宽 0.39 米、厚 0.12 米。碑顶尖拱破损，碑面阴刻古阿拉伯文字六行，译文是："这是华惹兹姆汗・本・异乡烈士穆罕默德汗的墓，愿主饶恕他和穆民男女们，他在穆历 670 年斋月星期四逝世。"[4] 也有译作："这是异乡人殉教者之墓。死者穆罕默德・夏赫・本・夏赫・花剌子米。他已得到真主的怜悯。愿安拉宽恕他和男女信徒。卒于（回历）707 年斋月星期四。"[5] 回历 707 年即公元 1037 年，穆历 670 年即 1271 年。华惹兹姆即中亚阿姆河下游古国花剌子模，地处咸海南部今中亚基发一带，1873 年并入俄国。墓主穆罕默德汗是一位花剌子模的贵族，他在南宋末年可能通过波斯航海来泉州

1 吴文良原著，吴幼雄增订：《泉州宗教石刻》（增订本），北京：科学出版社，2005 年，第 120、121 页。
2 吴文良原著，吴幼雄增订：《泉州宗教石刻》（增订本），北京：科学出版社，2005 年，第 148 页。
3 吴文良原著，吴幼雄增订：《泉州宗教石刻》（增订本），北京：科学出版社，2005 年，第 42—116、220—228 页；吴幼雄、王耀东、黄秋润：《福建泉州清净寺发现一批伊斯兰教碑》，《考古》1986 年第 6 期；福建省泉州海外交通史博物馆编：《泉州伊斯兰教石刻》，银川：宁夏人民出版社，福州：福建人民出版社，1984 年，第 15—31 页。
4 吴幼雄、王耀东、黄秋润：《福建泉州清净寺发现一批伊斯兰教碑》，《考古》1986 年第 6 期。
5 吴文良原著，吴幼雄增订：《泉州宗教石刻》（增订本），北京：科学出版社，2005 年，第 363 页。

贸易，而卒葬泉州。这是泉州地区发现的有纪年的最早的花剌子模人的墓碑[1]。

广州先贤古墓园内发现的阿拉伯文、汉文合璧的元代剌马丹墓碑[2]，墓主人来自高丽。墓碑高 0.64 米、宽 0.42 米、厚 0.06 米，墓碑四周刻伊斯兰花饰图案（图 7–3–14），正面正中横刻九行阿拉伯文，两侧各竖刻汉文一行，碑文简要介绍了墓主剌马丹的生平，卒于 1349 年。该墓碑是目前记载中世纪高丽籍穆斯林在元朝担任官职的唯一一方碑记[3]。

图 7–3–14 广东广州元代剌马丹墓碑拓片
（采自《回族研究》2012 年第 4 期，第 20 页）

海南岛发现的一批 12—13 世纪的伊斯兰教徒墓碑，则用珊瑚岩石雕刻，其形制是碑顶部突起五峰，部分碑面在铭文上方雕刻植物图案。4 号碑 A，1983 年出自陵水县土福湾村附近的送路墓地，珊瑚岩石，墓碑高 0.55 米、宽 0.44 米、厚 0.12 米；顶部突起五峰，中峰略高，单面雕刻，碑的上半部为植物装饰图案，其端部作螺旋状，烘托一圆圈，圈内雕刻铭文。碑的中部凹刻一长框，框内浮雕两行铭文，框的两侧各有一星形图案。铭文部分内容为《古兰经》有关章节。该墓还出有另一块墓碑，形制相同[4]。

（三）其他

包括与伊斯兰教相关的石刻、幻方、文书，以及清真寺所用的瓷器等。

1. 石刻

石刻包括碑刻和建筑石刻。

（1）碑刻

现存伊斯兰教寺院大多留有碑刻，数量较多。碑刻内容多介绍清真寺的基本情况，记叙清真寺始建缘由，历代重建、修缮情况。碑文系汉文或阿拉伯文书写，为当时修建清真寺时所刻，较真实地反映了当时寺院情况，有助于了解寺院历史，厘清当地伊斯兰教的发展脉络。如明正德二年（1507 年）重刻元至正十年（1350 年）三山吴鉴《重立清净寺记》碑[5]，通高 2.62 米、宽 1.10 米、厚 0.14 米；白花

1 吴文良原著，吴幼雄增订：《泉州宗教石刻》（增订本），北京：科学出版社，2005 年，第 221 页。
2 姜永兴、杨棠：《广州最早的伊斯兰教碑碣》，《广州研究》1986 年第 12 期。
3 帅倩：《广州元代高丽穆斯林剌巴丹墓碑补考》，《回族研究》2012 年第 4 期。
4 陈达生、（法）克洛蒂娜 · 苏尔梦：《海南岛穆斯林墓地考》，《回族研究》1993 年第 2 期。
5 吴文良原著，吴幼雄增订：《泉州宗教石刻》（增订本），北京：科学出版社，2005 年，第 16—18 页。

岗石琢成，碑面竖刻汉字 22 行；内容讲述清净寺修建及重修原因，以及泉州礼拜寺已有六七座的史实，并提及广州怀圣寺。

（2）建筑石刻

建筑石刻包括已毁没的伊斯兰教堂石墙上的阿拉伯文石刻，刻有阿拉伯文的门楣石、壁龛石以及刻有与伊斯兰教寺院相关的石建筑构件等。

泉州留存有大量的阿拉伯文石刻，如清净寺奉天坛的墙上，特别是内墙的七个龛里，均浮雕几行阿拉伯文，皆为《古兰经》片段。入拜坛往南第三龛内的石刻，通高 2.54 米、宽 1.28 米，浮雕五行阿拉伯文，分别是《古兰经》的第二章、第三章的部分内容[1]。

记载清净寺历史的阿拉伯文纪年石刻，位于福建泉州清净寺门楼甬道后的北墙上，花岗岩石雕成，共两条，每条宽 5.35 米、高 0.35 米，浮雕，译文为："此地人们的第一座礼拜寺，就是这座最古老、悠久、吉祥的礼拜寺，名称'艾苏哈卜寺'，建于（伊斯兰历）400 年（1009—1010 年）。三百年后，艾哈玛德·穆罕默德·贾德斯，即设拉子著名的鲁克伯哈只，建筑了高悬的穹顶，加阔了甬道，重修了高贵的寺门并翻新了窗户，于（伊斯兰历）710 年（1310—1311 年）竣工。此举为赢得至高无上真主的喜悦，愿真主宽恕他……宽恕穆罕默德和他的家属。"[2] 刻文明确提到，艾苏哈卜寺始建于 1009—1010 年，后设拉子人艾哈玛德·穆罕默德·贾德斯重新修建，加阔甬道、重修寺门、翻新窗户，1310—1311 年完工，反映出该寺的寺名、修建的历史、规模等。

部分伊斯兰教建筑虽已毁没无存，其石质建筑构件却偶有发现。泉州通淮街清净寺"蹑云"石刻，出自通淮街清净寺内石头堆里，高 0.8 米、宽 0.45 米、厚 0.09 米，石面浮刻汉字"蹑云"，可能是元、明时期清净寺内尖塔上的遗物[3]。北京牛街清真寺发现有元代汉白玉浮雕海兽图杆座、石雕花卉纹建筑构件[4]等。

2. 幻方

幻方，亦名方阵，又叫纵横图。它的特点是将 n^2 个数字，排成正方形，每边为 n 个，使纵行、横行和对角斜线上的数字的总和都是相等的[5]。目前出土的刻有阿拉伯数码字的幻方不多，分布在上海[6]、陕西西安[7]、河北张家口[8]等地，其载体有玉、铁、石等，数字排列多六阶或四阶。其使用方式，或佩戴，或用于奠基以辟邪。

1 福建省泉州海外交通史博物馆编：《泉州伊斯兰教石刻》，银川：宁夏人民出版社，福州：福建人民出版社，1984 年，第 5 页。

2 福建省泉州海外交通史博物馆编：《泉州伊斯兰教石刻》，银川：宁夏人民出版社，福州：福建人民出版社，1984 年，第 2、3 页。此碑文译者颇多，参见吴文良原著，吴幼雄增订：《泉州宗教石刻》（增订本），北京：科学出版社，2005 年，第 312 页注释③。

3 吴文良原著，吴幼雄增订：《泉州宗教石刻》（增订本），北京：科学出版社，2005 年，第 243 页。

4 北京市宣武区伊斯兰教协会编：《清真古韵：北京牛街礼拜寺》，北京：文物出版社，2009 年，第 191 页。

5 夏鼐：《元安西王府址和阿拉伯数码幻方》，《考古》1960 年第 5 期。

6 王正书：《上海浦东明陆氏墓记述》，《考古》1985 年第 6 期。

7 马德志：《西安元代安西王府勘查记》，《考古》1960 年第 5 期。

8 佟健华：《元中都遗址出土阿拉伯幻方之研究》，《中国国家博物馆馆刊》2013 年第 3 期。

上海浦东陆家嘴明陆深墓出土元代玉幻方一件，长方形，长3.6厘米、通高3.5厘米、厚0.75厘米，有两贯耳可系绳佩挂；正面阴刻阿拉伯文字“万物非主，唯有真宰，穆汗默德为其使者”的清真言；背面方框四行十六格，每格内填一阿拉伯数码字，为四四纵横图；数字形体是13世纪时的阿拉伯文，伊斯兰教信徒佩之以护身[1]。

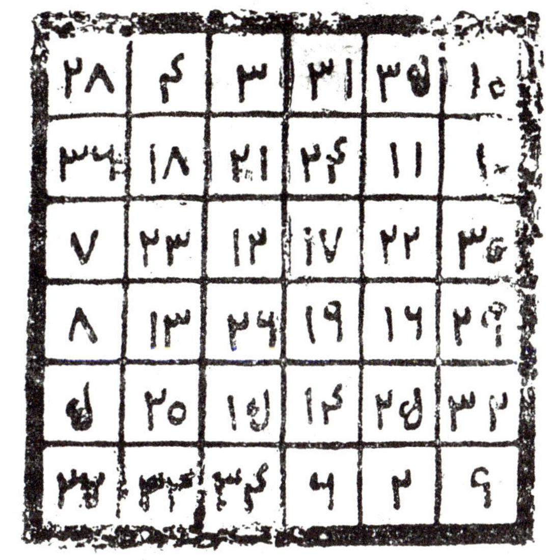

图7-3-15 陕西西安元代安西王府遗址出土阿拉伯数码幻方拓片
（采自《考古》1960年第5期，第22页，图四：上）

陕西西安、河北张家口两地出土的幻方皆出自建筑遗址。西安元代安西王府遗址发现的五块铁幻方，出自王府城中央一规模宏大的夯土台基。出土时夹在凿制整齐的石函中。五块铁幻方均相同，长宽各14.2厘米、厚1.5厘米[2]（图7-3-15）。其纵横各六个阿拉伯数码字，为复形纵横图，是六六图[3]。无论纵、横、斜总和都是111，其出土时藏在石函、埋于房基中，当为压胜或辟邪的器物，以保建筑不受灾害[4]。

3. 文书

1957年，江苏扬州礼拜寺发现一张盖有“永乐之宝”玺的明永乐五年（1407年）五月十一日颁发的“赢米里哈只”告谕。告谕全长103厘米、宽72厘米，以汉文、满文、回文三种文字书写，汉文内容为：“谕米里哈只／朕惟人能诚心好善者心能敬／天事上劝率善类阴翊皇度故／天赐以福享有无穷之庆尔米里哈只／马哈麻之教笃志好善导引善类又能敬／天事上益效忠诚眷兹行良可嘉尚今特／授尔以敕谕护持所在官员军民一应人／等毋得漫侮欺凌敢有违朕命慢侮欺／凌者以罪罪之故谕／永乐五年五月十一日。”[5]告谕内容表明，政府对伊斯兰教及信徒是予以保护和支持的。

（四）伊斯兰教遗存的特点

伊斯兰教建筑，部分为早期修建，历经各代修缮、增建，目前所见宋至明清时的建筑多为寺院的局部。寺院或墓葬的建筑形式因时地而异。新疆地区较多吸收了西亚、中亚伊斯兰建筑的传统，而其他地区更多的是接受了汉族建筑的传统。

---

1 《浦东陆家嘴出土元代珍贵玉挂》，《文汇报》1980年12月16日第2版；王正书：《上海浦东明陆氏墓记述》，《考古》1985年第6期。

2 马德志：《西安元代安西王府勘查记》，《考古》1960年第5期。

3 李俨：《阿拉伯输入的纵横图》，《文物参考资料》1958年第7期。

4 夏鼐：《元安西王府址和阿拉伯数码幻方》，《考古》1960年第5期。

5 屠思华：《扬州回教教堂发现明永乐时有关宗教的告谕》，《文物参考资料》1957年第5期。有学者认为泉州清净寺和福州市清真寺的《敕谕》碑，即为此敕谕的翻刻，详见福建省泉州海外交通史博物馆编：《泉州伊斯兰教石刻》，银川：宁夏人民出版社，福州：福建人民出版社，1984年，第7、8页。

就布局而言，大体有两种：一种为汉族传统建筑的中轴线式，即主要建筑皆在中轴线上，两侧设附属建筑，如北京牛街清真寺、西安化觉巷清真大寺、杭州真教寺、广州怀圣寺等皆是此类；另一种布局较自由，没有明显的中轴线，如泉州清净寺、扬州仙鹤寺等。布局虽不同，但我国清真寺大多坐西向东，其中的礼拜大殿全部坐西向东，并在大殿正墙设圣龛，或设窑殿，完全遵照伊斯兰教寺院建筑的规制。寺院的构造形式，辽宋时多采用穹窿顶，如杭州真教寺、上海松江清真寺邦克楼及后窑殿[1]、河北定州礼拜寺后窑殿[2]等都是中亚伊斯兰教寺院建筑的形式；至明代，更多地采用中国传统的建筑形式，如木构、梁架结构等，如北京牛街清真寺、西安化觉巷清真大寺等。在寺院的内饰装饰方面，多采用伊斯兰教文化形式，如泉州清净寺等。

墓葬多留存石墓，石墓形制受到汉文化与佛教的影响，墓碑的形制存在地区差异。根据石质墓碑的书写形式和内容，可大致分辨出伊斯兰教的信徒有一个群体，但未见汉族。石刻上波斯文、阿拉伯文等文字记载，可补史籍之不足。

1 张志诚：《松江清真寺》，《中国穆斯林》1988 年第 5 期。
2 张玉橙：《定州清真寺礼拜殿》，《文物春秋》2005 年第 2 期。

第八章
中外文化交流

宋元明清时期，随着海路航线的开发，中国与世界的接触与交往日益频繁。由于政治、经济等原因，中外文化交流涉及面广，大致可分为经济贸易、宗教思想、科技工艺三方面。就目前考古发现的物质遗存看，经济贸易方面的遗存为大宗，其中以瓷器数量最大，输出频仍，极具代表性，货币、玻璃、宝石、铜镜等数量亦不少；宗教方面，较突出的就是宗教的相互交流与影响，除唐以前传入中国的外来宗教仍不断延续各自发展脉络外，此一阶段新传入天主教、犹太教、印度教等，以及佛教、道教与其他宗教的相互交流与影响；科技工艺方面较典型的则是体现在建筑方面，以及瓷器制作工艺的相互影响。文化的交流是双向而多面的，亦有输出的产品工艺经融合而回流的现象，这些特征在物质遗存中均有不同程度的体现。

第一节　与经济贸易有关的实物遗存

中外文化交流体现在经济贸易方面的物质遗存，宋元明清时期较为丰富，最典型的是瓷器，另有货币、玻璃器，以及一些为数不多的铜镜、宝石、金属器、香料、木料等。

一、瓷器

瓷器一直以来都是中国对外输出的重要商品。两宋以来，随着海运航线的不断开辟与发展，中国的瓷器随着各国货船远销世界各地。亚洲、非洲等许多国家和地区的遗存或沉船中发现有产自中国的瓷器；在中国东南沿海地区或水下沉船中也发现大量准备运往境外的中国瓷器。在长期的文化交流过程中，境外的瓷器亦不断输入中国，北方地区出土的境外瓷器极具代表性。这些瓷器从功能上来讲，以日常生活所用器皿居多，亦有建筑装饰或陈设用品。输出的瓷器从形制、纹饰看，部分为普通的境内通行的器皿；部分瓷器在境内极少出土，而在境外大量成批出现，当为特定的外销产品。

(一)境外出土的中国瓷器

境外出土的中国瓷器，涉及亚洲大部分国家和地区，如日本[1]、朝鲜[2]、韩国[3]、越南[4]、泰国[5]、印度[6]、斯里兰卡[7]、巴基斯坦[8]、马尔代夫[9]、伊朗[10]、巴林[11]、阿曼[12]、也门[13]、菲律宾[14]、西爪哇[15]等。一些地区的港口遗址出土瓷器数量多，种类丰富，产地较多，窑址大部分集中在东南沿海地区。

也门哈达拉毛省沿海的舍尔迈遗址[16]是一个具有代表性的港口遗址。遗址散布在哈达拉毛省穆卡拉城120公里以东的舍尔迈角北端，是中世纪时期阿拉伯半岛南部海岸的一个重要国际港口。该遗址遗物丰富，出土了大量日用陶瓷器、伊斯兰玻璃器和也门乳香等海上贸易商品，少量铜、玻璃或天然宝石质地的首饰和伊斯兰钱币，以及一些石器和铁器工具。其中出土中世纪时期中国瓷片共1592件，有近800件宋至元青白釉瓷片（广东、江西窑场）、100余件北宋乳白釉瓷片、194件青釉瓷片（晚唐至北宋越窑、宋至元龙泉窑、北宋耀州窑系、广东窑、福建窑等）、44件釉下彩绘瓷片（晚唐五代长沙窑、北宋广东西村窑或南海窑），宋代酱黑釉瓷片（广东、福建等地区窑口）38件、绿铅釉瓷片8件（宋代江西吉州

1 苌岚：《7—14世纪中日文化交流的考古学研究》，北京：中国社会科学出版社，2001年，第24—106页；张仲淳：《日本平户荷兰商馆遗址出土明代中国瓷器研究》，中国古陶瓷协会编：《中国古陶瓷研究》第十四辑，北京：紫禁城出版社，2008年，第399—406页。

2 冯先铭：《泰国、朝鲜出土的中国陶瓷》，《中国文化》1990年第1期。

3 李德金、蒋忠义、关甲堃：《朝鲜新安海底沉船中的中国瓷器》，《考古学报》1979年第2期。

4 （越南）阮庭战：《越南海域沉船出水的中国古陶瓷》（容常胜、钟珅译），中国古陶瓷学会编：《中国古陶瓷研究》第十四辑，北京：紫禁城出版社，2008年，第60—83页。

5 冯先铭：《泰国、朝鲜出土的中国陶瓷》，《中国文化》1990年第1期。

6 （日）辛岛昇：《13—14世纪南印度与中国的贸易关系》，第63页，转引自刘迎胜：《海路与陆路——中古时代东西交流研究》，北京：科学出版社，2011年，第54页；（日）辛岛升：《印度马拉巴尔海岸出土的中国陶瓷片》（程晓中译），《东南文化》1992年第2期。

7 （日）三上次男：《斯里兰卡发现中国瓷器和伊斯兰国家陶瓷——斯里兰卡出土的中国瓷器调查纪实》（奚国胜译），《南方文物》1986年第1期。

8 （日）三杉隆敏：《探索海上丝绸之路的中国瓷器》（白英译），《南京博物院集刊》1982年第5期。

9 杨焕新：《马尔代夫出土的中国瓷器——兼谈中·马海上交通》，《景德镇陶瓷》1993年第Z1期。

10 （日）森达也：《伊朗波斯湾北岸几个海港遗址发现的中国瓷器》，中国古陶瓷协会编：《中国古陶瓷研究》第十四辑，北京：紫禁城出版社，2008年，第414—429页；德雷克·康奈特、张然、赛斯·普利斯曼：《近东地区考古遗址发现的龙泉窑瓷器——英国威廉姆森藏品及斯拉夫遗址调查藏品中的龙泉窑青瓷简介》，《中国古陶瓷研究：龙泉窑研究》，北京：故宫出版社，2011年，第447—457页。

11 赵冰：《波斯湾巴林国卡拉特巴林遗址出土的东亚和东南亚瓷器》，中国古陶瓷协会编：《中国古陶瓷研究》第十四辑，北京：紫禁城出版社，2008年，第599—614页。

12 （法）米歇尔·皮拉左里：《阿曼苏丹国苏哈尔遗址出土的中国陶瓷》（程存浩译），《海交史研究》1992年第2期。

13 赵冰：《中世纪时期贸易中转港——也门舍尔迈遗址出土的中国瓷片》，《法国汉学》丛书编辑委员会编：《法国汉学（第十一辑）——考古发掘与历史复原》，北京：中华书局，2006年，第79—116页。

14 （日）森村健一：《菲律宾圣迭戈号沉船中的陶瓷》（曹建南译），《福建文博》1997年第2期；叶文程：《明代我国瓷器销行东南亚的考察》，氏著：《中国古外销瓷研究论文集》，北京：紫禁城出版社，1988年，第117—140页。

15 辛光灿：《西爪哇下万丹遗址发现的中国陶瓷初探》，《故宫博物院院刊》2013年第6期。

16 赵冰：《中世纪时期贸易中转港——也门舍尔迈遗址出土的中国瓷片》，《法国汉学》丛书编辑委员会编：《法国汉学（第十一辑）——考古发掘与历史复原》，北京：中华书局，2006年，第79—116页。

窑、宋元时期可能为磁灶窑以及福建泉州窑），素胎瓷片3件（广东潮州窑），以及250余块大型运输瓷罐瓷片（部分出自广东窑场）。这些瓷片大部分是宋代中国南方窑口瓷器，仅少量元代青白釉瓷与龙泉窑瓷，可分为五期。第一期，晚唐至五代时期，瓷片很少。第二期，北宋早期（980—1050年），开始批量出土中国瓷片，典型器型以瓷碗、盒为主，如越窑系Ⅱ型青瓷碗，刻重瓣莲花纹深腹碗，胎色青灰，胎体薄，釉色青绿，玻璃质感强，口径9厘米[1]。瓷器窑口包括越窑系青瓷、江西赣州窑、景德镇窑、广东潮州窑的早期青白瓷类及广东西村窑、南海窑的釉下彩绘。第三期，北宋中期（1050—1100年），以细青白瓷的出现为开端，多为单色釉瓷，以青白瓷为大宗，出现个别酱黑釉、绿釉、素胎；典型器物有青白瓷碗、注壶、盒、莲花瓣碟，胎白而薄，无釉，平底微凹[2]。瓷器窑口包括越窑系、江西景德镇窑，广东潮州窑、西村窑，江西、福建窑场、湖北湖泗窑、广东本村窑、陕西耀州窑、江西吉州窑等。第四期，北宋晚期—南宋早期（1100—1150年），包括部分较典型的12世纪上半叶的素面或碎点篦纹青白瓷碗，青白瓷盘、盒，酱黑釉碗、盘等[3]。另外，青白瓷盒同时出现在国内一批1120—1184年间的墓葬中。瓷器窑口包括江西景德镇窑或南丰窑、广东潮州窑、西村窑、石湾窑、福建霞洋窑、龙泉窑系、福建广东窑场、福建建阳窑。第五期，南宋晚期至元代（1250年至14世纪），有典型的南宋晚期青白瓷产品，元代龙泉青瓷极少。

广东沿海西村窑和南海窑等窑场，在北宋初年即为波斯湾、阿拉伯半岛和东非地区提供彩绘瓷器。11世纪以降，单色釉瓷（以青白瓷、白瓷、乳白釉瓷、青瓷和灰青瓷为主）占绝对优势。器形以碗和大型运输瓷罐为主，其次为盘，尚有少量注壶、瓶、盒等日用器物及橱具，不见器型复杂、不便运输的器物；器形大小规格不同，同类器型胎釉不同。另外，尚有变形或釉面不净的废品瓷片，或可表明北宋时期外销瓷器的质量并非严格把关。

这些瓷器的产地较复杂，广东潮州窑、西村窑、石湾窑、南海窑、遂溪窑，福建泉州窑、磁灶窑等，浙江越窑系窑场、龙泉窑系窑场、江西景德镇窑系窑场瓷器较常见，而福建建阳窑、霞洋窑、江西南丰窑、赣州窑、吉州窑以及陕西耀州窑瓷器较少见。就总体而言，来自江西和广东的瓷器为大宗。值得注意的是，遗址出土的40余件广东西村窑和南海窑釉下褐彩大碗瓷片，如釉下彩绘瓷Ⅱ型，为北宋早期的褐彩大碗，胎色浅褐或浅灰，胎质粗松，多杂质和气孔，釉色青黄，胎釉结合较好，碗口多为外卷沿，弧壁，圈足，釉下绘粗犷的卷草纹[4]。此类器型在境内墓葬中不多见，却在东南亚、波斯湾、东非等地常有出土，当是一种外销产品[5]。

1 赵冰：《中世纪时期贸易中转港——也门舍尔迈遗址出土的中国瓷片》，《法国汉学》丛书编辑委员会编：《法国汉学（第十一辑）——考古发掘与历史复原》，北京：中华书局，2006年，第91页。

2 赵冰：《中世纪时期贸易中转港——也门舍尔迈遗址出土的中国瓷片》，《法国汉学》丛书编辑委员会编：《法国汉学（第十一辑）——考古发掘与历史复原》，北京：中华书局，2006年，第88页。

3 赵冰：《中世纪时期贸易中转港——也门舍尔迈遗址出土的中国瓷片》，《法国汉学》丛书编辑委员会编：《法国汉学（第十一辑）——考古发掘与历史复原》，北京：中华书局，2006年，第94页。

4 赵冰：《中世纪时期贸易中转港——也门舍尔迈遗址出土的中国瓷片》，《法国汉学》丛书编辑委员会编：《法国汉学（第十一辑）——考古发掘与历史复原》，北京：中华书局，2006年，第93、94页。

5 赵冰：《中世纪时期贸易中转港——也门舍尔迈遗址出土的中国瓷片》，《法国汉学》丛书编辑委员会编：《法国汉学（第十一辑）——考古发掘与历史复原》，北京：中华书局，2006年，第104页。

在非洲，同样出土了大量中国瓷器，出土地点广，延续时间长，品种丰富，产地遍布中国南北，而以东南沿海的窑场居多。如北非的埃及福斯塔特遗址及开罗附近、苏丹埃得哈布港、摩洛哥，东非的埃塞俄比亚、索马里、肯尼亚、坦桑尼亚，以及津巴布韦，中南非的莫桑比克、扎伊尔、赞比亚、毛里求斯、马达加斯加、南非、圣赫勒拿岛等国家和地区，都有中国瓷器出土[1]。上述国家和地区出土的中国瓷器延续时间长（9—19世纪者皆有），宋代至清代的瓷器多出自遗址或墓葬中。品种主要有青瓷、白瓷、青白瓷、青花瓷、釉里红和彩瓷等；器形以碗、盘、罐等日常生活用具为主，还有杯、瓶等；窑口涉及越窑、定窑、龙泉窑、耀州窑、磁州窑、景德镇窑等。这些境外出土的中国古瓷，多能在国内找到相应的遗物。从出土情况看，除在地层中发现外，有些地区则将古瓷镶嵌于建筑物顶部或墙壁等处，用于装饰住宅、清真寺等，以及部分墓葬的装饰。这些瓷器制作精巧，亦有部分做工粗劣。

在众多遗址中，东非的肯尼亚、坦桑尼亚等地出土中国古瓷的遗址较多，尤其是肯尼亚，许多遗址极具代表性。

肯尼亚格迪古城遗址，位于肯尼亚东海岸中部滨海省马林迪市西南约15公里处，清理发掘有城址、宫殿、清真寺，以及大量房屋和墓葬，出土中国瓷片1257件，时代从南宋至明代后期。南宋时期仅出少量青白瓷，瓜棱壶（GG51；GE-DI113A1）腹部瓜棱形，下腹斜收，圈足外撇。白胎泛黄，稍粗；青白釉泛青绿色，亚光。足心内有支烧痕。足径6厘米，残高3.5厘米。南宋至元代，出土酱釉双系长颈瓶1件（GG75；2002/04/983），广东窑口，圆凸唇，长颈，斜肩，长腹，圈足较高，稍外撇；棕灰胎，较粗且坚硬；棕黄色釉，光亮；口径9.6厘米，足径8.7厘米，高26.8厘米。元代，龙泉窑青瓷碗、盘、罐较多，另有钵、洗、盖、炉等，荷叶形盖（GG1；GEDI118J1A99/9/60），拱顶，顶部较平，瓜蒂形纽，宽沿下斜，荷叶形边，子口内敛；盖面饰竖凸线，白胎泛灰，致密；青绿釉泛黄，亚光；口径33.7厘米，高8.2厘米（图8-1-1）。另有福建窑口的青瓷、白瓷，磁州窑瓷器等。元末明初时，龙泉窑青瓷罐出土较多，还有龙泉窑系青瓷碗、盘、罐等；广东青瓷器以罐为主；景德镇窑瓷器青花为多，有碗、瓶、罐，釉里红瓷器极少，有瓶和罐，如明洪武期的玉壶春瓶F157，细颈较长，斜溜肩，鼓腹稍下垂，圈足微外撇，足底削棱；颈、肩、腹部饰双线纹，肩部饰变形莲瓣纹，内绘卷草，上腹部绘缠枝菊花纹；白胎泛赭色，致密；青白釉，较光亮，施釉至足底，足心施釉，釉里红

图8-1-1　肯尼亚格迪古城遗址出土元代龙泉窑青瓷器盖
（采自《文物》2012年第11期，第46页，图二七）

1 马文宽、孟凡人：《中国古瓷在非洲的发现》，北京：紫禁城出版社，1987年，第1—36页。

彩呈红棕色，局部呈红褐色；口径7.5厘米，足径9.3厘米，高26.2厘米（图8-1-2）。明代早期（1368—1464年），龙泉窑青瓷器有碗、盘、洗、盆等，以碗数量最多，有213件；明中期（1464—1521年），出土少量龙泉窑青瓷器以及白瓷；以景德镇窑瓷器最多，有碗、盘、壶、杯、器盖等，仍以碗最多，明正德期青花瓷碗标本GG36（99/6/624）内壁绘云雁纹，底部绘折枝西番莲纹，外壁绘缠枝西番莲纹，下腹部绘变形卷云纹；白胎泛赭色，致密；青白釉泛灰，亚光，青花呈灰蓝色；口径23厘米，足径8.8厘米，高11.3厘米。明代后期（1521—1644年），零星出土白瓷、青花五彩瓷，以青花瓷出土最多，有碗、盘、杯，仍以碗为主，其次为盘，明万历青花瓷盘标本GG47（GEDI130E.1），内壁模印成莲瓣形，并随模印形状绘莲瓣开光线框，内绘折枝花，内底心绘鹿、鸟、松、石等；白胎泛灰，细密；白釉微泛青，亚光，青花呈灰青色。口径20厘米，高3.2厘米[1]（图8-1-3）。

图8-1-2　肯尼亚格迪古城遗址出土明代景德镇窑釉里红玉壶春瓶（采自《文物》2012年第11期，第49页，图四四）

这些中国瓷器，包括青白瓷、青瓷、白瓷、青花瓷、釉里红瓷、酱釉瓷等。器形多以碗、盘、盆为主，而以碗最多。从产地看，在1257件标本中，景德镇窑瓷器有469件，占总数的37.31%；龙泉窑瓷器（含龙泉窑系瓷器）有737件，占总数的58.63%；福建窑口瓷器有30件，占总数的2.38%；广东窑口瓷器有14件，占总数的1.1%；磁州窑瓷器有1件，占总数的0.07%；不明窑口瓷器有6件，占总数的0.47%[2]。

格迪古城遗址出土中国瓷器的年代主要是元代至明初和明代晚期，元代至明初以龙泉窑青瓷为主，明代晚期则以景德镇窑瓷器，特别是青花瓷器为主。由此可见，明代初期是中国瓷器外销的一个高峰时期[3]。

中国瓷器外销到境外，通常被作为日常生活用品使用，然而在东非，中国古

1 刘岩、秦大树、齐里亚马·赫曼：《肯尼亚滨海省格迪古城遗址出土中国瓷器》，《文物》2012年第11期。

2 刘岩、秦大树、齐里亚马·赫曼：《肯尼亚滨海省格迪古城遗址出土中国瓷器》，《文物》2012年第11期。

3 刘岩、秦大树、齐里亚马·赫曼：《肯尼亚滨海省格迪古城遗址出土中国瓷器》，《文物》2012年第11期。

瓷往往被作为墓葬和建筑上的装饰，墓葬中使用中国古瓷主要体现在对柱墓的装饰上。

图 8-1-3　肯尼亚格迪古城遗址出土明代后期青花盘
（采自《文物》2012 年第 11 期，第 56 页，图七〇）

柱墓一般由墓外的围墙和墓前的石柱构成，装饰部位分四种情况：第一，墓柱顶端安放一件中国瓷罐；第二，墓柱柱身上嵌中国瓷器；第三，墓柱近顶部的眉腰处装饰中国瓷器；第四，柱墓的围墙上装饰中国瓷器[1]。典型的柱墓装饰例子较多，如索马里的库拉，发现一座柱墓顶上安放着一件广东瓷罐，在索马里的福特港，一座柱墓上发现一件大瓷罐[2]。在柱身上装饰的情况，以坦桑尼亚的考尔发现的一座柱墓最为明显，八角形，墓柱上面镶嵌五件中国瓷碗，残存的两件是青瓷碗，一件胎呈深灰色，小圈足，足内无釉；另一件浅灰色胎，两件均属 14 世纪产品[3]。肯尼亚的安格瓦那六号柱墓顶上放置一件深橄榄色的青瓷罐，八号柱墓附近出一件明永乐时期的青花瓷碗[4]。同时出现第一和第三种情况者，如肯尼亚的曼布鲁伊发现的一座残柱墓，墓柱高约 8 米，呈十角形，柱顶置一件深橄榄绿色瓷罐，柱顶下的凹槽内分别镶嵌 5 件青花瓷盘和青花瓷碗，碗和盘交错排列，均为明代万历时期的产品[5]。第四种情况，如肯尼亚的马林迪旧城墙的两座 15 世纪时的柱墓，墓柱圆锥形，高约 9 米，石砌，墓壁龛上镶嵌青瓷、青白瓷和青花瓷碗，其中墓 A 镶嵌 14 件，墓 B 镶嵌 48 件。这些瓷器和同地发现的瓷片，多数属于 15 世纪，少数青瓷和青花瓷则为 14 世纪和 16 世纪的产品，还有几件元代青花梅瓶残片[6]。总体来看，用来装饰墓柱的器形多用瓷碗、盘、罐，以青瓷、青白瓷、青花瓷为主。就时代而言，以 14 世纪至 16 世纪为多。

在建筑方面，主要体现在对清真寺及房屋的装饰。如肯尼亚的安哥瓦那古城遗址中，在早期清真寺遗址大殿侧室的圆形屋顶上，嵌有 6 件 14 世纪晚期或 15 世纪早期的青瓷盘；在建于 16 世纪晚期的清真寺大殿的密哈拉布上，镶嵌一件 15 世纪的青瓷碗[7]；坦桑尼亚的马库丹尼遗址中，带廊房子的小圆屋顶上嵌有许多

1 马文宽、孟凡人：《中国古瓷在非洲的发现》，北京：紫禁城出版社，1987 年，第 61 页。
2 马文宽、孟凡人：《中国古瓷在非洲的发现》，北京：紫禁城出版社，1987 年，第 10 页。
3 马文宽、孟凡人：《中国古瓷在非洲的发现》，北京：紫禁城出版社，1987 年，第 20 页。
4 马文宽、孟凡人：《中国古瓷在非洲的发现》，北京：紫禁城出版社，1987 年，第 13 页。
5 同上。
6 同上。
7 马文宽、孟凡人：《中国古瓷在非洲的发现》，北京：紫禁城出版社，1987 年，第 12、13 页。

瓷碗[1]；松哥穆纳拉岛的宫殿遗址天花板上，镶嵌许多中国瓷碗，其中多数为青花瓷，时代为元明时期[2]；在坦桑尼亚朱安尼岛的库阿，清真寺密拉哈布上发现镶嵌15世纪的瓷碗。在宫殿和贵族居住的遗址，则有许多用来陈设中国古瓷的壁龛，还出有14世纪或时代更早的青瓷[3]。

最能直接反映中国输出瓷器的证据，是在境外发现的中国沉船。这些远洋沉船里装载着中国生产的瓷器，器形完整、数量众多，归类有序，集中反映出当时瓷器输出的品种、质量等信息。朝鲜半岛西南部的新安海域发现的新安沉船，出水了大量中国瓷器。新安沉船是一艘中国元代贸易船，可能驶往朝鲜、日本或菲律宾；沉船中打捞出大量遗物，有铜钱、铜器、铁器、漆器以及水晶珠、胡椒、桂皮等，其中出有瓷器6457件，除3件是朝鲜瓷器外，其余皆为中国瓷器。以窑系来分，有龙泉窑系的青瓷，景德镇窑系的青白瓷、枢府瓷和白瓷，磁州窑系的白釉赭彩、白釉黑彩和黑釉瓷，吉州窑瓷器，建窑的黑釉瓷（又称天目瓷），钧窑系的钧釉瓷，以及酱褐色、黄褐色或黑色釉的粗瓷等。数量最多的是龙泉窑系青瓷和景德镇窑系的青白瓷、枢府瓷和白瓷[4]。

（二）中国境内与输出瓷器相关的考古遗存

目前发现的相关遗存，主要集中在沿海部分海域的水下考古发现，以及烧造外销瓷器的窑址的发掘。

中国东南沿南的部分海域中有许多沉船，这些沉船多是从中国出发，准备驶向世界各地的贸易船。经过水下考古发掘，出水了大批瓷器，其中大部分是销往境外的。如福建连江定海白礁一号沉船遗址，水下考古发掘出水南宋黑釉盏和青白瓷碗[5]。福建平潭大练岛元代沉船遗址，水下考古出水陶瓷器，都是元代末期龙泉窑青瓷，器形有盘、碗、小罐等，灰胎，青黄或青绿釉，里外满釉，圈足内有的无釉，足底刮釉露胎[6]。福建莆田南日岛、湄洲湾海域发现宋元明时期沉船遗址，其中北土龟礁一号宋代沉船遗址，瓷器主要为青釉碗，时代为南宋早、中期；北土龟礁二号元代沉船遗址，沉船内遗物均为白瓷器，器类以碗、盘、碟为主，大部分为素面；平潭海域碗礁二号明代沉船遗址，出水青花瓷、白瓷、青花釉里红器、蓝釉器等，器形多为碗、盘等，年代为明末[7]。西沙群岛华光礁一号沉船遗址，出水瓷器有青瓷（大多数为碗类，系福建南安罗东窑、福建松溪回场窑、

1 马文宽、孟凡人：《中国古瓷在非洲的发现》，北京：紫禁城出版社，1987年，第28页。

2 马文宽、孟凡人：《中国古瓷在非洲的发现》，北京：紫禁城出版社，1987年，第29页。

3 马文宽、孟凡人：《中国古瓷在非洲的发现》，北京：紫禁城出版社，1987年，第23页。

4 李德金、蒋忠义、关甲堃：《朝鲜新安海底沉船中的中国瓷器》，《考古学报》1979年第2期。

5 中澳合作水下考古专业人员培训班定海调查发掘队：《中国福建连江定海1990年度调查、试掘报告》，《中国历史博物馆馆刊》总第18、19期（1992年）；中澳联合定海水下考古队：《福建定海沉船遗址1995年度调查与发掘》，《东南考古研究》第二辑，厦门：厦门大学出版社，1999年，第186—198页；赵嘉斌：《海上丝绸之路上的中国古代外销瓷——中国水下考古的工作与发现》，中国古陶瓷学会编：《中国古陶瓷研究》第十四辑，北京：紫禁城出版社，2008年，第1—10页。

6 福建平潭大练沉船遗址水下考古队：《福建平潭大练元代沉船遗址水下考古发掘的收获》，《福建文博》2008年第2期。

7 赵嘉斌：《海上丝绸之路上的中国古代外销瓷——中国水下考古的工作与发现》，中国古陶瓷学会编：《中国古陶瓷研究》第十四辑，北京：紫禁城出版社，2008年，第1—10页。

福建晋江宋代磁灶窑的产品）、青白瓷（景德镇窑、德化窑、福建闽清义窑的产品）、酱黑釉（福建晋江磁灶窑产品）等，年代为南宋[1]；北礁1—3号地点采集到宋代的青白瓷、明代青花瓷以及龙泉青瓷，器形主要有四系小罐、盘、碟等[2]；北礁3号沉船遗址，主要出水明末青花瓷，器形以大盘为主[3]；银屿地点出水龙泉窑青瓷、青花瓷产品，器形有碗、盏、盘等[4]。广东南海一号沉船遗址，出水青白瓷、青瓷、酱黑釉器以及极少数绿釉器等，为景德镇窑、德化窑、闽清义窑和青窑、福建晋江磁灶窑，时代为宋元时期[5]。广东省南澳县云澳镇三点金海域南澳Ⅰ号沉船，为明万历时期，出水的瓷器以青花瓷器为主，有盘、碗、罐、碟、盆等，其中以盘为主。如青花菊花纹碟，标本07NAC0142，敞口，弧壁，浅腹，圈足；灰白色胎；器身施釉，底部不施釉，青白釉泛青，青花绘纹饰，呈色泛灰；内壁饰两周弦纹，内底饰菊花纹，内底有一周刮釉，外壁饰两周弦纹。口径10.5厘米、足径5厘米、高3厘米（图8-1-4）。出水瓷器主要来自两个窑系，一是福建漳州窑系的瓷器，数量最多、胎较厚、青花颜色暗淡、纹饰较粗糙，以盘、钵为代表性器物；二是江西景德镇窑系的瓷器，胎较薄、青花色泽艳丽、纹饰精美，主要是碗、盘、碟、杯、盒等，这类瓷器与江西景德镇民窑的产品相近。漳州窑系瓷器当是专门供应海外的商品[6]。

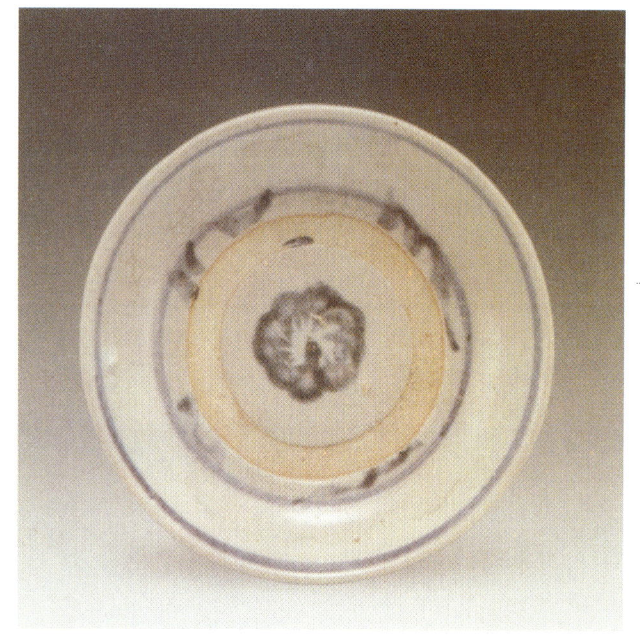

图8-1-4　青花菊花纹碟
（广东南澳Ⅰ号明代沉船出水，采自《文物》2011年第5期，第40页，图四三）

水下考古出水的外销瓷器，多集中在福建、广东、西沙群岛等地的海域，时代集中在宋至明末，器形以碗、盘、罐为主，品种以青瓷、青白瓷、白瓷、青花瓷、酱黑釉瓷为主，窑口有龙泉窑、德化窑、福建闽清义窑、福建晋江磁灶窑、

1 赵嘉斌：《海上丝绸之路上的中国古代外销瓷——中国水下考古的工作与发现》，中国古陶瓷学会编：《中国古陶瓷研究》第十四辑，北京：紫禁城出版社，2008年，第1—10页。

2 中国国家博物馆水下考古研究中心、海南省文物保护管理办公室编：《西沙水下考古1998—1999》，北京：科学出版社，2006年，第31页。

3 中国国家博物馆水下考古研究中心、海南省文物保护管理办公室编：《西沙水下考古1998—1999》，北京：科学出版社，2006年，第32页。

4 中国国家博物馆水下考古研究中心、海南省文物保护管理办公室编：《西沙水下考古1998—1999》，北京：科学出版社，2006年，第29页。

5 任卫和：《广东台山宋元沉船文物简介》，《福建文博》2001年第2期；赵嘉斌：《海上丝绸之路上的中国古代外销瓷——中国水下考古的工作与发现》，中国古陶瓷学会编：《中国古陶瓷研究》第十四辑，北京：紫禁城出版社，2008年，第1—10页。

6 广东省文物考古研究所：《南澳Ⅰ号明代沉船2007年调查与试掘》，《文物》2011年第5期。

漳州窑、景德镇民窑等。而水下考古所获龙泉青瓷，经历了宋、元、明三代[1]。

烧制古代外销瓷的窑址很多，就福建而言，宋代形成黑釉、青瓷、青白瓷三大瓷系鼎立的局面；元代虽还有较大的窑场在断续生产，但是窑址数量逐渐减少，品种和产量都有变化，只有少数窑场维持至元明之际；宋元时期的窑场遗址有建窑的庵尾山、大路后门山、源头坑等，以及闽清义窑与青窑、连江浦口窑、磁灶土尾庵窑址、磁灶金交椅山窑址、汀溪窑址，明代窑址有德化窑、漳州窑、东溪窑等[2]。福建碗窑山窑址年代为北宋晚期至南宋晚期，产品以黑釉碗为大宗，青釉、青白釉碗、盘次之，其余器类数量均较少；其黑釉碗大量销往东亚、东南亚地区，在福建连江定海“白礁一号”宋代沉船出水物中，部分黑釉碗与碗窑山窑址的黑釉碗相同，在日本福冈博多遗址出土的部分黑釉碗亦与该窑的同类器相似，说明该窑址的产品销售范围很广，曾远销海外[3]。

（三）境内出土的外国瓷器

在输出瓷器的同时，境内也发现有来自境外的瓷器。部分省市的墓葬、窖藏等遗存中出土了高丽瓷器，部分瓷器运用了高丽瓷器中特有的技术，如青釉下刻填以黑白彩的青瓷镶嵌工艺，器形有瓶、碗等生活用器。河北石家庄后太保元代史氏墓群出土的青瓷梅瓶（M1：3）（图 8-1-5），小盘口，丰肩，上腹球形，中腹以下内收几成直壁，下部微外移，圈足极矮；灰白胎，青釉较厚，玻璃质感强，有细碎开片；在透明的青釉下，周身装饰花叶纹和云鹤图案；口径 6.7 厘米，最大腹径 23 厘米，底径 17.2 厘米，高 46 厘米[4]。宿白先生认为，这件青瓷镶嵌梅瓶应是元代中朝文化交流的一件重要文物[5]。黑龙江省哈尔滨市水田村元代窖藏出土的一件浅绿釉黑白葵花碗（J：23），口径 19.2 厘米，底径 6.6 厘米，高 6.8 厘米，其内底心饰一朵葵花，内壁和外壁皆等距饰 4 朵折枝葵花；黑、白花瓣，深绿色叶皆填彩构图，亦采用青花镶嵌工艺[6]。

图 8-1-5　青瓷镶嵌梅瓶

（河北石家庄后太保元代史氏墓群 M1 出土，采自《文物》1996 年第 9 期，第 52 页，图一七）

1 林国聪：《我国水下考古中所见的龙泉青瓷》，中国古陶瓷学会编：《中国古陶瓷研究》第十四辑，北京：紫禁城出版社，2008 年，第 37—47 页。

2 栗建安：《福建古代外销瓷窑址的考古发现与研究》，中国古陶瓷学会编：《中国古陶瓷研究》第十四辑，北京：紫禁城出版社，2008 年，第 179—197 页。

3 福建省博物馆：《福建闽侯县碗窑山宋代窑址的发掘》，《考古》2014 年第 2 期。

4 河北省文物研究所：《石家庄后太保元代史氏墓群发掘简报》，《文物》1996 年第 9 期。

5 彭卿云等：《〈文物〉月刊出刊 500 期纪念笔谈》，《文物》1998 年第 1 期。

6 田华、胡秀杰、李桂芹、贾凤致、王秀文：《黑龙江哈尔滨市郊发现元代瓷器窖藏》，《考古》1999 年第 5 期。

二、货币

货币种类较多，国内出土的外国货币，以金、银质地为主，多出自墓葬。国外出土的中国货币，则主要以铜钱为主，多出自沉船，以及沿海港口、岛屿。有的国家大量出土，与其将中国铜钱作为本国货币流通有关。就其出土范围而言，主要集中在亚洲以及非洲东部地区。

（一）中国出土的境外货币

1. 金锭

湖北钟祥明代梁庄王墓出土的金锭（棺：8）（图 8-1-6），正面铸有两行楷体铭文，直行右读：“永乐十七年四月日西洋等处买到八成色金壹锭伍拾两重。”锭长 13 厘米、两端宽 9.8 厘米、中宽 4.6 厘米、厚 1 厘米，重 1937 克；锭铭“八成色金”，与实测含金量 83.24% 相符；伍拾两重，实重 1937 克；而西洋则是区域名，应与郑和下西洋有关[1]；永乐十七年即公元 1419 年。这是目前发现的为数不多的与郑和下西洋有关的出土文物，确证了郑和与西洋诸国的友好交往[2]。

2. 银币

广东东山明太监韦眷墓出土 15 世纪中叶外国银币 3 枚，一枚威尼斯银币（图 8-1-7），直径 1.3—1.9 厘米，重 1.4 克；两枚孟加拉银币，直径 2.7—2.9 厘米，重皆为 10.6 克[3]。其中的威尼斯银币，是在 1457—1462 年威尼斯总督帕斯夸尔·马利皮埃罗所铸，另两枚为今孟加拉国培巴克沙于 1459 年所铸；威尼斯银币的发现，证明 13—14 世纪威尼斯在欧洲与东方的贸易中占有重要地位，而广州在当时海外贸易中亦占有举足轻重的地位[4]。

图 8-1-6　金锭
（湖北钟祥明代梁庄王墓出土，采自《梁庄王墓》下册，彩版二六）

1 湖北省文物考古研究所、钟祥市博物馆编著：《梁庄王墓》上册，北京：文物出版社，2007 年，第 36 页。

2 湖北省文物考古研究所、钟祥市博物馆编著：《梁庄王墓》上册，北京：文物出版社，2007 年，第 219 页。

3 广州市文物管理处：《广州东山明太监韦眷墓清理简报》，《考古》1977 年第 4 期。

4 夏鼐：《扬州拉丁文墓碑和广州威尼斯银币》，《考古》1979 年第 6 期。

图 8-1-7 威尼斯银币
（广州东山明太监韦眷墓出土，采自《考古》1977 年第 4 期，图版玖：3）

（二）境外出土的中国货币

韩国新安海底沉船出土大量中国铜钱，仅 1982 年就打捞出 18 吨，包括唐、两宋、辽、金、西夏、元等各代所铸[1]。东非地区的索马里、肯尼亚、坦桑尼亚，特别是桑给巴尔岛，则发现了北宋钱币[2]。

中世日本使用的流通货币以中国铜钱为主，因此日本出土了大量中国铜钱，尤其是装在瓮、罐中的中世备蓄钱，数量巨大；多数为小平钱，大钱极少见，各种书体、版别皆有，但未发现如四川等地方上流通的铁钱。日本发现的最早宋钱，是京都清凉寺释迦本尊胎内的 132 枚铜钱，是台州信徒献纳、986 年带回的，有唐开元通宝、后汉汉元通宝、南唐唐国通宝、北宋宋元通宝等。11 世纪开始在全国的经冢遗迹中，铜钱是必不可少的奉纳品，一座经冢少则一枚，多则数十枚。最早的备蓄钱发现于京都东山区的富永町，有铜钱 34 种三万余枚，储藏于陶瓮内埋于地下，最新钱是嘉定通宝（初铸于 1208 年），其埋藏时间可能在 13 世纪初。最大备蓄钱例是北海道志海苔发现的三个备蓄钱瓮，有铜钱 94 种，总数约为 50 万枚，最古钱是西汉的四铢半两、五铢，最新钱是明洪武通宝，并有唐、五代、辽、宋、金、西夏、元及日本皇朝十二钱等数种，数量最多的是北宋钱。北海道志海苔备蓄钱的埋藏时间不会早于 14 世纪末期。就日本出土以中国铜钱为主的备蓄钱的实际情况看，以南宋咸淳元宝（初铸于 1265 年）为最新钱的备蓄钱，可推断埋藏年代在 14 世纪前期以前，以东日本为多，西日本较少；以元至大通宝（初铸于 1310 年）、至正通宝（初铸于 1341 年）为最新钱的备蓄钱，可以判断埋藏年代在 14 世纪后期左右，其分布仍以东日本为多，不同之处是濑户内海沿岸、四国地方太平洋沿岸、日本海沿岸各地也有发现，或可认为伴随水运的发展，逐渐出现蓄财现象[3]。

上述金、银、铜质货币在对外交流过程中执行货币的流通功能，有时这些货币本身又成为一种商品而被购置，成为财富的象征。而在日本，中国的铜钱首先被大量购入，之后在日本成为一种流通货币，可见中国铜钱在此一期对日本的巨

1 席龙飞：《对韩国新安海底沉船的研究》，《海交史研究》1994 年第 2 期。
2 许永璋：《北宋钱币在非洲的发现及相关问题》，《中原文物》1993 年第 2 期。
3 苌岚：《7—14 世纪中日文化交流的考古学研究》，北京：中国社会科学出版社，2001 年，第 107—128 页。

大影响。

三、玻璃器

我国进口玻璃器的时代比较早。自西汉至北宋时期，我国与当时世界上的几个玻璃生产中心有着贸易往来，目前出土的进口玻璃器主要包括罗马玻璃、萨珊玻璃和伊斯兰玻璃三部分[1]。而辽、宋时期出土的玻璃器多为伊斯兰玻璃器，以辽代居多，北宋较少，器物形制大都完整精美，多集中在北方地区，南方仅有零星出土。

进口玻璃器多出自墓葬和塔基，如内蒙古奈曼旗辽陈国公主驸马墓[2]、辽宁省法库县叶茂台辽墓[3]、天津蓟县独乐寺塔[4]、河北定县五号塔基[5]、浙江瑞安慧光塔[6]、安徽无为宋塔[7]、河北定州静志寺塔基[8]、辽宁朝阳的墓葬与塔基[9]等。这些玻璃器按用途归类主要有瓶、盘、把杯、执壶等，器形、制作工艺主要具有明显的伊斯兰玻璃的特征以及部分拜占庭风格。辽陈国公主驸马墓出土的刻花玻璃瓶（图 8-1-8），无色透明，表面有风化层，宽折沿，细长颈，折肩，筒形腹，平底，颈、腹部磨刻有几何形花纹，底外部有吹塑痕，口径 7 厘米、底径 9.8 厘米、高 25.2 厘米；该墓出土的另一件乳钉纹玻璃盘，无色透明，表面有风化层，敞口、弧腹、圈足、腹壁刻有一周 28 个乳钉，圈足，口径 25 厘米、底径 10 厘米、高 6.8 厘米[10]。前者是很典型的伊斯兰玻璃，在萨珊王朝时期，伊朗高原玻璃匠擅长用砂轮在玻璃器皿表面打磨出很多小平面，刻花瓶的颈部和肩部也是用砂轮打磨出的小平面，似乎保留有萨珊玻璃的遗风，腹部雕刻出的几何纹线条，很可能是对 9 世纪内沙布尔单线条刻纹的发展，因此该瓶可能是 10 世纪末或 11 世纪初的伊朗产品；后者

图 8-1-8　刻花玻璃瓶
（内蒙古奈曼旗辽陈国公主驸马合葬墓出土，采自《文物》1987 年第 11 期，第 18 页，图三五：4）

1 安家瑶：《中国的早期玻璃器皿》，《考古学报》1984 年第 4 期。
2 内蒙古文物考古研究所：《辽陈国公主驸马合葬墓发掘简报》，《文物》1987 年第 11 期。
3 辽宁省博物馆、辽宁铁岭地区文物组发掘小组：《法库叶茂台辽墓记略》，《文物》1975 年第 12 期。
4 天津市历史博物馆考古队、蓟县文物保管所：《天津蓟县独乐寺塔》，《考古学报》1989 年第 1 期。
5 河北定县博物馆：《河北定县发现两座宋代塔基》，《文物》1972 年第 8 期。
6 浙江省博物馆：《浙江瑞安北宋慧光塔出土文物》，《文物》1973 年第 1 期。
7 《无产阶级“文化大革命”期间文物展览简介：无为宋塔下出土的文物》，《文物》1972 年第 1 期。
8 河北省定县博物馆：《河北定县发现两座宋代塔基》，《文物》1972 年第 8 期。
9 朝阳地区博物馆：《辽宁朝阳姑营子辽耿氏墓发掘报告》，《考古》编辑部编：《考古学集刊》第 3 集，北京：中国社会科学出版社，1983 年，第 168—195 页；朝阳市政北塔考古勘察队等：《朝阳北塔 1986—1989 年考古勘察纪要》，《辽海文物学刊》1990 年第 2 期。
10 内蒙古文物考古研究所：《辽陈国公主驸马合葬墓发掘简报》，《文物》1987 年第 11 期。

的 28 个小四棱锥（原报告所称乳钉）是用手工砂轮打磨出来，各锥体的大小不完全相等，一般棱锥高约 0.8 厘米、底边长约 1 厘米，棱锥边缘锐利，底部圈足也是用砂轮打磨出来。这件高浮雕的刻花玻璃盘的外壁除了棱锥装饰外，磨有小凹坑，这些凹坑很可能是为装配金属口沿而特意磨制，有可能是公元 10 世纪或 11 世纪初拜占庭的玻璃产品。有可能它就是东罗马和辽之间存在过直接或间接的贸易联系的证据，表明辽与伊斯兰世界有着贸易交往和文化交流。这些数量较多又精的玻璃制品，说明玻璃器仍是这个时期丝绸之路上的重要贸易物品[1]。

部分玻璃器出土的年代具有连续性，且有较为确切的年代可考，可以观察出在我国出土的该类器形在一段时期内的演变过程，为研究伊斯兰玻璃提供了重要的实物资料及年代标尺。辽陈国公主墓出土的刻花玻璃瓶是典型的伊斯兰玻璃器，相似的玻璃瓶目前共出土 5 件，全部与带纪年器物伴出，已初步具备排出这类玻璃瓶发展序列的条件。其年代依次是河北定县五号塔基（977 年）、陈国公主墓（1018 年）、浙江瑞安慧光塔（1034 年）、安徽无为宋塔（1036 年）、蓟县独乐寺白塔（1058 年）。这类花瓶的发展趋势是，瓶口由直口发展到宽折沿，纹饰由较繁缛的几何纹发展至较简单的线条；其中只有无为宋塔的刻花瓶与这种发展规律稍有出入，有可能该瓶的制造年代早于塔的年代，或可早到 10 世纪末[2]。

四、其他

（一）宝石

国内出土的境外宝石材料相对集中，多出自身份地位极高的皇陵或王陵，时间集中在 15 世纪上半叶和 17 世纪上半叶，种类丰富，品级较高，原产地遍布东南亚、北亚、澳洲、非洲南部、美洲等地。

北京明定陵出土的宝石共计 12 包 313 块，计有金宝石、蓝宝石和石榴石质宝石[3]。对部分宝玉石进行鉴定，结果显示，定陵出土的猫眼石、祖母绿、金宝石、蓝宝石等高档宝石皆来自国外；W233：4 为金宝石，而澳大利亚昆士兰是世界上金宝石的重要产地；W233：3-1 为蓝宝石，现知产这种宝石的国家有缅甸、斯里兰卡、泰国、柬埔寨、印度、澳大利亚、美国、津巴布韦等；W233：5 为金绿宝石，盛产这种宝石的国家为斯里兰卡；红宝石（红 1-5 号），世界上产这种宝石的国家主要有缅甸、斯里兰卡、泰国；W38 祖母绿，主要产地在西伯利亚、巴基斯坦、克什米尔、哥伦比亚[4]。

湖北钟祥明梁庄王墓出土的珠宝 3400 多件，镶嵌的珠宝种类 18 种，红宝石

1 安家瑶：《试探中国近年出土的伊斯兰早期琉璃器》，《考古》1990 年第 12 期。

2 安家瑶：《试探中国近年出土的伊斯兰早期琉璃器》，《考古》1990 年第 12 期。

3 中国社会科学院考古研究所、定陵博物馆、北京市文物工作队：《定陵》上册，北京：文物出版社，1990 年，第 202 页。

4 赵松龄、李景芝：《明定陵出土部分宝玉石的鉴定》，中国社会科学院考古研究所、定陵博物馆、北京市文物工作队：《定陵》上册，附录九，北京：文物出版社，1990 年，第 370、371 页。

175 粒、蓝宝石 147 粒、祖母绿 52 粒、金绿宝石 11 粒。除钻石外，其他四大名宝在梁庄王墓中均有发现，其产地都不是国内，可能为东南亚[1]。

这些宝石的成批出土，表明在明代，中国的对外文化交流持续而频繁，涉及地域极其广泛。

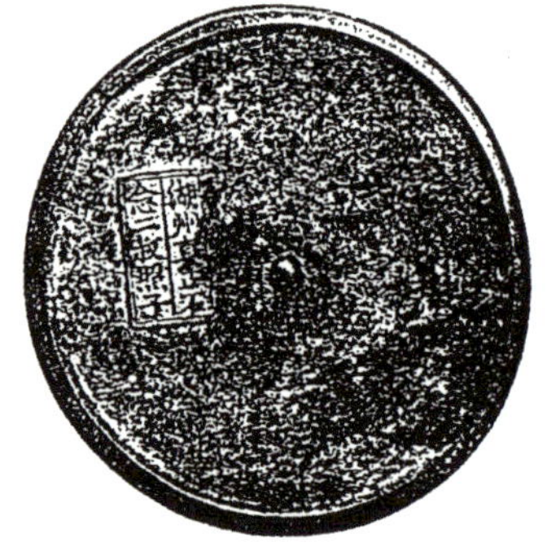

图 8-1-9　日本出土的湖州镜
（采自苌岚：《7—14 世纪中日文化交流的考古学研究》，第 353 页，图 26：1、2）

（二）日本发现的中国铜镜[2]

日本发现的中国铜镜，以宋代的铜镜为大宗，有宋代的湖州镜、婺州镜、明州镜等。从镜的铭文看，最大宗的是湖州镜，其中最多的是湖州石家镜，还有方家、杨家镜子等；有纪年铭文的湖州镜，其所刻铭文最早的是 1125 年；其形制主要以葵花形为主，其次为圆形、菱花形、方形、八棱形、扇形等；这些镜子主要出自平安到镰仓时代的经冢以及高山祭祀遗址，个别出自墓葬。

岛根县平田市鳄渊寺藏王窟经冢遗迹出土湖州镜两面（图 8-1-9），一面为湖州八曲葵花镜，一面是湖州圆镜，圆镜镜面针书铭文“奉施人僧仁光藏王宝崛仁平二年壬申六月十日癸酉”，镜背铸铭两行“湖州真正石念二叔照子”。福冈县北九州市足立山顶出土 6 面湖州镜，其中一面湖州圆镜，直径 12.76 厘米，钮右侧有三行阳铸铭“湖州仪凤桥酒楼相对石念二叔男念七郎镜”，表明石家所在地，较为珍贵；镜背线刻药师如来坐像，右手施无畏印，左手持药壶，有光背，于莲花座上结跏趺坐。墓葬出土的湖州镜仅一例，在福冈县博多区筑港线调查中，从 SK-683（木椁墓）墓主人头部的漆皮化妆箱内发现一面镶于侧面的湖州八棱镜，墓葬年代推测为 12 世纪中叶。日本寺社中的铜镜，多用于装饰、供奉、墓葬，其目的是与佛结缘，最常见的还是祈愿除病保平安。湖州镜之外的其他宋代铜镜在日本发现很少。湖州镜的分布范围，大致以关东地方、近畿地方、中国地方、九州地方为主；东北、中部、四国地方也有发现；北海道没有发现湖州镜。这种分布情况与日本出土宋代外销陶瓷分布相一致，说明湖州镜是作为宋外销商品之一出口日本，其外销途径、路线应与大宗商品陶瓷一样。

（三）金属器

辽陈国公主驸马墓出土两件伊斯兰铜盆。标本 H60，敞口，方唇，腹部内弧收成平底，器壁很薄，中间器底正中錾刻一个六角形图案，六角形正中和外缘刻几周弦纹，内饰鱼子纹地，口径 57 厘米、腹径 38 厘米、底径 33 厘米、高 19 厘

1 杨明星等：《梁庄王墓出土宝石的主要特征》，湖北省文物考古研究所、钟祥市博物馆编著：《梁庄王墓》上册，附录五，北京：文物出版社，2007 年，第 322—327 页。
2 关于日本出土的中国铜镜，皆参考苌岚《7—14 世纪中日文化交流的考古学研究》（北京：中国社会科学出版社，2001 年，第 148—171 页）。

米[1]。口沿内壁錾刻的三周联珠纹，第一、二周之间为一周阿拉伯铭文，推测这一周铭文应是 ALLah 的多次重写[2]。

明万历时期的南澳Ⅰ号沉船中出水的明晚期铜器是大小、厚薄不等的圆饼状铜器，与 1974 年在西沙北礁出水的明代沉船遗物中的铜板可能是一种原料，推断这批圆饼状铜器也是用于交换的具有商品性质的铜原料[3]。

（四）香料

福建泉州湾后渚港宋代海船是我国南宋末年的一艘远洋货船，出土遗物有香料木、药物、木牌、铜钱等，以香料木和药物最多，亦有香料木、胡椒、槟榔、乳香、龙涎、朱砂、水银、玳瑁等，出土最多的香料木和胡椒是我国从南洋诸国进口的大宗货物。这艘海船出土的大量香药当是宋代中外经济交流的实物证据[4]。

韩国新安沉船打捞出的物品中发现大量紫檀木，这些紫檀木应是要在日本用于制作印章、佩带用装饰品、佛像等的原材料[5]。紫檀木原产于印度、东南亚地区，表明这些物品从东南亚地区进入我国，又被装入了新安沉船中。新安沉船中的 1017 根紫檀木，全部铺陈于船底，它们的发现将新安船的研究范围扩大到了中国和日本以外的东南亚地区[6]。

第二节　与宗教有关的实物遗存

宋元明清时期中外宗教交流频繁，唐以前传入的摩尼教、景教、祆教、伊斯兰教等在本阶段皆有不同程度的发展，实物遗存多以寺院建筑、信众墓葬为主，尤其是伊斯兰教。有关情况，本书第七章第三节“其他宗教遗存”已有详细叙述，兹不赘述；与此同时，新出现天主教、印度教、犹太教等宗教遗存；境内的佛教、道教对境外亦有不同程度的影响。

一、境外传入的宗教遗存

（一）天主教遗存

天主教与东正教、新教并列为基督教三大派别之一，13 世纪初次传入中国，

1 内蒙古文物考古研究所：《辽陈国公主墓》，北京：文物出版社，1993 年，第 48、49 页。
2 阿卜杜拉·马文宽：《伊斯兰世界文物在中国的发现与研究》，北京：宗教文化出版社，2006 年，第 132、133 页。
3 广东省文物考古研究所：《南澳Ⅰ号明代沉船 2007 年调查与试掘》，《文物》2011 年第 5 期。
4 泉州湾宋代海船发掘报告编写组：《泉州湾宋代海船发掘简报》，《文物》1975 年第 10 期。
5（韩）金英美：《新安沉船与海上丝绸之路》，沈琼华主编：《大元帆影：韩国新安沉船出水文物精华》，北京：文物出版社，2012 年，第 20—31 页。
6 沈琼华主编：《大元帆影：韩国新安沉船出水文物精华》，北京：文物出版社，2012 年，第 244 页。

16 世纪再度传入中国[1]。

有关遗存在东南以及北方地方有零星发现，多为教徒或传教士的墓碑，亦有教堂的相关建筑构件等，如福建泉州[2]、江苏扬州[3]、北京[4]等地，皆有与天主教有关的实物遗存发现。

元代的圣方济各派信徒的墓碑，一般分上下两部分，上部分刻有与该教相关的图案，下部分碑文为拉丁文，其开头与结尾都有一个十字架，内容介绍墓主姓名和卒年。江苏扬州的两块元代拉丁文墓碑出自江苏扬州旧城南门水关附近，两碑上部分别刻“世末公审图”“为主致命图”，下半部分横刻拉丁文[5]。其年代分别是公元 1344 年和 1342 年，而碑刻内容已有部分华化，如“为主致命图”（图 8-2-1）中人物面部为东亚人的脸型，碑右下角有跪坐的僧侣像，中国式的坐凳以及碑面周边的卷草纹花边等[6]。根据译文，墓主分别是多密尼・伊利翁尼的儿子安东尼和女儿喀德邻，这三人是热那亚城的商人中一个兴盛家族的成员，这一家族于 14 世纪早期在西方和元代中国的贸易往来中起过重要的作用[7]。扬州水关以西之城垣中掘得元代残井阑一口，刻有“圣井至元二十六年（1289 年）/ 十二月甲申日”的字样，据说圣井为天主堂所专有，多在圣堂之后，当时对教会有所贡献者死后多葬于教堂之侧，据此推测，扬州这两块墓碑与井栏原应相去不远[8]。

图 8-2-1 江苏扬州出土元代拉丁文墓碑
（采自《考古》1963 年第 8 期，第 450 页，图二）

北京天主教遗迹，明代所建教堂多数已毁，现存多已不是原来的建筑。北京西城区车公庄大街 6 号院内，存有利玛窦等 60 多位明清传教士的墓碑[9]。明代传教士的墓碑多数为螭首，部分碑额刻十字架图案，碑文为汉文、拉丁文合璧，碑文汉文内容多涉及墓主国

1 中国大百科全书总编辑委员会《宗教》编辑委员会、中国大百科全书出版社编辑部编：《中国大百科全书・宗教》，北京：中国大百科全书出版社，1988 年，第 395、399 页。

2 吴文良：《泉州宗教石刻》，北京：科学出版社，1957 年，第 29、30 页。

3 （意大利）L. 培忒克：《扬州拉丁文墓碑考证》（夏鼐译），《考古》1983 年第 7 期；夏鼐：《扬州拉丁文墓碑和广州威尼斯银币》，《考古》1979 年第 6 期。

4 吴梦麟、熊鹰：《北京地区基督教史迹研究》，北京：文物出版社，2010 年，第 59—186 页。

5 耿鉴庭：《扬州城根里的元代拉丁文墓碑》，《考古》1963 年第 8 期。

6 夏鼐：《扬州拉丁文墓碑和广州威尼斯银币》，《考古》1979 年第 6 期。

7 （意大利）L. 培忒克：《扬州拉丁文墓碑考证》（夏鼐译），《考古》1983 年第 7 期。

8 耿鉴庭：《扬州城根里的元代拉丁文墓碑》，《考古》1963 年第 8 期。

9 吴梦麟、熊鹰：《北京地区基督教史迹研究》，北京：文物出版社，2010 年，第 69 页。

别、来华时间、地点、主要成就、卒年及在会时间。邓玉函墓碑，碑螭首、碑额刻十字架图案，碑阳碑文为汉文、拉丁文合璧，汉文正书存5行69字，中题“耶稣会士邓公之墓”，碑文为“耶稣会士邓先生，讳玉函，号函璞，大西洋入尔玛尼亚国人也。明天启辛酉来中华衍教，己丑年入京都，崇祯初年上命修历。庚子年卒，寿五十有四岁，在会真修十九年”[1]。碑文云邓玉函于1621年来中国传教，1625年（碑文中“己丑年”或为乙丑年）进北京，其主要功绩是修历，入会共19年。

（二）印度教遗存

印度教最初传入中国的时间尚不明确。在今福建泉州发现元、明时期印度教寺庙、祭坛的石构件约数十件，如石匾额、石柱、门楣石、门窗石、石栏板、龛顶石、壁龛石、希腊式柱头石、柱础石、石雕像、石横梁、祭坛石卧狮、锡兰印度教神话石刻、大独石柱等，部分石雕像做工精细[2]。在泉州南较场（俗称番佛寺）发现的印度教三主神之一的毗湿纽神像（图8-2-2），高115厘米，头戴一尖顶高冠，两眼下视，高鼻大耳，秀口圆颐，神情庄严宁静，有四臂，右上手持圆盘，左上手执法螺，右下手伸出，作无畏印，左手下垂按一棒，右手掌、肘部已折断，上身袒裸，下身似有罗裙，立于半月形的束腰圆台上；其雕刻手法简朴圆熟，神像似曾用油泥塑过，并妆过金身[3]。

图8-2-2　福建泉州发现的毗湿纽神像
［采自《泉州宗教石刻》（增订本），第453页，D7］

从这些石刻的内容、制作精致程度、规模来看，当不限于一座印度教寺。在泉州南门伍堡街民房内发现的泰米尔文石碑，介绍了挹伯鲁马尔于1281年创建温婆神庙的缘由，碑文中提到的“御赐执照”[4]，或与印度教“御赐佛像”门楣石[5]有一定的联系。在泉州城东北郊清源山余脉的东岳山有一条山沟“世家坑”，是明朝锡兰王子率领的使团成员及其后裔的墓地，发现有世氏墓碑23方，其中冠以锡兰国籍者8方；留居泉州的锡兰王裔，应是明代

1 吴梦麟、熊鹰：《北京地区基督教史迹研究》，北京：文物出版社，2010年，第79页。
2 吴文良原著，吴幼雄增订：《泉州宗教石刻》（增订本），北京：科学出版社，2005年，第449—513页。
3 吴文良原著，吴幼雄增订：《泉州宗教石刻》（增订本），北京：科学出版社，2005年，第452、453页。
4 吴文良原著，吴幼雄增订：《泉州宗教石刻》（增订本），北京：科学出版社，2005年，第461页。
5 吴文良原著，吴幼雄增订：《泉州宗教石刻》（增订本），北京：科学出版社，2005年，第449页。

天顺三年（1459 年）来华入贡的昔利把交剌惹，他们取名字的第一个字“昔”为姓，“昔”与“世”谐音，时锡兰王及王室均信仰印度教，因此昔利把交剌惹留居泉州后，可能在泉州城北建印度教寺庙[1]。在泉州城内靠近北门街的县后街白狗庙旁，发现两方以锡兰印度教神话故事为内容的石刻，一方为白象和蜘蛛的故事，一方为牛和牧人的故事[2]。而在泉州北门小山丛竹附近发现古印度教祭坛石卧狮，狮头雕一凹入圆孔，为嵌珠之用，狮背刻汉字“东后六”，石狮后有一榫位[3]。据文献考证，锡兰王之后裔曾在泉州城东北小山丛竹亭附近建置附第和创建印度教祭坛[4]。由此可知，泉州的印度教石刻当属元明两朝，较为确切的就是 1281 年在今泉州城南建有一座印度教寺院，说明在元时泉州已有印度教。

（三）犹太教遗存

唐以后，犹太人大量进入中国，他们聚居在中国的部分城镇中，相互间保持联系，能熟练地运用汉文，并在当地修建犹太教寺。犹太教的考古遗存极少，现存于河南开封博物馆的嵌合在一起的两通明代碑刻，提供了许多有关开封犹太教的相关信息。这两通汉文碑刻分别是明弘治二年（1489 年）《重建清真寺记》，碑高 153 厘米、宽 80 厘米、厚 5 厘米，刻字 36 行，每行 56—58 字不等；明正德七年（1512 年）《尊崇道经寺记》，碑高 153 厘米、宽 80 厘米、厚 8.5 厘米，刻字 28 行，每行 44—46 字不等[5]。由碑文中所记述的内容[6]可知，前者系明代开封犹太儒生金钟所撰，以此纪念开封犹太社团在弘治二年（1489 年）重修清真寺之事，记述开封犹太人来华、修建、重建清真寺之历史、社团概况及详细的清真礼拜仪式等；后者系明代进士左唐为所撰，以之阐明开封犹太教尊崇道经的思想，以及开封犹太人道经的传承、保存等。开封犹太教寺始建于 1163 年，对于该寺的重建，除开封犹太人外，宁夏、扬州等地的犹太人皆做出过贡献。

二、境外的中国宗教遗存

（一）佛教遗存

宋元时期，中国佛教与周边国家有着持续的交往与影响，僧侣频繁往来。在日本发现的部分佛像、佛经、佛寺建筑等遗存，具有明显的中国宋元时期的时代特征，部分遗存是日本僧侣从中国直接带到日本的。

在日本京都清凉寺，有日本僧人奝然于公元 986 年从中国乘北宋商船带回的

1 吴文良原著，吴幼雄增订：《泉州宗教石刻》（增订本），北京：科学出版社，2005 年，第 505—513 页。

2 吴文良原著，吴幼雄增订：《泉州宗教石刻》（增订本），北京：科学出版社，2005 年，第 489—491 页。

3 吴文良原著，吴幼雄增订：《泉州宗教石刻》（增订本），北京：科学出版社，2005 年，第 491、492 页。

4 吴文良原著，吴幼雄增订：《泉州宗教石刻》（增订本），北京：科学出版社，2005 年，第 520 页。

5 徐伯勇：《开封犹太人的几个问题》，中国古都学会编：《中国古都研究（第七辑）——中国古都学会第七届年会论文集》，太原：山西人民出版社，1991 年，第 156—169 页；徐伯勇：《开封犹太教碑的建置、拓片版本及其碑文点校》，《开封文博》1993 年第 1 期。

6 陈垣：《开封一赐乐业教考》，《陈垣学术论文集》第一集，北京：中华书局，1980 年，第 256—262 页。

木质本尊释迦像，像内纳入物品丰富，有版画、墨书佛经、水晶珠、镜像等，其中像内纳入的文书《入瑞像五脏具记舍物注文》，纸本墨书记录了这些奉纳品的来源、造像时间、佛像出现的祥瑞以及造像人等具体信息，释迦瑞像背刳盖板里面有铭文“大宋国台州张延皎并弟延袭雕”，座表有“唐国台州开元寺”“僧保宁”刻铭，莲瓣茸轴底有“建保六年（1281 年）大佛师法眼快庆修造”墨书铭文。可知释迦木像是台州工匠雕刻，其流水状衣纹、卷成绳状的头发独具特色。现存奈良东大寺南大门是宋代东南沿海地方的建筑形式，东大寺中门石狮子、堂内石胁士及四天王像都刻有“宋人字六郎……”等宋人工匠名字；大佛殿石坛以及各处走廊铺石是明州石工伊行末修建；东大寺门前局部雕刻的写实莲花，显示出宋代风格。镰仓圆觉寺建成于弘安五年（1282 年）11 月，圆觉寺舍利殿是唯一保存完好的典型“禅宗样”建筑，它是镰仓中期传入日本的南宋福建、浙江一带的建筑样式[1]。

（二）道教遗存

道教传入日本后不断发展，有日本学者提出关于道教传入日本的考古证据，包括神兽镜、含有道教内容的碑文，以及书有道教符咒、经典的木简[2]。但目前国内所掌握的考古材料并不多，带有道教性质符咒的木简具有代表性。对于日本出土的木简，有日本学者对其特点进行总结，并提到在日本中世纪以后的城址和村落址也有木简出土，各地出土的符咒牌是一种特殊的木简，中世纪和近代较多[3]。

第三节　与技术工艺有关的实物遗存

一、建筑

我国现存的古建筑中，较为典型的是受西亚的起券做法影响而建的伊斯兰教寺院中的尖拱券形式和穹窿顶。前者如建于 14 世纪中叶的新疆霍城县吐虎鲁克玛札的门龛[4]、福建泉州清净寺的门楼[5]等，后者如建于元代的浙江杭州真教寺（即凤凰寺）窑殿。窑殿并列三间，各方室与圆顶之间以平砖和菱角牙子交替出挑为过渡，转角处由下而上逐层出挑，形成三角形穹隅，使上口连接成

1 苌岚：《7—14 世纪中日文化交流的考古学研究》，北京：中国社会科学出版社，2001 年，第 308—315 页。
2 楼宇烈、张志刚主编：《中外宗教交流史》，长沙：湖南教育出版社，1998 年，第 129 页。
3 （日）寺崎保广：《日本木简的特点与长屋王家木简》（白云翔译），《考古与文物》1994 年第 2 期。
4 刘致平：《中国伊斯兰建筑》，乌鲁木齐：新疆人民出版社，1985 年，第 217 页。
5 萧默主编：《中国建筑艺术史》上册，北京：文物出版社，1999 年，第 544 页。

为圆形[1]。13—14 世纪，我国建筑受到中亚、西亚影响的还有城垣建筑中的圆形角楼。元代许多城垣建筑都是这种做法，与此前方角的传统做法不同，如陕西西安元安西王府城垣四角都是圆形的角楼[2]。西安元安西府城垣的平面基本呈长方形，城的四角均向外突出，突出部分的平面近半圆形，直径在 29—30 米左右[3]。

二、陶瓷

宋元明清时期，我国制瓷业亦不断受到境外因素的影响。瓷器的生产涉及胎、釉、造型、纹饰等，工艺较为复杂，其所受影响也是多方面的，主要体现在器形、纹饰及生产技术工艺。

有日本学者认为，在公元 11 世纪中叶后，波斯陶瓷对中国瓷器产生了影响，如波斯的米奈伊样式陶器（色彩彩绘陶器）对中国五彩瓷器的影响，波斯白釉蓝彩陶器和中国的青花瓷，波斯拉斯他陶器（铜釉彩绘陶器）和中国的釉里红的关系等，基本上是从西向东的技术传播[4]。

北宋时期，瓷器就偶有出现器形仿伊斯兰玻璃器的现象，但数量不多。天津蓟县独乐寺出土辽代伊斯兰刻花玻璃瓶，平口外翻，细颈、折肩，桶形腹，平底颈部和肩腹部刻菱形和带状图案[5]（图 8-3-1）。北宋末期汝窑、张公巷窑进行仿制，南宋时杭州老虎洞窑、慈溪市寺龙口越窑址亦有仿制，龙泉窑还在颈两侧施以凤耳[6]。元代青花瓷在造型、装饰等方面逐渐显现出伊斯兰文化的因素[7]。

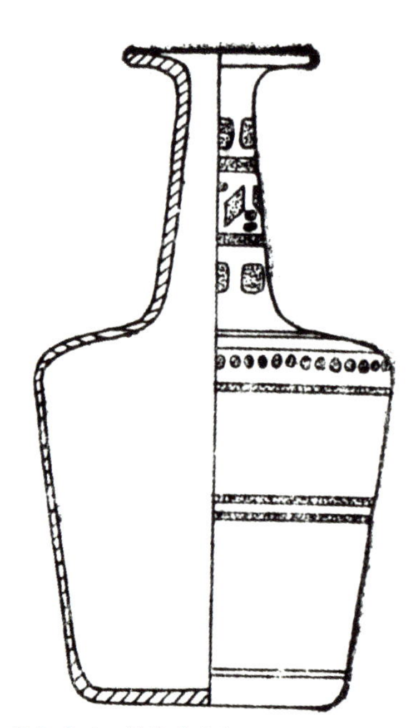

图 8-3-1　刻花玻璃瓶
（天津蓟县独乐寺塔上层塔室出土，采自《考古学报》1989 年第 1 期，第 107 页，图三一：4）

至明代，中国瓷器中伊斯兰因素更加明显。有学者对考古发现的明代陶瓷进行研究，从明瓷中所见伊斯兰造型的器物、伊斯兰风格的纹饰以及明代与伊斯兰世界在陶瓷生产技术上的交流等方面进行总

1 萧默主编：《中国建筑艺术史》上册，北京：文物出版社，1999 年，第 545 页；纪思：《杭州的伊斯兰教建筑凤凰寺》，《文物》1960 年第 1 期。

2 宿白：《考古发现与中西文化交流》，北京：文物出版社，2012 年，第 113 页。

3 马德志：《西安元代安西王府勘查记》，《考古》1960 年第 5 期。

4 （日）三上次男：《陶瓷之路》（李锡经、高喜美译），北京：文物出版社，1984 年，第 151 页。

5 天津市历史博物馆考古队、蓟县文物保管所：《天津蓟县独乐寺塔》，《考古学报》1989 年第 1 期。

6 阿卜杜拉·马文宽：《伊斯兰世界文物在中国的发现与研究》，北京：宗教文化出版社，2006 年，第 31 页。

7 陈克伦：《略论元代青花瓷器中的伊斯兰文化因素》，上海博物馆：《上海博物馆集刊》第六集，上海：上海古籍出版社，1992 年，第 293—305 页。

结，认为明瓷仿伊斯兰金属器、陶器、玻璃器等至少有 19 种；伊斯兰风格的纹饰有 10 多种，如六角星纹、八尖星纹、阿拉伯式花纹、同心圆开光、伊斯兰铭文等；生产技术方面则主要有斗彩技术、玲珑技术等[1]。大体来讲，明瓷仿伊斯兰陶器的器形 37 种、纹饰 21 种、生产技法 4 种，伊斯兰方陶器仿明瓷器形 18 种，纹饰 29 种，生产技法 2 种[2]。辽陈国公主驸马墓出土两件伊斯兰铜盆，器底正中錾刻六角形图案[3]，口沿内壁刻阿拉伯铭文，在明永乐、宣德时期景德镇生产的青花瓷中就有仿造这种形制的瓷盆[4]。伊斯兰陶工把釉下彩与釉上彩的烧造技术结合在一起是在 12 世纪晚期，磁州窑的黑花斗彩瓷和明初开始烧制的青花斗彩瓷或与伊斯兰的这种生产技术有关[5]。

中国与伊朗之间的文化交流，主要体现之一是我国唐代至清初的瓷器和与之相对的伊朗萨曼王朝至萨法维王朝（1501—1722 年或 1736 年）时的陶器间的多方面的相互交流。在明末清初，我国瓷器生产处于低潮期时，伊朗陶器大量生产并部分取代了中国瓷器的输出。在此过程中萨法维陶工全面模仿中国瓷器的器形与纹饰及部分生产技法；他们生产的某些器形和纹饰则是早些年的元明陶工仿伊斯兰的器形和纹饰，这应属于文化交流中的回流现象[6]。

萨法维王朝陶器对中国瓷器的影响体现在纹饰与生产技法两方面，后者表现在釉下泥浆彩技法的应用，釉下泥浆彩是伊斯兰陶器生产中的一种主要装饰技法，福建平和窑的产品当受这种技法的影响[7]，如明晚期福建和平窑花仔楼窑址出土的酱地白花泥浆彩瓷[8]等。

在非洲埃及的福斯特遗址中，出土当地人仿制中国瓷器的产品，11 世纪及以后的初期阶段仿制青瓷，至 14、15 世纪时也仿制青花瓷器；这些瓷器的形状和纹饰皆模仿中国瓷器，但瓷胎是埃及本地陶土，并且常留有阿拉伯字的陶工名字（图 8-3-2）；这些仿制品的陶片，在福斯特遗址中也发现不少[9]。

图 8-3-2 埃及福斯特遗址出土 14、15 世纪当地仿制的青花瓷器（摹本）
（采自《文物》1963 年第 1 期，第 18 页，图三）

1 马文宽：《明代瓷器中伊斯兰因素的考察》，《考古学报》1999 年第 4 期。
2 马文宽：《宋、元〈大食瓶〉新解》，《考古》2013 年第 12 期。
3 内蒙古文物考古研究所：《辽陈国公主墓》，北京：文物出版社，1993 年，第 48、49 页。
4 阿卜杜拉·马文宽：《伊斯兰世界文物在中国的发现与研究》，北京：宗教文化出版社，2006 年，第 132 页。
5 马文宽：《明代瓷器中伊斯兰因素的考察》，《考古学报》1999 年第 4 期。
6 马文宽：《明代瓷器与伊朗萨法维王朝陶器的相互影响》，《考古学集刊》第 18 集，北京：科学出版社，2010 年，第 519—533 页。
7 马文宽：《明代瓷器与伊朗萨法维王朝陶器的相互影响》，《考古学集刊》第 18 集，北京：科学出版社，2010 年，第 519—533 页。
8 福建省博物馆：《漳州窑——福建漳州地区明清窑址调查发掘报告之一》，福州：福建人民出版社，1997 年，第 42、43 页。
9 夏鼐：《作为古代中非交通关系证据的瓷器》，《文物》1963 年第 1 期。

第四节　特　点

宋代至清代的中外文化交流是多方位的，以上所列实物材料并不能完全反映此一阶段中外文化交流的全貌，尽管如此，我们还是可以从有限的实物材料，归纳总结出宋元明清时期中外文化交流的一些特点。

北宋、辽时期，中国输出的瓷器，以越窑青瓷、景德镇青白瓷、白瓷以及福建白瓷为主；在日本和东非地区出土大量的中国钱币；伊斯兰玻璃器、铜器进入我国，而北宋的陶瓷亦偶有仿伊斯兰玻璃器的现象；而在日本，出土大量的宋代湖州镜。

南宋时期，输出瓷器出现少量龙泉窑青瓷，但仍以越窑青瓷、福建白瓷、景德镇白瓷为主，在非洲开始出现仿中国青瓷的现象；进口物品中，有香料木、香料等；在日本，出现具有中国特点的建筑。

至元代，输出瓷器以龙泉窑青瓷为主流，其次为福建白瓷、青白瓷、景德镇白瓷、青白瓷以及青花瓷、磁州窑等，同时，开始进口高丽瓷；在日本和新安沉船中出大量的中国铜钱；仍进口香料、木料；此期天主教、印度教开始在我国部分地区传布。元代之中外文化交流更为频繁，这与统治者的支持不无关系。福建泉州出现的一块元代奉使波斯使者的墓碑，就明确记载了大德三年（1299年），元成宗曾派使者至波斯湾，该使者得到当时波斯王哈赞特赐的七宝，并将之献于朝廷[1]。

至明时，中外交流的广度和深度得到进一步的发展。明代早期，输出瓷器以龙泉窑青瓷为多；至明代晚期，输出瓷器以景德镇青花瓷以及漳州窑青花瓷为最多；非洲地区开始出现仿青花瓷的现象，境内瓷器亦开始大量仿伊斯兰瓷器。此期出土境外的金锭、银币以及大量精美的产自境外的宝石，出现出口铜原料的现象。宗教信仰方面，除天主教、印度教仍在部分地区活动外，犹太教亦在局部地区出现了。

1 吴文良原著，吴幼雄增订：《泉州宗教石刻》（增订本），北京：科学出版社，2005年，第643、644页。

后　记

大约是在2010年，我利用在京出差的机会去拜访北京大学考古文博学院孙华教授，交谈中他邀我承担《中国古代物质文化·宋元明清》的撰写。考虑编撰这样的著作，需要网罗和综合最新的考古发现和研究成果，工作量巨大而浩繁，边界和范围不易把握，加之手边承担的教学和科研任务繁重，自己动作又慢，遂婉拒了孙华先生的美意。两年后的2012年，孙华先生携带出版合同来到四川大学，以不容置疑的方式命我承担《中国古代物质文化史·宋元明清》的撰写，并提前预支了部分稿费。盛情难却，只好硬着头皮把孙华先生交付的任务应承下来。在对有关发现和研究成果进行梳理后，2013年10月，草拟了写作大纲，约请几位在读的考古学硕士和博士研究生，分工协作进行撰写。因参加撰写的人员较多，对内容的理解不一，初稿完成后，费了很大气力进行统稿，直到2017年10月，才完成定稿提交开明出版社出版。从开始酝酿撰写，到该书正式出版，不知不觉将近七年时间。当年参加撰稿的不少同学，如今都已毕业走出校门，成为各单位的业务骨干。感谢他们抽出宝贵的时间参与本书的撰作！

感谢孙华先生和开明出版社对我本人和川大考古的信任，把撰写《中国古代物质文化史·宋元明清》的任务交给我。如果本书内容能对后辈学者有些许参考和启发，作为编撰者我就很满足了；感谢责任编辑魏红岩、柴星为本书出版付出的艰苦努力，同时也要感谢他们对我一再拖延交稿时间给予的包容和理解。编撰过程中，引用或参考了不少学者的学术观点、研究成果，并此致谢！

本书分工如下：白彬撰写前言；张科（湖南大学）撰写第一、四、五、六章；葛林杰（重庆师范大学）撰写第二章第一节、第三章；赵川（西南交通大学）撰写第二章第二、三、四、五、六节；黄琬撰写第二章第七节；张媛媛（四川大学）、张亮（四川大学）撰写第七章第一节；白彬、邓宏亚（四川大学）撰写第七章第二节；王丽君（西华师范大学）撰写第七章第三节、第八章。书稿完成后由白彬统稿。因成书匆忙，本书存在的错漏一定不少，敬请读者见谅！

白　彬

2019年11月

图书在版编目（CIP）数据

中国古代物质文化史. 宋元明清. 下 / 白彬等编著.
-- 北京 : 开明出版社 , 2018.12
ISBN 978-7-5131-4719-4
Ⅰ. ①中… Ⅱ. ①白… Ⅲ. ①物质文化-文化史-中国-宋元时期②物质文化-文化史-中国-明清时代
Ⅳ. ① K220.3

中国版本图书馆 CIP 数据核字（2018）第 260675 号

出 版 人：陈滨滨

责任编辑：魏红岩　柴小星
美术编辑：郑雯月
装帧设计：羽人·高伟

出　版：开明出版社（北京市海淀区西三环北路 25 号青政大厦 6 层）
印　制：保定市中画美凯印刷有限公司
开　本：889×1194　1/16
印　张：36
字　数：480 千
版　次：2019 年 11 月第 1 版
印　次：2022 年 8 月第 2 次
定　价：300.00 元（全二册）

印刷、装订质量问题，出版社负责调换货。联系电话：（010）88817647

ISBN 978-7-5131-4719-4

9 787513 147194 >